图史系列

# 中国古代文化史

## 插图本

（上）

北京大学出版社

**图书在版编目(CIP)数据**

中国古代文化史(插图本)(上、下)/阴法鲁,许树安,刘玉才主编.—北京:北京大学出版社,2008.4

ISBN 978-7-301-13323-1

Ⅰ.中… Ⅱ.①阴…②许…③刘… Ⅲ.文化史—研究—中国—古代 Ⅳ.K220.3

中国版本图书馆 CIP 数据核字(2007)第 205239 号

**书　　名** 中国古代文化史(插图本)(上、下)
ZHONGGUO GUDAI WENHUASHI(CHATU BEN)(SHANG、XIA)

**著作责任者** 阴法鲁　许树安　刘玉才　主编

**责任编辑** 刘　方

**标准书号** ISBN 978-7-301-13323-1

**出版发行** 北京大学出版社

**地　　址** 北京市海淀区成府路 205 号　100871

**网　　址** http://www.pup.cn　新浪微博: @北京大学出版社

**电子邮箱** 编辑部 wsz@pup.cn　总编室 zpup@pup.cn

**电　　话** 邮购部 010-62752015　发行部 010-62750672
编辑部 010-62767315

**印 刷 者** 北京宏伟双华印刷有限公司

**经 销 者** 新华书店

720 毫米×1020 毫米　16 开本　73.75 印张　16 插页　1360 千字

2008 年 4 月第 1 版　2025 年 5 月第 12 次印刷

**定　　价** 198.00 元(上、下)

---

彩图 1 辽宁凌源牛河梁第二地点的积石冢和祭坛

彩图 2 汉红地人面纹绛毛残片，新疆洛甫县山普拉墓葬出土

彩图 3 唐阎立本绘《步辇图》

彩图 4 清雍正帝祭先农坛图（局部）

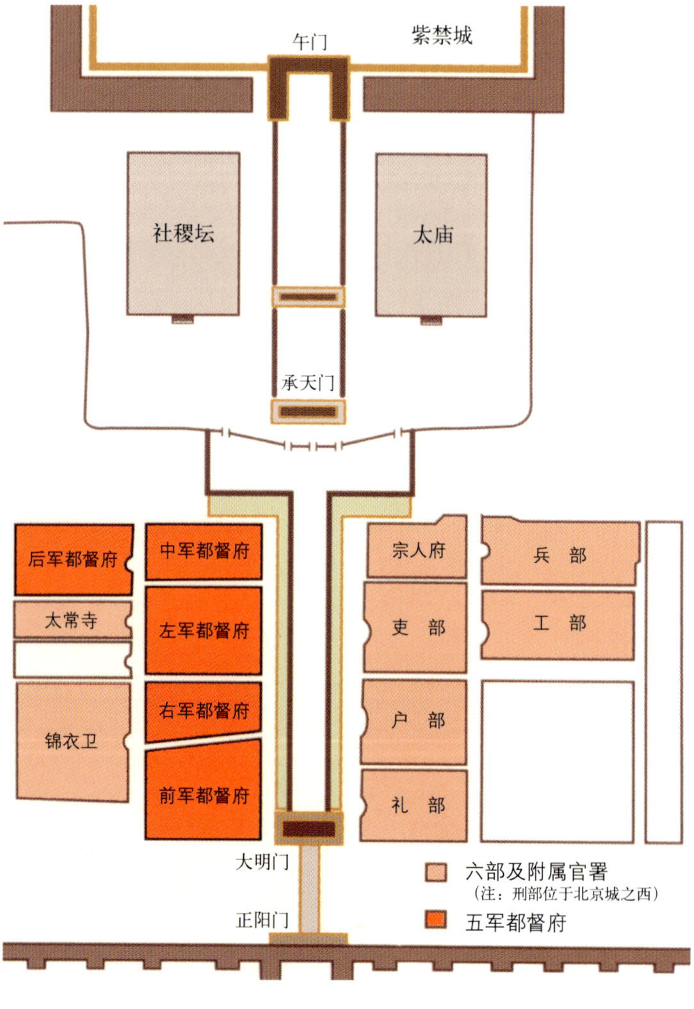


彩图 5 明北京主要中央机构分布图

彩图 6 清文武一品官服补子

彩图 7 宋代殿试图

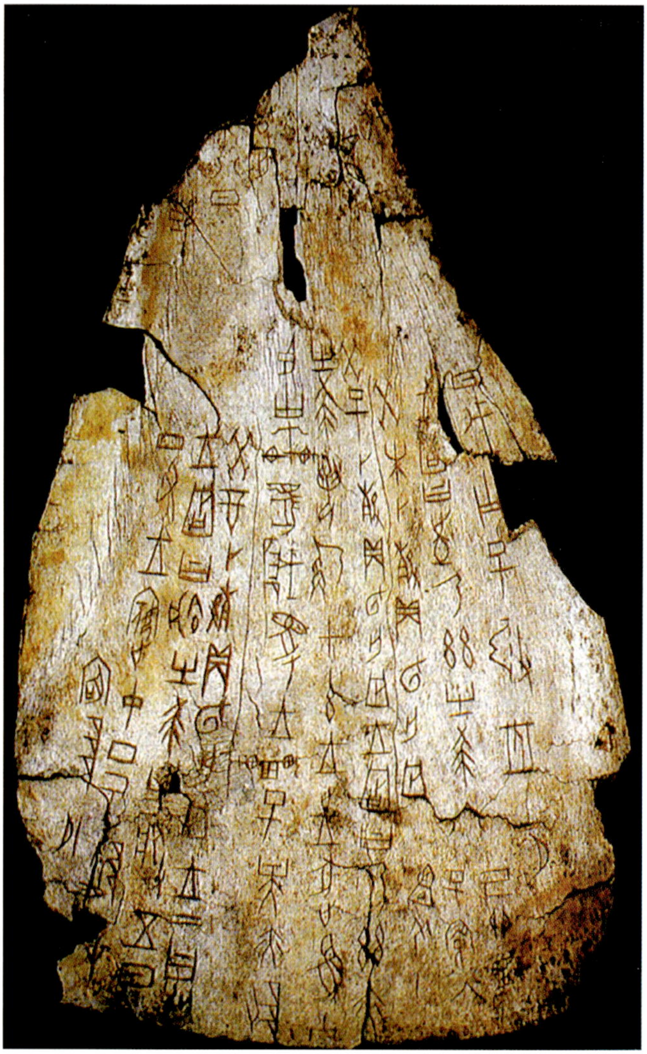

彩图 8 甲骨文

彩图 9 马王堆帛书《老子》乙本（片段）

彩图 10 马王堆三号汉墓帛书云气占图

彩图 11 西安交通大学附属小学西汉墓主室顶部天象图（局部）

彩图 12a 新疆库车发现的摩尼教经典残片正面

彩图 12b 新疆库车发现的摩尼教经典残片背面

彩图 13 曾侯乙墓出土编钟

彩图 14 敦煌莫高窟 112 窟唐代壁画乐舞图

彩图 15 山西洪洞水神庙明王殿元代壁画杂剧图

彩图 16 熹平石经残片

彩图 17 湖南长沙战国楚墓出土《人物御龙图》

彩图 18 马王堆一号汉墓帛画

彩图 19 永泰公主李仙惠墓《宫女图》

彩图 20 顾闳中《韩熙载夜宴图》局部

# 前　言

中华民族是一个具有古老文明传统的群体，自古至今生生不息。在人类发展的历史进程中，曾经有过四大古老文明，它们是古埃及文明、古巴比伦文明、古印度文明以及我们的中华文明。前三种文明发展到一定时期都因为种种原因而中断，只有中华文明波澜起伏、绵延至今，从未中断。与前三种古代文明相比，中华文明并非起源最早的，但是它以源远流长、根基深厚、溯古通今而著称。

随着20世纪80年代对远古四川巫山人颌骨、牙齿化石的考古发现以及远古安徽繁昌人遗址的考古发现，把中华大地上人类生存的时间上推到200万年前。从而引发出少数学者向“人类起源于非洲”的传统结论提出挑战，认为人类起源或许不止于非洲一处。作为国家级项目，2000年由中国社会科学院古代文明研究中心牵头的“中华文明探源工程”启动了，这是继“夏商周断代工程”之后第二个大型的、多学科的综合研究项目，具有重大的意义。有关中华文明的起源，还有许多悬念有待我们去破解。过去说，中华文明起源于黄河流域，黄河是中华民族的摇篮。现在考古发掘的新成果使我们的视野更宽广了，思路更开阔了。上世纪80年代初，内蒙古牛河梁红山文化遗址群的发现，充分证实了五千五百多年前那里曾经存在着一个具有国家雏形的原始社会。牛河梁红山文化遗址群的发现，把中国古代史的研究从黄河流域扩展到燕山以北的西辽河流域。红山文化的发展在某些方面显示出它要先进于同时期黄河流域的中原文化，引发了学者们对中华文明起源的多种思考和讨论。同样是上个世纪80年代以来，对四川广汉三星堆巴蜀文化遗存的发掘表明，三星堆古蜀国文明是长江上游地区中华古代文明的杰出代表。三星堆遗址及其出土文物，具有全方位认识古蜀社会及探索上古社会概貌的重要学术价值。古蜀国的繁荣持续了一千五百多年，然后又像它的出现一样突然地消失了。三星堆遗址证明，它应是中原夏商时期，甚至更早的一个灿烂的文化中心，并与中原文化有着一定的联系。在江西万年仙人洞遗址，经过上个世纪60—90年代的多次发掘，发现了17000年前的人骨化石以及精美的陶器、石器、骨器、蚌器等等，其中的夹粗砂条纹陶、绳纹陶，是世界上目前发现年代最早的陶器。此外，还发现了12000年前的野生稻植硅石和10000年前的栽培稻植硅石，这是现今所知世界上年代最早的栽培稻遗存之一。此外如长江下游的马家浜文化遗址、河姆渡文化遗址、良渚文化遗址等等，都证明了长江流域与黄河流域一样同是中华民族的发祥地，证明了长江流域地区存在过不亚于黄河流域地区的古文明。这一切充分地表明，中华文明的起源并非是以中原地区一处为中心，它是多中心的；它不是篝火一堆，而是花开遍地。这些古代文明孕育了中华民族的诞生和繁衍成长。

悠悠岁月，历史延续至今天，我们正在向现代化社会迈进。然而面对灿烂而丰富的中华文化遗产，每一个中国人都面临着一个不可回避的问题：在当今现代化进程中，老祖宗传给我们的文化遗产处于什么地位？它们对于现代化究竟是包袱累赘还是一种积极因素？由于西方发达国家至今在科学技术上还处于领先地位，于是就有人自觉或不自觉地把“现代化”等同于“西方化”，一切以西方的模式来衡量中国的国情。难怪就有人把中医斥为“伪科学”了。虽然这只是一种极端的观点，但是却触及一个深刻的问题，即应该用怎样的态度对待自己的民族文化遗产？对于大多数人来说，未必认真思索过这些问题。有的人往往自认为正在为社会的现代化而努力，但同时，可能就在丢弃甚或破坏了自己的民族文化遗产。例如上个世纪五十年代，我国的地方剧种尚有三百六十多个，由于不断向大剧种模仿以及引用西洋乐器、美声练唱等，独具特色的地方剧种正在消失，现在能够称为地方戏剧的据说已经不到100种了。在秦皇岛的泥塑展览馆中，传统的孟姜女哭倒长城的故事，被改编成秦始皇要霸占孟姜女为妃，逼得孟姜女跳海自尽。过去孟姜女哭倒长城是对封建统治者暴政虐行的抗议，体现了人民的愿望与心声。而这个泥塑展览上的孟姜女则是为了个人的爱情婚姻而死，大大冲淡了原有的重大意义。中国的端午节、中秋节等传统节日，本是蕴涵着深厚的人文价值的，然而当今许多人却只是停留在“吃”的层面上，吃完粽子、月饼就算过节了，“吃”成了过节的唯一内容。当我们许多国人还在盲目地以“历史悠久”洋洋自居，陶醉于“文明大国”的时候，我们的邻居日本早在50年前就颁布了世界上第一个非物质文化遗产的保护法，他们对于“茶道”、“和服”等倍加呵护，强调保护大和民族的文化传统。韩国也在2005年向联合国成功地把“端午祭”申报成他们的非物质文化遗产。如今，正当韩国在向联合国申报“韩医”为其非物质文化遗产的时候，在中国却有人跳出来贬斥中医为“伪科学”，要予以鄙视和抛弃。这一切还不值得我们奋起反思吗？

中华文化的一个突出特点是它的连续性，自古至今从未中断过。在中华大地上即将实现的现代化社会也必将体现出中华民族的文化传统。如果说，身体的DNA保证了我们中华民族人种的传宗接代的话，那么文化遗产，尤其是非物质文化遗产就是我们民族精神的DNA，它们保证了我们中华文化即民族精神的延续与传承。试想，一个没有自己文化特色的民族，一个没有自己民族精神的民族，还能在世界民族之林中占有一席之地吗？正因为如此，中国走上改革开放之路以来，一直把“建设有中国特色的社会主义”作为我们的基本国策和目标。所谓“中国特色”首先是我们的民族文化、民族精神的体现。可喜的是，中国政府已在2006年决定把6月10日定为“非物质文化遗产日”，最近又决定把清明节、端午节、中秋节等传统节日作为法定休假日，以强化它们的人文内涵。

中华文化遗产的继承问题，是我们在现代化进程中必然要予以重视的问题。中华文化对我们全民族起着凝聚力的作用，它是综合国力竞争的重要因素。继往开来的文化事业体现了国家的软实力，我们在加快经济发展步伐的同时，应该加强全民的传统文化意识，增强民族自信心，形成民族凝聚力，在建设中华民族共有精神家园的努力中前进，再前进！

《中国古代文化史》曾于1989年开始出版，作为国家教委“六五规划”的重点项目，是国家教委向高校文科推荐的教材。1993年曾获北京大学优秀教材奖、1996年获国家教委优秀教材奖等奖项。参与编写的作者都是该领域的专家学者，甚至是著名的学术权威。大家本着严肃认真的态度，体现学术前沿的精神，以深入浅出的写作把大量知识介绍给读者，因此受到广大读者的欢迎和支持，近二十年来一直畅销不衰。当然原书也存在着这样那样的缺点和不足，我们虚心听取了读者的意见。这十余年间，新的学术成果不断涌现，我们的观念、认识也在不断更新和提高，因此这次在原书基础上进行了修订。我们希望通过这次的出版，能为维护和宣扬中华传统文化尽一份责任。

# 目　录

（上）

# 第一章
# 中华文明的起源与多民族文化融合

中国大陆是一块古老的土地，1800 万年前的大陆板块运动，造就了自“世界屋脊”青藏高原向东南沿海倾斜的地势，形成了山地、高原、丘陵、盆地和平原的不同地貌。南北气候历经热带、亚热带、暖温带、中温带、寒温带，具备了不同的生态景观。中华民族就是生活在这样一块土地上，黄河、长江孕育了中华民族的文化。当然，相对于这块土地的沧桑巨变，中华民族的历史只是微不足道的一瞬，中国文化的兴衰沉浮，也不过是几千年的事。但是，我们要追溯中国文化的起源发生，就必须关注这块土地的地理生态环境，关注人类自起源到有史社会的漫长进化历程。在地理环境与人类历史文化发展的关系问题上，西方学界曾有“地理唯物论”的观点，认为地理条件规定着民族性与社会制度，制约着历史和文化发展的方向。在 20 世纪 80 年代的中国文化讨论中，也有人用黄色陆地文明和蓝色海洋文明概括中华文明与西方文明的区别，并得出中华文明落后的结论。对于此种“地理环境决定论”的观点，我们自然无法认同，但是决不意味着漠视地理环境对历史文化发展的重要影响。具体到中国的地理环境而言，由于四周有明显的天然屏障，而且这些屏障在史前甚至上古时期都是难以逾越的，所以中国不但与相距遥远的世界上几个最古老的文明发祥地缺乏联系，而且同距离最近的古印度文明因为隔着喜马拉雅山和青藏高原，也无法沟通。因此中华文明只能是起源于本地，而且在早期的发展中也极少与外界文化发生关系，是世界上少有的原生性文明。

在相对封闭的区域之内，中华文明却拥有较其他古老文明更为辽阔的发展腹地，而复杂的地理形势，完备的气候类型，则为历史文化的多样化发展创造了良好的条件。在中国三大自然区中，西北干旱区和青藏高寒区经济发展受到环境较大制约，历来人烟稀少。即使在人口密集的东部季风区，由于自然环境的差异，经济活动和文化发展呈现出不同的态势。华南地区在采集经济时代，环境无疑十分优越，但正因为一年四季都可以比较容易地获取天然食物，缺乏用人工方法生产食物的压力和动力，所以农业就发生得比较晚。东北地区森林资源丰富，适宜狩猎和采集活动，但因为气候寒冷，农业发展有相当的困难。西南地区气候适宜，但山多平地少，交通不便，无法发展大规模的农业，所以人口分散且民族复杂，文化多姿多彩但经济发展相对滞后。因此，综合地理条件和气候因素，黄河中下游地区和长江中下游地区，才是最适宜农业发展的两大温床。在史前时期，对于整个社会经济文化发展具有决定性影响的因素，无疑首推农业的发明，黄河中下游地区和长江中下游地区两大农业温床紧相毗连，各有特色又相互补充，它们的发展对于中华文明的起源、文明特点的形成以及往后的发展道路都具有十分深远的影响，是伟大中华文明的摇篮。

## 第一节 从聚落到国家

世界最古老的、独立发展的文明，有六大文明，即两河流域、埃及、印度、中国、墨西哥和秘鲁。在世界古老文明中，唯有中华文明延续时间最长，且始终未曾中断。关于中华文明的起源，曾经存在两个极大的误区，这就是基于欧洲中心论的中华文明外来说和中华文明单一起源说。但大量的考古发掘表明：中华文明的产生，主要是由于本身的发展，是在中国大地上土生土长的，当然这并不排斥在发展的过程中有时可能加上一些外来的因素、外来的影响；另外，中华文明也不是单一起源于黄河流域，而是呈多元发展态势。

在文明的起源问题上，学术界通常是把文字、铜器、城市等作为文明的标志或基本要素。但是根据不同区域考古发掘的情况来看，古代不同类型的文明在其演进过程中所呈现的物化形式存在很大差异，也就是说，我们很难归纳出放之四海而皆准的文明标志物。因此，有些学者又提出摆脱具体的物化形式和文化形式，把相对抽象的“国家”出现作为进入文明社会的标志。实际上近百年来，把国家的出现视为史前社会的终结和文明社会的开端，已经在学术界获得相当广泛的共识。当然，关于国家形成的标志，还存在不同的阐释。

如果把国家的出现作为进入文明社会的标志，那么从聚落到国家的社会进化历程，就是研究文明起源的关键所在。在这一问题上，摩尔根的“部落联盟”和恩格斯的“军事民主制”概念奠定了唯物史观的基石，国内史学界长期沿袭氏族—部落—部落联盟—国家的发展模式，缺乏社会形态和结构特征方面的深入探讨。20世纪60年代起，塞维斯（Elman R．Servic）等西方人类学家依照社会进化的观点把民族学上各种社会加以分类，构想其演进程序为：游团（band，地域性的狩猎采集集团）—部落（tribe，平等性的，一般与农业经济相结合）—酋邦（chiefdom，具有初步不平等的分层社会）—国家（state，阶级社会）。华人学者张光直在其《从夏商周三代考古论三代关系与中国古代国家的形成》中，[1]系统引述了游团、部落、酋邦、国家的概念，并将黄河流域古代社会进化程序与之相对应：

<table>
<tr><th>文化名称</th><th>新进化论</th><th>中国常用的分期</th></tr>
<tr><td>旧石器时代</td><td rowspan="2">游　团</td><td rowspan="4">原　始　社　会</td></tr>
<tr><td>中石器时代</td></tr>
<tr><td>仰韶文化</td><td>部　落</td></tr>
<tr><td>龙山文化</td><td>酋　邦</td></tr>
<tr><td>三代（到春秋）</td><td rowspan="2">国　家</td><td>奴隶社会</td></tr>
<tr><td>晚周、秦、汉</td><td>封建社会（之始）</td></tr>
</table>

李学勤主编的《中国古代文明与国家形成研究》一书，则根据考古发现，把中华文明的起源和国家形成划分为三大阶段：大体平等的农耕聚落形态；含有初步分化和不平等的中心聚落形态；都邑国家形态。分别对应的是：公元前7100—前5000年的彭头山、磁山、裴李岗、老官台、河姆渡文化和前5000—前4000年的半坡、姜寨文化；前3500—前3000年间的仰韶后期、红山后期、大汶口后期、屈家岭前期、崧泽和良渚早期；前3000—前2000年夏之前的方国崛起时期，相当于考古学的龙山文化和古史传说的颛顼、尧、舜、禹时期。[2]

其实，无论是基于文字、铜器、城市之类物化标志，还是作为社会结构文明标志的国家形成考量，中华文明都可以说是肇源于新石器时代。中国的新石器文化遗址非常丰富，迄今已发现七千多处，遍及全国各个省、市、自治区。年代大约起于公元前6000年，一般延续至公元前2000年左右。根据目前正式发掘的一百多处遗址来看，中国新石器文化的面貌基本是明确的。

在新石器时代早期，中原地区的磁山·裴李岗文化，长江下游的河姆渡文化，都是典型的农耕聚落，具有成套的农业生产用具，而且加工比较精致，粮食的储量

[1]《中国青铜时代》，三联书店，1983，第49—54页。
[2] 李学勤主编《中国古代文明与国家形成研究》，云南人民出版社，1997。

图 1-1 姜寨聚落模型

也相当可观。此后的半坡、姜寨遗址，则代表着农耕聚落的扩充和完善，聚落内部普遍呈现圆形、向心、内聚格局。西安半坡遗址面积约五万平方米，分居住区、氏族墓地及公共窑场三部分。居住区中心为一座大型的近似方形房屋，推测是氏族公共活动场所。在其以北发掘出 45 座中小型房基，房基建成时间虽稍有先后，分布也不甚规则，但大体朝南，形成一个面向大房子的不规则半月形。住屋附近发现了二百多个窖穴，两处营造简陋的长方形建筑遗迹，推测为饲养牲畜的栏圈。围绕居住区挖有宽深各五六米的防御性壕沟。沟北是氏族公共墓地，发现有一百七十多座成人墓葬。沟东是窑场，发现了六个陶窑。陕西省临潼县的姜寨遗址面积约五万五千平方米，是一处比半坡更为完整的村落遗址。居住区中心是一个面积较大的广场，广场四周地势稍高，分布着五组建筑群。每组建筑以一个大型房屋为主体，附近分布着十几座或二十几座中小型住屋，共有百余座。所有房屋的门均朝向中心广场，构成一个典型的圆形向心布局。居住区周围，挖有两条宽深各约二米的壕沟。沟外东北部及东南部有三片墓地，发现一百七十多座成人墓。窑场则分布在居住区西南的临河河岸。(图 1—1)

半坡、姜寨遗址揭示的聚落布局，显然是一种有意识的安排，居住区内大房子和中小房基的对应关系，则似乎暗示着人群组织的形式。据此我们可以推论，七八千年以前，黄河流域已经存在相当于村落规模，且有一定秩序的社会组织。在秦安大地湾遗址、泰安大汶口遗址时期，此类聚落的规模更为扩大，大地湾遗址的面积是 36 万平方米，大汶口遗址更多达 80 多万平方米，反映出人口集结的规模和经济、军事的实力。而聚落之间和聚落内部，根据建筑规模、墓葬形制等方面考察，已经形成主从和不平等关系，出现了类似庙堂的建筑群。阶层和阶级的产生，实际是文明和国家起源的必然历程。

如果说半坡、姜寨遗址还只是由若干大家族组成的氏族居住地，那么东北地区的红山文化遗址，长江下游的良渚文化遗址，则代表着超越氏族部落形式的社会组织的存在。红山文化的祭坛、女神庙、积石冢三大遗址分布在 50 平方公里的范围内，形成一个统一的整体，一个巨大的祭祀中心。（彩图 1）如此宏构巨制，如果没有较长的相对稳定、相对繁荣的社会环境，没有超越原始氏族部落的更大社会组合，显然是不可思议的。因此，著名考古学家苏秉琦断言：红山文化牛河梁遗址的发现，说明西辽河流域早在 5000 年前就“产生了基于公社、又凌驾于公社之上的高一级的社会组织形式”。良渚文化具有发达的农业和手工业，已发掘的遗址分布密度非常之大，反映出人口数量的高度增长，而这必须依赖农业提供大量的粮食。在原始手工业方面，考古材料非常丰富，涉及竹编、木器、制陶、丝麻纺织、玉器加工等诸多行业，不但反映出较高的工艺技术水平，而且显示出社会分工的发达。良渚文化的许多墓地都是建筑在人工堆筑的巨大土堆上的贵族茔

图 1–2　浙江余杭瑶山良渚文化贵族墓地

地，有木棺或木椁，随葬大量的玉器、陶器，并有人殉人祭的现象。（图 1—2）在贵族墓地中，依据随葬玉琮、玉璧、王钺等玉礼器侧重点不同，可以区分出墓主人不同的身份。礼器齐备的墓主人，无疑属于最高的阶层，执掌着社会最重要的职能——祭祀与征伐，并能征发相当的劳力营建巨大的坟墓。山西临汾陶寺遗址最高级的大墓，随葬品多达一二百件，且制作精美。其中龙盘、鼍鼓、特磬、土鼓、玉钺等象征威权的成套重要礼器的存在，不但昭示着礼制的初步形成，而且也说明大墓主人执掌着当时最重要的社会职能。可见，良渚、陶寺的大墓主人已经不只是部落首领，而是早期国家的统治者。

大约在公元前 3000—前 2000 年，黄河、长江流域陆续出现了许多用夯土城墙或石头筑成的城邑遗址。如山东章丘城子崖，河南登封王城岗、淮阳平粮台，湖北天门石家河等遗址，发现有面积巨大的公共建筑、陶器作坊、下水设施，护城河和防御性建筑。石家河遗址甚至在方圆八平方公里的范围内有几十处同期遗址，形成卫星式遗址群，足可构成一个方国。城邑式遗址分布格局表明，在新石器时代晚期的龙山文化时代，黄河、长江中下游地区已陆续形成了邦国林立的局面。这种状况同文献记载中夏代之前“五帝”时期“万国”并存的传说相吻合。应该说国家的雏形已然形成，即将跨入文明社会。

综上所述，中华文明的起源既是本土的又是多中心的，在新石器时代主要文化遗存中，已经具有许多带有中国特色的文化因素，应该说中华文明就是在这些因素的基础上发展形成的。无可否认，黄河中下游地区是中华文明的重要发源地，它孕育了中华民族最早的国家形态，而且长时期是中国经济文化的中心。但是甘肃秦安大地湾仰韶文化的殿堂式建筑群，辽西红山文化的祭坛、女神庙、积石冢所包含的殿堂建筑模式与祭天、陵寝等内容，均与商周及以后中国古代制度有渊源关系。红山文化的玉器群与商代玉器群题材相同，风格有渊源关系；（图 1—3）良渚文化的玉器群与红山文化玉器群属于两个系统，但良渚文化的玉器文化同样在商周得到继承和发展。商、周二代都把玉器视为至宝，将玉琮、玉璧等作为祭天地鬼神的

图 1-3 内蒙古三星塔拉出土的红山文化玉龙

礼器，所谓“苍璧礼天，黄琮礼地”。只是玉琮在商周时代已远不如良渚文化时期辉煌，因为它沟通天地与权力象征的两大作用被“九鼎”，即青铜礼器所取代。夏商周三代文化既是以黄河中下游的新石器文化为主要源头，同时也是其他多种新石器文化内向汇聚熔铸的结晶，表明新石器文化是多元区域性发展，尔后又融合、汇聚于中原，创造了数千年光辉灿烂的中华文明史。

从“以玉为兵”的黄帝到“以铜为兵”的禹，中华民族实际是在向青铜时代过渡的过程中，完成了向文明的过渡。传说的尧、舜、禹时期，部落领袖实际已经具有相当于后世国王的权力，只是这一职位还要由各部落首长协商推选，史称“禅让”。据说尧、舜、禹之间就是经过“禅让”转移权力的。新石器时代晚期，随着私有财产的丰富和部落领袖权力的增加，权力和财富的继承也被垄断。夏禹死后，其子启继位，把“禅让”的公天下，变成了传子的家天下，确立了“大人世及以为礼”的制度（以子继父为世，以弟继兄为及）。至此，国家形态正式产生，中国进入了有史社会。

## 第二节 神话传说的文化寓意

新石器文化的多元区域性发展，表明史前时期中华大地上存在过许多创造文化的氏族部落和方国，是中国版的“英雄时代”。这不仅为考古发掘所证实，而且在神话传说、民族学等方面也有许多资料可资佐证。世界任何民族最初的历史，总是用“口耳相传”的方法流传，古文献中保存的古代传说，都是因当时没有文字而流传下来的史料，用这种史料所记述的时代，也被称作“传说时代”。中国古代文献中，记载了天地开辟、人类起源、文明肇始之类神话传说，徐旭生与苏秉琦合撰的《试论传说材料的整理与传说时代的研究》一文，把这些材料分为原生和再生两类，原生的包括所有见于早期记载的传闻异说，再生的包括一切见于后期记载的、伪托的、孳生的传说故事。再生的部分基本发生在东汉以后，但其中并非完全没有原生的内容。根据材料的内容与写定的先后，大概分为三期：第一期，包括商周到战国前期的作品。如甲骨文、金文及《尚书》、《周易》、《诗经》、《论语》、《左传》、《国语》等书。第二期，包括战国后期到西汉末的作品。如先秦诸子、《周书》、《山海经》、《国策》、《大戴礼》、《史记》、《淮南子》等著述。第三期，东汉以后作品。如谯周、皇甫谧、郦道元诸人书中的传说。除

图 1-4 唐代伏羲女娲帛画

了文献记载外，战国秦汉考古发现的一些帛画、画像石、画像砖、壁画，也有许多神话传说题材，可以增进我们的了解。正是借助于文献和考古的资料，我们得以知道有关盘古、女娲、伏羲、黄帝、炎帝、蚩尤、帝俊、后羿、夸父、嫦娥等上古神话传说故事，进而推测史前文化的面貌。(图 1—4)

神话自然不能当做历史来穿凿附会，但神话的流传及其内涵，实在是文化传统嬗变中其来有自的现象，不会凭空产生。赫胥黎说："古代的传说，如用现代严密的科学方法去检验，大都是像梦一样平凡地消逝了。但是奇怪的是，这种像梦一样的传说，往往是一个半醒半睡的梦，预示着真实。"[1] 古代文献中记载的史前社会"三皇五帝"之类神话传说，虽然屡经臆测改篡，但拨去历史的迷雾，仍不难发现有价值的因素。"三皇五帝"自然不会像儒家学派纂集的帝王谱系那样精心排列，但是其具体名号如何，史前社会有无其人，实际上并不重要。我们可以把他们看做是我们祖先处于史前各个不同文化阶段的象征，可以笼统地说，他们是史前社会华夏、羌、夷、戎、狄、苗、蛮等氏族部落的首领，或者是氏族部落的象征物（图腾），或者是氏族部落的名号。他们所代表的氏族部落，"随着社会生产的发展和人口的增加，氏族部落的不断迁移和相互交往的扩大，各个部落之间在某些时候，某些地方形成相反的利益，而在另一些时候和另一些地方又形成了相同的利益，由此引起了各个部落的分化和组合、战争和联盟，逐渐形成为不

〔1〕赫胥黎《类人猿的自然史》，《人在自然中的位置》，科学出版社，1971，第 1 页。

同的民族”（郭沫若主编《中国史稿》）。这些民族就是今天的汉族和其他少数民族的前身。

民族融合、发展的过程，实际上也是文化融合、发展的过程，而在这一过程中，文明程度高的民族往往占有主导地位。根据已故文化史专家徐旭生的研究，中华民族的远祖可分为华夏、东夷、苗蛮三大文化集团。[1] 华夏集团发祥于黄土高原，后沿黄河东进，散布于中国的中部及北部地区。即仰韶文化、河南龙山文化分布区。华夏集团内部分成两支：姬姓的黄帝氏族，姜姓的炎帝氏族。“昔少典氏娶于有峤氏，生黄帝、炎帝。黄帝以姬水成，炎帝以姜水成。成而异德，故黄帝为姬，炎帝为姜。”（《国语 · 晋语四》）黄帝位列五帝之首，传说炎帝是他的弟弟，五帝中的颛顼、帝喾，以及夏、商、周的始祖，也都跟黄帝有血缘关系。当然这种关系很可能出于后人的伪造，因为中国人强烈的“大一统”观念，往往会用血缘关系来统辖各个部族。（图 1—5）但是与考古发掘相互印证，我们还是可以推测一些史前社会的端倪。

东夷集团的活动区域主要在黄河下游，包括今山东、河南东南和安徽中部地区。在考古学上，属大汶口文化、山东龙山文化及青莲岗文化江北类型分布区。五帝中的太昊、少昊，以及与黄帝恶战的蚩尤、凿井的伯益、射日的后羿、为舜掌管刑法的皋陶，都属于这个集团。

苗蛮集团主要活动于今湖北、湖南、江西一带。即大溪文化、屈家岭文化分布区，如若向东延伸，河姆渡文化、良渚文化等也可归入此集团。三苗、伏羲、女娲、驩兜，都属于这个集团。

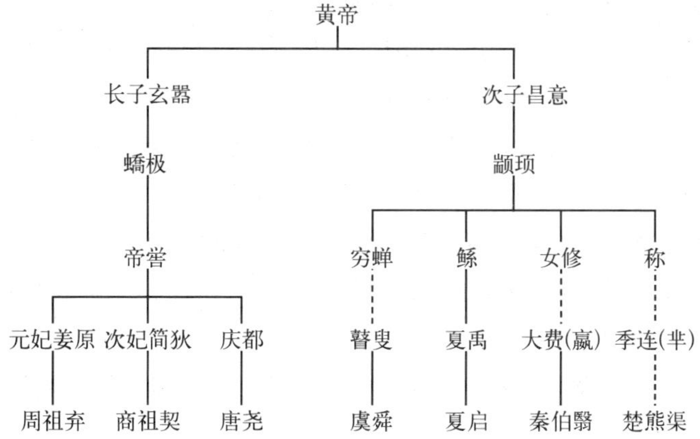


图 1—5《史记》所载黄帝世系

〔1〕徐旭生《中国古史的传说时代》，文物出版社，1985。

随着社会生产力的发展和文明程度的提高，私有财产、私有观念萌生，血缘关系逐渐为地域关系所取代，各氏族部落基于自己的利益和崇尚，诉诸武力解决矛盾冲突。黄帝、炎帝所代表的部族，兄弟同室操戈，大战于阪泉之野，炎帝溃败，黄帝独自成为华夏集团的代表。此后，黄帝又与东夷集团的蚩尤大战于涿鹿之野，获胜后将蚩尤处死。黄帝之后，华夏集团经尧、舜、禹几代努力，又征服了苗蛮集团，把中华文明传播到两湖三湘大地。华夏集团的胜利，巩固了其在中华民族及文化多元发生中的主流地位，“华夏”成为中华民族的历史称号，“黄帝”成为中华民族共同祭奠的人文始祖。实际上经历了大规模战争、迁徙之后，华夏集团本身的民族血液、文化纯洁都已不复存在，大量融进东夷、苗蛮等诸多部族的文化成分。实际上，“世界上没有血统很纯粹的民族。民族既非单元，文化也就不会单元。反过来，文化越灿烂，民族的血统似乎越复杂”[1]。

## 第三节 民族融合与民族迁徙

中国古史传说中有“五帝时代”，苏秉琦氏根据考古发掘成果，揭示出其活动背景。五帝时代大约以距今5000年为界分为前后两大阶段，前段以黄帝为代表，后段的代表是尧、舜、禹。古史记载，尧、舜、禹活动的中心在晋南一带，大约就是在这个时期出现了“中国”一词。此时，万邦林立，各邦的“诉讼”、“朝贺”，均由四面八方“之中国”，出现了最初的“中国”概念。但这只是承认万邦之中有一个不十分确切的中心，此时的“中国”概念可以说是“共识的中国”。夏、商、周三代，基于方国的成熟与发展，出现了松散联邦式的“中国”。周天子“普天之下，莫非王土，率土之滨，莫非王臣”，实际只是“理想的中国”。秦始皇完成统一大业，秦汉帝国建立，“理想的中国”才真正变为“现实的中国”[2]。因此，“中国”概念的形成过程，又是中华民族多支祖先不断组合与重组的过程。五帝时代，夏、商、周时代，无不如此，只是主题有所变化。如果说夏、商两代还是以“诸夷猾夏”、“诸夷率服”，夷、夏较量，互为消长为特点的话，那么西周

---

〔1〕岑仲勉《西周社会制度问题》，上海人民出版社，1957，第111页。
〔2〕苏秉琦《中国文明起源新探》，三联书店，1999。

至春秋时期则是以“以夏变夷”为其主流，“尊王攘夷”成为诸侯竞相揭橥的旗帜。战国时代，孟子说“吾闻用夏变夷者，未闻变于夷者也”[1]，标志着夷夏共同体重组的历史使命已经大致完成，从而为秦汉时期建立中华民族多元一体的格局奠定了社会基础。

夏、商、周三代在政治继承制度和国家的政治构筑形态方面，同处在由村落社会过渡到国家社会时期。三代之间的关系，并不似后世王朝的前后继替。根据《史记》的说法，夏商周三代的祖先，禹、契和后稷，都在帝尧、帝舜的朝廷里服务。夏商周应是自黄帝下来一直平行存在的三个政治集团，他们之间的更替，只是代表对统治中心的占据和势力强弱的浮沉而已。[2] 但是三代在文化方面，根据文献考古资料来看，基本表现为平行并进，互为重叠影响，大同小异。所谓“三代之礼一也，民共由之”。(《礼记·礼器》)《论语·为政》：“殷因于夏礼，所损益可知也；周因于殷礼，所损益可知也。”夏、商、周的氏族来源固然不一，宗庙各异，但均发展出城邑式的宗族统治机构，君王的继承制度也有基本上的类似。而且在物质文化方面，基本特点也是一致的。比如，都以农耕为主要生业，都以土葬为主要埋葬方式，陶器都以灰色印纹陶为特征，器形以三足和圈足为特征。凡此种种，足以表明中国文化在其早期即产生了自身的凝聚力，可谓“寻其本则一脉相承”。

春秋、战国是中国历史上空前动荡和分裂的时期，但是中国统一的基础也就在列国兼并战争之中奠定。兼并战争就是弱肉强食，强大的国家随着兼并的国家越来越多，实力越来越强。齐国兼并了山东半岛及沿海地区大量的东夷小国；楚国兼并了长江、汉水沿岸的各个诸侯国，基本统一了长江流域；燕、赵二国消灭了北中国的大量少数民族，将之同化；秦国在西北地区也大量兼并少数民族和诸侯小国。这些兼并过程，既进一步拓宽了中国的疆域，又加速了各民族各地区文化的融会交流，为统一打下了基础。

王室陵夷，诸侯力政，战乱频仍，生灵涂炭。长久分裂造成的痛苦，也加剧了华夏民族业已存在的向往天下一统的心理趋势。统一天下，不但是国君的野心，同时也是全社会对秩序的渴望。在诸子百家争鸣、文化多元发生阶段，实际已经孕育着文化整合的力量。“尊王攘夷”成为春秋霸主竞相揭橥的旗帜，孔子念念不忘“宗周”，墨子倡言“一同天下之义”，都表现出社会向往统一与秩序。战国时代，孟子发出天下统一才能安定的横议，荀子则呼唤“四海之内若一家”。成文于

[1]《孟子》卷五，滕文公章句上。

[2] 参见张光直《从夏商周三代考古论三代关系与中国古代国家的形成》，载《中国青铜时代》，三联书店，1983。

战国晚期的《禹贡》，以“九州”划分天下，表明一统国家地域观念的明确。

秦始皇顺应时代潮流，凭借秦国强大的军事、经济实力，先后兼并东方六国，完成了统一大业。秦的统一，在文化史上具有划时代的意义。它标志着中华文化共同体的初步形成。国家统一，多元文化整合的速度和力度加强；而整合后的一统文化，具有强大的凝聚力和向心力，又反过来增进政治一统。经过秦汉四百余年的文化建设，树立了中华文化共同体的观念核心，造就了全社会强烈的文化认同心理。统一是合理的、正常的，分裂是违理的、反常的，成为中华民族的心理定势。而在儒家学派复古思想的影响之下，单一轴心纵向展开的历史观念也日益深入人心。正如顾颉刚先生的精辟概括，在从孔子到王莽，层累地造成的中国古史体系之中，自古以来的朝代只有唐、虞、夏、商、周五个。古代帝王之间总有血缘的联系，神的系统变作了人的系统。原本并立的四方种族祖先被前后排列起来，横的系统变成纵的系统。任何异种族异文化的古人都串联到诸夏民族与中原文化的系统里，把“地图”写成了“年表”。[1]这一古史体系古史辨派指斥其为伪造，实际它是大一统历史观念的折射，而且为中国文化留下了丰厚的遗产，这就是中华民族传统中的两大偶像：民族的偶像是黄帝，疆域的偶像是大禹。(图1—6)黄帝作为人文始祖，凝聚着广大炎黄子孙；九州一统的观念，有效地阻遏了历代的

图1-6 轩辕黄帝像

〔1〕顾颉刚《战国秦汉间人的造伪与辨伪》，《汉代学术史略》附录，东方出版社，1996。

分裂势力。

汉代初期，实施与民休息政策，往往以“和亲”等方式安抚周边少数民族。汉武帝执政开始，汉王朝经过数十年的休养生息，进入政治、经济发展的全盛时期。汉武帝本人深具雄才大略，自然不甘心清静无为的保守政治，执政期间，不但大力削弱地方割据势力，加强中央集权，同时在军事上开疆拓土，声威远播。伴随着汉王朝扩张的步伐，高度发达的汉文化也传播到了周边地区，与当地的土著文化发生碰撞，相互交流。其间，汉与西域的文化交流堪称是最辉煌的篇章。西域与内地的联系，始于遥远的历史年代，但大规模的交流却始于汉武帝时代。汉王朝凭借强盛的军事、经济实力，开疆拓土，挺进西北。当时对汉朝威胁最大的是西北地区的游牧民族——匈奴。建元三年（前 138），汉武帝派遣张骞通使西域，寻找被匈奴驱逐西迁的大月氏人，希望他们返回故地，共同夹击匈奴贵族。张骞历经千辛万苦，跨越大宛、康居，到达大月氏。尽管大月氏陶醉于大夏故国的肥沃土地，不愿返乡复仇，使张骞无功而返。但张骞打通了贯穿中亚，进而联结欧洲及北非的交通干线——“丝绸之路”，内地与西域乃至中西文化交流从此拉开了新的序幕。

张骞自西域探险归来，轰动朝野。他的成功对汉人的刺激，不亚于哥伦布发现新大陆对欧洲人的刺激。它大大地开拓了汉人的视野，西域奇特的风俗人情，丰富的物产，对汉人也是极大的诱惑。汉武帝在对匈奴战争之后，第二次派张骞出使西域。此后，不断有使节携带精美的丝绸、漆器，踏着张骞的足迹，由长安出发，西出阳关。这些使者不但带去了精美的丝绸，同时也将汉文化传播到了西域地区。西域各国的使节、商贾、军人，怀着对汉文明的向往，骑着骆驼，经过长长的丝绸之路，来到汉帝国。伴随着他们的足迹，西域文化也传播到汉帝国。（彩图 2）据史书记载，西汉京师长安，西域货物云集，异国客人熙熙攘攘。大宛的葡萄、石榴、胡麻，乌孙的黄瓜，奄蔡的貂皮，大月氏的毛织品，异域的杂技、音乐、绘画艺术、风土人情，注入中土。其中杂技、音乐等艺术最受汉人关注，且引起帝国上层的重视。此后西域的音乐、杂技等艺术形式，大量在中土扎根，箜篌、琵琶等乐器就是当时传进的。为了维护中西交流的通道，汉武帝下令在河西置郡县，筑长城，设驿站，保护来往于丝路上的使节、商贾，甚至派出公主和亲，结好乌孙。

在统一的秦汉帝国之后，中国历史进入了三国鼎立、“五胡乱华”、南北对峙的分裂和动荡时期。其中黄河流域的广大地区，自 4 世纪初到 6 世纪末叶，长期处于外来民族的控制之下。内迁和沿边的诸少数民族，纷纷登上北中国的历史舞台，建立起自己的政权。由于文明发展程度不同，文化存在差异，民族关系呈现出错综复杂的局面。其间有民族歧视、压迫，甚至仇杀，有胡化抑或汉化的激烈对抗，但是总体趋势是民族融合。在高度发达的汉族文明影响之下，不同民族之间经过渗透融合，混融为中华民族的整体。匈奴、羯、鲜卑、氐、羌这些显赫一时的民族，以及许多杂“胡”，都是在此期间解体，步入了历史。

魏晋南北朝时期的北方民族，除汉族之外，主要是匈奴、鲜卑、羯、氐、羌、乌桓等民族。这些民族原来大都散居在中国的西北部和东北部的边境地区，过着比较原始的游牧生活。东汉末年开始的军阀连年混战，本来人口集中的黄河中下游地区遭到严重破坏，各地豪强为了弥补兵源不足和劳动力的缺乏，纷纷招引或逼迫边境各民族内迁。有些少数民族头领，也利用中原军阀混战之机，主动举族内迁。魏晋时期内迁人口的数量已相当巨大，《晋书 · 文帝纪》记载的就有八百七十余万口。少数民族迁居到原汉族居住区后，分布散漫，形成诸族犬牙交错的状态。（图 1—7）魏晋政府和汉族豪强对内迁少数民族实施奴役和剥削，他们被征兵、服劳役，为豪强地主做田客，地位近乎奴隶，而且经常被贩卖。因此内迁各族理所当然对魏晋统治者产生不满，这些民族头领便利用这种不满情绪，煽动民族复仇。

公元 3 世纪末叶，西晋王室自相残杀的“八王之乱”，开启了中原乃至广大北方地区混战的序幕。匈奴、鲜卑、羯、氐、羌诸民族利用西晋王朝自我毁灭创造

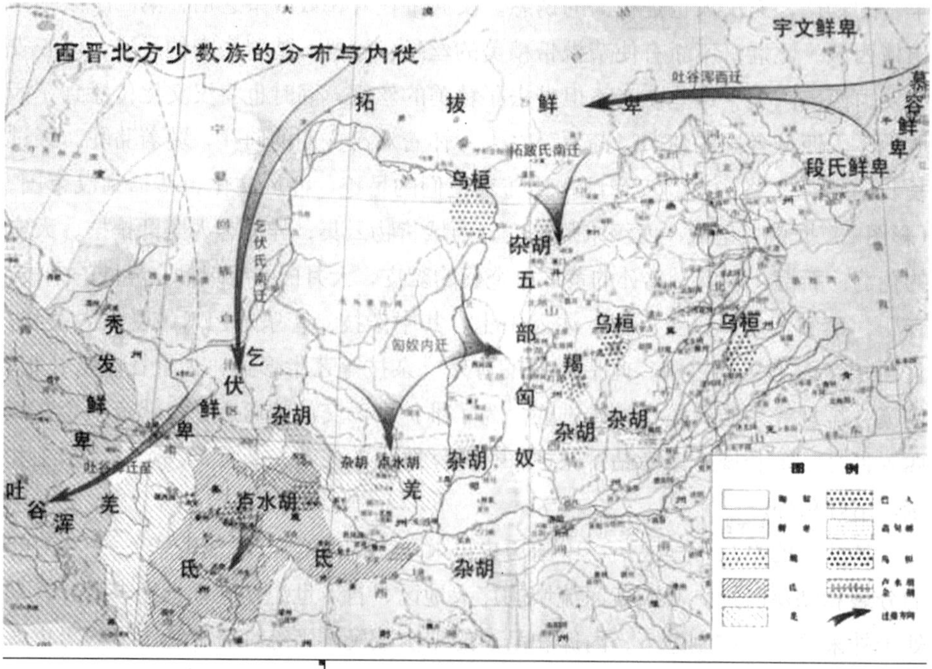


图 1−7 少数民族内迁示意图

的机会，先后在中原地区建立自己的政权，他们彼此之间以及与汉族政权之间进行了残酷的厮杀，民族矛盾达到白热化。从公元304年匈奴刘渊建立汉国到北魏统一北方之前，短短的一百多年时间，王朝嬗代犹如走马灯，战乱频仍，为害剧烈，成为中华文明史上黑暗的一页。史称“五胡乱华”，即“五胡十六国时期”。

十六国指汉及前赵（匈奴）、后赵（羯）、前燕（鲜卑）、成汉（巴氐）、前凉（汉）、前秦（氐）、后秦（羌）、后燕（鲜卑）、西秦（鲜卑）、后凉（氐）、南凉（鲜卑）、西凉（汉）、北凉（卢水胡）、南燕（鲜卑）、北燕（汉）、夏（匈奴）等16个政权。其中成汉在巴蜀地区。在传统的十六国之外，还有汉人冉闵建立的魏、丁灵翟氏建立的魏、武都氐帅杨氏建立的仇池国、鲜卑慕容氏建立的西燕、鲜卑拓跋氏建立的代五个政权，先后总计建立了21个政权。其中，后赵、前燕、前秦都曾占据过北方的大部分疆域，前秦甚至基本上统一了北方，不过时间都很短。一百多年的时间，北方基本处于战乱状态。

由于北方各族混战，灾难深重，中原地区的汉族百姓为逃避战火，掀起移民江南的热潮。特别是东晋建都建业（今南京）之后，北方世家大族率先举族迁居江南，追随正统王朝，尔后普通民众大迁徙，许多地方官府机构会同民户整个迁到江南，产生了历史上独特的“侨置郡县”现象。魏晋时期的南方，除汉族之外，主要有越、蛮、傒、俚、僚、爨等民族。他们大多散居在深山峡谷之中，过着比较原始的村社生活。代表汉族正统的晋政权南迁之后，政治中心随之南移，世家大族大量移居江南。为补充兵源和劳动力，南朝统治者逼迫南方少数民族出山，采取的办法是武力征服、烧山和怀柔。南方民族被迫移居山外，为汉族贵族服役、耕作。由于大批北方居民的迁入，黄河流域相对先进的生产技术传到江南，促进了当地经济的发展，加之得天独厚的自然条件，相对太平的社会环境，使江南很快成为全国经济的重心。延至唐朝，全国财富以扬州为第一，益州为第二，标志着中国经济中心正式由北方转移到了南方。

江南之外，中原汉族百姓还逃避到辽西、凉州等边远地区。辽西地区在中原混战之时，相对和平稳定，河北的汉族百姓纷纷到此避难，设置了许多侨郡、侨县，致使“流人之多旧土十倍有余”。(《晋书·慕容皝载纪》)经济也相应得到发展，成为新的经济开发区。凉州地区在西汉时代就因丝绸之路上发达的经济贸易而得到一定发展，魏晋南北朝时期，该地区还比较稳定，吸引了大批汉人，除传统的河西走廊之外，连带其他地区也得到了开发。

# 第四节 汉化与胡化的较量

民族的兼并、迁徙不但导致了族群的混融，而且也加速了文化的融合。在民族融合的过程中，发挥决定作用的是文化，而不是血统，种族的歧视只是暂时的，而文化的融合则是永久的。陈寅恪先生即指出：“汉人与胡人之分别，在北朝时代文化较血统尤为重要，凡汉化之人即目为汉人，胡化之人即目为胡人，其血统如何，在所不论。”[1]中古时期，北方诸民族文明发展程度参差不齐，且均远远落后于高度发达的汉族文明。他们迁徙到传统的汉族居住区之后，必然受到处于强势地位的汉文化的熏陶，而他们所建立的政权，为了能够稳定在汉族地区的统治，也不得不拉拢汉族头面人物，吸收先进的汉族文化。正是在这一背景下，进入中原地区的北方少数民族，不但族群逐渐解体，固有的文化也被“汉化”。

在胡族汉化的历史进程中，后赵的石勒，前秦的苻坚，北魏的孝文帝，都是颇具代表性的推动人物。石勒虽然在政治上主要依靠羯人和其他“胡”族，但是非常注意拉拢汉族失意士人，如张宾就成了石勒的谋主。在攻陷冀州时，石勒就搜罗当地“衣冠人物，集为君子营”。定都襄国后，又专设“崇仁里”，安排汉人士族居住，下令禁止“胡”人“侮易衣冠华族”。石勒还恢复九品中正制度，并通过察举、考经等办法，为士人参政广开门路。石勒在襄国设太学，令“胡”人贵族子弟入学，学习汉族文化。还设专官主管经学、律学和史学，开办文化事业，表现出对汉文明的崇尚。由于石勒的笼络，不少汉族士人甘愿为他效劳，对后赵的巩固和发展起到了重要作用。五胡之中，氐族受汉文明的影响较深，苻坚登基之后，即重用汉族寒门士人王猛，进行一系列改革，强化封建的中央集权制度。苻坚还听从王猛的建议，采取了一些恢复和发展汉族文化的措施。他广立学校，提倡儒学，令公卿贵族、将佐子弟以及宿卫战士和宫中后妃入学受业。苻坚每月一临太学，亲自考问学生经义，提拔成绩优异者做官。苻坚还下令“复魏晋士籍”，维护士族特权，争取汉族士大夫的支持。由于政治修明，文化措施得当，前秦的国力增强，版图一度西至西域，东极于海，北尽沙漠，南至西南边陲，只有占据东南一隅的东晋与之对峙。

五胡之中，汉化最为彻底，而且影响深远的还是北魏的汉化改革。建立北魏

---

〔1〕陈寅恪《唐代政治史述论稿》上篇，上海古籍出版社，1982。

政权的鲜卑拓跋部起于大兴安岭的崇山峻岭之中，入主中原比较晚，在五胡之中是社会发展落后、文明程度比较低的民族。进入比较先进的中原居住区后，在政治制度、生活习俗等方面都与中原传统格格不入，民族矛盾尖锐。有鉴于此，文明太后冯氏及孝文帝执政时期，遵循北魏政权封建化的需要，进行了比较彻底的汉化改革。冯太后在汉族士人的辅佐下，首先确立汉族传统的礼仪文教制度，建学校，定乐章，立孔子庙于京师；进而认黄帝为拓跋远祖，以华夏苗裔自居。《北史·魏本纪·序纪》说："魏之先出自黄帝轩辕氏。黄帝子曰昌意，昌意之少子受封北国，有大鲜卑山，因以为界。黄帝以土德王，北俗谓土为托（拓），谓后为跋，故以为氏。其裔始均……舜命为田祖。"鲜卑拓跋摇身一变，具有华汉一脉的正统地位，充分体现出对中原华夏文明的认同。孝文帝亲政之后，进一步推行改革和汉化。他把首都从僻处边塞的平城迁到中原腹地洛阳，并且依照魏晋南朝制度改定官制。他又下令禁止胡服，改穿汉人服装；（图1—8）并禁断胡语，把汉语作为唯一通行的语言；还改变鲜卑人的姓氏，把复姓改为音近的单音汉姓，皇族拓跋氏改为元氏；规定随迁洛阳的鲜卑人一律以河南洛阳为原籍，死后不得归葬代北。孝文帝亲自拟定条制，辨别鲜卑贵族和汉族士人的门第高下，恢复门阀制度，并鼓励鲜汉通婚。孝文帝自己即选择中原大姓家的女子作为后宫，还为五个皇弟分别聘李、郑、卢姓女子为王妃，许多鲜卑公主也嫁给汉族高门。通过门阀制度的确立和婚姻的结合，鲜汉贵族进一步合流，民族矛盾得到缓解。北魏的汉化改革措施，也促进了北方社会经济的恢复和发展，迁都洛阳之后，这座昔日名都迅速文明昌盛，重新成为北方政治、经济、文化的中心。亲身到过洛阳的南

图1-8 褒衣博带，龙门宾阳中洞北魏浮雕《礼佛图》（孙机绘）

朝人记载说:“自晋、宋以来,号洛阳为荒土,此中谓长江以北,尽是夷狄。昨至洛阳,始知衣冠士族,并在中原,礼仪富盛,人物殷阜,目所不识,口不能传。”(《洛阳伽蓝记·城东》)汉化改革的成就,显而易见。

汉化是必然的历史趋势,但是汉化的过程并非一帆风顺,而是经常受到胡化的冲击。入主中原的各少数民族,由于尚处在社会发展的早期阶段,虽然不同程度地接受了汉族的影响,但基本上还保存着自己的部落组织,有自己的语言和习俗,统治方式也具有部落军事统治和封建统治的二重性,生产方式和生活习俗表现出相当程度的野蛮和落后。胡族军事集团基于其游牧民族的习性,赤裸裸地掠夺和滥杀,更是对华夏文明造成了严重破坏。匈奴族建立的汉国,占据了黄河中下游广大地区,把各族人民大批地迁到山西地区,采用胡汉分治的办法,加强控制。后赵石勒颇具政治见识,崇尚汉族文化,但是也未能摆脱刘汉政权胡汉分治的民族局限,甚至走得更远。他下令以羯人为“国人”,不准称他们为“胡”,“国人”的社会地位高人一等,完全与民族融合的客观要求背道而驰。前秦王猛的改革措施,触犯了氐族贵族的利益,在汉化与胡化的问题上斗争十分激烈,得力于苻坚的强力支持,才能够推行。而苻坚的支持并不是一贯的,王猛死后,族内守旧势力抬头,苻坚不仅放弃了王猛打击氐豪的作法,还把关陇氐人15万户分配到诸方要镇,残酷压迫当地人民,造成民族矛盾激化。北魏的汉化改革深入而彻底,因而招致了保守的鲜卑贵族的激烈反抗。孝文帝迁都洛阳,鲜卑贵族坚决反对,最后不得不以南伐为名义,率30万大军南下。连绵不断的秋雨,让长途跋涉的鲜卑贵族和士兵困乏不堪,到达洛阳后都不愿继续前进,孝文帝乘机宣布定都洛阳。孝文帝的汉化措施也受到鲜卑宗室贵族的强烈抵制,他们对孝文帝信用汉人而疏远“国戚”表示不满,甚至屡屡发动叛乱进行反抗。

当然,文化融合的趋势并不以部分人的意志为转移,在强势的汉文化压力之下,入主中原的各少数民族迅速融入汉族这一主导民族。匈奴、鲜卑、羯、氐、羌,包括南方的越、蛮、傒、俚、僚、爨,作为民族名号已然隐入历史,但是其文化因子并未消解,在隋唐乃至以后的社会,仍然显现着灵光。

汉代建立起的丝绸之路,加强了中原与西域地区的联系,进而引发了各国之间向往接触的强烈愿望,并进行了初步的商贸和文化交往。但是从汉末到隋初三百多年时间内,由于战乱绵延不断,中原王朝无力经营西域,致使其长期为割据势力和少数民族控制,丝绸之路时断时续,中西交流受到严重影响。隋朝立国之后,鉴于突厥、吐谷浑称霸西域,阻断丝绸之路的局面,决心打通西域。隋炀帝委派大将薛世雄、裴矩建立伊吾城,控制咽喉要地,并广开屯田,保证西域之路的畅通。炀帝还任命知晓边事的裴矩为“监知关市”,吸引西域诸国到张掖进行贸易。裴矩通过与胡商的交往，详细了解各国的风俗物产和山川险易，准确描述出了通往西方到达波斯、东罗马的三条道路。这些记录不仅有助于国家的决策，而且使原来并不固定的通道更加确定、畅通。隋大业五年（609），炀帝巡幸河右，深入祁连山腹地，极大地传播了中原王朝的声威，西域和中原的经贸往来随之日趋活跃。

唐朝开国之后，大力经营西北边境，陆续平定了突厥、回纥等北方民族。在宫中为此举行的庆祝宴会上，突厥颉利可汗起舞，南蛮酋长冯智戴咏诗，太上皇李渊高兴地赞叹说："胡越一家，自古未有也！"（彩图3）太宗李世民也对来自中亚安国的使者说："西突厥已降，商旅可行矣！"[1]在行政建制方面，唐代在河西走廊设凉、甘、肃、瓜、沙五州，并于天山南北置安西、北庭都护府，统辖高昌、焉耆、龟兹、于阗、疏勒、碎叶等重镇，唐朝皇帝被西北诸民族尊为天可汗。安西、北庭都护府的设立，不仅使隋代的三道交通动脉主线西延，而且形成众多的支线。频繁的经济贸易和人员往来促进了文化的交流，东西方不同背景的文化都在丝绸之路留下了自己的印迹。

地处河西走廊西端的敦煌，作为国际文化进入中原的门户，在这方面最具有代表意义。敦煌在汉代已经设郡，集聚了大批西域人和汉人，成为"华戎所交一都会"。隋代裴矩描述的通西域的三条道路，"总凑敦煌，是其咽喉之地"。唐人则把坐落于敦煌西南的阳关看做是一条文化分水岭，"劝君更尽一杯酒，西出阳关无故人"。敦煌因为其特殊的地理位置，而成为军事、文化并重的城镇。往来于丝绸之路的各国商贾、僧侣、使节在此休整，办理关牒手续，许多贸易活动在此拍板成交，有些商人干脆定居创业，成为大唐的编户齐民。民族的杂处，导致了文化的融合，不同背景的文化经过初步的整合之后，又向东传播到关中和中原地区。

唐太宗时文成公主入藏，与吐蕃结盟，是丝绸之路向西南的延伸。（图1—9）文成公主为吐蕃带去了蔬菜种子、药物以及精致的手工艺品，还有一些有关生产技术的书籍。松赞干布因娶公主更仰慕华风，又派吐蕃贵族子弟到长安国学学习诗书，并聘请唐朝文士为他掌管表疏，还向唐朝请求给予蚕种及制造酒、碾硙、纸墨的工匠，都得到了允许。唐中宗时，金城公主出嫁吐蕃赞普，唐朝应公主之请，赐予《毛诗》、《礼记》、《左传》、《文选》等经典。唐蕃古道成为唐与南亚交往的重要通道，吐蕃在其间扮演了融合南亚地区文化，向中原地区交流过渡的角色，藏传佛教对唐以后的中国社会产生了重要的影响。

〔1〕司马光《资治通鉴》卷一九四，唐太宗贞观七年，中华书局，1982。

图 1–9 西藏拉萨布达拉宫中的松赞干布和文成公主塑像

在西南地区，乌蛮联合白蛮建立的南诏，接受唐的封号，臣属于唐。唐玄宗时，南诏王皮逻阁在唐朝的支持和直接参与下，统一六诏。公元 766 年，南诏王阁罗凤建立《南诏德化碑》，追述南诏与唐朝建立和发展关系的历史，表示“我自古及今，为汉不侵不叛之臣”。南诏作为西南多民族融合的共同体，在中原与南亚地区的联系方面起到了重要的纽带作用。在东北地区，靺鞨族建立的渤海国，也一直接受唐朝的册封，保持着臣属关系。渤海国全盛时期，其疆域涵盖今东北大部、朝鲜半岛北部及俄国滨海地区部分，号称“海东盛国”。渤海国是唐朝与东亚地区进行经济文化交往的重要通道。

魏晋南北朝时期多民族的冲突与融合，展示了新民族重构的历史进程。由于战乱、地理隔绝等因素的制约，基于民族融合而产生的文化融合效应，在魏晋南北朝时期还远远没有显示出来，等到隋唐建立统一的帝国之后，胡汉文化融合的效应才得到充分的释放。

隋唐两代都是继承北朝的政权，而且隋唐皇室都出身于汉人豪族和鲜卑权贵共同组成的关陇集团，具有胡汉混杂的血统。因此在民族问题上，“非我族类，其心必异”的政治观念比较淡薄。唐太宗李世民宣称自己“才不逮古人而成功过之”的原因，就是“自古皆贵中华，贱夷狄，朕独爱之如一，故其种族皆依朕如父母”[1]。唐贞观四年，突厥政权崩溃，唐太宗把突厥降部安置在从幽州（今北京）到灵州（今宁夏灵武）的长城沿线以外，并任用效忠唐朝的酋长首领统治管理，使突厥人既能继续游牧，又能为唐朝捍卫边疆。许多归降的突厥酋长首领，还被太宗安排在长安做自己的禁卫军，而且都担任将军、中郎将级别的将领。于是，突厥官员遍布朝廷，仅五品以上的高官就有一百多人，长安城里居住的突厥人达到了几千家。在隋唐两朝，还有大批代北酋豪的后裔官居要职，如隋朝的窦炽、于翼、长孙览、贺若弼、达奚长儒、贺娄子干、元晖、斛律孝卿、宇文述，唐朝的宇文士及、长孙无忌、于志宁、宇文节、狄仁杰等。据统计，唐朝的三百多个宰相，有十分之一左右是鲜卑贵族的后裔。至于在文化领域发挥重要作用的代北及西域族人后裔更是不计其数，如何妥、何稠、宇文恺、陆法言、元稹、白居易、刘禹锡等人，即是代表。无怪乎胡三省注《资治通鉴》要感叹：“自隋以后，名称扬于时者，代北之子孙十居六七矣，氏族之辨，果何益哉！”（图 1—10）

在多元文化的氛围之下，长安出现了“胡化之风”，唐人坦然接受传统汉族士人极力诋拒的胡人风尚。唐太宗的废太子李承乾，在宫城里建五狼头纛，五人置一帐落，平时喜欢说突厥话，穿突厥服，役使宫奴数百人，椎髻彩衣作胡舞，撞击叫啸，声闻于外。他甚至声称：“一朝有天下，当帅数千骑猎于金城西，然后解发为突厥。”[2] 足见其不习惯衣冠文明而向往游牧民族的生活。承乾做太子时八岁，假使不是李家本身尚存有不少胡俗，身旁又有不少胡儿，应不会有如此言行

图 1–10 新疆吐鲁番伯孜克里克石窟 45 窟唐回鹘王族像壁画

[1] 司马光《资治通鉴》卷一九八，唐太宗贞观二十一年，中华书局，1982。
[2] 司马光《资治通鉴》卷一九六，唐太宗贞观十七年，中华书局，1982。

举止。胡人风尚还渗透到了社会各个阶层，就连中唐反对胡化、大声疾呼“愿求牙旷正华音，不令夷夏相交侵”的大诗人白居易，也喜欢在庭院中住毡帐，并写下了不少毡帐诗。西域的胡商在长安广设酒店、珠宝店，聘用能歌善舞的“胡姬”为招待，李白、王绩等文人因经常出入胡商的酒店，笔端遂有“胡姬貌如花，当垆笑春风”、“落花踏尽游何处，笑入胡姬酒肆中”、“风吹柳花满店香，胡姬压酒劝客尝”等名吟，胡姬酒肆把异域文化普及到了市井酒楼。唐人还非常喜欢“胡食”、“胡装”。胡食之中，烧饼最受欢迎，日本僧圆仁入唐，曾见“时行胡饼，俗家皆然”[1]。姚汝能《安禄山事迹》称：“天宝初，贵游士庶好衣胡服……衣服之制度，襟度窄小。”“就中偏称小腰身”的回鹘装，有“四周垂丝网”的吐谷浑长裙帽，用“乌羊毛”织成、顶部略尖、四周织有花纹的蕃帽，髻堆面赭的化妆形式，成为长安服饰的流行风。在日常生活中，胡瓶、胡床、胡饼、胡麻、胡椒等用品和食物都与人们紧密地联系在一起。陕西富平县唐代房陵大长公主墓壁画，有七幅侍女画中的侍女手持带把壶、高足杯、多曲长杯等各种外来器物，表现贵族进食场景，其中手持高足杯的侍女连用手指掐住杯足那种不自然的执物方式，也模仿着异邦情调，显示出商品输入、文化碰撞后引起的生活方式的变化。

唐朝还主动吸收外来文化，陆续引入的异域新颖的音乐、舞蹈、绘画等艺术样式，为传统文化注入了新鲜元素。唐太宗时，增订国家雅乐为十部乐，分别是燕乐、清乐、西凉乐、天竺乐、高丽乐、龟兹乐、安国乐、疏勒乐、康国乐、高昌乐，广泛融合了域外音乐形式。箜篌、琵琶、笙、笛、箫、筚篥、铜钹等西域乐器，随之进入了中原文化生活。西域曹国的曹保、曹善才、曹刚一家以善弹琵琶著名，安国的安万善以吹奏筚篥闻名。唐代士大夫多醉心胡乐，王建有诗云：“城头山鸡鸣角角，洛阳家家学胡乐。”风靡于长安的胡舞更使唐人心醉神迷，以至有“禄山胡旋迷君眼”、“贵妃胡旋迷君心”的诗句，其时流行的胡旋、胡腾、柘枝等胡舞样式，至今仍能在唐墓壁画和敦煌壁画雕刻中看到。异域文化的涌入，为唐人的文化生活增添了万千风采。

总之，在魏晋南北朝时期的民族融合过程中，应该说汉化是总体的趋势，但是文化的融合并非只是单向的，而是双向甚至是多向的。伴随着胡族入居中原，背景广阔的异质文化汇入汉族社会，在对传统文化造成剧烈冲击的同时，也为其带来了新鲜而有活力的因素。实际上正是由于文化融合的多元格局，特别是得益于突破国家、民族、地域限制的“丝绸之路”的畅通，最终促进了南北统一后隋

[1] [日]圆仁《入唐求法巡礼行记》卷三，上海古籍出版社，1986。

唐文化新的整合，造就了空前的辉煌盛世。秦汉时期形成的中华文化共同体，经过魏晋南北朝以至隋唐时期异质文化因素的滋养，不但内核不失强固，而且更具有兼容并包的文化自信，最终形成了向四周强力辐射的文化圈。

## 第五节 北方民族政权建构与文化冲突

在经历魏晋南北朝的“五胡乱华”、隋唐时期的胡汉文化融合之后，公元10—13世纪，中国历史又进入了一个北方民族活动的高峰期。此间契丹人、党项人、女真人、蒙古人先后建立了辽、夏（史称西夏）、金、元四个强大的民族政权。公元17世纪，东北地区的女真人后裔形成满族，他们建立的满清王朝为中国历史上大规模的民族融合画上了圆满的句号。辽、西夏、金、元、清这些北方民族建立的王朝，与历史上匈奴、突厥、回鹘建立的草原游牧民族政权具有很大的不同，他们都是仿照汉族王朝的模式而建立，拥有国号、年号、汉式政权机构和相关的礼仪制度。其统治范围，已不再局限于民族原居住地，而是不同程度地拓展到汉族社会。辽、西夏控制了部分北方和西北的农耕地区；金则入主中原，与南宋形成对峙；元更是混一南北，成为中国历史上第一个北方民族建立的统一王朝；清代，中国的疆域得到进一步的拓展和巩固，北方民族融合达到高峰。在民族融合的广阔背景之下，异质文化之间的冲突、交流、融汇陆续发生，其中北方民族的汉化依然是主流倾向，汉文化的核心地位更加强化。

北方民族均是华夏民族夷狄遇之的所谓野蛮民族。据文献所称，契丹是鲜卑宇文部之后，源流出于古老的东胡。唐初，契丹八部组成部落联盟，联盟长称可汗，受唐赐姓为李。唐代中期起，联盟内耶律氏家族势力不断壮大。至10世纪初，耶律阿保机遂取代可汗之职，并于916年称帝建立契丹国。其次子耶律德光在位期间，利用中原的混乱局势，帮助军阀石敬瑭取代后唐建立后晋政权，因而得到长城以南、包括今天北京和河北、山西北部的燕云十六州作为酬劳。947年，德光出兵灭掉后晋，进入汴京，模仿汉王朝礼仪接受百官朝贺，正式定国号为辽。由于在中原难以立足，很快撤回北方。北宋建立后，辽、宋之间互有攻守。1004年，辽、宋在澶州（今河南濮阳）订立“澶渊之盟”，双方约为兄弟，各守疆界。宋每年向辽支付“岁币”银10万两，绢20万匹。此后双方基本相安无事，直至

图 1-11 西夏王陵

1125 年，辽被新崛起的金所灭。其部分残余势力在皇族耶律大石的率领下至西域重新建国，史称西辽，1218 年亡于蒙古。

党项出自古代的羌人，原居住于四川西北、青海东部，部族众多，互不统属，而以拓跋氏实力最强。唐代前期，党项因吐蕃逼迫，臣服于唐，内迁甘、陕一带。唐代末年，党项首领拓跋思恭协助平定黄巢有功，授夏州节度使，封夏国公，并赐姓李。五代直至宋代初年，党项始终保持藩镇地位，具有相对的独立性。宋真宗时，党项首领德明先后受封为西平王、夏王，他击败吐蕃及甘州回鹘，基本控制了河西走廊。德明之子元昊具有较强的民族意识，继承王位后宣布放弃唐宋王朝赐姓，改回本家族姓氏，并下达“秃发令”，恢复民族旧俗。元昊于 1038 年称帝，国号大夏，建都兴庆府（今宁夏银川），史称西夏。（图 1—11）西夏的疆域东临黄河，西尽玉门关（今甘肃敦煌西），南抵萧关（今甘肃环县北），北连大漠。夏、宋之间于是进入军事对峙状态。1044 年双方达成和议，宋册封元昊为“夏国主”，元昊对宋称臣，作为回报，宋每年给予西夏“岁赐”绢 15 万匹、银 7 万两，茶 3 万斤。金灭北宋后，西夏称臣于金。1127 年，西夏为蒙古所灭。

女真是唐朝黑水靺鞨的后裔，其族源可追溯至上古的肃慎。主要活动范围在黑龙江、松花江流域，因臣属于辽，一部分人被迁至辽东，编入户籍，称为“熟女真”。没有迁徙者，社会形态相对落后，称为“生女真”。辽代后期，完颜部逐渐统一了生女真各部，首领完颜阿骨打于1115年正式称帝，建国号金，定都上京（今黑龙江阿城南）。1125年，金灭辽，1127年，灭北宋。1141年，金与南宋签订“绍兴和议”，双方以东起淮水中流、西至大散关（今陕西宝鸡西南）一线划界。南宋称臣于金，每年缴纳“岁贡”银25万两，绢25万匹。金第四任皇帝海陵王完颜亮在位时，迁都至燕京（今北京），改名中都大兴府。13世纪初，蒙古崛起于漠北草原，南下攻金。金被迫放弃中都，迁都至北宋旧都汴京，扼守河南、陕西的狭窄地区，苟延残喘。1234年，金为蒙古和南宋联军所灭。

蒙古族来源于唐朝的室韦，最初活动于大兴安岭北段，唐末西迁进入漠北草原，部族繁盛。1206年，蒙古部首领铁木真统一漠北，建立大蒙古国，草原贵族尊其为成吉思汗。此后，蒙古铁骑东征西讨，不仅征服了金与西夏，还将势力拓展至中亚、西亚乃至东欧地区，建立起横跨欧亚大陆的世界性帝国。1260年，成吉思汗的孙子忽必烈即大汗之位，蒙古的统治中心自漠北移入汉地，兴建都城于燕京，定名大都。（图1—12）同时推行“汉法”，建立起汉式官僚机构和礼仪制度。1271年，取《易经》“大哉乾元”之义，正式定国号为大元。统治中亚、西

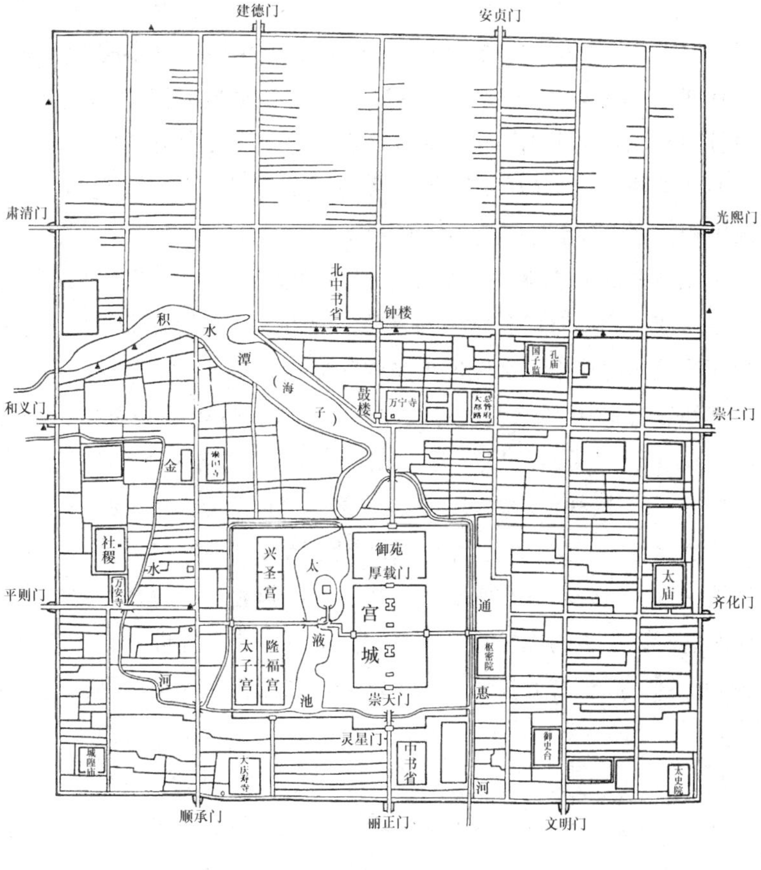


图1-12 元大都城复原平面图

亚、东欧的成吉思汗后裔则形成了相对独立的四大汗国——钦察汗国、伊儿汗国、察合台汗国和窝阔台汗国，元朝对他们仍然保持名义上的宗主关系。1276年，元灭南宋，结束了持续数百年的政权并立，重新确立了大一统的格局。1368年，在农民起义中建立的汉族王朝大明推翻了大元，中央政权又回归汉族统治。

金被元灭亡之后，女真人散布在东北诸地。元代时居住在辽阳等路的女真人，因长期与汉族杂居，从事农业，逐渐趋于汉化。而分布在松花江流域和黑龙江中下游的女真人，则是“无市井城郭，逐水草为居，以射猎为业”[1]。明代初年，这部分女真人逐渐向南迁徙，并形成了建州女真、海西女真和东海女真三大部落。三大部女真社会经济发展水平很不平衡，相互之间为了争夺全族的统治权而不断进行兼并战争，公元17世纪上半叶，建州女真在努尔哈赤的率领下最后完成了对女真各部的统一。努尔哈赤打破原有的氏族血缘关系，创立政治、经济、军事合一的八旗制度，统辖所有女真人，并致力于语言文化的统一。女真各部的统一，为新的民族共同体——满族的形成奠定了基础。公元1616年，努尔哈赤建立了后金政权。公元1635年，皇太极废黜女真旧号，定族名为“满洲”。次年皇太极即皇帝位，改国号为“大清”。公元1644年，明王朝灭亡，清迁都北京，建立了中国历史上最后一个统一的封建王朝。清代是中国统一多民族国家空前巩固和发展的时期，其疆域“东极三姓所属库页岛，西极新疆疏勒至于葱岭，北极外兴安岭，南极广东琼州之崖山”[2]，基本奠定了近、现代中国的版图。清王朝的建立和国土的空前统一，为均已形成单一稳定的民族共同体的中国各个民族创造了政治、经济和文化的联系与交流的极好平台。

北方民族的文明主体属于草原游牧文明，无论是生产还是生活方式，都与中原汉族农业文明存在巨大的差异，因为他们所代表的是两种异质文化，所以在相互接触的过程中，必然发生激烈的碰撞。契丹、党项、女真、蒙古和满洲诸族建立政权并向中原推进，其间往往伴随着大规模的烧杀抢掠，极大地冲击了汉族农业文明。(图1—13）金灭北宋的战火，即导致户口骤降。直至金世宗大定（1161—1188）初年，北方户数仅恢复到三百余万，不及此前北宋北方和辽朝统治区户数总和的一半。蒙古军的破坏则更为惨烈，他们每攻一城，必先劫掠附近的集镇村落，驱赶百姓充当炮灰，死伤不计其数。而一旦遇到抵抗，城破之日就是屠城之时，杀戮的残酷程度，罕见其匹。许多蒙古贵族不知道如何统治管理新占农耕地区，以至有人提出“虽得汉人，亦无所用，不若尽去之，使草木畅茂，以

〔1〕宋濂《元史·地理志》卷五九，中华书局，1976，第1400页。
〔2〕赵尔巽等《清史稿·地理志》卷五四，中华书局，1977，第1891页。

图 1–13 内蒙古昭乌达盟白塔子辽墓壁画契丹人引马图

为牧地”，幸得耶律楚材竭力阻止，才没有付诸实施。[1] 杀戮之外，蒙古贵族、军阀还趁乱隐占大量人口，也直接造成北方户口数字的骤降。清兵入关之后，平定四方的过程同样伴随着杀戮，富庶的江南地区因为强力抵抗，遭受的杀戮尤为惨烈，“扬州十日”，“嘉定三屠”，无不昭示着尖锐的民族矛盾冲突。清代初年还借口无主荒田甚多，大肆圈占京畿地区汉族农民的田地，分给“东来诸王、勋臣、兵丁人等”[2]。自顺治元年（1644）至 1669 年康熙亲政下令停止圈地，其间先后进行了三次大规模的圈地，总共圈占田地 16838 顷之多。圈地运动无疑给发展比较成熟的汉族农业文明造成了巨大的破坏。

北方民族的统治在某种程度上还把奴隶制因素注入汉地，致使社会经济领域中出现了人身依附关系强化的倒退趋势。女真、蒙古社会中都有役使奴婢的传统，进入中原后，通过战争俘虏、罪犯家属籍没和人口贩卖等方式，大量掠夺人口，作为奴婢。据金世宗大定二十三年（1183）的统计数字，女真贵族、平民拥有的奴婢总人数将近 140 万。奴婢在金、元又称为“驱口”，子孙相袭，没有人身自由。元朝法律规定，驱口是主人财产的组成部分，可以任意转卖。元朝的统治还带有很强的民族歧视与压迫色彩，统治者按照被征服的先后将治下百姓分为蒙古、色目、汉人和南人四等，地位依次降低。在户籍管理方面，则依据职业、信仰等因素将全体居民分为若干种，称诸色户计。其中承担特殊行当的“户计”，都是父子兄弟世代相传，不得随便脱籍，表现出更强的人身依附关系。清代的大规模圈

〔1〕宋子贞《中书令耶律公神道碑》，苏天爵编《元文类》卷五七，上海古籍出版社，1993。

〔2〕《清世祖实录》卷一二，中华书局，1985—1987。

地，导致京畿地区汉族农民变成“无田无家”的流民，清廷强迫他们“投充”，即依附于满族地主。而满族地主对于投充人的人身及其财产，都可以随意处置，实际使投充人丧失了平民身份，变成世袭的奴隶。习惯于自耕农生活的汉族农民对此自然强烈反抗，纷纷逃亡，清廷于是制定严厉的“逃人法”，缉捕逃人，形成严重的民族矛盾。

在北方民族南进的浪潮中，中华传统文化遭受极大冲击。战火所及，经籍散亡，学校隳废，儒士颠沛流离，困窘不堪。蒙古入主中原之后，很长时间里满足于“马上治天下”，“视学校为不急，谓诗书为无用”。[1]士大夫无以为生，“混于杂役，堕于屠沽，去为黄冠”[2]，甚至沦为驱口，处境十分悲惨。北方民族建立的政权，其官僚体系基本是本民族旧制与汉制的复合产物，如辽朝即实行南、北面官制度，“(北面)以国制治契丹，(南面)以汉制待汉人”[3]。在官员的选择方面，贵族世袭政治色彩明显，唐宋发展完善的科举制度反而降为从属。元代选官首重怯薛(皇帝的宿卫亲军)近侍，其次为刀笔胥吏，儒士反而出路狭窄，仕进无门。延至清代前期，满洲贵族仍然牢牢控制着重要的职位，在行政管理上，尽管使用汉人，但是并不赋予实权。汉族士人社会地位的低落，实际是儒家文化受到轻视的反映。在北方民族的观念中，儒教思想相对陌生，他们更为熟悉的是萨满之类本民族原始宗教信仰，以及外来的佛教、喇嘛教信仰。元朝建立后，最高统治阶层尊奉吐蕃僧侣为帝师，甚至亲自受戒皈依喇嘛教，并在地方广设帝师殿，供奉第一任帝师八思巴，其规模制度超出孔庙。清代早期，喇嘛教还是十分盛行，在满洲皇室和贵族阶层获得广泛的崇奉，但不再具有国教的地位。

清朝定鼎中原之后，面对人口占据绝对多数且文化深厚的古老帝国，自然产生出本能的文化恐惧。为此，清廷提出“崇尚满洲”的治国原则，并通过屡兴文字狱、禁毁书籍的方式消弭汉族士人的民族意识和文化认同。有清一代，文献记录的文字狱多达一百六十余起[4]，主要集中在康、雍、乾三朝，而案由多是涉及眷念前朝、否定清廷正统地位。康熙朝的第一大案是庄廷珑《明史》案，庄氏为湖州富户，有志著史传世，购得明末朱国祯《皇明史概》残稿，请人加工补写，以为己作。因书中多有清廷忌讳的“违碍”词句，被人以“逆书”罪名告发。当时庄氏已死，剖棺戮尸，作序、校补、审稿、出资助刊、刻印及买卖之人均遭株

[1] 程钜夫《雪楼集》卷十《奏议·学校》，《文渊阁四库全书》本。
[2] 彭大雅撰、徐霆疏证《黑鞑事略》，《丛书集成》初编本。
[3] 脱脱等《辽史·百官志一》，中华书局，1974。
[4] 据郭成康、林铁钧《清代文字狱》统计，群众出版社，1990。

连杀害，死者七十余人。康熙五十年（1711），又发生戴名世《南山集》案。戴氏为翰林院编修，以古文名家，著有《南山集偶抄》，其中引用方孝标《滇黔纪闻》，议论南明史事，并用南明诸帝年号，比为蜀汉，视作正统。结果被参劾“语多狂悖”，戴名世处死，方孝标戮尸。牵连两家家属及刊印、作序之人数百，本来皆议处死，后经康熙帝亲自裁定，从宽戍边。较之庄氏史案，已是足够宽大。雍正朝影响最大的是吕留良案。吕留良主程朱性理之学，尤重华夷之辨，有强烈的反清复明思想。湖南人曾静受其影响，著《知几录》、《知新录》，宣扬华夷之别，表达对清朝的仇恨情绪。雍正六年（1728），曾静派弟子张熙策动川陕总督岳钟琪反清，被岳告发逮捕。吕留良遭剖棺戮尸，其后人及弟子或杀或充军，曾静、张熙师徒却意外地被作为“误信邪说”的从犯，赦而不杀。雍正意图利用曾、张进行宣传，他把经过歪曲的与曾静辩论“华夷之辨”以及自己即位合法性的文字，包括曾静的忏悔作《归仁录》，合编为《大义觉迷录》，颁行天下。乾隆即位以后，迅速将曾、张二人凌迟处死。乾隆朝是清代文字狱最为频繁的时期，而且绝大部分案件都是望文生义、穿凿曲解，加以莫须有之罪。沈德潜《咏黑牡丹》诗有“夺朱非正色，异种也称王”句，乾隆以其暗含影射，下令剖棺锉尸。诗文中“明”、“清”二字的使用，往往遭到深文周纳。徐述夔去世多年后，遗著《一柱楼诗集》因含有“清风不识字，何故乱翻书”、“举杯忽见明天子，且把壶儿抛半边”、“明朝期振奋，一举去清都”之类文字，而遭剖棺锉尸，后代问斩。乾隆朝文字狱还有一个显著特点，文字狱的对象已不仅仅限于士大夫，而且扩展到士农工商各个阶层，几乎成为遍及社会的政治运动。

在行政管理方面，清廷尽管使用汉族官员，但并不赋予实权，且处处揣测提防。理学名家尹嘉铨曾担任大理寺卿，自称“古稀老人”，“为王者师”，乾隆帝认为悖谬狂妄，于是将他处死。为了在民族文化心理上征服汉人，清廷还通过编修传统文献典籍，淡化汉民族意识。乾隆年间编纂《四库全书》，“寓禁于征”，凡是带有“诋毁本朝之语”或民族偏见的野史、诗文及其他著作，分别予以抽毁、全毁和毁版。在编纂过程中，共禁毁书籍3100余种，其数量几与收书量相埒。[1]（图1—14）因此《四库全书》既有保存文献之功，但同时又是空前的文化劫难。鲁迅对此有过评价：“贼、虏、犬羊”是讳的；说金人的淫掠是讳的；“夷狄”当然要讳，但也不许看见“中国”两个字，因为这是和“夷狄”对立的字眼，很容易引起种族思想来的。[2]精神思想的禁锢和文化意识的阉割对汉族知识分子造成

〔1〕详见黄爱平《四库全书纂修研究》，中国人民大学出版社，1989。
〔2〕鲁迅《且介亭杂文·病后杂谈之余》，人民文学出版社，1952。

图 1-14《四库全书》

极大的伤害，并深刻影响了他们的价值取向。

满族入主中原后，在语言、礼仪、服饰诸传统习俗层面，也采取放弃汉族传统而进行满族化的政策。顺治初年，强迫汉人剃发留辫，服用满式衣冠，规定“遵依者为我国之民，迟疑者同逆命之寇，必置重罪”[1]。此项高压举措自然引起汉人的强烈反应，满洲八旗兵下江南宣布“留发不留头，留头不留发”，嘉定、江阴军民则发出“头可断，发决不可薙”的誓言，并以死抗争。许多士大夫更以“士可杀不可辱”相期，清初王夫之坚守夷夏大防，“不以一时之君臣，废古今夷夏之通义”[2]，甚至主张对非我族类者，“杀之而不为不仁，夺之而不为不义”[3]。王夫之的思想延至清代末年，仍在鼓舞着主张反清复明的志士。

## 第六节 北方民族的汉化与民族融合

北方民族凭借武力征服统治汉地，但是在与汉族社会的广泛接触过程中，依然没有逃脱征服者反而被征服的命运，通过遣使、朝贡、互市、联姻等不同方式的经济文化交流，北方民族相继走向汉化，主体部分内迁之后逐步融入汉族。契丹虽是游牧民族，但长期活动在华北农业区的北缘，对汉族农业文明有着深入的接触和了解，并很早就开始发展农耕和纺织。辽开国之初，阿保机即在上京建孔子庙，春秋祭奠。辽圣宗喜欢读《贞观政要》和唐高祖、唐太宗、唐玄宗的事迹，经常询问臣下有关唐朝贞观、开元之政事，以汲取经验教训。辽后期皇帝道宗自

[1]《清世祖实录》卷一七，中华书局，1985—1987。
[2] 王夫之《读通鉴论》卷一四，“哀帝”，中华书局，1975。
[3] 王夫之《读通鉴论》卷二八，“五代”上，中华书局，1975。

谓“吾修文物，彬彬不异中华”[1]，他在清宁元年（1055）下诏设学养士，在各州相继建立孔子庙，并颁赐“五经”诸家注疏，命令博士、助教认真传授。此后还在中京设国子监，诏令有司颁行《史记》、《汉书》，翰林学士宣讲五经大义。辽亡于金，契丹人大多被金朝编入部族军，守卫北部边境或承担畜牧业劳动，部分契丹贵族则在金朝任职，并加入了女真贵族汉化的潮流。辽太祖长子耶律倍的八世孙、金尚书右丞耶律履之子耶律楚材，蒙元前期在汉廷怯薛掌管汉地文书，汉人称为中书令，实际是一个汉化相当彻底的契丹士大夫。他反复向蒙古统治者陈说儒家治国之道，并致力推行减少屠杀、依照中原传统确定赋税制度、通过考试选拔人才、设立机构编纂刊刻经史著作等旨在恢复汉地正常统治秩序的措施。契丹出身的耶律楚材为保护和延续中原农业文明作出了重要贡献，故后人称其“大有造于中国，功德塞天地”[2]。在元代的四个民族等级中，契丹人、女真人和北方汉族居民被视为一体，统称“汉人”，陶宗仪《南村辍耕录》中所列汉人八种就有契丹人。实际最迟至元末明初，契丹除少部分融入漠北蒙古族和东北女真族之外，基本都与汉族社会融合，契丹之名逐渐从历史的舞台上消失。

党项族是以党项羌为主体，吸收西北地区氐、羌、吐蕃等民族成分而形成的重要民族，其发展本身就经历了一个较长时段的民族融合过程。党项虽然以游牧为主要生活方式，但是与汉族地区的接触比较早，因此汉化的倾向非常明显。元昊亲自主持、野利仁荣等人创制的西夏文字，形体结构都是以汉字为依据，而且大量使用汉语借词。《论语》、《孟子》、《孝经》、《贞观政要》、《周书》、《孙子兵法》、《六韬》等大量的汉语文献被译成西夏文字，在西夏社会产生了广泛的影响。西夏仁宗因母后曹氏是汉人，自幼对汉族文化十分崇尚，在其统治西夏的五十四年中，始终坚持“崇儒”、“尚文”的施政方针。他广置学校，设立孔庙，并加封孔子为“文宣帝”以示尊崇。此外还开设科举，并允许宗室成员应试，西夏神宗早年即以科举出身，且为廷试第一。仁宗建有内学，挑选著名儒学家主持讲授。西夏自己的儒学家斡道冲就被任命为蕃、汉教授，他曾用西夏文翻译过《论语注》，名为《论语小义》，还用西夏文撰成《周易卜筮断》一书，流传于西夏各地。党项人在元朝的民族等级制度中，与畏兀儿等西北民族共同列为第二等级色目人，不同于契丹、女真列入汉人，因而民族文化风习保持相对持久。元朝统一全国之后，党项人作为重要的依靠力量被分遣到各地戍守，逐渐融入了当地汉族社会。河南濮阳的西夏遗民在家谱中记载：“时北方人初至，犹射猎为俗，后渐知耕垦、

〔1〕叶隆礼《契丹国志》卷九，“道宗天福皇帝”，上海古籍出版社，1985。

〔2〕沈德符《万历野获编》卷二八，“耶律楚材”条，中华书局，1997。

播殖如华人。”党项之名大致在元末明初也归入了历史。

女真建国前后，生产方式已经过渡到粗放的农耕阶段，因此虽然活动的区域远离汉地，但是接受汉文化的激进程度较契丹、党项则是有过之而无不及。第三任皇帝熙宗尚未迁都中原，即已“失女真之本态”，“宛然一汉家少年子也”。[1]迁都之后诸帝汉化愈深，文治更盛，号称“一代制作，能自树立唐、宋之间”[2]。金灭北宋之后，实际儒学逐渐在金代文化思想中占据统治地位。熙宗开始，诸帝都遵奉孔子，力崇儒学，宣讲儒学在金朝蔚成风气。学习儒学为主的学校日益兴盛，士人由科举而位列宰相者甚多，还涌现了霸州杜时升、易州麻九畴、真定王若虚、磁州赵秉文等理学名家。金朝以词赋取士，诗词成为文人普遍采用的文学体裁。金人诗词继承北宋，模仿苏（轼）黄（庭坚），金末元好问以其倾注饱经丧乱情感的诗词，独特的艺术造诣，成为当时北方文坛的魁首。女真人自金太宗至金末，内迁一直没有停止，特别是金宣宗因受蒙古人的压迫迁都汴京，内迁的女真人更多，约占人口总数的一半。他们与汉人错杂而居，互为婚姻，多习汉语，衣汉服，效仿汉族生活习惯，甚或弃武就文，趋尚文墨，民族特色逐渐丧失。金亡之后，中原女真人大多改用汉姓，如完颜改王，乌古论改商，纥石烈改高，术虎改董，蒲查改李，赤盏改张等，与汉族更少分别。元朝将女真人列入“汉人”这一等级，更在客观上消除了女真人与汉人的民族畛域，使之彻底融为一体。只有东北地区的女真人依然保持旧俗，成为后来满族的前身。

元朝是中国历史上第一个少数民族建立的统一王朝，而其民族关系也远比辽、西夏、金要复杂，全体百姓被分为蒙古、色目、汉人、南人四个等级，地位有高低贵贱之分。在大一统的局面之下，元人的活动范围空前扩大，民族之间的接触往来更加频繁。因为幅员辽阔，许多重点地区需要屯兵镇守，大批蒙古、色目军士离开故土，迁入中原诸地。他们与汉族杂居，[3]且互为婚姻，由于受到强势的汉族社会文化影响，逐渐汉化。许多人使用汉文字号乃至汉姓、汉名，有些人受汉族习俗影响，开始遵行守节、丁忧之制。（图 1—15）《元史 · 列女传》即记载了若干蒙古、色目族妇女因守节拒绝改嫁而受到朝廷旌表的事例。经过长期的杂居交往，蒙古、色目人与汉人已达到相忘相化，不易识别的程度。明朝建立之初，朱元璋下诏禁止胡服、胡姓、胡语，留在中原的蒙古、色目遗民为避免歧视，多

---

〔1〕徐梦莘《三朝北盟会编》卷一六六引《金虏节要》，上海古籍出版社，1987。

〔2〕脱脱《金史》卷一二五，列传第六十三，文艺上，中华书局，1975。

〔3〕元朝后期镇江路所辖一司三县，即住有非汉族的外来侨寓人口一百七十余户，其中包括蒙古 29 户，畏兀儿 14 户，回回 59 户，也里可温（指外来的基督徒）23 户，河西（党项）3 户，契丹 21 户，女真 25 户。《至顺镇江志》卷三《户口 · 侨寓》，江苏古籍出版社，1999，第 90—91 页。

改为汉姓，此举无疑加速了新的民族同化。

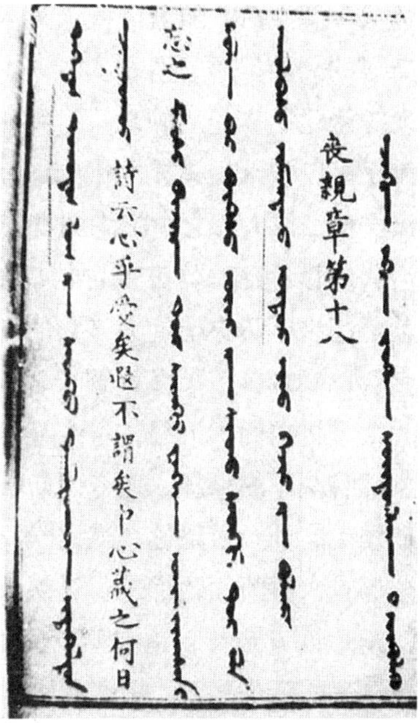

图 1-15 元刊蒙汉合璧《孝经》

但是，作为元朝的统治民族，我们应当看到，蒙古族内迁汉地的只是一小部分，民族的主体仍然居于漠北草原，并且没有因为元朝的灭亡而消失或同化于他族，而是长期作为草原的主人活跃在历史的舞台。由于坚持游牧、狩猎生活方式，漠北草原在国家政治生活中占有重要地位，且存在着一个强大而保守的草原游牧贵族集团。蒙古族与契丹、党项、女真相比较，汉化进程明显迟缓，而蒙古文化除汉文化之外，还受到吐蕃喇嘛教文化、中亚伊斯兰文化乃至欧洲基督教文化的影响，并逐渐形成了自己的传统。其实，元朝色目人在与汉族融合的过程中，也有例外的情况，那就是今天中华民族重要的成员回族。当年伴随着蒙古对中亚、西亚的征服，有大批信奉伊斯兰教的突厥、波斯、阿拉伯人移居到中国，汉人称之为回回人，他们被元朝政府列入色目人之中。回回人的种族、语言、籍贯并不相同，但入居中国后，在伊斯兰教强大的整合作用下，形成为新的文化共同体。他们散居在全国各地，长期与汉人相处，深受汉文化的影响，但又始终保持着自己原有的宗教信仰和风俗习惯，致力于兴教建寺活动。元朝灭亡后，内迁色目人基本融入汉族，只有回回人没有消失，最终发展成为今天的回族。

清代是中国历史上民族融合的关键时期之一，无论其影响的幅度还是深度，都达到了新的历史高峰。在疆域辽阔且统一巩固的多民族帝国里，以汉族为主体的民族融合和政治、经济、文化交流，得到了充分施展的舞台，其中满汉之间的民族融合占据了主角位置。早在清兵入关之前，清政权与明王朝之间已经有着经常的接触。努尔哈赤在建立八旗制度之初，就重视在汉族的文明宝库中寻找自己民族缺乏的文化要素，他设置专门的翻译机构，将《明会典》、《武经》、《洪武宝训》、《大学衍义》、《资治通鉴》和《通鉴纲目》等书翻译成满文，还翻译了《三国演义》、《西厢记》、《金瓶梅》等文学名著。清初的科举考试中，也设有专门的翻译科。汉文经典的大量翻译，势必影响文化相对落后的满人在政治、社会、人伦等方面的价值取向，潜移默化地改变处在“半游牧”状态的满族的文化心理。努尔哈赤、皇太极都经常引用汉文经典训诫诸王“世守孝悌之道”、“体恤士卒”。

清兵入关之后，随着满人大批内迁，满汉之间的地域界限被打破，进而形成交错杂居的局面。尽管清初实行“崇尚满洲”的治国方略，强制推行圈地、投充、剃发等激化民族矛盾的政策，并在科举、任官甚至居住区域诸多方面，刻意地区分满汉，以求维护满族文化的地位。但是在汉族地区的统治趋于稳固之后，置身于汉文化汪洋大海之中的满洲贵族，逐渐迷失了自己，依然没有逃脱被汉化的命运。清代的康、雍、乾三帝自幼都接受过良好的汉化教育，就其个人文化素质而论，甚至超出了历史上绝大多数的汉族皇帝。康熙帝一生以好学著称，精通汉文经典名著，亲自撰写了多种解经著作。他崇尚程朱理学，重用汉人理学名臣，还亲自为太子讲授四书五经，务令精熟贯通。康熙又爱好自然科学，对农学、医学、气象都有浓厚的兴趣，还专门向欧洲传教士学习过几何学等西方科学知识。雍正帝在经史之外，通晓佛、道之学，还自撰论著阐述治国理念，对华夷之别、君臣职分等重大政治问题都进行过深入透彻的论述。乾隆帝擅长诗文书画，写作的汉文诗篇达五万余首，题字遍及天下，在历史、地理、考古等方面都有一定的造诣。在诸帝的示范之下，满洲贵族学习汉族文化蔚然成风，由于享有优渥的物质待遇，他们把大量的精力消磨在汉族传统士大夫热衷的诗书琴棋画等艺术门类。《八旗通志》记载有五百多种满族士人的经史子集著作，民国初年成书的《八旗画录》收录了从顺治至清末的满族画家二百九十余人，其间享有盛名者颇众。普通的满族百姓在与汉人的交错杂居中，也逐渐吸收和顺应汉民族的文化习俗，他们与汉族通婚，语言文字习用汉语，许多满人已不会说满语，最后连姓氏大部分也改用汉姓。可以说截止到清末，除了部分区域和家族，满汉民族已然融为一体。

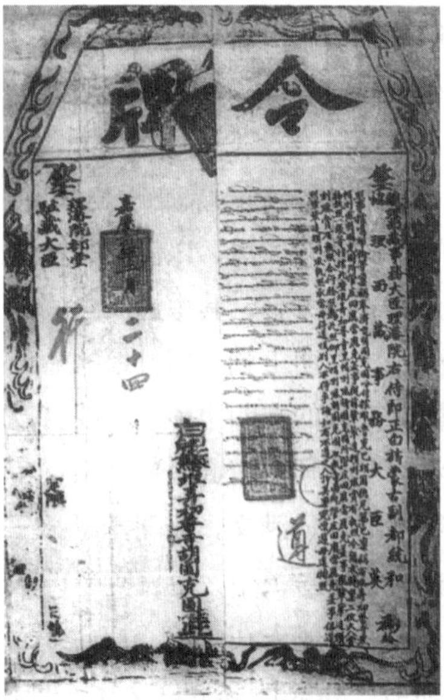
图 1-16 驻藏大臣令牌

在清代多民族一统的帝国平台之上，边疆地区各民族的融合也进入一个新的时期。清代初年，今天中国境内的55个少数民族已经基本形成，他们在边疆地区呈现大杂居、小聚居、普遍散居的状态。清朝定鼎北京之后，陆续平定了准噶尔部的分裂活动和回部大小和卓的叛乱，册封了西藏宗教领袖并派出驻藏大臣，（图1—16）加强对西部边疆地区的控制与管理。这些举措既加强了边疆与内地的联系，又有利于边疆各民族间的融合。清廷在对北部边疆的经营与管理方面，不但把散布在黑龙江、乌苏里江流域的赫哲、达斡尔、鄂伦春、鄂温克等族归拢到东北腹地，还经过多年征战，控制了蒙古高原及迤西地区，推行“盟旗制度”，以统治归附的蒙古各部。此间，汉族百姓因战乱、灾荒、饥馑等诸多原因，也大量流入北部边疆，与各族杂居。不同民族成分之间的辗转流动与交错杂居，在北方广阔的地区，掀起了以汉、满、蒙古的融合为核心，维吾尔、达斡尔、鄂温克、鄂伦春等族也纷纷卷入的民族融合高潮。经过清代的民族融合，汉、满、蒙、回、藏最后成为中国境内五大代表性的民族。

# 第二章
# 古代行政区划的变迁

行政区划是一个国家依据行政管理的需要，将所辖领土划分成有层次的区域的过程。我国历史上的行政区划，从萌芽、出现到完全确立及全面推行，经过了相当长的历史过程。这一过程与中央集权制度的从无到有大体是同步的。地方行政区划的制度全面建立之后，中央政府要将一部分权力下放给地方政府，这便自然会在中央与地方之间因集权问题而产生矛盾，当这一矛盾激化后，就会出现一次中央与地方在权力上的重新调整与再分配。可以说，中国行政区划变迁的历史，也就是中央与地方之间不断调整权力关系的历史。

从政区地理角度上讲，行政区划主要有四个要素：一是层级，即中央到地方分几个层次进行管理，是行政区划体系中最基本的要素。层级越多，越不便中央政令的传达；层级越少，越便于上情下达。中国古代行政区划变迁的核心便是政区层级的变更，这一变化集中体现了中央与地方权力之间彼此长消的过程。二是幅员，即政区的统辖范围。不同层级的行政区划，需要有不同的幅员，以便进行有效的管理。三是边界，即政区与政区之间的界线。行政区划既然是为统治与管理土地和人民而设置的，因此，政区界线的划分就必定会以有利于统治为前提。政治是政区划界中的首要因素。然而，在统治稳固的前提下，自然环境也会作为政区划分的一个依据因素。四是行政中心。每个行政区划都有一个（有时是两个）管理的行政中心。这个行政中心位置的确定与变化，与政治形势、政区幅员或者是自然环境有很大的关系。限于篇幅，本章在叙述古代政区演变的大致情况时，主要着眼于政区层级的变化方面。

# 第一节 行政区划的传说与出现

## （一）“九州”制与“五服”制

我国古代的行政区划起源于何时？历代诸说纷纭。由于在儒家经典《尚书》中有《禹贡》一篇，其中十分详尽地描写了大禹九州的地理范围划分，因此古时候大多数人认为行政区划应开始于大禹时代。不过，由于《禹贡》中所提到的九州（冀州、兖州、青州、徐州、扬州、荆州、豫州、梁州、雍州）在范围上包括北到燕山山脉与渤海湾，南到南岭一带，东到大海，西到陇东高原的广大地区，这在大禹时代是不可能认知的。因此，近代以来，经过学者们的研究，论定《禹贡》实际上是战国时期的人假托大禹所作，书中所记载的地理状况，都是战国时期的现象，所谓“九州”之说，不过是战国时流行的一种乌托邦式的空想，反映了当时的学者对未来统一国家的一种设想，因此，九州并不像一般古人所认为的那样是中国最早的行政区划。

在《禹贡》中，除了九州制之外，还记载了另一种区划，即“五服”制：以国王所居住的京城为中心，以四方 500 里为一等，共分为五等。由京城向外，顺序依次为：甸服、侯服、绥服、要服、荒服。

九州制是以名山大川为界限来划分区域的，虽是虚构，但多少还有一些可使人相信的理由。而五服制这样在 2500 里正方形的土地范围内的规整划分，则实在难于让人们接受它。因此早在古代，就有人对此种划分存在过的真实性提出过怀疑。现在经过研究，同样证明五服制与九州制一样，也是一种空想。只不过九州制的空想是针对未来而出现的，而五服制的空想则是基于过去而设计出来的。因为在西周及其之前，确实出现过类似的分等统治，只是从未有过将每一等级定为五百里的做法。

## （二）商周时期的中央与地方关系

不仅大禹时代不可能出现行政区划，经现代学者研究证明，就是有文字可考的商代与其后的西周时期，虽然其时国家已经出现，但是行政区划也未就立即产生。

商代时期，中央与地方政权所存在的关系虽然已是一个国家内的中央与地方的关系，中央还对地方政权实行一定的控制，但是商代的这种中央与地方的不平等与控制，还不是后世的中央对地方的支配，更与中央集权不同，因此，在当时还没有出现任何形式的行政区划。

而西周时期实际上是一个全面分权的社会，周天子所直接管辖的地域范围只是王畿而已，至于诸侯国内的行政事务则与天子无涉。周王与各诸侯间只有政治上的统属关系，而无行政上的治理支配关系，不存在什么中央与地方的行政关系，如果勉强称之，这种中央与地方关系也与后世中央集权下的真正的中央与地方关系有着显著的不同。换句话说，周天子与诸侯间仅仅是统而不治，地方上不存在任何形式的行政区划。因此，我们所熟知的在《诗经》中所称颂的“溥天之下，莫非王土，率土之滨，莫非王臣”的景象，只是一种虚构，并不能反映西周分权的真实面貌。其时，在地域上只存在国与野的差异。这里所说的国，即指城，在城之外为郊，郊之外为野。国中之人称为“国人”，为统治者，住在郊外的是被统治者，称为“野人”。国与野之间的差别，并不是行政区划的不同，而是城邦内外因人而异的制度上的差异。

## （三）春秋时期“县”与“郡”的出现

到了春秋时期，随着生产力的不断发展，国人与野人的身份地位的差别逐渐消失，国与野之间存在的对立，也变得越来越不明显了。与此同时，一种新型的制度正在萌发，并对加强国君地方统治渐渐起到一种积极的作用，这便是郡县制的出现，它标志着行政区划的正式产生。

如果翻开记载春秋时期这段历史的典籍《春秋》与《左传》，就会发现在当时的许多国家中都有了设县的记录。例如当时的南方大国楚国，曾先后将一些小国灭掉后，就地置县，而且派官员去那里担任县的长官。再如当时的北方大国晋国，也不时将一些县赏赐给一些大臣。不过这些县与后代郡县制中的县还是有所不同的，晋县是国君用来赏赐给大臣的，不是国君的直属地，而是带有明显的采邑色彩；至于楚县，虽然已有了国君直属地的性质，并且县的长官也没有采用世袭制度，似乎已具备了地方行政制度的特征，但是，由于这些县内部的基层组织并未经过重新改造，县的幅员也没有经过有意识的划定，因此，这些县还不能称为是郡县制中的县。要能称得上是郡县之县，至少要符合以下四个方面的标准：一是完全的国君直属地；二是县的长官不世袭，而是由国君任命，并可撤换；三是县的范围一般要经过人为的划定，而不全凭自然地形来定；四是在县以下还有更为基层的组织。[1]

〔1〕周振鹤《县制起源三阶段说》，载《中国历史地理论丛》，1997年第3期。又收入《周振鹤自选集》，广西师范大学出版社，1999，第1—14页。

真正标志着具有郡县之县出现的事件，是在公元前514年的晋国发生的。在这一年，晋国的异姓大夫之间发生了一场兼并行动，韩、赵、魏、知、范、中行氏等六家大夫，联手灭掉了祁氏与羊舌氏两家，然后，将祁氏之田分为七县，把羊舌氏之田分成三县，任命十个人为县大夫。这些县已与采邑性质的县完全不同，是一种新型的县。此外，这十个县各自的区域是在原属大夫的采邑的基础上重新划定的，这与以往的只是简单地以一个所灭之国为县，或以邑为县是完全不同的。而这正是行政区划出现的表征。

与县相比，春秋时期有关郡的记载，非常有限，只在《左传》中有一条可靠的简单记载。公元前493年，当时晋国的执政大夫赵简子，在率领军队与帮助范氏与中行氏反晋的郑国军队作战前，为了让将士们临阵勇猛杀敌，在誓词中许诺说："克敌者，上大夫受县，下大夫受郡。"然而有关郡的详细情况，则不是很清楚。现在只是大体知道，郡起初应设在诸侯国的边地，与设在繁华地区的县，只是名称不同而已，其间的区分并不一定非常清楚。再有郡与县二者在初期阶段，也不存在什么统属关系。

## （四）战国时期的集乡聚为县与以郡统县

战国时期，以秦、齐、楚、韩、赵、魏为首的诸侯国纷纷进行改革，逐渐建立起中央集权的政治体制，这些中央集权国家在地方上大都采取了县与郡的组织形式。

春秋时期的县是如何向战国时期的县转变的，由于缺乏明确的记载，还不是十分清楚。现在所能知道的有关战国时期县的记载主要是秦国的。战国初期，秦国不断向东发动攻势，拓展自己的地盘。在几十年的时间里，在新占领的地区设置了不少的县。到了公元前350年，秦孝公又任用商鞅，实行变法。商鞅采取了"并诸小乡聚，集为大县，县一令，四十一县（一说三十一县）"的做法，以便中央进行行之有效的地方管理。商鞅当时既然采取的是集乡聚为县的办法，在一县由多少乡聚组成，形成怎样的地域区划方面，一定不是随意的组合，而是经过认真仔细的考虑，并在一些原则下来进行的。而且，由于每一县的最高长官，都由国君来任命，也更加体现了官僚制的完善。秦县的这些特征，都说明已成为真正的郡县制中的县了。除了秦国，在战国时期，县的设置在其他诸侯国也已经是很普遍的现象了。到了秦统一六国时，可以确知的县已达到了几百个。

郡最先在哪一国出现，目前还没有答案。不过，从上面提到的赵简子的誓词来推测，晋国极有可能是最先设郡的诸侯国。到了战国时期，各国的郡都设在边地，目的是为了防范别的诸侯国或境外的少数民族。

郡与县的统辖关系何时出现，也很难给出确切的答案。推测大概有两种情况，使得这一制度逐渐形成：一是起先郡置于诸侯国的边境地区，领域虽然广大，却相对比较荒芜。后来，由于边地经济的不断发展，郡的辖境内开始变得繁荣起来，为了便于管理，于是在郡下便再分设数县；二是在诸侯国的边境地带，原本已设置了许多的县，后来因为军事上的需要，便又在这些县上置郡，以利统管。要之，到了战国中期，有关郡下统县的文献记载已很普遍。

战国时期，郡、县的长官都由诸侯国的国君任免，不能世袭，郡县的领域也都由国君直接控制，不再作为封赏。这样，以郡县制为其形态的行政区划已经基本形成。不过，需要说明的是，郡县二级制当时只是在诸侯国的边境地区得以较为广泛地推行，在诸侯国的内地，则只是设县，而一直没有设置过郡。再有，在诸侯国内，国君对亲属与大夫的封邑依然存在，并未因郡县制的出现而消除。

此外，还有一个特例，那就是位居战国七雄之一的齐国，在其境内虽然设了不少的县，却一直没有设过郡。齐国在县上所设立的是具有守卫性质的大都，其作用大约与其他国家的郡相当。齐国把全国的范围划分为临淄等五都，实行五都制。

## 第二节
# 大一统的郡县制：秦汉时期

### （一）秦朝的郡县制

秦统一后，秦始皇采纳廷尉李斯的建议，废除了分封诸侯制，推行郡县制。每郡设郡守、郡尉、监御史等官。这些郡的官员，都由中央朝廷直接任命，而且可以定期更换。郡守是一郡的行政长官，除了所辖各县的长官由中央任命外，一郡的属吏都由郡守从本郡人士当中辟举。郡尉典武职甲卒，不是郡守的属官，而是直接领受朝廷的命令。监御史负责监察郡治，又叫郡监，隶属于御史中丞，是中央监临地方的官员。郡之下再辖县，每个县依据大小不同，设令（大县）或长（小县）。

秦初并天下时，将全境分为36郡。[1]之后，秦向南占领了五岭以南的南越地（今广东、广西及越南东北部），然后设立了南海、桂林及象郡等三郡；向北将

〔1〕有关秦初并天下所设36郡之名，至今无有定说。最新的相关研究请参看辛德勇《秦始皇三十六郡新考》（载《文史》2006年第1期与第2期）一文。

活动在河套一带的匈奴人赶走，在阴山以南、黄河以东的区域内设置了九原郡。此后，秦又陆续从已置的郡中分出一些新郡，这样，到了秦代末年，除去都城咸阳附近关中平原为秦内史的辖区外，史书上记载的秦郡共有 48 个，统辖大约一千个县级政区。[1] 另外，秦在征服的少数民族政权区域内，并未置县，而是设立了与县同级的道来进行管理。

秦朝郡县制的全面实行，标志着中央集权制国家的形成，中国从此成为皇权专制的中央集权制国家。这种以郡县制为表现形式的行政区划，为后世历代所遵奉，持续了二千余年的时间。

## （二）西汉的郡（国）县二级制

### 1. 西汉的分封

汉朝建立之初，汉高祖刘邦将七个异姓功臣分封为诸侯王（即燕王臧荼、韩王信、赵王张耳、楚王韩信、淮南王英布、梁王彭越、长沙王吴芮）。由于七个异姓诸侯王手中握有重兵，其封地占据了当时汉朝整个疆域的一半，而且是东部最富庶的地区，而汉郡却只有 15 个，实际上已对刘邦的统治构成了很大的威胁。于是在随后的几年时间里，刘邦寻机将长沙王之外的其他六个异姓诸侯王逐一翦除。

在来自异姓诸侯王的威胁基本扫除之后，刘邦又开始分封同姓诸侯王，借以达到屏藩汉廷，不致重蹈秦朝短命覆辙的目的。刘邦分封的同姓诸侯王国采用的是分封制与郡县制的混合体。在诸侯王国之下，依然有郡县，这些属于诸侯王国的郡被称做支郡，名义上虽然还是属于中央政权的，但实际上已在诸侯王的直接管辖之下了。除了诸侯王以外，刘邦还分封了一百多位功臣为列侯，建立侯国，其地位与县相当，但直接隶属中央。汉初所实行的行政区划，可以用下图直观地表示出来：

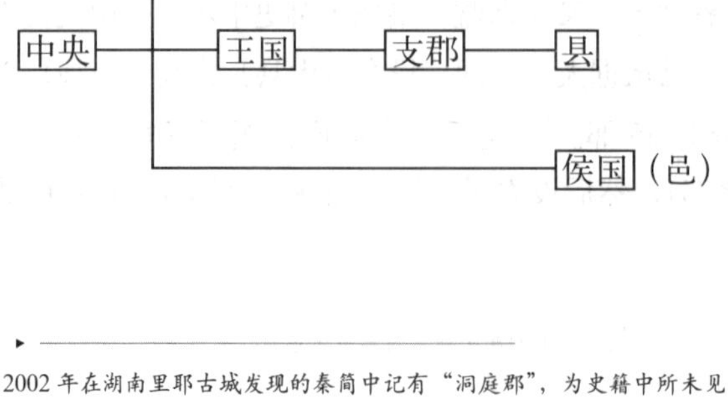


[1] 2002 年在湖南里耶古城发现的秦简中记有“洞庭郡”，为史籍中所未见。

然而，这些同姓诸侯王国与异姓的长沙国在地域上连成一片，总封域占到当时汉朝整个疆域的一半以上，而汉中央政权直接控制的仅有15个郡，从面积上说，比高帝五年异姓诸侯王国存在时的汉郡领域还小。另外，诸侯王享有特权，可以任命所辖支郡的郡太守以下的官员及征收赋税徭役。因此，诸侯王国的存在与中央政权之间不可避免地会产生矛盾。

刘邦死后，执政的吕后曾采用分封外戚为王的方法，试图抑制同姓诸侯工的发展。这种做法自然引起了刘氏宗室的不满，因此，在文帝即位后，除掉了诸吕，恢复了同姓王国的故地。但是这些同姓诸侯王国毕竟是中央政权的潜在威胁，于是文帝采纳大臣贾谊的以亲制疏与“众建诸侯少其力”的建议，一方面用与自己血缘近的诸侯王国限制与自己血缘远的诸侯王国的势力，一方面又通过分地的方法将诸侯王国的辖境变小，数目增加。异姓的长沙国也在文帝的最后一年，因无后而国除，所属三郡之地归于汉廷。

汉景帝执政后，又采纳御史大夫晁错提出的削藩之策，将诸侯王国下辖的支郡削掉，收归中央。虽然这一举措直接触及了诸侯王们的利益，曾一度引发了“吴楚七国之乱”，但景帝最终平定了这场叛乱，并乘机将诸侯王的支郡收归汉廷所有，使诸侯王国领域变得只有一郡之地。诸侯王自己任命官吏和征收赋税的特权，也被同时剥夺，如此一来，诸侯王国的地位大大下降，已经变得和一般的汉郡没有太大的差别了。汉代的行政区划也相应地简化为郡（国）县二级制，具体形式如下：

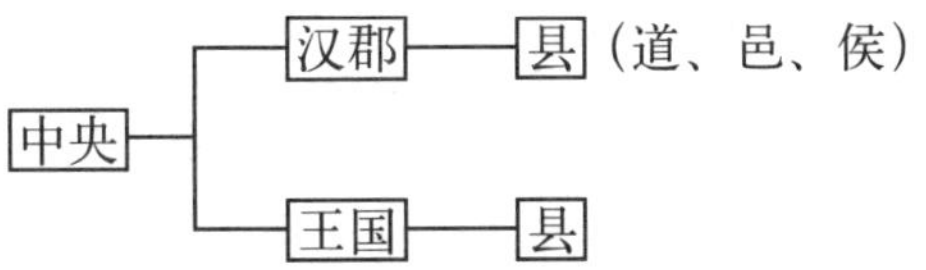


同姓诸侯王国在历经了景帝的削藩之后，虽然王国变得仅领一郡之地，但是有些大的王国境内仍然是数十座城池相连，势力依然不小。武帝执政后，为了防止这些诸侯王国互相联合起来，反抗中央政权，于是采纳谋臣主父偃的建议，颁布“推恩”令，强迫诸侯王用自己的领地分封王子侯国后别属汉郡，借以达到缩小诸侯王国领域的目的。这样经过几代以后，诸侯王国的领地已大为缩小。到了西汉末年，有的诸侯王国变得只有三四个县的范围了。经过推恩法，诸侯王国的实力已严重削弱，再也无法构成对中央政权的威胁了。

**2．武帝广开边地与汉郡的增置**

在汉朝内部潜在的诸侯王国分裂割据威胁基本消除之后，汉武帝便将注意力转向境外，开始了开拓疆土的活动。

在西南夷地区，汉武帝通过多次用兵，将这一地区完全纳入了汉朝的版图之内，设置了犍为、牂柯、武都、汶山、沈黎、越嶲、益州等七郡，使汉的西南疆界达到今天的高黎贡山与哀牢山一线，按照郡县制的体制，由中央政府来直接进行管理。后沈黎、汶山郡二郡先后撤销，辖地都并入了邻近的蜀郡。

在岭南地区，武帝派兵平定了南越国，把原来秦朝所设的桂林、南海、象郡三郡之地，分置成南海、苍梧、合浦、鬱林、象郡五个郡。又将原南越王赵佗在今越南境内设置的交趾、九真二郡，承袭下来，并在这二郡以南设立了日南郡，汉朝的南疆由此扩展到达了今越南的中部地区。后汉军又渡海，夺取了海中大洲（今海南岛），在那里设立了儋耳郡与珠崖郡两个郡（后儋耳、珠崖二郡又先后放弃）。至此，武帝在岭南地区先后共设置了十个郡。

在北境，汉军先从匈奴手中收复了河套南部的“河南地”，设立了朔方、五原二郡。随后，又攻取了河西走廊，在这一地区设置了酒泉、武威、张掖、敦煌四郡，这样，汉朝便控制了整个河西走廊与湟水流域，阻断了匈奴与西羌的联系，打通了通往西域的道路。

在东北地区，武帝派军灭掉朝鲜及其附庸，在朝鲜半岛上设置了乐浪、玄菟、真番、临屯四郡（后罢真番、临屯二郡），辖境到了今汉江流域。

汉武帝时，由于边地的开拓，新设置了许多汉郡，又加上从已有的旧郡当中分出许多新郡，因此汉郡的数目在武帝太初元年（前104），已高达91个，再加上18个王国，其时全汉共有109个郡国。

据《汉书·地理志》记载，至西汉平帝元始二年（公元2年），全国共有103个郡国（其中汉郡83个，诸侯王国20个），下辖1587个县（侯、邑、道）。此外，西汉还在宣帝时设置了西域都护府，管辖玉门关、阳关以西，天山以南，葱岭以东的西域36国。

## （三）东汉时期从郡（国）县二级制到州、郡（国）、县三级制的转变

东汉承继西汉的制度，在建国初年，光武帝刘秀依然推行郡（国）县两级制，并对当时的政区做了一些调整，省并了十个故西汉王国和四百多个县（侯、邑、道），终光武帝一朝，形成了12王国、81汉郡的格局。其后，陆续又有所增析，至明帝永平十五年（72年），有17王国、79汉郡，郡国总数达到96。到了安帝时，为了加强对边疆地区内附少数部族的管理，又先后将犍为属国、广汉属国、蜀郡属国、张掖属国、张掖居延属国、辽东属国等六个重要属国分别由原

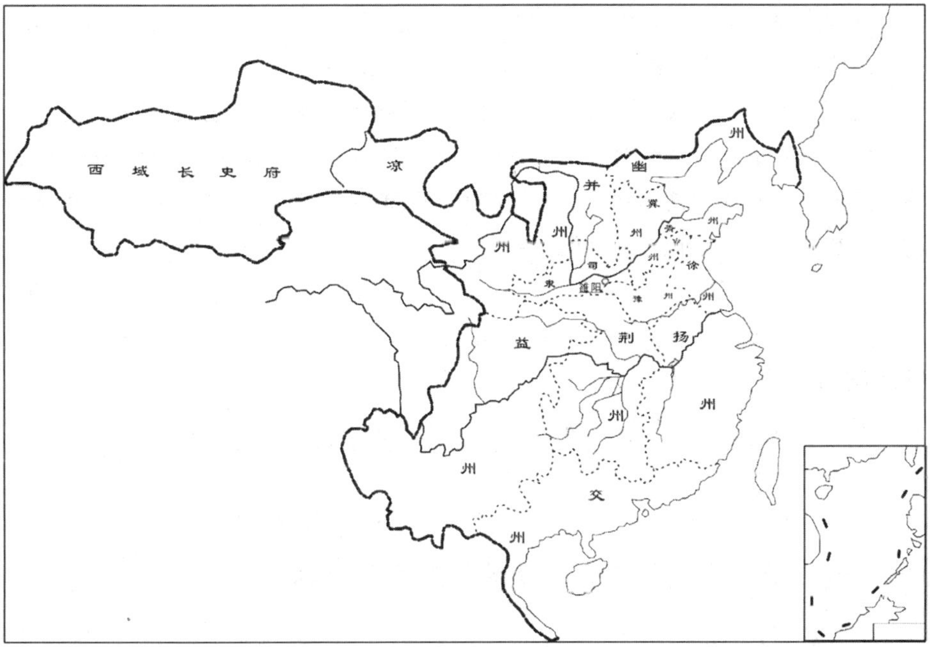


图 2-1　东汉十三州刺史部示意图[1]

郡中划出，治民比郡，成为正式的行政区划。至顺帝永和五年（140），全国共有 106 个郡国（其中汉郡 85 个，王国 21 个），下辖 1180 个县（侯、邑、道、公国）[2]。

灵帝以降，特别是献帝时期，天下大乱，朝政掌于权臣之手，汉廷已名存实亡，其时各地不少太守、州牧自行立郡，且旋置旋废，使得这一时期郡国变化十分复杂。至建安二十四年，郡国总数增至 137 个（其中汉郡为 123 个，王国为 14 个）。

另外，东汉末年，出于镇压黄巾起义的需要，在灵帝中平五年（188），朝廷派中央的高级官员——九卿，出任州牧，"镇安方夏"，"州任之重，自此而始"（《后汉书 · 刘焉传》）。至此，将西汉武帝时开始出现的用于巡视各郡吏治的州（刺史部），由监察区而成为郡（国）以上一级的行政区划。自秦代以来的郡县二级制，便变成了州—郡（国）—县三级制。至献帝兴平元年（194），东汉共设立了 14 州（即司隶校尉部及豫、冀、兖、徐、青、荆、扬、益、凉、并、幽、交、雍等刺史部。参见图 2—1）。建安十八年（213），曹操用献帝的名义下诏恢复《禹

〔1〕本章所有地图均据谭其骧主编《中国历史地图集》改绘，不敢掠美，特此说明，恕不再一一出注。

〔2〕《续汉书 · 郡国志》大体以顺帝永和五年为断的版籍中，共有 105 个郡国，是漏载阜陵国之故。详见李晓杰《东汉政区地理》，山东教育出版社，1999，第 10 页。

贡》九州之制，但其时东汉帝国已处分裂，九州制的推行仅限于他所控制的地区而已。建安二十五年，曹丕称帝，又恢复了14州制。

在西域地区，东汉在明帝与和帝时，先后两次重建过西域都护府。在安帝时又改设西域长史府。从光武帝建武年间至安帝延光年间，汉朝与西域之间一共是三绝三通。自顺帝阳嘉年间以后，汉朝对西域地区的控制有所减弱，汉朝的西北疆界逐渐退到了今天山山脉西段以南。

## 第三节
# 由常态到畸形的转变：三国两晋南北朝时期

### （一）魏、蜀、吴三国鼎立时期的州郡县三级制

在魏、蜀、吴三国鼎立局面形成之后，曹魏的疆域最广，占有司、冀、并、豫、兖、青、徐、幽、凉、雍等十州及荆、扬二州的江北部分，共有12州之地，下辖大约九十个郡国，大体相当于今天的辽宁、河北、河南、山东、山西、甘肃以及江苏、安徽、湖北、陕西的大部分地区。

蜀国是三国中地域最小的一国，仅有益州一州之地，下辖22郡，大体与今天的云南及陕西南部、四川康定以东、贵州西部等地相当。

孙吴的疆域大约承继了东汉的荆、扬、交三州，其中，荆、扬与曹魏隔江相对，据有江南的一半，交州则是全部拥有。这一领域大体相当于今浙江、江西、湖南、福建、广东、广西以及江苏、安徽、湖北、贵州的一部分，还包括今越南北部的一些地方。后孙吴政权分交州置广州（辖境相当于今广东、广西的大部分地区），疆域内共有荆、扬、交、广四州，下辖43郡。此外，孙吴政权还设置了典农校尉（比郡）与典农都尉（比县）这两种特殊的政区，以军事屯垦方式对江南地区进行开发。

### （二）西晋永嘉21州与十六国时期的混乱州制

晋武帝司马炎在泰始元年（265）从魏国手中夺得政权后，占据有司隶、兖、豫、冀、青、徐、幽、并、雍、凉、荆、扬、益、梁等14州之地。后又分雍、凉、梁三州之地设置了秦州，割益州而设立了宁州，分幽州而置平州。使西晋全

国的州数达到了 17 个。

到了太康元年（280），西晋最终将长江以南的吴国灭掉，得到了扬、荆、交、广四州，于是将南北二扬与二荆州合并，各为一州，以 19 州之地统领着全国 172 郡国、1232 县。

在太康 19 州当中，荆、扬二州管辖的地区过于广大，所统领的郡县最多，对统治颇为不便。于是在惠帝元康元年（291），将荆州与扬州各割一部分地区出来，设立了江州。到了永嘉元年（307），晋怀帝又分荆州及江州之地，而建立了湘州。此州南以五岭为界，北以洞庭为限，实是后来湖南建省的源头。至此，西晋全境共有 21 州。但是这一州制实行没有多长时间，西晋王朝就在由统治集团内部的宗室王与皇子王的权利争夺而引发的"八王之乱"中，被自东汉以来入居内地的少数民族政权所推翻了。之后广大的北方，则长期陷入了五胡十六国的混乱动荡之中。

十六国时期，各国为了"务广虚名"，在各自统治的较小区域之内，任意分置许多的州，汉晋时期的一州之地，往往被分成四五个州，于是州制开始发生了混乱。而且在州名的命名上，也不是依据其各自所在的地域来定，而是取自全国各地。

## （三）东晋南北朝时期州郡的虚滥

在行政区划方面，东晋南北朝时期依旧推行的是州—郡—县三级制。由于这一时期南北分裂对峙，战乱频仍，各级政区的数目、范围以及设置的形式也随之发生了很大的变化，甚至向畸形方面发展，使这一时期的政区具有鲜明的时代特色。

自从东汉末年，州成为郡以上一级行政区划之后，一直到西晋，州、郡、县的设置都是比较正常，有规可循的。以西晋初年为例，当时有 19 州、172 郡国、1232 县。平均每州管辖八九郡，每郡统领七八县，从管理的幅度上说，比例基本适当。但是这种常规，在经历了东晋南北朝之后，已被破坏殆尽了。

南北朝时期，在州的数目增长的同时，郡也增加了不少。究其原因，主要是当时的现实情况造成的。其时，南北之间长期处于分裂状态，战乱不断。这样就使得在战争中立下功劳的武将与对方降将的人数随之增多起来，而政府对他们自然是要论功行赏的。在当时，奖掖这些人的一个通行的办法，就是封给他们各自一个州刺史或者是郡太守。但是，每个政权的地盘就那么有限的一块地方，为了有足够多的州刺史或者是郡太守空缺以便封赏，唯一可行的办法就是把现有的州、郡的区域划小，留出空间，建立更多的州郡。因此州郡的数量便渐渐增多起来。

不过，南朝在梁代前期，州郡数目的增长，还不十分严重。据史书记载，在梁天监元年（502），一共设置有23州、226郡、1300县。但是不到50年的光景，情形便大不一样了，州郡数目的膨胀已经发展到了令人难以想象的地步。梁大同元年（546），已有103州、586郡。

北朝的州郡的滥置，一点也不比南朝的逊色。北魏统一北方后，州还不到20个，但是到了孝文帝当政的晚期，州已超过了80个。北魏分裂为东、西魏之后，两个政权共有110余州，410多郡。此时，南北朝合计，州的数目已达200多个，郡数则接近1000个，与250年前的西晋相比，州、郡的膨胀都不低于十倍。这时有不少的州只管辖一二个郡，一郡只统管二三个或一二个县，有的州竟然没有县可领，有的仅存一个名目而已。《南齐书·州郡志》上就记载南朝齐在汉中地所设的梁州下共辖有65郡，其中有45郡竟然是荒芜之地或者是没有民户。

另外，在这一时期还出现了一种特殊的行政区划——侨州郡县。自东晋元帝至南朝的宋、齐、梁、陈，为了安置侨民，在他们所寄居之地大量设置了以其原籍的州县旧名而命名的侨州郡县，形成了“侨州至十数，侨郡至百，侨县至数百”[1]的局面。东晋末年，刘裕北伐，收复青、徐等州后，曾将原州、郡名前加“北”字，以便与侨州、侨郡相别。刘裕称帝，建立南朝宋政权之后，又取消“北”字，而改为在侨州、郡、县前加“南”字。

这些侨州郡县在起初设置时，并没有实际管辖的区域，只是一种临时性的寄居在南方固有行政区划之内的另外一套独立的行政管理体系。侨民在侨州郡县内也享受政府给他们的优厚待遇，减免他们的赋役租税。侨州郡县设立之初，原本还是想恢复故土的。但是后来由于中原长期无法恢复，土著与侨民杂居，造成户籍混乱，使政府管理极为不便，同时，侨州郡县中的侨民享受的优待又会使政府损失不少财源，因此，东晋南朝政府决定对这些侨州郡县用土断的方法，进行改革。

所谓土断，就是把侨民的户籍断在侨居地上，由政府加以控制，取消侨民原来不交赋税的特殊待遇，按时按地对他们征收赋税。这样做的结果是，有的侨州郡县因并入侨居地的郡县而被取消了。有的侨州郡县，由侨居地的郡县划出部分地区给予管理，或者把侨居地的原来郡县取消，而将其地全部划归侨州郡县管理，使这个侨州郡县成为有实际土地的州郡县。

从东晋成帝咸和年间开始，到陈天嘉元年（360），先后一共实施过九次土断。土断的结果是，一方面使侨州郡县成为实土的政区，另一方面则使部分北方侨民迅速土著化。因此，等到隋朝重又统一天下，南北界线消灭，侨州郡县也就随之

〔1〕洪亮吉《东晋疆域志·自序》，《二十五史补编》第3册，中华书局，1955，总第3580页。

退出历史舞台，不复存在了。[1]

除了侨州郡县这种畸形政区之外，还出现了两州或两郡同治一地，由一人统领两州或两郡的“双头州郡”。州、郡设置之滥，可以说到了极点。另外，北朝在大量设置州郡的同时，还滥设官吏，尤其是州刺史，居然一州就要设置三个。由于州刺史的增加，使得郡太守逐渐不再管理具体的事物，变成了闲员。这就为日后隋文帝统一之后，进行行政区划改革，废郡而实行州县二级制提供了条件。

## 第四节
## 从郡（州）县两级制到藩镇：隋唐五代时期

### （一）隋、唐开元前的州、县二级制

在南北朝后期，州郡的滥置已到了无以复加的地步，特别是州的大量增设，已使得郡一级的区划名存实亡。面对这种情况，北齐文宣帝在位时，曾有过一次大的整顿，省并了三州、153 郡、189 县、三镇、26 戍，几乎是当时所有郡县的一半数目。但是这种简单省并州郡的办法，并不能抑制日益恶化的政区混乱状态。对地方行政制度的彻底改革，已势在必行。隋朝取代北周之后，隋文帝在大臣杨尚希建议的基础之上，并没有采取将州郡省并的简单办法，而是把州郡县三级中的中间一级郡去掉，即“罢天下诸郡”，以州直接领县，简化了政区的层级，使行政区划重新又回到了二级制。隋灭陈后，又将这一举措推行到了全国。实行郡县二级制的最大好处，就是可以使中央的政令容易通达到地方，从而加强中央集权，避免出现地方割据。

隋文帝的这项改革，虽然是一成功之举，但是，仍然不能彻底解决州县数目过多的局面。经过魏晋南北朝，州、县的数目已变得非常多，州、县的区划也已经变得不能再小了。隋朝初年，仅州的总数就多达三百多个。如此庞大的数目，让中央政府来直接管辖，其难度是可想而知的。因此，调整州、县的数目与范围，就成了隋朝中央政权的又一项重要任务。

于是在大业三年（607），隋炀帝下令省并州县，随后又把州改称为郡，以回

〔1〕有关东晋南朝侨州郡县与土断的具体情况，可参看胡阿祥《六朝疆域与政区研究》，西安地图出版社，2001。

到与秦汉相似的状况。经过这次调整，到了大业五年，全国变为了 190 郡，1255 县，县以上的机构与南北朝时期相比，大大精简了。

此后，隋炀帝又开拓疆土，在东北地区辽水流域设置了辽东郡。在西北平定吐谷浑后，设置了西海、河源、鄯善、且末四郡。之后，又在今新疆哈密建立了伊吾郡。上述五郡之地，包括了今天的新疆东部与青海大部地区，中原王朝在如此遥远的地区设立郡县，这还是第一次。北部地区在今内蒙古后套一带设置了五原郡。南在海南岛上设置了珠崖、儋耳、临振三郡。

隋朝虽然对政区进行了调整，完善了行政区划的体系，又加上开拓疆域，经过文帝与炀帝两代的发展，国家也呈现出了富庶强盛的景象，但是历史常常演出惊人相似的一幕，隋朝又重蹈了秦代二世而亡的覆辙。

唐朝开国以后，又把郡改为州，恢复了隋朝初期的州县制。然而州的数目在唐朝兼并各割据势力，重新平定天下之后，又出现了大量的增长。这是因为在隋唐之际，群雄并起，那些率兵占据一方的地方豪杰，只要归降唐朝，唐朝就会在他所盘踞的地方设置州县，并委以刺史之衔，这样，在不长的时间里，州的数目便自然又膨胀起来。特别是在南方今天的广西、湖南和四川一带的少数民族地区，由于当地表示愿意听命唐朝的首领很多，出现了许多新的州刺史，因此，州的分布也就变得尤为密集。太宗李世民继位伊始，虽曾对一些州进行省并，但是调整的情况似乎并不理想，到了贞观十三年（639），唐朝中央政府直接控制的州还是有 358 个之多，这个数目已经大约是汉郡数目的两三倍了。

其实，由于唐朝的疆域比汉朝要大，对地方的统治也比汉时要深入得多，汉唐虽然同样实行的是两级制，但这时唐朝州的数目已不能像汉朝时的郡一样，降回到一百多个了。然而要让中央政府统管这三百多个州，着实是一个不小的难题。这种情况已使得中央政府不得不考虑在州县二级制的政区之上再设立一级监察区，对各地州刺史的所作所为进行监察，随时将地方官员的情况上报中央。设置监察区的办法，虽说不失为一项行之有效的措施，但是唐朝初年的皇帝已从前代的经验教训中，十分清楚地知道，监察区一旦设立，就会存在变成一级正式行政区划的危险，因此需要找到一种变通的方法。唐太宗贞观年间设立的巡察使，就是这方面的一个尝试。

贞观元年（627），唐太宗下令，将全国分成关内、河南、河东、河北、山南、陇右、淮南、江南、剑南等十道，派遣巡察使到各道去负责监察地方的官员。不过，在当时巡察使的派出，还是一种临时性质，并不是常制，而十道的划分也更多地体现的是一种地理区划，还不是真正的监察区。

另外，唐代前期在数州之上还设置了都督府，以统军戎。据史书记载，贞观十三年（639），除了靠近京城附近的九州，全国的所有州县分属41个都督府。到了景云二年（711），武则天又省并诸都督府，把全国境内的所有州县，置于24个都督府的统辖范围之内。由于担心这样会使得都督在地方上分权过重，不利于中央集权的统治。因此，没过多久，24都督府之制就被废止了。开元十七年（729），唐玄宗又把都督按权力的大小分为上、中、下三等，此时共有都督府40个。后来随着节度使的出现，都督的权力便被节度使替代，都督的名称也就逐渐消失了。

唐朝前期，国力强大，先后灭掉了东突厥、薛延陀、西突厥和高丽，使边疆少数民族纷纷内附。为了有效地管理这些少数民族地区，从太宗贞观十四年（640）起，在这些地区设置了由原部落首领为都督、刺史的羁縻府州，在名义上统属于安北、单于、安西、北庭、安东、安南等都护府与一些边州都督府。到开元年间，唐朝一共设立了850多个羁縻府州。另外，需要说明的是，这些羁縻府州大多不需要向唐朝中央政府交纳贡赋。这就是说，羁縻府州只是在理论上属于唐王朝的版图。[1] 中唐以后，羁縻府州已大量撤废或者是内徙。

## （二）唐开元至五代时期的道—州—县三级制

唐玄宗在位的开元、天宝年间是唐朝的全盛时期。依据两唐书《地理志》，开元二十八年（740），共有州328个，县1573个。天宝元年（742），玄宗又改州为郡，到肃宗至德二载（757），再一次将郡改回了州。另外，从开元元年（713）起，凡是京、都所在的地方，为了提高它们的地位，与普通的州相区别，而称为府。最早只有京师长安所在的雍州叫京兆府、东都洛阳所在的洛州称河南府。后来，又把北都太原所在的并州称为太原府，西都凤翔所在的岐州称为凤翔府，南京江陵所在的荆州为江陵府。还将皇帝到过的地方也升为府，如蒲州升为河中府，华州升为兴德府、陕州升为兴唐府、益州升为成都府，梁州升为兴元府。这样，到了唐代末期，一共出现了十个府。

为了对地方进行有效的控制，在开元二十一年（733），唐玄宗又将贞观十道在划分上所存在着不够合理的地方做了一些调整，把江南道分为江南东道、江南西道、黔中道。又将山南道分成山南东道与山南西道。另外，分关内道长安附近诸州增设京畿道，河南道洛阳附近诸州增置都畿道。这样，原来的十道就变成了十五道。（图2—2）每道设置采访处置使（简称采访使），负责检查道内州刺史的非法行为，不仅如此，还让这些采访使们兼任各道中重要之州的刺史。于是，道便成为

〔1〕有关唐代羁縻府州的具体情况，请参见刘统《唐代羁縻府州研究》，西北大学出版社，1998。

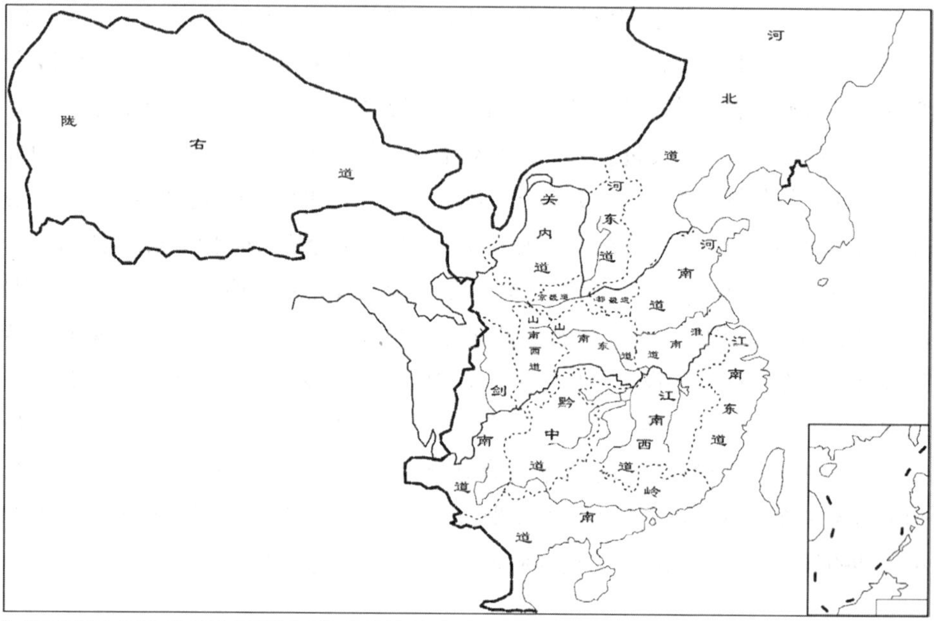


图 2-2 唐十五道示意图

了正式的监察区了。但是，监察区一经确立，监察官员变为常职，也就很难避免变为行政区与行政官员了。

唐代中期以后，为了边境防御周边少数民族的需要，还出现了兼统数州的节度使辖区（即方镇、也称作藩镇）的设置。到了玄宗开元年间，边地已设置了八个节度使辖区，天宝年间则增加到了十个。本来唐朝实行军民分治的管理方法，节度使最初只是负责辖区内的军事防御，不干预民政，但是，节度使逐渐兼任按察、营田、度支等使，并将各州的州刺史置于他的统领之下，将辖区内的军、政、财、监察大权集于一身，成为权重位高的封疆大员。

唐玄宗天宝年间“安史之乱”爆发后，唐朝政府为了尽快收复失地，平息叛乱，不得不实行战时的紧急举措，对那些出征有功的将军和怀柔反正的降将，都授予了节度使的官职，使本来只设在边疆的方镇，在内地各处也普遍设置起来，其中都督之权重持节者都称为节度使，主兵事而不授节者称为防御使、经略使或是团练使。大的方镇统领十多个州，小的方镇辖有二三个州。

方镇最初设在边境地区时，地位在道以下，形成的是道—镇—州的体制，与此相对应的职官层次则是采访使—节度使—刺史。但是，安禄山发动叛乱后，采访使已无法再统辖方镇，失去了存在的意义。为此，肃宗乾元元年（758），将开元以来的十五道罢黜，改采访使为各镇观察处置使。从此以后，有的以节度使兼任观察使，有的以观察使兼任防御使、经略使。这样，便将本来属于不同区划的采访使道与节度使方镇合二为一了。名为一道而又已经不仅仅是监察区域，称作一镇而又已经不仅仅是军政区域。于是道（方镇）成为统辖州县以上的一级政区。隋初以来的州（郡）县二级制的行政区划，变成了道（方镇）—州（府）—县三级制。据史书记载，唐末所设立的方镇数量在四五十个之间波动，除去首都京兆府和附近几个州及陪都河南府之外，其余的府州全都被方镇占据。这些节度使们拥有重兵，抗命朝廷，割据一方。他们的这些行为与古代的诸侯非常相似，因此当时的人就把方镇又叫做藩镇。这就是历史上所说的"藩镇割据"。

藩镇割据最终导致了唐朝的覆亡。天祐四年（907），割据汴州（今河南开封）、滑州（今河南滑县东）的节度使朱温将唐哀帝废掉，自己称帝，改国号为梁，史称后梁。历史进入了分裂动荡的五代十国时期。

所谓五代，是指中国北方先后出现的五个王朝：后梁、后唐、后晋、后汉、后周。另外，从唐末开始，江南、岭南、剑南以及河东等道，都被一些藩镇的节度使占据。中原五代时期，他们有的占领数州，有的据有一道，并称帝称王，先后存在有十个割据政权，即十国：吴、南唐、吴越、楚、闽、南汉、荆南（南平）、前蜀、后蜀、北汉。

五代十国的出现，是唐朝后期藩镇割据进一步发展的结果。它们的政区也自然沿袭唐朝末年形成的道—州—县三级制。

## 第五节 "强干弱枝"：北宋与南宋（含辽金西夏）时期

### （一）北宋的政区

宋太祖赵匡胤建立宋朝以后，为了加强中央集权的专制统治，避免藩镇割据的局面重演，他先是将节度使的兵权彻底解除，然后又把节度使驻地以外兼领的州——当时借用西汉初年诸侯王国属郡的名称而叫做支郡，由中央政府直接统辖。同时由中央派遣文官出任地方官——知州，负责管理各州事务，但是仍然保留了原来各州的州刺史。知州的全名是权知军州事，意思就是暂时负责该州的军民事务，其实这一职务是一个固定的官职，只不过当时为了让那些节度使们易于接受而在名称上作了点花样，等到后来州刺史被废掉，这一名称中的“权”字也就省去了。知州每三年更换一次，直接对中央负责，向朝廷奏事，不再听命于地方上的节度使。至于县一级政区的官员的情况，也与州类似，中央政府派遣中央官员担任知县而用来代替原来的县令。后来，为了防止知州在地方上的权力过大，又设置通判作为知州的副手，让他们彼此之相互牵制，以便起到分知州权力的目的。

在把各地节度使所统领的各州收归中央后，宋太祖本想由中央政府直接来控制州与县，实行行政区划的二级制。但是在州这种统领县的一级政区数目很多的情况下，中央政府根本无法进行有效的管理。后来，宋太祖从唐代转运使的设置中得到启发，把这个临时性的差遣变成了固定的官职，让转运使负责征收和转运地方上的水陆两路财赋。由于要转输，就需要与交通路线发生联系，所以宋代统治者又按照全国的地理形势，重新划分，让这些转运使分路而进行管理，这样，在州之上便形成了新的一级行政区划——路。

因为转运使拥有地方军、民、财、刑大权，并辖有幅员广阔的区域——路，这无疑构成了一种潜在的割据力量。于是为了分夺转运使的权力，宋朝统治者又分别设立了负责掌管一路司法、刑狱和监察的提点刑狱司，负责储备粮食平抑物价的提举常平司和掌管一路的兵民之事的安抚使司。除安抚使司（简称为帅司）之外，转运使司、提点刑狱司、提举常平司通称为诸监司，又分别简称为漕、宪、仓三司。

在地域上，这些监司的管辖区域虽然都叫做路，但是各监司的路并不完全一致，而是互有交叉，在转运使司看来是一路的，在提点刑狱司却可以是两路，在安抚司则又可以是四路，甚至是六路。另外，即使有两司路在所辖领域上完全吻合，其治所也会有意地被人为安排在两个不同的地方，从而让他们形成各自独立的权力管辖范围。

宋朝中央政府就是利用以上这些办法，让各监司彼此之间相互牵制与制约，加之让路之下的各州依然保持直接向中央奏事的权力，这样就使路不能成为严格意义的在州之上的一级政区，从而收到有效控制地方、加强中央集权的效果。

总体来说，虽然从权力分配的角度来看，宋代实行的是二级半或者是虚三级，但如果从行政区划的角度来说，宋代实行的是路—州—县三级制。

北宋时期，路的划分以转运使司为主，初期路的分合极不稳定，省并频繁。到了太宗至道三年（997），才将全国定分为15路。后来，又有所分析，真宗时分为18路，神宗变成了23路，到徽宗崇宁四年（1105），增加到了24路。（图2—3）上述所分的这些路数，都是专指转运使司路而言的，至于宪司、帅司的分路则

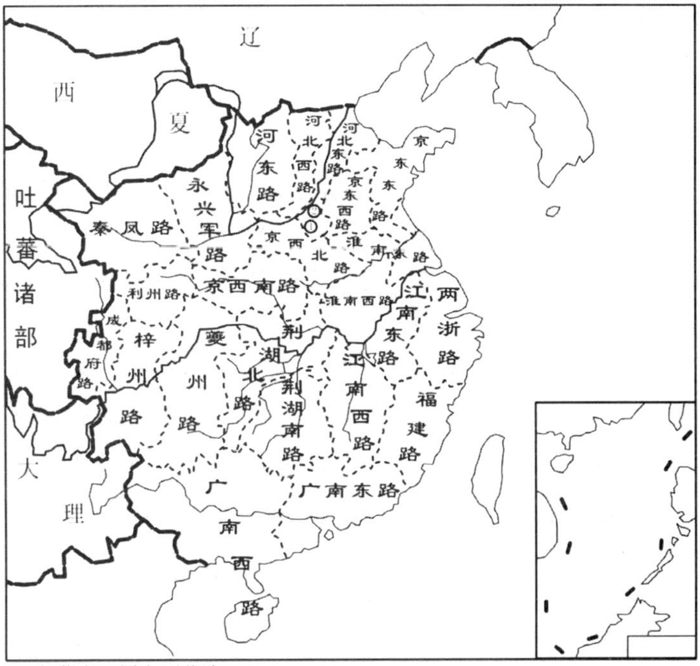


图 2-3 北宋二十四路示意图

①京畿路 ②属京西北路

与之不同。如河北、陕西在当时是边防重地，与辽和西夏分别接壤，因此在河北的两个转运使司路又分设了四个安抚使司；在陕西的两个转运使司，又分设了六个安抚使司。

宋朝在路之下的二级政区有府、州、军、监四种，其下各自辖县。府、州的名称承袭的是唐朝的制度。府就是地位特殊的州，又细分为京府（首都或者是陪都的所在地）与次府（与皇帝的行为有关的州）二种。

军与监又分成两类：一类直属于路，与府、州同级；一类隶属于府、州，与县同级。宋时从边地到内地，都设有军，目的是为了边境的防御与内地的治安。统领县的军，地位等同于下州。如果其政治地位提高，也可能升为州；如果州的政治地位下降，也可以退而变成军。监在五代时期，是为了管理矿冶、铸钱、牧马、盐产区而设立的专门机构，宋朝时期兼管民事，也成为正式的行政区划。统县一级监的地位比同级的军的地位要低，如果这一级的监的地位提高了，也可以升为统县的军。

据《元丰九域志》记载，宋神宗元丰三年（1080），全国共有府 14，州 242，军 37，监 4。

## （二）辽、西夏与金的政区

### 1．辽

唐朝末年，契丹在今天东北内蒙古一带兴起。938 年改国号为辽。983 年，辽圣宗复国号为契丹。1066 年，兴宗复称辽。到 1125 年，天祚帝为金兵所擒，辽亡。

辽代的地方行政制度与区划，基本上承袭了唐代的制度，从太宗时期开始制定，到圣宗以后趋于完备。辽以所设立的上、东、中、南、西五京为中心，分全国为五道，并以京号为道名，合称五京道。

辽在道下面的一级又分成府、州、军、城四类，这四类的再下面一级则是县。另外，在上京道、中京道与东京道内又设有“头下军州”，是诸王、外戚、公主的私州，不领县。再有，辽代对北方原游牧部族不采用中原王朝传统的州县制，分为部族、属国两类。依据《辽史 · 地理志》的记载，辽代有 6 府，156 州、军、城，209 县，52 部族，60 属国。

### 2．西夏

982 年，党项首领李继捧降宋，宋太宗授以夏州刺史之职。后李继捧族弟继迁率部反宋，屡败宋兵，传子德明。1034 年，德明子元昊建年号，1038 年称帝，国号大夏，史称西夏。西夏定都兴庆府（今宁夏银川）。1227 年，为蒙古所灭。

西夏地方行政区划分州、县两级。据《宋史 · 夏国传》记载，西夏后期共有 22 州。但实际上西夏所置州尚不止此数，现在有名可考的夏州就有 36 个。[1] 另外，西夏又按其军事机构左、右两厢而在地域上分设 12 监军司，即 12 个军区，军司多以州治所在或其他军事要地为驻所。西夏在边防要地还有郡的设置，兼理军民。

### 3．金

1114 年，辽的属部女真部族联盟长完颜阿骨打起兵反辽。次年，称皇帝，建国号金。1125 年灭辽，1127 年灭北宋。1234 年，蒙、宋军破蔡州，金亡。

金灭辽之后，承袭了辽的五京（唯改辽的上京为北京，南京为燕京）。灭掉北宋以后，又将北宋的都城称作汴京。再加上金自己设立的都城上京，因此在金熙宗在位时（1135—1149），共有七京。

在地方行政制度上，金朝在其发祥地，仍然采取部族制度，但是在所占据的原来的辽、宋地区，则承继的是北宋的制度，分路而进行治理。金熙宗皇统二年

[1] 参见章巽《夏国诸州考》，载《开封师范学院学报》1963 年第 1 期。

(1142) 时，共设有 17 路。金朝的路与宋代的路一样，也是分权而立，只是金设置的是都总管府（民政）、转运使司（财政）、提刑使司（司法监察）及统军使司（军事）四使。在路的区域划分上，都总管府、转运司及提刑司三路的分划也不完全相同。

金的各路下面统辖州与县，州一级政区又有散府、节镇州、防御州、刺史州、军的分别。还有隶属于上京路的蒲与、曷懒、速频、胡里改四路和隶属于东京路的曷苏馆、婆速二路，也是相当于州一级的政区，由于不领民户而只领猛安谋克（300 户为一谋克，相当于一县，十谋克为一猛安，相当于一防御州），所以不叫府州而称为路。另外，上京、北京、西京等路又辖有边境诸部族。

根据《金史 · 地理志》的记载，章宗泰和五年（1208）共有 19 路，下领属散府 9、节镇州 36、防御州 22、刺史州 23、军 16、县 632。

### （三）南宋的政区

南宋建立后，在地方最高一级行政区划上，仍然采取的是分设诸路的制度。南宋与金达成绍兴议和的第二年（1142），境内一共分成 16 路，每一路都设立了负责掌管该路兵民事务的安抚使司，这与北宋时期以转运使司为一路主要机构的情况，已有所不同。除去安抚使司路之外，南宋还设有转运使司与提点刑狱司，这两司的分路情况与安抚司的相同，只是它们的治所有时不在一地。南宋在路之下，也与北宋时期相同，设府、州、军、监四种，下各统县。唯独府的数目，南宋时期比北宋增加了一些。

## 第六节
## 行省时代：元朝时期

1206 年，蒙古部铁木真统一蒙古高原诸部，建立大蒙古国，称成吉思汗。蒙古国建立后，不断向外扩张。到蒙哥汗时，已先后灭亡了西辽、西夏、金、大理等国。至元八年（1271），忽必烈改国号为大元，创建了中国历史上的元朝。第二年，建都于大都（今北京）。又过了几年灭掉了南宋，完成了旷古未有的大一统。

与前面的朝代相比较，元代在地方上的最高一级行政区划有所不同，采用的是中书省、行中书省统辖制度。元代的这一制度是从金朝那里承袭而来的。金代后期，特别是蒙金战争爆发后，金朝军队接连失败，路的长官已无法应付一方的事务，为了处理地方的军政，金中央政府便派宰臣到各路“行尚书省事”，开佐置府，统领一路或数路的区域，这些机构当时叫做“行尚书省”，简称“行省”。这些行省在当时仍然还是尚书省的派出机构，代表尚书省行使权力，带有临时性质，事情处理完毕后，便被撤销掉。

蒙元在征服中原的过程中，沿用了金朝的这一制度，作为战时的一种临时措施。元世祖忽必烈以中书省总理全国政务，以行中书省（有时是行尚书省）作为管辖新征服地区的行政机构，久而久之，这个机构所管理的地域范围也便以行中书省的名称相称，简称行省或省。同时，作为中央政权机构的中书省本身也直辖包括首都在内的一大片地区。

元代中统、至元前期是行省制度的草创时期，在这一时期，行省还基本上是中书省的派出机构，省区的分置废罢也极为频繁，很不稳定。等到南宋被元彻底灭掉之后，这时（至元十七年，即 1280 年）元一共设有七省，即一个中书省和六个行中省。这七个省的区域，基本上是由军事行动的过程和路线所形成，而这种战时形成的区域，到了和平时期便显现出管理方面的不便，于是到了元朝中期，

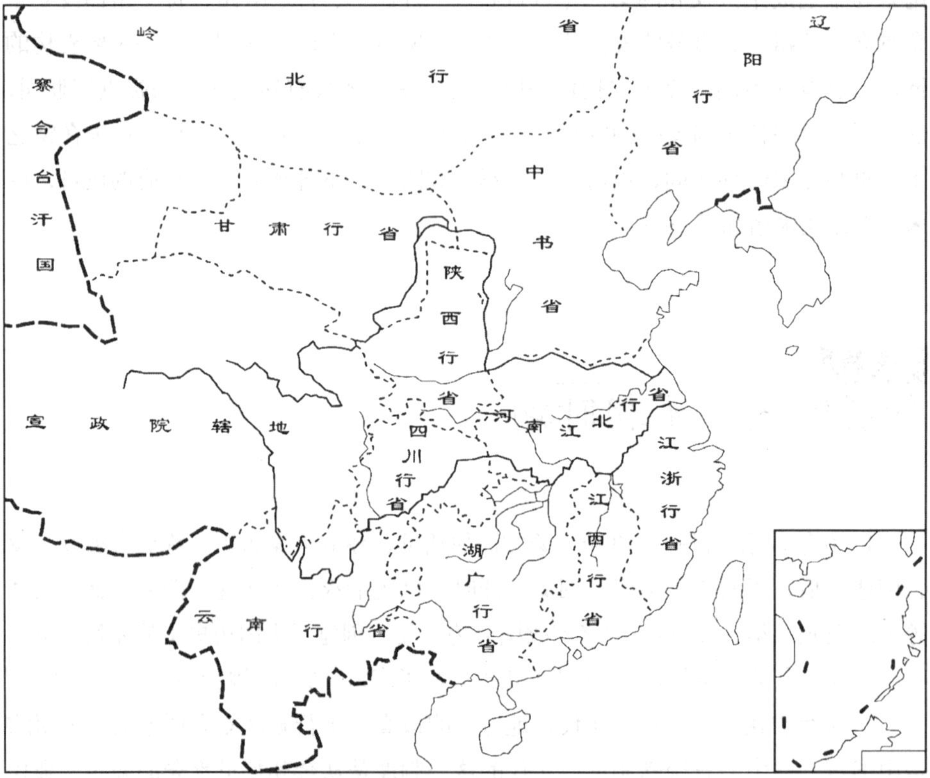


图 2–4 元中期十一省示意图

便对上述七省的各自辖区重新进行调整，逐渐在元朝的版图上形成了11省（即一个中书省与十个行中书省）的新格局。（图2—4）

元朝末年，各地农民起义爆发，为了镇压这些起义和维持地方治安，元朝中央政府又分出许多行省，行省制度已变得十分混乱了。

元朝在省之下，有路、府、州、县等多级地方行政区划。在最复杂的地区，如中书省，行政区划的层级可达到五级之多，即省—路—府—州—县。而在最简单的地区，行政区划的层级却只有两级，如省—路、省—府、省—州等。不过，元朝大多数地区实行的行政区划是三级或四级制。再有，在宋代，本来府与州同级，不过只是表示地位尊崇而已。到了辽代，府则成为州之上的一级政区。元代借鉴了辽朝的制度，也把府置于州之上，在一般情况下与路同级，在个别情况下又比路低一级。至于元朝的州，区域比宋朝的更小，有不少的州往往只辖一县或根本就不辖县。甚至在江南，还有一些县，因为户口增多，而干脆上升为州，所以在元朝，县与州近似为同一级。因此从基本结构上看，元代的行政区划层级大致也只有三级，即省—路（府）—（州）县。

另外，在元朝的多层级地方行政区划中，还存在着复式的统辖关系。元朝复式的层级关系是从辽朝仿效过来并加以发展而形成的。在北宋之前，行政区划的层级都是单式的统辖关系，二级就是二级，三级就是三级。但是辽代时打破了这种情况，出现了复式的层级统辖关系，也就是说，二级制与三级制并存于一个高一级的行政区划当中。元代的路、府情况与辽代相似，也是除直接辖县外，同时还可以通过属州再领县。

既然元代政区层级多，并且采用复式统辖关系，因而形成了一套复杂而烦琐的行政区划体系，其各层次之间的关系可以大致用下图表示：

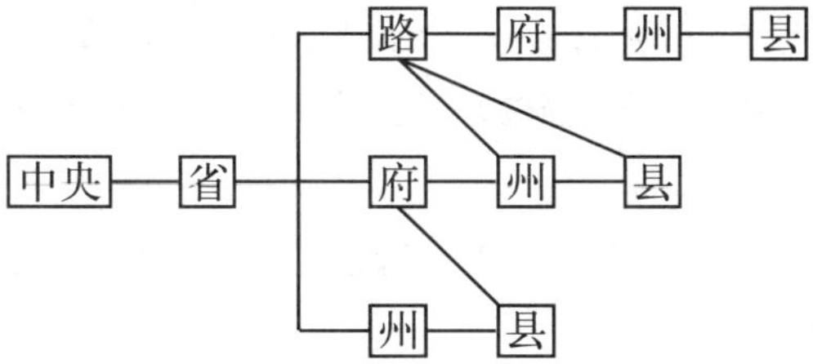


这就是说，元朝的地方行政区划，除去省—路—府—州—县的层级顺序之外，还存在着省—路—州、省—路—州—县，省—路—县、省—府—州—县、省—府—县及省—州—县等多种层级形式。这种复杂的行政区划，在中国历史上是绝无仅有的。

元朝路一级政区，以府、州为依托，参照金代的总管府制度，而设置了总管府，负责一路的司法、行政、财政等各项事务，这与宋、金时期路级政区诸司分治的情况是不同的。

元朝府一级的政区数量不多，在元朝的地方行政机构中并不占有重要的地位，主要设置在原来金、宋和大理的统治区域内，分为直隶于行省的府和隶属于路的散府（也称为诸府）。大的府多升为路，剩下的府虽然仍然保持原有的建制，但其地位已无足轻重了。

元代的州，隶属于中书省与行省的，一般称作直隶州；隶属于路及散府的，一般都称为散州。这些州有的领县，有的则不领县。

元朝县的分布很不均匀，在蒙古部民分布的岭北地区，就不曾设立过州县，那里的居民依然保持原有的千户、百户编制。元代的县既可以隶属于路，又可以隶属于府，还可以隶属于州。

根据《元史·地理志》的记载，元朝共有185路，33府，359州，1127县。

另外，由于元朝的行省大多辖区较广，中央政府时常感到鞭长莫及，因此，又往往分一省为二三大区，将离行省中心较远的划分为一道，设立宣慰司，负责协调临近路、府的军民事务。元朝一共设有11个宣慰使司道。宣慰使司道向上承接省的政令，向下传达到各县，然后又将各县的一些请求向上传递到省，承上启下，兼有行省派出机构和介乎省、路之间一级行政机构的职能，因此，宣慰使司道也被当做省之下的一级准政区。

整个藏族地区在元朝时已经归附，成为元朝版图的一个组成部分。元朝称藏族分布的区域为吐蕃，由宣政院直接统管，是与元朝的11省并列的一级行政区划，所以在那里不设行省。在吐蕃当地的最高地方权力机构，是分别设置在“吐蕃三区”（也称为“吐蕃三道”）的由宣政院统辖的三个宣慰使司都元帅府。另外，在元朝的甘肃行省以西，今天的新疆东部地区，有三个不属于行省，而直接属于朝廷的单位，即别失八里（今新疆吉木萨尔县北破城子）、哈剌火州（今新疆吐鲁番）与哈密力（今新疆哈密）。

在台湾和澎湖列岛，元朝时设置了澎湖巡检司来进行管理。这一行政机构一直持续到明洪武二十年（1387）才被撤销。

# 第七节
# 删繁就简：明朝时期

明朝建立后，依然承袭了元朝的行省制度。然而，明太祖朱元璋认为行中书省的权力太大，为加强中央集权，于是对元代的行省制度作了很大的改革。由于他对宋代高度中央集权的行政制度十分羡慕，因此便效仿宋朝分路的做法，把一个行省的原有最高权力分散在都指挥使司、布政使司及提刑按察使司三个不同的官员手中。原来的一省则改称为布政使司，但在当时习惯上仍称为省。另外，在区划上，朱元璋也让三司不完全一致，这在布政使司与都指挥使司的辖区划分上，尤为明显。例如明朝设有辽东都指挥使司，而在明朝的13个布政使司中，并没有辽东省，而把辽东都司的管辖地区划在了山东省的范围之内。

朱元璋在洪武十三年（1380），改行中书省为承宣布政使司，并罢中书省所领府州，直隶于六部后，全国除京师（南京，治应天府）和少数民族地区外，分为北平、山东（治济南府）、浙江、江西、福建、广东、广西、湖广、四川、陕西、河南、山西（治太原府）等12个布政使司。洪武十五年，又增设云南布政使司，共计13布政使司。永乐元年（1403），明成祖朱棣，建北京于顺天府。二

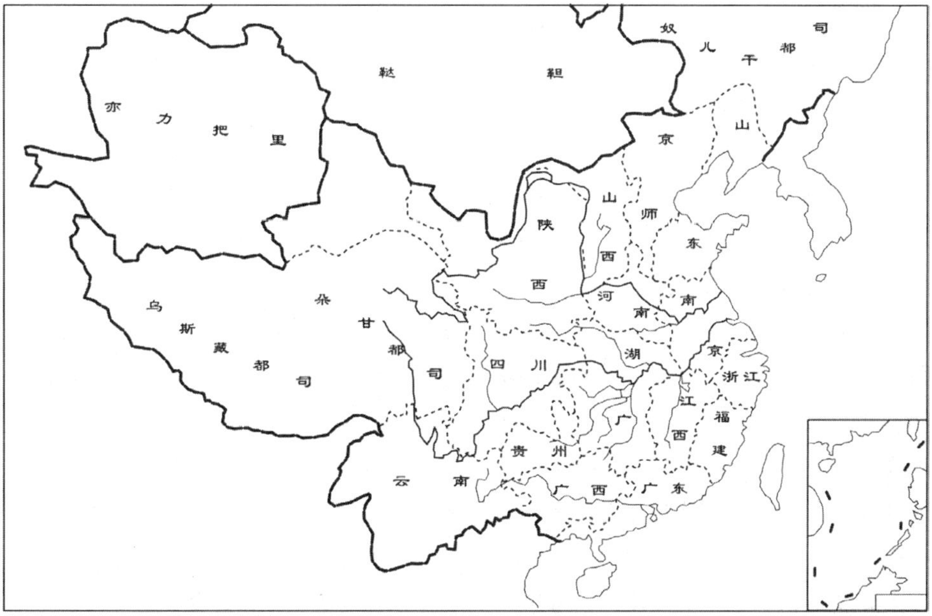


图2–5 明朝两京十三布政使司示意图

月，罢北平布政使司，以其所统府州直隶北京行都，永乐十九年，又改北京为京师，正式迁都北京，罢北京行都。明成祖迁都北京后，南京作为留都，于是明朝有南北两京，所属府、州、县，都直隶于两京六部，号称南北二直隶。另外，在永乐五年，明成祖设置了交趾布政使司，但是到了明宣宗宣德三年（1428），交趾布政使司便被罢除了。明成祖还在永乐十一年，设立了贵州布政使司。因此，终明之世，全国共有13个布政使司，两直隶，俗称为15省，为明直辖地区的行政区划。（图2—5）

明代两京13布政使司之下的地方行政机构与区划，大体继承元代行省以下原有的路、府、州、县之制，但有所简化，取消了路的建制，只设府、州、县三级。

明朝的府隶属于京师或布政使司，其下或者辖州或者辖县，或者州县并辖，是地方上的二级行政机构和区划。明朝的州分为两种：一是直隶于京师或者是布政使司的，称为直隶州，地位与府大体相同，其下或者辖县，或者不辖县；一种是隶属于府的，称为属州，地位与县大体相同。但多数属州也领有县，实际上这种属州的地位介于府与县之间。明朝的县隶属于府、领县的直隶州或属州。此外，府、州、县除了隶属于布政使司外，还受布政使司、按察使司的派遣机构分守道、分巡道、整饬兵备道的节制。

据《明史·地理志》记载：终明之世，“分统之府百有十四，州百九十有三，县千一百三十有八”。

明朝的府、州、县只领民户，又另置卫、所统领军户。每一省的卫、所一般都是由一都指挥使司统辖。但在边区，由于军户数量很多，为便于管理，又增设了几个都司或行都司。有明一代共设有16都指挥使司（其中有13个与布政使司同名，另外三个是北直隶境内的万全都司、大同都司和属于山东省的辽东都司。）、四行都司（陕西、四川、湖广、山西）、二留守司（中都、兴都）。据《明史·地理志》载：明曾置有493卫、2593所、315守御千户所。到了清朝初年，都司卫所因有的被裁废，有的改置为府州县，于是便不再存在了。

明朝在少数民族聚居地区还设置了羁縻都司卫所。这些机构与正式的都司卫所比起来，中央政府对它们的控制较弱，各级长官都由当地的酋长、族首领担任，明朝中央政府发给敕书、印信，让他们各统其众，按照当地的习俗进行治理。从地理分布上看，这些羁縻都司卫所主要设置在东北、西北和四川西部、青海、西藏地区，其中有在东北黑龙江流域等地的奴儿干都司，在今天的甘肃境内的河州、岷州、洮州、沙州等卫，在今天的青海境内的安定、阿端、曲先、罕东等卫，在今天新疆哈密的哈密卫以及在西藏地区的朵甘和乌斯藏二都指挥使司。

另外，除府州县卫所之外，明朝在西南地区，还设有不少土司，其中土府、土州、土县等文职土司隶属于布政使司；宣慰司、宣抚司、安抚司、招讨司、长官司、蛮夷长官司等武职土司隶属于都指挥使司。据《明史·地理志》记载，有土府19、土州47、土县6、宣慰司11、宣抚司10、安抚司22、招讨司1、长官司169、蛮夷长官司5。

明朝在一省之内所实行的都指挥使司、布政使司和按察使司三司分立的制度，虽然可以使它们彼此之间相互牵制，但这一制度存在的负面影响也随之暴露出来，那就是地方由于权力分散，对外防御与对内镇压反抗的能力大大削弱，尤其不能应对处理地方的突发或重大事件。为了弥补这些不足，更好地协调处理地方上的事务，于是在明朝中期宣德年间以后，经常向各地派出总督、巡抚两类新型官员，负责处理所督与所抚地区内的行政、军事及监察等方面的事情，成为最高一级的封疆大吏，并由临时性的派遣变成长期的设置，管辖范围也变得相对固定，逐渐在都、布、按三司之外，形成了一套总督、巡抚的体制，作为新的地方行政组织。概括说来，巡抚的主要职权是行政赋税、考劾属吏、提督军务；而总督的主要职权则是，节制巡抚，调度军队。巡抚以民事为主，兼理军务，而总督以军事为主，兼管民事。

由于总督、巡抚逐渐成为了地方上实际的最高军政官员，所以，到了明代后期，最高一级地方行政区划事实上已从两京13布政使司，变成了几十个总督、巡抚辖区，虽然总督、巡抚辖区到了清代初期，才正式成为一级地方政区。[1]

## 第八节
# 从复式到单式政区层级：清朝时期

历史上改朝换代，几乎都要对前代的行政区划有所改动，但清应当算是一个特例。因为清秉承明制，几乎没有什么变革。

清朝建立后，在关内地区，设置行省，改承宣布政使司为省，为地方最高一级的行政区划。除了明朝原设的13省之外，顺治元年（1644），改明代北直隶为直隶省。二年，又改南直隶为江南省。到了康熙年间，由于觉得15省的区划过大，不便于政令的颁布实施，清政府因此决定将一些省的范围再划小一些，于是

〔1〕有关明朝总督、巡抚辖区的具体情况，请参见靳润成《明朝总督巡抚辖区研究》，天津古籍出版社，1996。

分江南省为江苏、安徽两省，分湖广省为湖北、湖南两省，分陕西省为陕西、甘肃两省，这样，全国一共设有 18 省，也称“内地十八省”。内地 18 省的格局，自康熙朝历经雍正、乾隆、嘉庆、道光、咸丰、同治六朝二百多年而没有改变。

清朝不仅在省的划分上大体承袭明朝的旧的区划，而且在官员的设置方面，也继承了明朝的制度。清朝采用明代的总督巡抚制度，以总督、巡抚作为地方上的最高一级行政长官，而且把总督、巡抚的辖区调整到与明朝的省界相一致。但是，由于按照明制，省的长官应当称为布政使，而不是总督、巡抚，因此，在清朝，省实际上并不是正式的地方最高一级行政区划的称呼，而只能说是一种俗称。

一般来说，清朝的每个总督统辖二三个省，主管军事，兼管民政和监察地方官员。清朝到了乾隆年间，把总督设置的数目确定下来，一共设立了八个总督，它们分别是直隶、两江、闽浙、陕甘、湖广、两广、四川、云贵。不过这八个总督并没有完全覆盖清朝的内地 18 个省，山东、山西、河南三省就不设总督，而只设巡抚。巡抚通常只管辖一省，负责一省的民政事务。不过，也有例外，直隶、四川及甘肃三省就没有巡抚。因此，清朝的巡抚一共只有 15 个：山东、山西、河南、陕西、江苏、安徽、浙江、福建、江西、湖北、湖南、广东、广西、云南及贵州。

由于总督、巡抚统管一方，权力很大，因此，清朝前期和中期，多让满人与汉军旗人担任总督、巡抚的职务。康熙时期，汉人担任总督、巡抚的“十无二三”，乾隆时期，巡抚一职，虽然满人与汉人各占了一半，但总督大多仍是由满人出任。到了咸丰年间以后，随着镇压太平天国起义军的需要，这种情况有所改变，汉人充任总督、巡抚的逐渐增多起来。

总督、巡抚在各省的辅助官员是布政使（又称藩司）和按察使（又称臬司），原来明朝在地方上所设的都指挥使一职，由于卫所制度的废除而被裁掉了。布政使分管一省的民政财政，按察使则掌管一省的司法刑狱。清朝中期以后，布政使和按察使实际上已沦为总督与巡抚的属吏。另外，还需要说的是，照理由于布政使司是省级政府，一省只应该有一个，但是江苏省却出现了设有两个布政使司的现象。江苏省本来已有江苏布政使司，驻在苏州府。但在乾隆二十五年，又增设了江宁布政使司，驻在江宁府，与江苏布政使司划区分治。这样，就使苏州府与江宁府并为江苏省的省会。

布政使司与按察使司的辅佐官员称道员，其中由布政使司的参政、参议派出道员，驻守在一定地方，有固定的辖区，称为分守道，主管钱谷、政务；由按察司的副使、佥事派出道员，分巡某一区域，称为分巡道，主管刑狱案件。从乾隆年间以后，虽然道员由原来的临时派遣，变为了地方实官，但是道在实际上并没有成为一级行政区划，而只能称为一级准政区。在分守道与分巡道之外，清朝在各省还设置有不少没有区划的专职道员，如：督粮道、盐法道、河道、驿传道、海关道等。

清朝省以下的地方行政区划分为府（直隶州、直隶厅）、县（散州、散厅）二级，又恢复了单式的三级制。

府是省以下的一级行政区划，其下辖县（州、厅）。雍正中期，全国共设有167府，到了乾隆年间，增加到184府。光绪二十五年，又增为187府。到清朝末年，全国共有府二百多个。

清朝的州有直隶州与散州之分，直隶州直属于布政使司，与府相当，其下辖县，只是规模略小而已；散州隶属于府，与县相当，其下不再属县。到了光绪末年，全国共设有二百多个直隶州与散州。

厅也分为直隶厅和散厅，直隶厅隶属于布政使司，地位与府或直隶州相当，但是很少辖县。散厅一般隶属于府，与县同级。光绪末年，全国有直隶厅、散厅一百多个。

县是地方最低的一级行政机构。清朝末年，全国一共设有1358个县。

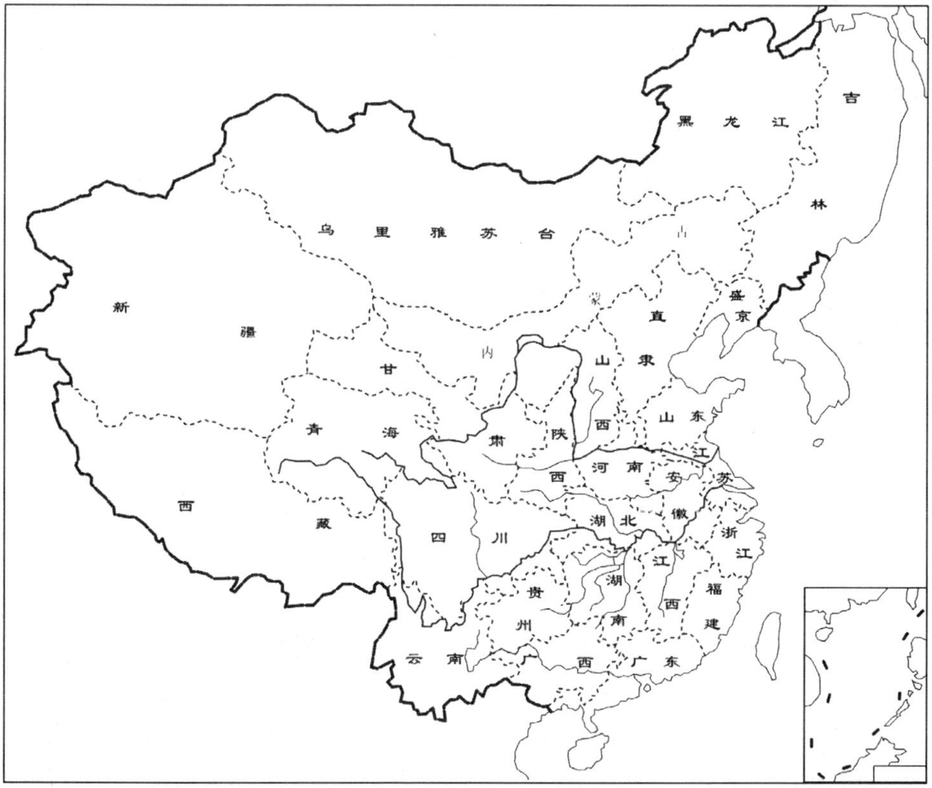


图2-6 清嘉庆二十五年（1820）政区示意图

在内地18省之外，清朝还在边疆地区实行有别于内地的行政区划制度，由清政府委派重臣，授以将军、都统、大臣等官职，对当地进行军政合一的管理。如在东北地区满洲兴起的故地设有奉天、吉林、黑龙江三将军辖区，在西北地区的新疆设有伊犁将军辖区，在今天的外蒙古设有乌里雅苏台将军辖区，漠南蒙古分为内蒙古与套西蒙古二区，在青海、西藏又分别设有西宁、驻藏二办事大臣辖区。(图2—6)

清政府在光绪九年（1883）又设立新疆省。新疆巡抚驻迪化府（今新疆乌鲁木齐)。仍设伊犁将军驻惠远城（今新疆伊犁霍城县东南)，民国二年（1912)，伊犁才并入新疆。

光绪十一年（1885)，为加强对台湾的控制，清政府又分福建台湾府建立台湾省，随后分建台湾、台北、台南3府，台东1直隶州，3厅、11县。台湾巡抚驻台北府。光绪二十一年（1895)，清政府在甲午战争失败后，被迫与日本签订了不平等的《马关条约》，台湾省被割让给了日本，沦为了日本的殖民地。

日俄战争爆发后，东北地区的情况变得日益复杂起来，于是在光绪三十三年(1907)，清政府便将原来的奉天、吉林、黑龙江三将军的统辖地区，改立奉天、吉林、黑龙江三行省，俗称东三省，各设巡抚，又设东三省总督统辖。总督奉天巡抚驻奉天府（今辽宁沈阳)、吉林巡抚驻吉林府（今吉林省吉林市)、黑龙江巡抚驻龙江府（今黑龙江齐齐哈尔)。三省的各自辖区由于内蒙古哲里木盟一些牧地的划入，而发生了一些变化。

综上所述，到了清朝末年，全国共设立了22省。

## 第九节
# 结语：行政区划的演变规律

以上我们将中国历史上两千多年的行政区划，从起源到发展，作了一个概括的介绍。从中我们可以大致发现以下的一些规律：

### （一）数量由少到多，辖区由大到小，层级由高到低

县级以上的同一名称的政区，随着历史的发展，通常都会出现这样的现象，那就是数量越划越多，辖区越划越小，到了一定的程度，它的级别就会逐层降低，甚至走向消亡。下面我们就来看一下具有代表性的一些政区的变化情况。

秦朝建立后，天下设立了36郡，郡成为最高的行政区划。到了秦朝末年，郡的数目增加到了48个。汉朝以后，由于秦郡的辖区较大，于是将这些郡的辖区范围划小，一郡被分成几郡。西汉末年，汉郡的数目已达到103个（包括与郡级相当的王国）。

东汉时期，虽然有一些郡国的范围比西汉时要小，但总体来说，两汉时期郡国的范围大小相差不是很大。到了东汉末年，随着州成为最高的一级行政区划，郡国的地位下降，变为二级政区了。

三国时期，郡国的数目比东汉时增加了一半，郡国的辖区自然随之减小了。西晋时期，郡国的统领范围比三国时又要小了一些。南北朝时期，随着大量新郡的设置，郡的辖区范围呈直线下降的趋势。隋唐以后，郡便消失了。

州的变迁最具有典型意义。州在东汉末年成为郡县之上的一级行政区划的时候，数量只有13个。其时，州的地域范围十分广阔，在南方的州相当于今天的两三个及三四个省的规模，在北方的州也有今天的半个省的大小。

到了三国时期，州的数量与辖区范围没有实质性的变化，只是当时魏、吴两国都设有荆、扬二州（相当于今天的长江中下游地区及南岭以北的地方）。不过，由于魏国所控制的荆、扬两州只有原州地域的一小部分，因此它们徒具象征意义罢了。西晋统一前后，州的数目逐渐增加到19州，各州的范围与东汉时期相比，已经有显著的缩小。尤其是西北的凉州、东北的幽州（今河北北部、辽宁西部及辽东半岛、朝鲜北部）、西南的益州、岭南的交州（今广东、广西、越南北部中部）等，都因为地域广阔而被分为了两州或者是三州。西晋末年时，范围最广的荆州与扬州也新分出两个州，形成了各州范围大小相差不大的21州的规模。

东晋十六国及南北朝以后，出于一些复杂的原因（如为了酬报功臣而因人设州，因侨置需要而设州，为了巩固皇权而割置新州），州的数目猛增到三百多个，这样州的辖区也就变得只有几百里见方了。

隋朝初年，隋文帝废郡以州直接统县，州于是等于降为郡级。宋朝时，为了加强中央集权，州的地域更趋缩小，在当时有将近十分之一的州只辖有一个县。到了元明清时期，又把一部分州降为了县级。

道在唐朝后期与方镇结合，取代了州的位置，而成为最高一级行政区划。当时道（方镇）的数目在四五十之间波动，大的道相当于今天一个省的面积，小的道则只相当于今天的十几个县的区域。到了宋代初年，道被路所替代。元朝时期，道又被用来作为行省以下的监察区。明清时期沿袭了元朝的做法，在省与府之间设道，但道的范围已大大缩小了。

路在宋代时成为最高的行政区划。北宋时期，路的数目还不是很多，到徽宗时也才仅有二十几个。路的各自辖区范围大体与今天的一省或是半省相当。南宋时期，路的总数在十六七之间变化，比北宋时期的南方多出了二三路。这时路的辖区自然也变小了一些。到了元朝，路的地位便被降低了，由最高的一级政区，而变为直接辖县的政区，其范围也相应缩小，只相当于今天的一两个地区的大小。明朝时，路被废除而成为府，路作为一级行政区划结束了其短暂的历程。

省是在元朝时期的最高一级行政区划，最初在全国设有一个中书省及六个行中书省。由于元朝的版图十分辽阔，而行省的数目又如此的少，因此，元朝各省的统辖范围的广袤是空前绝后的。例如陕西四川行省，一度辖有今陕西、四川、甘肃、宁夏与内蒙古西部的广大区域，其范围的广阔，我们已可以想见。虽然如此，但是如果与中书省包括的从山西、陕西之间的黄河以东、淮河以北，一直到北海（今北冰洋）的辽阔范围相比，则还是望尘莫及的。

元朝初期的行省辖区范围广而数目少，主要是出于军事统治的需要。为了防止被征服民族的反抗，不得不把中枢权力分散到各处，设立镇抚作用的军事区域。然而，元朝统治者又考虑到中枢权力分散的限度是有限的，因此，在行省的数目上就无法设置的太多，这样，也就造成了每个行省的辖区范围过于广大。随着统治的不断深入，大而无当的行省逐渐得到改造，不仅范围变小，而且性质也发生了变化，成为真正意义上的行政区划。行省的数目，也变为了一中书省、十行中书省。

然而，对于元朝的广阔疆土而言，11省的各自辖区范围仍然很大，处理地方事务时，非常不灵活，特别是在元朝的末年各地农民起义蜂起云涌的情况下，越发明显。因此，元朝统治者不得不采取从行省中分划出许多分省的办法，来维持地方上的统治。这种情况已经说明，辖区范围过大的行省，对于中央集权的统治来说，是极为不利的。因此，到了明代，便在这一点上着手改革。

明朝时，行中书省被改称为布政使司，不过，习惯上仍然称为省。明代的省，辖区范围要比元朝时小了许多。在相当于元朝南部九省的地域内，明朝分为了15省，也就是我们在前面提到过的两京十三布政使司。元朝时一些范围较大的省到这时被一分为二，或者是一分为三。还有的一些行省则被各划出一部分，而组建了新省。

总的来说，明朝各个省之间的辖区范围大致比较均衡，但是也有例外。那就是南北两京都划得比一般省要大。尤其是南京，包括了今天江苏、安徽两省的全部及浙江北部的广大地区，与南部相邻的浙江省的狭小形成了鲜明的对照。

清朝建立后，在行政区划方面承袭了明朝的旧制，除去将南京、湖广及陕西三省各自一分为二外，其他的 12 个省大体没有什么改动，从而形成了所谓的“内地十八省”。这些省的范围大都与今天我们的相应的各省相差不大了。从康熙年间到光绪执政时期，在二百多年的时间里，18 省的区划一直保持没变。清朝末年，又先后增置了新疆、台湾、奉天、吉林、黑龙江等五省，使省的总数变为了 23 省。1895 年之后，台湾省为日本所占据，清朝省的总数变为了 22 个。

## （二）最高一级行政区划大都由监察区、军区等转变而来

在行政区划的层级变化当中，我们可以看到，历代最高一级行政区划往往由监察区、军区等非行政区逐渐转变而来，最高一级政区的行政长官也大都由在外的中央官员演变而产生。在这方面也有几个突出的实例。

两汉时期，由于郡国的数目较多，中央政府不便直接管理。为了加强中央集权，于是自汉武帝起在郡国之上，设立了监察区——州，来监管地方的官员。州既然作为一级区域划出，与郡县相分离，便构成了以后演变为一级行政区划的地理基础。到了东汉末年，随着州牧刺史掌握了地方上的行政、财政等方面的事务，特别是带兵之后，州便由监察区而转变成了正式的行政区划了。

唐朝后期作为政区的道（方镇）则是由军区与监察区两条渠道转变而来的。魏晋南北朝时期的都督区，是以都督为军事长官，统领几个州的军务督理区。都督又照例兼任所驻州的刺史，这就使得都督区在实际上成为州之上的一级准行政区划。唐朝时承袭了这一制度，都督又因为加节而改称节度使。另外，在唐朝初年，又按照山川形便设置的道，逐渐成为了正式的监察区，道的长官称采访使，后来又称观察使。这样到了唐朝末期，节度使权力日益增大，最终兼任采访使、观察使之职，使辖区成为州之上的一级行政区划——道（方镇）。

元朝时期最高一级地方行政区划为行省。行省起源于魏晋南北朝隋唐的行台尚书省。当时的中央官署名称叫做“省”，由中央官员到地方执行国家任务，在地方设立的中央分支行动机构，就称为行台尚书省或某处行台省。事情处理完毕后，便予以撤销。金朝末年，由于内忧外扰，因此仿效六朝隋唐的行台尚书省制度，在全国各地普遍设立了行尚书省。蒙古在与金的接触中，借鉴了这一制度，也设立行尚书省。后来随着中央政权机构改称中书省，地方上的行尚书省也就随之改为了行中书省，简称行省。起初行省也只是临时性的中央派出机构，但由于元朝初年对中原用兵持续的时间很长，军管制一时无法取消，到了平定南宋的前后，行省便作为中国历史上辖区最大的一级行政区划而出现了。

明朝初年对元代的行省制度进行了改革，仿照宋朝监司分路而治的方法，将

地方上的政权一分为三，交由承宣布政使司、提刑按察使司及都指挥使司特三司负责管理。但是由于三权分立，一旦遇到需要对外防御或者是对内镇压的情况时，便显得有些力不从心，难以应对。因此，为了弥补这些不足，于是在明朝中期，便经常向各地派出带有中央部院大臣职衔的重臣到各地去总督军务或者是巡抚地方。总督与巡抚在设立之初，也是带有临时性质的，但是后来设置之后，便不再废除，总督或者是巡抚便在地方上掌握了最高的权力。不过，虽然如此，当时在名义上，这些总督或者是巡抚却还都属于中央官而不是地方官，这些都抚辖区也还是具有监察性质的准政区而不是正式的一级行政区划。明朝的正式一级政区一直是两京十三布政使司。清朝建立之后，经过了几十年的调整，才最终将总督、巡抚辖区改变成为正式的一级行政区划——18省，而总督与巡抚也都成为这些省的最高行政长官。

## （三）县级行政区划最具有稳定性

在历代行政区划的变迁中，县级行政区划是最具有稳定性的，我们从历朝县级政区数目的变化中，即可以看出这一点。

秦朝时期，总共有多少县，在文献中没有记载，估计应在一千个左右。到了西汉末年，县级政区（县、邑、道、侯国）比秦时有所增加，为1587个。这一方面是汉武帝开拓疆土，增设郡县的结果，另一方面，也与当时侯国的大量分封有关，在1587个县级政区中，侯国就有二百多个。东汉初年，光武帝省并四百余县(其中有很大一部分就是西汉时期的侯国)，县数又回落到一千一百个左右。到了东汉中期的顺帝永和五年（140)，县级政区（县、邑、道、侯国、公国）的总数几乎没有什么变化，为1180个。

三国末期，县的总数仍然保持了东汉中期的规模，大约为一千一百九十个。西晋时期，县的总数略有增长，其时县级政区（县、邑、侯国、公国）的数目为1232个。在南北朝末期北周大象二年（580)，县的总数大约为一千五百九十，与西汉末期时相差无几。

隋朝时期，经过炀帝的并省州县，在大业五年（609)，县的数目又有所下降，为1255个。唐朝建立后，高祖武德初年，为了政治与军事上的需要，一度设置了许多州县。针对这种情况，在贞观初年，太宗对州县进行了省并。到玄宗开元二十八年（740)，一共有1573个县。

宋朝时期，疆域与唐朝相比，明显缩小，不仅燕云十六州被辽占据，而且陇右西北地区也成为西夏人的领地。另外，在云南一带，大理独立建国，越南北部，又成为安南国的领土，因此县的设置规模有所减少，北宋宣和四年（1122），有县一千二百一十多个。元朝文宗至顺元年（1330），县的总数为 1127 个，与宋时相差不大。但是元朝的疆域要远远大于宋朝，只有如此数目的县又是为何呢？原来，除去因战乱造成人口流失，而并省一些县之外，还有一个原因，就是元朝当时有相当一部分州是与县平级的，如果合在一起，元朝的县级政区应有一千三百多个。

明朝宣德年间有县一千一百多个，到了明末则为 1138 个，清朝嘉庆二十五年（1820），有县 1455 个，从县数来看，明清两代都不算多。但是由于明的属州与清的散厅都与县同级，如果将这些也计算在内，明清两代的县级政区就都不算少了。

综上所述，在从秦到清的两千多年的时间里，疆域扩大了许多，但是县级政区的数量却只增加了百分之五十。从中虽然可以反映出县级政区的管辖范围有所变化，但是这种变化与县级以上的政区比较起来，应当是很小的。

## （四）三级制是历代政区的层级中最常用的一种形式

从历代行政区划层级演变的过程来看，两千多年来，最常见的是三级制，只不过有时采用的是实三级，而有时则实行虚三级。

秦和西汉初年，疆域还比较小，因此，在当时采用郡县制的单纯二级政区，对于中央政府来说，还是能够控制的。但是自从汉武帝拓展疆土之后，二级制的政区已经开始暴露出它的局限性。因此，汉武帝便设置了十三州刺史部，作为监察区，负责监察各郡官员的政绩。因此，自从汉武帝开始到东汉末年之前的两汉时期，在地方上推行的是虚三级制。

东汉末年，州逐渐成为了郡之上的一级正式的地方行政区划，形成了州—郡（国）—县实三级的体制。在随后的魏晋南北朝四百年的时间里，都沿袭了这一制度。

隋朝建立之后，经过隋文帝的改革，又推行了州—县二级制。但这次的两级制只持续了大约一百四十多年，到了唐朝初期便又退出了历史的舞台。唐玄宗开元年间以后，在唐初只是地理区划的道，被作为了监察区，唐朝在地方上出现了虚三级制。后来随着节度使兼任各道的观察处置使，节度使所在的方镇与民政上管辖几个州的道合而为一，便又确立了道（镇）—州（府）—县的实三级制。这一制度历经五代十国而没有改变。

宋朝初年方镇被废除，全国曾出现过短暂的州（府、军、监）—县（军、监）二级制。但由于当时一共有 367 个州、县级的行政单位，如果采用单纯的二级制，中央政府要想直接来统管，是无法办到的。因此，没过多久，宋朝统治者便建立了路—州（府、军、监）—县（军、监）的体制。这种制度，从权力分配的角度来看，是虚三级，但如果从行政区划的角度来说，应当是实三级制。

元朝的行政区划虽然实行的是省—路—府—州—县多级制，但大多数地区的实级一般都是省—府（路、州）—县三级制。

明朝建立后，两京13布政使司之下的地方行政机构与区划，大体继承元代行省以下原有的路、府、州、县之制，但有所简化，取消了路的建制，只设府、州、县三级。清朝时期，在省之下的地方行政区划分为府（直隶州、直隶厅）、县（散州、散厅）二级，又恢复了实三级制。

# 第三章 古代宗法和家族制度

## 第一节 宗法制度的产生及其早期发展

家族由若干具有亲近的血缘关系的家庭组成。自进入文明时代以来，我国古代的家族一直是以父系的血缘联结的，而若干出自同一男性祖先的家族又组成宗族。《尔雅·释亲》即把由同一高祖父传下的四代子孙称为宗族，实际上有些宗族还可包括更多的世代。家族和宗族密不可分，有时甚至合二为一。所以，我国古代的家族制度与宗法制度有着密切的关联，要了解古代的家族制度，必须首先对宗法制度有所认识。

所谓宗法，是指一种以血缘关系为基础，标榜尊崇共同祖先，维系亲情，而在宗族内部区分尊卑长幼，并规定继承秩序以及不同地位的宗族成员各自不同的权利和义务的法则。它的具体内容在有关西周、春秋社会情况的文献记载中有比较详细的说明，其起源则可追溯到更远的世代。

宗法制度是由父系氏族社会的家长制演变而来的。在父系氏族社会，世系以父系计算，父家长支配着家族成员，甚至对他们有生杀予夺之权。在父系氏族社会后期，随着生产力的发展，剩余产品的增加，私有财产也产生了。父家长死后，他的权力和财产需要有人继承，于是习惯上就会规定一定的继承程序，而一代代父家长生前的权威在其死后仍然使人敬畏，子孙们幻想得到他们亡灵的庇护，于是又产生了对男性祖先的崇拜以及随之而来的种种祭祀祖先的仪式。凡此种种，都为宗法制度的萌芽准备了适宜的土壤。

进入阶级社会以后，宗法制度逐渐形成，它主要实行于统治阶级内部，成为调节统治阶级内部关系，维护贵族世袭统治，奴役劳动人民的工具。

父系氏族后期，部落联盟的领袖在一定程度上已经具有后世国王的权力，但这一职位是由各部落首长协商推选的，这就是“禅让”。夏禹死后，其子启继位，

图 3–1 浙江绍兴大禹陵

把禅让的官天下变成传子的家天下，开创了我国历史上第一个奴隶制王朝。（图3—1）从此，如《礼记 · 礼运》所说，“大人世及以为礼”（以子继父为世，以弟继兄为及），王位世袭成为制度。夏王朝的世系可以明白地追述，据《史记 · 夏本纪》记载，夏王朝先后有 14 世 17 王，其中两次是弟继兄位，一次是弟之子死后王位复归于兄之子，其余都是子继父位。《礼运》所说的“大人”，不仅指王，也包括大小奴隶主贵族在内。自夏王以下，各级奴隶主贵族都是“世及以为礼”，这种世袭统治权的确立可以说与宗法制度的形成互为因果。

在确定政治、经济等方面特权地位继承秩序的同时，又规定这种特权地位的继承人应该依照血缘关系的亲疏远近，把部分权力和财产分配给宗族中的其他成员。古史记载，夏王中康失国，其子相曾奔依同姓诸侯斟灌氏、斟寻氏。斟灌氏、斟寻氏当即夏王宗族，他们被封为诸侯，既分享到部分统治权，又承担为夏王效力的义务。其他奴隶主贵族在其宗族内部，也当有类似的区别尊卑等级并明确各自相应的权利和义务的办法。

确定继统秩序和在宗族内部依血缘关系区分尊卑亲疏、规定各自的权利和义务，二者相辅相成，是宗法制度的基本内容。与此相适应，为了加强宗族内部的凝聚力，祖先崇拜被推进到新的高度。从文字学上看，宗族、宗法的“宗”，是个会意字。《说文 · 宀部》：“宗，尊祖庙也。”在甲骨文中，宗字作⿱∩T，∩象宫室屋宇之形，T则表示祖先的神主牌位。宗的本义就是祭祀祖先的场所，亦即祖庙、宗庙。《周礼 · 考工记 · 匠人》：“夏后氏世室，堂修二七，广四修一。”郑玄注：“世室者，宗庙也。”不管夏王的宗庙是否真的称为世室，夏王之有宗庙，已被考古发掘所证明。在河南偃师二里头夏代都城遗址中，发现了一处大型宫殿建筑群基址，规模宏大，结构复杂，总面积达一万平方米，四周为廊庑式建筑，中为庭院和殿堂，其平面布局与后世的宗庙十分相似。经专家研究论定，这一宫殿基址是夏代宗庙建筑遗存。[1]（图 3—2）宗庙祭祀是头等重要的大事，由宗族中地位最高的成员主持。同一宗族的人具有共同的祖先，共同的宗庙，共同的姓氏，共同的墓地，同受宗法制度的约束。

到了商代，宗法制度更趋严密。近代学者王国维认为，“殷（商）以前无嫡庶之制”，“商之继统法以弟及为主，而以子继辅之，无弟然后传子”，立子立嫡之制“实自周公定之”，由于区分嫡庶，从而产生宗法制度。他的结论是商代以前无宗法，宗法制度以及随之而来的“封建子弟之制、君天子臣诸侯之制”等，都是在西周之初制定的。[2]这种看法曾经颇有影响，但并不符合历史事实，现多数学者已不再信从。夏代文献不足征，在资料缺乏的情况下，对初期的宗法制度，我们

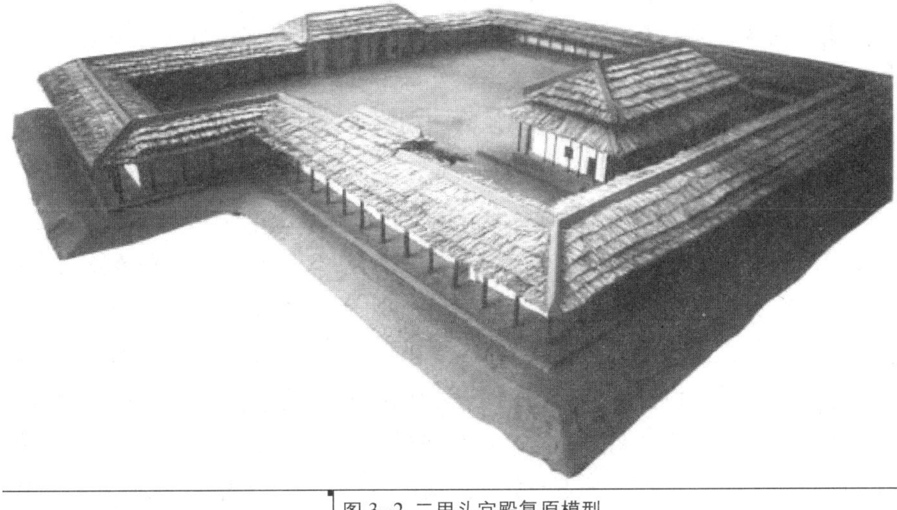

图 3–2 二里头宫殿复原模型

〔1〕参见《商周考古》第一章第四节，北京大学历史系考古教研室商周组编著，文物出版社，1979。

〔2〕见《观堂集林》卷十《殷周制度论》，中华书局，1959。

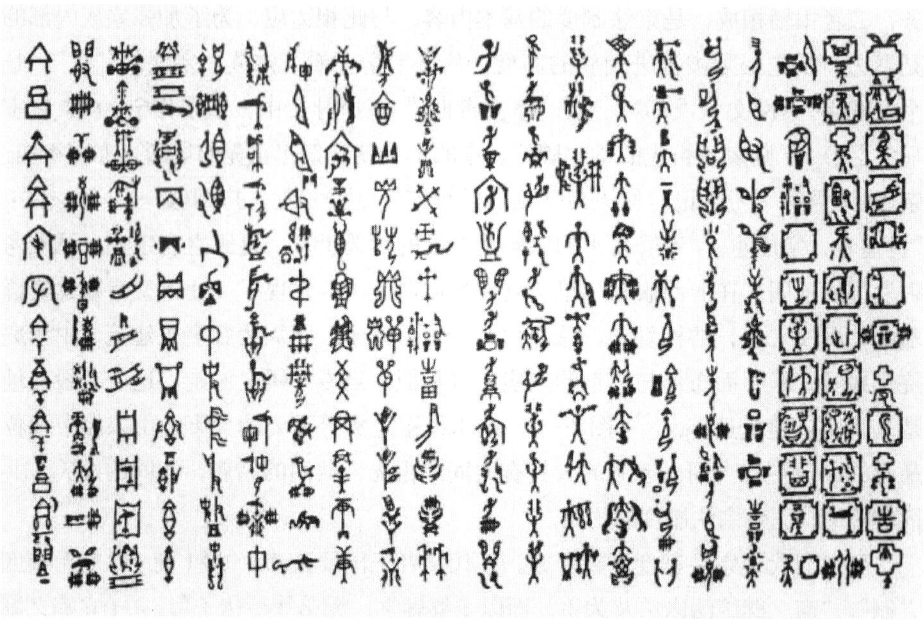

图 3–3 形形色色的商代族铭文字

只能作大致的勾勒。商代则不同，殷墟卜辞的发现为研究商史提供了一大批第一手的资料。利用卜辞和其他考古发掘所得资料，联系文献记载，我们对宗法制度在商代的存在和发展，可以作出比较明确的描述。

商代存在着宗族组织应无疑义。卜辞屡见“王族”、“多子族”、“三族”、“五族”等名称。多子族与王族有血缘关系，实际上就是王族的分支。商代作战，把族作为用兵的单位，卜辞中提到动员军队，即常见“三族”、“五族”等用语。在作为贵族专有物的商代铜器上往往铸有表示器主所有权的图形文字，这种图形文字具有族徽性质，许多研究者称之为族铭文字。一个族铭文字代表一个奴隶主贵族家族或宗族。据统计，商代铜器上的族铭文字有六七百之多，有些族铭文字是复合的，可能表示是某一较大的宗族的支派。众多繁复的族铭文字，向我们展示了商代奴隶主贵族阶级中宗族林立的情景。（图 3—3）清代末年，在直隶（今河北）保定南乡出土三件商代有铭铜戈，三戈的铭文分别是器主同一宗族祖辈八人、父辈六人、兄辈七人的日名。[1] 祖辈排列在最前面的一位称“大祖”，父辈排列在最前面的两位称“大父”，兄辈排列在最前面的一位称“大兄”。称谓上加“大”

〔1〕古人以天干地支记日，从夏商直到西周中晚期，奴隶主贵族又通过占卜等手段选择记日的天干为名称呼已故的祖先，在祭祀等场合使用，研究者们称之为日名。

的，显然分别是祖辈、父辈、兄辈之长。我们也可以从中窥见商代宗族组织的一个侧面。值得注意的是《左传·定公四年》中关于周初分封诸侯的一段记载，其中提到成王分周公以“殷民六族：条氏、徐氏、萧氏、索氏、长勺氏、尾勺氏、使帅其宗氏，辑其分族，将其类丑”，又提到分康叔以“殷民七族：陶氏、施氏、繁氏、锜氏、樊氏、饥氏、终葵氏”，分唐叔以“怀姓九宗，职官五正”。显然，所谓“殷民六族”、“殷民七族”、“怀姓九宗”在商代早已存在。而“宗氏”、“分族”、“类丑”的区别则说明宗族内部又有不同的层次。“宗氏”当即宗族长本支的子弟等，“分族”当指族中旁支。相对而言，“宗氏”是大宗，“分族”是小宗，“类丑”则是附属于该宗族的奴隶或平民。

王族的宗族长就是商王，多子族的宗族长称“子”。从卜辞、铜器铭文和文献资料来看，商代称宗族长为“子”是普遍现象，后世把宗族长称为“宗子”，正与此一脉相承。商王和多子族宗族长的关系，也如后世的大宗之与小宗。商王作为天下大宗固不用说，“子”对其族人来讲，也是君临一切。许多铜器铭文表明，宗族成员在接受“子”的命令时诚惶诚恐，在得到“子”的赏赐时欢欣鼓舞。宗族长在宗族内部具有至高无上的特权地位。无论是商王还是“子”，他们的权位都是世袭的。王国维看到“自成汤至于帝辛，三十帝中，以弟继兄者凡十四帝”，“其以子继父者，亦非兄之子而多为弟之子”，因而断定商以前无立子之制，商代的继统法主要是兄终弟及，父死子继则属例外。但如透过表面现象，仔细研究包括成汤以前许多世代在内的商代王室世系，不难发现其继统法一开始就是以子继为主。以弟继兄，或者因为兄本无子，或者因为兄子年幼而国赖长君，所以由弟摄代，或者因为王室内乱，都是在不正常的情况下发生的。当然，商代前期王位兄终弟及的现象较多，氏族社会遗留的习惯也可能起着一定的作用。而即便是以弟继兄，也依照长幼次序，有兄在，弟不得立，这本身也符合宗法制度的精神。至于继位之弟，后或传己子，或传兄子，这两种情况又从不同的侧面反映出传子的观念深入人心。以父子相承的继统法为重，这在商王对其祖先所作的名目繁多的祭祀中也有所反映。商王对父、祖、曾祖等直系先王的祀典与对伯叔父、伯叔祖等旁系先王的祀典相比，次数更为频繁，祭品更为丰隆。有一种按照严格规律进行的经常性的祀典，即按一定的祭法周而复始地依次祭祀祖先，研究者们称之为周祭。在周祭中，凡所自出之祖，其妣必见于祀典；非所自出之祖，其妣则不见。也就是说，直系先王及其法定配偶都是受祭者，而旁系先王虽然本身受祭，他们的法定配偶却不被列入祭谱。此外，卜辞所见的“大宗”、“大示”、“小宗”、“小示”，很可能也是按直系、旁系区分的。对直系和旁系的不同待遇，正说明在商人的观念中以子继父是正统所系。

所谓嫡庶之制，就是在多妻的情况下，区分作为法定配偶的正妻和众妾身份上的尊卑，并从而规定正妻所生的嫡长子的优先继承权。区分嫡庶是宗法制度进一步发展的结果，并不是宗法制度产生的前提。如上所述，商王祭祖重直系而轻旁系，这证明立长立嫡之法在商代已有它的根基。不仅如此，有的研究者指出，与“嫡”、“庶”二字意义相近的词语在商代已经出现，卜辞中商王每称死去的父王为“帝”，而从不称旁系先王为“帝”。据《说文》，“嫡”字从女啻声，“啻”字又正是从帝得声。《尚书·召诰》提到“皇天上帝，改厥元子。兹大国殷之命”，可见商王本被认为是上帝的嫡系后代。所以卜辞用以称父王的“帝”，应该就是“嫡”字的前身。卜辞中又屡见介子、介兄、介父、介母、介祖等亲属称谓，“介”有“副”的意思，古书习见。《礼记·曾子问》即称庶子为“介子”，《内则》又称嫡长子以外的众子之妻为“介妇”，卜辞亲属称谓中所见“介”字应与此同例，与“嫡庶”的“庶”意义十分相近。[1]商王多妻，但每一代商王往往只有一个配偶死后能享受王室的特祭，研究者们称之为法定配偶，这种法定配偶应该具有正妻的身份。有的享年较高的商王或有不止一个法定配偶，如武丁有妣辛、妣戊、妣癸三个法定配偶，这可能是前后继娶，三人相继都是武丁的正妻。而武丁的其他配偶名见卜辞的就有六十多人，她们与法定的配偶尊卑有别，其间显然存在着嫡庶之分。《史记·殷本纪》记载：“帝乙长子曰微子启，启母贱，不得嗣。少子辛，辛母正后，辛为嗣。”《吕氏春秋·当务》则说微子启与纣（即辛）同母，只是其母生微子启时尚为妾，生纣时已正位为妻。帝乙想立微子启为太子，“太史据法而争之曰：‘有妻之子而不可置妾之子。’纣故为后”。二书说法有些不同，但强调商代末年立嗣已经优先考虑嫡子这一点则是一致的。以后周代立嫡立长之制，实际上是承袭商制而更为严格。商代嫡子继承王位，庶子则被分封。微子启即被封于微。《史记·殷本纪》说商代王子受封，以国为姓，有殷氏、来氏、宋氏、空桐氏、稚氏、北殷氏、目夷氏等。周代封建子弟，君天子臣诸侯，也是承袭商制而更加扩大。

既然在商代存在宗族组织，宗族内部的继统法以传子为主，并且由此产生了直系、旁系之分，嫡庶之分，大宗小宗之分，我们可以断言，所谓商代无宗法的说法是靠不住的。商代不仅有宗法制度，而且商代的宗法制度与在夏代的初期形态相比，已大大发展了。孔子说：“殷因于夏礼，所损益，可知也；周因于殷礼，所损益，可知也。”他讲的“礼”，也应包括宗法制度在内。

[1] 见裘锡圭《关于商代的宗族组织与贵族和平民两个阶级的初步研究》，《文史》第十七辑，中华书局，1983。

## 第二节 西周春秋时期典型的宗法制度

周人与商人相比，是个后进部族，但也很早就产生了宗法制度。《诗·大雅·公刘》提到公刘率领周人迁居豳地，周人“宗之君之”。虽然那时周族还处于氏族社会末期，但氏族首长的职位已父子相传，而且出现了宗统和君统合为一体的趋势。周人传子，特别注重嫡长。一些先秦古籍和《史记·周本纪》记载，文王的祖父古公亶父想把才能卓异的少子季历立为继承人，但因为季历上有太伯、仲雍二兄而感到为难，太伯、仲雍于是亡奔荆蛮，季历这才得立。季历得立，并非正常现象，而是太伯让位的结果。这一事件反过来正说明，在正常的情况下，立长子为嗣是理所当然的事。武王伐纣灭商，建立了西周王朝，同时又承袭了包括宗法制度在内的商人文化。为了维护统治秩序，西周统治集团结合本民族原有的习惯，在新的条件下对商代原有的宗法制度又作了进一步的充实和发展，使之更加系统。可以说在西周以及紧接其后的春秋时期，宗法制度已臻于完善，这一阶段的宗法制度最为典型，最为严密。

西周春秋时期的宗法制度的主要特点是在严格区分嫡庶、确立嫡长子的优先继承权的前提下，在宗族内部区分大宗、小宗，无论大宗、小宗都以正嫡为宗子，宗子具有特殊的权力，宗族成员必须尊奉宗子。

历来论宗法者，都十分重视《礼记·大传》中的一段话：

> 别子为祖，继别为宗，继祢者为小宗。有百世不迁之宗，有五世则迁之宗。百世不迁者，别子之后也。宗其继别子者，百世不迁者也。宗其继高祖者，五世则迁者也。尊祖故敬宗；敬宗，尊祖之义也。

《丧服小记》所记略同：

> 别子为祖，继别为宗，继祢者为小宗。有五世而迁之宗，其继高祖者也。是故，祖迁于上，宗易于下。尊祖，故敬宗；敬宗，所以尊祖祢也。

这里所说的是诸侯宗族旁系的情况。所谓别子，是与嫡长子相对而言的。诸侯和天子一样，世代由嫡长子继位为君，只有嗣位之君才能世守祖庙。其他儿子地位卑于嫡长子，因而“自卑别于尊”[1]，称为别子。别子不敢祖诸侯，只能分出另立一系。这种别子往往受封为卿大夫，领有封邑采地，他的后世即奉之为始祖。这就是“别子为祖”，郑玄注为：“别子谓公子若始来在此国者，后世以为祖也。”这个分出去的别子又会有嫡子、庶子，同样也是世世代代以嫡长子为继承人，这一支就是直系大宗。“继别为宗”，这个“宗”就指大宗，郑玄注为：“别子之世適（嫡）也，族人尊之，谓之大宗，是宗子也。”《白虎通·宗族》也说：“宗者，尊也。为先祖主者，为宗人之所尊。”别子的其余诸子，不能继别，应尊奉继别者为宗，相对而言，就是小宗。他们也是以嫡长子为嗣，这个嫡长子无权继别，但可继祢，称继祢小宗。祢，是已故父亲在宗庙中的神主。继祢者有权祭祀父亲，是父亲的合法继承人。庶子除了宗奉直系大宗外，还得宗奉这个继祢小宗。郑玄注为：“父之适也，兄弟尊之，谓之小宗。”再往下，由于继祢小宗又是世代以嫡长子为嗣，于是又会有继祖小宗、继曾祖小宗，继高祖小宗。继祢小宗受亲弟的宗奉，继祖小宗受同祖昆弟的宗奉，继曾祖小宗受同曾祖昆弟的宗奉，继高祖小宗受同高祖昆弟的宗奉。而所有小宗又一起宗奉大宗，“大宗能率小宗，小宗能率群弟”[2]。

但是，族中子孙不断增多，许多代以后互相之间血缘和感情上的联系会越来越疏远，一个人不可能宗奉许许多多小宗，于是根据五世亲尽的原则，规定连同本身，只向上推到第五世高祖，也就是一个人只要宗奉继祢、继祖、继曾祖、继高祖四个小宗，高祖以上可以不管。所以说：“宗其继高祖者，五世则迁者也”，“有五世而迁之宗，其继高祖者也。”也正因为每一代人有不同的父、祖、曾祖、高祖，所以“祖迁于上，宗易于下”。然而只讲五世而迁，一个宗族又会分裂为无数小的宗族或家族而漫无统系，因此又要强调“宗其继别子者，百世不迁”，也就是大宗要永远受到宗奉。小宗可以绝，大宗不可以绝，万一大宗没有后嗣，族人应该以支子为大宗后，继续维持大宗的统系。因为“大宗，尊之统也”[3]，作为宗族的核心和象征，必须垂之永久。我们可把这种宗法关系用图表说明。（图 3—4）如图表所示，如以“别子”之子为第一世，六世庶子戊应该宗奉他父亲庶子丁的正嫡继祢小宗 A，他祖父庶子丙的正嫡继祖小宗 B，他曾祖父庶子乙的正嫡继曾祖小宗 C，他高祖父庶子甲的正嫡继高祖小宗 D，连同百世不迁的大宗，“小宗四，与大宗凡五”。庶子己为第七世，他需宗奉他父亲庶子戊的正嫡 A′ 为继祢小宗，而以其祖父庶子丁的正嫡 B′ 为继祖小宗，以其曾祖父庶子丙的正嫡 C′ 为继

〔1〕《仪礼·丧服》。
〔2〕《白虎通·宗族》。
〔3〕《仪礼·丧服》。

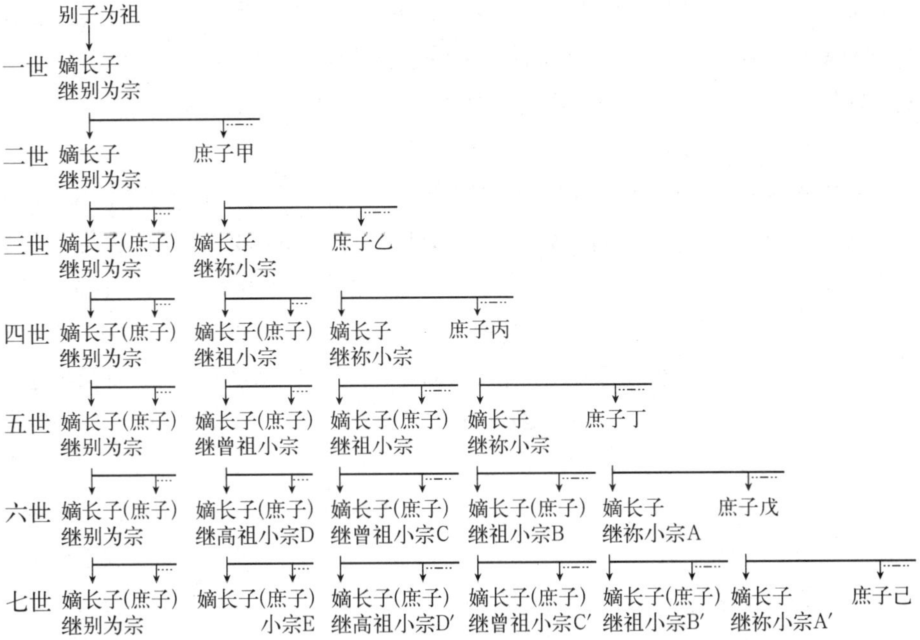


图 3–4 宗法关系示意图

曾祖小宗，以他高祖父庶子乙的正嫡 D′ 为继高祖小宗。而他父亲庶子戊的继高祖小宗 D 及其正嫡 E 对他来讲已经五世亲尽，不必宗奉了，这就是小宗五世则迁。但己同戊一样，仍需宗奉“继别为宗”的这一支直系大宗。那么作为庶子甲下传第五世正嫡的 E，是否就无人宗之了呢？不是的。甲本人所传的旁系与 E 亲尽，但甲嫡子、嫡孙、嫡曾孙、嫡玄孙所传的旁系仍奉他为小宗，其分世的继统与庶子乙以下相同，只是因辈分不同而继祢、继祖、继曾祖、继高祖的情况有所差异。E 及其正嫡子孙总是各自能统率同高祖兄弟。余可类推。

虽然古礼家在理论上限定“别子为祖，继别为宗”的“别子”必须是诸侯庶子，也就是诸侯之子才能自立一系，然后区分大小宗。但实际上宗族中人口蕃衍，同出一祖的子子孙孙不可能永久聚居一处，过若干代必然有迁居他处的。那么，始迁他处的即使并不具备诸侯之子的身份，只是某一支小宗，由于脱离了原先正嫡大宗的统率，往往也能自成一系，后世奉之为祖，于是重又在本系之中开始大宗、小宗的区分。当然，这一系在名义上与故国旧家的正嫡大宗仍会保持一定的联系。所以，所谓大宗、小宗有时又是相对的。对原先的正嫡大宗而言，它是小宗，但分出自立一系之后，对本系的旁支来讲，他又是“继别为宗”的大宗了。不过，这个始迁他处被后世尊为始祖的“别子”，必须拥有相当数量的土地，卿大夫有封邑采地，士有禄田，从这个意义上讲“持手而食者，不得立宗庙”[1]，为宗庙主的必然是卿大夫或士。因此西周春秋时严密的宗法制度主要实行于统治阶级内部。但其子继父、嫡统庶，兄先弟，尊临卑的原则无疑渗透于整个社会生活之中。

宗子作为本宗始祖的嫡系继承人，是全体宗族成员宗奉的对象，在铜器铭文中有时被尊称为“宗君”。《礼记 · 大传》说：“尊祖故敬宗。”《白虎通 · 宗族》也说：“宗，尊也，为先祖主也，宗人之所尊也。”这里所称的“宗”，就是指宗子而言。宗子享有许多特权。首先，宗子有权主持祭祀。祭祀祖先是一种神圣的仪式，在宗法系统中并不是所有的子孙都有主祭权的，只有身为长適的宗子才能主祭，继别者祭别，继祢者祭祢，继祖者祭祖，继曾祖者祭曾祖，继高祖者祭高祖，这些大宗、小宗的宗子各有所继，各有所祭，其余诸子非所当继者皆不得祭。如《礼记 · 丧服小记》所言，“庶子不祭祖者，明其宗也”。《礼记 · 曲礼下》则称“支子不祭，祭必告于宗子”。这些没有权力主祭的大小宗宗子之弟，在祭祀中只能敬侍各自宗子的左右，同父的兄弟敬侍继祢小宗的宗子祭父，同祖的堂兄弟敬侍继祖小宗的宗子祭祖，同曾祖的再从兄弟敬侍继曾祖小宗的宗子祭曾祖，同一始祖的所有子孙则敬侍大宗宗子祭始祖，这也就是《白虎通 · 宗族》讲的“宗人将有事，族人皆侍”。主祭权象征着一种身份，在宗法社会中备受重视。由大小宗宗子主持的不同范围的祭祀起着按血缘的亲疏团结族人的作用。

第二，宗子有权掌管本宗的财产。宗法制度要求在本家之内财产相通，同宗兄弟“异居而同财，有余则归之宗，不足则资之宗”[2]。《管子 · 小匡》提到“公修公族，家修家族，使相连以事，相及以禄，则民相亲矣”，相及以禄，就是同财的意思。《白虎通 · 宗族》说：“大宗能率小宗，小宗能率群弟，通其有无，所以纪理族人者也。”显然，负责收其有余，资其不足，以通有无的，正是大小宗的宗子。事实上，在宗族内部不可能实行完全的财产共有，平均分配，难免会有富贵贫穷的差别。《礼记 · 内则》说：支子“虽贵富，不敢以贵富入宗子之家。虽众车徒，舍于外，以寡约入。子弟犹归器，衣服、裘衾、车马则必献其上，而后敢服用其次也。若非所献，则不敢以入于宗子之门，不敢以贵富加于父兄宗族”。可见宗族成员中有的人可能实际上比宗子更为富贵，但他们仍必须尊重宗子，并且要把一部分财产献给宗子。而一些较为贫穷的宗族成员，遇到天灾人祸，生活上发生了困难，宗子也有义务予以“收恤”，这叫做“收族”。

第三，宗子还有权力掌管宗族成员的婚丧等事务。宗族成员每有大事，必

[1]《荀子 · 礼论》。
[2]《仪礼 · 丧服》。

须禀告宗子，如受到周王、王朝执政重臣或诸侯的赏赐，往往还要铸造铜器献给“宗室”（大宗之庙），用作祭祀祖先的礼器，并为宗子和自己祈福。《贺氏丧服谱》说：“奉宗加于常礼，平居即每事咨告，凡告宗之例，宗内祭祀、嫁女、娶妻、死亡、生子、行来、改易名字皆告。”族人的婚丧之事，要由宗子主持，生子要由宗子书于宗籍，出门远行或远行归来也要向宗子报告。另一方面，宗子也有责任帮助族人料理婚丧等事，“若宗内吉凶之事，宗子亦普率其党以赴役之”。

第四，宗子对宗族成员有教导权和惩罚权。《礼记·昏义》记载女子许嫁之后要在祖庙或宗子之家接受宗子、宗妇（宗子之妻）关于为妇之道的教导。毫无疑问，宗子平时有权处理宗族内的纠纷，在祭祀、宴飨等宗族成员聚会的场合提出要求、进行教导，并随时申饬处罚违背礼仪规范、损害宗族利益的宗族成员。宗子甚至对宗族成员有生杀之权。《左传·成公三年》记载在邲之战中被楚军俘虏的晋国贵族知罃，被释归国前对楚共王说自己回国后如被晋君处死，死了也光荣，如得到晋君的赦免，而由自己的父亲荀首“以戮于宗”，死了也很光荣。这说明宗子有权处死宗族成员。

在不断依支系区分大宗、小宗的同时，又不断依世次辈分区分昭穆。分昭穆就是把始祖以下的同一宗族的许多世代的男子，依一昭一穆的次序轮流排列。周王室奉太王（古公亶父）为宗庙之祖，太王之子太伯、虞仲、王季等就是昭辈，再下一代王季的儿子文王、虢仲、虢叔等就是穆辈，再下一代文王的儿子武王、周公、康叔封等又是昭辈，再下一代武王的儿子成王、唐叔虞、周公的儿子伯禽等又是穆辈。在宗庙中，始祖的牌位居中，始祖以下祖先的牌位依左昭右穆的次序排列，族墓中穴位也分昭穆，井然有序。区分昭穆便于记住宗族成员的辈次，这在重视行辈尊卑、血缘亲疏的宗法社会是十分必要的。

与宗法制度有关的还有丧服制度。丧服指居丧期间的衣服制度，共分斩衰、齐衰、大功、小功、缌麻五等，称为五服。丧服不同，居丧期限也不同。丧服的等级是根据与死者亲属关系的亲疏远近决定的，血缘越近，丧服越重，居丧时间越长，而且嫡庶有别，男女有别。凡此，也都是宗法思想的体现。[1]

在宗法制度下，同一宗族的成员具有共同的祖先，共同的姓氏，在一定意义上又有共同的财产，参加共同的祭祀，死后葬于共同的墓地，族中所有人员都要按亲属关系的亲疏不同为之服丧，这样合族在大小宗宗子的统率下，紧密地团结起来，形成一个依靠对在封邑、采地、禄田上劳动的农奴的剥削而存在的统治集团。这种

〔1〕有关丧服制度的具体内容可参见本书《古代礼仪制度》一章。

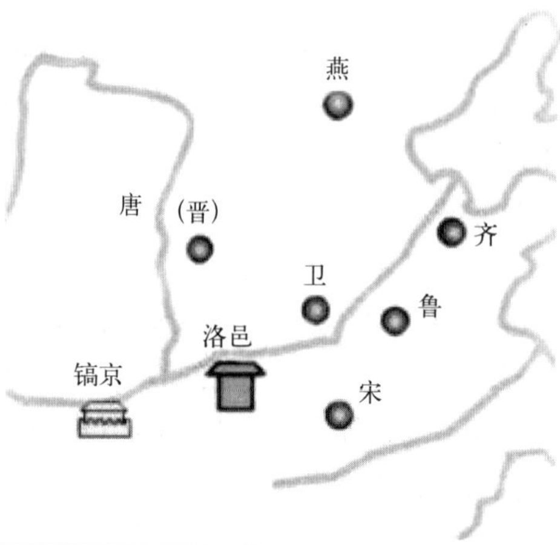


图 3–5 西周分封示意图

宗法制度与等级分封、世卿世禄制度互为表里，又有其政治上的功能。

周王称天子，是所谓上帝的长子，被尊为天下大宗。王位由嫡长子继承，代代都是天下大宗的宗子，为所有诸侯国政治上的共主。正因为周天子是天下大宗，他所居的都城也被称为“宗周”。周王的其他儿子被分封为诸侯，作为王室屏藩，他们的国君地位也由嫡长子代代相承。（图 3—5）对周王而言，同姓诸侯自是小宗，但在其国内，则又成为大宗宗子。这就是《逸周书·祭公》所说的“维我后嗣，旁建宗子，丕继周之始并（通屏）”。诸侯的其他儿子被封为卿大夫，他们对诸侯来说是小宗，而在自己一系的子孙中，由嫡长子相承的统系又成为大宗，而其他儿子及其后代，不论为大夫、为士，又是本系的小宗。

譬如春秋时鲁桓公的三个庶子，传为孟孙氏、叔孙氏、季孙氏三个分支宗族，称为“三桓”，后来掌握了鲁国的大权。三桓对鲁国的公室而言，自是小宗，但在各自的统系之内，又有本支、旁支、大宗、小宗之分。而鲁国的公室又尊周天子为大宗，自居小宗。一个诸侯国内的贵族成员，往往有两层宗主，一是本宗宗子，一是作为国内大宗宗子的诸侯。如算上作为天下大宗的周天子，则有三层宗主。春秋晚期晋国铜器鷹(biāo)羌钟铭文说器主鷹羌“赏于韩宗，令于晋公，邵于天子”，鷹羌当系韩氏支庶，他立了战功以后得到韩氏宗子的赏赐，受到晋国诸侯的册命，功劳更上达于周天子。由近及远，清楚地显示了对三层宗主的隶属关系。

同姓诸侯之间存在着宗法关系，又与异姓诸侯互为婚姻。所以周王称同姓的诸侯之长为伯父，称异姓的诸侯之长为伯舅，称同姓的诸侯为叔父，称异姓的诸侯为叔舅。不同姓的诸侯之间，诸侯国内不同姓的贵族之间也往往结为姻亲。

由于实行世卿世禄制度，各级大小宗宗子往往可以继承爵位和官职，除了统率族人之外，又有君民临民的权力。国家的各级政权机构，在一定意义上讲，正是扩大了的宗族组织。这样，“天子建国（谓分封诸侯），诸侯立家（谓分采邑与卿大夫），卿置侧室（谓为支庶另立一系），大夫有贰宗（谓为支庶另立小宗），士有隶子弟，庶人、工、商，各有分亲，皆有等衰，是以民服事其上，而下无觊覦”〔1〕，“天有十日，人有十等……王臣公，公臣大夫，大夫臣士，士臣皁，皁臣舆，舆臣隶，隶臣僚，僚臣仆，仆臣台”〔2〕，“自王以下，各有父兄子弟，以补察其政”〔3〕，宗法和政权又合而为一，从上到下组成了一张张严密的统治网。

## 第三节
## 封建社会中家族制度的演变

### 一、封建社会前期的强宗大族和门阀制度

受生产力发展和激烈的社会变革的影响，西周春秋时期的那种典型的宗法制度到战国以后已难以维持其先前的形态了。事实上，平王东迁以后，作为天下大宗的周天子只是徒拥虚名，在春秋后期，各诸侯国内大夫专国政、陪臣执国命的情况更是屡见不鲜，原来的宗法等级已经开始动摇。到了战国时期，各国为了图强争霸，纷纷进行变法。扩张君权，加强封建国家的中央集权，是变法的重要内容。林立于国内并与各级政权紧密结合的贵族宗族集团，是推行中央集权政策的障碍，所以各国变法在不同程度上都企图限制、削弱贵族宗族势力，最终都趋向于废除分封制度，用新的官僚制度来代替旧的世卿世禄制度。由于官无世禄，独重长適的宗子制也就被多子均分的继承制所代替了。变法最彻底的秦国还用法律形式禁止父子兄弟同家共财，并编定户籍，使一户户的小家庭直接隶属于国家。所以后人说：“自世爵世禄之制废，而宗法始坏矣。”〔4〕“封建废，而宗法格不行。”〔5〕“及秦用商君之法，富民有子则分居，贫民有子则出赘，由是其流及上，虽王公大人亦莫知敬宗之道。”〔6〕

另一方面，宗族内部许多不同家庭间的利益冲突和同居生活中必然产生的种种矛盾，也逐渐涣散了基于血缘关系的凝聚力，一些本来居于支庶地位的成员由于服官、军功、力田、经商等原因，而上升为显贵或富豪，他们不再愿意受宗族

〔1〕《左传·桓公二年》。
〔2〕《左传·襄公十四年》。
〔3〕《左传·昭公七年》。
〔4〕（清）汪琬《汪氏族谱序》。
〔5〕（清）许三礼《补定大宗议》。
〔6〕（清）顾炎武《日知录·分居》。

同居共财的约束，也不再愿继续尊奉并受制于名义上的宗子。

在国家政权的限制、压迫和内部离心力的双重冲击之下，特别强调嫡长子的承传系统，区分大宗、小宗，以维系大宗百世不迁的宗族制度逐渐瓦解，而宗族和各级政权的分离也不可避免地完成了。

秦汉以后，就社会上一般情况而言，大宗、小宗之分实际上已经不受重视，宗子之尊成了历史陈迹，封建大一统帝国的官僚行政系统也不容宗族组织插足各级政权，从这一意义上说，严整的宗法体系已不复存在。所谓“宗法始坏矣”，“宗法格不行”，就是根据这种情况断言的。但是，如果从广泛的意义上来理解，把宗法制度看做是一种以血缘关系为纽带，在各个家族内部体现尊卑有序，维护尊长特权，约束族人思想行为，以巩固统治秩序的规范和办法，那么可以说，它在整个封建社会中始终顽强地表现着自己，久盛不衰。封建社会的家族制度仍然深深地打有宗法的烙印。

在封建社会自然经济的条件下，聚族而居是一种普遍现象。秦汉时期一些宗族由于政治地位、经济力量以及人丁兴旺等方面的优势而成为强宗大族。强宗大族在地方上盘根错节，不仅武断乡曲，甚至阻梗政令的实施。例如汉景帝时，“济南瞯氏宗人三百余家，豪猾，二千石莫能制”〔1〕。汉武帝时，灌夫“家累数千万，食客日数十百人，陂池田园，宗族宾客为权利，横于颍川。颍川儿乃歌之曰：‘颍水清，灌氏宁；颍水浊，灌氏族’”〔2〕。为了压制强宗大族，秦始皇和汉高祖在统一中国后都强迫六国强宗、天下豪富迁离本土，汉武帝也曾下令“徙强宗大姓，不得族居”〔3〕。汉代州刺史监察“六条”，第一条就是“强宗豪右，田宅逾制，以强凌弱，以众暴寡”〔4〕。朝廷有时甚至有意任用酷吏，罗织株连，予以翦除。这些措施曾经取得了一些效果。但从西汉后期开始，特别是在东汉时期，由于大地主庄园经济的发展和中央政权控制力的削弱，强宗大族的势力又迅速发展起来。它们筑堡坞，置部曲，把持地方，操纵官吏，在战乱之时更建立宗党武装，形成割据势力，最后终于使统一的帝国解体。汉末的大量史料都说明了强宗大族势力的活跃，如《后汉书·荀彧传》提到韩融有“宗亲千余家”，《三国志·魏书·李典传》说李典的“部曲宗族”多达一万三千余口，他们都有举兵自保的实力。当时的东南地区，也是“名宗大族，皆有部曲，阻兵仗势，足以建命”〔5〕。这种强宗大族的势力进

〔1〕《史记·酷吏列传》。
〔2〕《史记·魏其武安侯列传》。
〔3〕《后汉书·郑弘传》李贤注引谢承《后汉书》。
〔4〕《续汉书·百官志》刘昭注引蔡质《汉仪》。
〔5〕《三国志·魏书·邓艾传》。

图 3–6 中原大族郡望分布图

一步发展，就形成了魏晋南北朝时期的门阀制度。

正如一些研究者所指出的那样，“所谓门阀制度乃是以家族为基础的地方性的组织。这种制度不仅标志着统治阶级与被统治阶级的区别，而且标志着统治阶级中部分家族与其他家族的区别；换一句话说就是封建社会中等级制在家族中的深刻表现及其制度化”[1]。门阀是门第阀阅的意思，指世代显贵的家族。门第的观念东汉时已经出现，大官僚和名士的家族宗党往往官宦不绝，如弘农华阴杨氏四世四人官至三公，汝南汝阳袁氏四世五人官至三公，汝南平舆许氏三世三人位至三公，皆为世所羡，成为高门望族。高门望族的子孙即便迁徙外地，习惯上仍举原籍的郡名作为标识，后世称之为郡望。一姓常常不止一望，举郡望成为区别宗支的一种方法。（图 3—6）高门望族与强宗大族是二位一体的，门第高，族望隆，正是强宗大族的标志。它们在社会上的势力和声望累代延续，各以门阀自诩，而且互相标榜，组合为一种具有特殊身份、享有特殊权利的集团，在魏晋南北朝时被称为“大姓”、“著姓”、“右姓”、“高门”、“冠族”、“士族”、“世族”、“势族”

〔1〕见唐长孺《魏晋南北朝史论丛》，三联书店，1959，第 119 页。

等等。与此相对，门第较低，家世不显的家族则被称为“单家”、“寒家”、“寒门”、“庶族”，它们即使也拥有一定的土地和财产，其成员也有入仕的机会，但总的说来，在政治生活中受到压抑，社会地位无法同门阀士族相比。当时用以铨选官吏的九品中正制正是随着门阀制度而产生的。这种选举制度形式上是由各地中正官采纳乡里舆论，根据家世才德，把人才分为九个等级，进行推选，也就是以九品官人。但是，以家族为基础而盘踞于地方的门阀士族，很快就完全垄断了选举权，结果只论家世，出身于名门望族的“衣冠子弟”，即便无德无才，总是被列为上品，优先入仕，得受清贵之职，而出身孤寒的庶族子弟，即便才德超群，也总是被列为下品，如能入仕，也只可就任士族不屑为的卑浊之职，以致“上品无寒门，下品无世族”[1]，“世胄蹑高位，英俊沉下僚”[2]，“据上品者，非公侯之子孙，即当途之昆弟”[3]。这样，九品中正制反过来又巩固并发展了门阀制度。门阀士族不仅各自在本乡本土控制权力，其联合势力又能左右朝政，皇室不得不与它们“共天下”。国家法令明文规定士族有荫族、免役等特权。士庶之间有严格的区别，“士庶之间，实自天隔”，“士庶之别，国之章也”。士族自视甚高，不与庶族通婚姻。如果士族中人与庶族结为姻亲，或者就任一般由庶族中人出仕的卑浊之职，当时称为“婚宦失类”，是十分耻辱的事，会因此而受到排挤。

在士族集团中，不同的宗族也高下不一。唐代柳芳的《姓系论》讲到在南北朝时，“过江则为‘侨姓’，王、谢、袁、萧为大；东南则为‘吴姓’，朱、张、顾、陆为大；山东则为‘郡姓’，王、崔、卢、李、郑为大；关中亦号‘郡姓’，韦、裴、柳、薛、杨、杜首之；代北则为‘虏姓’，元、长孙、宇文、于、陆、源、窦首之”。“侨姓”、“吴姓”、“郡姓”、“虏姓”，合称“四姓”，“举秀才，州主簿、郡功曹，非‘四姓’不在选”。所谓“郡姓”，完全是“以中国士人差第阀阅为之制，凡三世有三公者曰‘膏粱’，有令、仆者曰‘华腴’，尚书、领、护而上者为‘甲姓’，九卿若方伯者为‘乙姓’，散骑常侍、太中大夫者为‘丙姓’，吏部正员郎为‘丁姓’”。别贵姓，分士庶，习俗既久，被视为理所当然，“不可易也”。

门阀制度不仅在不同的宗族之间区别高低贵贱，在各个高门士族内部，同样也有尊卑上下之分。门阀士族族大宗强，往往拥有众多的宗族成员，分别属于许多支派和家庭。族内官职最高，财富最多的显贵人物成为首领，他们凭借财富和权势控制宗族，对于宗族成员来说，处于父家长的地位。此外，门阀士族的首领

---

〔1〕《晋书·刘毅传》。
〔2〕左思《咏史》。
〔3〕《晋书·段灼传》。

又通过招诱、逼迫等手段收纳门生，庇护逃亡者，并把许多农民当做自己的“荫户”、“附户”、“宾客”、“部曲”，对他们具有号令不二的权力，平时榨取他们的劳动力，战乱时又把他们同宗族子弟一起编为家兵，体现了十分严重的人身控制和人身依附关系。宗族中不同支派，不同家庭之间，也因本身财富的多寡，代表人物官职的高低而地位不同，“一姓之中，高下悬隔”。《晋书·阮咸传》说阮籍、阮咸叔侄“居道南，诸阮居道北，北阮富而南阮贫”。南朝王氏是第一等的高门大姓，但“王氏以分枝居乌衣者，位官微减”，声望不如其他分枝。[1] 博陵崔氏是著名的山东士族，而其中被称为“东崔”的一系却“地望寒劣”（《魏书·高阳王雍传》）。

与讲究门第、族望的门阀制度相联系，魏晋南北朝时谱牒之学十分流行，出现了大量姓氏书和家传、家谱。晋贾弼所撰《姓氏簿状》，“十八州，百十六郡，合七百一十二篇，甄析士庶无所遗”[2]，其孙希镜又撰《姓氏要状》、曾孙执又撰《姓氏英贤》，以为家学。刘宋的王弘、刘湛、王俭、王僧孺等也都是姓氏族谱的专家。刘孝标注《世说新语》，所引家谱、家传多达数十种。郑樵《通志·氏族略·氏族序》说：“隋唐而上，官有簿状，家有谱系。官之选举必由于簿状，家之婚姻必由于谱系。历代并有图谱局，置郎令史以掌之，仍用博通古今之儒，知撰谱事。凡百官族姓之有家状者则上之，官为考定详实，藏于秘阁，副在左户。若私书有滥，则纠正之以官籍，官籍不及，则稽之以私书。此近古之制，以绳天下，使贵有常尊，贱有等威者也。”可见谱牒用以明统系，明统系则宗族不淆，“系之地望而不惑，质之姓氏而无疑，缀之婚姻而有别”[3]，谱学的兴盛正是适应了门阀制度的需要。

由强宗大族发展而来的门阀制度，与西周春秋时期典型的宗法制度相比，其宗族内部的层次系统不是因大宗小宗血缘的远近而作明晰的区分，而更偏重于各个支系、各个家庭的政治权势和财富，宗族中官位最高、财富最多的成员成为实际上的首领，他们取代了宗子的地位，而对宗族的控制则具有更为粗暴的形态。但其重视血统和家世，以血统家世决定社会地位，并在宗族内部实行家长制控制，区别尊卑贵贱，强调等级服从，二者完全是一致的。

南北朝时期的世家大族在隋末农民战争中受到沉重的打击，隋唐以科举取士，废除了九品中正制，使许多庶族出身的士子有了更多的仕宦机会，门阀制度渐次

---

〔1〕《南齐书·王僧虔传》。
〔2〕《新唐书·儒学传·柳冲》。
〔3〕柳芳《姓系论》。

没落，但崇尚门第的风气在唐代社会仍在延续。唐代一些旧的士族世家虽然已经衰落，长期无人成为显宦，但社会声望很高，受人仰慕。他们之间互为婚姻，以礼法家教自鸣清高。唐高宗时宰相李义府为子向山东士族求婚不遂，怂恿朝廷下诏，禁止最著名的士族陇西李氏、太原王氏、荥阳郑氏、范阳卢氏、清河崔氏、博陵崔氏、赵郡李氏等七姓十族自为婚姻。此前唐太宗为了抬高当朝达官贵人，而深恶“山东士人好自矜夸，以婚姻相尚”，对官修《氏族志》以清河崔民干为第一等大为不满，下令重修，把崔民干抑为第三等，指出：“山东崔、卢、李、郑四姓，虽累叶陵迟，犹恃其旧地，好自矜大，称为士大夫。每嫁女他族，必广索聘财，以多为贵，论数定约，同于市贾。甚损风俗，有紊礼经，既轻重失宜，理应改革。”并一再表示：“至今犹以崔、卢、王、谢为重……见居三品以上，欲共衰代旧门为亲，纵多输钱帛，犹被偃仰”，“问名姓在于窃赀，结褵必归于富室，乃有新官之辈，丰财之家，慕其祖宗，竟结婚媾，多纳货贿有如贩鬻”，“我不解人间何为重之”。[1] 但经此压抑，山东士族旧家自称“禁婚家”，反而声价更高。后来唐文宗为之大发感慨：“民间修婚姻，不计官品而上阀阅，我家二百年天子，顾不及崔、卢耶！”[2] 唐代姓氏书和谱牒之学也很流行，《新唐书》专门设置《宰相世系表》，详列曾经出过宰相的名族的先世后裔、世次房属、仕宦情况，正是反映了唐代社会仍然重视家世郡望的风气，这可以说是门阀制度的余波回响。

本来一姓常常不仅只有一个郡望，如唐代张氏有43望，王氏有32望，由于旧家著望才得到社会上的尊重，于是假托祖先、攀附大族、冒认名宗，任意通谱、合谱的现象也就随之而起，于是王姓惟号太原，张氏只称清河，以致同姓即认同宗，谱系逐渐混乱，在政治上、经济上早已衰落的旧家世族难以继续用血统来自别于他族，维持自己的特殊身份，由于历史因循力量而一时得以保留的社会地位也就慢慢丧失了。随着庶族地主的进一步兴起，又经过唐末五代战乱的荡涤，与重族望为特征的门阀制度密切结合的中古宗族制度同士族地主一起退出了历史舞台。

## 二、封建社会后期的宗谱、宗祠、族田、族规、族长和族权

宋代以后，我国的封建社会进入了后期，租佃契约制的地主经济迅猛发展。与荫户门客对门阀地主不同，在租佃契约制下，农民对地主的人身依附相对来说较弱，同时由于商品经济也有了一定程度的发展，土地买卖盛行，土地所有权的

[1] 见《贞观政要》、《旧唐书·高士廉传》等。
[2]《新唐书·杜兼传》。

转移也颇为迅速。地主阶级内部分化剧烈，“取士不问家世，婚姻不问阀阅”[1]，累世高官的具有特殊身份的旧士族失去了社会影响，而地主阶级中的寒士也能依靠科第入仕取得富贵，成为新的官僚地主。但多子平均继承制又使他们聚敛而来的土地、财富在一、二代后就迅速分散。北宋理学家张载就曾指出：“且如公卿一日崛起于贫贱之中，以至公相，宗法不立，既死遂族散，其家不传。……今骤得富贵者，止能为三四十年之计，造宅一区，及其所有，既死则众子分裂，未几荡尽，则家遂不存。如此则家且不能保，又安能保国家？”[2]另一方面，地主阶级和农民阶级的阶级矛盾也进一步尖锐，农民的反抗斗争此起彼伏，北宋初年王小波、李顺领导的起义农民响亮地提出了“等富贵，均贫贱”的口号。为了维护本家族、本阶级政治上、经济上的优势，用血缘关系来掩饰同农民的对立，一些地主阶级的代表人物把上古时期的宗法制度理想化，认为门阀制度下的宗族组织已失去圣人立宗法的本意，主张重建古代的宗族组织，以稳定封建统治秩序。张载说：“管摄天下人心，收宗族、厚风俗，使人不忘本，须是明谱系世族与立宗子法。宗法不立，则人不知统系来处。”[3]并把宗法的概念扩大到国家政权：“大君者，吾父母宗子；其大臣，宗子之家相也。”[4]由于历史条件久已改变，要原封不动地恢复西周春秋时那种典型的宗法制度是不可能的，但上古宗法尊祖、敬宗、收族的原则在经过一定的调整之后，得到了实际的贯彻，从而形成了以修宗谱、建宗祠、置族田、立族长、订族规为特征的体现封建族权的宗族制度，这种宗族制度完全适应封建统治的需要，不断得到发展和完善，在封建社会后期近千年的历史时期中同封建政权、封建礼教纠合在一起，起着长期而深刻的影响。

### 1．宗谱

宗族是以血缘为纽带组成的，谱牒用以明统系，统系既明，宗族就不至于混淆。如前所述，谱牒之学在魏晋南北朝曾十分流行，出现过许许多多姓氏书和家传、家谱，但重族望、讲门第的风气又造成了夸饰攀附、真伪不辨等弊端，如清代学者章学诚所言：“其不肖者流，或谬托贤哲，或私鬻宗谱，以伪乱真悠谬恍惚，不可胜言。其清门华胄，则门阀相矜，私立名字。……以至李必陇西，刘必沛国，但求资望，不问从来。则有谱之弊，不如无谱。”[5]唐以前的谱牒在唐末

[1]《通志·氏族略序》。

[2] 张载《经学理窟·宗法》。

[3]《经学理窟·宗法》。

[4] 张载《西铭》。

[5]《和州志氏族表序例》中。

五代的战乱中绝大多数散失不存，旧的谱学由衰而绝。宋代以后，经欧阳修作欧氏谱，苏洵、苏轼父子作苏氏谱为之倡导，家谱重新受到地主阶级的重视。南宋理学家朱熹在为本族族谱所作的序中说：“谱存而宗可考，是故君子重之。”与着重区分门第高下的旧谱学不同，新谱学以宗法为“谱心”，主要体现敬宗收族的精神，所谓“唐人未尝究心谱学耳，惟宋儒重宗法而谱学娴”〔1〕，就是指此而言。发展到明清，不但著族皆有谱，“家之有庙，族之有谱”〔2〕成了极其普遍的现象。在聚族而居的农村社会，甚至可以说没有无谱之族，除少数从事所谓“贱业”者以外，也可以说几乎没有不入谱之人。（图 3—7）清代学者程瑶田对宗谱的作用及其与宗法的关系，有一段透辟的论述：“族谱之作也，上治祖祢，下治子孙，旁治昆弟，使散无友纪不能立宗法以统之者，而皆笔之于书。然后一披册焉，不啻伯父伯兄、仲叔季弟、幼子童孙群居和壹于一堂之上也。夫所谓大宗收族者，盖同姓从宗合族属，合之宗子之家序昭穆也。今乃序其昭穆，合而载之族谱中。吾故曰：族谱之作，与宗法相为表里者也。”〔3〕

宋以后的宗谱又有家谱、族谱、世谱、家乘等不同名称。有些较大的宗族族内又分若干支若干房，另有支谱、房谱。清代学者钱大昕说得很明白：“五季谱牒

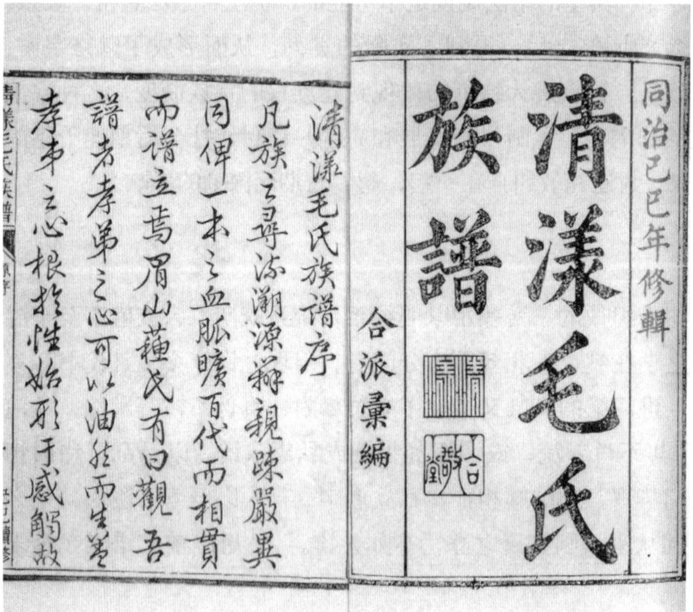


图 3–7 浙江江山市档案馆藏《清漾毛氏族谱》

〔1〕（清）陈济《张氏宗谱合编谱序》。
〔2〕（明）方孝孺《童氏族谱序》。
〔3〕《通艺录·嘉定石氏重修族谱序》。

散亡，而宗谱遂为私家撰述，于是有合族之牒、有分支之谱。”[1] 明清时比较完备的宗谱一般由以下几部分组成：序文，谱例，目录，家训族规，族墓、祠堂、族田的情况，自始迁祖以下全族已故和现存的所有成员的谱系世表。有的家谱还载有祖先的画像，诰敕、传记、墓志和著作。家谱的序文可以有许多篇，而且每次续修都增加新的序文。这些序文往往出自本族辈次名望较高的成员之手，也有请非本族的地方官长或著名学者撰写的，主要叙明修谱的意义、缘起、本族得姓占籍的由来、繁衍的情况以及修牒的经过等等。谱例相当于一书的凡例，主要说明修谱的体例，规定入谱的资格，往往特别强调要防止异姓乱宗。家训族规或是祖先遗命、或是所谓合族公议而定，在宗谱中置于显著的地位。族墓、族田的面积和方位四至，祖先兆域的排列情形，祠堂的位置结构等，都有详明的记载，而且多有附图以言的，一目了然。

家谱中最主要的部分是谱系名录。“谱者，普也，普载祖宗远近姓名讳字年号。”[2] 先分房支，然后以表格形式登载各房支下每一世次男性宗族人员的名、字、号，功名仕宦情况，婚姻、生育情况和享年、葬地。入谱的人，“讳某字，娶某妇，生几子，葬某处，寿若干，咸备载于后，庶几可示后昆”[3]。女性在家谱中也有记载，但都不见名字，外族之女嫁来后就加入了丈夫的宗族，但她只能以“某氏”的名义附见于丈夫之后，有时注明原是某地某人之女；本族之女嫁出后就脱离了父亲的宗族，她只能以“第几女”的名义附见于父亲之后，并注明适某地某人。这也是实际生活中妇女附属地位的反映。能立家传的，都是本族引以为荣的名宦、名士、忠臣、孝子、烈妇、贞女等。日本学者秋贺多五郎在《宗谱的研究》一书中曾把家谱的内容和修谱的目的归纳为：① 序得姓的根源，② 示族数的远近，③ 明爵禄之高卑，④ 序官阶之大小，⑤ 标坟墓之所在，⑥ 迁妻妾之外氏，⑦ 载适女之出处，⑧ 彰忠孝之进士，⑨ 扬道德之遁逸，⑩ 表节义之乡闾十条。不难看出，“谱系之作，所以敦孝弟、重人伦、睦宗族、厚风俗”[4]，具有敬宗收族的意义。

家谱或10年一修，或20年一修，或30年一修，长期不续修家谱，会被认为“不孝”。修家谱是宗族中的一件大事，由族中的头面人物主持，如嘉善陈氏规定修谱之事“有爵者主之，爵同论长”[5]。修谱的费用或由族中财力雄厚者承

〔1〕《棠樾鲍氏宣忠堂支谱·序》。
〔2〕（明）方孝孺《族谱序》。
〔3〕（明）宋濂《符氏世谱记》。
〔4〕（清）李希莲《重修李氏族谱序》。
〔5〕（清）陈龙正《家矩》。

担，或向族众摊派。有的宗族平时置有添丁簿，随时登录族中人口变化的情况，用备查考，为修谱预作准备。家谱每次续修完毕，都在祠堂中举行仪式向祖先禀告，然后分发各房各支，有的一直分发到各个家庭。明代休宁范氏把家谱一一编号，只印刷一定的数量，随即毁去书版，还要求族众对家谱必须“收藏贵密，保守贵久，每岁春正三日祭祖时，各带所编发字号原本到统宗祠，会看一遍。祭毕，各带回收藏。如有鼠侵油污、磨坏字迹者，罚银一两入祠，另择本房贤能子孙收管”[1]。明王士晋《宗规》也有类似的规定。这样做一方面是为了加强家族的内聚力，进行宗法教育，另一方面也为了杜绝日后发生冒宗之事。

### 2. 宗祠

宗祠习惯上多被称为祠堂，是供奉祖先神主，进行祭祀活动的场所，被视为宗族的象征。崇拜祖先并立庙祭祀的现象，在原始社会后期即已存在。后世天子、诸侯的祖庙为宗庙，士大夫的祖庙为家庙。夏商二代都已有了宗庙，周代以后规定天子七庙、诸侯五庙、大夫三庙、士一庙、而庶人只能祭于寝。就是说一般平民只能在自己的居室中祭祀祖先，士大夫以上才能立祠庙。南宋朱熹著《家礼》，提出“君子将营宫室，先立祠堂于正寝之东，为四龛，以奉先世神主”。四龛所奉为高祖父、曾祖父、祖父、父亲四代。当时的祠堂似是以家庭而不是以宗族的名义建立的，而且与居室相连，还不是单独的建筑。到了元代，以宗族为单位建立的宗祠已经出现，宁海童氏聚族而居，就“相与作祠堂以奉其先祖”[2]。明初以来，“爱宗敬长之道达诸天下，其能以宗法训其家人立庙以祀者……往往皆有”[3]，“庶人无庙”的规矩被打破了。明世宗采纳大学士夏言的建议，正式允许民间皆得联宗立庙，从此宗祠遍立，祠宇建筑到处可见。合族共祀者为宗祠，宗祠一般规模较大。又有所谓统宗祠，又称大宗祠，是数县范围内同一远祖所传族人合建的，如广东嘉应，“俗重宗支，凡大小姓莫不有祠。……州城则有大宗祠，则并一州数县之族而合建者”[4]。江西新安皇呈徐氏统宗祠，下统 38 族，远族有距祠 300 里者。宗祠之下又有支祠、房祠、家祠，支祠、房祠为族中各支派所建，用于供奉本支、本房的祖先，家祠则是一家或兄弟数家所建，只供奉两、三代直系祖先。清代休宁茗洲吴氏除合族宗祠外，又分五支，每支立有分祠，支

---

〔1〕《休宁范氏族谱·谱祠宗规》。
〔2〕（明）方孝孺《童氏族谱序》。
〔3〕（清）顾炎武《华阴王氏宗祠记》。
〔4〕光绪《嘉应州志》。

图 3–8 浙江诸暨边氏祠堂内景

下分房，又各有祠。有的宗族在祖先墓地还另设墓祠。这样，“于宗有合族之祠，于家有合户之祠，有书院之祠，有墓下之祠。前人报本之义，至矣尽矣”[1]。

宗祠为追远报本而建，所以在建筑规制上要体现出礼尊而貌严。(图 3—8) 自南宋到明初，一般的祠堂都是家祠，多根据朱熹《家礼》所定之制，并参考唐宋三品以上官家庙的形制，建堂立龛，供奉高、曾、祖、考四代神主，龛下设附位，安放旁系神主，另于东侧建屋贮藏祖先衣物遗书和各种祭器。明代中期以后，宗祠大兴，一些官僚豪绅、富商巨贾所在之族，依靠其政治地位和经济力量，所建宗祠气派宏伟，富丽堂皇，以大门、享堂（厅事）、寝堂（龛堂）为中轴线，又有许多附属建筑。云阳涂氏的宗祠“上建龛堂，所以安神主而序昭穆也；中树厅事，所以齐子孙而肃跪拜也；前列回楼，所以接宾朋而讲圣旨也；左右两庑，所以进子弟而习诗书也”，是具有代表性的大型宗祠建筑。歙县棠樾鲍氏宗祠建于村口，祠前石路上高耸七座明清两代由皇帝颁赐匾额的石牌坊，又有一方亭，十分壮观。乾隆年间官僚许登瀛捐资八千两白银，重建歙县城东许氏宗祠中诰敕楼和拜堂各五大间，拜堂可容千人跪拜，其规制之大，在当时也并不多见。(图 3—9) 一些大族巨室不惜耗费巨大的财力来营建宗祠，有“炫耀乡邻，以示贵异”[2] 的作用在内。

宗祠祭祖，仪式隆重，是最为重要的宗族活动。祭祀活动名目繁多，有每年

[1]（清）程昌《窦山公家议》。
[2]（清）陈耀《祠堂示长子》。

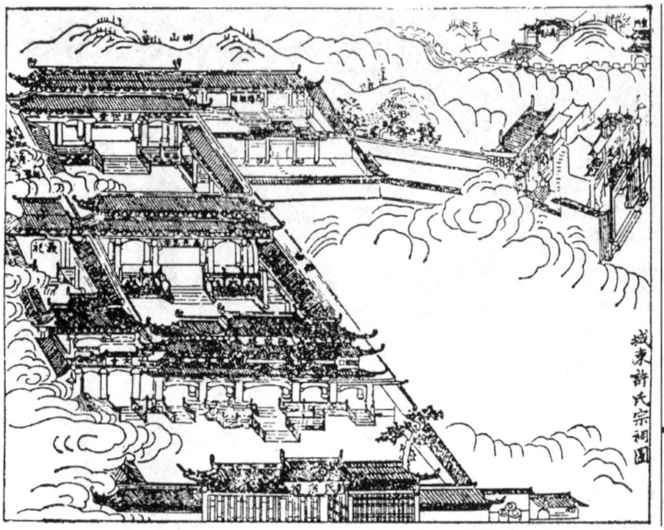


图 3-9 歙县城东许氏宗祠图（选自《重修古歙东门许氏宗谱》）

对高、曾、祖、考的春、夏、秋、冬四时祭，有冬至祭始祖、立春祭先祖、秋分祭祢以及忌日祭等特祭，每逢年节还有年节祭。平时族人经过宗祠门口，都要下车下马，毕恭毕敬。祭祀时，合族男子会集宗祠，拈香行礼，更是极其严肃。每次祭祀，都由族长或宗子主祭，并以年辈、官爵较高者为陪祭，另外安排通赞、引赞、司祝、司尊、司帛、司爵、司馔、司盥等执事人员负责赞礼和奉献各种祭品，有时还配有钟鼓和歌诗生。(图 3—10) 其余族人则依辈次的先后和身份的尊卑，井然有序地随主祭、陪祭之后，在赞礼声中跪拜如仪。参加祭祀的人一定要衣冠端正，行礼时“尊者在前，卑者在后，务整齐严肃，如祖考临之在上，不可戏谑谈笑，参差不齐”[1]，凡“行礼不恭，离席自便，与夫跛倚、欠伸、哕噫、嚏咳、一切失容之事”，都要议罚。[2] 祭毕会食，依次饮福、享胙。饮福为饮用祭酒，享胙为食用祭肉。祖先用过的祭品，吃了会沾有祖先的福泽，而“革胙”、“停胙”则是对犯有过失的族人的一种处分。宗祠祭祖目的在于通过追思共同祖先的“木本水源”之恩，用血缘上的联系团结族人，以免日久年长，一族之人名不相闻，面不相识，视同路人。而繁缛隆重的仪式又充分体现了封建伦理，展示了礼教规范，也是一种教化的手段。

除了作为祭祀场所之外，宗祠又是处理宗族事务，执行族规家法的地方。竹溪沈氏的《祠规》声称“凡有族中公务，族长传集子姓于家庙，务期公正和平商

---

〔1〕《京江王氏世谱·祭约》。

〔2〕《浦江郑氏世范》。

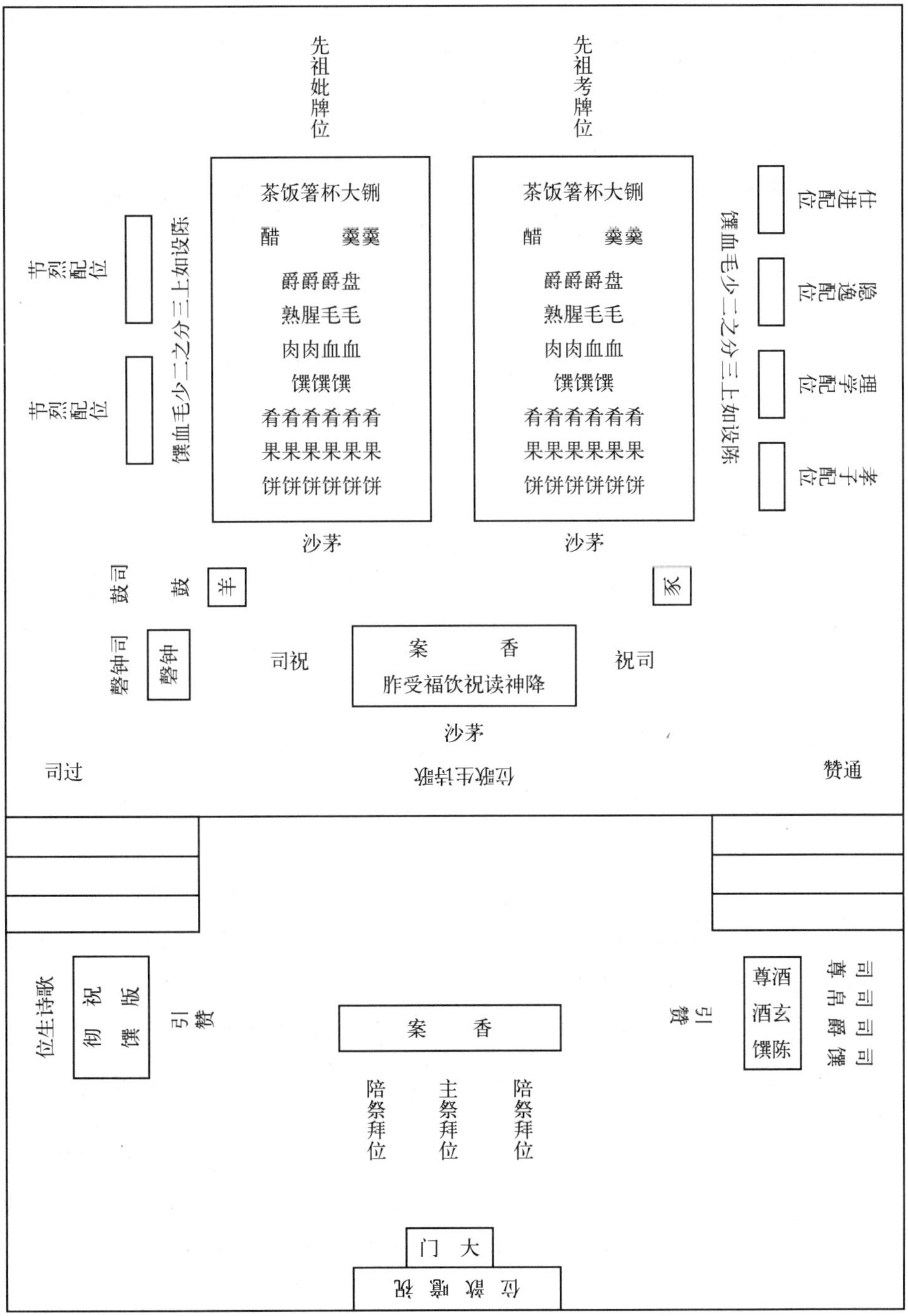


图 3-10 立春祭先祖图（据清吴翟《茗洲吴氏家典》）

酌妥协”。族人的冠礼、婚礼、丧礼也有在祠堂进行的。族产多以祠堂的名义进行管理。有的宗族还有定期到祠堂看谱、读谱的规约。对族人施行族规家法，必在祠堂进行。南海霍氏即在每月朔望族众会集祠堂之时，对有过子侄执行家法。竹溪沈氏《祠规》规定对犯有严重过失的族人，“族长传单通知合族，会集家庙，告于祖宗”，然后行罚。有的宗族规定族人之间或族人家庭之中发生了争执，都要到祠堂中裁决。对奴婢佃户的惩罚也经常在祠堂中决定并执行。祠堂在一定意义上又成了衙门，具有一族“公堂”的性质。

宗祠还是教育本族子弟的处所。在祠堂进行的祭祀、会食、团拜、读谱、对犯过族人进行惩罚等活动，都有宣扬封建伦理道德的教化作用。不仅如此，许多宗族都在祠堂中设有家学，学中塾师由族中“品学兼优”的士人担任，办学经费由族产收入开支，“凡族中子弟入学，不另具修金供膳等费，外姓不得与入”[1]，所以又称义学。

宗祠或由族长直接管理，或由族中威望较高的人轮流在族长的领导之下担任管事。也有的宗族设有宗祠总理、宗祠知事，表面上由族人公推，实际上仍被族中有势力的人把持。经管宗祠的人又往往同时经管族产。许多宗祠都起有堂名，堂名被认作是该宗族的代称。

### 3. 族田

族产又称祠产，名义上是合族公有的财产，包括山林、土地、房屋等。除祖先所置并有遗嘱规定不许分散、归子孙共享的那一部分财产以外，族产的来源主要有三：“或独出于子孙之仕宦者，或独出于子孙之殷富者，或祠下子孙伙议公出者。”[2] 此外还有把犯了过失的族人财产罚入者。族产中最重要的是可以年年有地租收入的族田。族田又分祭田、义田、学田等，一般都招佃耕种，祭田的地租供祭祀用，义田的地租供赒济贫困族人用，学田的地租供宗祠办学用，但三者的区别并不十分严格。最早设置族田的是北宋的范仲淹，他在平江（今江苏苏州市）购田千余亩以赡族，使族人贫乏者“日有食，岁有衣，婚娶凶葬皆有赡”[3]。朱熹制定《家礼》，则规定“初立祠堂，则计见田亩，每龛取二十之一，以为祭田。宗子主之，以给祭用。如上世未置田，则合墓下子孙之田，计数而割之，皆立约闻官，不得典卖”。元明以后族田普遍设置，明初方孝孺在《宗仪·睦族》中说：

[1]《郴阳陈氏族谱·创立义学记》。
[2]（清）刘鸿翱《杜盗祭款立碣记》。
[3]（宋）钱公辅《义田记》。

"睦族之法，祠祭之余复置田，多者数百亩，寡者百余亩。"实际上有些大族的族田有以千亩计者。由于族田可以缓解贫民的反抗斗争，有利于封建统治，所以封建朝廷把购置族田当做"义举"而大力提倡，对捐资较多的人予以旌表。有些大官富商，也表现得颇为慷慨，如清长洲陆豫斋，一次"割遗产五百亩，为赡族之资"[1]，歙县鲍启运，先后捐资购置族田一千二百余亩，[2] 歙县黄履昊也曾"捐银计一万六百两，置田八百八十余亩"，以"恤族姓之孤贫"[3]，庐江章氏更"捐田三千亩赡族"[4]。竹溪沈氏则明文规定族人凡得秀才以上功名及出仕者都要报捐从 1 两到 50 两不等的续置祭产之资，现任官要捐银添置义田："凡现任四品以上者，岁捐百五十金，七品以上者百金，佐贰减半……有力者听便。"[5]

族田是合族公产，各宗族都立约规定不得典卖，"如或有将祭田私卖者，合族控官告祖，人则不许入祠，名则不列宗谱"[6]。清政府也订有"子孙盗祭田五十亩以上者，发边远充军"等法律条文，用以保证族田的长期维持。为了避免族人侵吞族田，范仲淹在《义庄规矩》中强调"族人不得租佃义田，诈立名字者同"。后世各宗族都规定族田只能佃于外族，本族之人不但不能承佃，而且不能担任租佃的居间人，以防产生弊端。族田的收入除祭祖、办学、办理一些公益事业外，主要用于赡族。范仲淹所定《义庄规矩》有"每人每月可支米三升，冬可置绢一匹，娶妇支二十贯钱，嫁女支三十贯钱"的规约，似是族众不论贫富，人人都可得到一份。明清族田的"赡族"，则是指救济族中贫困者，"其婚嫁之失时也，则有财以助之；其寒也，则为之衣；其疾也，则为之药；其死也，则为之殓与埋"[7]。"有贫困残疾者论其家口给谷，无力婚嫁丧葬者亦量给焉。遇大荒，则又计丁发粟，可谓敦宗族矣。"[8]"节妇孤儿与出嫁守志，以及贫乏无依者，生有月粮，寒有冬衣，死有棺衾，葬有义冢，嫁有赠，娶有助，莫不一均沾其惠。"[9] 对违反封建礼教，有不规行为者，即使陷于赤贫状态，也不予赡恤，如歙县棠樾鲍氏的义田条例就载明聚赌酗酒者，妇人打街骂巷不守规法者，干犯长上、行止不端者都要"停给"，必待改过以后才重新考虑给予周济。族田的赡族功

〔1〕(清) 钱大昕《陆氏义庄记》。
〔2〕《棠樾鲍氏宣忠堂支谱》。
〔3〕黄质《仁德庄义田旧闻》。
〔4〕魏源《庐江章氏义庄记》。
〔5〕《竹溪沈氏家乘》。
〔6〕《浦城高路季氏宗谱》。
〔7〕《京兆归氏世谱 · 归氏义田记》。
〔8〕《同治广州府志》卷十五引《新宁志》。
〔9〕《重修古歙东门许氏宗谱 · 许氏合族公撰观察公蓬园公事实》。

能在一定程度上掩饰了宗族内部的阶级对立，加强了族人对宗族的依赖性，从而诱使他们依附于宗族中的权贵人物。族田和宗祠结合在一起，二者互相补充，“敬宗收族”的原则得到了充分的体现。正像有人指出的那样：“祠堂者，敬宗者也；义田者，收族者也。祖宗之神依于主，主则依于祠堂，无祠则无以妥亡者。子姓之生依于食，食则给予田，无田则无以保生者。故祠堂与义田并重而不可偏废者也。”〔1〕反过来，也可以说“凡宗族离散，皆由不设义田、宗祠之故”〔2〕。

族田一般由族长统率下的专人管理，须濡崔氏规定管族田者“必择族中殷实练达之人方可”，庐江章氏则“由族中有科名者掌之”。其实际权力，都操纵在官僚地主手中。虽然族规和法律要求他们秉公处事，但“假公济私，托收管之柄，肆侵蚀之谋”〔3〕，这类事屡见不鲜。由于管理族田有巨大经济利益，宗族内部为争夺管理权而内讧的现象也经常发生。久而久之，在有的宗族中，不得典卖族田的族规成了一纸空文，族田多被势豪侵渔兼并，而这种势豪又往往为本族的成员。这也是封建社会末世必然出现的社会现象。

### 4. 族长

族长是管理全族事务的一族最高首领。族长和宗子是不同的概念。一个宗族宗子的身份是以其大宗世嫡的血统继承而来的，而族长并非世袭，一般由推举产生。虽然宋儒一再呼吁要“立宗子法”，明儒如许相卿等也宣扬“大宗子有君道，合宗亲疏长幼皆宜依向推崇，匡导卫翊，吉凶必咨，宴会必先”，以见“强干弱枝之义”，〔4〕但宗子的威权久已不复存在。明清法律规定，妻、妾、婢所生子都有平等的继承权，实际上“一族之人，或父贵而子贱，或祖贱而孙贵，或嫡贱而庶贵……即一家之中，有父富而子贫，兄贫而弟富，嫡贫而庶富”〔5〕，正嫡所传既然不一定能保持富贵并具有收族的能力，也就难以得到族众的宗奉。正因为如此，封建社会后期绝大多数宗族都已不知有所谓宗子，而设族长统理族务。少数宗族即使立有宗子，但同时也有族长，宗子只是本族名义上的代表，族中真正的权力仍操纵在族长手里。

族长或称族正，虽然在形式上是推举产生的，但并不是宗族成员人人都有推举或被推举的权利。能推举族长的只是族中的长老和或富或贵者，年轻人和贫穷

〔1〕（清）张永铨《先祠记》。
〔2〕（清）倪元祖《宗规》。
〔3〕（清）马晋《陈继儒传》。
〔4〕《许云村贻谋》。
〔5〕（清）秦蕙田《五礼通考·嘉礼·饮食礼》。

的劳动人民都无从表示自己的意见。而被推举者更需具备一些条件。首先必须是年辈较高的，也就是“分莫逾而年莫加”[1]，以尊长而督率卑幼，易于使族众信服。但这又不是绝对的，许多宗族的族长并非由辈分最高、年龄最大者担任，如常州张氏的《宗约》声明“族长虽序行序齿，究以德为主”，交河李氏的《谱例》规定所立族长，必须“品端心正，性情和平”，“恪遵家训，规步方行”。然而无论是“尚齿”，还是“尚德”，往往不过是门面装潢，起决定作用的还是财富和权势。云阳涂氏的《祠规》就毫无隐讳地说族长应“公推族中殷实廉能者任之”。明姚舜牧所立家训中有这样的话：“通族之人，皆祖宗之子孙也，一有贵且贤者出，祖宗有知，必以通族之人付托之矣。”[2] 清顾栋高说得更为明白：“夫使宗子无禄，何以收族人？不得爵于朝，何以为族人主？”所以“子孙之贤而贵者，受祖宗之遗泽，当类推以恤族，凡族人亦因而宗之”。[3] 事实上，族长一职很少有不被地主豪绅把持的，清高宗弘历看到了这一点，曾经指出：“此等所举族正，皆系绅衿土豪”，而且“鲜有守法之人”。[4] 一些较大宗族的族长还有若干助手，所立名目各不相同，有宗长、宗相、宗直、评议、董事、知事等。族下如分支、房，又设有支长、房长，在族长领导下管理本支、本房事务。这些族中执事人员或者由族长指定，或者经过名义上的推选，同样也都由地主豪绅或听命于地主豪绅的人充当。

族长高居于族众之上，拥有相当大的权力。这包括：第一，主持祭祀典礼之权。如族中立有宗子，按照古礼，祭祀祖先的典礼应由宗子主持，族长则任陪祭。但大多数宗族未立宗子，在这种情况下，族长就是主祭人，成为祖先意旨的代表，俨然是祖先化身。这种主祭权可以派生出许多其他权力，如主持宗谱的修续、负责宗祠的管理等等，并使族长在一切事务中都能代祖先立言，代祖先行事。第二，主管族产之权。通过主管族产，可以攫取许多经济利益，而利用族产收入的一部分“收族”，又可进一步控制、约束族人，维持自己的特权地位。这种权力使族长能够拥有实现族权的物质基础。第三，对族人的教化和惩罚之权。族长可以利用祭祀、会食、团拜、续谱、读谱等仪式以及在其他任何场合向族人宣扬封建道德，族人必须听从教诲。如族人中有违反族规家法，损害族中权贵的利益，败坏伦理纲常者，族长有权“切责之，痛责之”[5]，给予从停胙、停给赡米、罚跪、罚款、杖责直到宗谱除名，驱逐出境，送官究办、私刑处死等惩罚。第四，处理族

〔1〕《重修古歙东门许氏宗谱·家规》。
〔2〕（明）姚舜牧《药言》。
〔3〕（清）顾栋高《书適孙葬祖父母承重辨后》。
〔4〕《清实录·乾隆五十四年七月》。
〔5〕《新安程氏合族条规》。

中各种纠纷，调停争端之权。族人之间如发生了有关婚姻、土地、房产等方面的争执，或因他事失和，都要由族长评判是非曲直，作出裁决。族长“凡遇族中有不平之事，悉为之处分排解，不致经官”[1]。对族长的裁决，族人不得有任何异议。此外，族人兄弟分家，立嗣承继，生子取名等事，都必须得到族长认可。族长还有权过问、干预族人婚丧等事。族长之权同西周春秋时期的宗子之权颇有相似之处，但深深打有封建制度的烙印。

族长专擅一族，“名分属尊，行者宜恭顺退让，不可凌犯”[2]，“家之有长，犹国之有官”，族人敢有违抗者，“通族权其轻重，公同处置”。[3] 有的宗族为了防止族长滥用权力，曾制定了一些规定，如《交河李氏族谱 · 谱例》中有这样的条文：“不许恃族长名色，做事不端，处事不公，以致家法紊乱”，族长如“行诣有愧，触犯规条，合族齐集，公讨其罪，如稍有改悔，聊示薄惩，以警其后，不然则削去族长名字，永远不许再立”。《泾川董氏宗谱 · 家规》也说：“倘族长不能称职，族众可以会议改选。”但类似的规定大多只是一纸空文，或者被宗族内不同派系的“绅衿土豪”用作争权夺利的依据。担任族长的人即或有所更换，对族长这一职务所具有的威权并无影响。有不少宗族还规定重大事务须经“族议”决定，所谓族议，表面上宗族中全体成年男性成员都能参加，但往往流于形式，被族长及其亲信所操纵，所议的结果，极少能够违背族长的意旨。

### 5. 族规

族长是根据族规行使权力的。族规又称族训、族约、宗规、宗约、家规、家训、家礼、家范、祠规等等，是宗族的法律，起着维护封建秩序的作用，对族众具有强制性的约束力。《张氏宗谱 · 家规》即指出：“王者以一人治天下，则有纪纲；君子以一身教家人，则有家训。纲纪不立，天下不平；家训不设，家人不齐矣。夫家中之有长幼内外之殊，公私亲疏之别，贤愚顽秀之不同，苟非有训以示之，而欲一其性情遵模范，绝无乖戾差忒之虞，虽圣人不能强也。”《云阳涂氏族谱 · 族范志序》也强调“族宜有范，犹国之不能无法制也”，声称族规“正以辅国家法制之所不及也”。

有相当一部分宗族的族规是某一祖先的遗训，累世相传，永不更改。也有的宗族在修谱或续谱时由族中头面人物议订族规，一经订立，同样具有不可动摇的

[1]《重修古歙东门许氏宗谱》。
[2]《云阳涂氏族谱家训》。
[3]《陈氏族谱 · 罚恶》。

权威。宗谱中无不包括族规，祠堂读谱，主要就是读宗谱中的族规。此外，族规家训也有单独汇编成册的，有些著名家族的族规、著名人物的家训，其影响超出本宗族的范围，在社会上广为流传。

不同宗族由于传统、经历、地域、势力等种种差异，所立族规反映了不同的家风，各有特色，但更多的是具有共性，它们都以三纲五常为基础，带有浓厚的封建礼教和宋明理学的色彩，所体现的思想原则完全是一致的。

大体说来，族规的主要内容有如下几个方面：

第一，强调尊崇君权，履行对封建国家的义务。许多族规都把明清皇帝的劝民谕旨放在正文之前，并有定期会集族众在祠堂"讲圣谕"的规定，以表示对君权的拥护。明太祖朱元璋的谕旨告诫百姓"孝顺父母，尊敬长上，和睦乡里，教训子孙，各安生理，毋作非为"，清圣祖玄烨的谕旨告诫百姓"敦孝弟以重人伦，笃宗族以昭雍睦，和乡党以息争讼，重农桑以足衣食，尚节俭以惜财用，隆学校以端士习，黜异端以崇正学，讲法律以警愚顽，明礼让以厚风俗，务本业以定民志，训子弟以禁非为，息诬告以全良善，诫匿逃以免株连，完税粮以省催科，联保甲以弭盗贼，解仇忿以重身命"，都概括了封建国家对安分守己的良民的基本要求，而族规的许多条文即据此而订，这也包含着恭遵谕旨的意思。对封建国家的义务，主要是交纳赋税。族规对此往往也有明确规定，如明庞尚鹏所订《庞氏家训》就说："每年通计夏秋税粮若干，水夫民壮丁料若干，即于本年二月内照数完纳，或贮有见银，或临期粜谷，切勿迁延。"清常州南门张氏更声称拖欠应缴朝廷的钱粮，"必不容于天地鬼神"，"凡我宗族，夏熟秋成，及期完纳，毋累官私焉，实亦忠之一端也，而实保家之道也"。[1]

第二，把尊祖、敬宗、收族的宗法原则具体化，规定了祭祀祖先的种种礼仪，族长、房长等宗族首领的推举办法和他们应享的特权，宗祠、族产、宗学的管理制度以及族产收入的分配办法等等。凡此前文均已涉及，不再重复。

第三，提倡封建伦理道德，规定不同宗族成员不同的等级名分和行为准则。封建伦理的中心环节是要求卑幼者对尊长者必须绝对服从，各种族规所宣扬的敦人伦、崇孝悌，都是以此作为准绳。从"父为子纲"的原则出发，"孝为百善先"，孝道被摆到家庭、家族伦理中最重要的位置。这所谓"孝"，不仅是指子孙对父祖的一般意义上的侍奉、尊敬和生养死葬之事，而是要求盲目地唯父、祖之命是从，不许有一丝一毫的违背，完全是一种适应父权统治需要的精神枷锁。司马光所订

[1]《张氏族谱·家规》。

家规《居家杂议》中提出："凡子受父母之命，必籍记而佩之，时省而速之……若以父母之命为非，而直行己志，虽所执皆是，犹为不顺之子。"又说："凡子事父母，妇事舅姑……居闲无事，则侍于父母、舅姑之所，容貌必恭，执事必谨，语言应对必下声怡气，出入起居必谨扶卫之，不敢涕唾喧呼于父母、舅姑之侧，父母、舅姑不命之坐不敢坐，不命之退不敢退。""孝亲"和"敬长"每每相提并论，许多宗族的族规规定，子孙受到尊长的苛责，即使尊长错了，也得俯首默受，不许分辨是非，〔1〕子弟有事外出，必须先咨告家长，不得擅自行动，〔2〕子弟见父母，"坐必起，行必以序，不可免冠徒跣，应对毋以尔我"〔3〕。为了培养这种奴隶主义的服从，有的家族要求"凡小儿甫能言，则教以尊尊长长"〔4〕。显而易见，由子女对父母，子孙对祖先的无条件的"孝"，可以派生出卑幼者在一切尊长者面前的驯顺，以及所有宗族成员对代表祖先的族长的听命，从而在宗族内部实行等级服从和等级控制。封建礼教限定妇女只能处于从属的地位，如《孔子家语·本命解》所言："女子者，顺男子之教而长其礼者也。是故无专制之义，有三从之道：幼从父兄，既嫁从夫，夫死从子。"此外还要求妇女加强"德、言、工、貌"四方面的修养，称之为"四德"。宋明以来，理学的兴起更加收紧了对妇女的束缚，这在族规中也有所反映。有的宗族规定："女子止主中馈女红纺织之事，不得操夫之权，独秉家政，及预闻户外事。""女子但令识字，教之孝行礼节，不必多读书。""女子稍长，每月朔望，命其先礼佛，次谒见祖父母及父母，善诲导之。盖女性多鸷，礼佛所以启其慈心也，雍容谒见，所以娴事舅姑也。"〔5〕有的宗族要求对女子从小进行有关三从四德的教育，族中妇女都要"孝事公姑，和处妯娌，顺相丈夫，女工习尚，中馈勤劬，慈俭贞洁"，平时应深居简出，"不幸寡居，则丹心铁石，白首冰霜"，妇人女子如遇人伦大变而能慷慨殉节，即"登于宗谱"，大力表彰。〔6〕有的宗族还专门制订《女训》、《女诫》、《新妇谱》等，用来约束妇女，如《郑氏规范》的《女训》说："家之和不和，皆系妇人之贤否。何谓贤？事舅姑以孝顺，奉丈夫以恭敬，待娣姒以温和，接子孙以慈爱，如此之类是已。何谓不贤？淫狎妒忌，恃强凌弱，摇鼓是非，纵意徇私，如此之类是已。天道甚近，福善祸淫，为妇人者，不可不畏。"《庞氏家训》的《女诫》更威胁道："长舌厉

〔1〕见《郑氏世范》。
〔2〕见《婺源清华戴氏世谱·家范》。
〔3〕《京江王氏宗谱·家范》。
〔4〕《陈氏宗谱·家规》。
〔5〕《蒋氏家训》。
〔6〕《重修古歙东门许氏宗谱·家规》。

阶，画地成狱。妒悍相残，身攒百镞。”出自对妇女的偏见，许多宗族还把“不听妇人之言”当做训条。这些针对妇女的歧视性、压迫性的规定，极大地贬低了妇女的人格，所体现的“夫为妻纲”、男尊女卑的原则反映了家庭和宗族中另一种以性别划分的不同等级，这也正是封建宗法思想的重要组成部分。为了避免发生败坏伦常之事，不少族规家训很注意严守内外之别、男女之防，甚至把叔嫂戏言立为严禁，[1]并不许童女倚帘窥幕，邻儿穿房入闼，[2]以防微杜渐。

第四，宣扬同族一气，不论贫富应各守本分而又互助互爱，规定了敦本睦族的一些措施。所有的族规都要求宗族成员努力维护和加强本族的团结，强调一族之人出自同一祖先，同本同源，应该相求相应，相问相亲。族众之间存在着贫富差别，许多族规又进行“人生贫富贵贱，自有定分”[3]，“夫均一本，荣悴亦属偶然，何得生心异视”[4]之类的说教，要求族中的贫困者不要对富有者生嫉妒之心，而应各安本分。另一方面，对族中难以自存的贫困者除用族产收入的一部分提供有限的周济外，也提倡由所有族人特别是富有者顾念一气所生，在一定范围内给予救助。并分“矜幼弱”、“恤孤寡”、“周窘急”等不同项目立有条规，或合族集资帮助，或由富者自愿捐赠，或由富者无息或低息贷给钱米等等。“富者时分惠其余，不恤其不知恩；贫者知自有定分，不望其必分惠”[5]，这样就不会产生纷争，而达到“睦族”的目的。但是族众中贫富的对立并不因有“睦族”的措施而被完全掩盖，地主豪绅强占族人的土地，强迫贫穷的族人充当自己的僮仆佃户，宁愿粮食在仓库中朽烂也不肯拿出来赈济枵腹待毙的族人等事屡见记载。为了在外面装出宗族亲睦的样子，有些宗族的族规中规定族人之间有了田土钱债等方面的争执，不准“擅兴词讼”，一律由族长会同族中头面人物审议裁决，这种裁决往往偏向于有钱有势的一方。至于一些族规中关于如何统御婢仆佃户的条款，更是赤裸裸地反映了阶级剥削和阶级压迫，完全撕下了温情脉脉的面纱。

第五，出于维系家声的考虑，规定了对族人本身、持家等方面的要求和禁约。族规大多充满着“务本业”、“禁奢靡”、“习勤劳”、“考岁用”、“崇厚德”、“端好尚”、“严约束”、“慎婚嫁”这一类的戒条，并不厌其烦地教训族中子弟力图上进，克绍家声，要求对子弟中器宇不凡、资禀聪明者要精心培养，以期他们有朝一日取得科第功名，可以光宗耀祖，同时又禁止族人从事所谓的“贱业”（衙役、戏

---

〔1〕《交河李氏族谱·家训》。

〔2〕《温氏母训》。

〔3〕《云阳涂氏族谱·家训》。

〔4〕《敕旌义门王氏族谱·宗约》。

〔5〕《袁氏世范》。

子、吹鼓手、理发匠等），还繁文缛节地规定了许多禁约，如不准酗酒，不准赌博，不准宿娼，不准斗殴，不准穿着华丽衣服等等。这种禁约在族规中占有很大比重，并不是由于族规制定者特别重视个人的品德修养，而应该看做是着眼于保障宗族根本利益的深谋远虑。

第六，为了保证宗族血统的纯一，规定了立后承继的原则和办法。异姓乱宗是宗法社会的极大禁忌。许多族规对不准异姓冒姓入谱和继承财产都有严格的规定。《陇西李氏续修族谱·例言》即宣称“随母子，数岁来，带孕子，数月生，及义子、赘婿，皆异姓也，原非一本，例禁概不收录”。由于“不孝有三，无后为大”[1]的观念深入人心，而封建家族制度又剥夺了女儿的继承权，一般人如无生育，或有女无子，都要过继嗣子，称为立后。宗族法规原则上禁止以异姓之子为嗣，即使至亲如外甥、女婿、外孙，也一概不准（在家族势力较弱地区的一些贫家小户和城市流寓之家或有例外）。如《简阳彭氏宗谱》的《禁例》就有“禁异姓承祧”的专条，认为“不育无子，此生人不幸之事，故抚抱亦世之常情，但须于同父周亲昭穆相当中择爱择贤，听从其便，切勿以异姓承祧，到遭非种之锄”。寿州孙氏也在家谱中立下条规：“无子立嗣，必择名分相当者，于谱内说明。如应继无人，准其立爱，惟不得抱养异姓之子，以致紊乱宗族。”为了避免因图产争嗣而在宗族内部引起争端，一些宗族对承继的次序预先作了安排，如《交河李氏族谱·谱例》就明确规定：“凡无子之家，必遵长门无子过次门之长；次门无子，过长门之次之例，不许乱争。如无应继之人，必择其近支之子多者而继之，如近支无人，必择其远支之有才者而继之。”尽管如此，宗族中争嗣争产的闹剧仍不时发生，族长在处理此类问题时有很大的发言权，并可从中渔利。

第七，规定了对违反族规家训、败坏纲常名教、损害封建国家和封建宗族利益的族人的处罚办法。族长在祠堂对族人行施处罚权是封建族权最威严的表现形式。这种处罚权和处罚办法也明文载于族规家训。族人违反族规而需要责罚，分轻罪、重罪两种。所谓轻罪，是指对父母奉养不周，不敬长上，不听教训，口舌有过，惰怠游荡等等，一般说来，对这类过失的处罚仅止于训斥、罚跪、罚钱米、杖责而已。明霍韬所撰《霍氏家训》说：“子侄有过，俱朔望告于祠堂，鸣鼓伐罪。轻罪，初犯责十板，再犯二十，三犯三十。”新安程氏规定：“不孝不悌者，众执于祠，切责之，痛责之。”彝陵陈氏也规定：“合族中设有以卑临尊，以下犯上，甚至辱骂殴斗，恃暴横行者，须当投明族长及各房宗正，在祠堂责罚示戒。”云阳

[1]《孟子·离娄上》。

涂氏宗祠“置家法一具，用小竹片，交族正收掌，子弟有不服情理者，由族房长等会集族众，酌予扑责，以示惩戒”。交河李氏则规定：“凡族中有不论是非，不遵家训，毁骂宗族者，领受责罚外，凡合族人家，不论辈次尊卑，令其逐门叩首以警众。”所犯虽是轻罪，但屡教不改，蛮抗不服，则可革除宗籍，永远不许入祠。[1] 所谓重罪，则指情节严重的违反族规和封建国家法律的行为，如殴打父母、祖父母，偷盗祖坟树木，以及交结非人，奸宄不法、邪教惑众，造反抗命等等。对犯有重罪的族人的处罚十分严厉，往往必欲置之死地而后快。桐城麻溪姚氏规定，对盗祖茔、殴父母、祖父母者要“鸣官押扦，并请治以死罪”。《陈氏宗谱·惩恶》则力主对严重触犯封建国家法律者，“家中亦断不可恕”，“或鸣官而置之死地，或重责而摒之远方，各随之轻重而处之，父母回护者同咎”。送官究办以外，还可由本族私刑处死。交河李氏即规定：“凡族中有不遵法律，败坏伦常，或做贼放火，任意邪行者，合族公议，立刻处死。伊家属不得阻挠。”私刑的残酷是骇人听闻的，有吊打、挖眼、活埋、沉塘等等，甚至处死后还要焚尸扬灰。尤其应该指出的是性的禁忌在父系家族团体内历来是非常严格的，禁忌的范围不仅包括同族血亲，也包括血亲的配偶在内，如果宗族中的男女在禁忌范围内犯奸，则构成乱伦，历代法律对这种行为的处分极重，而在宗族内部更被认为罪不容诛。执掌宗族大权的封建卫道士无论自己的生活多么腐朽糜烂，却总是以维系纲常名教的面目出现，对“奸非”之事特别敏感，一经发现，为免家丑外扬，多在宗族内部施以严酷的处罚，尤其是对当事的女方，往往不是逼迫其自杀，就是私刑处死。推而广之，对族中未婚女子争取婚姻自由以及所谓的寡妇不安于室等等，也看做是宗族的耻辱而进行迫害。为此而受宗族法规的制裁而遭受摧残甚至殒身灭命的，在明清两代为数极多。封建礼教的吃人本性正是通过族权而得到了充分的显露。

族规只行于一族，如果以地域为单位，由若干家族共同制定，那就成了乡约。乡约的内容同族规基本相同，但更着重于建立严密的组织以控制农民。族规、乡约虽然只是民间规约，却具有合法的地位，在封建国家的允许之下发挥效力以补充国家法律之不足，对巩固封建统治起了不容低估的作用。

综上所述，封建社会后期的家族制度以宗谱、宗祠、族田、族长、族规为表现特征，体现了封建族权。宋明以来，由于封建皇权空前膨胀，官僚政治高度成熟，强宗大族虽然时有出现，也会在某些场合同政权发生利益冲突，但从宏观上

---

〔1〕《陈氏宗谱·家规》。

观察，成千上万的封建宗族都一直只能在封建政权允许的范围内活动，其势力的扩展也受到限制，一般说来，都不能对封建王朝的权力构成威胁。而封建社会后期的家族制度却能够以其血缘的面纱在一定程度上掩盖阶级矛盾，削弱农民的反抗斗争，帮助封建政权控制农民，稳定封建秩序。这种家族制度也就得到了封建政权的大力扶植。族权通过布满农村社会各个角落的众多的宗族而普遍存在，成为仅次于政权的无孔不入的权力体系。族权需要政权的庇护，反过来政权也需要族权的支持，二者密切配合，互补互用，是中国的封建社会得以长期延续的重要原因。

# 第四章
# 古代礼仪制度

## 古礼总说

中国称为“礼仪之邦”，这是说中国是一个礼典完备、仪节详密、制度谨严的国家，“礼仪”在国家的社会生活中占有极其重要的地位。古代所谓“礼仪”，与今天的概念有些不同。今天所说的“礼仪”，指的是礼节和仪式。国家有国家的礼仪，如法定的庆典，外交活动，贵宾来访等，皆有一定的礼规。百姓也自有礼仪，如男婚女嫁，有婚礼；寿终辞世有丧礼；年节吉日有庆贺之礼；接待来宾有待客之礼。一般人的印象中“礼仪”大抵也就是这些内容。而在古代，“礼仪”的范畴要比今天大得多，它包括的范畴非常广泛，诸如政治体制，朝章法典，天地鬼神祖宗祭祀，水旱灾害祈禳，盟会锡命，学校选举，军队征伐，行政区域划分，宫殿房舍陵墓建造，以及衣食住行，冠笄婚嫁，殡葬丧服，言谈举止，无不与礼仪相关，它几乎是一个囊括了国家政治、经济、军事、文化一切典章制度及个人的伦理道德修养、行为规范和准则的庞大的概念。后代的礼学家将这样一个复杂而又宏大的系统按照《周礼》的说法，分为五类，即“五礼”——吉礼、凶礼、军礼、宾礼、嘉礼，这种分类虽然不是很精确，历史上对于某些礼仪究竟应当归为哪一类，学者中也常有分歧意见。但是它到底“一揽了”涵盖了古代礼仪的全部内容，反映了各种礼仪的基本性质，简单明了，因此仍是无可替代的。本书所述礼制，仍然沿用传统的分类法，大体依照清朝学者秦蕙田编纂《五礼通考》所用的“吉、嘉、宾、军、凶”的次序排定。

由于古今对“礼仪”这一概念理解的变化，一些古代的政治经济制度，今天已作为“中国通史”或“政治制度史”、“经济发展史”的内容来讲授，多已广为人知，在此没有必要再重复。还有一些礼制，在我们这套“文化史”中已单独成篇，详加讨论，例如“古代的姓氏和家族制度”、“古代的官制与科举”等，本章也不再赘述。因此，本章虽以传统概念与分类讲述古代礼仪，又不能不作适当的调整、删节和压缩。

## 一、礼仪起源

礼仪是伴随着人类最初的社会活动，伴随着原始宗教而产生的，可以说，当中华民族的历史掀开第一页的时候，也就同时产生了原始的礼仪。

今天，当我们在中华大地上寻访远古的踪迹时，已发现了先民们从事礼仪活动的大量的遗物和遗址。在距今两万年左右的旧石器时代晚期的文化遗存中，考古工作者发现了用兽牙、鸟类肢骨、贝壳和小砾石等原料制作的装饰品，表明当时的人类已有了审美观念。居住在北京周口店龙骨山上的山顶洞人将死者埋葬在下室，并在尸体上及周围撒上红色的赤铁矿粉，说明他们已经有原始的宗教信仰，他们可能认为，死者将在另一个世界中复活。大约从公元前6000年开始的中国新石器时代是原始社会氏族公社制由全盛至衰落的历史阶段。在仰韶文化彩陶上，出现了人面虫身的纹饰，可能与神或巫觋有关；墓葬则盛行死后停尸等肉体腐烂后再正式埋葬骸骨的“二次葬”，一般头向朝西，已经有了随葬品；小孩则多用瓮棺葬，这都与葬仪有关。在马家窑文化彩陶中，一个盆上画着五人一组手拉手集体舞蹈的图案，一个壶上塑着赤身裸体显露着生殖器的人形，显然都与礼仪与崇拜有关。在红山文化遗址中，发现了大型的祭坛、神庙、积石冢等，是举行大规模祭祀活动的场所，（图4—1）还有裸体有孕的妇女塑像，可能是受先民膜拜的生育女神。在属于新石器时代晚期的龙山文化和良渚文化遗址中，发现了大量的玉器，如璜、玦、琮、璧等，这些玉器制作精美，规格定型，纹饰繁缛，可能是用于祭祀的礼器，我们知道，在甲骨文中“礼”字写作“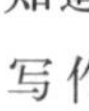”，为象形字，上面象一器物盛有玉形，下面是古代盛器的“豆”。《说文解字》说它的本义是“行礼之器也”。古文字学家认为，豆是古代的容器（一种高脚盘），用豆盛放着玉、珏奉献给神人称之为“豊”

图4-1 红山文化遗址泥塑女神头像

与“豐”，在甲骨文和金文中是相通的，后来才分为二字。把豆装得很丰满，就是为了要行礼（从容庚说）。《尚书·金滕篇》讲武王生了重病，周公向祖宗和天神祈祷时“植璧秉珪”，摆着玉璧，捧着玉珪，正是用玉器事神治病。

在我国古代神话传说中，远古之时有有巢氏、燧人氏，其后便是伏羲氏。《世本》说：“伏羲制俪皮嫁娶之礼。”认为伏羲氏制定了用两张鹿皮为聘礼的男女婚娶礼仪。《拾遗记》则说，“礼义（通‘仪’）文物，于兹始作”，各种礼仪文物都是从伏羲时开始制定的。伏羲领导人民离开了巢穴之居，改变了茹毛饮血的饮食习惯，制作了琴瑟，陶埙为乐器，“立礼教以导文，道干戈以饰武”，“使鬼神以致群祀”，“始嫁娶以修人道”，“以牺牲登荐于百神”，“礼乐于是乎兴矣”。《通典》说：“自伏牺以来，五礼始彰；尧舜之时，五礼咸备。”（《礼一》）伏羲是传说中“三皇”（伏羲、神农、黄帝）之首，古老的传说把礼仪的起始与氏族部落领袖联系在一起，是有一定道理的。人类社会为什么需要有各种礼仪制度呢？礼仪制度在人类的社会生活中又是怎样产生的呢？

### 1. 从礼神到礼人

东汉的文字学家许慎在《说文解字》中释“礼”云：“所以事神致福也。”认为礼是人们事奉神灵，以求得福佑。郭沫若指出：“大概礼之起于祀神，故其字后来从示，其后扩展而为对人，更其后扩展而为吉、凶、军、宾、嘉的各种仪制。”[1]在原始人类的心目中，神是伟大的自然力的化身，是决定人类生死存亡的主宰。为了表示对神的尊崇、景仰，为了向神祈求、祝祷，首先便产生了祭祀神灵的礼仪。其后，人类集体的活动和联合的力量逐渐认识了与自己具有同一血缘关系形成的群体，从而产生了祭祀祖先的礼仪；通过共同的生产劳动和相互协作逐渐认识了人与人之间的关系，从而产生了调节与制约这种关系的礼仪。这就是我们所说的礼仪所需要处理的“三大关系”——人与神的关系，人与鬼的关系，人与人的关系。传统的儒家思想认为，天地是人类生存的根本，祖先是氏族繁衍的根本，君王师长是社会安定的根本；没有天地就没有生命，没有先祖就没有后人，没有君王师长就没有社会的秩序和安宁，所以，礼仪就要“上事天，下事地，尊先祖而隆君师”，这就是“礼之三本”[2]，把处理人神关系，归结为敬事天地；把处理人鬼关系，归结为尊崇先祖；把处理人与人的关系，归结为服从君师。

《荀子·礼论》在解释“礼起于何也”的问题时说道，人生而即有欲望，有

---

〔1〕郭沫若《十批判书·孔墨的批判》，东方出版中心。1996。
〔2〕《荀子·礼论》。

了欲望却得不到，便要设法求取，求取如果没有分寸规矩，就会引起纷争，纷争就会引起动乱，动乱使得社会难以发展。因而就需要制定礼仪，“养人之欲，给人之求”，使得人们的欲望不至于超过物质生产发展的水平，物质的生产不至于无法满足人们的欲望，使二者能够保持平衡，社会久安长治，“是礼之所由起也”。《礼记》也说，一间房屋总是有前堂有角落，一张坐席总是有上有下，一辆车子总是有左有右，走路总得有前后，站立总得有位次，如果房屋不分前堂与角落，坐席不分上下，乘车不分左右，走路不分前后，站立不讲位次，那就会出现混乱，使人无所适从。因此，就要凭借礼仪来维持秩序，调整关系。《史记·礼书》用一句很带人情味的话概括道：“缘人情而制礼，依人性而作仪。”在远古时代，由于社会生产力和发展还处于十分低下的水平，强调用礼仪节制人们的主观欲望，使之与客观的物质生产相适应，以正确地处理人与人之间既统一又矛盾的关系，维护人类社会的共同利益，这是十分必要的。民族学的材料告诉我们，在一些原始民族中，的确存在着许多处理人际关系，例如保护老人、妇女和儿童的礼规和仪俗。这些礼仪一般都与他们的生产力发展水平相适应。随着私有制的出现和阶级的分化形成，礼仪制度便不可避免地打上了明显的阶级烙印。荀子特别强调礼仪对人的欲求的限制，是“贵贱有等，长幼有差，贫富轻重，皆有称者也”。《管子·五辅》也说：“上下有义，贵贱有分，长幼有等，贫富有度，凡此八者，礼之经也。”在阶级社会中，礼仪在处理各种关系时，首先是维护统治阶级的利益，它要贯彻统治阶级的意识，成为确保统治秩序的有力工具。

### 2. 礼仪的功能

维护统治阶级利益的思想家都很看重礼仪的作用，认为礼仪对于国家和个人都至关紧要。有的统治者最初忽视礼仪的作用，但很快就从“贵贵尊尊”的礼制中尝到了甜头。公元前202年，汉高祖刘邦打败项羽，统一中国后，局面十分混乱，由于连年战争，上上下下关系都很随便，群臣无所顾忌，整日在宫中饮酒争功，喝醉了就狂呼乱叫，刘邦看着闹哄哄一团糟，心里很不是滋味。这时，原秦朝博士叔孙通对高祖说，他愿采择古代礼仪，参照秦朝制度，制定汉朝的礼仪制度。不久，高祖为长乐宫落成举行盛大庆典，一切按照礼制布置，殿下侍卫夹陛，廷中旗帜仪仗陈列，文武百官以尊卑为序依次献酒，诸侯将相无不惶恐肃敬，终朝置酒，没有一人敢喧哗失礼。于是，高祖感慨万分地说：“我今天方知道，当皇帝是这样尊贵、风光啊！”这就是著名的叔孙通定朝仪的故事。[1]

〔1〕见《史记·叔孙通列传》。

在春秋战国出现“礼崩乐坏”的局面之后，礼学又在汉代，特别是汉武帝“罢黜百家，独尊儒术”之后，得到很大的发展，显然与礼仪给封建统治者带来的“实惠”有关。

那么，礼仪究竟有怎样的功能呢？

(1) 礼是“国之干”[1]、“政之舆”[2]，是维持统治的纲纪，推行教化的工具。礼仪是国家的躯体，即国家依靠礼仪而确立形象，得以支撑。礼仪又是政治的载体，即政治要依靠礼仪而施行。如果怠慢或荒废了礼仪，就会使政治无法实施，国家无法履行职能，引起动乱。孔子则明确地说，“为国以礼”[3]，治理国家要靠礼。儒家学者进一步发展这一观点，又提出“治国不以礼，犹无耜而耕也”[4]；“治人之道，莫急于礼”[5]；“礼者所以御民也”[6]等，认为治理国家不依靠礼仪，犹如耕种土地没有农具，礼仪就是用以“治人”、“御民”的，即统治人民、管束人民的。

对于违反礼仪的行为，统治阶级的思想家深恶痛绝。当他们处在不当权的情况下，只能予以指斥痛责。像处在春秋晚期社会大变革之时的孔子，看到季氏竟采用天子的礼仪：“八佾舞于庭”（用八个舞队在庙庭中舞蹈），便惊呼“是可忍，孰不可忍”。而当他们处于当权的情况下，就用法律严惩违礼者。在汉代，诸侯王因违反礼仪，或仪节失敬，或僭用天子之礼器与仪式，被削爵除国乃至处死者，不可胜计。根据现存的法律文献资料可以知道，汉以后的各个朝代，对于违反礼仪的行为都制定有严厉的刑法，予以惩治。法律所以要维护礼仪制度，其实质就是在维护国家的上尊下卑的等级制度，维护上令下从的政治秩序，维护统治阶级的根本利益。

(2) 礼是个人修行正身的准则。礼对个人来说也同样重要，《左传》也说礼是“人之干”（昭公七年）、“身之干”（成公十三年），礼是做人的支柱和根本，“人而无仪，不死何为”，“人而无礼，胡不遄死”（《诗 · 相鼠》），做人不讲礼仪，干脆快快死了算了。孔子教育学生要“克己复礼”，这是个人行为修养的最高准则，能够“克己复礼”，就是“仁”。具体而言，就要做到“非礼勿视，非礼勿听，非礼勿言，非礼勿动”[7]，个人的行为如果失去了礼仪的规范，好的品行也会出现偏差，“恭而

[1]《左传 · 僖公十一年》。
[2]《左传 · 襄公二十一年》。
[3]《论语 · 先进》。
[4]《礼记 · 礼运》。
[5]《礼记 · 祭统》。
[6]《说苑 · 修文》。
[7]《论语 · 颜渊》。

无礼则劳，慎而无礼则葸，勇而无礼则乱，直而无礼则绞”[1]。说到底是“不知礼，无以立”[2]。有关的论述，还有很多。在儒家经典中，在参加典礼时，每个人都应表现出与身份相应的礼仪容貌举止，其神情言谈都要符合礼仪规定。这些仪容与礼节体现了地位和身份，也体现了文化和教养，因此也受到历朝统治者的重视。

## 二、礼经简介

殷商和西周时代的礼仪制度，在甲骨文和金文中可以看到许多局部的礼制数据，但没有记载当时礼制的经典流传下来。由后代儒家学者整理成的礼学专著“三礼”——《周礼》、《仪礼》、《礼记》，记录保存了许多周代的礼仪。在汉以后两千多年中，它们一直是国家制定礼仪制度的经典依据，因此被称为“礼经”。今天，要研究探讨古代主要适用于贵族的礼制，“三礼”仍然是最重要的书。

关于上古礼仪的制定，最为盛行的说法是“周公制礼作乐”。(图4—2)《尚书大传》说：“周公摄政……六年制礼作乐，七年致政成王”。《左传·文公十八年》记鲁国季文子的话也说：“先君周公制周礼”，并引述了“制周礼”时的话：

图4-2 山东曲阜周公庙周公制礼作乐坊

〔1〕《论语·泰伯》。
〔2〕《论语·尧曰》。

“则以观德，德以处事，事以度功，功以食民。”（礼法用以培养人的美德，具有美德用以妥善地处理事务，妥善地处理事务即能成就功业，成就功业就能够治理好人民。）“周公制礼”应该是确有其事的。周公所定礼仪制度，现已没有完整的典籍传世，仅有某些零散的礼制遗文保存在汉人所纂集的礼书中。至于今本《周礼》，可以肯定其决非周公所撰，也不是周公所定礼制，而是后人根据周代礼制重新加以规划制定的一套规模宏大、体系完备的礼制。传说是周公制定的礼书还有《仪礼》。礼学家们认为，《周礼》是纲要，《仪礼》是节目；《周礼》是经世宰物的体系，《仪礼》是敦行实践的事项。其实，《仪礼》也决非周公所撰。《仪礼》所记述的礼节的内容，多与春秋时诸侯各国所实行的礼制吻合。“三礼”还有一部即《礼记》，内容繁杂，一些篇章记述了古代的礼制，有些则是后人关于礼仪的解释和论述。东汉时郑玄先后为《周礼》、《仪礼》和《礼记》作了注，后人将它们奉为礼学基本经典——“礼经”。从汉代到清末，历朝历代礼仪制度都是以“礼经”为根据而议定的。要研究探讨古代礼制，“三礼”仍是最重要的书。虽然对它们的思想倾向评价不同，但它们在文化史上还是有重要参考价值和影响的。我们再分别作些介绍。

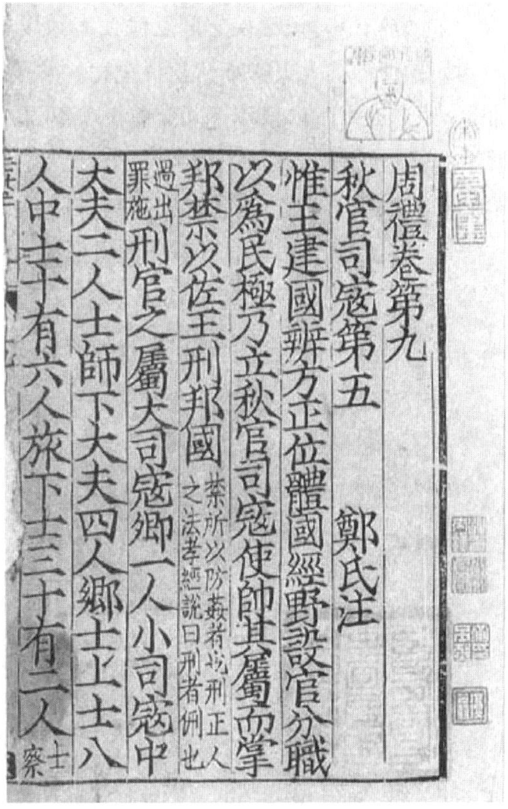
周禮卷第九
秋官司寇第五　鄭氏注
惟王建國辨方正位體國經野設官分職
以爲民極乃立秋官司寇使帥其屬而掌
邦禁以佐王刑邦國禁所以防姦者也刑正人之法孝經說曰刑者侀也過出罪施
刑官之屬大司寇卿一人小司寇中
大夫二人士師下大夫四人鄉士上士八
人中士十有六人旅下士三十有二人士察

图 4—3 宋刊本《周礼》

1.《周礼》。原称《周官》，《汉书·艺文志》称《周官经》。《周礼》为春秋战国时人所著建构国家职官礼仪制度之书，西汉初年为河间献王刘德所获。汉成帝时，刘向、刘歆父子加以整理。王莽时立于博士。东汉时郑玄注《周礼》，遂大行于世。（图 4—3）历代有许多学者批评《周礼》，甚至认为它是“六国阴谋之书”（何休语），说它出于刘歆的伪造，但这些意见基本上没有成为“主流派”。

《周礼》一书主要内容是有关政府组织机构的规划和构拟，国家的最高统治者是王，而政务由六官处理，按天、地、春、夏、秋、冬排列（“冬官”原卷已佚，刘歆用

《考工记》补入)。

2.《仪礼》。存十七篇,本是春秋末至战国时经过孔子及其后学弟子记录整理的主要是关于士礼的著述。鲁人高堂生传授此书。据说,西汉初在鲁国孔子故居墙壁中还发现了用古文(战国文字)记录的"礼经"称为"礼古经"。比高堂生传授的"礼经"多三十九篇,记天子、诸侯、卿、大夫的礼制,但这三十九篇后来又亡佚了,传下来的只有"士礼"十七篇。汉宣帝时,高堂生的弟子后苍,推衍"士礼"制定了天子、诸侯、卿大夫等相应的仪节。后苍的礼学又传给了梁人戴德和其侄戴圣以及沛人庆普,后来成为大戴、小戴、庆氏三家。《仪礼》保存了许多两周古礼,有些甚至可能是殷商古礼。

今本《仪礼》的主要内容,如《士冠礼》,记士人成年时加冠、取字的礼仪。如《士婚礼》,记士人娶妻之礼。如《士相见礼》,记士人相见的礼仪。《乡饮酒礼》,记乡政府官吏三年一次,为表示尊贤敬老而举行宴会的礼仪。如《乡射礼》,记州或乡的政府官吏举行射箭竞赛的礼仪。如《燕礼》,记诸侯与群臣宴饮的礼仪。如《大射礼》,记诸侯为在群臣中选拔参加祭祀人选而举行的射箭竞赛的礼仪。如《聘礼》,记诸侯之间互派使者致以问候的礼仪。如《公食大夫礼》,记国君对别国使节的大夫的宴请款待之礼。如《觐礼》,记诸侯觐见天子之礼。如《丧服》,遭遇丧事时依亲疏不同穿着丧服不同的制度。如《士丧礼》、《既夕礼》、《士虞礼》,记士丧父母后,至入殓、出殡、移灵、入葬以及在祖庙设祭安魂之礼。如《特牲馈食礼》、《少牢馈食礼》、《有司》,是诸侯国的士祭祀祖考的礼仪。

3.《礼记》。是孔子弟子及后学所记古代礼制与相关的论述、解释。汉初礼学家有许多学习《仪礼》的资料,有各种辑本,经过长期的流传与淘汰,逐渐形成了两种辑本 85 篇本和 49 篇本,前者称为《大戴礼记》,后者称为《小戴礼记》。

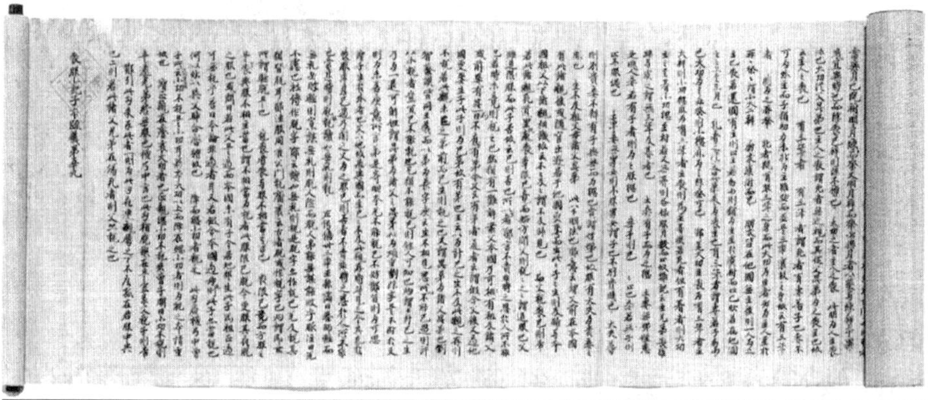

图 4-4 日本早稻田大学图书馆藏古写本《礼记》

唐以后《小戴礼记》被尊为经书，因此影响更大。（图 4—4）

今本《礼记》各篇主要内容，如《曲礼》，是讲解吉、凶、宾、军、嘉五种礼仪之事。如《檀弓》，檀弓是鲁国人，善于为礼，本篇第一节写檀弓问礼之事，主要记有关丧礼之事。如《王制》，记构拟的理想中的帝王颁爵授禄、祭祀、养老等制度礼仪。如《月令》，记十二个月中行政及礼仪事务，与《吕氏春秋》十二纪的内容基本相同。如《内则》，记男女居室事奉父母舅姑等礼仪。如《学记》，是关于教育与学习的礼仪。如《乐记》，是关于音乐的道理与仪节。如《丧大记》，记国君以下，自死亡至小殓、大殓、殡葬的礼制。如《祭统》，是祭祀重要意义的论述。如《经解》，通论礼仪与政教的关系。如《哀公问》、《仲尼燕居》、《孔子闲居》等，都是孔子与弟子论述有关礼制的问题。如《中庸》，记中庸之道的意义与实践，相传是孔子之孙子思所记述。如《丧服小记》、《奔丧》、《问丧》、《服问》、《间传》、《三年问》，都是与丧事有关的礼仪，记丧服、居丧规范及服丧时间等礼制。《投壶》，“投壶”是一种投箭入壶的礼仪性竞技游戏，记述投壶竞赛规则。如《大学》，是关于博学修身可以为政的论述。如《冠义》、《婚义》、《乡饮酒义》、《射义》、《聘义》，分别论述少年成人行冠礼的意义、婚礼的意义、乡饮酒礼尊贤养老的意义、举行大射、燕（宴）射之礼选拔贤士的意义以及各国之间交换使节互致聘问的意义。《曲礼》、《檀弓》、《杂记》各有上、下两篇，所以共有四十九篇。

长期以来，由于礼学家们各宗不同的学术派别，对古代文献各有不同的理解，加之历代当权派出于各自不同的政治需要，他们制定的礼仪制度常有前后矛盾抵触的情况。本章尽可能避开枯燥的论证和烦琐的考据，尽量少介入各家的争执，而把重点放在礼制的实际沿革演变上。

## 第一节
## 吉　礼

吉礼是五礼之冠，主要是对天神、地祇、人鬼的祭祀典礼。《礼记·祭统》说：“礼有五经，莫重于祭。”按照《周礼·春官·大宗伯》的说法，吉礼用以“事邦国之鬼神示（祇）”，是祝祈福祥之礼。主要内容有：祀昊天上帝；祀日月星辰；祀司中、司命、风雨、雨师。以上是祭天神。祭社稷、五帝、五岳；祭山林川泽；祭四方百物，即诸小神。以上是祭地祇。祫祭先王、先祖；禘祭先王、先祖；春祠、夏禴（礿）、秋尝、冬烝，享祭先王、先祖。以上是祭人鬼。

后代从这三类祭祀中又衍生出许多项目，这里列为天、地、宗庙、其他四类，分别加以介绍。

## 一、祀天

古文献记载，虞舜、夏禹时已有祭天的典礼，称为“类”。在殷商甲骨文中，天神是“帝”，或称“上帝”，他是自然和下国的主宰，他的周围还有日、月、风、雨等作为臣工使者。祭祀上帝要杀死或烧死俘虏和牲畜作为祭品，耗费大量的财富。到了周代，“天”的观念逐渐代替了殷人所说的“上帝”、“帝”。天帝的形象被人格化，周王又有了“天子”的称谓。周王是作为天帝之子在人间统治人民的，他也要像侍奉父亲一样侍奉天帝。祀天就是对天帝的侍奉、享献的仪式。殷周以来，对天帝的称呼也日趋繁化，名目错出，有：帝、上帝、天、皇天、昊天，皇天上帝、昊天上帝、维皇上帝，等等，指的都是有意志的人格化的神。

天本来只有一个，但是到了汉代谶纬之书风行以后，便出现了“六天”之说。据说，天上的紫微宫是天帝之室，北辰（北极星）名耀魄宝，即为天帝，一名“太一”，是“天神之最尊贵者”。[1] 在太微宫中，则有五个星位，即为五方天帝。五帝是“五行精气之神”，人间的帝王和朝代就是五帝轮流所感应而生的，因此也称为“感生帝”，如尧是赤帝所感生，舜是黄帝所感生，禹是白帝所感生，汤是黑帝所感生，周文王是苍帝所感生。帝王祭天当然要祭祀与自己一朝相应的天帝。五行、五方帝又与五方、五色、四季、五人神、五人帝等一一相配，构成了我国古代祭天大典的基本网络。

### 1. 圜丘祀天

周代祭天的正祭是每年冬至之日在国都南郊圜丘举行。“圜丘祀天”与“方丘祭天”，都在郊外，所以也称为“郊祀”。圜丘是一座圆形的祭坛，古人认为天圆地方，圆形正是天的形象，圜同圆。祭祀之前，天子与百官都要斋戒并省视献神的牺牲和祭器。祭祀之日，天子率百官清早来到郊外。天子身穿大裘，内着衮服（饰有日月星辰及山、龙等纹饰图案的礼服），头戴前后垂有十二旒的冕，腰间插大圭，手持镇圭，面向西方立于圜丘东南侧。这时鼓乐齐鸣，报知天帝降临享祭。接着天子牵着献给天帝的牺牲，把它宰杀。这些牺牲随同玉璧、玉圭、缯帛等祭品被放在柴垛上，由天子点燃积柴，让烟火高高地升腾于天，使天帝嗅到气味。

[1]《史记·天官书》。

这就是燔燎，也叫“禋祀”。随后在乐声中迎接“尸”登上圜丘。尸由活人扮饰，作为天帝化身，代表天帝接受祭享。尸就座，面前陈放着玉璧、鼎、簋等各种盛放祭品的礼器。这时先向尸献牺牲的鲜血，再依次进献五种不同品质的酒，称作五齐。前两次献酒后要进献全牲、大羹（肉汁）、铏羹（加盐的菜汁）等。第四次献酒后，进献黍稷饮食。荐献后，尸用三种酒答谢祭献者，称为酢。饮毕，天子与舞队同舞《云门》之舞，相传那是黄帝时的乐舞。最后，祭祀者还要分享祭祀所用的酒醴，称为“嘏”，后世也叫“饮福”。天子还把祭祀用的牲肉赠给宗室臣下，称“赐胙”。后代的祭天礼多依礼经制定，但以神主或神位牌代替了尸。

秦代祭天的有关资料甚少，只知道有三年一郊之礼。秦以冬十月为岁首，郊祀就在十月举行。汉高祖祭祀天地都由祠官负责。武帝初，行三年一郊之礼，即第一年祭天，第二年祭地，第三年祭五畤（五方帝），每三年轮一遍。成帝建始元年（前32年）在长安城外昆明故渠之南建圜丘。翌年春正月上辛日（第一个辛日）祭天，同祭五方上帝。这是汉代南郊祭天之始。后汉在洛阳城南建圜丘，坛分上下两层，上层为天地之位，下层分设五帝之位，坛外有两重围墙，叫做“壝”。

南北朝时郊祀制度也有一些变革。一是少数民族政权祭天虽采汉制，但常有民族传统礼仪掺入。二是梁代南北郊祭天地社稷、宗庙，都不用牺牲，而用果蔬，说是“无益至诚，有累冥道”[1]。三是圜丘坛外建造屋宇，作为更衣、憩息之所。旧制全用临时性的帷帐，南齐武帝永明二年（483）始用瓦屋。

隋唐圜丘制度与东汉相似。隋代将祭祀昊天上帝、日、月、皇地祇、神州社稷、宗庙定为大祀，祭星辰、五祀、四望等定为中祀，祭司命、司中、风师、雨

图4–5 西安唐代圜丘遗址

[1]《隋书·礼仪志》。

师、山川等定为小祀。唐代祀天一年四次。(图 4—5)

宋代圜丘合祀天地后，要在皇城门楼上举行特赦仪式，赦免囚徒；改日，要到景灵宫祖宗神像前行“恭谢礼”。

辽代祭天礼与祭山礼同时举行，在祭祀契丹族先祖所居住的木叶山（今辽宁西北老哈河与西拉木伦河交汇处）时，设天神、地祇之位。金初每年五月初五、七月十五、九月九日行拜天礼。金世宗大定后才有较完备的南郊圜丘祀天之礼。

元初有蒙古民族的拜天礼。宪宗时曾在日月山拜天，且合祭昊天后土。元世祖忽必烈至元时才在大都（今北京）丽正门东南七里处建祭天台。成宗大德时建圜丘，南郊祀天。

洪武十年（1377）改变圜丘礼制，定每年孟春正月合祀天地于南郊，建大祀殿，以圜形大屋覆盖祭坛。明成祖迁都北京后，在正阳门南按南京规制营建大祀殿，于永乐十八年（1420）建成，合祀天地。嘉靖九年（1530），世宗改变天地合祀制度，在大祀殿之南另建圜丘。

清代基本沿袭明制。世祖（顺治）定都北京后即恢复修建正阳门南天坛各种配套建筑，后经乾隆时改修，成为今天所见到的天坛古建筑群。它包括圜丘、大享殿、皇穹宇、皇极殿、斋宫、井亭、宰牲亭等。清人祭天除采用汉制外，还保留了本民族入关前“谒庙”之礼，入关后改称“祭堂子”。

**2. 祈谷、大雩与明堂**

(1) 祈谷。《礼记 · 月令》说，孟春之月，“天子乃以元日祈谷于上帝”。郑玄认为，这就是“上辛郊祭天”，即正月的第一个辛日在南郊祭天。信从郑说者就以为这一天为郊祀日。两汉迄于魏晋，多于正月南郊祭天，就是将圜丘、祈谷混为一谈。梁武帝天监三年（504），确认祈谷与祀天是两回事，但实际的祭祀活动并没有加以区分。唐高宗显庆二年（657）及玄宗开元二十年（732）所定礼制都有祈谷礼，仪式与圜丘祀天大致相同。明初无祈谷之祭，嘉靖十年（1531），定孟春上辛在大祀殿行祈谷礼。后祈谷之祭改在惊蛰之日举行，礼仪规格略小于大祀，不设从祀坛位，不行燔柴。清祈谷礼仿明制，乾隆时，将大享殿更名为祈年殿，以合祈谷之义。(图 4—6)

(2) 大雩。这是求雨之祭。在无旱灾发生时是例行之祭，于仲夏举行；在大旱发生时则无论夏秋，随时举行。隋唐时，孟夏之月在圜丘行雩礼，如遇旱灾，则另有祈太庙、祈太社、祈五岳山川海渎于北郊等祭礼。如久雨，则禜祭于国门。宋代，例行的雩祭在圜丘之左雩坛举行，遇干旱别有祈雨、祷雨种种祭仪。金、元无雩礼，遇干旱祷雨于宗庙、社稷，或在北郊望祭岳镇海渎。明嘉靖时在圜丘

图 4–6 北京天坛祈年殿

坛外泰元门东侧建雩坛，行大雩礼。清代在圜丘雩祀祷雨。乾隆后设例行的常雩之祭，遇干旱则大雩行礼。常雩初在立夏，嘉庆后改在立夏后择吉日举行。

(3) 明堂。《礼记 · 月令》说它是季秋之月大享天帝的地方，大享是报答天帝的恩佑，把收获的新谷及牲畜进献给天帝。一说明堂是祭祀祖宗或者是天子布政的地方；也有人认为明堂、太庙、灵台、辟雍、路寝等都是一回事，名异而实同（图 4—7）。

汉代，汉武帝始建明堂。平帝元始四年（公元 4 年），王莽在长安城南建造了明堂、辟雍等。这个建筑遗址已经发掘，它比较集中地反映了西汉末年礼学家对明堂的认识。由于对明堂制度争议太大，南北朝时明堂祭祀就各行其是了；而隋朝直到灭亡都没有就明堂的构建争吵出个结果来。唐代武则天掌权后在东都洛阳毁乾元殿兴建明堂，垂拱四年（688）建成，是一个三层的圆亭形建筑，武后下令改称“万象神宫”，多次在这里举行祭祀天地的典礼。几年后被一场大火烧掉，武后又下令重建，号称“通天宫”，建成后，武后改元“万岁通天”，以示庆贺。武氏举行大享礼，受群臣朝贺，并于四时孟月及季夏行告朔之礼。中宗神龙元年（705），也在明堂行大享礼，合祭天地；次年返西京，才改为季秋在圜丘大享行礼。玄宗开元时，东都明堂恢复乾元殿旧名，并拆除上层，缩小规模。玄宗到洛阳，常于元旦、冬至在此殿受朝贺。北宋仁宗时以大庆殿为明堂。南宋初，明堂

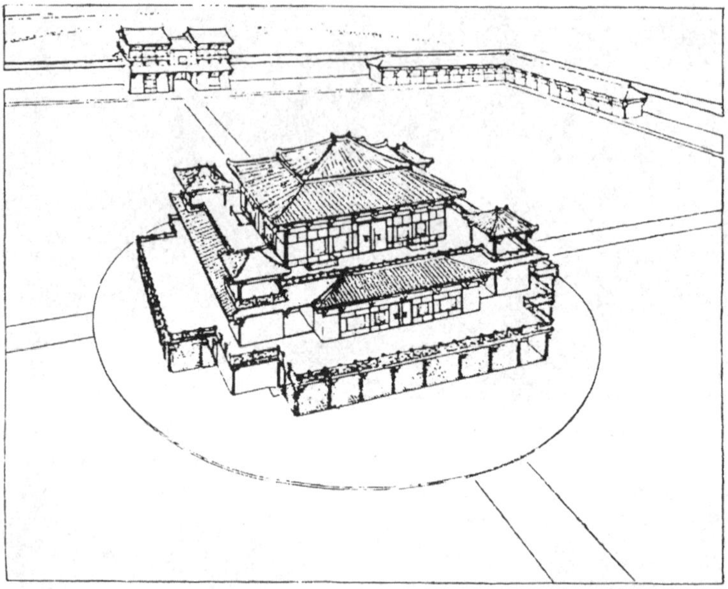

图 4–7 汉长安明堂辟雍中心建筑复原图

祭祀规模小，只祭天地祖宗四位，绍兴四年（1134）起才逐渐增设从祀神位；十年（1140）制定明堂仪注，大致同郊祀礼。明初无明堂之制，季秋大享礼在南郊大祀殿举行。嘉靖时始议明堂之礼，先将原来的道士之宫元极宝殿充作明堂，行大享之礼；后又在大祀殿旧址改建大享殿。清初沿用明制，正月上辛在大享殿合祀天地，并以祖宗配祀，认为大享合祀之礼即是明堂制度。乾隆十六年（1751），改大享殿为祈年殿，专行祈谷之礼，而大享为季秋报祀，把两种祀典区别开来，改正了大享殿即明堂的旧认识。

### 3．五帝

《周礼 · 春官 · 小宗伯》有“兆五帝于四郊”的说法，“兆”就是设坛而祭；《礼记 · 月令》将一年四季与五人帝、五人神、五方相配，在立春、立夏、立秋、立冬之日有迎气祭五帝的礼仪。五帝之祭各依方位与颜色，就连祭器、祭品也要与之一一相应。

史书记载祭祀五帝，见于春秋初期的秦国。秦襄公作为周天子诸侯居于西陲，因西方为少皞之神所主，便作西峙（祭坛），祭白帝。后来，随着秦的国力增强，又先后建造了祭祀青帝的密畤，祭祀黄帝的上畤，祭祀炎帝的下畤。秦始皇统一中国后，仍保留着对这四畤的祭祀，每次用驹四匹，木偶栾车一驷，木偶车马一驷，各按方位变更颜色，瘗埋为祭，不用俎豆等祭品。汉高祖二年（前 205），又增建北畤，祭祀黑帝。汉文帝时，在渭阳修了五帝庙，由皇帝亲祭，这是五帝的正祭。五时迎气之祭，都在郊外举行，所以也称为“五郊”。西汉平帝元始时已有迎气之礼。东汉永平二年（59年），重定礼制，后代基本沿用。立春之日，迎春于东郊，祭青帝句芒；立夏之日，迎夏于南郊，祭赤帝祝融；立秋前十八日，迎黄灵于邑旁中央之地，祭黄帝后土；立秋之日，迎秋于西郊，祭白帝蓐收；立冬之日，迎冬于北郊，祭黑帝玄冥。这是皇家迎气之礼。地方郡县只行迎春礼。后来，又有在城外塑造青色土牛两头，并塑有耕夫、犁具的习俗，迎春礼就在青牛旁举行。后世年画常有“春牛图”，即源于此。明太祖只祀昊天上帝，从祀之位不列五帝，也不举行五时迎气之礼。只有迎春出土牛，还保留了五郊之礼的部分内容。清代沿用明制，也没有五帝之祭。

#### 4. 日月星辰

相传古代帝王祭日于坛，祭月于坎（一说月坛）。日坛称为“王宫”，也称“大明”，月坛称为“夜明”；祭日在春分之朝，祭月在秋分之夕；祭日于东，祭月于西，这是日月的正祭。另外，郊祀天地常以日月从祀；诸侯觐见天子之礼要到南门拜日，北门拜月；祈年、禜祭等也都要祭日月。

秦始皇东游海上祭祀八神，祭日于成山（今山东成山角），祭月于莱山（今山东掖县一带）。其在雍城（今陕西凤翔南）则另有日月祠举行祭祀。汉初，诸多的神祠中有“东君祠”，祭的就是日神。武帝时在太一坛祭日月，黎明之时皇帝走出用竹子建造的祠宫——竹宫，向东方拜揖行礼；夜晚向西方拜揖行礼，即“朝日”、“夕月”之礼。尔后，懒散从简，就在宫殿的庭院中行祭。平帝时，王莽改祭礼，仍在合祭天地之日，黎明东向拜日行“朝日”礼，夜晚西向拜月行“夕月”礼。至魏晋南北朝时，才逐渐确定为春分东郊朝日，秋分西郊夕月的礼仪。唐以后祭日月礼仪与圜丘祀天相似，但一般规格为中祀，偶然也有作为大祀的。明初在南京建日月祭坛，迁都后在北京朝阳门外建日坛，在阜成门外建月坛。每逢天干为甲、丙、戊、庚、壬之年，皇帝亲自祭日，余则由文臣代祀。每逢地支为丑、辰、未、戌之年时，皇帝亲自祭月，余则皆由武臣代祀。清代朝日、夕月之礼与明制相同。今日坛、月坛旧址仍在，为光绪年间改建。

星辰之祭主要祭五星、二十八宿。五星是东方岁星，南方荧惑，西方太白，北方辰星，中央镇（填）星；二十八星宿是东方苍龙七宿：角、亢、氐、房、心、尾、箕；北方玄武七宿：斗、牛、女、虚、危、室、壁；西方白虎七宿：奎、娄、胃、昴、毕、觜、参；南方朱雀七宿：井、鬼、柳、星、张、翼、轸。祭星也泛指众多的星象之神，祭祀天地时从祀的星神数以百计，较大的有《周礼》所说的司命、司中、司民、司禄。注释家说司命主老幼，司中主灾咎，司民主户口，司禄主赏功。

秦时雍城有许多祭祀星辰的庙。《史记·封禅书》载有参、辰、南北斗、荧惑、太白、岁星、填星、二十八宿及许多不见名数所出的小神，“百有余庙”。又有寿星祠，祭南极老人星，主福寿。汉高祖时又下令在全国设灵星祠，传说是主稼穑农事之神。隋代定星辰之祭为中祀，祭司中、司命及诸星为小祀；在国都西北郊还有祭祀司中、司命、司禄的坛位，于立冬后的亥日行祭礼。唐因隋制，并在立秋后辰日祀灵星；玄宗时又设寿星坛祭老人星等。元世祖至元五年（1268）下令每年二分（春分、秋分）、二至（夏至、冬至）在司天台祭星。明洪武四年（1371），为祭祀周天星辰特辟专殿，设十坛，祭仪如朝日仪。

上古时，人们又把天上的星宿同地上的州、国疆域相互联系，说某星是某某州国的分野，这个地域或国家就要祭祀相应的分野之星。

属于星辰之祀的还有一些其他名目的神，这里择要简介如下：

（1）风师、雨师。《周礼》郑玄注说箕星为风师，毕星为雨师。但异说很多，在屈原赋里，风伯叫飞廉；《左传》说雨师是共工之子玄冥，还有屏翳为雨师的说法。风师、雨师，自秦汉到明清，除大祭天地为从祀外，都单独有祠庙。汉代起还祭祀云神、雷公（神）等，通常为小祀，偶有列为中祀的。

（2）太岁月将。太岁本是古人设想的一颗与岁星运行方向相反的星，星占术士认为它的方位与战争胜负、土木兴建、谷物收获丰歉有很大关系。但周秦到宋历朝都没有祭祀太岁的记载，最早祭太岁的是元朝。尔后，明、清两代沿袭其制。

元朝祭太岁，始于元至元三十一年（1294），成宗即位后，在司天台与太阳、火星、土星等同祭。明嘉靖时，别建太岁坛（仍在天坛之西、先农坛东北、山川坛内）。

## 二、祭地

远古时已有对土地的崇拜，大地生长五谷，养育万物，犹如慈爱的母亲，因此，古代有“父天而母地”的说法。古文献记载土地神是“社”，祭礼叫“宜”。在殷商甲骨文里已有对社土的祭祀，还有大量祭祀山岳河流的记录，主要目的是祈求农作物的丰收。地神，称为“地示”，又作“地祇”，但古籍中常常讹作“祗”字。“社”，通常是主某一片土地之神。所以《礼记·王制》有“天子祭天地，诸侯祭社稷”的说法。另外，阴阳家说，地中央曰昆仑，统辖四方大九州；神州是九州之一，下又分小九州，即中国的九州。汉代经学家也有分地神为昆仑之神与神州之神的说法。

图 4–8 浙江余杭反山出土良渚文化玉琮王

### 1．方丘祭地

祭地的正祭，是每年夏至之日在国都北郊水泽之中的方丘上举行的祭典。水泽，即以水环绕；方丘，指方形祭坛，古人认为地属阴而静，本为方形。水泽、方丘，象征四海环绕大地。祭地礼仪与祭天大致相近，但不燔燎而用瘗埋，即祭后挖坎穴将牺牲等祭品埋入土中。祭地用的牺牲取黝黑之色，用玉为黄琮，黄色象土，琮为方形象地。（图 4—8）

秦时未见有方丘祭地之礼。秦始皇即帝位后所祠八神有“地主”，祭的是泰山梁父。汉高祖时有专祠祠地。武帝元鼎四年（前 113），提出要祭祀后土，于是，在河东汾阴（今山西万荣县西南）建后土祠，祭祀后土。平帝时，王莽改为孟春正月合祀天地于南郊，天子亲祀。夏至北郊祭地祇，称皇地后祇，遣礼官奉祭。后土坛为方坛，从祀有山川河流地理群神。后汉沿用其制，同时仍保留了汾阴后土祠的祭礼。曹魏明帝时，方丘祭地与北郊祀地，也与祭天一样一分为二，方丘所祭曰皇皇后地，北郊所祭曰皇地之祇。晋武帝时才合二而一。

南北朝时，南朝各国多在北郊祭地，而北朝各国方泽祭地时也有同祭昆仑地祇、神州之神的。

隋开皇初于宫城之北建方丘，夏至之日祭皇地祇，孟冬则在北郊祭祀神州之神。唐初沿用隋制。唐太宗贞观时，规定只祭皇地祇及神州。高宗永徽时又废去神州之祀。武后于南郊合祀天地。《开元礼》定夏至日方丘祭地之仪，仍以神州地祇从祀；孟冬祀神州地祇。宋代祭地大致同《开元礼》，由于天地祭祀分合之争十分激烈，祀典也因而常有变动。

明初于钟山之北建方丘坛。洪武二年（1396）夏至，明太祖亲至方丘祭祀皇地祇。嘉靖时，在北京安定门外建方丘，即地坛，并建造皇地祇室，用以收藏皇地祇及从祀众神木主，每岁夏至祭祀。

清代沿用明制，安定门外方泽水渠中设坛，坛二层，地坛之南有皇祇室，坛外又有南北瘗坎各二，还有神库及神厨、祭器等库及井亭、宰牲亭、斋宫等配套建筑。

### 2. 四望山川

“四望”是望祭天下名山大川之神。同一山川，至其地而祭之，称为祭；远望而祭之，则名曰“望”。

望祭也在国都四郊举行，四方各建一坛，以望祀一方的名山大川，祭品用牲要与各方之色相合。正祭之外，国家如有军事行动，也要预先进行望祭。称为“前祝”；战争获胜后，燔柴以望，称为“告成”。国家如果有凶灾变异，也要进行望祭，天子向受灾方向行礼祷告，祈求神祇的佑护。

秦祭山川，设专祠祭名山大川。春、秋两季，解冻、封冻时两次祭祀；冬季则举行“赛祷”之祠。汉高祖分封建国，各诸侯各自奉祠境内名山大川。到武帝时，将五岳之祭的权利，“收归”天子所有。汉武帝用13年时间周游五岳四渎，一一行祭。宣帝神爵元年（前61年），诏令建祠祀五岳、四渎，派遣使者前往祭祀。西汉末及东汉，合祀天地于圜丘，五岳、四海、四渎，名山大川皆有神位在其上。魏、晋之际，山川祭祀时兴时废，南北割据后，名山大川各在一方，各国各奉其祀。

隋开皇中，文帝诏令祭祀“四镇”，即东镇沂山，南镇会稽山，北镇医无闾山，冀州镇（中镇）霍山。以后，又以吴山为西镇，成为“五镇”。

唐代五岳、四渎、四海、四镇（当时不祭中镇霍山），每年一祭，各自于五郊迎气之日祭祀。武则天时，封洛水之神为显圣侯，改嵩山为神岳，封山神为天中王太师、使持节大都督。山川之神而以人爵为封号，始于此时，后来，西岳被封为金天王，东岳被封为天齐王，中岳被封为中天王，南岳被封为司天王，北岳被封为安天王。唐玄宗时，又封河渎为灵源公，济渎为清源公，江渎为广源公，淮渎为长源公，九州镇山也都封为公。昭宗时，又封洞庭等湖泊为侯。宋代更为五岳加上帝号，并配有帝后，也有封号；四海、四渎、四镇皆加封为王。

辽代祭祀木叶山与辽河神。金人则祭长白山，初封为兴国灵应王，继而加封为开国弘道圣帝。元代世祖中统后，遣使祀岳、镇、海、渎19处，分为东西南北中五道，各遣汉官、蒙古官一人，前往祭祀。

明代南京、北京皆有山川坛。洪武三年（1370），太祖下令废去前代所封岳、镇、海、渎名号，只以山水本名名其神，如“东岳泰山之神”、“南镇会稽山之神”、“西渎大河之神”、“北海之神”等。嘉靖时，改山川坛为天地神祇坛，地祇分五坛：五岳、五镇、五陵（祖宗陵墓山）、四海、四渎，并以京畿及天下山川从祀。

清初设山川海渎配享方泽之祭，又建有地祇坛，位于天坛之西，兼祀名山大川。五岳、五镇、四海、四渎，皆依时遣使前往祭祀。另外，又封努尔哈赤、皇太极等祖先陵墓所在之山及长白山等，按时祭祀。

### 3. 封禅

“封禅”，专指在泰山的天地祭祀。《史记 · 封禅书》正义曰：“此泰山上筑土为坛以祭天，报天之功，故曰封。此泰山下小山上除地，报地之功，故曰禅。”这就是“封泰山”，“禅梁父”（梁父是泰山下一座小山）。相传远古在泰山举行封禅典礼的有72家。历代好大喜功的帝王多将封禅作为一代盛典，给予特别的重视。

史书所记封禅，可靠的是秦始皇二十九年（前218）的泰山封禅。秦始皇修建车道，从山南登顶，立石纪功；又从北路下山，禅于梁父。

汉武帝元封时也到泰山行封禅礼，他深信方士之言，希望在泰山之巅与黄帝神仙相见，学习升天成仙之术。当时儒生们谁也讲不清封禅礼仪，武帝便自订仪式。先到梁父，祭祀地主。礼毕，武帝与侍中等登山顶，山顶也筑一土封，下圆上方，上建方石。

其后行封禅礼的帝王有后汉光武帝、唐高宗、唐玄宗与宋真宗。（图4—9）唐高宗封禅泰山，从驾文武大臣、兵士、仪仗队伍长达数百里，包括波斯、天竺、倭国（日本）、新罗、

图4–9 宋真宗封禅碑

百济、高丽等国使者，穹庐毡帐，牛马驼羊，充塞道路。十月从长安出发，十二月方到达，于是改元“乾封”，正月行封禅礼。如此兴师动众，其对沿途人民的骚扰、对生产的影响可想而知。

#### 4. 社稷

《周礼·春官·小宗伯》说：“建国之神位，右社稷，左宗庙。”社是土神，稷是谷神。建国以社稷为先，于是“社稷”也成为国家的代称。

祭祀社稷神在社稷坛。本来，社坛与稷坛是分立的，后来合而为一了。相传共工氏之子名勾龙，能平水土，被称为“后土”，即社神；厉山氏之子名农（一说名“柱”），能播殖百谷，被当做稷神。商汤灭夏，以周人的始祖弃（后稷）为稷神。礼经说，天子有天子之社，诸侯有诸侯之社，大夫有大夫之社，庶民有庶民之社，等级、规格各不相同。天子为天下群姓而立的社叫太社，天子自立之社叫帝社或王社。诸侯为百姓而立的社叫国社，诸侯自立之社叫侯社。大夫以下，以宗姓聚居而立社，大小也各自不同，或有州社，或有里社。

社坛上树立着一个象征神位的“主”，或称“田主”。相传远古氏族各有崇拜的树木，即所谓“社树”，夏后氏用松树，殷人用柏树，周人用栗树。后规定用当地具有代表性的树木作“社主”，继而演变成一块木制的牌位。也有一些地方、一些时候采用石制的“社主”。

祭祀社稷神，最切近功利的目的是祈谷，因此有“春祈秋报”之祭。春祈在社日（仲春之月吉日）举行，秋报在秋收后（孟冬之月吉日）举行，这是社稷的正祭。汉高祖起义反秦，曾在丰县枌榆社祈祷，此乃乡里之社。汉代国家立有太社、太稷，各县立有“公社”，每年春二月及腊两次祭祀。平帝元始时，王莽言官社之外，应有官稷，以夏禹配食官社，后稷配食官稷。后汉时合祭社稷。建武二

图 4-10 北京中山公园内的社稷坛

年（26年），在洛阳建太社稷，方坛，用五色土，每年二月、八月及腊一岁三祠。

唐代将“籍田坛”看做是帝社，武后改为“先农坛”，祭祀神农。唐以后，社稷坛制度逐渐稳定下来。天子太社，用五色土，社主用石条制作。只有元代社坛不用五色土，全用黄土。明太祖又将社、稷合为一坛，建制与前朝社坛不同，但社主只微露其尖，另用木制神牌，分建太社、太稷神位。明永乐后及清代，社稷坛都在北京紫禁城端门之右（今中山公园内），每岁春秋二季仲月上戊日举行祭祀，由皇帝亲祭。（图4—10）地方府、州、县各有社、稷，亦在同时祭祀，由地方官主祭。

## 三、宗庙祭祀

宗庙的设置，与宗法制度密切相关，本章重点介绍祭祀祖先礼仪的沿革。古人认为，人死而为鬼，没有宗庙供奉享祀，鬼便没有归宿，宗庙正是祖先亡灵寄居之所。

在殷商甲骨文中，对祖先的祭祀已有较完整的制度。通过对甲骨文资料的研究现已可描述其概况。后代宗庙祭祀所沿用的制度，基本上还是周代礼制。

### 1. 帝王宗庙祭祀

周人宗庙制度，一般认为：天子七庙，三昭三穆，与太祖之庙合而为七。所谓昭、穆，是指宗庙中位次的排列，自始祖以下，父曰昭，子曰穆，按照世次递遭排列下去。诸侯五庙，二昭二穆，与太祖之庙合而为五。大夫三庙，士一庙。《礼记·祭法》则说，王立七庙一坛一墠（祭场），即考（父）庙、王考（祖父）庙、皇考（曾祖父）庙、显考庙、祖考庙，另有远祖之庙二，称为“二祧”。诸侯立五庙，一坛一墠，即考庙、王考庙、皇考庙、显考庙、祖考庙。大夫立三庙二坛，即考庙、王考庙、皇考庙。上士立二庙一坛，即考庙、王考庙；中士、下士一庙，即考庙；庶士、庶人无庙。汉代经学家刘歆认为，周人宗庙自始祖稷以下有文王、武王两宗没有列入七庙的数目中，他们的庙称为“世室”，因此实为九庙。后代不少学者赞同此说。不过，“七庙”也好，“九庙”也好，随着世代延续，总是不够的。对于渐渐远去的“亲尽”之庙，礼仪规定有“毁庙”制度。即除始祖之外，不在“七庙”之数的远祖宗庙平时都不再加以祭祀，神主移入“祧庙”内，藏在石函或专设的房间里，每当祫祭时才拿出来。祫祭就是合祭，把远近祖先的神主集中在一起进行总祭，三年一祭。

古时宗庙，天子、诸侯皆建于宫廷中门左侧，大夫则左庙而右寝。宗庙四周有墙垣，又称“都宫”。都宫之内，诸庙都南向，昭庙在左，穆庙在右，依世排次。祭祀时要卜筮选尸。尸是死去的先祖的代表。《通典·礼八》引《白虎通》佚文说：“祭所以有尸者，鬼神听之无声，视之无形，升自阼阶，仰视榱桷，俯视几筵，其器存，其人亡，虚无寂寞，思慕哀伤，无所写泄，故座尸而食之，毁损其馔，欣然若亲之饱，尸醉若神之醉矣。”尸一般由孙辈小儿充任，祭男用男尸，祭女用女尸，也有祭夫妇共一尸，以妇人祔从于其夫的。庙中的神主，木制，为长方体。通常用桑、栗等木制作，平时放在“祏”中。“祏”是收藏神主的石函，祭祀时才拿出来。后代木主演变为神位版。宗庙祭祀用的鼎、彝、尊、觚等礼器，都是国家重宝，“宗彝”成为国家的象征，必须妥为保藏，所谓“祭器不逾境”。“迁鼎”——国家的祭器被迁走了，表示一个国家被灭亡了。对于一个家庭来说，祭器也至为重要，“君子虽贫不鬻祭器，虽寒不衣祭服”[1]，就是这个道理。祭祀使用鼎彝礼器有一定之规。用于祭祀的牺牲与物品，都有代称，祭祀时不得直呼其名。(图4—11)

周人宗庙祭享之礼，先有修除、择士、卜日、斋戒等准备工作。祭日入庙后先到太室行祼礼，用圭瓒舀一种叫郁鬯的香酒灌地，使香气到达地下，以告知鬼神降临受祭。祭祀用的食物，行礼后分而食之，称为“馂”，即食鬼神所食之余的意思。牲肉（生曰脤，熟曰膰）分给参加祭祀的宾客或颁赐给同姓诸侯。

天子、诸侯宗庙的正祭，春曰祠，夏曰礿（或作禴），秋曰尝，冬曰烝，在四季的孟月举行，加上腊祭，每岁共五祀。祫祭是在太祖之庙合祭祖先。当三年之丧毕，先祖神主将依次迁出一辈，这时举行祫祭。明年举行禘祭。禘祭是三年或五年一次的大祭。正祭之外，又有“荐新”之祭，即按照时令节序，将当令的新鲜果蔬品物奉享于宗庙。

古代行礼有“九拜”。《周礼·春官·太祝》：“辨九拜，一曰稽首，二曰顿首，三曰空首，四曰振动，五曰吉拜，六曰凶拜，七曰奇拜，八曰褒拜，九曰肃拜，以享右祭祀。”当然，祭祀并不是“九拜”并用，而是根据情况，用其中的一种。稽首是跪下后，两手着地，拜头至地，停留一段时间，是拜礼中最重者。顿首是引头至地，稍顿即起，是拜礼中次重者。空首是两手拱地，引头至手而不着地，是拜礼中较轻者。这三拜是正拜。振动，是两手相击，振动其身而拜。吉拜，是先拜而后稽颡，即将额头触地。凶拜，是先稽颡而后再拜，须表情严肃。奇拜，先屈一膝而拜，又称“雅拜”。褒拜，是行拜礼后为回报他人行礼的再拜，也称

[1]《礼记·曲礼》。

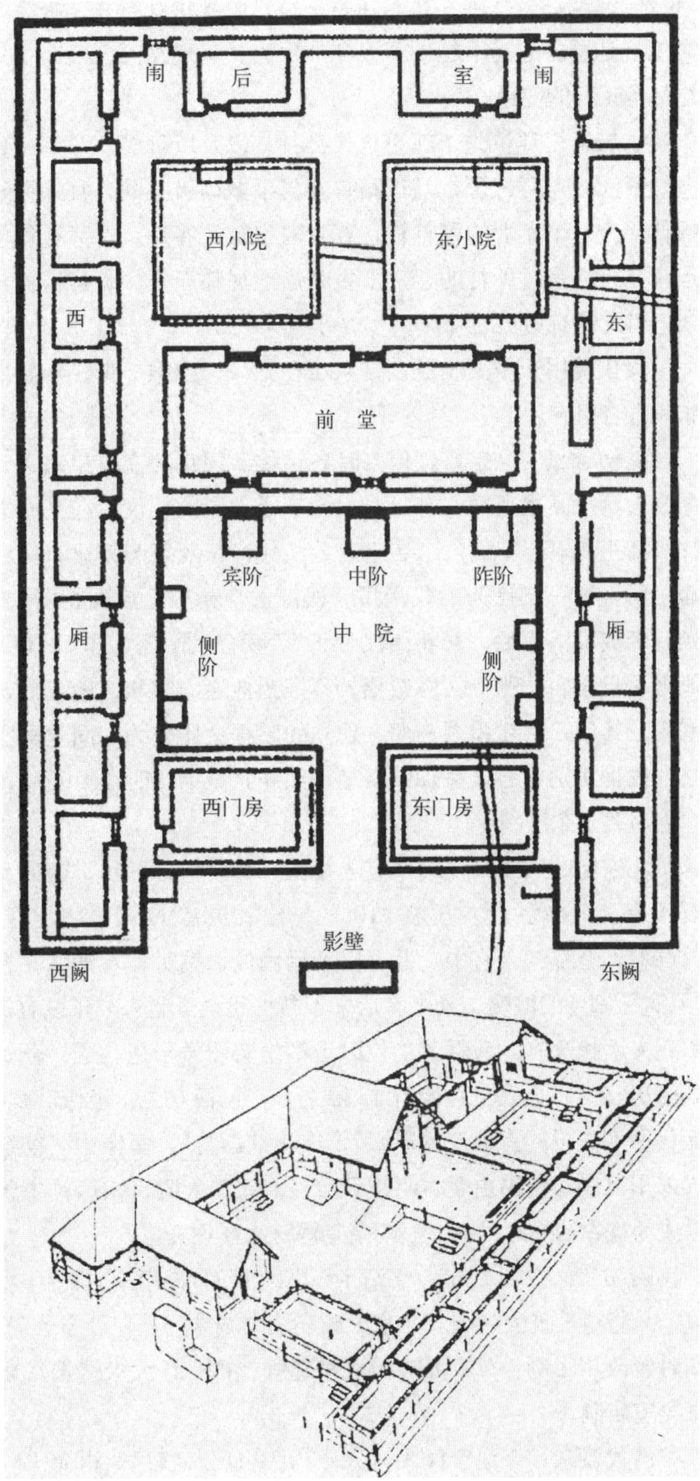


图 4-11 陕西周原凤雏村西周宫室复原图（推测为宗庙）

"报拜"。肃拜，是拱手礼，并不下跪，俯身拱身行礼。推手为揖，引手为肃。其实也就是揖。这是军礼，军人身披甲胄，不便跪拜，所以引用肃拜。其他几种拜礼都是正拜的变通。

宗庙祭祀拜祖先，郊祀拜天拜神，以及臣拜君，子拜父，学生拜老师，新婚夫妇拜天地、拜父母，都行稽首礼。平辈同级之间，拜迎拜送，拜望，拜谒，行顿首礼。对于卑者的稽首礼，尊者以空首礼答拜。吉拜礼行于各种祠祭，凶拜礼是服三年之丧时所行的礼。上古时席地屈膝而坐，跪拜行礼不像后来那样繁缛复杂，对此应有历史的观点。

秦代遵用天子七庙制度，宗庙在雍城、咸阳一带。秦始皇死后，胡亥尊始皇庙为帝者祖庙。

汉初于长安立宗庙，但当时各诸侯王国也都立有祖宗之庙，直到元帝时才下令废去。汉高祖死后，有每月出游高祖衣冠的礼仪，在高庙之外又别建"原庙"，收藏高祖衣冠、车驾。宗庙之外，汉代帝王陵墓旁都建有寝殿，仿其生前起居闲宴之所，这一制度为后代沿用。西汉末，赤眉军攻入长安，焚毁汉家宫殿宗庙。光武帝徙都洛阳后，乃将西汉帝王 12 陵合入高庙，作 12 室。刘秀死后，明帝为他立了世祖庙。明帝临终遗诏，不准为他建立寝庙。他死后，庙主藏于世祖庙别室内。其后，古礼为之一变，独立的昭穆之庙变为"同堂异室"之制，即在一庙之内依世次别为若干室加以祭享。宗庙正祭为四时孟月及腊，一岁五祭，后代基本上沿袭了东汉制度。

北宋起，宗庙祭祀时挂有先祖的"御容"（画像），而后又有塑像、金像、玉石像等。宋神宗元丰五年（1082），建景灵宫 11 殿，将原在各寺观供奉的祖先"神御"，全都迎入宫中。并合以帝后画像，按时荐享祭奠。有人认为，这是汉代"原庙"制度的演变。景灵宫后来不断扩建，至北宋末年已有斋宫廊庑 2300 余区，历朝文臣执政官、武臣节度使以上都绘有图像陪祀。辽、金制度与宋相似。在金都衍庆宫中，金太祖画像有 12 幅之多，包括立像、坐像、戎装像、半身像等等。元代供奉先祖的宫殿"神御殿"，亦称"影堂"，画像由"纹绮局"织锦而成，祭仪采用汉制，但仍由蒙古巫祝致辞。武宗至大时，宗庙神主曾改用纯金制作，结果成为盗窃的绝好目标，三十余年间三次严重失盗。

明初有南、北二庙。嘉靖十三年（1534），南京太庙因火灾被毁，便不再恢复，只将遗址筑墙封闭。北京太庙在紫禁城端门之左（今劳动人民文化宫内）。嘉靖时曾改用古制，分立九庙。刚刚建好就被一场大火烧毁八庙，只好仍旧采用同堂异室庙制。

清代盛京（今辽宁沈阳）太庙为四祖庙，祭祀始祖泽王以下四先祖。北京太

图 4–12 北京清代太庙

庙仍在端门之左侧，前殿供奉太祖太后神龛，中殿供奉列圣列后，后殿供奉祧庙神龛，两庑东侧为诸王，西侧为功臣。（图 4—12）每年清明、除夕、诞辰、忌辰、中元（七月十五日）及四孟月祭祀，每月则有荐新之祭。除夕为祫祭，将后殿、中殿神主全部移入前殿，皇帝亲率皇子、亲王行三跪九叩之礼。

### 2. 大夫士庶宗庙祭祀

如前所述，大夫、士立庙依次递减，庶士、庶人不得立庙，这是宗法制度严格规定的。大夫、士、庶祭祀祖先的礼制，大体上经历了三个阶段。第一个阶段，是礼经规定的制度，大约是周制，主要内容有：

(1) 继祢（父死入庙称祢）小宗只立祢庙，继祖小宗只立祖、祢二庙，继高祖小宗立高祖以下四庙，继别大宗则立始祖、高祖、曾祖、祖、祢五庙。“别”，指别子，王族庶子称为别子，不得继承王位，别立为宗，叫做“别子为祖”。这里还都是可以立庙的宗子。

(2) 宗子之外的支子，不得立庙主，只能助祭于宗子之家。一家之中嫡长子及继承先祖之子为宗子，其他子弟皆为支子。支子如要进行祭祀活动，必须得到宗子允许。如宗子因故离国去家，由支子代为祭祀，则祭礼规格较为简略，不荐俎，不为主人致嘏辞。

(3) 庶子无爵则望墓为坛而祭。

(4) 宗子可以有厌祭，即对殇者（未成年而死）的祭祀，庶子不得祭祀殇者与无后者（没有后人），殇者与无后者只能从祖庙祔祭而已。

在周代，贵族中的大宗继承了王位或封国，而小宗、支子只能充任大夫、士，或者降为庶人。宗庙祭祀十分集中地表现出宗法制度的等级差别和尊卑次第。

第二个阶段是周礼的变通和改造，私庙制度逐渐完善。汉初公卿贵人多在茔墓地建立祠堂，而不在都邑立私庙。这时旧的宗庙祭祀的规定随着社会的动荡、变革而土崩瓦解。随着职官制度的不断完善，到南北朝时已开始按照官职品秩高下确定庙祭的礼仪。如后齐规定，诸王及从二品以上官员祀五世；正三品以下，从五品以上祀三世；正六品以下，从七品以上祀二世；正八品以下至庶人祭于寝。唐代规定，一品、二品四庙；加始封之祖共五庙。三品三庙；四品、五品有兼爵者立三庙，六品以下至庶人祭于寝。清代规定，亲王、世子、郡王建家庙七楹（犹七室），贝勒、贝子、宗室公家建家庙五楹；品官则一品至三品建家庙五楹，四品至七品与八、九品皆三楹，但广狭格局不同；庶人在正寝设龛而祭。显而易见，这是改朝换代后新权贵按照自己的意志对宗法制度所作出了相应的变动。

第三个阶段是宗族祠堂制度的出现，大致始于南宋。《朱子家礼》说："古之庙制不见于经，且今士、庶人之贱，亦有不得为者，故特以祠堂名之而其制度亦多用俗礼云。"祠堂分四龛，奉高、曾、祖、考四代神主，以西为上。龛前各设供桌，置香炉、香盒之类。四时祭祀，卜吉而行。祭仪有参拜、降神、进馔、三献、受胙等礼。祠堂制是对旧有的宗法制度的补充。一方面，它反映了平民的社会地位的提高；另一方面，它也说明人民被更牢固地束缚在封建制度之下。

## 四、其他祭祀

我国古代祭祀项目甚多，各种神鬼难计其数，这里只能将历朝列入国家祀典的比较重要的祭祀择要作些简介。

### 1. 祀先代帝王

《礼记 · 曲礼》说："夫圣王之制祭祀也，法施于民则祀之，以死勤事则祀之，以劳定国则祀之，能御大灾则祀之，能捍大患则祀之。"对于"有功烈于民"的先代帝王，如帝喾、尧、禹、黄帝、颛顼、契、冥、汤、文王、武王等，都要举行崇祀。后来，受祭享的先代帝王人数越来越多。

秦始皇在巡游天下、经过名山大川时，曾经祭祀先代帝王。他到云梦，望祀虞舜于九嶷山，因为相传虞舜死后葬于九嶷。他到会稽，会稽有大禹陵墓，于是祭祀大禹。后来历代帝王出巡，多仿效秦皇，祭祀先王。自汉代起，开始为先代帝王维修或营建陵园，分别立祠祭祀。光武帝时，皇宫中有古代圣贤帝、后画像，不过那大概还不是用于祭奠行礼的。

隋代以祭祀先代帝王为常祀。在京城立有三皇五帝庙，另立庙祭祀三皇以前诸帝，并且在先代帝王始创基业的肇迹之地分别建置庙宇，以时祭祀。明洪武六年(1373)，太祖始创在京都总立历代帝王庙。嘉靖时，在北京阜成门内建历代帝王庙，祭祀先王36帝，择历朝名臣能始终保守节义者从祀。清代沿用此庙，初祀三皇、五帝等。后又改变原则，“凡为天下主，除亡国暨无道被弑，悉当庙祀”[1]。对于先代帝王的陵寝，清代祀典规定祭祀三皇、五帝以下数十处，春、秋二季仲月致祭，或在陵寝筑坛而祭，或在当地享殿行礼。凡皇帝巡游，途经先代帝王陵庙，皆有祭享之礼。清统治者特别对明代诸帝陵墓，更是优礼有加。这显然是出于缓和满汉民族矛盾、巩固其统治地位的政治需要。

### 2．祀先圣先师

祭祀先圣先师是立学之礼，礼经并未实举其人。汉魏以后，逐渐确定以周公为先圣，孔子为先师；或者以孔子为先圣，颜回为先师。唐代确定孔子为先圣，颜回为先师，从此以后不再变更。对于孔、颜，历代帝王益封爵，赠谥号，直至用天子之礼乐优加尊崇，祭祀典礼极为隆重。

《礼记》所载立学祀典，不过“释奠”、“释币”、“释菜”三项。“释币”，即有事之前的告祭，以币（帛）奠享，这不是常行之礼。“释奠”，是设荐俎馔酌而祭，有音乐而没有尸。“释菜”，是以菜蔬设祭，为始立学堂或学子入学的礼仪。唐、宋以后一般只用“释奠”礼，既作为学礼，也是祭孔礼，仪式则日趋繁复。

祭孔始于汉高祖十二年（前195)，但当时孔子的地位并不高；汉平帝才追谥孔子为褒成宣尼公。学校祀先圣先师周公、孔子，始于东汉明帝永平二年（59年)。南北朝时，太学内已立有宣尼庙，祭祀时设轩悬之乐，用六佾之舞，牲牢器具，依上公之例，每年春、秋二仲月，行释奠之礼；每月初一，国子祭酒率博士以下及学生拜孔揖颜。各地郡学也都立有孔、颜之庙。唐宋以后孔子封爵加至“大成至圣文宣王”，从祀弟子、贤人封为公、侯。元代世祖时虽有一时贬黜孔子及儒家的举动，但成宗即位后立刻恢复尊孔。直到明朝嘉靖时，世宗才废除所封

〔1〕《清史稿·礼三》康熙六十一年诏谕。

图 4-13 延续至今的曲阜孔庙传统祭孔活动

孔子王号，取消了塑像，降低了原用天子之礼的规格，称为“至圣先师”。后金时期，盛京即建有孔庙。定都北京后，以京师国子监为太学，立文庙，孔子称“大成至圣宣先师”。祀礼规格又升为上祀，奠帛、读祝文、三献奠爵，行三跪九拜之礼。雍正四年（1726），又定八月二十七日为孔子诞辰，全体官民军士斋戒一日。在孔子故里（曲阜阙里），春、秋祭祀与太学相同，其庙制、祭器、乐器及礼仪都以北京太学为准式。（图 4—13）

祭孔礼仪在文庙举行。唐玄宗又为姜太公尚父立武庙，肃宗又追封姜太公为武成王，其祭祀礼仪与祭孔类似。至明初，由于明太祖的反对，武成庙才被废止。

宋代又有算学先师之祭。宋徽宗大观三年（1109）立黄帝为算学先师，但典仪规格较低。

### 3. 耤田与享祀先农之礼

《礼记》有“天子籍千亩”，“天子亲耕于南郊，以供斋盛”的记载。（《祭统》）耤或作“藉”、“籍”。耤礼，是祭祀农神，祈求丰收的礼仪。农神，也称“田祖”，又称为“先啬”，汉以后通称“先农”，认为就是教民耕作的神农氏。耤田在春天举行。

图 4-14 清皇帝亲耕耤田仪式图

耤田礼为历代帝王所遵循，而且仪式日趋复杂。南北朝时，在先农坛北建御耕坛，围以青幕，供皇帝观看农夫耕种耤田情形之用。宋以后就直称“观耕台”。

明、清时的先农坛都在正阳门外，为一层方坛，东南方有观耕台，耤田时才加以陈设，附近又有神仓等建筑。今仍有若干古建筑保存。（彩图 4）

耤田、祀先农是古礼孑遗，本有重农、劝耕的良好意愿，但历代帝王的亲耕耤田，做秀意味太重，难怪就连有的皇帝自己也说，耤田是“空有慕古之名，曾无供祀训农之实，而有百官车徒之费”[1]。（图 4—14）

### 4. 亲桑与享祀先蚕之礼

天子耤田，王后就去采桑养蚕。礼经有仲春“后率外内命妇始蚕于北郊”的记载，[2] 亲桑、享先蚕之礼就是为这项活动而制定的。

史书记载，汉代已有此礼仪，皇后率领公、卿、列侯夫人到东郊苑中采桑，并以中牢羊、豕祭祀蚕神——菀窳妇人和寓氏公主。当时，宫中蚕室养蚕在千薄以上（薄是养蚕的竹帘），蚕丝由织室纺织，用作祭服。魏晋以后，亲桑礼与耤田亲耕礼比附，遂相应地建造了先蚕坛，又有皇后“采桑坛”。

明嘉靖十年（1531）在西苑（今北海公园）新建先蚕坛，废去北郊安定门外

[1]《晋书·礼志》。

[2] 见《周礼·天官·内宰》。内命妇指天子的妃、嫔、世妇、女御等，外命妇指卿大夫之妻。

的旧坛。实际上，当时亲蚕礼只举行过几次，嘉靖十六年起干脆明令作罢。清代先蚕坛仍在西苑（今北海公园后门一带），并有观桑台、亲蚕殿、先蚕神殿等建筑，但皇后很少亲自莅临，常派嫔妃或官员代祀。

历代所祀蚕神各有不同。后齐曾祀黄帝轩辕氏为先蚕，后周又以黄帝之妃西陵氏为先蚕。西陵氏名嫘祖，后代民间养蚕，多祭嫘祖为蚕神。另有一说，房星天驷为先蚕。因此，祀先蚕也有祭天驷星的。

### 5．享先医

元成宗元贞元年（1295），将三皇定为先医，令天下郡县加以祭祀。明、清沿用其制，皆在皇宫内太医院设殿享祀。每年仲春上甲日由皇帝遣官或太医院正官主祭，全体医官陪祀。

### 6．五祀

五祀指祭祀门、户、井、灶、中霤，也有作户、灶、中霤、门、行的。五祀与五行、四季、五脏等搭配，春祀户；夏祀灶；季夏之月（六月）祀中霤，中霤即中室；秋祀门；冬祀行，行是道路之神，祭井也在冬季。汉魏时，都按季节行五祀，孟冬之月“腊五祀”，总祭一次。

唐、宋、元时又采用“天子七祀”之说，祀司命、中霤、国门、国行、泰厉、户、灶。这里的“司命”，不是星辰，而是宫中小神，相传主督察人的年寿、行为、善恶。泰厉是无人祭奠的野鬼，主杀害。明清两代仍祭五祀，岁终在太庙西庑下合祭。清康熙以后，罢去门、户、中霤、井的专祀，只在腊月二十三日祭灶。这就同民间长期流传的灶王爷（灶神）腊月二十四朝天言事的故事相合了。

### 7．高禖

高禖是乞子之祀。《礼记 · 月令》说，仲春之月“玄鸟至，至之日，以太牢祠于高禖，天子亲往”。玄鸟就是燕子。《诗 · 商颂 · 玄鸟》：“天命玄鸟，降而生商。”传说简狄吞鸟卵而生契，契是商民族的始祖。高禖是求子之祭，在玄鸟由南方北归之日举行，可能与此故事有关。一说高禖之神是女娲。清代学者王引之认为，“高”是“郊”的假借字，所以祭于郊外。看来，高禖是远古妇女乞求生育之祭的延续和发展。

高禖之祭，设坛于南郊，后妃率九嫔等参加。高禖之祭始见于《汉书 · 武五子传》。汉武帝年二十九始得太子（戾太子），乃“为立禖”。魏晋南北朝，各国皆有高禖之祭，但直至唐、宋时才依照礼经制定了礼仪。宋代高禖坛，以青帝为高禖，于春分之日行礼。金代高禖祀青帝，在皇城之东永安门北建木制方台，正位祭的是昊天上帝，台下才设高禖神位。

清代无“高禖”之祀，而有“佛立佛多鄂谟锡玛玛”之祭，又称“换索”，主要目的是保婴，司祝歌祷辞云：“聚九家之彩线，树柳枝以牵绳，举扬神箭，以祈福佑，以致敬诚。某年生小子，绥以多福。”〔1〕这是满族的传统习俗。

### 8．傩

傩是驱除疾疫之礼，《周礼·夏官》有“方相氏”，蒙熊皮，以黄金为四目，着玄衣朱裳，执戈扬盾，率百隶而于季春、仲秋、季冬三时为傩礼，索室驱疫。东汉时，傩礼在腊日前一天举行，也称为逐疫。

### 9．蜡腊

蜡、腊本是两种祭祀，蜡祭百神，为报答一年来恩佑之功；腊，原写作“臘”，祭先祖、五祀。有人认为这是同日异祭；〔2〕有人则认为是同祭异名。〔3〕按《礼记·郊特牲》“天子大蜡八”，蜡祭八神都是与稼穑年成有关的神。腊祭则是用狩猎获取的禽兽祭享祖先。虽然两种祭祀起初并非一事，大概因为它们都是岁末的合祭，后来便混为一谈了。

史书记腊祭，始见于《左传》。虞君不听宫之奇劝谏，假道晋军伐虢，宫之奇叹曰：“虞不腊矣！”时在鲁僖公五年（前655）。《史记》记秦惠文王十二年（前326）初行腊祭。秦始皇信从歌谣之言，腊祭更名为“嘉平”。汉代仍改为腊，祭祀宗庙、五祀、百神，慰劳农夫，大飨燕饮。后蔡邕又有“五帝，腊祖之别名”的说法，因而各朝都依五行相代之说选择腊祭之日。

北周时，腊祭又称蜡祭，于十一月祭神农氏、伊耆氏等。

隋初沿用周制，定孟冬下亥日蜡百神，腊宗庙，祭社稷。开皇四年（584），隋文帝下诏，停止原行蜡祭，改为十二月举行腊祭。唐贞观十一年（637），定蜡腊之礼，于季冬寅日蜡祭百神于南郊；卯日祭社稷于社宫，辰日腊享于太庙。祭礼同圜丘祭祀。

宋代以十二月戌日为腊日，建蜡百神坛，同日祭社稷，享宗庙。神宗元丰时又改为腊祭前一天蜡祭百神，四郊建四坛，各祭其方之神。南宋绍兴时定蜡东方、

〔1〕《清史稿·礼四》。
〔2〕（隋）杜台卿《玉烛宝典》。
〔3〕（汉）蔡邕《独断》。

西方为大祀，蜡南方、北方为中祀。元、明后，国家祀典已无蜡腊之祭。但地方州府或有“八蜡庙”，蜡腊之祭仍在民间举行。

历代礼书“吉礼”事项最繁。中国传统文化中有一个周密而庞大的神鬼体系，几乎可以说无处不有神鬼，无物不有神鬼，这里所介绍的仅是纳入国家祀典的、比较重要的神鬼祭祀。

## 第二节 嘉　礼

嘉礼是和合人际关系、沟通联络感情的礼仪。《周礼》说，嘉礼是用以“亲万民”的，主要内容有：饮食之礼，婚、冠之礼，宾射之礼，飨燕之礼，脤（社稷祭肉）膰（宗庙祭肉）之礼，贺庆之礼。

在等级制度下，无论什么礼仪，都随地位的尊卑贵贱而有仪节繁简多寡的不同，不可能对“万民”一视同仁。《周礼》所说的嘉礼的几项内容，后代也有不少变化。这里从飨燕饮食、婚、冠、射、乡饮酒、养老优老、帝王庆贺等七个方面加以介绍。

### 一、飨燕饮食之礼

#### 1. 飨燕礼

《周礼·春官·大宗伯》说：“以飨燕之礼，亲四方之宾客。”上古时，飨、燕是有区别的。飨礼在太庙举行，烹太牢以饮宾客，但并不真吃真喝，牛牲“半解其体”，并不分割成小块；献酒爵数有一定之规。燕礼在寝宫举行，烹狗而食，主宾献酒行礼后即可开怀畅饮，一醉方休。所以，有人说：“飨以训恭俭，燕以示慈惠。”[1] 飨礼规模宏大，有一定之规，重点在礼仪往来而不在饮食。

燕礼当然也有一定的礼仪规范，但重点是吃喝。燕，就是“宴”，二字同音可通假。

秦、汉以后，飨、燕礼很少有人完全照搬礼经规定去做了。但历朝天子宴群

〔1〕见《左传·成公十二年》。杜预注：“享有体荐，设几而不倚，爵盈而不饮，肴干而不食，所以训恭俭”；“宴则折俎，相与共食”。

臣，犹有旧礼遗风。汉、魏时元旦（大年初一）朝会、晋时冬至小会以及唐代圣诞（皇帝诞辰）朝贺之年，都有筵宴，称为“大宴”。其他节日，如立春、上元、寒食、上巳（三月三）、四月八日（浴佛节）、端午节、七夕、中秋、重九等，皇帝也常赐宴，称为“节宴”，宋代称为“曲宴”。另外，国家有大庆、大礼、事功告成及宫室落成等，也多设宴庆贺。两汉大宴礼仪，只散见史书中，已无完整程式的记载。唐《开元礼》才有大宴的详细仪注。大宴气氛一般比较严肃。节宴（曲宴）则比较轻松活泼，通常不在正殿，而在园林楼阁举行。唐玄宗举行宴会，还有从楼上撒金钱，让百官在楼下争抢的作法。五代时，又有臣子捐交“买宴钱”，请皇帝赐宴的，也是一时风气。

明代宴会分大宴、中宴、常宴、小宴。大祀天地后之次日、正旦（正月初一）、冬至及万寿节（皇帝诞辰）为大宴。大宴行酒九爵，中宴七爵，常宴三、五爵。宣德后，对级别较低，不参加大宴的官员、监生发给钱钞。清代初期大宴食用烤肉，牲酒，由各亲王、世子、郡王等进献。宴乐则杂用汉古乐、蒙古乐歌、满舞，后亦逐渐汉化。

### 2. 饮食之礼

《周礼 · 春官 · 大宗伯》说：“以饮食之礼，亲宗族兄弟。”这里说的“饮食”也是宴饮，通常专指宗族之内的“宴饫”，而不是日常家居的饮食。族宴，指宗族兄弟合族宴饮，大抵有两种，一种是逢祭而宴，一种是以时而宴。

## 二、婚礼

古人十分重视婚礼，大而言之，“夫婚礼万世之始也”（《礼记 · 郊特牲》），“婚礼者礼之本也”（《礼记 · 昏义》），“夫妇之际人道之大伦也”（《史记 · 外戚世家》）；小而言之，“将合二姓之好，上以事宗庙，而下以继后世”，（《礼记 · 昏义》）所以要敬慎郑重地安排婚礼。娶妻之礼谓之婚，是因为“以昏为期”，男方到女家亲迎完婚是在黄昏时分。上古的婚礼今已无法弄清，根据民族学的资料与古文献的零星记载，我们可以知道，上古曾有一个母系氏族社会，有过许多不同的婚姻形态，如血族（族内）婚、亚血族（族外）婚、对偶婚等，后来才有了一夫一妻的单偶（个体）婚，确立了父系氏族社会。西周以后，中国社会的伦理道德规范日益完备，便逐渐形成了相应的婚礼制度。今《仪礼》所记的婚礼为士婚礼，天子、诸侯、大夫的婚礼，仅有一些零散的材料。历代礼书为各阶层所制定的婚礼，大多是依据《士婚礼》而加以增减损益的。士人的婚娶之礼，郑玄概括为“五雁六礼”，即从提亲到成婚，要送五只雁，共六项礼节。

1．纳采。纳采是纳其采择之礼。纳采之前，男家先请媒人与女家达成初步的婚约，纳采实为求婚与同意求婚之礼。男家遣使者到女家，以雁为贽礼。

2．问名。问名是询问女子姓名之礼。男家遣使者到女家，以雁为贽礼，请问名。其辞曰：“某既受命，将加诸卜，敢请女为谁氏。”意思是，因为要占卜婚姻吉凶，请求女家告知女子姓名，后世还要问生辰时日。或以为纳采与问名是一使兼行二礼，而不是两次为礼。

3．纳吉。纳吉是得吉卜而纳之。宗庙占卜，如得吉卜，遣使者向女家报告，仍用雁为贽礼，女家以礼相待。

4．纳征。纳征是纳币（帛）作为婚姻之证，即正式的订婚之礼，征是订婚的礼物。礼经规定的礼物是：玄纁束帛、俪皮。玄为黑色，纁为黄而暗红色，据说玄纁二色象征天地阴阳，结婚是阴阳和合。注疏家认为，束帛计五卷，阳奇阴偶，故为三卷玄帛，两卷纁帛。俪皮是鹿皮两张。后世订婚礼物依身份地位的不同，有很大差别。纳征，宋代也称为“纳成”、“定贴”，俗称“订婚”。

5．请期。请期是请婚姻之期。先由男家占卜得吉日，遣使者到女家，仍用雁为贽礼，告知某日为吉日，定为结婚日期。

6．亲迎。亲迎是新郎到女家迎接新娘之礼。娶妻之日初昏之时，男家陈三鼎设同牢于寝门外，内盛特豚、肺、脊、鱼等为祭品；设馔于房中。新郎着上服乘墨车，从车两辆。往女家之前，父亲用酒申告其子，加以致勖勉。新郎用一雁为贽礼，献给岳父。新娘要聆听父母的训诫之辞，训辞是“戒之敬之，夙夜毋违命”一类的叮嘱。新娘由母亲送上迎亲的马车，母亲还要为她披上一件“景衣”，这是一种披风之类的外衣，用以防止路途的灰尘弄脏新娘漂亮的嫁衣。后世新娘头上要蒙上一块“盖头”，即由“景衣”演变而来。新郎新娘一起到了男家，共牢而食，合卺而饮，表示从此“合体相亲”，开始共同的新生活。次日清晨，新妇早早起床，沐浴整装，行拜见舅（夫之父）姑（夫之母）之礼。如舅姑已去世，要在三月后行庙见之礼，即于吉日祭祢庙。

关于男女婚娶年龄，礼经记载为男30而娶，女20而嫁，与生理实际有出入。汉代经学家各有解释。《孔子家语》记鲁哀公问孔子曰：“男子十六精通，女子十四而化，是则可以生民矣。而《礼》‘男必三十而有室，女必二十而有夫也’，岂不晚哉！”孔子曰：“夫《礼》言其极，不是过也。男子二十而冠，有为人父之端，女子十五许嫁，有适人之道，于此而往，则自婚矣。”后世论婚年，多以男20、女15为准。

《士婚礼》规定的婚礼真正的实行是在西汉末，平帝元始三年（3年）王莽要把女儿嫁给平帝，让刘歆根据礼书杂定婚礼，有“纳采”、“问名卜吉”以及遣使者奉乘舆法驾礼迎（代表皇帝“亲迎”），在未央宫前殿行礼等仪节。帝王婚礼，“纳征”之金钱财物数量很大。汉惠帝纳后，聘礼为黄金2万斤、马12匹。王莽自编自演的嫁女丑剧，得钱三千万。《通典》记载，东汉时的纳征，礼物有30种，有：玄、纁、羊、雁、旨酒、白酒、粳米、稷米、蒲、苇、卷柏、嘉禾、长命缕、胶、漆、五色丝、合欢铃、九子墨、金钱、得禄香草、凤凰、舍利兽、鸳鸯、受福兽、鱼、鹿、乌鸦、九子妇、阳燧等。这些礼物也都有一定的象征意义。玄象征天，纁象征地。羊表示吉祥，据说羊性“群而不党”。雁有“随阳”的特点，象征妻子追随丈夫。旨酒指清酒，用于祭祀。白酒略次于清酒，不是今日之烧酒。粳米是日常食用的谷物，稷米是用于祭祀的谷物，就是今日的小米。蒲即蒲草，苇即芦苇，它们品性柔和，生长繁密。卷柏附生于岩石之上，屈卷如拳，寓寄女子能委屈求全，依附男子。嘉禾乃吉祥之禾，象征有利禄将至。长命缕是一种丝线，用以缝衣，可延年益寿。胶可粘合异类，象征夫妻关系牢固。漆，色泽光亮美好，象征家庭内外和好。五色丝，颜色鲜艳，寓意富丽。合欢铃，可能是一种子母铃，大铃响，小铃可同鸣，象征和谐。九子墨是一块大墨套八块小墨，象征长生，多子多孙。金钱，象征前程光明。得禄香草，象征吉祥如意。凤凰是雌雄匹配伉合之鸟；舍利兽是仁慈谦和之兽；鸳鸯雌雄相随，须臾不离，唱和相从；受福兽体貌谦恭、心地善良；鱼居于深渊、默默无闻；鹿是利禄的化身；乌鸦是孝鸟，知道反哺报答父母。以物拟人，各有用意。九子妇是一位传说中的妇女，有美德，又是多生贵子的“保护神”。阳燧是一种凹面镜，能取火带来光明。这些礼物有的可能不是实物，大概是绘画、模型之类。这种排场恐怕不是一般人摆得出的。皇帝大婚，直到晋时方才六礼具备。《唐书·礼乐志》记有皇帝纳皇后之礼；《开元礼》记有太子纳妃与亲王纳妃之礼，皆自六礼演化而来。

民间婚礼，刘复《敦煌掇琐》所录敦煌文书之“婚事程序”有：通婚书、答婚书、女方受函仪、成礼夜祭先灵、女家铺设帐仪、同牢盘合卺杯、贺慰家父母等仪式。唐宋以来，婚礼亲迎的场面都非常热闹。亲迎之前，男家要设置青布的帐幔，称为“青庐”或“百子帐”。亲迎时，新郎由傧相陪同到女家，女家亲属阻拦调笑戏弄，称为“下婿”。新娘梳妆打扮，故意延宕，新郎不断催促。新娘动身，父母有告诫之辞，母亲为新娘罩上盖头，乘上有围幔装饰的宪车，新郎骑马绕车三圈，带亲迎之车启程，女家亲属及邻里沿路“障车”，迫使新郎撒钱，方得通过。新郎新娘在青庐中行交拜之礼，俗称“拜堂”。拜堂时，新郎新娘牵同心结。入洞房后，又有“坐床”、“撒帐”、“合髻”等仪式。撒帐，是由家族中一名长辈女亲口诵吉语，将枣、花生、金钱等撒入帐内。合髻，是新郎新娘各剪下一缕头发，用彩线相系。然后，新郎新娘同牢盘、合卺杯。合卺，又称“交杯酒”。洞房中，宾客常常使用各种办法刁难、捉弄新郎新娘，称为“闹房”。有的甚至对新娘拳打脚踢，讨取吉利，或称“弄妇”，显然是一种陋俗。

宋太平兴国七年（982）制定婚娶仪制，规定：诸王纳妃，聘礼赐女家白金万两；敌门（纳采）用羊 20 口、酒 20 壶、采 40 匹；定礼（纳吉）羊酒采各加 10、茗百斤、头须巾段绫绢 30 匹及黄金钗钏、真珠琥珀首饰、锦绣绫罗、金银钱等；纳财（纳征）用金器百两、采千匹、钱 50 万、锦绮绫罗绢各 300 匹、销金绣画衣 10 袭以及马、羊、酒等；亲迎用涂金银装肩舆 1、行障坐障各 1 方、团掌扇 4 引、障花 10 树、灯笼 10、侍女童子 8 人。宗室子弟赐女家白金 5000 两，敌门、定礼、纳财、亲迎礼物减半。品官婚礼仍为六礼，士庶人婚礼，仪节减少，将问名合并于纳采，请期合并于纳成。

《朱子家礼》所述婚礼的仪节为纳采、纳币（征）、亲迎三项。明洪武时，诏令民间嫁娶皆按照《朱子家礼》规定实行。

## 三、冠礼（笄礼）

冠礼是成人礼，是给跨入成年人行列的男子加冠的礼仪。在氏族社会，男女青年发育成熟时要参加一种“成丁礼”，这样才能成为自己部落的正式成员，享受应有权利和履行应尽的义务。冠礼是应当从这种“成丁礼”演变而来的。《礼记·冠义》说，冠礼是“成人之道也”，“将责成人礼焉也”，要按照“为人子，为人弟，为人臣，为人少者”四个方面的礼的规范加以约束，使之成为具有“孝、悌、忠、顺”完美品德的人。礼经中只存《仪礼·士冠礼》。

“男子二十而冠”，冠礼要为冠者加三种形式的冠：一种叫缁布冠，以黑麻布制作；一种叫皮弁，以白鹿皮制作；一种叫爵弁，也称玄冠，以赤而微黑的细麻布制作。缁布冠只在冠礼上使用一次，易服换上玄冠后即废弃不用。据说，那是太古之制。冠礼首先加缁布冠，表示不忘本初。礼仪完毕，要由宾为冠者取“字”。宾、主、冠者都站在堂下阶前，宾致辞道：“礼仪既备，令月吉日。昭告尔字，爰字孔嘉。髦士攸宜，宜之于假。永受保之，曰伯某甫。”（《仪礼·士冠礼》）不是长子则依行第以仲、叔、季等命字。命字以后，名只用于自称，除了君王、父祖，别人不能直呼其名而只能以字称呼。

上述冠礼指“士冠礼”，天子、诸侯的冠礼，古籍各说不一，难以考定。如加冠年龄，就有“十二岁说”（《左传·襄公九年》）、“十五岁说”（《通典·嘉礼》）、“十九岁说”（《荀子·大略》）等。据《大戴礼记》等书所述，其与士冠礼的主要不同是加四冠，即“三加”之外又有“玄冕”。这是一种顶上有一块前圆后方的冕板（綖）、前后带旒的冠。

《史记 · 秦始皇本纪》说，秦王嬴政九年（前 238），“王冠，带剑”，当时嬴政已 21 岁。

汉代皇帝礼称为“加元服”。“元”即首，冠是首之所著，所以称“元服”。皇帝的四种冠是缁布冠（后汉改为“进贤冠”）、爵弁、武弁、通天冠，通常在正月甲子或丙子吉日举行。士庶冠礼较简单，据何休所制冠仪，大致参用《仪礼 · 士冠礼》仪式，但只加一冠，还简化了程序。

魏、晋时，皇帝的冠礼，也只用“一加”，皇太子用“再加”，王公、世子才用“三加”。皇帝的冠礼在正殿举行，并且开始用音乐伴奏。北魏时，孝明帝为加冠而改元，这一年改为“正光元年”（520）。后齐皇帝加冠，还用玉、帛告祭圜丘、方泽，用币告祭宗庙。这一制度也为后代帝王沿用。

唐代皇帝的冠礼只加一冕（衮冕）；皇太子、亲王等仍用“三加”（缁布冠、远游冠、衮冕）。宋代《政和五礼新仪》定“庶人子冠仪”为“二加”，一帽，一折上巾。但司马光《书仪》里的冠仪，仍用“三加”，初加巾，次加帽，三加幞头。

明代皇帝仍为“一加”。皇太子“三加”，为翼善冠、皮弁、冕旒。庶人冠礼与宋代相同。清人没有冠礼。

### 笄礼

男子 20 而冠，女子 15 而笄。女子在 15 岁许嫁之时举行笄礼，结发加笄，也要取“字”。结发是将头发梳成发髻，盘在头顶，以区别童年时代的发式。礼经中并无笄礼详文。梁代贺玚说，笄礼由主妇为笄者结发著笄，由女宾以酒醴礼之。女子到了 20 岁，虽然还未许嫁，这时也要举行笄礼，表示今后要以成人相待。

《宋史 · 礼志》对公主笄礼有较详的规定，其礼大体依据男子冠礼演变而来。笄礼始加冠笄，再加为冠朵，三加为九翚（山雉）四凤冠，笄礼在宫中殿庭举行，皇帝亲临。祝辞及取字之辞也都套用男子冠礼。礼毕，公主拜见君父，聆听训辞：“事亲以孝，接下以慈；和柔正顺，恭俭谦仪；不溢不骄，毋诐毋欺；古训是式，尔其守之。”然后，笄者再接受皇后、妃嫔的祝贺。

笄礼至明代即废而不用。民间女子婚嫁时将头发挽束成髻，用簪子固定，与婚前发式明显不同。这也算保留了笄礼遗风。

## 四、射礼

射礼有四种。一为大射，是天子、诸侯祭祀前选择参加祭祀人而举行的射礼；二为宾射，是诸侯朝见天子或诸侯相会时举行的射礼；三为燕射，是平时燕息之日举行的射礼；四为乡射，是地方官为荐贤举士而举行的射礼。射礼前后，常有燕饮，乡射也常与乡饮酒礼同时举行。

大射前燕饮依燕礼，纳宾、献宾、酬酢及奏乐歌唱娱宾，宴毕而后射。（图4—15）掌管大射礼仪的司射，袒露左臂，执弓挟矢到阶前求射礼开始，有司将弓矢献给君王，并设置计算成绩的“中”和算筹，以及惩处违礼者用的“扑”。中是盛放算筹的器具，刻制成兽类跪伏之形，背上可容八算。按规定君王用“皮树中”（皮树是一种人面兽身的动物）、“闾中”（闾是一种独角兽，形如驴）和虎中，大夫用兕中，士用鹿中。

《史记》、《汉书》皆不记宫廷有大射之礼。《通典·军礼》记载，汉宣帝甘露三年（前51年），与诸儒于石渠阁讲论经义，议及大射礼与乡射礼用乐之区别。《后汉书·明帝纪》云，永平二年（59年），“临辟雍，初行大射礼”。这是史书始见记大射之礼。

两汉时，军队中别有一套秋射比试之法。东晋咸康，庾亮曾依据礼经制定乡

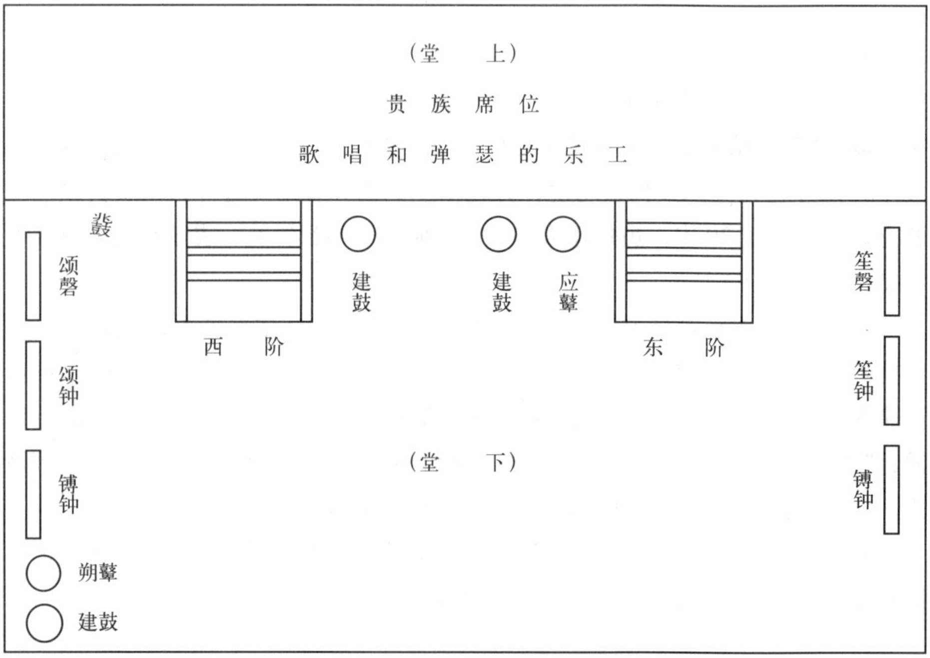


图4—15 杨荫浏据《仪礼·大射仪》绘制的大射仪乐队排列示意图

射之礼。后齐的射礼，史籍记载较详，每年三月三日及秋季举行，季秋为大射，在专设的“射所”行礼。三月三日射礼规模较小。

唐代在射宫举行射礼，每年三月三、九月九两次，射礼基本上照礼经制定，由皇帝初射，群官射中者有赏赐。开元初，有人奏告射礼“耗国损人”，“既不观德，又未足威边”，曾一度取消。开元二十一年（733），玄宗又以“永鉴大典，无忘旧章，将躬侯以观德，岂爱羊而去礼”为理由，恢复秋季大射。（《通典·军礼》）但仍未能持久。五代时亦未见有射礼举行。

北宋大体沿用唐代制度，南迁后即未见记载。辽、金、元各有其俗，射法与中原古制不同。明太祖比较重视射礼，洪武三年（1370）举行大射礼。他认为，只由武夫弯弓习射而文士不解弧矢之道，是不对的，下令太学及郡县学生都要学习射箭。然而，这一诏令似乎并未长期执行。《明集礼》所载“射仪”，较礼经规定减省许多程序，参加者还包括“各官员子弟”及“士民俊秀者”。

清代射礼在大阅及秋狝时举行。[1]康熙十二年（1673），阅兵南苑，树侯而射。康熙帝亲射五矢，箭箭中的，驱驰而射，一发又中，遂传为佳话。这也可以看到清初对骑射军训的重视，而后世八旗子弟之散漫怠惰，不知习武骑射，两相对比自有天壤之别。

**投壶之礼**

与射礼相仿的还有投壶之礼。有人推测投壶乃是射礼的变异，或者由于庭院不够宽阔，不足以张侯置鹄；或者由于宾客众多，不足以备官比耦，因而以投壶代替弯弓，以乐嘉宾，以习礼仪。

投壶，以箭矢投入壶中为胜。壶束颈鼓腹，壶中盛以小豆，使箭矢投入后不至于弹出。箭矢用柘木削制而成。投壶可在室中、堂中或庭中举行。壶放置在与主、宾席距离相等的位置，一般约距投射者二矢半，根据箭矢的长短，实际距离也略有变化。

投壶时，先由主人奉矢，司射奉中，派人拿着壶，到来宾面前，请求以投壶娱乐嘉宾。宾主拜揖行礼，司射放好壶、中、算，宣布投壶之令（规则），主要有：必须将箭矢的端首掷入壶内才算投中，要依次投矢，抢先连投者投入亦不予计分；投中获胜者罚不胜者饮酒，等等。

投壶之礼春秋时多见。《左传·昭公十二年》记，晋侯、齐侯投壶燕饮，晋侯

〔1〕秋狝，古代四季狩猎名称各不相同，文献记载有异。据《周礼》分别为：春蒐、夏苗、秋狝、冬狩。按规定，春天狩猎要有选择，保护有孕母兽；夏天狩猎为保护农田苗稼；秋天狩猎可以多杀获；冬天狩猎可以无所禁忌。

图 4-16 河南南阳汉画像石投壶图

先投，中行穆子致祝词说："有酒如淮，有肉如坻，寡君中此，为诸侯师。"一投而中。轮到齐侯投时，他也举矢祝道："有酒如渑，有肉如陵，寡人中此，与君代兴。"也把矢投进了壶中。在投壶的娱乐中，也包寓着政治斗争的风云。汉代画像石上也有《投壶图》，（图 4—16）魏晋时宫廷中投壶的游戏仍很流行。

## 五、乡饮酒礼

乡饮酒礼是敬贤尊老之礼。《周礼 · 地官 · 乡大夫》说："三年则大比，考其德行道艺而兴贤者能者，乡老及乡大夫帅其吏与其众寡，以礼礼宾之。"郑玄归纳乡饮酒礼的意义有四项：一是选拔贤能；二是敬老尊长；三是乡射，即州长习射饮酒；四是卿大夫款待国中贤者。[1] 乡饮酒是基层行政管理工作的一项重要内容。

汉代乡饮酒礼与郡县学校祀先圣先师之礼同时举行。后汉光武帝建武五年(29 年)，前汉名儒伏生的后人伏湛为大司徒，上书奏行乡饮酒礼。以后历代帝王常以乡饮酒礼为推行教化的手段。隋代，国家在国子寺举行乡饮酒礼；郡县则在当地学校行礼，每年一次。唐贞观六年（632），太宗诏令天下州县长官每年都要举行乡饮酒礼。自从实行开科取士之制后，考生在州县试毕，长吏即以乡饮酒礼招待，"会属僚，设宾主，陈俎豆，备管弦，牲用少牢，歌用《鹿鸣》之诗"[2]。这是后代"鹿鸣宴"之滥觞。武则天长安二年（702），又开设了武举，也以乡饮酒送武举考生往兵部。《开元礼》"乡饮酒之礼"大致据《仪礼》制定。宋代乡饮酒礼在贡士之月举行，以本州学校将升入太学的上舍生[3] 与州之群老一起作为众

〔1〕《仪礼 · 乡饮酒礼》，孔颖达疏。

〔2〕《新唐书 · 选举志》。

〔3〕上舍生，北宋时，国子监大学生自下而上分为外舍生、内舍生、上舍生三等，通过考试升级，上舍生可以授官。地方州学也有类似的三舍，各州按规定每年一次或三年一次向太学"贡士"，即选拔一名上舍生，二名内舍生贡入太学。乡饮酒礼就是宴请将升入太学的学生。

宾，由地方行政军事长官为主人，依礼饮酒。南宋宁宗庆元中，由朱熹改定乡饮酒礼，加以推行。

明洪武初，规定每年孟春正月及孟冬十月行乡饮酒礼，有司与学官率士大夫之老者行于学校，各行省所属府、州、县也都照例举行。民间以里社百社为一会，由粮长或里长为主席，于春、秋社祭时举行。乡饮酒礼规定有“读律令”的仪式，“执事举律令案于堂之中，读律令者指案前北向立读”，“有过之人俱赴正席立听”。[1] 律令读罢后，还宣读刑部编发的其他有关文书，并有训诫致辞。洪武二十二年（1389）规定里社饮酒礼，里社成员分善恶三等分别就席。凡年高有德，无公私过犯者为上等；有因户役差税迟误及曾犯公杖私笞招犯在官者，又为一等；其曾犯奸盗诈伪、说事过钱、起灭词讼、蠹政害民、排陷官长及一应私杖徙流重罪者又为一等。三家子弟亦各自分别三等座次，不得混淆。如有不遵序坐者，以违制论处，可以告官流放。明代乡饮酒礼，已把宗法活动与基层政权建设合为一体，明显地具有对人民强加控制和统治的目的。

清代沿用明制，也有“读律令”的仪式，孟春望日及孟冬朔日于学宫行乡饮酒礼。由学校教官充当司正，行礼致辞说：“敦崇礼教，举行乡饮，非为饮食，凡我长幼，各相劝勉。为臣尽忠，为子尽孝，长幼有序，兄友弟恭，内睦宗族，外和乡党。”[2] 照搬了明代“读律令”后的训诫致辞。这些话倒是将乡饮酒礼的作用讲得清清楚楚。乾隆时，曾对乡饮酒礼作过一些统一的规定，删削某些繁缛的礼节，令乡饮不得旷久。清初，地方乡饮酒礼费用皆取于公家，道光以后因军饷开支骤增，始改由地方备办。随着清帝国日趋衰落，乡饮酒礼亦渐次式微，各地大多不再举行。

## 六、养老、优老之礼

中国有养老、优老的传统，古礼中对此有详细规定。《礼记·王制》说，“五十养于乡，六十养于国，七十养于学，达于诸侯，八十拜君命，一坐再至”，“九十使人受”。这虽是儒家理想制度，但对历代都有很大影响。国家要养的老人有三种，一是贵族中的老者，称为“国老”；二是平民中的老者，称为“庶老”；三是为国捐躯者的老人，称为“死政者之老”。

养老作为一项礼仪活动，主要形式是天子在太学中宴飨三老、五更与众老。

[1]《明史·礼志十》。

[2] 见《清史稿·礼志八》，顺治元年所定乡饮酒礼制。

汉代通常认为三老、五更各为一人，分别由高级官吏中老者担任。“更”，指阅世久深。三与五，据说取象于三辰、五星。蔡邕认为，三老应是三人，五更应是五人，“更”乃是叟字之讹，也是老的意思。他的意见平实易懂，但是历来赞成他的见解者却不多。宴飨三老、五更，要为他们专设宾客之席，天子亲自到陈列酒馔处省视酒醴及珍馐佳肴，到门外迎接三老、五更。入门奏乐，主人亲行酌献之礼。“天子袒而割牲，执酱而馈，执爵而酳，冕而总干”[1]。

优老是指对老年人的优待政策，往往由国家颁布律令加以施行。如在田役方面，规定 80 岁以上的老人，家庭中可免除一名男丁的田役；90 岁以上的老人，全家免除田役。在道路交通方面，规定车辆、行人见到老人要主动让路躲避。在刑律方面，规定 70 岁以上不得为奴，八九十岁虽然有罪，亦不加刑。礼经的这些主张，对后世的优老制度具有一定的指导意义。

江陵张家山 247 号汉墓出土的《二年律令》（吕后二年）的法律条文中就有许多优老的规定。而史书记载，汉初刘邦即颁布养老、优老的命令。他规定，每乡择乡三老一人，每县择县三老一人，作为地方军政官员的顾问，“以事相教”；每年十月岁首，赐给酒肉。汉文帝元年（前 179）颁布养老令，规定 80 岁以上老人每月给米一石，肉廿斤，酒五斗，90 岁以上每年又赐帛一匹，絮三斤。根据文献及武威两次出土的简册材料，[2] 两汉时期养老、优老的法令还有以下的内容：

(1) 高年老者赐给鸠首王杖，地位相当于年俸 600 石的官吏，有出入官府，行于驰道（王家道路）之旁的权利。

(2) 吏民如有骂詈殴辱、损坏其王杖者，以逆、不道之罪论处。（逆、不道之罪，可判处死刑。）

(3) 种田免租，为市免赋，允许经营一般人所不许经营的卖酒的生意。

(4) 假如不是为首（或说亲手）杀人，可以免于治罪。

出土简册记载了许多案例，一些犯有欺辱老人之罪的官吏、平民，确定受到“弃市”（死刑）的惩处。可见养老、优老的法令在两汉是得到比较严格执行的。

北魏时，又有为高年老人授名誉官职的办法。当时，授官在板上书写姓名，如后世之委任状。孝明帝曾给京师地区百岁老人授予大郡板（即大郡太守），90 岁以上授予小郡板，80 岁以上授予大县板（大县令），70 岁以上授予小县板；地方上的老人则减等授板。这虽然只是虚衔，但是也总表示了一种恭敬之意。正光

[1]《礼记 · 乐记》。这是说天子袒露上身亲自为老人们切割肉块，手捧肉酱送上，待老人吃完后，用爵盛酒，请老人们漱口，并戴着冕，拿着干盾，亲自参加舞蹈。一说“冕而总干”是衍文。

[2] 参见《胡平生简牍文物论集 · 玉门武威新获简牍文字校释》，台湾兰台出版社，2000。

四年（523），孝明帝又下诏对年满 70 岁，应当退休的官员给予优惠照顾；不愿意退休者，可以不退。对于能力不足而愿意退休者，发给一半的俸禄。后来，隋代对七品以上的退休官员，也有一定数量的米谷供应。

金代天德三年（1151），沂州一名男子犯罪应处以死刑，但家中老母有病而别无侍奉之人，海陵王特准免予一死，命在家奉养老母。这是“独子留养”制度之始，后来定为法令，历代多沿用其例。

明洪武时规定，老人贫无产业而邻里称善者，80 岁以上每月给米五斗、肉五斤、酒三斗；90 岁以上每年加给帛一匹，絮五斤。永乐时，又准许 70 岁以上老人家中可有一丁免役侍养。天顺、成化时还规定四品、五品退休官员 70 岁以上不能自给者，每岁供米五石，百姓 90 岁以上者，每岁设宴款待一次，百岁以上由官府供给棺具。清代沿用明制，康熙时又规定，给百岁老人“升平人瑞”匾额，赐银建牌坊；节妇百岁给“贞寿之门”匾额，也赐银建牌坊。

历代养老、优老的法令和规定，体现了社会文明与进步的一个方面，然而，封建官僚体制又阻碍了它的实施与贯彻。汉文帝曾慨叹地方官吏把陈粟发放给老人，有悖于养老之意。明太祖也担忧，“虞有司奉行不至”。雍正元年（1723）诏书说道：“地方赏老人者，每州县动支数千金，司府牧令，上下通同侵扣，吏役任意需索，老人十不得一。”[1]

## 七、帝王庆贺之礼

### 1．帝王即位改元

《尚书》之《顾命》、《康诰》写到周成王死后，康王告殡宫而即位的典礼，这是文献中最早的关于帝王即位礼的记载。与即位相关的是“纪元”。所谓“纪元”，就是“纪一君之终始”[2]。新君改元，自有肇兴代终之义。第一年称为元年。我国历史有可靠纪元记载的是西周共和元年，相当于公元前 841 年。

秦王嬴政灭六国，并天下，认为“今名号不更，无以称成功，传后世”，遂改称“皇帝”，尊其父庄襄王为太上皇，自称为“朕”，皇帝之命曰“制”，令曰“诏”；根据五德终始之说，认为秦代周，秦得水德，其方色上黑，衣服、旄节旌旗皆以黑色为上，数以六为纪。[3] 但史书不见有其他庆典礼仪。

〔1〕《清朝通典·嘉礼七》。
〔2〕《五礼通考》引方观承语。
〔3〕《史记·秦始皇本纪》。

汉五年（前 202）刘邦灭项羽，诸侯、将相拥立刘邦为皇帝，当时刘邦地位并未十分稳固，他辞让再三，后在汜水之阳建即位坛，即皇帝之位，其礼已不可考，大约应有祭告天地等仪式。文帝在诸吕之乱后由代王而被迎立为帝，即位时大赦天下，赐民爵一级，赐女子每百户牛一头，酒十石，酺五日（平时不得群饮，此时特许聚会饮食）。[1] 即位之日，至高帝庙中拜谒行礼。文帝纪元至十六年时，有阴阳家新垣平伪刻“人主延寿”玉杯进献，又诡称天象有变异，应当及时改元，因而以十七年更为元年。在此之前，战国秦惠文王十四年也有更元之事，但事因不明。后代帝王在位期间改元，往往因为某种祥瑞或灾异，或者是为了纪念某一事件。

自古帝王并无年号，年号起于汉武帝。《史记·孝武本纪》记载武帝即位十余年后，“有司言：元宜以天瑞命，不宜一二数。一元曰建元，二元以长星曰元光，三元以郊得一角兽曰元狩云”。学术界一般认为，武帝始创年号，实起于元鼎（元年为前 116 年），这以前的建元、元光等年号都是后来追加的。[2]

后汉光武帝即位，建坛场，燔燎告天，禋于六宗（水、火、雷、风、山、泽），望于群神，祝辞而祭。建元建武，大赦天下。其后，开国之主多举行燔燎告天之礼，如三国蜀帝刘备、晋武帝司马炎、南朝宋武帝刘裕、齐高帝萧道成、梁成帝萧衍、陈武帝陈霸先等等。

继嗣之君改先帝年号，一般在即位后第二年。但是，历代常有例外。刘备于章武三年（223）四月卒，后主刘禅于五月即位，马上改元建兴；司马炎太熙元年（290）四月己酉卒，晋惠帝司马衷当天即位，改元永熙。在礼学家看来，这都是大乖旧典，贻人口实的非礼之举。

北周静帝禅位于隋，静帝遣太傅奉策书、大宗伯奉皇帝玺绶，交给将即位的隋国公、相国杨坚。杨坚自相府入皇宫，在临光殿备礼即位，并在南郊设坛，遣使柴燎告天；又告谒祖庙，大赦，改元。这是所谓的禅让即位。

禅让，又有父王让位于太子的，叫“内禅”。唐睿宗李旦，太极元年（712）五月改元“延和”。七月，有彗星入于太微座，李旦听信星相家之言，执意要“传德避灾”，让位于太子李隆基，自己当太上皇。李隆基即位后，祭享太庙，大赦天下，改元“先天”。一年之内，数次改元。

禅位改元的又有唐顺宗，贞元二十一年（805）正月，唐德宗卒，三天后，顺宗即位，本不改元，到了八月，顺宗禅位，立皇太子李纯为帝，自称太上皇，改元“永贞”。李纯即位后，第二年又改元“元和”。

---

〔1〕《史记·孝文本纪》。

〔2〕赵翼《廿二史札记》卷二。

五代时，即位改元制度混乱，如后梁太祖朱温，被其子友珪所弑，改元“凤历”；次年其弟友贞又杀友珪，废除“凤历”年号，却又沿用朱温原有“乾化”年号，两年后才改元。后汉高祖刘知远建国即位，却仍沿袭后晋高祖石敬瑭的“天福”年号，次年才改元“乾祐”。其子后汉隐帝刘承祐继位后，又不改元，沿用其父“乾祐”年号直至被废黜。

南宋绍兴三十二年（1162），高宗内禅，令皇太子赵昚即位。六月，行内禅之礼。在紫宸殿设仪仗，宰臣文武百官列班肃立，高宗出宫，鸣鞭，禁卫、仪仗及内侍迎驾，高宗升御座。文武大臣上殿与高宗拜辞，奏敬仰、依恋之类言辞。高宗则勉励大臣悉力以辅佐嗣位之君。君臣为之泣涕。大臣退下，高宗亦退入内宫。然后，宰臣文武百官立班宣诏，听毕再拜，舞蹈，三呼万岁。再拜，再至殿下立班，迎候新皇帝。禁卫、仪仗迎新皇帝出，鸣鞭，内侍扶皇帝至御榻，皇帝先不肯就座，内侍传太上皇圣旨，请皇帝就座，皇帝方才坐下。但故意东向，或西向，而不南向。文武百官先称贺，再拜，舞蹈，三呼万岁。宰臣上殿，请新皇帝南面而坐，经再三推辞，皇帝面南坐正。宰臣退下，皇帝回内宫，鸣鞭，百官退出。翌日，新皇帝至德寿宫朝见太上皇，文武百官在宫门外迎驾。太上皇即御座，新皇帝上殿拜，奏圣躬万福。百官亦拜，又搢笏三舞蹈，三叩头，出笏，三拜。南宋后又有孝宗、光宗内禅，大致依照此例。

明太祖朱元璋即位时，于南京钟山之阳设坛，祭祀天地，祝告上帝，丞相率百官拜贺舞蹈，三呼万岁。卤簿（仪仗）导从到太庙祭拜四世先祖，告祀社稷。然后服衮冕御奉天殿，用大乐鼓吹，鸣鞭，百官上表祝贺，捧表展读；群臣四拜三舞蹈，拱手加额，三呼万岁，出笏俯伏，再随音乐四拜。贺礼毕，皇帝册拜皇后，册立皇太子，并以即位诏告天下，建元“洪武”。自明代起，建元之制为一帝一年号，终其世而不改。先帝卒，继嗣之帝于当年仍沿用旧纪年，次年改元。

清太祖即位，焚香告天，率贝勒、群臣三跪九叩行礼。然后由贝勒率各旗属庆贺。太宗皇太极，天聪十年（1636）改元“崇德”，建国号大清，筑坛，备卤簿。率群臣诣坛告天再登坛升座，贝勒等三跪九叩。皇帝接受御宝（印玺），宣读官读满、蒙、汉三体表文。翌日，群官到宫中上表称贺，皇帝赐宴，颁令大赦。

乾隆六十年（1795），高宗内禅。先遣官祭告太庙、太社，太上皇御太和殿，嗣皇帝（即仁宗）与王公、百官侍立，再跪听宣读传位诏书。太上皇帝将御宝授予嗣皇帝，嗣皇帝跪受，然后率群臣行九叩礼，鸣鞭，奏乐。太上皇回内宫。嗣皇帝退至保和殿，再御中和殿，众官员列班行礼。礼毕，至太和殿登极。奏乐，宣读登极贺表，再行礼。嗣皇帝回内宫，礼部镌诏书颁行天下，明年，改元“嘉庆”。

### 2．朝礼

朝礼是帝王与大臣上朝办理政务之礼，主要涉及听朝之场所、时间以及相关的仪式。礼经说，天子之宫有五门——皋门、库门、雉（中）门、应（正）门、路（寝、虎、毕）门；有三朝——外朝、治朝、燕朝。诸侯三门——库门、雉门、路门；有三朝。“皋”通“高”，在最外。“库”指府库。“雉”，指画雉于门，因为居中，故又称“中门”。“应”，指应治出政，又称“正门”。“路”是大的意思，指寝门，因画虎于门，又称“虎门”；门到此为止，故又称“毕门”。外朝、天子在库门之外，诸侯在库门。国家有大事，致万民而询则在外朝，不是常朝之处。治朝，在路门外，乃每日常朝听政之处。燕朝，在路门内，路寝之庭，是与公族、宗人议事之所，乃退朝后理政之处。

朝之所以称为朝，因为通常都在清晨入宫廷理事。《孟子·公孙丑》云：“朝将视朝”；《诗经·齐风·鸡鸣》云：“鸡既鸣矣，朝既盈矣。”古之君臣鸡鸣天明之时入朝，而未明之时即已起身上路。群臣俟君王临朝，拜揖行礼，王答礼，就位。然后听事理政。事毕，退朝入路寝。群臣各自回到各自的治事之所。

秦代朝礼不得其详。泰山刻石说秦始皇“夙兴夜寐”，《史记·秦始皇本纪》说他审阅奏书，“至以衡石量书，日夜有程，不中程不得休息”，没有提到秦的上朝之礼。不过，赵高对秦二世说：“奈何与公卿廷决事？事即有误，示群臣短也。”“其后，公卿稀得朝见”。可见秦时仍有常朝制度，君臣当廷议决政事。

汉代朝礼为叔孙通所定。朝臣平明前以次入殿，趋行示敬。门廷中陈车骑戍卫，设仪仗旗帜。功臣、列侯、将军、军吏站立于西方东向，文官丞相以下站立于东方西向，大行官（掌宾客礼）设九宾传告皇帝乘辇出房，百官执戟传警。皇帝南面就座，诸侯王以下至六百石按秩位高下以次跪拜行礼。百官出入宫门有“门籍”，上书姓名状貌，无籍者不得进入。大臣有事，常朝之外可以到内宫奏事。在朝官员每五日一洗沐，得休假一日。因病可以告假，病假以三月为限，超过三月一般要免去官职。

汉地节二年（前68年），宣帝亲理国政，每五天一听朝，自丞相以下各奉职奏事。这一制度后代大多沿用，所谓“历代通规，永为例程”。

三国魏制，皇帝每月朔、望听朝，公卿奏疑事，听断大政，论辩得失。晋代皇帝却常常不亲临朝堂，朔、望之朝往往为公卿会集议论政事。北魏高祖在日中集群臣于朝，日中之前由大臣讨论；日中之后，君臣共议可否，将奏案读过，由皇帝裁决。

隋初，文帝每日清晨临朝，《隋书》称他为“日昃忘倦”。唐初，皇帝每月朔、望在太极殿坐而视朝，而两仪殿为常日听朝视事之所。据两唐书《职官志》说，文武官职事九品以上朔望入朝；文官五品以及监察御史、员外郎、太常博士每日朝参，称“常参官”；武官三品以上，三日一朝，称“九参官”（每月九次入朝）；五品以上五日一朝，称“六参官”；弘文、崇文馆、国子监学生四时参。各按品秩高下有不同的规定。贞观十三年（639），因为当时天下太平，政简事少，所以常朝改为三日一朝，后来又改为五日一朝。《开元礼》有“朔日受朝仪注”。是日，皇帝于太极殿受朝，御座在北壁南向，外设御幄；乐队在殿中，文官四品、五品在东，武官四品、五品在西，文武官三品以上在南，六品以下在其后。皇帝出宫前，通事舍人引导四品以下百官先就位，然后奏乐，击钟鼓，皇帝乘舆而出，自西房就御座，乐止。通事舍人再引导三品以上大臣入门，亦奏乐。典仪使指挥群臣行拜礼，共两次行礼。舍人引北向而立，百官退出。侍中跪奏礼毕。皇帝降座，奏乐，御舆入东房，乐止。舍人再引东、西文武大臣退朝。朝毕，有“赐食”制度，三品以上升殿而食，四品以下则在廊下赐食。百官朝参，要穿着规定的朝服，不按规定穿着，扣除一月俸禄。如果无故缺席不到，扣除一季俸禄。由御史负责点班。但是，天雨、天雪以及严寒、酷暑，通常有敕诏停止朝参。朝参时其他禁例还有很多，如语笑喧哗、执笏不端、行立迟慢、立班不正、趋拜失礼、穿班穿仗、无故离席、廊下饮食行坐失仪、非公事入中书等等。以上禁例，凡有违犯者皆扣除一月俸禄。

古礼百官入朝要“趋”，即快步走，表示虔敬之意。天宝六年（747），唐玄宗诏令“朝官从容至阁门入至障外，不须趋走；百司无事至午后放归，无为守成”[1]，废除了“趋走礼”。玄宗还将朝参行礼改在紫宸殿或宣政殿，百官随仪仗自东西两门从容而入，这就是礼书所说的“入阁”，后来成为常朝制度。

唐代末年，朝制又改为每月逢一、五、九日开延英殿坐朝，计每月九次，但是如果有紧要公事，可由中书门下具榜子奏请开延英殿，则不计时日。

五代后唐李嗣源有“起居”制度，即群臣每五日一次随宰相入见内殿，这与朔、望入阁朝参成为定礼。

宋代朝礼与唐、五代相似，百官依品秩按规定入朝。元丰中规定，侍从官以上日朝垂拱殿，称为常参官。这是以宰相为首，包括吏、户、礼、兵、刑、工、六部尚书、侍郎、翰林学士等在内的国家重臣。其他文武百官每五日一起居，朝紫宸殿，称为“六参官”。在京朝官以上，每月朔、望一朝，称为“朔参官”、“望参官”。朝参时，百官随仪仗入殿庭，班立即定，内侍手持牙牌，上刻有“班齐”

---

〔1〕《通典·宾礼一》。

二字，由小黄门引入。皇帝先在后幄内坐等，黄门高声呼问：人齐未？当头者答道：人齐！皇帝即出幄，卫士鸣鞭，皇帝入座。欧阳修《早朝感事》诗云："玉勒争门随杖入，牙牌当殿报班齐。"[1]写的就是百官入朝情景。宋代又有百官轮对制度，即皇帝在每五日内殿起居日受朝时，轮流召一官员上殿，陈述时政得失，自侍从之臣以下百官皆可，称为"轮官转对"（或称"轮当面对"）。其制始于后唐天成年间。宋哲宗时曾一度废止，后又恢复。

明代朝制变化甚多，有一日二朝（早朝、午朝），也有一日三朝（加晚朝）。嘉靖皇帝即位之初常于昧爽之前视朝，设火烛登御座，虽大风寒亦无间断，但后来竟三十余年不御常朝，以至于隆庆皇帝（穆宗）继位后连朝礼制度都没有人记得起了。明代朝礼的主要变化有：(1) 牙牌制度。洪武十一年（1378），向文武朝臣颁发刻有官称的象牙小牌，朝参时必须佩戴。有不佩戴者，门卫拒之门外；私相出借者以律论罪；官员亡故，牙牌交回内府。(2) 赐座。洪武时，朝参行礼后或有赐座，座次依文武高下排列。(3) 取消赐食。洪武二十八年（1395），因为"职事众多，供亿为难"，取消了赐食制度。[2] (4) 正月节日放假。永乐初，元宵节放假，自正月十一日起放假十天，百官朝参不准奏事。弘治元年（1488），则从正月初一至十五日，皆不御殿视朝。

清代皇帝起初亦五日一视朝，后改为逢五视朝，一月三朝。皇帝在太和殿升座。文武官员按次列坐，分为九班，以击鼓为号，起立听指挥，引入殿内行跪拜礼。朝参之日黎明时按次列坐，叫做"坐班"。光绪时，王公在太和门外东西各二班；百官在午门外，东西各九班。有纠仪官分列班首、班末，环班稽查。御门听政之礼，雍正时在乾清门。一般是部院所进折本在内阁积存到一定数目后，传旨某日御门办事。部院奏事大臣及陪奏官在庭内等候，皇帝坐御榻上，侍卫左右立。起居注官由西阶而上，部院官由东阶而上，分列而跪。尚书将折本匣呈放在案桌上，跪言奏某事。各部官员依班进奏，退下。然后由奏匣学士捧折本匣送呈跪启，皇帝指派大学士一人启读折奏，皇帝降旨宣答，大学士承旨，记注官作记录。记注官由翰林学士担任。

### 3. 朝贺之礼

常朝为治理国政而设，除此之外又有大朝，又有节日庆贺，礼仪规格皆高于常朝，故"朝贺之礼"另有一套礼规。

---

〔1〕周必大《二老堂诗话·报班齐》。

〔2〕黄光升《昭代典则》卷十二。

秦始皇二十六年（前221）统一了中国，规定“朝贺皆自十月朔”[1]。这是岁首朝贺，但仪注已不详。汉初仍沿用秦制，于十月岁首行朝贺礼，诸侯王及群臣以次奉献贺礼。诸侯王与列侯以玉璧为挚，二千石以下以羔为挚，千石以下则分别以雁或雉为挚，百官称颂万岁，朝见后置酒以礼而饮，依尊卑次第为皇帝祝酒。东汉时，朝贺后皇帝宴飨百官的规模极大，至万人以上，有音乐、舞蹈、杂技百戏表演。两汉岁首朝贺，参加者还有郡国掌管财政的官员，称为“计吏”或“上计使者”。他们在岁末、岁首交替之际，向中央政府报告当地行政、财务情况。这一制度为历代沿袭。

魏晋南北朝时期，朝贺之礼大致同两汉。晋岁首正月元旦朝会，称为“元会”或“正会”，是国家最隆重的庆典。冬至朝会，被称为“小会”或“冬会”。

唐代元旦、冬至两大朝会，合称“正至”。元旦朝会，由皇太子献寿，中书令奏诸州上表，黄门侍郎奏祥瑞，户部尚书奏诸州贡献，礼部尚书奏诸藩国贡献，百官上殿高呼万岁。乐舞有“三大舞”，即七德舞、九功舞、上元舞。朝贺毕，皇帝宴飨群臣。

宋代以元旦、五月朔及冬至行大朝会之礼。正旦朝贺，百官凡十九拜三舞蹈。南宋绍兴初年，据《宋史·高宗本纪》，赵构在元旦时率百官遥拜被金人俘虏到北方去的徽宗、钦宗二帝，自己不受朝贺。绍兴十五年（1145），才恢复朝贺之礼，但南逃仓皇，礼器仪仗损失甚大，规模不得不大大缩减。

辽、金朝贺皆沿用宋制，唯有音乐不同。元初朝仪未遑制定，遇有称贺之事，臣庶咸集帐前，无尊卑贵贱之分，嘈杂喧哗，熙熙攘攘，执法官“挥杖击逐之，去而复来者数次”[2]。至元八年（1271），才参用汉礼制定朝仪。

明太祖曾一度认为“山呼万岁”，“实亦虚词”，下令更改。有人提议，改为呼喊“天辅有德”，“海宇咸宁”，“圣躬万福”，后因呼声不易整齐，反而有失礼仪，因此仍恢复呼喊万岁。明代朝贺还发生过一次事故。正德十一年（1516），元会朝贺，自晨至暮，散朝时已至昏夜，百官奔趋而出，竟至拥挤颠扑相互践踏，有一位名叫赵朗的将军在禁门被踩死。

清代元旦、冬至及万寿圣节（皇帝诞辰），称为“三大节”，大朝行礼庆贺。皇帝至太和殿，王公百官分班而立，行三跪九叩之礼。礼毕，赐座，赐茶，元旦午时设宴。

〔1〕《史记·秦始皇本纪》。

〔2〕陶宗仪《辍耕录》。

#### 4. 千秋万寿节

帝王诞辰称为“千秋节”或“万寿节”，庆贺典礼始于唐玄宗。上古有祝寿之辞，但无庆贺生日之活动。如《诗经·大雅·江汉》“虎拜稽首，天子万年”；燕饮祝酒，也多用上寿之辞。举行纪念生日活动，始于隋高祖。仁寿二年(602)，杨坚下诏云，六月十三日是他的生日，宜令海内为武元皇帝、元明皇后断屠。这是以不准宰牲来纪念父母生育之恩。唐太宗过生日，曾在庆善宫赋诗赐宴。这时，都还没有举行庆贺祝寿的典礼。唐玄宗时，宰相率群臣上表称贺，说：“圣人出则日月记其初，王泽深则风俗传其后”，“诞圣之辰也，焉可不以为嘉节乎！”遂将玄宗生日定为“千秋节”，置酒张乐，大宴百僚。玄宗登花萼楼受贺，全国放假三天。[1] 晚唐诸帝过生日多邀集沙门、道士讲论祈福，不举行朝贺之礼仪。

五代时，帝王诞辰庆贺之仪规模较小，而宋、金以后规模已与元日朝贺仪相同，以后历代沿用其例。唐、宋时，每一皇帝诞辰往往各立节日名称，如唐玄宗生日称“千秋节”，又称“天长节”；肃宗生日称“天成地平节”；文宗生日称“庆成节”；五代后唐庄宗生日称“万寿节”；明宗生日称“应圣节”；宋真宗生日称“承天节”；仁宗生日称“乾元节”……元代则一般统称“天寿节”或“圣诞节”；明、清称“万寿节”。

可列入“嘉礼”的典礼制度还有许多，如“尊亲礼”，皇帝追尊已故的先祖父考，给他们加上种种尊号，或者给禅位的太上皇，给皇太后、太皇太后加上种种尊号、徽号；又如“巡狩礼”，帝王巡行天下，察吏治，观民风等等。在古代礼书中，还有将“观象授时”(天文历法)、“体国经野”(地理)、“设官分职”(官制)以及学校、科举、取士等列入“嘉礼”的，而本书皆有专章，兹不赘述。

## 第三节
## 宾　礼

宾礼是接待宾客之礼。《周礼·春官·大宗伯》说：“以宾礼亲邦国”，这是讲

[1] 见《册府元龟·帝王部》。

天子与诸侯以及诸侯国之间的往来交际之礼。宾礼包括：

春见曰朝，夏见曰宗，秋见曰觐，冬见曰遇。时见曰会，殷见曰同。时聘曰问，殷覜曰视。

“时见”是有事而会，“殷见”是众诸侯同聚；“时聘”是有事而派遣使者存问看望，“殷覜”是多国使者同时聘问。后代则将皇帝遣使藩邦，外来使者朝贡、觐见及相见之礼等都归入宾礼。

## 一、朝觐之礼

### 1. 礼经朝觐礼

朝觐之礼用意在于明君臣之义，通上下之情。《周礼·秋官·大行人》说：“春朝诸侯而图天下之事，秋觐以比邦国之功，夏宗以陈天下之谟（谋），冬遇以协诸侯之虑。”这是从天子的角度而言。从诸侯的角度讲，就是《孟子·梁惠王下》所说：“诸侯朝于天子曰述职。述职者，述所职也。”

王畿之内的诸侯，一年朝觐四次。封于远方的诸侯则分为“六服”，各以服数来朝。邦畿之外方五百里谓之侯服，每岁一见；其外方五百里谓之甸服，二岁一见；又其外方五百里谓之男服，三岁一见；又其外方五百里谓之采服，四岁一见；又其外方五百里谓之卫服，五岁一见；又其外方五百里谓之要服，六岁一见。九州之外，谓之藩国，世一见。这是《周礼》所记的制度，大概是一种理想主义的规划。《礼记·王制》则说，诸侯之于天子“五年一朝”。

### 2. 历代朝觐礼

诸侯朝觐天子的史料，先秦古籍《尚书》、《诗经》、《春秋》、《竹书纪年》等保存甚多。

秦平天下，废诸侯，立郡县，朝觐之礼自然废弃不用。两汉时，诸侯王或一年一朝，或数年一朝，或长期滞留京都，没有严格的制度。同姓诸侯王来朝，常以家人之礼相待，有时燕饮言谈不大讲究君臣礼数。晋武帝泰始时规定，诸侯王每三岁一朝，朝礼皆执璧。后周时，梁王萧詧（察）以藩国身份入朝，当时方依据礼经制定朝觐之礼。[1]

唐《开元礼》有藩主来朝礼。藩主到达宾馆，在门前皇帝派使者用束帛“迎劳”（迎接，劳问）。朝觐前，遣使戒日。至期，由通事舍人引导藩主自承天门至

〔1〕《隋书·礼仪志三》。

太极殿阁外。鼓乐齐奏，皇帝即御座。藩主入门，亦用鼓乐，乐止，藩主再拜稽首行礼。侍中宣读制书，宣敕命，引藩主升座，劳问藩主。礼毕，鼓乐齐奏，藩主再拜稽首行礼。他日，皇帝宴藩主。宴前，藩主奉贽，献贡物。宴后，皇帝常有赏赐。宋代外国君长来朝，采用唐制。元代受朝之事虽史书有载，唯仪制未详。

明代洪武初，规定亲王每岁朝觐，但是不得同时来京，必须等一王朝觐完毕回国之后，再通报另一王，准许其来京朝觐。自长至幼，自嫡及庶。嫡者朝毕，方及庶者，也按照长幼序次，周而复始。居边诸王，边境安宁则依期来朝，边境有事则不拘常规。朝觐时，大朝八拜行礼，常朝一拜叩头。伯、叔、兄辈见天子，在朝行君臣之礼，在便殿行家人之礼。

清初，藩王分为两类，凡处于中国西、北方面如内外蒙古科尔沁、喀尔喀诸部及新疆额鲁特部、西藏喇嘛等，由理藩院掌管；而处于东、南方面如越南、朝鲜、琉球等属礼部的主客司掌管，二者亲疏有别。蒙古等部藩王，康熙时分班轮流来朝。雍正时改分 49 旗王公、台吉为三班，二岁一朝。至咸丰时废止。安南等国王则偶有一至。朝觐礼参照礼经制定，但较为简略。如遇到大朝、常朝，藩王列于班末行礼如仪。非朝期则单独召见。

## 二、会同之礼

朝觐是天子个别接见一方一服来朝诸侯，会同则是四方齐会，六服皆来，而且既可以在京师，又可以在别地，甚至在王国境外。由于会同是各方诸侯同聚一堂，因此也就成为诸侯大国炫耀实力的大好时机。

会同之礼散见于礼经各篇而无专述。通常是在国门之外建坛壝宫室，举行典礼。春会同则建于东方，夏会同则建于南方，秋会同则建于西方，冬会同则建于北方。

天子与诸侯举行会同典礼，事先告祭宗庙、社稷、山川。会同之日，介（来宾之随从人员）要预先持各诸侯的旗帜置于宫中各自的位置上。天子在坛上依屏风而立，公侯伯子男皆立于自己的旗下。天子走下坛来，南向向诸侯三揖行礼。对庶姓诸侯（异姓诸侯中无亲戚关系者）行“土揖”礼，即拱手向下推；对异姓诸侯行“时揖”礼，即拱手平推；对同姓诸侯行“天揖”礼，即拱手向上推。礼毕，回到坛上，设傧者传话，命诸侯升坛奠玉享币行礼。享献后，天子乘龙马之车，载太常之旗，率诸侯拜日于东门之外，然后祭祀方明。会同时常有盟誓之仪，要“北面诏明神”而盟，方明就是“明神”。盟誓时割牛耳取血，流入容器后，以桃枝拂扫，歃血为盟。20 世纪 60 年代，在山西侯马和河南温县等地先后发现了大批春秋时期晋国的载书。不过，那已不是天子诸侯的盟誓之书，而是卿大夫的盟誓之书。[1] 参加会同典礼的天子、诸侯还要分别祭祀日、月、四渎、山川丘陵。祭天燔柴，祭山、丘陵“升”（将祭品置于山顶），祭川、渎“沉”（将祭品沉入水中），祭地瘗埋。典礼毕，天子飨燕各方诸侯，并有赏赐。有时亦行宾射之礼。会同也有大、小之分，天子诸侯各自派遣卿大夫参加的，称“小会同”；天子、诸侯亲自参加的，称“大会同”。

春秋时，周天子地位动摇，权力日衰。会同之礼，每每成为一些诸侯大国“挟天子以令诸侯”的政治行动，周天子常常不得不降尊纡贵，与各方诸侯“平起平坐”，听凭大国称王称霸。

## 三、诸侯聘于天子之礼（藩国聘使朝贡进表）

《礼记·王制》说：“诸侯之于天子也，比年一小聘，三年一大聘。”即在诸侯定期朝觐天子的间隔，派遣卿大夫为使者，到京都作礼仪性的问候，并报告邦国的情况。周制是否真是如此，缺少确凿材料。

春秋时诸侯各国遣卿大夫聘于周天子。秦汉以来，不再有诸侯聘于天子之礼，历代礼书皆以藩国聘使朝贡进表之仪当于此礼。

西汉时先后有南越、匈奴及西域莎车、于阗等国遣使朝献。史书说，武帝时“殊方异物，四面而至”，“明珠、文甲、通犀、翠羽之珍盈于后宫，蒲梢、龙文、鱼目、汗血之马充于黄门，钜象、师子、猛犬、大雀之群食于外囿”。武帝对来朝者“设酒池肉林以飨四夷之客，作《巴俞》、《都卢》、《海中砀极》、漫衍鱼龙、角抵之戏以观视之；及赂遗赠送，万里相奉，师旅之费，不可胜计”。[2] 当时迎来送往必有盛大的典礼，但是史籍不载仪制。至唐《开元礼》方有“受藩国使者表及币”、“皇帝宴藩国使”等礼。

当藩国使者到达京师时，要“束帛迎劳”，表示慰问，并安置宾馆，供给羞膳，然后协议递交国书的日期。届时，藩国使者身穿本国服装来到宫中，由礼官奉迎，通事舍人引导使者立于阁门之外，使者随员捧币、玉及“庭实”贡品。钟鼓奏鸣，皇帝随宫廷仪仗出而就座。通事舍人引导使者及随从入门，大藩大使亦用钟鼓音乐，次等藩国大使及大藩中使以下则不奏乐。立定后，中书侍郎率令史等捧案至使者面前，使者递交国书，侍郎将国书置于案内呈交皇帝。使者再将贡

〔1〕见《侯马盟书》，文物出版社，1976；《河南温县东周盟誓遗址一号坎发掘简报》，《文物》1983年第3期。
〔2〕见《汉书·西域传》。《巴俞》为舞名。《都卢》为爬竿技艺，都卢国艺人善爬竿杂技。《海中砀极》为乐舞名。“漫衍鱼龙”为化妆成动物作各种表演。角抵，摔跤。

图 4–17 宋代契丹使朝聘图

物交礼官收下，并率随行人员再拜行礼。接见完毕，使者及随员行礼退出，回宾馆。他日，皇帝宴请藩国使者。

宋代，辽、金使者往来频繁。《宋史 · 礼志》有“契丹国使入聘见辞仪”、“金国聘使见辞仪”，大体沿用唐制。（图 4—17）然而，北宋与契丹约为“兄弟之国”，庆贺、丧典使者往来采用古代诸侯各国之间遣使交聘之礼，而不是藩使聘于天子之礼。宋与金人交往，最初与契丹同等礼仪。南宋时，皇帝向金人奉表称臣，已经反过来向金国皇帝行藩国朝贡之礼。金国使者南下，称为“诏谕江南”。金宰相张通古曾经担任过诏谕江南使，南宋皇帝接见使者，安排张通古面北而拜，遭到张通古严词拒绝。张说：大国之卿就相当于小国之君，宋朝已奉表称臣于金，我怎么能北面而拜？结果，安排了东西相向的两个位置，张通古居于面东的尊位，南宋皇帝居于面西的位置，拜受“诏谕”[1]。据此史实可知《宋史 · 礼志》所载

〔1〕见《金史 · 张通古传》。

礼仪制度很可能是单方面的规定，不一定能照此实行。

明代设会同四夷馆，负责接待藩国及外邦使节。朝贡之日，文武百官在殿内两侧侍立。朝贡后，礼部官员奉旨赐宴于会同馆。除朝见皇帝外，还要在东宫朝见皇太子。

清初对一般藩使沿用明制，但对西洋各国使节逐渐改变礼制。顺治、康熙时，有俄国、葡萄牙及英国使者入贡，觐见皇帝仍用三跪九叩之礼。雍正时，罗马教皇遣使来京，特许其用西洋礼仪，皇帝同使者握手。乾隆末，英国使者入觐，也采用了西礼。嘉庆二十一年（1816），英国使节因拒绝行跪拜礼，谎称生病而不入觐。嘉庆皇帝大为恼怒，因此而停止筵宴和赏赐。咸丰、同治两朝，清廷与各国使节都为入觐礼仪采用华制、西制的问题争执不休。同治十二年（1873），议定日、俄、美、英、法、荷等国使臣呈递国书，皇帝接见用五鞠躬之礼。按西礼，臣见君三鞠躬行礼，这里改用五鞠躬礼见中国皇帝，算是双方各有变通。光绪后，清朝更加孱弱。八国联军镇压义和团后，各国进一步要挟清廷更改礼仪，提出各国使臣会同觐见，必在太和殿，一国使臣单独觐见，必在乾清宫；递交国书，必由清廷派舆轿接送，由皇帝亲自接受；设宴乾清宫，皇帝必躬亲出席等。经数月谈判，清政府接受了大部分要求。

## 四、诸侯遣使交聘之礼

诸侯遣使交聘，即相距一定的时间，诸侯各国派遣使者互致问候，以卿为使者称“大聘”以大夫为使者称“小聘”。（图 4—18）

诸侯各国遣使交聘之礼，春秋时期最为频繁，先秦古籍中经常写到，以后由于社会环境变化而不再使用。

## 五、相见礼

### 1. 礼经相见礼

《礼记 · 王制》云：“司徒修六礼以节民性。”这里所谓的“六礼”是“冠、婚、丧、祭、乡（饮酒）、相见”之礼。《仪礼》有《士相见礼》一篇，以士为主，兼及士见大夫，大夫相见，士大夫庶人见君以及言谈、视看、侍食等内容。（图 4—19）

士相见，宾见主人要以雉为贽；下大夫相见，以雁为贽；上大夫相见，以羔为贽。按照汉儒的解释，用贽有象征的意义。用雉，“取其耿介，交有时，别有

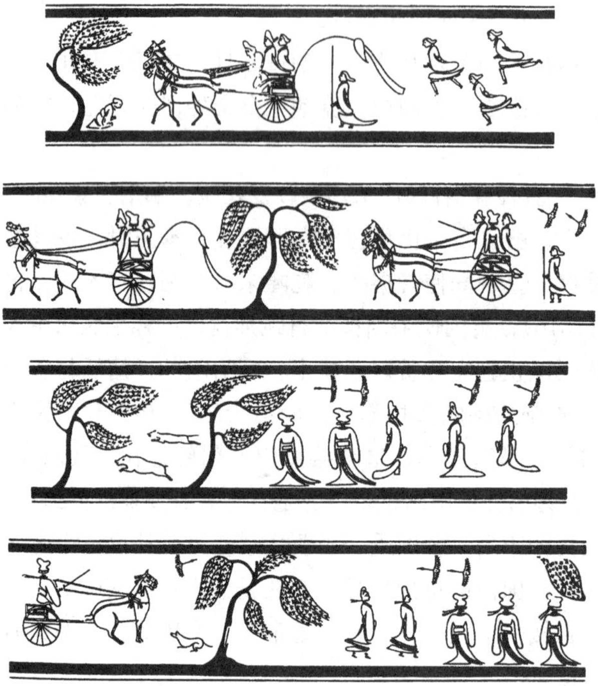

图 4-18 包山楚墓漆画"聘礼行迎图"

图 4-19 四川广汉画像砖拜见情形

伦”；用雁，“取知时，飞翔有行列”；用羔，“取其从帅，群而不党”。[1]

### 2. 历代相见礼

宋以前各朝礼书皆无相见礼，宋太祖乾德二年（964），始定内外群臣相见之礼。主要内容是，下级见上级，按照职位、品级分别行礼，如果在路途相遇，下级官员或“敛马侧立”，等候其通过，或“引避”，或分路而行。如参见上级，或在堂上列拜；受参者答拜；或拜于庭中，或拜于阶上。又有“趋庭”之仪，即通常下级官员参见上级官员要小步快走而过庭。像诸司使、副使以及通事舍人等小官吏通报姓名拜见宰相、枢密使等大官时，大官不需答拜。如同级官员相见，则对拜行礼。

明代品官相见，揖拜行礼。公、侯、驸马相见，各行两拜礼。下级见上级，下级居西先行拜礼，上级居东答拜。如果本是亲戚而有尊卑之分，则应按私礼行礼。如果上下级官员品级相差二三级，则下级居下方，上级居上方；如果品级相差四级，则下级居下方拜，有事须跪着陈述，上级坐而受拜。大小衙门官员每日见长官行揖礼，见副长官行肃揖礼（直身推手）。

庶人相见，依长幼行礼，幼者先施礼。子孙弟侄甥婿等晚辈见尊长，学生见老师，奴婢见家长，如久别不见四拜行礼，近别则行揖礼。其余亲戚久别行二拜礼，近别行揖礼。

政府官员居于乡里，宗族家人之外，与异姓无官者相见，不行答礼；筵宴时，专设别席，不得坐于无官者之下。

清代内外王公相见，宾主二跪六叩行礼，饮茶叙语毕，宾离席跪叩，主人答叩，送宾下阶。如是外藩郡王、贝勒、贝子见宗室亲王，主人答礼规格依等级递减。

朝廷官员相见，宾主再拜行礼，饮茶叙语毕，相揖告辞，主人送来宾于大门外，至来宾登舆上马乃退。下级见上级，仪制递减。官员途中相见，同级分道而行，次等让道而行，再次等勒马俟上级先行，又次者下马而立。遇到钦使应回避。

士庶相见，主人出迎，相揖而入，登堂再拜行礼。饮茶叙语完毕，客人退，行揖礼，主人送至大门外，相揖而别。卑幼见尊长，尊长不送。

---

〔1〕见《仪礼·士相见礼》郑玄注。

# 第四节
# 军 礼

军礼是师旅操演、征伐之礼。《周礼·春官·大宗伯》说："以军礼同邦国"，这是讲对于那些桀骜不驯的诸侯要用军礼使其服从和同。《周礼》所说的军礼包括以下内容：

大师之礼，用众也；大均之礼，恤众也；大田之礼，简众也；大役之礼，任众也；大封之礼，合众也。

"大师之礼"，指军队的征伐行动；"大均之礼"，指均土地，征赋税；"大田之礼"，指定期狩猎；"大役之礼"，指营造、修建等土木工程；"大封之礼"指勘定封疆，树立界标。后代礼书又有将射礼、軷祭道路、日月有食伐鼓相救等作为军礼内容的，这里只简介征战、校阅、田猎、马政等几项。

## 一、征战之礼

### 1. 出师祭祀

军队出征，有天子亲征与命将出征之不同，二者礼数规格也有不同。军队出征前有许多祭祀活动，主要是祭天、祭地、告庙和祭军神。

出征前祭天叫类祭，在郊外以柴燔燎牲、币等，把即将征伐之事报告上帝，表示恭行天罚，以上帝的名义去惩罚敌人。古代干支纪日有刚日、柔日之分，甲、丙、戊、庚、壬为刚日，刚日属阳，外事须用刚日。类祭即在刚日举行，但具体的日子则要通过占卜择定。

出征前祭地叫宜社。社是土地神。征伐敌人是为了保卫国土，所以叫"宜"。后代多将祭社（狭义指本国土地神）、祭地（地是与天相对而言的大地之神）、祭山川湖海同时举行。祭社仍以在坎中瘗埋玉币牲犊为礼。

出征前告庙叫造祢。造就是告祭的意思，祢本特指考庙，但后代都告祭于太庙，并不限于父庙。告庙有受命于祖的象征意义。

祭军神、军旗称为"祃祭"。军神，一说是轩辕黄帝，一说是蚩尤。祭祀时要杀牲，以牲血涂军旗、战鼓，叫做衅旗鼓。军中大旗叫"牙旗"，古有"牙旗者将军之精"，"一军之形候"的说法。[1]祃祭后代也称"祃牙"，就是祭牙旗。东

〔1〕《太平御览》卷三三九引作古兵书；《明史·礼志》及清孙承泽《天府广记》卷八"旗纛庙"引作《黄帝出军诀》。

汉以后，出征前常有“建牙”仪式，把大旗树起来，然后“祃牙”。不少著名的文人，如陈子昂、柳宗元等写过《祭牙文》、《祃牙文》。

唐宋后，礼书说天子有六军，实行六纛之制。即一军有一旗。于是，祃祭既要祭牙旗，也要祭六纛，建坛位，张帷幄，设旗、纛神位，掘坎埋瘗，礼仪也更趋复杂。

祃祭本来已含有“祠五兵”的意义，但后来兵器的种类不断发展，兵器和主管神的祭祀也逐渐增加。明代专门修建了旗纛庙，庙中祭祀的神有旗头大将、六纛大神、五方旗之神、主宰战船正神、金鼓角铳炮之神、弓弩飞枪飞石之神、阵前阵后神、五猖神等。不过，这已不是征伐出师之前的祭祀，而是常设之祠。清代皇帝亲征，要在堂子内祭旗，建御营黄龙大旗，其后分列八旗大纛及火器营大纛各八面。皇帝戎装佩刀，乘马出宫，率从征将士三跪九叩行礼。

出征必经道路，因此要祭祀道路之神，即“軷祭”。上古山行曰軷，驾车出门有“犯軷”之祭。軷祭在道路上封一小土堆，以树枝草木为神主，驭者一手执辔，一手以酒浇洒车两轮轴端（古人称“轵”；或称“軎”），再浇车厢前的挡板，然后将酒饮尽。祭毕，驾车从封土上辗轹而过，表示从此跋山涉水，可以一往无前。[1] 后代皇帝亲征，軷祭在国门之外举行，刳羊并设罇罍于神座前，为坎瘗埋祭物，唐《开元礼》以后的礼书中不再见到有軷祭的记载。

### 2. 誓师

祭祀礼毕，出征的军队有誓师典礼，一般是将出征的目的与意义告知将士，揭露敌人的罪恶，强调纪律与作风，也就是一次战前动员和教育。《尚书》所载《甘誓》、《汤誓》、《牧誓》等，都是上古著名的誓师之辞。如果是命将出征，天子要在太庙召见大将军及全军将校，授之以节钺（后代常授刀剑）。君王拿着斧钺的端首，把柄交给大将，表示将节制军队的全权授予他。

清初誓师与祭天谒堂子同时举行。努尔哈赤天命三年（1618年，明万历四十六年），正式对明宣战，谒庙誓师宣布“七大恨”，把明王朝杀其父祖，拘杀使者，偏袒并帮助叶赫氏等七条“罪状”，作为告天并动员将士的内容。皇太极崇德时遣将出征明朝，皇帝亲自送至城外，询问出征的王公、贝勒、贝子等：你们是不是忘记了“七大恨”？大家齐声回答：没有忘记！于是，鸣炮三声，大军出发。

〔1〕又，《朱子语类》卷九十云：“行是道路之神。古者人有远行者，就路间祭所谓‘行神’者，用牲为两断，车过其中，祭了却将吃，谓之‘饯礼’。用兵时，用犯军法当死底人斩于路，却兵过其中。祖道之祭，是作一堆土，置犬羊其上，祭毕而以车辗从上过，象行者无险阻之患也。”

### 3. 军中刑赏

军队在外行军作战，刑赏尤须严明。《尚书·甘誓》说："用命赏于祖，弗用命戮于社。"《孔丛子》[1]也说："其用命者则加爵受赐于祖奠之前，其奔北犯令者则加刑罚戮于社主之前。"所谓"赏于祖"，因为天子率军出征时要将祖庙的木主载于车中，随军一起行动，所以奖赏有功的将士就在祖先神主之前颁赐。所谓"戮于社"，也是指在社神的木主前对有罪之人加以刑戮。《孔丛子·儒服》中子高向信陵君解释这么做的理由，说："赏功于祖，告分之均，示不敢专也。戮罪于社，告中于土，示听之当也。"这是说为了表示刑赏都公正无偏，鬼神可鉴。

刑赏的依据是军法，《司马法》[2]规定，军队进入敌国后，"无暴神祇；无行田猎；无毁土功（不破坏土建工程）；无燔墙屋；无伐林木；无取六畜、禾、黍、器械；见其老幼，奉归无伤；虽遇壮者，不校勿敌（无敌对行为者，不得随意捕捉）；敌若伤之，医药归之"。军纪规定非常严明。后代也大都有类似的规定。如明代以"行军号令"规定军中刑赏例则，内容有：交锋之际，能突破敌阵，斩将搴旗者；本队战胜敌人后主动援助友军者；受命后能出奇克敌制胜者，皆为"奇功"。能奋勇前进，首先败敌者；有前队军士未能决胜，后队向前杀败敌军者，皆为"头功"。对阵之时不尽力杀敌，而抢掠人畜财物者；抛弃、盗卖兵器或盗人衣粮诸物、盗杀马驴者；队伍已定后，马军进入步队或步队进入马军者；行军、驻扎时擅离队伍，杂入别营、别队者；宿营夜间有喧哗、失火者，皆为"重罪"。临敌畏避退后及妄谈灾异、妖言；泄露军机者，皆斩首。临阵时，有内官持象牙牌随军，看到有勇敢当先、杀敌有功之人即给予牙牌，作为战后升赏的凭证。青海大通上孙家寨马泉墓出土汉简就保存了许多军法条文。[3]

军中刑赏都重视及时见效，"赏不逾时"，"罚不迁列"，[4]这是由于战争形势瞬息万变，刑赏及时，使人知道什么可做，什么不可做，才能克服消极因素，因势利导，夺取胜利。

### 4. 凯旋

军队获胜而归，谓之"凯旋"，其时高奏凯乐，高唱凯歌。天子亲征凯旋，大

[1]《孔丛子》，旧题为陈胜博士孔鲋所撰，载孔子及后学言论。《汉书·艺文志》没有著录，清代学者怀疑是三国时魏人王肃伪作。确切的成书年代尚待进一步考证。

[2]《司马法》，古兵书。《汉书·艺文志》列在《六艺略》礼书类，称为《军礼司马法》，旧题为战国齐人司马穰苴撰。据《史记·司马穰苴传》，它可能是一部包括了司马穰苴用兵之法在内的古兵书，齐威王时纂辑而成。

[3] 参见《中国简牍集成》第17册《青海省卷》，敦煌文艺出版社，2005。

[4]《司马法》。

臣出城迎接，有时远至数十里之外。如果是命将出征凯旋，有时皇帝也会亲率百官出城至郊外迎接，以示慰劳；有时则派遣大臣出城迎接。这都称为“郊劳”。

军队凯旋后要在太庙、太社告奠天地祖先，并有献捷献俘之礼，即报告胜利，献上虏获的战利品。在两周一些铜器铭文中常记有战争胜利后献捷献俘之事，像《小盂鼎》铭文说，盂征伐䰡方，执兽（首领）四人，获聝（馘）近五千，俘虏一万三千余人，及车、马、牛、羊，数以百计。馘，即作战时将杀死的敌人的左耳割下，献捷时作为计功邀赏的凭证。所以，这个字在金文里，以耳为偏旁。“献馘于王”[1]，正是献捷之礼。《小盂鼎》铭文还记载，盂将捉获的敌人首领献于周王后，周王下令审讯敌酋，然后将他们处死。在其他铜器铭文里还提到一些别的战利品，如矛、戈、弓、服、矢、甲胄等。[2]

献捷献俘之礼，历代大致沿用，只细节各有不同。宋代，大军凯旋后遣官奏告天地、宗庙、社稷、岳渎、山川、宫观及在京十里以内神祠，以酒脯行一献之礼。献俘仪式将被俘敌酋以白练捆缚带往太庙、太社作象征性的告礼，然后在宣德门行献俘礼。皇帝在门楼前楹当中设帐幄座位，文武百官及献俘将校在楼下左右班立，楼前稍南设献俘之位。百官到齐后，侍臣将班齐牌用红丝绳袋提升上楼，报知皇帝。皇帝就座，百官三呼万岁行礼，侍臣宣布“引献俘”，将校把被俘者带到献俘位。侍臣当众宣读战胜敌军的“露布”（捷报）。刑部尚书奏告，将某处所俘执献，请交付所司处置。这时，如果皇帝下令处以极刑，就由大理卿带往法场；如果皇帝下令开释，侍臣便传旨先释缚，随即宣布释放。被俘者三呼万岁，再拜谢恩。文武百官也都再拜搢笏（把笏版插在腰带上）舞蹈，三呼万岁。明、清两代与宋制相似，献俘仪式在午门门楼举行。

“露布”制度，始于后魏。东汉时，本来把官文书不加缄封者称为“露布”。后魏以“露布”发表战胜消息。每当攻战克捷，欲使天下遍知，便以漆竿上张缣帛，写上捷报。这种办法后来被广泛采用。露布就成为“布于四海，露之耳目”的“献捷之书”。隋代文帝起，有宣露布之仪。当时在广阳门外集中百官及四方客使，宣读露布。宣读毕，百官舞蹈再拜行礼。

诸侯战胜敌方，向天子或大国报告胜利消息，也称为献捷。后代，将帅统领军队在前方作战获胜，虽然不曾还师回都，遣人向朝廷报告胜利，也称为献捷。捷报一般在早朝时当廷宣读，叫做“宣捷”。明代，前方有大捷，朝廷宣捷后要遣官告祭郊庙，中捷以下则不举行告祭庆贺之礼。

---

〔1〕见《虢季子白盘》和《诗·鲁颂·泮水》。

〔2〕见《或簋》等。

战争结束，如果敌方投降，则有受降之仪。宋代起，国家礼典中都有受降仪式。宋代受降仪与献俘大致相同，也在宣德门举行，降王率降众穿戴本国衣冠俯伏而拜，口称万岁。皇帝下旨赦罪，赐给冠服袍带，降王等拜受，更换所赐冠服袍带后，再拜称万岁。清代受降仪，降王对皇帝行三跪九拜礼，皇帝赐筵宴。大将军在前方受降，须报请皇帝批准，再露布中外周知。受降之日，于军营外筑坛，坛旁建“奉诏纳降”大旗。降者立于旗下，鼓吹鸣炮后，大将军登坛就座，降者匍匐膝行至坛下，俯首乞命。大将军宣皇上旨意，予以赦免，并酌量给予赍赏。降者叩头谢恩而退。

#### 5．饮至与论功行赏

战争胜利结束，天子要宴享功臣，论功行赏。上古把这种“享有功于祖庙，舍爵策勋”的礼仪称为“饮至”。《小盂鼎》铭文中多次提到庆功用酒，郭沫若已指出，这就是“归而饮至”之礼。周王又赏赐盂以弓矢、干戈、甲胄等。后代“饮至”享宴不再行于宗庙，改在正殿或宫苑举行。

论功行赏之礼最为隆重者，莫过于历代定封开国功臣。周武王灭商后，封侯建国，以藩屏天子，是众所周知的。当时，赏赐给各国诸侯的，不仅有彝器、兵器、仪仗、车辆、宝玉、缣帛，还有大量的商族奴隶。汉高祖分封功臣，建立了许多异姓诸侯王国，但实际上没有多久，由于种种原因许多功臣被杀戮，封国被废除。

明代论功行赏仪式在奉天殿举行。受赏将士官员于午门外班列整齐，内官引导至丹墀下序立，文武百官皆侍立。皇帝就座，众官行四拜礼，承制官宣读皇帝的制命，众官俯伏而拜，然后颁赏。受赏官依次到礼案前跪受诰命，由吏部官代授；接受礼物，由礼部官代授。受赏官左侧又跪有二侍者，接受的诰命与礼物分别交给侍者，受赏者俯伏行礼而退。封赏礼毕，众官鞠躬而拜，三舞蹈，跪而三呼万岁。诰命与礼物，由仪仗、鼓乐相随，送到受赏官员的府第。

#### 6．师不功

军队打了败仗，称为“师不功”，或称为“军有忧”。军队回国则以丧礼迎接。国君身穿丧服，头戴丧冠，失声痛哭，并且吊死问伤，慰劳将士。

## 二、校阅之礼

《礼记 · 月令》说，孟冬之月，“天子乃命将帅讲武习射、御，角力”。后代据以定大阅之礼。大阅的目的在于检查备战状况。天子亲临，称为“亲讲武”。我国古代的军事理论一向重视军队的平时训练，认为“兵事以严终”[1]，军队严加警备，强化操练，反而使得敌人不敢轻举妄动，所以要定时校阅演习。春秋经传记当时诸侯各国“大阅”、“治兵”之事甚多。

汉代军队分为南北军，立秋后郊礼完毕即为演武校阅之时，将士肄习孙吴兵法六十四阵。每年十月，有“都试”之法，即抽调军队演习骑射车御，并进行比试考核。地方郡县则由当地军事长官组织演习、考核。这一制度可能秦代就已有了，但因材料不足不能详知。东汉时，光武帝取消郡县军事长官，地方的都试之法也同时废止。据说，这是为了防止在都试时发生兵变。西汉末，东郡太守翟义举兵反王莽，就是在都试之日，杀掉不服从的官吏，部署将帅，领兵起事的。灵帝中平五年（188），天下形势不稳，大将军何进调集四方兵将于平乐观讲武。观下建大坛，坛上建十二重五彩大华盖，灵帝居其下，步兵、骑士数万人结营为阵。当时有所谓“西园八校尉”负责统辖讲武之事，后来争雄天下的袁绍（中军校尉）、曹操（典军校尉）都在其中。

汉武帝在长安开凿昆明池以训练水军，这是凿池肄习水师之始。建安中，曹操在邺城开挖玄武池，用以操练舟师。后代史书上有关演练水军舻舰的记载甚多。

北魏文成帝和平三年（462），校阅制度有了较大变更，主要是分全军为南北二军进行对抗性的演习。步兵分青、赤、黑、黄色编队，将盾、矟、矛、戟各种攻防长短兵器搭配妥当，使之“周回转易，以相赴就，有飞龙腾蛇之变”[2]。又排定函箱、鱼鳞四门之阵，共十余种阵法，或跪或起，或进或退，击钟鼓为节。布阵完毕，南北二军鼓角齐鸣，各用骑将6000人来往挑战抗击，最后以南军负，北军胜而告终。北军代表北魏军队，这种演习仍是表演的成分居多。

后齐季秋讲武，演习战阵之法，讲究目、耳、心、手、足的训练。目，要求战士熟识旌旗指挥的意义，旗卧则跪，旗指则起。耳，要求战士能熟悉金鼓敲击的信号，击鼓则进，鸣金则止。心，要求战士懂得军法如山，刑赏严明。手，要求战士能熟练使用各种兵器，自如地应付战斗中的复杂情况。足，要求战士能有跋山涉水的硬功夫，并练好跪姿。讲武也分为主、客二军，作象征性的对抗演习。

唐代讲武之仪于仲冬之月在都门外举行。皇帝以下，文武九品以上官员皆前往，各州郡使者及番邦宾客亦由有关方面安排参观，百姓也可在校场之外任意观看。校场内步兵及骑士上、中、下三军各自一分为二，成东西二军，分居左、右

〔1〕《穀梁传·庄公八年》。

〔2〕《文献通考》卷一五七《教阅》。

两厢。讲武前，中军大将宣誓：今行讲武，以教人战，进退左右，一如军法，用命有常赏，不用命有常刑，可不勉之！各军下级士吏向所属部下兵士强调传达誓词，使之引起重视。其后，六军皆依旗鼓号令操演，有司击鼓举旗而士众皆起而行进，击钲而止；有司击鼓三声，偃旗，士众皆跪。继而又列阵演习五行相胜之法。两军更迭而互为主、客。接下来，两军又各自选出执刀盾之士50人，相互挑战，操演勇怯、胜败之状。然后，二军俱变为直阵，随旗鼓相向而进，至中线立有表帜处，作模拟性的攻防技击，唯不得以刃伤人。步军演习完毕，骑军出场。其阵法变幻，两军对抗与步军相仿。

唐玄宗先天二年（713）十月，在骊山下举行大规模的讲武，征兵20万，旌旗连绵五十余里，戈鋋金甲照耀天地。长安士庶百姓奔走相告，前往观看，道路为之壅塞。新丰地方的百姓免除来年地税，并且赔给由于麦苗被践踏而遭受的损失，按值给米。

宋代天子亲自参加讲武之礼，除步骑、水军演习外，还要观看飞山兵射连发弩机石等。仁宗时，有大臣提出，校阅操练“虽整肃可观，然临敌难用”〔1〕，建议加强骑射训练，以应付实战需要。以后校阅训练中有所改进，按照挽弓强弱及发射中的多少规定士兵的等级，作为使用、升迁与赏罚的根据。

神宗时推行新法，也对兵制进行了改革，扩大了禁军，以取代厢军，实行保甲制度，组织民兵加以训练。京都设置了四个固定的校场，又先后制定了八军、九军战阵之法，马射六事之法（一顺鬃直射、二背射、三盘射、四射亲、五野战、六轮弄），神臂弓射之法，集教法，团教法等各种教阅之法；诸如“步射执弓、发矢、运手、举足、移步及马射、马使蕃枪、马上野战格斗、步用标排”，都制定了规范化的条文并绘图加以说明，命令军吏兵士必须人人习诵。后来，由于“愚懵者颇以为苦”，实在行不通，只得废止。〔2〕北宋军队训练的制度、方法号称“最为密微”，但成为讽刺的是在抗击异族侵略的战争中，宋军却屡遭败绩。这除了政治上的原因外，在军事上，与朝廷往往硬性规定，要求前线将帅按阵图作战，因而不能随机应变，灵活指挥有关。

明中期以后，政治空前腐败，军队受到严重侵蚀，士兵被驱使从事劳役，豪强地主兼并农户，隐匿壮丁，军队多以老弱充数。在这种情势下，大阅讲武只是空谈。史载自万历九年（1581）至明亡60余年从未举行过校阅讲武之礼，明末皇帝的昏庸于此可见一斑。

---

〔1〕《宋史·兵志九》。

〔2〕同上。

清初定三岁一举大阅，至嘉庆时一直遵循此制。最初在南苑，后来也有在卢沟桥、玉泉山等地举行。参加校阅的有骁骑、护军、前锋、火器各营。各军依指挥，每前进五丈作一次枪炮实弹射击，前九次每次一发，第十次连发。此外，还有列阵结队冲锋演习。

康熙三十年（1691）又创“会阅”典礼，皇帝亲率部众在今承德一带会集49旗藩王、台吉；[1] 先置宴设歌舞杂技，次日各营布旗就列，皇帝身穿甲胄校阅。

## 三、田猎之礼

上古田猎是一项具有军事意义的生产活动，并与祭祀有关。殷商甲骨文中有大量的田猎记录，所获猎物有麋、鹿、兔、兕、狐等。殷商已是农业经济为主的社会，田猎不再是以糊口果腹为目的的生产手段，周代更是如此。田猎的作用，依文献所说有下列各项：一是为田除害，保护农作物免受禽兽糟蹋；二是为供给宗庙祭祀；三为了驱驰车马，弯弓骑射，兴师动众，进行军事训练；最后，田猎所获山珍野味也用于宴飨宾客及“充君之庖”。（图4—20）

礼书说，周代的制度为四时田猎：春蒐、夏苗、秋狝、冬狩。田猎有一定的礼规，不按礼法狩猎是暴殄天物。礼法规定，田猎不捕幼兽，不采鸟卵，不杀有孕之兽，不伤未长成的小兽，不破坏鸟巢。另外，围猎捕杀要围而不合，留有余地，不能一网打尽，斩草除根。这些礼法对于保护野生动物资源，维持自然界生态平衡是有积极意义的，只是不可能真正严格实行。

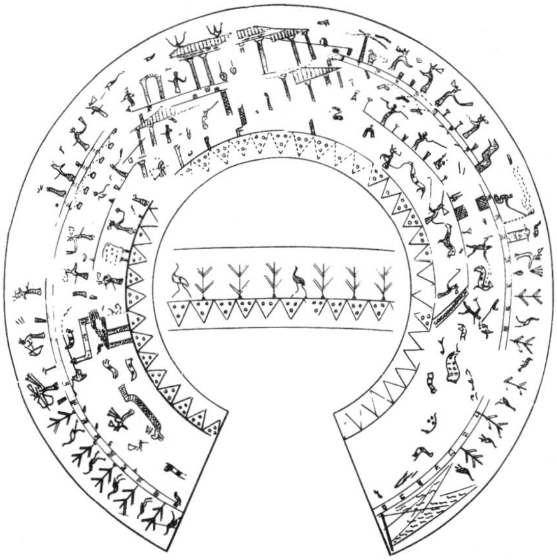

图4–20 战国铜鉴针刻宴乐射猎图

史籍记载历代君王田猎之事甚多，大都是以田猎作为游嬉玩乐的方式，因而荒废政务，伤害百姓的也不在少数。汉代司马相如写《上林赋》，扬雄写《羽猎赋》

〔1〕台吉，清朝对蒙古部落头领封爵名称。

等都是为了谏讽皇帝沉溺狩猎，后代类似的作品也不少。

隋炀帝于大业三年（607）在榆林地区狩猎，突厥及西域、东胡等地酋长皆来朝贡。炀帝为了炫耀军事力量，冬狩规模极为宏大。

金、元时，由于民族习俗的缘故，田猎之风更盛，国家设“打捕鹰坊”，专司田猎；有专职猎户不事稼穑。自皇帝至王公贵族手下皆有“昔宝赤”，即“鹰人”，田猎时纵鹰隼捕捉飞禽走兽；打围则数万骑出动，对农业生产的破坏及对百姓的骚扰极大。

清代，从康熙中期起有“木兰秋狝”之典礼。木兰在承德以北，今围场县，原意满语为吹哨引鹿之处。吹哨即仿鹿鸣之声。木兰行猎，内蒙古四十九旗藩王、外蒙古喀尔喀四部以及青海、蒙古、新疆、东西布鲁特、安集延等各部皆不远万里赶来参加，“朝谒踵集，唯恐后时”〔1〕。因此木兰行猎实则又有政治上笼络各族、融洽关系的意义。当时田猎有行围与合围两种，行围是围而不合，合围是四面包围。皇帝在围中建用于观望的“看城”，兵士将野兽向“看城”附近驱赶。包围合拢后，皇帝入围，周览形势，并指挥射猎突围之兽。遇猛兽则由虎枪营官兵开枪击毙。如果围内野兽较多，则围开一面，使一部分逃逸，亦禁止围外之人追逐射杀。“哨鹿”打猎，由扈从十余人随皇帝至山林哨鹿所，一名侍卫举鹿头作雄鹿呦呦鸣叫之声，引招牝鹿闻声而至，弯弓发矢，将鹿射毙，当即取鹿血而饮。

## 四、马政

“马政”一语，出自《周礼·夏官·校人》“掌王马之政”。养马、用马，关乎军国大事，被称为“甲兵之本，国之大用”，“安宁则以别尊卑之序，有变则以济远近之难”，〔2〕历代都作为军礼的重要内容，十分重视。《周礼》涉及马政的条文甚多，有养马、牧地、交配、执驹、医疗、祭祀等一套完整的制度。祭祀为每年四祭。春祭马祖，据说马祖是天驷星，即房星。郑玄注引《孝经说》称房星为“龙马”〔3〕。夏祭先牧，先牧是养马始祖。秋祭马社，马社可能是马厩之神，一说是最初教人乘驾者。《世本》记“相土作乘马”，商人的始祖相土就是“马社”。冬祭马步，据说马步是给马造成灾害之神，祭祀可以使马免受灾祸，多多蕃息。养

〔1〕《清史稿·礼志九》。

〔2〕马援《上进铜马表》，《后汉书·马援传》。

〔3〕《汉书·艺文志》云，《孝经》在西汉有长孙氏、博士少翁、少府后仓、谏大夫翼奉、安昌侯张禹等数家传习，分别著有《长孙氏说》、《江氏说》、《翼氏说》、《后氏说》、《安昌侯说》等，都是对《孝经》一书的解说，郑玄注即采自上述诸家之说。

马业的发展推动了相马术和养马理论的发展。早在西周时就有造父相马的故事。春秋时，又有伯乐、九方皋、徐无鬼等著名的相马专家。在马王堆汉墓帛书中发现的《相马经》残文即长达五千余字，据研究是战国时期楚人的著作。后汉初，名将马援曾师从名家学习相马之法，他铸造一匹铜马，作为“名马法式”，供相马者借鉴。他还著有《铜马相法》，以简单明了的文字归纳了相马方法。在考古发掘中，东汉墓中时有铜马出土。最著名的是1969年在甘肃武威出土的“马踏飞燕”铜像。这些铜马制作考究，体躯强健，造型俊美，大都符合《相马经》各项标准，很可能是“名马法式”。

秦汉时由太仆掌舆马之事。汉初马匹奇缺，一马价值千金，“自天子不能具钧驷，而将相或乘牛车”[1]。连天子的车乘都找不到四匹毛色相同的马来拉，将相要乘牛车，马匹的稀缺可想而知。后来国家大力发展养马，长安内外设置了许多养马的厩苑，西北边境建六座牧师苑，养马数十万匹。到武帝时已“众庶街巷有马，阡陌之间成群”。其后历朝之马政大致沿袭汉代体制。隋初太仆寺下设骅骝、乘黄、龙厩等署，负责皇家用马，陇右牧总监下有24个军马牧及骅骝牧等。隋代“马祭”礼仪，仲春用少牢祭马祖于大泽，祭毕在燎坛积柴燔燎。仲夏祭先牧，仲秋祭马社，仲冬祭马步，皆选刚日在大泽举行，用少牢，但不用燔燎而用瘗埋方式。

唐代沿用隋陇右监牧之制。贞观时，太仆张万岁职掌群牧，至麟德时养马至70余万匹。安史之乱时，唐肃宗李亨逃到彭原（今甘肃庆阳、镇原一带），后在平凉一带搜集了监牧马匹数万匹，重振官军。其后，陇右苑牧畜马悉数为吐蕃劫掠。宪宗后虽稍有恢复，但已远不及旧日。唐代马祭与隋略同，而牺牲用一羊，二笾豆，一簠簋，由皇帝遣官行祭。宋初先后由左、右飞龙院等负责马政。真宗咸平三年（1000）设群牧使司管理皇家、军国马匹。南宋在江南重设牧监，但因水土不适马匹繁育，故孳生甚少。国家所需战马，仍仰仗川、陕、广南三个边疆地区。宋代马祭一如前代，南渡后或不设坛壝而在昭庆寺设位祭祀。

辽、金、元三代，民俗皆善骑射畜养，国家辟有辽阔的牧场，马匹数目甚巨。元代牧地遍布全国。牧官马人父子相承，自夏至冬，随地之宜，行逐水草，过着游牧生活。每年九、十月时，由官府阅视，并造册上报。明代皇家用马由御马监管理，军国用马有国养、民养二种。明代马政，办法虽然也不少，但流弊甚深，归根结底仍是封建官僚政治的腐败所致。明初金陵建有马祖先牧太仆庙，为四坛，于春秋二仲月十五日祭马祖、先牧、马步、马社，皇帝遣官行三献之礼。永乐后，

[1]《史记·平准书》。

在北京建有马神庙；弘治时又在通州建马神庙。清代的马政分别由上驷院、太仆寺掌管，另有部分马匹分给蒙古各部落放牧。满汉八旗各营及各省驿递塘站用马，按月给银，各就其处分而饲养。

## 第五节
## 凶　礼

凶礼是哀悯吊唁忧患之礼。《周礼 · 春官 · 大宗伯》说："以凶礼哀邦国之忧。"郑玄注云，"哀"是"救患分灾"之意，是以实际的措施抗灾救患，不限于表达哀悯之情。凶礼的内容有：以丧礼哀死亡；以荒礼哀凶札；以吊礼哀祸灾；以襘礼哀围败；以恤礼哀寇乱。

### 一、丧礼

丧礼指丧葬之礼，丧是哀悼、殡葬死者的礼仪，葬是厝置死者遗体的礼仪，一个是埋葬制度，一个是居丧制度。人死之后，依地位高低、身份尊卑、财产多寡，丧礼形式不同，等级分明。以下分为殡葬、丧服、墓葬等三个方面的内容，分加叙述。

#### 1．殡葬礼仪

即举办丧事、吊唁祭奠的礼仪。在《仪礼》中有《士丧礼》、《既夕礼》、《士虞礼》等篇专论丧礼，《周礼》和《礼记》也有不少记载。礼经所记丧礼，本来是士以上的贵族的制度，但汉代以后成为制定丧礼制度的基本依据。和一切礼制一样，殡葬之礼尊卑有别。首先，死者的身份不同，死的叫法也不同。《礼记 · 曲礼下》说："天子死曰崩，诸侯曰薨，大夫曰卒，士曰不禄，庶人曰死。"

（1）初终。垂危之人要居于正寝、正室，叫做"适寝。"将死之时，家属守候在床边。《礼记 · 丧大记》说："属纩以俟绝气。""属纩"，就是用新的丝绵絮放在临终者的口鼻上观察是否还有呼吸。验明死者已经断气，诸子、兄弟、亲戚、侍者皆哭。

（2）复。死者初亡，要立即举行招魂仪式。《礼记 · 檀弓下》："复，尽爱之道也。有祷祠之心焉，望反诸幽，求诸鬼神之道也。"这是为了挽回死者生命的最后的努力。由复者拿着死者的衣服，一手执领，一手执腰，面向北方（幽冥世界）拉长调子高声呼喊死者的名字，表示希望把他的灵魂招回来，如此重复多次。然后由另一个人接过衣服给死者穿上。

（3）怃殓。复过之后，将死者的遗体安放在正寝南窗下的床上，要进行“楔齿”，即用角栖（一种小角形器）插进死者上下牙齿之间，把嘴撑开，以便日后饭含。再用一种叫“燕儿”的小木儿固定死者的双足，以便日后穿鞋，这叫做“缀足”。然后用特制的殓衾覆盖尸体，即“怃殓”。在尸体的东侧，要供设酒食，让鬼魂饮用，明清时叫“倒头饭”。在堂上要悬挂帷帐，把死者和生人隔开。死者家属要换掉漂亮鲜艳的衣服，摘除各种装饰品，穿上素色的衣服，开始居丧。

（4）命赴（讣）。即报丧，“赴”后写作“讣”。丧主向死者的亲属、上级、友人报告死讯，如以文书形式报告，称为讣告、讣文。古代妇女不能主丧，丧主一般是死者的儿子，由长子领头，父丧则称孤子，母丧称哀子，如果母或父先死，又逢父或母之丧，则称孤哀子。如果长子早死，则以长孙居前，称承重孙。讣告有一定格式体例，写明死者姓名、简历、生卒年月日时及出殡日期。讣告之外通常还附有一种哀启，详述死者生平。

（5）吊唁致襚。死者亲友接到报丧讣告后前来吊丧，对死者家属表示慰问叫做唁。死者家属哭尸于室，对前来吊唁的人依礼迎送，跪拜答谢。吊唁者要携带赠送给死者的衣被，称为致襚。

（6）铭旌。在堂前西阶用竹竿悬挂明旌，上书“某某之柩”。明旌用长条的帛制作，长短按死者身份高低有区别。《礼记·檀弓下》：“铭，明旌也，以死者为不可别已，故以其旗识之。”《礼记·丧服小记》：“复与书铭，自天子达于士，其辞一也。男子称名，妇人书姓与伯仲，如不知姓则书氏。”隋唐以后明旌比较讲究，用绛帛粉书，品官写某官某公之柩，一品至三品长九尺，四五品长八尺，六品以下长七尺。士人则父称显考，母称显妣。

（7）沐浴。为死者沐浴表示洁净返本。先在堂前西阶西面墙下掘坎为灶，将洗米水烧热，为死者洁身。再洗头发，修剪手足指甲。洗沐下来的乱发，剪下的指甲和楔齿用的角栖要埋入坎中。沐浴后的水，也倒入坎中。

（8）饭含、袭、设冒。饭含是将珠、玉、米、贝等物放在死者口中。《白虎通·崩薨》：“所以有饭含何？缘生食，今死不欲虚其口，故含。用珠宝物何也？有益死者形体，故天子饭以玉，诸侯饭以珠，大夫以米，士以贝也。”或说放在死者口中的粮食与碎玉掺和物叫饭，珠玉等物叫含。周礼，天子饭黍含玉，诸侯饭粱含璧，大夫饭稷含珠，天子之士饭粱含贝，诸侯之士饭稻含贝。袭，是为死者穿新衣，衣服的多少、质地及样式也依地位高下而有别。内衣之外，一套叫一称。

周礼天子十二称，上公九称，诸侯七称，大夫五称，士三称。还有，死者的耳朵要用叫做瑱的小块的玉器塞住，用瞑目遮盖脸部，并加冠、着履。袭毕，要用衾覆盖全身，这叫做设冒。做完这些程序，将尸床移至堂中。

(9) 设重、设燎。重是临时性的神主，后世叫牌位，是死者的象征。用木头制作，置于堂前庭中，大小依死者身份高低而有别。晚上在庭中、堂上要点燃盆燎炬火，后世改用蜡烛，这叫做设燎，为的是便于死者的灵魂来享用供品。

以上仪节通常都在初终后一天内完成。

(10) 小殓。普通人死后第二天要正式穿着入棺的寿衣，称为小殓。诸侯是死后五日小殓，天子是死后七日小殓。小殓时先把各种殓衣连同亲友赠送之襚陈列于房中，选择使用，并陈馔于堂下，一面为死者着装，一面祭奠。死者的近亲抚尸捶胸顿足痛哭，叫做擗踊而哭，表示极度悲痛。着装完毕，用衾被裹尸，外加绞带束好。周礼国君用锦衾，大夫用缟（白色细绢）衾，士用缁（黑布）衾。参加小殓仪式的亲友致襚、致奠，主人答谢拜送。夜间庭堂继续设燎。

(11) 大殓。小殓后过一天举行入棺仪式，叫大殓。大殓前也要将殓衣陈列于房，陈馔于堂下，抬入棺木后，主人主妇擗踊而哭。然后在执事协助下，在棺内铺席置衾，主人奉尸入棺，盖棺，复擗踊痛哭。然后举行祭奠，宾客向死者行礼，主人答拜送客。已经盛殓尸体的棺称柩，停柩称殡，大殓礼毕称既殡。大殓后不再设燎。

(12) 成服。既殡之后，死者家属按照血缘关系的远近穿着不同等级的丧服叫做成服。

(13) 朝夕哭、奠。成服后至下葬前，每天一早一晚要在殡所哭奠，称为朝夕哭、朝夕奠。或有宾客吊唁致奠，主人也须迎送答拜。

(14) 筮宅、卜日。请人占卦选择墓地和下葬日期。周礼规定，停殡待葬的日期依死者身份高下而长短不一。

(15) 既夕哭。下葬前两天的晚上，在灵柩前作最后一次哭奠，称为既夕哭。

(16) 迁柩。下葬前一天，先把灵柩用灵车迁入祖庙内停放。启殡前取下明旌放在重上，载重并行，要用布拂柩，以去除凶邪之气。灵柩迁入祖庙后，进行祭奠，叫祖奠。后世迁柩之礼不常行。高级官员死后，启殡前还有赠谥之礼，即根据死者的事迹给他一个相应的名号，叫做“谥”；以国君的名义颁布，通常都是褒美之义。

(17) 发引。后世也叫出殡，即下葬之日柩车启行，前往墓地。亲友出车马礼帛助祭叫致赗，赠送钱物叫致赙。行前要将随葬品一一陈列，对灵柩诵读遣册(随葬品清单)，行奠祭礼。发引队伍由丧主领头，边哭边行，亲友手执牵引灵车的绋，走在前面。灵车叫做柳车，又称輴。其大小、装饰、挽车人数及用以屏障的翣，都有规格等级之别。如果墓地较远，送葬人也可以乘车前往。后世出殡还有乐队前导，雇人抬着纸札的明器，请僧尼念经，抛撒纸钱，队伍所经之处亲友沿路设祭等礼俗，称为大出丧。

（18）下葬。墓地已预先挖好墓圹，穴内铺垫石灰、木炭，或筑有墓室，墓前树立墓碑。灵车到达后，抬下灵柩，又有祭奠。用绳索将灵柩缓缓放入墓圹中。此时，家属男东女西肃立，主人捶胸顿足痛哭。棺木周边放置随葬品，上面用棺衣覆盖，称为加见。见上再铺席，加抗木，然后用土掩埋，并筑土成坟。大型的墓室，灵柩要通过墓道进入，有数棺数椁者，程序更为复杂，礼仪当更为繁缛。（图 4—21）

（19）反哭。死者灵柩安葬完毕，主人用灵车奉重而回，回到殡所，升堂而哭，这就叫做反哭。或说反哭应在祖庙停柩之所进行。

（20）虞祭。反哭后要进行虞祭。虞是安的意思，死者形体已经安葬，但鬼魂

图 4–21　河南三门峡虢季墓墓室

无所归依，需要设祭安厝。《仪礼 · 既夕礼》贾公彦疏云："主人孝子，葬之时，送形而往，迎魂而返，恐魂神不安，故设三虞以安之。"士设三虞，大夫五虞，诸侯七虞。初虞在葬后第一个柔日（天干逢乙、丁、己、辛、癸为柔日）中午举行，逢下一个柔日再虞。三虞则在刚日（天干逢甲、丙、戊、庚、壬为刚日）举行。虞祭祭品丰盛，礼仪隆重，要为死者正式设立神主牌位。神主用桑木制作，上书死者官爵名讳。先秦时初虞祭礼不用牌位，而由活人充当"尸"，有迎尸入门之礼，尸是死者神灵的象征，代表死者接受祭享，一般由死者的孙子担任。

(21) 卒哭。即止哭，丧主可以在此后"止无时之哭"。《礼记 · 杂记下》说："士三月而葬，是月也卒哭。大夫三月而葬，五月而卒哭。诸侯五月而葬，七月而卒哭。"先秦时卒哭祭礼要饯尸于门外，尸代表死者接受献酒，表示饯行。死者的魂灵从此离开家宅。后世卒哭通常都在丧后一百天时举行。佛教传入中国后影响很大，佛家有人生七七四十九天魂魄生，人死七七四十九天魂魄散之说。因而有"做七"的习俗，即人死后每隔七天作一次佛事，设斋祭奠。作七以五七最隆重，七七也称为断七，相当于卒哭。

(22) 祔。卒哭后次日，将死者的神主敬奉于祖庙，依昭穆顺序安置在神座上，与祖先一起合祭，称为祔。祭毕，仍奉神主归家。

从虞祭开始，对死者的祭祀由丧礼改为吉礼，祭时不必再哭。丧礼的主要程序已进行完毕。但传统礼制规定居父母之丧，丧期为 3 年，一般是 25 个月。

(23) 小祥。死者死亡一周年之时，举行小祥之祭。小祥时要用栗木重新制作神主，称为吉主，用以取代桑木制作的虞主。但后世并不严格实行，通常都是只用一个神主。

(24) 大祥。死者死亡满两周年时，举行大祥之祭。所谓两周年，实际上是 25 个月之后。大祥之祭后，死者神主正式迁入祖庙。

(25) 禫祭。大祥之祭后，当月又举行禫祭。这是丧主的除服之祭，禫祭后，丧主除去丧服，停止居丧，恢复正常生活。《礼记 · 三年问》："三年之丧，二十五月而毕。"或说，禫祭应当在大祥后再隔一个月举行，3 年之丧实为 27 个月。父母去世的周年纪念日称忌日，每逢忌日，仍要禁止饮酒作乐。《礼记 · 祭义》说："君子有终身之丧，忌日之谓也。"

**2. 丧服制度**

即居丧者依照与死者的亲疏关系决定的服饰、居丧时间及居丧期间生活起居规范。《尚书 · 康王之诰》记，西周成王去世后，其子康王继位，即位典礼上康王身着天子服饰，麻冕黼裳，接受诸侯与群臣的朝贺。礼毕，"王释冕，反（返）丧服”，再按礼制规定换上为父亲服丧的服饰。《左传 · 襄公十七年》记：“齐晏桓子卒，晏婴粗衰斩，苴绖、带、杖，菅屦，食鬻，居倚庐，寝苫，枕草。”晏子为其父居丧的服制，与礼经所说一致。《仪礼 · 丧服》制定了规范化的丧服制度，历代王朝也都用法律形式对丧服制度作了规定。《仪礼 · 丧服》所规定的丧服有“五服”，即斩衰、齐衰、大功、小功、缌麻五个等级。这五个等级分别适用于与死者亲疏远近不同的各种亲属，五个等级各有特定的居丧服饰、居丧时间和行为规范。(图 4—22)

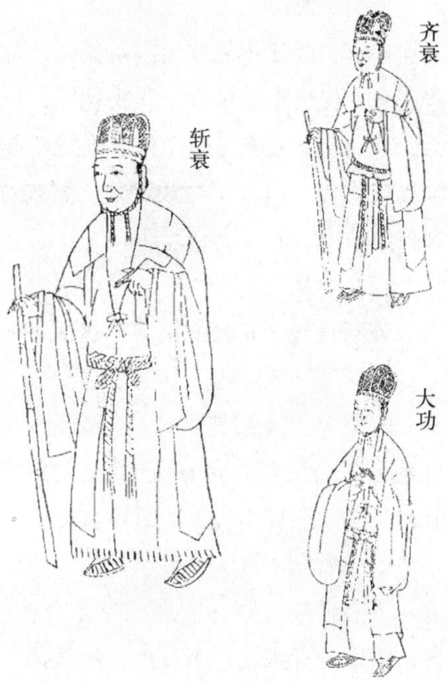

图 4-22 斩衰、齐衰、大功丧服示意

(1) 斩衰

这是最重的丧服，适用于子为父、未嫁之女为父、嫁后因故复从父居之女为父、嗣子为所嗣父、承重孙为祖父、妻妾为夫、父为长子。明清时规定子（未嫁之女及嫁后复归之女）为母，包括嫡母、继母、生母也服斩衰。全套丧服是：斩衰裳，苴绖、苴杖、绞带、冠绳缨、菅屦。斩衰用最粗的生麻布制作，“斩”即不加缝缉。苴绖是粗麻布带子，分别缠在腰间束衣和头部束发。苴杖，竹杖，苴表示粗恶，俗称哭丧棒。绞带，粗麻绳带子，用于系蔽膝。冠绳缨，丧冠用粗麻布制作，以粗麻绳为缨。菅屦，用菅草编制的草鞋，不作修饰。斩衰之服丧期三年，实际是两周年外加第三年的头一个月。居丧期间，行为有严格规范。《礼记 · 间传》说：“斩衰三日不食。”《问丧》：“亲始死……水浆不入口，三日不举火，故邻里为之糜粥以饮食之。”一开始就要绝食三天，既殡之后可以食粥，“朝一溢（1/24 升）米，莫（暮）一溢米”。百日卒哭后，可以“疏食水饮”。一年小祥后，可以“食菜果”；两年大祥后，可以用酱醋调味；禫祭后丧满除服，才能饮酒食肉。[1] 但年老有病可以变通。《礼记 · 曲礼》：“有疾则饮酒食肉，疾止复初。……五十不致毁，六十不毁，七十唯衰麻在身，饮酒食肉处于内。”在居处方面，孝子要“居倚庐，寝苫枕块”，“寝不脱绖带”。既葬后，倚

〔1〕见《礼记 · 间传》。

庐内壁可以涂泥挡风；百日卒哭后，可对倚庐稍加修整，加蒲草席。一年小祥，拆除居倚庐，改建小屋，用白灰涂墙，称为垩室，可以使用普通寝席。二年大祥，复居正寝，但仍不能用床。服丧期间，也规定不能婚娶，不得赴宴，不得听音乐，不得游戏嬉笑；还有三月不沐，夫妇不能同居等等。东汉以后，服斩衰丧的官员，必须离任守丧，叫做丁艰或丁忧。父丧称丁外艰或丁外忧，母丧称丁内艰或丁内忧。到丧期结束，才能重新复职。

（2）齐衰

齐衰是次于斩衰的第二等丧服，本身又分为四个等级。

i．齐衰三年。适用于父已先卒，子及未嫁之女、嫁后复归之女为母，母为长子。丧服为：疏衰裳、齐，牡麻绖，冠布缨，削杖，布带，疏屦。齐衰三年丧期也是名义上三年，实际上25个月（或说27个月）。饮食起居规定与斩衰三年相似，只是改三日不食为二日不食，也要居于倚庐。

ii．齐衰杖期。适用于父尚在世，子、未嫁之女、已嫁复归之女为母，夫为妻。齐衰杖期丧服与齐衰三年完全相同，只是丧期仅为一年。饮食则初丧三餐不食，以后疏食水饮，不食肉、不饮酒；居于垩室。

iii．齐衰不杖期。适用于为祖父母、伯叔父母、兄弟、未嫁之姊妹、长子以外的众子以及兄弟之子。此外，祖父母为嫡孙、出嗣之子为本生父母、已嫁之女为父母、随母改嫁之子为同居继父、妇为舅姑、妇为夫之兄弟、妾为女君（正妻）也服齐衰不杖期。齐衰不杖期的丧期与齐衰杖期相同，丧服则不用杖，又改疏屦为麻屦。饮食也是初丧三餐不食，以后疏食水饮，三月既葬后可食肉饮酒，但不能与人会饮共食。居于垩室，三月后归正寝。

iv．齐衰三月。适用于为曾祖父母、高祖父母。此外，一般宗族成员为宗子也服齐衰三月。丧期三个月，丧服与齐衰不杖期相似，只是改麻屦为绳屦。饮食居处初同齐衰不杖期，三月后复归正常。

（3）大功

大功是次于齐衰的丧服，适用于为从父兄弟，已嫁之姑母、姊妹、女儿，未嫁之从父姊妹及孙女，嫡长孙以外的众孙、未嫁孙女，嫡长子妻。此外，已嫁之女为兄弟及兄弟之子，已嫁、未嫁之女为伯叔父母、姑母、姊妹，妻为夫之祖父母、伯叔父母以及夫之兄弟之女已嫁者，出嗣之子为同父兄弟及未嫁姊妹，都是大功之服。大功丧期九月，丧服为布衰裳，牡麻绖，冠布缨，布带，绳屦。初丧时三餐不食，葬前居垩室，疏食水饮，三月既葬后饮食起居复归正常。

（4）小功

小功是次于大功的丧服，适用于为从祖父母，堂伯叔父母，从祖兄弟，已嫁之从父姊妹及孙女，长子外的诸子之妻，未嫁之从祖姑姊妹，外祖父母，从母（姨）。此外，妻为娣姒（妯娌）、夫之姑母、姊妹，出嗣之子为同父姊妹之已嫁者，也服小功。小功丧期为五个月，丧服为布衰裳、澡麻带、绖、冠布缨、吉屦无绚。

（5）缌麻

缌麻是最轻一等的丧服。适用于为族曾祖父母、族祖父母、族父母、族兄弟、从祖兄弟之子、曾孙、玄孙、已嫁之从祖姑姊妹、长孙之外的诸孙之妻、姑祖母、姑表兄弟、舅表兄弟、姨表兄弟、岳父母、舅父、女婿、外孙。此外，妻为夫之曾祖父母、伯叔祖父母、从祖父母、从夫兄弟之妻，也都服缌麻之丧。缌麻丧期为三个月，缌也是一种麻制的比较稀疏的布。初丧时有一两餐不食、丧期内不饮酒食肉，其他没有特别的规定。

以上着五种丧服者，另有受服规定，即在居丧一定时间后，更换丧服，逐渐由重而轻。如斩衰三年之丧，受服五次。

### 3. 埋葬制度

中国传统的葬式是土葬，即为死者修建坟墓埋葬之。坟墓二字，古义有别。《礼记·檀弓上》引孔子说："古也墓而不坟。"郑玄注说："墓为兆域，今之封茔也。古谓殷时也。土之高者曰坟。"也就是说，有埋葬棺木的土穴的地方叫墓，也叫茔，整个墓地叫兆域，在地面堆土成丘，叫坟。扬雄《方言》说："葬而无坟谓之墓。"据文献记载，上古时墓葬是没有封土堆的。西汉刘向说："殷汤无葬处，文、武、周公葬于毕，秦穆公葬于雍橐泉宫祈年馆下……皆无丘垄之处。"[1]东汉崔寔《政论》里也说："文武之兆，与平地齐。"近代考古发掘所见殷商大墓、秦公大墓等，虽然墓穴规模巨大，但墓与地表平齐，没有发现任何有高高隆起的大坟的迹象。

土丘坟的出现可能在春秋中期。《礼记·檀弓上》记孔子说："吾见封之若堂者矣，见若坊者矣，见若覆夏屋者矣，见若斧者矣。从若斧者焉，马鬣封之谓也。"孔子为他的父母建合葬墓，为了便于上墓祭祀，"于是封之，崇四尺"。他自己死后，墓上也起了坟堆，"鲁世世相传以岁时奉祀孔子冢"。[2]土丘墓出现后，迅速流行，且以坟头的高低小大，作为死者身份地位的标志。《周礼·冢人》："以爵等为丘封之度与其树数"，"尊者丘高而树多，卑者封下而树少。"《吕氏春

〔1〕《汉书·刘向传》。

〔2〕《史记·孔子世家》。

秋·孟冬纪》："营丘垄之小大、高卑、薄厚之度，贵贱之等级。"考古发现的春秋晚期至战国的墓葬，普遍有高大的封土堆。像河北平山战国中山王墓，封土东西92米，南北110米，分为台阶式三层，最高处距地面15米，考虑到经历了两千多年的风吹雨淋，原来的规模肯定更大。

土丘坟的形状，从战国起都用方台形，考古界称为覆斗形，从秦始皇陵到宋代帝王陵都是这种形状。一般达官贵人及平民百姓的坟是圆丘形或半圆丘形。后来，由于方台形封土堆难以长期保持原貌，所以帝王陵墓也逐渐发生了变化，五代时南方小国君主的陵墓就改为半圆形。明代起，帝王陵墓的封土堆也变为半圆形，称之为宝顶，也称为独龙阜，上面栽满树木，让它郁郁葱葱。

(1) 墓室

墓穴也称为墓圹，有竖穴和横穴之分。竖穴是从地面一直往下挖掘而成，横穴是从地表斜向掘进，横着掏挖逐渐达到一定深度。墓穴是安放棺木和随葬品的空间，距地表的深度没有统一的标准，一般大型墓葬墓穴大多比较深。除了土室外，还有砖室、石室、木椁室等，形制规模各有不同。

墓室的建造，实际上是模仿现实生活中的宫室房屋。先秦时的屋室，大致是前堂后室两个部分。前部中央为堂，是日常起居、接待宾客之所，堂前空地为廷，堂东西两壁为序，两序外又各有一个狭长的空间，且前后隔为两段，前为厢，后为夹。后部中央为室，室左右为房。室和房是住人的地方。墓室的格局也如此，基本上是分为前后两部分，前部相当于"堂"，放随葬品；后部相当于"室"，放置棺木。帝王将相的大型墓葬的墓室分室更多，也与他们生前的宫殿居室制度是相应的。

(2) 墓地建筑

i．寝。古人认为，人死后灵魂不灭，因此不仅要有墓室安葬遗体，还需要在地面上建造供其灵魂活动的房屋，这种供奉死者灵魂的墓地建筑叫做寝。在安阳殷墟发现的大型的商王陵墓，地表都有寝的遗迹。其位置正好在墓室的上方，面积也与墓室相当。河北平山战国中山王墓封土堆上也有建筑物遗迹。墓中出土的《兆域图》上还清楚地标明这些建筑叫"王堂"、"王后堂"、"哀后堂"、"夫人堂"。(图4—23) 秦汉时，帝王陵的寝建在墓侧。汉代皇帝的寝，陈设墓主生前用过的座位、床、几、匣匮、被枕、衣冠等日常用品，每天要按照一定时刻铺设整理，准备盥洗用水和器具，一日四次进献食物。每个月还要把寝中的衣冠取出，由车骑引导护送，出游到接受祭祀的庙里。一些富豪的墓地建筑也建得十分豪华。《盐铁论·散不足》说："今富者积土成山，列树成林，台榭连阁，集观增楼。"

ii．祠堂。祠堂起于西汉中期，又称享堂，是在特定的日子对死者进行祭祀

图 4—23 河北平山中山王陵兆域图铜版及复原图

的地方。祠堂中设有祭台，安放神主，祭祀时供奉祭品，招致死者的灵魂前来享用。东汉时随着墓祭习俗的形成，墓前建祠堂已很普遍，一些强宗大族把墓祭当做团结族众的一种手段，很重视祠堂建设，除了祭祀场所外，还有供族人休息和祭后宴饮的地方，往往建成有相当规模的建筑群。山东肥城孝堂山郭氏石祠和山东济宁紫云山武氏石祠至今保存完好。后世祠堂大多不再建于墓地，但富家大族仍在正式祠堂之外，在墓地建有小屋供上墓时祭祀用。

iii．墓阙。阙本是一种高台，用于登高望远，一般建于宫殿前。墓阙仿照阙的形制，具体而微，多用石块垒砌而成，由基座、阙身和带檐阙顶组成，是供墓主的灵魂登临的象征性建筑。有的墓阙还刻有记录墓主生平的铭文。墓阙大约起于西汉中期，东汉时很盛行，后代基本废弃。

iv．墓碑。《说文》：“碑，竖石也。”碑，原本为安放棺木的器具，立在墓穴四角或两边，上端凿有圆孔，叫做穿。安放棺木时要以穿为支点，用绳索缓缓将吊悬的棺木放进墓穴。这种碑有木制的，也有石制的，棺木放进墓穴，碑也埋入墓中。西汉末年起，出现了墓碑，即在石制的碑上刻写死者的官爵姓名，立于墓前，这就成了墓碑。早期墓碑顶端或作方尖形，或作圆弧形。东汉时立碑蔚成风气，许多墓碑还刻有墓主家世及生平事迹，并有颂扬文字。唐宋准许一定级别的官员墓前立碑。碑首称碑额，刻螭、虎、龙、雀等图样，碑身下有基座，称为趺。

礼制规定，五品以上螭首龟趺，高不过九尺；七品以上圭首方趺，高四尺。明清时规定，一品螭首龟趺，二品麒麟首龟趺，三品天禄、辟邪（传说中的两种神兽）首龟趺，四至七品圆首方趺，碑身、碑首及趺座的高、宽也皆有差别，庶人不得立碑。但实际上这一制度并未严格执行，所以平民百姓墓前也往往立有墓碑，不过形制比较矮小而已。帝王将相陵墓前辟有纵向的通道，称为神道。在神道上立碑就叫做神道碑。神道碑记述墓主家世和生平事迹及颂扬文字，而墓碑只刻官爵、姓氏、名讳。清代的礼制规定，品官墓碑书“某官某公之墓”，妇人书“某封某氏”；八九品以下墓碑书“某官某之墓”，无官庶士书“庶士某之墓”，妇书“某封氏”，无封书“某氏”。

v. 石雕群。在墓前神道两侧陈列石雕人像、动物像和神兽像，象征死者生前的仪仗侍卫的阵容，也显示死者的地位身份。秦始皇陵陪葬坑的文武官员和兵士陶俑可能是这种石雕像之滥觞。现在看到的最早的石雕像是西汉遗物，汉武帝时名将霍去病墓前有动物及马踏匈奴等造型，具有纪功表彰的意义。墓前石人，后来有个专名，叫翁仲，是墓主生前的侍从。传说秦时有个名叫阮翁仲的人，身高一丈三尺，曾率兵守临洮，声震匈奴。死后秦始皇为他铸造铜像立于咸阳宫司马门，充当侍卫。所以后世将墓前的侍卫石人也叫做翁仲。各种石兽，叫做石像生。

(3) 葬具

葬具即盛放死者遗体的器具，土葬的葬具是棺椁，早期的棺是陶制的，或称为瓦棺，商代以后才用木棺。《礼记·檀弓上》和《丧大记》说，周制天子之棺四重，诸公三重，诸侯再重，大夫一重，士不重。意思是在内棺之外还套着四重、三重、二重、一重的外棺。各重棺都有特定名称，最外一层叫大棺，第二层叫属，这两层用梓木制作，因此棺木也称为梓棺或梓宫。第三层叫杝或椑，用椴木制作。第四层用水牛皮或犀牛皮制作，称为革棺。最内一层叫里棺。诸公以下由内至外递减，到士这一阶层就只有最外一层的大棺，而不得用套棺了。棺木的大小厚薄、装饰用料也有等级差别：诸侯大棺八寸，属六寸，椑四寸；上大夫大棺八寸，属六寸。下大夫大棺六寸，属四寸，士棺六寸。诸侯盖用漆，三衽（连接棺盖与棺身的木榫）三束（捆束棺身的皮条或缯帛）；大夫盖用漆，二衽二束；士盖不用漆，二衽二束。安放遗体的棺木内壁的装饰，诸侯用红绿二色丝绸，用金钉、象牙钉固定；大夫用黑绿二色丝绸，用牛骨钉固定；士用黑色丝绸，用牛骨钉固定。

在棺或套棺之外，间隔较大的空隙再加一层，就叫做椁。棺椁之间放置随葬品。《礼记》记，诸侯用松椁，大夫用柏椁，士用杂木椁。《荀子·礼论》说：“天子棺椁七重，诸侯五重，大夫三重，士再重。”这是指天子五棺二椁，诸侯四棺一椁或三棺二椁，大夫二棺一椁，士一棺一椁。这是周制，大概一直沿用到战国。

图 4–24 北京大葆台西汉墓“黄肠题凑”墓室

考古发现的战国秦汉时期的大型墓葬的木椁，规模巨大，乃是墓主生前地上宫室建筑的象征，也称为椁室，内部用板壁或原木分割成若干块，如棺箱、头箱、边箱、足箱等。汉代皇帝和诸侯王墓中，椁室四周要用黄心的柏木块垒砌成墙，称为黄肠题凑。在北京大葆台西汉燕王墓和长沙西汉长沙王后墓中都发现了这种黄肠题凑的葬具。（图 4—24）汉代以后这种椁室制度不再遵行。通常把套棺的外棺称为椁。唐宋规定不得以石为棺椁，不得雕镂彩画。明代规定，品官棺用油杉朱漆，椁用土杉；庶人棺用坚木，油杉为上，柏次之，土杉、松又次之；用黑漆、金漆，不得用朱红。

（4）随葬品

古人认为人死之后还要进入另一个世界生活，因此死者要将生前的必需品随葬，在原始社会的墓葬中就发现有陶器、武器、工具及装饰品随葬。后来，贵族阶级的墓葬中将大量的奢侈的生活用品和代表其身份地位的物品随葬，厚葬的风气十分普遍。《墨子 · 节葬》曾记载当时的王公大人有丧者，“棺椁必重，葬埋必厚，衣衾必多，文绣必繁，丘陇必巨”，“诸侯死者，虚车〈库〉府，然后金玉珠玑比乎身，纶组节约，车马藏乎圹，又必多为屋幕、鼎鼓几梃壶滥〈鉴〉、戈剑羽旄齿革，寝而埋之”；《吕氏春秋 · 节丧》也说，“国弥大，家弥富，葬愈厚。含珠鳞施，夫玩好货宝，钟鼎壶滥〈鉴〉，舆马衣被戈剑，不可胜其数。诸养生之具，无所不从者”。除了厚葬金银珠宝、珍奇玩好，商周至战国，大型墓葬还普遍地杀人殉葬和使用车马随葬。厚葬，导致后世盗墓成风。经过多次的战乱，以及吸取

图 4–25 辽陈国公主驸马合葬墓

了大批的墓葬被盗掘的教训，南北朝以后，除了帝王陵墓和少数显贵豪富的墓葬外，使用大量珍贵物品随葬的情形已经较少了。（图 4—25）唐宋时，明令禁止各级官员和庶民在棺内放置金玉珠宝。

专为随葬而制作的并无实际使用价值的各种器物模型叫做明器，多用陶、瓷、竹、木、石、纸等制作，仿制的物品有人物、家禽鸟兽、礼器、武器、工具、车舟、仓廪、房屋、庭院等，做成人物和鸟兽形的明器称为俑。与使用实物随葬相比，明器随葬花费较少，减少了物质与财富的浪费。北宋后，纸札的明器逐渐流行，这类明器在死者下葬时焚烧。明器的使用也有等级差别，唐代规定三品以上官员可用明器 90 事，四、五品可用 60 事，七、八、九品可用 40 事，庶人可用 15 事。明代规定，随葬用陶质、木质明器，公侯 90 事，一、二品官 80 事，三、四品 70 事，五品 60 事，六、七品 30 事，八、九品 20 事，庶民 1 事。

## 二、荒礼

荒礼，指自然灾害引起歉收、损失和饥馑后，国家为救荒而采取的政治礼仪措施。我国以农业立国，国计民生最容易受自然灾害的影响，荒礼是历代统治都注意研究的政治问题。《礼记 · 曲礼》说：“岁凶，年谷不登，君膳不祭肺，马不食谷，驰道不除，祭事不悬，大夫不食粱，士饮酒不乐。”规定在饥荒之年要减损礼仪，节制饮食。《周礼 · 地官 · 大司徒》则更全面系统地提出了救荒的对策：“以荒政十有二聚万民：一曰散利，二曰薄征，三曰缓刑，四曰弛力，五曰舍禁，六曰去几，七曰省礼，八曰杀哀，九曰蕃乐，十曰多婚，十有一曰索鬼神，十有二曰除盗贼”，今分条简述如下。

### 1．散利

散利是给灾民以救济，主要措施有三项，即：周、贷、粜。周，指周济，是无偿的赈给，这是遇到较大的自然灾害后采用的办法。《周礼·地官·乡师》云：“以岁时巡国及野，而周万民之囏阨，以王命施惠”，讲的就是周济灾民，乡师按时巡视各国，考察灾情，然后以天子的名义给予救济。贷，指借贷，发生灾荒时出借，收获以后归还，这往往是青黄不接的时候采用的办法。《周礼·地官》“旅师”之职，掌管国家征聚的部分谷物，“凡用粟，春颁而秋敛之”，就是为了救济春荒而予以借贷。

赈济灾民，用粟米、银钞、绢帛、食盐等，也常用施粥救饥之法。《礼记·檀弓》说，春秋时，卫国公叔文子煮粥救济灾民，这是我国最早的施粥的记载。救济灾民，又有兴工代赈之法，即招募受灾流民充当建设工程（一般是农田水利工程）的劳力。灾民得以自食其力，国家也颇有收益，增强了抗御自然灾害、发展生产的能力。救荒又有把受灾流民安置在年成较好的地区的民户中予以赈济的。

荒年要放粮，丰年就须有储积。国家历代皆有大规模的粮仓备荒，称为“常平仓”。隋开皇五年（585），度支尚书长孙平建议设立“义仓”，每年每家出粟麦一石，储之闾巷，以备凶荒。后来，类似的制度又称为“社仓”、“惠民仓”、“广惠仓”、“预备仓”等等，但是实行起来五花八门。或者确实有以丰补歉之用，或者公私侵渔，结果成为加赋厚敛的别名。

### 2．薄征

薄征，指蠲免、减少或缓征租赋。遇到灾害，由皇帝下达蠲除之令，叫做“灾蠲”。有时虽无灾害，皇帝为了表示恩惠，也减免部分租赋，叫做“恩蠲”，由于各地灾情常常不能及时上报，上报以后也往往迟疑不决，皇帝的蠲除诏令有时不能及时下达。

### 3．缓刑

凶荒之年，人民为饥寒所迫，容易触犯法律，所以执法要适当宽缓，以示哀矜之意。《周礼·秋官·士师》说：“若邦凶荒，则以荒辩（贬）之法治之，令移民通财，纠守缓刑。”“荒辩（贬）之法”就是法律条款要有所贬损，以为权宜之计。

历代帝王每逢凶灾多有减刑、缓刑的诏令。这是由于古人认为自然灾害的发生乃是民间冤气郁滞，政治失当的报应，上天以天灾来警告人间的君王。

明代又有让罪犯交纳粟米救灾免罪的办法。景泰四年（1453），山东、河南、江北、直隶等地受灾，囚犯能够向受灾地区交纳粮食者，可以免罪。免死罪交粮60石，流徒三年40石，徒二年半35石……杖罪每10杖为1石，笞罪每10鞭为5斗。嘉靖时也采用过这个办法。

### 4. 弛力

“力”指力役之征。“弛力”，即减免徭役。《周礼·地官·均人》说，国家的徭役按照年景的好坏征派，丰年每人服役三天，中年每人服役两天，下年每个服役一天，荒年不服役。但是历代徭役征发实际上都较《周礼》理想主义的规定繁重得多。遇到自然灾害，人民流离失所；严重时，饿殍载道，哀鸿遍野，在这种情况下，国家也不大可能再征发力役。有些统治者在凶荒之年，强行大兴土木，征集民夫，往往成为大规模农民起义的导火线。

有些朝代有交钱以代役的制度，如汉代的更赋，唐代的庸钱等，在遇到凶荒时，国家也常有减免的措施，以便于人民平安地度过荒年。

### 5. 舍禁

国有山泽园囿，平时严禁人民入内，凶荒时对灾民开放，百姓可以去采果蔬，捕猎渔樵，以为生计。如汉元帝初元元年（前48年），诏令云：“关东今年谷不登，民多困乏。其令郡国被灾害甚者毋出租赋。江海陂湖园池属少府者，以假贫民，勿租赋。”（《汉书·元帝纪》）但是当年继续大水成灾，二年（前47年）春，又诏令将水衡禁囿、宜春下苑、少府佽飞外池、严籞池田，假与贫民。唐贞观十一年（637），大雨成灾，谷水、洛水泛滥，太宗下令，“废明德宫之玄圃院，赐遭水家”[1]。诸如此类，“弛山林川泽之禁”，“开山场河泊之禁”，“弛猎禁”，“弛鱼禁”，“弛樵采禁”，为历朝逢灾时常用的措施。

### 6. 去几

“几”，本指门坎，这里指的是设关卡征税。“去几”，即废除关卡征税。我国古代大都实行重农抑商、扶本抑末的经济政策，在水陆交通要冲多设关卡，对往来商贾征取税收，并且制定相应的法令——津关令。由于商品经济极不发达，严重妨碍丰收地区和歉收地区的调剂与流通。苏轼曾说过，元祐时，他在浙西看到在连年水灾之后，有中等产业的人家，有钱无谷，竟至于“被服珠金，饿死于

---

〔1〕《新唐书·太宗本纪》。

市”；而与此同时，黄州一带却因为“累岁谷熟，农夫连车载米入市，不了盐酪之费”。[1]本来完全可以丰凶相救，互通有无，然而却因关卡林立，税收过重，以至商贾不行，无人经营，影响财货谷物的流通。而在凶荒之年，国家常颁令放松关津之禁，宽缓关市之征。同时，也放松平时对人民严禁迁徙的限制，准许饥民通过关卡到富庶地区去“就食”。

### 7. 省礼

省礼指减省庆贺、祭祀典礼或其中的某些仪式，前引《礼记·曲礼》所说“君膳不祭肺”、“祭事不悬”，就是说在飨燕饮食时不用肺作祭品，举行祭祀活动不悬挂钟磬乐器等。礼书还说，“年不顺成则天子素服，乘素车，食无乐”；“至于八月不雨，君不举”。[2]“举”指杀牲，食用美味佳肴。这也是降低礼仪规格的措施。减省了某些仪式，通常称为“杀礼”。

省礼的主要措施有：减膳，减乘舆，罢宴会，罢节日庆贺，避正殿，罢角抵游戏，以及太仆减省喂马谷料、水衡减省喂兽用肉、尚方御府停止制造豪华日用器物等。北魏孝文帝太和十一年（487）京都地区发生严重饥荒，韩麒麟上书说，造成饥荒的原因是民风不正，竞自矜夸，“车服第宅，奢僭无限；丧葬嫁娶，为费实多；贵富之家，童妾袨服；工商之族，玉食锦衣；农夫餔糟糠，蚕妇乏短褐”。结果造成“耕者日少，田有荒芜；谷帛罄于府库，宝货盈于市里，衣食匮于室，丽服溢于中路”。韩麒麟认为：“凡珍玩之物，皆宜禁断；吉凶之礼，备为格式；令贵贱有别，民归朴素。”[3]他关于“省礼”的想法，主要是针对“贵富之家”、“工商之族”的，这当然已经不只是救荒的权宜之计，而涉及一项长远的国家政策了。

### 8. 杀哀

这里专指减省凶礼的礼仪规格，主要是丧葬之礼不得大操大办，铺张浪费。

### 9. 蓄乐

“蓄”，即藩，有藩屏、闭止之意。蓄乐，即停止、罢除演奏音乐及其他娱乐活动，后代也称为“彻乐”。汉宣帝本始四年（前70年）正月，因前一年有大旱之灾，下令太官损膳省宰，并裁减乐府的乐工，下放“使归就农业”。唐文宗太和

---

〔1〕《东坡全集·乞免五谷力胜税钱札子》。

〔2〕《礼记·玉藻》。

〔3〕《魏书·韩麒麟传》。

七年（833），久旱不雨，诏令太常所属教坊女乐，停止演唱练习。有的朝代也有因为灾害而取消节日娱乐活动的，如宋仁宗时曾因河北地区发生水灾，取消了上元灯会。

### 10．多婚

多婚，指凶荒之年男女青年多为婚配，这就应当减省婚娶礼仪，从简结婚，不要为了礼仪的完备而影响了婚娶。这里包含着互相救助、保护以及增殖人口，补充由于灾荒而减少的人口的意思。

### 11．索鬼神

索鬼神，即找出与造成凶荒有关的鬼神予以祭祀。古人认为凶荒的发生是因为鬼神未加庇佑的缘故，很可能是在常规祭祀中没有祭到的鬼神发怒生气而降下了灾祸。所以，凶荒之时，往往要广祭群神。

“吉礼”中有“大雩”之礼，为求雨之祭。历代雩祭往往也是“靡神不举”。《隋书·礼仪志》记隋代雩坛，“孟夏之月，龙星见，则雩五方上帝，配以五人帝于上，以太祖武元帝配飨，五官从配于下”，“京师孟夏后旱，则祈雨”，祭祀祈祷，以七日为一轮，先后要祭到“岳、镇、海、渎及诸山川能兴云雨者”、“社稷及古来百辟卿士有益于人者”、“宗庙及古帝王有神祠者”、“神州”等等。宋代祈雨所祭，除天地、太庙、社稷、岳、镇、海、渎外，还祭祀五龙堂、城隍庙、九龙堂、浚沟庙，以及子张、子夏、信陵君、段干木，扁鹊、张仪、吴起、单雄信等庙，或者在寺观建道场，或者遣内臣分赴州郡，到河中之后土庙、太宁宫，亳州之太清宫、明道宫，兖州之会真宫、景灵宫、太极观，凤翔之太平宫，舒州之灵仙观，江州之太平观等处奉香祝祷，遍祭群神。

### 12．除盗贼

前面有“缓刑”一条，这里又讲“除盗贼”，显然是双管齐下，软硬兼施。对古史所谓盗贼，当然应有分析。其中确有杀戮无辜，图财害命的盗贼，也有杀富济贫，反抗压迫与剥削的造反者，二者不应混为一谈。凶荒之年，人民流离，民心浮动，走投无路，常常成为引发农民暴动的导火线。历史事实表明，多次大规模的农民起义都是在大荒之年爆发的，深受饥馑之苦与官府之害的百姓，揭竿而起，埋葬了一个又一个腐朽王朝。救荒之政第12条，强调“除盗贼”，正反映了统治阶级心理上所感受的威胁。但是，只要剥削制度存在，没有一个王朝真正能够妥善解决“除盗贼”的问题。

## 三、札礼

“札”，指疫疠疾病，即流行性传染病。因为凶荒之年，常常有疫疾流行，所以有的礼书中将“大荒、大札”并列，措施都是“移民、通财、舍禁、弛力、薄征、缓刑”等等，[1] 有的礼书索性将“札礼”并入“荒礼”，放在一起叙述。

札礼，最紧迫的问题是葬死救病。许多疫疾是由于灾荒中死人未能及时掩埋而引起的。对死于凶荒疫疾者，历代常常赐给棺木或丧葬钱的办法。西汉河平四年（前25年），黄河泛滥，成帝派遣大臣前往巡视，下令对于被淹死不能自葬者，由地方官府提供棺木葬埋；已经葬埋者，赐给葬钱，每人二千钱。平帝元始二年（2年）因干旱蝗灾，疾疫流行，国家腾出府邸房舍安置病人，并派医生治疗，病死者赐钱安葬。

东汉建和三年（149），连年地震、大水，“京师厮舍，死者相枕，郡县阡陌，处处有之”。桓帝乃诏令对“有家属而贫无以葬者”，每人给三千钱，给丧家布三匹；对无亲属的死者，“于官壖（空旷之地）地葬之，表识姓名，为设祠祭”。[2] 这种以官地埋葬死者的办法，后来发展成为“漏泽园”制度。

北宋神宗时曾有因贫困而无力安葬者，旅寄棺柩于僧寺，后来国家划给荒地命僧人代为安厝。凡安葬三千死者，寺院可以剃度僧人一名；连续三年以上，赐给紫衣袈裟、师号。徽宗崇宁三年（1104），太师蔡京将此法推而广之，设置“漏泽园”，用官家空地建园，安排专业“瘗人”，负责埋葬死者，规定葬穴深三尺，以免暴露于外。全国州县及各城寨镇市有居民千户以上的地方也普遍建立“漏泽园”。“漏泽”一语，典出《汉书·吾丘寿王传》。寿王曾说：“臣闻周德始乎后稷，长于公刘，大于太王，成于文武，显于周公，德泽上昭，天下漏泉，无所不通。”颜师古注说：“漏，言润泽下沾，如屋之漏。”“漏泽”表示德泽润下，人民都能得到恩惠。当时，还有收容“疾病之无归者”的“安济坊”，也招募僧人主持，凡治愈病人达千人者，也赐给紫衣袈裟。

## 四、灾礼

灾指灾祸，主要指水火、雷电、日月之食、地震山崩以及各种怪异灾变等，其礼制与荒、札基本相似，即贬损礼仪规格，减省娱乐、膳食，而祈禳之礼往往

---

〔1〕《周礼·地官·大司徒》。

〔2〕《后汉书·桓帝纪》。

比较讲究，除祭祀祠祷天地、社稷、宗庙、上下神祇，又用男巫、女巫，歌哭跳号，以冀感动神灵，消灾去祸。

祸灾发生之后，相互慰问之礼称为“吊礼”，《周礼》中的“大宗伯”一职，“以吊礼哀祸灾”；“小行人”一职，“若国有祸灾，则令哀吊之”，都是代表天子吊慰抚恤各国诸侯及人民的。

日月有食，在古代是重大的灾变，因而有救日月之礼。我国是世界上最早记录日月食的国家。《尚书·胤征》：“乃季秋月朔，辰弗集于房”，记载的是约四千年前发生的一次日食。救日月之食，一般的礼仪措施是奔走呼号，击鼓，用牲用币于社，置旗幡、兵器。《穀梁传·庄公二十五年》说，天子救日食之礼，要树立五面大旗，陈列五种兵器、五面大鼓；诸侯用三旗、三鼓、三兵；大夫击门，士击柝。天子的旗、鼓，要依五方之色，即东方青色，南方赤色，西方白色，北方黑色，中央黄色。《通典》记载，汉代天子救日食，身着素服，避正殿，陈设五鼓、五兵，用朱色丝绳环绕社坛，内外戒严，太史登灵台，观望太阳发生蚀变，便立即伐鼓。太仆主持，祝、史进行祝告。听到鼓声后，侍臣皆戴赤色巾帻，带剑入侍。三台令史以上官员皆持剑立其门户前，卫尉骑马巡逻，直至恢复正常后方才罢止。相传这是春秋鲁昭公时叔孙昭所说的天子救日之法。

魏高贵乡公曹髦正元二年（255），太史禀奏三月一日寅时合朔，届时有日食发生，满朝上下做好了救日的准备，但是日食却没有发生。有人提出要追究史官推算不准之罪。典历周晃等辩解道，“合朔之时，或以月掩日，则蔽障日体，使光景（影）有亏，故谓之日蚀；或日掩月，则日从月上过，谓之阴不侵阳，虽交无变。至于日月相掩必蚀之理，无术以推”。由此可知，两汉魏晋之时，已大致知道日食发生的道理，但是认识还不科学，且尚不能作出精确的推算和预报。这样，每当月朔之时，就必须做好伐鼓救日的准备。

唐《开元礼》“合朔伐鼓”礼规定，合朔前三刻，郊社令及门仆都头戴赤色巾帻，身着绛色衣服，守卫社坛四门。鼓吹令率工人各自按照方色手执大旗，站在四门屋下，旁边放置“龙蛇鼓”，队正率卫士五人手执矛、戟、斧、钺、矟五种兵器，围绕于鼓外而立。社坛四隅以朱色丝绳萦绕，太史官一人身穿赤色衣服，头着赤色巾帻立于社坛北，向日观变。坛上有黄色大旗及龙鼓、弓矢。太史看到日食发生，便说：“祥有变。”工人立刻一齐举大旗挥舞，擂动大鼓，声震如雷，至恢复正常后才停止。皇帝身穿素服，避正殿。百官着素服，各在其官府前率众向日而立，直至日光复明。唐代推求日月食的发生，亏初及复末时刻等术已较为完备，又有“迦叶孝威等天竺法”传入。不过仍然有推算失误之时。代宗广德时，仆固怀恩叛乱，又有吐蕃人攻陷长安。广德二年（764）五月丁酉朔，原测定将发生日食，但是到时候却并没有发生，君臣都以为这是祥瑞之兆，为之庆贺。

宋代合朔伐鼓之礼，在太社坛设神位，并有读祝文，瘗玉币等礼仪。日变伐鼓，复明而止。

明初救日礼，皇帝、百官皆着常服、朝服，中书省设香案行礼，鼓人伐鼓。日食则在大都督府设香案，百官常服行礼。以后改由礼部专设香案于露台，仪门内向日设金鼓，露台下设乐部。日食时，百官朝服登台，回拜而跪。由执事人击鼓三声，于是众鼓齐鸣，一直到日复圆，再行四拜礼。

清康熙时钦天监能准确推算日食发生时刻分秒，由礼部验准后，通知各省地方官员。满、蒙、汉军八旗都统率警备。礼部祠祭司官、钦天监、博士赴观象台观测，向日设香案。皇宫内救日礼与明制相似。日食开始，百官素服在露台三跪九叩，分为五班，轮流行礼。这时，金鼓齐鸣，更替上香，直至日复圆为止。月食在太常寺行救护礼，其仪式与救日礼同。各地救日、月之食，由督抚及正官一人主持，上香、伐鼓、跪叩行礼同京师。日月食伐鼓救灾，因为要动用军队，陈设兵器，许多礼书或将这一内容列为“军礼”。

## 五、禬礼、恤礼

诸侯国因外来侵略或内部动乱灾祸，蒙受经济、财产、人员的损失，天子或盟国汇合财货予以救助，称为“禬礼”；派遣使者慰问、存恤，称为“恤礼”。《周礼·秋官》“大行人”之职，有“致禬以补诸侯之灾”；“小行人”之职，有“若国师役则令槁禬之”，讲的就是“禬礼”。

但“禬礼”、“恤礼”，仅见于《周礼》，前代并不存在这种礼仪，后代也没有制定相应的仪制和赋予具体的内容。

## 六、问疾礼

问疾礼专指他人有疾病，前往病人家中探视慰问，探望者与病人应遵从的礼仪。《论语》中多次写到问疾，孔子生病时，鲁君来问疾，孔子“东首，加朝服拖绅”；他卧病本来躺在北牖下，国君来了，临时改换位置，躺到南牖下，头朝东方。这样，鲁君就可以立于南方的尊贵位置，同孔子说话也可以处于面向东方的尊位上。虽然躺着，仍然把朝服搭在身上，拖着长长的带子，表示还是身着朝服朝见国君，不失礼仪。《礼记·曲礼》则说：“问疾弗能遗，不问其所欲。”这是说去看望病人时，如果是自己办不到的事，不要说漂亮话，随意向病人许诺。

唐《开元礼》有“劳问诸王疾苦”及“劳问外祖母疾苦”之礼。皇帝劳问诸王，包括外祖父、后父（皇后之父）、大官、都督、刺史、藩国国王等，派遣使者前往受劳问者的府第，在庭中分设使者与主人之位。使者来到，受劳问者出大门外迎拜，史官二人手捧皇帝制书进入中庭，使者取诏书说：“有制。”受劳问者再拜行礼，到使者面前接受制书，再拜。礼毕，主人送使者至大门外。如果受劳问者重病在身，不能亲自接受制书，那就由子弟代为行礼。如果是皇太子看望王妃等，则行家人亲属之礼，不拜迎拜送，也没有授受仪式。

宋《政和五礼新仪》有“皇帝遣使问诸王以下疾”及“遣使问帝姬以下疾”之礼，仪制基本上沿用《开元礼》的规定。

后代礼书无问疾礼仪。

# 第五章 历代职官制度的沿革

## 第一节 先秦职官制度的确立和发展

### 一、关于原始氏族社会的“百官”

当人类社会发展到一定阶段出现了阶级对立的时候，作为统治者一方需要设立各种官吏，使之分职治事，以实现自己的统治意志，维护自己的统治地位。这时各种官僚机构即成为国家机器的重要组成部分，而各级官吏便成为国家机器的体现者。“官”的本义是房舍的意思，后来引申为具有权力的处所即官府以及行使权力的人即官员。《礼记·王制》孔颖达疏云：“官者，管也。”说官是管理别人的人。这种解释没能揭示出“官”的本质特征。诚然，作为社会的管理者在远古的氏族社会曾经存在过，那就是当时各部落和部落联盟的酋长们。但是他们与氏族其他成员的地位是平等的，他们只是凭借着自己的威望和能力，担负起集体生产和生活的组织工作，这和后世的“官”是截然不同的。古代相传，在尧、舜、禹做部落联盟首领的原始氏族社会晚期，曾设有“百官”，例如尧曾以四岳为部落酋长，以羲和管历法；舜以“八元”管教化、“八恺”管土地等等，[1]这些“百官”也都是氏族社会的各种管理者。这时期，各个部落常把某种事物作为图腾来崇拜，于是就用这些事物来称呼当时的管理者们。《左传·昭公十七年》记载郯子在鲁国叙述他的家世时，提到黄帝崇拜天上的云，以云为图腾，于是用“云”来称其“官”；炎帝崇拜火，于是以“火”名“官”，共工氏崇拜水，以“水”名“官”；太皞氏崇拜龙，以“龙”名“官”；而郯子的祖先少皞氏崇拜

〔1〕《史记·五帝本纪》。

鸟，于是用“鸟”名“官”，例如凤鸟氏管历法、祝鸠氏管民政、五雉管手工业等等。可以看出，这些社会管理者们已经具有一定的分工了。从原始氏族社会晚期已出现私有财产这一事实看，过去的民主选举原则开始受到破坏，而各级管理者们也在向统治者转化，所谓的“百官”越来越成为“民”的对立面而具有了新的意义。

## 二、夏朝的设官

夏朝是中国历史上第一个奴隶制王朝，它的最高统治者是“王”，其下设有各种职官。《礼记 · 明堂位》说：“夏后氏官百”，百表示多。古代文献对夏朝官制缺少详细记载，这也与国家机器建立初期的官职设置必定粗略有关。即便如此，一些零散的材料仍可使我们对夏朝职官设置有少许了解。

《左传 · 定公元年》记载：“薛之皇祖奚仲居薛，以为夏车正。”车正是主管造车的官。传说奚仲很善于造车，所以做了夏朝的车正，又《左传 · 哀公元年》记载，少康为夏王前，曾做诸侯有仍氏的牧正，后来又逃到有虞氏那里做庖正。牧正是主管畜牧的官，而庖正是主管膳食的官。

夏朝有军队，进行过多次战争，自然有统率军队的官长。《尚书 · 甘誓》说：启与有扈氏“大战于甘，乃召六卿。”郑玄注说“六卿”是六军的将领，这是用后人的观念作解释，实际的官名尚不清楚。

夏朝有监狱。《竹书纪年》说：“夏后芬三十六年作圜土。”芬是启以后的第七个夏王，当时由于阶级矛盾尖锐，夏王芬便建筑圜土来囚禁反抗者。圜土是圆形的土牢，把罪犯圈围在其中，这也表示有了司法的官员。

《尚书 · 胤征》、《左传 · 昭公十六年》都记载了夏代发生日食的时候，出现“瞽奏鼓，啬夫驰，庶人走”的情形。这里的瞽是乐官。对啬夫的职掌，后人解释不一，有的说是主管祭祀所用布币的官，有的说是主管耕作奴隶的官。

总之，尽管夏朝的职官设置十分简略，但其官僚机构毕竟已具雏形了。

## 三、商朝的内、外服官制

同夏朝相比，商朝职官制度已趋向系统化。除了文献记载外，甲骨卜辞和铜器铭文也给我们提供了丰富的资料。在商朝，由商王直接统治的中心区域叫内服，内服以外的诸侯统治区域称为外服。它们的职官制度有所不同。

### 1. 内服官

内服设有百官，称为百辟。可分为政务官、宗教官、事务官、武职官等几类。

政务官有尹、冢宰等。如伊尹就是商汤的辅弼之官，相当于后世的宰相。这里伊是姓，名为挚。尹是官名，也称阿衡、保衡。直到西周初年的铜器铭文中，保和尹还通用。如《令尊》铭文中的“明保”，又称“明公尹”。

《史记 · 殷本纪》记载商王武丁“三年不言，政事决定于冢宰”，可见冢宰权势之重，地位与尹相仿。

宗教官有占、卜、多卜、亚、祝、史、作册等。占、卜是负责占卜之事的。甲骨文中记载许多贞人的名字。贞人就是占卜人。巫、祝是神职人员，在祭祀等活动中充当人和神之间的媒介人。

史官为记录王事活动的官，与作册职掌相近。在甲骨文中有“乍（作）册”、“作册右史”等职官出现。

事务官是负责某种具体事务的官。甲骨卜辞中有小臣、臣正，大约是从奴隶中挑选出来做奴隶们的头领的官吏。还有小耤臣、小众人臣，是管理农业奴隶的官吏，小丘臣是管理山林的，小疾臣是管理医疗之事的，小多马羌臣是管养马的羌人的官吏等等。在甲骨文中还有宰，是总管奴隶主贵族家务及家务奴隶的官。

武职官有亚、多亚、马、多马、射、戍、卫、犬、多犬等。商王和奴隶主贵族是军队的当然统帅，对于他们来说，官职、爵位是世代承袭的，任职的文武没有严格区分。这里说的武职是军队中的中、下级官吏。亚是奉王命领兵征伐和追捕逃亡奴隶的官。马、多马是与战车有关的武官。射、多射是管弓箭手的武官，其中管百人的叫百射或射百，管三百人的叫三百射或射三百。犬为饲养、训练猎犬的官，或说犬是田猎中递送猎物情况的官吏。戍大约是从事戍守的武官。卫是侍从保卫人员。此外还有工、宗工、惟服、惟亚等等，还有待进一步了解它们的意义。

### 2. 外服官

外服包括商王亲属的受封地和被征服部落的臣服地区。《尚书 · 酒诰》说：“越在外服，侯、甸、男、卫、邦伯”，这里的侯、甸、男、卫、邦伯都是外服的重要统治者。侯、伯在甲骨文中都有出现，是那些方国的君长，没有严格的等级差别，如武丁之子奠被封为侯，称侯奠；周人臣服于商时，称周文王为西伯。这些侯伯都要定期向商王贡献和奉命参加征伐活动，有的还到中央朝廷来任职。

甸在甲骨文中作“田”，是商王派至远方主管农业生产的官。男作为官名，不见于甲骨文，有学者认为就是甲骨卜辞中的“任”，大约是侯、伯之下的武官。卜辞中还有牧，大约是商王派至远方主管畜牧的官。在商朝，没有五等爵制度。

## 四、西周官制

西周官制是在商朝内、外服制度的基础上进一步发展的，开始确立了师、保的中枢职官地位，其内服、外服职官的设立和分工也更加细致。在内服中，太师、太保是属于最高的“公”一级的职官，其下为“卿”一级的高级职官，它们各有属官，此外还有低级的事务官员。

### 1. 最高级的师、保

在周王之下，地位最高的是太师、太保、太宰，它们辅佐周王，统领百官，执掌朝政，同商朝的尹相类似，多由有威望的大贵族担任。例如姜尚在周武王时为太师，对推翻商统治发挥了重大作用，被称为师尚父。后来周成王年幼，由太师周公旦摄政七年。太师有时由两人同时担任。西周中期以后，任命太保渐少，太师的地位更加突出。

从文献记载和出土铜器铭文看，西周朝廷的官员是分为公、卿两个等级的。太师、太保、太史是属于公一级的。太史主管朝廷的册命、祭祀、图籍等，虽然权力不如太师大，但地位较高。周初，毕公、苏公都曾为太史。在铭文中，对于身为太师、太保、太史的人，都称为某公。

### 2. 内服官中的卿

内服官中，次于公一级的是卿。他们是公下面依照分工处理朝廷政务的官员。周公旦的儿子伯禽曾做过太师、太保。在《令彝》中记载周王命他“尹三事四方、受卿事寮”，也就是让他统管“三事大夫”和四方诸侯，以及统领朝廷百官。

所谓“三事”是指常任（又称任人）、准人（又称准夫）、常伯（又称牧）。在《尚书·立政》和金文中对它们都有记载，称为“作三事”、“三有事”。常任掌管朝廷的政务、官吏人选；准人执掌司法；常伯掌管地方行政事务。

属于卿一级的官员还有司徒（金文作司土）、司马、司空（金文作司工）、司寇、司士、太宰、公族等。司徒主管农田图籍及人民户口等，兼管军事和卜事。司马掌管军队和军赋。王畿内的卿大夫往往使其宗臣为司马，主管采邑内的军赋，称家司马，家司马也要听命于王司马。司空掌管百工执事及土木营建，司寇主管刑狱治安。太宰本是周王的家务总管，掌管王的饮食起居、车驾仪仗、王家财产、王后命令等，因与周王接近，成为周王亲信，所以他的权力和地位也较高。周公旦就曾做过太宰。公族是掌管公族内部事务的官，司士，主管贵族的刑罚及版籍爵禄。

在这些卿一级的官员中，司徒、司马、司空在文献及金文中被称为“三有司”。《礼记·曲礼》中有“天官六大”之说，《小盂鼎》铭文称为“三左”、“三右”。郭沫若在《周官质疑》一文中考订，“三左”是太史、太祝、太卜，“三右”是太宰、太宗、太士。他并绘图说明他们在举行典礼时各在周王左右的位置。[1]正如《左传·成公十三年》所说，周代是“国之大事，在祀与戎”，所以六卿中，太祝是最大的祭祀官。太卜管卜筮。太士是记言的右史。太史是记事的左史。左史、右史可以通称“作册”。太宗主管周王族的宗族事务，有可能就是前文所说的公族。太宰前文已有介绍。这里所说的“三左”、“三右”各官是否符合当时实际情况，还需要进一步探索。在古代记载西周官制的《周礼》、《尚书·周官》、《礼记》等文献中，有些内容是被战国以来的儒家学者们依照自己的理想加以系统安排了，因此在认识西周官制时必须做全面的考察。

西周晚期的铜器铭文中还出现“膳夫”一官，其权位也很重要，主管向百官传达周王命令。

西周内服官的爵位分为公和伯、侯两等。凡是太师、太保、太史皆为“公”爵；凡由王畿内贵族入朝为卿的称“伯”爵，而四方诸侯入朝为卿的称“侯”爵。公及伯、侯爵位的升降，随担任官职的高低而改变。

### 3. 内服中的事务官

属于内服的事务性低级官员很多，就现在所掌握的材料看，它们可分为内廷事务官和外廷事务官两类。下面仅举一部分为例。

内廷事务官——

虎贲，金文作虎臣，可分左、右，为周王的武装侍从长官，负责周王的安全。

缀衣，掌管周王衣冠之官。

趣马，金文作走马，为掌管周王马匹之官。

小尹，金文作小臣，为总管内廷事务之官。

太宰属下还有内宰、小宰、乐师、仆、小射、底渔等官吏，分管周王的财产、起居及音乐、驾车、射猎、捕鱼等事。

外廷事务官——

大都，为管理诸侯及周王子弟们的采邑的官员。

---

〔1〕郭沫若《金文丛考》。

小伯，管理卿、大夫采邑之官。

此外还有林、虞、牧、司田等官，分管山林、畜牧之事；师氏为掌管征伐戍守的军事长官。

对于在外廷分管各种政务的官员，可称为表臣百司，而对于官府中的低级办事人员，则称庶常吉士。

#### 4．外服诸官

周武王灭商后，对于王畿以外的广大地域进行了分封。受封的主要是周王的同姓亲属和异姓功臣，此外还有尧舜等所谓古圣的后裔。《左传·昭公二十八年》提到当时共封“兄弟之国者十有五人，姬姓之国者四十人”。这些诸侯都是周王的亲属。周成王时又继续对同姓亲属加以分封。对这些被封的诸侯，周王称其中同姓的为伯父、叔父，称异姓的为伯舅、叔舅。相对来说，商朝所分封的诸侯与商王有亲戚关系的很少，因此他们时常反叛商王的统治。而周朝利用宗法血缘关系把众多的诸侯同周政权紧密地结合为一体，这有助于实现“封建亲戚以蕃屏周”的目的，[1] 从而加强了对诸侯的控制。(图 5—1)

西周时期，被分封的诸侯国对周天子要尽一定的义务，例如必须定期朝聘周王，向周王贡献各种物产，接受周王之命出兵保卫王室或征伐反叛等；同时对周王的婚丧嫁娶、巡狩等也要尽义务。有时诸侯大国可在周王授意下调动附近的中小诸侯国的军队，共同从事征伐战争。由于大国成为一方之长，所以又称之为方伯。有的诸侯也到朝廷去任官，辅佐周王。

图 5-1 陕西骊山烽火台遗址

被分封的诸侯，在爵位上有公、侯、伯、子、男五种爵号，但从金文内容上看，似乎它们之间尚未有严格的等级差别。

诸侯在自己的封国内，基本上也按照周王朝的官僚系统设立各种职官机构。

〔1〕《左传·僖公二十四年》。

《尚书·立政》记载周公向成王讲述文王、武王官制时说，诸侯国设有“司徒、司马、司空、亚、旅、夷、微、卢烝；三亳阪尹”。其中司徒、司马、司空是诸侯国的三卿，其职掌当与王廷的三有司相同；亚为次于卿的大夫，旅为次于亚的众大夫。夷、微、卢是西周边远的一些臣服部落，烝指他们的首领。三亳是商朝先王旧都，阪是险要之地，在这些地方都设有专门的官员“尹”在戍守。

西周时期还有监国制度。这是周王为了防范诸侯叛乱，派人作为监官去监视他们。例如周灭商后，周武王令商纣王之子武庚仍居殷故地，管理殷民，同时又派遣自己的弟弟管叔、蔡叔、霍叔在其周围进行监视，称为“三监”。出土的铜器铭文证实，西周时还派有一些监官到其他诸侯国去。这是周王对地方诸侯加强控制的一种重要措施，也是中国古代确立监察制度的先声。

## 五、春秋时期的官制

春秋时期，中原各国的职官虽然大多沿用了西周的旧名称，但由于这时旧的奴隶制度开始瓦解，新兴的封建势力正在取代奴隶主贵族的统治地位，社会处于大动荡、大变革的形势中，因此旧的职官制度也受到冲击，发生了较大的变化。这种变化的最大特点是，以宗法制度相维系的旧官僚体制出现裂隙，各国虽仍由世卿执政，但已经不都是由周王策命了。

### 1. 最高执政官

春秋时期，王室衰微，周天子已失去了天下共主的地位。周王控制的王畿地区也日益缩小，诸侯国各自为政。在这种情况下，周王廷虽有正卿、卿士、太宰主持朝政，以介卿为其副，但他们已没有足够的权力去支配各诸侯国了。

在各诸侯国，最高的统治者是各国国君，他们有的如楚、吴、越也曾先后称过王。其下有总领百官、主持朝政之官，各国的名称不同，泛称“执政”。例如郑国称“当国”。晋国有三军，多以统领中军的将帅为执政。齐国设有左右二相。宋国保留一些商代遗制，有太宰、大司马等。

各国一般都设有司徒、司马、司空、司寇等众卿，为朝廷的重要职官。司徒掌管民政、户籍；司马掌管军事；司空掌管土地及筑城等土木营建，所以有时也称司城、司工；司寇掌管诉讼刑狱等。这时期它们的职掌也开始出现变化，例如齐国在军队中设有锐司徒、辟司徒，[1]大约是主管武器、营垒之官。晋国由将帅

〔1〕《左传·成公二年》。

统率军队，司马只专管军法了。各国专掌刑狱之官，除了司寇外，鲁国还有士师，齐国有大理等。

### 2. 宫廷内务官

西周时，为周王个人服务的某些官员，由于取得周王信任而可能兼掌国政。春秋时期这种情况有了改变，为国君个人服务、主管宫廷内部事务的职官同朝廷主管国家政务的职官界限越来越明显，而且内廷事务官的地位也下降了许多，这是封建官僚制度不断完善、进步的体现。这些内廷官员有主管公族事务及祭祀等事的宗伯、宗人；主管卜筮之事的卜人、卜士、巫；主管宫内音乐的乐官太师、舞师；主管国君财物的府人、廪人等等。宫内事务的大总管一般由仆大夫担任，宋国则称大尹。

### 3. 地方官

春秋时期，中原各国的地方政权基本上实行国、野制。所谓国，是指国都及附近地区；野是国以外的远方农村。当时按照国、野的不同组织形式，分别设置各级官吏进行管理。《国语 · 齐语》中记载齐国管仲实行了“参国五鄙制”。这就是在国中建立轨、里、连、乡四级行政体制，分别设置轨长、里有司、连长、乡良人为其长官。在鄙野中建立邑、卒、乡、县、属五级体制，分别设置邑有司、卒帅、乡帅、县帅、属大夫和属正长等官。

春秋初期，由于各国之间征战频繁，诸侯国开始在边境地区设县，以加强防守。至中晚期在内地也开始设置县，由国君委派县大夫去治理。有的诸侯国还开始在县下设郡。这时期郡比县低，与战国时期郡统辖县不同。县大夫之下有县师、司马、司寇等官。县司马、县司寇与朝廷的司马、司寇的职掌相当，只是管辖范围不同。

春秋时期，各国有的卿、大夫势力膨胀，其家族组织也不断扩大，于是形成了一些有势力的家族，如鲁国的“三桓”，晋国的六卿，宋国的戴、桓八族等。他们瓜分公室，并在家中建立了一套统治机构，其中宰是总管一家政务的官。《论语》中就记载孔子的学生仲弓、子路都任过鲁国季氏的家宰。家宰可由出身低微、但有才干的平民担任。宰下还有其他官吏。

无论是县、郡的长官还是家宰，他们的任命越来越不受出身等宗法血缘的限制，这就为封建地主阶级建立新的官僚制度奠定了基础。

关于春秋时期的爵：卿本是各国执政官的泛称。这时如秦、晋、齐等国，已开始把卿作为爵称，有上卿、中卿、亚卿的等级差别。大夫在这时也有官和爵的区分，作为官称的如中大夫、县大夫等，作为爵称的如上大夫、中大夫等。齐桓公曾设关内侯，但无封地。

## 六、战国时期的官制

战国时期，封建制度进一步发展，各国君主集权得到加强。这时大国扩张领土，弱国被灭，只剩下屈指可数的几个诸侯国了。大国的君主也都相继称王。为了适应战争的需要，为了加强对各级官吏的控制和提高官僚机构的效率，各国大都实行了以国君为首，下有相、将二官分掌文武的中央集权体制，这就是《尉缭子·原官》所说的："官分文武，君之二术。"与此同时，各国在地方设置郡、县，由国君亲自任免其长官。这样，封建的官僚体制便初具规模了。

### 1. 各国朝廷的行政机构

这时期各国都设有"相"，以为百官之长。相，原是佐助之意。春秋及以前，相只是地位低下的礼宾官，仅在齐景公时一度以崔杼、庆封为左、右相，[1] 地位不同一般。战国时，各国先后设相职，统领百官，成为最高的行政长官。相有时也称作丞相、相邦。汉朝时，因避讳刘邦之名，改称相邦为相国。《史记·廉颇蔺相如列传》和《战国策·赵策五》还记载赵国有"假相"、"守相"。假是兼任，守有试用、代理的意思。在《庄子·盗跖》和《韩非子·显学》中，虽然有"宰相"一词出现，但并不是正式的官名。在中国古代职官制度史上，"宰相"有其特定的意义，除了辽朝曾以它作为正式官名外，一般都把执掌朝政、统领百官的中枢职官泛称为宰相。因此历朝的宰相，无论是人数还是官称，不尽相同。

各国也设"将"职，成为一国的最高军事统帅，地位仅次于相，多以擅长统兵作战的武将充任。将职称将军，有时为了突出最高统帅的地位，设有上将军、大将军等。在将军之下，设有国尉、都尉等高级武官。在秦国，大良造本是高于国尉的武官，后来撤销大良造后，国尉地位上升。秦始皇统一中国后，可能设有太尉掌管全国军事，其前身即与国尉有关。

这时期，由于国君权力加强，国君的秘书人员的职权也加重了。国君的秘书长官不仅负责机要文书档案，而且作为国君的耳目亲信，开始具有监察其他官员的职能。他们有的称为御史，有的称为主书、掌书、御书等。

此外，重要的中央行政官员司徒、司寇、司空等在各国往往沿袭下来。同时

〔1〕《史记·齐太公世家》。

各国又在新的历史条件下设置了一些新的职官，如秦、齐设有博通古今典籍以备顾问的博士，赵国有主管收取租税的田部吏，秦有廷尉掌管司法，韩、魏有廪史，大约是主管仓库等等。

### 2. 地方郡县制的确立

战国时期，各国在地方大多确立了郡、县两级制，以郡领县。郡的行政长官是守，由国君直接任免。郡守下设郡尉；主管郡内军务。郡下设县，长官称令。令下有丞，分管财政和讼狱；有尉，管军务；有司马，管马政；有司空，管县内土建工程（多与军事有关）及刑徒。齐国未见有郡，据《孙膑兵法·擒庞涓》，齐国设有大都，相当于郡，长官为都大夫。齐国称邑，与县相当，长官称大夫。

战国时期，由于封建统治者打破了奴隶社会以宗法血缘关系维系的世袭制，在官吏的任用上改为俸禄制。当时各国对俸禄采用了不同的计算单位。例如，卫国以“盆”计算，齐、魏用“钟”计算，秦、燕用“石”计算等等。由此，各国又逐渐用它们的计算单位来标示官阶的等级高低了。如秦有五十石、一百石、五百石等官员。又由于国君与他所任命的官员形成雇佣关系，于是在行政管理上又创立了对各级官员的年终考核制度。对于朝廷的重要官员和地方长官，年终时都必须向国君汇报自己一年中取得的成绩，称为“上计”。如果考核不合格，要受到惩罚。高级官吏对其下级也有考核。

## 七、楚国的官制

西周以来，楚为南方大国，它具有与中原不同的文化传统，在各种制度及生活习俗上都有自己独特之处。

在中央行政职官方面，春秋早期楚国有莫敖执掌全国军政大权。《淮南子》中称它为“莫嚣”。以后设立大司马、右司马、左司马，莫敖的地位就不断下降了。楚武王晚年设置令尹，成为朝廷的最高执政官，与专掌军事的司马并称二卿。司马不仅领兵作战，而且主管丈量土地、确定赋税（以此可算定全国可出的战车、战马、各种兵器之数），这又包括了中原国家司空的职掌。战国时，司马改称柱国。著名诗人屈原和政治家春申君黄歇都曾任过左徒，这是主管民政之官。屈原还任过三闾大夫，这也是中原各国所没有的职官，它专掌王族屈、景、昭三姓子弟的教育。此外还有司败，为掌管刑罚狱讼之官，相当于中原各国的司寇。师、太师是主管对王子教育的职官。还有专管占卜吉凶的官，称为卜尹、卜师，是大夫一级的职官。

春秋时期，楚国在地方就已开始设立县，战国时期形成郡、县制，长官由国君任命。楚国县的长官称县公、县令，其下还有县司马等。郡的长官由中央派遣武将兼理。

## 第二节
# 秦汉的三公九卿制

公元前221年，秦始皇统一中国，秦王朝成为中国第一个中央集权的封建帝国。在这样的历史条件下，封建的政治制度也向前发展到一个新的阶段。这时期，封建地主阶级为了加强中央集权和君主专制的统治，在职官制度上确立了中央朝廷的三公九卿制和继续实行地方的郡县制体制。三公九卿制在秦朝只是初具规模，由于秦王朝的短命，这一制度在西汉时得到进一步的调整和完善。

### 一、中央的三公九卿等官

《汉书·百官公卿表》记载，丞相、太尉、御史大夫是秦汉时的三公，主持国政，号称万石之官，是朝廷的中枢职官。实际上它们也有一个发展演变的过程。

#### 1．三公

丞相　丞相是朝廷最高的行政长官，“掌丞天子，助理万机”[1]。秦及西汉前期都有左、右丞相（秦汉皆以右为上）。秦二世时又增设中丞相，以赵高充任。因赵高是宦官，所以“中”是指内廷。对于特别受到尊宠的丞相，可授予“相国”的尊称。秦始皇时的吕不韦、汉高祖时的萧何都曾为相国。汉代丞相之下有丞相史若干，从事秘书工作，长史为其长。武帝时，丞相府又设司直，掌察举违法之官。

汉武帝为了加强皇权专制，常常破格提拔一些出身微贱的人才，任用他们为中大夫、诸郎等，平时在皇帝周围出谋划策，形成所谓“内朝官”。汉武帝利用他们与丞相为首的朝廷行政官员们即所谓“外朝官”相抗衡；同时又常常通过少府所属的尚书署草拟诏令，转达奏章，以便于亲自裁决政事，以致丞相之权日渐削

〔1〕《汉书·百官公卿表》。

弱。武帝死后，霍光以大司马、大将军领尚书事的头衔主持朝政，其权势反在丞相之上。西汉末年，丞相更名大司徒，其权力、位次都在大司马之下，并且与大司马、大司空合称三公。

刘邦在夺取天下的战争中也常以相国、左右丞相的虚衔授给一些武将，因此史书中也常在虚衔前加“假”字。

东汉初，以太尉、司徒、司空为三公，合称三司。和帝时，邓骘以车骑将军仪同三司，于是三司之外又有“仪同”之号，意思是虽无三公的名号，但在待遇上与三公一样。东汉皇帝多为幼年嗣位，于是常以太傅录尚书事作为辅弼，主持朝政。这样，太傅更在三公之上，称为上公，或与三公合称四府。东汉皇帝为集权于己，也常通过尚书台发号施令，于是三公的权位进一步削弱，只能处理一些例行公事。东汉末年撤去三公，设置丞相、御史大夫。

太尉 《汉书·百官公卿表》说太尉是秦官，但在其他文献中尚未能得到证实。秦有国尉，为领兵作战的武将，但地位并不很高。汉代的太尉或许是由国尉演变而来的。

西汉前期，太尉为最高军事长官。刘邦死后，太尉一官时设时缺。武帝初年撤去此官。后来设置大司马，并冠于“某将军”之前，成为全国最高级的军事统帅。武帝死后，霍光以大司马、大将军领尚书事的头衔主持朝政，其职掌远不限于武事，权位逐渐跃居丞相之上了。东汉初又取消大司马，恢复了太尉的名号。

御史大夫 御史大夫作为丞相之副，其职掌有二：一为掌管天下文书图籍、呈递公卿奏章，颁布皇帝诏令等，类似皇帝的机要秘书长；二是掌管朝廷内外监察，为全国最高的监察长官。据《汉书·高帝纪》记载，西汉皇帝的诏令由御史大夫向相国（丞相）颁布，相国（丞相）再向诸侯王颁布；同时由御史中丞向各郡守颁布。汉代丞相一职出缺时，则按例常以御史大夫递补。刘邦也曾以御史大夫虚衔授予统兵将领。汉武帝为了加强君主专制，亲自裁决政事，逐渐将御史大夫所担负的机要秘书工作交给尚书署办理，于是御史大夫的职权日见缩小。西汉后期改御史大夫为大司空，东汉则称司空。

秦汉时，御史大夫之下有御史中丞，统领侍御史若干人，具体负责对朝廷百官的监察以及掌管国家收藏在兰台的图书档案；同时统管地方的监察长官刺史。

秦朝时，在地方各郡派有监御史，督察地方官员。

西汉初，曾废除御史监郡的制度。汉武帝时把全国划分为十三部州，作为监察区。每州下辖若干郡，长官为刺史。州刺史根据朝廷规定的六条标准督察地方官吏。武帝晚年，又设置司隶校尉，负责察举京城三辅、“三河”（河内、河东、河南）及弘农等郡官民违法行奸之事，成为监察系统的重要官员。西汉御史监察系统的官署叫御史府或御史大夫寺，东汉改称御史台或兰台寺，所以古人也把监察官员称作“台官”。

**2．九卿**

九卿是指中央朝廷的九个重要官员和官署，它们是：

奉常　汉代改称太常，掌宗庙礼仪、占卜祭祀等事，史官、博士等为其下属。

郎中令　为皇帝的侍从武官长，属官有大夫、郎、谒者等。郎是皇帝的侍从扈卫人员，有中郎、侍郎、郎中之分。太中大夫等及议郎为非武装人员，掌议论。

汉武帝时，郎中令改称光禄勋，职掌不变。又设期门郎、羽林郎，为皇帝微行出猎时的武装侍从。

卫尉　掌管各宫门的守卫，属官有仆射、公车司马令等。汉代，卫尉统领的军队称南军。

太仆　掌管皇帝的舆马，及军事用马的牧养。

廷尉　掌管刑罚讼狱，是全国的最高司法官。朝廷遇有大狱，皆由廷尉审理。

典客　掌管接待少数民族、藩属国来朝事宜。汉武帝时，改称大鸿胪，掌管诸侯王、列侯及内附部族朝觐郊迎之事。

宗正　主管皇族宗室（包括公主）事务。属官有都司空，掌管对宗室犯罪之人的处置。

治粟内史　掌管国家谷帛租赋。汉武帝时改称大司农。汉初，治粟内史仅掌农业及仓廪，另有“大内”一官与之并行，掌管国家财政。改大司农后，大内为其属官，称都内，主管财货，掌国家的金库。

少府　掌管全国山海池泽之税，以供给皇帝私用，凡皇帝的衣食起居、医药供奉、器物制作等皆在其属下，因此是宫廷事务的总管。武帝以后，其职权日益缩小，但是其下属尚书署作为皇帝的机要秘书处则权势不断提高，后来终于脱离少府，独立成尚书台，分曹治事（指分科办事）。

实际上，中央朝廷除了九卿，还有一些重要的高级官员，例如：

中尉　掌管京师地区的戍卫治安。汉武帝时改称执金吾，平时巡逻街市，皇帝出巡则为前导。

将作少府　主管宫室、宗庙、陵园的土木建筑工程。汉景帝时改称将作大匠。

典属国　掌管归附的少数民族的事务。汉成帝时，典属国并入大鸿胪。

水衡都尉　汉武帝时设置，掌管上林苑及诸池航政。

### 3．加官

秦时有侍中、散骑、中常侍、给事中等官，多由宦官充任，以侍奉皇帝。汉朝沿袭秦制，有侍中、散骑常侍、给事中、诸吏等官号，朝廷官员如具有这些官号，便可随时出入禁中，以备顾问应对。这些官号被称为加官。其中给事中可审核尚书奏事，诸吏可纠察弹劾内廷诸官，散骑随从皇帝乘舆之后，可随时提出建议。

## 二、秦汉的地方官制

秦汉地方实行郡、县制。至东汉末年，形成了州、郡、县三级行政制度。

### 1．京师

秦朝的京师行政由内史掌管。内史位秩与列卿等同，也参议朝政。西汉武帝以后，京师分为京兆尹、左冯翊、右扶风三部分，分别由三官治理，称为三辅。三辅长官位同列卿，可参议朝政。

东汉迁都洛阳，京师行政改由河南尹治理。

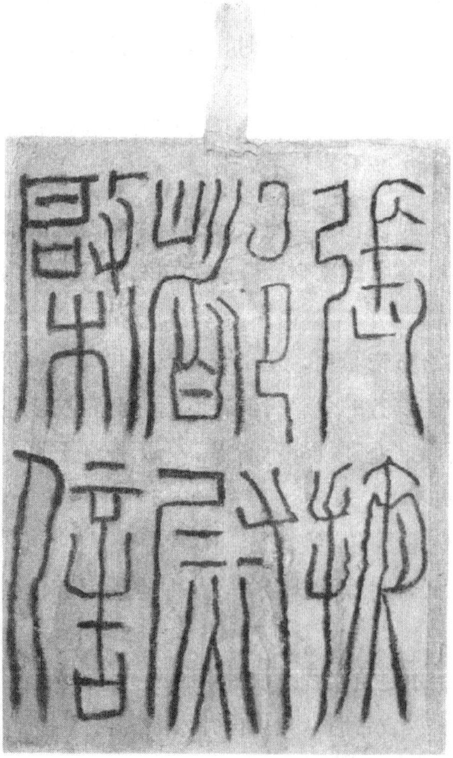

图5-2 张掖都尉棨信，甘肃居延肩水金关遗址出土

### 2．州

东汉末年，作为监察区划的州的长官刺史，逐渐具有了行政、军事大权，于是州便成为郡上一级的行政区划了，刺史也就成为集行政、军事、监察等大权于一身的地方大员了。

### 3．郡、王国

郡是地方高级行政区划，东汉末年，其上又有州。郡的长官，秦时称守或郡守，汉景帝以后改称太守。下有郡丞，为其佐助。又有郡尉，掌管一郡的军事甲卒，汉景帝以后改称都尉。(图5—2)

汉代与郡同级的还有诸侯王国。刘邦称帝后，翦除异姓诸王，除长沙国外，只封刘氏子弟为王，所封之地称国。汉初的诸王国割据一方，有自己的军队，所置官署与中央朝廷一样。当时朝廷只向王国委派太傅（辅导诸王）和丞相（统率王国百官），御史大夫以下官员，都由诸王自己任命。经过一段时间以后，诸王国的势力对中央朝廷威胁越来越大，并且最终酿成公元前154年的吴楚七国的叛乱。为了限制和打击地方王国的势力，汉景帝接受晁错的“削藩”建议，命令诸侯王不得过问王国的行政事务，撤销诸王对官吏的任免权，并且改丞相为相，掌管王国民政，直接向朝廷负责。此外，还裁撤了一批官吏。汉武帝进一步实行“推恩令”：“令诸侯以私恩自裂地，分其子弟，而汉为定制封号，辄别属汉郡。”〔1〕从此“诸侯惟得衣食租税，不与政事”〔2〕了。东汉王国制度同西汉。

**4．县、侯国**

秦汉时，郡下辖若干县。万户以上的县，长官为县令；万户以下的设县长，均由朝廷任命。县的令、长之下设有县丞，为其佐助之官；又设县尉，掌管一县的甲兵军事。据出土的湖北云梦秦简看，秦朝每县不止一个尉，多者可有四尉。史书中有时称县的丞、尉为县长吏；对县的低级官吏如斗食、佐史等称为县少吏，县官署中也是分曹治事，例如被称为主吏的功曹，便是主管县少吏的选用和考绩。此外还有主管文书的令史，主管监狱的狱掾等官吏。（图5—3）

图5–3 望都汉墓壁画侍阁图（摹本）

〔1〕《汉书·中山靖王传》。

〔2〕《汉书·诸侯王表序》。

据《汉书·百官公卿表》记载，县之下还有乡、亭、里。“大率十里一亭，亭有长。十亭一乡，乡有三老、有秩、啬夫、游徼，三老掌教化。啬夫职听讼，收赋税。游徼徼循禁贼盗。”汉代统治者强调对人民的思想控制，因此十分重视三老制度，东汉时甚至在郡和王国都设置三老。亭的设置同邮驿制度有关。

列侯的食邑称侯国。汉代以县令、长为侯国的相，主管侯国行政，他们不向列侯称臣，只供给地租。

## 三、官秩和爵位

### 1. 官秩

秦汉时期，官的等级称秩，以“石”数区分，而另以斛计算各级的俸禄米谷。唐代颜师古在《汉书·百官公卿表》注中对此虽做了一些介绍，但实际上在不同时期是有变化的。根据史籍记载，两汉时期的官秩大体有如下一些级别：万石、中二千石、真二千石、二千石、比二千石、千石、比千石（东汉无）、八百石、比八百石（西汉成帝时将这两级废去）、六百石、比六百石、四百石、比四百石、三百石、比三百石、二百石、比二百石（东汉增）、百石、斗食、佐史。

据聂崇岐《汉代官俸质疑》推断，西汉官秩约有20级，东汉约有16级。西汉的俸禄，有时是钱谷均发，但后期似乎全部折钱；东汉则大致是钱谷兼发。

### 2. 爵位

秦自商鞅变法后，逐渐形成20等爵制度，它们是：

一级曰公士，二上造，三簪袅，四不更，五大夫，六官大夫，七公大夫，八公乘，九五大夫，十左庶长，十一右庶长，十二左更，十三中更，十四右更，十五少上造，十六大上造，十七驷车庶长，十八大庶长，十九关内侯，二十彻侯。

爵本来是统治阶级内部体现不同政治地位的等级称号，由于秦在与山东六国争雄的战争中，大力推行军功爵制，就把爵的使用扩大到平民范围中来，这就使爵的社会作用大为增强，因此秦人的官职和爵位往往混同使用。

秦朝不封王，汉初则封有一批同姓王和异姓王，后来刘邦定下只封同姓子弟为王的誓约，所以汉朝的最高爵位实际是王。此外，汉朝还袭用秦20等爵制，只是因避讳汉武帝之名，把彻侯改为通侯。秦汉时又把第八级爵以下称为民爵，以上为官爵，普通吏民获爵不得超出第八级公乘爵。在秦汉确立了统一的封建帝国以后，军功爵制难以推行，于是爵位的使用又逐渐恢复到统治阶级内部了。

汉武帝在对匈奴的战争中，为了奖励军功和缓解财政拮据，曾另设 11 等级的武功爵，允许富人用钱买爵，但不久就停止了。

东汉后期增设了县侯、乡侯、亭侯等爵。这些侯虽然以某县、某乡、某亭的地名相称，但实际上只是虚名，并不在该地食邑。

### 3. 服饰

汉代区分官员等级的服饰主要是冠和绶。

汉代文官戴进贤冠，冠上有突起的梁，据《后汉书 · 舆服志》记载："公、侯三梁；中二千石以下至博士两梁；自博士以下至小史私学弟子，皆一梁，宗室刘氏亦两梁冠。"这是以冠上梁数区分官职高低。

在秦汉，绶是区分官职高低的最明显的标志。先秦时，绶是贵族、官员佩戴玉饰时系玉的彩色丝带，又称为组。秦汉官员用绶系官印，佩戴在身上。后来为了表现位秩高低和权力大小，官员们可以不带官印，但必须佩戴印绶，使人一目了然。《后汉书 · 舆服志》记载了自天子至百石之官所佩绶的颜色和长度。秦汉的三公、九卿等高级官员，分别用金印紫绶和银印青绶，所以人们常以"金紫"或"银青"作为高级官员的代称；并且以"解绶"、"解组"表示辞官。（图 5—4）

图 5–4 湘成侯相印，上海博物馆藏

秦汉时职官的服装都是黑色。秦始皇自以为得水德，色尚黑，于是官服也用黑色，汉承秦制，官服也用黑色。

同战国时代的各国官制相比，秦汉的三公九卿制和地方的郡县制有利于封建地主阶级加强自己的统治，中央集权的确立也有助于全国统一局面的形成，但是秦汉的职官制度也有其局限性，例如作为朝廷高级官员的九卿中，既有负责军国大政的职官，也有只管内廷事务的职官，二者混杂在一起，对于有效地处理国家大政是不利的；此外虽然各级官府的主要长官是由朝廷任命的，但其僚属却可由这些长官自行辟除，这就容易在官员中结成党派，从事分裂活动。选官方面的任子制度也会助长封建特权的滋长和官吏素质的下降。这一切表明，中国的封建职官制度还将得到进一步的发展和提高。

## 第三节 魏晋南北朝时期官制的演变

这段时期是中国职官制度从三公九卿制向更高级的三省六部制演进的过渡时期。在这三百多年里，中国大部分时间处于分裂、割据和战争的状态，因此各个王朝的职官设置就有许多不同，而且为了适应战争的需要，原来一些正规职官或撤销、或空有虚名，而一些临时性的“职务”反倒发挥了重要作用。这就造成这一时期职官设置的纷繁复杂。尽管如此，这一时期职官制度的主流还是与秦汉一脉相承的。

### 一、三国时期的官制

三国时期的职官制度基本上沿袭了汉代的官制，同时也有一些变化。这时期，曹魏的官制比较系统、完备。

#### 1. 中央官制

东汉末年设置丞相，以曹操充任，总领百官，主持朝政。这时丞相府内分曹治事，这是内廷尚书台列曹治事移至外朝的开始。曹操又设秘书令掌管政令的颁发。

曹丕称帝后，以太尉、司徒、司空为三公，虽然地位高，但都是空衔。为了加强君主专制，曹丕把尚书台移至外朝，分为五曹治事，使它成为外围的执行机构，由尚书令主持其日常政务。同时又成立中书省，设中书监、中书令二官，并掌机密，以代替过去的秘书令。

侍中在汉代本为加官，可出入禁中。东汉灵帝时设侍中寺，以侍中为其长官，下有给事黄门侍郎等，掌随驾规谏，以备顾问。侍中常在皇帝左右，地位愈加尊贵，但也要侍候皇帝的起居生活。

上述中书省、尚书台、侍中寺格局的确立，已具备了三省制的雏形。

监察系统中，以御史中丞为御史台长，下设治书执法，掌劾奏，以治书侍御史掌律令。

蜀汉初，设丞相，以诸葛亮担任。但诸葛亮死后，蒋琬以大司马主持朝政，以后费祎、姜维又都以大将军专权。蜀汉有太尉、司徒，地位都在丞相之下。

孙吴设有丞相、太尉、司徒、司空等官，后来大将军掌权，位秩居于众官之首。

### 2．地方官制

三国时期，各国的地方行政建制基本上是州、郡、县三级。魏在各州设刺史，或称州牧，为州的最高行政官长。州刺史往往被加上“使持节督某州军事”、“假节都督某州军事”等衔，从而又掌握一定的兵权。一州下辖数郡，郡长官为太守。太守加“将军”衔的，也有一定的兵权，郡下辖县，大县置县令，小县置长。其余一如东汉制度。蜀汉和东吴的地方官制与曹魏大体相同。

## 二、两晋南北朝的官制

### 1．中央官制

自西晋至南朝，或设丞相，或设司徒，废置不一，但若要总揽朝政大权，必须加有“录尚书事”的头衔才行，否则只是赠官，并无实权。朝廷又有“八公”，即太宰、太傅、太保、太尉、司徒、司空、大司马、大将军，它们是为了尊崇士族望重之人的荣宠性虚衔。此外又有“位从公”。凡骠骑、车骑等将军及光禄大夫等，若有“开府仪同三司”的头衔，都属于位从公。

这时期，中书省的中书监、令仍掌管草拟诏令、策划国政，位尊权重。由于中书省权势日重，对皇权专制的威胁渐大，于是晋时将侍中寺改为门下省，并且扩大其长官侍中的权力，使它参与朝政，“备切问近对，拾遗补阙”[1]，以此来限制中书省的权力，互相钳制。此时尚书台作为执行机构，其组织愈加完备，分工也更为细密了。在朝廷不设“录尚书事”时，则以尚书令为尚书台长官，与中书令、侍中共同参与朝政。其下有左右仆射等官。西晋时，尚书台曾设置吏部、三公、客曹、驾部、屯田、度支等六大曹，以后又有一些增减，至东晋时成为吏部、祠部、五兵、左民、度支五大曹，每曹各设尚书为其长官。西晋时又置小曹三十余，设尚书郎二十余人，分曹主事；东晋以后逐渐省并，以三四个小曹为一部，或五部，或六部不定。南朝时，改尚书台为尚书省。

总之，这一时期是三省开始形成和进一步发展完善的时代。在这一过程中，它们之间的权限、分工也是逐渐趋于严密的。

由于三省权力的扩大，原秦汉以来的九卿职权多被侵夺，到了魏晋南北朝时期，九卿的职权已有很大变化，有的只徒具虚名，有的则从中央执行机构一落而成为某一方面的具体服务机构了。例如：光禄勋原是皇帝的侍从武官长，握有兵权，西晋时称光禄卿，只有空名了，以至“不复居禁中，又无复三署郎，唯外宫朝会，则以名到焉”[2]。北齐时光禄卿成了安排筵席的衙门了。

至于北朝，包括北魏、东魏、西魏、北齐、北周五朝，长达200年的统治，其官制基本上沿袭了魏晋以来的旧制。北魏政权是由鲜卑族拓跋部贵族建立的，最初他们依照本族传统设置八部大夫，分管政事；又设36曹尚书分理各种政务。太和中，魏孝文帝对北魏官制进行了重大改革，他依照南朝职官体制对北魏官制作了较大的调整。魏孝文帝的政治改革，促进了南北文化的交流和融合。改革后，北魏中央主要职官设置如下：

三师：太师、太傅、太保

二大：大司马、大将军

三公：太尉、司徒、司空

三省：中书省长官：中书监、中书令

门下省长官：侍中

尚书省长官：尚书令、左右仆射

北魏以后的东魏、西魏、北齐官制大体相因袭。(图5—5)西魏末年，苏绰等依《周礼》六官制度拟订改革官制计划，至北周方才实行。北周初年，以天官冢宰总领地官司徒、春官宗伯、夏官司马、秋官司寇、冬官司空五官，形成五府总于天官的格

[1]《晋书·职官志》。

[2]《宋书·百官志上》。

局。这样一来，朝廷的军政大权便都集中于天官冢宰了。北周武帝时，削夺了天官冢宰总领其余五官的权力，从而恢复和加强了君主专制统治。这时六官只是处理各自的日常政务，而朝廷大政便由皇帝亲信的官员来参与，《周礼》六官制度便只成了一个空架了。以后杨坚建立隋朝时，把这种形式也取消了。

关于监察职官，这一时期的御史台以御史中丞为其长官，惟北魏称御史中尉。监察官员的权力极大，所谓“自皇太子以下，无所不纠”[1]。北魏时，御史中尉巡行时“与皇太子分路，王公百辟咸使逊避，其余百僚，下马弛车止路旁，其违缓者，以棒棒之”[2]。可见震肃百僚的威势之大。

御史中丞之下，晋代除设治书侍御史外，又设黄沙狱治书侍御史，掌管诏狱及廷尉处置不当之事。此外还有殿中侍御史、符节御史及分曹治事的侍御史等。

图 5-5 北齐骑马文吏俑，山西太原王郭村北齐娄睿墓出土

2. 地方官制

这时期无论南北，地方都是州、郡、县三级制度，但是州、郡的辖境日益缩小，而数量大为增加。

州是最高一级的地方行政区划，行政长官为刺史，下设别驾，诸曹从事等。国都所在州的长官，一般称为牧。州下为郡，其行政长官为太守，国都所在郡的长官一般称为尹。郡下为县，以县之大小分置令、长。县下还有乡、里。

由于长年战乱，刺史、太守多带将军称号，权重者更有“使持节都督某州（或某某数州）军事”等头衔。凡无“将军”等头衔的被称为“单车刺史”。为了限制刺史的权力，有时又特命刺史属官如别驾、长史等代行刺史职权，叫做“行事”；有时在刺史之下另设“典签”官以监督刺史。

在南方又有侨州、郡、县。东晋以后，北方的一些士族及大批流民陆续移居

[1]《通典·职官六》。

[2] 同上。

江南，于是政府划出一些特定的区域安置这些人，但仍用北方家乡的地名称呼这些新设置的州、郡、县，它们便是侨州郡县。

晋代封爵有诸侯王国和公国、侯国。王国、公国、侯国都设相，王国的相后改称内史。王国内史及公国的相，位当郡太守，侯国的相位当县令。

### 三、官秩和勋爵

曹魏开始以品级区分官阶的高低，秦汉以来用“石”表示官位大小的做法被取消。魏晋官阶分为九品，即九等。北魏在九品的基础上又把每品分为正、从两种，成为18等；自正四品以下，每品又分上下阶，这样总共30等。

北周依《周礼》以“命”计官阶。第一品为九命，最高。依次类推，第九品为一命，最低。

这时期的爵位制度很繁杂。曹魏之初定爵位为王、公、侯、伯、子、男六等，再下又有县侯、乡侯、亭侯、关内侯。此外还有名号侯、关中侯、关外侯、五大夫等，每种又分十数级。南朝大体沿袭前代制度。

北魏定爵位为王、公、侯、伯、子、男六等。北周无“王”，为五等，皆加“开国”。

南北朝时又出现一种荣誉性的称号“勋”，用以赐赠给有勋劳的高级官员。勋的等级称“转”，最高为十二转。勋的每一转都有固定的称号。

晋代俸禄有谷、绢、绵、菜田等。南朝有“遥带”做法，即文武京官多遥带一郡县官，并不到任，只是从该郡县领取俸禄。北魏官员原无俸禄，反而助长贪污之风。孝文帝依官品级制定了百官俸禄。北齐以绢定俸禄，而以帛、粟、钱发放。北周以谷定禄，以年成好坏决定颁发数量，遇凶年即全部停发。

## 第四节 隋唐五代的三省六部制

隋唐时代是中国封建地主经济繁荣发展的时期，也是中国封建政治制度趋于成熟的时期。封建的职官制度发展到隋唐，确立了三省六部制，这一方面使得那些负责皇帝私人事务的官署和官吏同朝廷的政务机构相脱离而自成系统，进一步加强了封建的中央集权统治；另一方面也使得封建官僚机构的设置更加完备、官吏的职掌分工更为细密，体现了整个封建职官制度发展到更高的水平。

## 一、隋朝的官制

### 1．朝廷的三省六部等官署

从名义上说，在朝廷地位最高的是“三师”和“三公”。三师为：太师、太傅、太保，是“训导之官也”[1]；三公为太尉、司徒、司空，是“论道之官也”[2]。它们并无实职实权，往往是作为“赠官”赐予有功的大臣。

魏晋南北朝时期，中书省、门下省、尚书省的相互分工配合，表明三省制已初具规模。隋唐的三省分工更加严密，它们各自的官制也更为系统和完备了。由于隋文帝杨坚的父亲名杨忠，出于避讳，在隋朝职官中凡与“忠”音相同的官名都做了改动，因此隋朝的三省称为：内史省、门下省、尚书省。

内史省，即过去的中书省，长官为内史令；后来改称内书省，长官称内书令，副长官为内书侍郎，专掌机密，草拟诏令，参议朝政。属官还有内书舍人、通事舍人等。内书令在炀帝时已不常置，多以内书侍郎行其职。

门下省，长官为纳言，掌管审查政令，内书令草拟的诏敕如有违失，门下省可以给予封驳退还。属官有给事黄门侍郎，掌纠正奏章违失；还有散骑常侍、谏议大夫等，都是谏官。

尚书省，长官为尚书令，下设左右仆射各一人为其副。尚书省是执行机构，统管全国的各项政务，职权范围很广，下辖吏、礼、兵、都官（后改为刑部）、度支（后改为民部）、工等六部。六部长官为尚书，与尚书令及左右仆射合称“八座”。

由于三省长官位高权重，是实际上的宰相，因此对于内书令、尚书令常不授人，而以其次官代行其职。于是又有以他官加“参掌机事”、“参掌朝政”的名号，行宰相之职。

三省之外，还有秘书省和内侍省。

秘书省掌管图书秘籍的收藏与整理，长官为秘书监，副长官为秘书丞。属官有秘书郎、校书郎、正字等；又有著作曹和太史曹归其统辖。著作曹负责修撰国史，太史曹负责天文历法之事。

内侍省是内廷的供给侍奉机构，长官为内侍，副长官为内常侍，隋初皆由宦官担任。隋炀帝改内侍省为长秋监，以长秋令、少令为其正、副长官，皆用士人

[1]《唐六典》卷一。
[2] 同上。

担任，只是低级役使人员用宦官。

在朝廷，除了上述五省外，还有太常、光禄等“九寺”以及国子、将作等“五监”。它们表面上似乎相当于秦汉的九卿，但实际上由于朝廷大政都归于三省六部了，它们只能办理一些具体事务工作。

### 2. 监察职官系统

中国的御史监察制度发展到隋唐，已经比较成熟，监察机构的设置更加健全，监察职官的分工也更加细致。

隋初在朝廷设御史台，掌管对百官的纠察弹劾。隋炀帝时又增设了谒者、司隶二台，合称三台。

御史台长官为御史大夫，以治书侍御史为其副，属官有侍御史、殿内侍御史、监察御史等。

谒者台掌奉诏出使，慰抚劳问，并可持节按察地方，受冤狱而奏之。长官为谒者大夫。

司隶台掌京畿内外的巡察，长官为司隶大夫。属官有刺史 14 人，掌全国郡县的巡察。后废司隶台，改派京官以司隶头衔出使巡察。

### 3. 地方官制

隋初袭用魏晋南北朝以来的州、郡、县三级地方官制。不久，于开皇三年（583）省去郡级，改为州、县二级官制，以州直接统县。州设刺史，县设县令，这时还废除了汉代以来地方州郡长官可以自行辟除僚佐的做法，一切官员均由朝廷任命、吏部考核。这样就进一步增强了朝廷对地方的控制。

隋炀帝时，又改州为郡，成为郡、县二级的地方官制。郡的行政长官称太守。每当年终时，各郡太守或其副职都要进京述职，称为朝集使。

隋初在州之上还设置总管府，总管刺史加“使持节”，可掌一州或数州的军政事务。隋炀帝即位后便撤销了总管府。

隋朝在地方还设有“行台尚书省”，简称行台省，是中央尚书省在地方的派出机构，权力很大，凡在其辖区之内的州县皆受其节制。

## 二、唐朝的官制

### 1. 唐朝的宰相

唐朝的官制是在隋朝基础上进一步得到完备和健全的。从名义上说，三省长官同为宰相，但因唐太宗在即位前曾任过尚书令，所以无人敢再担任此官，遂以其副职左、右仆射为尚书省长官，与中书令、侍中并为宰相。唐太宗时，因中书令、侍中位高权重，不轻易授人，于是又常以他官加“参议朝政”、“参预朝政”、“参知政事”、“参议得失”等名号作为实际上的宰相。后来又有以“同中书门下平章事”、“同中书门下三品”（代宗时改为二品）的头衔行宰相事的。这样一来，尚书仆射如不加“同平章事”，反而不能参与宰相机务了。

三省长官各有官署，但遇军国大事需共同商议。唐初他们的议事地点在门下省，称政事堂。高宗时，政事堂改设在中书省。玄宗时，政事堂改称“中书门下”，并设置吏房、机务房、兵房、户房、刑礼房等五房，分曹办事，这样原来仅是宰相议事处所的政事堂便发展成一个宰相的办事机构，以五房处理日常行政事务。肃宗以后，“中书门下”又简称“中书”与中书省不同。政事堂是朝廷的决策机关，凡全国军政机要及五品以上官员的任免升降，都在这里议决。唐朝宰相一般有数人担任，多时曾达十余人，其中有一位是首席宰相，称为“执政事笔”。安史之乱后，改为宰相们轮流担任首席，十天一更换；德宗时又改为每日一更换，想以此防备宰相专权，但实际作用有限。

唐朝中叶以后，又有以中书令、侍中等宰相虚衔授与地方藩帅的做法，以示恩宠。这样的地方大吏如来朝廷任职，为了与真宰相区分，便在官称前加“检校”字样。

唐朝中后期，翰林学士一职开始侵夺宰相的权力，对唐朝政治具有一定的影响。唐初曾于禁中设置翰林院，召集了一些文学之士及医、卜、棋、画等有一技之长的人，入内廷值班，随时准备皇帝召见，陪伴皇帝游居宴乐。皇帝有时也召集一些才智之士在此待诏，以备顾问。唐玄宗时，又专设翰林学士院，选文学之士以为翰林学士，专掌拟定皇帝直接下达的重大诏令事。这样便侵夺了中书省中书舍人的制诏之权，出现所谓“内制”、“外制”之分。翰林学士所撰诏令直接从禁中发出，称“内制”，用白麻纸写成；中书舍人所撰诏令通过宰相拟定，称“外制”，用黄麻纸写成。翰林学士因此被称为“内相”。但翰林学士并不是正式的官，而是一种职务，因此没有正式的官阶品秩，名额也无定数。宪宗时，于诸学士中选出一名资高望重的人作为学士院的首领，称“翰林学士承旨”，权任尤重。唐朝后期，皇帝也往往利用翰林学士来对付干涉朝政的宦官势力。

唐代翰林学士入院后，必须见习一年，方加“知制诰”的头衔，具有秉笔草拟诏书的资格。一旦成为承旨学士，很快便可正式拜中书舍人，然后授与宰相官职。这就形成了后世各朝拜相往往选自翰林的传统。

唐代宗时，在内廷又设置内枢密使，专用宦官掌管奏章传递、传达诏旨，逐渐参与机密。在宦官专权的时候，枢密使可参与朝政，宰相之权多被侵夺。

唐朝也有“三师”、“三公”，同隋朝一样，是属于恩宠性的赠官。

### 2. 三省六部

唐朝的三省六部体制已经十分完备，各个部门职责明确，部门之间相互配合，又相互牵制；各种职官分工细密，职守分明。又恢复了三省的传统名称：内史省仍称中书省，内史令仍称中书令；门下省的纳言仍称侍中。三省之间的分工是：中书省制定政策，草拟诏敕；门下省审核复奏；尚书省颁发执行。如果中书省所拟诏敕有失当之处，门下省有权予以封驳，要求重拟。对于各部门呈上的重要奏章，必须通过尚书省交门下省审议，门下省认可后，方准送中书省呈交皇帝批阅；如认为有不妥之处，可驳回修改。由于中书、门下二省官署位于尚书省之北，所以二省合称“北省”，而尚书省被称为“南省”、“南宫”。三省及其长官名称在高宗、武后及玄宗时一度有变更，可参见表1。

表1　唐代三省及其长官名称变更表

| 更改时间 | 中书省<br>中书令 | 门下省<br>侍　中 | 尚书省<br>左右仆射 | 注 |
|---|---|---|---|---|
| 高宗龙朔初年 | 西台<br>右相 | 东台<br>左相 | 中台<br>左右匡政 | 是年废尚书令；高宗咸亨二年恢复旧制 |
| 武后光宅初年 | 凤阁<br>内史 | 东台<br>纳言 | 文昌台<br>文昌左右相 | 中宗神龙元年恢复旧制 |
| 武后垂拱初年 | 凤阁<br>内史 | 鸾台<br>纳言 | 文昌都台<br>左右相 | 都台于武后长安三年改称中台 |
| 玄宗开元初年 | 紫微省<br>紫微令 | 黄门省<br>黄门监 | 尚书省<br>左右丞相 | |
| 玄宗天宝初年 | 紫微省<br>右　相 | 门下省<br>左　相 | 尚书省<br>左右仆射 | 肃宗至德二年恢复旧制 |

中书省　以中书令二人为长官，又以中书侍郎二人为副长官。重要的属官有中书舍人，掌参议表章、草拟诏敕及玺书册命等。中书舍人因职掌的特点，可以接触机务要政，并可以对军国大政提出自己的初步处理意见，签署自己的姓名，称为“五花判事”。属官还有右散骑常侍二人、右谏议大夫四人，掌供奉讽谏，大事廷议，小事上封事（上呈书面报告）。又有右补阙、右拾遗也是讽谏建言之官。

门下省　以侍中二人为长官，又以门下侍郎二人为副长官，重要的属官还有左散骑常侍二人，左谏议大夫四人，皆掌规讽过失、谏谕得失。还有给事中四人，

表 2　唐代六部及诸司职掌表

<table>
<tr><th>部名</th><th>职务</th><th>司名</th><th>别称</th><th>职务</th></tr>
<tr><td rowspan="4">吏部</td><td rowspan="4">掌官吏的任免、升降、考核、赏罚</td><td>吏部</td><td>司列、天官、文部</td><td>掌官吏选授、勋封、考课之政令</td></tr>
<tr><td>司封</td><td>主爵</td><td>掌封命、朝会、赐予之级</td></tr>
<tr><td>司勋</td><td></td><td>掌官吏勋级</td></tr>
<tr><td>考功</td><td>司绩</td><td>掌内外文武官吏之考课</td></tr>
<tr><td rowspan="4">户部</td><td rowspan="4">掌全国户口、土地、赋税、钱粮、财政收支</td><td>户部</td><td>司元、地官</td><td>掌户口、土地之事</td></tr>
<tr><td>度支</td><td>司度</td><td>掌租赋</td></tr>
<tr><td>金部</td><td>司珍、司金</td><td>掌库藏及钱帛出纳</td></tr>
<tr><td>仓部</td><td>司庚、司储</td><td>掌粮食储存及支出</td></tr>
<tr><td rowspan="4">礼部</td><td rowspan="4">掌全国礼仪、祭祀、科举、学校教育</td><td>礼部</td><td>司礼、春官</td><td>掌礼仪</td></tr>
<tr><td>祠部</td><td>司禋</td><td>掌祭祀、天文、刻漏、卜筮、医药等</td></tr>
<tr><td>膳部</td><td>司膳</td><td>掌陵庙之牲豆、酒膳</td></tr>
<tr><td>主客</td><td></td><td>掌二王及诸藩朝聘之事</td></tr>
<tr><td rowspan="4">兵部</td><td rowspan="4">掌武官选授及军事行政</td><td>兵部</td><td>司武、夏官、武部</td><td>掌武官阶品、卫府名数及军戎差遣</td></tr>
<tr><td>职方</td><td>司域</td><td>掌地图及城隍、镇戎、烽候之数</td></tr>
<tr><td>驾部</td><td>司舆、司驾</td><td>掌舆辇、驿传、厩牧、马牛杂畜等事</td></tr>
<tr><td>库部</td><td>司库</td><td>掌戎器、卤簿仪仗</td></tr>
<tr><td rowspan="4">刑部</td><td rowspan="4">掌全国司法行政及审判</td><td>刑部</td><td>司刑、秋官、司宪</td><td>掌律法、按复大理及天下奏谳</td></tr>
<tr><td>都官</td><td>司仆</td><td>掌俘隶簿录，给衣粮医药而理其诉免</td></tr>
<tr><td>比部</td><td>司计</td><td>掌考核内外赋敛、经费、俸禄、勋赐等</td></tr>
<tr><td>司门</td><td>司关</td><td>掌门关出入之籍赋</td></tr>
<tr><td rowspan="4">工部</td><td rowspan="4">掌工匠、屯田、山泽之政令及办公纸笔等</td><td>工部</td><td>司平、冬官</td><td>掌城池土木之工役程式</td></tr>
<tr><td>屯田</td><td>司田</td><td>掌屯田及文武职田、诸司公廨田</td></tr>
<tr><td>虞部</td><td>司虞</td><td>掌京都苑囿、山泽草木及百官薪炭、田猎等</td></tr>
<tr><td>水部</td><td>司川、司水</td><td>掌川渎陂池之政令及渔捕、漕运等</td></tr>
</table>

掌审核封驳文书。又有左补阙、左拾遗，都是谏讽之官。

尚书省　以尚书令一人为长官，但此职例不授人，而以其副职左、右仆射为实际长官。尚书省的官署又称尚书都省、都堂。

左右仆射下有左右丞各一人，主持省内事务。

尚书省下辖吏、户、礼、兵、刑、工六部。部的长官为尚书，副长官为侍郎。每部下辖四司，司长官为郎中，副长官为员外郎。六部及各司职掌见表2。[1] 唐代六部分为三等：吏、兵为前行，刑、户为中行；礼、工为后行。各部官员的升迁即按后、中、前的次序递进，这就造成中唐以后六部尚书成为官员迁转的资历，不一定能表示实在的职务。

### 3．朝廷的其他事务机构

唐代的中央职官可分为台省官和卿监官两类，前者指三省及御史台，属于政务职官；后者指九寺五监，属于事务性职官。

唐代九寺是从汉代的九卿演变而来的，但其权位与职掌已经同汉代九卿大不相同了。唐代九寺是：太常、光禄、卫尉、宗正、太仆、大理、鸿胪、司农、太府；五监是：国子、少府、将作、都水、军器。寺的长官称“卿”，监的长官多称“监”。这些卿监官的政治作用都有限。这里需要说明的是，大理寺与刑部分工不同。大理寺负责审理中央百官犯罪和京师徒刑以上的案件，判决后要送刑部复查，死刑则呈送皇帝批准。刑部则负责全国的司法行政和审判重大案件，凡地方的死刑案件要送大理寺复查。

此外还有秘书、殿中、内侍三省，其长官也都称“监”。秘书省掌管经籍图书之事，下领著作局和司天台。殿中省和内侍省为内廷掌管皇帝诏旨传递和衣食起居等事的机构。

### 4．御史台

唐代御史台为最高监察部门，设御史大夫一人为其首长，以御史中丞为其副。

御史台下设台院、殿院、察院。

台院　有侍御史六人，掌纠察百僚、弹劾不法；审判皇帝特命的案件，并与门下省的给事中、中书省的中书舍人分直朝堂，受理冤讼，号称“小三司”。侍御史还有专人分管御史台官署的日常杂务。侍御史在诸御史中地位最高，职权最重。

殿院　有殿中侍御史九人，掌殿廷供奉之仪式，纠察朝会典礼失仪和随驾检

〔1〕引自左言东《中国政治制度史》，浙江古籍出版社，1989。

举非违等事。

察院　有监察御史15人，资历浅者称“监察御史里行”，掌监察地方官吏及尚书省的六部。唐代以“道”为监察区，唐太宗时全国划分十道，玄宗时增为15道。每道派监察御史一人，后来也称巡按使、观察使、按察使等。

御史台三院的设置与明确分工，说明中国封建社会的御史监察制度已经发展成熟。为了保证御史能够独立地行使弹劾权，唐代改变了过去由御史台长官选任御史的做法，而由吏部选任，有些御史还是由皇帝亲自任命的。御史除了具有监察职能外，还有一定的司法审判权，这是中国御史监察制度的一个特点。这种情况除了前面提到的小三司外，如遇有特别重大案件时，可由大理寺卿、刑部尚书、御史中丞共同审理，称为三司推事。

### 5. 地方官制

唐朝的地方官制，一般说安史之乱以前是州（府）、县二级制；至唐中后期则演变为道、州、县三级制。唐代的州、县都根据当地的地理位置、辖境大小、户口多少以及经济发达程度划分为不同等级。

州的长官为刺史。唐玄宗时一度改州为郡，长官称太守。刺史之下有别驾、长史、司马等官，称为上佐官，他们没有职权，朝廷往往以其品高俸厚安置闲散官员。但是如果刺史缺员，上佐官可以代理州事。刺史之下还有司功、司仓、司户、司法、司兵、司田等曹参军，负责处理各方面的政务，由录事参军事统领。这些官称为判司，具有实权。

县的长官统称县令，其下有佐助之官县丞，有分判众曹、催征租赋的县尉，有掌管文书簿计的主簿等官。

唐代的首都长安和陪都洛阳设府，长官为牧，一般由亲王遥领，实际主持政务的是尹。后来又增加了一些府，都以府尹主事。其下还有少尹、司录参军事等官。唐高宗及武后多居洛阳，因此那里的职官建置略同长安。虽然以后诸帝很少再去洛阳，但其职官衙署并未撤除，只是空存其名，不具实职。

又有都督府，属于大军区性质，管十州以上的称大都督府。长官大都督一般以亲王遥领，由长史主其事。一般的都督皆兼任所在州的刺史。安史之乱后，由于地方节度使势力的膨胀，都督府实际上已不存在了，而“都督”也只成了“赠官”。

为了加强对周边少数民族的管理和巩固边防，唐朝还在边疆地区先后设置了六个都护府，有大都护府与上都护府之分。长官大都护一般由亲王遥领，由副大都护主其事。上都护府长官为都护。（图5—6）作为边疆地区的都督府和都护府还管辖着若干羁縻府、州。羁縻是束缚、笼络的意思。唐朝为了便于控制边远的少

图 5–6 新疆吐鲁番出土唐律残片

数民族，在那些少数民族聚居地区设置羁縻府、州作为行政特区，大者称都督府，小者称州，以当地少数民族的首领为都督、刺史，可以世袭。这些羁縻府州有一定的行政自治权，可不向朝廷交纳贡赋，但必须接受边区都督和都护的辖制。据《新唐书 · 地理志》记载，唐代的羁縻府州多达 856 个，比内地的府州还多。唐朝实行的这种少数民族自治的羁縻府州制度有助于稳定边疆地区的局势，加强中央同边远少数民族的和睦关系，同时对于这些少数民族地区的经济开发和文化发展也是十分有利的。

唐朝中后期节度使势力大增，发展成割据一方的地方分裂势力，最终导致了唐朝的灭亡。

唐玄宗时为了加强边防的军事力量，在沿边设置八个节度使，统辖边地军队，本是军事将领。安史之乱爆发后，中原用兵，于是内地也设节度使。为了适应战争形势的需要，节度使不仅领兵，而且兼任所在州的刺史，兼理民政。后来节度使又都加京官和御史大夫头衔，又兼观察使（原为监察官员，后渐兼理民政，统管一道或数州）、营田使、度支使等，于是集军、政、财、监察诸权于一身，成为割据一方的藩镇。中唐以后，节度使的辖区也称道，后来全国划成四十余道。这时的道已不是唐初那种单纯的监察区划，而成为实际的行政区划了。这种道也称为方镇。所以节度使对所属各官大多是自行任命的，除了设置原有的武职、文职官员外，还有一套幕僚班子。节度使把许多重要的职务委派给这些幕僚去担任，于是称他们为差遣官。这些幕职人员未经朝廷任命，有些差遣也非正式职官，无品阶，这就要向朝廷申请，授予他们郎官、御史等头衔。

这种办法称为“检校”。检校原为查核、察看之意。东晋最早设置检校御史，掌地方监察。至唐初，为暂时代理某官的意思；玄宗以后变为加官性质，凡加“检校”之官，皆无实职。

## 三、隋唐的品阶勋爵制度

为了区分各种职官地位的尊卑，隋唐时期还建立起一套比较完备的品阶勋爵制度。

### 1. 职事官和散官

隋唐职官的名称可分为职事官与散官两类。中央的三省六部、九寺、五监和地方的州、县各官，都有明确的职掌、权限，它们属于职事官。另有一些官称，只能表示官员的身份地位而无实际的职权，叫做散官。

对于职事官按品阶划分等级。隋文帝时定为九品 30 阶。炀帝时取消上、下阶的分法，只把九品分为正、从，共 18 阶。

唐朝又恢复了 30 阶，只是正一品不授人，实际是 29 阶。对于每一阶给予一种官称，就是文散官的官称（见表 3）。此外还制定了武散官 31 阶，这里不再详举。

职事官都是流内官。对于官府中的胥吏来说，则属于流外官和视流外官，也各按九品分等。这些流外官经过一定的考课，可以升入低级的流内官。

在隋唐，九品以上职事官都带与品阶相应的散官称号，叫做“本品”。如果本品高而职事官低时，称为守某官，如果本品低而职事官高者，称为行某官。官员的待遇都以散官品级而定。

表 3　唐代文散官阶表

| 阶数 | 品级 | 文散官 | 阶数 | 品级 | 文散官 |
|---|---|---|---|---|---|
| 1 | 从一品 | 开府仪同三司 | 16 | 从六品上 | 奉议郎 |
| 2 | 正二品 | 特进 | 17 | 从六品下 | 通直郎 |
| 3 | 从二品 | 光禄大夫 | 18 | 正七品上 | 朝请郎 |
| 4 | 正三品 | 金紫光禄大夫 | 19 | 正七品下 | 宣德郎 |
| 5 | 从三品 | 银青光禄大夫 | 20 | 从七品上 | 朝散郎 |
| 6 | 正四品上 | 正议大夫 | 21 | 从七品下 | 宣议郎 |
| 7 | 正四品下 | 通议大夫 | 22 | 正八品上 | 给事郎 |
| 8 | 从四品上 | 太中大夫 | 23 | 正八品下 | 征事郎 |
| 9 | 从四品下 | 中大夫 | 24 | 从八品上 | 承奉郎 |
| 10 | 正五品上 | 中散大夫 | 25 | 从八品下 | 承务郎 |
| 11 | 正五品下 | 朝议大夫 | 26 | 正九品上 | 儒林郎 |
| 12 | 从五品上 | 朝请大夫 | 27 | 正九品下 | 登仕郎 |
| 13 | 从五品下 | 朝散大夫 | 28 | 从九品上 | 文林郎 |
| 14 | 正六品上 | 朝议郎 | 29 | 从九品下 | 降仕郎 |
| 15 | 正六品下 | 承议郎 | | | |

**2. 勋官与封爵**

勋官原是赏给立有战功将士的荣誉称号，后来也赏给文职朝官。隋文帝定勋级十一等，唐高宗时确定为十二转（见表 4）。勋官只是虚名，既无职权，也没有固定待遇。

隋唐都实行九等爵制，爵名略有不同。表 5 为唐代爵位级别表。表中所列食邑户数只是虚名，称为虚封。只有特别标明“食实封”或“真食”时，该官才能得到实在的封户，向他们收取租调。这种实封的经济利益可以世袭。

表 4 唐代勋官十二转

| 等级 | 勋号 | 视品 |
|---|---|---|
| 十二转 | 上柱国 | 视正二品 |
| 十一转 | 柱国 | 视从二品 |
| 十转 | 上护军 | 视正三品 |
| 九转 | 护军 | 视从三品 |
| 八转 | 上轻车都尉 | 视正四品 |
| 七转 | 轻车都尉 | 视从四品 |
| 六转 | 上骑都尉 | 视正五品 |
| 五转 | 骑都尉 | 视从五品 |
| 四转 | 骁骑尉 | 视正六品 |
| 三转 | 飞骑尉 | 视从六品 |
| 二转 | 云骑尉 | 视正七品 |
| 一转 | 武骑尉 | 视从七品 |

表 5 唐朝爵位表

| 等级 | 爵号 | 品级 | 食邑 |
|---|---|---|---|
| 一 | 王 | 正一品 | 万户 |
| 二 | 嗣王、郡王 | 从一品 | 五千户 |
| 三 | 国公 | 从一品 | 三千户 |
| 四 | 开国郡公 | 正二品 | 二千户 |
| 五 | 开国县公 | 从二品 | 一千五百户 |
| 六 | 开国县侯 | 从三品 | 一千户 |
| 七 | 开国县伯 | 正四品上 | 七百户 |
| 八 | 开国县子 | 正五品上 | 五百户 |
| 九 | 开国县男 | 从五品上 | 三百户 |

### 3．俸禄

唐朝官员的俸禄包括禄米、俸料、土地三大项。

唐朝官员的禄米数量比隋朝有所减少，以年计数，分18级发放，外官比京官减一等。若官员年终考绩得上等的，还可以获得奖禄一季或一年。官员每月还有月俸钱以及作为饮食杂用补贴的料钱，称为俸料钱。

唐朝官员还按品级得到职分田，如一品为12顷，递减至九品为2顷50亩。如被免官，要退出这些田地。从历史文献记载看，政府不一定实授这些田地，于是折合成粮食发给。

隋唐还规定，根据官员的散官品阶，决定官员的不同服饰。因此从官服的颜色、冠的形制、笏板的质料和佩戴的饰物上，就能看出官员品阶的高低。佩戴的饰物主要有腰带和鱼符。鱼符源于古代虎形兵符，以显示官员的权力。唐代因避讳，改为鲤鱼符，并有鱼袋盛放（武则天时，一度改为龟符、龟袋），规定五品以上官员必须随身佩戴。了解官品同服饰的关系（见表6），对于我们正确理解历史文献、诗文等是有帮助的。

表6　唐代品官服饰表

| 官品 | 服色 | 带 | 冠 | 鱼袋 | 笏 |
|---|---|---|---|---|---|
| 一品 | 紫 | 金玉带十三銙 | 三梁冠 | 金饰 | 象牙 |
| 二品 | 紫 | 金玉带十三銙 | 三梁冠 | 金饰 | 象牙 |
| 三品 | 紫 | 金玉带十三銙 | 三梁冠 | 金饰 | 象牙 |
| 四品 | 深绯 | 金带十一銙 | 两梁冠 | 银饰 | 象牙 |
| 五品 | 浅绯 | 金带十銙 | 两梁冠 | 银饰 | 象牙 |
| 六品 | 深绿 | 银带九銙 | 一梁冠 | | 竹木 |
| 七品 | 浅绿 | 银带九銙 | 一梁冠 | | 竹木 |
| 八品 | 深青 | 鍮石（黄铜）带九銙 | 一梁冠 | | 竹木 |
| 九品 | 浅青 | 鍮石（黄铜）带九銙 | 一梁冠 | | 竹木 |
| 庶人 | 白 | 黄铜铁带七銙 | | | |

## 四、五代十国官制

五代十国官制大体沿袭唐制，朝廷以三省六部为主干；地方官制也是州、县两级，州设刺史，县设县令，重要城市设府。

变化较突出的是枢密院地位提高。唐代宗时设内枢密使，本由宦官担任，掌传递诏旨密奏。唐末改由士人充任。至后唐时，枢密院长官枢密使可参议军国大政的决策了。后周规定枢密院专管全国军事，不管民政。这种情况进一步发展，就形成了宋代中书、枢密对掌文武二柄的职官体制。

五代十国的各个政权是唐末藩镇割据势力的延续，他们依靠武力维持统治，因此对于麾下的幕僚给予重用，对于许多重要职务作为临时差遣委派幕僚去做，这样就使旧有的一套正式官职近于虚设。这时期的官制虽然基本沿用唐制，但各朝又有不少变化。

# 第五节 宋朝的二府制及辽金元官制

## 一、宋朝中央职官的二府制

宋朝的官制是以中央朝廷的中书门下和枢密院分掌政、军大权的二府制为其特征的。

### 1. 宋朝的宰执

宰执是指宰相和执政。北宋初年只有“同中书门下平章事”或“同中书门下二品”的宰相。后来又以“参知政事”作为副宰相。宋代宰相大体有五次变动，见表7。北宋哲宗时，在宰相之上又设“平章军国重事”一职，专以之优礼德高望重的老臣，可以免去日常事务，只是参谋军国大政。实际上这样的老臣并不参与朝政。但是南宋的情况有所不同。

宋代的宰相不专用三省长官，在三省之外另设宰相的办公机构于禁中，称为政事堂或中书门下，也简称中书。

宋代的枢密院是掌管全国军务的最高机构，以枢密使、枢密副使为其长官，有时不任命使和副使，而以知枢密院事和同知枢密院事为正、副长官。枢密院又

图 5–7 司马光官服画像

可简称“枢府”，专掌兵籍、虎符，有调动军队的权力，但须经皇帝批准。为了防备武将跋扈，枢密院长官一般由文官担任。此外，为了限制枢密院的军权，全国禁军的管理、训练、戍守等事则归三衙（殿前司、侍卫马军司、侍卫步军司）统领，但三衙无权调动军队。

在宋代，一般把副宰相“参知政事”与枢密院的首脑称为“执政”，而把宰相和执政合称为“宰执”。

宋朝还设有翰林学士院，它不属于以宰相为首的中央行政系统而直属于皇帝。有翰林学士若干，负责为皇帝草拟制诰、国书等。( 图 5—7) 翰林学士需加有“知制诰”的头衔，才有草拟制诰权，否则便也是徒具虚衔去充任他官。此外又有替皇帝解说儒家经学的，称“翰林侍读学士”、“翰林侍讲学士”，官阶低的称“崇政殿说书”，他们叫做经筵官，多以他官充任，不隶属学士院。

宋初仍设三师（太师、太傅、太保）和三公（太尉、司徒、司空）；徽宗以后废除原三公，而以三师改称三公，又设少师、少傅、少保，称三孤。三师、三孤虽然名义尊贵，都只是赠官，徒有虚名。

表 7 宋代宰相名称变更表

| 称官 / 时间 | 正宰相 | 副宰相 |
| --- | --- | --- |
| 宋初 | 同中书门下平章事 | 参知政事 |
| 神宗元丰改制后 | 尚书左仆射 兼门下侍郎<br>尚书右仆射 兼中书侍郎 | 门下侍郎 中书侍郎<br>尚书左丞 尚书右丞 |
| 徽宗时 | 太宰兼门下侍郎<br>少宰兼中书侍郎 | 门下侍郎 中书侍郎<br>尚书左丞 尚书右丞 |
| 高宗时 | 尚书左仆射同中书门下平章事<br>尚书右仆射同中书门下平章事 | 参知政事 |
| 孝宗以后 | 左丞相<br>右丞相 | 参知政事 |

### 2. 宋朝的三省六部

宋初，由于中书门下和枢密院掌握了朝廷的军政大权，所以中书、门下、尚书三省形同虚设，三省长官也无实权，这是宋代官制的一个特点。宋代的官与职、差遣相脱离，三省基本上是名存实亡了。

宋神宗元丰改革官制时，依照唐朝的制度，重新恢复了三省六部的职权。

### 3. 三司的设置

宋初，既然六部已是虚设的官署，于是另外设立三司为管理国家财政的机构，以三司使和三司副使为长官，总管盐铁、度支、户部三司。盐铁掌管全国矿冶、茶、盐、商税、河渠和军器制造等；度支掌管全国财政收支；户部掌管全国户口、赋税、榷酒等事。每司之下设有数案，处理具体事务。三司总管全国财政，权力很大，地位仅次于二府，号称“计省”，三司的长官被称为“计相”。王安石变法失败后，三司的职权归还给户、工二部。

北宋前期，中书门下、枢密院、三司分掌全国政、军、财，三者鼎足而立，而最终由皇帝所辖制。(图 5—8) 神宗改制后，财权归属于宰相了。南宋时，宰相往往兼任枢密使，于是国家的民政、军政、财政三权又集于宰相一身。

### 4. 台官和谏官

宋朝设御史台为最高监察机构，依唐制下设台院、殿院、察院。虽然以御史大夫为御史台最高长官，但只作为加官授人，因此御史中丞便成为真正的长官，称为台长。

宋代御史的任用由皇帝直接掌管，宰相不得过问。御史每月必须奏事一次，

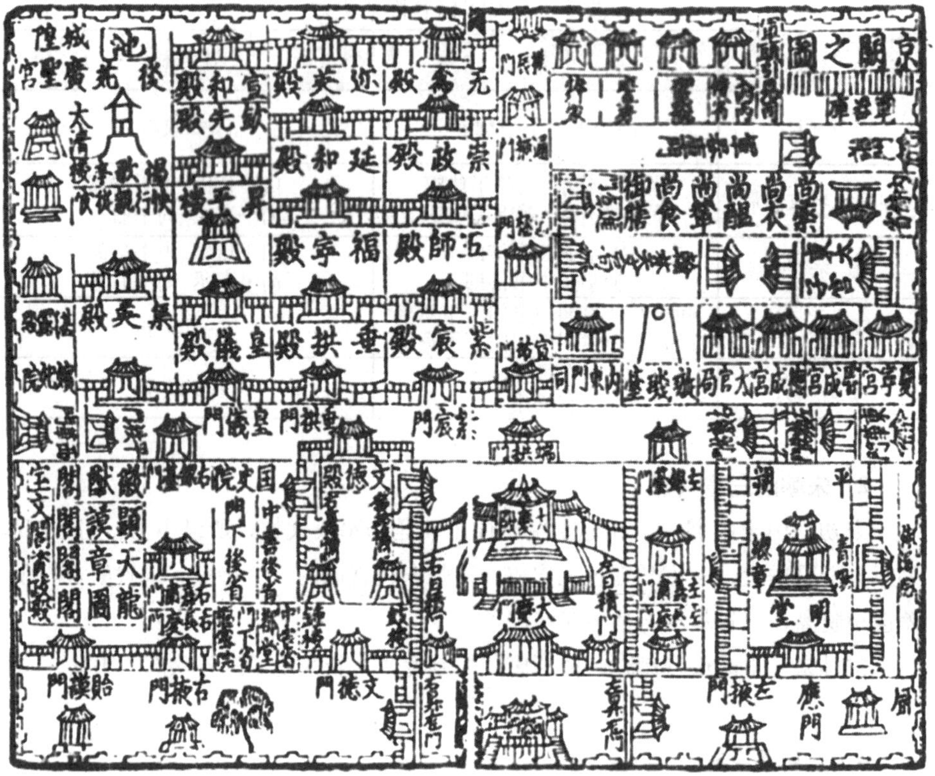


图 5–8 北宋宫阙图

称为“月课”。如果上任百日之内无所纠弹，就要被罢黜，或出任外官，或罚其俸禄，名曰“辱台钱”。又许御史“风闻弹人”，这就助长了御史滥弹之风。后来为了限制御史的权力，又给尚书省以“掌奏御史失职”之权，使台、省互相牵制。

宋朝的监察御史并不监察地方，地方官吏主要由地方的通判、转运使进行监察。

唐朝在中书省和门下省中都设有谏官，主要是对皇帝提出规劝和批评。北宋初设置谏院，有知院官六人，又有司谏、正言等，他们的职责已不是纠正皇帝的过失了，而是举发臣下的不法。这样谏官的职责同台官就没有两样了，形成台谏合流的趋势。元丰改制时，撤销了谏院。

## 二、宋朝的三级地方官制

宋朝最初是州、县两级地方官制，宋太宗以后发展为路、州、县三级制度。

宋代最低一级的地方行政机构是县，设县令为其长官。由于常常派京官带本官的职衔去掌管一县之事，称知某县事，简称知县。还有县尉，负责一县的治安。

县之上为州，州的长官是朝廷委派文职京官前来“知某州事”的，所以又简称知州。为了吸取唐末地方藩镇割据的教训，加强中央对地方官的控制，又由朝廷派通判到各州，名义上是知州的副手，实际上一切州事必须由知州和通判联合签署方才有效。通判位秩低于知州，但可以监督知州，并且可以直接向皇帝报告情况。

与州同级的还有府、军、监。对于首都、陪都及一些重要的地方设府。京师设府尹，以为最高长官，其他的府以知府治事。军也是行政区。宋代在沿边或冲要地区设置许多军，掌管一地的兵、民两政，规模小的由知县兼军使；大的则派京官带原职衔去任职，称知某军，下面有的可辖一两个县。监为冶铁、煮盐等工业区所设。小的监由州、府兼管，大的派京官带原衔来知某监事。

州之上为路，原有监察区性质，后来转变为行政区划。它是由转运司、提刑司、提举常平司、经略安抚司四个部门构成。转运司又称“漕司”，长官为转运使，最初掌管漕运，把各地交纳的赋税送至中央，后来又管监察劾举地方违法官员。提举常平司又称“仓司”，以提举某路常平公事为其长官，掌管常平仓。徽宗时又设“提举茶盐司”，专管茶、盐的产销专卖。提刑司又称“宪司”，长官为提点刑狱使，掌管一路的司法讼狱。以上三司统称监司。经略安抚司又称“帅司”，长官为经略安抚使，掌管一路的军事，常以本路所在的知州、知府充任，其辖境不一定恰好是一路。

此外，宋朝在部分边疆少数民族聚居区，也设有羁縻州、县、峒。

## 三、宋朝的品阶勋爵及俸禄、磨勘制度

### 1．品阶勋爵

宋朝的官员仍以九品分级，每品分正、从，四品以下的正、从又分上、下，共 29 阶。根据这些官阶定出文散官 29 阶，武散官 31 阶，每阶有固定的官称。这些官品阶级的作用不大，只能决定官服的颜色、佩饰等。宋初规定的官服颜色制度一如唐朝。神宗改革时，改为九品 18 级；官服颜色也改为四品以上服紫，六品以上服绯，九品以上服绿。宋朝官员的服饰中无鱼符，但有鱼袋，袋上饰有金银鱼形，系于带上，垂于身后，可显示官品之贵贱。官员佩戴鱼袋的做法，宋以后就取消了。

北宋徽宗时，又确定文散官为 37 阶，武散官为 52 阶，同时又有内侍官 12 阶、医官 14 阶。

宋朝的爵位定为12级，也都是虚衔。宋朝的勋制同唐朝一样分为12级，各级的名称也同唐朝一样。

### 2. 官员的俸禄和祠禄官

宋代官员的俸禄，除了俸钱、禄米之外，还有茶酒钱、职钱、给券（差旅费）、厨料、薪炭、马匹刍粟乃至仆人的衣食等等。对于高官来说，俸禄尤其优厚。仁宗时，朝廷还正式颁布了《禄令》，对各级文武官员的俸禄作了详细规定。宋朝官员还有“职田”，依官阶高下可得田四十顷至一二顷不等。

宋代的封爵有食邑，从1万户到200户，但都是虚数；只有“食实封”才有实在利益。食实封从1000户到100户，共分7等。实封1户，每日计钱25文，朝廷随月俸一起发放。“食实封”不世袭。官员有食邑的并不限于封爵，凡是高级官员都可能得到皇帝赐给的食邑。

朝廷对于退休的官员，为了让他们能继续享有丰厚的物质待遇，往往给他们一个管理道教宫观的名义，使他们可以借此领取俸禄，一般称为某某宫使、提举某处某宫某观等，称为祠禄官。有时也对这样的官员授予馆阁的职衔，以修书撰史的名义领取俸禄。

### 3. 考课磨勘制度

按照唐朝制度，吏部的考功司负责对官员政绩的考课。北宋前期，考功司失去了这样的职权，另设审官院，主持对京朝官的考核与升迁；设考课院负责

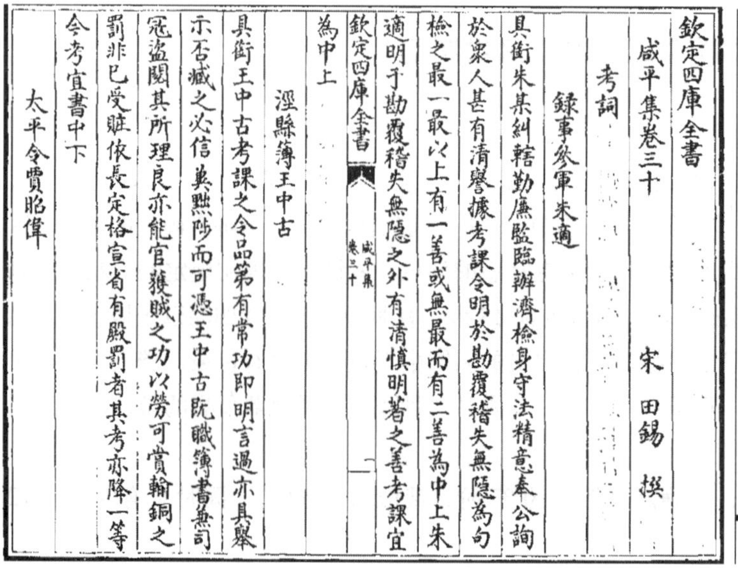
欽定四庫全書
咸平集卷三十　　宋　田錫　撰
考詞
録事參軍朱適
具銜朱某糾轄勤廉監臨辦濟檢身守法精意奉公詢
於衆人甚有清譽據考課令明於勘覆稽失無隱為句
檢之最一最以上有一善或無最而有二善為中上朱
適明于勘覆稽失無隱之外有清慎明著之善考課宜
為中上
欽定四庫全書　咸平集 卷三十
涇縣簿王中古
具銜王中古考課之令品第有常功即明言過亦具舉
示否臧之必信典黜陟而可憑王中古既職簿書無司
寇盜闕其所理良亦能官獲賊之功以勞可賞輸銅之
罰非已受贓依長定格宣省有殿罰者其考亦降一等
令考宜書中下
太平令賈昭偉

图5-9 宋代考词

对地方州县官员、幕职的考核与奖惩。神宗元丰改制时，把这些职权又归属到吏部。

宋代对官员的考课通过磨勘与历纸两种办法进行。“磨勘”一语在唐代对官员的考课、复验中已经使用，宋朝定为制度。宋朝规定，文官三年一磨勘，武官五年一磨勘，视考核成绩决定升降。(图 5—9) 实际上只要挨够年资，不出过错，到时便可升迁。这就促使官员们多是因循守旧，不求有功，但求无过，仅凭资历升官。所谓历纸，是要求官员在工作中随时自记功过上交长官，同时上级长官也随时记录下属的得失以定优劣。这种做法是强调掌握本人平日的具体表现。实际上，无论是磨勘还是历纸，在宋代大多数情况下都流于形式。

## 四、宋朝的寄禄官和差遣制

宋代职官制度的一大特点是，官员被授予的“官”同他实际担任的职务即所谓差遣，是不一致的。北宋建立时，留用了大量的各国旧官吏，为了稳定政局，朝廷保留了他们的官位、俸禄，但是又不让他们掌握实权；另一方面，为了避免政变篡权的重演，对于宗室、外戚、勋旧等也给予高官厚禄而不给他们实权，这样就造成官和职务相脱离的现象。“官”只决定官员的俸禄、赠官、叙封、恩荫等待遇，被称为正官、本官、寄禄官；另一方面，差遣才是朝廷委派的具体职务和实际权力。这时诸如左右仆射、六部的尚书、侍郎、各寺监的卿监等官，就都不再具备原来的职权了，如果没有皇帝的特许，这些官员都不能管本官署的事，而各官署的工作要由朝廷“差遣”其他官员来担当。官员如果没有朝廷委派的差遣，就只能领俸禄而无事可做了。

在宋代，凡是属于差遣性的职务，常在前面加判、知、权、直、试、管勾、提举、提点、签书、监等字样。宋代官和差遣的分离，一方面有助于使有才干但资历浅的官员受到重用，使无能的高级官员交出权柄；但是另一方面也造成任官冗滥，官府重复，机构庞大，最终加重了人民的经济负担。

宋代的高级官员除了被授予官和差遣外，还往往带有馆阁学士头衔的“职”。馆阁指昭文馆、史馆、集贤院和秘阁，有大学士、学士、待制等，是授予高级文官的荣誉称号。还有一些殿阁学士称号也是为优礼文臣而用的。例如观文、资政两殿大学士，一般授予前任宰相，观文、端明殿学士多授予前任或现任执政。又如龙图阁、天章阁等本是收藏某皇帝的御书、御制文集和各种典籍的地方，都设学士、直学士、待制等，名义上是管理这些收藏，实际上也是作为皇帝文学侍从的虚衔。宋代朝臣出任外官时，常常带这样的职衔。

## 五、辽、金的官制

### 1. 辽朝官制

辽朝是契丹贵族建立的政权，在皇帝之下设立了两套官僚机构：一是北院，掌管朝廷大政及契丹本部事务；另一是南院，掌管境内汉人州县等事。俗称北面官、南面官。(图 5—10)

图 5-10 辽代文官像

北面官　设有北、南枢密院，有枢密使、知枢密院事等为其长官。北枢密院掌管全国军政，类似唐朝的兵部；南枢密院掌管铨选、丁赋等政。枢密院下还设北、南宰相府（这是中国历史上第一次把“宰相”作为正式官名)，北、南宰相都由皇族耶律氏和后族萧氏所把持。此外还有北、南大王院、宣徽院、敌烈麻都司、夷离毕院等。《辽史·百官志一》说：“北枢密视兵部、南枢密视吏部，北、南二王视户部，夷离毕视刑部，宣徽视工部，敌烈麻都视礼部，北、南府宰相总之。惕隐治宗族，林牙修文告，于越坐而论议以象公师。”

南面官　多仿唐制，也有三省六部、各台、院、寺、监、诸卫等官，多用来安置汉人的，但是并无实权。

地方的燕云十六州等汉人居住区，实行州、县两级制，州长官为刺史，县长官为县令。

### 2. 金朝官制

金朝是女真贵族建立的政权。金初，熙宗进行了一系列的政治改革，废除了奴隶制的贵族会议，采取了封建的中央集权的政治体制。

金朝实行一省制，只设尚书省为全国最高行政机构，不设中书、门下二省。虽以尚书令为最高行政长官，但仅是皇族贵戚的荣誉衔，因此下面的左右丞相便成为实际的宰相了，又有“平章政事”也为宰相。再下有左右丞、参知政事为执政。汉人可担任执政。

金初还改变了过去部落组织猛安、谋克为兵民合一的制度，设置枢密院，主管全国军事，以枢密使、副使总领院事。还设御史台为全国最高监察机构，以御史中丞为首脑，掌管监察和重大案件的审理。

金朝的地方行政仿照辽、宋制度，建立路、府、州、县四级体制。路设兵马都总管统领军兵；路治所在的府称总管府，以兵马都总管兼府尹。各州刺史、节度使既领兵也管民事。县设县令只管民政。

## 六、元朝职官的一省制

### 1．中书省总领朝政

元世祖忽必烈即位后，废除了过去的部落首领会议制，参照宋、金旧制，建立起一套完整的封建官僚机构。《元史·百官志一》记载当时的职官制度时说："其总政务者曰中书省，秉兵柄者曰枢密院，司黜陟者曰御史台。体统既立，其次在内者则有寺、有监、有卫、有府；在外者则有行省、有行台、有宣慰司、有廉访司。其牧民者则曰路、曰府、曰州、曰县。官有常职，位有常员，其长则蒙古人为之，而汉人、南人贰焉。"这表明，元朝的中枢权力汇集于中书省、枢密院和御史台。

元朝设中书省总领朝政，其间虽三次设置尚书省与之并立，但不久就都撤去了。中书省长官为中书令，必以皇太子担任，但也是虚衔，实际是以左右丞相、平章政事为宰相，下有左右丞、参知政事为副宰相。右丞相必以蒙古人充任。

枢密院为全国最高军事机构，枢密使例由皇太子兼领，也是虚衔，实际上由枢密院副使、同知枢密院事主持院事。

御史台为全国最高监察机构，以御史大夫、御史中丞各二人为其长官。下设殿中司和察院。殿中司以殿中侍御史统领，掌管纠察朝会失仪及百官过失。察院设监察御史若干人，掌监察地方，以后改称肃政廉访使。元朝将全国划分为22道监察区，凡燕南、河北道等内八道，由察院派肃政廉访使常驻地方，负责监察。其余各地由行御史台负责（见后）。

朝廷设有宣政院，专管宗教及吐蕃等少数民族事务。

### 2．元朝的行省、行台制度

为了便于统治，元朝把全国划分为11个大区，由中书省的派出代表机构"行中书省"主管各大区的军政大事。这样，行中书省就成了地方最高一级的行政管理机构了。此外，邻近大都的一部分地区称为"腹里"，直属中书省管辖。各行中书省的官员设置，与中书省大体相同，也有丞相、平章政事、左右丞等。今日中国地方的最高行政区划为“省”，即本源于元朝的“行省”。

在监察方面，元朝也在地方设置江南和陕西两个行御史台，为中央御史台的派出机构，分掌江南十道、陕西四道的监察。行御史台简称外台、行台，也设有御史大夫、御史中丞等官长。

此外，为了战事的方便，元朝在地方也设有行枢密院作为枢密院的派出机构。

### 3. 元朝的地方官制

元朝的行中书省虽为中央派出机构，后来实际上成为地方最高一级的行政机构了。行省之下，一般为路、府、州、县四级，它们的长官分别为总管、知府、知州、县尹。在部分地区，行省和路之间设有宣慰司，以宣慰使为长官，掌管军民之政。

元朝的各级地方行政机构中都设置达鲁花赤（监临官）一员，以防备汉人，并握有实权。

# 第六节 明朝的内阁制

## 一、明朝的内阁与九卿等官

### 1. 内阁制的确立

明朝建立初期，职官设置沿袭元朝，中央以中书省、都督府、御史台分掌行政、军事、监察。洪武十三年（1380），朱元璋撤销中书省，并规定永不设丞相，于是一切政务统归六部，由皇帝直接辖制。因政务繁多，朱元璋从翰林院等文翰机关指派官员加殿阁大学士衔，协助皇帝阅看奏章、草拟诏旨。明成祖时，命翰林院官员入值文渊阁，开始参与机务。仁宗、英宗以后，学士们多是几朝元老，权位愈重，这时内阁已类似唐朝的政事堂了。明世宗嘉靖以后，则“朝位班次，俱列六部之上”[1]，俨然是宰相之职。由于朱元璋有不准设丞相之约，于是人们称大学士为辅臣、阁老，对首席辅臣则称首辅、元辅。由于翰林学士仅为五品官，

〔1〕《明史·职官志一》。

于是对内阁大学士多加六部尚书、侍郎等衔，以提高其地位，实际并不真管该部事务。凡大学士兼六部尚书者，一般尊称为“阁部”。

尽管内阁大学士类似于过去的宰相，但是仍与宰相有差别。因为内阁并不是一个正式的最高行政机构，六部也不是其下属部门，内阁仍带有皇帝私人秘书、顾问的性质。内阁的权力主要体现在“票拟”上，即对各处上呈的奏章提出处理意见，根据皇帝旨意草拟诏令，经皇帝批准后交六部办理。另一方面，内阁还要受制于宦官的“批红”。明朝宦官机构有四司、八局、十二监，其中司礼监的秉笔太监可代替皇帝用朱笔批示奏章公文，这叫做批红。这种做法为宦官弄权提供了方便。为此，内阁辅臣们往往也要俯首听命于宦官。

### 2. 明朝的九卿

作为朝廷的诸卿，明清两朝都称为某寺卿，而所谓九卿也有了变化，是专指六部尚书以及都察院都御史、通政使、大理寺卿。

明朝六部的名称和职掌与过去基本一致。废中书省后，六部直接向皇帝负责，地位得到提高，各部尚书、侍郎的官位品级也得到提升。

通政使司设于洪武十年（1377），以通政使为其长官，掌受内外臣民之奏章建言或举告不法等事，并呈报皇帝。所以这是一个下情上达的机构，起着重要的作用。

大理寺以大理寺卿为首长。明朝大理寺不掌审刑，专门负责对重大案件的复核，这一点与唐宋作为最高审判机构完全不同。但是如遇有重大案件，则由大理寺、刑部、都察院共同审理，称为三司会审。如遇特大案件，又要由上述三法司会同各部尚书及通政使共同审理，称为圆审。

都察院是明朝的最高监察机构，详情见后。

### 3. 明朝的五军都督府

明初原设大都督府，以大都督统领中外诸军事。洪武十三年，为防备军权过分集中，废大都督府，改置中、左、右、前、后五军都督府，各设左、右都督为其长官。五军都督府分别掌管京师及各地卫所的军队，虽统兵，但无调遣权。兵部掌管军官的任免、升调，发布军事政令，但不统领军队。军队的调遣权最终由皇帝掌握。（彩图 5）

卫所是明代军队的基本编制单位，其防区在一府之内的设所，一府以上的设卫。各地卫所的军队受所驻省的都指挥使管辖，而各省都指挥使又归中央五军都督府统领。

关于中央朝廷的其他行政机构，过去的诸卿在明朝只保留了五个，其长官也改称“寺卿”，它们是：大理寺、太常寺、光禄寺、鸿胪寺、太仆寺。它们与国子监、钦天监合称五寺二监。此外还有翰林院、宗人府、詹事府、太医院等。

永乐十九年（1421），明成祖迁都北京，南京称为留都。迁都后，南京原有的各种官僚机构大多保留下来，与北京的中央职官相重复，但南京的一套职官缺少实权，常常被用来安置闲散或遭贬斥的官员。在明朝的政治斗争中，南京各官往往结成势力，与北京方面相角斗。

## 二、明朝的都察院

都察院为明朝的最高监察机构，以左右都御史、左右副都御史为其正、副长官，掌管内外监察，纠举不法。又依照当时的13省行政区，划分全国为13道监察区，设13道监察御史110人分别监察各地。（图5—11）明朝还建立了御史出巡地方的制度，即御史代表皇帝出巡地方，称为巡按御史，俗称八府巡按。他们品位虽然不高，但权力很大。此外，如地方有重大事故，朝廷要派带都御史衔的官员去处理，权力较巡按御史更大。这些人凡兼管一省行政和民政的称为巡抚；兼管一省军事的称为提督；兼管数省军、政、财的称为总督，仍隶属于都察院。这时的巡抚、提督、总督也还都属于临时差遣性的职务。

图5–11 明代监察御史王抒的腰牌

与都察院并立的监察机构还有六科给事中，负责稽核中央六部及其他机构事务，还可参与廷议和重大案件的审理。所以给事中虽位卑但权重。

此外如锦衣卫、东厂、西厂，虽有一定的监察职能，但实为特务机关，不能看成是正式的监察机构。

## 三、明朝的地方官制

明朝地方行政系统为省、府（州）、县三级制。洪武九年（1376）改行中书省为承宣布政使司，但仍习惯称省。当时除南、北直隶外，全国共分13布政使司即13省。布政使司设左右布政使为长官，主管一省民政和财政。同时还设提刑按察使司，以提刑按察使为长官，掌管一省司法刑狱，纠劾不法；设都指挥使司，以都指挥使为长官，掌管一省军事，统领全省卫所，布政使、按察使、都指挥使合称三司，三权鼎立，虽可避免地方专权，但又不易相互配合，所以朝廷又往往派遣监察御史和部院大臣以总督、巡抚、巡按等名义去协调各方，解决问题。

省下设府，相当于宋元时的路。京师的顺天府和南京的应天府以府尹为其行政长官，其余诸府则以知府为长官。

府下设县或州，以知县、知州为长官。另有直隶州，地位与府等同，直接隶属于布政使司。

此外，在西南少数民族聚居区还设有土司，管理当地事务，如宣慰司、宣抚司等以及土知府、土知州、土知县等，都由当地头人任正职，并且世袭。这些特区相当于唐宋的羁縻府、州。

## 四、明朝的勋爵和品秩俸禄

明朝初年，朱元璋便定下“封建诸王之制”，许多宗室子弟被封为王。明成祖时取消了诸王的政治、军事权力，只保留了他们的经济利益。

除了皇室封王外，文武官员封爵只有公、侯、伯三级，不一定都世袭。

明朝的勋多授予高级官员。文勋有10级，武勋有12级。

明朝的官品定为九品18级。又定文散官阶为42等，武散官阶30等。

明初官员俸禄全部给米，偶尔发钱钞。明成祖规定，高级官员以俸禄的十分之四五发给米，低级官员以十分之七八发米，余皆发钞。以后由于钞不断贬值，俸禄又有变动。

明朝官员的袍服，除颜色有区分外，对上面的绣花图案也有不同要求。在服色上，明朝规定一至四品为绯色，五至七品为青色，八、九品为绿色。对于官服所饰图案，规定上绣动物，自一品至九品，文官绣鸟类，武官绣兽类。类似这种做法在元朝已经开始实行，当时规定自一品至七品，在不同颜色的官服上要分别绣上大小不同的花朵，八、九品不绣。

## 第七节 清朝的职官制度

### 一、清朝内阁与军机处的设立

#### 1. 议政王大臣会议的废除

清统治者入关前，曾有“议政王大臣会议”，由八旗的诸王和总理旗务大臣组成，凡朝廷的军国大政，都要由它讨论和决策。这说明，议政王大臣会议是满洲贵族控制朝政、维护自己利益的特权机构，这必然同封建的中央集权和君主专制发生矛盾和冲突。所以清王朝统一中国后，封建皇帝便通过允许蒙、汉大臣参加议政和设立内阁等办法，逐步削弱议政王大臣会议的权力，并最终于乾隆五十六年（1792）明令正式予以裁撤。

#### 2. 清内阁的设立

清朝入关前，朝廷设有内三院，即内国史院、内秘书院、内弘文院，分掌记注皇帝起居、编立史册、撰写实录、草拟国书制敕及为皇帝进讲等。内三院设大学士、学士等，可参预国家机要。顺治十五年（1658），清朝改内三院为内阁，设大学士，加殿阁头衔，满汉各半。并且仿照明朝制度，规定凡各处官员上呈的奏章，先由内阁代拟批旨（替皇帝拟出几种处理意见），再进呈皇帝；对于皇帝的诏令，也由内阁下达六部等衙门执行。开始时，由于规定大学士仅为五品官，至使内阁的权势反而低于原内三院。但是由于清朝皇帝利用内阁抑制议政王大臣会议的权势，使内阁的地位不断得到提高。雍正时，内阁大学士的官位品级升为正一品，成为朝廷的最高级官员了。不过，自军机处成立后，取代了内阁的许多职权，内阁官员也只是处理一些例行公事了，这时的“大学士”也成了文臣的一种荣称。

### 3. 关于南书房

南书房在乾清宫的南庑，原是康熙皇帝读书之处，后来又选召翰林等官入内当值，称为“南书房行走”。康熙皇帝在闲暇时，便由他们陪侍赋诗作画等，进而参预机务，秉承皇帝旨意，起草诏令，一度成为发布政令之所在。不过，南书房只在康熙帝时才具有这种特殊地位。

### 4. 军机处的设立

雍正七年（1729），正值清军在西北与准噶尔部作战，为了能及时处置军情，遂在内廷设军需房，直接转达前线军情及皇帝旨意，这样既可省去内阁的复杂手续，而且不易泄密。后又称军机房，雍正十年（1732）正式改称“办理军机处”，简称军机处，其职权也扩大为参预全部军国大政。由于军机处转达皇帝旨意、处置政务效率高，使得皇权专制达到最高峰，所以尽管它不是正式官署，却一直保留下来，并在清朝历史中发挥了重要作用。（图 5—12）

军机处设军机大臣，称为“军机处行走”、“军机大臣上行走”，无定员，多者六七人，一般以特选的大学士、尚书、侍郎等官充任，清末也有亲王入选。领班的军机大臣叫做“首揆”。

军机大臣在军机处轮班值日，准备皇帝随时召见，商议军国大政。军机大臣也要根据皇帝意见拟定谕旨，发布到有关部门，叫做廷寄。当时，内阁发出的各

图 5–12 紫禁城军机处值房内景

种文件叫“明发”，相比之下，军机处的廷寄较明发具有勤、速、密的突出特点。

对于资历浅的军机大臣，授予“军机大臣上学习行走”，其地位稍低，班次在后。军机大臣的僚属称为军机章京，俗称小军机，主管军机处的日常文书工作、撰拟谕旨、文稿等。

## 二、其他中央行政机构

清朝中央行政机构的设置和职掌，如六部、九卿、五寺、二监等，都和明朝一样，只是理藩院为清朝所特设。

理藩院，设尚书、侍郎为正副长官，专门掌管蒙古、西藏及新疆各地少数民族事务。此外，理藩院也分管部分外交、通商事务，如设俄罗斯馆等，直至咸丰时才把外交、通商等职掌划归总理各国事务衙门。

## 三、清朝的都察院

清朝的都察院同明朝一样，是全国最高监察机构。以左都御史、左副都御史为正、副长官。明朝作为独立的监察机构六科给事中，在清朝归并入都察院。

清朝把全国划分为15道监察区，都察院设15道监察御史分掌稽核各道的刑名案件等，并且有权稽查在京各衙门事务。

都察院还在京城设五城察院，分东、西、南、北、中五城，每城设一衙门，以巡城御史为长官，专查京城地方的机构和官员。

此外，清朝督察院还设有宗室御史处，专门稽查宗人府事务；设稽查内务府御史处，专门稽查内务府事务。

## 四、清朝的地方官制

清朝的地方行政机构一般可分为省、府（州、厅）、县三级。

省一级的最高军政长官为总督、巡抚。总督和巡抚在明朝都是属于都察院的差遣职官，在清朝则成为正式的地方高级官员了。

总督一般管辖两省至三省，但四川总督就只管四川一省。总督例兼兵部尚书和都察院右都御史衔，这就使他掌握了数省的行政、军事、监察大权。总督又可称为“制军”、“制台”。

巡抚为一省的最高军政长官，例兼兵部侍郎、都察院右副都御史衔，这样便有权统管全省的行政、军事、监察等大权了。巡抚又可称为“抚军”、“抚台”。

督、抚之下设布政使，掌管一省的财赋、民政。布政使又可简称藩台、藩司。

又设按察使，掌管一省的司法、监察以及驿传事务。按察使又可简称臬台、臬司。

清代对于督抚、布政使、按察使，可合称三大宪。

清初，布政使下设左右参政、参议，驻守在某一地方，称为守道；又按察使下设副使、佥事等，可去分巡某一地方，称为巡道。乾隆时裁撤上述参政、副使等官，专设分守道、分巡道，带兵备衔，管辖府州，成为省和府州之间一级机构，叫做道员。在名义上，道应是省的派出行政机构。清朝还设立一些专业道员，如负责河务的，负责盐、茶、粮的等。

省下设府，以知府为行政长官，掌管一府的政务及所属州、县的赋役、诉讼等事。此外，顺天府和奉天府，分别是京城和陪都，地位较一般府要高，设府尹为其长官。

还有与府同级的直隶州，直属于省，以知州为其长官。有属县。又在少数民族地区设立有直隶厅，直属于省，以同知、通判为长官。府下设县和散州。县是地方行政的基层组织，长官为知县。（图 5—13）散州多是因地而特设的，也以知州为其长官。

图 5–13 河南内乡县衙

## 五、清朝末年的官制改动

清朝后期，西方帝国主义闯进了中国的大门，他们借口通商，一步步侵夺中国的主权。这时一些人想通过变法维新达到富国强兵的目的。新的形势迫使清政府对封建的职官制度不得不做某些调整。政府部门有增有减，有的改名。但是已经丝毫不能挽回整个封建制度的垂死命运了。

## 六、清朝的爵禄品级和官员服饰

### 1. 清朝的封爵

清朝的封爵分为王爵与世爵两套。王爵也称为显爵，是封给满族宗室的，最初为 12 等，乾隆时增为 14 等，见表 8。当然表中出现的只是体现了名号上的等级差别，并非实指。另一套世爵是封给功臣贵戚的，见表 8。这些爵位中，有的又再分为一、二、三等。清朝取消了勋，有些勋名用于爵名了。

表 8　清朝爵号表

| 爵次 | 爵号 | | 爵次 | 爵号 | |
|---|---|---|---|---|---|
| | 宗室封爵 | 功臣封爵 | | 宗室封爵 | 功臣封爵 |
| 1 | 和硕亲王 | 公 | 8 | 辅国公 | 云骑尉 |
| 2 | 世子 | 侯 | 9 | 不入八分镇国公[1] | 恩骑尉 |
| 3 | 多罗郡王 | 伯 | 10 | 不入八分辅国公 | |
| 4 | 长子 | 子 | 11 | 镇国将军 | |
| 5 | 多罗贝勒 | 男 | 12 | 辅国将军 | |
| 6 | 固山贝子 | 轻车都尉 | 13 | 奉国将军 | |
| 7 | 镇国公 | 骑都尉 | 14 | 奉恩将军 | |

### 2. 清官的品阶

清朝文武官员都分为九品，每品有正、从，共 18 级。清朝的文武散官官阶也是 18 级。见表 9。由于品级的不同，朝廷授官的规格、使用的授予文书形式也不同。

[1] 清初，由八个和硕（满语“部落”）贝勒（爵号）共议朝政，称为八分。以后定 14 等爵时，将七、八等定为属于八分的公爵，九、十等为八分之外的公爵。

表 9　清朝文武官品阶表

| 品级 | 阶次 | 文阶 | 武阶 |
| --- | --- | --- | --- |
| 正一 | 1 | 光禄大夫 | 建威将军 |
| 从一 | 2 | 荣禄大夫 | 振威将军 |
| 正二 | 3 | 资政大夫 | 武显将军 |
| 从二 | 4 | 通奉大夫 | 武功将军 |
| 正三 | 5 | 通议大夫 | 武义将军 |
| 从三 | 6 | 中议大夫 | 武翼将军 |
| 正四 | 7 | 中宪大夫 | 昭武都尉 |
| 从四 | 8 | 朝议大夫 | 宣武都尉 |
| 正五 | 9 | 奉政大夫 | 武德骑尉 |
| 从五 | 10 | 奉直大夫 | 武德佐骑尉 |
| 正六 | 11 | 承德郎 | 武略骑尉 |
| 从六 | 12 | 儒林郎 | 武略佐骑尉 |
| 正七 | 13 | 文林郎 | 武信骑尉 |
| 从七 | 14 | 征仕郎 | 武信佐骑尉 |
| 正八 | 15 | 修职郎 | 奋武校尉 |
| 从八 | 16 | 修职佐郎 | 奋武佐校尉 |
| 正九 | 17 | 登仕郎 | 修武校尉 |
| 从九 | 18 | 登仕佐郎 | 修武佐校尉 |

### 3. 清官的俸禄和服饰

清朝官员无论满汉、文武，其俸禄一律按品级定高低，以俸银和禄米发给。在外武官不支禄米，折合薪银发给。官员们除了正俸外，还有皇帝赏赐的“恩俸”以及养廉银等。

清朝官员的服饰与过去有较大区别，官员的服色不分品级，只有皇子和特别赐允的亲王、郡王可用金黄色，百官袍服一般为石青色或绀（深青带红）色。清朝官员服饰的重要区别在于“顶子”和“补子”。顶子是指帽顶上的帽珠。不同品级的官员，所用帽珠的质料也不同，见表 10。当官员被罢免时，首先要摘去头上的帽子，因为帽珠是他的身份的重要标志。（图 5—14）

图 5-14 顶子与凉帽

表 10 清朝冠顶、补服饰物表

| 品 级 | 冠 顶 | 补服图案 | |
|---|---|---|---|
| | | 文官 | 武官 |
| 一品 | 红宝石 | 仙鹤 | 麒麟 |
| 二品 | 珊瑚 | 锦鸡 | 狮子 |
| 三品 | 蓝宝石 | 孔雀 | 豹 |
| 四品 | 青金石 | 雁 | 虎 |
| 五品 | 水晶 | 白鹇 | 熊 |
| 六品 | 砗磲 | 鸳鸯 | 彪 |
| 七品 | 素金 | 鸂鶒 | 犀牛 |
| 八品 | 阴文镂金花 | 鹌鹑 | 犀牛 |
| 九品 | 阳文镂金花 | 练雀 | 海马 |

清朝官员在袍服外面要罩一件襟褂，叫做补褂。补褂的前胸和后背各有一块绣成方形的图案，称为补子。(彩图 6) 补子的图案是文官为鸟类，武官为兽类；御史监察系统的官员则不分官品，都绣獬豸，因为传说这种神兽能辨曲直。

此外，清朝高级官员帽顶后面还拖着一束孔雀翎毛，称为花翎。翎上的圆圈状花纹叫眼，于是又以眼的多少显示等级，有单眼、双眼、三眼之分。

自唐朝以来，明黄色（淡黄）成为皇帝的专用颜色，这是出于五行说以中心属土，色尚黄的理论。

由于清统治者信奉佛教，佛教的念珠也影响了清朝官员的服饰。清朝规定，官员在穿朝服时，都要在颈项上佩戴 108 颗圆珠，称为朝珠。不同品级官员的朝珠质料与穿珠丝线的颜色也都不同。

# 第六章
# 历代选举和科举制度

古代的选举制度是选拔人才的制度。人才，是国家最宝贵的财富。尽管在不同社会形态下，统治者选拔人才的标准各不相同，但是中国古代有见识的政治家，都把人才问题看做是治理国家的根本，都强调对人才的培养、选拔和任用是关系到国家盛衰兴亡的大问题。历代统治者为了解决人才的选用，都建立一套选举制度。一般的说，古代社会发展是受经济基础制约的，但是选举制度作为上层建筑的一个方面，对社会制度的演变、王朝的兴废也有重大的影响。历代选举制度的内容十分广泛，包括多种选举途径，但是每一历史时期，总有一两种选举途径处于主导地位，它们对政治的发展起着重要的影响，是这一时期选举制度的代表形式。科举制度是中国封建社会中、后期的主要选举制度，是古代选举制度的重要组成部分。本章主要是对中国古代的选举制度作一概括介绍，重点放在封建社会。

## 第一节 原始氏族社会的民主选举和“禅让”

### 一、民主选举原则

在原始氏族社会里，部落以及部落联盟的首领是经过集体协商和民主选举产生的。当时由于生产力水平很低，人们只能依靠共同劳动来维持生存，而且生产工具和劳动收获都归集体所有，大家共尽义务，享有同等权利，所以这时还没有作为统治者的“官”，也没有被统治者“民”。部落首领只是部落事务的管理者。

据史籍记载，中国原始氏族社会后期的部落联盟首领先后有尧、舜、禹等人。他们是怎样被选为最高首领的呢？根据《尚书》和《史记》记载，尧的哥哥挚曾是部落联盟的首领，由于他为人“不善”而被罢免，于是大家又推举尧接替了挚的职位。《史记 · 五帝本纪》的唐张守节《正义》引《帝王记》说：“挚在位九年，政微弱，而唐侯（尧）德盛，诸侯归之，挚服其义，乃率群臣造唐致禅。”《淮南子 · 本经训》也说：“万民皆喜，置尧为天子。”这里虽然是用后世的语言，如“诸侯”、“天子”、“致禅”等来表述原始氏族社会的选举情况，但都体现了民主选举的原则。

尧在晚年寻求自己的继承人时，曾向“四岳”即四个部落的酋长征询意见。四岳推举出舜，尧表示需要对舜先考验一番。后来舜终于接替尧做了部落联盟的首领。舜在征求自己的继承人时，四岳提出了禹，舜表示同意。上述情况表明，当时的部落联盟最高首领的继承人，是由各部落酋长们共同推举出来的，而不是哪一个人单独决定的。当时被推举为最高首领继承人的人，并不能马上获得首领职位，他还要经受多年的考验，在取得了人民的广泛信任和拥护以后，才能正式担任首领职务。所以《史记 · 五帝本纪》记载，舜被推举做尧的继承人后，尧“乃以二女妻舜以观其内，使九男与处以观其外。……于是尧乃试舜五典百官，皆治”，二十余年后，舜才正式“践帝位”。禹的情况也大体相同。禹虽然由于领导治理水患，取得了巨大成功，博得了人民的拥护，但是他也还经过了17年的考验，才正式就职的。

关于具体的选举活动，估计包括事神和事人两方面的内容。所谓事神是指举行一些祭祀神灵的活动，如孟子所说的：“荐之于天，而天受之”、“使之主祭而百神享之，是天受之”。这是说，让推举出的继承人主持祭祀活动，以便取得上天的承认。所谓事人是指继承人通过治理好部落联盟内的事务，以取得人民的信任和拥护。所以孟子又说：“使之主事而事治，百姓安之，是民受之也。”[1]

## 二、王权世袭的萌芽

原始氏族社会晚期，由于生产力的提高，人们的劳动收获有了剩余，社会财富得到积累，开始出现私有财产。各级首领由于职位的方便，成为剩余财富的支配者。这时体现在选举制度方面，传统的民主选举原则不断遭到冲击和破坏，在部落首领的继承人问题上，已经出现了争权夺利的斗争，父死子继的现象越来越明显。

---

〔1〕《孟子 · 万章》。

传统的民主选举原则遭到破坏，主要表现在首领的儿子具有优先继承权。《史记·五帝本纪》提到："尧崩，三年之丧毕，舜让辟丹朱（尧的儿子）于南河之南。诸侯朝觐者不之丹朱而之舜；狱讼者不之丹朱而之舜；讴歌者不讴歌丹朱而讴歌舜。舜曰'天也'，夫而后之中国践天子位焉。"这就是说尧死后，作为继承人的舜并没有马上就任首领的职位。只是由于各部落酋长和人民都不拥护丹朱，舜才在几年以后正式继任部落联盟的首领职位。舜死后，禹的继任也存在同样情况。《史记·五帝本纪》记载："舜乃豫荐禹于天。十七年而崩，三年丧毕，禹亦乃让舜子，如舜让尧子，诸侯归之，然后禹践天子位。"史籍中提到的"诸侯归之"、"诸侯朝觐"应是指新的部落联盟首领得到各部落酋长的承认和拥护，而所谓"讴歌者"的态度，是反映全体氏族成员在民主选举中的选择。舜和禹虽然是经过民主选举继任为最高首领的，但是他们正式继任前，还要把这个职位先让给前任首领的儿子。这表明民主选举的原则已经受到冲击和践踏。以上两情节，《孟子·万章》也有相同的记载。

传统的民主选举原则遭到破坏，还表现在出现了暴力夺权的行为。有的史籍中记载"昔尧德衰，为舜所囚也"、"舜囚尧，复偃塞丹朱，使不与父相见也"，[1] 这是说舜在用强制的手段夺取最高首领的权位。历史上，儒家学者曾经长期颂扬尧舜禹的所谓"禅让"，把当时美化成"让贤"的理想社会，这同史实有很大的差距，倒是某些史籍中的只言片语所透露出当时的争权斗争，更能反映原始氏族社会晚期的选举特点。这种暴力夺权在禹死后发展到顶点，终于以战争的形式加以解决。禹的晚年先推举皋陶作继承人，不久皋陶死了，又推举伯益作继承人。但是禹不把重要的政务委派给伯益去做，使伯益未能在人民中建立威望。与此同时，禹却为儿子启培植势力，所以《韩非子·外储说》谓"以启为吏"，又说"而势重尽在启也"。因此在禹死后，启便取得了最高首领的权位。《史记·夏本纪》说："及禹崩，虽授益，益之佐禹日浅，天下未洽。故诸侯皆去益而朝启。"对此，伯益不服，在有扈氏部落的支持下，同启进行了一场激烈的夺权战争。最后启取得了决定性的胜利，牢固地掌握了最高统治权，从此原始氏族社会的民主选举原则便被彻底抛弃，一个新的、适应奴隶制社会的选举制度产生了。

[1]《史记·五帝本纪》（唐）张守节《正义》引《竹书纪年》。

## 第二节
# 奴隶社会的世卿世禄制

### 一、夏商王朝的权力世袭

夏、商两朝是中国原始氏族社会结束后先后建立的两个奴隶制王朝。这时期，从最高统治者王到各级奴隶主贵族，他们的权位是由自己的后代当然地世袭继承的，他们世世代代把持着自己的政治职位和权力，世世代代享受着各种经济特权，这就是世卿世禄制。《礼记 · 礼运》说这时是“大人世及以为礼”，就是指这种制度。所谓“大人”是指统治者。在这种世袭中，以子继父称为世，以弟继兄称为及。据《史记》的《夏本纪》和《殷本纪》，夏、商两代的王位继承基本上都是以子继父进行的，并且逐步形成了一整套以嫡长子继承为核心的宗法制度。

从古代文献记载看，商王作为最高统治者在用人任官时，也是遵循了世袭原则的。《尚书 · 盘庚》中提到“古我先后，亦惟图任旧人共政”。这里的“旧人”也就是《尚书 · 微子》中所谓的“旧有位人”，即指那些奴隶主贵族。商王强调要任用那些世代相袭的贵族，共同治理国政。

### 二、西周的选举特点

西周是奴隶制高度发达的王朝，在选人任官方面也实行的是世卿世禄制。古代文献的记载反映了这时期的一些特点。

#### 1. 任用殷商旧臣

周人发祥于西北的陕甘一带，文化相对落后于中原地区。周灭商后，统治区域扩大了很多，需要大量的行政管理人才，而周人自己又不能在短期内满足这种需要，于是便采取了留用殷商旧人的政策，例如商纣王的叔父箕子、庶兄微子、祭祀时的乐官太师庇和少师疆、管理图书档案的太史向挚等人都受到周统治者的重用。西周政权在政治上对归顺的殷商旧人采取的优容政策是十分突出的，《尚书 · 酒诰》记载周公旦在重申周文王的教令时，严厉禁止臣下饮酒，否则“予其杀”，而对那些曾经沉湎于酒的殷商旧人则“勿庸杀之，姑惟教之”。这一政策使得那些商朝有爵位的贵族们在政治上得以保持一定的地位，从而使西周政权在奴隶主阶级中获得更为广泛的支持。

### 2. 先“亲亲”后“尊贤”

西周统治者承袭了商代的宗法制度，实行“立嫡以长不以贤”的原则，由嫡长子继承王位，众庶子封为诸侯。这些诸侯对于天子是小宗，而在本封国则为大宗。他们的嫡长子继承君位，其余众子封为卿大夫。众卿大夫对诸侯国君来说是小宗，但在本封邑则又为大宗。可见这种宗法制度是从血缘关系上保证了权力、地位的世袭继承，它首先强调的是“亲亲”。

西周统治者也提倡选贤任能，但大多在低级官吏中进行，对于卿、大夫以上的官爵权位来说，基本上实行世卿世禄制。《周礼·地官·乡大夫》记载，“三年则大比，考其德行道艺，而兴贤者能者”，就是指在下层社会平民中选拔贤者能者。选中后，一般也只补充到下级官吏中去。

### 3. 地方的选士

西周的地方选士包括乡遂的选拔和诸侯的贡士。

西周国都的近郊称为乡，主要居住着平民。乡的长官为乡大夫。前面所引《周礼·地官·乡大夫》所谓“三年则大比”，就是指乡大夫根据下属的推荐，每三年进行一次考核，称为“大比”。然后把选拔出来的“能者”、“贤者”再推荐给朝廷，这就是通常所说的“乡举里选”。

关于入选的标准，即《周礼·地官·大司徒》中所说的“以乡三物教万民而宾兴之”。三物即三事，指六德（智、仁、圣、义、忠、和）、六行（孝、友、睦、姻、任、恤）、六艺（礼、乐、射、御、书、数）。当然，在这些标准中，只要某一两方面比较突出，就有中选的可能。在当时尊德行、轻技艺的风尚下，凡以一技之长被推荐任用的，一般都只是入于祝史百工之流，地位还是低下的，不能与士相提并论。

乡选举是通过乡射礼进行的。其实这种射礼的重点并不在于射技高低的较量，而是通过其中的一套礼仪制度体现统治者在德行方面的要求。

乡选举还有一种情况，就是由地方选拔出一些德行优异之士进入国学受教育，即《礼记·王制》所说“命乡论秀士，升之司徒，曰选士。司徒论选士之秀者而升之学，曰俊士”。据《礼记·学记》记载，国学分为小学和大学两个阶段，那些入国学的俊士们必须完成大学的学业。大学每隔一年考试一次，第七年考试合格叫做“小成”，第九年考试合格，做到“知类通达，强立而不反”，叫做“大成”。这时再把成绩优异者通过司马推荐给周王。被推荐者叫做“进士”。所以《礼记·王制》说，司马“论辨官材，论进士之贤者以告于王，而定其论。论定，然后官之。任官，然后爵之。位定，然后禄之”。这是通过国学进入仕途。

诸侯贡士是指诸侯国有义务按时向周天子贡献人才。《礼记·射义》说:“古者天子之制,诸侯岁献,贡士于天子。”这也是周王考核诸侯政绩优劣的一个重要方面。据《初学记》引《大戴礼》说,对于那些没能很好地贡献人才的诸侯,要加以惩罚,“一则黜爵,再则黜地,三则黜地毕矣”。

对于上述地方乡举之士、国学之士、诸侯所贡之士,当他们被推荐到朝廷后,要在周王的亲自主持下进行一次大型的考核活动,叫做“大射”礼。《周礼·天官·司裘》说:“大射者,为祭祀射。王将有郊庙之事,以射择诸侯群臣与邦国所贡之士可以与祭者。”实际上也是从中选拔人才,任用做官。

当然上面所引文献中不免掺有后世儒家学者们的理想化成分,但是它们也毕竟向我们传达了当时选举的一些基本情况。

### 三、世卿制下的破格提拔

凭借宗法血缘关系进行官爵世袭的世卿世禄制,虽然是商周奴隶社会的一大特点,但是这并不排除一些政治开明的统治者从被统治者的最下层选拔出个别突出的人才,破格委以重任。例如商汤重用伊尹,最终确立了商王朝的统治;武丁任用傅说为相,实现了殷商的中兴,而《史记·殷本纪》等文献记载,伊尹、傅说都是奴隶出身。生于商朝末年的姜尚,一生穷困潦倒,后来在棘津垂钓遇到周文王,于是以兴王图霸之计受到重用。周武王伐商时,以姜尚为军队的最高统帅,最后取得完全胜利。这些事例都反映了历史上存在着超出一般规律的特殊情况。

## 第三节 封建社会初期选举制度的变革

### 一、春秋时期选举制度的新变化

春秋战国时期是中国奴隶制度瓦解、封建制度确立的大变革时代。封建地主阶级作为一种新兴的政治力量,在春秋时期即已异军突起。他们在政治上致力于改革旧的奴隶制的选举制度,以“任人唯贤,因功受禄”的选举制度取代陈旧的世卿世禄制,希望通过新制度不拘一格选拔人才,壮大封建地主阶级的力量。所

图 6–1　齐桓公与管仲画像砖

以这时期一些政治开明的诸侯国国君，为了达到富国强兵的目的，往往能够不计私仇，大胆任用某些地位低下和才干出众的人。例如齐桓公能够重用他的政治仇敌而又富有治国之才的管仲为相，并且“选其官之贤者而复用之”、“匹夫有善，可得而举”，[1] 终于称霸一时。（图 6—1）秦穆公虚心招揽贤才，以五张黑羊皮赎回当过陪嫁奴隶的百里奚，用为大夫，并且重用从戎人那里投奔来的由余，使秦国力量强大起来。吴王阖闾任用楚国来的伍子胥为相，以齐国的军事家孙武为军队统帅，改革内政，终于攻破了楚国的郢都，取得胜利。以后越王勾践又任用文种、范蠡治理国政，并且“折节下贤人，厚遇宾客”[2]，通过卧薪尝胆，锐意进取，最后灭了吴国。上述这些事例都说明，在新的历史条件下，选举制度也发生了新的变化。

〔1〕《国语 · 齐语》。
〔2〕《史记 · 越王句践世家》。

## 二、各家学派的人才观

春秋战国时期，政治上的大动荡、社会的大变革促使学术思想领域异常活跃，造成了百家争鸣的局面。这时期，各家学派从不同角度阐发了自己的人才观和选举思想，为选举制度的改革提供了各种理论依据。

儒家　尽管孔子对西周以前的政治制度持赞赏态度，但是在选人任官方面，他提出了“举贤才”的主张，对旧的世卿世禄制提出了许多批评，这是有积极意义的。孔子的学生仲弓做了季氏的宰（总管），孔子向他强调，应该“举贤才”，也就是注重提拔优秀人才。孔子慨叹人才难得，说“才难，不其然乎？”[1] 孔子认为选拔人才的标准是“志于道、据于德、依于仁、游于艺”[2]，就是要求人才应该具备政治理想和抱负，以德的准则行事，依靠仁爱感化别人，熟练地掌握礼、乐、射、御、书、数等六艺。孔子主张从那些文化修养较高的人中挑选人才，所以说：“学而优则仕。”[3] 他还说：“先进于礼乐，野人也；后进于礼乐，君子也。如用之，则吾从先进。”[4] 意思是贤才应该先学习礼乐，后做官。这里的“野人”是指无爵位的平民；“君子”是指有爵禄的人。孔子表示不赞成那些贵族们不学习就做官。不难看出，这些都是孔子对旧的世卿世禄制度的批判。

墨家　墨子明确提出了尚贤的主张。在《墨子・尚贤》中，他强调尚贤可以使国家治理得很好，而不尚贤是国政失败的根本原因。要做到尚贤，就应该“不党父兄，不偏富贵，不嬖颜色。贤者举而上之，富而贵之，以为官长；不肖者抑而废之，贫而贱之，以为徒役”[5]。从而实现“官无常贵，而民无终贱。有能则举之，无能则下之”[6] 的目标，在这里，墨子的举贤才是不论地位的贵贱与血缘的亲疏的，只要是有才干，就应当被推举出来，这与仍然强调“尊尊、亲亲”、坚持“君子与小人”、“上智与下愚”等级分明的孔子相比较，又大大前进了一步。可见，墨子对于以血缘宗法关系为基础的世卿世禄制度的否定，比孔子更为彻底。

道家　老庄的道家思想对社会的不合理现象进行了尖锐的揭露和批判，但是解决的办法却是消极的、无所作为的。他们主张人们最好是“无知无欲”和“不争不战”，这样就可以免去一切矛盾，因此政治上强调要“无为而治”。老子认为：

[1]《论语・泰伯》。

[2]《论语・述而》。

[3]《论语・子张》。

[4]《论语・先进》。

[5]《墨子・尚贤》。

[6] 同上。

“民之难治，以其智多。故以智治国，国之贼；不以智治国，国之福。”[1] 这不仅是反对举贤才，而且反对整个人类的文明进步，鼓吹越是愚昧越好。

法家 法家是春秋战国时期新兴地主阶级在政治上、思想上的激进派，他们主张彻底废除旧制度，提出以法、术、势治国的方针。在举贤才问题上，他们虽然主张“量能授官，因功赐爵”，但是这要根据法的规定来进行。法家同儒、墨宣扬的尚贤不同，认为国家可以无贤，但不可无君。他们说：“立君而尊贤，是贤与君争，其乱甚于无君。”[2] 就是说如果有才干的人受到重用并取得成绩，就会降低国君的威望，对君主的独裁统治产生威胁。法家片面夸大了法律的作用，以为庸才也可以运用法律治理国家。在选人任官问题上，法家主张利用人们“趋利避害”的心理，以“利”为钓饵，通过刑赏之法使之为我所用。所以法家的“量能授官”，着眼点不在于发挥贤人的才干，而是以此使人们慑服于君主的专制统治。法家在“术”的理论中，对于君主应该用怎样的策略驾驭人才、控制臣下，做了系统的阐述。尽管法家在理论上对尚贤提出了相反的观点，而在当时像秦国那样贯彻法家思想比较坚决、彻底的国家，统治者还是很注重求贤的。

春秋战国时期是中国的人才思想的大发展时期，除了上述几家学派的观点外，《管子》、《晏子》、《孟子》、《荀子》、《吕氏春秋》等著作中，对于人才思想也都有所阐发，对后世具有一定影响。

## 三、战国时期军功爵制度的确立

战国时期，新兴的封建地主阶级根据法家学说，在各国相继实行了变法，其中对于选举制度也进行了各种改革，以打破奴隶主贵族对权力的垄断。例如魏文侯任用李悝实行变法，以“食有劳而禄有功，使有能而赏必行、罚必当”[3] 的政策，打破了旧贵族对禄位的世袭。赵烈侯以公仲连为相国，实行“选练举贤，任官使能”[4] 的方针，使赵国力量增强。韩昭侯任用申不害为相，推行“见功而与赏，因能而授官”[5] 的政策，也使韩国强大一时。楚悼王任用吴起，规定对贵族子孙

〔1〕《老子》六十五章。
〔2〕《慎子》佚文。
〔3〕《说苑·政理》。
〔4〕《史记·赵世家》。
〔5〕《韩非子·外储说左上》。

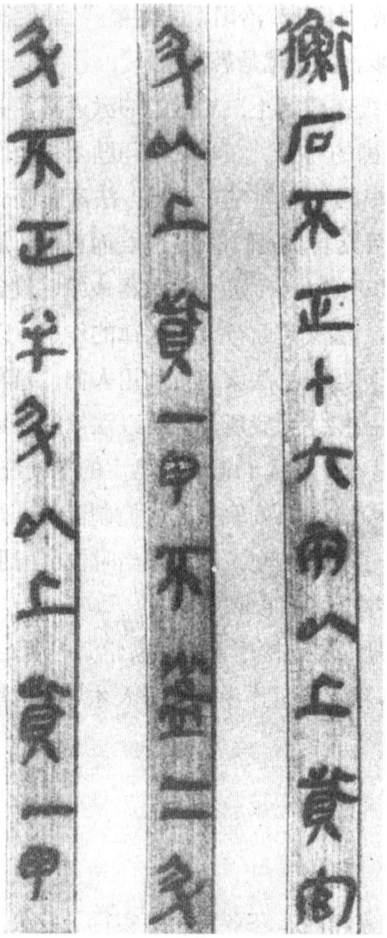

图 6-2 秦律竹简，湖北云梦睡虎地出土

“三世而收爵禄”[1]，并且“捐不急之官，废公族疏远者”[2]，于是楚国名声大振。

在秦国，商鞅在秦孝公的支持下，实行的变法最为彻底，从而为秦统一中国奠定了基础。商鞅在变法中取消了宗室贵族的许多特权，规定“宗室非有军功，论不得为属籍”[3]，从而否定了任人唯亲的旧制度。他还奖励耕战，实行军功爵制。《商君书 · 赏刑》说：“利禄官爵专出于兵，无有异施也。”书中记有十余种爵名，后来发展为二十等爵。所谓军功爵制，是按照作战功劳的大小授给爵位，一定的爵位代表相应的政治地位和经济特权。《韩非子 · 定法》说：“商君之法曰：斩一首者爵一级，欲为官者为五十石之官。斩二首者爵二级，欲为官者为百石之官。官爵之迁与斩首之功相称也。”这表明，战争中杀敌多少，直接关系着爵位、待遇的升迁。1975 年在湖北省云梦县睡虎地秦墓中出土的大批记载秦代法律的竹简，充分证实了秦时以军功赐爵的可靠性。(图 6—2)

封建统治者虽然实行以军功赐爵的政策，但是出于严格的社会等级限制，他们不愿意一般下层吏民通过军功获爵，轻易地踏入上层统治者的行列。因此又特别规定，普通吏民只能获得低等爵位。据《汉书 · 高帝纪》记载，秦汉时有高爵(官爵)、低爵（民爵）之分，说“七大夫、公乘以上皆高爵也”。这是说第八级公乘以下各爵为民爵。一般吏民以军功得爵不能超过公乘这一级。若有超过的，必须把超出的级数转让给自己的儿子或兄弟。不过，尽管封建统治者做了这种限制，但是无论是高爵还是低爵，都会在政治上、经济上享有许多特权。普通吏民可以

[1]《韩非子 · 和氏》。
[2]《史记 · 孙子吴起列传》。
[3]《史记 · 商君列传》。

依靠军功爵制度步入新兴地主行列，使新兴地主阶级的力量得到壮大。

## 四、战国时的养士之风

战国时期，养士已经成为一种社会风尚。所谓养士，就是国君和贵族们平时召集一批有学问、有才干的“士”在身旁，供养他们生活，请他们对朝廷的大政方针提出建议，或者随时从中选取人员任官，也可以授予他们某些临时性的政治使命。一般的说，这些士都是代表封建地主阶级利益的下层知识分子，但其中也有少数下层劳动者，但往往须是有一技之长的人。这时的士，不受国家、宗族、经济地位的限制，只要有才干、善于言辩，无论走到哪国，都可能受到礼遇，甚至被委以重任。由于这些士经常奔走于各国，到处兜售自己的政治主张和策划谋略、权术，所以被称为“游说之士”，他们是当时政治舞台上一支最活跃的力量。

### 1．东方六国的养士

这时期的东方六国争相养士，以期壮大自己的力量。例如齐国在稷门外（临淄城西门附近）建造了宽大的公馆，招聘了上千的文人学士在这里讲学论道，被称为稷下学士。著名的淳于髡、尹文、慎到、荀子、邹衍等都曾在稷下讲学，他们有的人在政治上对齐国颇有影响。在燕国，燕昭王筑造黄金台，置黄金于台上、礼聘天下贤人智士。《史记·燕召公世家》记载说，燕昭王请郭隗向朝廷推荐贤士。郭隗说：“如果大王真心想招聘贤能之人，就请从我开始吧！那些才能高超的人见我这个平庸之辈都被您重用了，他们一定会从千里之外来投奔您。”燕昭王听从了郭隗的建议，果然一些名士如乐毅、邹衍、剧辛等都来到燕国。在这些名士的辅助下，二十余年后，燕国真的强盛起来，乃至起兵伐齐，攻破了齐国的都城临淄。

汉代学者贾谊在《过秦论》一文中提到战国时的“四君”说：“齐有孟尝、赵有平原、楚有春申、魏有信陵，此四君者，皆明智而忠信，宽厚而爱人，尊贤而重士。”就是指他们当时都养士数千人，礼贤下士，争取民心。后来苏秦、张仪等游说之士鼓吹“合纵”、“连横”，形成了错综纷争的局面。苏秦联络山东六国以抗秦，一人佩六国相印，更是显赫一时！在各国统治者普遍重视游说之士的社会条件下，当时的政治舞台上演出了许许多多极为生动的“戏剧”，诸如窃符救赵、鸡鸣狗盗、狡兔三窟、完璧归赵、负荆请罪、千金市骨、荆轲刺秦王、毛遂自荐、悬梁刺股等等著名的历史故事，至今仍然脍炙人口，广为流传。

### 2. 秦国的客卿制度

秦国地处西北，其旧的宗法制度不似中原地区那样严格，而它实行法治又比其他各国严厉、坚决，因此在重用游士、充分发挥游士的积极作用方面也比较开放。应该说，这是秦国能够最终统一六国的重要原因。宋朝史学家洪迈在《容斋随笔》一书中，就已经揭示了这一特点，他说：

> 七国虎争天下，莫不招致四方游士。然六国所用相，皆其宗族及国人，如齐之田忌、田婴、田文，韩之公仲、公叔，赵之奉阳、平原君，魏王至以太子为相。独秦不然，其始与之谋国以开霸业者，卫人公孙鞅（即商鞅）也。其他若楼缓赵人，张仪、魏冉、范雎皆魏人，蔡泽燕人，吕不韦韩人，李斯楚人。皆委国而听之不疑，卒之所以兼天下者，诸人之力也。

在秦国，外来的游说之士入仕做官有两种情况：一种是受到秦王赏识后，直接授以高官，主持国政。如商鞅就是由秦孝公授以左庶长之爵，得以主持变法的。第二种是先拜为客卿，以后再升迁为相。客卿不算是正式官职，只是秦王的高级顾问，可以参与商讨国家大政。由客卿拜为正卿或相，必须统兵参加征战，立有军功方能升迁。例如张仪、蔡泽、错、通等人都是如此。这就是秦的客卿制度。除此以外，秦国还有大量的文臣武将是外来的士，如尉缭、王翦、蒙恬、桓齮、李信、王离等人，他们都受到秦王的重用，为秦统一天下做出了突出的贡献。

战国时期的军功爵制和养士等选举办法，是适应这一时期各国封建政权割据图强的需要而产生的，不仅有力地突破了奴隶社会世卿世禄制度的束缚，而且对于地主阶级从下层社会发现人才、选拔人才起到了积极促进作用，这自然有利于封建统治者最终建立起一个统一的、中央集权的封建帝国。

## 第四节 两汉时期的察举和征辟

两汉时期，中国的封建专制统治得到进一步发展。这时，过去通过军功、养士选拔人才的办法已经不能适应现实的封建中央集权制度的需要了，于是在新的历史条件下，在汉代逐渐确立了察举、征辟等选人任官途径。

## 一、察举

察举又叫做荐举，是三公九卿、地方郡国守相等高级官员根据考察，把所谓品德高尚、才干出众的平民或下级官吏推荐给朝廷，授予他们官职或提高其官位。察举是汉代选官的一种主要做法。

西汉初年，汉高祖刘邦就曾诏令诸侯王和地方郡守察访民间德高望重的人，把他们推荐给朝廷。

汉文帝以后，这种察举的办法逐渐形成制度，但是并没有固定的举行时间。一般多是在发生了自然灾害，或出现日食、地震等情况时，皇帝表示引咎自责，同时诏令朝廷百官和地方郡国荐举人才。

在汉代，每一次实行的察举，不一定是在全国范围内实行，察举的范围和名目都由皇帝决定。例如有时只规定在某些郡国或只限于丞相、御史大夫等部分官员向朝廷推荐人才，还有的时候是由朝廷派人到地方去进行察举。

察举的名目有很多，如贤良方正、贤良文学、孝悌力田、茂材异等、孝廉、直言极谏等，有时也要求荐举勇武而熟知兵法或掌握某种技艺的人。后来，“孝廉”逐渐成为察举中使用较多的一种名目。被荐举的孝廉一般是先担任作为皇帝侍从的郎官，然后再转迁为尚书、侍御史、县令等官。

汉代被荐举的人，须先试任一年。如果能够胜任职守，则可转为正式官职。若不胜任，就要被撤换，而且推举他的人还要受到处罚。

汉文帝时，开始采用策问的办法考察被荐举者的才干学识。到汉武帝时，这种策问考试，比较普遍地实行起来。具体做法是：首先由皇帝提出一些关于如何治理国家的重大问题，称为策问；然后把这些问题依照难易程度分为甲、乙等科，密封起来；最后让被荐举的人任意抽取问题回答，叫做射策。朝廷根据他们回答的成绩分派官职。例如当时的儒学今文经大师董仲舒被举为贤良文学，于是汉武帝向他提出策问。董仲舒在射策中极力宣扬天人感应和“大一统”的思想，受到汉武帝的赞赏，立刻任命他为江都王的相。

东汉初年，光武帝曾下诏强调要以“四科”辟士，这是指选拔人才应该掌握的四方面标准。在这些标准中，首先是思想道德要符合封建统治的需要，即所谓“德行高妙、志节清白”；其次是文化水平高，即“学通行修，经中博士”；第三是“明达法令，足以决疑”，也就是要熟悉法令，并以之判断是非；第四是“刚毅多略，遭事不惑”，这是要求办事果敢和善于处理各种难题。光武帝要百官们用这四方面的标准来考察、推荐人才，不仅表明了他具有高明的政治见识，而且对于加强封建统治也起到了一定的积极作用。

## 二、征辟

在汉代，由皇帝直接聘请人来做官称为“征”，由官府聘请人来任职叫“辟”。

被皇帝征召到朝廷来任官的，多是一些德高望重、学识渊博、闻名于世的人。例如夏侯胜以善说礼服，被征为博士；疏广因精通《春秋》，被征为博士。汉武帝初即位时，著名的辞赋家枚乘已经年老，但汉武帝仍征召他到长安来。史书记载，皇帝在征召某些年老体弱的人时，常常用“安车蒲轮”、“束帛加璧”等礼仪。所谓安车，是指一种能够比较安稳地坐在其中的小车。蒲轮是指用蒲草捆裹车轮，可以减小颠簸震动。这些都表示皇帝格外优礼之意。被征召的人，有时可授予很高的官职。杰出的科学家张衡，由于他精通天文、历算，善为机械巧作，东汉安帝先征召他任郎中，以后又升迁为太史令。

两汉时期，官府的掾史等低级官吏，可以由长官自行聘请。这种无论是中央还是地方官府的长官自己请人到官署内做僚属、任职办事的做法叫辟或辟除。在汉代，被皇帝征召做官的人，数量毕竟很少，而被官府辟除为官吏的人则比较多。

东汉时期，朝廷显贵争相以能够辟除所谓贤才名士相标榜，一些著名的俊雅之士也以能被辟举公府为荣。一般的说，东汉时期把辟除郡县吏作为仕进之路的风气要盛过西汉。

## 三、“任子”制度及其他

在汉代，还实行“任子”制度，对当时政治以及后世各封建王朝都具有重要影响。

所谓任子制度，是指二千石以上的官吏，任期满一定年限（一般为三年），可以保举自己的子弟一人为郎官，充当皇帝的扈从侍卫人员等。由于接近皇帝，也就容易受到重用。例如丞相翟方进的小儿子翟义，便是“少以父任为郎”；苏武的父亲做过代郡太守，所以苏武和他的两个兄弟“少以父任，兄弟并为郎”；又有霍光、杨恽、爰盎等人都是因哥哥做大官而为郎官的。

“任子”制度是封建统治者给予官僚贵族子弟的一种政治特权，为他们踏入官场开辟了一条捷径。以此为官的人未必有才干，只是凭借父兄的政治地位取得官职俸禄，所以这项制度只会把吏治引向腐败。“任子”制度作为一种封建官僚特权，被历代封建王朝承袭下来，发展为“荫封”制度，它不仅对历朝的兴衰起过作用，而且在人们的思想意识中产生了深刻久远的影响。

汉代的“任子”制度保证了大官僚贵族可以世代为官，而且高居显位，这有利于少数贵族垄断朝政，维护他们的切身利益。到了东汉后期，“任子”制度进一步发展，形成一批世宦大族，例如汝南袁氏家族（即三国时的袁绍家族）一门四世五人为三公，弘农杨氏也是四世高居三公之位。类似这样的世家大族还有一些，他们逐渐形成门阀世族，操纵朝政，世代相袭，对魏晋时期的封建制度、政治思想都有重大的影响。

两汉时期，除了察举、征辟等选举途径外，还有通过向政府缴纳若干资财而获得官职的做法，叫做“赀选”。这种做法后来发展成为朝廷卖官鬻爵的一种手段。在汉代，一些学者还可以因精通儒家的某部经书而被授予博士官。

## 四、东汉的乡闾评议

汉朝统治者采取了以察举、征辟为主要途径的选举制度，有利于地主阶级进一步抵制奴隶制的世卿世禄传统势力，并且有助于封建政权在新的历史环境中选拔人才、任人做官。但是也应该看到，这时期选择人才、推举做官的实际权力主要还在地方郡国，朝廷对于它们推荐上来的人，一般都表示认可，这一点又是对于中央集权不利的。尽管某些有作为的皇帝采取了不拘身世、破格提拔的方针，但因此被委以重任的人毕竟是少数。特别是到了东汉后期，地方各级行政长官的僚佐多由当地的望族大姓充任，他们常常通过官府功曹（掌管官吏考核、调迁的部门）掌握地方选举大权。选人做官时，望族大姓的子弟自然处于优先地位。当时在察举中被推荐给朝廷的人都要经过本地世家大族的评议，称为乡闾评议或清议。这种情况逐渐形成风气。乡闾评议在客观上对提倡清廉高洁的道德风尚起到了一定的作用。但是在腐败的政治局面下，乡闾评议也常常被一些攫取名利的伪君子所利用。他们往往矫揉造作，假扮清高，一旦名声大扬，便可被官府察举出仕，或者被朝廷授以官职，或者在本地掌握选举评议。例如《后汉书·许荆传》说，许荆的祖父许武被举孝廉，为了让两个弟弟也成名，于是提出分家。在分家时，许武“自取肥田广宅奴婢强者，二弟所得并悉劣少”，这样他的两个弟弟就以能做到“弟兄克让”而获荐举。然后许武又大会亲朋，当众说明自己那样做本是为了使两个弟弟成名，并且表示把比原来分到的财产还多三倍的资财都送给弟弟们。于是许武又博得了更高的声誉。这实际上是沽名钓誉。东汉的豪门大族通过乡闾评议，逐渐控制了地方的选举权力，使自己的势力不断得到扩张，这就削弱了封建君主的专制统治。

# 第五节 魏晋南北朝时期的九品中正制

## 一、九品中正制的产生和变化

东汉后期，以门阀世族为代表的大地主贵族，依仗权势操纵了地方选举。这样一来，就同要求参与政治的中小地主及其知识分子发生了矛盾。地主阶级内部的这种冲突，使得双方在采取怎样的选官制度上，展开了激烈的斗争。“九品中正制”就是在这样的形势下产生出来的。

在东汉末年拥兵称雄的诸军阀中，曹操是一位有远见卓识的人物。他代表以中小地主为主的庶族地主的利益，实行开明政治。在选人做官问题上，他大胆提拔出身微贱的士人，提出“唯才是举，以备录用”的方针。曹操致力于不拘一格举任贤才，是为了改变东汉以来大族名士主持乡闾评议、控制选举的局面，为建立自己的集权统治创造条件。

曹丕称帝以后，制定了九品官人法，即九品中正制，把曹操的选举方针制度化。这个制度就是通过品评，将人分为上上、上中、上下、中上、中中、中下、下上、下中、下下九等，朝廷任命中正官到各地主持品评；被评为上等的人士将被推荐到各级政府中去做官。这一制度赋予中正官考察各地士人的权力。在初期，他们在品评人物时也还比较注意人才优劣和舆论的褒贬，使朝廷多少能够掌握一些选官权力。所以沈约在《宋书·恩幸传》序评论九品中正制是“盖以论人才优劣，非谓世族高卑”。不过，他的评价是指九品中正制的初行阶段，反映了庶族士人向门阀世族争夺选举权力的企图。这里所说的庶族士人，一般是指中小地主及其知识分子。在当时，普通劳动者是没有资格参加品评的。所以九品高下，只体现了封建统治阶级内部的差别。

曹魏后期，九品中正制开始发生变化，它很快就被势力雄厚的门阀世族所把持，这些豪门大族世代为官，把持了所有的高官显职，各级中正官也由他们任命或直接担任。在世族们极为注重家世、谱系的情况下，九品中正制也就把门第出身作为品评的唯一标准了，形成了“上品无寒门，下品无势族”[1]的局面。从此，九品中正制就成了豪门世族手中的工具了，反而为他们操纵品评、把持选官

[1]《晋书·刘毅传》。

大权提供了制度上的保证。

## 二、九品中正制的内容及选官途径

中正官是掌管一个地区评选人品的负责人。州设立大中正官，掌管州中数郡的品评。州的大中正又可以称为州都。州下的各郡也设有中正官。

各地中正官皆由本地人担任。最初郡的中正官是由各郡长官推举出来的。到了晋代，州、郡的大小中正都由朝廷的司徒选授。其中郡的中正官可以由州大中正推举，但仍需经司徒任命。有时司徒也兼任州的大中正。一般的说，中正官都须以朝廷现任官员兼任，并且在品第上是二品。当时一品总是空缺的，从来没有人被评为一品，所以二品就是实际上的最高品级了，被称为上品，其余的都算是卑品。对于二品中的优秀者，仍不提升为一品，而是加“灼然”等美称，表示道德才能显著，没有虚夸。所以在史书的记述中，便常以“灼然”代表二品。

中正官品第人物，要从该人的家世出身、言行表现来评论，最后确定品级。中正官掌握着所辖地区士人的家世谱牒，便于随时考查。朝廷吏部在选拔、任命官员时，要向中正官征询被选任者的家世、行状、品级。家世指祖辈资历、做官情况、爵位高低等。行状是对本人言行表现、道德才干做出的总评语。这种评语一般都比较简练概括，如“天材英博，亮拔不群”、“德优能少”等等。中正官根据行状评语和家世出身，确定该人的品级高低。晋以后，则完全由家世确定品级了。这样就出现了品和状不一致的情况，有的行状评语很好，却定在下品，原因总是由于门第寒微所致；有的行状虽然不佳，却能位列上品，原因自然在于出身望族。

这时期的官职一般都须由相应品级的人来担任，这表明中正官不仅有权向朝廷推荐人做官，而且在一定程度上可以决定对官员的任命。有时品级较高的人所任官职较常例低，便用“领某官”来表示。然而品级低的人却严格地被排斥在高官显贵之外，西晋以后尤其如此。

九品中正制是这一历史时期选官制度的支柱，它可以保证门阀世族在政治上处于优越地位和享有特权。但是九品中正制只是将人品评为九等，作为授官的依据，而朝廷在选人任官时还要借用汉代察举的某些做法来实现。中正官一般是以孝廉、秀才两种名义向朝廷荐举人才。按照习惯，孝廉侧重于品行端正、精通儒家经学，秀才则突出于文学写作才能优异。当然，在凭借门第才能中选的时代，那些被推举为孝廉、秀才的人，未必具有真才实学。在南朝，还有一种“明经”科目。国家学校的学生可以通过明经科的考试，获得官职。当时的孝廉、秀才多为世族所垄断，但是明经不限门第，所以庶族寒门士人便可以通过明经途径跻入仕途。在北朝，荐举孝廉、秀才时对于家世门第的限制较之南朝要宽些，少数庶族寒门士人也有被选举的可能。随着九品中正制走向衰落，北朝在选举中首先对门第出身的限制呈现出松弛的趋势。

## 三、九品中正制的流弊

自从门阀世族控制了选举大权之后，九品中正制便只重家世、轻视才德，结果往往把真正的贤才排斥在外，而阀阅膏梁子弟则高居显位，所谓“崔卢王谢子弟，生发未燥，已拜列侯，身未离襁褓，业被冠戴”[1]。这种状况只能造成政治上的腐败。其次，望族高门的士人品第虽高，但品德却不一定清廉正直。这些人担任中正官，常常徇私枉法、贪赃纳贿。《魏书·阳尼传》记载，幽州中正阳尼出任渔阳太守，还未到任就“坐为中正时受乡人财货免官”。《魏书·綦俊传》记载，綦俊的儿子洪寔“为魏郡邑中正，嗜酒好色，行无检”。像这样声名狼藉的人做中正官，怎能指望他们会品评出治国人才来！

另一方面，由于被品评上的人可以得到官职，尤其是评为上品的人更可以高居显位，并且子孙世代入宦为官，因此引诱许多士人不顾廉耻贿赂中正，或者假造家谱，极力钻营。这种选官的混浊现象，对国家的吏治只能起到腐蚀作用。

南北朝时期，豪门世族子弟由于仅凭显贵门第便可以“平流进取，坐至公卿”[2]，这就使他们对中正的品评已经失去兴趣。他们最关心的是保持自己尊贵的血统，注重辨别姓族，防止别人假造谱牒、混淆士庶的界限。这些世族们崇尚玄学清谈，以任朝廷“清贵”官职相标榜。他们不屑去做地方官，也看不起武职官，结果使得行政、机要大权旁落，以至国家发生动乱时，竟无能力控制局势。最后朝廷的机要和政务官职，多被庶族寒门士人所掌握。

东晋末年爆发了孙恩、卢循领导的农民起义，许多世族受到起义军的惩罚和杀戮。这时庶族地主便乘机夺取了政权，南朝宋、齐、梁、陈四个朝代的皇室就都是庶族出身。在北方，豪门世族也受到农民武装起义的沉重打击，势力大为衰落。经过南北方农民武装起义的扫荡和庶族寒门地主的冲击，门阀制度，这个九品中正选官制度赖以存在的政治基础受到极大动摇，九品中正制也就因此难以维持下去了。

---

〔1〕见（明）屠隆《鸿苞节录》。

〔2〕《南齐书·褚渊王俭传论》。

选官制度的改革首先发生在北方。北朝的西魏、北周已经推行“惩魏齐之失，罢门资之制”[1]的选举方针，开始打破全凭家世门第选人的风尚，这自然有利于任用具备真才实学的人，从而加强封建朝廷的统治力量。与此同时，南朝的选官大权依然被豪门世族顽固地把持着。对比之下，北朝的政治优越于南朝，为它以后吞并南朝、建立全国统一的隋王朝提供了极为有利的条件。

## 第六节 科举制度在唐朝的确立

### 一、科举制度产生的社会条件

科举制度是指朝廷允许普通士人和官员都可以自愿向官府报名，经过分科考试，依照成绩从中选取人才和授给官职的一种制度。这种新的选官制度同以前选举制度的根本区别不在于进行分科考试，而是允许普通读书人可以自愿报名参加官府的考试。

隋朝建立后，中小地主的势力得到加强。隋末农民大起义进一步摧垮了魏晋以来的豪门世族势力。唐朝建立后，社会生产力迅速发展，封建地主经济进入了一个繁荣时期。这时中小地主阶级的经济力量进一步壮大，他们迫切要求掌握一部分政治权力来维护自己的利益。另一方面，为了加强中央集权的统治，隋唐统治者对官僚机构的建制做了相应的调整，实行了三省六部制，使得官僚机构更为完备，分工也更加细密。官僚机构的调整和膨胀，也使得补充大量的官吏成为可能。科举制度既能满足广大的中小地主要求做官参政的愿望，也能更广泛地吸收、笼络人才，把他们输送到各级官僚机构中去，这是符合封建地主阶级长远利益的，因此得以确立和发展。

科举制度的实行，还须有必要的物质条件。在唐代，手工造纸在全国已经普遍发展，生产的数量也越来越多。唐朝发展起来的雕版印刷术，对文化的传播与发展起了巨大的推动作用。书籍可以大量抄写、印行，使读书人便于阅读和应付考试。特别是五代时期，开始由朝廷主持刻印儒家的《九经》，更为投考科举的读

---

〔1〕《通典·选举二》。

书人提供了大量的规范课本。文具方面，这时期的笔墨制造水平也得到提高，使广大读书人更便于书写。

在隋朝，文帝、炀帝都曾多次诏令官员向朝廷分科举人；炀帝时还设置了进士科，以考试策问取人。这些都表明，隋朝时已有科举的萌芽。经过一段发展过程，科举作为比较完备的选官制度，方才在唐朝确立起来。

## 二、科举考生的来源和考试科目

在汉代的察举选官中，已经分有孝廉、秀才、贤良方正等科目，并且也考试策问。但是那时参加考试的人，须是经官府推荐，考试也只是用以决定授予官职的高低。唐代的科举则是允许普通士人和官员都可以自愿报名，这就扩大了选举范围，使封建地主阶级的选举制度能够发挥更大的效力。在考试科目方面，新的科举制度与以前的选举制度也有某些继承关系。前文提到，魏晋南北朝时期对于孝廉、明经侧重于考试经学，对于秀才则侧重于考试文章策问。在唐代的科举考试中，明经逐渐取代了孝廉，仍以考试经学为主；与此同时，由于秀才科考试日益严格，考生很难被录取，于是另立进士科，考试内容仍然以策问为主，但是录取标准却放宽了许多。进士科的设立，更容易满足广大考生登第做官的愿望，因而更具有吸引力。

唐代参加科举考试的考生大体有两种：一是朝廷所设国子监、弘文馆、崇文馆以及各地的州、县学馆的学生，称为生徒。他们在学校内考试合格以后，便可以参加朝廷于尚书省举行的科举考试，也称为省试。二是不在学馆的普通读书人，可以向所在的州、县官府报考。地方州、县逐级对他们进行考试，合格的人被送到京城长安参加尚书省的省试。这样的人叫做乡贡。此外还有现任官员参加的科考，一般是品级较低的官员，参加制科考试。

唐代科举考试在不同的时期，设立的科目也不尽相同，随时有增减，前后总计不下几十种。其中常见的有进士、明经、明法、明字、明算、一史、三史、开元礼、道举等科。此外还有制举和武举。

唐朝所设各科，以应考进士、明经的人最多。其中又以进士科最为人崇慕，也最难考，百人中仅取一二人。明经科每百人可取一二十人，比进士科录取名额多出十倍。由于唐朝宰相多是进士出身，就更提高了进士科的声价，报考进士科的人也越来越多，每次总有一两千人报考。进士科取中的人，最多不过三四十人，少的时候仅数人。由于当时投考科举的书生们都习惯穿白色麻布袍衫，所以人们把考中的进士称为“白衣卿相”、“一品白衫”，赞美他们是考生中的佼佼者。

进士科以考时务策为主，后来也加考帖经和杂文。帖经是把经书某页前后两边都遮盖上，中间只留一行，再用纸把这一行中的三个字帖住，让考生把被帖住的三个字读出来。杂文是指箴、铭等文体。唐玄宗以后，又把诗赋规定为必考项目。

明经科中又可以分为五经、三经、三礼、三传等等。明经科主要考帖经，还要考墨义。墨义是要求把经文二千字左右的段落连同注疏默写出来。明经科有时也加考时务策。

明法、明字、明算、诸史等科则是分别考试律令、文字学、数学、史学等。道举科设于唐玄宗时，考试《老子》、《庄子》等道家著作。

武举始创于武则天时，要考步射、马射、马枪、负重等，也要考其语言、身材。唐代武举只实行了一段时间便停止了，但是却为后世开创了先例。

制科是由皇帝特别召集一些官员和知名人士举行的考试，其中又可分为贤良方正、直言极谏等名目。考试的日期和项目都由皇帝临时决定。制科是朝廷网罗非常人才的一种办法，但是往往不被人们敬重，以为非正途出身。例如有张瓌兄弟八人，其中七人是以进士出身，一人由制科出身，于是大家就不愿和这一个兄弟坐在一起，称他为“杂色”。

## 三、科举考试的过程

参加朝廷省试的考生要在当年十月到长安来报到。自唐玄宗开始，省试一般都由礼部侍郎主持。载初元年（689），武则天在洛城殿亲自策问诸举人，开创了殿试的先河。不过，这次是皇帝亲自主持省试，与后世的省试之外皇帝另行殿试的做法还有区别。唐代省试一般都在京城长安举行，中唐以后，也有时分别在长安、洛阳两都举行，这时便称主持考试的礼部侍郎为“知两都”。

省试时，考场内部都用荆席围隔，考生们坐在廊下答题。考生进入考场时，须自带水、炭、脂炬、餐具等，经胥吏唱名、搜检衣物，方依次入场。唐代的科举考试，一般不采取试卷糊名（指将试卷上考生姓名密封起来）、誊录（把考生试卷另誊写一份供考官评阅，以免考官辨认笔迹）等做法。考试时间可以夜以继日，一般是日暮后烧尽两三支木烛，便须交卷。

省试被录取称为“及第”。第一名称“状元”或“状头”。新科进士互称“同年”。主考官被称为“座主”、“座师”，被录取的考生便是他的“门生”。新取中的进士都要到杏园去举行宴会，称“探花宴”。这时要选出两名少年俊秀的进士为探花使，令他二人遍游长安名园，采摘各种名花点缀宴会。所以唐代著名诗人孟郊在其登第诗中诵道："昔日龌龊不足嗟，今朝旷荡恩无涯，春风得意马蹄疾，一日看尽长安花。"新进士们还要到慈恩寺大雁塔题名留念，称"题名会"。(图6—3)又要大宴于曲江亭子，谓之"曲江会"。还有其他一些庆祝活动，都是为了显示荣宠。不过，当一些反对科举制度的守旧官僚主持朝政时，这些庆祝活动便被减去许多。

在唐代，考中进士只是有了出身，即具备了做官的资格，下一步还要经过吏部选试合格，才被授予官职。选试包括身、言、书、判四个方面。先考书、判，也就是考其书写工整、文理通达的程度；然后再试身、言，即观察是否相貌端正、口齿清楚。选试也分为博学宏词、拔萃等名目。前者着重于考试论述文章，后者主要考试司法案件的判辞（判决书）。例如唐代文学家柳宗元中进士后，便是以"博学宏词"授官集贤殿正字；大诗人白居易中进士后，是以"拔萃"得任秘书省校书郎的。选试通过后获得的官职并不高，即便是进士、明经，所授官位也无非八九品，但是从此便成为封建统治阶级中的一员了。

图6-3 西安唐慈恩寺大雁塔

如果选试未能通过，则可求当权官僚为之“论荐”，即向朝廷保举求官。再不成，便到藩镇节度使处去做幕僚，经过一定时间争取被保举得官。唐代文学家韩愈在考中进士后，三次参加吏部选试，都未能通过。于是他便去请求宰相贾耽、赵憬等人为之论荐，但是那些当权者不赏识他，不肯帮忙。韩愈只好离开长安，到宣武军节度使董晋的麾下去做幕僚。以后由董晋荐举，才被授予秘书省校书郎等官。

在唐代，凡被举送参加省试的考生，可称“举人”，而应进士科考试的考生，被泛称为“秀才”。这些称呼虽然后世仍沿用，但是意义已有很大变化，须注意避免混淆。

## 四、科举考试的社会效果和局限

唐代确立的科举制度把选官权力集中到朝廷，加强了中央的统治权力。由于科举制度对于那些依仗门第荫封而得官的大官僚贵族是个威胁，因此在长达两百年的唐朝朋党之争中，它一直受到这部分人的攻击和反对。科举制度为庶族中小地主，乃至出身寒微的平民知识分子开辟了一条升官的道路，因此受到中小地主和广大知识分子的拥护，从而增强了封建地主阶级的统治基础。科举制度把读书、应考、做官三件事紧密地联系在一起，至使天下读书人怀着“朝为田舍郎，暮登天子堂”的幻想，整日埋头苦读。许多读书人在“功名”二字的利诱下，不再关心国家的盛衰、人民的疾苦了，他们俯首帖耳地服从封建统治者的一切安排。特别是朝廷规定的考试内容、录取标准等，都是以封建地主阶级的思想意识、伦理道德为准则的，它引导人们朝这个方向去努力，这更便于统治者加强其封建思想统治。所以唐朝诗人赵嘏一语道破此中奥妙，他说：“太宗皇帝真长策，赚得英雄尽白头。”[1]

在唐代，若要科举考中，考生们必须求得当权官僚显贵或有文学声望的学者把自己推荐给主考官，这在当时是公开进行的。由此便产生了唐代的行卷风气。所谓行卷，是考生们为了求得推荐人的信任和赏识，便把自己平日的文学著作工整地抄写在手卷上，呈献给推荐人。这种手卷和做法都叫做“行卷”。行卷中呈献的作品体裁广泛，包括古诗、律诗、辞赋、骈文、散文、小说等等。行卷的第一篇非常重要，它能够影响阅读者的第一印象。例如《唐摭言》记载，白居易初至京师应举时，他向著名诗人顾况行卷。顾况见白居易姓名，便戏弄说：“长安米很

〔1〕《唐摭言》卷一。

贵，在这里‘居’住并不容‘易’。”颇有轻视之意。待开卷读第一遍《赋得古原草送别》诗，诵至“野火烧不尽，春风吹又生”一句时，不由得大加赞许，说：“有句如此，居天下有甚难！”于是为白居易去推荐。这种行卷的做法，使一些有文学才干的青年，有机会把自己平日的成就展现出来，在遇到有眼力的先辈时，便可以得到提拔。这也促使一些读书人在应考之前注意认真提高自己的文学修养，努力创作出高水平的作品来，因此对于唐代文学的发展起到了一定的积极作用。但是行卷的做法也使一些考生想方设法弄虚作假。他们或者抄袭别人作品，或者作些投机文字，巴结权贵。行卷风气延至五代仍然盛行，直到北宋实行糊名考校、秘密阅卷，方才停止。

此外，唐代科考中还有一种“作诗赎帖”的做法。进士科的考试着重于文学写作，应考的秀才们平时注重提高文学水平，不屑去死背经书。但进士科也要考帖经，于是唐玄宗天宝初年便采取了“作诗赎帖”的通融办法，允许考生不考帖经，而以作诗代替。这样一来更加提高了诗词在科考中的地位。应该说，唐诗在中国诗歌发展道路上达到空前的成熟和繁荣，除了出于其自身规律和社会等原因外，科考中规定须考诗赋以及“作诗赎帖”的做法，也起了一定的推动作用。

## 第七节 科举制度在宋朝的发展

### 一、宋朝科举的三级考试制度

宋太祖赵匡胤在夺取政权以后，为了稳定局势，将大批的后周官员留用下来，同时又通过科举考试等制度补充大量新的官员到各级政府机构中来，让他们互相牵制，达到分散官员权力的目的。这就使得更多的中小地主和下层知识分子被吸收到政权机构中来，虽然一时有利于政权的巩固，但是也造成政府机构重叠，官吏数量庞大，使得人民的经济负担越来越沉重。

宋朝实行的科举制度中，设立的考试科目也很多，主要有进士科、制科、词科等，此外还有明经、三史、明法、童子、武举以及“三舍法”取士等等。

宋朝进士、明经等科考试一般分为州试、省试、殿试三级。(彩图 7) 州试时，由州之通判（官名，为州的副行政长官，但有权监督知州）主持进士科考试，以州之录事参军（官名，协助州长官，掌纠察知州属下各官）主持其余各科的考试。州试取中的考生于冬季集中到京城尚书省礼部，这些考生被称为“举子”、“贡生”。礼部的省试在春季举行，主考官由皇帝任命。省试的试卷要糊名、誊录，再弥封用印，然后才送考官评阅。对于第一次评定的成绩也要密封起来，进行第二次评阅。最后根据几次的批阅确定出试卷的正式成绩来。由于参加礼部省试的举人不断增加，宋太宗以后，礼部省试录取的名额也相应扩大，每次至少要有四百名左右。

省试考取后，还须经过皇帝亲自主持的殿试。赵匡胤吹嘘举行殿试是为了避免官僚贵族舞权作弊。实际上还有更深刻的原因，这就是可以避免唐代以来主考官和考生之间形成的“恩师”与“门生”的特殊关系。皇帝亲自主持殿试，使录取的考生只能向皇帝感恩戴德了，这对于加强君主专制自然是十分有利的。

宋太宗时，把殿试录取的进士分为三甲，即赐进士及第、赐进士出身、赐同进士出身三个等级。（图 6—4）同时在琼林苑赐宴，称琼林宴，又称闻喜宴。宋初，参加殿试的考生总有三分之一至三分之二的人落第。有的人多次省试通过后却在殿试中被黜落，不免产生怨恨不满，这对统治者是十分不利的。当时逗留在京师开封的科举落第举子常有六七千人，遇到国家有事不能正常举行科考时，他们就可能耽搁十数年找不到出路，有时便酿成考生闹事事件，也有些穷苦书生无力还乡，甚至投河自尽。为了维护封建统治秩序，宋仁宗于嘉祐二年（1057）决定，此后殿试一律全都录取。录取名额可多达五六百人。

宋英宗时又决定三年科考一次。

宋朝对于在省试中多次落第的人另立名册上报皇帝，准许他们陪同考生参加殿试，叫做“附试”，称这些人为“特奏名”，这实际上是为他们参加殿试提供更多的机会。有时朝廷允许参加殿试的特奏名人数比正式考生还多。

在唐朝，考中进士只是有了出身，即仅取得了做官的资格，若要得到官职，还须通过吏部的选试。这种做法到了宋代发生了变化，凡是省试、殿试通过以后，朝廷便立即授予官职，而且考在前等的很快

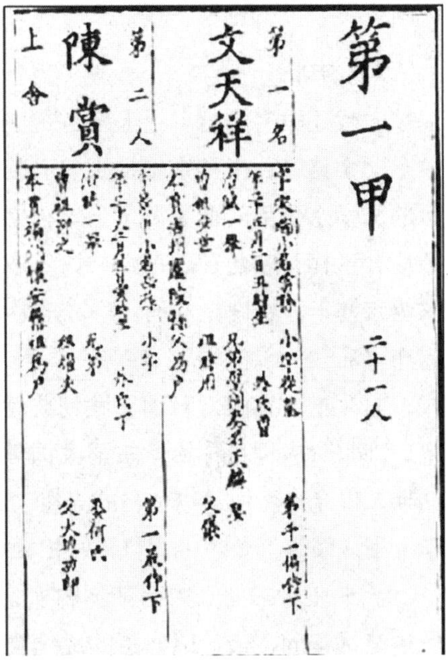
第一甲
二十一人
第一名
文天祥
第二人
陳賞
上舍

图 6-4　南宋理宗宝祐四年进士登科录

就可以获得高官。宋朝科举制度的这些变化、发展，表明了封建统治者在极力笼络中小地主和下层知识分子，有助于巩固其政权。

## 二、关于制科词科及三舍法

### 1. 制科

在宋代科举中，除了进士科受人尊崇外，制科也很受人青睐。这时制科已不像唐朝那样被人视为“杂色”了，而成为体现皇帝对臣下尊宠的“大科”了。制科内设有“贤良方正、能直言极谏”、“经学优深、可为师法”等科目，所以宋朝人在诗文中，有时也用“贤良”作为制举的代称。最初制科考试是应考人直接接受皇帝的考试。宋仁宗以后，则选派考官先在秘阁（宋代内廷收藏古今图书典籍的地方）举行预试，通过者才可参加皇帝的御试。所以又有人把制举考试称为“阁试”，把阁试及格通过称为“过阁”。在制科中，官员考取后可以升官，百姓考取后可以得官，而且他们都免授边远偏僻地方的官职。这些优待也表明了宋代制科优于进士诸科，为众科之最，所以宋代称它为“大科”。宋代举行的制科考试并不很多。据统计，北宋、南宋总共不过22次。著名的宋代文学家苏轼、苏辙兄弟都曾在宋仁宗嘉祐六年（1061）应考制举贤良方正、才识兼茂科。他们被取中后，都升了官。

### 2. 词科

宋代还设有词科，后人常常把它同制科相混淆。北宋前期，进士科考试比较注重文学诗赋，宋神宗根据王安石的建议，改为一律考试经义、策论，于是对考生的文学水平就降低了要求。宋神宗以后，进士科考诗赋也只是时而实行，时而罢废。这样，朝廷在起草诏、诰、章、表等应用文书时，便极感缺乏人才。于是宋哲宗初年开始设立宏词一科，宋徽宗时改为词学兼茂科。主要考试制、诰、檄、露布（布告）、铭、赞、序等。词科考试要求考生须博览古今，熟悉各种文体格式，它注重文章四六对偶、堆砌典故，讲求形式、技巧，因此它的地位较制举低下。南宋时的词科称博学宏词或词学科，考试内容与北宋大体一致，词科在设立初期，仅允许考中过进士科的人报考，至南宋时便放宽了限制。南宋文学家洪迈、学者王应麟等都曾考中词科，奸相秦桧是北宋徽宗时应考词学兼茂科被取中的。

武举在北宋、南宋两朝都曾实行。武举也分省试、殿试。一般是先试骑射，然后笔试策问，最后以对策的成绩决定录取与否，而以骑射弓马的成绩决定等级高低。

在宋代，与科举制相配合，还在一段时期内实行过“三舍法”取士。北宋建国之初，在京城开封设置国子监，为官僚贵戚子弟提供读书的场所，国子监的毕业生可以直接参加科举的省试。由于学生太少，不久便扩大学生来源，允许一些学业优秀的普通士人，在本乡官员保举下，入监学习。宋神宗时，王安石强调办学校对选官取士有重要意义，于是把国子监学生分为上舍生、内舍生、外舍生三个等级。如果考试成绩优秀，外舍生升为内舍生，内舍生升为上舍生。如果考至上舍上等，即可以直接授官；考至上舍中等的可以直接参加科举的殿试；考为上舍下等的，可以直接参加科举的省试。这时三舍法取士便与科举考试接轨同行了。

宋哲宗时，又诏令地方各州学校也实行三舍法。各州每年以其上舍生一人、内舍生二人贡入太学：州之上舍生补入国子监的内舍，州之内舍生补入其外舍。宋徽宗崇宁三年（1104），朝廷将原来的科举考试停止实行，选官之法就完全由三舍法取而代之了。这种情况延续了20年，至徽宗宣和三年（1121），又恢复了旧的科举制度，并且规定三舍法只在国子监实行。

## 三、政治改革及儒家理学对科举的影响

无论是北宋还是南宋，在北方都先后存在过契丹、党项、女真、蒙古等民族的严重军事威胁，加上宋朝内部冗官、冗饷、冗兵给人民带来了沉重的经济负担，使得阶级矛盾和社会危机越来越加剧。面对这种局势，封建统治集团中一部分政治开明的官吏便主张革新政治，加强国力，但是他们的主张常常遭到守旧派的反对和抗拒。对于科举制度，革新派与守旧派在选人标准上很不相同，对旧制度应否改革，双方态度也完全相反，更由于科举选官关系到两派政治势力的消长，使得双方对科举取士都很重视，他们之间的斗争对科举选官制度也产生了很大影响。例如宋仁宗时，在主持朝政的范仲淹倡导下，政府进行了一次政治改革。(图6—5)范仲淹在政治、经济、军事等许多方面都提出了一些改革措施。在科举制度方面，他取消了考试单纯背诵的帖经、墨义，而把考试策问放在首位，以便考察举子们的真才实学，范仲淹甚至取

图6—5 范仲淹画像

消了科考中的考卷弥封、誊录等做法，强调考生应具备自觉的品德修养和治理国家的实际能力。当时著名的文学家欧阳修也积极参与了这次改革，他在任主考官时曾经大力推行革新主张。范仲淹主持的这次改革，对于改变官吏冗滥、限制显贵特权和选拔一些治国人才，都起了一定的积极作用。但是这次改革也受到大官僚贵族守旧派的攻击，致使范仲淹被迫离开朝廷去做地方官，新政经历了一年多的时间便归于失败，科举制度又恢复如故了。以后宋神宗时，王安石为了打破过去因循苟且的政治局面，全面推行新法，其中对科举选官、教育制度等也进行了改革。王安石取消了进士科以外的明经、制举诸科。他认为过去考试诗赋，以声病对偶定优劣，不能真正反映出考生的才华学识，主张以经义、论、策考试进士。守旧派则针锋相对，坚持认为应该考试诗赋，双方对此展开了一场激烈辩论。在宋神宗的支持下，王安石改革科举的主张得以实现。在科举考试中，无论是诗赋还是帖经、墨义都被取消了，不过两派政治势力在科举问题上的争论并未停止。面对这种争论，宋哲宗元祐时采取了一种折中办法，即把进士分为考诗赋和考经义两科。哲宗绍圣以后，又决定取消考试诗赋而专以经义取士，直至北宋灭亡。

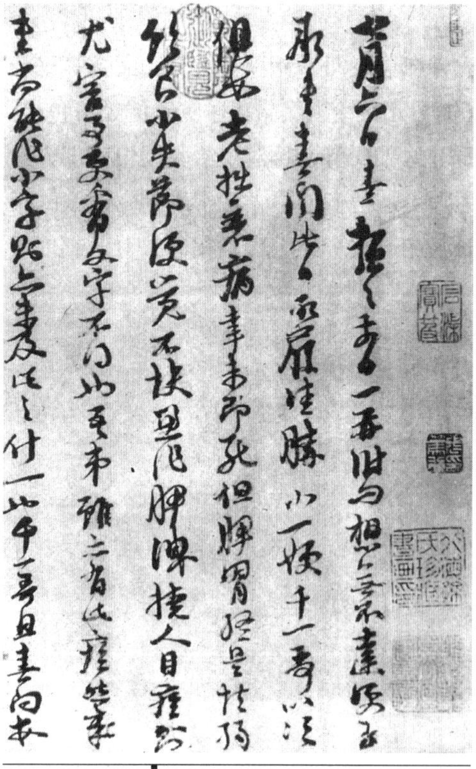

图 6-6 朱熹手札

王安石注重考试内容与解决实际问题相联系，较之过去死背书本和埋头作诗，是有积极意义的。但是他强调的“经义”，仍然没有超出封建地主阶级的伦理道德范畴。特别是南宋后期，唯心主义的理学占据了统治地位以后，无论是考试经义还是考试诗赋都不能消除封建科举选官中的各种局限和弊病。随着宋神宗的病死，保守势力掌握了朝政，他们一改王安石的革新路线，又恢复了一切旧的科举考试办法。

宋朝统治者为了巩固其封建政权，十分重视加强思想专制统治。他们利用科举制度，以功名富贵为诱饵，把各阶层的知识分子都笼络到自己的身边。他们要求读书人都必须读儒家经典，学习封建礼教。这时期，影响最大的是唯心主义的理学。特别是到了南宋时，朱熹把理学发展成完整的思想体系，对于维护封建制度十分有利，因此受到封建统治者的肯定与推崇。朱熹从“天理”永恒的基本观点出发，提出“君臣父子，定位不易，事之常也”[1]，以此表示封建秩序不应有丝毫的动摇。(图6—6)朱熹还用“存天理，灭人欲”的说教反对人民的反抗斗争。早在宋高宗时就曾褒扬理学是“高明自得之学，可信不疑”[2]，并且在科举选官时，凡是崇信理学的儒生都得到录取和任用。理学在南宋不断发展，其间虽然在宋宁宗时一度受到贬抑，但宁宗以后，由于封建统治者的大力推崇，它终于在思想领域确立了自己的统治地位。从此，理学便成为封建王朝科举取士的最高标准了。

## 第八节 元朝科举中的民族歧视政策

元朝是公元1271年由蒙古贵族建立的封建政权。蒙古统治者实行的科举制度带有明显的民族歧视色彩。当时把全国划分为四等人：一是蒙古人；二是色目人，其中包括西夏、回回等西北各少数民族；三是汉人，包括契丹、女真和原来金朝统治下的汉人；四是南人，指长江以南的汉人和西南各少数民族。蒙古统治者对汉人和南人很不信任，也很少任用他们做官。国家的重要官职都由蒙古人和色目人的上层分子担任，因此科举考试对于他们来说是可有可无的。

元世祖忽必烈即位初年，一些汉人官员不断建议实行科举取士，但是朝廷总是议而不决。直到元仁宗延祐二年（1315），方才正式实行科举取士，这时距离元朝建立已经四十余年了。元朝统治者最终实行科举取士，其目的主要是为了笼络汉族中小地主和知识分子，从而巩固蒙古贵族的统治。

元朝的科举考试，每三年举行一次，分为乡试（行省考试）、会试（礼部考试）、御试（殿试）三级。各级考试时，蒙古人和色目人都与汉人、南人分开考。在乡试、会试时，蒙古人和色目人只考两场，而汉人和南人则须考三场。御试时，虽然四种人都考试策问一道，但是前两种人仅限五百字以上，而汉人和南人必须在千字以上。

〔1〕《朱文公文集·癸未垂拱奏诸一》。
〔2〕《续资治通鉴》卷一九〇，宋高宗绍兴元年。

在考试内容上，蒙古人、色目人的题目比较容易，汉人、南人的题目比较难。蒙古人以右为上。发榜时，蒙古人、色目人列为一榜，称“右榜”，汉人、南人另列一榜，称为“左榜”。如果蒙古人、色目人愿意参加汉人、南人的考试，取中后授予的官职可以提高一等。这些规定都体现了蒙古统治者在科举制度中推行的是民族歧视政策。不过，元朝的最高统治者规定，科举考试的试题都出自朱熹的《四书章句集注》，并且要求考生答题时也必须以程朱理学的观点和封建说教作为指导思想。这一点恰恰说明，作为封建统治阶级，无论是哪个民族的贵族掌权，本质都是共同的，他们一方面通过法律、军队等国家机器对广大人民进行压迫和剥削，另一方面也要利用儒家宣扬的封建礼教来毒害和控制人民的思想。

## 第九节 明清科举制度的三级考试

明清两朝科举的基本制度和考试程序大体是一致的，其中以进士科考试最为重要。进士科正式考试共分三级：院试、乡试、会试和殿试，殿试只对会试中选者定名次，没有落榜者，所以与会试算一级。不过，在院试之前，还要经过县试和府试，可以看做科举前的预备性考试。

### 一、预备性考试

读书人在参加正式的科举考试之前，首先要接受由本县知县主持的考试，俗称县试。县试通过后，再接受由知府主持的府试。府试及格的称作“童生”。取得童生身份后，才有资格参加正式的科举考试。由于有的人多年参加县试、府试方才成为童生，或者有的童生多次参加科举的院试都没能通过，所以童生的年龄不一定都小，甚至有白发老人。

清朝的县试多在二月举行。在知县的主持下进行四或五场考试。前三场每次考完都发榜，称为圆案。（图 6—7）这是因为将考生的报考号数在榜上排列成圆形，表示取中的人不分先后次序。考完最后一场发榜时，榜上姓名横排，有先后次序，叫做长案。第一名称为案首。最后一名之下用朱笔画一勾，以示截尾。所以清代人嘲笑这末一名为‘坐红椅子’。县试被录取的考生，要依照同样的程序到府中进行府试。清朝的府试，考期多在四月份举行。

图 6-7 清代县试考卷

## 二、院试

院试是国家科举考试的最初一级，在府城或直属省的州治所举行。主持考试的长官是学政，又可以称学台、宗师。学政由皇帝任命进士出身的翰林院、六部等官员到各省去任职，任期为三年。学政在任期内，要依次到所管辖的各府、州去主持考试。学政亲临考场，叫做“案临”。古典小说《儒林外史》中常常提到“某年宗师案临”云云，就是指学政来主持院试。

院试包括岁试和科试两种考试。

岁试的基本任务是：第一，从童生中考选出秀才；第二，对原有的秀才进行甄别考试，按照成绩优劣分别给予奖惩。《儒林外史》第三回说周学道“先考了两场生员。第三场是南海、番禺两县童生”。这前两场便是甄别秀才的考试，后一场则是从童生中考取秀才。童生通过岁试，就算是“进学”了，即成为国家的学生，称为生员，俗称秀才、相公。这些秀才被分别安排在府学（属于府一级的国家学校）或县学（属于县一级的国家学校）内，虽然他们不一定真的到那里去读书，但是他们在名义上属于这些学校的学生由学校的教官负责管教。由于学宫中有半椭圆形的水池，所以考取了生员，又称入泮。

岁试成绩优良的生员，方可参加科试。科试通过了，才准许参加更高一级的乡试，叫做“录科”。

明代最初的生员都由政府发给廪膳银（伙食补助费）。后来由于生员人数越来越多，只有在岁、科两试中成绩优秀的人才能获得国家的廪膳银，这样的秀才便称为廪生。对于那些不领取国家廪膳银的秀才，算是另外增加的名额，称为增广生员，又简称增生，地位次于廪生。而初进学的秀才，称为附学生员，简称附生，附生再经以后的岁、科两试，才能依成绩递补为增生或廪生。清代廪生、增生人数皆有定额，一般以府、州、县的大小决定。

做了秀才，地位就比普通人高出一等，见了知县可以不必下跪，官府也不能随便对他们动用刑罚，由此也可见他们的地位已不同于一般。所以《儒林外史》第三回写到范进中了秀才以后，他的丈人胡屠户教训他道：“你如今既中了相公，凡事要立起个体统来……若是家门口这些做田的、扒粪的，不过是平头百姓，你若同他拱手作揖，平起平坐，这就是坏了学校的规矩，连我脸上都无光了。”第二十回写匡超人进了学，回家以后对他哥哥说：“就是那年我做了家去与娘的那件补服，若本家亲戚们家请酒，叫娘也穿起来，显得与众人不同。哥将来在家，也要叫人称呼‘老爷’，凡事立起体统来，不可自己倒了架子。”这些表明，中了秀才就脱离了平民阶层，开始进入统治阶级圈里，成为走上仕途的起点。

前面提到，秀才要通过科试，才能应考更高一级的乡试。明清时期，通常在乡试之年的七月，还要在省城集中举行一次科试的补考，凡因故未能在各府参加科试的人，可以乘机来补考，叫做录遗。如果童生在这期间捐了监生，也可以在录遗中补上名字，然后参加乡试。例如《儒林外史》第三回写周进随众人进贡院参观，因苦读了几十年也未曾考中秀才，所以见了贡院里的号房便忍不住号啕大哭起来。后来，他的姐夫金有余同几个商人合伙给他捐了一个监生，书中说：“正值宗师来省录遗，周进就录了个贡监首卷。”于是取得了参加乡试的资格。接着“到了八月初八日进头场”，指参加乡试，终于中了举人。

## 三、乡试

乡试在京城及各省省城举行，三年考试一次，一般在子、卯、午、酉年举行，考期多在秋季八月，所以又称“秋闱”（闱指考场）。乡试的正副主考官一般由皇帝任命在京的翰林及进士出身的部院官充任。此外还有同考官，又称房官或房师，担负分房阅卷的任务。因为评阅试卷须在考场的内帘（后堂）进行，所以又把同考官

图 6-8 北京贡院明远楼旧照

称为帘官，而担任同考官叫做“入帘”。同考官一般是从各省内调用进士出身的官员充当。此外还有负责监考、巡察及各种事务的官员，他们不得与内帘官接触，称为外帘官。

乡试有正规的考场，叫做贡院，一般建在城内东南隅。贡院内建有明远楼，为考试时供监试、巡察等官登临眺望，防察考生、役吏有作弊举动，又以荆棘遍置围墙上，所以又有人把贡院称为“棘闱”。( 图 6—8) 贡院内建有一排排的号房，为考生住宿、答题之所。每一排号房以某字为编，约有百余间或五六十间，都面向南成一条长巷。巷宽仅四尺，巷口有栅门，楣墙上大书某字号，并置号灯及水缸。当年北京的贡院内，号房多达万余间，恰似蜂房一般。号房无门，各房之间隔以砖墙。进入考场后，考生需挂油布为帘，以障风雨。号房高约六尺，举手可以触檐；深四尺，宽三尺。( 图 6—9) 侧墙两旁有上下坎，可以支木板。上板作桌，下板为凳。夜间可将上板抽出拼入下层，权做卧榻。炊煮茶饭则在房外南墙檐下，由考生自行料理。巷尾有厕所，以至近厕所的号房臭气熏天。南墙根有小水沟，遇雨则泥泞不堪。考场内有士卒充任取水生火之役使，称为号军。大约一名号军管 20 名考生的杂务。考生经搜身后，携带笔墨、卧具、餐食进入号房。( 图 6—10) 凡坐卧、写作、饮食、大小便都在这一小天地之内，由于乡试多在八月举行，日间烈日蒸熏，又加以烧饭的炉火灼烤，小巷内更觉闷热；而夜间，号

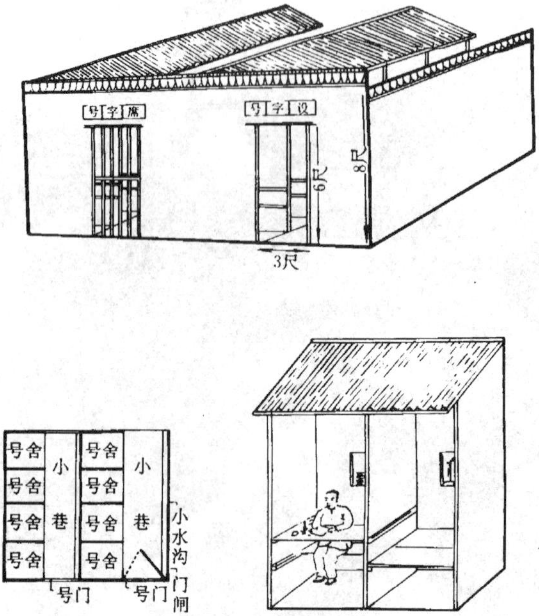

图 6–9 号门号舍平面、正面图（选自《清代科举考试述录》）

图 6–10 南京江南贡院的赶考挑子

房外则长巷一条，风雨难蔽，比外间更冷。所以有人形容科举考试是“三场辛苦磨成鬼，两字功名误煞人！”很是贴切。

乡试共考三场，以初九日为第一场，十二日第二场，十五日第三场。每场都于头一天即初八、十一日、十四日点名入场。每场后一日即初十、十三日、十六日交卷出场。入场日寅时（约清晨三至五点钟）开始点名，经过搜检，考生依号入闱。入闱后，每巷栅门都上锁，同时贡院大门也封闭，并鸣炮三响，临考之日，子时发放试题。出场之日，凑若干完卷之人开放栅门一次，共开放数次。聚有千余完卷考生时，方启贡院大门一次，叫做放牌。放出后大门复闭。一般是午前放第一牌，午后放第二牌，至傍晚放第三牌，然后就不再闭大门了。大约在戌时（相当于晚七至九点钟）清场。不过，第三场考试有时在十五日就开始放牌，所以有的考生考完出场后，还赶得上赏月赋诗。

明清的科举考试也都采取弥封、糊名、誊录等做法来防范舞弊。

乡试发榜在九月，正值桂花开放，所以又称乡试榜为“桂榜”。乡试取中的称举人，第一名叫解元。乡试中举称乙榜，也叫乙科。发榜后要举行宴会，宴请内外帘诸考官以及新科举人。（图 6—11）

考中了举人，不仅可以参加全国性的会试，就是会试未能取中，也具备了做官的资格。所以，《儒林外史》第三回说范进中举以后，那张乡绅立即来拜“新中的

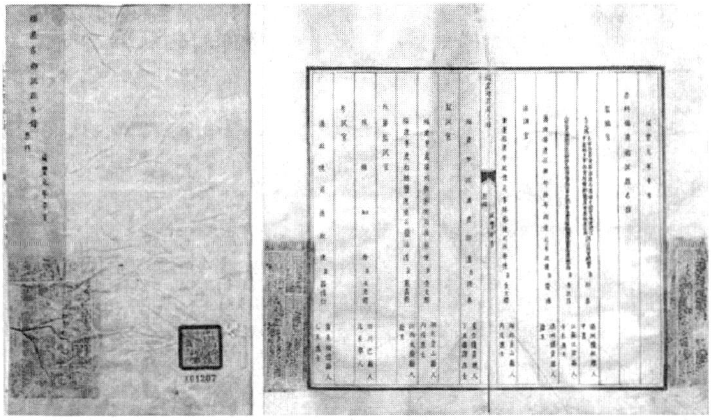

图 6-11 清咸丰元年福建乡试题名录

范老爷”，不仅送给范进五十两贺仪银，而且将一所房屋送与范进住。书中又说：“自此以后，果然有许多人来奉承他：有送田产的，有人送店房的，还有那些破落户，两口子来投身为仆图荫庇的。到两三个月，范进家奴仆、丫环都有了，钱、米是不消说了。”难怪范进听到自己中举的消息，就高兴得发了疯，而他的丈人胡屠户也立时变了一副嘴脸，吹捧自己的女婿“如今做了老爷，就是天上的星宿”。

在清朝，除了按照常制举行的乡试外，每逢遇到皇帝万寿（生日）、登基等庆典时，还额外有加科乡试，叫做恩科。有时出于军事、政治等原因，某几省乡试可能停数科不试，或一省只试数府、州、县，甚至乡试、会试在同一年举行，这些都属于变通例外之举。

## 四、会试和殿试

会试和殿试是最高一级的考试，其中会试是带有决定性的考试，而殿试只定名次，不存在被黜落的问题。

会试由礼部主办，在京城的贡院举行。会试一般在乡试的第二年，也就是丑、辰、未、戌年。考期多在春季的二三月。故此会试又称“礼闱”、“春闱”。参加会试的是全国的举人，录取名额少则几十人，多时可达四百余人。会试被录取的人，称为贡士，第一名叫做会元。会试发榜时，往往正值杏花盛放，所以又称为“杏榜”。

会试的主考官，在明朝多以翰林官充当，明末又多以内阁大学士担任。清朝称主考官为大总裁，由内阁大学士或六部尚书充任。又有副总裁三人，由六部侍郎或内阁学士充任。另外还有 18 名同考官，以翰林院官员及进士出身的京官为之，称做十八房考官。此外还有各项执事官。

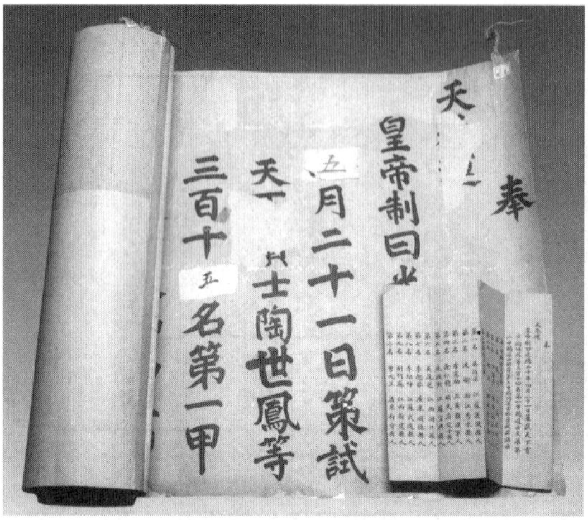

图 6-12 清光绪二十年殿试大、小金榜，中国第一历史档案馆藏

会试考场的各种规矩，与乡试基本一致。清朝新录取的贡士，在殿试之前，还须进行一次复试。复试结果，按成绩分为一、二、三等，这个等级对于以后授予官职有重要的关系。

殿试在四月份举行，名义上是由皇帝亲自主持。此外还要任命阅卷大臣、读卷大臣，协助皇帝评阅试卷。明清两朝的殿试都只考策问一场。出榜分为三甲：一甲为赐进士及第，只有前三名，为状元、榜眼、探花，合称三鼎甲；二甲为赐进士出身若干人，第一名称传胪；三甲为赐同进士出身若干人。在一、二、三甲的都泛称进士。(图 6—12) 中了进士，功名就到了尽头。所以《儒林外史》第十七回，浦墨卿说道："读书毕竟中进士是个了局。"说出了当时人的想法。

殿试考中称为"甲榜"。在揭晓时，要在殿前举行一次唱名典礼，叫做传胪。凡是通过乙榜中举人，再通过甲榜中进士而做官的人，叫做"两榜出身"。一身兼有解元、会元、状元的，叫做"连中三元"，明清两朝都有数人是连中三元。

殿试后，皇帝赐诸进士宴。宴会一结束，旁边的胥吏杂役人员立刻上来争抢餐桌上的食品，一时盘碗飞舞，称为抢宴。至晚清，此宴已十分简陋，匆忙之间仅走一过场而矣。此外，朝廷还要赐给银两、彩花等，并在国子监立石碑，上面镌刻新进士姓名以及其他一些繁缛礼仪。

按照清朝制度规定，殿试以后还要进行一次考试，叫朝考。最后根据贡士的复试、殿试、朝考三次成绩得出录取等级，再根据录取等级确定授予的官职。由于殿试的状元、榜眼、探花在考中后按惯例可以立刻被授予翰林院修撰和编修，所以他们不再参加朝考。朝考的第一名叫做朝元。凡殿试二甲第一名的传胪和朝考第一名的朝元，也照例要到翰林院任职。其余的进士，成绩好的可以入翰林院做庶吉士，成绩次一些的就被授予六部主事、内阁中书、御史及知州、知县等官。

## 五、关于庶吉士

明朝洪武十八年（1385），明太祖朱元璋命考取的进士都要到各衙门实习政务，称为观政进士，其中凡在翰林院、承敕监（掌给授诰敕之事）等衙门观政的进士叫做庶吉士。永乐二年（1404）以后，庶吉士专属翰林院。新考中的进士只有参加翰林院的专门考试，即所谓“馆选”，考取后才成为庶吉士。庶吉士要在翰林院内继续学习三年。学成以后，成绩优秀的可留在翰林院内任官，次一等的则充任给事中、御史等官，叫做“散馆”。（见图6—13）自明英宗天顺以后，非进士不入翰林，非翰林不入内阁，礼部尚书、侍郎皆须由翰林出身。这样凡由进士经馆选而为庶吉士的人，便被人们视为储相（即未来的宰相）。可见庶吉士虽然要晚几年才能授官任职，却处于相当优越的地位。不过，庶吉士的馆选并不是每科都有，时断时续。

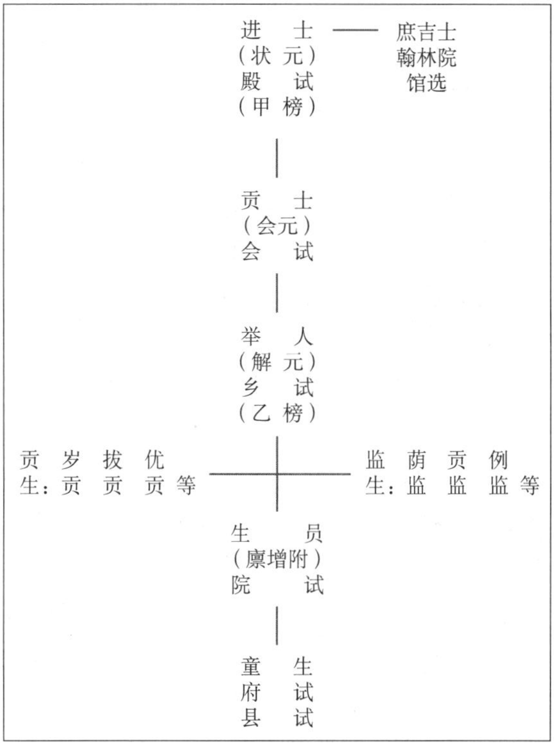

图6–13 明清科举等级示意图

清朝庶吉士身份同明朝一样。光绪二十八年（1902），朝廷设立了庶吉士讲习馆，不学诗赋，每月须交经史、典制、政治、时务等笔记，不限题目，就本人平日钻研心得呈送掌院学士评阅。以后又改设进士馆，吸收三鼎甲和庶吉士等学习政治、法律各科，甚至派出国留学。只是这个做法实行的时间并不长。

# 第十节 关于八股文和试帖诗

## 一、八股文

明清两朝的统治者都规定，科举考试中必须用八股文体做文章。八股文又叫“八比文”、“制艺”、“时艺”、“时文”等。由于文章题目主要出自四书，所以有人也称它为“四书文”。这种文体有固定的格式和一系列的清规戒律。一篇文章在开始须有破题（点明题目要旨）、承题（承接破题的意义作进一步的说明）等部分，然后有提比、中比、后比、束比四部分作为正式的议论，其中每一部分都有两股两相比偶的文字，共计八股，所以叫做八股文。八股文的每部分之间，要用固定的虚词“今夫”、“苟其然”、“也乎哉”等连接。结构如此死板的文章，是不能充分表达思想感情的。同时封建统治者还规定，在考这种八股文章时，都要从充满封建说教的四书中命题，并且强调须以朱熹的集注作为准绳。这就从形式到内容，都禁锢了知识分子的思想，使他们只能依照题意揣摩古人语气去宣扬封建的伦理道德，所谓“代圣贤立言”，而绝对不允许联系社会实际，发挥自己的思想。读书人把一生精力都消耗在八股文上，到头来只能变成酸腐迂拙、不学无术的蠢材。所以，明末思想家顾炎武曾经疾愤地指出：八股取士比秦始皇焚书坑儒还厉害。秦始皇只坑埋了四百名儒生，而几百年来八股文坑害的青年人又何止千万！这种僵化死板的八股文，仅仅是封建社会后期科举考试的一种工具，它已经毫无文学价值了。封建统治者留给读书人的唯一出路便是钻研八股，死啃经书，热衷于科举仕进。这种愚弄人民的思想专制，扼杀了多少聪明才智。清代学者、医学家徐灵胎曾经对八股文作了深刻的讥讽。他编了一首道情说：

读书人，最不济。背时文，烂如泥。国家本为求才计，谁知道变做了欺人技。三句破题，两句承题。摇头摆尾，便道是圣门高第。可知道三通（指《通典》、《通志》、《文献通考》三部类书）、四史（指《史记》、《汉书》、《后汉书》、《三国志》四部史书），是何等文章？汉祖、唐宗，是哪一朝皇帝？案头放高头讲章（指讲解经书、指导写作八股文的书），店里买新科利器（指为应试科举准备的规范文章）。读得来肩背高低，口角嘘唏。甘蔗渣儿嚼了又嚼，有何滋味。辜负光阴，白白昏迷一世。就教他骗得高官，也是百姓朝廷的晦气！[1]

---

〔1〕引自商衍鎏《清代科举考试述录》，三联书店，1958。

封建统治者既然把八股文作为控制人民思想、窒息各种反抗精神的重要工具，因此自明朝建立至清朝被推翻的五百多年里，一直坚持科举以八股文取士。统治阶级只允许读书人死啃四书五经、揣摩八股文章，如果有谁钻研自然科学，在社会上便没有出路，不仅要丧失功名利禄，甚至要遭到打击迫害。明末著名的科学家宋应星在所著《天工开物》序中就明白告诉人们："此书与功名进取毫不相关。"这种八股取士制度也使得广大读书人热衷于科举功名，只讲举业而看不起自然科学。很显然，这种科举制度是最终造成中国近代自然科学技术落后于西方的重要原因之一。封建帝王们希望利用八股取士来延长它们江河日下的统治，但是那些科场出身的官僚，文不能安邦治国，武不能冲锋陷阵，反而造成吏治腐败、政治黑暗，更加速了封建王朝的覆灭。

## 二、试帖诗

明朝科举考试不考诗赋。清朝自乾隆二十二年（1757）在乡试、会试时增试五言八韵诗一首。自此以后，院试、乡试、会试都必须考诗，称为试帖诗。这也是一种形式古板的诗体，其内容也依然不能随意抒发情感，而要严格依题写作，并且须是歌功颂德、粉饰太平的内容。

试帖诗的题目都须在前面用"赋得"二字，然后取古人五言或七言诗一句，指明以诗句中的某字为韵，称"得某字"，即限定用这字的韵部，同时这个字还必须在诗的第二句或第四句的韵脚上出现；题目中还要指明要求"五（七）言六韵"、"五（七）言八韵"等；在诗中，除首尾两联外，中间各联都须对仗工整等等。如此多的限制，作者就只能依格式填写一些颂扬太平盛世的字句，使得试帖诗也和八股文一样，不仅形式呆板，内容也极空洞、乏味。

# 第十一节 明清的监生和贡生

明清两朝国家一级的学校是国子监。国子监的长官为国子祭酒，其下又有司业、监丞、博士、助教、学正、学录等官。国子监的学生称监生。有了监生的身份，在科举考试中就取得了一些便利条件，例如可以直接参加乡试而不必先考取秀才。由于成为监生的途径有多种，所以监生不一定都是秀才，他们也不一定真

图 6–14 北京国子监牌坊

到国子监去读书。(图 6—14)

明清时的监生主要有如下几种：

举监，由举人做监生的，叫举监。

贡监，由秀才做监生的，叫贡监，也叫贡生。秀才一经成为贡生，就不再受地方学校管教，俗称出贡。在清朝，贡监也叫优监，表示从生员（秀才）中选拔优秀的人去国子监读书。

荫监，凭借父辈做官而成监生的，叫荫监。在清朝，荫监又分为恩荫和难荫两种。凡文官京官四品以上、外官三品以上，武官二品以上的，准许送一子入监读书，以及遇到庆典，皇帝特赐许入监读书的人，都算是恩荫。凡内外三品以上官，任满三年者，死后一子可以入监读书；地方布政等司长官及州县佐贰殉于国难的，准其嗣子入监读书，这些都是难荫。清朝的难荫，在明朝称为恩生。

例监，以捐纳钱粟得为监生的，叫例监。

在上述各种监生中，贡监主要是通过地方儒学保举某些生员入国子监的。由于朝廷授予这种保举的名义有多种以及保举时选拔的方式也各不相同，因此作为贡监，即贡生也有若干种，如岁贡、选贡、拔贡、恩贡、优贡等等。例如岁贡是由地方的府、州、县学把秀才依次排队，按规定时间循序推荐到国子监，俗称挨贡。由于岁贡须计较年资，及至入监时多已年力衰惫，所以明清两朝的中后期又在岁贡之外，另行选拔年富力强、学行兼优的秀才入国子监，这种选拔不计较资历，明朝称为选贡，清朝称为优贡。此外明清两朝又都有例贡，这是指秀才通过捐纳钱粟取得贡生身份的人。例贡不算是正途，因此不被人所看重。

## 第十二节 清末对科举制度的改良和废除

### 一、科举考场的营私舞弊

科举制度是地主阶级为了巩固其封建政权、加强对人民的专制统治所采取的一种手段，因此这种制度在实行中，必然带有阶级局限性及种种流弊。虽然自唐朝开始，封建统治者就不断采取各种防范作弊的措施，而且越来越严格，但其实质仍具有一定的虚伪性。这是因为，一方面除了科举考试之外，还存在着其他许多入仕的途径，如有些人是通过趋炎附势、逢迎拍马，或用上书献赋等办法做了官，而那些官僚贵戚本来就可以依仗权势，通过荫封等途径使其子弟获得高官厚禄。另一方面，在科举考试中，一些考官贪污受贿或者逢迎权贵嘱托，使得考试时的防范措施常常成为障人耳目的虚文。

科举制度自唐朝确立时起，考场的各种舞弊便已出现。例如唐玄宗时的一次科考，由吏部侍郎苗晋卿任主考官。有一个名叫张奭的考生，其父为御史中丞，掌有监察大权。大家都知道张奭从不读书，结果竟被取在第一名。于是引起人们议论纷纷，迫使唐玄宗亲自对取中的进士进行重新考试，结果及格的仅有十分之一二，而张奭手持试纸终日不下一字，被人笑称为“曳白”。在唐朝，考官泄露试题的事也屡有发生。

为了杜绝考场弊端，宋朝统治者又采取试卷糊名、弥封、誊录等一系列防范措施，结果收效有限，却使得舞弊手法更为隐蔽了。据记载，当时光是科举考场内作弊的手法就有五种：一是传递答案，二是调换考生的试卷，三是涂改试卷的编号，四是将试卷传出考场，请人代答，五是誊录时进行篡改。可见各种严防舞弊的措施虽多，只是限制了那些没有门路依托的下层百姓。南宋学者洪迈在《容斋随笔》中谈到科举之弊时说，请人代答试卷虽然是禁止的，但是“禁之愈急，则代之者获赂谢愈多，其不幸而败者百无一二”。事实上正是这样。

明朝科场作弊名堂更多了，诸如贿买、钻营、挟带、抢替、割卷、传递、顶名、冒籍等等，五花八门，这些在古典小说《儒林外史》、《聊斋志异》中几乎都有生动的描写，这里就不赘述了。

清朝统治者对于科场舞弊案件处置极为严厉，屡兴大狱，但是科场中的舞弊陋习仍然不能断绝。这表明，整个封建制度十分腐朽，即便统治者不惜兴大狱、广杀戮，也无法医治好封建社会身上的这块痈疽了。

## 二、对科举制度的改良和废除

科举制度自唐朝至清末实行了千年有余，它对于维护封建地主阶级的统治、促进封建社会向前发展，曾经起过积极作用。但是自明清以来，随着封建社会的衰落，科举制度的流弊也越来越显著了，并且最终成为封建保守派用来抵制进步思想、反对社会改革的重要工具，成为社会进步的一大障碍。清朝自康熙时起，就不断有一些开明的官员提出废除八股取士、改革科举制度，但都遭到保守势力的反对和抵制。1840 年鸦片战争以后，帝国主义列强打破了清朝的闭关锁国政策，对中国加紧了掠夺和瓜分。仍然处于封建落后状态的中国，即将被帝国主义的先进技术和兵舰大炮沦为殖民地。在这样的形势下，中国旧的学校教育和考试制度很难再原封不动地维持下去了。这时一些新式学堂相继在各地出现。这些学堂摒弃了时文、诗赋等陈腐的教学内容，转而教授外语、数学、物理、政治、地理等课，从而把所谓的“西学”、“实学”吸收到中国的教育事业中来。这样一来，旧式的科举取士的弊病更加突出了，它既不能适应新型学校的教育，也不能选拔出新形势所需要的人才来，因此改革旧的科举考试制度也就势在必行了。

1898 年，广东举人康有为向光绪皇帝上书，要求变法图强，于是掀起了一场维新运动。康有为在《请废八股、试帖、楷法试士，改用策论折》中，批评了八股的危害。他说，年轻人埋头揣摩学作八股文，却不知道司马迁、范仲淹是哪朝人，也不知道汉高祖、唐太宗是哪朝皇帝；如果说到亚洲地理、欧洲政治，他们更是目瞪口呆了，这样的人如何能够治理国家！康有为认为，要实行维新变法，当务之急是培养和任用人才。这样就必须废除八股文，改考策论，并且通过广建学校，逐渐废除科举考试制度。康有为的主张得到了以光绪皇帝为首的封建地主阶级开明派的支持。他们的变法，不仅要废除长达千余年的科举制度，也使得整个封建制度受到猛烈冲击。对此，以慈禧太后为首的封建顽固派官僚们是不能容忍的，他们很快策划了反动政变。维新派推行的新政只持续了三个月就被推翻了，改革科举制度的各项措施也付诸东流了。一时间，一切旧制度，包括八股考试在内，又都重新恢复起来。

但是时隔不久，1900 年爆发了轰轰烈烈的义和团运动。虽然清政府勾结帝国主义，将义和团运动镇压下去了，但是清王朝的封建统治也已经是苟延残喘难以维持了。在形势的逼迫下，慈禧太后不得不许诺要再次实行变法，并且在第二年的旧历七月谕令从此废除八股文和试帖诗考试，代之以经义和时务策。不过，科举考试制度仍然保留下来。延至 1905 年旧历八月，一些有政治影响的官僚如张之洞、袁世凯等人，迫于社会压力，不得不奏请立即停废科举。面对这样的形势，清统治者无可奈何，便也只好谕令停罢科举。（图 6—15）这个决定只是宣告了一千多年来的科举制度的彻底破产，而对于挽救清王朝覆灭的命运，则丝毫不起作用了。

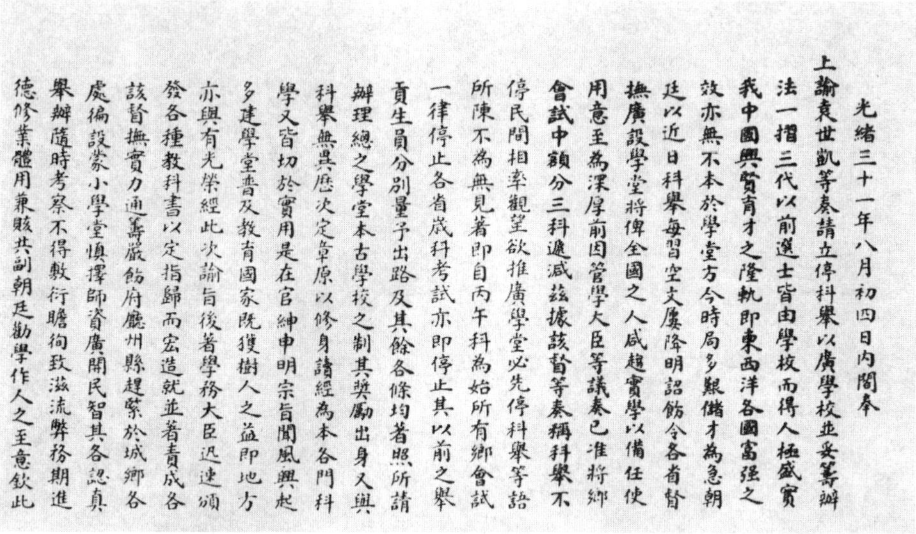
光緒三十一年八月初四日内閣奉
上諭袁世凱等奏請立停科舉以廣學校並妥籌辦
法一摺三代以前選士皆由學校而得人極盛實
我中國興賢育才之隆軌即東西洋各國富强之
效亦無不本於學堂方今時局多艱儲才為急朝
廷以近日科舉每習空文屢降明詔飭令各省督
撫廣設學堂將俾全國之人咸趨實學以備任使
用意至為深厚前因管學大臣等議奏已准將鄉
會試中額分三科遞減茲據該督等奏稱科舉不
停民間相率觀望欲推廣學堂必先停科舉等語
所陳不為無見著即自丙午科為始所有鄉會試
一律停止各省歲科考試亦即停止其以前之舉
貢生員分别量予出路及其餘各條均著照所請
辦理總之學堂本古學校之制其奬勵出身又與
科舉無異歷次定章原以修身讀經為本各門科
學又皆切於實用是在官紳申明宗旨聞風興起
多建學堂普及教育國家既獲樹人之益即地方
亦與有光榮經此次諭旨後著學務大臣迅速頒
發各種教科書以定指歸而宏造就並著責成各
該督撫實力通籌嚴飭府廳州縣趕緊於城鄉各
處徧設蒙小學堂慎擇師資廣開民智其各認真
舉辦隨時考察不得敷衍瞻徇致滋流弊務期進
德修業體用兼賅共副朝廷勸學作人之至意欽此

图 6–15　废除科举谕旨

清朝最后一次科举考试是在 1904 年举行的。这一科录取的状元叫刘春霖。民国以后，他自称是“第一人中最后人”，此话恰好道中封建科举制度的完结。

# 第七章 汉字的起源和演变

世界上目前正在使用的各种文字以汉字为最古老。汉字的历史究竟可以上溯到什么时代？汉字从古到今发生过哪些重要变化？这是关心中国文化史的人都很感兴趣的问题。下面介绍一下这方面的知识。

## 第一节 汉字的起源

事物的形成一般都要经历一个或长或短的过程，文字也不例外。以别的语言的文字为依傍，有时能为一种语言很快地制定出一套完整的文字来。但是就完全或基本上独立创造的文字来说，从第一批文字的出现到能够完整地记录语言的文字体系的最后形成，总是需要经历一段很长的时间的。还不能完整记录语言的文字可以称为原始文字。汉字是一种独立创造的文字，它无疑是在经历了相当长的原始文字阶段以后，才发展成为完整的文字体系的。所以汉字起源的问题实际上包含了下述两方面的内容：汉字是怎样从最原始的文字逐步发展成为能够完整地记录汉语的文字体系的；汉字这一文字体系的形成过程开始于何时结束于何时。由于缺乏原始汉字的资料，对这两个问题目前都还无法做出确切的答复。下面先对已有的关于汉字起源的一些说法略作讨论，然后简单谈谈我们对汉字形成的过程和时间的一些初步推测。

### 一、关于汉字起源的旧说

#### 1. 仓颉造字的传说

这一传说最早见于战国晚期的文献：

奚仲作车，仓颉作书，后稷作稼，皋陶作刑，昆吾作陶，夏鲧作城，此六人者，所作当矣。(《吕氏春秋·君守》)

沮诵、仓颉作书。(《广韵》鱼韵“沮”字下引《世本》)

仓颉之作书也，自环者谓之私，背私者谓之公。(《韩非子·五蠹》)

秦代李斯所编的字书《仓颉篇》也是由于首句是“仓颉作书”而得名的。古人称文字为“书”，作书就是造字。

仓颉作书的传说在战国晚期显然已经很流行。这一传说无疑在较早的时候就已经出现了。它有没有某种程度的可靠性呢？汉字当然不是个别人造出来的。不过在汉字形成的过程里，尤其在最后阶段，很可能有个别人曾起过极其重要的作用。仓颉也许就是这样的人。早在战国晚期，就有学者作过类似的解释。《荀子·解蔽》说：“好书者众矣，而仓颉独传者，壹也。”认为仓颉只是众多“好书者”中由于用心专一而最有成就的一个。

但是上引《吕氏春秋》所举的六个人，除仓颉外都是见于时代较早的典籍的古史名人，唯独仓颉在现存的早于战国晚期的古籍中从来没有提到过，在战国晚期的古籍中也没有关于仓颉的时代以及他在造字之外的事迹的任何记载。汉代人多认为仓颉是黄帝的史官，〔1〕恐怕未必有确据。魏晋以后人把仓颉说成早于黄帝的远古帝王，就更荒诞无稽了。〔2〕也许仓颉只是古人所虚拟的一个文化英雄。

在上引《世本》中跟仓颉并提的沮诵，也是名不见经传的人物。汉魏间的宋衷的《世本》注说：“黄帝之世始立史官，苍颉、沮诵居其职。”〔3〕恐怕也是想当然的说法。近人唐兰、高亨怀疑“沮诵”就是“祝融”，〔4〕是否可信，尚待研究。

### 2. 文字出自八卦说

这是较晚出的一种说法。

古代学者很早就认为在文字产生之前，结绳和八卦曾经起过某些类似文字的作用。一般认为作于战国晚期的《易·系辞·下》说：

---

〔1〕《尚书·序》孔颖达《正义》：“司马迁、班固……皆云仓颉黄帝之史官也。”

〔2〕参看唐兰《中国文字学》，上海古籍出版社，1979，第53—54页。以下引作“唐书”。校按：近年发表的上海博物馆藏战国楚竹书中的《容成氏》，所举远古帝王中有“仓颉氏”，可见战国时人已以仓颉为古帝王。但他应该未必是真实的历史人物。

〔3〕《初学记》卷二一，《史传第二》。

〔4〕唐兰《中国文字学》，第52页、高亨《文字形义学概论》，齐鲁书社，1981，第27—28页。高氏认为祝融是仓颉的官名。

古者包羲氏之王天下也……始作八卦，以通神明之德，以类万物之情，作结绳而为罔（网）罟，作佃以渔……

又说：

上古结绳而治，后世圣人易之以书契。

包羲氏就是伏羲氏。“书契”据汉末郑玄注，指写有文字的木质契券。后来这个词往往用作“文字”的同义语。东汉许慎所著的《说文解字》“叙”（通“序”）文的第一段，是根据上引《系辞》文改写的。比较重要的改动是把“结绳而治”归在晚于伏羲氏的神农氏名下，并指实“后世圣人”为“黄帝之史仓颉”。不过不管是《系辞》还是《说文》“叙”，都没有直接把八卦跟文字联系起来。

《尚书》伪孔传的“序”说：

古者伏羲氏之王天下也，始画八卦，造书契，以代结绳之政，由是文籍生焉。

这篇序的作者大约是魏晋时人。他认为三皇时代就已出现文籍，所以把“造书契”这件事提早到了伏羲之世，与“画八卦”并列，同时不得不把为书契所取代的“结绳之政”推到了伏羲王天下之前。但是他也还没有直接把八卦跟文字联系起来。

据《易经》的《象传》和《说卦传》，乾、坤、震、巽、坎、离、艮、兑八卦分别是天、地、雷、风、水、火、山、泽的象征。易纬《乾凿度》进一步认为八卦就是“天”“地”等八个字的“古文”。易纬本出汉代，但是今所传《乾凿度》一般认为是宋代伪书。上引说法究竟出于何时尚难确定。如果撇开此说不管，最先明确主张“天”“地”等字出自相应卦形的，似是一些宋代学者。下面举比较有代表性的郑樵的说法略加评论。

郑樵在《通志·六书略·第五》“因文成象图”节中说：

有近取：取天（天）于☰（乾体）。取巛（地，亦为坤字）于☷（坤体）。取水（水）于☵（坎体）。取火（火）于☲（离体）。……有远取：取“山”于☶（艮体）。取“雷”于☳（震体）。取“风”于☴（巽体）。取“泽”于☱（兑体）。

在“论便从（纵）”节中又说：

坎、离、坤，衡卦也。以之为字，则必从。故☷必从而后能成“巛”，☲必从而后能成“火”，☵必从而后能成“水”。

郑樵显然是先有了“天”“地”等字应该出自相应卦形的成见，然后去硬加比附的。“山”“雷”“风”“泽”诸字跟相应的卦形实在太不相像，只得立了一个“远取”的名目来搪塞。近取诸例中，“天”与乾卦，“火”与离卦，其实也都并不相似。“巛”在古书中有用为“坤”字之例，[1] 但并无用为“地”字之例。汉碑“坤”字作川巛等形，即“巛”字所从出。王引之《经义述闻》卷一“巛”字条，据汉碑和《玉篇》等，指出汉人借“川”为“坤”，“巛”即“川”之变体。这是很对的。“川”字本作“巛”，三笔在中部都不作尖折形，跟坤卦之形也联系不上。只有“水”字跟坎卦的确比较相似。但是八卦是由阳爻“—”和阴爻“– –”组合而成的八组符号，古文字中的“水”则是个象形字，二者的相似只能认为是一种巧合。“水”字绝不会是根据坎卦造出来的。古人以坎卦为水的象征，倒有可能是由于受了坎卦之形与“水”字相似的启发。总之，“天”“地”等字出自八卦之说是完全不可信的。

清末民初的刘师培也认为：“八卦为文字之鼻祖，乾坤坎离之卦形即天地水火之字形。”[2] 他还把结绳也扯了进来，说：“字形虽起于伏羲画卦，然渐备于神农之结绳。”[3] 这种很没有道理的说法，在当时却产生过不小的影响。

在商代和西周时代的甲骨文、金文和陶文等资料里，屡见一种用三个或六个数字组成的符号，如（八一六）（六一八六一一）等。近年来经过张政烺等学者的研究，证明是一种易封。[4] 相传的周易卦形中的阳爻可能是由数字“一”变来的，阴爻可能是由数字“∧”（六）变来的。[5] 这种爻形出现的时代，无疑是比汉字起源的时代晚得多。从这些新的研究成果来看，文字之形出自八卦的说法的荒谬性就更明显了。

## 二、跟汉字起源有关的考古资料及其研究情况

在已发现的各种性质既明确、内容也比较丰富的古汉字资料里，时代最早的

[1]《经典释文 · 周易音义》说：“坤本又作巛。巛，今字也。”

[2] 刘师培《中国文学教科书》，“象形释例”节。国学保存会，1906。

[3] 同上书，“论字形之起源”节。

[4] 张政烺《试释周初青铜器铭文中之易卦》，《考古学报》1980 年第 4 期。

[5] 参看楼宇烈《易卦爻象原始》，《北京大学学报》（哲社版）1986 年第 1 期。

是商代后期（约前 14—前 11 世纪）的殷墟甲骨文。它所代表的是已经能够完整地记录汉语的文字体系。现代考古学在中国兴起以后，主要是 20 世纪 50 年代以来，陆续发现了少量商代前期（约前 17—前 14 世纪）的汉字以及一些跟汉字的起源可能有关的考古资料。后者主要指刻划或绘写在原始社会时期遗物上的各种符号以及被有些学者认为是夏代文字的一些符号。这些资料还不足以解决汉字起源问题，但是对这方面的研究工作起了相当大的推进作用。

根据外形上的特点，大体上可以把原始社会时期遗物上的符号分为两大类。一类是象实物之形的，一类是几何形符号。有些虽非几何形但也不像是象实物之形的符号，可以附在后一类里。下文称后一类为甲类，前一类为乙类。

### 1. 原始社会时期的甲类符号

就已发现的情况来看，甲类符号绝大部分刻划或绘写在陶器上，小部分刻在龟甲、兽骨或骨器上。这类符号分布得很广，在仰韶、马家窑、龙山、良渚等文化的遗址（包括墓地在内）中都有发现。[1] 它们行用的时间也很长久。就上限来说，在距今七八千年的早于仰韶文化的大地湾一期文化遗址和接近裴李岗文化的“贾湖”遗址里，都已发现了这类符号。大地湾一期文化的符号发现于甘肃秦安县大地湾，是用颜料绘写在陶钵形器内壁上的。[2]“贾湖”符号发现于河南舞阳县贾湖，是刻在龟甲等物上的。[3] 就下限来说，这种符号不但直到原始社会末期还在使用，而且在进入历史时期以后，在汉字已经形成的情况下，仍然在某些领域延续使用了很长的一段时间。在商代以至春秋战国时代的陶器上，都可以看到不少这一类的符号。[4]

在甲类符号里，仰韶文化早期的半坡类型遗址出土陶器上的符号，时代既比较早（距今约六七千年），资料也比较丰富，因此在关于汉字起源的讨论中最受人注意。我们就以它们为例来讨论一下甲类符号跟汉字的关系。

在半坡类型各遗址中，西安半坡和临潼姜寨这两个遗址发现的符号数量最多。下面是半坡遗址发现的符号的一些例子：[5]

〔1〕参阅拙文《汉字形成问题的初步探索》，《中国语文》1978 年第 3 期。下文引作“探索”。

〔2〕《文物》1983 年第 11 期，第 22—25 页。

〔3〕《河南舞阳贾湖新石器时代遗址第二至六次发掘简报》，《文物》1989 年第 1 期。

〔4〕参看高明《中国古文字学通论》文物出版社，1987，第 36 页。甚至在某些西汉陶器上都还可以看到这类符号，参看广州市文物管理委员会、广州市博物馆《广州汉墓》上册，文物出版社，1981，第 89—91、210—211 页。

〔5〕引自《西安半坡》，文物出版社，1982，第 197 页图 141，又图版 167—171。

临潼姜寨遗址发现的符号，有不少跟半坡的相同或相似，此外还有一些形体比较复杂的例子，如：[1]

半坡类型符号一般是单个地刻在陶钵外口缘的黑宽带纹或黑色倒三角纹上的，例外很少。

对半坡类型符号的性质存在不同看法。有些学者认为它们是文字。有的并且把它们跟古汉字直接联系了起来，如认为✕是“五”字，十是“七”字，丨是“十”字，丅是“示”字，屮是“艸”字，阝是“阜”字，等等。[2]有些学者则认为这种符号还不是文字，而“可能是代表器物所有者或器物制造者的专门记号”[3]。还有学者认为它们只不过是制造陶器时“为标明个人所有权或制作时的某些需要而随意刻划的”[4]。

这种符号所代表的显然不会是一种完整的文字体系。它们有没有可能是原始文字呢？恐怕也不可能。我们丝毫没有掌握它们已经被用来记录语言的证据。从同类的符号在汉字形成后还在长期使用这一点来看，它们也不像是文字。[5]把半坡类型的几何形符号跟古汉字里象实物之形的符号相比附，更是我们所不能同意的。这两种符号显然是不同系统的东西。我们不能因为前一种符号跟后一种符号里形体比较简单的例子（如草的象形符号）或某些经过简化的形式（如殷墟甲骨文里的“示”和某些“阜”旁）偶然同形，就断定它们之间有传承关系。

但是已发现的半坡类型符号，绝大部分都刻在同一种陶器的同一个部位上，规律性很强。有些符号不但重复出现在很多个器物上，而且还出现在不同的遗址里。看来这种符号，至少是其中的一部分，很可能已经比较固定地用来表示某些意义了。除了用作个人或集体的标记之外，这种符号也有可能用来表示其他意义。

没有文字的民族往往已经知道用符号记数。我国原始社会使用的甲类符号估计也不会没有这种用途。古汉字除了使用象实物之形的符号之外，也使用少量几何形符号。一、二、三、亖（四）、✕（五）、∧（六）、十（七）、八（八）、丨（十）等数字是最明显的例子（数字“九”很多学者认为是一个假借字）。跟这些

[1] 引自《考古与文物》1980年第3期，第15页。
[2] 于省吾《关于古文字研究的若干问题》，《文物》1973年第2期，第32页。
[3]《西安半坡》，第198页。
[4] 汪宁生《从原始记事到文字发明》，《考古学报》1981年第1期，第23页。下文引作“汪文”。
[5] 参看前引高明书第35—36页。

数字同形或形近的符号，在我国原始社会使用的甲类符号里是常见的。很多学者认为这种符号就是这些数字的前身，这是有道理的。不过这并不能证明原始社会使用的记数符号是文字。因为这种符号并不跟语言里的数字严格相对应。过去云南的哈尼族由于不会使用文字，在订立买卖契约的时候，用米、十、丨、·四种符号分别代表一百元、五十元、十元和一元。要表示五元就点五个点。[1] 这是记数符号并非文字的一个实例。

此外还应该指出一点。由于构成甲类符号的要素一般比较简单，不同地区的人很容易造出相同的符号来。这种同形的符号，其意义往往并不相同。所以虽然古汉字有些数字的外形跟半坡类型符号相同，我们仍不能得出这些数字就源于半坡类型符号的结论。它们完全有可能出自其他原始文化。

商代和西周时代（主要是西周前期）的铜器上常常铸有族徽（这里所说的族徽包括族名）。大部分族徽具有象形程度明显高于一般铜器铭文的特点，而一小部分则跟原始社会的甲类符号很相似，例如：

它们也有可能源于这类符号。[2] 原始社会里用作个人或集体的标记的符号，是很容易变成族徽的。在商周时代，这一部分族徽符号是否已经成为文字，还是一个问题。[3] 它们的性质也许就跟后代的花押差不多。

总之，我们认为我国原始社会时期普遍使用的甲类符号还不是文字。除了有少量符号（主要是记数符号）为汉字所吸收外，它们跟汉字的形成大概就没有什么直接关系了。而且即使是那些为汉字所吸收的符号，也不见得一定是来自半坡类型符号的。有些学者以半坡类型符号为据，说汉字已有六千年以上历史。这是不妥当的。

近年在西安市郊区长安县花楼子的客省庄二期文化遗址里，发现了一些刻在骨片和骨器上的甲类符号。[4] 有人称之为甲骨文，认为跟殷墟甲骨文有渊源关系。这恐怕也是不妥当的。

### 2. 原始社会时期的乙类符号

在田野考古中，乙类符号主要发现于山东的大汶口文化晚期遗址，一般都刻

〔1〕汪文第12页。

〔2〕参看郭沫若《古代文字之辩证的发展》，《考古学报》1972年第1期，第4—5页。

〔3〕参看汪文第39页。

〔4〕《陕西长安花楼子客省庄二期文化遗址发掘》，《考古与文物》1988年第5、6合期。

在一种大口的陶尊上。大汶口文化晚期的年代约为前2800—前2500年。近年王树明在《谈陵阳河与大朱村出土的陶尊“文字”》一文中，集中发表了大汶口文化乙类符号的资料。[1] 据此文，已发现的刻有符号的陶尊和残器片共有16件。其中15件是在莒县的陵阳河和大朱村采集或出土的，1件是在诸城县前寨采集的。出土的大都出自墓葬。这些墓葬大部分有丰富的随葬品，墓主身份似比一般人高。

16件陶尊及残器片上，共刻符号18个，可以归纳为8种，下面每种各举一例（各种符号以拼音字母为代号，旁注数字表示出现次数）：

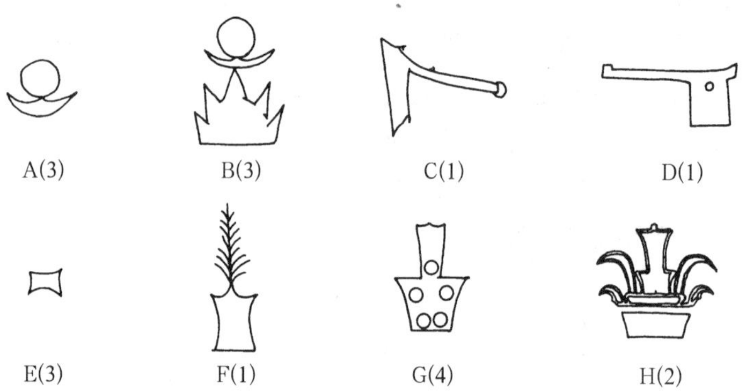


B是在A下加山形而成的。G跟H上部的中间部分象同一种东西。这些符号绝大多数刻在陶尊外壁靠近口沿的部位（下文依王文称为颈部），少数刻在外壁近底处。通常一个陶尊只刻一个符号，只有两件陵阳河采集的陶尊刻有两个符号。一件颈部刻G，近底处刻E。一件在颈部两侧分刻G与D。G四见，都涂朱。H两见。完整的一例即上图所示，下部盆形是朱绘的（未刻），其他部分涂朱。残缺的一例不涂朱。他种符号各例，除诸城前寨采集陶片上残去左上部的符号B涂朱外，[2] 全都不涂朱，就是跟涂朱的G共见于一器时也不涂朱。

在山东泰安、宁阳二县之间的大汶口墓地的发掘中，曾在一个大汶口文化中期的墓葬中发现过一件背壶，器身上半有朱绘符号：[3]

这个符号跟晚期陶尊上的乙类符号是否属于一个系统，尚待研究。

上举A—D四例，在1974年出版的《大汶口》考古报告中就已发表。在70年代有好多位学者对这种符号作过研究。1986年发表的王文和接着发表的李学勤

[1] 文见《山东史前文化论文集》，齐鲁书社，1986。下文引作“王文”。

[2]《文物》，1974年第1期，第75页。

[3]《大汶口》，文物出版社，1974，第73页。

的《论新出大汶口文化陶器符号》，[1] 根据新的资料作了进一步的研究。

对这种符号的性质主要存在两种看法。有些学者认为它们是文字，并且把它们当做比较原始的汉字加以考释。例如：于省吾在《关于古文字研究的若干问题》里释A为"旦"。[2] 唐兰在《关于江西吴城文化遗址与文字的初步探索》等文中释A为"炅"，B为"炅"的繁体，C为"斤"，D为"戌"和"戉"。[3] 李学勤释B为"炅山"合文，[4] F为"封"，并指出E也见于甲骨文和铜器铭文，在那些资料里用作人名或族氏。[5] 有些学者则认为这种符号还不是文字，例如汪宁生认为它们"属于图画记事的范畴"，是"代表个人或氏族的形象化的图形标记"。[6] 此外，这两派学者里都有人主张某些符号与祭祀或器主的身份有关。

在良渚文化或作风接近良渚文化的某些遗物上，可以看到跟上举大汶口文化乙类符号相类甚至相同的符号。

南京北阴阳营遗址二号灰坑曾出土一个大口陶尊，颈部刻有如右I图所示符号。[7] 这个符号跟上面举过的H很相似，似可看做同一符号的异体。据发掘单位的文章，北阴阳营二号灰坑遗存"大体与张陵山类型相近……可能属于张陵山类型向良渚类型过渡阶段"。[8]

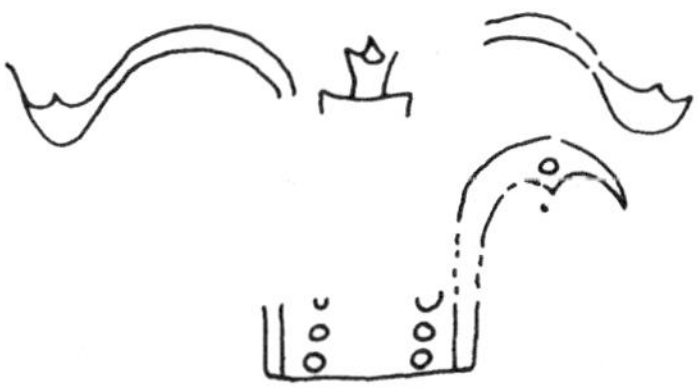

I

20世纪40年代流入美国、现藏于华盛顿的弗利尔美术馆的几件古玉器，也刻有这类符号。首先注意到这批资料并加以研究的，是日本学者林巳奈夫。后来李学勤也进行了研究，其意见发表在《起源》及《符号》二文中。[9] 下面主要根据李学勤的文章介绍一下这批玉器上的符号。[10]

a　　b

这批玉器包括一件"玉臂圈"和三件玉璧。玉臂圈两侧各刻一个符号（见右图）。a跟上面

〔1〕《文物》1987年第12期。下文引作《符号》。
〔2〕《文物》1973年第2期，第32页。
〔3〕《文物》1975年第7期，第72—73页。唐氏以为"戌""戉"古为一字。
〔4〕李学勤《考古发现与中国文字起源》，《中国文化研究集刊》第2辑，1985，第155页。下文引作《起源》。
〔5〕《符号》第78页。
〔6〕汪文第27页。
〔7〕引自《符号》第79页。
〔8〕《文物》1978年第4期，第52页。
〔9〕见注〔1〕和见注〔4〕。
〔10〕有关的图皆转引自《起源》，第157页。

c

d

e

举过的A相同。三件玉璧上各刻一个复合符号（见上图）。这三个复合符号都以“作鸟立于山上之形”的符号为主体。其山形跟上面举过的B的山形一样，也有五个峰，“不过峰顶是平的”。《起源》把这个符号释为“岛”字。[1] c的下部包含一个跟“臂圈”的a相同的符号，只是象太阳的圆圈形内加了文饰。d的山形之内，上部有一个跟“臂圈”的b有点相似的符号，底部所添加的究竟是符号还是文饰不易断定。e的山形之内也有一个符号。这个符号也许是一个甲类符号。

f

g

刻有c的玉璧的边缘上还刻有两个符号（见左图）。《符号》已指出f跟上面举过的F是同一符号的异体。

林巳奈夫和李学勤都认为上述玉器是良渚文化的遗物。良渚文化的年代约为前3300—前2200年。大汶口文化晚期的年代正在其范围之内。这两种文化分布的地域比较接近，并有某些同类型的器物，彼此显然是互有影响的。所以李学勤认为“这两种文化有共同的文字联系，实在情理之中”。[2] 他把大汶口文化乙类符号和上述玉器上的符号都看做文字，所以用“共同的文字联系”这种说法。不同意把大汶口文化乙类符号看做文字的学者，当然也不会同意把上述玉器上的符号看做文字。

近年在国内博物馆藏品中也发现了两件刻有这类符号的玉器。两件玉器都是大型玉琮，形制相类。首都博物馆收藏的一件，上端两侧面各刻一个符号。其中一个跟上举玉璧上的几个符号相类，也是以“作鸟立于山上之形”的符号为主体的复合符号。另一个符号已磨损不可辨。《符号》认为这件琮属良渚文化玉琮中最晚的一式。中国历史博物馆收藏的一件据传出于山东省，上端正中刻有跟“玉臂

〔1〕《起源》，第155页。
〔2〕《起源》，第156页。

圈”的 a 相同的符号，底部内壁一侧刻有斜三角形。发表者认为此琮与“玉臂圈”应为大汶口文化遗物。[1] 还有学者认为此琮是山东龙山文化遗物。[2] 由于在考古发掘中尚未发现过刻有这类符号的同类玉器，上述那些玉器究竟应该归属于哪种文化，还是有待进一步研究的问题。

我们过去曾经根据前面举出的 A—D 四个符号，断定大汶口文化乙类符号是用作族名的原始文字，并认为它们跟古汉字之间很可能“存在着一脉相承的关系”[3]。现在看来，这样说是不妥当的。正如上引汪文所指出的，“真正的文字要从表音开始，是能够记录语言的符号。陶器上这几个孤立的图形，还不能证明这一点”。而且如果说 A—D 这几个符号确实跟古汉字很相似的话，新出的 G、H 两个符号以及玉器上的鸟立山上形符号和符号 b，跟古汉字显然就不怎么相似了。所以把这类符号看做原始文字是根据不足的，把它们直接看做古汉字的前身就更不妥当了。

估计刻在陶尊上的乙类符号可能有两种用途。有的用作性质接近后世的族氏或人名的标记，有的用作器主或其所属之族的职务或地位的标记。在同一个陶尊上出现的两个符号也许是分属这两类的。汪文说：“这些图形（引者按：指乙类符号）刻于陶器上，当是作为作器者的一种氏族标记。例如，石斧形标记可能代表善制石斧的氏族。”他说的这种标记接近我们所说的后一种标记。不过古代往往“以官为氏”，“以爵为氏”，“以技为氏”，[4] 后一种标记往往会转化为前一种标记，二者的界线不是绝对的。玉器上的符号的用途尚待研究。

一个象形符号如果用作了性质接近后世族氏或人名的标记，从表面上看起来似乎可以认为已经变成了文字。例如一个名“鹿”的族用象鹿之形的符号（也可以说“鹿的图形”）作为自己的标记，这跟用“鹿”的象形字来记录“鹿”这个族名岂不是一回事吗？但是实际上问题并不这样简单。早在旧石器时代，只要人们已经会画鹿，就有可能指着鹿的图形说出“鹿”这个词来。我们能不能说这时“鹿”字就产生了呢？当然不能。因为这跟有意识地用鹿的象形符号来记录成句的语言中的“鹿”这个词，完全是两回事。根据考古工作者的研究来看，在大汶口文化晚期，社会的贫富分化已经相当显著，阶级的形成已经不是遥远的事情了。在这种条件下使用的作为族或个人标记的象形符号，跟原始社会较早时期的

〔1〕石志廉《最大最古的纹碧玉琮》，《中国文物报》1987 年 10 月 1 日第 2 版。此文称“玉臂圈”为“矮筒形小玉琮”。

〔2〕安志敏《关于良渚文化的若干问题》，《考古》1988 年第 3 期，第 241 页、245 页注〔74〕。

〔3〕《探索》，第 165—166 页。

〔4〕参看《通志 · 氏族略》。

图画当然不能等量齐观。但是在并非用来记录成句语言中的词这一点上，二者却是相同的。所以我们还不能把这种符号看做文字。

另一方面也应该看到，大汶口文化乙类符号虽然不能断定为原始文字，毕竟是我国已发现的最像古代象形文字的一种符号。从有些符号在并非出于一地的遗物上不止一次地出现的情况来看，这种符号的稳定性显然也是相当强的。它们无疑可以看做原始文字的先驱。如果文字形成的过程接着开始的话，它们的大多数应该是会转化成文字的。大汶口文化分布的地域接近古代中国的中心地区。有些大汶口文化乙类符号的作风，跟古汉字确实很相似。看来这种符号虽然不见得是原始汉字的前身，但是很有可能曾对原始汉字的产生起过某种影响。

在这里附带讨论一下前面讲甲类符号时提到过的、商周铜器上象形程度比较

龙　　虿　　耒　　戎（?）

高的那类族徽的性质。上面是这类族徽的一些例子。上引汪文认为这类族徽跟大汶口文化乙类符号一样，是一种“图画记事”，而不是真正的文字。这类族徽的确可能有相当大的一部分，早在原始汉字产生之前就已经出现。在当时它们当然还不是文字。但是汪文也承认“图画记事”中的“大部分图形成为后来文字的前身”。在汉字形成的过程中，那部分族徽无疑大都转化成为文字了。而且象形程度较高的族徽肯定也有一部分是在汉字形成后才被使用的。这部分族徽一般都应该是文字。所以我们认为商周铜器上象形程度较高的族徽，至多只会有很小的一部分还不是文字。它们的绝大部分是没有理由不当做文字看待的。由于族徽具有保守性，同一个字在铜器上用作族徽时的写法，往往要比一般使用时更接近图形。这种区别是文字的古体与今体之别，而不是图形与文字之别。事实上铜器上的族徽的写法也不是一成不变的。同一个族徽往往有时写得比较象形，有时则写得跟一般金文比较接近。有些图绘性比较浓厚的、现在还无法确释的族徽，在殷墟甲骨文中有作为族名或人名使用的例子。它们作为文字的性质是不容怀疑的。这一点郭沫若在《殷彝中图形文字之一解》中早就指出来了。[1]

在一般称为族徽文字的象形程度较高的金文里，有一些字是用作个人的私名的。所以有的学者把这种金文称为记名金文，而不称为族徽金文或族名金文。我

〔1〕见郭沫若《殷周青铜器铭文研究》，科学出版社，1961。

们在下文中也采用这一名称。

### 3. 关于所谓夏代文字

一般认为夏代已经进入阶级社会时代。目前除少数学者外，大家都认为夏代应该有文字，至少应该已有原始文字。但是在考古发掘中却还没有发现确凿无疑的夏代文字。

在河南偃师县的二里头文化遗址里发现过一些刻在陶器上的符号，例如：[1]

这些符号大多数刻在大口尊的内口沿上。它们大都发现于二里头遗址的三、四期地层，属于二里头文化后期。二里头文化后期，有人认为相当于商代早期，有人认为相当于夏代。持后一种看法的学者大都把上举这种符号看做夏代的文字。我们认为这种符号跟原始社会时期的甲类符号属于一个系统，不但不可能是成熟的文字，而且也不可能是原始文字。

陕西商县紫荆的二里头文化遗址里也发现过少量刻在陶器上的符号，个别的可能是象形符号。报道者认为可能是夏代文字。[2] 由于资料太少，尚难肯定其性质。

河南登封县王城岗的龙山文化晚期遗址里也发现过一些刻在陶器上的符号。有的学者认为这个遗址是夏代的，并把所出陶器符号看做夏代文字。[3] 由于已发表的资料太少，其性质也难以肯定。

### 4. 商代前期的文字资料

由于至今还没有发现确凿无疑的夏代以前的汉字（包括原始汉字），商代前期的汉字是已知的最古的汉字。可惜已发现的资料也很贫乏。

50 年代以来发现了不少商代前期的遗址，但是出土的文字资料却很少。在郑州二里冈和南关外的商代前期遗址里发现了一些刻在陶器上的符号。[4] 它们跟二里头文化陶器符号一样，大多数刻在大口尊的内口沿上，也是跟原始社会时期的

---

〔1〕引自《考古》1965 年第 5 期，第 222 页。

〔2〕王宜涛《商县紫荆遗址发现二里头文化陶文》，《考古与文物》1983 年第 4 期，第 1—2 页。

〔3〕李先登《夏代有文字吗》，《文史知识》1985 年第 7 期，第 51—52 页。

〔4〕《郑州二里冈》，科学出版社，1954，第 17 页，又图 31。《郑州南关外商代遗址的发掘》，《考古学报》1973 年第 1 期，第 83—84 页。

甲类符号同类的东西，并不是文字。在二里冈还发现过两块字骨。[1]一块只刻有一个像是“㞢”的字（“㞢”字见于殷墟甲骨文)，出自商代前期地层。一块是采集品，上面刻有十来个字，字形跟殷墟甲骨文相似，文例则比较特殊。

河北藁城县台西商代遗址里也发现过一些刻在陶器上的文字和符号，其中一部分的时代稍早于商代后期。[2]它们一般都是单个地刻在陶器上的，确实像文字的有“止”、“目”、“刀”等（见下图)。其字体古于殷墟发现的商代后期的陶文和甲骨文。

止　目　刀

江西清江县吴城商代遗址里发现的刻在陶器上的文字和符号，也有一些是早于商代后期的。[3]它们既有单个地刻在器物上的，也有四五个以至十来个刻在一起的。可惜后一类刻文还没有读通。吴城出土的有些陶器上的文字或符号，作风比较独特，似乎不属于商文化的系统。

在已发现的商代前期铜器里，有铭文的铜器非常少，器上的铭文通常只有一两个字。有的究竟是不是应该看做文字，还有讨论余地。[4]

总之，已发现的商代前期的文字资料又少又零碎，显然不能充分反映汉字当时的发展水平，对我们研究汉字的起源没有重大参考价值。

## 三、对汉字形成过程的推测

由于确凿可信的夏代以前的汉字尚未发现，商代前期汉字的资料又很贫乏，我们只能以商代后期的汉字为主要依据，参考文字发展的一般规律和某些时代较晚的原始文字的情况，对汉字形成的过程试做一些初步的推测。下面所用的古汉字一般都引自殷墟甲骨文，少量的引自铜器铭文（如“方”“圆”的古字)。在原始文字方面则引用云南的纳西族所使用过的纳西图画文字（以下简称“纳西文”)的资料。[5]

在文字产生之前，人们早已在用实物、图画或各种符号记事表意了，而且所

〔1〕《郑州二里冈》，第38页，又图30。

〔2〕季云《藁城台西商代遗址发现的陶器文字》，《文物》1974年第8期。

〔3〕唐兰《关于江西吴城文化遗址与文字的初步探索》，《文物》1975年第7期。《江西清江吴城商代遗址第四次发掘的主要收获》，《文物资料丛刊》2。

〔4〕参看李学勤《论美澳新收藏的几件商周文物》，《文物》1979年第12期，第73页；曹淑琴《商代中期有铭铜器初探》，《考古》1988年第3期，第247—252页。

〔5〕参看傅懋勣《纳西族图画文字和象形文字的区别》，《民族语文》1982年第1期，第1页。

用的各种方法跟古汉字的造字原则有很多共通之处。[1]所以从技术上看，文字产生的条件很早就出现了。可是文字产生的社会条件却出现得相当晚。在社会生产和社会关系发展到使人们感到必须用记录语言的办法来记事和传递信息之前，文字是不会产生的。而这种形势通常要到阶级社会形成前夕甚至阶级社会形成之后才会出现。孤立地来看似乎可以认为是跟语言中的某个词相对应的符号的出现，如上一小节所说的用作性质接近后世族氏的标记的象形符号的出现，并不意味着文字形成的过程已经开始。只有用符号记录成句语言中的词的认真尝试，才是这一过程开始的真正标志。

按照一般的想法，最先造出来的字应该是最典型的象形字，如象人形的“人”字、象鹿形的“鹿”字等。因为这一类字显然最容易造。但是实际情况恐怕并不是这样的。跟这类字相比，图画的表意能力不见得有多大逊色。唐兰在《中国文字学》里曾经引原始岩窟艺术里人射鹿的图画，跟古汉字里的“人射鹿”三个字对比（见右图）。

谁都能看出来，如果仅仅为了表示人射鹿这类意思，并没有必要撇开图画去另造文字。从后面要谈到的纳西文的情况来看，在原始文字阶段，文字和图画大概是长期混在一起使用的。对人、鹿等物和射这种具体动作的象形符号来说，文字和图画的界线是不明确的。

人们最先需要为它们配备正式的文字的词，其意义大概都是难于用一般的象形方法表示的，如数词、虚词、表示事物属性的词等等。原始文字产生之前，人们在用图画、符号等记事表意的时候，已经在使用抽象的几何图形和象征等比较曲折的表意手法了。这些方法可以用来为一部分上面提到的那些词造字。有些词的意义可以用抽象的图形表示，如古汉字最初以“□”“○”来表示“方”“圆”这两个词。古汉字里袭用原始社会时期划道道的记数方法的“一”“二”“三”“亖”（四）这几个数字，其字形也可以认为是抽象图形。还有一些词的意义可以用象征等手法表示。如古汉字用成年男子的图形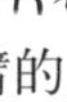表示“大”这个词，因为成年人比孩子“大”（也有人认为“大”字以张开两臂的人形表示大的意思，这也是一种曲折的表意方法）。用这些方法造出来的字虽然外形往往仍然像图画，本质上却跟图画截然有别。例如用“”表示“大鹿”，跟画一头很大的鹿来表示这个意思是根本不同的两种表意方法。不知道表示“大”，就无法理解“”说的是什

〔1〕参看汪文第40—41页。

么。如果把它们当图画看待，只能理解为一个人跟一头鹿在一起。鹿这类具体事物的象形符号，大概是在“大”这类跟图画有明确界线的文字产生之后，才在它们的影响之下逐渐跟图画区分开来，成为真正的文字符号的。

凡是字形本身跟所代表的词的意义有联系，跟词的语音没有联系的字，包括前面讲过的“鹿”、“射”、“亖”、“大”各类字，我们都称为表意字。显然，语言里有很多词是很难或完全不可能为它们造表意字的。上面指出过的那些难以用一般的象形方法表示其意义的词，其中的大多数，即使采用象征等比较曲折的表意手法，也仍然无法为它们造出合适的文字来。

在文字产生之前，人们还曾使用过跟所表示的对象没有内在联系的硬性规定的符号，把这种符号用作所有权的标记，或是用来表示数量或其他意义（如前面举过的哈尼族用于记数的Ж和十）。原始社会时期使用的甲类符号，显然有很多是属于这种性质的。我们姑且用一个现成的词——“记号”，作为这种符号的专称。那些难以为它们造表意字的词，是不是可以分别为它们规定某种记号作为文字呢?

在文字形成过程刚开始的时候，通常是会有少量流行的记号被吸收成为文字符号的。古汉字里“✕”（五）“𠆢”（六）“十”（七）“八”（八）这几个数字的前身，大概就是原始社会时期用来记数的记号（参看第二小节）。但是要新造很多记号字却是有困难的。记号字的字形跟它所代表的词没有内在联系，比较难认难记，不容易被人接受。它的局限性实际上比表意字还要大得多。

要克服表意字和记号字的局限性所造成的困难，只有一条出路：采用表音的方法。这就是借用某个字或某种事物的图形作为表音符号（以下简称音符），来记录跟这个字或这种事物的名称同音或音近的词。这样，那些难以为它们造表意字的词，就也可以用文字记录下来了。这种记录语言的方法，就是文字学上所说的假借。用这种方法为词配备的字就是假借字。假借字所用的音符严格说应该称为“借音符”，以与拼音文字的音符相区别。

从民族学资料来看，有不少还没有文字的民族，在利用实物表意的方法中就已经用上了表音原则。例如：云南的景颇族过去通行“树叶信”。他们把一些不同种类的树叶和其他东西分别用来表示某种固定的意义。在景颇族载瓦支系用来谈情说爱的树叶信中，“蒲软”树叶所表示的意思是“我要到你们那里去”，“豆门”树叶所表示的意思是“你快打扮起来吧”。因为在他们的语言里，当到达讲的那个词跟树名“薄软”同音，当打扮讲的那个词跟树名“豆门”同音。[1] 看来表音原

〔1〕汪文第5—6页。

则早在文字出现之前就已经普遍为人们所熟悉了。

前面已经说过，最先需要为它们配备文字的那些词，有很多是难以用表意的造字方法来对付的。人们无疑很快就会发现可以用自己本来就熟悉的表音原则来解决面临的问题。所以，跟图画有明确界线的表意字的开始出现和假借方法的开始应用这两件事，在时间上不会有什么显著的距离，大体上应该是同时发生的。

在古汉字里有大量假借字，而且有很多是用来记录极为常用的词的。例如常用的语气词“其”，就是用音近词“箕”的象形字来记录的。在纳西文里，使用假借字的情况跟古汉字差不多。例如“有”这个常用词，就是用音近词“芜菁”的象形字来记录的。这种现象说明假借字的历史一定非常悠久。在文字形成的过程中，表意的造字方法和假借方法应该是同时发展起来的，而不是像有些人想象的那样，只是在表意字大量产生之后，假借方法才开始应用。

前面曾经指出，跟图画有明确界线的表意字的产生，有助于使那些本来跟图画分不出明确界线的象形符号，逐渐跟图画区分开来，成为真正的文字符号。假借方法也能起这样的作用。那些性质还不明确的象形符号如果经常跟假借字放在一起使用，或是被假借来记录跟它们所象的事物的名称同音或音近的词，就会较快地成为真正的文字符号。在这一小节开头我们曾说过，“用符号记录成句语言中的词的认真尝试”是文字形成过程开始的真正标志。根据以上的讨论我们可以进一步说，跟图画有明确界线的表意字和假借字的出现，是文字形成过程正式开始的具体标志。[1]

假借方法的普遍应用大大提高了文字记录语言的能力。但是假借字多起来以后，又出现了新的问题。被假借的字原来有自己所代表的词，同时又被假借来记录同音或音近的词，而且假借它的词可以有好几个。因此阅读文字的人有时难以断定某一个字在某一具体场合究竟代表哪一个词。

为了克服假借所引起的字义混淆现象，人们把有些表意字或表意符号（以下简称“意符”）用作指示字义的符号，加注在假借字上。例如：在殷墟甲骨文里，“翼”的象形字（象鸟或虫的翼），在假借来表示当明天讲的“翌”这个词的时候，有时加注“日”字，写作。在纳西文里，“蕨菜”的象形字在假借来表示同音词“小官”的时候，往往加注端坐人形而写作。这种由表音的符号和指示字义的符号一起组成的字，就是文字学上所说的形声字，表音部分称为声旁，表意部分称为形旁。

[1] 参看汪文第42页。

人们为了使文字跟它们所表示的词的联系更为明确，一方面在一些被假借的字上加注形旁，另一方面还在一些表意字上加注音符。例如：在殷墟甲骨文里，“凤”字本作，象高冠（？）美羽的凤鸟，后来加注音符（凡）而成为（“凤”“凡”古音相近。大约在周代，凤鸟形简化为“鸟”旁，“凡”旁移到上方，就成了“凤”的繁体“鳳”）。在纳西文里，“山崖”写作。纳西语当山崖讲和当鸡讲的那两个词同音，所以在山崖的象形符号上加画一个鸡头作为音符。过去的文字学者把在象形字上加注音符而成的字看做象形字的一种特殊类型，其实还不如看做一种特殊的形声字合理。

形声字起初都是通过在已有的文字上加注指示字义的意符或音符而产生的。就汉字的情况来看，直到它已经成熟之后，这仍然是形声字产生的主要途径。

形声字的应用大大提高了文字表达语言的明确性，是文字体系形成过程中一个极为重要的步骤。但是这件事似乎并没有很快导致文字体系的最后形成，已经使用形声字的纳西文就是一个例证。

下面是引自丽江纳西族经典《古事记》的一段原始文字：[1]

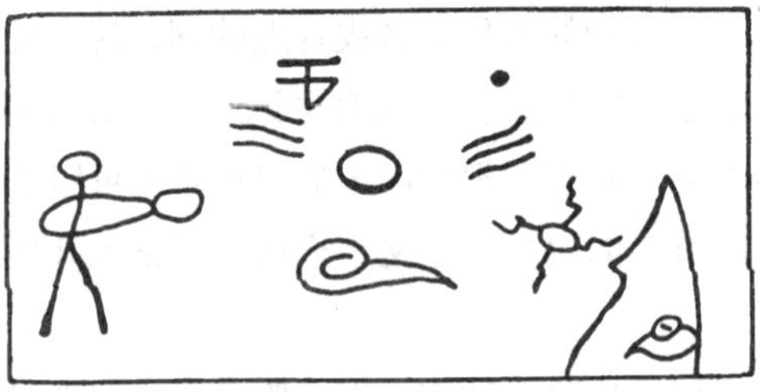

表示拿蛋。本是“解开”的表意字，在纳西语里当“解开”讲和当“白”讲的那两个词同音，所以这里假借它来表示“白”。·是“黑”的表意字。是风。是蛋。是湖。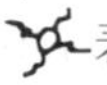表示蛋破发光。最右边是上文已经提到过的“山崖”的形声字。据纳西族经师的解释，这段原始文字的全部意思是：把这蛋抛在湖里头，左边吹白风，右边吹黑风，风荡漾着湖水，湖水荡漾着蛋，蛋撞在山崖上，便生出一个光华灿烂的东西来。在这段原始文字里，虽然已经使用了假借字和形声字，但是很多意思仍然是用图画手法表示出来的。

汉字一定也经历过跟纳西文相类的、把文字跟图画混合在一起使用的原始阶段。不过二者的具体情况肯定会有较大的不同。纳西文主要是用来帮助经师记忆经典的，所以图画的成分很多。原始汉字当然不会长期停滞在这种阶段。

在殷墟甲骨文里可以看到接近图画的表意手法的一些残余痕迹。其中比较突出的一点，就是某些表意字往往随语言环境而改变字形。例如：甲骨卜辞里时常

〔1〕据傅懋勣《丽江么些象形文“古事记”研究》，武昌：华中大学，1948，第29页。

提到商王对祖先举行进献食品的“𢍚”祭（“𢍚”在典籍里多作“登”。《周礼·夏官·羊人》“祭祀割羊牲，登其首”，郑玄注“登，升也”）。甲骨文里“𢍚”字作，象两手捧着一种叫做豆的盛食器皿。如果卜辞提到的𢍚祭所用的食品是鬯（一种香酒），“𢍚”字往往改写为“䰞”，两手所捧的“豆”换成“鬯”。卜辞里既有“𢍚鬯”之文，又有“䰞鬯”之文，看来“䰞”仅仅是“𢍚”字有特定用途的一个异体。但是在汉字发展的较早阶段（这里所说的“汉字”包括原始汉字），情况恐怕并不如此简单。纳西文在这方面可以给我们一些启发。在纳西文里，字形随语言环境而变化的现象很常见。例如“吼”字通常写作，象牛嘴出声气，如果说到“马吼”，通常就把这个字里的牛头换作马头，并不需要另加一个“马”字。在汉字发展的较早阶段，“䰞”也应该是用来表示“𢍚鬯”的。到商代后期，这种比较原始的用字习惯基本上已经被抛弃，“䰞”字则作为“𢍚”的特殊异体而保存了下来。类似的例子在甲骨文里还可以找到一些。此外，文字排列方式跟语言中的词序不完全相应的现象，在甲骨文里偶尔也能看到。这些都可以看做古汉字曾经经历过把文字跟图画混在一起使用的原始文字阶段的证据。[1]

在形声字出现之后，原始汉字大概还经过了多方面的改进，才最后发展成为能够完整地记录汉语的文字体系。估计在不断增加新字的同时，至少还需要进行这样一些改进：逐渐摒弃图画式表意手法，简化字形并使之趋于比较固定，使文字的排列逐渐变得与语序完全一致。

对汉字的形成过程目前只能作以上这些很初步的推测。

附带说一下，在古埃及的圣书字和古代两河流域的楔形文字等古文字体系里，也可以看到表意字、假借字和形声字这几种性质的文字。由于汉字跟这些古文字体系都具有兼用意符和音符的特点，有的学者称它们为意符音符文字，简称意音文字。

## 四、对汉字形成时间的推测

由于缺乏资料，对汉字形成过程从何时开始的问题，目前还无法进行认真的讨论。我们在第二小节里曾推测大汶口文化晚期（约前 2800—前 2500）的乙类符号有可能曾对原始汉字的产生起过某种影响。按照这种推测，汉字形成过程开始的时间可能在公元前第三千年的中期。

下面我们来讨论汉字大约在什么时候脱离原始文字阶段而形成完整的文字体

〔1〕参看《探索》，第 168—169 页。

系。由于前面屡次讲到的研究资料的局限性，我们只能主要根据商代后期汉字的发展水平来推测汉字形成完整体系的时间。

商代后期的汉字不但已经能够完整地记录语言，而且在有些方面还显得相当成熟。前面已经说过，商代的记名金文情况特殊，象形的程度比较高。一般的金文和甲骨文跟这种金文相比，写法要简单得多（参看第二节的第二小节里讲商代字体变化的部分），不少字已经变得不大象形了。有些字还由于文字直行排列的需要，改变了字形原来应有的方向，例如（犬）、（豕）等字都已变得足部腾空，（疒，即疾字初文）所包含的人形和床形也已经竖了起来。当时，在上层统治阶级的政治和社会生活里，文字已经使用得相当广泛，为他们服务的史官一类人的书写技巧也达到了很高的水平。从这些方面看，商代后期距离汉字脱离原始文字阶段而形成完整文字体系的时代，应该已经有一段不太短的时间了。[1]

但是另一方面，在商代后期文字里仍然可以找到一些比较原始的迹象，例如前一小节提到过的，某些表意字随语言环境而改变字形，以及文字排列偶尔跟语序不相应等现象。这些现象在西周以后的汉字里基本上已经绝迹。从这方面看，商代后期距离汉字形成完整文字体系的时代似乎也不会很远。

《尚书·多士》记载西周初年周公对商朝遗民的训话说："惟尔知，惟殷先人有册有典：殷革夏命。"周公特别强调殷的先人有典册记载"殷革夏命"之事，也许我国就是从夏商之际才开始有比较完备的记事典册的。汉字形成完整的文字体系，很可能也就在夏商之际。前面说过，原始汉字可能开始出现于公元前第三千年的中期。大约到这一千年的末期，夏王朝建立了起来，我国进入了阶级社会时期。统治阶级为了有效地进行统治，必然迫切需要比较完善的文字。因此原始汉字改进的速度一定会大大加快。夏王朝有完整的世系流传下来这件事，就是原始汉字有了巨大改进的反映。汉字大概就是在这样的基础上，在夏商之际（约在前 17 世纪）形成完整的文字体系的。有的学者主张汉字形成于夏初。[2] 由于大家都缺乏确凿的根据，究竟孰是孰非，只有留待发现有关的新资料以后再去判断了。还有学者认为"中国象形文字出于商代后期（盘庚、武丁以后）的卜人集团"[3]。这未免把汉字形成的时间估计得过晚了。

在汉字由原始文字发展成为完整的文字体系的过程里，起主要作用的应该是

---

〔1〕参看董作宾《中国文字》、《中国文字在商代》、《从么些文字看甲骨文》等文，皆已收入《董作宾先生全集》乙编第 4 册。

〔2〕孟维智《汉字起源问题浅议》，《语文研究》1980 年第 1 期，第 106—108 页。

〔3〕徐中舒、唐嘉弘《关于夏代文字的问题》，中国先秦史学会编《夏史论丛》，第 127、140 页。

为部落首领或国家统治者服务的巫、史一类人。汉代人说仓颉是黄帝的史官，未必有可靠的根据，但是把史官当做造字的人还是有点道理的。

## 第二节
## 汉字形体的演变

即使只从商代后期算起，汉字也已经有三千三百多年的历史了。在这段很长的时间里，汉字的意音文字的本质没有改变，但是无论在形体上还是在结构上，都发生了很重要的变化。我们将在这一节和下一节里分别说明这两方面的变化。在这一节里，先简单说明汉字形体的主要变化，然后再对各种主要字体分别作些介绍。

### 一、汉字形体的主要变化

从形体上看，汉字主要经历了由繁到简的变化。这种变化表现在字体和字形两方面。字形的变化指一个个字的外形的变化。字体的变化则指文字在字形特点和书写风格上的总的变化，而且通常是指较明显较巨大的变化而言的。这两方面的变化往往交织在一起而难以截然划分。

#### 1. 字体的主要变化

汉字字体演变的过程可以分成两个大阶段，即古文字阶段和隶、楷阶段。前一阶段起自商代终于秦代（公元前 3 世纪晚期），后一阶段起自汉代一直延续到现代。

由象形变为不象形，是字体演变过程中最容易觉察到的变化。在整个古文字阶段里，汉字的象形程度在不断降低。古文字所使用的字符（“字符”是我们为文字所使用的符号，也就是构成文字的符号所起的专名），本来大都很象图形。古人为了书写的方便，把它们逐渐改变成用比较平直的线条构成的、象形程度较低的符号。这可以称为“线条化”。在从古文字演变为隶书的过程里，字符的写法发生了更大的变化。它们绝大多数变成了完全丧失象形意味的、用点画撇捺等笔画组成的符号。这可以称为“笔画化”。下面所举的是“马”“鱼”二字字体演变的简单情况。

| 古文字 | | | | 隶书 | 楷书 |
|---|---|---|---|---|---|
| 记名金文 | 甲骨文 | 周代金文 | 小篆 | | |
| 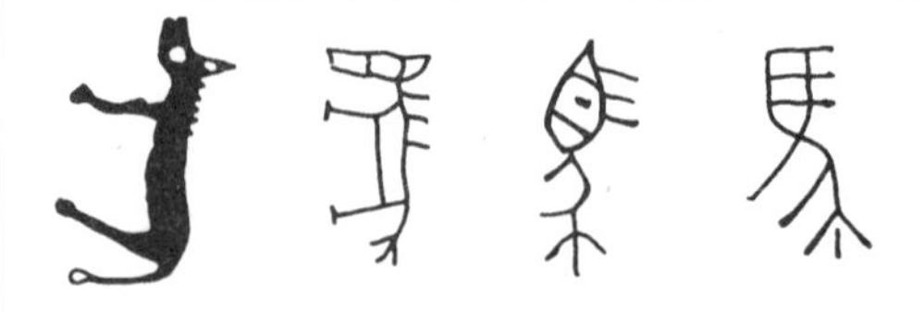 | | | | 馬 | 馬 |
| 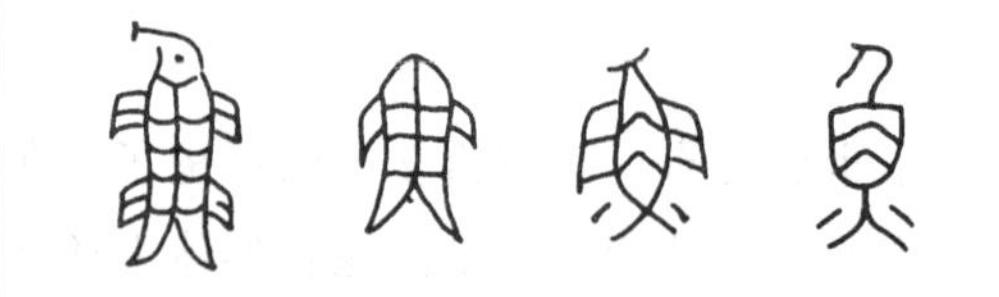 | | | | 魚 | 魚 |

隶书书写起来要比古文字方便得多。由古文字变为隶书，应该看做汉字形体上最重要的一次简化。从表面上看，楷书对隶书的改变似乎不大。但是楷书的笔画书写起来比隶书更加方便，所以由隶变楷也是一次重要的简化。

2．字形的简化和繁化

字体的变化跟字形的简化往往是相伴的，这从上面所举的“马”“鱼”二字就可以看出来。在第二小节里讲古文字阶段的字体演变和隶书改变古文字字形的方法的时候，还会举到可以说明这一点的例子。

在字体没有发生显著变化的情况下，字形的简化也在不断进行。早在殷墟甲骨文里就有很多这样的例子，如：

 (采)

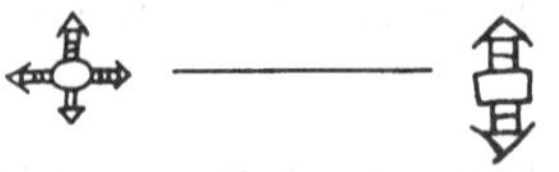 (墉)

汉字演变为楷书之后，字形仍在不断简化。20世纪50年代以来，还在政府的领导下有组织地进行了大规模的汉字简化工作。前面举过的楷书的“馬”和“魚”，就在50年代简化成了我们现在所用的“马”和“鱼”。

另一方面，在汉字发展的过程里也存在着字形繁化的现象。字形繁化可以分成两类。一类纯粹是外形上的繁化，一类是文字结构上的变化所造成的繁化。

前一类繁化有时是为了明确字形以避免混淆而进行的。例如“上”“下”二字在古文字里本来多写作“”“”，为了避免相互混淆，并避免与“二”字相混，后来各加一竖而写作“上”“下”。但是在多数情况下，这类繁化似乎只是书写习惯上的一种变化，并没有什么有意义的目的。例如变为（辛），变为（角）等。总的来看，纯粹外形上的繁化只涉及全部汉字的一个很小的部分，繁化

的程度也很轻微，通常只不过增添一两笔而已。

文字结构上的变化所造成的繁化，最常见的是增加偏旁，如第一节里举过的“凤”的象形字加注音符“凡”的例子，又如“韭”字俗写加草头作“韮”等。汉字里有大量加旁字，但是大部分加旁字跟未加偏旁的原字都分化成了两个字。例如“狮”这个词本来用假借字“师”表示（《汉书》《后汉书》都把“狮子”写作“师子”），后来加“犬”旁分化出了“狮”字来专门表示这个词。像上举“凤”“韮”那样，用法跟原字毫无区别的加旁字，为数并不太多。所以大部分加偏旁的现象可以解释为文字的分化或字数的增加，不必看做字形的繁化。不过如果以词为本位，加偏旁的分化字的出现就应该看做字形的繁化了。例如对“狮”这个词来说，由写作“师”变为写作“狮”，的确是字形的繁化。汉字简化有时也是以词为本位的。例如：斗争的“斗”本来写作“鬥”，50年代汉字简化时用音近字“斗”取代了它。从文字的角度来看，这是文字合并或字数减少的现象。从词的角度来看，斗争的“斗”这个词由写作“鬥”变为写作“斗”，是字形的简化。

即使是加旁字，如果就组成它们的偏旁来看，字形变化的主要趋向仍然是简化。因为在汉字形体演变的过程里，偏旁跟独立的字一样，写法绝大多数是由繁趋简的。有些偏旁还经历了比一般的字形演变更为剧烈的简化。例如在隶书里，“水”用作左旁时变为三短横或三点，写法比独立成字时简单得多。所以有的学者认为：“就汉字的单个符号来看，并不存在繁化的趋向。”[1]这是有道理的。当然，少数例外还是有的，如前面所说的“上”“下”之类。

## 二、汉字的各种主要字体

在这一小节里，我们先简单介绍一下研究汉字字体的主要资料，然后再分头介绍古文字阶段和隶楷阶段的各种主要字体。

### 1. 研究汉字字体的主要资料

研究汉字的字体，主要依靠各种古代遗物上的文字资料。下面主要按照遗物的性质，分类加以介绍。汉字字体比较剧烈的变化都发生在南北朝之前，所以我们介绍这些资料的时候也以南北朝之前的为主，南北朝的附带提到一点，隋唐以后的就从略了。

〔1〕周有光《字母的故事》，上海教育出版社1958年修订版，第9页。

A. 甲骨文

指刻在占卜用的龟甲兽骨以及一般兽骨和骨角器上的文字。写而不刻的字在甲骨上也有发现，但数量很少。在已发现的甲骨文里，最重要的是殷墟甲骨文。

殷墟甲骨文发现于商代后期王都的遗址——殷墟（河南安阳市西北），绝大部分是这一时期商王室的占卜记录，即研究者所说的甲骨卜辞。从清末开始发现以来，在殷墟已经出土了十多万片刻有卜辞的甲骨（绝大多数是碎片）。这是研究商代文字的最重要的资料。（彩图 8）在殷墟也发现了刻有跟占卜无关的文字的兽骨和骨器，但数量不多。

50 年代以来，在山西省、北京市和陕西省的一些地方陆续发现了一些西周时代的甲骨卜辞。其中以周原的发现最为重要。1977 年在陕西岐山县凤雏村周原遗址西周前期宫室废墟的窖穴里发现了大量卜甲碎片，其中有近三百片刻有卜辞。据研究有一小部分卜辞的时代早到周灭商之前。1979 年在同属周原范围的扶风县齐家村一带也发现了一些刻有卜辞的西周时代甲骨。

B. 金文

指铸在或刻在铜器上的铭文。古代铜器铭文的搜集和研究，早在宋代就已开始。一千年来陆续发现的有铭文的古铜器为数颇多，属于先秦时代的就有万件以上。

在第一节里已经说过，在商代前期铜器上，铭文极为少见，而且一般只有一两个字。到了商代后期，有铭文的铜器逐渐增多，不过铭文内容多数仍然很简单，主要记作器者之名（多用族名）和所纪念的先人的称号（如父乙、祖己等）。在商代后期较晚的阶段，出现了一些篇幅较长的铭文，已发现的最长铭文有四十余字。

西周是铜器铭文的全盛时代。这一时期的铜器铭文不但数量多，而且篇幅也往往比较长。比较突出的，如西周前期的大盂鼎有 291 字，西周后期的毛公鼎有

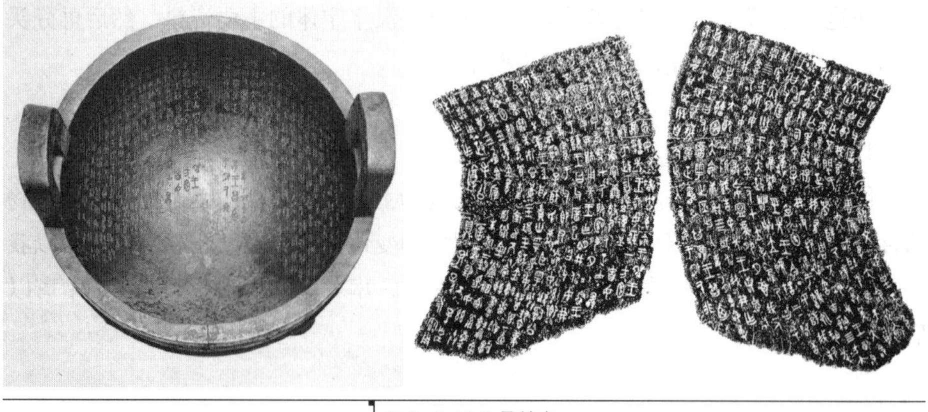

图 7-1 毛公鼎铭文

498字。（图7—1）春秋时代也有长篇铭文，但已不如西周时代多见。研究西周、春秋时代的文字，金文是最重要的资料。

进入战国时代以后，铜器铭文发生了很大变化。从西周到战国早期，铜器铭文中习见的内容变化不大，主要是器主叙述作器缘由以及祝愿子孙保有器物等类的话。大约从战国中期开始，传统形式的铭文已经变得很少见，“物勒工名”式的铭文则大量出现。这类铭文字数一般不多，所记的主要是作器年份、主管作器的官吏和作器工人的名字等。春秋以前，铜器铭文大都是铸在器物上的。战国中期以后，则往往是在器物制成后用刀刻出来的，兵器等物上的铭文还往往刻得很草率。

秦汉时代的铜器铭文，除了度量衡铜器上的铭文情况比较特殊外，大多数是物勒工名式的和标明器物主人或使用地点的简短铭文。魏晋以后的铜器铭文一般就不大受研究者重视了。

C. 石刻文字

先秦的石刻文字往往见于戈、磬等器物上，非器物的刻石为数不多，其中最著名的是石鼓文。

石鼓文刻在十个一米左右高的高脚馒头形的石碣上，（《说文》：“碣，特立之石也。”）原来立在秦国雍城（今陕西凤翔县）南面的三畤原上，唐初始见记载，后来曾经经过几次迁徙，现在收藏在故宫博物院内。由于这些石碣的外形稍有些像鼓，一般称之为石鼓。石鼓各石都刻有一首四言诗，原来共有七百余字，由于石的表面不断剥蚀，残脱的字已达一大半。关于石鼓的时代，历来有很多争论。由于石鼓上有些字的写法跟《说文解字》所收的、相传为西周宣王时文字的“籀文”相似，过去很多人把它看做周宣王时的东西。经过一些学者研究，石鼓已经证明是东周时代秦国的东西。但是关于它的具体年代仍有不少异说，最早的早到春秋早期，最晚的晚到战国中期。从字体看，石鼓文似乎不会早于春秋晚期，也不会晚于战国早期，大体上可以看做春秋战国间的秦国文字。（校按：近些年来，以石鼓文为春秋中晚期秦国文字的说法渐为多数学者所接受。）

石鼓文之外，比较重要的先秦石刻文字，还有北宋时发现的秦王诅楚王的告神之文，即所谓诅楚文。当时大概每告一神即刻一石，埋在祀神之处。北宋时发现了三块这样的刻石，每块刻有三百余字，除神名各异外，文字基本相同。由于原石早佚，现在只能看到摹刻本。多数学者认为诅楚文是秦惠文王诅楚怀王之文，其时代属战国中晚期之交。石鼓文和诅楚文是研究春秋战国时代秦国文字的重要资料。

秦统一后，始皇巡行天下，在多处地方立石铭功，二世时又在各处刻石上加

图 7–2 峄山刻石摹刻本

刻了一道诏书。这些石刻文字是研究秦代篆书即一般所谓小篆的最好资料。可惜原物几乎都已毁坏，只有琅琊台刻石尚有残块存留（保存的主要是二世诏部分）。此外，峄山刻石的文字尚有徐铉摹本的石刻传世，（图 7—2）泰山刻石也有残拓的摹刻本传世。[1]

西汉石刻文字传留下来的不多。东汉时代，刻碑之风兴起（碑有特定的形制，秦始皇刻石等不能称碑只能称碣），有大量碑文和摩崖文字（刻在崖壁上的文字）等传留下来。在近代发现汉代简牍之前，碑刻是研究汉代字体的最重要的资料。东汉碑刻一般使用工整的隶书。现代书法家所写的隶书多数出自汉碑。魏和西晋时代的碑刻一般也用隶书。

汉末曾将儒家主要经典刻石立于洛阳太学。由于其事始于灵帝熹平四年(175)，世称熹平石经。其字体也是工整的隶书。曹魏正始（240—249）年间，又将《尚书》《春秋》二经的“古文”本刻石立于洛阳太学，每个字都用古文、小篆、隶书三种字体书写三次，世人称为正始石经或三体石经。两种石经都早已毁坏，但自清末、民国以来发现了一些残石，对研究古代文字形体颇有帮助。

晋以后，墓志逐渐流行。墓志放在墓葬内，多数刻在石质的板上，也可以看做石刻文字。

东晋时代的碑刻（包括墓志）往往使用一种介于隶书、楷书之间的字体（即后面要讲到的“新隶体”。魏和西晋时代的碑刻，有少数已经使用了这种字体）。南北朝时代的碑刻一般就用楷书了。

D. 简牍文字

我国在使用植物纤维纸之前，长期以竹木简为主要书写材料。简是细长条的薄片，用绳把简编连起来就成为册，通常用毛笔蘸墨在上面书写。殷墟甲骨文屡

〔1〕传世的会稽刻石摹刻本恐不可信，所谓泰山刻石宋拓本实际上是一种失真的摹刻的拓本，参看《燕京学报》第17期所载容庚《秦始皇刻石考》。

见“册”字,《尚书·多士》也说“惟殷先人有册有典”，可见至迟在商代简册就已通行了。商代和西周春秋时代的主要文字资料应该是简册文字，可惜竹木易腐，未能保存下来。

已发现的简册以战国时代的为最早。西汉和西晋时代都曾发现过大批战国时代的简册（西汉时代发现的就是后面要讲到的“古文经”。西晋时代发现的是“汲冢竹书”），但原物早已毁坏。20 世纪 50 年代以来，在湖南长沙市、常德市、慈利县、河南信阳市和湖北江陵县、荆门市等地的楚墓里都出过竹简。此外，1978 年在湖北随州市发现的战国早期的曾侯乙墓也出土了一批竹简。这是已发现的时代最早的一批简。曾是附属于楚的小国，文字作风与楚国基本相同。

秦简是在 20 世纪 70 年代第一次发现的。1975 年底，湖北云梦睡虎地 11 号秦墓出土了一千一百多枚竹简。这座墓是在始皇三十年（前 217）或稍后的时间下葬的。竹简抄写时间不一，估计不出战国末年至秦初这段时期。

从清末（20 世纪初）以来，在西北地区两汉和魏晋时代的边塞等遗址里，陆续发现了很多汉简和一些魏晋简。50 年代以来还在各地的汉墓里发现了很多汉简。西北边塞遗址出土的汉简包括所谓敦煌汉简、居延汉简等，一般都是木简，时代起自西汉武帝晚期终于东汉晚期。(图 7—3) 墓葬出土的汉简大都是竹简，时代有不少属于西汉早期，补上了边塞汉简时代上的空白。魏晋简主要出土于新疆罗布泊西南的“楼兰遗址”以及新疆民丰北部的尼雅遗址，都是木简。“楼兰遗址”所出木简有纪年的较多，所记年份由曹魏晚期延续到东晋初，而以西晋的为多。(图 7—4)（校按：1996 年长沙走马楼发现大批三国时的吴简，数量大大超过以往发现的魏晋简。）

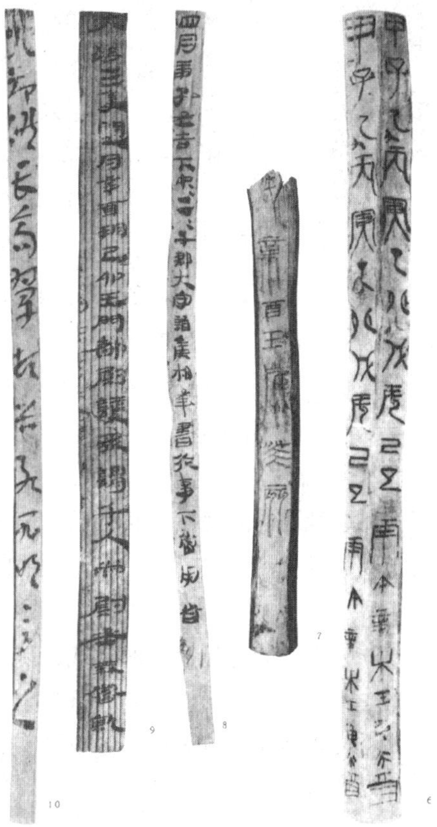

图 7–3 敦煌汉简

古代往往以简、牍并称。简很窄，通常只写一行字。牍是可以写几行字的长方形木板（宽度不一）。已发现的最早的牍出土于战国晚期的秦墓。汉代的边塞遗址和墓葬也都出过一些木牍。

图 7-4 楼兰魏晋简

对研究字体来说，简牍文字跟下面就要讲到的帛和纸上的文字都非常重要。因为这些文字一般是以当时日常使用的字体书写的，不像金石文字往往比较保守，倾向于使用比较旧的字体。秦简是研究秦代隶书的最重要的资料。汉简是研究隶书的发展变化和草书形成过程的最重要的资料。魏晋时代简、纸上的文字是研究行书、楷书等字体的重要资料。

E. 帛和纸上的文字

在使用植物纤维纸之前，除竹木简外还有一种比较重要的书写材料，这就是帛。古人常说“竹帛”，以帛与竹简并提。

已发现的时代最早的一件帛书，也是属于战国时代的楚国的。这件帛书是 1942 年在长沙的一个楚墓中被盗掘出来的，20 世纪 40 年代中期就流入了美国。它是一张长 47 厘米、高 38.7 厘米的帛，上面有墨书的九百多个字，还有一些跟文字配合的彩色图像。

1973 年在下葬于西汉文帝十二年（前 168）的长沙马王堆三号汉墓中被发现了大批帛书，有《老子》、《易经》等典籍和医书、占书等等，种类很多。其中有一件字体为篆书的占书，是秦统一前一年（前 222）抄写的。大部分帛书的字体属于早期隶书。其中一部分，字体跟篆书比较接近，可能抄写于秦末或汉初。此外的抄写于西汉早期。（彩图 9）

2 世纪初蔡伦改进造纸方法之后，植物纤维纸开始较多地用于书写。作为书写材料，纸跟帛的性质比较接近。帛由于价格昂贵，不能取代简牍。纸出现后逐渐把简牍排挤出历史舞台，成为主要的书写材料。这一过程大概到 4 世纪才基本完成。

比较重要的时代较早的字纸，发现于上面提到过的魏晋时代的“楼兰遗址”，其年代范围大概跟同出的简牍差不多，内容有书信、文书和簿籍残片等。在敦煌莫高窟和新疆吐鲁番等地，发现过一些晋代和南北朝的卷子和字纸，对研究字体也有一定的参考价值。

自古流传下来的魏晋以来名家书迹，一般也属于帛纸文字。可惜现存的大都是临摹本或临摹本的刻本。

F. 其他

除上面所举的五大类外，还有不少对研究字体有用的古代遗物上的文字资料，例如在山西侯马市和河南温县发现的、时代大约在春秋战国间的盟书（用朱或墨写在玉、石片上的盟辞），战国时代的货币文字，战国秦汉时代的印章文字，商代以来的各种陶瓦制品上的文字，战国以来的各种漆木器上的文字等。这里不一一介绍了。

以上介绍的这些资料，同时也是研究汉字字形和结构的重要资料。

**2. 古文字阶段的字体**

我们把早于小篆的各种字体和小篆都看做古文字。这是现代多数文字学者的观点。按照传统文字学的观点，小篆是不算古文字的。古文字阶段字体变化的情况非常复杂。所以这一阶段的字体不像隶楷阶段那样有公认的分类方法。下面先介绍一下传统文字学对古文字字体的看法，然后主要根据古代遗物上的文字资料，简单讲一下古文字在字体方面的演变情况。

A. 传统文字学对古文字字体的看法

按照传统文字学的看法，我们所说的古文字包含古文、大篆（以籀文为代表）和小篆三种字体。许慎《说文解字》“叙”说他编书的体例是“今叙篆文，合以古、籀”。“篆文”在这里指小篆。“古、籀”指古文和籀文，是小篆之前的两种古文字。《说文》所收的字，其字形一般根据小篆，如果古文或籀文的写法跟小篆不同，就兼录古文或籀文。此外，也有一些字的字头，由于特殊的原因，取古文或籀文，小篆反而附在后面。书中所录的籀文出自相传为西周晚期宣王时代的太史籀所编的字书《史籀篇》，古文出自西汉时代在孔子故宅墙壁里发现的以及张苍等人所献的、用古文字抄写的《尚书》、《春秋左氏传》等儒家经典，下文简称古文经。

许慎在《说文》“叙”里对上述几种字体的时代和相互关系有所说明。他说：“及宣王太史籀著大篆十五篇，与古文或异。”可见他认为古文的时代最早，籀文即大篆，是在古文之后出现的。但是《说文》所录古文出自古文经，《尚书》等儒家主要经典为孔子所传，《春秋左氏传》相传为春秋时人左丘明所编写，他们的时代都晚于太史籀，为什么古文经的字体却古于籀文呢？许慎认为这是由于孔子和左丘明有意要用较古的字体传写经书。所以他在说了籀文“与古文或异”之后，紧接着就说：“至孔子书六经，左丘明述《春秋传》，皆以古文。”至于小篆，许慎认为是秦始皇并天下后李斯等人“省改”“史籀大篆”而成的、用来统一全国文字的标准字体。古文字学在近代兴起之后，学者们通过对古代遗物上的文字资料的研究，发现许慎对古代字体的看法并不符合实际。

首先，许慎对古文的看法有问题。他把早于籀文的字体称为古文，当然是可以的。但是认为古文经的字体就是古文，则是错误的。据王国维等学者研究，《说文》所录的“古文”的字形跟早于籀文的殷墟甲骨文和西周金文都不相近，然而跟战国时代东方国家（指秦之东各国）遗物上的文字却往往相合。这说明西汉时代发现的古文经，是战国时代东方国家儒生用当时通行的字体抄写的。所以《说文》中的“古文”实际上是战国时代东方国家的文字，而不是早于籀文的古文字。〔1〕前面讲过的三体石经的古文，跟《说文》的古文是同性质的。

其次，许慎对大篆跟小篆的关系的看法也有问题。按照他的说法，西周晚期的大篆在春秋战国时代的秦国似乎没有发生过什么变化，小篆是秦统一后李斯等人通过对大篆进行简化而制定出来的。但是从春秋战国时代的秦国遗物和秦代遗物上的文字来看，秦代的小篆显然是由春秋时代秦国使用的篆文逐渐演变而成的。例如：可以代表春秋战国间的秦国篆文的石鼓文，把“吾”写作（见于偏旁），把“中”写作（与《说文》“中”字籀文相近），字形确实比小篆繁。但是在战国中晚期之交的诅楚文里，“吾”（见于偏旁）和“中”的写法就已经跟小篆相同了。可见这两个字的简化是秦国文字演变的结果，并不是在秦统一后才由李斯等人规定的。在书写风格的变化上也存在类似情况。实际上在统一前夕的秦国篆文跟统一后的小篆之间，无论在字形上还是在书体上都不存在任何明显的区别。这一点很多学者都已经指出来了。钱玄同在为卓定谋《章草考》所作的序里说：“许叔重（引者按：叔重是许慎的字）谓李斯诸人取大篆省改为小篆，实则战国时秦文已如此，可见李斯诸人但取固有的省改之体来统一推行，并非创自他们也。”这是很正确的。

有些讲字体的人以《说文》所录的籀文以及石鼓文、毛公鼎铭文等代表大篆。还有些人把所有早于小篆的古文字都称为大篆，相应地把包括小篆在内的、隶书之前的文字都称为篆文或篆书。现代的有些古文字学者又根据自己的研究给大篆下了新的定义，如唐兰认为“由春秋到战国初期的文字，就是所谓大篆”〔2〕。由于对“大篆”的理解有分歧，目前很多文字学者都避免使用这个名称。

不少古文字学者认为传统文字学把籀文看做周宣王时的文字也是错误的。王国维认为籀文是战国时代的秦国文字。唐兰对籀文的看法跟他对大篆的看法一致。他们的意见不一定正确，限于篇幅不能在此讨论了。

现在，大家往往把“甲骨文”“金文”用作早于小篆的字体名称。严格说，这也是不大妥当的。因为同样是甲骨文或金文，甚至同样是殷墟甲骨文或周代金文，

---

〔1〕参看王国维《桐乡徐氏印谱序》、《战国时秦用籀文六国用古文说》，分见《观堂集林》卷六、卷七，中华书局，1959。

〔2〕唐书第156页。

由于早晚不同或用途不同，在字体上往往仍有较大差别。下面就会谈到这方面的情况。总之，对古文字阶段的字体，目前还没有理想的分类方法。

B. 古文字在字体方面的演变情况

为了讲述的方便，我们把古文字阶段分成商代、西周春秋时代和战国至秦代三个小段。下面依次介绍各段字体演变的主要情况。

a. 商代

研究商代文字的字体，主要根据殷墟甲骨文和商代金文。

首先应该指出，甲骨文跟金文在字体上有不同的特点。在商代，毛笔是主要的书写工具。我们今天虽然已经无法看到用毛笔书写的商代典册，但是还能在商代后期遗留下来的甲骨和玉、石、陶等类物品上看到少量毛笔字。金文基本上保持着毛笔字的样子，甲骨文就不同了。商代统治者频繁进行占卜，需要刻在甲骨上的卜辞数量很大。在坚硬的甲骨上刻字非常费时费力。刻字的人为了提高效率，不得不改变毛笔字的笔法，主要是改圆形为方形，改填实为勾廓，改粗笔为细笔，如下图。与此同时，他们还比较剧烈地简化了很多字的字形。我们可以把甲骨文看做当时的一种比较特殊的俗体字，而金文大体上可以看做当时的正体字。所谓正体就是在比较郑重的场合使用的正规字体，所谓俗体就是日常使用的比较简便的字体。商代人有时在兽骨上刻辞记录跟占卜无关的有纪念意义的事件。这种刻辞的字体，作风就往往跟甲骨卜辞不同，而跟铜器铭文相似。

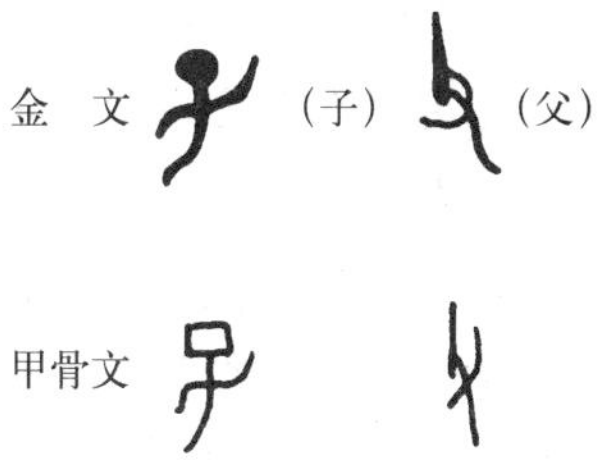


甲骨文（不包括跟金文作风相似的少数记事刻辞）和金文各自的形体，又由于时代的早晚或用途的不同而产生差别。商代后期的甲骨文有两百多年历史，可以按照形体的特点分早晚期。早期甲骨文一般要比晚期更象形。在金文里，记名金文的象形程度显著地高于用于记事的一般金文。后者大都见于商代后期的晚期铜器上，字形跟晚期甲骨文接近。记名金文不管是见于早期铜器的，还是见于晚期铜器的，一般都比早期甲骨文还要象形。在记名金文里，彼此的象形程度也有高低之别，不过这种差别似乎并不是完全为时代的早晚所决定的。下面把上述这几种文字列表对照一下（部分例子取自偏旁，见下页）。

从上面的字形对照表，可以把商代文字形体变化的情况看得很清楚。上引记名金文中象形程度较低的那部分字，即“犬”“牛”“止”的第二体，也许大体上可以代表跟早期甲骨文同时的正体（早期甲骨文中有些时代较早的“止”字，写法跟族名金文第二体相似）。至于象形程度较高的那部分记名金文，可能还保持着商代前期甚至更古的汉字的面貌。象形程度较低的记名金文和早期甲骨文，比起

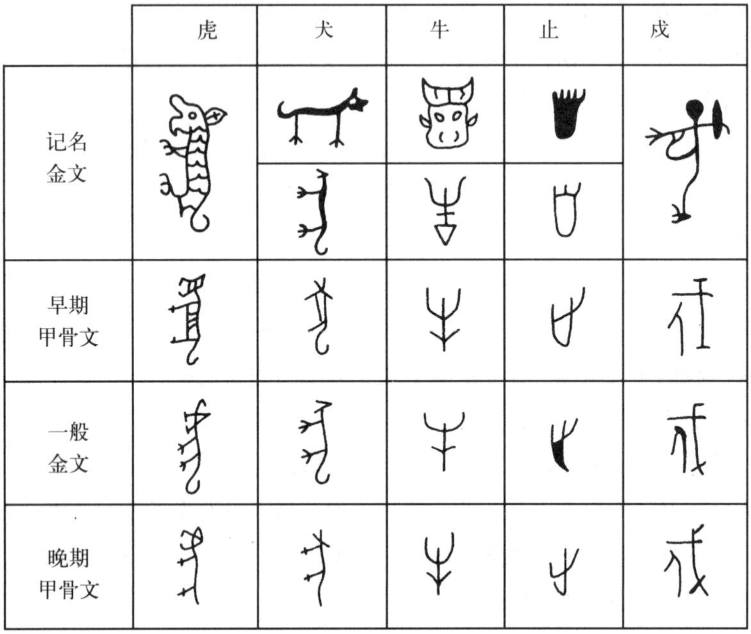


这种记名金文来已经大为简化。晚期的一般金文和甲骨文，又进一步简化了它们。“虎”“犬”等字，早期多画出腹部，晚期就都把腹背合并成一笔了。

在文字形体演变的过程里，俗体所起的作用十分重要。有时候，一种新的正体就是由前一阶段的俗体发展而成的（如隶书，详后）。比较常见的情况是俗体的某些写法后来为正体所吸收，或者明显地促进了正体的演变。从上面的字形对照表就可以看出，在商代后期文字里，正体（在表中由金文代表）的演变是受到甲骨文一类俗体的强烈影响的。

b. 西周春秋时代

研究西周春秋时代的字体，主要根据金文。

西周金文的形体，最初几乎完全沿袭商代晚期金文的作风。到康、昭、穆诸王的时代，字形逐渐趋于整齐方正，但是在其他方面变化仍然不大。恭、懿诸王以后，变化才剧烈起来。西周金文形体演变的主要趋势是线条化、平直化（第一小节讲汉字形体的主要变化时所说的线条化包括了平直化）。商代晚期和西周前期金文的字形，象形程度仍然比较高，弯弯曲曲的线条很多，笔道有粗有细，并且还包含不少根本不能算作笔道的呈方、圆等形的团块，书写起来相当费事。为了改变这种情况，就需要使文字线条化、平直化。

线条化指粗笔变细、方形圆形的团块为线条所代替等现象，例如（下引诸“火”字取自偏旁）：

到西周晚期，线条化已基本完成。平直化指曲折象形的线条被拉平，不相连的线条被连成一笔等现象，例如（下引部分“贝”字取自偏旁）：

经过这些变化，文字的象形程度显著降低，书写起来就比较方便了。

在春秋时代，不同地区的金文逐渐形成了自己的特色。一个地区可以是一个国家，如秦国自成一区；也可以包含几个国家，如楚、徐、吴等东南国家构成一区。各地区金文的特色主要表现在书写风格上，字形构造大体上还是相似的。

西周春秋时代一般金文的字体，大概可以代表当时的正体。一部分写得比较草率的金文，则反映了俗体的一些情况。前面讲研究资料时提到过的、侯马等地发现的春秋战国间的盟书文字，也有俗体的作风，有些字的写法跟后来的六国文字已经很相似了。

c. 战国至秦代

在春秋、战国之交，古代社会发生了剧烈变化。这对汉字形体的演变产生了巨大影响。春秋以前，贵族阶级在经济、政治、文化等方面都占有统治地位，文字当然也为他们所垄断。春秋战国之交，旧的贵族阶级逐渐为新兴剥削阶级所取代，文字开始扩散到民间。进入战国时代以后，随着经济、政治、文化等方面的巨大变化和迅速发展，文字的应用越来越广，使用文字的人也越来越多，因此文字形体发生了前所未有的剧烈变化。这主要表现在俗体字势力的迅速发展上。

在春秋时代的各个主要国家里，建立在宗周故地的秦国是最忠实地继承了西周王朝文字的传统的国家。进入战国时代以后，秦国由于原来比较落后，又地处西僻，各方面的发展比东方各国慢了一步，文字的剧烈变化也开始得比较晚。因此秦国文字正体所受到的俗体的冲击，要比东方各国文字轻一些。在战国时代（主要是战国中期以后）东方各国的文字里，传统的正体已经被冲击得溃不成军了。而在秦国文字里，继承旧传统的正体却始终保持着重要的地位。因此古文字学者把战国时代的秦国文字跟东方各国文字区分开来，称后者为六国文字。

六国文字中流行的俗体字，以各种简体字为多，例如：

馬（马） 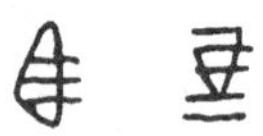　　獻（献） 

樂（乐） 　　區（区） 

此外也有一些加点画或偏旁的繁化字，例如：

平 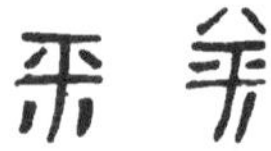　　阿 

由于存在大量的往往相当剧烈的简化现象以及数量不算太少的繁化现象，六国文字的面貌就跟传统的正体很不一样了。

跟六国文字相比，战国时代的秦国文字显得比较保守。春秋时代秦国金文（如秦公簋、秦公钟等）的形体，跟西周晚期周王朝的金文很接近。它们的主要区别在于秦国金文字形规整匀称的程度有了提高。战国时代秦国文字的正体继续沿着这个方向发展，同时字形有所简化。从总体上看，其形体跟西周晚期写得比较规整的金文仍然颇为接近。但是秦国人日常使用文字的时候，也在不断破坏、改造旧的字形。在秦国文字里，俗体也在发展。在战国中期以后的秦国的铜器（主要是兵器）铭文、印文和陶文等资料里，可以看到很多俗体的写法。有不少写法跟后来的隶书已经极其相似甚至完全相同。例如惠文君四年（前 334）或惠文王更元四年（前 321）所造的相邦樛游戈的“游”字、以及庄襄王三年（前 247）或秦王政三年（前 244）所造的上郡戈的“漆”字，其“水”旁都已经写成三短横了。

在正体和俗体的关系上，秦国文字的情况跟六国文字很不一样。六国文字俗体的字形跟传统的正体的差别往往很大。秦国的俗体侧重于用方折、平直的笔法改造正体，其字形一般跟正体有明显的联系。而且秦国文字的正体虽然并不是一点没有受到俗体的影响（战国时代秦国文字正体中出现的简化现象，就可能跟俗体的影响有关），但是没有像六国文字的正体那样被俗体冲击得溃不成军，始终保持着自己的系统。后来，正体演变为小篆，俗体则发展成为隶书。二者的变化基本上是平行的。

战国时代，文字剧烈变化，而各国文字变化的情况又往往不一样（上面举过的六国文字简化和繁化的例子，就大都只见于一个或一部分国家），因此形成了“文字异形”的局面。（《说文》“叙”：“其后……分为七国……言语异声，文字异形。”）下面从战国中期以后的文字资料里举两个例子（下引部分“者”字取自偏旁。三晋——魏、赵、韩——的文字比较接近，作为一个单位处理）：

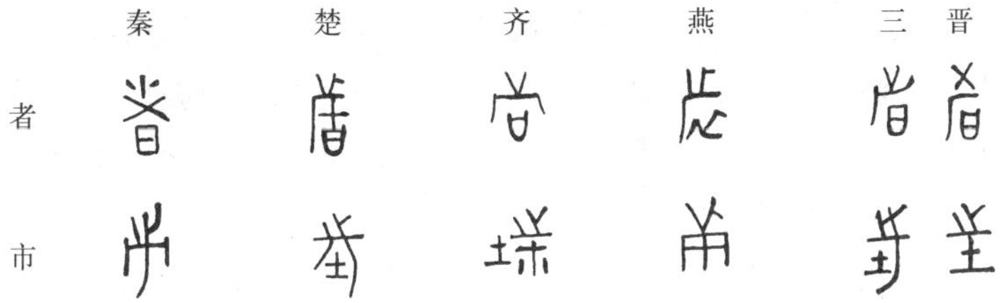


此外如燕国把“中”写作，齐国把“马”写作，三晋把“佳”写作，都是很独特的。秦始皇统一全国后，六国文字与秦文不合的异体都被废除，因此它们对后来的汉字没有显著的影响。

隶书在战国晚期的秦国已经初步形成。云梦睡虎地秦墓发现的简文就是早期的隶书。在这批数量很大的简文里，左旁从“水”的字屡见，“水”旁几乎全都写作三短横，例外极少。此外还有不少跟汉代的隶书相同或相似的字形。《汉书 · 艺文志》和《说文》的“叙”都说隶书是秦代官府为了应付当时繁忙的官狱事务而造的一种简便字体。从汉代以来还广泛流传着程邈为秦始皇造隶书的传说。这些说法显然跟事实有出入。唐兰在《中国文字学》里指出，《汉书》等说秦代“由于官狱多事，才建隶书，这是倒果为因，实际是民间已通行的书体，官狱事繁，就不得不采用罢了”。这是很正确的。也许在秦的官府正式采用隶书办事的时候，曾由程邈对这种字体作过一些整理工作，所以就产生了程邈造隶书的传说。

在秦代，小篆是法定的主要字体，但是在日常使用的文字里，隶书显然已经占据了统治地位。到了汉代，隶书取代小篆而成为主要字体，汉字发展史就进入了隶楷阶段。小篆在汉代逐渐成为主要用来刻印章、铭金石的一种特殊字体。

### 3．隶楷阶段的各种主要字体

下面分头介绍一下隶楷阶段的各种主要字体。

A．隶书

上面已经讲过了隶书的形成，现在讲隶书形成后的发展变化。

秦代和西汉早期的隶书，在字形构造上还有较多跟篆书相似的成分，在书体上也还没有形成东汉碑刻上所见的标准隶书的那种作风。一般称这种隶书为古隶或秦隶。

在东汉碑刻上的标准隶书里，大部分字的字形构造跟后来的楷书已经很接近。其书体具有下述特点：字的结体一般呈扁方形。向右下方的斜笔大都有略向上挑的捺脚。较长的横画收笔时也往往略向上挑，形成上仰的捺脚式的尾巴。先竖后横的弯笔收笔时大都上挑，而且幅度往往比较大。向左下方的斜笔（即撇）收笔时多数也略向上挑。收笔时上挑的横画，整道笔画往往略呈微波起伏之势，较长的捺有时也有这种笔势。书法家用来形容隶书书法特点的“挑法”、“波势”等语，就是指这些笔法而言的（早期隶书中已出现挑法，但还不成熟，使用得不普遍）。一般把上述这种类型的隶书称为八分或汉隶。（图 7—5）

从汉简上的隶书来看，至迟在西汉宣帝时期，八分书体就已成熟。但是石刻文字中的隶书比较保守，八分书体的特色要到东汉中期以后才充分显示出来。所以过去根据石刻文字研究隶书的人，大都把八分形成的时间定得比较晚。如果以

图 7—5 张迁碑（局部）

图 7-6 熹平元年陶瓶文字

汉简为主要根据，结合字形构造和书体的情况来考虑，可以把武帝（或武帝后期）和昭帝时代看做由早期的隶书向成熟的隶书，或者说由古隶向八分过渡的时期。不过隶书成熟后，字形构造还在继续发生变化，总的倾向是变得跟后来的楷书越来越接近。

八分的形成使隶书的书法有了比较明确的规范，但是这种字体书写起来却相当费事。人们日常使用文字的时候，往往并不完全按照这种字体的要求去书写。大约在东汉中期，从日常使用的隶书里演变出了一种跟八分有明显区别的比较简便的俗体。在东汉后半期，虽然士大夫们相竞用工整的八分书勒石刻碑，一般人日常所用的隶书却大都已是这种俗体了。这种俗体在很大程度上抛弃了收笔时上挑的笔法，还接受了当时的草书的一些影响，如较多地使用尖撇等，呈现出由八分向楷书过渡的面貌。讲字体的人时常引用的熹平元年（172）陶瓶上的文字，就是属于这种字体的。（图 7—6）有的学者把这种字体称为新隶体，下文采用这个名称。"八分"之称大约出现于汉魏之际。正是由于当时一般使用的隶书已是新隶体，才有必要为碑刻上那种正规的隶书另起八分的专名。[1]

在汉字字体演变的过程里，由篆书变为隶书是最重要的一次变革。以成熟的隶书跟篆书作比较，可以看出隶书改造篆书字形的方法主要有以下几种（为印刷方便，隶书字形用楷书表示）：

〔1〕参看启功《古代字体论稿》，文物出版社，1979，第 34 页。

（1）解散篆体，改曲为直　这是隶书改造篆书的最重要的方法，如把篆书“日”字长圆形的外框分解为两道竖画和两道横画，或是分解为竖、折、横三笔。

（2）省并　如把篆字“”（大）字象两臂的两笔并为一横，象身躯和左腿的两笔并为一撇；把篆书（寒）字中间象人在草中的部分省并为无意义的笔画结构“共”。

（3）省略　如“雷”字篆书本从“雨”从三“⊕”，隶书省从一“田”；“屈”字篆书本从“尾”，隶书省从“尸”。

（4）偏旁变形　在篆书里，一个字用作偏旁时的写法，通常跟独立成字时没有明显区别。在隶书里，独立成字和用作偏旁的写法明显不同的情况，就时常可以看到了。例如“水”字用作左旁时作三短横或三点，“人”字用作左旁时作“亻”（这种写法实际上比“人”更接近篆文），“邑”字用作右边的形旁时作“阝”（用作声旁的，如“浥”“挹”的右旁仍作“邑”），“阜”字用作左旁时也作“阝”等等。偏旁的写法往往随所处的位置而异，例如“水”旁的位置在上或在下时就仍作“水”，如“沓”“浆”。有时即使位置相同，写法也不同，例如在下的“火”有变作四点的（如“然”），也有仍作“火”的（如“炙”）。因此同一个偏旁在不同的文字里可以分化成多种形式。

（5）偏旁混同　隶书为求简便，把某些生僻的或笔画较多的偏旁，改成形状相近、笔画较少、又比较常见的偏旁，如把“活”、“括”等字的声旁“昏”（音kuò）改成“舌”。省并、省略和偏旁变形，也会造成偏旁的混同。例如由于偏旁变形，在左的“肉”旁、一部分在下的“肉”旁、“朕”“服”等字的“舟”旁和“青”字的“丹”旁，都变得跟“月”旁没有区别了。

经过上述这些变化，汉字象形的性质几乎完全丧失，很多字的结构遭到了破坏，但是书写起来就方便多了。

B．草书

“草书”有广狭二义。广义的，不论时代，凡是写得潦草的字都可以算。狭义的，即作为一种特定字体的草书，则是在汉代才形成的。[1]这是主要用于起草文稿和通信的一种辅助字体。大约从东晋时代开始，为了跟当时的新体草书相区别，称汉代的那种草书为章草。新体草书相对而言称为今草。

早在战国时代秦国文字的俗体演变为隶书的过程里，就出现了一些跟后来的草书相同或相似的草率写法，如把“止”旁写作“乙”之类。隶书形成后，这些

〔1〕上引启功书第38页。

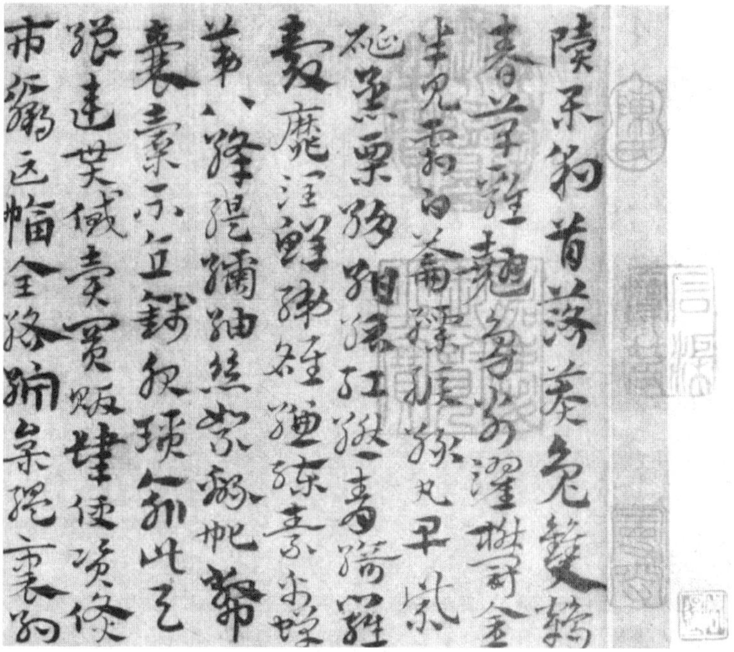

图 7-7 明初宋克书《急就章》(局部)

草率写法作为隶书的俗体继续使用，此外还出现了一些新的草率写法。草书就是在这些新旧草率写法的基础上形成的。

从居延汉简中记年号的简来看，有些宣帝和元帝时简的字体已有很浓厚的草书意味；有些成帝时简，如阳朔元年（前 24 年）简，其字体就已经是相当纯粹的草书了。所以草书形成的时代可以暂定为西汉晚期。

唐张怀瓘《书断 · 上》“章草”条引南朝宋代王愔的话说：“汉元帝时史游作《急就章》，解散隶书粗书之，汉俗简堕，渐以行之”，[1] 把章草的出现跟《急就章》联系了起来。这是不可信的。“急就章”是史游所编字书《急就篇》的别名。《急就篇》以 63 字为一章，共分 31 章，所以有人称之为“急就章”。这个别名在汉代可能还没有出现。魏晋时代的书法家喜欢用章草写《急就篇》（吴国皇象写的一本现在尚有辗转摹刻之本流传）。今所传赵孟頫、宋克等所书章草《急就章》也都辗转出自皇本，（图 7—7）但是敦煌汉简、居延汉简中的《急就篇》残简却全都用隶书抄写，可证王愔所说之妄。凑巧的是史游的时代倒跟我们根据汉简推测的草书形成的时代大致相合。

在魏晋时代，由于下面就要讲到的早期行书和楷书的影响，章草逐渐演变为今草。我们现在所能看到的东晋大书法家王羲之的草书（皆为后人临摹之本或其

〔1〕《法书要录》卷七。

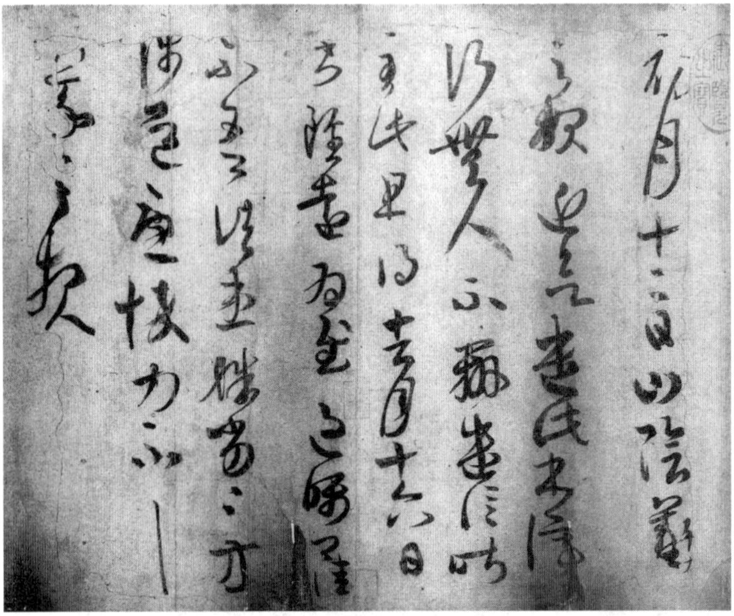
图 7–8 王羲之初月帖（局部）

刻本，其他字体之帖亦同)，大都已经是今草了。(图 7—8）今草的字形多因袭章草，但是改掉了跟隶书相近的笔法，连笔较多，有时对章草的笔画还略有省并，书写起来更为方便。此外也有些字形是直接由行书或楷书草化而成的。章草每字自成起讫，今草则字与字可以相连。总之，今草比章草更草，因此也更难辨认。唐以后更有所谓狂草，写出来人多不能识，几乎完全成了一种供欣赏的艺术品。

C. 行书

据说行书是东汉晚期桓、灵时代的刘德昇所创造的。他的行书“虽以草创，亦丰妍美，风流婉约，独步当时”。汉魏之际的著名书法家钟繇曾跟他学过这种书体。[1]

我们所熟悉的行书是介乎楷书和今草之间的一种字体。在刘德昇的时代，今草还不存在。他所创的行书当然不会跟我们所熟悉的行书完全一样。可惜刘氏的书迹已经看不到了，现存钟繇字帖中的墓田丙舍帖（为王羲之临本的摹刻本)，有人认为是行书，但也有人认为是楷书，还有人认为根本不能反映钟氏书法的真面目。所以早期行书究竟是怎样的一种字体，还是个问题（法帖所载作风跟后来的行书无别的钟繇行书不可信)。

在我们所能看到的魏晋时代日常所用的文字，如“楼兰遗址”出土的简、纸文字里，除了比较规整的新隶体和处于章草向今草过渡的阶段中的草书之外，还

〔1〕张怀瓘《书断·中》，见《法书要录》卷八。

有不少字体风格介乎二者之间的文字。它们在字形构造方面跟新隶体没有多大不同，在书体上则受到草书的较大影响，比规整的新隶体活泼得多。它们的情况并不完全一致。有些简纸上的字似乎只能看做比较草率的新隶体。有些简纸上的字则比较明显地呈现出一种独特的风格，笔画的写法和文字的结体都明显地比新隶体更接近楷书；无论是对新隶体还是对章草而言，都称得上是一种“风流婉约”的新体。如曹魏晚期的景元四年（263）简以及时代大约不晚于东晋初的署名“济逞”的两封信和署名“超济”的一封信，（图7—9）就是比较典型的例子。我们认为这种字体就是早期的行书。这是在带有较多草书笔意的新隶体的基础上，通过在笔画的写法和文字的结体上进行美化而形成的一种字体。

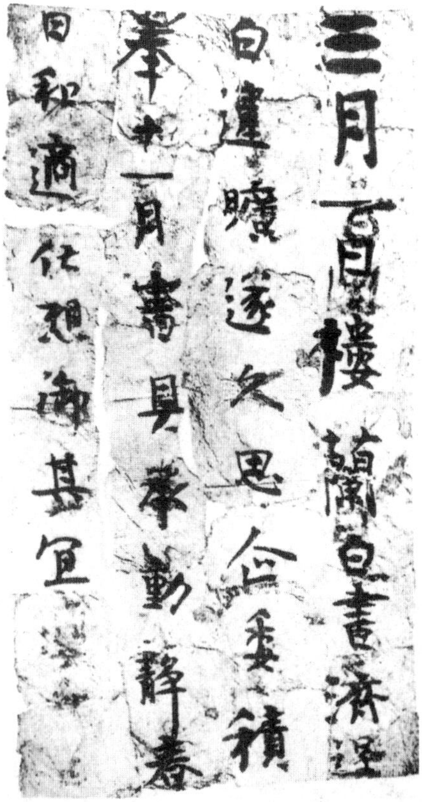

图 7–9“楼兰遗址”出土书信

今所传王羲之行书的字体几乎都是介乎楷书和今草之间的，只有姨母帖比较古拙。（图 7—10）而此帖的字体正好跟上面提到的济逞的书信相似。这可以当做上述那种字体就是早期行书的一个证据。

由魏晋向上追溯，在 20 世纪 70 年代发现的安徽亳县东汉晚期曹氏宗族墓的部分刻字墓砖上，也可以看到风格跟上举早期行书相似的字体。其时代大致与刘德昇相当。可见行书的形成也是有群众基础的，并非刘氏一人的功劳。

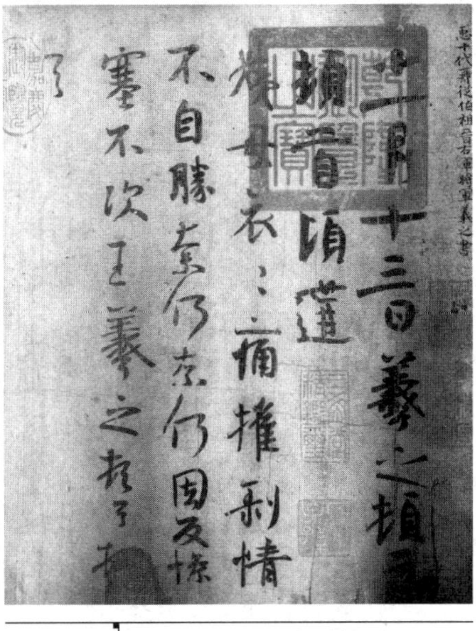

图 7–10 王羲之姨母帖

前面提到过的钟繇的墓田丙舍帖，要比以上所举的那些早期行书更像楷书，不过总的风格跟它们还是比较一致的。南朝宋代的羊欣说：“钟书有三体：一曰铭

图 7–11 王羲之丧乱帖（部分）

石之书，最妙者也。二曰章程书，传秘书、教小学者也。三曰行狎书，相闻者也。”[1] 行狎书后人多作行押书，跟行书是一回事。墓田丙舍帖正是书启一类“相闻”的文字。现在的传本可能有临摹失真之处，不过大体上大概还是可以反映出钟氏行书的面貌的。

楷书是在行书的基础上形成的（详下），今草的形成也受到行书的影响。另一方面，楷书的形成和发展以及草书书体的变化，又对行书产生了很大影响。在王羲之等东晋书法家手里，随着今草的形成，行书也相应地变成介乎楷书和今草之间的一种字体，面貌跟早期的行书有了不同。（图 7—11）行书没有严格的书写规则。写得规矩一点，接近楷书的，或称为真行或行楷。写得放纵一点，草书味道较浓的，或称为行草。

D. 楷书

我们所知道的最早的楷书书法家是钟繇，所能看到的最古的楷书是钟繇宣示表、力命表等帖的临摹本的刻本（荐季直表很多学者认为不可信）。宣示表等帖的字体显然是脱胎于早期行书的（图 7—12）。如果把比较规整的早期行书写得端庄一些，把在早期行书里已经出现的横画收笔用顿势的笔法普遍加以应用，

图 7–12 钟繇宣示表（局部）

〔1〕羊欣《采古来能书人名》，《法书要录》卷一。

再增加一些捺笔和硬钩的使用，就会形成宣示表那种字体。钟繇的行书如墓田丙舍帖本来就比一般的早期行书更接近楷书。他在一些比较郑重的场合，如在给皇帝上表的时候，把字写得比平时所用的行书更端庄一些，这样就形成了最初的楷书。以上所说如果基本符合事实的话，我们简直可以把早期的楷书看做早期行书的一个分支。明人孙鑛在《书画跋跋》中说：“余尝谓汉魏时，隶乃正书，钟、王小楷乃隶之行。”这是很精辟的见解。“钟、王”之“王”指王羲之。他的某些楷书和他的儿子王献之的楷书，在钟氏楷书的基础上又有发展，显得更为美观。

图 7-13 爨宝子碑（碑额）

应该指出，尽管楷书在汉魏之际就已形成，但是在整个魏晋时代，使用楷书的人却一直是相当少的，恐怕主要是一些文人学士。从魏晋时代的文字资料来看，当时一般人所用的仍然是新隶体或介乎新隶体和早期行书之间的字体。已发现的晋代的古书和佛经的抄本也大都使用新隶体，而且有的还有意增加一些八分笔意。碑刻（包括墓志，下同）选择字体更为保守，这在前面讲研究字体的资料时已经提到过了。有些东晋碑刻上的新隶体想模仿八分而又学不像，显得很不自然，大亨四年（即义熙元年，公元 405 年）所立的爨宝子碑就是一个典型的例子。（图 7—13）

有些研究字体的学者，由于看到魏晋时代的碑刻上用的是八分和新隶体，一般人所用的也大都是新隶体之类的字体，就认为当时根本不可能有楷书和跟楷书相近的行书存在，传世的钟王楷书和行书基本上都靠不住。这是不正确的。他们不知道古人在不同的用途上往往使用不同的字体，而且文人学士，特别是开风气之先的书法家所写的字，跟一般人所写的字往往有很大距离。钟王楷书跟新隶体同时并存，是一点也不奇怪的。在魏晋时代的“楼兰遗址”出土的、时代不会晚于东晋初期的字纸上，不但可以看到早期行书，而且还可以看到作风跟钟王很相似的楷书。（图 7—14）可见那种认为魏晋时代不可能有楷书、传世钟王字帖都靠

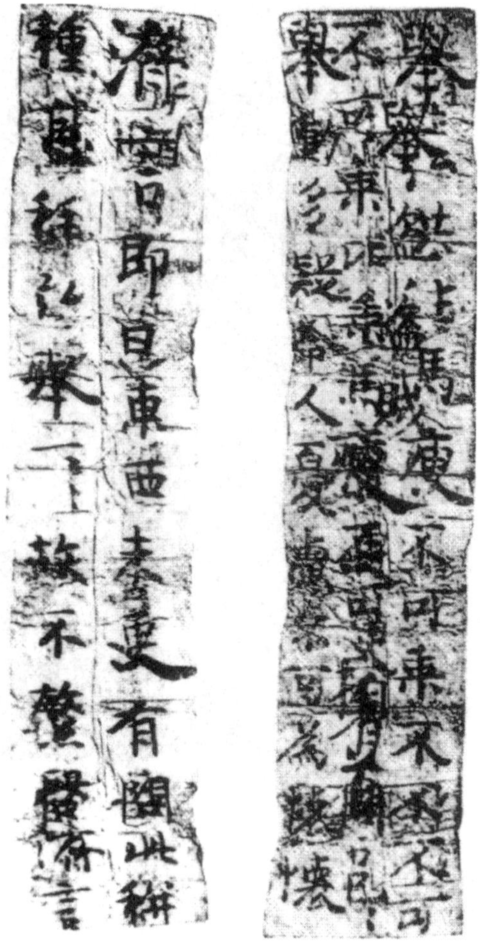

图 7-14 “楼兰遗址”出土残纸

不住的说法，是完全站不住脚的。

进入南北朝以后，楷书终于成了主要的字体。东晋时代的有些新隶体，跟行、楷已经相当接近。到了南北朝，就出现了在钟王楷书的影响下由新隶体演变而成的一种楷书。在南北朝早期的碑刻上，占统治地位的已经是这种楷书了（其形成似当在东晋时代）。这种楷书在结体和笔法上保留了新隶体的一些比较明显的痕迹，而且在使用于碑刻时，就跟东晋碑刻上的新隶体一样，往往有仿古的倾向，笔法略带八分的意味，因此其面貌要比钟王楷书古拙。在北朝的碑刻里，这种楷书较长期地占据着统治地位。由于使用这种楷书的北魏和东西魏的碑刻很多，后人称之为魏碑体。

南朝到了齐梁时代，碑刻上就出现了跟钟王体很接近的楷书。北朝到了后期，碑刻上的楷书也出现了向钟王体靠拢的现象。唐以后，魏碑体基本上退出了历史舞台，到了清代才由于书法家的提倡而重新受到重视。

钟王楷书脱胎于行书，作为碑刻上的正体来用，结体和笔法都有不够庄重的地方。南北朝时人已经为此而对钟王楷书作了一些改造，不过直到唐初的欧阳询才较好地完成了这项改造工作。因此也有人认为楷书到唐初才真正成熟。例如认为“钟王小楷乃隶之行”的孙鑛就说：“若楷书则断自欧阳始，点点画画，皆具法度，无一笔迁就从便，意正与隶同，法正与行草相配也。”[1]

楷书的“楷”当楷模讲，“楷书”的原意就是可以作为楷模的字或有法度的

[1]《书画跋跋》。

字，本来并非某种字体的专名。魏晋时代人曾称工整的八分书体为“八分楷法”或“楷法”。脱胎于行书的钟繇楷书，在当时显然没有资格称“楷书”，说不定本是包括在钟书三体的行狎书即行书里的。从南北朝到唐代，楷书有正书、真书、隶书等名称。正书、真书都是相对于行书、草书而言的，隶书是相对于八分而言的（后人或称楷书为今隶，汉隶为古隶。这种“古隶”的意义跟前面讲隶书时所说的“古隶”不同）。“楷书”这个名称也曾经跟“楷法”一样，被用来指称过八分。唐张怀瓘《书断·上》“八分”条就说八分“本谓之楷书。楷者，法也，式也，模也”[1]。不过在唐代，“楷书”大概也已经用来指称我们所说的楷书了。宋以后，“楷书”就成为我们所说的楷书的专称了。

楷书通行后，汉字字体就没有很大的变化了。

## 第三节
# 汉字结构的主要变化

从结构上看，汉字主要发生了三项变化：（1）形声字由少数变成多数。（2）所使用的意符从以形符为主变为以义符为主。（3）记号字、半记号字逐渐增多。下面分别加以说明。

### 一、形声字由少数变成多数

在汉字发展的过程里，形声字在全部汉字里所占的比重逐渐上升，由少数变成了占压倒优势的多数（这里所说的“全部汉字”指全部表意字、形声字和记号字、半记号字，不包括借这些字充当的假借字。关于记号字、半记号字参看第三小节）。

汉字形成完整的文字体系之后，新增加的字大多数是通过加偏旁或改偏旁等途径从已有的字分化出来的。有的通过在假借字上加注意符而形成，如前面讲字形繁化时举过的“狮”字。有的通过在某个字上加注意符表示它的引申义或本义而形成。例如：“取”引申而有娶妻的意思，[2]后来加“女”旁分化出了“娶”

〔1〕《法书要录》卷七。
〔2〕《诗·豳风·伐柯》“取妻如之何”。

字。“莫”本作，象日落草莽之中，是表示“暮”这个词的，后来由于常常假借来表示否定词“莫”，加注“日”旁分化出“暮”字来表示本义。有的通过在某个字上加注音符而形成。例如“食”本有“使……食”的意思，后来加“司”旁分化出“饲”字来表示这一意义（也有可能“饲”是把“飤”的“人”旁换为“司”旁而成的字）。改变某个字的偏旁而成的分化字，多数是表示引申义的。例如张开的“张”引申而有发胀的意思。[1]后来把它的“弓”旁改成“肉”旁，分化出“胀”字来专门表示这一意义。通过上述这些途径分化出来的字，绝大部分是形声字。

由于用图形表示字义是造表意字的重要方法，汉字象形程度的不断降低，对造表意字很不利，并使很多已有的表意字的字形难以再起原有的表意作用，但是形声字一般却不受影响。这不但促使人们越来越多造形声字，少造表意字，而且还促使人们陆续把一些表意字改成形声字。例如“昃”（昗）字本作，用人跟太阳之间的位置关系来表示日已西斜的意思，后来通过把倾斜的人形改为形近的音符“夨”而变成形声字。前面讲过，“凤”字曾由象形的表意字变为从“鸟”“凡”声的形声字，这也是这方面的一个例子。有时为了简化等目的，也会把表意字改成形声字。例如当捕兔网讲的“罝”在甲骨文里写作从“网”从“兔”，是一个表意字，后来通过把“兔”旁换成笔画较少的声旁“且”而变成形声字。为了简化等目的把形声字改成表意字的现象也是存在的，例如把从“山”“严”声的“巖”改成从“山、石”会意的“岩”，把从“户”“睘”声的“扃”（有加“木”旁的繁体）改成表意字“闩”（“一”象门闩）。不过这种现象要比表意字改成形声字的现象少见。

一方面，在新增加的文字里形声字占了绝大多数；一方面，已有的表意字还有不少陆续被改成了形声字。因此形声字在全部汉字中所占的比重就逐渐上升了。有人曾对殷墟甲骨文里已认识的那部分字的结构作过研究，发现形声字还明显地少于表意字。[2]在周代，特别是在春秋战国时代，形声字增加得非常快，新造的表意字则已很少见。这从有关的古文字资料里可以清楚地看出来。可能早在春秋时代，形声字的数量就已经超过表意字了。关于《说文解字》所收的九千三百多个小篆里的形声字的数量，有几种统计数字，一般认为形声字占 80% 以上。南宋郑樵在《通志·六书略》里对两万三千多个汉字的结构作过研究。根据他的统计

---

〔1〕《左传·成公十年》：“将食，张，如厕。”

〔2〕参看李孝定《中国文字的原始与演变（上篇）》“甲骨文的六书分析”节，《史语所集刊》45 本第 2 分，1974，第 374—380 页。

数字，形声字的比重已经超过90%。不过在常用字里，表意字比较多，所以形声字的比重就比较低。有人根据教育部1952年公布的常用字表里的2000个字作过统计，算出形声字约占74%。在汉字里，有些字的结构应该归入哪一类尚无定论，因此上引的那些统计数字是不可能很精确的。但是这些数字所反映的形声字由少数逐渐变成占压倒优势的多数的情况，显然是合乎历史事实的。

形声字既有表音成分，又不像有些假借字那样有造成误解的可能。在使用意符、音符的文字里，尤其是在汉字这种记录单音节语素占优势的语言的文字里，这是最适用的一种文字结构。形声字比重的上升，是汉字发展的主要标志。

## 二、所使用的意符从以形符为主变为以义符为主

汉字的意符可以分成形符和义符两大类。

有的意符是作为象形符号使用的，它们通过自己的形象来起表意作用，如古汉字里“人”“日”等字所使用的、等符号，又如构成（射）字的弓矢形和手形。我们把它们称为形符。几何形符号如果有以形表意的作用，如“一”“二”“三”等字表数用的横画，也可以看做形符。在古汉字里，那些从结构上不能进一步分析的独体字，如上举的“人”“日”“一”和前面举过的“鹿”“大”等字，一般都是用形符造成的表意字。有些形符只能用来构成合体表意字，本身不能独立成字。例如：古人画一前一后的两只脚作为（步）字。象人的左脚（参看第二节的第二小节里讲商代字体变化时所列的字形对照表），独立使用时就成为“止”字（“止”的本义就是脚，“趾”是表示它的本义的分化字）。但是象右脚的（）却不能独立成字（《说文》把“”也看做一个独立的字，是有问题的）。又如（立）字使用的两个形符，象站着的人，一象地面，表面上跟“大”字、“一”字同形，实际上却跟这两个字没有关系，所以也应该看做不能独立成字的形符。

有的意符不是依靠自己的形象来表意的。这种意符通常都是由已有的字充当的表意偏旁，它们就依靠本身的字义表意。例如：合体表意字“歪”由“不”“正”二字构成，它的字义就是“不正”，“不”和“正”在这里就是依靠本身的字义来表意的。我们把这种意符称为义符。形声字的形旁一般由依靠本身字义来指示形声字字义的字充当，这种形旁也是义符。在我们现在使用的汉字里，有少数义符不能独立成字，只作偏旁用，如“辶”（由“辵”简化）、“疒”、“宀”等。它们通常是很常用的偏旁，所代表的意义是一般人所熟悉的（“疒”和“宀”在古文字里本来可以独立成字。“辵”本是由用作偏旁的“彳”和“止”合成的一个偏旁。《说文》把“辵”看做独立的字，所根据的恐怕是后起的用法。这种用法也已

淘汰。“彳”其实也可以看做不能独立成字的义符，它本是“行”用作偏旁时的省体，“彳亍”的用法是后起的)。

形符和义符的界线也并非总是很明确的。在古文字里，有些表意字的偏旁既可以看做形符，也可以看做义符。例如（林）字，无论把构成这个字的两个看做形符——树木的象形符号，还是看做义符——由“木”字充当的表意偏旁，都可以从字形体会出树林的意思来。不过从隶、楷的角度来看，这类偏旁就只能归入义符了。

在象形程度较高的古文字里，表意字绝大部分是用形符造的，形符是意符的主流。汉字由象形到不象形的变化，破坏了绝大部分形符的表意作用，但是对依靠本身的字义来起作用的义符则并无多大影响。因此随着汉字象形程度的降低，造表意字的方法就逐渐由主要用形符变为主要用义符了。春秋战国以后新造的表意字不但只占全部新增加的文字的一个很小的部分，而且大多数是用义符构成的合体字，如“劣”(弱而少力为劣)、“羴”(“膻”的异体，指羊的臭味)之类，用形符造的字如“凹”“凸”等为数极少。

一方面，在造表意字的时候，形符使用得越来越少。另一方面，旧有的表意字里的形符也在不断减少。在汉字象形程度不断降低和字形不断简化的过程里，人们陆续把一些象形意味较浓厚的合体表意字里由不能独立成字的形符充当的偏旁，改成能够独立成字的偏旁。例如：前一节讲商代字体变化时举过的“戍”字，本象人荷戈形。早在殷墟甲骨文里，这个字就已经简化为，荷戈人形改成一般的“人”字，横置在人肩上的戈形也竖了起来，跟一般的“戈”字取得一致。当匹配、对偶讲的“雔”本来写作，象两鸟相对，后来变作，左边那个向右的“隹”改成了一般的“隹”字。涉水的“涉”本来写作，以一脚在水南一脚在水北示意，后来变作，成为从“水”从“步”的字。折断的“折”本来写作，象用斧斤砍断树木之形，后来断木形改成两个“ψ”，再后两个“ψ”又改成外形与之相近的（手)，就成为从“手”从“斤”的字了。这类表意字经过改造之后，大都可以认为已经变成了由义符组成的字。

为了尽量使偏旁成字，以便书写，往往不得不在字形的表意作用方面作些牺牲，“戍”“雔”“涉”“折”等字后来的字形，其表意作用显然不如原来的字形明确。有时为了使偏旁成字，甚至不惜完全破坏字形的表意作用。例如“射”字象弓矢的部分后来改成形状略有些相近的（身）字，跟字义就完全失去了联系(《说文》以“弓弩发于身而中于远”说“射”字从“身”之意，是牵强附会的)。

形声字的形旁一般是义符。因此形声字比重的不断上升，也意味着义符的重要性在逐渐增加，形符的重要性在逐渐降低。而且有些形声字的产生是直接跟某些形符的消失联系在一起的。用形符造的表意字加注音符之后，往往通过把形符改为义符的途径变成一般的形声字，如前面举过的“鳳”（凤）字。还有一些表意字通过把用作偏旁的形符改为音符的途径转变成形声字，如前面举过的“昊”（昃）字。

由于在造字的时候，形符使用得越来越少，义符则使用得越来越多（主要用作形声字的形旁），并且已经使用的形符也有不少陆续为义符或音符所取代，大概早在春秋时代，义符的重要性就已经超过了形符。在汉字演变为隶、楷的过程里，独体表意字所用的形符大都变成了丧失表意作用的记号（关于记号参看第一节第三小节）。例如“人”字和“日”字所用的形符变成隶书的“人”和“日”以后，已经一点也不像人和太阳的样子，只能认为已经变成了记号。充当表意字偏旁的不能独立成字的形符，如果在隶书形成前还没有为成字的偏旁所取代，在隶书形成和发展的过程里也大都变成了记号。例如构成“立”字的人形和地面形合在一起变成了一个记号，“步”字下部的右脚形也变成了记号。这样，曾经作为汉字义符主流的形符就基本上退出了历史舞台。在现代汉字里，可以认为真正是用形符造成的字，如“一”“二”“三”“凹”“凸”等，为数极少，而且几乎都是使用几何形形符的。

## 三、记号字、半记号字逐渐增多

在第一节里已经说过，汉字里用记号造字的情况极为少见。但是在汉字发展的过程里，由于字形象形程度的降低和简化、讹变等原因，有些表意字和形声字所用的意符或音符丧失了表意或表音作用，变成了记号。与此相应，这些表意字和形声字就变成了记号字或半记号字（半记号字指由记号跟意符或音符组成的字）。例如前面讲过，“日”字所用的形符在隶书里已经变成记号，因此“日”字就从象形的表意字变成了记号字（注意：称一个字为记号字，只是表明它所用的字符已经丧失了跟字音字义的内在联系。至于记号字作为文字所具有的表音表意作用，包括它用作合体字偏旁时的表音表义作用，是不会因此而丧失的。例如“日”变为记号字后，不但仍有字音字义，而且在“晴”“晦”等字里仍能起意符的作用，在“驲”“衵”等字里仍能起音符的作用）。又如“春”字本作“萅”，从“日”从“艸”，“屯”声；后来声旁“屯”跟作为形旁之一的“艸”省并成记号“耒”，因此这个形声字就变成了半记号字。

估计早在古文字阶段，就已经有一些表意字和少量形声字变成了记号字或半记号字。前面提到过的“射”字，在属于古文字的小篆里已经写作从“身”，就未尝不可以认为已经变成了记号字。

在汉字演变为隶、楷的过程里，有一大批表意字和一些形声字变成了记号字或半记号字。在前一小节里已经说过，在这一过程里，独体表意字所用的形符和象形意味较浓厚的合体字所包含的不能独立成字的形符，大都变成了记号。这就是说，独体表意字大都变成了记号字，包含不能独立成字的形符的合体表意字也大都变成了记号字（如“立”）或半记号字（如“步”），由形声字变成的半记号字，上面已经举过了“春”字。此外如“布”（本从“巾”“父”声）、“在”（本从“土”“才”声）、“寺”（本从“寸”“之”声）、“责”（本从“贝”“朿”声）等，都是例子。少数形声字，如本来是从“禾”“千”声的“年”字，完全变成了记号字。

50年代的汉字简化也采用了一些记号字和半记号字，如“头”是记号字，“鸡”、“疟”是半记号字。

总之，在我们现在使用的汉字里，记号字、半记号字的数量已经相当可观了。

还有不少字，虽然从表面上看，其结构并未由于字形演变和简化等原因而遭到破坏；但是由于语音和字义等方面的变化，对一般人来说，实际上也已经变成了记号字或半记号字。比较常见的一种情况，是形声字的声旁由于语音的变化丧失表音作用，实际上变成了记号。如“淦”的声旁“金”、“斛”的声旁“角”、“特”的声旁“寺”，对一般人都已经起不了表音作用了。“特”的形旁“牛”由于字义的变化也已经起不了表意作用了（“特”的本义是公牛，此义早已不用）。所以可以说“特”字实际上已经变成了记号字。上面举过的由形声字变成的半记号字“寺”“责”等，情况与“特”类似。还有上面举过的、下部偏旁已经变成记号的表意字“步”，也可以认为实际上已经变成了记号字，因为一般人大概不会知道“止”跟“步”在意义上有什么联系。此外，在这方面还有一些比较复杂的情况，这里不能一一说明了。

对以上所说的汉字在结构上所发生的变化，可以作如下概括：在象形程度较高的早期阶段（大体上可以说是西周以前），汉字所使用的字符主要是意符（以形符为主）和音符（严格说应该称为借音符，下同），形声字在全部文字里尚未占多数；后来随着字形等方面的变化，所使用的字符逐渐变成既有大量意符（以义符为主）和音符，也有相当多的记号，同时形声字逐渐由少数变成了多数。

在第二节和第三节里，我们对汉字发展过程中形体和结构这两方面的主要变化分别作了介绍。事实上，这两方面的变化是紧密联系在一起的。汉字象形程度的降低，是促使人们少造表意字多造形声字的重要原因之一。而形声字成为汉字主流这件事，回过头来又为汉字象形程度的进一步降低创造了条件。文字结构的变化，客观上常常造成字形繁化或简化的后果。文字形体的变化，也常常造成改变或破坏文字结构的后果。记号字的大量出现，主要是汉字形体的变化所引起的。这从文字结构上看是一种倒退，然而却是为了简化字形、提高书写速度所必须付出的代价。但是记号字如果增加得太多，汉字就会变成极难记忆的一种文字，使用起来一定会非常不方便。在今天，如何处理好字形简化跟文字结构的矛盾，仍然是一个需要认真对待的问题。

# 第八章
# 古代书籍制度的发展

书籍是人类用以记载和传承信息、知识与文明的载体。在我国悠久辉煌的古代文明中，书籍产生的时代很早，有漫长的发展历史。不同时期的书籍，由于所用材料及样式的不同，形成各异的书籍制度。概括而言，我国古代书籍制度主要分为三大类，即简牍制度、卷轴制度和册页（叶）制度。至于商周的甲骨刻辞、铜器铭文及后来的碑石刻文，也有学者认为可以列入古代书籍之列。不过甲骨刻辞和铜器铭文一般都有特定的内容和用途，大多不以广泛传播文化知识为目的，而属于文献档案之类；碑石虽有铭刻古代典籍或诗文的，但毕竟是特殊的形式。因此，这几种写刻载体在书籍制度上不具有典型性，这里姑且略而不论。

## 第一节 简牍制度

### 一、简牍的起源和历史

简，指竹木制成的简册；牍，指木制的版牍。竹木由于遍地生长、物丰价廉，是我国最早使用的书籍材料之一。用竹木制成的简册，从古文字学和历史文献考察，可以推断至迟在商代就已出现。商代甲骨文中有“册”字，也有“典”字。“册”写作“”、“”、“”等，均象竹木简编连之形；“典”则写作“”、“”等。东汉许慎的《说文解字》引庄都说：“典，大册也。”今人认为象以手捧册置于架上。从甲骨文还知道，商代已把史官称为“作册”，这与我国早期文献《尚书》中的“王命作册”、[1]“命作册度”等语适相印证。[2]《尚书·多士》篇还

[1]《尚书·洛诰》。
[2]《尚书·顾命》。

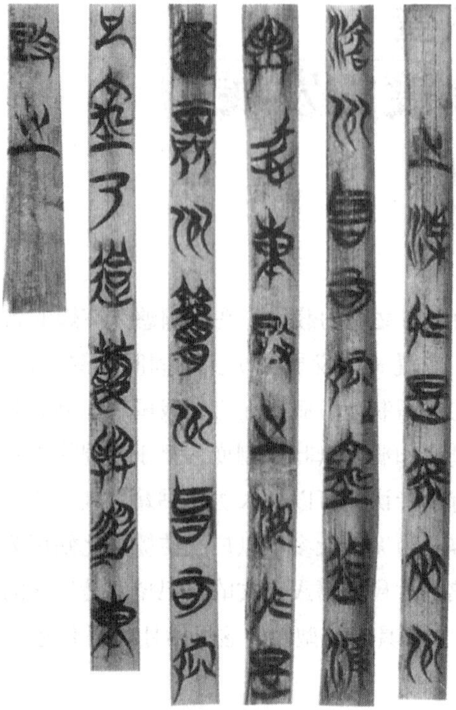

图 8-1 上博楚简《容成氏》

明确说："惟殷先人，有册有典。"这些都可视为商代已使用简册的有力佐证。至于版牍，文献记载周代已使用。《周礼·司书》说："掌邦人之版。"《司民》说："掌民之数，自生齿以上皆书于版。"等等。不过，可能由于年代久远、朽蠹殆尽的原因，在考古发掘中，至今没有发现商周时期的简牍实物。

目前考古发掘中出土的简，最早的属战国前期，如1978年湖北随县擂鼓墩一号墓发现的楚简（年代为前433年）；版牍最早的属战国晚期，有1975年在湖北云梦县睡虎地四号秦墓发现的两件木牍家信（时间约前223年）；和1979年至1980年四川青川郝家坪50号墓发现的秦牍等。(图8—1)

不过，商周的简牍典册，最初还不等同于后世的书籍。因为最早的典册都是史官的著作，内容大多是记录统治者的言行，目的是为统治者提供参考。加之春秋以前，史官垄断了著作权和典藏权，这些典册不是一般人所能见到的，因此基本属于文书档案性质。另外，西周至春秋时，还产生了许多诗歌作品，收集起来以配合舞乐，就成为后来的《诗经》；用蓍草占卜的卦辞、爻辞，收集起来以判吉凶，就成为后来的《周易》；贵族之间通行的礼仪，收集起来以节制行止，就成为后来的《仪礼》，等等。这些资料的收集整理者本是贵族中有文化的"祝"、"史"之流，写于典册后也由他们掌握，一般人同样不能见到，所以最初也都属文书档案性质。

春秋后期，中国社会发生了剧烈的变革，文化开始从祝史的手中下移到民间。儒家创始人孔子，以个人身份整理修订六经，并用以在民间传播知识文化。这样，《书》、《诗》、《易》、《礼》、《乐》、《春秋》之类，就成了传授文化知识的教科书，正式变成了供人阅读的图书。此时个人著述也大量出现，到战国时期，不同学派、不同思想的人们纷纷著书立说，形成"百家争鸣"的局面。此时，书籍作为思想文化的载体，无论从内容到形式，还是从数量到质量都有了一个划时代的发展。

春秋战国以前的书籍，大多写在简册上，也有的写在缣帛上。简册与帛书，甚至与后来的纸书，在行用的时间上有或长或短的交叉重叠时期。据现有资料，至迟在春秋战国时期，丝质的缣帛就已被用作书写材料，不过由于价格昂贵，在行用上始终未能独占一个时代（详见“卷轴制度”一节）。两汉时期虽然发明了纸，但直到东晋，官府公文、户口黄籍等还常用简牍书写，以示庄重。唐徐坚《初学记》卷二一引《桓玄伪事》说：“古无帋（纸），故用简，非主于敬也。今诸用简者，皆以黄纸代之。”桓玄（369—404）在东晋末年曾代晋称帝，可见在此之后，简牍才基本为纸所代替。

如果从商代开始算起，直至公元四五世纪，竹木简册的使用，至少已有一千多年的历史。

## 二、简牍的形制

20世纪20年代，王国维和马衡二先生先后撰写了《简牍检署考》、《中国书籍制度变迁之研究》两文，对简牍和帛书的形制多所论证。由于此后，特别是近些年来简牍实物的不断发现，王、马两先生的考证大多得到了证明，而其中的小疵微瑕，也有了补正的依据。

简牍形制的书，固然主要以竹木为载体，但有时也用玉石。1965年以来，文物考古工作者在山西省侯马市秦村以西，发现了几百个晋国盟誓遗址，共出土盟书五千多件，文字可辨识的有六百多件，大多是春秋时晋国的盟誓公约，这就是著名的“侯马盟书”。这些盟书写在玉石片上，形状类似圭、璋，也颇似简片，大多用朱笔写成，少数则为墨书。近年来在河南辉县，还曾出土50枚一束尚未写字的玉简。

用竹制简，首先须将竹竿截成段、劈成竹片，然后刮削修治成狭长条的简片，亦即古书中所谓“截竹为筒，破以为牒”[1]。简原有青皮的一面称为“篾青”，另一面称为“篾黄”，文字一般写在“篾黄”的一面。新竹水分多，易朽烂变形，所以还必须烘干水分，这叫“汗青”、“汗简”，也叫“杀青”。东汉应劭《风俗通》说：“刘向《别录》云，杀青者，直治竹作简书之耳。新竹有汗，善朽蠹，凡作简者，皆于火上炙干之。陈楚间谓之‘汗’，汗者，去其汁也。吴越曰‘杀’，亦治也。”[2]“杀青”后的简，就可用来写字了，所以后人常用作书籍的代称，南

[1]《论衡·量知》。

[2]《太平御览》卷六六〇引。按：此段文字，古今多以为应劭转录《别录》原文，而余嘉锡先生则认为只是应劭自己对《别录》中“已杀青”一语的解释，见其《书籍制度补考》一文。此文原刊于《故宫博物院文献馆特刊》，后收入《余嘉锡论学杂著》下册，中华书局，1963。

宋文天祥就有“人生自古谁无死？留取丹心照汗青”的诗句。[1] 后来人们写定书稿，也称为“杀青”。在干燥少竹之地，人们也常用木材制简。19 世纪末以来，曾在新疆南部、甘肃敦煌以及古居延等地多次发现西汉至东晋时期的木简。这些木简所用树材，多半是白杨木、柳木、松木，因其色白、质软，易于吸收墨汁。制作方法大体与竹简相似。

单根的简写不了多少文字，把若干根简编连起来，就是“册”，古书里也常写作“策”。唐代孔颖达说：“单执一札谓之为简，连编诸简乃名为策。”[2] 贾公彦也说：“简谓一片而言，策是编连之称。”[3] 编连简册，有时用“韦（熟皮条）编”，所以《史记 · 孔子世家》说：“孔子晚而喜《易》……读《易》，韦编三绝（断裂）。”有时则用各色丝绳，叫做“丝编”。据古籍记载，古《孙子》用缥丝绳编，《穆天子传》用素丝纶编，《考工记》用青丝绳编。[4] 考古发掘中还发现了用麻线或帛带编连的简册。如 1930 年在居延地区发现的西汉元帝永光二年（前 42 年）文书和东汉和帝永元五年至七年（93—95 年）的兵器簿，前者由 3 枚木简编成，后者由 77 枚木简编成，都用麻线，上下两道编。[5] 50 年代初，湖南长沙杨家湾六号墓出土 72 枚竹简，则用帛带编连，也是两道编。[6] 参考《说文》所说，“册”字“象其扎一长一短，中有二编之形”，可以知道，上下两道编，是古人编册常用的方式。如果竹木简较长，两道编不够牢实，也有用三道编、四道编甚至五道编的。（图 8—2）

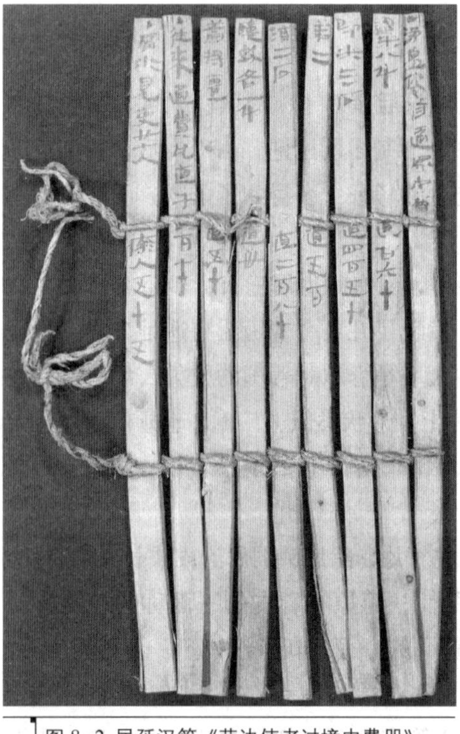

图 8–2 居延汉简《劳边使者过境中费册》

〔1〕《过零丁洋》。

〔2〕《春秋左传正义 · 序》孔颖达《疏》。

〔3〕《仪礼 · 聘礼》贾公彦《疏》。

〔4〕王国维《简牍检署考》引《太平御览》。

〔5〕参看马衡《汉永光二年文书考释》及《汉兵器簿记略》二文，见《凡将斋金石丛稿》卷七及《居延汉简甲编》。

〔6〕湖南省文管会《长沙杨家湾 M006 号墓清理简报》，《文物参考资料》1954 年第 12 期。

竹木简上的文字，通常是先将空白简编连成册，然后书写。《后汉书·周磐传》就说："编二尺四寸简，写《尧典》一篇。"已经发现的竹木简册，许多编绳虽已朽坏，但编痕处常留有空白，正是书写时避开编绳的结果。当然也有的简册是先写好后编的，所以简上的编绳有时盖过了文字，如《永元兵器簿》。

竹木简上的文字，过去传说是用漆书写的，但目前出土的简册上的文字，几乎都是用毛笔蘸上墨汁书写的。随同简册，人们还发现过战国、秦及汉代的毛笔、墨、砚等文具，这就更加有力地证明所谓漆书写简，恐怕是一种误传。过去还传说用刀在简上刻字，其实也是误传。在发现战国毛笔的河南信阳长台关一号楚墓，曾发现铜锯、锛、刀、削等物；湖北江陵凤凰山汉墓，随同笔、砚、墨等也曾出土青铜削刀。但是可以看得出来，这些都不是用来刻字的。铜锯、锛、刀等，是用来砍削制作简牍的，至于"削"或"削刀"，古称"书刀"，则是删改文字时所用。汉代刘熙《释名·释兵》说："书刀，给书简札有所刊削之刀也。"所谓"刊削"，指简上文字如果需要纠正或改动时，用书刀把原字刮削除去，再补写新字。所以《史记·孔子世家》称孔子修《春秋》，"笔则笔，削则削"。唐人颜师古解释说："削者，谓有所删去，以刀削简牍也；笔者，谓有所增益，以笔就而书之。"[1]

每根简上的文字，多少没有一定。大多数只写一行字，也有写两行、三行的；少的只有几个、甚至一二个字，多的则有数十字。如甘肃武威出土的木简，一般有60—80字。文字的书写格式，有的上下两端留有空白，如同后代书籍的天头地脚；有的则自上而下写满文字，两端不留余地；有的一根简上下分为数栏书写，如湖北云梦睡虎地秦简《为吏之道》，51枚简均分上下5栏书写。此外还有图、表格等形式。[2]

简册的长度，王国维和马衡根据文献资料的记载，认为视书籍的性质、内容有所区别：依照汉尺的长度，战国两汉的简最长为二尺四寸（约55厘米多），用以写六经及传注、国史、礼书、法令，即《说文》所说的"大册"之"典"；其次为一尺二寸（约27厘米多），用以写《孝经》等书；最短的八寸（约18.5厘米），用以写《论语》及其他诸子、传记书籍。所以东汉王充的《论衡·量知》篇说："大者为经，小者为传记。"因为战国尺制，有一种相当汉尺八寸，所以汉尺的二尺四寸、一尺二寸、八寸，分别相当于战国尺制的三尺、一尺半和一尺，所

〔1〕《汉书·礼乐志》颜师古《注》。

〔2〕参看吴九龙《银雀山汉简释文》，文物出版社，1985，第11页。

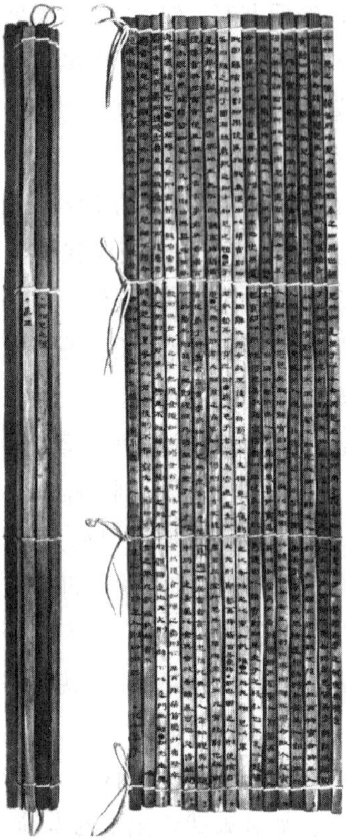
图 8-3 武威出土《士相见礼》复原

以“二尺四寸之律”，汉人或称为“三尺法”、“三尺律令”；[1] 而八寸之“诸子短书”，也有被称为“尺籍短书”的。[2]

上述简册的长短制度，从已发现的汉简看，大体上存在，只是并非十分严格。如1972年在山东临沂发现的银雀山汉简，最长的是《元光元年（前134）历谱》，长69厘米，约合汉尺三尺；1959年在甘肃武威出土的《仪礼》，也是写在长简上。（图8—3）银雀山汉简中长27.6厘米的最多，约合汉尺一尺二寸，多数是诸子书，如《孙子兵法》、《晏子》、《六韬》等；也有复原长度为18厘米，约合汉尺八寸的简。[3] 但在已发现的战国及秦简中，似乎还概括不出上述制度。比如信阳长台关一号墓楚简，其中一篇具有儒家色彩的文章，原简长42.5厘米，约合汉尺一尺八寸多；睡虎地秦简中，《编年记》简长23.2厘米，约合汉尺一尺；《语书》简长27.8厘米，约合汉尺一尺二寸；而《秦律》、《效律》、《秦律杂抄》、《法律答问》等法律文书，简长27.5厘米、27厘米、25.5厘米不等。战国简册还有些特别长，如湖北随县擂鼓墩一号墓的遣策，长约72—75厘米，约合汉尺三尺还多；也有的特别短，仅有13厘米多，还不到汉尺的六寸，如长沙杨家湾六号墓出土的楚简。[4] 可见汉以前的简册，长度似乎并无严格规定。

版牍是与简册形制不同的书写材料，由长方形木板制成，两面削治平滑以供书写，文献中称为“版”（也写作“板”），或称为“牍”。《论衡·量知》说：“断木为椠，析之为板，力加刮削，乃成奏牍。”另有一种三尺（指汉尺）长牍，也称为“椠”。《释名·释书契》说：“椠，板之长三尺者也。椠，渐也，言其渐渐然长也。”与版牍类似的书写材料，文献中还常提及“方”。《仪礼·聘礼》说：“书帽

〔1〕见《史记·酷吏列传》、《汉书·朱博传》。
〔2〕《论衡·谢短》。
〔3〕吴九龙《银雀山汉简释文》，第10—11页。
〔4〕参看李学勤《东周与秦代文明》，文物出版社，1984，第342—346页。

于方。”《周礼·秋官·硩蔟氏》说：“以方书十日之号。”等等。过去以为“方”就是版牍，东汉郑玄注《既夕礼》就说：“方，版也。”但据睡虎地秦简《秦律十八种》的《司空》说：“令县及都官取柳及木楘（柔）可用书者，方之以书；毋（无）方者乃用版。”[1]似乎与“版”的形制有所不同。《史记·酷吏列传》裴骃《集解》引《汉书音义》说：“觚，方。”所谓“觚”，则是一种方柱或三棱形的木制书写材料。

每块版牍的平面面积比单根的简阔大，在单位面积内可以容纳更多的文字，有的可达几百，这是其长处。但也正因如此，相对阔大的版牍却也不易像简那样编连成册，大多是单块使用。（图8—4）因此，版牍一般不适于抄写长篇，而是用于相对较短的公私文书或信件。据王国维考证，秦汉以来的版牍，除三尺之椠外，最长的为汉尺二尺，其次为一尺五寸，再其次为一尺，最短的五寸。二尺之牍，用以写檄书诏令；一尺五寸的牍多为传信公文；一尺牍多用以写书信，所以书信古称“尺牍”；五寸牍多为通行证，是通行关卡哨所时的凭证。此外汉代天子诏书，还喜欢用一尺一寸之牍，所以汉代文献中常有“尺一板”、“尺一诏”、“尺一”等语。出土的实物证明王国维的考证大体是正确的。如云梦睡虎地四号墓出土的两件木牍，是战国末年秦军中名叫黑夫和惊二人所写的家信，一件残缺，另一件全长23.4厘米，大致相当汉尺一尺。四川青川郝家坪50号墓出土的两件战国晚期秦牍，有墨书文字的一件，正面是以秦王诏令形式颁布的《为田律》，背面是与法律有关的记事，长46厘米，约合汉尺二尺。由于版牍较宽，比起狭长的简，

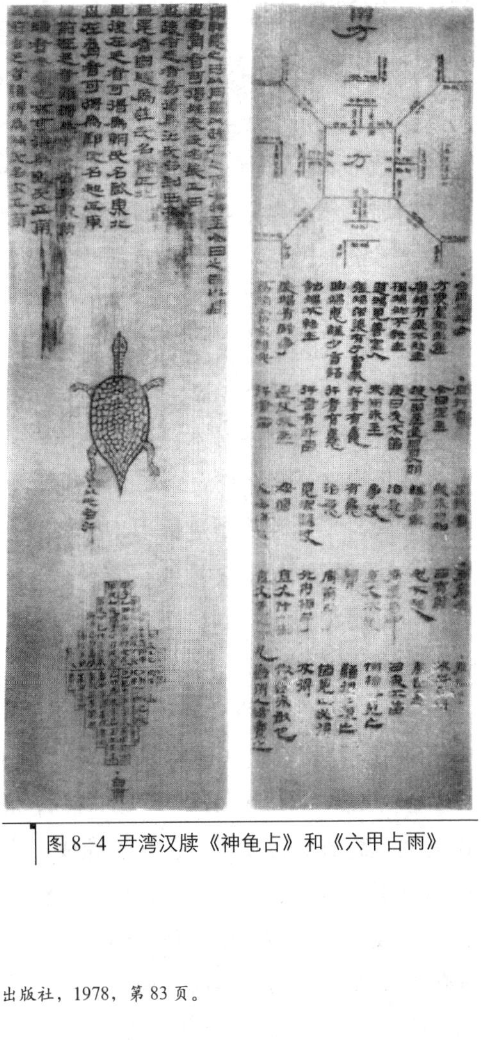

图8-4 尹湾汉牍《神龟占》和《六甲占雨》

〔1〕睡虎地秦墓竹简整理小组《睡虎地秦墓竹简》，文物出版社，1978，第83页。

更适于作图，所以古代的地图常常画在版牍上。后来人称标明国家领土区域的地图为“版图”，正是这种现象的反映。此外，木牍虽然一般不用作长篇书籍的书写材料，不过也常常用以记述简册内书籍或文章的篇题、篇数等，与简册相辅为用，如同后世的书籍目录，这是近年来考古发现的另一种用途（详见“简牍制度的影响”部分）。

古时臣子在朝向天子奏禀事由，为了简洁明了及防止遗忘，常写在一块比牍狭小的长方形小木板上，持在手中，汉人称为“奏”或“奏牍”。《释名 · 释书契》说：“奏，邹也，狭小之言也。”后世则常用玉石或象牙制成，其形略曲，两端稍窄，称为“笏版”，但并不在上面记事，逐渐演化为一种朝政装饰物。

## 三、简牍制度的影响

简牍制度是我国最早的书籍制度，对后来书籍形制的发展有很大影响。

简册形制的书，其编连长度要视书籍内容的长短而定。但如果太长，抄写、阅读和收藏都不方便，因此就需要分成若干“篇”。每一篇往往是由若干枚简编成的一册，然后合数篇为一书，如《论语》20 篇、《孟子》七篇等。《汉书 · 艺文志》著录图书，“篇”与“卷”同时使用。“卷”指卷轴形制的帛书，“篇”即指简册形制的图书。简册之“篇”，内容上或是一意相贯，或是以类相从，大多自成段落，这正是后世书籍文章分“篇”的由来。同样，后世的长篇巨帙往往分成若干册，也正肇始于简册各篇之“册”。

古代的书籍，许多本无书名和篇名，或者有篇名而无书名，出土实物多有所见。如果书名、篇名都有，简册中往往是篇名（小题）在上，书名（大题）在下。这种方式，早期古籍中还采用，后来则改为大题在上、小题在下了。考古资料中还发现这样的情况：全书书名写在最末一简的背面，如睡虎地秦简《封诊式》，这在后世书籍中很少见到。简册的篇名书写格式，考古发现有多种，其中对后来书籍形式影响较大的有：

1．篇名单独写在篇首第一简的正面，正文从第二根简开始书写。这种篇名在正文之前的格式，后来成为书籍的通用格式。

2．篇名写在篇首第一枚简的背面，正面书写正文。这种格式与简册的收藏方式有关。简册书写完毕，往往是卷成一束放置。卷的方向是由左到右，这样，写在篇首第一简背面的篇名就正好显露在外，方便查阅。这与后来书籍都要在外封面上写或印上书名，作用是一样的。由简册的卷起收藏，还令人想到，后来卷轴制的帛书及纸卷所以卷起收藏，固然与其质地柔软、便于卷舒的性质有关，但恐怕最早也是受了简册卷束收藏方式的启发。

3．简册的开头两根简不写正文，篇名有时写在其中一简的背面，作用与上述第2种相同；有时也写在空白简之后、正文的前边。这篇首的两根空白简，称为“赘简”，作用是保护后简少受磨损。后来的帛书、纸卷，前面也都留有空白，以免后边的文字部分受损，显然是沿袭简册的遗风。再后来册页制的书籍，封面及封底内往往留有一页至几页的空白护纸，称为“护页”或“副页”，也正是这种遗风的一脉相承。

4．篇名写在篇末最后一简的文字结束处，或是写在最后一简的背面。这种篇名在正文后的格式，在《诗经》、《礼记》等多种古籍的早期版本中常见，但后代版式则很少见到。如《礼记 · 乐记》，据《史记 · 乐书》及唐张守节的《正义》，原本有多项小题，今天的通行本（如《十三经注疏》本）中大多不存，但《子贡问乐》一篇的篇题尚在，而且正在篇末，从中可窥知古书旧貌。

简牍制书籍的篇名，除了在简册中标明外，还有另外集中写在木牍上的。这种篇题木牍，近年来时有发现。如银雀山一号汉墓，随同简册一起出土的还有木牍和木牍残片，经缀合以后的五件木牍，都记载着与汉简相应的书籍篇名及篇数，其中包括《孙子兵法》和《守法守令十三篇》的篇题木牍。因为二号木牍的中腰两侧各刻有小缺口，以便系绳，而木腰中也留有清晰的系绳痕迹，可见这些篇题木牍，原本是附系于卷起的简册外部的，作用相当于简册书题的目录。[1]后世书籍，正文之外莫不有目录或总目，追始溯源，简牍制时就已发端了。

用许多简编连成册，书写文字也就有了天然的界栏，可以保持整齐、清晰。后来的帛书、纸卷，大都画出界栏，以便使文字整齐和美观，帛书中还有用丝织出界栏的。后来雕版印刷的册页制书籍，也莫不有界栏，这应当也与简册的形制有某种联系。

最后还应注意的，是简牍制度对书籍、文章内容方面的影响。因为简册总是用各种编绳编连，翻阅日久，再结实的编绳，也不免散断，所以孔子读《易》，“韦编三绝”。编绳一旦散断，原简的排列顺序极易混乱，甚至还有可能造成简数的脱损，这样，书籍或文章的内容也就会颠倒错乱或者缺失。因此简牍形制的书籍，“脱简”或“错简”的情况经常出现。如果一部书的乱简再和别种书简混在一起，清理辨识起来就更为困难。《汉书 · 艺文志》就说：“刘向以中古文（《尚书》）校欧阳、大小夏侯三家经文，《酒诰》脱简一，《召诰》脱简二，率简二十五字者，

〔1〕吴九龙《银雀山汉简释文》，第231页。

脱亦二十五字；简二十二字者，脱亦二十二字。文字异者七百有余，脱字数十。”所以在今日的考古发掘中，辨别散乱的简册顺序、正确排出书籍文章的前后内容，是件极为繁难的工作。早期简牍制书籍的一些“脱简”和“错简”情况，在后来书籍形制发生变化时，因为无由纠正，往往依旧流传下来。其后虽经历代文人学者的研究、校正，但仍有一些存在于流传至今的古书中。或是还没被发现，或是虽有觉察但无从校正，因而带来人们阅读和理解上的困难。所以可以说，简牍制度对书籍内容的影响，直至今日也还没有完全消失。

## 第二节 卷轴制度

卷轴制度书籍，包括帛书和纸卷书两种形式，它们有共同之处，也有各自的特点。

### 一、帛书的起源和历史

帛书是写在缣帛等丝织品上的书籍或文章。丝织品的发明和加工，需要更多的智慧和技术成分，因此帛书的出现，或许晚于简册。简册虽是简便易得的书籍材料，而且在很长时期内广泛使用，但有不少缺陷。除了因编绳散断，容易导致“脱简”、“错简”外，编连成长册后，因为体大质重时常不便阅读和携带。例如战国学者惠施，就曾经用五辆车来运载笨重的书籍，这就是成语“学富五车”的来历。[1] 此外据说秦始皇每天批阅公文，“至以衡石（120 斤）量书”[2]；西汉东方朔上书，用奏牍三千，汉武帝让两个壮汉尽力持举，从上方阅读，“二月乃尽”[3]。相比之下，丝织品的帛书有不少优点：缣帛质地柔韧，吸墨性强，既便于书写，又可随意卷舒，阅读和收藏都比较方便；帛书的分量很轻，携带方便；帛书的篇幅宽长，书写时可据书籍内容长短裁剪，又不会有简册散断错乱的毛病，等等。因此，我国古代很早就有人用缣帛写书，并在很

〔1〕《庄子·天下》。
〔2〕《史记·秦始皇本纪》。
〔3〕《史记·滑稽列传》。

长时期内与简牍并用。

养蚕织丝，是我国古代重要的发明，因此用丝织品作为书写材料，也应是我国首创。但帛书究竟起源于何时，由于资料和实物的匮乏，目前尚难确考。不过，至迟在春秋战国文献中，已时常可见关于帛书的记述。如《论语·卫灵公》说："子张书于绅。""绅"，《说文》说是"大带"，清人段玉裁《说文解字注》说是下垂的带，总之是一种丝织品。《墨子·明鬼》篇说："故书之竹帛，传遗后世子孙。"《韩非子·安危》篇也说："先王寄理于竹帛。"《晏子春秋·外篇第七》说得更为明确："昔吾先君桓公予管仲狐与谷，其县十七，著之于帛，申之于策，通之诸侯。"如果其言可信，那么在公元前 7 世纪的齐桓公时代，就有帛书了。所以王国维认为，"则以帛写书至迟亦当在周季"〔1〕。

由于丝织品比竹木更易朽坏，目前考古发现的帛书，大多出于汉代，先秦的较少。闻名于世的，有 1949 年前在湖南长沙子弹库发现的画有十二神像的楚帛书，现藏美国纽约大都会博物馆。1973—1974 年在长沙马王堆三号汉墓发现了帛书"篆书阴阳五行"，上有秦始皇二十五年（前 222）的记载，所以也很有可能写于秦统一前夕。此外还发现两件楚帛画。〔2〕

秦汉以来，缣帛更普遍地应用于书写，《汉书·艺文志》中已有相当的图书用"卷"来统计，应当是其行用的证明。这在其他文献也常有反映，如西汉高祖刘邦，曾"书帛射城上"〔3〕；扬雄《答刘歆书》说自己编纂《方言》时，"常把三寸弱翰，赍油素（一种光滑的白绢）四尺，以问其异语，归即以铅摘次于椠"〔4〕。东汉末年董卓作乱，挟献帝西迁长安，把洛阳城内东观、兰台、石室等处所藏缣帛图书抢出，"大则连为帷盖，小乃制为縢囊"〔5〕，"所收而西，犹七十余载"〔6〕，可见汉代朝廷收藏的帛书十分丰富。1973—1974 年底，长沙马王堆三号汉墓出土了大批西汉初年帛书，包括《老子》甲、乙本、《战国纵横家书》、《周易》、《春秋事语》、《经法》、《十大经》、《称》、《道原》等二十多种书籍、文章，还有三幅古地图，〔7〕更使得这个问题明朗化。（图 8—5）

魏晋以来，纸虽已普及，但缣帛仍然常用为书写材料。而且在人们的传统观

〔1〕《简牍检署考》。
〔2〕参看李学勤《东周与秦代文明》，第 352—357 页。
〔3〕《史记·高祖本纪》。
〔4〕《全汉文》卷五二。
〔5〕《后汉书·儒林传》。
〔6〕《隋书·经籍志》。
〔7〕参看《马王堆二、三号汉墓发掘简报》，《文物》1974 年第 7 期；及文物编辑委员会编《文物考古工作三十年》，文物出版社，1979，第 315 页。

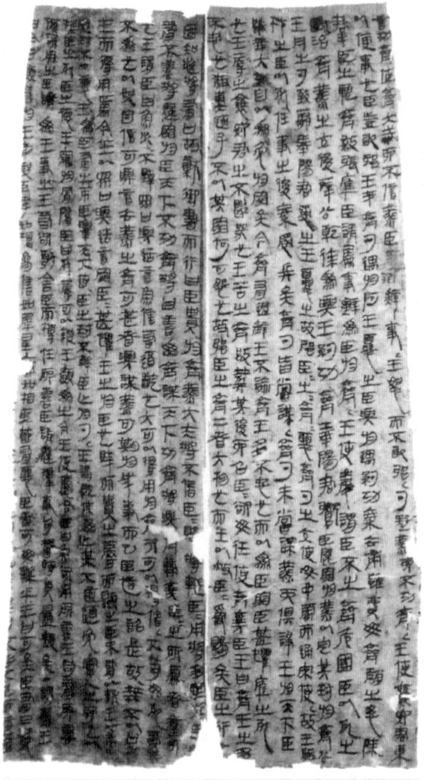

图 8–5 马王堆帛书《战国纵横家书》

念中，用纸不及用帛高贵、郑重，即所谓“素贵纸贱”。《北堂书钞》卷一〇四引崔瑗《与葛元甫书》就说：“今遗送《许子》十卷，贫不及素，但以纸耳。”裴松之《三国志注》引胡冲《吴历》也说：“帝（魏文帝）以素书所著《典论》及诗赋饷孙权，又以纸写一通与张昭。”西晋的荀勖著《中经新簿》，著录图书 29944 卷，“盛以缥囊，书用缃素”[1]。直到唐代，仍有人用缣帛写书。雕版印刷发明以后，丝织品一般不再用作书籍材料，但封建皇帝的诏书、圣谕及画家作画，也还常用缣帛。直到今天，绢帛仍然常用于书法或绘画。

总起来说，从现有资料和实物考察，至少春秋以降就已开始用缣帛写书和绘画，秦汉以来更是普遍行用。但由于丝织品价格昂贵，不能像竹木及纸那样广泛普及，所以帛书始终未有一个独立使用阶段。它的前期伴随着竹木简册的盛行，后期则因为纸书的兴起而衰落，从公元前 8—前 7 世纪到公元后 3—4 世纪，作为书籍的书写材料，大约也有一千多年的时间。

## 二、帛书的形制

我国早在商及西周时代，养蚕业就已相当发达了，因此丝织品的种类繁多，用途也越来越广。在《说文》中，丝织品就有缯、绢、绮、缣、绨、纨、缗、素、练、缥、缙、绮、缇、缲、缁、帛等数十种名称。而据清人汪士锦《释帛》统计，古代的丝织品有六十多种。这其中，可供书写的主要有以下数种。

“帛”字始见于甲骨文，是一般丝织品的通称。“素”是由生丝制成的白帛，不经漂染，平实无华，便于书写，也常用作书写用缣帛的统称。“绢”是用生丝织成，轻薄如纱，不仅常用于书写，还常用于绘画。与“绢”类似的还有“缯”，也

[1]《隋书 · 经籍志》。

是生丝织成的，轻柔洁白。“绨”可能是野蚕丝的织品，厚而暗，但较其他缣帛经久耐用。“缣”则是用双丝织成，色黄。《释名·释采帛》解释其得名由来时说：“其丝细致数兼于绢，染兼五色，细致不漏水也。”其价格远较普通的素帛贵。20世纪初，英国人斯坦因在所盗敦煌缣帛残卷上，就发现有用“缣”字标明织品种类的。此外，“缣帛”也是书写所用丝织品的通称。

古代织成下机的丝帛，成品长度不一，一般说来，标准尺度是40尺。用作书写材料时，可根据抄写内容的长短缝接或剪裁。唐人徐坚《初学记》卷二一就说：“古者以缣帛，依书长短，随事截之”。所以帛书的长度，短的有一尺至数尺，长的则有数丈，因此东汉董卓的官兵才会用来做滕囊或帷盖。考古发现的帛书也是长短不一，如长沙子弹库的十二神像帛书长38.7厘米，帛画长37.5厘米；陈家大山帛画长31厘米；马王堆帛书《战国纵横家书》长约192厘米等等。

帛书的宽度，古籍记载以一尺为常制，但从考古实物看，有时也并不一致。马王堆帛书，有一种是用整幅的帛来书写的，宽约48厘米，如《老子》等；另一种则用半幅的帛来书写，宽约24厘米，如《周易》、《战国纵横家书》等；[1]子弹库的帛书、帛画分别宽47厘米和28厘米；陈家大山帛画宽22.5厘米。20世纪初在敦煌发现的东汉初年缣帛书信，一件约9厘米见方，另一件长15厘米，宽6.5厘米，可见帛书的宽度也是经常根据需要来裁截的。

帛书的书写格式，往往仿照简册。开卷一般留有空白，如同“赘简”。如果有书题，一般也是大题在下，小题在上；也有篇名在卷末的，标明“右几章”。较长的帛书，有时一种书写完以后，并不截开，从另一行开始接抄别的书。有的在两种书之间画一个小黑方块，以示区别。帛书文字也是由上而下书写，为使各行文字书写整齐，有的帛书仿照简册形制，用朱笔或墨笔画上界栏，如马王堆帛书《老子》，各行间就有用朱砂画成的红色界行。（图8—6）帛书的界栏，早期大多为手画，当帛书盛行以后，为使用方便，也为了美观，于是有人用赤丝或黑丝事先在缣帛上织出界栏，如同今日稿纸，专供书写之用，后人称之为“朱丝栏”、“乌丝栏”。

缣帛的质地柔韧，可以随意折叠或卷舒，所以早期的收藏方式是折叠与卷束并用。如子弹库十二神像帛书，就是经过8次折叠，然后放在一个竹匣中；[2]马王堆帛书中，用整幅帛写成的，也是折叠成长方形，再放在一个漆盒下层的格子

---

〔1〕晓菡《长沙马王堆汉墓帛书概述》，《文物》1974年第9期。
〔2〕商承祚《战国楚帛书述略》，《文物》1964年第9期。

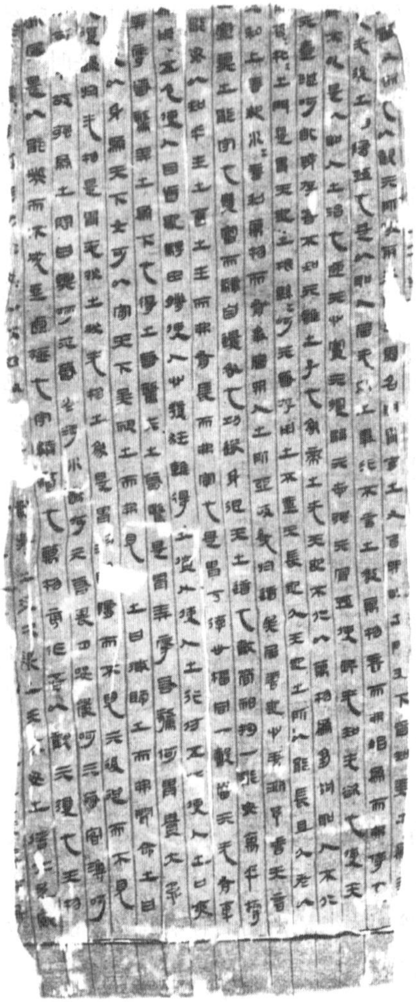
图8-6 马王堆帛书，有界栏

里；而用半幅帛写成的，则用一长方形木片为轴，卷成一卷。[1]折叠收藏的帛书，天长日久，折叠处难免破损断裂，所以后来的帛书，大多采用卷束收藏的方式。一部书可以卷成一卷或几卷，所以后来“卷”就成为计算书籍篇幅的单位，一直沿用到今日。不过，古时所说的“卷”，最早指一册，今日也还有这种用法，如《马克思全集》、《列宁全集》、《毛泽东选集》等，一卷就是一册。但在一般古籍中，卷的篇幅往往比册小，一册中常有若干卷。

帛书的卷束，形式与简册有所不同。帛书与后来的纸卷，质软而薄，卷的时候就需要有一个轴，粘连在卷子的末端，以此为中心，从左向右卷。而竹木的简册，质硬且厚，最末一根简就起着轴的作用，无须另外用轴，这就是卷轴形制书籍之所以不包括简册的原因之一。卷轴制书籍所用的轴，要比卷子的宽幅稍长，卷起之后两头在外。其质料早期不过是竹木片，后来通用漆木。皇帝及王公贵族，常用贵重的质料制轴，如琉璃、象牙、玳瑁、珊瑚、黄金等。如南朝宋明帝所藏二王法书，就分别用珊瑚轴、玳瑁轴、金轴装帧；[2]而隋炀帝秘阁之书，“上品红琉璃轴，中品绀琉璃轴，下品漆轴”[3]。除卷、轴之外，据古籍记载，卷轴制的帛书及纸卷，还有褾（包首）、带、帙（袠）、牙签等附属品，以便保护书籍或便于查阅。但今日发现的秦汉帛书中却很少见到这类物品。它们很可能是草创于帛书卷轴，而大备于纸书卷子，所以我们放在下面“纸卷的形制”中一并说明。

〔1〕晓菡《长沙马王堆汉墓帛书概述》，《文物》1974年第9期。
〔2〕张怀瓘《二王等书录》。
〔3〕《隋书·经籍志》。

## 三、纸的发明和使用

简牍笨重，缣帛昂贵，作为书籍的书写材料，都有一定的局限性。我们勤劳、智慧的祖先，经过长期不懈的实践和探索，终于在世界上最早发明了轻薄便用、价廉物美，足可以取代竹木和缣帛的书写材料，这就是纸。

提起纸的发明，我们自然会想到东汉蔡伦造纸的故事。南朝宋范晔的《后汉书·宦者传》中的《蔡伦传》说："自古书契，多编以竹简；其用缣帛者，谓之为'纸'。缣贵而简重，并不便于人。伦乃造意，用树肤、麻头及敝布、鱼网以为纸。元兴元年（105）奏上之，帝善其能，自是莫不从用焉，故天下咸称'蔡侯纸'。"在东汉刘珍等人的《东观汉记》、晋张华的《博物志》中，也有类似的记载，因此长期以来人们一直认为，纸是东汉蔡伦发明的。实际上，这种看法是不准确的。

在谈到纸的发明时，首先应该明确，"纸"的概念内涵是不断发展的，曾经发生过重大变化。我们今天所说的纸，通常用植物纤维造成，而东汉以前文献中提到的"纸"，许多时候是指动物纤维的丝绵纸，在质地上与缣帛相同，所以上引《后汉书》蔡伦本传才会说："其用缣帛者，谓之为纸。"这在东汉许慎的《说文解字》中也可以得到证实。《说文》解释"纸"的本义是："絮一苫也，从纟，氏声。"这是因为古人制作丝绵冬衣时，要把煮过的蚕茧放在席箔上浸入水中，然后反复捶打，使蚕茧铺开成为丝绵。当把丝绵取下后，席箔上就会留有薄薄的一层残存的丝絮，将其晒干后揭下，就成为类似后世纸那样的轻薄丝絮片。古人常用来包裹东西，后来又发现可以在上面写字。这就是许慎所谓"絮一苫也"的内涵，也是其字形"从纟，氏声"的由来。在《汉书·外戚传下》中，还提到一种可以用来写字的纸叫做"赫蹏"（xiti）。东汉学者应劭说："赫蹏，薄小纸也。"孟康进一步解释说："'蹏'犹'地'也，染纸素令赤而书之，若今黄纸也。"[1]"素"本指白色生绢，"纸素"即指白色的丝絮片，孟康的意思是说，把前面提到的那种白色的轻薄丝絮片染成红色，就叫"赫蹏"了。上述这些文献资料告诉我们，在东汉蔡伦之前，当时所谓"纸"，时常是丝绵质地的，而且是在漂丝制衣过程中无意发现的一种副产品。

不过，这并不是说在蔡伦之前，就没有植物纤维纸。只不过其制造工艺可能是受丝质絮纸的启发，当时或许处于早期阶段，因而行用并不普遍罢了。例如，1933年，考古工作者在我国新疆罗布淖尔汉代烽燧遗址中，就发现了公元前1世

[1] 见《汉书》卷九七下，《外戚传》第六七下颜注引。

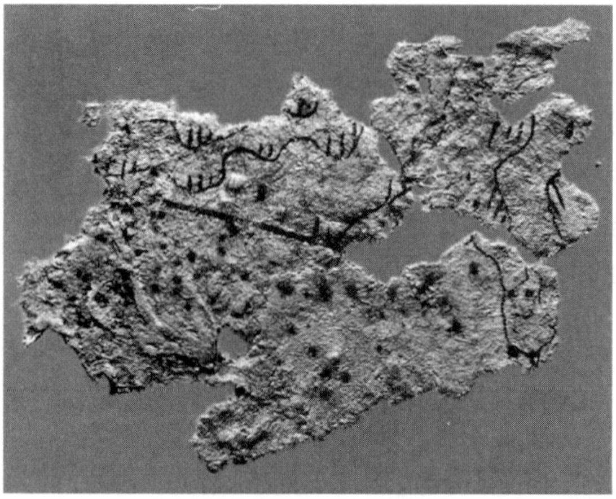

图 8-7 甘肃天水放马滩汉墓出土的纸地图

纪的西汉麻纸。[1] 稍后的 1942 年，又在甘肃额济纳河东岸查科尔帖汉烽燧遗址发现写有七行共五十余字的植物纤维纸。此后直至 1990 年，根据潘吉星先生的统计，我国共在八个年份、于西北数省总共 15 次发现西汉时期的植物纤维纸，或有字，或无字。最早的是甘肃天水放马滩汉纸，时间大约在公元前 176—前 141 年，较晚的也在公元 1 世纪之间。[2]（图 8—7）所以图书出版印刷史专家萧东发教授称："这些重要发现，从根本上动摇了蔡伦造纸说，把我国造纸术的发明时间向前推进约 281 年。"[3] 这些考古实物清楚无误地证明，我国早在西汉时期，就已经开始制造植物纤维纸了。不过如同所有事物的发展规律一样，植物纤维纸由它的原始形态发展演进成为一种成熟的写画材料，需要有一个较长时期的改进提高过程。蔡伦的功绩，在于总结前人的造纸经验，拓展造纸的原料，利用树皮、麻头、破布、渔网等低廉之物，同时当然也需改进造纸技术，从而造出了成本低廉而质地良好、可以广泛用于书写的植物纤维纸。这对于图书、文化的发展是一种有力的推动，其功绩也不容抹杀。

东汉以后，造纸所用的原料种类不断增多：魏晋除麻类外，还用藤类植物；隋唐以后又用桑、构（即楮）等；元代已多用竹类原料；明清以后，竹纸原料中又掺入了禾草类纤维。纸的产量、质量也日渐提高，并且传播到世界各地，为世界文明作出了重要贡献。

虽然东汉至魏晋，人们受"素贵纸贱"传统习惯的影响，认为用纸写书是种不敬，但植物纤维纸毕竟价廉而物美，在经济规律的支配下，仍然迅速传播于各地。所以魏晋以后（3—4 世纪），纸的使用便逐渐取代了竹简，并把缣帛排挤到附庸地位，王公贵族之家，也开始用纸写书了。据说西晋时，左思构思十年，写

〔1〕黄文弼《罗布淖尔考古记》，国立北京大学出版部，1948，第 168 页。
〔2〕潘吉星《中国科学技术史 · 造纸与印刷卷》，科学出版社，1999，第 55—57 页。
〔3〕萧东发《中国图书出版印刷史》，北京大学出版社，2001，第 35 页。

成《三都赋》，“于是豪贵之家，竞相传写，洛阳为之纸贵”[1]。陈寿写成《三国志》后，晋惠帝也曾“诏河南尹华澹下洛阳令张泓遣吏赍纸笔，就寿门下写取《三国志》”[2]。1924年，在新疆鄯善县就曾出土一份晋人写本《三国志》残卷，后被英国人盗往国外。1965年，在新疆吐鲁番一座佛塔遗址中，又发现一份晋人写本《三国志》残卷，内容是《孙权传》，存40行，五百多字。据考证，这两份抄本正是在西晋陈寿《三国志》成书不久抄写的，时间在3—4世纪。这可以算是我国现在可见的最早的纸本书籍了。

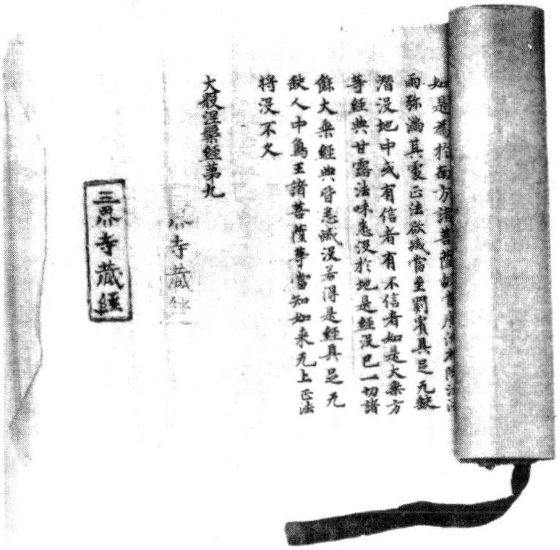

图 8-8　莫高窟藏经洞汉文写卷

从南北朝至隋唐，纸书写本更为盛行。1900年，在甘肃敦煌的莫高窟，曾发现数万卷5—11世纪初的纸书抄卷，由于当时主管道士王圆箓的愚昧、贪婪及清政府的腐朽、无能，这批抄卷中的精品已分别被英国斯坦因、法国伯希和等盗往国外，国内仅存劫余的八千多残卷。（图8—8）1969年，在新疆吐鲁番一座唐墓中还发现了一份唐中宗景龙四年（710）抄写的《论语郑氏注》前五篇，据卷上题字，抄写人是一位叫卜天寿的学童，时年12岁。居住边陲的小学生都能用纸抄书，由此可知唐代纸书抄卷的盛行状况。

总而言之，西汉时期我国已发明了植物纤维纸，经过东汉蔡伦的改进提高，开始广泛用作书写材料。但由于传统习惯的影响，直至魏晋，社会上仍然是纸书与简册、帛书并行。东晋末年，纸开始取代简册；魏晋以后，王公贵族也开始用纸写书，此后纸书抄卷独盛。唐代发明雕版印刷以后，纸更成为唯一的书籍印刷材料，一直使用至今。也就是说，纸从发明至今，已有两千多年的历史了。

## 四、纸卷的形制

纸卷的形制初期是沿袭帛书卷轴，古代文献的记载和敦煌卷子等实物都证明

[1]《晋书·左思传》。

[2]《北堂书钞》卷一〇四引王隐《晋书》。

了这一点。到了后期开始向册页制转化，演进为独特的形制，如经折装和旋风装。

纸卷如同帛书卷轴，以轴为中心，从左向右卷束。纸卷一般由多张纸连接而成。古纸的长度往往有一定标准。汉纸每张大约是汉尺一尺（0.231 米）。晋纸的规格，宋人赵希鹄说："高一尺许，而长尺有半。"[1] 敦煌卷子纸一般宽 30 厘米左右，比晋纸略宽；长度大致是 41—48 厘米，约等于汉尺二尺，与古人所说二尺之纸用以抄书之语大致相符。古书篇幅较长需要多张纸连接时，或用糨糊粘连，有的还用烙铁烫熨，经久不散。如敦煌卷子，虽然有不少断烂，但连接之处却少有脱落。纸卷的连接处有时钤印或署名，称为印缝、押缝、款缝等。连接以后的卷子，长度通常有 9—10 米，甚至数十米。每一卷是一个单位，一本书可以由一卷或几卷组成。

为了使字体整齐美观，写书纸上一般要画出界栏。四周的叫"边"或"阑"（也写作"栏"），各行字之间的直行叫"界"。唐人称之为"边准"，宋人称为"解行"。后人也有采用帛书中的名称，称为"乌丝栏"、"朱丝栏"。纸卷各行的字数也不固定，从实物看，十几字到几十字的都有。卷子一般是一面写，也有两面都写字的，如敦煌卷子里，经书的注疏往往抄在背面，叫"背书"。

古书的注解也有的并不写在背面，而是写在别处。写在正面天头上的，叫做"眉批"；写在正文行间，叫"夹注"。这种写在正文行间的夹注，为了与正文有所区别，有多种样式：或者用大小两种字体分别书写，正文用单行大字，注解用双行小字；或者正文顶格写，注解低一二格写；或者注文仍作单行，但字体略小，写在正文的下面。这后一种方法，抄书者一不小心，往往会使古书的注解与正文混淆，产生类似"错简"的错误。六朝以来还出现用朱、墨两种颜色写成的卷子：正文用朱笔写，注解用墨笔写，这是后代套色印刷的先驱。

纸卷的抄写格式沿袭帛书而更趋周密。开首往往也空两行，以示"赘简"，然后写篇名、书名，一般也是小题在上，大题在下，但唐代已有改为先写大题，后写小题的。篇名、书名后，写著作人姓名，有时写上职衔。全篇之后写本篇或本章的名称、次第，有时还写上抄写人姓名及年月日。卷子的末端常空数行，以备写书人将抄书的缘由、经过、感想等等写出来，这就是"题记"，后世书籍的跋尾发端于此。在敦煌卷子里，有的卷末除抄写者、年月日外，还注明校注者、审定者、装帧者姓名及用纸数量等。

在古代文献中，时常见到用"黄纸"写书的记载，这在前文所引文献中已有

[1]《洞天清录集·古翰墨真迹辨》。

所见。北宋宋祁《宋景文公笔记》"释俗"条说："古人写书，尽用黄纸，故谓之'黄卷'。"这种"黄纸"是用黄檗（柏）汁染过的，颜色发黄，以防虫蛀，在造纸技术上称为"入黄（也写作'入潢'）"或"染黄"。我国很早就使用药物以保护书籍纸张，后魏贾思勰的《齐民要术》中，就有"染潢及治书法"一节，详细叙述了用黄檗汁染书的方法。[1]从现存古本抄卷看，不少尽管已经破损断烂，但很少有蛀蚀的现象，可见这种防蛀法是行之有效的。

纸卷写错了字，自然不能像简册那样刮削修改，古人或用纸贴，或用粉涂，效果都不理想，于是有人发明用雌黄来涂改。雌黄又名鸡冠石，可用作绘画颜料，用来涂抹错字，不仅颜色与黄纸相仿，而且"一漫即灭，仍久而不脱"[2]。这种涂改法至迟在南北朝时期已采用了，贾思勰《齐民要术》在"染潢及治书法"后，又有"雌黄治书法"一节；北齐颜之推《颜氏家训·书证》篇，也有"以雌黄改'宵'为'肎'"的记载。所以后人讥讽那些信口开河或妄加评论者为"信口雌黄"。

纸卷的质地远不如缣帛柔韧结实，所以更需要保护。于是，在帛书卷轴上已开始采取的一些保护措施，到了纸卷时代，便逐渐形成一套完整的制度。例如纸卷的卷头，除了自身留有空白"赘简"外，往往要加一块"包首"（后称"包头"），来保护书卷。包首或者用坚固的硬纸，或者仿效帛书，用绢帛之类的丝织品，古人又称为"褾"。褾的中间系上一根带子，用来捆扎卷子，叫"带"（图8—9a、b）。带一般是丝织品，古代也是很讲究的。有人还用不同颜色的带子，来

图 8–9a　日藏卷轴装《白氏长庆集》

[1] 参看贾思勰《齐民要术》卷三，《杂说第三十》"染潢及治书法"一节。

[2] 沈括《梦溪笔谈》卷一。

图 8-9b 日藏卷轴装《白氏长庆集》

区分不同门类的书籍。有些大部头的书籍有许多卷，为避免与他书混淆，并保护卷子不受摩擦损伤，还要用“书衣”包裹，叫做“帙”，又写作“袠”。《说文》说：“帙，书衣也。袠，帙或从衣。”这样的一包就是一帙，通常以十卷或五卷为一帙。帙的一端也有带，以便捆扎。用帙包书，只包裹卷身，卷子两边轴头仍露在外，放在书架上，只看见轴头。架上的卷轴如果很多，为便于寻找，就在轴头上挂一个小牌子，上写书名和卷次，叫“签”。考究的用象牙制成，叫做“牙签”。唐代集贤院所藏四库图书，就分别用红、绿、碧、白四色牙签，区分经、史、子、集四部。一般的也有用木、纸或帛的。这样，褾、带、帙、签连同卷、轴，就构成了卷轴形制书籍的各个组成部分。这种卷轴形式一直沿用到唐代末年，才演化为折叠形制，如经折装、旋风装，并进而发展为散页装订，导致了我国书籍形制上的一次革命。

## 五、卷轴形制的演进——由卷轴到折叠

卷轴形制适合于缣帛和纸的柔软特性，而且后来发展为一套相当完善的制度，但随着社会的进步和文化的发展，其缺点也就日益凸显。比如卷子一般都比较长，有的甚至长达数丈，这样长的卷子，阅读时要边拉开、边读、边卷，读完后再卷回去。倘若临时需要查阅其中的某些章节，就更为不便。特别是魏晋以至隋唐，经济、文化都有很大的发展，出现了许多工具书，如类书、字书、韵书等。这类工具书一般不是供人从头到尾阅读，而是随时备查，以解决问题。如果需要的资料不在卷子的开头，而是在中间甚至末尾，查找起来不胜其劳。于是有人对卷轴形制作了改进：不再把长长的卷子用轴卷起来，而是一正一反地折叠成长方形的折子，再在卷子的前面和后面加上较硬的纸，以免书籍损坏，这样就成了一叠书。这种折叠而成的“折本”，与从印度传来的梵文佛经的装帧形式有些相像，所以又称为“经折装”或“梵夹装”。(图 8—10)

经折装的书籍不用拉开和卷起，可以随时翻阅，比卷轴方便得多，这是书籍形制的一大进步，也是由卷轴到册页的过渡形式。但经折装的书籍厚厚一叠，阅读时容易散开而成为长长的纸条，于是又有人将一张大纸对折，作为书皮，再把经折装书籍的首页和末页都粘连在书皮内，读时就不会散开了。用这种方法装成

的书籍，从第一页可以翻到最后一页，还可再回翻到第一页，回旋往复，不会间断；而且迅急如风，所以称为“旋风装”，它是经折装的改进型。

图 8–10 敦煌出土梵荚装

经折装和旋风装大约出现于唐代后期，一直沿用到北宋。由于它们都是折叠的形式，折叠后的长方形状如同一片片树叶，所以又称为“叶子”或“叶”；折叠以后成为厚厚的一册，所以也称为“册”或“册子”（“册”又写作“策”）。北宋欧阳修在《归田录》卷二说：“唐人藏书皆作卷轴，其后有叶子，其制似今策子。凡文字有备检用者，卷轴难数卷舒，故以叶子写之，如吴彩鸾《唐韵》、李郃《彩选》之类是也。”南宋程大昌也说：“古书不以简策，缣帛皆为卷轴，至唐始为叶子。”[1] 南宋侯延庆还提到，北宋哲宗时，苏轼所上奏章，哲宗以一“旋风册子”“手自录次”[2]。折叠形制的书籍启发了后来的散页装订，形式上也有些相像，所以书籍的册页形制，实质以经折装、旋风装为开端。“叶”、“册”这些术语，后来散页装订时依然沿用，不过“叶”字大多改写为“页”，意义上也由像树叶转变为单页、一页了。

在古代文献中，还提到一种“龙鳞”式的书籍形制。元王恽《玉堂嘉话》卷二说：“吴彩鸾龙鳞楷韵，后柳诚悬（唐柳公权字）题云：‘吴彩鸾，世传谪仙也，一夕书《广韵》一部，时大中元年（855）九月十五日题。’其册共五十四叶，鳞次相积，皆留纸缝，天宝八年（748）制。”吴彩鸾是唐代女道士，善写小楷，据说曾抄写过多部《唐韵》。这种龙鳞式的书籍，1947 年故宫博物院曾购进一部，是唐王仁昫《刊谬补缺切韵》的古写本。其外形是卷轴式样，里面却粘贴了二十四页散叶，每页均由两张纸裱成，所以正反都有字。粘贴方法是把每张散叶的一边贴在卷子上，另一边不贴，盖住下页纸的大半，成一种错叠的鱼鳞式样，即王恽

〔1〕程大昌《演繁露》卷一五。

〔2〕涵芬楼本《说郛》卷四八引侯延庆《退斋笔录》。

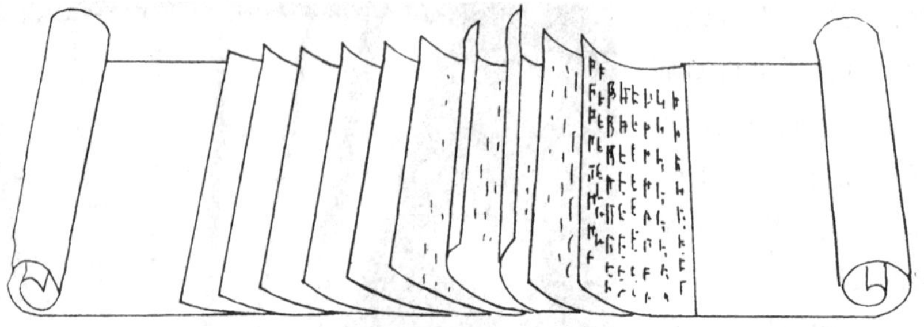

图 8-11 龙鳞装

所说的“鳞次相积，皆留纸缝”。(图 8—11) 正巧，吴彩鸾手抄的《唐韵》，宋人有见过旋风叶式样的。南宋张邦基《墨庄漫录》卷三说：“(唐) 裴铏《传奇》载成都古仙人吴彩鸾善书小字，尝书《唐韵》鬻之。”“世间所传《唐韵》，犹有□旋风叶，字画清劲，人家往往有之”。因此有人认为张邦基与王恽所说的是同一种式样，旋风装就是龙鳞式。不过，从书籍制度发展史看，散页是从卷轴经由折叠式样然后才出现的，唐代后期才有折叠式样，盛唐是否已有这种散页粘贴的方法，显然是个疑问。旋风装之所以得名，是由于其回旋往复，也是由于翻阅之快如风，而“龙鳞”与“旋风”，名称上则没有什么意义上的关联；况且，吴彩鸾曾经抄过多部《唐韵》，因此可能有不同的装订形式，张邦基与王恽所见，并不见得就是同一部。所以，“龙鳞”式应该是一种比较特殊的书籍形制，还不能说旋风装就是这种式样。

## 第三节
## 册页（叶）制度

卷轴制度到唐代发展至顶峰，唐代后期开始演进到折叠式样，此后又逐渐发展为册页制度，这与雕版印刷的发明和普及具有密切的关系。雕版印刷术的发明，不仅大大提高了书籍的复制速度，有力地推动了文化知识的广泛传播，而且对书籍制度的发展，也具有相当大的影响。因此，要了解册页制度就不能不了解雕版印刷。

## 一、雕版印刷术的发明

印刷术对于人类文明的贡献，英国李约瑟在其名作《中国科学技术史》中说："我以为在整个人类文明史中，没有比纸和印刷的发展更重要的了。"[1]然而我国雕版印刷术究竟发明于何时，自古至今却有着多种不同的说法。1958年，张秀民先生的《中国印刷术的发明及其影响》一书由人民出版社出版，其中列举了古今中外五六十家的说法，并将其归纳起来，分为七种，即汉朝说、东晋说、六朝说、隋朝说、唐朝说、五代说、北宋说。1989年，张先生的续作《中国印刷史》一书又由上海人民出版社出版。在这两部著作中，张先生均认为："汉朝说、东晋说、六朝说，未免过早，北宋说又太晚，均不能成立。清代流行的五代说，已为敦煌发现的唐咸通本《金刚经》等实物所推翻。隋朝说因为误解文献，信者已不多，剩下的只有唐朝了。"[2]然而唐朝有将近三百年的历史（618—907），通常分为初、盛、中、晚四个时期，对此，张先生力主"七世纪唐初贞观说"。

张秀民先生之所以赞同"贞观说"，主要的文献依据有两条。其中之一是明代史学家邵经邦《弘简录》卷四十六的记载："太宗后长孙氏，洛阳人……遂崩，年三十六。上为之恸。及宫司上其所撰《女则》十篇，采古妇人善事……帝览而嘉叹，以后此书足垂后代，令梓行之。"文中所谓"梓行"，如同后世常用的"刻梓"等语，都是指雕版印刷，这是没有什么异议的。不过此条资料出自八九百年之后的明人之手，又没有说明来源或依据，后人存疑者不少。不过张先生所举的另一条资料则有相当的可信度，这就是唐人冯贽《云仙散录》卷五引《僧园逸录》里的一段话："玄奘以回锋纸印普贤像，施于四方，每岁五驮无余。"唐代高僧玄奘于太宗贞观初年西游印度，贞观十九年（645）返国，其事迹可谓家喻户晓。这条资料不仅是唐人记唐事，而且可以在玄奘本人所著的《大唐西域记》卷十、玄奘弟子彦悰《大慈恩寺三藏法师传》卷十、略晚于玄奘的法藏（643—712）《华严一乘教义分齐章》卷一和《华严经探玄记》卷二等文献中找到有力的旁证，[3]因此颇具说服力。

除了这些文献资料外，自上世纪初以来，在我国的新疆吐鲁番和韩国东南部庆州佛国寺释迦塔等处，还曾发现略晚于贞观时期、具有武周时代特点的雕版印

〔1〕李约瑟《中国科学技术史》第5卷《化学与相关技术》第一分册《纸和印刷》序，刘祖慰译，科学出版社、上海古籍出版社，1990。

〔2〕张秀民《中国印刷史》，上海人民出版社，1989，第12页。

〔3〕详参萧东发《中国图书出版印刷史》，第54—57页。

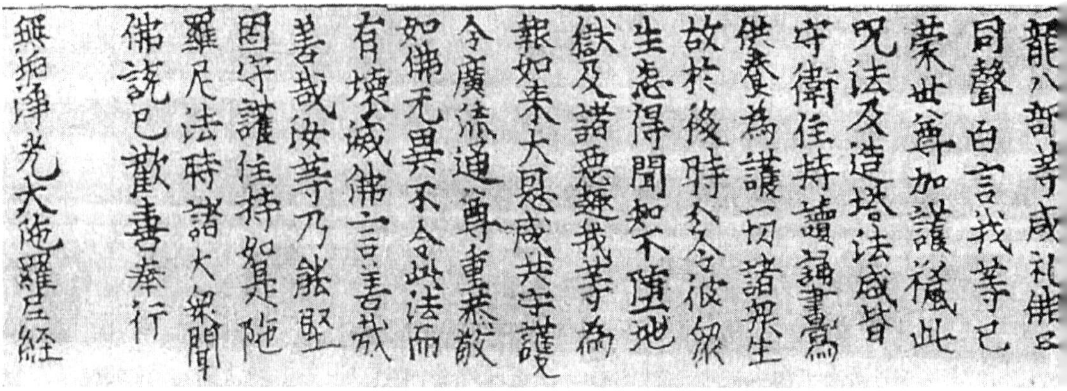


图 8-12 韩国庆州佛国寺《无垢净光大陀罗尼经》

刷品实物，也使得这个问题明朗化。新疆发现的实物是《妙法莲花经》卷五《如来佛寿品第十六》残卷和《分别功德品第十七》全卷，发现时间是 1906 年。因其中有武则天时期颁行的特殊的自制字，后经日本著名版本目录学家长泽规矩也定为武周时期的刻本。[1] 韩国发现的实物是汉字印品《无垢净光大陀罗尼经》，共 12 纸，总长 6.43 米，近 20 尺，发现时间是 1966 年。（图 8—12）其中也有 4 个武则天时期的制字，共出现 8 次。后经我国版本目录学者李致忠、潘吉星等人考订，为唐武周长安元年至四年（701—704）洛阳刊本。[2] 这些雕本刀法娴熟，刻印相当精美，可以认为是接近成熟期的印品，因此，稍早时的贞观时代即有雕版印刷，应该没有什么疑问。

近年来，萧东发教授更是大力主张“雕版印刷术发明于隋代”的意见。他认为：“在肯定我国唐代初年已有雕版印刷品流行的前提下，亦不能完全否认隋代出现雕版印刷术的可能。尽管目前还缺乏有力的实物遗存和文献的佐证，但有理由认为由捶拓和印章的结合，向印刷的过渡正是在这一时期完成的。将印刷术起源时间确定在 590—640 年之间，是有根据的。印刷术起源于中国，时间是在 6—7 世纪，应该成为共识。”[3] 这里所说的根据，除了认为当时的社会需要、物质基础和技术手段为雕版印刷术的发明创造了必备的条件外，比较直接的主要是两条。一条出自于文献记载，即隋费长房（557—601）《历代三宝记》卷十二所引隋文帝开皇十三年（549）十二月八日的诏令，其中说：“废像遗经，悉令雕撰。”虽然其

〔1〕［日］长泽规矩也《和汉书の印刷とその历史》，吉川弘文馆，1992，第 5—6 页。
〔2〕李致忠《〈无垢净光大陀罗尼经〉译制考》，《新闻出版报》，1996 年 12 月。
〔3〕萧东发《中国图书出版印刷史》，第 45 页。

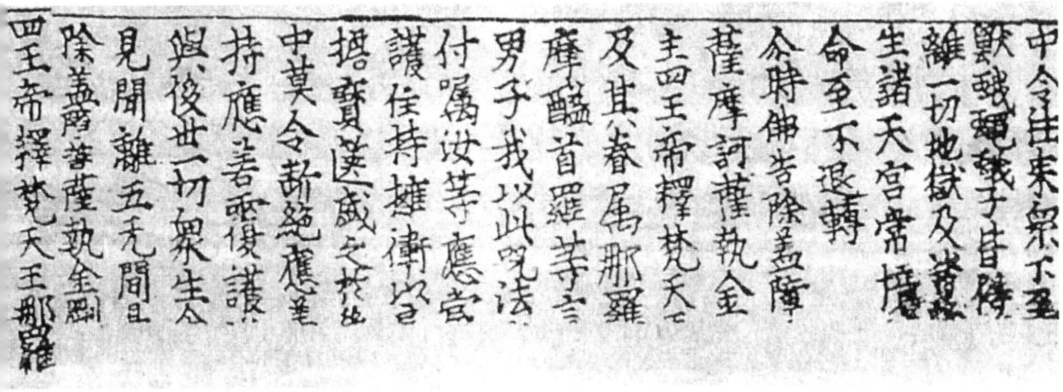

中所说的“雕”究竟是指雕塑还是雕版，至今仍有不同的意见，但毕竟有指雕版刻印的可能。正是出自这样的理解，自明至清，陆深、胡应麟、方以智、高士奇、陆凤藻等人都赞同雕版印刷肇始于隋代的意见。另一条可算实物旁证，这就是冯鹏生先生在《中国木版水印概说》中提到的隋大业三年（607）《敦煌隋木刻加彩佛像》。对于此图是否木刻印品，虽然也有学者提出质疑，但经我国当代水印大家王荣麟、孙树梅等鉴定，认为“属雕版无疑”[1]。

也许，最终确证“雕版印刷术发明于隋代”，还有赖于新的文献资料和实物的发现，但至少唐代初年已有雕版印刷，现在已日渐成为学界的共识。到了中晚唐时代，古籍文献中关于雕版印刷的明确记载明显增多。例如穆宗长庆四年十二月（825 年 1 月），著名文学家元稹为白居易《白氏长庆集》作序，说白居易诗“邮侯墙壁之上无不书，王公妾妇、牛童马走之口无不道。至于缮写模勒、衒卖于市井，或持之以交酒茗者，处处皆是”。序中自注还说：“扬、越间多作书模勒乐天及余杂诗，卖于市肆之中也。”[2] 这里所谓的“模勒”，即指雕版。又如晚唐柳玭《柳氏家训》中的一条资料，因为较详细地叙述了当时四川一带雕版印书的情况，也经常为人引用：“（僖宗）中和三年（883）癸卯夏，銮舆在蜀之三年也。余为中书舍人，旬休，阅书于重城之东南。其书多阴阳、杂志、占梦、相宅、九宫、五讳之流，又有字书小学，率雕板，印纸浸染，不可尽晓。”[3] 此外，这一时期的印品实物也陆续有所发现。例如举世闻名的《金刚般若波罗蜜经》，发现于敦煌莫

[1] 参萧东发《中国图书出版印刷史》，第 58—59 页。
[2] 元稹《元氏长庆集》卷五一。
[3] 见《旧五代史·唐明宗纪》注引，及南宋佚名《爱日斋丛钞》（《四库全书》辑本）卷一引。

图 8-13 唐代雕版《金刚般若波罗蜜经》扉页

高窟，是长 16 尺，高 1 尺的卷子，由 7 张印纸粘连而成，卷首有释迦牟尼坐在莲花座上说法的插图，雕刻刀法纯熟，线条清晰鲜明，印刷的墨色均匀，是唐代雕版印刷的精品。卷末有“咸通九年（868）四月十五日王玠为二亲敬造普施”的题款，现藏伦敦英国博物院图书馆。（图 8—13）这些文献资料和考古实物都说明，到了中晚唐时期，雕版印刷的技术不仅越发成熟，而且大为普及，因此，与此相适应的书籍制度，也就必然随之形成。

## 二、册页（叶）制度的诞生与发展

雕版印刷术发明之后，书籍开始还是沿用传统的卷轴形制，至唐代中后期出现了经折装和旋风装，这在前文已经提及。所以早期的雕版印刷书籍，不像后世那样单独成页，而是用比后代书版长而窄的长条形木版来刻字印刷，然后把印好的印张粘连起来，再卷成卷子或折叠成经折装、旋风装。折叠形制的书籍，阅读或查检虽比卷轴方便，但折叠处容易断裂，断裂后整册书就变成了一张张的散叶。于是有人想到，既然卷轴和折叠形制的书籍本来就是由一张张的印张连接而成，为什么不可以直接用印张来装订呢？大约从五代时期开始，人们便开始采用散叶装订的形式了，首先是蝴蝶装，后来改用包背装，最后是线装。蝴蝶装出现以后的散叶装订书籍，彻底改变了延续一千多年的卷子式样，是我国书籍制度上的又一次革命。虽然后经不断地改进和革新，但散页装订的基本方法，可以说一直沿用到今天。

### 1．散页上的名词术语

书籍采用散页装订法后，刻字版片的式样也随之变化，不仅由原先的长条形变为长方形，还有一套相应的版式，出现了一些专门术语。

散页装订的书都是单面印刷，一张纸上印版所占的地方，叫“版面”，版面以外空白的地方，上叫“天头”，下叫“地脚”，左右都叫“边”。（图 8—14）

版面的四周由线条拼连而成“版框”，拼成版框的线条叫“边阑”、“阑线”，也省称为“边”、“阑”（“阑”又写作“栏”）。版框上方的边阑叫“上阑”，下方的叫“下阑”，左右两边的叫“左右阑”。边阑有单、双之不同。只有一条线的称“单边”或“单阑”，一般用粗线条。如果在粗线条内侧加上一条细线，就构成“双边”，也叫“双阑”。雕版印刷的古籍，版框有四周单边、左右双边、四周双边三种形式，一般没有上下双边而左右单边的。

版框内，用直线自右至左划分为行，称“界行”或“界格”。正中的一行叫“版心”或“中缝”，不刻正文，有时刻上书名、篇名、卷数、页码、本页字数、刻工姓名等等。蝴蝶装以后的书籍，版心上往往有鱼尾形的花纹，鱼尾交叉之处，正当版面的中心，可作为书页对折的标准点。鱼尾如果是全黑的，称“黑鱼尾”；白色的称“白鱼尾”，白鱼尾上加各种花纹，是“花鱼尾”。版心上有时只刻一个

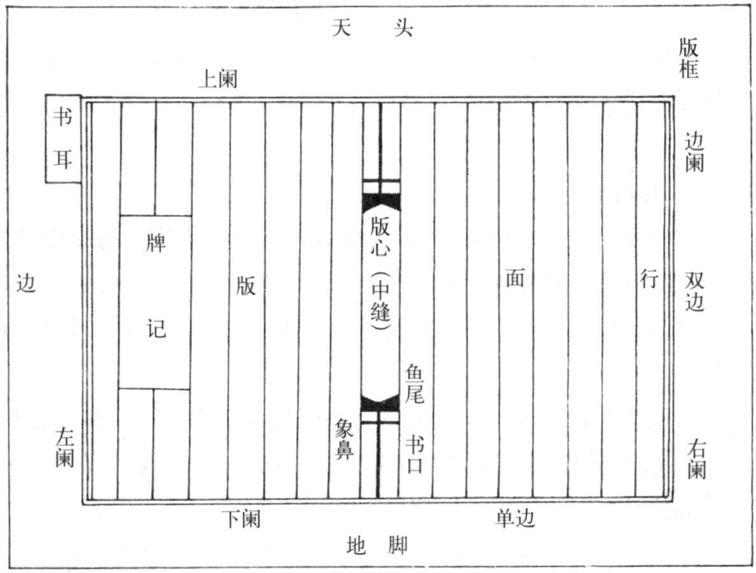


图 8-14 散叶上的名词术语

鱼尾，叫“单鱼尾”，上下各刻一个鱼尾，称“双鱼尾”，在上的叫“上鱼尾”，在下的叫“下鱼尾”。也有的版心上不刻鱼尾，只有上下两道横线，甚至有连横线也不用的。

古籍采用包背装和线装时，一张散叶沿中缝对折，使两个半页的背面相合，有文字的一面露在外面，这时对折的中缝处在书籍开合的一边，因此也称“书口”。为了折叠整齐，有时书口在上鱼尾之上、下鱼尾之下各印一条黑直线，这是版心线。每页的版心合在一起，从书口上看是黑色的，叫做“黑口”。不印版心线的称“白口”。黑线宽粗的称“大黑口”或“粗黑口”，细窄的称“小黑口”或“细黑口”。因为鱼尾和黑色的版心线通连，对折起来后，从侧旁看去有些像长鼻大象的头部，所以又称“象鼻”。

蝴蝶装时期的书籍，有时左阑外上方刻一个小小的长方格，内刻篇名或篇名省称，叫做“书耳”。这是因为蝴蝶装书籍每页是沿中缝将有文字的一面对折，背面空白处在外，装订时每页的版心在书背一侧，而左右阑线在开合的书口一侧，这样，左阑外有篇名书耳，可以方便查阅。到了包背装和线装，版心转到了书口一侧，并且时常刻有书名、篇名，这样，书耳的提示、查阅功能消失，也就很少用了。

有些书籍在目录后或卷末空白处刻有“牌记”，也叫“书牌”或“木记”。内容一般是说明刻书人、刻书时间、地点、所据版本等等。牌记的外形多样，一般是长方框，坊刻本的牌记则往往搞得比较花哨，有的还加上几句广告式的宣传文字，以招徕顾客。

上述刻本书籍版面的种种格式，统称“版式”。不同时代、不同刻书地区、不同的刻书者，其书籍版式往往各具特色。因此在古籍版本学中，了解和研究版式的异同，是鉴定古籍版本的一个重要方面。

#### 2. 蝴蝶装

蝴蝶装又作“蝴蜨装”，始于唐末，盛行于北宋。前面提到，蝴蝶装的装订法，是每页从中缝将有文字的两个半页对折，背面空白处在外，然后把这样对折的一叠散页用一张纸从前包裹到后，并将各页折口处牢牢地粘连在这张纸上，以免脱落。

蝴蝶装书籍继承了折叠形制书籍翻阅方便的优点，装订成册后又不易断裂、散乱，所以很快成为书籍的主要形制。其所以得名，是因为书册打开后左右对称，犹如蝴蝶展开双翅。(图 8—15)

蝴蝶装用以包裹书册前后、形成封面和封底的纸，叫“书衣”(今称“书

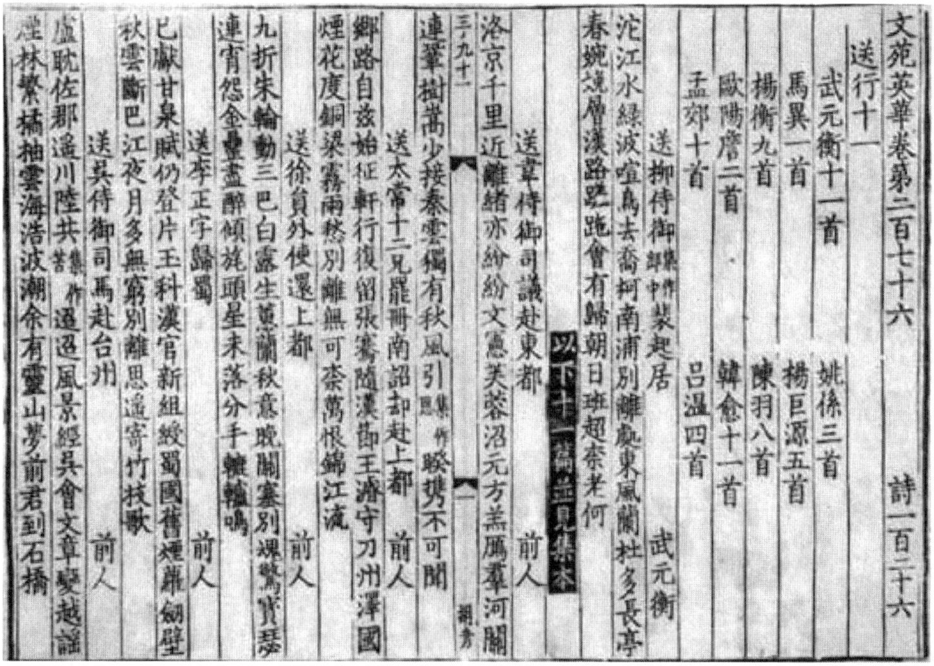
文苑英華卷第二百七十六　詩一百二十六
送行十一
武元衡十一首　姚係三首
馬異一首　楊巨源五首
楊衡九首　陳羽八首
歐陽詹二首　韓愈十一首
孟郊十首　呂温四首
送柳侍御集作郎中裴起居　武元衡
沱江水綠波喧鳥去喬柯南浦別離處東風蘭杜多長亭
春婉娩漢路曉逶迤會有歸朝日班超奈老何
以下十一篇並見集本
送韋侍御司議赴東都　前人
洛京千里近離緒亦紛紛文憲芙蓉沼元方羔鴈群河關
連翠樹嵩少接秦雲獨有秋風引集作興騤携不可聞
三九十一　祖秀
送太常十二兄罷郵南詔却赴上都　前人
鄉路自茲始征軒行復留張騫隨漢節王濬守刀州澤國
煙花度銅梁霧雨愁別離無可柰萬恨錦江流
送徐員外使還上都　前人
九折朱輪動三巴白露生蕙蘭秋意晚關塞別魂驚賓琴
連宵怨金壘盡醉傾旄頭星未落分手轆轤鳴
送李正字歸蜀　前人
已獻甘泉賦仍登片玉科漢官新組綬蜀國舊煙蘿劍壁
秋雲斷巴江夜月多無窮別離思遥寄竹枝歌
送吳侍御司馬赴台州　前人
盧耽佐郡遥川陸共集作著逶迤風景經吳會文章變越謠
歷林繁橘柚雲海浩波潮余有靈山夢前君到石橋

图 8-15 台北傅斯年图书馆藏宋蝴蝶装《文苑英华》

皮”）。书衣往往内用软纸，外加一层硬纸，有时还用绫锦为表，很像现在的精装书。书衣封面左边有时贴上张狭长的签条，叫“书签”，上写书名、册次，有时加上卷次。书册的上端叫“书头”或“书首”，下端叫“书根”，右边粘连的一边叫“书背”或“书脊”，左边翻阅的一边叫“书口”。由于蝴蝶装的书衣都很坚硬结实，所以上架的方法与今天的书籍相似，是立放在书架上。只不过今天的书籍插立时是书背向外，书头在上，书根向下压在板上，而蝴蝶装则是书背向上，书根向外，书口向下压在板上。北京图书馆旧藏宋代蝴蝶装《册府元龟》和《欧阳文忠公集》，书根上写着书名和卷次，而且是由书背的一侧向书口一侧直行向下书写，书口处又有摩擦痕迹，这都是书口向下立放的证明。

蝴蝶装在宋代似乎还有不用粘贴而用线缝的。宋人张邦基《墨庄漫录》卷四说：“王洙原叔内翰尝云：作书册，粘叶为上，岁久脱烂，寻其次第，足可抄录，屡得逸书，以此获全。若缝缋，岁久断绝，即难次序。”“他日得奇书，不复作缝缋也。”这里所说的“缝缋”，就是指用线缝住单页而成册，其具体方法已不得其详。不过，大概正是因为张邦基所说缝线断绝后次序容易混乱，当时人较少采用。

图 8-16 包背装《永乐大典》

### 3. 包背装

蝴蝶装有一个缺点，就是由于每页有字的一面对折在内，空白的背面在外，打开书，往往碰上空白的背面。而且读完一页，必须连翻两页，才能继续读下去，也不甚方便。于是有人把书页无字的一面对折在内，有文字的一面露在外，再用一张书衣，把折叠好的一叠散页从前到后包裹起来，这就成了“包背装”，也叫“裹背装”。包背装的书籍，对折处的版心转到了书口一侧，版面之外的左右两个余边粘在书背上，这样，展读时就不会遇到空白，可以逐叶读去而不间断。(图 8—16)

包背装始于北宋末，一直沿用到明代中叶。包背装书籍，书口正是书页的版心，上刻篇名、书名、卷次、页码后，作用如同蝴蝶装的书耳，查阅方便。但如果仍然采用蝴蝶装的插架办法，书口向下压在书架上，经常磨损后势必导致书页从中缝处断裂为两半。这样，不仅版心上的书名、篇名等不可辨识，翻阅和展读时又会像蝴蝶装那样屡遇空白。因此，人们便改用平放上架的方法，把许多书平叠放置。既然是平放，书衣也就不必用硬质的材料了，这样就出现了软书衣。而书根上的书名、篇名之类，也就由上下直写改为横写，如同后来的线装书一样。

包背装的书籍，要想把每页的两边牢牢地粘在书背上，比起蝴蝶装更为费事。而需要粘连的两个外边，版框外又总有较宽的余纸，因此有人便采用新方法，在余纸上打二至三个小孔，再用纸捻穿进小孔，把一册书订牢。这打孔穿订的一边叫做“书脑”，外边再用整张的书衣包裹起来，外表依然和包背装一样。这种经过改进的包背装，就已经为后来的线装打开了通路。

### 4. 线装

线装盛行于明代中叶，是在经过改进的包背装基础上发展起来的。包背装在书背处容易破损，此时仅靠两三个纸捻，不能把书脑部分压平伏，书脑的上下两角纸张容易卷起，影响外观和阅读。于是又有人作了改进：在打孔订好纸捻后，另外打孔用线穿订，这就是“线装”。线装书不像蝴蝶装、包背装那样用整张的书衣裹背，而是改用两张半页大小的软纸，分置书册前后，作为封面和封底，与书册一起装订。(图 8—17)

线装书书脑一侧的上下两角容易磨损，有些贵重的书籍便用绫锦之类把书角包裹起来，叫“包角”。有时旧书修补或重装。在每页书里衬上一张白纸，叫“衬纸”。衬纸往往比原书纸长大，这样修补或重装的书籍，原书纸一般黄旧，衬底则洁白，黄白相间，人称“金镶玉”，又称“袍套装”或“惜古衬”。

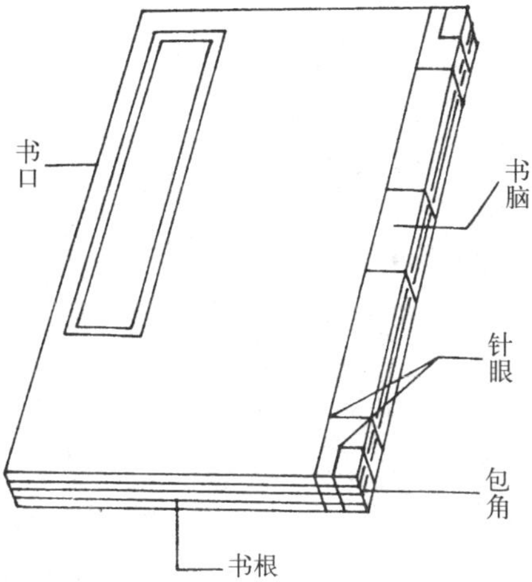

图 8-17 线装示意图

散页装订的书籍，特别是线装书，封面内往往订有空白纸，多的有二至三张，作用如同“赘简”，起保护作用，这称为“护页”或“副页”，也称“看页”。护叶后是题署书名及著作人姓名等的扉页，过去称“内封面”。卷末封底内，也订有空白的护页，过去人所作的题跋，就常写在其上。

由于线装书都是软书衣，为保护书籍，也为便于上架收藏，明清以来的藏书家，还常为线装书制作书套，又称为“函”。套函一般用硬纸作衬里，外面裱糊蓝布，里面裱糊白纸，把书籍的四边包起，只留书头和书根，再用两个牙签插紧。有的则把书头和书根也包裹在内，称为“四合套”。书套因为是用糨糊裱糊而成，易被鼠咬虫蚀，日久又易散坏，所以有些人爱用“夹板”，就是用两块与书册一样大小的木板，上下两头各穿上一根带子，把书册夹紧扎牢。现在图书馆及私人收藏古籍，还常用套匣。这种套匣只包裹书册的封面、封底、书头、书根、书背，书口的一面空缺，书籍装套时用夹板或者不用，由空缺的一面装进去，套匣的书背上写书名、卷数、作者等等。线装书本来也是平放架上的，用书套之后，就可以像现代书籍一样立放架上，既整齐美观，又便于取用和放还。

如上所述，我国古代的书籍制度由简牍到册页（叶），经历了漫长的历史过程和不同的发展阶段。不同的书籍制度，总是与那一时期人类的文明程度相适应。书籍制度的发展历程，也如同人类文明的各个方面一样，沿着由低到高、由粗转精的道路在不断前进，其间凝聚着我国历代人民的心血和智慧。由于书籍制度反映并决定着书籍的外部形态，因此可以说，无论哪种形式，在历史上都曾对记录和交流人类的思想情感、保存和传播各种文化知识，起过举足轻重的作用，因而对于中华民族几千年悠久文明的形成，也具有不可低估的贡献。

# 第九章
# 古代思想文化的特征及发展

## 第一节
## 商周时期的祖先崇拜和道德取向

中国传统文化历时久远而又博大精深，可以从多个视角探究其特征。由于商周时期已有了文献记载，所以本文将从这一时期的“祖先崇拜”和“道德取向”切入，做出阐述。

商朝的甲骨卜辞中已反映出明显的祖先崇拜思想。商朝统治者尊崇最高的神是“帝”，这是一个象形字，显示了祭祀天神时摆放祭品的台架。

统治者们除了信奉最高的神“帝”以外，还宣扬他们的祖先死了以后会升天，在帝的身边，陪伴着帝，所谓“宾于帝”。他们鼓吹自己的祖先会保佑后代的，因此也把祖先视为神灵来崇拜。这是中国最早的文字记载中显示出的祖先崇拜观念。这种文化心理一直传到现在，在汉语里有许多反映，日常生活中也经常遇到。例如对于同姓的人，可以说“五百年前是一家”。旧社会，非常重视传宗接代，未能生男孩，被视为最大的不孝。所以骂人“断子绝孙”就非常狠了。过去许多宗族、家族有族长，成为最高权威；还有祠堂，定期举行对祖先的祭祀活动。小到家事，大到国事，都讲求不能败坏家业，不做败家子，不能做对不起祖先的事。

商朝统治者鼓吹自己是天神“帝”在人间的代表，其统治得到“帝”的支持，因此臣民们都应该绝对服从。然而强大的商王朝终究灭亡了。这对于新的统治者周王朝来说，是一个强烈的刺激。周王朝刚一建立，统治者们就强调要吸取商朝灭亡的历史教训。他们在思索：商朝究竟为什么会灭亡？结论就是：商朝统治者丧失了道德，实行残暴统治，从而被天神“帝”所抛弃。

周朝统治者越来越多地用“天”代替“帝”来表述主宰命运的神灵，这在本质上没有区别。他们在商人崇拜“帝”的基础上，发展出“天命靡常”的思想，即上天的意志不是永恒不变的。也就是说，如果统治者实行残暴统治，上天就不再支持他了，就会另选有道德的人取而代之。这种思想在当时的文献记载中不断出现。《尚书 · 康诰》中记载：

周武王在封康叔于卫国时，谆谆告诫康叔说：“汝小子封，惟命不于常，汝念哉！”意思是：你小子获得了封地，但是上天给予你的支持并非是永恒的，你要牢牢记在心中！还说：“天畏棐忱，民情大可见。”是说上天以其威德辅助诚信的人，这可以从民众的情绪上充分看出来。

《尚书 · 太甲》记载：“天作孽犹可违，自作孽不可活。”告诫人们：上天降下来的灾祸或者还有机会消解，若是自己一意孤行招来灾祸，那就是死路一条了。于是强调要“以德配天”，要“敬天保民”。实际上“敬天”不过是认真举办祭祀活动，而“保民”才是最终落实到施行适当政策、对民众不可过于残暴等具体行动上。《尚书 · 无逸》说：“怀保小民，惠鲜鳏寡。”告诫统治者对于包括鳏寡在内的民众都要给予关怀保护。《国语 · 周语》记载周厉王暴虐骄奢，国人极为不满。召公警告厉王，百姓已经难以忍受了！厉王则让卫巫监视国人，谁不满意就杀谁。百姓们都不敢说话了，互相用眼神交流内心的愤怒。召公再次强调说：“防民之口，甚于防川！”厉王还是不听，最终被国人赶下台。

在文物方面也有重要的例证。2002 年，一件从海外回归的西周中期的青铜器“遂公盨”上，铸有 98 字的铭文，这是一篇专门阐述“德治”的论文。它以大禹治水、施德天下为例，讲述了“为政以德”和“以德行事”的必要。铭文中六次提到“德”字，这是目前所发现的关于“德治”的最早文献记录。( 图 9—1)

这些都反映了西周建立后，在思想文化方面，虽然继承了商人信奉神灵的传统，但又有新的发展，就是强调人的道德表现，在政治上实行宽厚的政策，这样

图 9–1 遂公盨及铭文拓片

才符合天意，使统治权位长久维持下去。

## 第二节 春秋时期的民本思想

春秋时期的中国社会处于大变动之中，旧的奴隶制度行将崩溃，新的封建制度即将建立。社会秩序动荡，被统治者奴隶和一般平民都强烈要求改变自己的社会地位。这时民众在政治生活中显示出巨大的力量，在先秦史籍中多次出现“民溃”和国人驱逐、杀死国君的记载。围绕民与神、民与国、民与君之间的关系，政治家、思想家进行了深入的思考，从而使重视民众的社会作用成为春秋时期的一种颇有影响的政治思潮，通常我们称之为民本思想。对此，历史文献中多有记载。[1]

战国时期的儒家学者孟子对民本思想做了很好的总结，他说：“民为贵，社稷次之，君为轻。”[2] 孟子从统治者长远利益考虑，强调要重视民众的意愿，朝廷利益在其次，而国君个人的利益则放在最后考虑。民本思想在秦汉以后的封建社会中一直发挥着作用。一些开明的封建帝王、士大夫坚持着这一政治理念，使他们能较多地关心人民疾苦，取得更多的政治成就。

## 第三节 先秦诸子学术思想

这里主要集中介绍儒、道、墨、法几家的重要思想，尤其是以儒、道二家为重点，但并非全面评价。

〔1〕“民惟邦本，本固邦宁。”（《尚书·五子之歌》）“天视自我民视，天听自我民听”。（《尚书·泰誓》）“夫民，神之主也，是以圣王先成民而后致力于神。”（《左传·桓公六年》）“民和而后神降之福。”（《国语·鲁语》）“皇天无亲，惟德是辅。”（《左传·僖公五年》）“民之所欲，天必从之。”《国语·郑语》）“国之将兴，听于民；将亡，听于神。”（《左传·庄公三十二年》）

〔2〕《孟子·尽心下》。

# 一、儒家

### 1．孔子创立儒家学说

孔子名丘，字仲尼，是春秋末期的思想家、教育家。父亲为鲁国大夫，早死，家世中落。孔子一生在政治上并不顺利，50岁后担任过鲁国高级官职，但时间不长。此后以教书为业。曾带领学生周游列国，推行自己的学术思想和政治主张，但始终未能如愿。晚年致力于教育事业，整理《诗》、《书》等古代文献。孔子是当时大规模私人办学的开创者，他继承了西周以来注重道德的文化传统，从伦理、政治、哲学、教育等各个方面加以提高，形成系统的理论学说，创立了儒家学派，对中华民族的文化发展做出了重大贡献。(图 9—2)

图 9-2 传唐吴道子绘《先师孔子行教像》

孔子的思想学说集中反映在《论语》一书中。《论语》主要是他的弟子对他言行的记录。

### 2．儒家的思想核心：仁和礼

孔子把以前“敬亲尊长”“爱众庶”“忠君主”等属于“仁”的道德发展为仁学。什么是“仁”？可以归纳为以下四点：

(1)“樊迟问仁，子曰：爱人。”同别人相友爱，这是仁的基本点。

(2)“子曰：克己复礼为仁。一日克己复礼，天下归仁焉。”孔子在这里主要针对那些野心膨胀的诸侯国国君，告诫他们要约束自己，服从周天子的统治。哪怕只做到一天，天下人也都会归顺这种有道德的人。孔子主张恢复周礼反映了他保守的一面。但是也不宜把他说成是“反动的”。我们全面考察孔子就会发现孔子在宣传“复礼”的同时，也强调对周礼要有所“损益”，并非全盘照搬。奴隶社会的教育是“学在官府”，奴隶主贵族把持着教育，普通平民没有受教育的权利。孔子带头大规模私人办学，用实际行动冲破旧的奴隶制度的束缚，是有进步意义的。可见孔子思想有保守的一面，同时也有大胆革新的行动。

(3)“子曰：夫仁者，己欲立而立人，己欲达而达人。”对于有道德的人，不仅自己想要取得成就、在世上有自己的地位，而且也会帮助别人取得成就而在世上有立足之地；不仅自己希望顺利通达，而且也帮助别人顺利通达。

(4) 推人及物，将人类的道德关怀推及到自然万物。对今天尊重和保护自然生态环境具有重要的现实意义。孔子告诫人们应该：“钓而不纲，弋不射宿。”并且说：“智者乐水，仁者乐山。”孟子对此说：“亲亲而仁民，仁民而爱物。”[1] 可见，儒家不仅强调人与人之间应该建立和谐的关系，而且也关注人与自然之间应该和谐相处，因此对于生态环境采取的是积极爱护的态度。

为什么孔子创立的以“仁”为核心的伦理观念对中华民族能产生深远影响?

(1)“仁”具有崇高的道德境界，但又很容易做到。孔子说：“仁远乎哉？我欲仁，斯仁至矣。”又说：“为仁由己，而由人乎哉！”只要自己有愿望树立“仁”的道德，付诸实践去做，这种道德就在自己身上具备了。对于树立仁的道德，不需要天资和学识，也不需要富有钱财，更不需要政治地位，关键是自己付诸行动。

(2)“仁”兼顾人我两方面，最有利调节人与人的关系。仁，一方面要求自立自达、自强不息，又要求立人达人，是助人为乐、成人之美。既有对自己的勉励和约束，也有对他人的关心和帮助；既否定了利己主义，也不是苦行僧式的利他主义。所以，仁这种道德可以使人际关系处于最和谐的状态。

(3) 没有特别的条件，也不需要改变人的正常生活，就可具备仁的道德。无论是饮食、婚姻、习俗等等，都不必改变，体现了对人的生存权利的最大尊重。

(4) 儒家提倡的仁政，要求统治者对人民应该宽容施惠，在一定程度上反映了人民的呼声，同时也符合封建统治者的长远利益。因此，儒家提倡的以“仁”为核心的伦理道德观念能够深入人心，对中华民族产生长达两千年之久的深远影响。

“礼”是指儒家提倡的行为准则和礼仪制度。仁和礼是一个整体，共同构成儒家学说的核心。它们的关系是：仁是内在的精神，礼是外在的表现；仁是追求的目标，礼是实现目标的途径。

### 3．孔子的天命观和鬼神观

孔子多次提到“天”和“天命”，不免让人感到有宿命论的思想。我们应该全面看待孔子关于天和天命的思想。

[1]《孟子·尽心上》。

孔子对于“天”有两种不同态度。在他着急赌咒或感慨悲痛的时候，往往口中呼出有意志、有神灵的天。他带领学生周游列国，到了卫国，为了推行儒家主张，他直接去找南子。对此，学生子路极为不满。因为南子是卫灵公最宠爱的女人，她把持国政并且在男女作风上不检点，名声很不好。孔子从内廷出来后，极力向学生们表白，说：我若做出错事，“天厌之！天厌之！”。当孔子最喜欢的学生颜渊年轻轻就死了，孔子非常悲伤，他捶胸顿足地哭道：“天丧予！天丧予！”意思是：老天要我的命啊！孔子在这些地方呼出的“天”都是有意志、有神灵的天。但是，孔子也曾冷静地谈到对天的看法，他说：“天何言哉！四时行焉，百物生焉，天何言哉！”显然，孔子这里所说的天是完全自然的天，这才是孔子对天的真实评价。

孔子的儒家学说本是强调人应该奋发有为，通过提高道德修养解决各种问题，因此并不赞成迷信鬼神、依赖鬼神。当学生问及死后和鬼神之事时，孔子说：“未能事人，焉能事鬼。”还说：“未知生，焉知死。”实际上是一种回避态度。儒家注重利用祭祀等礼仪活动来区分人的贵贱尊卑，因此并不绝对否认鬼神的存在，不想冒犯鬼神，但同时又强调人的“有为”，所以孔子说：“敬鬼神而远之，可谓知矣。”

由孔子确定下来的儒家鬼神观对中华民族有着深远的影响，使得中国人没有单一的、绝对的宗教信仰，可说是：又信又不信。往往是遇到难处了，例如婚姻、求职、考学、疾病等，便去寺庙祈求神灵保佑，这时内心是很虔诚的，但是很难坚持一辈子都去烧香磕头。尤其是对于剃发出家等成为纯粹的宗教徒，一般的中国人都会认为是一种非正常的行为而难以接受。又由于没有单一的宗教信仰，所以也可以同时接受几个宗教。人们可以在佛教寺庙烧过香后，又去道教宫观磕头，或许还随着别人去基督教堂去参加礼拜活动。大多数中国人心想，这些宗教既然都是宣扬行善，就没有什么根本的冲突，可以同时信奉。于是在某些寺庙等处出现了儒、佛、道三家教主并排站在一起，也就不足为奇了。例如，四川的大足石窟就有五代时雕造的释迦牟尼在中，孔子和老子并列两旁的造像。这种情况，在山西恒山的悬空寺等处也都存在，并不十分罕见。这正反映出中国传统文化中儒、释、道三家合流的特征。《红楼梦》中，贾宝玉要读儒家的四书五经、参加科举考试；在他心情不痛快时，情不自禁地手持《南华经》(《庄子》)读了起来，企图从道家思想中获得解脱，可是他还与妙玉、黛玉等人参禅，这又是佛家的行为了。对于贾宝玉的这些描写，读者感觉顺情合理，就是因为符合中国人的文化心理。

#### 4. 孔子对文化教育的贡献

孔子删定诗书，以六经教授学生，整理和保存了中国古代的文化典籍，这是

图 9–3 孔子讲学图

孔子的一大贡献。孔子是大规模私人办学的开创者，发展了古代教育理论，积累了丰富的教育经验，成为中国古代教育思想和实践的奠基人。(图 9—3)

理论上，他强调教育的不可替代的社会作用，他说："道之以政，齐之以刑，民免而无耻；道之以德，齐之以礼，有耻且格。"行政和刑罚虽然能令民众不敢做坏事，但他们没有羞耻之心；如果用道德和礼制教育民众，他们就具有羞耻之心和行为准则。

孔子的教育目的是突破奴隶主贵族对教育的垄断，他带头推行大规模私人办学，将教育推向全社会，这些应该给予充分肯定。在孔子的学生中，既有贵族、富商，也有平民百姓，甚至还有地位低下的贱民，除了奴隶，真可谓是"有教无类"了。

孔子针对奴隶主贵族及其子弟不学无术、利用特权就可以世袭官爵，强调应该先具备文化知识和管理才能，然后再去做官。所以他说："学而优则仕。"这和"读书做官"论完全挨不着边儿。他说："先进于礼乐，野人也；后进于礼乐，君子也。如用之，则吾从先进。"意思是：那些先学习礼乐后做官的，是普通平民；而先做官后学习礼乐的，是上层的贵族子弟。如果我来选用人才，我选先学习礼乐的人。孔子在平民中选拔人才任用他们做官，正是突破了奴隶主贵族的特权。

孔子的教育内容很丰富，既有德育也有智育，集中地体现了儒家学说的主要内容，它们极大地丰富了中国传统文化中关于德治、德教的理论，但同时也应该看到其中存在严重的局限性，例如轻视生产劳动、忽视自然科学等，尤其是把妇女与小人同等看待，实在没有道理。

**5．战国时期儒家的孟、荀学派**

孔子所创立的儒家学派在春秋战国的诸子百家中仅是其中的一家，当时并未显露出它在学术上、政治上占有什么特殊地位。孔子死后，儒家逐渐分为八个流派。《韩非子》中就提到，在战国时期有子张之儒、子思之儒、颜氏之儒、孟氏之儒、孙氏之儒”等等。他们有的也撰写著作，在《汉书·艺文志》的《诸子略》中就记有《子思子》、《曾子》、《漆雕子》、《孙卿子》（即《荀子》）等书。这些著作在当时并未被视为经典，有的甚至不久就失传了。在这八派之中，以孟子（他属于子思门人的弟子）和荀子两派影响最大，他们在孔子学说的基础上有了不同侧重的继承，最终使他们朝着完全不同的方向发展下去。这里不打算对孟子、荀子两个学派作全面的评介，下面把二者的主要思想作一比较，也可使人留下大致印象。

孟子主要继承了孔子“仁”的学说，强调人的修身养性。荀子则主要继承了孔子“礼”的学说，强调“礼”是区别贵贱尊卑的规矩、准绳，宣扬以礼治来端正等级名分，用刑法对付各种反抗行为（此中已有法家思想因素，难怪法家的代表人物韩非以及李斯都曾是荀子的学生）。

孟子提出“人性善”论，为孔子提倡的“仁”提供了理论基础。孟子用“恻隐之心人皆有之”[1]证明人的本性是善良的，因此可以具备仁的道德。可是也有人道德低下、做了坏事，那是由于后天受到不良环境影响所致。因此要通过教育，使人的本性不致受蒙蔽。荀子提出“人性恶”论，认为人的本性是凶恶的，肚子饿了就要吃，感到冷了就要穿，其本性是首先想到自己的需要。但是他们马上也会想到父母、朋友是否需要，这是因为后天受到教育、懂了礼的结果。孟子、荀子二人对人性的评价虽然相反，但最终他们又都一致强调后天教育的重要作用。（图 9—4）

孟子主张“法先王”，即应该效仿、学习过去的圣贤，他们在为人、治国等方面是后人的榜样。荀子则主张“法后王”，即应该向当代的圣贤学习。过去的圣贤再高明，他们也只是解决了过去的问题，现在有了新的问题，就需要新的圣贤用

〔1〕《孟子·公孙丑上》。

图 9-4 山东邹县亚圣孟庙

新的办法来解决。

由于孟子注重人的主观精神作用，在儒家哲学中形成一个唯心主义思想体系。荀子学说中有许多朴素的唯物主义思想，成为先秦诸子中唯物主义的代表。

### 6. 儒家的经典及其演变

在长达两千多年的中国封建社会中，封建地主阶级把儒家学说奉为统治思想。它们利用这个精神武器巩固了自己的统治地位、发展了封建文化，最后也用它来摧残新的民主思想的萌芽，阻止近代科学文化的发展。在中国封建社会里，曾经长时期地习惯于把儒家的一些重要著作视为经典，把它们称为“经”。

“经”是什么意思？东汉文字学家许慎在《说文解字》中说：“经，织也。”清朝学者段玉裁注解说：“织之从（纵）丝谓之经，必先有经而后有纬。”就是说，经是指织布时的竖线，只有先把竖线排好，才能用横着的纬线织出布来。古人由此引申认为，儒家宣扬的封建思想及其有关著作是封建秩序得以维持的根本保证，是封建意识形态的核心，起着极为重要的作用，因此把它们称为经。东汉班固在《白虎通义》中进一步发挥说，经即是“常”、“常道”的意思，也就是指永恒不变的道理。封建统治者希望通过永恒的“经”，达到封建社会永久存在的目的。

其实把典籍称之为经，最初并不始于儒家著作。我们从《庄子》、《国语》等书中看到，先秦时期的经书并非专指儒家著作，例如庄子就把墨子的著作称为《墨经》。以后随着封建思想文化的发展，统治者出于政治上的需要，逐渐把经书限于儒家的重要典籍。这就是到了西汉武帝时，朝廷确立了“罢黜百家、独尊儒术”的方针，并且设立了五经博士，从此儒家的思想及其著作便上升到唯我独尊的“经典”地位了。

据《庄子·天运篇》记载，孔子说他自己研究《诗》、《书》、《易》、《礼》、《乐》、《春秋》等六部经书。对于这些经书，在战国和西汉时期已经有专门的著作对它们加以解释，阐明其经义，当时习惯上称这样的著作为“传”或“记”。传、记的出现，开创了训解、阐述儒家经典的所谓经学。在漫长的中国封建社会中，随着经学的发展，产生了许多流派，它们的争辩、分合常常同当时的封建政治及哲学思想、伦理观念的起伏变化紧密联系在一起。可以说，经学对中国封建社会的巩固、发展和延续起着重要作用，对封建的史学、文学、艺术的发展也有着深刻的影响。

## 二、儒家经典的形成

### 1．十三经及四书的形成

两千年来，宣扬儒家思想的典籍浩如烟海。在清朝的《四库全书总目》中著录的经部书籍已达一千七百余部，约两万卷。不过作为重要经典的儒家著作，最初只有六部，即所谓的六经。后来发展为十三部，就是通常所说的“十三经”。下面对这些经书由六部逐步增加为十三部的演变作些介绍：

（1）六经

这是指孔子教学生的六经，即《诗》、《书》、《礼》、《乐》、《易》、《春秋》。其中的《乐》早在战国后期即已失传。对于这六经的作者究竟是谁，在经学史上自汉朝以来就存在两种不同的观点。有一派学者即今文经学派（关于经学的今文、古文两学派的产生、争论等问题，下文还要专门讲述）认为，六经都是孔子根据古代文献资料进行整理、编著而成的，是先有孔子而后有六经的，因此有孔子著作六经之说。但是另一派经学家即古文经学派则认为在孔子之前已有六经，是周公所作，孔子只是对这些经典进行了删定。对于这两种对立的观点，长久以来争论不休。实际上两种意见都有片面之处。一方面不应该为了推崇孔子而硬说六经是孔子著作的；另一方面，虽然孔子之前存在有关于六经方面的著作，但也未必就是周公著作的。对于今天的研究者来说，更注重的是六经本身的历史文献价值。

（2）五经

由于《乐》在战国时期已经失传，所以汉武帝时只立了《诗》、《书》、《礼》、《易》、《春秋》等五经博士。这些博士都是对其中某一部经书有专门研究的学者，他们并且传授学生。

（3）七经

由于汉朝统治者标榜“以孝治天下”，至东汉时，又在五经之外把《论语》、《孝经》定为读书人必读之书，这样儒家的经典便扩大为七经了。

（4）九经

到了唐朝，在国家官办学校的学习科目中以及科举考试项目中，又有九经之说，这就是《诗》、《书》、《易》、《周礼》、《仪礼》、《礼记》、《春秋公羊传》、《春秋穀梁传》、《春秋左氏传》等九部经书。显然在七经、九经中，已经把古代阐述经义的一些《传》、《记》也包括到经的范围之内了。在唐代，《论语》和《孝经》是要求所有读书人都要研读的，称之为“兼经”。

（5）十二经

唐文宗开成年间(827—840 年)，朝廷下令把九经以及《论语》、《孝经》、《尔雅》都刻在石碑上，总共十二部书，称为十二经。这些经书刻石至今保存下来，就是有名的“开成石经”。(图 9—5)

（6）十三经和《十三经注疏》

在宋朝，理学家们把《孟子》也提高到经书的地位。北宋哲宗元祐年间的科举考试中就包括《孟子》了。从此儒家的经典便成了十三经，直到封建社会终结，再也没有变化。对于这十三部儒家的经传，汉朝及其后的学者们做了大量的注释工作，人们称之为注或笺。唐朝时期，由于时间久远，人们对汉代的注释也难于理解了，于是一些学者对前人的旧注也要进行解释和阐发，习惯上就称之为“疏”或“正义”。南宋以后有人把十三经以及比较好的注、疏、正义合刻在一起，形成一整套经书及其注文，称为《十三经注疏》。这十三部经书的注疏作者如下：

《周易》　魏王弼、韩康伯注，唐孔颖达等正义；

《尚书》　伪孔安国传，唐孔颖达等正义；

《诗经》　汉毛亨传，汉郑玄笺，唐孔颖达等正义；

《周礼》　汉郑玄注，唐贾公彦疏；

《仪礼》　汉郑玄注，唐贾公彦疏；

《礼记》　汉郑玄注，唐孔颖达等正义；

《春秋公羊传》　汉何休注，唐徐彦疏；

《春秋穀梁传》　晋范宁注，唐杨士勋疏；

图 9-5 唐开成石经，今存西安碑林

《春秋左氏传》　晋杜预注，唐孔颖达等正义；

《论语》　魏何晏集解，宋邢昺疏；

《孝经》　唐玄宗注，宋邢昺疏；

《孟子》　汉赵岐注，宋孙奭疏；

《尔雅》　晋郭璞注，宋邢昺疏。

宋代封建统治者把《孟子》提升到经的地位后，又以《礼记》中的《中庸》、《大学》两篇与《论语》、《孟子》相配合，称为《四书》，教授儒生。到南宋孝宗时，理学家朱熹撰成《四书章句集注》，从此《四书》便成为封建科举取士的标准读本了。

### 2. 十三经及四书简介

（1）《周易》

原称《易》，又称《易经》，是古人卜卦用的书。周朝统治者习惯用蓍草来占卜吉凶，称为占筮。占卜时根据该草茎数量的奇、偶，排成各种卦，再参照占筮书的记述，判断出吉凶。因为成书于西周初年，人们又称之为《周易》。

《周易》中用“—”和“－－”两个最基本的符号代表阳和阴，分别称为阳爻、阴爻。把—和－－叠列三层，可以形成八种组合形式，叫做八卦，又称经卦。这八卦的每一卦象代表某种事物，如乾（☰）为天，坤（☷）为地，震（☳）为雷，巽（☴）为风，坎（☵）为水，离（☲）为火，艮（☶）为山，兑（☱）为泽。对于每一卦象的含意还可以进一步引申，例如乾既代表天，又可以代表国君、朝廷、君子、男人、刚健、阳气等。而坤除了代表地外，还可以代表臣子、女人、柔弱、阴气等等。用八卦的卦象两两重叠，又能组合成六十四卦，称为别卦。在《周易》中，对于每一卦以及卦中的各爻，都有阐述其意义的解说，这就是卦辞和爻辞，它们是《周易》的正文部分。

《周易》的作者和著作时代是怎样的？

古代曾有伏羲氏、神农氏推演八卦的说法，那只是传说，并不可信。近代学者们根据卦辞、爻辞记载的一些历史材料，比较有把握地推断这部书是西周初年的作品，但具体的作者仍然难以判断。现今传世的《周易》中，还包括解释经文的传，称为十翼。十翼是由《彖传》上下、《文言》、《系辞》上下、《说卦》、《序卦》、《象》上下、《杂卦》等十部分组成的。十翼的作者并非一人，而且也不是作于同一时代。据研究，《彖传》写作最早，似在春秋、战国交替之际，其余的则是战国至西汉初年的作品了。这十翼是儒家后学们对《周易》的解释，未必都能符合经文的原意，因此不能完全依赖它们去理解《周易》的正文。《周易》本是一部占卜算卦的书，但是书中在讲到阴阳二者之间的矛盾变化时，也反映了古人的许多朴素辩证思想。

到了汉朝，《周易》被尊为六经之首，人们认为它包含了其他各经最根本的道理。汉朝在国家学校中教授《周易》的博士就有施、孟、梁丘三家；此外民间还有大约十家，它们都属于不同的流派。20世纪70年代，在长沙马王堆汉墓中曾经出土帛书《周易》的残本。它同今天流行的《周易》相比，虽然六十四卦的卦名全都相同，但是卦的次序却不一样。汉朝的学者们大多以象数之学来讲解《周易》，也就是依据形象和数量来推测自然界的变化对社会政治的影响，因此《周易》常常成为他们预言灾异的工具。

三国时期，王弼改变了大谈象数的风气。他注释《周易》主要是借机阐发自己的哲学思想。王弼在注中糅合了《老子》、《庄子》的道家学说，为魏晋时期的"玄学"发展奠定了思想基础。在古代有大量解说《周易》的著作，除了涉及古代哲学思想的以外，也有一些是宣扬封建迷信的，必须把它们区分开来。孔子把《易》作为教材，是让学生学习其中的哲学辩证法思想。荀子就强调说："善为《易》者不占"[1]，即善于学习《易》的人，兴趣不在占卜上。

（2）《尚书》

原来仅称为《书》，是中国夏、商、周时代一些政治文献和传说资料的汇编，其中也包括某些追述更古时代的史事记录，因此它属于政治书。春秋以后，《书》被儒家学者们尊奉为经典。自汉朝开始，又称它为《尚书》。"尚"即是"上"，"尚书"就是指上古时代的史书。孔子选择了重要的政治文献编纂成《书》并作为教材，是让学生学习古人的治国之道。

最初《尚书》中保存的历史文献是很多的。至西汉初年，由山东人伏生传授下来的《尚书》只有28篇了。(图9—6)这部《尚书》是用汉代通行的隶书文字抄写的，所以汉朝人称它为"今文尚书"。传授今文《尚书》的学者们常常利用阴阳五行的观点阐发他们的思想，形成了《尚书》的今文经学派，并且由朝廷立为博士官。西汉中期以后，又多次发现先秦时期用古文字体抄写的《尚书》，人们称之为"古文尚书"。它比今文《尚书》多16篇。东汉学者贾逵、马融、郑玄等人对古文《尚书》做了大量的注释工作。他们多从名物制度、文字训诂等方面解释经文，形成了《尚书》的古文经学派。在汉朝，古文《尚书》未被朝廷所承认，没有能立于学官，以致西晋以后它全部散失，现今只能看到它的篇目名称了。

东晋时期，豫章内史梅赜向朝廷贡献了一部《尚书》，共58篇。梅赜根据一

[1]《荀子·大略》。

图 9-6 传唐王维作《伏生授经图》

些散佚的《尚书》文字，编撰成所谓古文《尚书》25 篇，后人称之为“伪古文尚书”。梅赜同时又吸收了原来今文《尚书》的 28 篇（但被离析为 33 篇了），共凑成 58 篇。这就是现今通行的《十三经注疏》本《尚书》，它实际上是由今文《尚书》和伪古文《尚书》两部分合成的。此外，梅赜还贡献出一部《尚书孔氏传》，十三卷，说是西汉经学家孔安国解释《尚书》之作。这部书后来经清朝学者们考订，实系后人伪造，于是称它为伪《孔安国尚书传》，但也收入到《十三经注疏》之中了。

（3）《诗经》

最初只称为《诗》，是中国最早的一部诗歌总集，春秋时期被孔子选为教材，后世称为《诗经》。书中收入了上起西周初年（公元前 11 世纪）下至春秋中叶（前 6 世纪）约五百年间的诗歌，保存到现在的作品共 305 篇。这些诗分为《风》、《雅》、《颂》三大类。《风》是 15 个诸侯国和地区的民歌，其中有揭露、斥责统治者的残暴压迫的，也有对人民的爱情、劳动等社会生活的歌颂。《雅》又分为《大雅》和《小雅》。《大雅》主要是颂扬周统治者的文治武功，其中有许多内容是涉及周初及“宣王中兴”等有价值的史料。《小雅》多是西周后期和东周初期的作品，内容以反映王室统治危机的政治诗为主。《颂》主要是统治者敬神祭祖的庙堂颂歌。需要指出的是，《风》、《雅》、《颂》三部分在内容上不是截然分清的，它们也有混然交错的情况。这三部分的区别，除了在内容上各有所侧重外，还有音乐方面的不同。一般的说，十五国《风》要配以具有地方特色的民间乐曲歌唱；

《雅》大多是用西周都城镐京（今陕西长安县）一带乐调谱曲的；《颂》的配乐表现出庄重、肃穆的特点。古代传说周王朝有定时到民间搜集诗歌的做法，叫做“采诗”、“采风”，这大约就是《诗经》的最早来源。在周朝上层社会的政治活动中，人们常常借用《诗》的一章或一两句来委婉地表达自己的思想。所以孔子曾经告诫他的儿子伯鱼说，不学《诗》便无法和人交谈。

《诗经》传至汉代，有齐、鲁、韩、毛四家。其中前三家都属于今文诗学，西汉时得到朝廷的承认，立于学官，各设了博士官并教授生徒。今文诗学至魏晋以后逐渐衰亡。毛《诗》相传为西汉初年毛亨、毛苌所传授，属于古文诗学。现今传世的是毛《诗》，共311篇，其中有六篇仅存篇名而无诗文。

《诗经》中记载了许多周人早期的开发活动和一些重要的历史事件，因此它不仅作为文学巨著对中国两千多年的文学发展产生了深刻的影响，而且对于中国古代史的研究也具有极为重要的史料价值。1994年，上海博物馆以重金购得一批战国竹简，其中有31支简记载了孔子或其弟子子夏对于诗的论述，谈到人的志、情、言与诗的关系，但没有今本《诗经》小序中有关讽刺与赞美的内容。这批竹简中涉及的《诗》有60篇，其中有六篇佚诗以及数十篇诗曲的篇名，都是今本《诗经》所没有的。竹简中对《诗》的写法和次序也与今本不同，依次写成《讼》、《大夏》、《小夏》、《邦风》。其中七支竹简记载了古代唱诗时乐器伴奏的四声和九个音调。令今天音乐专家惊讶的是，古代音调的表示方法竟与今日如此接近，当是我国音乐史上的重大发现。

（4）《仪礼》

原来只叫《礼》，汉朝时又称它为《士礼》、《礼经》，到了晋代才称为《仪礼》。儒家讲究各种典礼仪式，希望通过“礼”来区分人们的贵贱尊卑地位、维护严格的等级制度，《仪礼》就是详细记载古代各种礼仪的书。传说此书是周公所作，但缺少根据。《史记》等书则认为它出于孔子之手。现代学者一般认为，《仪礼》成书约在东周时期，不过书中记载的各种典礼仪式应该在成书以前就存在了。孔子很注重采辑、整理各国礼仪，他把演习礼仪作为自己教学的重要内容，甚至在他游说列国的路途中，也坚持与弟子们在大树下演习礼仪。现今传世的《仪礼》包括：士冠礼、昏礼、士相见礼、乡饮酒礼、聘礼、觐礼、丧服、士丧礼等，共17篇。它们记载了周朝统治阶级的加冠、婚丧、交际、敬老、宴饮、外交、觐见、祭祀等各种礼仪。

西汉初年，由鲁高堂生传授下来的《士礼》即今《仪礼》17篇，至西汉中期分为戴德（大戴）、戴圣（小戴）、庆普三家礼学，它们都属于今文经学派，朝廷也设立了博士官。1959年在甘肃省武威发现了汉代抄在简上的《礼》多篇，为我们校订今本《仪礼》提供了重要的参考依据。(图 9—7) 另据《汉书 · 艺文志》记载，又有《礼古经》56 篇，是汉武帝时发现的古文《礼经》，其中有 17 篇与今文的《仪礼》内容基本相同。至于另外的 39 篇，汉代称为《逸礼》，早已失传。

图 9–7 甘肃武威出土的东汉《仪礼》简

(5)《礼记》

先秦时期，儒家学者们在传习《仪礼》的同时，也传授一些有关的参考资料。这些资料可以进一步解释、补充《仪礼》内容，阐发其经义，人们称之为“记”。当时这种《记》很多，作者也不止一两个人。至西汉时期，礼学家们也都各自选取一些《记》作为讲授《仪礼》的辅助教材。这些《记》流传到东汉中期，只剩下了两种：一种是相传为戴德选辑的 85 篇本的“大戴礼”；另一种是相传为戴圣选辑的 49 篇本，称为“小戴礼”。东汉学者郑玄为其中的 49 篇本作了注解，从而使它的影响越来越大，由原来从属于《仪礼》的地位转变为独立成书，人们称它为《礼记》。在唐代，《礼记》更被列为九经之一，它与《仪礼》、《周礼》鼎足而三，称为“三礼”。

《礼记》是一部儒家关于各种礼仪的论著、杂说汇编。它的内容丰富，大体可以分为以下几个方面：有专为说明《仪礼》的，如《冠义》、《昏义》、《乡饮酒义》等篇；有杂记丧服、丧事的，如《檀弓》、《丧大记》、《问丧》等篇；有记述各种礼节、礼制和守则的，如《投壶》、《礼器》、《明堂位》、《曲礼》、《内则》等篇；有记述孔子言论的（其中有些是托孔子之名来阐发儒家的言论），如《仲尼燕居》、《孔子闲居》等篇；有比较系统地论述儒家某一思想的论文，如《礼运》、《学记》等篇。此外还有一篇属于授时颁政的《月令》，记述了夏历一年十二个月的时令及有关的事物。《礼记》中有些篇章如《大学》、《中庸》等，谈及儒家关于如何修养道德、做人处世的哲学、伦理观念，被宋代理学家编入《四书》中，加以大力宣扬。《礼记》中还有《学记》、《乐记》两篇，从理论上对教育、音乐做了精辟的论述，至今仍可资借鉴。《仪礼》仅仅记载了一些礼仪制度，而《礼记》则更多地论述了这些典礼制度的意义、作用，从理论上阐述了战国末期至秦汉时期儒家的“礼治”思想。《礼记》对于封建统治者强化思想文化统治、利用封建礼教束缚人们的思想言行，可以产生更为深刻的影响，因此它越来越受到历代封建统治者的重视，在儒家经典著作中的地位也不断地上升。

(6) 《周礼》

原名《周官》，西汉末年，学者刘歆将它改名为《周礼》。这是一部记载政治制度的书。关于《周礼》的成书，过去古文经学家认为是周公所作，今文经学家则指斥为刘歆伪造。现在一般学者都认为这部书是战国时期的儒家学者搜集了周王室的官制以及春秋时各国政治制度，并根据儒家的政治理想加以增减排比而成的汇编。据《汉书》河间献王本传记载，汉景帝时，河间献王搜集到流散在民间的古本《周官》，才使此书为世人所知。因为这部书是古文经，所以长期遭到古代今文经学家的诋毁。《周礼》记有三百多种所谓周朝的职官，并对其职务做了介绍，其中也牵涉到周代的一些典章制度。全书共由《天官冢宰》、《地官司徒》、《春官宗伯》、《夏官司马》、《秋官司寇》、《冬官司空》等六大部分组成。书中的《冬官司空》早已佚失，西汉时以先秦典籍《考工记》补入。《周礼》一书对后世的政治有较大影响，诸如西汉末年的王莽改制、南北朝时期的宇文泰改革官制以及宋代的王安石变法等，都曾以《周礼》为依据进行政治改革。

近代学者曾以周代铜器铭文中所记职官对照《周礼》的官制进行考察，找出一些不相符合之处，以此证明《周礼》系战国人所杜撰，并非是周朝政治制度的如实记录。然而《周礼》中记述的另外一些制度，又确实在周代实行过，这可以从出土文物和考古学家那里得到一定的证实。因此，这部书至今仍然受到人们的重视。《周礼》是我们研究周代典章制度的重要文献资料。

(7) 《春秋》及其三传

“春秋”曾经作为东周各国史书的通称，同时也是春秋时期鲁国史书的专称。现存的《春秋》一书记述了鲁隐公元年(前722)至鲁哀公十四年(前481)共244年间的鲁国历史。据记载，孔子曾对《春秋》进行了修订、整理，并且把它作为教授学生历史知识的重要教科书。相传孔子在修订《春秋》时，曾经运用一些隐微的言辞，暗喻、示意某种深远的意义，后世儒家学者们把孔子这种文笔曲折而含褒贬之意的所谓“春秋笔法”称为“微言大义”。例如《春秋》经于鲁隐公元年下说“郑伯克段于鄢”。《左传》对此则解释说，由于共叔段的表现违背了做弟弟的身份，所以《春秋》经不用“弟”字称呼他；这一事件如同两个国君之间争权，所以用“克”字；又由于共叔段的失败是因郑庄公蓄意逼迫造成的，所以经文不称郑庄公的谥号，而用“郑伯”，以批评他对弟弟有失教诲的错误。不过我们今天看来，《春秋》经的这种“微言大义”被古人过分渲染、夸大了。古代为《春秋》经作的传，流传至今有三部，即《春秋左氏传》、《春秋公羊传》和《春秋穀梁传》。《春秋》经本来有自己的单行本，后来按照编年次序，人们把它同各种传文合并起来，先列经文，后述传文。经文对史事介绍十分简短、概括，所以后世学者都要配合传文加以研读。

《春秋左氏传》又称《左氏春秋》或《左传》。旧传作者为春秋时的左丘明，近代学者们根据《左传》中所述史事，认为它当成书于战国初年。《左传》编年起于鲁隐公元年（前 722），终于鲁悼公四年（前 464），比《春秋》经多出 17 年；《左传》所记史事更延至鲁悼公十四年（前 454），比《春秋》经晚 27 年。《左传》以叙事为主，书中用大量史实补充、说明了《春秋》经，有时也订正《春秋》经的某些错误。因此《左传》有助于我们了解《春秋》经的那些概括、简略的记载，为我们提供了丰富的古代史料，加之它叙事生动流畅，成为中国古代著名的史学和文学著作。《左传》成书于战国时期，本是用战国时的古文字写成的，因此在汉代它属于古文经传，而且长时期只在民间传授，未能被朝廷立于学官。

图 9–8　东汉《公羊传》砖拓本

《春秋公羊传》也称《公羊春秋》或《公羊传》，《春秋穀梁传》也称《穀梁春秋》或《穀梁传》。它们的编年都与《春秋》经一样。古代学者曾经认为《公羊传》和《穀梁传》分别为战国时的学者公羊高和穀梁赤所撰写，并且二人同受学于孔子的学生子夏。但是这种说法缺乏足够的根据。可以肯定的是，二书直到西汉初年才有用隶书字体写成的定本，因此它们都属于今文经传。（图 9—8）《公羊传》和《穀梁传》的内容都着重于解释《春秋》经文，很少述说史事，所以它们不是史书，只是儒家后学们根据自己的理解来阐释《春秋》“微言大义”的著作。《公羊传》、《穀梁传》二书的作者是要把所谓孔子的“春秋笔法”点破、说明，让人明了其中的意义。不过，实际上这两部书的内容冗长，所讲的“大义”也未必都符合《春秋》的原旨。同《左传》相比，这两部书没有给我们提供新的史料，也谈不上文学价值。不过汉代及以后历代的今文经学家常常利用它们来发挥自己的政治观点，把它们作为议论时事的理论根据，因此这两部儒家经传、特别是《公羊传》，在中国古代经学史、思想史上还是具有一定影响的。

(8) 《论语》

这是孔子弟子及其再传弟子关于孔子和他的少数学生的言语行事的记录，其成书在战国初期。《论语》在西汉时还只作为经书的辅助，被看做是传、记一类的著作。直到东汉时，才作为正式经书列入“七经”之中。孔子是儒家学派的创始人，《论语》是研究孔子思想和儒家早期学说的最基本的依据，也是研究中国古代思想史、教育史、文化史的重要文献。《论语》一书传到汉朝时，已有三种不同的本子，即今文本的《鲁论》、《齐论》以及古文本的《古论》。现今传世的《论语》，是东汉学者郑玄参照上述各种本子整理而成的，共 20 篇。汉代以后，《论语》成为读书人的必读之书。南宋时，理学家朱熹把《论语》同《孟子》、《中庸》、《大学》合为《四书》，并为之作集注，使《论语》在宣扬封建礼教方面，处于更加突出的地位。

(9) 《孟子》

这是一部记录孟轲言论行事、包括他和当时人及门人弟子们相互问答的谈话记录。《孟子》一书主要是由孟轲的门人万章、公孙丑二人所记，大约孟轲本人也亲自进行过润色。书中记载了孟子的政治活动、政治学说以及他的唯心主义哲学、伦理、教育等思想。

孟子名轲，字子舆(约前 372—前 289)，是战国时期的思想家、政治家、教育家。曾受业于孔子之孙子思的门人。在封建社会，孟子被认为是孔子学说的继承者，他主要继承了孔子的“仁”的学说，强调“存心”、“养性”等思想。孟子提出“人性善”的观点。他以“恻隐之心人皆有之”论证了人的本性都是善良的，从而为孔子的“仁”学提供了理论基础。孟子在政治上提倡“民贵君轻”思想，是有进步意义的。

在西汉，《孟子》同《论语》一样，仅被当做“传”、“记”一类著作。直到宋代，《孟子》才由理学家们作为经书列入“十三经”之内。南宋朱熹把它编入《四书》，并为之作集注，更加深了它在封建文人中的影响。《孟子》现今只存七篇。相传另有“外书”四篇，早已佚失，今本“外书”系明人伪作。

(10) 《孝经》

今本《孝经》仅 1799 字，分为 18 章，基本内容是儒家倡导的封建孝道，宣扬“孝，德之本也”、“夫孝，始于事亲，中于事君，终于立身”等说教。虽然《孝经》通篇提倡行孝，但也由讲孝进而劝“忠”，主张孝子对待国君应该忠贞不贰。因此历代封建统治者对于《孝经》十分重视，要求所有的读书人都必须熟读它。《孝经》在内容上，有许多地方抄袭了《左传》、《孟子》、《荀子》等书，有时是撮取其大意加以复述，再加上书中许多内容陈腐，因此它的阅读价值在今天就很有限了。关于《孝经》的作者，历来有“孔子”、“曾子”、“孟子门人”等多种说法，但都不足信。它总是孔门后学所作，当不致有误。《孝经》成书于战国末期，东汉时被列为“七经”之一。汉代曾有古文《孝经》，南北朝时已亡佚。

（11）《尔雅》

这是一部古代训诂知识的汇编，即对古代经典中的词语进行解释的工具书。所以《尔雅》是考证词义和古代名物的重要资料，后世经学家常常用它来解说儒家经义。

《尔雅》共 19 篇。前三篇《释诂》、《释言》、《释训》为一般词语的解释，其余则按各种名物分类解释，如《释亲》、《释器》、《释山》、《释草》、《释鸟》、《释畜》等等。关于《尔雅》的作者，旧说或认为周公所著，或指为孔子及其弟子所作，也有人以为出于汉代儒生之手。这些说法都缺乏足够的证据。据近世学者们的研究，《尔雅》一书并非一人一时之作，它是收集多家训诂材料汇编而成的。《尔雅》大约在战国时期初具规模，后来又经过汉初学者们增补润色，最后才成为今本的样子。

（12）《四书》

在宋代，理学家要求读书人把十三经中的《论语》、《孟子》与《礼记》中的《中庸》、《大学》两篇相配合研读。南宋理学家朱熹对它们进行了注释并且加以阐发，于是始有“四书”之称。其中《论语》、《孟子》上文已有介绍，下面只谈《中庸》、《大学》两篇。

《中庸》：“中庸”是儒家提出的最高道德标准，是指处理事情不偏不倚、无过无不及。所以孔子说：“中庸之为德也，其至矣乎。”[1] 一般学者认为，本篇是战国末期至东汉初年的儒家学者所作。文中进一步发挥了孔子的中庸思想，强调要想做到中庸，就必须依礼行事。礼就是圣人按中庸的原则制定的，它能使人行事不至偏激。文章要求人们加强内心的修养来培养这种道德。

《大学》：产生时间与《中庸》大体相当。《大学》主要是强调“治国平天下”的道德思想基础，把封建的伦理同封建政治结合起来，宣扬个人的伦理道德对治国平天下具有重要意义。文中认为，个人只有提高自己的道德修养，才能达到治国、平天下的目的。其中所谓的格致，即格物、致知的省称，是指穷究事物的原理而获得知识。

以上是儒家的基本经典著作，其中蕴涵了丰富的中华文化思想的精髓，值得

〔1〕《论语 · 雍也》。

我们钻研、学习，但是我们也应该清醒地看到，其中也存在着许多落后于时代的陈腐封建说教。对其基本的态度还应该是有所取舍。

## 三、道家

### 1. 老子创立道家

老子是春秋后期人，姓李名耳，字老聃，生于楚国苦县（今河南鹿邑），与孔子同时。老子做过周朝的守藏室之史和柱下史。《礼记》中说，孔子曾经向老子请教过丧礼。

老子是道家的创始人。他在中国哲学史上比较早地系统提出宇宙本体论的哲学思想。他认为，“道”是产生天地万物的根源，他用“道”把人从神那里解放出来，还给自然。在中华民族传统文化中，如果说，伦理道德和政治思想方面占统治地位的是儒家的话，那么在中华文化更深层次的理论思维上，则是道家占主要地位。所以有人强调“儒道互补”也是中华文化的基本特征之一。老子的主要思想都反映在他的著作《老子》中。(图 9—9)

### 2. 老子说“道”

老子说：“有物混成，先天地生，寂兮寥兮，独立而不改，周行而不殆，可

图 9–9 长沙马王堆汉墓帛书《老子》

以为天地母，吾不知其名，字之曰道。”意思是说，有一种混沌状态的东西，在天地产生之前就已经存在。它寂静无声，渺小无体，独立存在而永恒不变，循环运行而永不停息，它可以产生天地。我不知道它的名字，一定要写出来的话，就用“道”这个字吧。

老子又说：“道冲而用之，或不盈，渊兮似万物之宗。……吾不知谁之子，象帝之先。”冲，即盅，酒盅类的器皿。意思是说，道就像小器皿那样发挥着作用，可以盛装东西，但它永远不会装满。它是那么深邃难测，像是万物的始祖。我不知道它是谁的儿子，好像是天帝的祖先。

道是怎样产生万物的呢？老子向我们介绍了这一过程，就是：

“道生一,一生二,二生三,三生万物。万物负阴而抱阳，冲气以为和。”在道的作用下，产生了模糊一团的宇宙整体，以后分化为相互对立的阴和阳两部分，正是这对立的阴和阳相互作用，便产生了第三种新生事物。各种各样的新生事物就构成了天地万物。万物都是后背驮着阴，前胸抱着阳（对立的两部分结合在一起），它们相互作用而形成一个和谐的整体。在这里，老子不仅阐述了道产生万物的过程，而且向我们揭示了事物的“一分为二”和“合二而一”的辩证规律。

### 3. 道的几个特点

(1) 道是“无”

道能够产生万事万物，那么了不起，一定是既大又多，然而老子却说“道”是“无”。在这里，有和无是一对矛盾的统一体，相互依存。有“长”才有“短”；有“高”才有“矮”，它们只有在相互比较中同时存在。在哲学上，“有”是指一切客观存在的万事万物。“无”是“有”赖以存在的先决条件，因为没有“无”作为比较，也就不存在所谓的“有”了。所以我们说，是“无”产生了“有”，是体现着“无”的“道”产生了万物。

在这对矛盾中，“无”是主要方面，它最能体现出事物的本质。例如，水杯之所以被称为“水杯”，是因为它能盛放水，而能盛放水的部分恰恰是空无一物，正体现了水杯的本质。房间为了出入，必须建造门。真正能体现“出入”这种本质的，不是门板，也不是门框，而是打开门以后的空间部分的“无”。因此，是“无”决定了“有”，是道支配着、主宰着万物。

道是无名的。道不应该有名字，假如有了名字，就有了规定性，有了界定。例如，一说“黑板”，人们就会马上想到教室内镶嵌在墙上的、可以在上面写字的平板。道家所说的“道”，是囊括宇宙、天地、万物的整体，它没有大小、形状等等的范围规定，因此不能像对待普通事物那样给它起个名字。老子说：“道可道，非常道；名可名，非常名。”意思是，对于“道”，我可以讲述它，但那不是通常的道理；为了称呼它，也可以起个名称，但那不是通常意义上的名称。

道是无为无欲的。道是客观存在的，它是没有目的、没有欲望、没有意志地发挥着作用。所以说：“道法自然。”道就是那样自然而然地发挥着作用。道的这种无目的、无欲望、无意志的“无为”是最完美的“无不为”。因为若要做什么或是做了什么，同时就出现了还没做什么，就有了不足和缺欠。所以老子说：道常“无为而无不为”。体现在政治上，老子认为圣人就该“居无为之事，行不言之教”。又说：“治大国若烹小鲜。”意思是，治理一个大国就像烹饪一条小鱼，若是经常搅动，鱼就碎烂不成形了。所以治理国家也应当无为，否则就要伤害民众。总之，无为而治才是最理想的。老子认为，儒家提倡仁德、墨家主张兼爱、法家坚持法治都是人为政治，都违背了人的自然本性，是人为地强加于人的，这会改变人的淳朴本性，使百姓成为狡诈之民。

(2) 道是柔弱的

道是那么伟大，可以产生万物，然而道是以“柔弱”体现出自己的作用，“弱也者，道之用”。也正因为它发挥着柔弱的作用，才能战胜刚强。老子说：“天下之至柔驰骋于天下之至坚。”天下没有什么比水更柔弱了，但是在战胜刚强上，什么都难以超过水：“天下莫柔弱于水，而攻坚强者莫之能胜。”对于人来说道理是一样的，“人之生也柔弱，其死也刚强。万物草木之生也柔脆，其死也枯槁”。人在活着时，身体是柔软的，一旦挺直僵硬那就是死了。万物草木也是一样，活着时是柔软的，死后就干枯了。

人们司空见惯的太极拳本是以道家理念为指导的武术功夫，它的动作十分缓慢柔软，但是它可以御敌防身。太极拳的内在精神是以柔克刚、以守为攻、以退为进，体现了道家的思想。平时为人处世也是这个道理，不仅蛮横强硬不好，即使是有理不让人也不是好的态度，因为没有一定的柔韧、灵活、宽容，就会把自己置于孤立和绝路的地位。

(3) 道是空虚的

道像酒盅一样，中间是空虚的，但其容量极大，永远不会装满。正因为道有无限的包容性，所以它能容纳全部的宇宙天地万物。道由于其空虚，才使它有最大的充实。

对于人来说也一样，只有真正地谦虚，才能把别人的长处学到自己身上。一个人若是诚心承认自己有这样那样的缺点和不足，他就能看到别人的优点，从而能够虚心地向很多人学习，把别人的优点和高明之处都学到手，这时他的竞争力便大为加强，甚至超过所有的竞争对手。

(4) 道主静　以静制动

老子认为，道的存在是处于静止状态的，而万物是运动的。静止的道是永恒不变的，而运动的万物都只能维持一段时间。因此静止是最有生命力的。老子说："飘风不终朝，暴雨不终日。孰为此？天地而弗能久，又况于人乎？"狂风暴雨都只能维持一段时间，最后还要回归于静止。天地都是如此，何况人呢！所以老子说："静为躁君。""清静可以为天下正。"清静可以支配和战胜躁动；清静是统治天下的君长。政治上实行"无为而治"才是最理想的。在道家看来，越是缓慢，越是接近静止，生命就会越延长。乌龟的动作非常缓慢，所以它的寿命也最长，是缓慢的新陈代谢延长了它的寿命时间。我们通常说"生命在于运动"，这只是问题的一个方面。按道家的思想来说，是"生命在于静止"，当然这是从哲学意义来讲。不过这也提示我们，过分的运动也会给健康带来危害。

(5) 道支配鬼神

道家不否定鬼神的存在，不过鬼神也像其他万物一样受着道的支配，于是鬼神的权威也就消失殆尽了。老子说："以道莅天下，其鬼不神。非其鬼不神，其神不伤人。"在道的主宰、支配下，鬼神没有神灵了。不是鬼神没有灵性，是它们与人毫无关系而不会伤害人。在道家看来，鬼神即使存在，也一点儿都不可怕，它们在道的支配下有自己的规律性，和人毫不相干。

### 4. 道家的辩证思想

老子的学说中有着非常丰富的辩证法思想，他天才地揭示了两种对立事物之间相互依存又相互转化的关系。老子说：

天下皆知美之为美，斯恶已；皆知善，斯不善矣。有无之相生也，难易之相成也，长短之相形也，高下之相倾也，音声之相和也，先后之相随，恒也。

这就是事物的相反相成的规则。事物所包含的两个对立面，都是向相反的方面转化的，所以说："反者，道之动。"对此最生动的解释，就是"塞翁失马"的故事以及老子的名言："祸兮福之所倚，福兮祸之所伏。"当然，这种转化是需要一定条件的，道家的缺陷是没有强调这种必要的条件。老子还说：

物或损之而益，或益之而损。

曲则全，枉则直，洼则盈，蔽则新，少则得，多则惑。是以圣人执一以为天下牧。不自视故章，不自见故明，不自伐故有功，弗矜故能长。夫唯不争，故莫能与之争。古所谓“曲全”者，几语哉！诚全归之。

对于一件东西，你损伤了它，反而让它受益；你让它获得收益，反而伤害了它。对于一块玉石，你雕琢、打磨它，使它有了减损，可是它被雕琢成了一件精美的工艺品，价值大大提高；如果是“画蛇添足”，虽然给蛇多画了几只脚，却破坏了蛇的形象。一个人，如果能不自夸自耀，不刻意表现自己，反而能得到别人的尊重。能接受委屈的人，才善于保全自己。这也涉及做人的品德和涵养。

**5．政治理想：小国寡民**

老子提倡“小国寡民”的政治主张，他说：

小国寡民，使民有什伯之器而不用。使民重死而不远徙。虽有舟舆，无所乘之。虽有甲兵，无所陈之。使民复结绳而用之。甘其食，美其服，安其居，乐其俗。邻国相望，鸡犬之声相闻，民至老死不相往来。

过去都批判他的这一思想是复古倒退，是要把社会拉回原始社会。其实这是误解了老子。老子对于他生活的春秋末期社会极为不满，认为社会充满了欺诈、奸邪和暴力，他扬言要回归到原始社会，只是表达出对现实的否定和批判，不过其中也确实含有一定的希望远离甚至逃避现实的思想成分。他认为，儒家提倡的仁义道德破坏了本来的淳朴之风，这是把外在的主张强加在人们身上，从而引发出新的对立冲突，造成社会的混乱。所以老子说：

大道废，有仁义；智慧出，有大伪；六亲不和，有孝慈。

夫礼者，忠信之薄而乱之首。

道家的这种否定现实社会、批评积极有为以及宣扬消极避世的思想，对后世的知识分子、封建士大夫有着深远的影响，当他们政治上受到挫折、打击的时候，往往到道家这里来寻求精神寄托。

**6．“郭店楚简”的新发现**

1993年在湖北荆门的郭店发现了804支竹简，约一万三千余字，称为郭店楚简。经研究得知，它们的内容包括儒、道两大部分。道家部分中就有至今所见最早的《老子》文本，学者们称之为竹简本《老子》，约有两千字、三百句，其中有 60 句异于今本《老子》。连战国中期的庄子都没有见到过竹简本的《老子》。根据两种本子的异同可以发现，早期的老子思想中没有对“道”的高远玄奥的描述，而有些思想却是与儒家相近。在今本《老子》中，有对儒家的直接批评，如“绝仁弃义”、“绝圣弃智”等，而在竹简本中原是“绝伪弃虑”、“绝智弃辩”。竹简本中也没有后来对儒家的“礼”、“尚贤”等主张的否定。由此可见，《史记》等历史文献中对于孔子问礼于老聃的记载也就不难理解了。许多学者经过研究认为，竹简本《老子》出自春秋末期与孔子同时的李耳，至战国中期，经过太史儋的修订改造，成为今本《老子》。以至于司马迁在《史记》中介绍老子时，虽然认为他是春秋末期的李耳，但仍没有十分把握。最后补充说，还有人认为老子是太史儋或老莱子。竹简本《老子》的问世恰恰证实了司马迁实事求是精神的伟大。

## 四、墨家

### 1．墨家的产生

墨翟于战国初年创立墨家学派。墨家代表下层社会农民、手工业者、小商人的利益，所谓“农与工肆之人”。墨家具有较强的组织性。墨家与儒家在当时同是显学。现存《墨子》一书，是墨家学派的著作总汇编。一般认为，该书是墨子弟子们对老师讲演记录整理而成的，后来也补入有战国中后期墨家后学们的一些成果。(图 9—10)

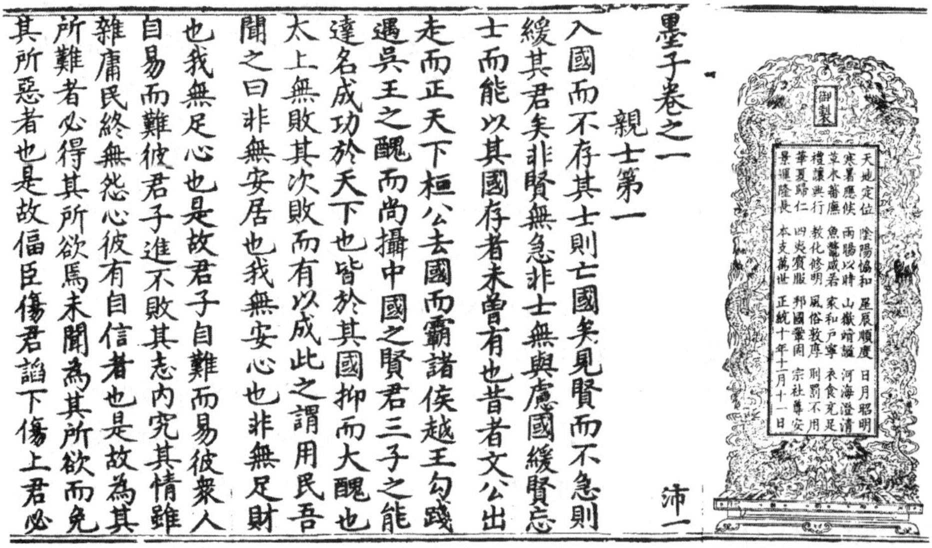

墨子卷之一　沛一
親士第一
入國而不存其士則亡國矣見賢而不急則緩其君矣非賢無急非士無與慮國緩賢忘士而能以其國存者未曾有也昔者文公出走而正天下桓公去國而霸諸侯越王句踐遇吳王之醜而尚攝中國之賢君三子之能達名成功於天下也皆於其國抑而大醜也太上無敗其次敗而有以成此之謂用民吾聞之曰非無安居也我無安心也非無足財也我無足心也是故君子自難而易彼衆人自易而難彼君子進不敗其志內究其情雖雜庸民終無怨心彼有自信者也是故為其所難者必得其所欲焉未聞為其所欲而免其所惡者也是故偪臣傷君諂下傷上君必

图 9–10　明刻本《墨子》书影

### 2. 兼爱和非攻

墨家思想的核心是兼爱和非攻。兼爱是天下人平等地友爱。非攻是反对战争。墨家在讲友爱的同时，也重视获利，即“兼相爱，交相利”，这与儒家“君子耻言利”是很不相同的。作为下层社会的劳动者们，是需要在相互友爱中获得帮助的。墨子提倡的兼爱是不分等级、不分亲疏的，爱他人的父母和爱自己的父母是一样的。而儒家的仁爱则有血缘亲疏与关系远近之差别。孔子反对诸侯之间的吞并战争，要求诸侯国国君都顺从周天子的统治；墨子反对战争则是因为战争破坏了生产，给人民带来了苦难。

### 3. 尚贤主张

墨子反对儒家坚持的尊卑等级观念，他强调尚贤不分贵贱，即使是“农与工肆之人”，只要有才能，就应选拔任官。墨子主张：

> 不党父兄，不偏富贵，不嬖颜色。贤者举而上之，富而贵之，以为官长；不肖者抑而废之，贫而贱之，以为徒役。

由此而总结出“官无常贵，民无终贱”的名言，这里丝毫没有儒家蔑视劳动者的等级观念。

### 4. 宣扬存在鬼神

墨子在《天志》、《明鬼》中提出天是有意志的以及有鬼神存在的观点。墨子强调有鬼神，更多的是反映了下层劳动者面对强大的统治阶级，想要借用鬼神惩恶扬善的威力来警告、约束压在头上的统治者。

### 5. 重视科学技术并取得巨大成就

墨子及其后学们非常重视自然科学知识、军事知识、劳动知识的学习和实践，对中国古代科学技术的发展有很大贡献。他们在力学、光学、数学以及机械制造等方面都取得了巨大成就，在世界科技史上也占有重要地位。只是可惜，墨家重视自然科学的优良传统没能被后世继承下来。

墨家也十分重视生产劳动，积极鼓励人们从事生产，尤其是农业生产，认为这是人们赖以生存的基础。他说：“凡五谷者，民之所仰也。”“食不可不务也，地不可不力也。”由于创造社会财富之艰难，墨家也十分崇尚生活节俭，这些都是墨家学说中积极的内容。

战国以后，墨学衰微，尤其不被统治者所重视。直至清朝晚期，西方列强以其炮舰敲开中国大门，欧洲一些近代科学技术以及民主、博爱思想随之传入中国。中国的一些学者出于爱国之心，重新拾起墨学，强调那些声、光、力、几何等学说在中国早已有之，以此与西方列强们抗衡，提高民族自信心。不过，其效果是有限的。

近年来，两千多年前的墨家学说越来越受到国内外学者们的重视。以墨子为代表的墨家学派不遗余力地为平民呼吁、奔走、谋利益，他们重视自然科学的求实精神，在今天仍有巨大的现实意义。墨家的“兼爱”和“非攻”思想，与当今世界的和平与发展的主题也有合拍之处。所以，尽管墨家学说有一定的时代局限性，但它在今天仍然有其研究价值。

## 五、法家

### 1. 法家的产生

法家没有单独个人的开创者，它是春秋以来一些思想家、政治家对政治活动中逐渐形成的理论和实践经验的总结。早期的法家人物有魏国的李悝、赵国的慎到、韩国的申不害等，甚至一些实行社会改革的开明政治家如齐国的管仲、郑国的子产等也都可以看做是法家的先驱人物。据《左传·昭公六年》记载，子产曾把法律条文铸在鼎上。以后又有郑国的邓析将法律记载在竹简上。后来，李悝撰著了《法经》，虽已亡佚，但在《晋书·刑法志》、《唐律疏议》等文献中还可见其一斑。在秦国，商鞅变法是法家学说的一次重大实践，为后来秦始皇统一天下奠定了基础。最终在战国后期由韩非子对以前的法家理论和实践经验作了总结和系统的论述，所以说，韩非子是法家的集大成者。

### 2. 法家学说的主要内容

法家重视法律的作用，主张实行富国强兵的耕战政策，反对因举贤任能而降低君主的权威，其最终目的是建立极端的君主专制独裁统治。法家学说主要是讲法、术、势。

法，是指法律，要公之于众。法律主要针对民众，民众了解了法律，就知道应该遵守什么、不该做什么；就知道一旦违反法律，将受到严厉的惩罚。韩非说：“法者，编著之图籍，设之于官府，而布之于百姓者也。”〔1〕作为国家，“明法者强，慢法者弱”〔2〕。国家必须制定法令：“家有常法，虽饥不饿；国有常法，

---

〔1〕《韩非子·难三》。

〔2〕《韩非子·八经》。

虽危不亡。”[1] 韩非反对在法令之外还讲什么仁义、恩爱，他说：“行义示则主威分，慈仁听则法制毁。”[2] 要使法令生效，就须法令统一、法不阿贵、严刑苛法。

术，是指权术、政治手段，主要针对群臣。法家要求君主必须能够控制、驾驭臣下，这样才能巩固自己的统治地位。君臣之间的利害是不可能调和的，韩非子说：君臣“上下一日百战”[3]，时时刻刻都处于敌对的关系。因此，权术对于君主来说，就像每日吃饭和寒冬穿衣服那样，不可须臾离开。权术是不能公开的，君主要把它藏起来，显示出高深莫测的样子，让人感到不可捉摸。君主心中洞察一切，但是不动声色，严格督察群臣的得失以论其赏罚，群臣们就不敢违法篡权，乖乖地恪守自己的职分了。

势，是指形势、权势。韩非说：“势者，胜众之资也。”[4] 君主应该利用自己的权力和地位。有了权势即使是平庸之人，也可以统治天下；若没权势，哪怕是圣人也控制不了三家。这好比一棵普通的树，如果把它种在高山上，它就高高在上，并不是树长高了，而是借助了山的高度。君主掌握了权势，就像树借助了山的高度。

图 9–11 今人绘韩非子像

韩非子强调，法家鼓吹的法、术、势应该结合起来，相互配合，才能充分发挥作用。(图 9—11) 他指出，秦国的商鞅实行变法很好，但因为“徒法而无术”，以至“无术以知奸”[5] 未能控制住保守的贵族反抗势力，最终遭到“车裂”的悲惨下场。而申不害在韩国主要鼓吹法家的“权术”，对法令推行不力，设立了新法令的同时，又没有彻底废除旧法令，致使保守派钻空子，反对变法。

**3．法家的理论基础**

法家的理论基础是历史进化论和人性趋利避害论。法家是先秦诸子中最激

[1]《韩非子 · 饰邪》。
[2]《韩非子 · 八经》。
[3]《韩非子 · 扬权》。
[4]《韩非子 · 八经》。
[5]《韩非子 · 定法》。

进的改革派，也为以后历代的变法革新奠定了政治理论基础。法家认为，社会是不断变化的，后世不能用旧的办法去解决新的问题；过去的圣人再高明，也只能是解决了过去的问题，面对新的问题，还要由新的圣贤来解决。因此，法家都是理直气壮地主张和推行变法改革。法家对实行变法革新从来充满信心，因为他们认为人们都具有“趋利避害”的本性，只要规定出法令条文，守法者奖，违法者罚，人们就会严格遵守法令，社会也就井然有序了。

## 第四节
# 阴阳五行及五德终始观

### 一、阴阳五行的产生

阴阳五行并不神秘。它们的产生正是古人对现实生活、生产经验的概括和总结。远古时代，人们每天必然经历两种情况：早晨一觉醒来，太阳升起，一片光明；到了傍晚，日落西山，天空黑暗下来，成了黑夜。每天如此，日复一日，年复一年。经过千百万年，人们的思维认识有了提高，对于这两种截然相反的自然现象给予概括，便用“阴”和“阳”这两个概念来表达。可见，阴阳观念正是客观存在的自然现象在古人头脑中的反映，是古人对白天、黑夜两种相反现象的概括，体现了古人朴素的唯物认识。后来，人们对“阳和阴”的含义又给予引申和丰富，使它们逐渐具有“天和地”、“男和女”、“君和臣”、“父和子”、“夫和妻”等等含义。

“五行”是指水、火、木、金、土五种物质。“五行”概念的产生，是古人在探索天地万物是由什么构成的过程中形成的。这里首先认为天地万物都是物质的，然后进一步说明是由水、火、木、金、土五种物质构成的。尽管这个说法在今天看来很不准确，但是它也反映了古人在这里完全抛弃了鬼神观念，从朴素的唯物观出发，对客观存在的万物作出的概括和总结。这在当时来说，有巨大的进步意义。世界上一些具有古老文明的民族都曾经探索过万物的构成。古印度就曾经提出世界是由水、土、火、风四种物质构成的。中国古代的《管子》干脆认为构成万物的最基本物质就是水。“五行”说只是其中的一种观点，但是它对中国传统文化的影响是巨大而又深远的。最早提出“五行”说的是《尚书·洪范》。它说：

五行：一曰水，二曰火，三曰木，四曰金，五曰土。水曰润下，火曰炎上，木曰曲直，金曰从革（制作兵器。或说，金属兵器可引发社会变革），土爰（引出）稼穑。润下作咸，炎上作苦，曲直作酸，从革作辛，稼穑作甘。

这里不仅提到构成万物的五种基本物质，而且还介绍了它们所具有的特点以及与之相联系的五种味道。后来，思想家们进一步探索这五行之间的关系，提出了“五行相生”和“五行相克”的思想。

## 二、五行相生和五行相克

所谓五行相生，是指：木生火、火生土、土生金、金生水、水生木。

这并不难理解。木生火，这是尽人皆知的常识。火燃烧以后会留下灰烬，就是所谓的土。金属矿藏大多埋在地下，所以说土生金。对于金生水，古人通常解释为：用金属制作的工具更容易掘土挖井而得到水（或说，潮湿环境下，金属表面可产生水珠）。所有的植物生长时都需要水，所以说水生木。

克是“战胜”的意思。“五行相克”，是说五行中的某一行可以战胜另一行。它们是：木克土、金克木、火克金、水克火、土克水。

这些也不难理解，都是从生活经验中得来的。植物种子最初埋在地下，当它发芽生长时就会冲破土地钻出地面，意味着木战胜了土。用金属工具可以更锋利地削砍植物，是金克木。金属矿石虽然十分坚硬，一旦在火上高温加热，便会熔为液态，这便是火克金。水能灭火，这是水克火。堆土可以挡住水流，就是土克水。

到此为止，这五行相生、相克，都是古人在现实生活、生产中获得的直观经验，既不神秘，也不唯心。

## 三、邹衍和五德终始说

到了战国时期，一些思想家对于自古流传下来的阴阳五行观念进行了唯心主义改造，使之有了新的发展。邹衍就是这方面的代表人物。邹衍是齐国人，他提出“五德终始”学说，以此来解释人类社会的演变规律，在当时取得了轰动效果。司马迁在《史记·孟子荀卿列传》中提到邹衍时说：“乃深观阴阳消息，而作怪迂之变（辩）。”意思是邹衍能深刻观察事物的阴阳变化信息，然后发表一些超乎一般生活情理的怪异言论。邹衍喜欢对宇宙万物展开宏观上的论述，他认为人类社会的发展演变符合“五行相克”规律。他把推动社会发展的动力称为

"德"。这种动力可以分别用水、火、木、金、土表示五种力量，即是五德。社会的发展变化、王朝的兴替就是依照五行相克的次序，循环往复、终而复始进行的。具体过程如图：

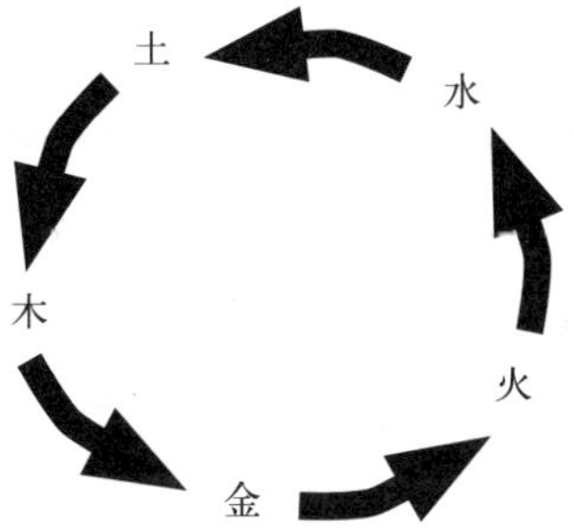


邹衍的著作没能流传下来，我们不能直接看到他的论述，但是古代有些历史文献对他的学说有所介绍，足可供我们参考。例如《吕氏春秋·应同》便把这一社会演变规律具体化。文中说：

凡帝王者之将兴也，天必先见祥乎下民。黄帝之时，天先见大螾大蝼。黄帝曰：土气胜。土气胜，故其色尚黄，其事则土。及禹之时，天先见草木秋冬不杀。禹曰：木气胜。木气胜，故其色尚青，其事则木。及汤之时，天先见金刃生于水。汤曰：金气胜。金气胜，故其色尚白，其事则金。及文王之时，天先见火，赤乌衔丹书集于周社。文王曰：火气胜。火气胜，故其色尚赤，其事则火。代火者必将水，天且先见水气胜。水气胜，故其色尚黑，其事则水。水气至而不知数，备将徙于土。

大意是：一个新的帝王兴起时，上天必定先在民间表现出一些征兆来。黄帝统治天下的时候，上天让生活在泥土中的大蚯蚓和大蝼蛄出现。黄帝说，这表明"土"的力量强盛。因为"土"的力量大，表现在颜色上就是黄色盛行，任何事物都和"土"有联系。到了禹的时候，上天使草木在秋冬季节不凋零。禹说，这是"木"的力量强盛。因为"木"的力量大，就盛行青色，任何事物都和"木"有联系。到了汤的时候，上天先表现出从河里捞出了兵器。汤说，这是"金"的力量强盛。因为"金"的力量大，就盛行白色，任何事物都和"金"有联系。到了周文王的时候，上天先表现在火的方面，一些红色的乌鸦口衔着书写红色文字的东西、落在周人的祭坛上。文王说：这是"火"的力量强盛。因为火的力量大，就盛行红色，任何事物都和"火"有联系。将来代替火的，一定是水，上天先要表现出"水"的力量强盛。"水"的力量强大，就会盛行黑色，任何事物都会和"水"有联系。“水”的强盛什么时候实现，不知道有多久，最终还是要转移到“土”的力量上。上面所述，在我们面前呈现出一幅王朝兴替的运行轨迹：

远古黄帝（土德）→夏朝（木德）→商朝（金德）→周朝（火德）→？朝(水德)。

谁来取代周王朝呢？春秋战国时期，旧的奴隶制度正在崩溃，新兴的地主阶级力争取代奴隶主贵族的统治，各个诸侯国之间不断发生强胜弱、大吞小的战争，几个大国国君政治野心膨胀，无时无刻都想对周天子取而代之。这时邹衍的“五德终始”理论正好适应了野心家们的需要，为他们取代周天子的统治提供了理论依据，因此他们都对邹衍表示热烈欢迎。司马迁在《史记·孟子荀卿列传》中介绍说，邹衍在齐国受到齐王的敬重。到了魏国，魏王亲自到郊外去迎接，把它当做贵宾接待。到了赵国，当权的平原君不敢和他并行，落座时把自己的席子撤去、直接坐在土地上，表示屈尊于下。到燕国的时候，燕昭王不仅亲自迎接，而且怀抱扫帚走在前面以示开道，还把邹衍尊为老师，自己作为学生躬听教导；又专门为邹衍建造碣石宫居住、讲学，燕昭王则亲自前往受教。凡此等等，都是“五德终始”学说引发出来的结果。后来，秦始皇统一中国后，便确定秦王朝属水德，以示战胜了周朝的火德，并且改革历法、官服、制度等等，使之符合水德的特征。

诚然，邹衍宣扬的“五德终始”理论是历史循环论，是唯心主义的。但是我们也应该看到，以邹衍为代表的这一学派，已经把“五行”从具体的物质概念提升为抽象的属性概念了，这反映了思想家们思维能力的提高。他们是以一种积极

图 9-12 湖北随州曾侯乙墓出土漆箱上的天文图

的态度去探索人类社会的演变规律，以宏观的思维模式来探求人类社会与自然之间的内在联系，与那些鼓吹神灵主宰人类命运的思维方式相比，邹衍的“五德终始”学说是积极的、进步的，对丰富中华文化中的“天人合一”思想作出了巨大贡献。(图 9—12)

对于邹衍的“五德终始”学说，英国学者李约瑟在其《中国科学技术史》中给予了高度的评价。他说：

当希腊人和印度人发展机械原子论的时候，中国人则发展了有机宇宙的哲学。在这些方面，“西方”是初等的，而中国是高深的。[1]

长期以来，阴阳五行被江湖骗子们利用来行骗，他们故弄玄虚，或炫耀神秘，给人算卦相面、占卜驱邪等等，确属封建迷信活动。我们应该把那些糟粕从古代的文化遗产中剔除出去，予以坚决抛弃。与此同时，我们也应该重视古代“阴阳五行”学说的学术价值。由于阴阳五行学说自古以来在中华民族的医药、建筑、天文、历法、军事、武术、艺术等等许多领域都有着广泛的运用，与中华传统文化的发展有着密不可分的联系，因此对于这一非物质文化遗产，我们应该更深入地进行研究。

## 四、秦朝以水德自居

秦始皇统一中国以后，为了证明政治的合法性，利用“五德终始”观点说明秦朝代替周朝的必然性，由此秦朝应当属于水德。为了与水德相照应，一切制度也要作出相应的改变。《史记 · 秦始皇本纪》说：

始皇推终始五德之传，以为周得火德，秦代周德，从所不胜。方今水德之始，改年始，朝贺皆自十月朔。衣服旄旌节旗皆上黑。数以六为纪，符、法冠皆六寸，而舆六尺。六尺为步，乘六马。更名河曰德水。以为水德之始。

〔1〕机械原子论：古代希腊哲学家留基伯和德谟克利特于公元前 5 世纪创立的朴素唯物论，认为万物皆由大量不可分割的、最小的物质粒子即原子组成。这些原子只有大小、形状和位置的差异。它们按照各自的规律，组合成不同的物质；一旦分离，则原来的物质也就消失了。有机宇宙哲学：把天、地、人看做一个不可分割的整体，探索它们之间的内在联系和规律性。

《史记 · 封禅书》也说：

于是秦更命河曰德水，以冬十月为年首，色上黑，度以六为名，音上大吕，事统上法。

秦始皇改变历法，把过去的十月定为每年的开始；一切官服、军服都为黑色；一切度、量、衡都以六数为单位；以大吕定音调。还把黄河改称为“德水”。但是，这一切并没能挽救秦朝很快就覆灭的命运。

### 五、五方五帝观

春秋战国时期，随着阴阳五行学说的发展，在神道观念方面产生了“五方五帝”的观念，即认为在天上也有五个天帝各自统辖一方。这是人世间诸侯国各据一方的分裂现实影响了人们的神道认识，于是就有五帝在天上各辖一方的思想。据《吕氏春秋》十二纪所说，它们是：

| | | | |
|---|---|---|---|
| 东方天帝为太昊 | 属木德 | 主春 | 称青帝 |
| 南方天帝为炎帝 | 属火德 | 主夏 | 称赤帝 |
| 西方天帝为少昊 | 属金德 | 主秋 | 称白帝 |
| 北方天帝为颛顼 | 属水德 | 主冬 | 称黑帝 |
| 中央天帝为黄帝 | 属土德 | 主夏末秋初 | 称黄帝 |

在古代的历史文献中，常常有关于五帝与历史人物、事件相附会的记载，反映的就是上述观念。到了西汉时期，由于统一的封建帝国日益强大，封建皇帝的专制统治得到巩固，在汉武帝时，五帝之上又出现了地位最高的太一神。这同样是大一统的社会现实在人们头脑中的反映。

## 第五节
## 汉武帝“独尊儒术”和两汉经学

秦始皇通过武力消灭了山东六国，确立了统一的中央集权的封建统治。在新的历史条件下，秦始皇未能针对和平、统一形势变换指导思想和采取新的政策，而是继续推行法家的暴力方针，对人民进行空前的横征暴敛，利用严酷的刑罚限制人民的言行，因此秦王朝只经过两代皇帝便被推翻了。秦朝的短命为尔后的西汉统治者提出了一个不可回避的问题，即面对统一的、中央集权的大帝国，封建地主阶级应该采取怎样的指导思想和政策来治理国家？这个问题直到汉武帝时才得到解决。

## 一、汉武帝“独尊儒术”

在西汉前期，封建统治者多信奉黄老（传说中的黄帝和春秋时的老子）道家思想。西汉王朝吸取秦朝覆灭的教训，从道家“清静无为”思想出发，针对秦朝的残暴统治而采取了休养生息的政策，使得社会生产得到恢复和发展。与此同时，西汉统治者也十分重视儒家对秦朝暴虐统治的批评，赞成儒家倡导的仁政。刘邦最初十分鄙视儒生，认为儒学烦琐而迂阔。但是后来他也笼络了一批有才干的儒生，如郦食其、随何等人，利用他们为自己争夺天下效力。刘邦登上皇帝宝座后，又令儒生叔孙通制订了一套君臣礼仪，从礼制方面加强了他的统治地位和威严，刘邦高兴地说：“今天我才体会到做皇帝的尊贵滋味！”这时谋士陆贾也向刘邦指出：当初秦朝统一天下后，若能够推行仁义、效法先圣，陛下您还能有今天吗！他告诫刘邦说，汉家天下可以通过“马上”（指武力）得之，但不能依靠“马上”来治之！陆贾的意见受到刘邦的极大重视。于是陆贾从儒家思想出发，全面总结秦失天下、汉得天下以及古代兴亡成败的原因，前后共著成论文12篇。陆贾的论文每上奏一篇，都博得刘邦的赞许。刘邦在死前的一年，甚至用太牢（牛、羊、豕三牲具备的祭礼）隆重地祭祀了孔子。以后汉文帝时，儒家学者贾谊也多次强调，秦朝灭亡的根本原因是“仁义不施”。为了消除暴秦的影响，他建议改正历法、变易服色制度，重定官名，提倡礼乐，并且提出“众建诸侯”的建议以削弱诸侯王国的势力、加强中央集权统治。汉景帝时，研治儒学的晁错又提出一系列固国安邦的建议，其中包括鼓励向北边移民以抵御匈奴的骚扰和利用诸侯王的过错削弱各王国实力的“削藩之策”等等。我们看到，这些儒家学者们所鼓吹的儒术和政治主张已经同先秦时的儒家思想有很大不同了。他们往往是从儒家的“仁政”观点出发，又根据现实政治的需要有所变通，因此能够被西汉统治者所接受。西汉前期，由于统治者最推崇道家的“无为”思想，反映在政治上则是面对地方诸侯王国势力的增长而无所作为，使诸侯王国的势力得以恶性膨胀，造成干弱枝强的局面，这就最终酿成了景帝三年（前154）的吴楚七国之乱。这次叛乱终于被平定了，它促使统治者认识到，有必要在意识形态领域重新寻求更有效的理论作为封建统治的指导思想。这时法家的暴力统治已被秦末农民起义所否定，黄老的

"无为"思想面对地方诸侯势力也表现出十分软弱无力，于是封建统治者就把这时的儒家学说当做得力的思想武器，利用它宣扬的"君权神授"、"大一统"等思想来加强封建专制统治。这就是汉武帝实行"罢黜百家，独尊儒术"方针的根本原因。儒家被尊奉到唯我独尊的地位上，正适应了汉武帝加强中央集权统治的需要，有助于封建社会的进一步发展，因此可以说这是历史的必然。另一方面，汉武帝实行的"独尊儒术"，实际上还是与法治相配合，儒法兼施，也就是对被统治者并用安抚与镇压两手。所以后来汉宣帝斥责迷恋儒学的太子时说："汉家自有制度，本以霸王道杂之，奈何纯任德教，用周政乎！"[1]这充分说明，西汉统治者所谓的独尊儒术，也只是取其有利于加强封建统治的部分。汉武帝实行"独尊儒术"政策，使儒家学说从此成为中国封建社会的统治思想。儒家"大一统"的观念深入人心，大家都赞成统一，把分裂看成是暂时的，这对于维护中华民族的统一是有积极影响的。同时，儒家的许多观点，如讲仁义、谦让，讲孝道、讲信用等也逐渐形成中华民族所特有的道德伦理观念了。

需要说明的是，所谓"罢黜百家"并非是对儒家以外的各家实行政治迫害，只是朝廷不支持它们，对于研读各家的学者不给予政治出路。若想要做官、提高自己的社会地位，就只有钻研儒家经典才有出路。

## 二、两汉时期经学的今古文之争

汉代的儒学内部分为今文经学派和古文经学派。本来先秦时期的儒家经典著作，经过秦始皇焚书坑儒，绝大部分已被销毁了。西汉建立后，这些典籍的先秦古文旧本大都没有传下来，它们主要是由战国以来的学者们通过口传心授，传诵下来的。当西汉社会生活稳定下来以后，人们便用当时通行的隶书把这些儒家经典一一抄录下来，写成定本，当时人称它们为今文经。另一方面，西汉时期人们又多次从民间和孔子旧宅墙壁中发现了一些先秦时用六国古文字书写的儒家典籍，被称为古文经。无论是今文经还是古文经，原只是抄录的文字不同，但是后来却形成了两个学术上的派别：今文经学派和古文经学派。这两个学派各立门户，各有师法，它们对孔子的评价、对六经的解释以及治学方法等都存在很大分歧。(图 9—13)

两派的对立首先表现在对六经的作者有不同的看法。今文经学派认为六经都是孔子手定的，先有孔子然后有六经，是孔子首先创立了儒家经学。古文经学派则认为，六经不过是古代传下来的史料文献，并非始于孔子，但他们往往假托周

[1]《汉书·元帝纪》。

图 9–13 反映汉代经师授徒的讲学画像砖

公等所谓先圣著作六经。今文经学派以孔子为政治家、思想家，认为六经寄托了孔子的政治理想，体现了孔子“托古改制”的目的。因此今文经学家十分注重从六经的“微言大义”中去探求、发现治国安邦的道理。古文经学派则是把孔子视为史学家、教育家，孔子只是对六经这些历史资料进行了整理，然后传给后人。从学术观点上看，今文经学派以《公羊传》为阐发其主要思想的经典，董仲舒是主要代表人物。为了强化封建的中央集权和君主专制，董仲舒首先向汉武帝建议，必须确定“罢黜百家、独尊儒术”的方针。他极力宣扬《公羊传》中的“大一统”思想，认为地方诸侯王国不得自专，必须一切服从朝廷。同时他还力主实行仁政，希望通过广设学校，发扬儒家的礼仪教化来保证人民听命于统治者。董仲舒在讲仁政时，还提出了“君权神授”的观点，认为封建社会的最高统治者皇帝是上天之子。天是自然界的最高主宰，也是人类社会的最高主宰，而皇帝的统治地位和权力是上天的安排，皇帝的言行是上天意志的体现，所以一切臣民都应该绝对服从。这些观点从意识形态上为封建帝王的统治权力提供了理论根据，自

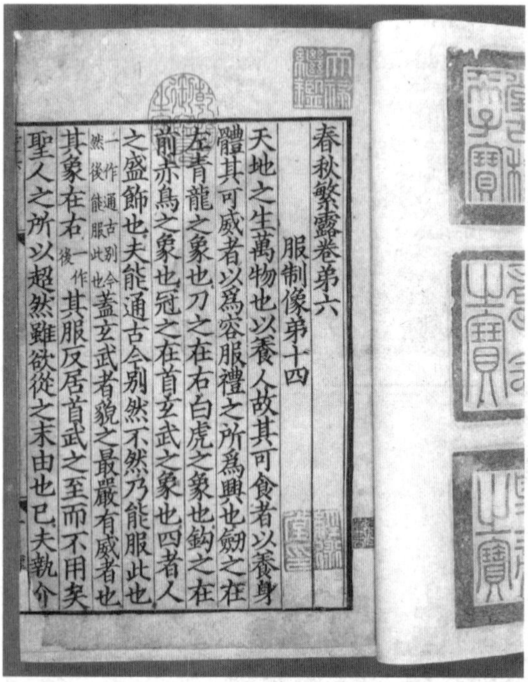
春秋繁露卷弟六
服制像弟十四
天地之生萬物也以養人故其可食者以養身體其可威者以爲容服禮之所爲興也劒之在左青龍之象也刀之在右白虎之象也鉤之在前赤鳥之象也冠之在首玄武之象也四者人之盛飾也夫能通古今別然不然乃能服此也（一作通古別今然後能服此也）蓋玄武者貌之最嚴有威者也其象在右（一作後）其服反居首武之至而不用矣聖人之所以超然雖欲從之末由也已夫執介

图 9-14 董仲舒著《春秋繁露》，宋嘉定四年刻本

然会得到统治者的欣赏和大力支持。但是董仲舒也指出，既然皇帝受命于天，他的任何言行举动就都能够感应上天，因此皇帝还要接受上天的监督。如果皇帝实行暴虐统治，上天就会把一些自然灾害或怪异现象降临人间，表示对天子的警告和惩罚。把人世社会的政治安危同自然现象的变化联系起来，并且认定它们具有因果关系，这就是今文经学提倡的“天人感应”观念。为了作出这些唯心主义的解释，今文经学家们把儒家的经学阴阳五行化，从而大讲阴阳灾异，宣扬迷信思想。董仲舒因治公羊学而成为一代经学大师，他甚至吹嘘能够推验灾异，求雨止雨。（图 9—14）

西汉的古文经学派把《周礼》奉为主要经典。他们反对今文经学者们的神学观点，讲求实学，注重从名物训诂方面去解读经书，因此学风比较朴实。但是古文经中也有一些被他们窜改的地方，有些注释也不免流于烦琐。

西汉时期，今文经学受到封建统治者的支持，在思想学术领域占据着统治地位。今文经学立于学官，在朝廷设立了五经博士。这些博士都是对某一经有着专门研究的今文经学家。古文经学派则一直处于被贬斥的地位，未能立于学官。古文经虽有传本，也只藏于朝廷秘府或在民间流传。直到西汉末代皇帝汉平帝时，古文经才由于王莽一派政治势力的支持，在学者刘歆的建议下立于学官，以与今文经博士相抗衡。王莽为了篡夺西汉政权和改变政治、土地等制度，便从古文经中，特别是从《周礼》中寻找依据，因此古文经学这时也一度盛行，压倒了今文经学。但是王莽也热衷于符瑞，以证明自己应该做皇帝，所以他并不完全排斥今文经学。东汉建立后，统治者又重新提倡今文经学而废除古文经博士。

东汉的今文经学除了讲灾异外，还增加了谶纬一套迷信说教。谶纬实际上是假托天神、先圣之言，诡为隐语，预决吉凶之兆的一些迷信做法。东汉时，由于科学技术的进步，对于自然界的灾异现象已不如从前看得那样神秘了，例如人们

一向畏惧的日食就已经能够事先推算出来了；再加上光武帝刘秀十分崇信谶纬，从而使东汉的谶纬神学盛行一时。所谓谶、谶语，是一种隐语或预言，作为吉凶的征兆。纬是对经而言的，今文经学家们利用天上星象的变化来预卜人事的吉凶，并以此来解释儒家经典，其著作就称为“纬书”。这些纬书内容杂乱，把解经和荒诞的言论混杂在一起（其中也有一些是前人对天文、地理、历数等方面的研究成果）。东汉时，许多人相信谶纬，甚至朝廷在施政和任用官员时，也都依赖谶纬作出决定。谶纬的迷信之说，在东汉时就遭到了一些进步的思想家、科学家的批评。例如著名学者桓谭就批评它“妖妄”。王充、张衡等人也对谶纬作了深刻的批驳。

在今、古文两派经学的激烈斗争中，东汉章帝于建初四年（79年）在白虎观召集儒生们来考论五经异同。会上，两派经学家展开了激烈的争辩。结果谶纬之说得到肯定，今文经学受到封建统治者的支持，取得了胜利。这次会后，编著成了集今文经学之大成的《白虎通义》，它促使今文经学进一步神学化。今文经学在东汉统治者的支持下，得到充分发展的同时，它也越来越烦琐。当时对于一部经书的解说，总有几十万字，有的甚至多达上百万字。据记载，秦近君在注解《尚书》时，仅对《尧典》这篇目二字，就解说十余万字，简直令人无法去读。与此同时，今文经学用大量的迷信内容去附会经义，更显得荒诞不经，这些都注定了今文经学必将丧失其生命力。于是东汉中叶以后，古文经学的势力乘机发展起来，并逐渐取得优势。当时的贾逵、服虔、马融、许慎等著名学者，都是很有影响的古文经学大师。他们嘲讽今文经学者们的狂妄，强调应该用训诂的方法去理解经书；对于谶纬邪说，则斥为“巧慧小才伎数之人，增益图书，矫称谶记，以欺惑贪邪”[1]。

东汉末年，郑玄作为一代经学大师，独尊于众家之上。郑玄字康成，是兼通今、古文两派经学的学者。郑玄在古文经学基础上，又参采了今文经学的某些观点（甚至包括一些谶纬之说），自成一家，形成郑学。由于郑玄能够打破经学的门户之见，杂糅古今，考订是非，择善而从，使得郑注可以兼取各家之长，从而受到儒生们的极大尊崇，于是天下经生尽从郑学。郑玄遍注群经，是汉代经学的集大成者。（图9—15）郑学的确立，使得曾经占据统治地位的今文经学实际上被推翻，长期以来今、古文经学的激烈斗争也从此趋于沉寂。

---

〔1〕《后汉书·桓谭传》。

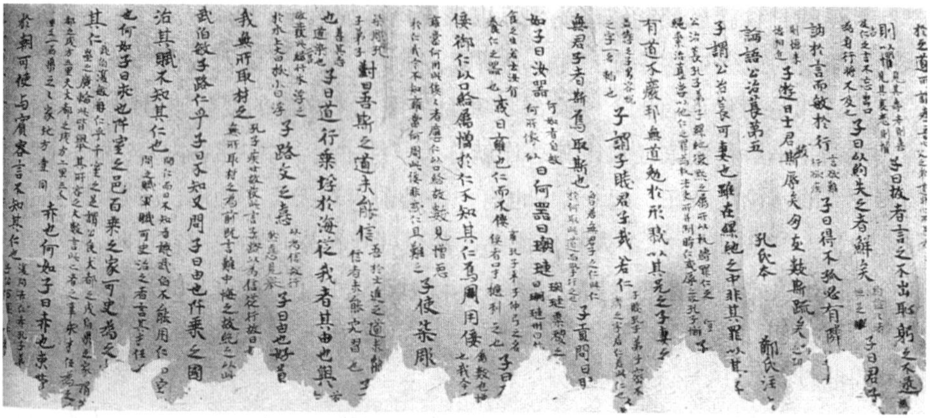

图 9-15 唐写本郑玄注《论语》残页

## 三、敢于叛逆经学的王充

王充是东汉前期的唯物主义思想家、无神论者。他以“重效验”、“疾虚妄”的求实精神对当时盛行的“天人感应”论和谶纬神学给予了尖锐的批判，阐发了天道自然无为的唯物观点。他面对居于统治地位的经学，敢于挑战权威，择善而从。他大胆质问孔子、批评孟子，议论先圣们的是非得失，表现出大无畏的治学精神。王充在反对今文经学宣扬阴阳灾异、谶纬神学的同时，也赞成孔孟注重仁义道德的说教。除了儒家以外，王充对于道家、墨家的某些思想也有所继承和批判。他赞成道家“天道自然”的观点，但反对道家对人生的消极态度，强调“人道有为”，主张应该像孔子、墨子那样积极投身于社会事业。他赞成墨家的节用、薄葬，反对挥霍浪费，但是他也反对墨家宣扬鬼神的观点。可见，王充是一位能够融合百家思想，并且具有独创精神的杰出思想家。

# 第六节 魏晋南北朝时期的玄学及儒、释、道合流

## 一、玄学的产生

受到两汉统治者支持的今文经学由于大讲阴阳灾异、宣扬谶纬迷信，结果越来越烦琐和荒诞，致使儒学威信下降，对社会的影响减弱。自三国至两晋、南北

朝的三百余年间，中国大部分时间处于分裂战乱局面之中。一般的知识分子、士大夫对儒家“治国平天下”的政治理想失去了信心，悲观厌世的情绪在文人中滋长，于是他们就到道家那里寻求精神寄托，希望逃避现实而独善其身。他们倾心钻研“三玄”(指《老子》、《庄子》、《周易》)，追求“玄虚淡泊，与道逍遥”，以求明哲保身。这就使得道家越来越受到重视，道家宣扬的无名无形的“道”代替了有意志、有作为的“天”。尤其是这时期实行的九品中正制的选官制度，不看重才学道德，家世出身成为仕进的唯一依据，就更使得儒家学说对士人们的吸引力大为降低。与此同时，西晋统治者司马氏是通过政变取得政权的。这个政权代表了大地主、大官僚的利益，它进一步助长了土地的兼并，在生活上骄奢淫逸、纵情享乐。司马氏在意识形态上支持崇尚自然的道家思想，作为他们篡权和享乐的理论借口。由于这些条件，这时期道家学说的地位上升，产生了玄学。所谓玄学，就是用道家崇尚自然的思想来解释儒家的名教（即儒家提倡的伦理道德和礼仪制度)。消极悲观的思想情绪使许多名士或以出身门第、容貌仪止相标榜，或以虚无玄远的“清谈”而得意，他们并不完全否定儒家，而是把老庄的思想与儒家的名教结合在一起，但是以道家为主导。他们宣扬儒家名教的本源是出于自然的道。玄学的发展大体可以分为如下三个阶段：名教本于自然、越名教而任自然和名教即自然。

## 二、“名教本于自然”

曹魏正始年间(240—248)，何晏作《道德论》、注《论语》，王弼注《老子》、《易经》等，他们借以宣扬“无”(即道）是万物的本源，同样也是儒家的伦理道德的本源和指南。他们认为，对于儒家的名教，如果不是人为地造作提倡，而是顺其自然地实行，如君主推行无为统治、臣民恪守无为、不作反抗，社会就会安定平和。王弼在注解《老子》中指出，仁义礼乐并非破坏了自然，而是古代圣贤为了引导人们清除杂念、回归自然而遵循的准则，因此儒家的名教也是合乎自然的。王弼的论证尽量把道家和儒家思想糅合在一起，由于强调了道家的主导作用，使得儒家礼教对人们的束缚也相对松弛了。

## 三、“越名教而任自然”

西晋时期，以阮籍、嵇康为代表的一些名士对于司马氏的统治极为不满，他们看穿了统治者表面上标榜仁义道德，实际上政治腐败、纵情声色，司马氏的政

图 9-16 南京西善桥南朝墓出土拼镶砖画《竹林七贤图》中的部分人物

变篡权更是践踏了儒家的纲常。可是这些名士们又不敢直接对抗当权的统治者，于是就以一种玩世不恭的态度来否定儒学，批判现实政治。司马昭为儿子向阮籍求婚，阮籍不敢拒绝，便日日酒醉，令司马昭派来的人没有开口提婚的机会。阮籍的母亲去世，很多亲朋前来吊唁，而阮籍却翻着白眼相迎。依儒家的礼教，这是大不孝的，阮籍正以此表示对儒家礼教的蔑视。他在《大人先生传》中讽刺那些所谓儒学之士不过是钻进裤裆里“饥则啮人”的虱子，“行不敢离缝际，动不敢出裤裆，自以为得绳墨也”。阮籍把儒家礼教、封建帝王蔑视到了极点。

嵇康也对司马氏政权的虚伪给予揭露。他“非汤武而薄周孔”，“以六经为芜秽，以仁义为臭腐”，[1] 希望“越名教而任自然！”[2] 就是要超越（即抛弃）儒家的名教而任从自然。他们如此菲薄儒家名教，并非出于真心反对儒学，而是面对凶残的统治者，只好以蔑视儒家来揭穿其虚伪和抒发胸中的压抑与不平的情绪。(图 9—16)

## 四、“名教即自然”

以后向秀、郭象等人又以“名教即自然”的口号宣扬伦理纲常即是自然，认为封建秩序是天理的自然。郭象并不认为天地万物皆以无为本，他说，万物是

〔1〕《嵇康集 · 难自然好学论》。
〔2〕《嵇康集 · 释私论》。

“块然而自生耳”[1]，万物皆独立存在于客观世界之中，儒家的伦理纲常也不是人为的，都是自然地存在：“君臣上下，手足内外，乃天理自然。”[2]只要顺其自然存在，便是无为了。

玄学的发展使得道家思想影响深入，引导人们注重探索事物的内在精神。在玄学的指导下，众多的文学艺术作品越来越强调表现人的内心世界和事物的内在本质。所以顾恺之对于绘画人物，强调其“传神写照，正在阿堵之中”[3]。陶渊明在他的《归去来辞》中说：“此中有真意，欲辩已忘言。”人们对待文学艺术作品时，也是“不以目遇，而以神交”，即对于那些作品的欣赏不是通过眼睛直接看到，而是通过精神的交流有所体悟。像《文心雕龙》、《诗品》等文学批评专著更喜欢用“风骨”、“神韵”等概念来评价作品的精神。这些都是在玄学盛行的背景下出现的。

## 五、佛学与儒、道的融合

印度佛教自从两汉之际传入中国以后，佛家学说与中国传统文化发生碰撞，它们既有冲突、排斥的一面，也有相互学习、渗透的一面，但总体上是以融合为主。经过一段时期的磨合，终于融汇成一个整体，就是所谓的儒、释、道三家合流。所以能形成这样的结果，原因是多方面的。一来是中国文化需要补充其不足，二来是佛学能满足中国文化的需要，三是外来的佛学进入中国这样一个有着深厚文化传统的环境后，也主动进行了自我调整以适应新的文化环境。还有一个更根本的原因是，佛教的进入顺应并有助于中国封建社会继续向前发展，对中国的社会发展能起到积极作用。

佛教传入以前，以先秦诸子为代表的中国文化思想中比较发达的是经验论，即面对社会现实问题提出各自解决的渠道和办法，例如儒家主张通过教育提高道德，便可以实现治国平天下的理想社会；法家宣扬以法治国便能达到社会稳定、富国强兵的目的；墨家则强调“兼爱”、“非攻”以实现公正、和平的社会等等。有关宇宙万物的产生、人与宇宙的关系等哲学本体论方面的问题则未有触及，只有道家论述了这方面的问题，但未能充分展开，老子的《道德经》也才只有五千言。因此，中国先秦文化中涉及哲学深层的思考是比较薄弱的，而佛教的“缘起

[1] 郭象《齐物论注》。
[2] 郭象《齐物论注》。
[3]《晋书·顾恺之传》。

说”等则是一套比较成熟的本体论思想。尽管佛学属于唯心主义哲学体系，但它却有助于弥补中国文化的不足。佛教与中国传统文化的接触、磨合，到了两晋时期，越来越受到玄学家们的重视，他们从印度大乘佛教的“一切皆空”、“万法唯识”等思想中汲取营养来阐述玄学。虽然道家的“无”与佛家的“空”并不相同，但双方都愿意借此靠拢。为了适应中国人的文化需求，佛教也主动淡化那些中国人难以接受的说教，而强调双方共同或相通之处，例如佛教就把儒家提倡的仁、义、礼、智、信等“五常”说成是佛教宣扬的“菩萨行”。

在中国，任何宗教都是封建统治者的统治工具，佛教也是一样。佛教融入中国传统文化以后，有助于封建统治者加强其思想专制、削弱人民的反抗意志，同时人民在反抗封建统治的斗争中，有时也会利用佛教等宗教作为舆论宣传和组织手段。宋代兴起的理学，实际上是儒、释、道三家合流在更高层次的发展，它以儒家礼教的形式出现，对人们的思想和行为实行了更加严厉的束缚和钳制。佛教融入中华文化之中并不表现在中国人都热衷于出家为僧。佛教以其学说影响中华文化主要在哲学、文学、艺术、建筑、语言乃至民俗等等方面。这里就不一一细说了。

## 第七节
# 唐朝的义疏之学和韩、柳重振儒学

### 一、义疏之学的出现

唐朝结束了以前的分裂割据局面，使中国重新实现统一。唐朝是封建经济繁荣发展时期，也是封建文化高度发达时期。为了维持这样一个空前统一的大帝国，唐朝统治者也必须加强文化思想的专制统治，在学术上改变以往那种经学多门、师法各异、章句繁杂的状况。唐朝确立的自愿报名、分科考试的科举考试制度，就是从政治制度上加强统治者对于思想文化的控制。这就需要读书人能有统一的经书课本。为了解决上述问题，唐朝政府在各地广泛设置学校，发展儒学，而且大量征用天下儒士做学官。与此同时，朝廷还特地任命一些著名学者在内廷分班轮值，为皇帝讲论经义、评议政治时事。又由于时间的推移，汉朝人对经书的注解，到了唐朝有了语言隔阂，唐朝人不能都读懂。于是唐太宗特诏令国子祭酒孔颖达等人对过去的各种经说进行了整理、划一的工作。孔颖达等人最后编订出了一套统一的解说，成为读书人学习经书、应付科举考试的标准读本，这就是他们编撰的《五经正义》。

唐朝学者们对于为古代经史旧注所作的解释，通常称为“正义”或“疏”。孔颖达等的《五经正义》，调和了前代的一些学术分歧，其中《易》用三国魏王弼注，（图9—17）《书》用伪孔安国传，《毛诗》用西汉毛公传、郑玄笺，《礼记》用东汉郑玄注，《左传》用西晋杜预注，然后孔颖达等再通过所撰《正义》对经书原文以及旧注作进一步解释。在唐代，五经正义再加上贾公彦的《周礼疏》与《仪礼疏》、杨士勋的《穀梁疏》、徐彦的《公羊疏》等，共合为唐朝的《九经正义》。

图 9—17《周易正义》，元刊明递修《十三经注疏》本

无论是五经正义还是九经正义都是以强调贵贱尊卑的等级名分来巩固封建秩序。孔颖达特别注意封建礼教的重要作用。他扬言，在天地未分之前就已有了礼，礼是“经天地，理人伦”的准则，是统治者用来控制臣民的工具。《礼记 · 曲礼》说：“礼不下庶人，刑不上大夫。”孔颖达对此在《正义》中解释说，礼是专为统治者治理国家而设立的，而刑罚则是专为对付庶人的。孔颖达在《正义》中阐发的思想以儒家学说为主，但同时也兼取佛、道二家之说。在这里我们已经看到多种文化趋于融合的端倪。唐朝学者在著作《正义》和《疏》时，一般都坚持“注不破经，疏不破注”的原则。所以在五经正义中，既可以看到孔颖达对谶纬神学的批评排斥，也能看到他顺乎谶纬神学的阐释。

## 二、柳宗元的“天人不相预”说

虽然唐朝学者们的“正义”和“疏”对汉代以来的经学做了总结，对各种经说做了统一工作，但是也带来了另外一种后果，就是由于读书人是为了应付科举考试而学习经书的，因此他们往往只是墨守正义的定论，不敢有所突破，这就使得学术思想逐渐陷于沉闷状态。在唐朝中后期，就有些学者站出来努力改变这种停滞状况，试图重振儒学。著名学者柳宗元、韩愈等就是这方面的先驱，他们不仅是著名的文学家，还是重要的儒学思想家。

柳宗元以其“天人不相预”（天并不能干预人的命运）的唯物主义观点批判了儒学中的“天人感应”论，进一步对两汉以来儒学中的神学倾向给予清算。他继承了汉代王充的唯物主义思想，在《天说》中肯定“天”本来就是自然地存在着，天地与瓜果、草木一样，只是体积大小不同而已。对于天，“欲望其赏罚者大谬；呼而怨，欲望其哀且仁者，愈大谬矣”[1]。人的功过是自己造成的，“功者自功，祸者自祸”[2]。天地无所谓报应。因此他说：“受命不于天，于其人；休符不于祥，于其仁。”[3]

柳宗元也以进化论的观点阐述了社会的发展。他在《封建论》中，肯定了古代分封制是形势的需要产生的，并非是哪位圣人发明的。秦朝以后的郡县制也是新的形势需要下建立的，而且更优越于分封制。他认为国家的兴衰并不决定于“天意”或圣人，根本在于民心向背。柳宗元对于两汉以来儒学的神学化给予了有力的批判。

## 三、韩愈提出“道统论”

韩愈提出儒家的道统论，就是强调儒家仁义之道的传承系统，借以维护儒家孔孟思想的纯洁性，排除后世掺杂进来的各种神学思想。注重传道的系统的佛家禅宗，宣传菩提达摩是禅宗的开山鼻祖，以后将其衣钵传给下一代祖师，意味着领袖地位的传承。至唐朝中叶，禅宗的领袖是五祖弘忍。韩愈借用此法，说儒家的仁义之道也是一代传一代：尧传舜，舜传禹，禹传汤，汤传周文王、武王、周公，以后又传给孔子，孔子传给孟子。孟子以后儒学就中断了，两汉以后的所谓儒学已经偏离了孔孟的学说。韩愈还表示，他立志将孔孟之道接续传下去。他所赞扬的“道”就是孔孟的仁义之道。他要求文学作品应该具有思想性，应该宣传儒家的仁义学说。他说儒家的学说是“天下之公言”，而佛、老等其他杂说都是

[1] 柳宗元《天说》。
[2] 同上。
[3] 柳宗元《贞符》。

“为一人之私言”。[1] 因为那些杂说只是引导人们追求个人的宗教修养，而儒家则可以通过树立仁义道德来实现治国、平天下的远大目标。由于韩愈宣扬儒家道统论，孟子的身价、名声大为提高，被视为孔子学说的正统继承人。韩愈为了维护传统的儒家文化，对佛教采取了排斥批判的态度，但在这方面没有产生很大影响。韩愈以其“道统论”宣称要把孔孟之道继续传承下来，并且还要加以发扬光大。韩愈在文学上发起的古文运动，实质上是倡导利用文学形式来宣扬儒家的仁义道德，即所谓“文以载道”。

唐朝后期还有李翱提出“复性”说。他遵循孟子“人性善”观点，指出有人做坏事并非出于本性，而是被“情”所迷。情即指喜、怒、哀、惧、爱、恶、欲等等，它们就像河水中的混浊泥沙。一个人如果沉溺于情，就会迷其本性。因此必须“灭情复性”。这种思想实为宋代理学之滥觞。

佛学在唐朝也得到繁荣发展，最终形成汉化佛学。

# 第八节 宋代理学的兴起

## 一、宋代理学殊途同归的两派

宋朝学者着重钻研儒家的义理，探讨所谓“孔颜乐处”，人们称之为义理性命之学，简称性理之学或理学。理学实际是儒释道三家合流在更高层次上的发展。由于理学家们继承了韩愈的“道统论”，于是又称其为道学，称那些著名的理学家为道学先生。理学的发端者是北宋的周敦颐，以后发展为两派：

一派是北宋的周敦颐、程颐等，至南宋的朱熹为集大成者。他们认为，在天地万物产生以前就存在着“天理”，它是自然和人事命运的主宰。他们属于客观唯心主义理学。

另一派是北宋的邵雍、程颢，至南宋的陆九渊总其成。他们主张“天理”就在人的心中，因此“宇宙即是吾心，吾心便是宇宙”[2]。他们属于主观唯心主义理学，又被称为“心学”。

[1] 韩愈《原道》。
[2]《象山先生全集》卷三六。

这两派都认为是人的私欲蒙蔽了人的善良本性，因此都提出“存天理，弃人欲”或“存心去欲”的口号。南宋朱熹建立了一套比较完整的客观唯心主义理学体系。什么是理？朱熹解释说：“未有天地之先，毕竟也只是理，有此理，便有此天地。若无此理，便亦无天地，无人无物，都无该载了。有理便有气，流行发育万物。”[1] 显然他所说的“理”，是产生万物的本源，是离开事物而能独立存在的一种什么东西，是自然界和人类社会的主宰。朱熹还把所谓永恒的理引申到封建道德范畴中，借以大肆宣扬封建的“三纲五常”思想。所谓三纲五常，即君为臣纲、父为子纲、夫为妻纲，以及仁、义、礼、智、信。朱熹说：“仁莫大于父子，义莫大于君臣，是谓三纲之要，五常之本，人伦天理之至，无所逃于天地之间。”[2] 朱熹把这些封建伦常说成是天理，是先天就有的。他说，“未有这事，先有这理，如未有君臣先已有君臣之理；未有父子已先有父子之理”，“直待有了君臣父子，却旋将这道理入在里面”。[3] 这种说法似是而非。一种事物的内在性质和规律性总是同这事物同时存在的，不可能先有事物的性质，然后才产生出事物本身。朱熹还进而把天理同人性、人欲联系在一起。他认为具有封建的伦常是人的本性，有的人所以有“不善”的表现，是由于被人的欲望所蒙蔽。因此人们必须放弃私欲，服从天理。朱熹于是提出“存天理，弃人欲”的号召，要求人们都必须遵守封建伦理纲常，听命于封建统治。朱熹运用这些理学思想去阐释儒家经典，著作除《四书章句集注》外，还有《周易本义》、《诗集传》等，被后世封建统治者提到儒学正宗的地位。

除了以朱熹为代表的客观唯心主义理学体系外，还有南宋陆九渊为代表的“心学”。陆九渊把思孟学派的主观唯心主义同佛教禅宗的某些思想结合起来，提出“心即理”之说。他认为天理、人理、物理只在人的心中，主张“心”和“理”是永久不变的，以此证明一切封建的道德教条都是人心所固有的，是永恒不变的。他还认为，人们要了解、认识客观事物，只要悟得本心就可以了，甚至连书都不必多读。于是提出“六经皆我注脚”[4]。意思是，六经注解了我的本性，而不是我学六经。为了维护封建的伦理道德，陆九渊号召人们“存心”而“去欲”，反对人民为改善受压迫的处境去同封建统治者进行斗争。陆九渊的理学思想虽然同朱熹有很大分歧，但它们在本质上是一致的，都是把封建的伦常道德尊为天理，为

---

〔1〕《朱子语类》卷一。

〔2〕《朱熹文集·癸未垂拱奏札二》。

〔3〕《朱子语类》卷九五。

〔4〕《陆九渊语录》卷三四

图 9–18 河南伊川二程祠庙

封建统治提供理论根据。由于程颢、程颐兄弟在理学上取得了显著成就，人们又把宋代理学称为“程朱理学”。( 图 9—18)

## 二、宋代理学产生的原因

中国封建社会发展到宋朝，城市经济以及商品交换得到发展，这些新的因素必然会冲击传统的封建制度和思想意识。这时统治阶级就需要更严密、更具有欺骗性的思想理论来控制人民的言行，维护旧的秩序、思想的稳定。宋代理学的纲常伦理思想可以更有力地维护封建社会那套严格的贵贱尊卑的等级制度、钳制人民的思想，因此这时宣扬忠孝节义的义理性命之学便得以发展起来，后世也称它为程朱理学。宋代以后，理学也受到明、清封建统治者的大力提倡，成为中国封建社会后期儒学的正统思想。

封建统治者为了强化文化思想的专制，他们不仅要借助于儒学，而且也要利用佛家、道家来麻醉被统治者。在宋代的理学中，朱熹讲“弃人欲”与佛教的禁欲主义有相通之处；周敦颐说太极是从“无”产生的，与道家的“有生于无”思想也是吻合的，他的太极图就是从道教那里学来的；佛教、道教宣扬的“行善”内容，又都与儒家的仁义、天命思想相合拍。这些都表明，儒、释、道三家的相互融合、渗透，在宋代已经发展到了一个新的高度。所以建于五代、宋朝的四川大足石窟中，就出现了佛、道、儒三家教主释迦牟尼、老子、孔子造像同时供奉在一窟中的现象，正是三家合流的形象表现。这种现象，在中国其他的一些寺庙中也可见到。在中国人的文化心理上，感到三家都是教人为善，因此并不矛盾。所以，《红楼梦》中的贾宝玉平时要读儒家的四书五经，参加科举考试；又和妙玉、黛玉等学佛家参禅；心中不快时，又手持《南华经》(即《庄子》) 读了起来，想从道家那里获得解脱。读者对此也都觉得合乎情理。

# 第九节
# 明朝的理学与阳明学派

## 一、明朝理学的前后变化

明朝前期在封建统治者的大力提倡下，朱熹的理学思想占据统治地位。在明成祖朱棣授意下，由胡广等编纂成《四书大全》、《五经大全》和《性理大全》三部理学大典，宣扬程朱理学思想，成为读书人必读的规范教材。在科举考试中，也要以程朱理学思想作为答题的准则。时间长了不免产生负面影响，大家说一样的话，做一样的文章，学术思想停滞不前，学术空气愈加沉闷。这种局面引发了越来越多的读书人的不满，终于促成明朝中后期阳明学派的崛起。

阳明学派的创立人是明朝中叶的王守仁 (1472—1528)。他是余姚 (今属浙江) 人，因曾在家乡阳明洞讲学，人称阳明先生。他以反传统的姿态出现，敢于批判朱熹，形成阳明学派，对明朝中后期的儒学思想产生较大影响。实际上，王守仁是以陆九渊的心学来批判朱熹的客观唯心主义理学思想。针对朱熹的客观唯心主义观点，他提出："心外无物，心外无事，心外无理，心外无义，心外无善。"[1] 王守仁认为，封建的道德伦理观念就是人们心中所固有的"理"，这就是所谓的"良知"。人们必须"致良知"，也就是要启发自己心中的理性，才能达到高尚的思想境界。这就要求人们必须去"格物"，即去掉私欲、改正自己不正当的思念。王守仁所说的格物，并不是要人们去考察客观的事物，而是用反求内心的

[1] 王守仁《与王纯甫书之二》,《王文成公全书》。

修养方法去苦思冥想，以此启发内心对世界的认识。他试图通过强调人的主观精神作用来刺激封建学术的沉闷局面，以此挽救封建统治的危机。王守仁的思想观点继承和发展了宋朝陆九渊的“心学”，所以思想史上有“陆王学派”之称。(图9—19)

图 9–19 贵州龙冈书院的王文成公祠

王守仁仕途坎坷，因反对宦官刘瑾专权，曾被贬官为贵州龙场驿丞，以后又升至南京兵部尚书。政治的失意，更促进了他的哲学思考。他还镇压过农民的武装起义，因此他敏锐地指出：“破山中贼易，破心中贼难。”[1]这反映出像王阳明这样的知识分子已经观点到，封建制度已经面临深刻的危机，镇压局部的人民武装反抗相对来说还比较容易，而消灭人民心中的反封建思想才是最难的。这样的思想观点是超前的，也说明封建社会已开始进入没落阶段。

## 二、理学在明清的没落

理学自宋代兴起以后，在封建意识形态领域中一直占据着统治地位。统治者把封建礼教所宣扬的三纲五常视为人们一切思想言行的准则。在元、明、清三朝的科举考试中，都明确规定必须以朱熹的《四书章句集注》作为回答问题的准则。读书人只能用死板的八股文来重复那些迂腐的说教。所谓“代圣贤立言”就是不准人们有自己的独立思考。这时期，封建制度已经出现根本性危机，摧垮封建纲常伦理思想的民主意识开始萌生，封建社会已进入了最后的垂死阶段，统治阶级正在拼命地利用一切手段维护自己的统治。在意识形态方面，封建统治者更是大

〔1〕王守仁《与杨仕德薛尚谦书》，《王文成公全书》卷四。

肆宣扬封建的伦理道德，利用理学的“纲常”说教禁锢人们的思想；极力鼓吹腐朽的忠孝节义来愚昧人民，并以此压制、摧残已经萌发出来的进步的民主思想。因此，宋明理学在明、清时代，已经成为僵化、落后的教条了，完全是统治者扼杀人才的精神武器了。空谈道德性命的理学，对社会毫无补益。对于读书人来说，它不过是猎取功名利禄的敲门砖罢了。在封建社会走向崩溃的进程中，理学在政治上的反动作用越来越突出，在学术上它也无所建树了。

## 第十节 清代的考据之学与今文经学

### 一、清初考据之学的兴盛

由于宋明理学日益反动腐朽，至明末清初，一些思想进步的知识分子开始批判其流弊，从思想、学术方面探求明朝灭亡的原因。这方面重要的代表人物有顾炎武、黄宗羲、王夫之等人。他们都是明末清初的进步思想家，政治上坚持反满抗清，在读书人中有较大的影响。

顾炎武是明末清初的著名学者、思想家。他反对宋明以来理学家们关于“明心见性”、“明道穷性”那一套空谈，主张学习经书要有益于治国安邦。他批判封建帝王的“家天下”思想，认为“保国者，其君其臣肉食者谋之”，至于“保天下”则“匹夫之贱，与有责焉耳矣”。[1] 对于天下的兴亡，每个百姓都有发言权。

顾炎武提倡“引古筹今”、“明道救世”的实际学问。他高呼“古之所谓理学，经学也”[2]。认为研读古代经书，首先应该考订文字的古音、古义，这是深刻理解经书原文的先决条件。因此他十分注重音韵、训诂的研究和经史的考证。顾炎武的《日知录》、《天下郡国利病书》、《音学五书》等重要著作，开创了清代考据学风的先河。

王夫之，号船山。他力倡“尽废古今虚妙之说而返之实”[3]。他认为孔子死后，儒学逐步变成“伪儒”、“败类之儒”，都无可取之处。王夫之对儒学的批判

〔1〕顾炎武《日知录》卷十三“正始”条。
〔2〕顾炎武《亭林文集·与施愚山书》。
〔3〕王敔《大行府君行状》。

涉及面广泛，并且有一定的深度。他提出“六经责我开生面”[1]，倡导在吸取传统学术合理成分的基础上，应努力创出新的思想。他在哲学上总结和发展了古代传统的唯物主义。认为：“尽天地之间，无不是气，即无不是理也。”[2] 在中国传统的哲学概念中，气是指构成万物的物质实体。王夫之在这里主张天地万物皆由物质所构成，其内在规律性也伴随着同时存在，这有力地批驳了朱熹“理在气先”的唯心主义观点。王夫之从传统的民本思想出发，强调民众的重要作用。他说：“君以民为基……无民而君不立。”[3] 统治者权位的根基在于民众的拥护，失去民众的支持，其统治也就无法维持了。这是对历史经验的深刻总结，也是对封建统治的有力批判。

黄宗羲也是明末清初的著名思想家、史学家。他的民主思想最为鲜明。他批驳了朱熹关于“理在气先”的说法，提出“理在气中”的唯物主义观点。他反对空谈心性，注重实学。他主张“致良知”的“致”是人的实际行为，而不是苦思冥想。他认为治经必须学史，才能达到实用的目的。在黄宗羲的学说中，具有明显的初步民主思想。例如他提出天下的治乱，不在于一个朝代的兴亡更替，而在于万民的忧乐。他认为天下遭受祸害的最大原因，是皇帝把国家视为自己的私有产业：“以我之大私为天下之大公。”[4] 他敢于指斥“天子之所是未必是，天子之所非未必非”。[5]（图 9—20）甚至大胆批评皇帝：“为天下之大害者，君而已矣。”[6] 他还认为臣不是为君而设的，臣应该为万民谋利益：“故我之出而仕也，为天下，非为君也；为万民，非为一姓也。”[7] 显然他的这些思想直接冲击了“君为臣纲”的伦理，是对封建专制主义的有力批判。

中国是一个农业国，历来的统治者都强调以农为本，奉行重农抑商的政策。在新的历史条件下，黄宗羲提出“工商皆本”的思想[8]，反映了商品经济发展的需要。假若按照黄宗羲的设想，中国的经济将会走上一条新的道路。

由于顾炎武等开明学者对宋明理学一派空谈和迂腐说教进行了全面批判，以及他们大力提倡实用之学，使得学术领域中一种继承汉代古文经学、注重训诂考证的考据之学逐渐兴盛起来。清代考据学的兴起，除了人为的提倡外，还有一定

〔1〕王夫之自题湘西草堂书室联云：“六经责我开生面，七尺从天乞活埋。”
〔2〕王夫之《读四书大全》。
〔3〕王夫之《周易外传》卷二。
〔4〕黄宗羲《原君》。
〔5〕黄宗羲《明夷待访录 · 学校》。
〔6〕黄宗羲《原君》。
〔7〕黄宗羲《原臣》。
〔8〕黄宗羲《明夷待访录 · 财计》。

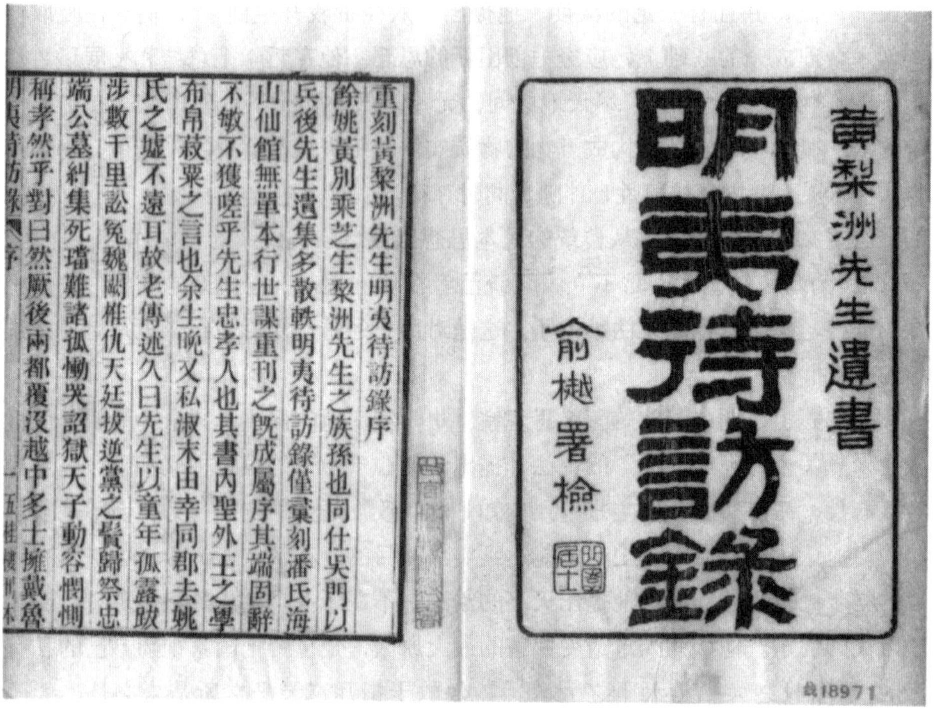

图 9-20 黄宗羲《明夷待访录》

的社会原因。清朝统治者入主中原以后，在武力镇压汉族人民反抗的同时，也加强了文化思想专制统治。统治者除了用高官厚禄拉拢一些汉族知识分子外，还极力压制他们中的反满抗清思想。特别是雍正、乾隆两朝屡兴文字之狱，对知识分子横加迫害。这就使得许多文人学者在治学中尽量回避现实政治，甚至把毕生精力都用于对古书的辑佚、考证等工作上。这就是考据学在清朝兴起的另一重要原因。这些学者从校订儒家经书扩展至史籍诸子，从考释典籍文字扩大到考究典章制度。由于他们的治学重在辑佚、校勘和考证音韵字义、名物训诂，学风比较朴实，所以又称之为朴学。考据之学在清代乾隆、嘉庆两朝最盛，后世称当时的学者为乾嘉学派。一般来说，他们可分为以惠栋为首的吴派和以戴震为首的皖派。这方面著名的学者还有汪中、江永、梅文鼎、焦循、阮元、王念孙、王引之等等。

乾嘉学派在整理古代典籍方面取得了丰硕成果。他们对古代文字、音韵的研究也取得了极大成就，为中国近代语言学的研究奠定了基础。但是它本身也存在着严重的缺点和局限。这些学者们的考据往往流于烦琐，特别是他们埋头于古书中的纯学术考证，完全脱离了社会政治，把整理古代经典的工作当做读书人逃避现实斗争的避风港。

## 二、清朝今文经学的再现

清朝嘉庆以后，中国的封建社会面临着全面解体的危机。自 18 世纪末开始，不断爆发白莲教、天理教、太平天国等一系列大规模的农民武装起义，使封建统治受到极大冲击；与此同时，外国资本主义侵略势力也在加紧把中国变成它们的殖民地，并且发动了可耻的鸦片战争，这一切预示着中国的封建制度已经到了崩溃的边缘。在这样的形势下，封建统治阶级中一些比较开明的知识分子高呼“变法图新”，想要挽救颓败的封建制度。这些开明的封建知识分子在学术上重新提倡今文经学，宣扬“通经致用”思想，主张用儒家的经学思想来解决现实社会的政治危机。这个新兴起的今文经学派，早期的著名人物有刘逢禄、宋翔凤等人。他们发挥了公羊学中的“张三世”、“通三统”（三世：据乱世、升平世、太平世。三统：夏、商、周三代之历法）思想，通过论说夏、商、周三统的变通，来表达他们改革政治制度的主张。他们认为，孔子作《春秋》就是为了表述自己受命改制的思想。

至道光时，学者龚自珍、魏源等进一步发展了刘逢禄等人的思想。龚自珍是道光朝进士，不仅擅长文学，而且是著名的政论家。他批评乾嘉学派沉溺于烦琐考据而脱离实际，同时也反对宋明以来崇尚空谈道德修养的封建理学。他主张通经致用，也就是要把学术研究同解决现实政治问题联系起来，在对古代典籍的解释中评论时政，对国计民生要有所补益。龚自珍的呼吁，为当时沉闷的学术界开创了新风气。他在《六经正名》、《春秋决事比答问》等著作中，常常利用《公羊》义例来讥切时政，无情地揭露封建社会的腐朽，痛斥封建官僚制度的腐败。龚自珍强调万事万物都处于变化之中，他说：“自古及今，法无不改，势无不积，事例无不变迁，风气无不移易。”[1] 他认为，封建社会此时已进入“衰世”，只有实行革新才能改变没落状况。因此他高呼：“九州生气恃风雷，万马齐喑究可哀，我劝天公重抖擞，不拘一格降人才。”[2] 不过龚自珍的变革思想始终局限在封建经学范畴之内，他对当时世界其他国家的先进科学技术极少认识。在这方面，林则徐、魏源则有所突破，他们开始把眼光移向西方国家，认识到中国人应该去了解西方国家，注重它们的先进技术。

〔1〕龚自珍《上大学士书》。
〔2〕龚自珍《己亥杂诗》。

## 三、林则徐、魏源面向西学以及洋务运动兴起

林则徐是嘉庆朝进士，曾与龚自珍、魏源等人共同提倡经世之学。林则徐是中国第一个注意了解和学习西方国家的学者、政治家。他在鸦片战争前即请人翻译英文的《广州日报》、《世界地理大全》等书报，编辑成介绍西方历史、地理的《四洲志》，并翻译了瑞士人滑达尔的《各国律例》中有关交战国之间的封锁、禁运等律例内容，以便中国同西方列强发生军事冲突时，能够依据国际惯例采取主动措施。林则徐主要是通过自己的政治活动来实现自己的通经致用的主张。当其时，能够突破旧的经学思想，提出向西方国家学习的口号的是魏源。

魏源是道光朝进士，也是当时著名的学者、思想家。他提倡学习西方先进的科学技术，鼓吹采用机器生产，提出“师夷之长技以制夷”[1]的口号，也就是通过学习和利用西方的先进技术来达到富民强国的目的和抵御西方列强的侵略。他希望中国也能制造枪炮、轮船，以此加强海防，壮大国力。他还在《四洲志》的基础上，根据历代史志增补、编辑成《海国图志》，对世界许多国家的历史、政治、地理、风俗等做了系统介绍。这对于打开中国人的眼界，重新认识世界，起了重要作用。魏源认为，过去理学的那些“心性迂谈”是毫无用处的，中国必须“更法改图”才有出路。他强调：“变古愈尽，便民愈甚。”[2]魏源的这些思想对于后来的资产阶级改良运动具有一定影响，也可以看做后来洋务派思想的先声。

19世纪60年代至90年代，即清朝同治、光绪时期，中国一些高级封建官僚企图通过采用资本主义生产技术来挽救行将覆灭的封建统治，这就是所谓的洋务运动。洋务派官员们只限于引进一些资本主义的生产技术，并不想放弃封建专制统治。较早的有李鸿章的幕僚冯桂芬，他在《校邠庐抗议 · 采西学议》中主张“以中国之伦常名教为原本，辅以诸国富强之术”，首先提出“中体西用”的思想。其后，英商买办郑观应在《盛世危言 · 西学》中提出：“中学其本”、“西学其末”、“主为中学”、“辅以西学”等思想。较后的有孙家鼐在《议复开京师大学堂折》中建议用“中学为体，西学为用”作为“立学宗旨”。倡导以“中体西用”为治国思想的代表人物当属张之洞。他在《西湖经心两书院改照学堂办法片》中提出“皆以中学为体，西学为用”的方针。以后他在《劝学篇》中又对这一思想加以发挥。这种主张充分表明这些人仍然坚持把封建的纲常礼教作为根本的统治思想，对于西方的科学技术只在于实用，丝毫没有触动没落的封建制度。在洋务派的提倡下，

〔1〕魏源《默觚 · 治篇五》。

〔2〕魏源《海国图志》。

中国建立起一批工厂，修筑了铁路，创办了邮电事业，但是由于中国封建制度已经腐朽以及外国资本主义国家的进一步侵略，中国的早期资本主义虽然有所发展，但是国家并未实现富强。这时期，随着历史的发展，从地主、官僚、商人中开始转化出一批早期的民族资产阶级。这个新的民族资产阶级同封建势力有着千丝万缕的联系，因此表现十分软弱。他们幻想利用清朝皇帝的权力实现资产阶级改良，以求得国富兵强的目的。他们的代表人物就是康有为。

## 四、康有为的“托古改制”和戊戌变法

康有为继承了龚自珍、魏源以来今文经学的“经世致用”思想，在他的倡导下，发起了一场戊戌变法运动，以推行其政治主张，其实质是资产阶级的改良运动。（图9—21)

康有为著有《新学伪经考》和《孔子改制考》，比较集中地宣扬了他的托古改制思想，为推行变法维新制造舆论。在《新学伪经考》中，康有为认为汉代以来的今、古文两大学派所尊奉的儒家经典都是汉朝刘歆假造的“伪经”，两派的学术观点都属于“伪学”，不是真正的孔子之道。康有为在这里引导人们敢于去大胆怀疑和否定传统的封建学术思想，反映了新兴资产阶级同封建传统势力的对抗。康有为在《孔子改制考》中宣称，六经都是孔子所作，孔子是假托古代事迹来表达自己的改制思想的，是要建立民主政治。例如在《尚书 · 尧典》中有“咨四岳”一句，意思是向四个部落酋长征求意见，而康有为却解释说，这是孔子主张民主政治。又如有“宾四门”一句，本指各方诸侯入贡于天子，康有为则认为这是孔子主张“辟四门开议院”云云。他还把《公羊传》的观点附会成孔子主张后世应该实行君主立宪政治。康有为能够向传统的封建思

图 9—21 康有为

想提出挑战，具有一定的进步意义，但是他只限于借助孔子的权威来宣传资产阶级民主思想，表明了资产阶级改良派的软弱，他们不敢向封建制度公开发起革命斗争，只好让封建统治者尊奉的圣人来保护自己。

康有为在《大同书》中还从《公羊传》的“三世”说出发，附会上《礼记 · 礼运》中关于“小康”、“大同”的说法，宣传人类社会进程首先是据乱世；然后进入升平世，也就是所谓小康；最后达到太平世，那时就实现了世界大同，这是人类最理想的社会。康有为在这里抨击了封建专制和封建等级制度，斥责了帝国主义列强侵略弱国的强盗行径，但是他鼓吹的大同社会蓝图，不过是被美化了的理想社会，而且他没有、也不可能找到一条到达“大同”社会的道路。

由于历史条件的局限，戊戌变法在封建顽固势力的反扑下很快遭到失败，清末的今文经学也从此没落下去。代之而起的是孙中山为首的一批革命家，以资产阶级民主主义作为思想武器，最终推翻了腐朽的封建专制统治，使中华民族进入了一个新的历史阶段。

我们应该看到，中国的封建社会长达两千多年，封建的伦理道德、文化思想深深地渗透到我们的民族意识之中，并且至今仍然具有深刻影响，所以我们一方面应该继承和发扬古代文化思想中的优良传统，同时也应该运用历史唯物主义观点认真批判那些封建糟粕，为中国实现社会主义现代化扫清思想障碍。

中国是一个民族众多、历史悠久的文明古国，在其成长的悠悠岁月中逐渐形成了辉煌的、多元一体的中华文化。所谓多元一体，一方面是指多种思想学说的并存而且融会贯通为一个整体，另一方面也是指众多民族的文化相互交流与渗透，形成中华文化的整体。就整体来说，中华文化是我们祖先传给后代的十分宝贵的历史文化遗产，我们应该善待它，继续吸吮它的养分，并且不断以发扬光大。

# 第十章
# 古代神道观念和主要宗教

中国同世界上其他古老国家一样，在原始氏族社会已形成灵魂和鬼神观念，而在进入阶级社会以后，随着统一的奴隶制国家的形成，逐渐产生统一的万能的至上神（上帝、天）观念，经商周到秦汉，形成相当完备的崇奉天帝和祭祠鬼神的宗教理论体系。两汉之际佛教从印度传入后，一方面要适应中国传统的思想文化和宗教观念，另方面又对传统的思想文化和宗教观念发生重大影响，而在这个过程中佛教演变为中国的民族宗教之一。道教是中国另一个主要的民族宗教，虽以黄老学说为基础，并吸收传统的阴阳五行思想、鬼神观念和神仙方术而形成，但在它的发展中受到佛教较大的影响。佛道两教在发展中都受到占统治地位的儒家学说的制约，宋代以后儒释道三教合流的趋势日益显著。明清时期，白莲教、罗教等民间宗教及带有浓厚宗教色彩的秘密结社得到迅速发展。伊斯兰教在唐代传入中国，元明以后有较大发展。这些主要宗教对中国古代历史和文化都发生过程度不同的影响。

## 第一节 鬼神观念的起源和发展

### 一、灵魂观念的产生和发展

在原始社会，生产力低下，人们对周围的自然界和人们自身的生理结构都不能正确认识，因而形成灵魂不灭和鬼神观念。在原始人看来，做梦时人的灵魂可以暂时离开身体而到处游荡，在死后灵魂就永远离开身体而到另一个世界过着与生前大致一样的生活。

考古资料证明，人们的灵魂观念是随着社会的发展而发展的，它与不同时代的社会关系和社会观念是基本相应的。在我国，早在距今两万年以前的山顶洞人就已开始产生灵魂观念。他们为死者举行葬礼，在死者墓葬周围撒上赤铁矿粉末，并以石器和装饰品作随葬品。在山顶洞下室内发现了一个青年妇女、一个中年妇女和一个老年男子的墓葬，他们的随葬物，大致是一样的数量。从这里可以看出，当时人们认为在世上氏族成员过着简单的共同劳动、共同消费的生活，那么死后在另一个世界也当然过着同样的生活。

我国的新石器时代代表性的文化遗迹包括仰韶文化（约五六千年以前）和后来的龙山文化（约三千年以前）。此时的氏族公社制得到进一步发展，其中前一段是母系氏族公社，后一段是父系氏族公社。在氏族公社里，财产共有，实行原始民主，过集体生活。在婚姻方面实行族外对偶婚。这种情况也反映到墓葬中。在属于仰韶文化遗址的一些较大的村落中，都有氏族公共墓地。宝鸡北首岭发现了当时的墓葬四百多座，西安半坡村有二百五十多座，华县元君庙有近六十座，洛阳王湾有七十多座。这些墓一般都按一定的次序排列，布局整齐，反映了氏族血缘关系的密切和牢固。北首岭墓地还发现男女分区埋葬的现象，即同一块墓地，一边是男性单人葬，另一边是女性单人葬，反映了母系氏族公社族外婚的制度。在母系氏族公社制社会，妇女受到尊重。在元君庙的一些墓葬中，有的以一位女性尸体为中心，是一次葬，而其他男女骨架是二次葬的，表明在某一个氏族内有地位的女性死后，把许多同氏族的先死者的尸骨迁出葬在这一女性墓葬的周围。在临潼姜寨遗址中，还发现一位少女的墓，随葬品十分丰富，仅骨珠就有8577件。此外，在半坡遗址的儿童瓮棺上有供灵魂出入的小孔。在新石器晚期的甘肃武威齐家文化遗址，还发现了以牲畜为牺牲的祭祀场。这都反映了当时人们的灵魂观念。

在原始社会后期，由于农业、畜牧业和手工业的发展，男性在社会生产中逐渐居于主导地位，促使社会关系发生新的变化，从母系氏族公社转变为父系氏族公社，随着私有制的发展，原始社会解体，逐渐进入阶级社会。在父系氏族公社，已废除夫妻关系不固定的对偶婚，而采取妇女从属男子的男娶女嫁制，在财产关系上实行父子继承制。这时的墓葬，逐渐盛行男女合葬，有的还以妻妾殉葬。从墓葬中已可以鲜明地看出贫富不均的现象。在山东泰安大汶口文化遗址中，富人的墓坑很大，有的坑内还用木材做椁，随葬物达三四十件，最富裕的达一百八十多件。而在穷人的墓葬中，只有极少或没有随葬品。由此可见，当时人们认为死后的灵魂也是有贫富差别的。

在奴隶制社会，奴隶主生前残酷地奴役广大奴隶，死后还要杀众多奴隶殉葬。在他们的意识中，死后也要依靠剥削奴隶继续作威作福。例如，在河南安阳殷墟西北的武官村、侯家庄和西北冈，曾挖出十一座巨大的商代王陵和一千二百多座

图 10-1 殷墟侯家庄甲种大墓南墓道中的无头尸骨

奴隶杀殉坑。（图 10—1）西北冈有的王陵，在亚字形木椁的八个角落，各埋着一个奴隶，在椁室的顶部和仪仗一起排列着的是商王的兵器，也有殉葬的奴隶。在北面墓道和墓室接近的地方，整齐地埋着许多奴隶的头颅，每排十个，共有二十多列。在王陵周围，还有二十个附属的陪葬坑，里面分别埋有奴隶、车子和各种器物，每一个陪葬坑陪葬奴隶的数目为五人到十人不等。这一座王陵，用来陪葬的奴隶达三四百人。此外一些王陵和商贵族墓葬，都有几百人或几十人的奴隶殉葬。在殉葬物中有贵重的青铜器具，有金质装饰品、玲珑精巧的玉饰和少量象牙器物等。商王室每次祭祀祖先也要杀死大批奴隶。[1]

在商代以后，这种杀殉做法一直延续到春秋战国时期。《史记 · 秦本纪》记载：秦缪公死（前 621），

从死者百七十七人，秦之良臣子舆氏三人名曰奄息、仲行、鍼虎，亦在从死之中。

《墨子 · 节葬》说：

〔1〕参见郭沫若《先秦天道观之进展》，载《青铜时代》，《郭沫若全集》历史编第一卷，人民出版社版，1982。

天子杀殉，众者数百，寡者数十；将军大夫杀殉，众者数十，寡者数人。

墨子生活在战国中期（约前468—前376），此时已进入封建社会了。

从以上史实可以看出，灵魂观念是与人们所处的现实社会的生产关系密切相应的。在原始社会，人们认为灵魂在另一个世界也过着与他们一样的共同劳动，共同消费的原始公社制生活，而在进入阶级社会以后，人们认为灵魂也分成不同的阶级和等级，有的役使众多奴隶，享受富贵，有的则是被人驱使宰割的奴隶。人的灵魂观念虽是现实社会生活在人头脑中的虚幻反映，但与人们当时的社会观念大体上是一致的。

## 二、“鬼”和“神”

如前所述，古代人们认为人死后灵魂是不灭的。这个不灭的灵魂，也就是鬼。据记载：

大凡生于天地之间者皆曰命，其万物死皆曰折，人死曰鬼，此五代（按，指黄帝、尧、舜、禹、汤）之所不变也。（《礼记·祭法》）

众生必死，死必归土，此之谓鬼。（《礼记·祭义》）

汉代郑玄注：“鬼之言归也。”人们对死者进行埋葬和按时进行祭祀，就是为了使死者的灵魂得到安定的归宿。

所谓“神”和“鬼”，没有严格的界限。古人一般认为神鬼有尊卑之别，神住天上，而鬼游荡世间。据说：

圣人之精气谓之神，贤知之精气谓之鬼。（《礼记·乐记》：“幽则有鬼神”东汉郑玄注）

天神曰神，人神曰鬼。（《吕氏春秋·顺民》：“上帝鬼神伤民之命”东汉高诱注）

鬼之灵者曰神。（《史记·五帝本纪》：“依鬼神以制义”唐张守节注）

从先秦到西汉的一些资料看，当时的人们是把一般人死后的灵魂称之为“鬼”，而对于一些原始公社制社会的著名部落首领（传说人物）和在历史上有过重大贡献的历史人物，因为他们受到人民的爱戴和拥护，死后便称之为“神”。例如我国古代传说中的三皇——伏羲、神农、女娲，五帝——黄帝、帝喾、颛顼、尧、舜，原来都是某一部落或部落联盟的首领，因为有伟大功劳，给人民带来这样或那样的利益，死后被尊为神。一些有重大发明的人，例如周人的祖先弃（后稷）传说教人农耕稼穑，死后被奉为稷神；共工氏之子后土善治水，死后被奉为社神；颛顼的后裔祝融原为祭火神的官（火正），可能对教人用火有功，死后被奉为火神。由于这些都是传说，古书的记载很不一致，如稷神，也有说是有烈氏之子柱的（见《左传》昭公二十九年蔡墨语）；火神也有说是炎帝的（见《淮南子·氾论训》）等等。

夏、商、周的统治者为了表明自己受命于天，也竭力抬高他们祖先的地位，把他们的祖先说成是在天帝周围的神，与天帝共同享受他们的祭祀，这叫做“配天”。古籍记载：

夏后氏亦禘黄帝而郊鲧，祖颛顼而宗禹；殷人禘喾而郊冥，祖契而宗汤；周人禘喾而郊稷，祖文王而宗武王。（《礼记·祭法》）

昔者周公郊祀后稷，以配天，宗祀文王于明堂，以配上帝。（《孝经·圣治章》）

据郑玄注，“禘”是指祭天。夏商周的统治者往往把他们的祖先神与至上神上帝同一视之。“郊”，指在国都的南郊祭天，这里是指在祭上帝的同时还祭祖先神鲧、冥、稷；而所谓“祖”、“宗”，是指在称做“明堂”的祖庙中祭祀的祖先神。

此外，由于人们不能正确地认识自然界，在自然界面前无能为力，所以产生对自然的崇拜。人们把灵魂观念扩大到自然界，认为万物与人一样，都有灵魂。于是认为，日月星辰、山川湖海、风雨雷电等等，都有神灵。如《礼记·祭法》所说：“山林川谷丘陵，能出云为风雨，见怪物，皆曰神。”在社会上出现统一的君主以后，便逐渐形成这样一种思想，即认为在一切精灵之上还有最高的至上神“帝”、“上帝”或“天”。

## 三、对至上神——上帝、天的崇拜

在原始公社制社会，氏族是社会的基层单位，由几个氏族组成部落，由几个部落组成部落联盟。在宗教上是多神信仰。随着氏族、部落的兼并组合，宗教信仰也日趋统一，一些强大氏族所崇奉的神变成部落神，部落神变为部落联盟的神。进入阶级社会，随着国家的形成，便形成统一的全能的至上神。中国的夏、商二代是早期奴隶制王朝，但对夏代只有传说，没有信史可征，而关于商代则有大量甲骨文和考古资料，从中可了解商代的历史文化和宗教。（图10—2）

据甲骨卜辞可以看出，商代统治阶级认为在天上存在着主宰自然和人类社

图 10-2 殷商刻辞卜甲

会的至上神，它有人格和意志，称之为“帝”或“上帝”。这个“帝”或“上帝”在不少场合就是商族的祖先神（即原商部落的祖先神帝喾或帝俊）。[1] 在《尚书·盘庚》中商王盘庚既称这个至上神为“上帝”，也称为“天”。当然，无论是“上帝”还是“天”，都不过是人们还无力驾驭的外部自然力量和社会力量（如战争和民族、国家的兴亡等）在人头脑中幻想的反映。在他们看来，“上帝”或“天”有好恶意志，能发命令，一切自然现象如风雨晦冥，农业的丰歉，人事的吉凶祸福，战争的胜败，城邑的建筑等等，都由它主宰。例如甲骨文载：

帝隹（唯）癸其雨。（《卜辞通纂》364 片）

帝令雨足年？帝令雨弗其足年？（年，丰收。见《卜辞通纂》363 片）

帝其降堇（馑）？（《卜辞通纂》371 片）

贞卯，帝弗其降祸。（《殷契佚存》36 片）

伐邛方，帝受我又（佑）。（《龟甲兽骨文字》卷一）

商王以上承天命自任，把对社会的统治和行政措施说成是秉承上帝的意志。在商

〔1〕参见胡厚宣《殷卜辞中的上帝和王帝》，载《历史研究》1959 年第 9、10 期。

王盘庚迁殷（今河南安阳西北）的过程中，曾受到守旧贵族的激烈反对，盘庚借助“天”、“上帝”的名义对这些人进行说服：

天其永我命于兹新邑，绍复先王之大业，底绥四方。（《尚书·盘庚上》）

在迁殷之后，又用上帝的名义进行安抚：

肆上帝将复我高祖之德，乱（治理）越（及于）我家。朕及笃敬，恭承民命，用永地于新邑。肆予冲（童）人，非废厥谋，吊（乃至）由（采用）灵（善）。各非敢违卜，用宏兹贲（大业）。（《尚书·盘庚》下）

到商代最后一个国王纣时，自恃有天命保佑，荒淫无度，政治腐败，最后被周武王推翻。武王在出征誓师时就斥责纣王自恃天命，不思悔悟其侮慢上帝祖先之罪。[1]

周朝统治者鉴于商朝灭亡的经验教训，虽然在思想上继承商代的天帝观念，但认为“天命靡常”（《诗经·大雅·文王》），如果违背天的意志，“皇天上帝”就连它的“元子”（如殷）也会抛弃（《尚书·召诰》）。他们认为民心向背不可忽视，天命和民众的利益是息息相关的，天的意志往往通过民众表现出来：

天矜于民，民之所欲，天必从之。（《尚书·泰誓》上）
天视自我民视，天听自我民听。（《尚书·泰誓》中）

因此，周统治者提出顺天和敬德保民的思想，主张对人民实行比较宽容的统治政策，认为这样才会得到上帝的保护，使统治巩固。例如：

天亦哀于四方民，其眷命用懋，王其疾敬德。（《尚书·召诰》）

王敬作所，不可不敬德。我不可不监于有夏，亦不可不监于有殷……惟不敬厥德，乃早坠厥命……肆惟王其疾敬德，王其德之，用祈天永命。其惟王勿以小民淫用非彝，亦敢殄戮，用乂民若有功。（同上）

西周王朝这种敬德保民思想，对于周初实行重农慎刑，发展农业生产的社会政策

[1]《尚书·泰誓上》：“乃曰：吾有民有命。罔惩其侮。”

有很大影响。

春秋战国时期，奴隶制生产关系没落，代之而起的是新兴的封建制生产关系。当时自然科学已取得很大进步，人们对于自然界和事物发展的客观规律有了一定程度的认识。某些进步的政治家和思想家对于维护奴隶制王权统治的天帝观念发生怀疑，主张“天道远，人道迩”[1]，有的甚至提出“制天命而用之”[2]等人定胜天的思想。然而，作为至上神“天”或“上帝”的地位没有发生动摇。不仅孔子、孟子这样的思想家都鼓吹天命论，就连代表手工业小生产者利益的墨子也宣传“尊天”、“顺天意”[3]的思想。那些已在各诸侯王国掌握政权的封建统治阶级，也借助“上帝”的旗号来维护自己的统治。当然，上帝的阶级属性已经变了，如果说商周的上帝是奴隶制王权在天上的影子的话，那么，封建地主阶级所说的“上帝”则是封建王权在天上的影子。

## 四、五行、五德、五帝和祭天

天帝观念在不同历史时期有不同的表现形式。秦、汉都是统一的封建王朝，它们的专制主义中央集权的政治制度和经济制度，都对后代封建社会有深远影响，同样，这个时期的宗教观念也对后世有很大影响。秦汉时期盛行的“五帝”崇拜和祭天制度，是天帝观念的新的表现形式。“五帝”观念与阴阳五行学说密切相关，在先秦已开始形成。

战国时期，全国逐渐出现统一的趋势。各派学者提出种种哲学、政治学说，以供封建统治者采纳。其中，阴阳五行学说曾对秦汉时期的宗教和哲学发生重大影响。按照《荀子·非十二子》的说法，这一学说的最早创立者是子思及其后学孟子，然而实际上是由比孟子稍后的齐国邹衍（前305—前240）完成的。《汉书·艺文志》所录《邹子》49篇和《邹子终始》56篇皆已佚失。《史记·孟子荀卿列传》说邹衍：

深观阴阳消息，而作怪迂之变，《终始》、《大圣》之篇十余万言。其语闳大不经，必先验小物，推而大之，至于无垠。先序今以上至黄帝，学者所共术，大并世盛衰，因载其机祥度制，推而远之，至天地未生，窈冥不可考而原也。……称

[1]《左传》昭公十八年郑子产语。

[2]《荀子·天论》。

[3]《墨子·天志》。

引天地剖判以来，五德转移，治各有宜，而符应若兹。

看来是在运用和发挥天人感应和循环论思想。

邹衍讲的“五德”，即《尚书·洪范》中讲的水、火、木、金、土五种元素，也称“五行”。邹衍利用天人感应和天道循环论的观点，对《洪范》的五行说进行改造，创立了“五德终始”说。《吕氏春秋·应同》有这样一段记载：

凡帝王者之将兴也，天必先见祥乎下民。黄帝之时，天先见大螾大蝼，黄帝曰：“土气胜。”土气胜，故其色尚黄，其事则土。及禹之时，天先见草木冬不杀，禹曰：“木气胜。”木气胜，故其色尚青，其事则木。及汤之时，天先见金刃生于水，汤曰：“金气胜。”金气胜，故其色尚白，其事则金。及文王之时，天先见火，赤乌衔丹书集于周社，文王曰：“火气胜。”火气胜，故其色尚赤，其事则火。代火者必将水，天且先见水气胜。水气胜，故其色尚黑，其事则水。水气至而不知，数备，将徙于土。

此处虽然没有明言是邹衍的学说，但据《文选》卷六左思《魏都赋》李善注引《七略》：“邹子有《终始》，五德从所不胜：土德后木德继之，金德次之，火德次之，水德次之。”可以认为，这至少是源出于邹衍的“五德推移”说。引文说的是从黄帝经夏、商、周，到行将出现的王朝是按照五行相胜的过程（即木胜土，金胜木，火胜金，水胜火）演变的，以后的人类历史就是按照五行相胜次序分为五个大的环节的无限循环过程；历代帝王政权的交替就是按照五行相胜的公式进行的。邹衍的学说在齐、梁、燕、赵受到欢迎。因为战国后期一些封建诸侯都希望上天按照“五德终始”的循环次序使他们得到新的机会，像过去的圣王一样建立统一的王朝。

战国末年有人把当时的天文历法学说与阴阳五行思想相比附，认为春夏秋冬和东西南北的方位都与阴阳五行有关。如《吕氏春秋·十二纪》与《礼记·月令》都以春夏秋冬与四帝、四神、四德、四方等相配，配合的程序如下：

春，其帝太皞（谓为“木德之帝”），其神句芒（谓为“木官之神”），其虫鳞，其音角（角，木也，位于东方），其数八（五行之数为五，此为基数，木序为三，故数序为八）。

夏，其帝炎帝（“火德之帝”），其神祝融（“火官之神”），其虫羽，其音征（征，火也，位于南方），其数七。

图 10–3 陕西神木县东汉墓春、秋神画像石

秋，其帝少皞（“金德之帝”），其神蓐收（“金神”），其虫毛，其音商（商，金也，在西方），其数九。

冬，其帝颛顼（“水德之帝”），其神玄冥（“水神”），其虫介，其音羽（羽，水也，位在北方），其数六。[1]

可见，在关于天的神化方面，除了一般称谓的“天”、“上帝”以外，还认为在天的四方有四个帝，这四个帝原来都是人间的“圣王”，都曾以五行的一“行”（德）作为天命所归的标志而进行统治，死后成为主管四方、四时和五行之神。（图 10—3）结合其他资料，四帝是：东方天帝太皞，属木，主春，因木为青色，故亦称青帝；南方天帝炎帝，属火，主夏，因火为赤色，故亦称赤帝；西方天帝少皞，属金，主秋，因金为白色，故亦称白帝；北方天帝颛顼，属水，主冬，因水为黑色，故亦称黑帝。如果再加上“土德”的黄帝，则正好为五帝。

在秦始皇建立统一的封建专制主义中央集权的过程中，曾利用阴阳五行学说为自己服务，论证秦王朝统治的合法性和神圣性。史载：

自齐威、宣之时，邹子之徒，论著终始五德之运，及秦帝而齐人奏之，故始皇采用之。(《史记 · 封禅书》)

秦始皇既并天下而帝，或曰：“黄帝得土德，黄龙地螾见。夏得木德，青龙止于郊，草木畅茂。殷得金德，银自山溢。周得火德，有赤乌之符。今秦变周，水德之时。昔秦文公出猎，获黑龙，此其水德之瑞。”于是秦更命河曰“德水”，以冬十月为年首，色上黑，度六以为名，音上大吕，事统上法。(同上)

按照阴阳五行学说，水在季节上属冬，颜色为黑色，时间应从夏历十月（见《吕氏春秋》十二纪）开始，五德循环的位数是六，在音律上属阴，水阴主刑杀；因

[1] 此不引原文，参见《吕氏春秋》原文及东汉高诱注。

此，秦得水德，就应以冬十月为岁首，崇尚黑色（衣服、旌旗为黑色），以六为度量单位（如符是六寸，步为六尺之类），以大吕（为阴律之始）为正音，以法为施政准则。秦始皇就是这样做的。

秦始皇认为得到上天的委任，很重视祭上帝。即位的第三年（前219）就到泰山封禅。（图10—4）“封”是在泰山顶上祭天帝；“禅”是在泰山下的梁父山祭地神（“地主”）。此外，还分别祭青、黄、赤、白四帝。

汉初制度草创，因袭秦代的很多，对汉代应得五行的哪一德，长期没有定论。汉高祖东击项羽入关，“问：‘故秦时上帝祠何帝也？’对曰：‘四帝，有白、青、黄、赤帝之祠。’高祖曰：‘吾闻天有五帝，而有四，何也？’莫知其说”[1]。他即命立黑帝祠，称为“北畤”，按时命人祭祀。据此，汉高祖自认为是直接承周（火德）而得水德。文帝时虽有人上书说汉承秦后，应为土德，改正朔，但当时丞相张苍认为“汉乃水德之时”，提出反对意见。直到汉武帝太初元年（前104）才正式按土德改制：定历法，以正月为岁首，[2]崇尚黄色，数用五，定官名，协音律。

图10-4 秦泰山刻石残字拓本册页

所谓“五帝”说本来是国家分裂的产物。商、西周国家统一，只有“天”、“上帝”，而没有各据一方的五帝。东周以后诸侯称雄割据，才出现五帝说。秦据西方，为表明自己受天命，曾自称得“金德”，祠白帝；后来也祠青、赤、黄帝，可能与它想吞并四海有关。汉初一度祠黑帝，以受水德自命，后来虽认为受“土德”，但并没有特别强调祠黄帝，而是五帝并祠，这也许与国家已统一有关。汉代皇帝的“郊祀”，就是祭这五帝，《淮南子·天文训》在介绍“五星”时对五帝有个概括的说法：

〔1〕《史记·封禅书》。

〔2〕以正月（建寅）为岁首，实际不是按五德说改正朔的，而是按汉时流行的“三统”说改的。按照这种说法，夏为黑统，商为白统，周为赤统，历史永远按黑、白、赤三统循环。汉继周，自然应为黑统，行夏历，以正月为岁首。见董仲舒《春秋繁露·三代改制质文》。

> 东方，木也，其帝太皞，其佐句芒，执规而治春，其神为岁星（木星），其兽苍龙，其音角，其日甲乙。南方，火也，其帝炎帝，其佐朱明，执衡而治夏，其神为荧惑（火星），其兽朱鸟，其音征，其日丙丁。中央，土也，其帝黄帝，其佐后土，执绳而制四方，其神为镇星（土星），其兽黄龙，其音宫，其日戊己。西方，金也，其帝少皞，其佐蓐收，执矩而治秋，其神为太白（金星），其兽白虎，其音商，其日庚辛。北方，水也，其帝颛顼，其佐玄冥，执权而治冬，其神为辰星（水星），其兽玄武，其音羽，其日壬癸。

虽特别指出“黄帝”是“制四方”的，但五帝毕竟是各据一方，以主宰五星者。汉武帝时，在五帝之上又安置了一个更高的统一的天帝，此即“太一”神。

汉武帝时，社会生产已得到恢复发展，由于削弱诸侯王势力，中央集权已相当巩固，在政治上已出现大一统的政治局面。元光六年（前134）汉武帝接受董仲舒的政治主张，罢黜百家，独尊儒术。第二年，方士谬忌奏祠太一方，说：“天神贵者太一，太一佐曰五帝。古者天子以春秋祭太一东南郊。”[1] 明确指出五帝只是“太一”神之“佐”，可见“太一”是至上神。武帝采纳这个建议，在长安东南郊立祠祭祀，此后又在甘泉设太一祭坛（泰畤）。武帝东到泰山举行封禅仪式，采用的也是“如郊祠太一之礼”[2]。

汉武帝以后，汉王朝的祭祀制度没有发生根本变化，直到东汉也是如此；只是“太一”已经取得统一的至上神地位，不再称为“太一”，而一般称为“皇天上帝”，与“后土神祇”并祀，并配祀以皇祖。

秦汉的天帝观念和祭天制度一直影响到宋元以后。《礼记》中的《郊特牲》、《月令》诸篇和《周礼》中的《大宗伯》、《大司乐》诸章，以及东汉郑玄、三国魏王肃等人的注疏，便成为历代封建王朝制定祭祀天地神祇礼法的重要根据。对于至上神也有不同称法。《元史·祭祀志》载：

> 《周礼》所祀天神，正言昊天上帝。郑氏以星经推之，乃谓即天皇大帝。然汉、魏以来，名号亦复不一。汉初曰上帝，曰太一，曰皇天上帝。魏曰皇皇帝天。梁曰天皇大帝。惟西晋曰昊天上帝，与《周礼》合。唐、宋以来，坛上既设昊天上帝第一等，复有天皇大帝，其五天帝与太一、天一等，皆不经见。本朝大德九年（按：1305年），中书圆议，止依《周礼》，祀昊天上帝，至大三年（按：1310

---

[1]《史记·封禅书》。

[2]《汉书·郊祀志》。

年）圆议，五帝从享，依前代通祭。

图 10—5 清皇帝祭天朝服

明清时代祭天制度大致相同。明成祖迁都北京后，以至清代，每年分祭天地于南、北郊，即冬至在圜丘（天坛）祭昊天上帝，（图 10—5）以大明（日）、夜明（月）、星辰、太岁（值岁之神）从祀；夏至在方丘（方泽坛、地坛）祭皇地祇，以五岳、五镇、四海、四渎从祀。此外，春分时在日坛祭日，秋分时在月坛祭月，并配祀二十八宿、五星。

## 五、神仙和方士

在战国时期出现了一种神仙学派。《汉书·艺文志》说：

神仙者，所以保性命之真，而游求于其外者也。聊以荡意平心，同死生之域，而无怵惕于胸中……

所录神仙家书目不少都冠以“黄帝”、“太一”名称，看来直接吸收了道家思想。与邹衍同时的神仙家有宋毋忌、正伯侨、充尚、羡门高，都是燕人。他们“为方仙道，形解销化，依于鬼神之事”[1]。

从现存资料看，《庄子》书中已有不少神仙家思想。它称得道者为“真人”、“至人”、“神人”、“圣人”，说他们可以不食人间烟火物，凌空飞行，长生不老。如《逍遥游》中的列御寇可乘风飞行，周游天下；而更高的“神人”、“圣人”连风也不凭借，“乘天地之正，而御六气之辩，以游无穷”。藐姑射山的神人“不食五谷，吸风饮露，乘云气，御飞龙，而游乎四海之外”。《大宗师》说真人“登高不栗，入水不濡，入火不爇”，“其寝不梦，其觉无忧，其食不甘，其息深深；真

〔1〕《史记·封禅书》。

人之息以踵，众人之息以喉”。这些思想直接被神仙家吸收。

秦汉时期的神仙家也称为方士，认为他们掌有可以与鬼神往来的方术。秦始皇时的徐市（福）、韩当、侯公、石生、卢生，汉武帝时的李少君、栾大等，都说在东海中有蓬莱、方丈、瀛洲三座神山，上面住着神仙。那里的宫殿是用黄金、白银建造的，禽兽全是白色的。但此地一般人难以达到。据称，此处的神仙有羡门、高誓、安期生等，他们有长生不老之药。

这种神仙思想与传统的上帝鬼神观念不完全相同。以上帝为首的诸神一般都是自然界和人类社会某一方面的主宰者。方士讲的神仙却是在世外洞天过着逍遥自在的生活，长生不老。如果有人按照方士的指导从事修炼，据称可以成仙，肉体飞升。战国时的齐威王、齐宣王和燕昭王以及秦始皇、汉武帝，都曾派人入海求仙，找长生不老之药。

汉武帝时国力强盛，积极利用和扶植宗教，祭太一神，封禅，祭山川，改正朔，又任用许多方士，为他求长生不老的药。李少君称自己有祠灶、谷道（“辟谷”，不吃五谷）、却老之方，能役使鬼神，炼丹沙化为黄金，入蓬莱山求仙药。武帝对他十分宠信。当他病死时，武帝还认为他是“化去”的。方士谬忌、少翁、栾大、公孙卿等也受到武帝的宠任。少翁自称能致鬼神，为骗武帝相信他能请来天神，自写帛书使牛吞入腹中，说：“此牛腹中有奇！”杀牛得帛书，武帝认得是他的笔迹，就把他杀了。公孙卿对武帝说，当初黄帝采首山铜铸鼎于荆山下，鼎成，有龙从天上垂胡须把黄帝迎上天去，群臣后宫七十余人乘龙上天。武帝十分向往，说：“吾诚得如黄帝，吾视去妻子如脱屣耳！”武帝每次车巡海上，都有许多齐方士上书，言神仙，献奇方的，有时达万人。汉武帝常派出数千人去海上寻神仙，虽一再上当受骗，但总是抱有一种侥幸心理。正如《史记 · 孝武本纪》所说：“天子益怠厌方士之怪迂语矣，然终羁縻弗绝，冀遇其真。”

神仙思想是道教创立时所吸收的主要思想之一，在道教中对神仙思想又有新的发展。魏晋时有人托汉代刘向之名撰《列仙传》，记述从赤松子至玄俗等 72 位神仙的事迹。晋以后言神仙者多引述此书，且为道教所利用。东晋葛洪撰《神仙传》，记述神仙 84 人，其中不少取自《庄子》、《史记》、《汉书》、《后汉书》等，有些内容是新增加的。道教兴盛以后，在宋代以前成书的《洞仙传》（未题撰人）、南唐沈汾（玢）撰《续仙传》、南宋陈葆光撰《三洞群仙录》等，其中不少神仙是道教人物的神化。当然，道教所奉的神灵神仙系统十分庞大，后面将分别介绍。

## 六、卜筮、望气和风角、占星术

神学天命论认为，自然界和人类社会的最高主宰是至上神“上帝”或“天”。天是有意志和感情的，天的意志和感情经常通过自然现象和社会人事表现出来。人们如果通过特定的方术窥测出天的意志和感情，就可以按天意行动，做到避凶趋吉。商周以来设在国王周围的巫、祝、史、卜的重要任务就是运用各种占卜方术来探测天意，向统治者预告吉凶。汉代从董仲舒以后，儒者以天命论来解释天人关系的做法十分盛行，鼓吹君权神授和天人感应，同样把占卜方术置于重要地位。

先秦以来所流行的占卜方术主要有以下几种。这些方术在封建社会各个时期都不同程度地存在着。

### 1. 卜筮

卜筮早在我国奴隶社会初期就产生了。卜有种种方式，商周以来最常用的方式是钻灼龟甲和兽骨，视其纹络来进行占卜。我国近代以来在殷墟发现的大量甲骨文，就是殷商王室占卜的记录。筮是用蓍草进行占卜。二者往往同时使用。《尚书·洪范》记载周初商王族箕子向周武王提出治国应当注意的八件大事（八政），其中第七件大事就是“稽疑”。他说：

稽疑，择建立卜筮人，乃命卜筮。曰雨，曰霁，曰蒙，曰驿，曰克（雨、霁等皆为卜兆，即龟甲上灼钻的不同纹络的名称）；曰贞，曰悔（贞、悔是占卦的两种方式，内卦为贞，外卦为悔，分别指卦的下三爻和上三爻。），凡七。卜五，占用二，衍忒（推衍人事的吉凶）。三人占则从二人之言。汝则有大疑，谋及乃心，谋及卿士，谋及庶人，谋及卜筮。汝则从，龟从，筮从，卿士从，庶民从，是之谓大同；身其康强，子孙其逢，吉。汝则从，龟从，筮从，卿士逆，庶民逆，吉。卿士从，龟从，筮从，汝则逆，庶民逆，吉。庶民从，龟从，筮从，汝则逆，卿士逆，吉。汝则从，龟从，筮逆，卿士逆，庶民逆，作内吉，作外凶。龟筮共违于人，用静吉，用作凶。

图 10–6 西周初年的数字卦，陕西周原出土青铜甗腹内铭文

说明卜筮在国王决策中的重要地位。（图 10—6）这里举出六种情况，如果国王、卿士（朝臣）、庶民之中有一方表示

赞同，而其他二方不同意，但卜、筮是吉利的，都是可以做的；如果卜、筮都不吉利，即使三方都赞同，事情也不可做。当时人之所以这样看重卜筮，正是因为把卜筮看做是神意的象征。

据《周礼》记载，周王室设有“太卜”、“占人”的官职，负责卜筮吉凶。朝廷设“龟人”专门养龟，按特定方法取龟甲。朝廷每逢祭祀或举行重大活动，都要向上帝和祖先占卜吉凶。各诸侯国也设专人主管卜筮。

《易经》又称《周易》，是一种占卜的书，是在社会上盛行占卜的情况下逐渐形成的。从内容看，《易经》可能最初出现于殷周之际，在流传过程中曾经孔子整理加工。

《易经》内容包括卦、爻两种符号和卦辞、爻辞两种说明文字，共六十四卦，三百八十四爻。每卦都有卦象、卦名，还有说明本卦性质的卦辞。爻分阳爻（“—”），阴爻（“--”），有爻辞说明这一爻在本卦中的性质。例如，《易经》的开头：“☰乾，元、亨、利、贞。初九，潜龙勿用”。“☰”是“乾卦”的卦象，“乾”是卦名，“元、亨、利、贞”是卦辞；“初九”是“乾卦”的第一个阳爻（从卦象的下面向上数）的爻名，而“潜龙勿用”则是爻辞。占卦人占着哪一个卦，便根据卦辞和爻辞推断吉凶。

秦汉朝廷皆设太卜官。秦始皇焚书坑儒时，唯有“医药卜筮种树之书”不焚。他晚年听说“今年祖龙死”的谶言，即求卜，“卦得游徙吉”，于是远游，最后死于途中。汉朝吕后死后，丞相陈平、太尉周勃派人迎代王刘恒（文帝）为帝，代王先占卜得吉兆，才决定入京即位。汉武帝重占卜，重用一大批占卜者，北击匈奴，西征大宛，南伐南越，都先进行卜筮。有时赏给卜者钱数千万，卜者邱子明富贵腾达，显赫一时。据《史记・日者列传》，当时占卜方法多种多样，有用五行占卜的，有据月和十二辰定吉凶的（建除家），有以十二辰神灵定吉凶的（从辰家），还有用日历（历家）、天人感应论（天人家）、太一神（太一家）等占卜吉凶的。据《后汉书・方术列传》，当时占卜术更是五花八门，有“七政”（日、月、五星占验术）、“元气”（阴阳占验术）、“六日七分”（用《易经》占卜的一种方术）、“遁甲”（用天干占卜）、逢吉（应人所问而占卜）、挺专（折竹而卜）、孤虚（用天干地支搭配日辰占卜）等。

**2．望气和风角**

我国古代人民在从事农牧业生产中认识到风云变化和天气、季节有密切关系，因而很注意对风云的观测。但限于当时的生产力和科学认识水平，人们对风云的观测难以摆脱宗教神学的影响，形成神秘主义的望气和风角学说，认为从中可以预测社会人事的吉凶祸福。

望气是依据云气的色彩、形状和变化来占验人事吉凶的一种方术。（彩图10）《吕氏春秋·明理》说在乱世，“君臣相贼，长少相杀，父子相忍，弟兄相诬”，就会在云气的形状上表现出来，有的“若犬、若马、若白鹄，若众车”；有的“其状若人，苍衣赤首不动”，等等。汉代，有个叫王朔的人善于望气。《史记·天官书》对望气的方术作了介绍，说仰望云气可达三四百里，如果登高可看得更远，根据云气形状可判断吉凶顺逆。如果两军对垒而战，云青白色而前面稍底，就会“战胜”；云前面赤而稍仰起，将“战不胜”。汉文帝十五年（前165），赵人望气者新垣平对文帝说：“长安东北有神气，成五彩，若人冠冕焉……天瑞下，宜立祠上帝，以合符应。”[1] 文帝于是在此地立五帝祠。望气者认为，在日旁及皇帝所在的地方都有一股非同一般的云气，叫做“天子气”。《洛书》说：“有云象人，青衣无手；在日西，天子之气。”[2] 还认为，凡是命里注定要当皇帝的，即使没有即位，他周围也有五彩绚丽的“天子气”。《史记·项羽本纪》载，范增劝项羽设“鸿门宴”，把刘邦杀死，说：“吾令人望其气，皆为龙虎，成五彩，此天子气也。急击勿失！”

风角是依据风的方向、强弱、状态和声音来进行占验吉凶的一种方术。《后汉书·郎觊传》注说：“风角谓候四方四隅之风，以占吉凶也。”《史记·天官书》说汉代著名占岁者名魏鲜，他每年正月初一从风向、风力来占验一年气候和农事的丰歉情况。《唐开元占经》卷九十一保留了一些材料，说占候风者，要在高旷的土山上立竿，用鸡毛编成“羽葆”，吊在竿上，根据它测到风向、风力，进行占验，按不同情况可判断出“祥风”、“灾风”、“大兵将至风”、“旱火风”、“大水杀人风”等等。

### 3. 占星术

我国早在远古时代就已注意观察天象，逐渐形成了古天文学，从而制定历法，指导农业生产。《周易·系辞》载：“古者包牺氏之王天下也，仰则观象于天，俯则观法于地。”《尚书·尧典》说尧“乃命羲、和，钦若昊天，历象日月星辰，敬授民时”。《史记·天官书》说，在高辛氏以前掌管天文星象的是重、黎，唐虞时是羲、和，夏代是昆吾，殷商是巫咸，周朝是史佚、苌弘，春秋宋国是子韦，郑国是裨灶，战国时齐国是甘德，楚国是唐昧，赵国是尹皋，魏国是石申。汉代司

[1]《汉书·郊祀志》。
[2]《史记·天官书》正义引。

马迁的父亲司马谈在汉初任太史令，曾跟天文家唐都学天文。(彩图 11)

尽管我国古代天文学在观测日月星辰天体变化和制定历法方面取得了重大成就，为世界天文学作出了卓越贡献，但由于时代的限制，天文科学与神秘主义的占星术曾长期交织在一起。由于当时科学水平不高，人们对天体构造和实际运行规律认识不够，特别对一些罕见的天象如日食、月食、彗星、流星雨、新星等，对五大行星视运动（天文学把从地球上所观测到的天体运动称为“视运动”）中的顺行、逆行和停留的复杂现象，还作不出科学的解释，因而认为各种天象是天帝意志的表现。汉代董仲舒及一些今文经学家，也是星象占验家。《史记 · 天官书》、《汉书 · 天文志》、《后汉书 · 天文志》中也包含不少占星术成分。西汉末年及东汉初年出现的大量谶纬图书中，有不少就是讲星象占验的。《汉书 · 艺文志》在说到天文家时说：

天文者，序二十八宿，步五星日月，以纪吉凶之象，圣王所以参政也。《易》曰：观乎天文，以察时变。

说明了占星术的由来。

占星术包括日占、月占、五星占、二十八宿占、星变占等等。这里扼要加以介绍。

日占　古代占星者认为太阳代表世上一切阳的方面，是国君的象征，从其形象可推知世上国君统治情况。如果“明主之践位，群贤履职，天下和平，黎民康宁，则日丽，扬其光曜”。[1] 如果太阳暗淡无光，表明国君“无道”，就要亡国。

月占　占星者认为月是世上阴的方面的代表，如臣、子、妇、弟都属阴的方面。“臣道修则月明有光”，“臣行刑罚，执法不得其中，怨气盛，并及良善，则月食”。[2]

五星占　古代人对水、金、火、木、土五大行星及其运动缺乏科学的认识，把它们的不同运动形象看成是天意的表现。汉代人还把五星看成是五行的精灵，五帝之子。《春秋纬》说：“天有五帝，五星为之使。”《荆州占》说：“五星者，五行之精也，五帝之子。”[3] 占星家认为，五星分别象征五方、五帝、五事……等神灵和事物。

---

〔1〕《唐开元占经》卷五。

〔2〕《唐开元占经》卷一七引。

〔3〕《唐开元占经》卷一八引。

木星（岁星）是东方青（苍）帝使者，五行中“木”的精灵，主春，决定农业丰歉。木星和国君五常之一的“仁”和五事的“貌”相应。如果国君“仁亏貌失”等，上帝通过木星的天象来表示谴告。

火星（荧惑），是南方赤帝（炎帝）使者，五行中“火”的精灵，主夏，决定天气干旱。国君如果在“礼”、“视”方面有了问题，天帝便以火星警告。世上会发生暴乱、饥馑、死丧等。

土星是中央黄帝的使者，五行中“土”的精灵，主季夏，主土。如果国君在“信”、“思”方面出了问题，上帝便以土星谴告，土星运行失常，国土就要丧失，或发生山崩地震。

金星（太白星），是西方白帝使者，五行中“金”的精灵，主秋，主兵，主刑杀。如果国君“义”失，“言”不当，上帝就使金星有所表示，“当出不出，当入不入”，世上就有战乱。

水星（辰星），是北方黑帝的使者，五行中“水”的精灵，主冬，主水，主刑。如果国君在“智”、“听”方面出了问题，水星就“变怪”，四时风雨不调，发生水灾。

二十八宿占　古人把月球轨道（白道）和太阳视运动轨道（黄道）附近天区分布的恒星按月亮相对恒星运动的周期数字（27.32天），分为二十八组，因月亮每天入住（宿）一组，故称为二十八宿。《史记·天官书》按当时五帝信仰，把二十八宿分属其中四帝（黄帝除外）的四种神兽之下，即：

东宫苍龙，包括角、亢、氐、房、心、尾、箕七宿；
南宫朱雀，包括井、鬼、柳、星、张、翼、轸七宿；
西宫白虎，包括奎、娄、胃、昴、毕、觜、参七宿；
北宫玄武，包括斗、牛、女、虚、危、室、壁七宿。

占星家认为这二十八宿与地上十二州（或各地区）密切相应，每二三宿主世上一州，如果某宿出现星变现象，地上某州就会发生灾异。据说“心”、“房”二宿代表“明堂”，如果火星进入这个星区，朝廷就会发生变故。

二十八宿之外的另一个星区拱极星区叫“中宫”，又叫“紫微垣”。历代占星家都把它看做是朝廷的象征。（图10—7）汉代奉太一神为至上神，认为天极星（北极星）是太一神住的地方，旁边三星是“三公”，后勾四星是“正妃”和“三宫”，周围十二颗星是“藩臣”。据说在这个星区出现怪变星象（流星、彗星），朝廷就会发生变乱。

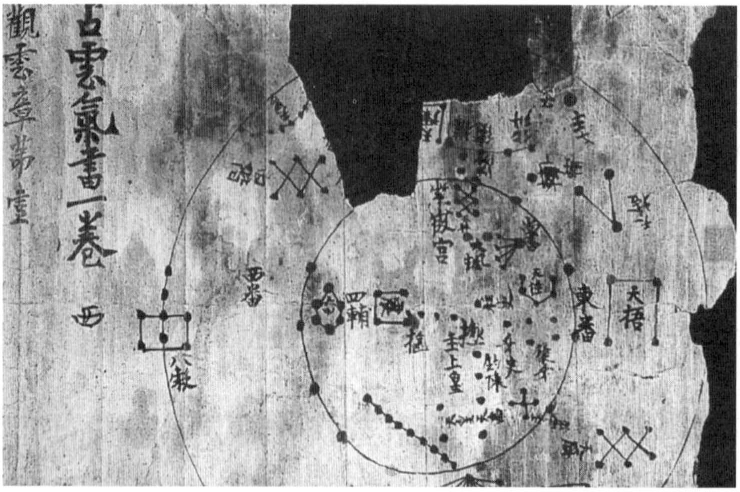

图 10-7 敦煌唐代卷子紫微垣星图

星变占　通过彗星、流星雨、新星（客星）等罕见天象进行占验，认为出现这些星象，天下就会发生战乱或水旱灾害、瘟疫灾害等。

总之，在占星家看来，日月星辰有规律的出没是上帝安排的次序。一切天象都是上帝意志的表现，日月食及彗星、流星等罕见天象是上帝对世上最高统治者的谴告。占星者的责任是通过观察天象把天意及时告诉最高统治者，要推行善政，避免暴虐统治。[1]

## 七、谶纬及其被禁毁

董仲舒《春秋繁露》的基本思想是讲天人感应，君权神授。汉武帝定儒家为一尊，这套学说十分盛行。从西汉末年以来，以预言天命为内容的谶纬图书大量出现，曾对社会产生很大影响。

谶就是预言，说是传达天意的。纬是纬书，是用来解释六经的。谶纬密切结合，纬书里也充满神秘的预言。谶纬往往借用阴阳五行的语言来预言朝代的兴衰和“天命”的归向。所谓“图”和“书”，表明有的符命采取图的形式，上面有图；而一般是既有图也有书。《周易·系辞》讲“河出图（八卦），洛出书”，可以说是最早的图和书。二者一般不可分，统称为“图书”。谶的起源很早，自秦汉以后逐渐增多。西汉哀、平帝之时（前 6 年—公元 5 年），王莽利用

〔1〕以上可参考任继愈主编《中国佛教史》第一卷第一章，中国社会科学出版社，1981。该章为笔者执笔，这里仅选取要点介绍，一些地方有修改补充。

图谶，假托天命废汉帝建立新朝，开始称摄皇帝，最后即皇帝位（9年），派使者“班符命四十二篇于天下”[1]，此后各种谶纬图符越来越多。

东汉光武帝刘秀是在谶纬盛行的时候当上皇帝的。王莽末年，宛人李通用《河图》谶语“刘氏复起，李氏为辅”，劝刘秀起兵。建武元年（公元25年），又有人从关中带来《赤伏符》(《河图》的一种)，上面说：“刘秀发兵捕不道，四夷云集龙斗野，四七之际火为主。”当时流行的《春秋演孔图》说：“卯金刀，名为刘，赤帝后，次代周。”表示从汉高祖到刘秀共280年（四七之际，此为预言概数），刘秀当继汉的火德当皇帝。刘秀以为天命所归，就顺众议即位称帝。平定全国后，刘秀对谶纬十分重视，命人校定图谶，把其中与王莽有关的内容删掉。中元元年（公元56年）“宣布图谶于天下”[2]。明、章二帝也迷信谶纬。虽经桓谭（约前23—公元56年）、张衡（78—139）等学者的反对，但谶纬一直在社会上盛行。

谶纬假托天命，讲天人感应、阴阳五行，预言国家兴废，人事吉凶。这样对当政者构成两种威胁：(一）统治阶级内部有人可以利用谶纬篡权作乱；(二）劳动群众也可以利用谶语符命发动起义。因此西晋武帝泰始三年（267)、南朝宋孝武帝大明（457—464）年间、梁武帝天监（502—515）年间，北魏孝文帝太和九年（485）都曾下令禁止谶纬，但没有禁绝。直到隋初，经文帝、炀帝采取严厉禁毁措施，谶纬书籍才基本绝迹。《隋书 · 经籍志》说：“炀帝即位，乃发使四出，搜天下书籍与谶纬相涉者，皆焚之，为吏所纠者至死。自是无复其学，秘府之内，亦多散亡。”

纬书是研究两汉神学天命思想的重要资料，因为对后代的宗教神学（特别是道教）影响较大，所以对研究两汉以后的宗教、哲学也有参考价值。据《后汉书 · 张衡传》及注文所载，纬书包括“《河》、《洛》五九，《六艺》四九，谓八十一篇也”。《隋书 · 经籍志》说：

说者又云：孔子既叙六经，以明天人之道，知后世不能稽同其意，故别立纬及谶，以遗来世。其书出于前汉，有《河图》九篇，《洛书》六篇，云自黄帝至周文王所受本文。又别有三十篇，云自初起至于孔子，九圣之所增演，以广其意。又有《七经纬》三十六篇，并云孔子所作，并前合为八十一篇。

数字与张衡讲的一样，共有81篇。所谓《七经纬》包括《易纬》、《书纬》、《诗

[1]《汉书 · 王莽传》。
[2]《后汉书 · 光武纪》。

纬》、《礼纬》、《乐纬》、《春秋纬》、《孝经纬》。[1]

中国自古以来的灵魂、鬼神和天帝诸观念，为了适应不同历史时期的情况，有所发展。这种观念经儒家整理加工，成为儒家的宗教神学观念。因为儒家学说是中国封建社会的正统思想，因而它的宗教神学观念曾影响到社会意识形态的各个方面。佛教的传入、发展和道教的形成，对中国的鬼神观念有所丰富和发展，但传统的鬼神观念仍作为儒家学说的组成部分而相对独立地存在着，并通过皇室贵族的祭天祀祖以及民间的祭神祀祖而体现出来，直至今日在民间还有一定的影响。

## 第二节 中国古代的主要宗教

中国在两汉时期已形成相当系统的以尊奉天帝为中心内容的宗教观念和宗教理论，并存在相应的宗教习俗。虽然称之为中国传统的宗教也未尝不可，但学术界一般不这样说。我国古代的主要宗教有佛教、道教以及明清时期的民间秘密宗教、唐朝传入而在元以后有较大发展的伊斯兰教。

### 一、佛教的传入和发展

佛教在公元前6世纪至前5世纪产生于古印度。创始人是当时北印度的城邦国家迦毗罗卫（在今尼泊尔国境内）释迦族净饭王的太子释迦牟尼（前565—前485）。由释迦牟尼创立的佛教僧团得到了当时位于印度西北部的摩揭陀国、憍萨罗国等国的国王和工商业主的支持，因为主张在宗教信仰方面“四姓平等”，从而也得到农民、手工业者和从事低贱职业的劳动者的支持，发展迅速。在释迦牟尼去世一二百年的时候，佛教僧团发生分裂，形成以主张改革的大众部和主张维护原始佛教教义和戒律的上座部两大派，此后在这两个大的部派之下又出现很多支派，在印度孔雀王朝阿育王（约前273—前232）时期，佛教从恒河中下游地区传到印度各地，并不断向邻国传播，逐渐成为世界性宗教。

在公元前后的两汉之际，佛教从古印度经中亚传到中国内地。《三国志·魏

〔1〕关于纬书的辑佚书，可看陶宗仪《说郛》、孙瑴《古微书》、马国翰《玉函山房辑佚书》等。日本安居香山、中村璋八编有《重修纬书集成》八册，收集详博，可以参考。

志·东夷传》注引鱼豢《魏略·西戎传》说，汉哀帝元寿元年（前2年）博士弟子景庐受大月氏（今阿富汗、巴基斯坦北部一带）使者伊存口授《浮屠经》（大概是讲佛陀生平的经）；东汉初年，楚王刘英“诵黄老之微言，尚浮屠之仁祠”[1]；汉明帝也曾派人去西方求法，取回《四十二章经》（小乘佛经的摘要著作）译为汉文。

当时盛行黄老、神仙方术，人们也把佛教看成是道术的一种。东汉末年，安息（在今伊朗高原东北部）僧安世高等人来华译出大量小乘经典，其中包括介绍佛教基本教义的理论著作（阿毗昙）和指导修持禅定的禅经（如《安般守意经》等）。支谶是同时来华的大月氏僧人，他第一次把大乘般若学传入中国内地。所谓般若是指一种能令人达到彻底解脱的最高境界的特殊智慧。他所译的《般若道行品经》（或《道行般若经》）很快就受到人们的注意，在魏晋曾风靡一时。

魏晋盛行玄学，重《老子》、《庄子》和《周易》，崇尚清谈。魏正始（240—249）年间，何晏、王弼提倡“贵无”，认为天下万有“以无为本”，名教出于自然。魏晋之间，向秀、郭象注《庄子》，认为万有“自生”、“自尔”、“独化”，儒家名教即自然。以般若学说为基本内容的大乘空宗因为在思想上与玄学有相似的地方（如空与无、真俗二谛与言意之辨等），所以受到士大夫的欢迎，并得到迅速传播。《般若经》宣传“诸法性空”，认为世俗认识及其面对的一切现象都是因缘和合的产物，假而不实，唯有体认永恒真实的、超越世俗认识的“实相”、“真如”、“第一义谛”才能达到觉悟。玄学家以佛教般若学说来发挥玄学的理论，佛教学者用玄学来解释般若学说，佛玄交融贯通，两晋时期形成具有中国民族特色的般若学派——“六家七宗”，其中以本无宗（主张本体为空）、心无宗（空心不空外境）、即色宗（万有即空）影响较大。

东晋十六国后期，战乱不断，生灵涂炭，佛教因宣传善恶因果报应和彼岸世界的教义，受到社会普遍欢迎，发展很快，几乎普及社会各个阶层。西域高僧佛图澄（232—348）受到后赵石勒、石虎的尊崇，除传教外，还参与军政机要。在他的影响下，朝廷正式允许汉人出家为僧。北方广立佛寺，僧人增加很多。佛图澄的弟子分散到全国各地，对佛教义理和组织制度的发展，影响很大。其中道安（312—385）提倡般若空宗，用玄学观点论释般若理论，主“本无宗”。他还整理佛典，撰《综理众经目录》，为僧团制定仪规，组织僧人系统翻译小乘经戒。他的弟子慧远（334—416）住庐山，广交朝野名士，提出协调王权和僧团、名教与佛

〔1〕《后汉书·楚王英传》。

图 10-8 陕西草堂寺鸠摩罗什舍利塔

法的理论，既倡般若，又倡西方净土信仰，对后世净土宗的创立有直接影响。后秦王姚兴迎龟兹（今新疆库车县）名僧鸠摩罗什（343—413）至长安，译出经典35部300卷。（图10—8）其中大乘经典《般若经》（大小品）、《大智度论》、《中论》、《十二门论》和《百论》、《法华经》等，对后世影响深远。弟子僧肇（384—414）著《不真空论》、《物不迁论》、《般若无知论》等，发挥般若中观的学说，对以往佛学和玄学所讨论的中心问题作了总结，认为世界在本质上是虚幻不实的，是静止不动的，但“如来功流万世而常存，道通百劫而弥固”，“道远乎哉？触事而真。圣远乎哉？体之即神。”劝人们应相信佛教报应理论和悟道成佛学说。

南北朝时期，从广译佛经进入深入地研究佛经，讲经和著述之风甚盛。围绕研究佛经的不同和理论主张的差异，出现了涅槃（指摆脱人间诸般烦恼、熄灭生死轮回后获得的一种精神境界）、成实、三论、毗昙、地论、摄论、楞伽等学派。继魏晋盛行般若之后，涅槃佛性学说特别受到人们的重视。竺道生（355—434）在南朝大讲“一切众生，悉有佛性”，“一阐提人（谓善性灭绝者）皆得成佛”和“顿悟成佛”的理论，在佛教界发生了振聋发聩的作用。南朝宋文帝和梁武帝等人都提倡这个理论。从此，般若空义和涅槃佛性理论成为中国佛学的两大理论支柱。《大乘起信论》虽题为印度马鸣造、陈真谛译，实际是南北朝末的编译著作。此书认为人的精神世界（心）生来即具有善（真如、净）、恶（无明、染）的两个方面，前者即众生所秉有的佛性，后者即日常情欲烦恼；前者被后者遮蔽不能显现。此书主张通过信奉佛教，坚持断恶修善的修行，就可使佛性显现，达到解脱。这种佛教心性论不仅为隋唐大部分佛教宗派所吸收，对哲学界心性论的兴起也有直接推动作用。

南朝的统治者都崇信佛教。梁武帝曾四次舍身寺院，由朝廷和群臣以巨额金钱赎回。梁武帝并多次登坛讲经，从事著述。（图10—9）北朝虽发生过北魏太武帝（446）和北周武帝（574）发起的两次灭佛事件，但总的来说是积极扶植佛教的。云冈、龙门石窟的建造，大量寺院的修建就是证明。正是由于统治阶级的支持，南北朝时已形成了相当稳固的以经营土地为中心的寺院经济，并在世俗官僚制度之外形成了比较完备的僧官制度。

隋唐时期，在国家分裂了近三百年以后重新建立统一的封建王朝，政治、经

图 10–9 南京南朝梁栖霞舍利塔浮雕降魔变

济和文化都取得了空前发展，成为亚洲乃至世界的先进国家。由于统治阶级重视文治政策，对儒、释、道三教都予以扶植，于是佛教进入鼎盛时期。隋朝承北周武帝灭佛之后，文帝自小受尼鞠养，即帝位后常对群臣讲："我兴由佛法。"〔1〕他广建佛寺，度僧尼出家，命人译经写经，从仁寿元年（601）开始，前后令百余州（全国共有州或郡 190 个）建舍利塔。据《辨正论》卷三记载，隋时建寺 3985 所，度僧尼 23.6 万余人。唐太宗即位后，曾命在全国"交兵之处"建立寺刹，"给家人、车、牛、田庄，并立碑颂德"。〔2〕在贞观十一年（637）下的诏令中，他虽然表示有意抬高道教，说"朕之本系，出于柱史（老子李耳）"、"自今以后，斋供行立，至于称谓，其道士女冠，可在僧尼之前"，〔3〕但实际上，采取的是二教并重政策。武则天曾利用佛教篡夺帝位，于是谕令佛教应在道教之前，从此进一步刺激了佛教的发展。唐武宗时曾一度灭佛（845），没收寺院土地财产，毁坏佛寺、佛像，命僧尼还俗。据《资治通鉴》卷二四八记载，被毁寺院达 4600 所，招提兰若等佛教建筑 4 万余所，僧尼还俗的达 26 万多人，没收的寺院土地达数千（"千"

〔1〕《续高僧传 · 道密传》。
〔2〕《广弘明集》卷二八。
〔3〕《唐大诏令集》卷一一三。

当为“十”）万顷，查出奴婢15万人。但武宗以后，佛教很快又得到恢复和发展。

佛教传入中国后，经过六七百年的初传、普及，逐渐成为中国民族文化的一个组成部分，寺院经济也成为中国封建经济的一个方面。在教义理论方面，佛教对中国传统思想文化中的哲学本体论、天人关系论和人性论以及宗教习俗、鬼神观念等广泛吸收，在僧团组织方面，采取了中国封建宗法观念和制度，从而形成许多具有鲜明民族特色的佛教宗派。

**主要佛教宗派**

在隋唐时期形成的主要佛教宗派有：天台宗、三论宗、法相宗、华严宗、律宗、禅宗、净土宗、密宗。其中对后世影响较大的宗派有天台宗、法相宗、华严宗、禅宗和净土宗。

天台宗　创始人是隋代天台山国清寺的僧人智顗(531—597)，以《法华经》和智顗的《法华玄义》、《法华文句》和《摩诃止观》为主要依据。此宗认为世界万有乃一心的产物（“性具”），所谓“一念三千”。在这个前提下又提出“一心三观”和“三谛圆融”的理论，认为世界一切空幻无实（空谛），存在者皆为假有或名相（假谛），二者不即不离或相即相离，是万有的本质（中谛）。空、假、中三谛系于一心，修行者通过体认三者融通相即的关系，可灭惑证智，达到解脱。佛与众生没有根本差别，也是相即不二的。人所具之本性有善恶两个方面（性具善恶），极恶的人也有可能修证成佛。九祖湛然（711—782）甚至提出连无情草木瓦石也有佛性。

图10—10 陕西兴教寺玄奘墓塔

法相宗（也称唯识宗）　创始人是唐代名僧玄奘（602—664）和弟子窥基（632—682），以《解深密经》、《瑜伽师地论》、《成唯识论》和窥基著的《成唯识论述记》等为主要依据。（图10—10）本宗对世界各种现象，特别是心理活动和精神现象作了极为细密的分析和论证，认为一切皆为精神的产物，所谓“三界唯心，万法唯识”。把人的主观认识机能或精神作用分为“八识”，即眼、耳、鼻、舌、身、意、末那、阿赖耶八种识。前六识是认识外界的六种机能或作用，末那识是联系前六识和第八识阿赖耶识的中间桥梁，而阿赖耶识是主宰前七识的“根本识”，实为灵魂。认为构成世界万物的精神种子即藏在阿赖耶识之中。世界上一切事物和现象既然属于精神作用的因缘和合而显现，那么就不是真实的，只有清净的真如佛性（“圆成实性”）才是真实的。人要达到觉悟就应体认真如。为此应断除对法、我的两种执著，达到“转识成智”，觉悟成佛。

华严宗　实际由唐初僧人法藏（643—712）创立，主要依据《华严经》和法藏所著《华严经探玄记》、《华严五教章》等。因法藏号贤首，故该宗也称贤首宗。主张“真如缘起”论，认为世界上一切事物和现象是“一真法界”（真如、法性）的显现。它用事法界、理法界、理事无碍法界、事事无碍法界（四法界）的教义论证世界的本质和现象，宣称体现真如本体的“理”，显现出世界一切千差万别的事物和现象（“事”），如月映万川那样，“一一事中，理皆全遍”，“事理融通，非一非异”。[1]世界上没有任何矛盾和斗争，各种事物（包括概念）皆“圆融无碍”。既然理体与事相融通，众生与佛也就无根本差别。众生之所以轮回于生死苦恼之中，是因为有“妄想”（世俗认识和情欲），如果能认识法界缘起重重无尽，事事无碍的道理，就可清除“妄想”，而达到觉悟。

禅宗　唐中叶以后，逐渐发展成为中国佛教的最有影响的宗派。禅宗奉北魏时来华弘传禅法的印度僧菩提达摩（？—约536）为初祖，以慧可为二祖，僧璨为三祖，道信为四祖，弘忍为五祖。但实际上唐末以来所流行的禅宗是由唐中期的被称为六祖的慧（或作“惠”）能（638—713）创立的所谓“南宗”。《楞伽经》、《金刚般若经》、《涅槃经》、《大乘起信论》等对该宗有较大影响。记载慧能生平和说法语录的《六祖坛经》以及历代禅师的语录为该宗传授禅法的重要依据。据记载，五祖弘忍（602—675）弟子中有神秀、慧能二人。神秀（？—706）的禅法主张可用他作的心偈表示：

身是菩提树，心如明镜台，
时时勤拂拭，莫使有尘埃。（《坛经》敦煌本）

主张渐悟，认为通过勤苦修行，坐禅观心，可以消除“妄念”，达到觉悟。慧能主张顿悟，针对神秀的偈也作了一偈，说：

---

〔1〕《华严发菩提心章》。

菩提本无树，明镜亦无台，
佛性常清净，何处有尘埃。(同上)

后两句也作“本来无一物，何处有尘埃”[1]。慧能认为心性本净，一切皆空，何有尘埃可染。他指出神秀的“观心看净”也是一种执著，因为“净无形相”。他主张在坚信自身本有佛性的基础上以任运自在为坐禅，不借助世俗观念、思虑和名相，排除任何心理追求，通过直观内省使心与“真如”相应，此即所谓“立无念为宗，无相为体，无住为本”[2]。神秀的禅系因在北方，被称为北宗。慧能的禅系开始在南方流行，称为南宗。(图10—11)慧能死后，弟子神会(684—758)与北宗辩论，推广南宗禅法。在“安史之乱”(755—763)之后，南宗在朝廷的支持下逐渐风行全国，北宗湮没无闻。禅宗简化修行方法，不重读经、礼佛、修忏，寓修道求佛于行住坐卧，搬柴运水的日常生活之中。慧能门下，著名的有行思、怀让两系。行思一系形成曹洞、云门、法眼三宗。怀让一系形成沩仰、临济二宗。临济宗在宋代分为黄龙、杨岐二派。以上合称“五家七宗”。其中影响较大的有临济、曹洞二宗。

图10-11 安徽九华山南华寺供奉的慧能肉身像

净土宗　严格地讲是对阿弥陀佛及其西方净土的一种信仰，有多支。其中一支是由唐代道绰(562—645)及其弟子善导(613—681)创立的，主要依据《无量寿经》、《阿弥陀经》、《观无量寿经》和《往生论》等。此宗认为相信阿弥陀佛及其西方极乐世界(净土)，反复诵念“南无(意为归命，致敬)阿弥陀佛”，就可消除无量的罪，死后可被阿弥陀佛接引往生西方净土，过福寿无边的生活。

**佛、菩萨信仰**

佛教是宗教，自然有其信奉

[1]《坛经》惠昕本。
[2]《坛经》敦煌本。

崇拜的超自然的神灵至尊。佛教对佛、菩萨的信仰就是这种神灵崇拜的表现形式。佛教的经典中不乏否认有神的论证，但这主要是反对婆罗门教或其他“外道”的神灵崇拜的，并不是从实质上反对一切神灵。佛教经典，特别是大乘经典中所描述的佛、菩萨，一般都神通广大，威力无穷，虽不用“神”的称呼，但实际上就是宗教学里所说的神。这里仅介绍佛、菩萨信仰的一部分内容。

佛　佛教把“佛”奉为最高的崇拜对象，但对佛的解释却是各种各样的。原始佛教基本经典《阿含经》中所说的佛，一般是指教主释迦牟尼，其中有关“过去七佛”的说法，当是进入部派佛教以后被加进去的。部派佛教时期（公元前4—前3世纪）对释迦牟尼佛进一步神化，而在进入大乘佛教时期（公元前后）以后，除信奉释迦牟尼佛之外，还信奉种种佛。大乘教派宣称三世十方，到处有佛，其数多如恒河之沙，如过去有七佛、燃灯佛；未来有弥勒佛；东方有阿閦佛、药师佛；西方有阿弥陀佛等。从佛身说，有无所不在的“法身佛”（与法性、真如、佛性大同），有作为修行果报之身及应菩萨需要而显身的“报身佛”，有随三界六道的不同情况而显化出来的“化身佛”，还有其他说法。在不同经典、不同宗派，虽同奉佛为本尊，但或以释迦牟尼佛为主尊，或以卢遮那佛为主尊，或以大日如来（摩诃毗卢遮那，实与前同）为主尊，或以阿弥陀佛为主尊，等等。因此，不仅汉地寺院与藏蒙地区寺院的佛像不全相同，在汉地寺院的佛像也有差异。

阿弥陀佛　中国对阿弥陀佛及其西方净土（极乐世界）的信仰特别盛行。从东汉末年到东晋，有关这种信仰的佛经陆续传到中国，以《无量寿经》、《阿弥陀经》以及《观无量寿经》为主要经典，宣称遥远的古代有个国王叫法藏，他出家修道，发下48个大愿，表示在他成佛后，他所管辖的佛国净土内没有地狱、饿鬼、畜生，一切众生皆可转生此处过长寿美满的生活；他果然成了佛，号阿弥陀佛（无量寿佛），其佛国在西方，叫“极乐世界”；众生一心专念阿弥陀佛，或口称阿弥陀佛，死后就可往生到此处。东晋以后，弥陀信仰迅速流行，至唐代由道绰（562—645）和善导（613—681）成立以弥陀信仰为基本内容的净土宗，特别提倡口称念佛，说一心专念阿弥陀佛的名号，可以消除无量的罪业，死后可转生西方极乐世界。净土宗在各个佛教宗派中是最为流行的，因修行方法简单，在下层民众中影响很大。宋代以后，它与禅宗结合密切。

观世音菩萨　西晋竺法护译出《正法华经》，其中的《光世音普门品》就是讲观世音信仰的。“光世音”是“观世音”的异译。东晋鸠摩罗什所译《法华经·观世音菩萨普门品》是另一种异译本，后世最为流行。“观世音”在唐代为避唐太宗之讳也称“观自在”。据称，观世音菩萨在众生遭受苦难之时，会“观其音声”而去解救。在佛教信仰中，观世音菩萨是大慈大悲、以解救众生的现世苦难为主要职责的。人们遇到水火灾害、疾病以及遭遇盗贼，生命受到威胁之时，如果称念观世音菩萨的名字，据说就可得救；甚至向观世音祈求生个好儿好女，也可如愿。佛经还说观世音可化为各种形象，或以男以女，以人非人，以贫以富的等等形象，向众生传教说法，救人苦难。隋唐以后，密教观世音经典被大量译出，介绍了种种观世音形象和相应的供养礼拜仪规、秘咒，其中主要的观世音形象有十一面观音、千手观音、马头观音、不空罥索观音、如意轮观音、准提观音等。唐代以后，妇女形象观世音菩萨的信仰和造型逐渐盛行，其中的妙善公主观音、马郎妇观音(鱼篮观音)、水月观音、杨柳观音等比较有名。南宋祖琇《隆兴佛教编年通论》载云：过去有位国王与王后生有三女，最小女儿妙善公主生得秀丽慈祥，因抗拒婚配而出家为尼。后来父王长癞，久治不愈。有神医称如得到“无瞋人手目”，便可把病治好。妙善公主于是献上了自己的手、眼。其父病愈以后，入山致谢，此时妙善显化为“千手千眼圣像”。此为妙善公主观音的出处。所谓马郎妇观音，源于这样一个传说：唐末陕西有位年轻貌美的妇女，挎篮卖鱼，后嫁给一位能熟背《法华经 · 观世音普门品》的马郎，结婚当天，“客未散而命终”。有老僧说她是观世音化身。女性观世音形象，在宋以后特别流行，小说、造像中大量出现。(图10—12)

图 10-12 北京法海寺壁画水月观音

弥勒菩萨　佛教信仰中，弥勒是将要继承释迦牟尼佛位、象征“未来”与光明的菩萨。西晋至南北朝，有关弥勒的经典《弥勒下生经》、《弥勒成佛经》、《观弥勒上生兜率天经》等被译出。这些经典讲弥勒所在的佛国净土在兜率天，如果有人信仰并称诵弥勒的名号，死后可转生此处。又说，弥勒菩萨在释迦牟尼佛入灭五十六亿多万年以后下降人间，在龙华树下成佛，普度众生。据称此时到处光明，五谷丰登，民众长寿多福。五代以后，人们把布袋和尚看做是弥勒菩萨的化身，一些寺院里的弥勒造像取布袋和尚的形象。《宋高僧传》卷二十一载，布袋和尚名契此，明州

（今浙江宁波市）奉化人，常以拄杖背一布袋入市乞讨，随处坐卧，出语无常，向人预告吉凶，死前说偈：

弥勒真弥勒，分身千百亿；
时时示时人，时人自不识。

世人以为他是弥勒的显化。他死后，人们便以他的形象来塑弥勒佛的造像。中国古代农民起义军常打出弥勒的旗帜来号召民众参加，因为弥勒象征未来和光明，在农民遭受天灾、残酷的剥削压榨时，便期望弥勒出世，改变他们的处境。

宋代以后，中国佛教内部各宗逐渐融合，其中以禅宗和净土宗，禅宗和天台、华严宗的结合最为密切。一般说来，净土宗在组织上最为松散，没有独立的教团，但它的教义、修行方法几乎为一切宗派所吸收。密宗在唐末已经衰微，它的修行仪规、秘咒，也被别的宗派吸收。此外，佛教与道教、儒家学说，也日益结合，一般称为“三教合流”或“三教合一”。佛教日益世俗化，是它在新形势下的发展。佛教在唐初传入西藏地区，8 世纪后形成藏传佛教（喇嘛教），元初确立政教合一体制。15 世纪，宗喀巴（1357—1419）创立黄教，成为藏传佛教主流，并流传到青海、内蒙等地区。

佛教是中国封建意识形态中的重要组成部分，它影响到哲学、道德、文学、音乐、雕塑、美术等各个文化领域。佛教教义中的时空无限、体用相即、心性善恶以及对心理作用的细密分析等，对中国哲学的发展起过启示和推动作用。中国佛教伴随中外政治、经济和文化的交流也相继传入朝鲜、日本和越南等国家或地区，长期以来是联结中国和亚洲信奉佛教国家的文化交流的重要纽带和桥梁。

## 二、道教的形成和发展

我国从远古以来就有灵魂不死的观念和对天帝鬼神的信仰，秦汉以来盛行黄老神仙方术和天人感应、阴阳五行学说。东汉顺帝时，以黄老学说为基础，吸收传统的鬼神观念和神仙方术，正式形成道教。当时的道教有两支：一是张陵创立的五斗米道，一是于吉等人创立的太平道。

据《后汉书 · 刘焉传》和《三国志 · 魏志 · 张鲁传》记载，张鲁的祖父张陵（张道陵）在东汉顺帝时到蜀郡鹄鸣山（在今四川省大邑县内）创立道教，作《道书》，凡信奉者须出五斗米。因此他创立的道教被称为“五斗米道”或“五斗米师”。因张陵称受太上老君之命为“天师”，故亦称“天师道”。张陵死后，其子张衡继之；张衡死后，其子张鲁继之。五斗米道奉老子为教主，以《道德经》为主要经典，今存《老子想尔注》残卷（敦煌文书中发现）即为张陵注释《道德经》之作。教人奉道悔过，用符水咒法治病。设祭酒统领教徒，教徒有病，令自首罪过，写三份服罪书表，一置山上，表示致意于天；一埋地下，一沉水下，称“三官（天地水三官）手书”。又在路旁设置义舍，放置米肉，行人可量腹食用，但不可食之过量，否则受到鬼的祟害。犯法者先原谅三次，最后才用刑。史称张鲁用此法治汉中30年，直到建安二十年（215）才被曹操吞灭。

与张陵创五斗米道几乎同时，于吉等人在东海（治所在今山东郯城北）创立太平道。顺帝时琅玡人宫崇到洛阳向朝廷献其师于吉所著《太平清领书》(《太平经》)。太平道的主张可从《太平经》中了解。此书分甲乙丙丁戊己庚辛壬癸十部，每部17卷；共170卷。其基本思想来自两汉流行的黄老道家，也吸收了董仲舒以来的神学目的论和阴阳五行思想。东汉襄楷说此书“专以奉天地、顺五行为本，亦有兴国广嗣之术。其文易晓，参同经典”(《后汉书·襄楷传》)；《后汉书》作者范晔说此书“其言以阴阳五行为家，而多巫觋杂语”。(同上)

《太平经》神化老子，把他尊为九玄帝君，为至尊之天神。书中借用道家和阴阳家的语言宣传神仙信仰，兼及天地、五行、灾异、瑞应、养生、巫术及伦理道德、政治主张等等。从《太平经》可以看出，太平道的创立者有强烈的干预社会政治的愿望。它用神学的语气强调忠君孝亲，严格上下等级，辅助帝王“致太平”。《太平经》中也有一些批评贫富悬殊、“为富不仁”的内容，反对以强凌弱，主张自食其力和救穷救急。东汉末年黄巾起义（184）曾利用《太平经》。起义军首领张角在发动和组织起义的过程中，自称“大贤良师”，“持九节杖为符祝，教病人叩头思过，因以符水饮之。得病或日浅而愈者，则云此人信道，其或不愈，则为不信道”。[1]这与五斗米道十分相似。黄巾起义失败后，太平道也受到镇压。但道教作为一种宗教在江南、江北广大地区仍然继续流传，在上层社会也拥有不少信徒。

东晋时道教日渐兴盛。据史书记载，东晋的哀帝信奉道教，常服“长生药”，以致中毒不能亲自执政。著名大臣郗愔、郗昙兄弟和王羲之家族，都信奉天师道，与道士过从甚密。道士葛洪（283—343）以博学知名，尤好神仙导养之法。其从祖葛玄为道士，以其炼丹秘术授弟子郑隐。葛洪曾师事郑隐，又从师于南海太守鲍玄。葛洪因功官至司徒掾、咨议参军，后于罗浮山炼丹，所著《抱朴子》内外篇70卷。(图10—13)《内篇》言“神仙方药，鬼怪变化，养生延年，禳邪却祸

〔1〕《三国志·魏志·张鲁传》注引《典略》。

图 10–13《抱朴子 · 内篇》卷第一残卷抄本，敦煌出土

之事”，属道家；《外篇》论述“人间得失，世事藏否”，属儒家。葛洪提出改造民间流行的道教，建立官方道教的主张。他认为应把儒家纲常名教思想吸收到道教教义之中，求仙长生者不仅要致力于炼丹、服药和“行气”内修，而且“要当以忠孝、和顺、仁信为本，若德行不修，而但务方术，皆不得长生也”[1]。葛洪还著有《神仙传》十卷、《隐逸传》十卷及《金匮药方》、《肘后要备方》等。

在这个时期，道教在下层民众中也拥有众多信徒。在汉中、四川一带，道教十分流行。西晋末年，道教徒范长生“率千余家依青城山”。李特之子李雄攻入成都称王，拥立范长生为丞相，又拜为“天地太师”[2]。东晋末年孙恩、卢循曾以五斗米道为号召，在今山东南部和江浙一带领导农民起义，他们称自己的道徒为“长生人”。

南北朝时期，官方道教已经形成，道教受到统治阶级的保护和扶植。北魏太武帝太平真君（440—450）年间，嵩山道士寇谦之改革天师道，“除去三张伪法，租米钱税”[3]，吸收儒家学说及佛教经律格式、斋戒祭祀仪式，以“帝王师”、“辅佐北方太平真君”自任。自称受太上老君之命任“天师”之位，继张陵之后。因此把他创的道派称“北天师道”。寇谦之经司徒崔浩的荐引，受到太武帝的崇信，为他建天师道场及道坛。从北魏太武帝至北周诸帝即位都要登坛受符箓。

〔1〕《抱朴子 · 内篇 · 对俗篇》。
〔2〕《晋书 · 李雄载记》。
〔3〕《魏书 · 释老志》。

在南朝，刘宋时有庐山道士陆修静致力传道，“祖述三张（张陵、张衡、张鲁），弘衍二葛（葛玄、葛洪）”[1]，受到宋文帝、明帝的礼遇。他广搜道书，编成《三洞经书目录》，此为我国最早的道经目录。陆修静依据封建宗法制度和伦理，吸收佛教修持方法，广制斋仪，“意在王者遵奉”。他认为“斋直是求道之本”，重礼拜、诵经、神思。此为南天师道。

此后，南朝梁时茅山（今江苏南京市东南）道士陶弘景（456—536）自称得自上清系“真人”杨羲、许谧、许翙的真传，以茅山为中心传教，整理道教典籍。主要弘传《上清经》，是道教上清派的重要代表人物。所著《真诰》认为“道”为元气、太极，是天地万物之源。他构造道教神仙体系，主张三教合流，对后世影响很大。他还精于医学、天文历算。在医药学方面首创以玉石、草木、虫兽、果菜、米实等分类法。梁武帝对他十分崇敬，每有吉凶征讨大事，皆有咨询，时人称为“山中宰相”[2]。

从隋唐到明代中叶，道教进入兴盛时期。道教教义、仪式日益完备，形成庞杂的经典体系，在组织上存在全国性的管理体制和道官系统。

隋唐时期佛、道二教与儒家形成鼎足并立的局面。隋朝比较重视佛教。唐朝皇室自认为是道教教主李耳的后裔，以道、儒、释排列三教次序。高宗时尊老子为太上玄元皇帝，玄宗时“制两京、诸州各置玄元皇帝庙并崇玄学，置生徒，令习《老子》、《庄子》、《列子》、《文子》”[3]。玄宗还为《道德经》作注，并派使者搜访道经，亲自寻阅。在他主持下，首次把道教经典编为“藏”，其目为《三洞琼纲》，凡录目 7300 卷，命人传写，以广流布，名《开元道藏》。唐代著名道士王远知、成玄英、孙思邈、潘师正、王玄览、李筌、闾丘方远、司马承祯、吴筠等，在传教或整理道书、发展教义等方面都具有较大影响。

宋代皇室也尊崇道教，称其祖赵玄朗为道教尊神，封为“圣祖上灵高道九天司命保生天尊大帝”，并加封老子为“太上老君混元上德皇帝”。（图 10—14）宋徽宗自称道君皇帝，于太学置《道德经》、《庄子》、《列子》博士，并自注道书。宋初道士陈抟（？—989）得到宋太宗赏识，好《周易》，作《无极图》、《先天图》，依托《周易》“太极”之说，图示内丹修炼过程。宋代周敦颐（1017—1073）著《太极图说》提出以“太极”为本原的宇宙构成论，邵雍（1011—1077）著《皇极经世书》也以“太极”（道、心、性）为宇宙本原，提出一套“象数之学”（“先天

〔1〕《广弘明集》卷四。
〔2〕《梁书·陶弘景传》。
〔3〕《旧唐书·玄宗本纪》

学”），据说都受到陈抟的影响。他们二人的学说对理学影响很大。宋代三教合一是时代潮流。道教对理学的影响是多方面的。宋儒“主静”的修养方法是源于《礼记·乐记》“人生而静，天之性也”，但也受到佛、道二教的影响。道士张紫阳（984—1082）著《悟真篇》，宣传内丹修炼，又主张三教合一，说“教虽分三，道乃归一”，主张以道教的修炼性命学说来统合三教。他的思想对后世道教影响甚大，南宋以后被奉为全真道南宗之祖。

图 10–14 元赵孟頫绘老子像

南宋、金时期，国家南北分裂，道教内部也形成很多派别。在南宋统治下的南方，除以龙虎山为中心的天师道（传说张鲁之子迁居今江西贵溪县西南的龙虎山，宋真宗时始在此山置上清观，赐道士张正随号）[1]、茅山为中心的上清派、阁皂山为中心的灵宝派以外，还兴起如神霄派、清微派、混元派、东华派、净明派等，它们多从前述三山符箓派分化而来。这些派别倡导儒、释、道三教同源一致，融合儒、释，又以大量援引、融摄理学思想为特色。在北方地区，有金大定七年（1167）由王重阳创立的全真道，此外还有真大道教和太一道等[2]。但对后世影响最大的只有原来是天师道的正一道和全真道二派，它们直接得到元明统治者的支持。

南宋以后，南北天师道逐渐与上清、灵宝等符箓派合流，称正一道。元世祖平定江南，命 36 代天师张正演“主领江南道教”；元成宗大德五年（1301）授 38 代天师张与材“正一教主，主领三山（龙虎、阁皂、茅山）符箓”[3]。明代改天师为“正一嗣教真人”，后又恢复天师号。清代对张天师只许称“正一真人”，又

〔1〕参见傅勤家《中国道教史》第六章第四节，商务印书馆，1937。
〔2〕《元史·释老传》。并参见卿希泰《中国道教的产生、发展和演变》，《文史知识》，1987 年第 5 期；日本洼德忠《道教史》第五章，山川出版社 1977；《道教入门》之五，南斗书房，1983。
〔3〕《元史·释老传》。

不许朝觐。正一道以《正一经》为主要经典，崇拜神仙，重视画符念咒，降神驱鬼，祈福禳灾，不注重修持，其道士可不居观而有家室。

全真道由金朝王重阳（1112—1170）创立于山东宁海（今牟平），入道者称“全真道士”。主张三教合一，以《道德经》、《般若心经》、《孝经》为主要经典，教人“孝谨第一”，“正心诚意，少思寡欲”；认为“性者神也，命者气也，性命是修行之根本”；重视个人修炼“性命”，不尚符箓和黄白之术；主张修道者应出家，仿照佛教建立出家和丛林制度[1]。王重阳死后，此派迅速流传北方广大地区。元太祖成吉思汗时，王重阳的弟子丘处机（1148—1227）应诏赴西域雪山，时太祖正进行西征，丘处机劝他“不嗜杀人”；“及问为治之方，则对以敬天爱民为本；问长生久视之道，则告以清心寡欲为要”。[2] 因此受到礼遇，全真道进入全盛期。（图 10—15）此后因全真道广占佛教寺院改为道观，大肆宣传《老子化胡经》等，引起佛教信徒和僧众的不满。元宪宗五年（1255）召少林寺长老福裕与道士李志常（掌道教）辩论，志常词屈，于是降诏禁止毁坏佛像并伪造经文。元世祖至元十八年（1281）命佛道二家辩论道教经典真伪，后将《道德经》以外的道书焚毁。全真道为此受到打击。[3] 元代统一中国后，禁令渐弛，全真道又得到恢复。

图 10–15 苏州玄妙观

[1] 参见王重阳《立教十五论》、樗栎道人《金莲正宗记》等。

[2]《元史·释老传》。

[3] 祥迈《至元辨伪录》。

明代重正一道，明世宗尤躬亲斋醮，不理朝政。道士邵元节、陶仲文出入宫廷，担任要职。明代朝廷重视搜集整理道书，在正统、万历年间分别编印《正统道藏》、《万历续道藏》共5485卷。明代在首都设道录司掌天下道士。清代以后，道教日益衰微，其管理制度基本因袭明朝。

**道教尊奉的神**

道教所奉的神甚多且杂，中国自古以来所传说的神灵几乎都可在道教中找到它们的影子。这里仅介绍几个主要的。

三清　指玉清、上清、太清，是道教所奉的最高尊神。玉清是天宝君，也称元始天尊，说是由混洞太无元青之气化生，居清微天的玉清境；上清是灵宝君，又称灵宝天尊，说是由赤混太无元玄黄之气化生，居禹余天之上清境；太清是神宝君，也称道德天尊，即老君（老子），说是由冥寂玄通元玄白之气化生，居大赤天之太清境[1]。据说“此三号虽年殊号异，本同一也”（《云笈七签·三宝大有金书》）。它们所由以化生的三气是天地万有的本原，此三位尊神统御诸天神。（图10—16）

图10–16 玉清元始天尊像

道教最早尊奉老子，如张陵《老子想尔注》说：“一（按，指“道”）散形为气，聚形为太上老君。”《魏书·释老志》说：“道家之原，出于老子。其自言也，先天地生，以资万类。上处玉京，为神王之宗；下在紫微，为飞仙之主”，为黄帝、帝喾之师。可见，这里的老子（太上老君）即为“道”的人格神。

据近人考证，元始天尊的偶像崇拜始于南北朝。《隋书·经籍志》谓：“元始天尊，生于太元之先，禀自然之气，冲虚凝远，莫知其极……天尊之体，常存不灭。”看来也是“道”的神化。唐代道观内立元

〔1〕《道教宗源》。

始天尊像，左右立二真人夹侍。从此对元始天尊崇拜的风气便盛行开来。

四御　在三清之下的四位大帝：第一是玉皇大帝，又称昊天金阙至尊玉皇大帝，是总执天道的地位最高的神，如同人间的皇帝。宋真宗、徽宗都曾奉上尊号。第二是中央紫微北极大帝，是协助玉皇执掌天地经纬、日月星辰和四时气候之神。第三是勾陈上宫天皇大帝，是协助玉皇执掌北极和天地人三才，统御诸星，并主持人间兵革之神。第四是后土皇地祇，或后土皇祇，为执掌阴阳化育万物之美、山河大地之秀的女神。

此外，道教还尊奉日月五星、四方之神（青龙、朱雀、白虎、玄武）等等。对民间早已存在的自然神，诸如雷神、风伯以及与日常生活密切相关的门神、灶神及城隍、土地等神，道教也都信奉。至于道教传述的神仙更多，如赤松子、黄帝、西王母、东王公、三茅真君……八仙等等，或为神话传说，或为修道者的神化，兹不详述。

道教追求“长生不老”，自然重视养生修炼之道。其中有直接继承道家的，有的则在秦汉神仙方术的基础上有所发展。在修炼方术中，有以静修心神的“守一”内修方术，也有以吐纳为主的呼吸修炼方术“服气”（行气）、服食药物（或草药，或烧炼的丹药）的“服食”等等。道教的修炼方术中虽含有糟粕，但也含有不少我国古代人民在与疾病斗争中所积累的医药保健经验，至今仍有一定的借鉴意义。

在中国古代封建思想结构中，儒、释、道三教是三大精神支柱。道教与儒、释既有互相排斥的一面，同时又互相吸收。在历史上，道教作为华夏之教有时站到儒家一边共同对抗佛教。宋代以后三教合流已成定局。道教从创立以来，对中国古代的政治、哲学、文学、艺术以及医药、卫生保健等各个领域，都产生过深刻影响。

## 三、民间秘密宗教

民间秘密宗教是指在民间秘密流行而受到封建统治阶级禁止和镇压的宗教。严格说来，东汉以来已存在秘密宗教。但这里所说的是特指宋元以来，特别是明清的秘密宗教。宋以后中国封建社会进入后期，各种社会矛盾日益激化，农民反抗封建统治阶级的斗争方式也是多种多样的，其中打着宗教的旗帜，或以宗教作为组织形式的农民起义时有发生。农民利用的宗教，一般就是秘密宗教。由于时代潮流的影响，这些宗教都具有三教合一的特点，并且带有强烈的政治色彩。影响较大的有白莲教、摩尼教、罗教、黄天教、红阳教、闻香教、八卦教等。

白莲教　原为佛教净土宗的一支，称白莲宗，为南宋初茅子元所创立。他先学天台宗，后慕东晋慧远建白莲社遗风，“劝人皈依三宝，受持五戒”，编成《莲宗晨朝忏仪》，代众生礼佛忏悔，祈愿众生往生净土，在平山淀山湖（今上海青浦县西）建立“莲宗忏堂”，自称“白莲导师”。他主张禅、净一致，即使“不断烦恼，不舍家缘，不修禅定”，也可往生净土。官府以“事魔”之罪把他流放到江州（今江西九江），以后被赦，应诏为宋孝宗说教义，受赐“劝修净业莲宗导师慈照宗主”，著有《圆融四土图》等。[1] 该宗教徒“谨葱乳，不杀，不饮酒，号白莲菜”[2]。元代以后，此宗吸收弥勒信仰，认为弥勒菩萨将从兜率天宫下生人间成佛，在龙华树下三度说法度众，信徒到处成立白莲社。元武宗至大元年（1308）、英宗至治二年（1322）反复遭禁。白莲宗在流传中又吸收摩尼教的二宗（光明、黑暗）、三际（初、中、后）教义及其明王信仰，认为光明（善的方面）终将战胜黑暗（恶的方面），出现光明的王国。元末韩山童领导的红巾军起义曾利用白莲教，称“弥勒佛下生，明王出世”[3]。明正德（1506—1521）以后，受罗教影响，吸取“真空家乡，无生老母”观念，说无生老母派弥勒佛等神佛下凡，拯救众生回“真空家乡”。白莲教的教派很多，明代有闻香教、大乘教清茶门等教门；清代有清水教、八卦教、天理教等。利用这些教门起义的农民很多，著名的有明天启二年（1622）山东徐鸿儒起义，清嘉庆年间川、鄂、陕的白莲教大起义等。

摩尼教　公元 3 世纪，由波斯的摩尼所创立。此教在祆教二元论的基础上吸收基督教、佛教、诺斯替教（希腊—罗马古代秘传宗教之一）等教义而形成自己的信仰理论，以二宗（光明、黑暗）、三际（初际、中际、后际）为根本教义，认为“先知”摩尼作为明王的使者，将通过传教教化，最终战胜黑暗，出现光明王国。唐初传入中国，武则天延载元年（694），波斯国拂多诞持《二宗经》来华传教。唐玄宗开元二十年（732）敕：“末尼是邪见，妄称佛教，既为西胡师法，其徒自行，不须科罚。”[4] 此后在两京及荆扬诸州都建有为波斯人及回纥人使用的摩尼教寺，其徒白衣白冠。（彩图 12a、b）唐武宗会昌五年（845）灭佛，摩尼寺也被毁，教徒被迫还俗，此后便成为秘密宗教。五代梁贞明六年（920），陈州母乙曾利用摩尼教发动起义。《佛祖统纪》卷五十四记载：“其徒以不茹荤饮酒……

〔1〕《莲宗宝鉴》卷四。
〔2〕《佛祖统纪》卷四七。
〔3〕《明史·韩林儿传》。
〔4〕《佛祖统纪》卷五四。

画魔王踞坐，佛为洗足，云佛大乘，我乃上上乘。”统治者蔑称此教为“食菜事魔”教。北宋方腊起义（1120）曾利用摩尼教；南宋初年，信州、严州、宣州、赣州的农民起义也曾利用此教。

罗教　明正德年间（1506—1521）由山东即墨人罗清（又名罗梦鸿，后被教徒尊为罗祖）创立于直隶密云（今北京市密云县）。罗清著有《苦功悟道卷》。其教与禅宗南宗相近，主张不立文字，否定佛像寺庙；以“真空”（此取自佛教般若学）为宇宙本原，创“真空家乡，无生老母”八字真诀，劝人修证来世。该教的基本群众是漕运水手，以运河两岸为活动中心，在各地设有庵堂，内供奉罗祖像，并有五部文册经卷。曾对青帮的形成有较大影响。罗教后来分为无为教、大乘教，江南则有老官斋教。

八卦教　康熙年间（1662—1722）由山东单县人刘佐臣创立，以八卦作为组织形式，形成“内安九宫，外立八卦”的宗教体系。此教也称五荤道、收元教、清水教、天理教、九宫教等，实际是从元明白莲教演变而来。清中叶，山东的清水教起义和直、鲁、豫的天理教起义，清末的义和团运动，都曾利用此教。[1]

## 四、伊斯兰教

伊斯兰是阿拉伯语 Islām 的音译，意为“顺从”。伊斯兰教在中国也称“回教”、“清真教”、“天方教”等。7 世纪初由阿拉伯半岛麦加人穆罕默德（约 570—632）创立。主要教义是：信仰安拉（Allāh，中国也译为“真主”）是创造宇宙万物的唯一的神，穆罕默德是安拉的使者。以《古兰经》为根本经典，认为它来自安拉的“启示”。信世间一切事物都是安拉的“前定”，并信仰“死后复活”、“末日审判”等。规定教徒应做到“五功”：念“清真言”（“除了安拉，再没有神，穆罕默德是安拉的使者”）、礼拜、斋戒、纳天课（宗教课税）、朝觐（教徒如有可能，一生应去麦加朝觐一次）。穆罕默德创教后，在麦地那建立了政教合一的政权，随着阿拉伯半岛的统一，发展为全半岛的统治宗教，8 世纪初发展为跨欧、亚、非三洲的世界性宗教。7 世纪随着大食（阿拉伯）与中国的经济往来，传入中国。现史学界有的以唐永徽二年（651）大食朝贡使进献作为伊斯兰教传入中国

〔1〕参见韩秉方、马西沙《中国封建社会的民间宗教》，《百科知识》1983 年第 9 期；马西沙、程歗《从罗教到青帮》，《南开史学》1984 年第 1 期；马西沙《八卦教世袭传教家族的兴衰》，《清史研究集》，四川人民出版社，1986。

图 10-17 泉州唐伊斯兰圣墓

的开始，也有学者认为伊斯兰教的正式传入应在唐肃宗至德二年（757）之后。唐时称伊斯兰教为“大食法”，杜环《经行记》最早记述了伊斯兰教的基本信仰和仪规[1]。但整个唐宋时期，信仰伊斯兰教的主要是来华的阿拉伯人、波斯人等。（图 10—17）元代，随着西域等地被蒙古军征服，大量所谓“色目人”（包括畏吾儿、回回等十几个民族）来到内地，他们大部分已信奉伊斯兰教。此时大食人来华的也比前代多。因此，元代伊斯兰教得到较大发展，在《元史》和《元典章》中，一般把信奉伊斯兰教的人称为“回回”，其礼拜堂为“回回寺”。从元代政策来看，对伊斯兰教是歧视的。明清时期，伊斯兰教虽仍受到统治阶级的歧视和压迫，但取得比较深入的传播，教徒以中国人为主体，不仅信奉此教的汉人是中国人，就连过去来自阿拉伯、波斯等地的信徒，也成为中国人了。伊斯兰教深入到内地农村，各地建了很多礼拜寺。伊斯兰教在宗教教育、学术研究方面，也有较大发展。伊斯兰教的寺院教育，其首倡者是明代的胡登洲（1522—1597）。到清末，以礼拜寺为中心的宗教教育相当普遍，主要课程包括学习阿拉伯文、教授宗教法规和宗教哲学。明清时期，中国出了一批伊斯兰教学者，他们著述译书，对传教和伊斯兰教教育的普及，起了推动作用。其中明末清初的王岱舆所著《清真大学》、《正教真诠》，张中的《归真总义》，伍遵契所译《归真要道》，马注的《清

〔1〕见杜佑《通典》卷一九三、一九四。马西沙、韩秉方著《中国民间宗史》（上海人民出版社，1992）可以参考。

真指南》，清代刘智的《天方性理》、《天方圣礼择要解》、《天方至圣实录》，马德新所译《四典要会》、所著《性命宗旨》等，都比较有名。马德新的《宝命真经直解》和清末马联元的《孩听》，可说是《古兰经》的最早汉文译本。[1]

伊斯兰教至今仍在回、维吾尔、哈萨克、乌兹别克、塔吉克、塔塔尔、柯尔克孜、撒拉、东乡、保安等民族中流行，在历史上对这些民族的生活习俗、道德观念和文化艺术等有过深刻的影响。

## 五、宗教典籍

中国拥有丰富的宗教典籍，其中佛、道二教的典籍最多，影响也最广泛。它们不仅是宗教典籍，实际上也是中华民族文化遗产的一部分，其中包含不少有价值的以至科学的成分。

自佛教传入中国以后，中外僧人翻译了不少佛典，我国僧人也写出了大量佛教著作。从东晋道安开始，不少人对佛教典籍进行分类整理，撰写目录和提要。现存经录中，著名的有南朝梁僧祐《出三藏记集》、隋代费长房《历代三宝记》、唐代道宣《大唐内典录》、唐代智升《开元释教录》、唐代圆照《贞元新定释教目录》等。随着印刷术的进步，佛经从手写转为雕版印刷。我国第一部雕版《大藏经》是在北宋初的开宝四年（971）至太平兴国八年（983）由朝廷主持雕印的，所收范围主要以《开元释教录·入藏录》为准，后增加新译佛典，简称《开宝藏》。以后民间也多次组织雕印佛经，其中至今保存完备的有宋末元初由江苏碛砂延圣院雕印的《大藏经》，简称《碛砂藏》，现在流行的是上海 1935 年的影印本。辽、金、元、明、清各朝统治者也都组织雕印《大藏经》。中国的《大藏经》也流传到朝鲜、日本等国。现存 13 世纪由朝鲜高丽王朝雕印的《高丽藏》，主要依据的是《开宝藏》和《契丹藏》。现国内常用的有 20 世纪初由上海频伽精舍出版的《频伽校印大藏经（《频伽藏》，此原据日本《缩刷藏经》排印），以及日本出版的《大正新修大藏经》（《大正藏》）。我国据《金藏》（《赵城藏》本）和其他经藏编校的《中华大藏经（汉文部分）》已经出版。西藏文《大藏经》由称做“甘珠尔”（经律）和“丹珠尔”（论）的两大部分组成，现存的主要有 18 世纪的北京版、德格版、纳塘版三种。这些《大藏经》是研究古代印、中、日等国佛教和佛教历史

[1] 参见白寿彝《中国伊斯兰之发展》等，见李兴华、冯今源编《中国伊斯兰教史参考资料选编》上册，宁夏人民出版社，1985；白寿彝《中国回教小史》，《中国伊斯兰史存稿》，宁夏人民出版社，1982。李兴华等人著《中国伊斯兰教史》（中国社会科学出版社，1998）可以参考。

的重要资料，也是研究这些国家古代社会和文化的重要资料。

道教创立后，从《太平经》开始，以后各种道书大量出世。南北朝宋时，道士陆修静首编道书目录，名为《三洞经书目录》，书中称行世经典 1090 卷。“三洞”者，指洞真、洞玄、洞神，谓分别传授自天宝、灵宝、神宝三清系统的经典，即用作道书的分类法。唐开元年间（713—741），首次将道书编辑成“藏”，天宝七年（748）诏令传写传布。宋时编《宝文统录》，以后又加以增编。按三洞、四辅（太清、太平、太玄、正一）分类，采千字文编号，称《大宋天宫宝藏》，奠定了后世《道藏》编纂体制。宋徽宗崇宁年间（1102—1106）又重加校补，称《崇宁重校道藏》。政和年间（1111—1118）又增修，称《政和万寿道藏》，并予以雕印。此后金、元均以此藏为底本重行刊印。但以上道藏因兵火和元代佛道之争，几经焚毁，早已散失。明英宗正统十年（1445）由邵以正督校，编为《正统道藏》雕印；万历三十五年（1607）又雕印《万历续道藏》。此二藏至今保存，为研究道教提供了基本资料。此外，清康熙年间（1662—1722）彭定求收集道书二百多种，辑成《道藏辑要》，以二十八宿编号，分为二十八集，二百余册。虽为《道藏》的节本，其中也包括明版《道藏》之外晚出的道书。现流行的是光绪三十二年（1906）的重刊本《道藏辑要》。《道藏》内容十分庞杂，除道书外，还有诸子论著及注释，以及有关医学、化学、生物、体育、保健等方面的著作。

佛、道教经典部帙庞大，例如，《大正藏》全一百卷（册），收佛书 3360 部 13520 卷，现已出版的《中华大藏经》有 106 册，与正在编纂的续编共收佛书 4200 种，23000 卷。道教书籍，正续《道藏》收道书 5485 卷。与此相比，修于清乾隆三十六年至四十六年（1772—1782）的《四库全书》，共收书 3503 种，79337 卷。以卷数与之相比，佛书相当它的四分之一左右，道书相当它的百分之七左右。由此也可以看出佛、道教典籍在中国文化典籍中的分量之重。

# 第十一章
# 古代音乐文化

中国古代的音乐文化有悠久的历史和丰富多彩的内容，是中国各族人民世世代代共同创造的辉煌成果。它的发展的历程可以分为六个时期。

## 第一节
## 先秦时期的音乐

关于远古时代的乐舞，《吕氏春秋·古乐篇》曾有三人执牛尾，投足而歌的想象，虽然不可尽信，但对古人这种纯朴的歌舞方式的想象还是有一定道理的。青海大通县上孙家寨墓地出土的舞蹈纹陶盆，内壁画着三组舞人形象，每组五人，手拉着手化装跳舞，动作整齐协调，似乎在边舞边唱，反映出新石器时代人们文化生活的片断。（图11—1）甘肃玉门火烧沟出土的新石器时代晚期陶埙，有一吹孔、两按音孔，可发四个乐音，构成四声音阶。山东潍坊市姚官庄出土的新石器时代晚期陶埙，有一吹孔、一按音孔，可发小二度音程的两个乐音。确定的夏代音乐史料还没有发现。商代的音乐文化已经发展到相当高的水平，当时的乐器虽然现在发现的还不多，但有些已反映出重要的史料价值。如河南辉县琉璃阁殷墓出土的陶埙，有五按音孔，可发八个连续半音。[1] 上述各类陶埙由于是烧制器物，

图11-1 青海大通县上孙家寨舞蹈纹彩陶盆

[1] 关于古代陶埙，近年来乐律学家做了大量的调查研究工作。今据刘东升、袁荃猷《中国音乐史图鉴》，人民音乐出版社，1988。

所以能在地下保存下来，但它们不能全面地也不可能准确地反映当时乐律发展的水平。现在根据它们所显示的数据，只能看出一个乐律发展的轮廓。这个轮廓却足以说明我国古代乐律发展的轨迹。此外，还有出土的鼓、钟、磬、编钟、编磬、铙、铃等，说明乐器也相当丰富。

商代的甲骨文中有不少乐器名，不仅种类多，而且字形也表现出乐器已经达到相当复杂的程度。这都是音乐文化发展的标志。如：

龠（籥）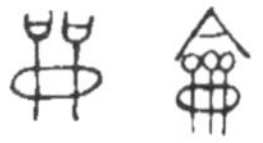

樂（乐）

它们都反映了乐器的形状。郭沫若认为："'龠'象编管之形，从吅，示管头之空。"〔1〕"樂"象木板上张着丝弦，有的学者认为它原来就是一种弦乐器，可以解释为象形字。木板上张着丝弦，必须有共鸣器，才能发出音响。上举甲骨文第 4 字的底部就像共鸣器，同时也是底座。这种乐器可能是古琴的原型。湖北随县曾侯乙墓以及长沙马王堆汉墓出土的古琴，琴面的背部有槽，和另一块有槽的底板相合后，才能构成中空的共鸣器，这大概是商代以来的遗制。（图 11—2）当时因受工艺水平的限制，还不能做成固定的中间空间较大的共鸣器。商代的这些乐器，论性能，都远远超过能发八个连续半音的陶埙，因此可以推测，商代后期人们大概已经掌握了十二律的乐律知识。

历史进入西周以后，音乐有很大的发展。中国最早的一部诗歌总集《诗经》，所收作品上起西周初年（前 11 世纪）或更早的周族活动时期，下至编辑成书的春秋中期（前 6 世纪），前后经历约五百年。保存到现代的作品有 305 篇，分为《风》、《雅》、《颂》三大类：(1)《风》是各地的民歌。(2)《雅》又分为《大雅》

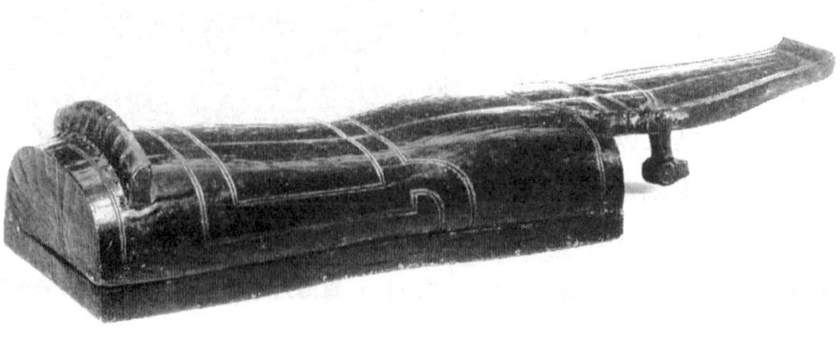

图 11−2 曾侯乙墓出土的十弦琴

〔1〕郭沫若《甲骨文字研究》下《释龢言》，科学出版社，1961。

和《小雅》，前者为贵族乐歌；后者多半为贵族乐歌，也有一部分民歌。（3）《颂》分为《周颂》、《鲁颂》和《商颂》。《周颂》出于周王室，《鲁颂》出于鲁国公室，《商颂》出于商族后裔宋国公室，都是统治者祭祀祖先的乐歌。《诗经》产生的地区，主要在黄河中、下游，也有出自江汉流域的。

《诗经》各篇的曲式，经音乐史学家杨荫浏分析归纳，可以分为十种：（1）一个曲调重复；（2）一个曲调的后面用副歌，重复；（3）一个曲调的前面用副歌，重复；（4）一个曲调重复，最后一章“换头”；（5）一个曲调重复，前面有引子；（6）一个曲调重复，后面有尾声；（7）两个曲调各自重复，联成一个歌曲；（8）两个曲调交替运用，联成一个歌曲；（9）两个曲调不规则地重复，联成一个歌曲；（10）一个曲调重复，前有引子，后有尾声。[1] 这样分析，可以说明《诗经》中丰富的曲式。

《诗经》中保存着不少具有唱和形式的作品。这种唱和形式即歌词的领起部分与应和部分互相结合的形式，《诗经》中有不少作品都可以用这种方式加以分析。唱和形式可以分为三类：（1）对唱——两方交替歌唱，或采取问答方式，或采取接续方式。领起部分如在全篇之前，即变为引子。（2）帮腔——是紧接每句、每章或全篇歌词而出现的应和部分，一般采用“一唱众和”的方式。全篇以后的帮腔，有的就发展成尾声。（3）重唱——依照别人所唱的全篇歌词重唱，歌词或相同或不同。《诗经》中篇名不同而章句结构全同的诗，有的可能属于同一曲调，如《商颂》的《那》篇和《烈祖》篇。

《诗经》中还保存了古代著名乐舞《大武》和《大濩》的歌词。《大武》是歌颂周武王伐纣灭商故事的乐舞。舞蹈分为六成（段），各段表现了不同的情节。歌词经学者考证，认为都散见于《周颂》中，虽然对歌词配合的段数问题，见解仍有分歧，但对其中五篇歌词的认识是比较一致的。六段的情节不同，而已考订的五篇歌词的内容和格式也不同，这就可以推断这六段的曲式和舞蹈也不相同。它们所组成的《大武》是一首相当复杂的大曲。

《大濩》是歌颂商汤的乐舞。学者曾指出《商颂·那》篇即《大濩》的歌词。《商颂》是春秋时代宋国公室祭祖的乐歌，其中可能有商族世代相传的祭祖乐歌的一些片断。《那》在《诗经》中不分章，现在我把它分为五章，每章四句，最后剩余两句：“顾予烝尝，汤孙之将。”这两句也许是朗诵的祝语。本诗第五章是“乱”——乐曲的高潮部分。诗中描写的《万舞》应指《大濩》，虽然不如《大武》

〔1〕杨荫浏《中国古代音乐史稿》第4章，人民音乐出版社，1981。

那样具有故事情节，但也力图表现商汤的功德。《商颂·烈祖》篇也是歌颂商汤的，旧本都把它定为一章，现在我把它分为五章，每章四句，最后也剩余两句："顾予烝尝，汤孙之将。"结构和《那》完全相同。那么，如果《那》是配合《大濩》的歌词，《烈祖》也应当是《大濩》的歌词。

古代比较长的乐曲中，往往有用多种乐器合奏的"乱"段，一般安排在乐曲的末尾。《诗经》中还保留着乱段的痕迹。据记载，《周南·关雎》、《大武》、《商颂·那》都有乱段。如上所述，《那》有乱，那么，《烈祖》也应有乱。《诗经》不仅反映了当时的文学成就，也反映了当时的音乐成就。

十二律的名称是什么时候开始形成的，现在还难以确定。《国语·周语》记载，周景王的乐师伶州鸠在回答询问时曾说到，十二律的名称是黄钟、大吕、太簇、夹钟、姑洗、仲吕、蕤宾、林钟、夷则、无射（yì）、应钟；关于五声，提到宫、角、羽，指出"大不逾宫、细不过羽"，虽然没有提商、徵（zhǐ），也表示出五声的体系已经成立了。这些名称是在长期音乐实践中形成的，当远在周景王（前544—前520年在位）之前。后来也出现了加上"二变"的七声音阶——宫、商、角、变徵、徵、羽、变宫，但在中原音乐中，五声体系一直占有主导地位。十二律是绝对音高，五声是比较音高。

古人最初用竹管定律，先定出一个基本音高，即律管的基本长度，又往往以黄钟为基本律，其长度定为9寸；然后由黄钟开始，递次用$\frac{2}{3}$（三分损一）或$1\frac{1}{3}$（三分益一）的比例，求得其他十一律的长度，再按音高的顺序排列起来（律管短

图 11-3 马王堆汉墓出土的十二音律管

者发音高），构成了发音和谐的十二律。（图 11—3）最初用竹管定律，继而发现管律不精密，于是改用丝弦。

三分损益法的产生，最迟也应在春秋时代。孔子（前 551—前 479）说："师挚之始，《关雎》之乱，洋洋乎盈耳哉！"一开始，太师挚唱"升歌"，[1] 末尾合奏《关雎》篇的"乱"段，声音宏大，充满了人们的耳朵。像这样的乐队规模，这样的音乐效果，如果当时的乐人还不能分辨五声、十二律，不了解定律的基本方法，那是无法想象的。

记载三分损益法的最早文献是《管子·地圆》篇，只记载了五声音阶律管的长度比例。先定出宫音为 81，然后用三分损益法求得徵音为 108（$81\times\frac{4}{3}=108$），商音为 72（$108\times\frac{2}{3}=72$），羽音为 96（$72\times\frac{4}{3}=96$），角音为 64（$96\times\frac{2}{3}=64$）。[2] 这样，五声长度的比例数字都是整数。按音高排列，其次序为徵羽宫商角。既然能算出五声的比例数字，当然也可以算出其他各律的比例数字，只是那些都有小数。《管子》一书虽然并非春秋时代管仲（？—前 645）所著，而多半是战国时代齐国管子学派的著作，但不能认为书中所保存的资料，如三分损益法的乐律理论，都不早于战国时代；即使是在战国时代才概括成数学公式，写在书上，但这种方法一定已有很长的使用和流传的过程。因此，可以认为它最迟产生于春秋时代。

战国初年，即公元前 433 年或稍后，有个诸侯小国——曾国的国君曾侯乙，安葬在今湖北随县擂鼓墩地方。1978 年，这座古墓中出土大批乐器，其中编钟一套共 65 件，都有铭文。（彩图 13）经乐律学家黄翔鹏等测试研究，可以证明：只要按标音位置敲击，就能发出合乎一定音阶的乐音，每钟可发两个音，音色优美，音域广，变化音比较完备，而且形成体系。总音域跨五个八度。在中心音域部分约占三个八度的范围内，12 个半音齐备，而全部音域中的基本骨干音则是五声、六声以及七声的音阶结构，可以旋宫转调。生律法以《管子·地圆》篇所载的方法为主，五音顺序为徵羽宫商角。不仅如此，曾侯钟铭文还记载了曾国和楚、齐、晋、周、申等国各种律名、阶名、变化音名之间的对应关系，以便演奏各地的乐曲。世传周代十二律中已有八个律名在曾侯钟上出现。可见十二律名在春秋时代或以前已经存在，只是名称尚未完全统一。西周钟不用商声，春秋以后的编钟上五音齐全。《地圆》篇所载的生律法，应当是春秋时代或以前，乐律采用了三分损

〔1〕参看杨伯峻《论语译注》，中华书局，1980，第 89 页。

〔2〕王光祈《中国音乐史》第 2 章，中华书局，1934。按：《地圆》篇所列五声数字，疑系指发出各声的律管容积而言。如黄钟律发出的为宫声，黄钟律管长 9 寸，围 9 分，古人认为以围乘长，即得容积之数。

图 11-4 虎座鸟架悬鼓，湖北江陵望山 1 号墓出土

益法来计算音阶骨干音的结果。[1]

“楚辞”是战国时代南音的结晶，有楚国的地方特色。流传下来的主要作品，是屈原的《离骚》、《九歌》、《天问》、《九章》、《招魂》等，有的受了民间文学的深刻影响，有的是根据民间乐歌加工改写而成的。从歌词的情调和结构上，可以看出乐曲形式的一些痕迹。歌词较长，反映了曲调的多次重复和复杂的变化。如《九歌》，首篇是迎神曲，末篇是送神曲，中间有主题歌九篇，也构成了一套大型乐曲。可见楚国的音乐艺术已经达到相当高的水平。(图 11—4)

春秋战国时期有不少思想家阐述了对音乐美学问题的见解，其中对后世影响最大的是孔子和荀子。孔子是儒家的代表人物，有音乐实践经验和音乐修养。他整理过《诗经》，使“《雅》《颂》各得其所”，整理的重点在音乐方面。孔子关于音乐的言论虽然是片断的，但已表明了他的基本观点。他认为礼和乐都是维护统治秩序的工具，二者相辅相成。音乐能起感化作用，有重要的社会功能。因此，就乐舞形式的“美”和内容的“善”比较而言，他更强调“善”。孔子说“郑声淫”（淫：过分），又说“恶郑声之乱雅乐”，这是指郑国民间音乐说的，认为它放任而不合礼所要求的中和的准则。但孔子并不反对一切民间音乐，他说“《关雎》乐而不淫，哀而不伤”，曾加以肯定。对于相传是虞舜的乐舞《韶》，孔子多次赞扬，认为“尽美矣，又尽善也”，已达到最高的境界，所以他在齐国听到《韶》乐，竟然陶醉三个月而不知肉是什么滋味。在孔子看来，对待乐和对待礼是一样的，阶级差别是不能超越的。鲁国大夫季氏使用了天子的“八佾”舞（64 人），孔子就表示：“是可忍也，孰不可忍也？”季氏能忍心做出这种事来，还有什么别的事情不能忍心去做的呢？孔子把乐看得和礼一样严肃。

荀子（？—前 238 年）或荀子学派的音乐思想，集中保存在《荀子 · 乐论》

〔1〕黄翔鹏《先秦音乐文化的光辉创造》，《文物》1979 年第 7 期；《曾侯乙钟磬铭文乐学体系》，《音乐研究》1981 年第 1 期。

篇中，但文义多有重复，可见非出于一人之手。也可能是荀子在不同时间所讲述，经各弟子记录，最后辑入此篇，其中可能已有弟子引申发挥的地方。《乐论》采用了和墨子辩论的形式。它继承了孔子的若干论点，经过发展改造而形成法家的音乐理论。荀于认为人们需要音乐，这是“人情所不免”的，但为了防止音乐陷入邪乱，必须“制《雅》、《颂》之声以道（导）之”，“感动人之善心，使邪污之气无由得接焉”。他反对的“淫声”、“夷俗邪音”和“郑卫之音”，实即泛指民间音乐。他要求音乐“可以善民心，其感人深”，“移风易俗，天下皆宁”。把音乐的社会功能提高到政治功能。他又说：“乐中平则民和而不流，乐肃庄则民齐而不乱。民和齐则兵劲城固，敌国不敢婴（通“撄”—侵）。”还说：“故乐者，出所以征诛也，入所以揖让也。征诛揖让，其义一也。”比孔子又进了一步，荀子把礼、乐都作为专政的工具，显示出法家的精神。

## 第二节
# 两汉时期的音乐

秦朝设置太乐令、太乐丞及乐府令、乐府丞。[1] 西安秦始皇陵曾出土铜钟1件，上铸“乐府”二字，可以证实当时确有此官署。汉承秦制，朝廷也设立“太乐”和“乐府”两个音乐机构。前者掌管雅乐；后者掌管世俗音乐，古书上贬称为“郑声”。《汉书·礼乐志》说：汉武帝定郊祀之礼，祭后土（土神）于汾阴。“乃立

图11–5 汉墓出土彩绘木雕管弦乐队

〔1〕《通典》卷二五。

乐府，采诗夜诵，有赵、代、秦、楚之讴。以李延年为协律都尉。多举司马相如等数十人，造为诗赋，略论律吕，以合八音之调，作十九章之歌。”按元鼎四年（前113），汉武帝在汾阴立后土祠。立乐府大概是在这一年或稍后。乐府本来是已经存在的机构，这里所说的“立”应当是扩大的意思。乐府所搜集和整理的乐歌和资料，主要是民间音乐。记载中所说的“赵、代、秦、楚之讴”，赵、代在北方，秦在西方，楚在南方。这里只是举这四个地区作为代表，实际上它所搜集的地方乐歌远远超出了这些地区。《礼乐志》还说：汉武帝时，“常御（用）及郊庙皆非雅乐”，“内有掖庭材人（宫内乐人），外有上林乐府（乐府在上林苑中），皆以郑声施于朝廷。”当时，俗乐不仅流行于社会上，而且盛行于朝廷和官府中。(图 11—5)

汉哀帝即位（前6年）后，曾下诏罢乐府。当时乐府中的人员“大凡八百二十九人”，分工很细。汉哀帝虽然把这些人员裁减了大半，留者改属太乐署，撤销了乐府；“然百姓渍渐日久，又不制雅乐有以相变，豪富吏民，湛沔自若”[1]。这种俗乐已经广泛地传播起来。

东汉虽然没有乐府这个官署的名称，但“黄门鼓吹署”的职责却是和西汉乐府相同的。[2] 东汉继续搜集整理民间的音乐。

汉代的统治阶级为了政治目的和享乐而设立乐府，但乐府对于搜集整理和传播民间音乐也起了一定的作用。《汉书 · 艺文志》著录的歌诗 314 篇，大概就是西汉乐府所用乐歌的一部分。乐府的乐歌大致可以分为两大类，即鼓吹曲与相和歌。

（1）鼓吹曲　用于郊庙祭祀、军队、仪仗、典礼中，是一种进行曲或节奏明朗的乐曲。这种乐曲吸收了我国北部和西部少数民族的乐曲因素，但采用更多的还是中原各地的这种性质的民间歌曲。乐府中有“鼓员”、“吹鼓员”——如“骑吹鼓员”、“江南鼓员”、“沛吹鼓员”等，就是专门演奏鼓吹曲的。《艺文志》著录的歌诗中，如《高祖歌诗》、《汉兴以来兵所诛灭歌诗》、《出行巡狩及游歌诗》等，都属于这一类。这类歌诗虽然没有标明地区，可能也有地方特色。如《高祖歌诗》当指汉高祖刘邦所作的《大风歌》。《史记 · 高祖本纪》记载：

> 高祖还归，过沛，留。置酒沛宫，悉召故人父老子弟纵酒。发沛中儿得百二十人，教之歌。酒酣，高祖击筑，自为歌曰：“大风起兮云飞扬，威加海内兮归故乡，安得猛士兮守四方！”令儿皆和习之。

〔1〕《汉书 · 艺文志》。

〔2〕参看王运熙《乐府论丛》第 1 篇，古典文学出版社，1958。

沛是旧楚地，这部鼓吹乐应当属于楚声。汉高祖也爱好他的乡土音乐楚声。乐府中的“沛吹鼓员”必然演唱《大风歌》，另外，还会演唱沛县一带的其他地方乐歌。

（2）相和歌　源出于各地流行的民歌。《宋书·乐志》说：“相和，汉旧歌也，丝竹更相和，执节（打拍子）者歌。”又说：“凡乐章古辞，今之存者，并汉世街陌谣讴。”相和歌的主要来源是街陌谣讴，而街陌谣讴往往采用互相唱和的形式，这大概就是相和歌得名的由来。《艺文志》著录的歌诗中，如《吴楚汝南歌诗》，《燕代讴雁门云中陇西歌诗》，《邯郸河间歌诗》，《齐郑歌诗》，《左冯翊秦歌诗》，《京兆尹秦歌诗》等，都属于这一类，乐府采诗的范围已遍及黄河、长江流域。这时已有用曲线表示的乐谱。目录中有《河南周歌诗》7 篇，又有《河南周歌〔诗〕声曲折》7 篇；有《周谣歌诗》75 篇，又有《周谣歌诗声曲折》75 篇。声曲折显然是和歌诗配合的乐谱。

现在所能看到的汉代乐府歌词，大部分是东汉作品。《宋书·乐志》列举的“汉世街陌谣讴”有《江南可采莲》、《乌生》、《十五》、《白头吟》等。“梁鼓角横吹曲”中有古诗《十五从军征》一首，标题《〈紫骝马〉歌辞》。研究者认为这首诗就是《十五》的歌词，是东汉末年的作品：

十五从军征，八十始得归。道逢乡里人，“家中有阿谁？”“遥望是君家，松柏冢累累。”兔从狗窦入，雉从梁上飞。中庭生旅（野生）谷，井上生旅葵。舂谷持作饭，采葵持作羹。羹饭一时熟，不知贻阿谁！出门东向望，泪下沾我衣。

《紫骝马》本是鼓吹曲，诗作者却用它唱出了反对战争的悲歌。东汉另一首民歌《江南可采莲》是相和歌一类的作品：

〔唱〕江南可采莲，莲叶何田田，鱼戏莲叶间。

〔和〕鱼戏莲叶东，鱼戏莲叶西，鱼戏莲叶南，鱼戏莲叶北。

研究者多认为这首歌诗是一唱众和的形式，可以反映出乐曲活泼自然的民歌特色。

战国末年的荀子或他的弟子作过《成相》篇，杨荫浏认为这是个受了民间影响的说唱本子。到了汉代，没有留下关于说唱文学的记载，只有相和大曲《东门行》和这种体裁相似。[1] 但四川成都出土的东汉说唱俑，左臂挟鼓，右手执桴，

〔1〕参看杨荫浏《中国古代音乐史稿》第 4 章。

图 11-6 四川成都天回山出土的击鼓说唱陶俑

兴高采烈，正是表演说唱曲艺的生动形象；(图 11—6) 四川彭山出土的东汉说唱俑，仪态从容，表情幽默，举右臂作比画状。可见汉代确有这种曲艺，而且还很流行，只是这种作品没有流传下来。

西汉时，关于音乐的论辩，在春秋以来各家音乐思想的基础上，又有很大的进展。于是有人把他们的有关言论汇集成具有综合性的音乐理论著作《乐记》。《乐记》非一人一时所作，但主旨以儒家和荀子学派的学说为纲。它也把乐和礼相提并论，把乐作为重要的教育和施政的工具。它反对民间音乐“郑卫之音”和“桑间、濮上之音”。它认为：“声音之道，与政通矣”；“礼乐刑政，其极一也，所以同民心而出治道也。”更强调法家的主张。《乐记》对音乐产生的过程以及音乐既形成之后又反过来对人们心情的影响，作了细致的分析。它说：“凡音之起，由人心生也。人心之动，物使之然也。”这种认识超过了孔子和荀子，既深刻而又鲜明。

先秦时期，中外文化已有交流，至汉武帝时，横贯亚洲腹地的丝绸之路以及纵贯沿海地区的海上丝绸之路都已畅通，从此，中外文化交流更为活跃，其中包括音乐文化。

秦代末年，赵佗割据南海、桂林、象郡，自称南越王。南越辖境包括今越南的北部，所以至迟到这时中国音乐已传入越南。汉武帝元鼎六年（前 111）平定南越后，朝廷举行祀典时曾使用一种新乐器“空侯瑟”，形状像中国的瑟，名称是“空侯”。空侯也写作“坎侯”，是外来语，可能是经由南越传入长安的弹拨乐器“坎农”(kanon) 有关古语的音译。后来称为“卧箜篌”。新疆至今还常用的“卡龙”，就是卧箜篌一类的乐器。

战国时代，中原地区的“箫”(排箫) 也称为“籁”。(图 11—7) 而国内外有些民族语的管乐器名称，和籁的读音相近，例如维吾尔语称笛子为“奈伊”，中亚各族语称管乐器为“奈伊”，不知是否和汉语“籁”有关。有人认为“奈伊”出于波斯语 nay，原是竹子的意思。但匈牙利语和罗马尼亚语即称排箫为“奈伊”，可能是“籁”的音译，因古代匈牙利人中很多是从中国迁去的（见下文）。在古汉语中，有些方言往往有辅音 l 和 n 不分的情况，因此“籁”可能读成“奈”。

西汉初年，原来居住在河西地区（今甘肃黄河以西）的月氏族和乌孙族，因受匈奴族逼迫，先后西迁，他们会把自己的音乐文化带到中亚或南亚。汉武帝时，张骞通西域[1]后，安息（今伊朗）派使臣及“犁轩善眩人”来中国。犁轩指罗马帝国；眩人，也写作“幻人”，即杂技魔术艺人。犁轩幻人未必是欧洲人，或许是指罗马的东方属地“条支”一带的人。史书记载，条支“国善眩”。条支即今叙利亚。不知幻人来时是否有音乐伴奏人员。有的史书记载，张骞出使时曾得《摩诃兜勒》一曲。此说不可信（见下文）。

图 11-7 曾侯乙墓出土排箫

西汉后期，佛教经中亚传入今新疆，至东汉初年即传入我国内地。此后，有不少的僧侣自印度及中亚各地陆续东来译经传教，不知当时是否带来佛教音乐。

由西域或通过西域传入中原的乐器，东汉时有琵琶，这类乐器源出于西亚一带，古波斯语称“巴波特”(barbot)，[2]后传入新疆。语言学家岑麒祥说，古库车语中用梵语“比般喀”(vipanki) 称琵琶，“喀”是词尾，是微小的意思。按汉语琵琶应是库车语的音译。现代维吾尔语称琵琶为“巴比特”(barbit)，又是波斯语的音变。东汉灵帝（168—188 年在位）爱好“胡空侯、胡笛、胡舞”。经学者考证，胡笛大概是一种竖笛；胡空侯不同于前面所说的空侯瑟，当是指竖箜篌 (harp) 而言。

东汉初年，我国北方民族匈奴族分为南、北两部。其后，北匈奴的一部分经中亚向西迁徙，于 4 世纪出现在欧洲东部，即欧洲历史上所说的“洪斯”(Huns)。其中一部分就在今匈牙利定居下来。洪斯把中国的音乐文化带到了他们经过和定居的地区。至今匈牙利民歌歌词的结构和中国甘肃省“裕固”族民歌很近似，曲调也有很多极为相似。在古代，裕固族的祖先“丁零”和匈奴有密切关

〔1〕西域，有时指今新疆一带，有时指今新疆和中亚一带。
〔2〕波斯人是伊朗的主体民族。伊朗人操波斯语。

系。[1] 匈牙利语称排箫为奈伊（nay），这个名称如果和汉语有关，大概就是洪斯西迁时传过去的。

中国音乐很早就传入朝鲜。古乐府相和歌中有《箜篌引》，即朝鲜女子丽玉所作，大概是东汉时期的作品。中国乐器，不知何时开始传入日本。日本山阴、北陆等地曾发现古铜铎，日本考古学家认为是模仿中国古钟而制造的，在日本流行的时期大概是公元前后几百年间。这些古铜铎和中国的编钟极相似，但铎身的图案花纹则具有日本的民族风格。

## 第三节 魏晋南北朝时期的音乐

这是一个动荡的时期。由于民族的迁徙杂居，文化的频繁交流，中国音乐正酝酿着巨大的发展变化，但这个时期由于没有强大的统一政权对民间音乐进行搜集整理工作，所以流传下来的资料很少。

汉代的鼓吹曲和相和歌，有很多流传到魏晋以后。相和歌所用的乐律，主要

图 11-8 南朝横吹画像砖，1957 年河南邓县出土

〔1〕杜亚雄《裕固族西部民歌与有关民歌之比较研究》，《中国音乐》1982 年第 4 期。

是“平调、清调、瑟调”，“汉世谓之三调”[1]。到魏晋时期，在相和歌的基础上，又有新音乐发展起来，称为“清商三调”或“清商乐”。“三调”表示继承了相和歌的乐律，“瑟调以角为主，清调以商为主，平调以宫为主”[2]。举清商以代表三调，所以称为清商三调。（图 11—8）

魏晋两代，朝廷都设置了掌管音乐的机构“清商署”。清商署虽因清商三调而得名，但所演奏的音乐不会只限于清商二调，也必然继承了其他传统乐曲，吸收了当时流行的民歌，这些民歌大部分出于北方各地区。

西晋末年，北方少数民族鲜卑、匈奴、羯、氐、羌等族，已陆续进入黄河流域，各政治集团割据一方，建立政权。西晋灭亡后，东晋即被迫迁都建康（今南京），偏安江南，北方人大批南迁，把北方音乐也传到江南，对当地音乐一定会有影响。南朝各代不断地涌现新声，而记载下来的主要是“江南吴歌”和“荆楚西曲”。吴歌产生的中心是建康（今南京），即今江苏一带的民歌。西曲歌出于荆（今湖北江陵）、郢（今武昌一带）、樊（今湖北襄樊一带）、邓（今河南邓县）之间。从歌词中出现的地名考虑，西曲分布在今湖北、江西、四川东部和河南一带。吴歌和西曲产生的地域大致相当于汉代相和歌中《吴、楚汝南歌诗》产生的地域。再往上推，都和楚辞、楚声有些渊源关系。

南朝的清商乐也流传到北方。北魏统一北方后，把相和歌、清商三调以及吴歌、西曲等，统称为清商乐。北魏及其以后的北齐的音乐机构，除搜集整理一些民间乐歌之外，也都保存了一部分清商乐。

魏晋南北朝时期，除了西晋王朝取得短暂的统一局面外，中国处于分裂状态中，到处是动乱的现象，政治黑暗，烽火连天，人民饱经忧患。当时的歌词对这种社会现实，都有所反映。南朝的吴歌、西曲等，反映了长江、汉水沿岸的商业城市——如建康、江陵、襄阳等处的城市居民、商人和歌伎生活的一个侧面，不能代表南朝的全部民歌。北朝的《鼓角横吹曲》和其他民歌，是北方的汉族和少数民族的作品，也反映了多方面的社会生活。

魏晋南北朝的歌词，主要出于民间，也有一部分是文人的创作或由文人加工的作品。歌词的多样化形式，可以反映乐曲形式的发展水平。规模较大的“相和大曲”，它的曲式的形成和规格化，大概是在魏晋时期。今抄录瑟调大曲《艳歌何尝行》（《白鹄》）一首，并标出段落：

---

〔1〕《旧唐书·音乐志》。

〔2〕《魏书·音乐志》引陈仲儒语。杨荫浏考证，“平调相当于 fa 调式，清调相当于 sol 调式，瑟调相当 la 调式”。（见《中国古代音乐史稿》第 5 章）瑟调也称侧调。

〔艳歌〕 飞来双白鹄，乃从西北来。十十五五，罗列成行。(一解)

妻卒被病，行不能相随。五里一返顾，六里一徘徊。(二解)

吾欲衔汝去，口噤不能开；吾欲负汝去，毛羽何摧颓。(三解)

“乐哉新相知，忧来生别离。”躇躕顾群侣，泪下不自知。(四解)

〔趋曲〕“念与君别离，气结不能言。各各重自爱，道远归还难。”“妾当守空房，闭门下重关。若生当相见，亡者会黄泉。”

〔和〕“今日乐相乐，延年万岁期。”

本篇原有注文：“‘念与’下为‘趋曲’，前有‘艳’。”对于趋曲的段落，说得明确。“艳歌”指什么？就注明艳趋的一些大曲加以比较，可以推想这里的艳歌即指“念与”前的歌词四章，而不是在这四章之前另有艳歌。《古今乐录》引王僧虔《技录》说：“《艳歌何尝行》，歌文帝（曹丕）《何尝》、《古白鹄》二篇。”《何尝》和《古白鹄》未必为曹丕所作，但可证《艳歌何尝行》是由这两篇合成的。《古白鹄》是本篇的艳歌，《何尝》是本篇的趋曲。最后两句是和声帮腔祝词。余冠英指出：“古乐府重声不重辞，乐工取诗合乐，往往随意拼合裁剪，不问文义。”〔1〕他们拼合时，也不是完全不考虑文义，但总不免捕风捉影。艳歌的“艳”当出于楚语。所谓“荆艳楚舞”，艳就是歌曲的意思，〔2〕不是艳丽的意思。相和大曲，一般分为两大段：第一大段是艳歌，以歌为主，又分为若干解，解是两个乐章之间的“过门”曲，〔3〕即前一曲的尾声。第二大段是趋曲，不分解，配舞，节奏较快。有时末尾还加两句和声，是乐舞活动中的习惯用语。

这时清商乐又取得了进展。以“变歌”为例，它的创作方法，在以前可能已经采用过，但到这时才有比较明确的标志。如有《子夜歌》，又有《子夜变歌》；有《欢闻歌》，又有《欢闻变歌》。歌词都是五绝，在词式上没有不同，那么，所谓“变”就表现在曲式的差别上。大概变体是就某一曲调加以调整改编而成的，改变不会太大。但这种方法又开辟了使乐曲发展演变的一条新途径。变字的这种含义和用法，到唐代即为“变文”所继承。又乐曲中唱和部分的发展比以前也更为复杂，有些和声部分逐渐融入曲调本身，从而推动着曲调有所变化。这又是乐曲演变的途径之一。

吴歌《上声歌》说：“初歌《子夜曲》，改调促鸣筝。四座暂寂静，听我歌

〔1〕余冠英《乐府歌辞的拼凑和分割》，《汉魏六朝诗论丛》，棠棣出版社，1952。

〔2〕见《昭明文选》左思《吴都赋》及注文。

〔3〕参看杨荫浏《中国古代音乐史稿》第5章。

《上声》。”南朝所传古诗中也说：“四座且莫喧，听我歌一言。请说铜炉器，崔巍像南山。”可见当时盛行在大庭广众中唱长篇歌诗的风气，这是汉代说唱体裁的继续，因此，汉末出现了《孔雀东南飞》，南北朝时期北朝又出现了《木兰诗》。《木兰诗》属横吹曲，但不知采用的是什么曲调。按此诗也有拼合的语句，开头说：“唧唧复唧唧，木兰当户织。不闻机杼声，唯闻女叹息。问女何所思，问女何所忆。”这几句也见于《折杨柳歌》，只是开头两句作“敕敕何力力，女子当窗织。”所以我推测《木兰诗》可能用的是《折杨柳》曲，经多次重复而成为长篇歌诗。

相和大曲在中原流行之后，可能传入西域，对西域大曲有所影响。[1] 到了唐代，中原乐人继承了相和大曲，又借鉴西域大曲，创作了唐宋时期盛行的大曲形式。

自西晋末年以后，中原长期动乱，而河西地区至今新疆一带却比较安定，内地人不断地迁往该地，也有不少的中亚各族人迁入新疆以至河西及中原地区。（图11—9）丝绸之路上，使臣、商旅、僧徒以及乐舞艺人等，仍然来来往往，经济和文化交流一直在进行着。此外，较大规模的民族迁徙活动，还有原在今新疆阿尔泰山以南地区的哝哒人和突厥人的一部分先后西迁，带去了自己的音乐文化。

西迁的一部分月氏族，在历史上称为大月氏。大月氏经中亚到达大夏（今阿富汗和巴基斯坦北部）后，建立了大月氏国，这是大月氏的政治中心。此外，还有分布在中亚两河（阿姆河、锡尔河）流域的以康国为主的九个政权——如米国、史国、曹国、何国、安国、穆国等，也是大月氏族建立的。[2] 到南北朝以后，中国史书上称它们为“昭武九姓”。昭武城在今甘肃省高台县境，当年昭武九姓诸国君主的祖先都是由这个地区迁去的。从 4 世纪起，这些国家的乐舞艺人来中原献艺传艺的很多，他们带来的也会有原来月氏族传统的或具有月氏族传统因素的乐

图11—9 嘉峪关魏晋墓壁画
四弦阮咸、缠饰长笛

〔1〕参看中央民族学院艺术系编《论新疆音乐》（油印本）。
〔2〕参看王治来《中亚史》第 6 章，中国社会科学出版社，1980。

舞艺术，而且艺人中也会有月氏族的后裔，因此，他们的艺术很自然地受到中原人民的欣赏和欢迎。

中原和西域乐舞文化的交流活动中，佛教寺院也是一条渠道。《魏书·释老志》说："今之僧寺，无处不有"，"梵唱屠音，连檐接响"。所谓"梵唱"即"梵呗"，"屠音"即"浮屠"（佛教）之音，都指佛教音乐而言。佛教音乐并非都来自印度，由于传入路线不同而有差异。佛教音乐传入后，即逐渐走上中国化的道路。

今新疆拜城克孜尔石窟壁画中，还保留着两晋及南北朝时期中外乐舞交流融合的生动形象的资料。乐队所用的乐器，有当地的乐器，如源出于龟兹（今新疆库车）的筚篥；有外来乐器，如琵琶；有中原乐器，如箫（排箫）、笙、阮咸等。甘肃敦煌莫高窟和山西大同云冈石窟等处的佛教壁画中，也都保存着南北朝以来的乐舞图，这种乐舞图和克孜尔壁画有渊源关系，但中原色彩更为显著，可以反映中国乐人正在进行的配器实验。（图 11—10）当然这都是美术作品，并非处处符合实际情况。

图 11-10 敦煌莫高窟 297 窟供养伎乐（北周）[1]

三国时代，吴大帝赤乌六年（243），"扶南王范旃遣使献乐及方物"。当时的扶南国包括今柬埔寨及越南南部。中国人民和朝鲜、日本人民的交往一直没有中断。南朝的宋朝（440—479）初年，百济国的"鼓角箜篌之乐"传入中国。百济在今朝鲜南部。中国南朝的陈文帝天嘉三年（562），中国僧人智聪携带"儒释（佛教）方书、明堂图百六十卷，佛像、乐器"，到了日本。[2] 他传去的音乐当以佛教音乐为主。

南北朝末期，北朝的两个政权：一为鲜卑人建立的北周，建都长安；一为鲜卑化汉人建立的北齐，建都邺城（今河北省临漳）。北齐宫廷中的乐人或其先世就

〔1〕转引自吴曼英、李才秀、刘恩伯《敦煌舞姿》第 88 页，上海文艺出版社，1981。图中人物的衣着，据沈从文考证，具有突厥服饰特点。

〔2〕〔日〕源光圀《大日本史·推古天皇本纪》引《姓氏录》，共同印刷株式会社，1929。

有来自昭武九姓诸国的乐人。北周武帝天和三年（568），北周和西突厥联姻，西域各地如龟兹、康国（今中亚撒马尔罕）等都派艺人组成乐队，随着皇后到了长安。乐队中有个龟兹人，名苏祇婆，擅长琵琶，他把西域乐律传授给长安音乐家郑译。

上文提到的《摩诃兜勒》一曲，经仲铎考证，认为是出于陈朝僧人智匠的妄说，并非张骞由西域带回的。[1]但南北朝时当有此乐曲，是由西域传来的。

## 第四节 隋唐时期的音乐

经过长期的社会动荡，在民族融合运动达到一个新阶段、南北文化有了更多的交流、各族人民都有了政治统一的要求下，隋文帝杨坚建立了隋朝，统一南北，继承了北朝和南朝的文化——包括音乐文化。

隋朝设立的音乐机构，有“太乐署”（雅乐）、“清商署”（俗乐）和“鼓吹署”（礼仪音乐）。开皇二年（582），隋文帝下令整理音乐，引起了一场关于乐律的争论。这时由于国内民族之间以及中外音乐文化的交流，乐律的差别问题引起音乐家的注意。郑译上书阐述龟兹乐律，把中原乐律和西域乐律结合起来。这种龟兹乐律大概是西域广泛流行的属于西域乐系的一种古老乐律。因用琵琶定律比较方便，所以传入中原之后，就被一些音乐家采用。它对隋唐燕乐（宴乐）的乐律有一定的影响。

隋代初年，宫廷燕乐置七部乐：（1）国伎，即西凉伎，出于凉州（今甘肃武威）一带；（2）清商伎，指中原和江南地区的传统音乐和民间音乐；（3）高丽伎；（4）天竺伎（天竺指印度）；（5）安国伎（安国即今中亚布哈拉）；（6）龟兹伎；（7）文康伎，传说原是纪念晋朝太尉庾亮（谥文康）的乐舞。此外，又杂有疏勒（今新疆喀什）、扶南、康国、百济、突厥、新罗（在今朝鲜）、倭国（在今日本）等伎。隋炀帝时又加以调整，定为九部：清乐（即清商伎）、西凉、龟兹、天竺、康国、疏勒、安国、高丽、礼毕（即文康伎）。这些项目反映出，当时朝廷已经广泛地搜集到国内外的多种乐舞。但这些只是朝廷举行宴会时乐舞表演的节目次序单，目的在炫耀皇帝的“威德”，不能反映当时社会上新音乐的内容。

〔1〕仲铎《张骞得胡曲李延年造新声事辨伪》，上海《学艺杂志》第15期，1934。

唐朝前期一百多年间，社会安定，经济有很大的发展。当时人民继承发扬南朝和北朝的文化传统，而且各民族、各地区文化交流的范围更为扩大，对国外的文化交流也更为广泛，因此，民间的音乐活动已成为社会风气，新的音乐不断地、大量地涌现出来，并得到普遍传播。

唐朝初年，宫廷燕乐沿用隋九部乐，但增“燕乐”（宴乐），删“礼毕”。至唐太宗时调整为十部：（1）燕乐；（2）清商乐；（3）西凉乐；（4）天竺乐；（5）高丽乐；（6）龟兹乐；（7）安国乐；（8）疏勒乐；（9）康国乐；（10）高昌乐，高昌即今新疆吐鲁番。这十部乐中，第一部是狭义的燕乐，包括《景云乐》、《庆善乐》、《破阵乐》（秦王破阵乐）和《承天乐》四个项目，都是为统治阶级歌功颂德的。第二部清商乐是中原音乐。其他八部各有民族特点、地区特点或外来乐舞特点。

至唐高宗时，十部乐即向“坐部伎”和“立部伎”转化。坐部伎在堂上坐着演奏，立部伎在堂下站着演奏。这两部伎的项目，至唐玄宗时就确定下来：坐部伎有《燕乐》、《长寿乐》、《天授乐》、《鸟歌万岁乐》、《龙池乐》和《小破阵乐》；立部伎有《安乐》、《太平乐》、《破阵乐》、《庆善乐》、《大定乐》、《上元乐》、《圣寿乐》和《光圣乐》。都变成了以传统或民间乐舞为基础、吸收十部乐及其他乐舞因素，或者就外来乐舞加以改编所创造的综合性的大型乐舞。（彩图 14）十部乐向坐、立部伎的转化，标志着唐代宫廷乐舞在艺术上的一次突破，当然也可能从此趋向僵化了。

唐朝的音乐机构，原来有太乐署、鼓吹署和教坊，都由太常寺管辖。教坊在宫廷中，规模很小，至玄宗开元二年（714）大加扩充，除宫廷中设内教坊以外，在西京长安（今西安）和东京洛阳，各设外教坊两所，都不属于太常寺，而另由宫廷派内官（宦官）为“教坊使”，进行管理。宫廷中还有“梨园”等，也是培养乐工的处所。《新唐书 · 礼乐志》说：“玄宗既知音律，又酷爱法曲，选坐部伎子弟三百，教于梨园，声有误者，帝必觉而正之，号‘皇帝梨园弟子’。”又说：“宫女数百，亦为梨园弟子，居宜春北院。”这些音乐机构，主要传习俗乐，是搜集民间乐舞、培养乐工的地方，也是提高乐舞艺术、传播乐舞的地方。此外，贵族豪门以及各州郡也都有乐人伶工。在唐玄宗提倡之下，乐舞盛行，风靡一时。

唐代音乐至唐玄宗时达到鼎盛时期。宋沈括《梦溪笔谈》说：天宝十三载（754），“以先王之乐为雅乐，前世新声为清乐，合胡部者为宴乐（燕乐）”（卷五）。所谓雅乐用于朝廷礼仪，伪托为古代圣王遗留下来的。胡部主要指西域音乐。就唐代音乐的发展趋势和整体说，它是继承了传统的清商乐，以中原民间音乐为基础，并吸收国内各民族的音乐成果以及外来音乐因素而形成的新音乐。但并不是任何具体乐曲都具备这种综合性质。实际上，广大地区的民间音乐，都依照各自的传统和规律在发展着，并未受到外来影响。

天宝十四载（755），安史之乱爆发。“渔阳鞞鼓动地来，惊破《霓裳羽衣曲》。”〔1〕“梨园弟子散如烟。”〔2〕唐玄宗仓皇出走，教坊乐人多流散各地，教坊乐舞却因此更广传于民间。至德二年（757），唐肃宗收复两京，教坊未能恢复开元之盛。唐代宗大历十四年（779），下诏罢除梨园伶使及冗员三百余人，留者隶属于太常寺。至唐宪宗元和十四年（819），复置内教坊于延政里。〔3〕唐宣宗初年，太常乐工仍有五千余人，俗乐一千五百余人。所以终唐之世，一直保持着开元乐舞的流风余韵。

当时民间的集体音乐活动往往和民间节日及寺院的宗教活动结合起来。唐代佛教已发展到鼎盛时期，寺院林立，有些大寺院是宗教活动、娱乐活动以及其他文化活动的处所，也是商业活动的处所。甘肃敦煌莫高窟保存的大量乐舞壁画和文书，为研究唐代音乐提供了丰富的珍贵资料。壁画的时代，上起北魏，下至元代，而以唐代的居多。其中一百四十多幅经变画有伎乐，一般是一组，少数为两组，也有三组的。每组有一个或两个跳舞的舞伎。伴奏的乐伎，少的两人，多的达34人。壁画中还有世俗乐舞33幅。（图11—11）经变画并非写实作品，但反映了社会现实的影子。根据这些壁画可以大致辨清文献记载的乐器形状和演奏方式。壁画所根据的大概也有寺院艺僧演奏的状况。

图11—11 敦煌莫高窟360窟宴饮乐舞图（晚唐）〔4〕

唐高宗时，“敕九部乐及京城诸寺幡盖众伎，送玄奘及所翻经像、诸高僧入住慈恩寺”〔5〕。这里所说的“众伎”可能包括各寺的艺僧。艺僧中有不少高手。如唐德宗时的段善本（段和尚）就是最突出的一个。古代相传，长安东西两市祈雨，比赛音乐，都用琵琶弹《六幺》大曲，西市的段善本赛过东市以擅长琵琶著名的康昆仑，〔6〕传为艺坛佳话。诗人元稹的《琵琶歌》赞扬段善本的弟子李管儿

〔1〕白居易《长恨歌》。
〔2〕杜甫《观公孙大娘弟子舞〈剑器〉行》。
〔3〕《旧唐书·宪宗本纪》。《唐会要》卷三四作“徙内教坊于延政里”。
〔4〕转引自《敦煌舞姿》第129页。
〔5〕《旧唐书·玄奘传》。
〔6〕段安节《乐府杂录·琵琶》条。

说："段师弟子数十人，李家管儿称第一。""管儿还为弹《六幺》，《六幺》依旧声迢迢。猿鸣雪岫来三峡，鹤唳晴空闻九霄。"管儿弹出的这样悠扬清爽的《六幺》曲，可以使人想象段善本的艺术修养和风格。

长安的大寺院里平时也设"戏场"。唐宣宗大中年间（847—859），"戏场多集于慈恩（寺），小者在青龙（寺），其次在荐福（寺）、永寿（寺）"[1]。戏场里都有些什么活动呢？除乐舞之外，大概还有"俗讲"、歌舞小戏、杂技幻术之类。敦煌发现的文献资料中有乐谱、舞谱、曲子词、变文等，都是寺院保存使用的，也有些作品出于僧人之手，可以反映当时寺院音乐活动的内容。

为什么敦煌石窟中保存下来这么多音乐史料，而曲子词中宣扬佛法的并不太多，大部分是以爱情为主题？这大概就是由于当时寺院的音乐活动已经和社会上的音乐活动结合起来。我们看西安地区历史悠久的"鼓乐"社团，其成员有农民、市民、和尚、道士，互教互学，而有些乐社即以佛寺、道观为主，但所传习的仍然是鼓乐，并非佛曲道曲（当然也可能包括佛曲道曲），这种情况可以触发我们对当年敦煌寺院音乐活动的想象。

唐代的乐曲，就曲式结构说，可以分为两大类：（1）杂曲子，是独立小曲，一般都比较短。（2）大曲，是包括许多乐章的具有固定结构的大型套曲。其中有些小曲是可以独立的或原是独立小曲而被编入大曲的。大曲都和舞蹈结合，结构相当复杂。唐代乐曲很多，唐崔令钦《教坊记》、段安节《乐府杂录》、南卓《羯鼓录》和宋王溥《唐会要》等书中，比较集中地记录下来一部分。《教坊记》所录杂曲子及大曲，多半是开元、天宝年间流行的乐曲，或出于传统音乐，如《乌夜啼》、《广陵散》本为清商曲；或来自各地民间，如《凉州》来自今甘肃武威，《伊州》来自今新疆哈密，《赞普子》出于藏族地区；或出于宫廷音乐家的创作，如《秦王破阵乐》；也有外来乐曲而经改编者。搜集的范围很广。[2]

唐代的歌词有歌诗，有曲词。歌诗指齐言诗，大部分是五言或七言绝句体。这种形式是民歌的基本形式，在配合乐曲时有广泛的适应性；何况律诗讲究语音的升降调协，本身已具有音乐的谐和特点，只要演唱时依照乐曲的旋律，在节奏上加以适当的处理，就能和曲调配合。曲词即曲子词，是严格依照乐曲的节拍所填写的长短句体的歌词，即文学史上所说的"词"。其中除极少数始终保持齐言体的唱词以外，不包括歌诗。填过长短句的乐曲，即称为"词调"，是唐代乐曲的一部分。早期的词调中有许多是教坊曲。教坊曲是当时最流行的乐曲。

〔1〕钱易《南部新书》戊集。

〔2〕参看任半塘《教坊记笺订》，中华书局，1962。

从敦煌壁画中的世俗乐舞图，可以想象当时民间的宴饮歌舞活动。唐薛用弱《集异记》记载过这样一个故事：“开元中，诗人王昌龄、高适、王之涣诣旗亭（酒楼）饮。梨园伶官亦招妓聚燕（宴）。三人私约曰：‘我辈擅诗名，未定甲乙（名次），试观诸伶讴诗分优劣’。”他们果然听到，伶人先唱高适的《哭单父梁少府》诗，后唱王之涣《凉州词》。这个故事反映了唱诗的风气。很多词调在填入长短句之前，都用歌诗配合过。如《阳关曲》原来的乐曲名称失考，这个词调是由于最初和王维《送元二使安西》诗配合而得名的：“渭城朝雨浥清尘，客舍青青柳色新。劝君更尽一杯酒，西出阳关无故人。”不知当时如何咏唱。白居易《对酒》诗说：“相逢切莫推辞醉，听唱《阳关》第四声。”自注：“第四声‘劝君更尽一杯酒，西出阳关无故人。’”可见咏唱时曾对文字进行调整。以后流传的《阳关三叠》又有不同的唱法。

长短句曲词最早出于民间，已为敦煌曲子词所证明。经学者考证，敦煌曲子词中有些可能是盛唐的作品，但在写作技巧方面已经达到相当熟练的程度。因此推断这种长短句体裁的产生当在盛唐之前，大约在唐高宗时（7世纪中叶）。至盛唐时期，文人开始填写曲子词，但保留下来的不多。中唐时期，白居易、元稹等填了不少的词。他们和民间的音乐活动接触较多，不可能不受到民间曲词的影响。

词调大部分出于民间乐曲。如《长相思》原名《湘妃怨》，是民间祭祀娥皇、女英时所用的乐曲。古代有个神话，说虞舜巡游云南，使二妃——娥皇、女英留居潇水、湘水一带。舜死了以后，“二妃泪下，染竹成斑。（二妃）死为湘水神，故曰湘妃”。白居易依照《湘妃怨》的节拍填词，此曲因而成为词调，改名《长相思》。白词第二首说：

深画眉，浅画眉，蝉鬓鬅鬙云满衣，阳台行雨回。巫山高，巫山低，暮雨潇潇郎不归，空床独守时。

用《湘妃怨》曲调写巫山神女的传说。白居易《听弹〈湘妃怨〉》诗说：“分明曲里愁云南，似道‘潇潇郎不归’。”自注：“江南新词有云：‘暮雨潇潇郎不归’。”由此可以推断，《长相思》的前身即《湘妃怨》，《湘妃怨》是祭祀湘水女神的琴曲。白居易又有《忆江南》词三首，第二首说：

江南忆，最忆是杭州。山寺月明寻桂子，郡亭枕上看潮头，何日更重游。

自注：“此曲名《谢秋娘》，每首五句。”刘禹锡作词，题为《和乐天（白居易）春词，依〈忆江南〉曲拍为句》。

第一首说：

春去也，多谢洛城人。弱柳从风疑举袂，丛兰浥露似沾巾。独坐亦含颦。

“洛城人”指白居易。白居易自称所填《长相思》词为“江南新词”，正是为了表示不同于齐言体的歌诗。他填写《忆江南》词，特别指出原曲为《谢秋娘》，而刘禹锡与白居易唱和的《忆江南》词，题目即标明“依《忆江南》曲拍为句”，可见这时文人填词还没有形成普遍的风气，还是一种新鲜的创作方式，所以需要作些说明。从此以后，作词的风气在文人中间就发展起来，盛行于晚唐五代，而大盛于两宋。

关于唐代大曲的研究，根据唐代文献可以知道，大曲分为三大段，即“散序”、“中序”和“破”。每一大段包括若干“遍”，遍也是段的意思。早期的大曲歌词都是齐言诗，到宋代才有长短句体的大曲词（散序无拍，不配诗词）。

我国的讲唱文艺源远流长，唐代的变文有了新的发展。在唐代，民间有“转变”，学者或认为即讲唱变文。按“转”或写作“啭”，是唱的意思。寺院利用这种形式宣扬佛法，但为了招引听众，募集布施，于是广泛采用社会题材。这种形式称为俗讲，所用说唱底本称为变文。《乐府杂录 · 文叙子》条记载：“长庆中(821—824)，俗讲僧文叙（溆）善吟经，其声宛畅，感动里人。乐工黄米饭依其念四声‘观世音菩萨’，乃撰此曲（《文溆子》）。”唐赵璘《因话录》说：文溆举行俗讲时，“听者填咽寺舍”。可见他的歌声深受群众赞赏。[1]

但唐代的变文直到敦煌莫高窟藏经洞被发现以后，大家才看到。关于变文的范围，说者多有分歧，现在暂时以说唱故事的文艺作品为限。就这批变文的形式说，可以分为三类：(1) 有说有唱，是标准形式，占多数。(2) 只唱不说。(3) 只说不唱，和音乐无关。也许第二类说的部分不多，第三类唱的部分不多，在写定文本时便省去了，待讲唱时再临时补充。变文的咏唱部分，主要是五言或七言诗。大约佛教变文多采用佛曲，其他变文多采用流行乐曲。

唐代的音乐资料还有敦煌莫高窟 17 窟发现的乐谱和舞谱。乐谱是“工尺谱”，用“工”、“尺”等笔画简单的字记写唱名，(图 11—12) 有《倾杯乐》、《西江月》、《心事子》、《伊州》等九曲。这种记谱法不知始于何时，但发展到敦煌乐谱的记写水平，一定经历过相当长的实用过程。敦煌舞谱残卷包括《遐方远》、《南

---

〔1〕参看向达《唐代俗讲考》，见《唐代长安与西域文明》，三联书店，1957。

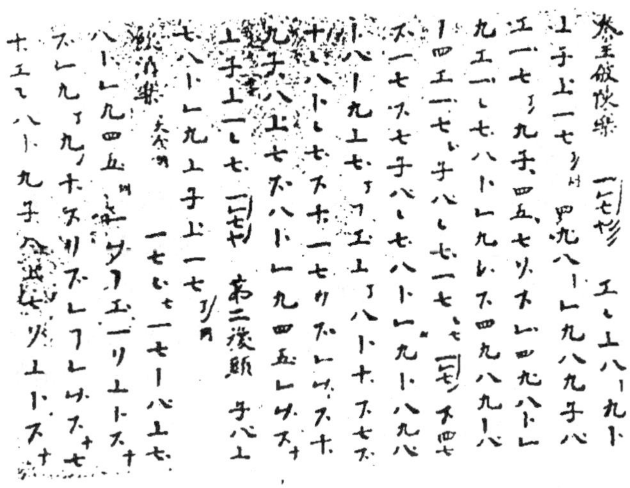

图 11-12 唐《秦王破阵乐》曲谱（部分），抄在后唐长兴四年（933）讲经文背面

歌子》等六曲，还有《五段子》等三曲各一段，所用谱字有“令”、“送”、“摇”、“据”等，也是企图用最少的谱字记录下每个舞蹈的动作和结构。但无论舞谱或乐谱，记下来的都只是基本结构，在表演或演奏时都还需要乐舞伎临时依照乐舞规律加工，或即兴加以补充调整。

隋唐时期，由于陆路（主要是丝绸之路）和海路交通的发达，商业贸易的兴旺，国际政治活动的加强，宗教的传播，地理知识的增进，民族迁徙流动的频繁，东方各国各民族开始了更加广泛的接触。各国各民族都有长期积累的文化成就，一经接触，彼此发现各方都有特异之处，足以取长补短，充实各自的社会生活内容，因此，引起了大规模的活跃的文化交流运动，而乐舞艺术又是其中最显著的一种事物。当时中国由于所处的地理位置，以及在经济和文化上所取得的成就，很自然地成为东方文化交流的枢纽地带，唐朝的首都长安成为当时的国际大都市。

隋朝的“七部乐”中有外来乐舞三种，七部之外又有外来乐舞五种。宫廷燕乐中虽然只安排一些著名的外来乐舞，也可以反映南北朝以来中外音乐文化交流的部分成果。

唐代初年的九部乐和十部乐中都有外来乐舞四种。后来十部乐为坐、立部伎所代替，立部伎的《太平乐》就采取了天竺乐舞因素。《太平乐》也称《五方狮子舞》。狮子原出于“天竺、狮子等国”。狮子国即今斯里兰卡。舞蹈表演时，驯狮人“作昆仑象”，即化妆成黑皮肤的人。“百四十人歌《太平乐》，舞抃以从之。”[1] 古代泛称东南亚诸岛为昆仑。

[1] 杜佑《通典》卷一四六。

唐代有许多著名的艺人和宫廷乐师来自中亚。[1]如“舞胡”安叱奴来自安国；琵琶名手曹善才、曹纲来自曹国，曹国故地在今中亚撒马尔罕的北方；米嘉荣、米和郎来自米国，米国故地在撒马尔罕的西南方。唐代的教坊吸收了一些中亚、印度以及更远地区的乐舞。如《柘枝》源出于石国，石国即今中亚的塔什干；《婆罗门》出于印度；《拂林》出于东罗马帝国或其东方属地，等等。

隋朝宫廷燕乐《天竺乐》中有《天曲》，就是佛曲。当时有些佛曲已经在社会上流行，其中有代表性的被选入燕乐中。到了唐代，佛教音乐在中国有很大发展。有些佛曲经过改编，有些为民间乐曲或传统乐曲所代替，中国僧人也创作佛曲。但总有一部分佛曲或多或少带些印度或西域的音乐因素，有宗教意味。寺院也起了传播西域和印度乐舞的作用。

唐代的其他外来宗教，还有摩尼教、祆教、景教等。摩尼教出于波斯，约6—7世纪传入我国新疆，武则天延载元年（694）传入长安。《隋书·音乐志》所载宫廷燕乐《龟兹乐》中有歌曲《善善》、《摩尼》。或认为应读为《善善摩尼》，即鄯善地方的摩尼教乐曲。[2]但《通志·乐略》所列龟兹乐舞曲名及顺序与《隋书》稍有不同，《善善》和《摩尼》不相连接，显然不是一个乐曲。《摩尼》也未必和摩尼教有关。祆教也称火祆教，出于波斯，约于北魏神龟年间（518—519）传入中原。据记载，河南府祆祠祭神时，“琵琶、鼓笛，酣歌醉舞”[3]。这可能是祆教徒祭神时的普遍状况。祆祠中主持祭祀的僧人称为“穆护”。唐代有《穆护子》、《穆护砂》（砂应作煞）等乐曲，都可能和祆教有关。又《教法佛经》称“祆神”为“摩醯首罗”[4]，而唐天宝十三载（754）太乐署改诸乐名，其中《摩醯首罗》改名《归真》，[5]任半塘认为此曲可能和祆教有关。[6]景教是基督教的聂斯脱利派。唐太宗贞观九年（635），教徒叙利亚人阿罗本等经波斯来长安译经传教。敦煌发现的七八世纪的景教资料中，有一种即近代天主教“弥撒”中所唱的《荣福经》（Gloria in Excelsis），又杂以《谢恩经》（Te Deum Laudamus）。[7]既有歌词，也应有相应的曲调，[8]当然曲调或有变化，或由中国曲调代替。

其他国家，还有“室利佛逝”国于七八世纪之间，曾派遣使臣带领艺人到长

〔1〕参看向达《唐代长安与西域文明》（见同名论文集）。

〔2〕〔日〕岸边成雄《唐代音乐史的研究》第5章，梁在平、黄志炯译，台北中华书局，1973。

〔3〕旧题唐张鷟著《朝野佥载》卷五。

〔4〕姚宽《西溪丛话》卷上。

〔5〕《唐会要》卷三三。

〔6〕任半塘《教坊记笺订》，中华书局，1962，第134页。

〔7〕方豪《中西交通史》，岳麓书社，1987，第415页。

〔8〕参看刘奇《中国传入的基督教会音乐探寻》，《音乐艺术》1987年第1期。

安。室利佛逝即今印度尼西亚的苏门答腊。唐代宗大历十二年（777），渤海国的使臣送日本舞女 11 人到长安。唐德宗贞元十八年（802），骠国（今缅甸）派遣庞大的乐团携带乐器 19 种 32 件，到达长安。演奏的乐曲有 12 首。这些国家的乐舞对唐朝的乐舞都有影响。

唐代的中国人民对外来乐舞的吸收，是有条件、有选择的。他们所采取的方法可以分为三种：

（1）吸收——例如，唐代曾一度盛行由波斯传来的“泼寒胡戏”。在严冬季节，表演者“裸体跳足”，持油囊装水，互相泼洒，载歌载舞，以为戏乐。后来，此戏被禁绝，但所用的舞蹈《浑脱》、乐曲《苏幕遮》却保留下来。“浑脱”大概是波斯语“口袋”（kunda）的音译，“苏幕遮”大概是波斯语“披肩”（samosa）的音译。

（2）融合——例如，用《浑脱》舞和中国传统的剑舞糅合起来，成为《剑器浑脱》。开元年间，舞蹈家公孙大娘擅长此舞，“浏漓顿挫，独出冠时。”杜甫为她和她的弟子的精湛艺术，写下了《观公孙大娘弟子舞〈剑器〉行》著名的诗篇。

（3）改编——例如，天宝十三载，太乐署公布更改一大批乐名舞名，其中“沙陀调”《苏幕遮》改为《宇宙清》，“金风调”《苏幕遮》改为《感皇恩》。乐曲改名不只是为了使曲名中原化，而且也意味着乐曲本身已经按照中原风格的要求经过了改编或再创作。这次改名的乐曲中有外来乐曲，也有我国西部民族地区的乐曲。唐代乐人采取这些方式对唐代音乐加以补充。

隋唐时期，中国乐舞也不断地向四周各国传播。例如，当时最流行的乐器之一“筚篥”即出于龟兹。语言学家岑麒祥说，古龟兹语称筚篥为“巴勒喀”（vallaki），“喀”是词尾，是微小的意思。按汉语筚篥当是龟兹语的音译。现在维吾尔语称筚篥为“皮皮”，有的地方也称“巴勒满”，其形状及名称都和 vallaki 有继承关系。筚篥流传到各邻国，或称为筚篥，如朝鲜、日本；或称为筚，如越南、泰国。流传到伊朗后，波斯语称为“巴勒般”，当是巴勒满的音变。

唐朝初年，有歌颂“秦王”李世民（即后来的唐太宗）的《秦王破阵乐》，有歌有舞，影响很大。贞观三年（629），僧人玄奘到印度取经，当地的两个国王都对他谈论过这个著名的舞蹈。[1] 他们都只是听说过，似乎没有看到。

隋炀帝大业八年（612），曾在中国学习乐舞的百济人味摩之到了日本，传授“伎乐舞”。伎乐舞即指中国乐舞。当时，日本推古天皇在位，由圣德太子（即厩

〔1〕玄奘《大唐西域记》卷五、一〇。

户皇子）摄政。圣德太子把这种舞蹈定为佛教祭仪，以后就逐渐盛行起来。[1]味摩之带去的伎乐面（假面），至今保存在东京国立博物馆里。据日本史书记载，当时对传入日本的中国乐舞，“皇太子厩户最好而讲之，于是韩、吴诸乐始行于世”[2]。所谓“韩乐”，指朝鲜乐舞，“吴乐”指中国乐舞。公元702年，日本宫廷设“雅乐寮”，有唐、高丽、新罗及伎乐等乐师。隋唐乐曲不断地传到日本，见于著录者就有一百五十多首。[3]大约从8世纪后期，日本流行一种歌谣俗曲，称为“催马乐”(saybala)。据日本学者河口慧海考证，saybala是西藏语“saybar”的音译。saybar是“地方恋歌”的意思。日语saybala的内容并不限于爱情，歌词中有时掺杂着藏语。流传到今天的只有7章。

朝鲜古代宫廷乐舞分为两类：唐乐，指由中国传过去的乐舞；乡乐，指朝鲜本国的乐舞。这种分法大约始于唐代。9世纪前期，在中国学习佛法及梵呗的新罗禅师真凿，回国后传授梵呗，开创了一个流派。

唐代末年，各地藩镇割据一方，唐朝已无力控制。唐朝覆灭后，即出现“五代十国”的分裂局面，中原音乐的发展又受到挫折。

## 第五节 宋元时期的音乐

宋朝建立之后，一时全国出现了相对安定的状态。又由于经济的发展，全国出现了一些手工业和商业城市。北宋的都城汴京（今开封）是政治中心，也是商业城市。此外，如成都、临安（今杭州）、广州、泉州等也都是人口众多、商业发达的城市。公元1127年，宋朝被北方的金朝逼迫，迁都临安，此后至公元1279年元朝统一之前，历史上称它为南宋。南宋偏安江左，经济继续发展，临安等地的商业日益兴盛。这种社会状况为音乐的发展提供了条件。

北宋也设立了教坊。据记载，教坊初分为四部，但内容不详，可能是指坐部、法曲部、鼓笛部（立部）和龟兹部而言；后又以艺人职务分为13部，包括筚篥部、大鼓部、拍板色、笛色、琵琶色、舞旋色、歌板色、杂剧色、参军色等，规

[1]《日本书纪》卷二二。

[2]《大日本史·礼乐志》。

[3]《大日本史·礼乐志》。

模远不及唐代。南宋迁都临安之后，有时设置教坊，有时撤销，朝廷有事则临时招集市上艺人表演。

图 11—13　敦煌莫高窟 61窟维摩诘变小酒店中的舞人（宋）[1]

自北宋起，搜集整理民间音乐的事业已经从官府艺人手里转移到民间艺人手里。无论是在汴京或临安，民间艺人已经自动组成了自己的团体，有了固定的表演场所，叫做“瓦子”或“瓦肆”。这一方面说明，城市里有这样的需要，光官府艺人已不能应付；另一方面也说明，民间音乐艺术的成就和内容，民间艺人的造诣和数量，都足以适应这样的需要了。民间艺人生活在群众当中，自然能直接反映人民的生活，及时汲取人民创造的音乐。（图 11—13）他们非常活跃，不像官府艺人那样受到种种限制。为了谋生或爱好，民间艺人要设法经常开展音乐活动，并以师徒或血缘关系传授技艺，以保持和提高创作和表演的能力。

南宋出现了载歌载舞的戏剧，有大型的，也有小型的，流行于城市和乡村，随时随地吸收民间的歌曲。这样，民间歌曲的发掘、整理和传播又增加了许多机会。

在南宋和金朝南北对峙的时候，金朝的都城中都（今北京）是北方的文化中心，这里也聚集着大批的民间职业艺人。他们对于乐舞、戏剧以及文学的发展，也都作出了贡献。

元世祖灭南宋后，把南宋朝廷的乐工、乐器运到元朝都城大都（今北京）。实际上，在当时的临安和大都从事音乐戏剧工作的，主要是民间艺人，朝廷乐工的去留已无足轻重。元代的音乐仍以中原和江南地区的民间音乐为主。当时由于一些民族的迁徙流动，北方和西部诸民族的音乐不断地传入中原地区，丰富了中原音乐的内容；而大批的外国人迁入中国，带来了他们的音乐文化，又使中国音乐增添了新的因素。

宋代的乐曲，在旋律、曲式和组合方面，都有较大的发展变化，因而配合乐曲的歌词也呈现出多种形式。今按曲式即歌词的体裁简略地加以讨论。

〔1〕转引自《敦煌舞姿》，第 94 页。

### 1.词和散曲

词盛行于晚唐五代，而大盛于两宋。由于新乐曲不断地增加，而旧乐曲有的消失了，有的经过发展变化，又获得了新的生命，所以宋代的词调增加了很多。但民间曲词保留下来的很少，大量的作品出于文人之手。南宋初年有一首流行的“吴歌”：“月子弯弯照九州，几家欢乐几家愁！几家夫妻同罗帐，几家飘散在他州！”宋孝宗淳熙十六年（1189），诗人杨万里在长江乘船夜航，听到舟人唱歌。他记载：

> 有云：“张哥哥，李哥哥，大家着力齐一拖。”又云：“一休休，二休休，月子弯弯照九州。”其声凄婉，一唱众和。

诗人受了启发，写成《竹枝词》七首。其中一首说：“月子弯弯照九州，几家欢乐几家愁！愁杀人来关月事？得休休处且休休。”此诗第二句也应当是舟人的歌词。“月子弯弯”这首民歌，直至解放以前仍然在各地传唱。[1]不知在宋代用什么曲调唱，杨万里听到的是“其声凄婉，一唱众和”。

宋词的乐谱流传下来的不多。南宋初年，词人姜夔不但擅长填词，而且擅长作曲。他的词作有17首的乐谱（工尺谱）传下来（其中14首乐谱是他的自度曲），由杨荫浏译为现代乐谱后，我们就听到了宋词的旋律。

金元时期的“散曲”是对杂剧而言，分为两种：小令，配合“只曲”（单曲）；套数，配合由同一宫调的若干只曲所组成的套曲。散曲和杂剧都继承了一些词调。

### 2.大曲词

唐代关于大曲的资料流传下来的不多，但宋代大曲的规模是继承唐代的而没有什么变化，因此，根据唐宋两代的文献，可以了解大曲结构的轮廓：

<table>
<tr><td colspan="2">散序</td><td colspan="10">腔</td></tr>
<tr><td colspan="2">散序</td><td colspan="2">中序（拍序）</td><td colspan="8">破</td></tr>
<tr><td>散序</td><td>靸</td><td>排遍</td><td>攧</td><td>正攧</td><td>入破</td><td>虚催</td><td>衮遍</td><td>实催</td><td>衮遍</td><td>歇拍</td><td>杀衮</td></tr>
<tr><td colspan="2"></td><td></td><td colspan="9">曲破</td></tr>
</table>

唐宋大曲的一般结构分为这样的12遍，各有专名。任二北认为，遍名“皆各由其

---

〔1〕参看杨荫浏《中国古代音乐史稿》第12章。

拍法而定”，可作拍名观。[1] 按大曲都配舞，舞蹈由鼓点指挥。这些遍名中可能有些是鼓点的名称，表示敲击的方法及节奏特点。西安历史悠久的“鼓乐”中，就有“滚击”的手法，鼓曲中又有《往里滚》、《往外滚》的名目，不知此“滚”字是否和唐宋大曲的“衮”字有关。大曲的每一遍中也往往包含几小段。

唐代流传下来的大曲《伊州》歌词，包括“歌第一”至“第五”五遍，“入破第一”至“第五”五遍，每遍歌词都是五言或七言绝句，其中有些是诗人的作品。“歌”大致指中序，“入破”大致指“入破”以下各遍。大曲各遍的遍数，记载或有出入。散序及靸无拍，不填词。现存南宋大曲词有三套，即董颖《道调薄媚》（西子词）、曾布《水调歌头》（冯燕传）、史浩《采莲》（寿乡词），分别描述美女西施、侠客冯燕的生平故事以及对仙境寿乡的想象。每套大曲中各遍曲词的格律不同，可见各遍乐曲的曲式不同。大曲本来都有舞蹈，当歌唱故事时，原来的舞蹈已不适用，大概只用大曲的音乐。在大曲的基础上又产生了队舞，如宋朝教坊的“小儿舞队”和“女弟子舞队”。队舞有音乐、舞蹈、唱词和朗诵，场面很大。至元代，也有队舞，称为“乐队”。

### 3.鼓子词和唱赚

鼓子词，其格式为：〔散文〕+〔词〕+〔散文〕+〔词〕……。有说有唱，是在唐代变文基础上发展起来的一种叙事文学体裁。唱赚是组曲形式，又分两类：“有引子、尾声者为缠令；引子后，只以两腔互迎，循环兼用者为缠达。”[2]

（1）缠达（转踏、传踏） 其格式为：〔引子〕+〔甲曲〕+〔乙曲〕+〔甲曲〕+〔乙曲〕……。现在看到的几种宋人《调笑转踏》，都没有引子，格式是诗词兼用，如郑仅《调笑转踏》，开头没有引子。引子可能是器乐曲，不填词。一诗一词，构成一组。词调都是《调笑令》，诗都是七言八句。大概唱诗时都用固定的吟诵调，无须注明。

（2）缠令 其格式为：〔引子〕+〔甲曲〕+〔乙曲〕+〔丙曲〕+〔丁曲〕……。金董解元《西厢记诸宫调》采用了许多缠令曲式，也没有引子。如《侍香金童缠令》包括乐曲《侍香金童》、《双声叠韵》、《出队子》和《尾》各段。

### 4.诸宫调

其格式为：甲调（甲曲+乙曲……）+乙调（甲曲+乙曲……）+丙调（甲

〔1〕《南宋词之音谱拍眼考》，《东方杂志》24卷12号。

〔2〕南宋灌园耐得翁《都城纪胜》。

曲＋乙曲……）……。是北宋神宗（1068—1085年在位）时民间艺人孔三传创作的一种大型说唱形式，包含不同宫调的只曲和套数，波澜起伏，组合严密。《西厢记诸宫调》就用了14个宫调、151支基本乐曲。所用乐曲可以分为三类：（1）单曲，极少。（2）单曲，加尾。（3）缠令——最短的也包含两支乐曲和一支尾声。每类乐曲属于一个宫调，而各类乐曲的宫调或同或不同。诸宫调是根据剧情的发展变化而安排乐曲，又根据乐曲而填写唱词。这是一项复杂而宏大的艺术工程。

**5.杂剧和南戏**

唐代就有参军戏和杂剧。1987年浙江黄岩灵石寺发现北宋乾德三年（965）制作的戏剧人物雕砖，刻画的人物形象似参军戏表演。那时黄岩仍在吴越国统治之下。可见至迟在五代时期，这一带已有普遍的戏剧活动。[1]

宋代的音乐艺术既然已经取得这样的成就，再经进一步综合运用，水到渠成，自然产生了比较成熟的戏剧。北宋戏剧如何演唱，文献记载不详，但根据有关文物可以得到初步的了解。如1973年河南洛宁县上村两座相邻古墓中出土砖雕八块，上面刻画的形象有：（1）社火杂剧表演；（2）杂剧表演；（3）乐队演奏，所用乐器有筚篥、杖鼓、单面鼓，另一种乐器的形状不清楚，可能是筚篥。如果二、三两组砖雕出于一墓，那么，第三组的乐队就是为杂剧伴奏的。[2]这批宋金遗物反映出当时杂剧演出的部分情况。

南宋宫廷中扮演的杂剧，“或一场两段”，或“一场三段”。“先做寻常熟事一段，名曰‘艳段’：次做正杂剧，通名为两段。”扮演的角色，“每四人或五人为一场”，各有分工。[3]虽然没有剧本流传下来，但这种杂剧应当属于戏剧范畴。南宋周密《武林旧事》卷十记载了“官本杂剧段数”280本的名目。就这些名目看，多半是和唐宋大曲等结合的，如《莺莺六幺》大概就是用《六幺》大曲的曲调演唱崔莺莺的爱情故事的。所谓“段数”当是指杂剧中的一段而非全本。这种宋杂剧主要是在唐宋大曲、参军戏等艺术体裁的基础上发展起来的。参军戏最初只有说白，以后也有歌唱。“段数”中有诸宫调两本，即《诸宫调霸王》和《诸宫调卦册儿》，虽然为数不多，可见在南方杂剧已经开始尝试用诸宫调曲式表演故事，打破了同时只用一个宫调的大曲或其他曲式的局限，这是一项难度较大的演奏和歌唱艺术的进展。

〔1〕王中河《浙江黄岩灵石寺塔发现北宋戏剧人物砖雕》，《文物》1989年第2期。

〔2〕廖奔、杨建民《河南洛宁上村宋金社火杂剧砖雕叙考》，《文物》1989年第2期。

〔3〕灌园耐得翁《都城纪胜》。

元陶宗仪《南村辍耕录》卷二五记载金元院本690本的名目。[1] 院本和杂剧相似，是金元的一种称谓。宋室南迁以后，南北戏曲的发展有了显著分歧，也有会合之处。南宋“段数”和金元院本，凡标明所用乐曲的，当然有音乐配合；而没有标明乐曲的，大概多数也有乐曲配合，只有说白的很少。[2]

元杂剧也称“北杂剧”，是在宋杂剧、金院本、诸宫调等艺术形式的基础上逐渐产生发展的，也采用了一些传统乐曲，而采用最多的则是当时以大都为中心的北方流行歌曲。北杂剧是多层次的多种曲式的综合体。（彩图15）

南戏原来是歌舞小戏，也称“温州杂剧”，在北宋末、南宋初，即在宋杂剧和诸宫调影响之下，在温州民间乐舞活动中渐渐萌生发展。它采用了以温州为中心的南方民间乐曲和歌谣，不受杂剧形式的局限，表现出蓬勃的生命力。南宋末年，南戏就盛行于临安一带。元朝统一之后，南北戏曲交流频繁，互相促进，都有进一步的发展。

从宋代起，载歌载舞的戏剧在中原人民的文化生活中占有重要位置，此后，在城市里歌舞单独表演的机会就相对减少了，但在农村和少数民族地区，歌舞依然风行。

宋元时期，中外音乐文化的交流不如隋唐时期活跃，但并未中断。如北宋末期，中国曾派乐工前往朝鲜传授乐舞，朝鲜乐工也多次来中国学习。宋徽宗政和七年（1117），宋朝向朝鲜宫廷赠送《大晟雅乐》及燕乐的乐器、乐谱和歌词，并派乐工前往传授声律。又如越南黎朝龙铤王在位时（1005—1009）很宠信宋朝优人廖守忠，所谓优人当即指杂剧演员。越南在陈朝时（12—15世纪）盛行一种集体舞蹈，所用歌词有《庄周梦蝶》、白居易《母别子》诗等，所用乐曲有《降黄龙》、《宴瑶池》等，都是从中国传过去的。宋人从越南得到了在中国久已失传的杖鼓曲《黄帝炎》。元代初年，中国优人李元吉在越南“做古传戏”，有《西王母献仙桃》等传，角色12人，“著锦袍绣衣，击鼓吹箫，弹筝抚掌”，“更出迭入为戏”。[3] 这正是元杂剧的表演形式。

大约10世纪上半期，突厥人和回鹘人建立了哈拉汗王朝，辖区包括今中亚巴尔喀什湖以东、以南地区及今新疆西部。其政治中心有两个，一是中亚楚河流域的巴拉沙衮，一是新疆的喀什噶尔。哈拉汗王朝信奉伊斯兰教，因此，阿拉伯文

〔1〕郑振铎认为应是713本。见《中国俗文学史》第7章，商务印书馆，1938。

〔2〕参看张庚、郭汉诚主编《中国戏曲通史》第1编，中国戏剧出版社，1980。

〔3〕〔越南〕黎文休《大越史记·陈纪》。

化，其中包括音乐，逐步传入新疆。这个王朝大约在12世纪初年灭亡。[1]

哈拉汗王朝有个出生在巴拉沙衮的音乐家法拉比（870—950），经学者考证，或认为他是突厥人，或认为他是回鹘人。法拉比用阿拉伯文撰写《音乐全书》等著作多种，他的乐律学理论构成了波斯、阿拉伯的典型乐系。阿拉伯音乐受到波斯和龟兹音乐的影响。[2]

随着伊斯兰教传入新疆的阿拉伯和波斯音乐，对以后的新疆音乐影响较大。阿拉伯有一种讲故事或讲道的文学体裁，称为“木卡姆”，先传入新疆，大概在13世纪后期即传入内地。元朝于至元十七年（1280）设置“天乐署”，“管领汉人、回回、河西三色细乐”。这里所说的“回回”指新疆一带的人。回回乐曲中有《马黑某当当》，《马黑某》可能即《木卡姆》大曲。[3] 木卡姆这个名称虽然出于阿拉伯语，但它在内容和形式方面，却在新疆得到了很大的发展。

在元代又有几种新乐器经由新疆传入内地，如弹拨乐器“火不思”，或写作“浑不似”，是突厥语qobus的音译；[4]“七十二弦琴”，即坎农，来自印度，一说来自“报达国”（在阿拉伯东部）；“兴隆笙”，来自“回回国”（中亚的花剌子模），即早期的管风琴。

## 第六节 明清时期的音乐

在明清时期，封建社会内已经孕育着资本主义萌芽，虽然它有很大的局限性，但对当时音乐和戏剧的发展起了一定的推动作用。

明朝宫廷的音乐机构有“神乐观”，主管祭祀乐舞，以道士为乐舞生；有“教坊司”，主管宫廷宴飨乐舞。宫廷宴乐也“奏抚安四夷之舞”，有《高丽舞》、《北番舞》、《伍鲁速回回舞》等。也有队舞，如《九夷进宝队舞》、《万国来朝队舞》等。

清朝初年沿用明制，设“神乐观”和“教坊司”，后改神乐观为“神乐署”，改教坊司为“和声署”；另有“南府”，专承应戏曲，艺人众多，后来缩小规模，改称

[1] 参看新疆社会科学院民族研究所《新疆简史》，新疆人民出版社，1980，第155—160页。

[2] 周菁葆《木卡姆探微》，载《丝绸之路乐舞艺术》（《新疆艺术》编辑部编，新疆人民出版社，1985）一书中。法拉比的全名为：艾甫纳斯尔·法拉比。

[3] 董锡玖《中国舞蹈史》（宋元部分）第3章，文化艺术出版社，1984。

[4] 参看周菁葆《丝绸之路的音乐文化》，新疆人民出版社，1987，第287—288页。

“升平署”。宫廷宴乐中还安排边疆和邻国的乐舞 8 种：（1）“瓦尔喀乐”（瓦尔喀在吉林省东部），（2）“朝鲜乐”，（3）“蒙古乐”，（4）“回部乐”（新疆），（5）“番子乐”（藏族），（6）“廓尔喀乐”（尼泊尔），（7）“缅甸乐”，（8）“安南乐”（越南）。

明清时期，宫廷音乐在社会上的影响很小，而广大群众和民间艺人的音乐和戏曲活动则非常兴旺。民歌小曲和牌子曲是民间最流行的乐曲。牌子曲即连接若干小曲所组成的组曲，是唱赚（缠令、缠达）曲体的新发展。说唱曲艺主要是指叙述长篇故事的“弹词”和“鼓词”而言，形式有说有唱，以唱为主。这种体裁是由宋代的“鼓子词”、元代的“词话”等发展而成的。弹词流行于南方各地，伴奏乐器有琵琶、三弦等。鼓词流行于北方各地，演唱者自己击鼓，有时还用其他伴奏乐器如三弦、琵琶等。乐器可以调整增减。

歌舞小戏，到处都有，是用民歌小调组成的。如安徽的《花鼓》，湖南等地的《花灯》，北方的《小放牛》，内蒙的《二人抬》和东北的《二人转》等。演员少则两人，多则十余人。有些小戏发展成戏剧，但小戏和戏剧仍然同时流行着。

明清时期，由于商业经济的发展，城市人口增多，需要娱乐活动，又由于社会的变化，人们要求艺术能反映日益复杂的社会生活，于是各地的戏剧在北杂剧和南戏的影响之下发展起来。（图 11—14）南戏和江西弋阳、江苏昆山一带的民间曲调结合，产生了弋阳腔和昆山腔（昆曲）。明末清初，这两个剧种盛行。清代乾隆中期以后，昆曲渐衰，而所谓“乱弹”者代之而兴。乱弹即指弋阳腔、梆子腔、二黄调等。弋阳腔流传到各地，又分别和各地的语音上戏结合，发展成各种流派，如四川高腔、湖南高腔等。弋阳腔和由弋阳腔派生的各种流派，大都保留着帮腔的形式。各地方剧种传入大城市后，由于彼此交流吸收，逐渐形成一些包括多种声腔的综合性剧种，如京剧、汉剧、湘剧、楚剧等。戏剧对于各地方乐舞有很大的吸收和融化的涵聚力量。

明神宗万历年间，乐律学家朱载堉著《乐律全书》（1584—1606 年成书），首先提出“新法密律”（即十二平均律）的理论。这是乐律学上的一项重大发明。《乐律全书》包括乐律、乐谱和舞谱等项内容。清乾隆十一年（1716），周祥钰等编成《九宫大成南北词宫谱》，记录了南北曲的基本曲牌 2094 个，保存下来传统及清初流行乐曲的大量曲谱，是研究音乐史的重要资料。

明清时期，中外音乐文化仍有稀疏的交流现象。如明代流行的吹管乐器“唢呐”，源出于西亚一带，是从波斯经由新疆传入内地的。波斯语称为“苏尔奈”（surnay）。唢呐传入内地，至迟在明代初期。先用于军中，也称“号笛”。以后即普及于民间。

明万历二十九年（1602），天主教传教士意大利人利玛窦等，由澳门到北京，

图 11-14 明人演戏图

向万历帝呈献自鸣钟及铁弦琴等，并向内官（宦官）传授教会歌曲，写成《西琴曲意》八章。铁弦琴即欧洲的古钢琴（clarichord）。此外，北京的天主教堂还有不少的欧洲乐器。但当时的教会音乐在社会上并没有什么影响。

击弦乐器“洋琴”或写作“扬琴”，源出于波斯一带，波斯语称为“桑图尔”(santur)，早已流行于中亚及新疆地区。大概在明末清初，葡萄牙人又由海路从西方带到澳门，以后即流行于内地。

清康熙帝曾命传教士、葡萄牙人徐日升等到宫中为皇子讲授欧洲音乐。康熙五十三年（1714），魏廷珍等编成《律吕正义》，其续编中即根据徐日升等人的介绍，讲述了欧洲音乐知识。

明洪武三年（1370），明朝向朝鲜宫廷赠送雅乐乐器。朝鲜李朝太宗二年（明建文四年，1402），朝鲜李朝“礼曹”（掌礼仪）议定的《国王宴使臣乐》规定：进茶，唐乐奏《贺圣朝令》；进初盏，歌《鹿鸣》，用《中腔》调；献花，歌《皇皇者华》，用《转花枝》调等。[1] 所用歌词都采自中国《诗经》，所用乐曲也大都是从中国传去的。

越南黎朝太宗绍平四年（1437），宦官梁平仿明朝乐器制定新乐，分为“堂上之乐”与“堂下之乐”。[2] 越南的旧戏，在音乐、服装和表演形式等方面，都受了中国传统戏曲的影响。中国的戏剧人物，过去也常出现在越南戏剧舞台上。[3]

日本有一种说唱文学体裁，称为“琵琶物语”，它的形成是受了中国弹词的影响。日本“能乐”的戏剧形式，是受了元杂剧的影响而形成的。[4] 明代末年，中国音乐家魏之琰东渡日本，带去明代流行曲谱二百多首，深受日本人民欢迎，称为“明乐”。清康熙十六年（1677），僧人古琴家蒋兴俦到日本传授琴学，日人尊为东皋禅师，从此“在日本儒学者之间就有琴曲的传统”[5]。19 世纪初年，中国音乐继续经长崎传入日本，称为“清乐”，加上以前传去的“明乐”，合称为“明清乐”，曾在日本长期流行。

在漫长的历史年代，我国古代各族人民共同创造的音乐文化，保存在丰富的文献记载和考古资料中，或者仍然保存在人们的音乐实践中。我们广大音乐工作者应当不断地搜集国内外保存的中国音乐史料，加以整理总结，探索历史，奔向未来。

---

〔1〕吴晗辑《朝鲜李朝实录中的中国史料》前编卷上，中华书局，1980。
〔2〕陈修和《中越两国人民的友好关系和文化交流》第 2 章，中国青年出版社，1957。
〔3〕同上。
〔4〕〔日〕田边尚雄《日本音乐史》第 1 章，雄山阁，1932。
〔5〕〔日〕田边尚雄《日本音乐史》第 1 章。

# 第十二章
# 古代碑刻与书法

## 第一节 古代的碑刻

### 概说

在石上刊刻以文字为主的东西，用来供阅读识别，是我国特有的一种文化现象。它起源于黄河流域，不久遍及汉族生活地区，还旁及兄弟民族和受我国文化影响的日本和朝鲜半岛等地方。

收集著录这种石刻文字的事情开始于北宋。这是因为到北宋我国已进入成熟的封建地主制社会，学术文化出现前所未有的新局面，研究这种石刻文字之风自随之而兴起。

当时是把这种石刻文字和青铜器及其铭文统在一起称为“金石”的，直到清代以至民国还习惯承用称这门学问为“金石学”。只是对石刻文字的收集研究远多于青铜器铭文，以“金石”命名的书除开头有极少数著录青铜器铭文外，绝大部分都是石刻文字。如今青铜器的研究已纳入考古学中，青铜器铭文即所谓“金文”的研究也成为古文字学的一部分，讲石刻文字自应单独用个名称。称“石刻文字学”似不妥，易误会为文字学的一种；就石刻文字中为数最多的碑和墓志称为“碑志学”，也不妥，因为仅存于古人文集中的碑志也可阑入。以此不如用“碑刻”一词来概括石刻文字，称这门学问为“碑刻学”。说“碑”自可连带同类的墓志、造像……称“刻”则规定必须是石刻而不包括仅存文集中的碑志在内。

当然，今天的碑刻学仍旧是在继承前人成果的基础上建立起来的。前人成果很多，初学可先看清末叶昌炽的《语石》和民国时马衡的《中国金石学概要》（北京大学讲义，后收入所著《凡将斋金石丛稿》）。要查阅碑刻的录文和考证，可利用清中叶王昶的《金石萃编》和其后陆增祥的《八琼室金石补正》。北宋的金石名著则有欧阳修的《集古录》和赵明诚的《金石录》。至于民国以来尤其是建国后出土的大量墓志和其他碑刻，则尚在整理中。

下面，将碑刻区分为碣、碑、墓志、画像、造像、石经、题咏题名、建筑物器物刻字共八大类来讲述。

## 碣

已发现的石刻文字，以春秋战国之间秦国的所谓《石鼓文》为最早，有十块，周围圆形而上下削平。（图 12—1）秦始皇东巡刻石歌颂功德，在峄山、泰山、琅琊、碣石、会稽各有一刻，在之罘有两刻，就现存的泰山、琅琊两刻来看，都是四方锥体而削去其尖，与石鼓虽有方圆之别而实同一体制，当时称之为“碣”。《说文》：“碣，特立之石。”就是指这种石刻。。

## 碑

先秦时已有“碑”。《礼记 · 祭义》：“君牵牲……既入庙门丽于碑。”《檀弓》：“公室视丰碑。”郑玄注：“丰碑，斲大木为之，形如石碑，于椁前后四角树

图12–1 石鼓文（宋拓）

图 12–2 山东曲阜汉孔谦碑

之，穿中，于间为鹿卢，下棺以绛绕。”可见当时的碑只用木制，树立在庙里系牲口，树立在椁的四角以下棺。立石碑并刻上文字始于东汉，有“碑阳”刻正文；“碑阴”或空白或刻正文外有关文字；两“碑侧”或刻有关文字或空白，唐以来还刻有文饰；还有正文字多转刻到碑阴以至碑侧的。碑阳正文上多有“碑额”，也叫“碑头”，多题“△△△△之碑”，如同文字之有题目。汉碑的碑额上有个圆孔，叫“碑穿”，是先秦时木碑丽牲、下棺的遗制；（图 12—2）唐以来碑额上还常有浮雕或其他文饰。汉碑多直接树立在地上，唐以来多用“碑座”，也叫“碑趺”，多琢成石龟的形状。明谢在杭《五杂俎》等书有“龙生九子”之说。说其中一子叫赑屃，因为喜欢负重就让它来驮碑。其实这赑屃本只是“作力之貌”，见《文选·西京赋》“巨灵赑屃”的薛综注，所谓赑屃驮碑出于明人编造并不见于正式的文献。正式的文献如《唐会要》就明确说五品以上的碑用“龟趺”（卷三八“葬”），并无什么赑屃。

按照刊刻的内容，碑又可区分为下列几类。

（一）墓碑：为数最多。著名的如东汉《郑固碑》、《孔宙碑》、《衡方碑》、《鲁峻碑》（均八分）、《袁安碑》、《袁敞碑》（均小篆），曹魏《曹真碑》、《王基碑》、（均八分）东晋《爨宝子碑》、刘宋《爨龙颜碑》，北魏《郑羲碑》（摩崖上下二刻）、《高贞碑》（均由隶至楷的过渡时期书体，自《爨龙颜碑》以下俗称为北魏体、魏体），唐昭陵陪葬诸碑（多数楷书），宋以来则数量更多但较少著名。还有释道身后的碑也和墓碑同样性质。著名的有北魏《马鸣寺根法师碑》（魏体），唐《道因法师碑》、《信行禅师碑》、《不空和尚碑》、《大达法师玄秘塔碑》、《圭峰定慧禅师碑》（均楷书），这都是僧徒。道士较少，著名的有唐《孟法师碑》和《魏法师碑》（均楷书），前者是女道士。

（二）功德碑：颂皇帝的如唐玄宗时吕向《述圣颂》，代宗时元结《中兴颂》（均楷书，后者是摩崖）。颂长吏的如东汉《曹全碑》、《张迁碑》（均八分），北魏《张猛龙碑》（魏体）。纪武功的如东汉《裴岑碑》（隶书），（图 12—3）唐《姜行

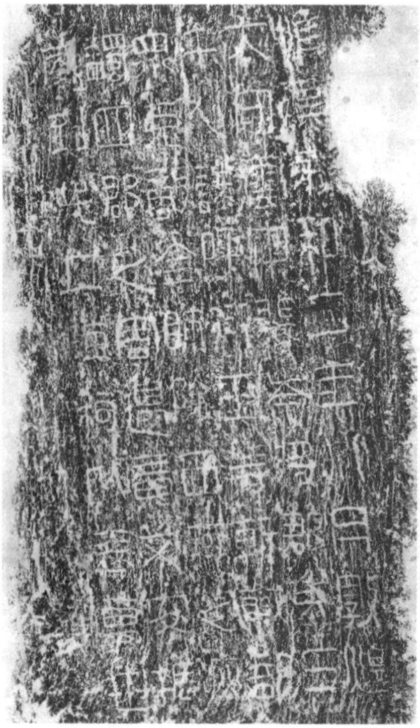

图 12-3 敦煌太守裴岑纪功碑

本碑》（楷书），旌孝思的如北齐《陇东王感孝颂》（八分）。表先贤的如北魏《吊比干碑》（魏体，存翻刻），唐《兖公颂》（楷书）。

（三）寺观祠庙之碑：佛寺如北魏《晖福寺碑》、《南石窟寺碑》（均魏体），隋《龙华寺碑》、《龙藏寺碑》、《启法寺碑》，唐《昭仁寺碑》、《等慈寺碑》（均楷书）。此外和佛寺佛教有关的，如唐褚遂良书雁塔《圣教序记》、同州《圣教序记》、王行满书《圣教序记》（均楷书）、集王羲之书《圣教序记》（行书），以及隋信州、邓州、青州、潞州、梓州的《舍利塔铭》（青州、潞州八分，余均楷书）也可属于这一类。道观之碑也不如佛寺多，有名的仅唐《白鹤观碑》和《麻姑山仙坛记》（均楷书）。祠庙之碑则以孔庙为多，如东汉《乙瑛请

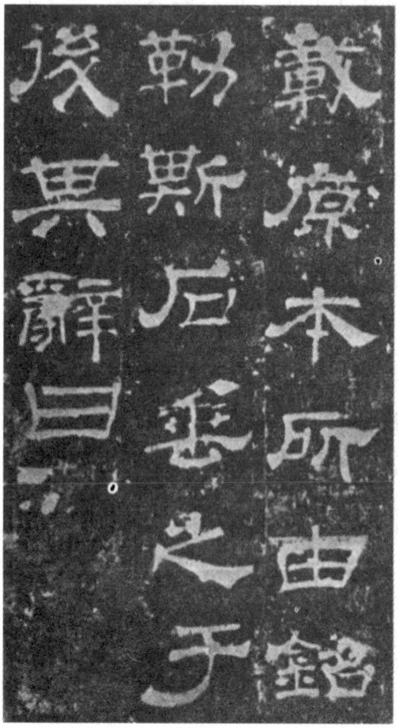

图12-4 汉西岳华山庙碑（宋拓华阴本）

置百石卒史碑》、《史晨祀孔子奏铭》（《史晨前碑》）、《史晨飨孔庙碑》（《史晨后碑》）（均八分），唐《孔子庙堂碑》（楷书）。五岳次之，如东汉《西岳华山庙碑》（八分）、（图12—4）北魏《嵩高灵庙碑》（魏体）。北周赵文渊《华岳颂》（八分），唐《北岳府君碑》（楷书）。此外还有苻秦《邓太尉祠碑》（祀魏将邓艾，隶书）、唐《诸葛武侯祠堂碑》（楷书），也都是前贤祠庙之碑。

（四）其他杂刻之碑，有：

（1）诏敕文牒：诏敕如唐太宗《少林寺赐田敕》，唐玄宗《令长新诫》，宋太祖《戒石铭》、徽宗《辟雍诏》、《大观圣作碑》（均楷书），而元《圣旨碑》存世尤多，都用汉文白话（亦楷书）。文牒则如北宋景祐元年《中书门下牒永兴军》、二年《中书门下劄永兴军》均是（均楷书）。

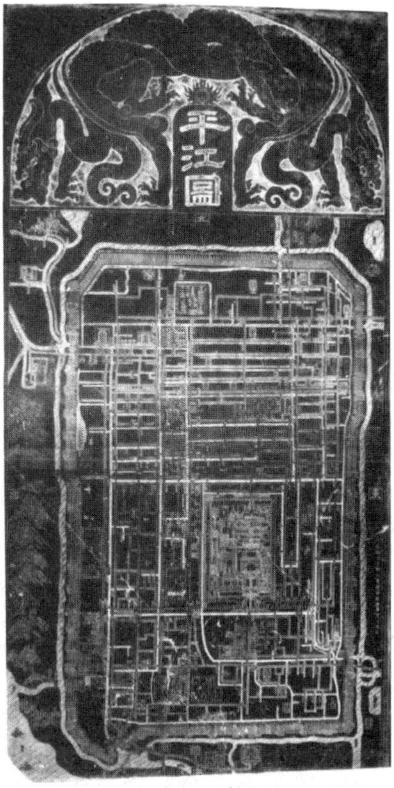

图 12-5 南宋平江图碑，苏州博物馆藏

（2）地图：如北宋吕大防《长安志图》残石，伪齐阜昌七年《禹迹图》、《华夷图》。苏州又有南宋《平江图》、《地理图》。（图12—5）

（3）界至：称“界碑”、“界至碑”、“四至碑”，标明土地的东南西北各至何处，佛寺也称“界相碑”。如唐《丰乐寺大界相碑》，北宋《栖严寺四至记》、南宋《常熟县经界记》（均楷书）。

（4）医方：较早的有北齐《都邑师道兴治疾方》（魏体），与造像记同刻一石。陕西耀县有三石刻医方，传为孙思邈《千金方》（均楷书）。

（5）书目：杭州有元《西湖书院重整书目记》。

## 墓志附塔铭买地券

墓碑立在墓前日久易于损毁，古人另在墓圹中安置石刻记死者姓名简历，以供后世子孙辨认。其事大概起源于东汉。光绪末年山东峄县出土的《临为父作封记》就是这种墓石（八分）。同时河南孟津还出土东汉时刑徒死后埋葬的砖刻，刻有姓名、籍贯、刑罚和年月。西晋时这类墓石有所谓《荀岳墓题字》、《魏雏柩

图 12-6 北魏元显儁墓志

题字》、《石尠墓题字》、《石定墓题字》等等(均八分),但仍没有称为"墓志",而且形制广狭不一,没有定式。

到南北朝时这种墓石才称为"墓志",形式也大体划一为四方的石板,上面多刻成棋子方格,多写小楷,北齐志、隋志间或有用八分的,唐志还有用行书的。志的背面有时刻上死者家属姓名,叫"阴",也有刻在侧面的,叫"侧",但正面不叫"志阳"。还有在志上加一方同样大小的石板,用来保护志文,叫"盖"。盖上多用小篆或楷书刻"△△△△△△墓志铭"等字,犹如碑的碑额。讲究的还在志和盖的四侧刻纹饰,有的在盖上四周刻纹饰,犹如碑额、碑侧之有浮雕、纹饰。有的在盖的左右装上铁环,以便提取。又有把志和盖刻成龟形的,北魏《元显儁志》便是(魏体)。(图 12—6)

这种墓志北朝多,东晋、南朝少。南朝墓志出土的过去推刘宋《刘怀民志》为最早(八分过渡初期字体)。建国后南京附近又出土东晋《谢鲲志》(八分)、《刘谦妇刘氏志》、《王兴之志》、《刘剋志》、《王丹虎志》、《王闽之志》(均所谓魏体)。萧齐有《吕超静志》,萧梁有《程虔志》、《永阳王萧敷志》、《萧敷妻王氏志》、(均魏体而有变化)。北朝的则推北魏太和二十三年《韩显宗志》(魏体)为最早,以后为数极多。旧时出土著名的北魏有《刁遵志》、《崔敬邕志》、《张玄(黑女)志》、《郑道忠志》、《李超志》(均魏体),隋有《常丑奴志》、《董美人志》、《苏孝慈志》(均楷书)。民国时洛阳北郊出土元氏志和其他北魏将相大臣志更多,多为于右任鸳鸯七志斋所收得,后移赠西安碑林博物馆。唐志则民国时洛阳出土的多归张钫千唐志斋,今仍在河南新安县铁门镇张氏故居;少数为李根源曲石精庐所得,在江苏苏州。建国后陕西出土唐志颇多大而精美者,多在碑林博物馆及昭陵博物馆。宋志出土转少于唐,且常不被重视。元明以下更少见收藏著录。

僧尼和居士不用棺葬而用火葬,有骨灰塔,一人一塔,不用墓志而在此塔上刻墓志式的文字叫"塔铭"。有名的如唐《化度寺邕禅师塔铭》、《王居士砖塔铭》等(均楷书)。

还有一种"买地券",也叫"墓莂",刻石标明死者姓名及墓地"四至",像前面所说的"界碑"那样,埋入墓中。已出土的有吴《浩宗墓券》、西晋《杨绍墓莂》

（均八分）、南汉《马二十四娘墓券》（楷书）所说四至都在虚无之中并非实地。四至为实地的有唐《刘玄简墓券》（楷书）。

图 12-7 麃孝禹刻石

## 画像

石刻画像始见于汉代，以西汉《麃孝禹刻石》上的朱雀画为最古。（图 12—7）到东汉大为盛行，多在今山东，次则河南、四川。都是平面浮雕，雕刻古帝王、孝子、烈女、义士以及墓中死者生前的事迹和日常生活状态，画像上还有一小块"题榜"刻画中人姓名，如同今天连环画小人书那样。著名的有山东肥城的《孝堂山画像》（阴刻），嘉祥的《武氏祠画像》（阳刻，题榜文字均八分），每一处石数都很多。魏晋以来这种画像石就少见了。

唐宋碑刻上也偶尔刻有工细的线条画。如西安唐大雁塔四个门楣石上刻有佛寺庭院，碑林唐《道德寺碑》的碑阴刻有女尼画像，都是唐画精美之作。

## 造像

造像，主要指佛教信徒所造的释迦像、弥勒像。从北魏开始多造石像。在方座之上琢有一佛或数佛，或立或坐，或有龛，或有背光，造像记则或刻在背面，或刻在龛侧，或刻在座上。此外还有四方如柱的，有高广如碑的，都在上截凿龛造像，下截刻造像记和题名，阴和侧有时还有多数小龛层累排列。更有就崖壁凿龛造像的，叫石窟像，洛阳龙门的这种石窟像最多也最有名。（图 12—8）这里的造像记在光绪年间开始集拓为《龙门造像十品》，稍后又增拓为《二十品》，其中除《优填王》一种是唐刻（楷书）外都是北魏所刻（均魏体）。《龙门五百种》所收，则多隋唐人造，实际上还不止此数。但小龛所题多寥寥数字，并无可看之处。南朝造像则远不如北朝的精美、众多。以后杭州灵隐等地多五代时吴越造像，山东临朐、嘉祥多北宋时造像。宋以后造石佛像之风衰落。

石像之外还有用铜、泥造佛像的。造铜佛像的事情多见于《太平广记》"释

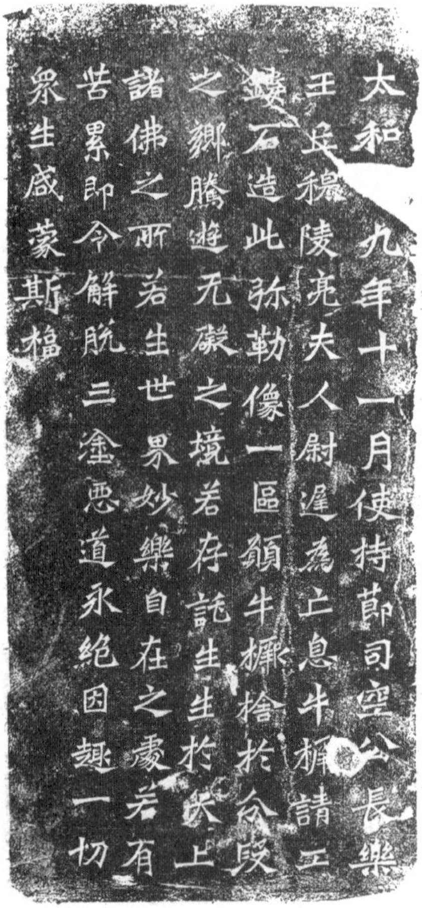

图 12–8 龙门古阳洞北魏丘穆陵亮夫人造像记拓片

证”门，今存铜造像也多北朝隋唐时所造，小的只有二三寸，大的不过一尺多，像下有座，造像记或刻座上，或刻像背上，有的还涂了金。看《太平广记》所说这种造像多在私宅供养，不必送佛寺。泥像在佛寺中的都没有题记，不属碑刻研究范围，只有所谓“善业泥”造像，形制像小铜造像，背面有“大唐善业泥压得真如妙色身”阳文十二字（楷书），是用僧人骨灰和泥模压而成，清中叶西安大雁塔下尚有这种“善业泥”造像被人拾得。

道教很多地方模仿佛教，也留有少数造像，有名的只有北齐末年阳文方格的《马天祥造像》（隶书），原石失佚，流传拓本多翻刻。陕西耀县的《姚伯多造像》（魏体）则尚无恙。

## 石经

儒家经典刻石，始于东汉灵帝熹平四年，世称《熹平石经》，（彩图 16）有《周易》、《尚书》、《鲁诗》、《仪礼》、《春秋》五经和《公羊》、《论语》二传，均八分，为蔡邕等所书。碑石原在洛阳，东魏时曾迁至邺城，北周又迁回洛阳，隋又运入长安，不久毁为柱础。民国时在洛阳常有残石出土，最大者为《周易》一石，旋又分裂，今上半截在上海博物馆，下半截在西安碑林，未分裂前拓本传世仅十余通。

曹魏石经，齐王曹芳正始中刻于洛阳，世称《正始石经》，只刻《尚书》、《春秋》，每字都有古文、小篆、八分三种字体，也叫《三体石经》。（图 12—9）民国时洛阳也有残石出土，最大的一面《尚书》，一面《春秋》，出土后碑石中剖、未剖拓本也以稀见珍。

唐石经，文宗开成二年刻于长安，楷书，世称《开成石经》，有《易》、《书》、《诗》、《周礼》、《仪礼》、《礼记》、《春秋左传》、《春秋公羊传》、《春秋穀梁传》九

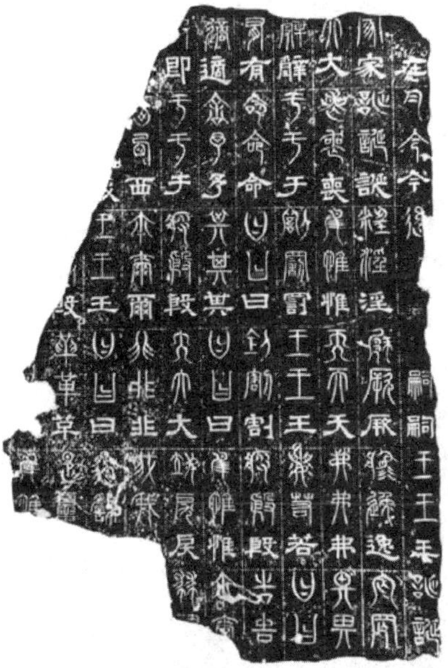

图 12-9 三体石经残石拓片

图 12-10 杭州碑林存藏的南宋石经

经，加上《论语》、《孝经》、《尔雅》为十二经，又附以唐张参《五经文字》、唐玄度《九经字样》，后存西安碑林。明嘉靖时因地震断裂损字，王尧典按旧文集所缺字另刻小石立其旁，颇有错误。清康熙时巡抚贾汉复又补刻《孟子》。

孟蜀石经，广政七年毋昭裔立石，世称《蜀石经》，楷书，不仅正文，且有唐人习用之注，是其特色，有《周易》、《尚书》、《毛诗》、《周礼》、《仪礼》、《礼记》、《春秋左传》、《论语》、《孝经》、《尔雅》十经，北宋皇祐时田况又补刻《春秋公羊传》、《春秋穀梁传》，宣和时席贡又补刻《孟子》。石原在成都，久佚失，仅存残拓，民国时刘体智据以影印。

北宋石经，仁宗时立石，有《易》、《诗》、《书》、《周礼》、《礼记》、《春秋》、《论语》、《孝经》、《孟子》九经，一行篆书，一行楷书。石原在开封，今存残石及旧拓残本。

南宋石经，高宗所书，《周易》、《尚书》、《毛诗》、《春秋左传》楷书，《论语》、《孟子》行楷书，原在杭州，今仍存 77 石。（图 12—10）

清石经，乾隆五年蒋衡进献楷书《十三经》，五十六年刻石，今存原国子监中，不为世重。

此外还有零星刊刻的。最有名的是唐玄宗天宝四载所立御注《孝经》，御书八分体，四碑合成一柱，世称《石台孝经》，今在西安碑林。

佛经刻石，有摩崖、碑石、经幢三种形式。摩崖北齐时最盛行，在山东、河

图12—11 房山石经

北、山西、河南都有，如泰山经石峪的大字《金刚经》（魏体），当即北齐时所刻。碑石则北京房山所刻《大藏经》最有名，（图 12—11）隋大业中僧静琬开刻，唐人继续，到辽才完成（均楷书）。本系封锢，今已整理传拓。经幢似柱而有八棱，上端有盖，下部有座，大的有一丈多高，多唐人所立，上刻《陀罗尼经》（均楷书）。

道经刻石，多用碑石，所刻以《老子道德经》居多，今存有唐刻五石，宋刻一石，元刻二石，以唐中宗景龙二年龙兴观一石为最古。此外尚刻有《阴符经》、《常清静经》、《消灾护命经》等（均楷书），远不如佛经刻石之多。

## 题咏题名

名胜古迹以及山水佳处常有前人的题咏题名，题咏即作诗，题名即“某年某月某日某某到此一游”之类。有的只用墨笔题写在墙壁上，日久便堙没了，所以常刻在石壁、石碑上以求传世。唐以前题咏题名刻石的仅见北魏郑道昭的《登云峰山论经书诗》、《登海岛诗》、《登太基山诗》等（均魏体）。（图 12—12）唐宋以来才大量出现，如大雁塔石刻门楣上的唐宋元明人题名，苏州虎丘、杭州灵隐飞来峰、长汀苍玉洞以及广州九曜等题名，均见称于世。又旧碑刻上刊刻后人题名者亦多，如北周赵文渊书《华岳碑》上即有唐人题名累累，而《大秦景教流行碑》侧刻有道光时韩泰华题名，损及原石文字，颇为世诟病。

图 12-12 郑道昭题名

又有职官及科举及第者之题名，亦始于唐代。今存者以开元时《御史台精舍题名碑》及大中时《郎官石柱题名》为著。科举及第之题名存者皆宋元以下，而明清进士题名碑之在北京者为数尤夥，皆有资于史学考证。

## 建筑物器物刻字

上列诸项，悉以文字为主，即造像亦文字与所造佛像并重。至石质建筑物、器物之刻有文字，则以物为主体而附加文字而已。

建筑物之刻有文字者，如：

阙。东汉魏晋南朝皆有刻字之石阙。东汉嵩山《太室》、《少室》、《开母》三石阙，都是神庙前的阙（均汉篆）。墓道前的阙则山东有东汉《武氏》二阙、《南武阳》三阙，四川有东汉《王稚子》、《高颐》等阙（均八分），江苏有南朝的梁阙（均楷书，西阙之字均反书）。

柱。唐宋寺观的石柱或柱础上多有刻字的。安阳出土凿孔的方形石刻有“赵建武四年造泰武殿前猨戏绞柱石孔”（八分），是传世柱础刻字最古的。

塔。塔盖、塔盘、塔座之用石刻者间或有刻字，如登封会善寺的塔盖有北魏神龟三年刻字（魏体），苏州治平寺塔盘有隋大业七年刻字（八分，已佚），陵县塔座有唐天宝六载刻字（楷书）。

黄肠。显贵者用黄心柏木累砌棺外叫“黄肠”。到东汉时多用石替代，上刻年号及尺寸数字。

石人石兽。多立在宫室及冢墓之前，有的刻上文字。如曲阜鲁恭王墓前有二石人，胸前一刻“府门之卒”，一刻“汉故乐安太守麃君亭长”（均汉篆）。掖县太基山有郑述祖所造石人，刻“甲申年造乙酉年成”（魏体）。建国后灌县出土东汉造李冰石像（八分），胸前也刻有职衔姓名。石兽中著名的有东汉时刻狮子，刻有“雒阳中东门外刘汉所作师子一双”一行（八分）。

桥。江浙石桥多刻有宋元年号，有明清年号的更多。

井。井栏刻字以梁天监十五年刻字为最古（魏体），江浙一带多有宋元明清刻字的井栏。

石质器物刻有文字的，有：

幡竿石。寺院用来立幡竿，存者以唐开元时虞乡石佛寺一刻为古（楷书）。

石灯台。形制近似经幢而用来燃灯的，存者以唐天宝时洛阳、元氏二刻为古（均楷书）。

石香炉。寺观祠庙用来焚香的，存者以后晋天福时密县超化寺、益都玉皇庙二刻为古（均楷书）。

石盆。以北宋治平时苏轼所铭雪浪盆最为著名（楷书）。

石硙。山东有晋太康九年刻字石硙（八分）。

## 拓本

拓本的“拓”，要读作tà，拓本也可写作“搨本”。是用纸稍微弄湿后覆盖在碑刻之上，加以捶打，使有字划处纸凹下，再在纸将干未干时用拓包沾墨在上面轻轻打过，这样揭下来的纸就成为黑底白字的“拓片”，这种拓片就是此碑刻的“拓本”。《隋书·经籍志》著录“一字石经”、“三字石经”若干卷，还注明“梁有几卷”，说明这种拓碑技术当起于南北朝时，因为《后汉书·蔡邕传》讲立石经后只说“观视及摹写者车乘日千余两”，足证当时还不懂得捶拓只好摹写。

碑刻虽是石质，日久也易损泐。拓本时代早的损泐少，晚的损泐多，所以旧拓最受重视。再有原石佚失，拓本仅存，就成为孤本或稀见之本。碑估或好事者从而覆刻，即拓本又有原石本和翻刻本之别。所以同一名目的拓本大有优劣，价格也随之贵贱不一。

旧拓中今存最早有唐拓，都是在敦煌发现的，有唐太宗书《温泉铭》（行书）残存后半篇，有长庆四年柳公权书《金刚经》（楷书），都裱成卷子，有欧阳询书《化度寺邕禅师塔铭》，剪裱存单开12页。

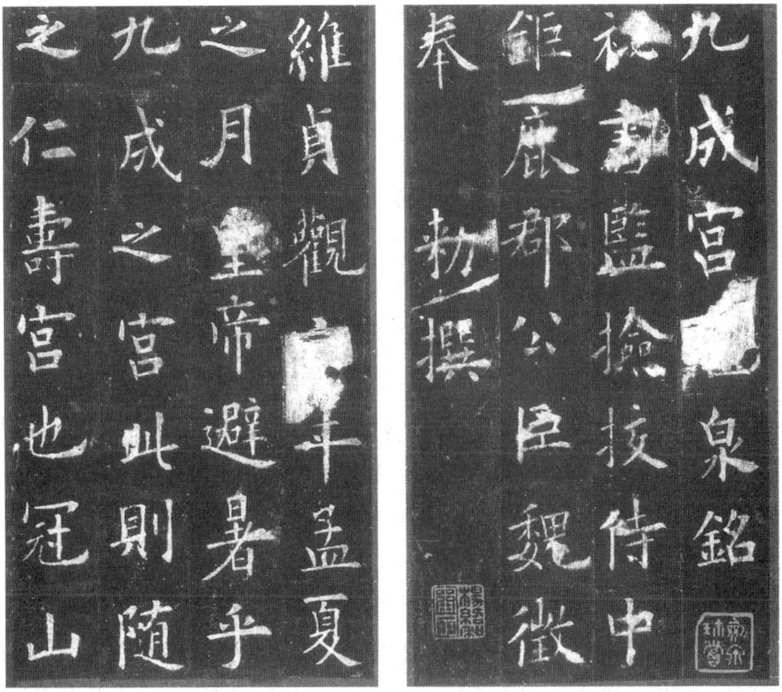


图 12–13 宋拓九成宫醴泉铭

宋拓传世多唐碑之著名者，如集王书《圣教序记》，欧阳询书《九成宫醴泉铭》、（图 12—13）《温彦博碑》、《皇甫诞碑》（均楷书）、《化度寺邕禅师塔铭》，欧阳通书《道因法师碑》（楷书），颜真卿书《多宝塔碑》，李邕书《麓山寺碑》（行书）等，都是宋人习字所需，传世多的有十余本，少的也有三四本。秦汉则只《石鼓文》、《西岳华山庙碑》等极少几种宋拓。南北朝只有《梁永阳王萧敷志》、《萧敷妻王氏志》为宋拓。至于元拓前人多说成宋拓，已无从仔细鉴别。

明拓除上述诸唐碑外，已广及汉魏六朝。今东汉名碑如《礼器碑》、《乙瑛碑》、《史晨前后碑》、《张迁碑》等均以明拓为上品，明末出土的《曹全碑》自更贵明拓。北魏碑刻至清中叶才被重视，北魏《张猛龙碑》、隋《龙藏寺碑》、《常丑奴志》（楷书）的明拓就以少见珍。

清拓中的旧拓，又有清初拓（清人曰国初）和乾嘉拓（乾隆、嘉庆，有时还包括道光、咸丰）之称。今存碑刻之清初及乾嘉时出土或搜获的，如东汉《韩仁铭》（八分）、北魏《郑羲碑》、《马鸣寺根法师碑》、《高贞碑》、《刁遵志》、东魏《刘懿志》（魏体）、唐《韩仲良碑》、《樊兴碑》等（均楷书），均以清初拓或乾嘉拓为初拓，价格不在明拓之下。但有明拓的碑刻，则乾嘉拓也只称稍旧拓，并不十分贵重。

以上这些宋拓、明拓、清初拓、乾嘉拓，过去都统称为旧拓。遇到时代难于确定时，也可泛称为旧拓。

清同治光绪以来到民国的拓本，过去概称为近拓、新拓，除非原石已告佚失，不受重视。其实这些近拓留至今日也已有几十年上百年的历史，在此时期内原石难免再有损坏，加以为保护原石起见目前已多数禁拓，则这种近拓也必然日见珍贵，将来都会升格成旧拓。

再说孤本和稀见本。原石佚失仅存一个拓本的，此拓本叫孤本。如明拓北魏《张玄志》(在无锡秦氏)，宋拓《永阳王萧敷夫妇志》(在上海博物馆)，宋拓隋丁道护《启法寺碑》(在日本)，唐拓唐太宗《温泉铭》残卷(在法国巴黎)，宋拓褚遂良《孟法师碑》，宋拓魏栖梧《善才寺碑》(楷书)，宋拓薛稷《信行禅师碑》(楷书，以上均在日本)，宋拓李邕《法华寺碑》(行书，在上海博物馆)，宋拓沈传师《罗池神庙碑》(楷书，在日本)，唐拓柳公权《金刚经》(在巴黎)，宋拓柳公权《神策军纪圣德碑》裱本上册(楷书，在北京图书馆)等均是。

原石佚失，传世拓本稀少的，方算稀见本，也极为珍贵。如明嘉靖时地震毁失的东汉《西岳华山庙碑》，传世仅二宋拓，二明拓。明末出土的隋《常丑奴志》，唐《王居士砖塔铭》，前者久佚，后者久碎裂，拓本完善者极少。清初出土的北魏《崔敬邕志》、《司马绍志》、《司马昞志》(均魏体)，均不久即毁失，传世也仅数本。隋《元公志》、《姬夫人志》毁于太平天国之役，《董美人志》毁于上海小刀会之役，拓本也少而名贵。(图 12—14) 清末民国时出土的北魏《常季繁志》、《元

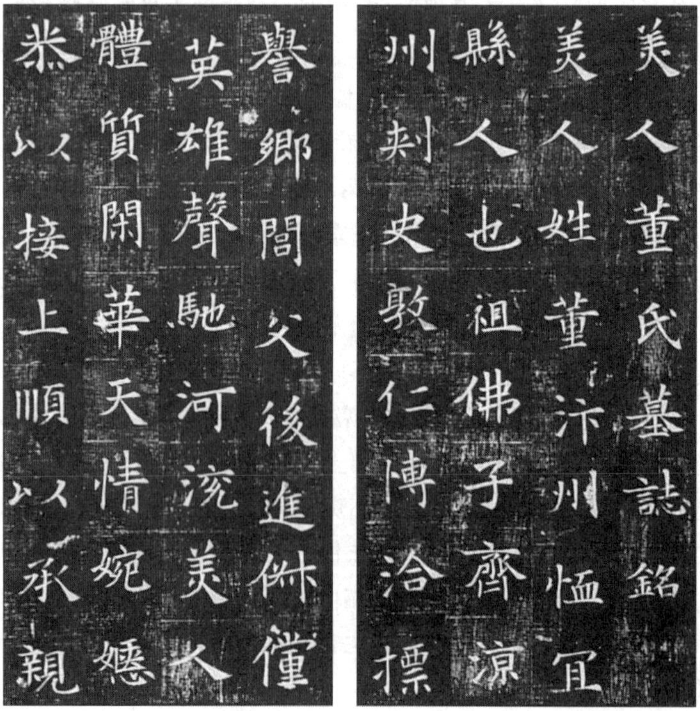

图 12-14 董美人墓志

飏志》、《王夫人志》（均魏体），均出售日本而毁于大正年间地震，拓本也很名贵。唐《王忠嗣碑》（楷书）毁于40年前，《等慈寺碑》在“文革”中被锯成小块，拓本日后也必成珍品。

仿照原有碑刻重刻一石，则又有原石拓本和翻刻本（也称覆刻本）的区别。翻刻有三种情况：(1) 原石佚失，据原石拓本翻刻一石，拓了冒充原石拓本，多墓志，因为石小工省。其中如清中叶翻刻的《司马绍志》、《司马昞志》以及《董美人志》，民国时翻刻《常季繁志》，均尚近真。(2) 原石尚存，据损泐较少的旧拓翻刻一石，拓了冒充旧拓以牟利，如翻刻了《礼器碑》冒充宋拓，翻刻了《张猛龙碑》冒充明拓，多清人所为。(3) 原石尚存，另刻一石拓了出售，以供儿童习字临写，如《皇甫诞碑》、《九成宫醴泉铭》、《多宝塔碑》、集王书《圣教序记》等都有这类翻刻本，此外《龙门二十品》也有多种翻刻，《郑羲碑》、《等慈寺碑》也有翻刻。

拓本的纸张。宋拓有用麻纸的，明拓、清初拓多用棉纸，以后或用连史纸，或用毛边纸，边远地区也有用粗皮纸的。但凭此来鉴别拓本的时代实很困难，和纸的新旧更无关系。有的乾隆时的连史纸拓本至今仍洁净如新。

拓本的墨色。多黑色，精者用墨，劣者用烟煤，精者椎拓，劣者用刷子沾墨在纸上刷过，叫刷拓。椎拓又有重墨、轻墨之分，重的色浓叫“乌金拓”，轻的色淡叫“蝉翼拓”。从拓墨不易看出拓本的新旧，新拓放置潮湿处便会生白霉，而旧拓往往从不生霉。只有乌金拓而有光的，多为清末民国时拓法。此外也有用朱色、蓝色、绿色拓的，不多见，多数是近拓。

还有拓本虽从原石拓出但仍有作伪的，有两种伪法：(1) 拓时将原石缺泐的笔道填蜡，做得像并未缺泐，还有将缺泐处留空不拓，另刻块笔道完整的小石，在此留空处补拓，但看上去总欠自然。(2) 拓成后用墨笔描填缺泐的笔道，但后涂的墨色和原拓本不可能一致，细看即可觉察。

要鉴别拓本的新旧、原翻、真伪，最可靠是细审此碑刻某处的文字笔道是完善抑或缺泐，并辨认原石与翻刻在某些文字笔道上的差别，这就是碑估的所谓“考据”之处。民国时方若的《校碑随笔》对此记录颇详，“文革”后又出了王壮弘的《增补校碑随笔》，大体可以信据，可购置备查阅。

拓本之外还有影印本，即把拓本摄影后制作的本子，包括照片本、珂罗版本、石印本、胶印本几种。照片本即摄影后按原大洗出的照片，有的还装裱成册。珂罗版本的珂罗是英文collotype音译，也叫玻璃版，印出来效果好，墨色浓淡一如照片，但每版仅能印二三百份，多则模糊。石印本可无限量地印，但只有黑白两色，不能分浓淡。胶印本则能分浓淡，且能多印，近来最风行。

影印本多据旧拓影印，但有时所据的号称宋拓、明拓不一定可信，甚至有用墨笔描填过的。此外，也有人用影印本染纸剪裱冒充旧拓的，但字口光且平，和拓本不同，细审即易分辨。

## 装裱

装裱，也叫“装潢”，是我国的特有技术，用来装裱书画，也用来装裱碑刻拓本。不过装裱拓本不能像书画那样将纸刷得过于平直，过于平直会使笔画变肥失真。

拓本的装裱有多种方式：

（一）整装。即不将拓片剪开，以保存碑刻原式，多用之于旧拓或孤本，缺点是不便披览临摹。这种整装又有三种方式：

（1）挂轴式，和书画挂轴的式样相同。

（2）背面裱托一层白纸，然后折叠，工省价廉，且便于收藏。

（3）有时还恐损伤拓片，就仅将拓片四角粘在白纸之上，折叠收藏。

（二）剪裱。即将拓片剪成若干直条，再割成同样尺寸的若干短条，按文义依次裱装成若干页，以便翻看临摹，缺点是不能保存碑刻原式。这种剪裱又有四种方式：

（1）裱成每页分离的所谓“单开”。每开用白纸条或棕、蓝、黑色纸条裱在四周，讲究点也有挖空嵌裱的。然后将若干单开在翻阅处粘合成册，也叫“蝴蝶装”（但和宋元刻本书的蝴蝶装在折叠处粘合正相反），每册前后再加木板或硬纸板以资保护。

（2）形似单开，其实相连接，可拉成长条，叫“经摺装”或“旋风装”（和刻本书的经摺装、旋风叶相同），前后也加木板或硬纸板。

（3）也是单开，但只裱一层，向外折叠成书本式，加封面线装，可省工省钱。

（4）自己动手，粘贴在空白册子或无用的线装书上，但页数多了，中间必凸起不平。又凡装裱都必用极稀薄的糨糊，如不内行用了普通的厚糨糊粘贴，日后要重裱就有揭不下之苦。

当然拓片也可不装裱而折叠存放，但折叠处日久易于破裂损伤。

# 第二节
# 古代的书法

## 概说

汉字是一种语素—音节文字而不是拼音文字。拼音文字由若干字母组成，尽管可以写得好或写得坏，还产生了字母的花体写法，仍总的形成不了艺术。汉字则由于结构繁复且多变化，书写汉字很早就成为一种艺术，人们称之为“书法”。又由于汉族和用汉字的人在我国占了绝大多数，通常也就把这种“书法”定为我国特有的艺术。日本和朝鲜半岛等地也讲书法（日本称之为“书道”），则是因为用过或仍用着汉字，受了中国书法的影响。

任何事物都在发展演变，中国的书法自不例外。所以讲书法得从它的发展演变来讲，也就是从书法史来讲才讲得清楚。这又牵涉字体的演变，这虽是文字学的内容，在这里仍不能不讲到。

历史上有名的书法家要不要讲？当然要讲。但要知道这些书法家，只是书法发展到某一阶段产生出来的杰出人物，并非脱离了时代风尚孤立的人物，不要把他们神秘化。

书法要根据什么资料来讲？当然最好根据实物，即古人书写的墨迹。但传世的写在纸或绢帛上的书法家的墨迹，唐和唐以前的几乎没有真的，最好的不过是后人的摹本临本，往往走了样，多数还出于后人伪造，完全不能信据。因此除了先秦时期可利用甲骨、青铜器外，秦汉以来下至魏晋南北朝隋唐主要得用碑刻。碑刻也有缺点，它不论是用朱砂写在石板上，或者写在纸上再摹到石板上，最后都得把笔画刻出凿出，总难免留下斧凿痕而多少失去毛笔书写的气韵，当然更看不到原来用朱砂用墨书写时显出的轻重浓淡。不过它一般不会伪造，比误用了伪造的和临摹失真的所谓墨迹以及据此刊刻的帖要好得多。此外，出土的秦汉魏晋的帛书、简牍书以及敦煌的写经和其他文书同样可供参考，这些很少能伪造，当然也有缺点，即多数并非出于书法家之手，不是上乘之作。再则史传和其他文献上讲到书法之处也值得重视，会发现和碑刻、写经所显示的情况十分一致。宋以来则多有可靠的真迹流传，即使有伪造的也多经鉴别剔除，可凭这些真迹，再辅以文献、碑刻，来研究讲述。

## 甲骨文

最早的原始的汉字是什么模样，今天已不清楚了。今天知道的现存的早期文字有甲骨文，它已比较成熟而并非原始的汉字。

稍有历史常识的人都知道，殷商时候的统治者很迷信，经常要烧灼龟甲（腹甲、背甲）或兽骨（主要是牛的肩胛骨），看其裂缝（叫“兆”）来卜吉凶，并且把卜的事由、吉凶以至应验与否刻在这些甲和骨上面，今天就叫它甲骨文。但切莫误会，认为当时人们还不知道用笔，要写字只会用刀来刻；也不要以为当时的龟甲和兽骨就像后世的纸一样，是专用来书写文字的东西；另外，殷商时代也并不是只有甲骨文，在青铜器上的文字——即通称为金文的并不是在西周才出现然后取代了甲骨文。

先说笔。我国传统的用来写字的毛笔，早在殷商就已存在而且成为书写文字的主要工具了。证据是甲骨文中已出现了“聿”字，其原形作“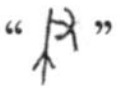”，正像一只手拿着毛笔的样子。难道殷商的知识分子就如此傻，有了毛笔不用要用刀。《尚书》的《多士》篇是可靠的西周文献，其中有“惟殷先人，有册有典”的话，这“册”字也见于甲骨文，作“”“”等形，很明显是用绳子把若干细长的竹木编联成“册”，“典”则是把“册”存放在架座即“”的上面。所以当时正式的文书——典册是用毛笔书写在竹木简上的，这种竹木简在汉代纸出现后还使用了一段时间，到东晋以后才逐渐绝迹。遗憾的是，已发现的最早只有战国时楚墓里的竹简，殷商的典册迄今不曾发现。但不要紧，殷商时已经能铸造精美的青铜器，青铜器上常有铭文，亦即殷商的金文，这种金文肯定是用毛笔书写后铸在器上的，字形美观，笔道有方有圆，有粗有细，可以看出当时书写者已在讲究书法艺术。此外，在甲骨出土的河南安阳殷墟，还发现陶片上有个别用黑色书写的文字，陶皿上和甲骨上有朱色书写的文字。有人推测有些甲骨文还是先写了再用刀刻的，刀刻当然是怕笔写的日久会磨灭。

甲骨文因为用刀刻，不易刻出圆的笔道，所以看上去和金文不一样，但仍旧在讲书法艺术。出土的甲骨中有在牛骨上刻“干支谱”的。干支者，古人以甲、乙、丙、丁、戊、己、庚、辛、壬、癸为十干，以子、丑、寅、卯、辰、巳、午、未、申、酉、戌、亥为十二支，二者相配成甲子、乙丑、丙寅、丁卯……正好六十轮转一次，其中甲子、甲戌、甲申、甲午、甲辰、甲寅有甲字的计出现六次，因而也叫“六甲”，古人用它来纪日子、纪年以及做种种迷信活动。所以在汉代幼童初入学首先要学“六甲”、“九九”，“九九”即数学的小九九表，“六甲”即练习书写“六甲”，是习字的开始。而甲骨上居然也出现了“干支谱”，其中有的刻得精美整齐，有的歪斜拙劣，说明早在殷商时已用“六甲”来习字，其精美整齐者是老师刻的范本，歪斜拙劣者是学生刻的作业。这个习字的传统一直延续到今天，说明我国对书法艺术的一贯提倡重视。

## 金文和小篆

周的典册也没有发现，要了解西周以至春秋战国的文字书法主要得依靠青铜器上的金文——前人也称之为“钟鼎文”。众所周知，地处我国东部今河南、山东等地的殷商，其文化本高于地处西部今陕西、山西的周，周的制造青铜器技术应是从殷商传来的。但事物总是发展的，殷商青铜器上的金文字数都不多，到西周的金文就有时在百字以上，甚至有三四百字之多的。（图 12—15）从书法来讲，最初仍沿袭殷商晚期的神态，字的象形程度比较高，到康王、昭王、穆王时字形就渐趋整齐方正，恭王、懿王以后笔道更向线条化、平直化发展。

已发现的西周的青铜器多为周王朝的贵族、臣僚所有，春秋时则是各个诸侯国的。因此这各诸侯国青铜器上的金文，除起初还沿袭西周晚期的风格外，以后各国以及各地区逐渐形成自己的特色，字形构造虽大体近似，书写风格却有区别。尤其是某些地处东方、南方的国家，有些金文字形特别狭长，笔画故意宛转屈曲，出现了明显的美术化倾向。到春秋末战国初，楚、宋、蔡、吴、越等国的金文中还流行一种加进鸟形、虫形纹饰的美术字体，后人称之为“鸟虫书”。

图 12-15　陕西眉县出土逨盘铭文

战国时东方六国的文字，在青铜器、玺印、货币、陶器、竹木简和帛上都可看到，但仍以青铜器上的金文为主。在战国早期，这六国的金文和春秋后期还差不多。到中后期则长篇的已很少见，一般只有作器年份、主管作器的官吏和作器工人的名字等少数文字，而且往往不是铸在器上，是器铸成后再用刀刻上去，和过去相比已较为简率。

再看西方的秦国。在周王室东迁今洛阳以后，周王室在今陕西的领地就为秦国所占有。加以秦国的经济文化不如东方那样发展迅速，所以秦国的文字基本上还近似西周晚期。当然也在缓慢地向前演变，现存的春秋战国之间刻在石碣上的秦文字即所谓《石鼓文》的，在字形上已比较整齐匀称。以后还有《诅楚文》，是战国后期秦王诅咒楚王的告神之辞，每告一神刻一石，北宋时发现了三石，可惜原石及拓本均已佚失，现存的摹刻本只略存字形，看不出它的书法艺术。

图 12-16 秦两诏文空心铜权，陕西临潼秦陵出土

秦始皇统一中国，实行“书同文”的政策，即废止原东方六国那些不规范不统一的文字，在中国推行当时的秦文字。他东巡时在沿海刊刻了好些石碣，就都用这种标准的文字。这些石碣也多数毁失了，只有在琅琊的尚存残块，并有原石的旧拓本传世，可惜存字已不多。但峄山、泰山、会稽的都还有摹刻本，另外出土的当时的权、量上也刻有整段的文字，都多少可看到这种统一中国的秦文字是什么模样。(图 12—16) 它和《石鼓文》比较已更为整齐匀称，象形程度更为降低，部分字形且有所简化，再是字的下端往往拉长，在整齐中见艺术是这种文字的特色。

这种文字通称为“小篆”，也叫“秦篆”。不过这都不是当时就有的，是汉代人叫起来的，当时大概只称之为“篆”。这“篆”和“瑑”字古人通用，而“瑑”是“雕刻为文”的意思。所以称之为“篆”者，是说这是当时正规的文字，是可以铭刻在金石上的文字。

## 从隶书到八分

小篆在统一我国字体上起了大作用，而且从艺术角度来说确实很美观，美中不足的是书写起来还太麻烦，很多笔道像画圆弧，而圆弧画起来比直线要吃力得多。像琅琊、峄山等庄严的刻石固可慢工出细活地书写，日常使用就不能不随便一些，把本该画圆弧的改成直线，改成折角。这样，就很快地在小篆普及的同时又出现了改圆成方的隶书。《汉书·艺文志》说秦时“始造隶书”，“起于官狱多事，苟趋省易，施之于徒隶”。是大体说对了的。

秦代的隶书今天虽已看不到，但看秦权、秦量上的文字已不如琅琊等石刻整齐，已有变圆为方的地方，说明已在开始向隶书转变。到西汉时的石刻，如现存的《群臣上酬刻石》、《巴州民杨量买山地石刻》、《鲁孝王刻石》、《麃孝禹刻石》，新莽时的《莱子侯刻石》，已都是这种由小篆演化成的隶书，说明在西汉时这种隶书已有逐渐取代小篆之势。

但隶书书写虽方便，从艺术角度看总欠优美。要恢复到写小篆吧，写起来又太麻烦。所以从现存的东汉碑刻来看，除《袁敞》、《袁安》二碑是用小篆书写外，绝大多数都改用了一种在隶书基础上加以美化的新字体。这种新字体萌芽于西汉，到东汉成熟，著名的如《乙瑛碑》、《礼器碑》、《西岳华山庙碑》、《史晨前后碑》、《韩仁铭》、《曹全碑》以及《熹平石经》，就都用这种新字体书写。（图 12—17）这种新字体的特点是：字形都呈扁方，较长的横笔包括右下方的斜笔，在右端收笔处都略向上挑，后世的书法家称之为“波磔”或“波发”。为了把这种有“波磔”的隶书和前此无波磔的相区别，又给它一个新名称叫“八分”。《说文解字》说：“八，别也，象分列相背之形。”这“八分”，也就是因为字有了波磔像“八”字向左右分开而得名。当然，不叫它“八分”仍称之为隶书也可以。而且因为西汉时那种无波磔的旧隶书传世少，后人所谓“隶书”或“汉隶”，一般都指这种有波磔的而言。

图 12—17 郃阳令曹全碑

这种八分的艺术性不亚于过去的小篆，可同样又产生了书写费时费力的缺点。好在不久又出现了一种新字体，叫做“草书”。顾名思义，它就是比旧隶书和八分写得草率一些的字体。这种字体中仍有像八分那样的波磔，是它和后来出现的无波磔的草书的最大区别。无波磔的草书人们称之为“今草”，而给有波磔的起了个“章草”的名称。

在东汉以前，没有说谁是书法家。到东汉末年书法艺术在社会上日见重视，就出现了公认的大书法家钟繇。东晋时另一位大书法家王羲之曾说：“我书比钟繇当抗行，比张芝草当雁行”，见

《晋书》本传。稍后刘宋时人羊欣也说“钟书有三体：一曰铭石之书，最妙者也；二曰章程书，传秘书教小学者也；三曰行狎书，相闻者也”(《法书要录》)。行狎书是写信札所用，肯定和同时的张芝一样用章草来写。章程书则用来抄书，字体当在章草和八分之间，和敦煌发现的早期写经差不多。铭石书则是纯正的八分，相传曹魏的《上尊号碑》、《受禅碑》都是他的手笔。《晋书·荀勖传》说勖“领秘书监”，“立书博士，置弟子教习，以钟、胡为法”。可见钟繇的书法已成为西晋时的官学。这胡是胡昭，也善写八分、章草。西晋时官方立的《皇帝三临辟雍碑》，就一承《上尊号碑》等的书法。

## 从八分向楷书过渡

上面已说过八分书写起来不方便，都写章草又总欠正规，这就迫使要舍弃八分的波磔而走上向楷书过渡的道路。(图 12—18)

这从现存的碑刻上的铭石之书和写经的章程书都看得清楚。东晋《王兴之及妻宋氏志》(348)、《刘剋志》(358)、《王丹虎志》(360)、《爨宝子碑》(405)，以及北魏《嵩高灵庙碑》(456)，都已逐渐摆脱八分的波磔，这是向楷书过渡的第一阶段。第二阶段则不但原先的波磔都已变成险劲的方笔，结体也多倾斜作势，

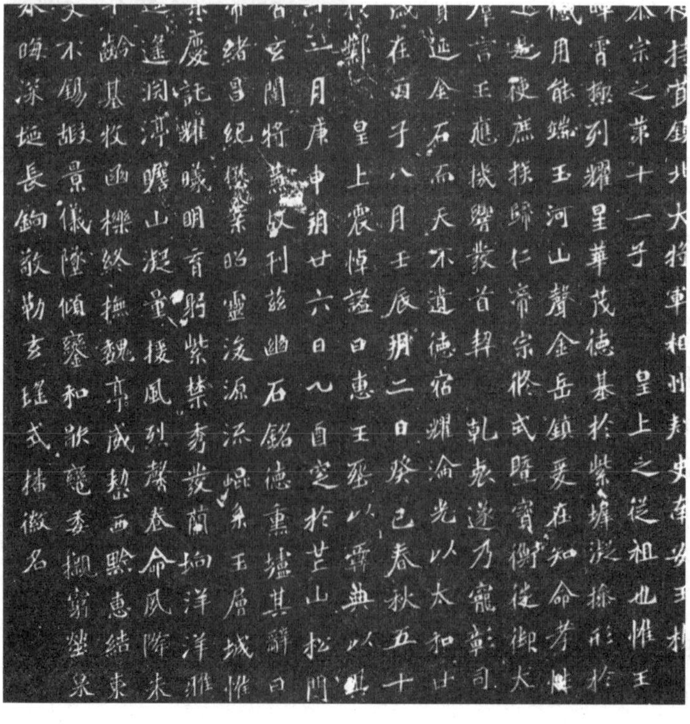

图 12-18 隶楷转变的代表作北魏元桢墓志

形成了我们今天所说的“北魏体”。它开端于刘宋的《爨龙颜碑》(458)、《刘怀民志》(464),以后如北魏的《始平公造像》(488)、《孙秋生造像》(502)、《穆亮志》(502)、《寇臻志》(505)、《司马绍志》(511)、《元珍志》(514)、《元祐志》(519)、《郑道忠志》(521)、《杨乾志》(526)等造像墓志几无一不做这种北魏体,而《贾思伯碑》(519)和《张猛龙碑》(521)尤为标准北魏体的名碑。这时候北朝和南朝的书法发展基本上是一致的。到北魏末、南朝萧梁时,南朝超越了北朝首先进入第三阶段,即变方笔险劲为虚和流美,结体也由倾斜转趋平正。这在萧梁的《永阳王萧敷志》、《妻王氏志》(520)上就看得很清楚。接着北朝也受影响而转变,北魏末年的《尔朱绍志》(529)、《元天穆志》(531),东魏的《高湛志》(538)、《刘懿志》(540)、《敬显俊碑》(540)、《李仲璇碑》(541),北齐的《崔頠志》(551)、《徐之才志》(572)等均已跟着进入第三阶段。北周文化比较落后,进入第三阶段迟一些,但看稍后的《张满泽妻郝氏志》(577)等也和北齐无大差别。写经已公开发表的不如碑志多,但看上去也大体经历这么三个阶段。最后进入隋及唐初,今天的所谓楷书就正式成立。

这和文献记载也符合。刘宋时羊欣讲“钟书有三体”时说“皆世人所善”,宋齐之间的王僧虔还说“钟公之书,谓之尽妙”(《法书要录》)。说明南朝前期钟繇的旧字体还未被淘汰。北朝也是如此,《魏书·崔玄伯传》说“玄伯祖悦与范阳卢谌并以博艺著名,谌法钟繇,悦法卫瓘,而俱习索靖之草,皆尽其妙,故魏初重崔卢之书”,也和西晋时以钟书为官学一脉相承。可到南朝后期的讲法便不一样了。陶弘景上梁武帝的《论书启》里这么说:“比世皆尚子敬(王羲之子献之的字)。……非唯不复知有元常(钟繇的字),于逸少(王羲之的字)亦然。”可见不仅钟繇连王羲之在这时也被认为过时了。北朝的书法也在这时候被南朝人看不起。颜之推本是南朝梁人被俘入西魏继又逃到北齐的,在他的《颜氏家训·杂艺篇》里就说“北朝丧乱之余,书迹鄙陋”。《周书·艺术·赵文深传》说:“文深雅有钟、王之则,笔势可观……及平江陵之后,王褒入关,贵游等翕然并学褒书,文深之书,遂被遐弃。文深……后知好尚难反,亦攻习褒书,然竟无所成。”这又说明北周书风向南朝趋同,上述北周进入第三阶段的《郝氏志》,正是在这以后的产物。

剩下一个问题是写信札用的行狎书。从文献上看,这时期确实出现了“行书”,羊欣就说谁“善行书”,谁“善草、行书”,这时不带波磔、不同于章草的今草当已出现,而行书则是介乎今草和上述过渡时期书体之间的新字体。现在人们见到的传为王羲之的《兰亭序》,就用这种行书书写。有人又认为像《兰亭序》这种行书要迟至梁、陈时才能出现,就是东晋时王羲之所书写怕靠不住。究竟如何,尚有待继续研究。

## 唐楷及其他

“楷书”这个名称出现得比较早。早在南北朝时曾用它来称八分，本是说八分整齐规矩，可作为楷模的意思。以后也就一直用下去，把脱离了八分的波磔向前过渡的新字体仍叫“楷书”。同时，“隶书”一词并没有取消，它覆盖面更广，从西汉的隶书开始，经过东汉以后的八分，再向前过渡的新字体，都可统统叫“隶书”。另外，南北朝时又出现一个名词叫“正书”或“真书”，是对草书而言，和八分以来的隶书以及楷书实际上成为同义词。到了宋代，就以篆、隶（或八分）、真（或正、楷）、行、草定为五种字体，称为“五体书”。其中真书到近代更多称之为“楷书”。

楷书到隋代可说初步定型，到唐代就完全成熟。唐初书法家以欧阳询、虞世南和褚遂良最为有名，其中欧和虞行辈最先，实际都系隋人到晚年才入唐的。虞世南的楷书只写过一块《孔子庙堂碑》，原石早已佚失，有北宋初王彦超在西安摹刻的所谓陕本和元人在山东城武摹刻的城武本，还有清临川李氏旧藏的所谓原拓残本，但均不见佳妙，因为虞的专长本非楷书而是行草，因唐太宗李世民同样爱好行草，才使虞获得崇高的地位。唐人学虞楷书的只有高宗时张德言所书《魏法师碑》，很少被人称道，可见虞书在当时并无多大影响。楷书真高明的是欧阳询，他写的《九成宫醴泉铭》、《温彦博碑》、《皇甫诞碑》以及原石佚后有唐宋旧拓传世的《化度寺邕禅师塔铭》，都极有名。以至在书法史上有“欧体”、“欧字”之称。但这种字体在隋代早就流行了，隋墓志中如《元公志》、《姬夫人志》、《苏孝慈志》等有很多和欧体同一风格同一面目，而唐初碑志中写欧体的仅发现一方《文安县主志》。这说明欧体在当时已偏旧而无大影响，虽然到中唐以后又流行起来曾用它书写《开成石经》，宋代官刻书也多模仿这种欧体。欧阳询子欧阳通也有书名，但所书《道因法师碑》和《泉男生志》转形古拙，更无影响可说。

唐初书家真有大影响的是褚遂良。他的楷书是上承隋代《龙藏寺碑》、《龙华寺碑》等平正流美的一路。唐初继承这一路的人最多，如王知敬书《李靖碑》、《金刚经》，高正臣书《杜君绰碑》、《明徵君碑》，于立政书《于志宁碑》、《令狐德棻碑》，窦怀哲书《兰陵公主碑》，诸葛思桢书《李孝同碑》，结构运笔，都相近似，而褚遂良乃其中尤为杰出者。褚楷书中《伊阙佛龛碑》平正端庄，《孟法师碑》稍加秾艳，《房玄龄碑》、雁塔《圣教序记》则更空灵飞动，为褚书的极则。（图 12—19）看存世的武周以至开元前期碑志，模仿褚字的实居多数，其中不著书人的《李文志》仿《孟法师碑》，几如出一手；魏栖梧书《善才寺碑》，较《圣教序记》稍见纵逸。至薛稷的《信行禅师碑》，则于《房玄龄碑》亦步亦趋，别无新意，更谈不上另立一体。褚、薛并称者，当因薛亦曾为高官而已。

从开元后期开始，唐楷又起变化。前此多主瘦硬，杜甫即有“书贵瘦硬方通神”的诗句，到这时却转为肥腴。苏灵芝书《梦真容碑》、《铁弥勒像颂》，王缙书《王忠嗣碑》，徐浩书《不空和尚碑》，都走上这肥腴一路，而颜真卿允推这种肥腴书法的领袖，后世且有“颜体”、“颜字”之称。颜书《多宝塔碑》在安史乱前还不够成熟，成熟之作均在乱后，有《郭氏家庙碑》、《臧怀恪碑》、《麻姑山仙坛记》、《中兴颂》、《八关斋报德记》、《宋璟碑》、《颜氏家庙碑》等，

图 12-19 雁塔圣教序

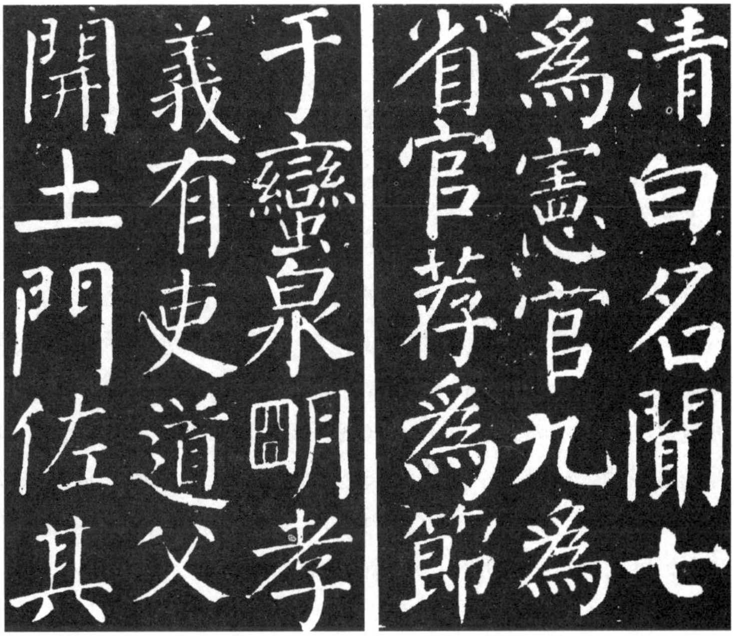

图 12-20 颜勤礼碑

惜多磨剜失真，甚或原石佚失，只有民国时出土的《颜勤礼碑》能存颜字之真。(图 12—20) 颜以后的名家有柳公权，所书《大达法师玄秘塔碑》、《神策军碑》、《金刚经》等能于颜书外别创格局，只是遒劲有余而壮丽不足，比颜书似仍差了一个层次，而且对后世的影响也比较小，和颜字不可同日而语。

唐太宗开始用行书来写碑刻，今存《晋祠铭》已剜损，只有《温泉铭》唐拓残卷能得其真。其后高宗书《李勣碑》，武太后书《升仙太子碑》，李邕书《李思训碑》、《李秀碑》、《麓山寺碑》，都是行书中的佳作。颜真卿也能写行书，如《争座位帖》等都颇有名。草书则怀素在今草基础上又创造一种"狂草"，有《东陵圣母帖》刻石传世。

八分在北齐曾用来书写碑志。到唐代又出现一种别开生面的"唐隶"，如玄宗书《石台孝经》，梁升卿书《御史台精舍碑》，史维则书《大智禅师碑》，都体态丰厚，结构妙丽，较前此的八分另有一种艺术意味。

南北朝以至隋及唐初已不太会写小篆，碑额和墓志盖上的小篆都甚为拙劣。到中唐前期才有李阳冰出来一振颓风，所书《缙云县城隍庙记》、《三坟记》、《栖先茔记》较之秦篆可称青出于蓝，为后来写小篆者临摹学习。

## 宋以来的书法

宋以来的书法，仍以楷书为主，擅长楷书者也多能写行书。草书不论章草、今草、狂草都谈不上创新，隶书也缺乏创新，只有篆书到清代出现点新面目。

北宋的楷书、行书，多数走的是颜真卿一路。当时有"苏、黄、米、蔡"四大家的说法，苏是苏轼，黄是黄庭坚，米是米芾，蔡本是蔡京，后人因为蔡京奸佞，把他的前辈蔡襄换上。清人王澍说"宋四家皆出鲁公（颜真卿封鲁国公）"，"《争座》一爇（颜行书《争座位帖》）便可陶铸苏、米四家"，这至少对苏、蔡来讲是不错的。蔡襄楷书《万安桥记》、《昼锦堂记》，苏轼楷书《丰乐亭记》、《醉翁亭记》，都是颜字的味道，苏轼的行书更是如此。蔡京留下的多为行书，好像和颜字不同，但据其子蔡絛《铁围山丛谈》所说，蔡京先受笔法于蔡襄，后与苏轼同学唐人徐浩，则和颜字仍有渊源。米芾也未见有楷书，行草则似追踪所谓王羲之、王献之父子的书帖。黄庭坚的楷书以及宋徽宗的瘦金体楷书，则像是学了褚遂良再加进点柳公权的笔法。到南宋楷书行书仍多学颜体，从过去故宫博物院影印的《宋人法书》看得很清楚。值得注意的，连当时福建建阳刊刻的大量书籍都一律用颜字，足见颜字在当时社会风行的程度。

到元代有了变化。元初有位大书法家赵孟頫，他不仅留下了不少墨迹，即书写的碑刻《寰宇访碑录》已著录有八十四种之多，叶昌炽的《语石》说他的书法“重视叠矩，鸿朗庄严”，“有元一代丰碑，皆出其手，前贤谓韩（愈）文起八代之衰，余谓赵书亦起两宋之衰”，“元百年中，莫与两大”。实在说得并不过分。他各种字体都能写，写得最多的是楷书和行书，楷书是在褚遂良的基础上有所发展，不像褚那么方整而更为流动，后人专称之为“赵体”、“赵字”。（图 12—21）元代其他书法家，如鲜于枢、柯九思、郭畀、倪瓒、张雨等的字几乎都走这个路子，元代刻书除建阳仍用颜字外也统统用赵字。因此可以这么说，宋人习颜，元人崇赵，而赵又出于褚，唐楷的颜、褚二派分别孕育了宋元两朝的书法。

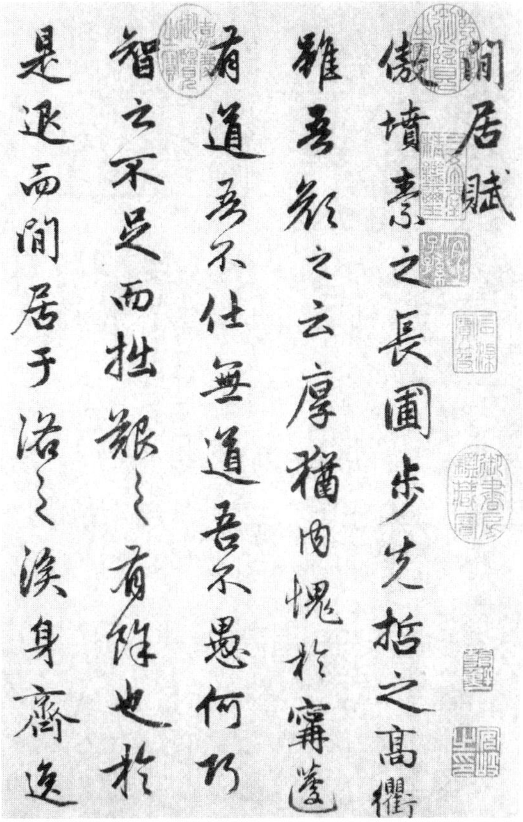

图 12—21 赵孟頫《闲居赋》局部

褚、赵这一路的书法进入明代后仍很流行，明代初年的书法家沈度、沈粲兄弟创立当时的所谓“馆阁体”，楷书端正雅丽，仍是赵字的气派格局。从明初到正德以前刻书的也照旧用赵字。正德、嘉靖时祝允明、文徵明等都以楷书和行草著称。祝允明的楷书仍源出褚、赵，文徵明楷书也承褚法而稍带瘦劲。当然也有写颜字的，但多不著名。学颜而著名的是明末的董其昌，但行书尚秀润可喜，楷书则全仿颜字缺乏新意。明末还有张瑞图、倪元璐等写行书有古拙意味，清初傅山也是这一路，但总有点走偏锋而不够正宗。

清人的楷书、行书，分别走颜、董和褚、赵两条路子。师承颜、董的以张照、刘墉、钱澧等最有名，渊源褚、赵的推王文治、梁同书等最杰出。同时还有一位翁方纲，写唐楷中的欧体，在书坛很有地位，其实只是临摹《化度寺邕禅师塔铭》等石刻，缺乏自己的个性。大概由于写唐楷、学宋元学得厌了，到清中叶邓石如、包世臣又主张学北魏，包的《艺舟双楫》论书部分对魏碑宣传得最起劲。其实包的行书甚至楷书仍多得力于《淳化阁帖》，不过掺杂了魏碑的笔道。这方面

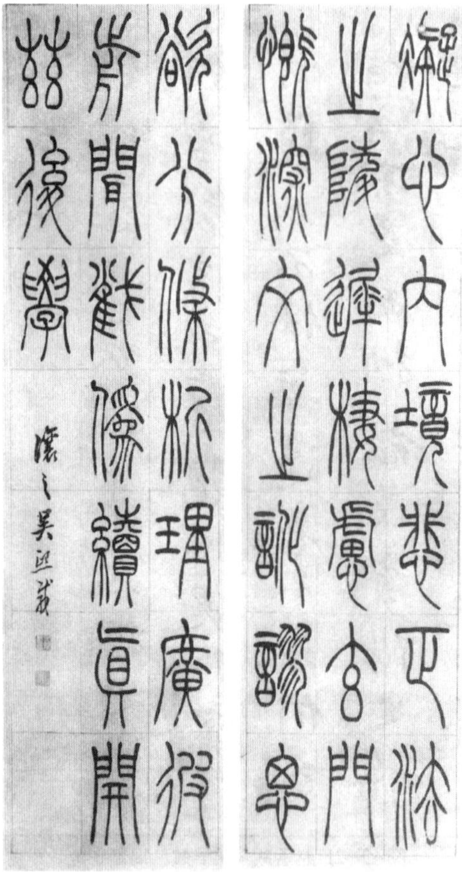

图 12-22 吴熙载书《圣教序》局部

比较成功是稍后的何绍基，但他仍是以颜字作底子，再加点北魏《张玄志》的笔意，成功之处是能形成自己的风格。此外篆刻大家赵之谦在印石上刻边款模仿魏碑仿得真像，但用笔在纸上写北魏体就太软弱少气魄。清末陶濬宣学龙门造像又太板滞欠生动。总之，魏碑的字是写了以后在碑志上用刀刻出来的，用毛笔去硬写总有些勉强，还不如写颜字写赵字能雅俗共赏，既够艺术又有裨于实用。

清人在书法上的一大贡献是写好了篆书。清中叶的钱坫学唐李阳冰的小篆学得很出色。邓石如和另一位篆刻大家吴熙载则想把小篆打开个新局面，即不是每笔一样粗细，而是粗细相间，有飘逸之势，以吴熙载写得最为优美。（图 12—22）这时收藏青铜器研究金文的人多起来，吴大澂在收藏研究的同时又成为擅长写金文的书法家。另一位杨沂孙则在写小篆时带进点金文，也能自成体势，为懂行的所欣赏。至于那位在清末就享大名的吴昌硕，画花鸟是好的，刻印有的也可以，用行书的笔法来写《石鼓文》，便不免出格而徒见其粗率了。

# 第十三章 历代绘画艺术

我国的绘画历史悠久，它的发源可以上溯到原始社会的新石器时代，距今至少有七千余年。在漫长的艰苦岁月中，我们的先民通过辛勤的劳动，在发展生产、认识自然、改造自然的同时，也发展了自己的审美意识和艺术创造才能，从而认识并掌握了绘画这一门艺术。

最初的中国绘画，是画在陶器、地面和岩壁上的，渐而发展到画在墙壁、绢和纸上。使用的基本工具是毛笔和墨，以及天然矿物质颜料。在无数知名和不知名的画家不断探索、创新的努力之下，中国绘画艺术逐渐具有鲜明的民族风格和民族气派，并有着自己独立的绘画美学体系，在世界绘画艺术中，代表东方独树一帜。

中国古代绘画作品存世量之大，也是世界上少有的，是我们民族光辉灿烂的古代文化艺术中的瑰宝，也是世界文化艺术的奇葩。

## 第一节 战国和汉代的帛画、壁画

### 一、帛画

帛，是丝织物的总称，凡画在丝织物上的绘画，都可以称为“帛画”，但今天是专指考古发掘出来的画在丝绢上用于殉葬的绘画。发现最早的是长沙战国楚墓帛画。

《人物夔凤图》，纵 28 厘米，横 20 厘米。1949 年出土于长沙陈家大山楚墓。(图 13—1）画一女子侧身而立，头挽垂髻，细腰大袖，长衣曳地，双手前伸作合掌状。女子前上方，画有夔龙和凤鸟各一。根据发现的类似作品来考察，画中的女子应为墓室主人，龙和凤为吉祥通神动物，在引导死者灵魂升天。

图 13-1 人物夔凤图

《人物御龙图》，纵 37.5 厘米，横 28 厘米，1973 年发现于长沙子弹库楚墓中。(彩图 17) 画一男子侧身直立，峨冠大袖，腰佩长剑，手执缰绳，驾龙遨游。龙首高昂，身平伏而尾翘，像一条船。龙尾上站立一鹭，仰首向天，龙身下有一鲤鱼，上方则有舆盖。人物衣着及手执的缰绳均有飘带，仿佛随风拂动，造成一种向前行进的动势。远古传说中有黄帝乘龙上天之说，此画所反映当是人们死后，灵魂借助于神龙以达天国。

这两幅战国帛画，均以单线墨笔勾勒，后者并加以平涂兼渲染设色，这一基本的绘画形式和技巧，一直沿用到今天，可以说我国绘画的基本特征，早在战国时代就已经奠定了。女子的形象刻画比较抽象、概念化，男子虽为侧面，而眉目清秀，就较为生动具体了。他们均为墓室主人，也可以说是我国最早的人物肖像画。刘向《说苑》记载："齐王起九重台，召敬君图之。敬君久不得归，思其妻，乃画其妻对之。"《孔子家语》中说到孔子参观周的明堂，见壁上画有"尧、舜之容，桀、纣之像"，"各有善恶之状"。可知人物肖像画也有很久的历史，参看这两幅帛画能了解到当时的确能达到这一水平。

帛画在汉代有了进一步的发展，1972 年和 1973 年长沙马王堆一号和三号汉墓出土了五幅，1976 年山东临沂金雀山九号汉墓也出土了一幅。内容除了继承战国帛画引导死者灵魂升天的主题外，还有夸耀死者生前的享乐生活及"养生之道"的气功强身图等。其中保存最完好、艺术也最精美的一幅帛画，是马王堆一号墓出土被释作"非衣"的一件。

马王堆一号墓出土有一具完整的女尸，非衣即覆盖在她的彩漆棺椁上，呈"T"形，纵 205 厘米，上部横 92 厘米，下部横 47.7 厘米。画面分上、中、下三层，被认为表现了天上、人间、地下三个世界。(彩图 18) 天上部分，画有日、月、星辰和象征日、月的金乌、玉兔、蟾蜍。日、月之间有一人首蛇身形象，或认为是人类的创造者和保护神女娲。此外还有阙门及守门人（帝阍）等。人间部分上层，画一老年妇人，衣着华丽，手扶拐杖，步履蹒跚，而显现出雍容华贵、仪态尊荣，应是死者墓主人肖像。老妇身后有三个侍女，一字并列肃立，身前两个侍女举案跪迎，衬托出老妇的特殊身份地位。下层描绘厨房情景，有厨师及尊罍之属。地下部分画一身材肥短"巨人"，手托一板状物象征大地，名曰禺强。全画从上到下，龙蛇蟠曲，将三部分联系成一个整体，空隙间还补充画有鱼、龟、猛兽、飞禽及磬、璧、铎等形象。非衣所描绘的世界，充满着神话想象，反映了当时人们的信仰，对宇宙的解释。在表现手法上，以线描为基，敷以浓重色彩；红白为基调，间以青蓝，璀璨夺目。造型写实和夸张相结合，而又富有装饰特色。墓主人肖像刻画，仍沿袭战国帛画侧影式，简略朴拙，但动作神态生动，和出土女尸相比，真还有些相似。马王堆三号墓出土非衣，主像为一男性，身材较胖。红袍佩剑，袖手缓步，气度从容。面像采用四分之三侧面，是人物肖像画的一个突破。

西汉帛画的发现，弥补了中国绘画史一大空缺，它所表现的高度绘画技巧和艺术水平，显示了古代画工的智慧和才能。因为他们的地位低下，不可能在画上留下姓名。在墓室中埋放帛画，一直延续到唐代和辽金。出土的作品有新疆阿斯塔那唐墓绢画，辽宁法库叶茂台辽墓绢画。随着时代的变迁，这些绢画无论在形式、内容或技法、技巧上，都发生了很大的变化。

## 二、壁画

壁画是指直接画在墙面上的绘画，按其用途和绘制地点，可分为殿堂壁画、寺观壁画、石窟壁画和墓室壁画。

据文献记载，自周至汉代，殿堂壁画是相当兴盛的，除孔子观乎明堂见周代壁画外，屈原《天问》中反映的楚国先王庙宇及公卿祠堂里的壁画，内容也十分丰富，并且规模宏大。秦、汉时宫殿中的壁画，除了历史和神话题材外，还有当代的人物肖像，如麒麟阁和云台的功臣图。壁画除了起装饰建筑作用之外，还是封建统治者宣传教育的重要工具，如官署中画古名臣像，为官吏们树立楷模，画时贤像以进行褒奖，学校中画孔子及其门徒像，在于教育士子。由于时代的久远，地面建筑毁坏，这些壁画已不复存在。近年考古工作者在秦代咸阳宫遗址清理中，曾发现有残存的壁画车马图等，可印证文献的记载。

汉代能保存至今的主要是墓室壁画，在河南洛阳和密县、河北望都和安平、山东梁山、山西平陆、辽宁辽阳和金县、甘肃酒泉、内蒙古和林格尔及托克托等地都曾发现过汉代的墓室壁画。墓室壁画的内容十分丰富，主要有：(1) 引导死者灵魂升天，这点与帛画内容一脉相承。如洛阳西汉卜千秋夫妇墓的《升仙图》，配合墓主人形象有日、月、流云、四神（青龙、白虎、朱雀、玄武）及其他神话形象。(2) 车马出行，以炫耀死者生前身世显赫，如辽阳北园汉墓的《出行牧马图》，奔腾有势；和林格尔汉墓中，描绘主人生前的身世经历，出行场面宏大壮观。(图 13—2) (3) 衙寺属吏，如望都汉墓画有门下小吏、门下功曹、门下贼曹、辟车五百等形象，恭谨顺从的神态，十分生动。(4) 饮宴百戏，以表现死者生前的享乐，死后的荣华，如密县打虎亭汉墓的《舞乐百戏图》，描绘主人饮宴宾客，除帐幔、旗帜和饮食器具陈设豪华外，在筵席前还有各种表演，如舞蹈、吹角、耍棍、跳丸、舞盘等，生动活泼，色彩浓艳，气氛热烈。此外，在表现死者生前享乐的同时，壁画还描绘了生产劳动等社会生活内容，如耕地、舂碓、庖厨、谷仓、马厩，以及城市、衙署、庄园等，在研究汉代社会历史方面，这是最真实生动的部分。墓室壁画技巧，在形象刻画上虽不及帛画精镂细刻，但由于幅面大，粗犷稚拙中，有着壮阔的气势，线条粗率似不经意，而有着朴实的天真。一般都是以线描作基础，然后平涂敷彩，有的也纯用色彩渲染，类似后世的“没骨法”。

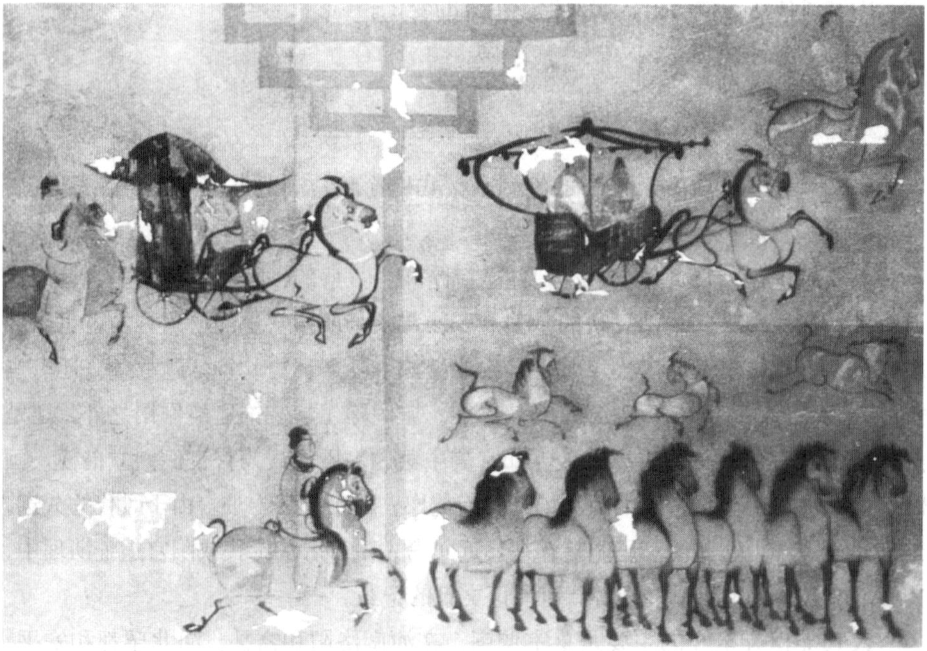

图 13–2 内蒙古和林格尔东汉墓壁画《出行牧马图》

## 第二节 魏晋南北朝时期的绘画

魏晋南北朝是我国绘画发展的重要时期，除了绘画的技术技巧渐趋成熟外，著名的画家成批涌现，人们开始对绘画作系统的理论探讨和品评，随着佛教的传播，宗教绘画也乘势兴起，这些都是这一时期绘画发展的标志。

### 一、划时代的著名画家顾恺之

汉代以前，画家的名字很少被史籍记载下来，这是因为绘画创作是由地位低下的工匠们来担任。随着绘画在人们社会生活中越来越重要，并且认识到它的宣传教育的作用，逐渐就有有身份地位的人甚至帝王本人，也参与到绘画的创作行列中来。画家的地位有了提高，于是才被载入史册。这一时期最著名的画家有曹不兴、卫协、顾恺之、陆探微、张僧繇、杨子华、曹仲达等，其中顾恺之被学术界认为是我国绘画史上第一个有画迹可考的著名画家。

顾恺之（346—407），字长康，小字虎头，无锡（今属江苏）人，曾在大将军桓温帐下任参军，后官通直散骑常侍。博学多才艺，为人“好谐谑”，“率直通脱”，有“才绝、画绝、痴绝”美誉，时称“虎头三绝”。他是宗教壁画家和人物肖像画家，曾在江宁（今南京）瓦棺寺画维摩诘像一堵，在揭幕时他当众点睛，“光照一寺，施者填咽，俄而得百万钱”，可见他的艺术在当时引起的震撼之大。评者谓他画的维摩诘像“有清羸示病之容，隐几亡言之状”，即不唯形似，而且神肖。他为裴楷画像，“颊上加三毛”，“觉神明殊胜”，表明他善于捕捉表现人物性格的某一特征。他特别注重描绘人的眼神，往往很长时间不点睛，认为“四体妍蚩，本无关妙处，传神写照，正在阿堵（眼睛）之中”。他的作品线条用笔，属于“密体”，特点是“紧劲联绵，循环超忽，调格逸易，风趋电疾，意存笔先，画尽意在，所以全神气也”。（引文均见张彦远《历代名画记》）他同时还是绘画理论家，著作有《论画》、《魏晋胜流画赞》、《画云台山记》等，最先提出“以形写神”的观点。

在传世绘画作品中，《列女仁智图》、《女史箴图》和《洛神赋图》，都被归属在顾恺之名下。其实这三件作品，风格各异，所画人物衣冠服饰和器具，有着不同的时代特点，应不是同一时期同一个人的作品。

《列女仁智图》是根据刘向《列女传》中的“仁智”篇而创作的。（图 13—3）

图 13—3《列女仁智图》局部（宋人摹本）

刘向是汉楚元王四世孙，成帝时任光禄大夫。他看到成帝沉湎酒色，宠信赵飞燕姊妹，大权旁落外戚手中，危及皇室。于是便“采取诗书所载贤妃贞妇兴国显家可法则及孽嬖乱亡者，序次为《列女传》，凡八篇”[1]，并绘制为屏风，进献给汉成帝，希望他从中得到教训。之后王莽依借外戚势力篡夺了汉室政权，刘向的忧虑成为现实，故在东汉时代，《列女传图》不但被作为宫廷后妃的课本，同时也是向社会广泛施行女德教育的教材，正史也专门开辟了列女栏目。今存本《列女仁智图》（今藏故宫博物院）为宋人据古本所摹绘。原本画有十五个列女故事，摹本只存有七个故事是完整的，另三个故事只存一半人物，并有错搭配现象。尽管这是一个残本，但所画女子的垂髾髻、深衣、朱眉、男子的进紧冠、紧口宽袍、绶带，以及轺车和其他器具，都可以从汉代的墓石壁画、画像石（砖）中得到证实，说明原本是从汉代宫廷传承下来的，历经两千余年，而仍能保持原作精神面貌，这只有在延续不断的中国历史中才有的奇迹。[2]

被宋人认为是顾恺之真迹的《女史箴图》卷，今藏伦敦英国博物馆。（图13—4）卷尾有题“顾恺之画”四字款，为后人所添加。根据图中所绘山水、动物及人物服饰等，以应证现代考古学所发掘出土的图像资料，它应晚于顾恺之时代，约相当于南北朝的北魏和齐、梁时代。《女史箴图》是根据西晋张华所写的《女史

[1]《汉书·刘向传》，中华书局点校本，1974 年。
[2] 详见拙文《对〈列女仁智图〉的新认识》。《故宫博物院院刊》2003 年第 2 期。

箴》一文而构思创作的。张华见晋惠帝皇后贾氏专权，重用外戚，淫乱宫闱，危及帝室。于是便假借“女史”口气写了这篇讽谏文章。张华与刘向所忧虽同，却进谏有别。刘向是借指鉴贤愚，希望皇帝自己能醒悟；张华则是直陈利害，警告皇后要改邪归正。故《列女传》及其制图，成为了后世妇德教育的教科书，于汉魏六朝时代广泛流行。而《女史箴》只适用于宫廷，且言辞犀利，要把它变为图画，必定是宫内出现了贾后式的人物，同时又有权力在手的皇帝的指令，否则画家是不敢自作主张的。两个势不相容的人物共处一朝，在当时南北朝对峙的各个政权中，只有北魏的宫廷中，才会出现有这样奇异的景观。

图 13–4　传顾恺之《女史箴图》摹本局部

北魏文成帝死后，献文帝继位。文成帝皇后冯氏以太后临朝专政。冯氏权力欲极重，且有丑声。献文帝成年亲政，借故除了冯氏的私宠大臣李奕，即遭冯氏毒杀。孝文帝即位年仅五岁，冯氏即太皇太后再度临朝。孝文帝幼小聪慧，冯氏怕长大后于己不利，几次想杀害他，迫于舆论，未能得手。直到冯氏病死，孝文帝才亲政。孝文帝一上台，就表现他的雄才大略，迁都洛阳，进行汉化改革，用兵南方，一心想统一中国。他的前后两个皇后，都是冯氏安排的自己的亲侄女。先是妹妹被立为皇后，遭到姐姐的忌妒，时进谗言而被废。姐姐当上皇后以后，一心想学姑母能掌控国家大权，在宫中行巫术诅咒孝文帝快死，同样也有丑声。孝文帝得知后，先是将她幽禁，后下诏赐死，其结果与晋惠帝皇后贾氏一样。孝文帝非常熟悉西晋典故，每过其故宫则潸然泪下。为整顿后宫失德，他想起了张华的《女史箴》，命画工创作图，以警告后宫。[1]

《女史箴图》的创作，采用了东汉以来流行的《列女图》平列式构图。有的地方如“班姬辞辇”，甚至是照搬原样，这可从出土的北魏司马金龙墓漆屏风画得到证实。所不同的是，《列女图》所画的都是一个个故事，有具体的情节可表现。而《列女箴》是借事说理。用多种事物集合，以表达一个抽象的理论。如用太阳的升降，月亮的盈亏，以及山峰、弓箭等，来说明“物无盛而不衰”。画家为表现这个道理，只好将这些事物集中起来构思，因而成了一幅奇异而又神秘的景观。《女史箴图》设色浓丽，线条细劲流畅，与《列女仁智图》的色彩淡雅和线条粗犷，恰成对比而显示了不同的风格特色。

## 二、谢赫和绘画“六法”论

魏晋南北朝时代在绘画的创作理论总结、作品的评论上，较之前代再不是只言片语了，而是进行了系统的研究，有了专门的著述。这是一种开创，为后世绘画理论的发展奠定了基础。画论品评著述除顾恺之外，还有南朝宋宗炳的《画山水序》、王微的《叙画》、南朝齐谢赫的《古画品录》和陈姚最的《续画品录》等。

谢赫本人是一个画家，长于人物肖像画，作品今无存，而留下的《古画品录》一书，使之名传不朽。该书对前代 27 个画家的艺术进行了品评，提出了许多有价值的美学观念，是我国最早的一部绘画批评史论著作。序言中提出的“六法”论，也是对我国绘画创作所作的第一次系统的理论总结。“六法”是：“一曰气韵生动，二曰骨法用笔，三曰应物象形，四曰随类赋彩，五曰经营位置，六曰传移模写。”《古画品录》和《续画品录》，是与刘勰的《文心雕龙》、钟嵘的《诗品》等同一个时代的产物，代表着当时的先进文艺思想。

## 三、石窟壁画和墓室壁画

石窟寺的开凿，是随着佛教的传入而在中国兴盛起来的。石窟中除了石雕或泥塑造像以外，还有大量的壁画。在新疆拜城东约六十公里的戈壁悬崖下的克孜尔千佛洞，现存 236 个洞窟，其中有早在 4 世纪开凿的。壁画主要内容以佛本生故事为主，也有说法图和佛传图。如《尸毗王本生》、《须阇提太子本生》、《睒子本生》等。人物情态表现不大明显，但能表达故事的生动情节，其艺术风格则明

---

〔1〕详见拙文《从山水画法探索〈女史箴图〉的创作时代》，《故宫博物院院刊》2001 年第 3 期。

显地体现着犍陀罗及当地民族和中原地区三种文化的融会，同时也有着早期绘画古拙粗犷的作风。新疆地处我国西陲，是佛教及佛教艺术传入中原的首要门户。早期壁画形象与印度、巴基斯坦、阿富汗的绘画艺术有着密切关系，甚至还受到罗马基督教艺术（如带翼的天使形象）影响，是研究东西方文化交流的重要资料。

甘肃敦煌莫高窟始凿于366年（符秦建元二年）或更早，之后一直到元代，都有建造，现存洞窟五百七十余个，壁画约六万平米。早期北魏、西魏的壁画内容以说法图和本生故事为主，如245窟的《摩诃萨埵本生》图，在一幅画面中，描写摩诃萨埵舍身饲虎得道的全过程，突破时空局限来安排故事情节的发展，构思巧妙，气氛悲壮。257窟的《鹿王本生》图，曲折的情节安排得非常严密。和新疆早期壁画不同，这一时期的敦煌壁画在形式技巧上，更多地具有中原地区的风格，可明显地看到对汉代壁画的继承。此外麦积山石窟等处也存有不少这一时期的壁画。

墓室壁画在这一时期主要发现地有：甘肃嘉峪关、云南昭通、新疆吐鲁番、江苏丹阳和南京、吉林集安等。壁画的内容较之前代，增多了反映现实生活的题材，并以独立的画幅出现。如嘉峪关魏晋墓的壁画砖中对放牧、屯垦的描绘，反映出河西地区的生活特点。(图13—5)南京西善桥南朝墓的砖刻线描《高逸图》，刻绘有嵇康、阮籍、山涛、王戎、向秀、刘伶、阮咸、荣启期八个文人坐像。人物之间，以树木间开。无论线描的技巧、构图的方法，还是人物神态的刻画、树木的画法，都超出了前代墓室壁画的高度，而题材的选择，更是新颖，这与当时著名画家的创作技巧与风尚，有着极为密切的关系。

图13-5 甘肃嘉峪关魏晋墓屯垦砖画

# 第三节 隋代的绘画

隋朝虽然历史短暂，但是在中国绘画史上，它上承魏晋南北朝，下启盛唐，是绘画发展的历史转折时期；也可以说，它是波澜壮阔、灿烂辉煌的唐代绘画艺术的前奏。隋代著名的画家有郑法士、郑法轮、董伯仁、展子虔、杨契丹、尉迟跋质那、阎毗等。只有展子虔有作品传世。

## 一、展子虔和《游春图》

展子虔，渤海人，一生经历了北齐、北周和隋，在隋曾任朝散大夫、帐内都督。擅长画人物、车马、楼阁、山水，曾在洛阳、长安、江都等地寺庙中创作了大量的壁画，与董伯仁同时齐名，号称“董、展”。在发展中国的山水画上，展子虔是继往开来的关键人物，前人评价他：“写江山远近之势尤工，故咫尺有千里之趣。”这就是说，在克服六朝时代山水画“水不溶泛”、“人大于山”等方面，他做出了新的探索和贡献，使山水画能比较客观地描绘自然面貌，并能在有限的画面中表现出无限的空间，给人以真实之感。

《游春图》（今藏故宫博物院）是展子虔唯一传世的作品，绢本青绿设色，描绘春天来临，碧波粼粼，青山叠翠，山花盛开。开阔的湖心，游弋着画船，曲折的岩岸，人们在游玩赏景，充分表现了明媚春色给人们带来的精神愉悦。（图 13—6）人、马、山、树，比例合宜，境界廓大。描写自然，再不是“伸臂布指”，较之顾恺之《洛神赋图》背景中的山水，在改变其中的不合理和非自然上，有明显的进

图 13-6 展子虔《游春图》局部

步。但其山石，只空勾轮廓，不加皴斫，即用青绿赭石涂染，树枝叶匀整平板，高峰上大点苔，用细线圈出，再用深青填入，这些画法古拙，尚保留着从六朝脱胎出来的痕迹。所以看到盛唐成熟后的山水画的张彦远对他的山水画提出了批评。也正因为如此，使我们相信，尽管《游春图》为后代摹本，但的确反映出了展子虔时代的创作水平。

### 二、石窟壁画和墓室壁画

敦煌莫高窟今存有隋窟95个，壁画内容除佛、菩萨像和佛传、本生故事外，新的创作题材有法华经变和维摩诘经变（423窟）图，是唐代大规模经变图的先声。本生故事的题材虽仍旧，但表现手法则改变了原有的单幅画形式，吸收了《洛神赋图》中的方法，以一个个连续画面来表达故事的全过程，因而更完整，更细致，也更便于人们观赏了解。人物刻画中，线条趋向明朗，衣着造型，更具有中土风采，可以看到佛教艺术在中国土地上生根的过程中，必然民族化的规律。

隋代的墓室壁画发现极少，仅山东嘉祥英山一号隋墓一处，弥足珍贵。在其《徐侍郎夫妇行乐图》中，画有屏风一个，是一幅完整的山水画，这是我们目前见到最早的独立山水画作品的形象记载。

## 第四节 唐代的绘画

在隋朝国家统一的基础上，唐代经过“贞观之治”，国家强盛，经济繁荣，文化发展。反映在绘画上，创作热情空前高涨，规模宏大，气象万千，名家辈出，灿若群星，为中国绘画史上最光辉灿烂的一页。

### 一、初唐人物画家阎氏兄弟

阎立德、阎立本兄弟为初唐重要人物画家。他们的先世为北魏、北周时显宦，父阎毗与后周武帝之女清都公主结婚，入隋为朝散大夫、殿内少监领将作少监，擅长书画，谙练旧事，曾为宫廷设计辇辂车舆，多所增损。立德继承家学，唐高宗时，为造衮冕大裘等六服并腰舆伞扇、营造陵墓，官至将作大匠、工部尚书。

同时长于绘画，所作《职贡图》，“异方人物诡怪之质，自梁魏以来名手不过也”，惜作品今无传。阎立本（？—673）绍述家学，曾继兄任工部尚书，后官至右相中书令。因擅长绘画，有“右相驰誉丹青”之讥。能作人物、车马、楼观和道释画，曾创作过《秦府十八学士图》、《凌烟阁功臣图》等重要人物肖像画作品。今传《步辇图》（故宫博物院藏，为宋人摹本），描绘唐太宗李世民坐在步辇上，接见吐蕃派来迎娶文成公主的使者禄东赞的情景。（彩图3）图中唐太宗的威严，禄东赞的恭谨，翻译的紧张，反映出他们不同的身份地位和精神气质，都描绘得惟妙惟肖，具有肖像画创作性质，是一次真实的历史事件的写照。另外，相传《历代帝王图》（今藏美国波士顿博物馆）为阎立本所作，描绘了从汉昭帝到隋炀帝共13个帝王及其侍臣的肖像，寓褒贬于人物的精神形态的刻画之中，鲜明生动。

## 二、盛唐画圣吴道子

吴道子（约689—759）又名道玄，阳翟（今河南禹县）人，幼孤贫，曾当过县尉和小吏。长于绘画，“未弱冠已穷丹青之妙”。受唐玄宗赏识，召入禁中授以“内教博士”、“宁王友”等职，“非有诏，不得画”。他是一个罕见的多产画家，曾在长安、洛阳一带寺庙中绘制壁画三百余堵。吴道子以他旺盛的精力、高涨的热情、娴熟的技巧、奇异的想象、准确的造型、独创的风格，赢得了“画圣”之称。当他创作壁画时，“长安市肆老幼士庶竞至，观者如堵”，甚至“观者喧呼，惊动坊邑”。所画《地狱变相图》，“使观者腋汗毛耸，不寒而栗，因之迁善远罪者众”。可见他的艺术在群众中的影响。苏轼认为：“诗至杜子美（甫），文至韩退之（愈），书至颜鲁公（真卿），画至吴道子，而古今之变，天下之能事毕矣。”

吴道子被称为“张僧繇后身”，他的艺术继承了张僧繇简括的造型技巧，“笔才一二，像已应焉”，点划之间，时见缺落，后人称之为“疏体”。其用笔如“莼菜条”，雄劲、磊落、气势磅礴。喜用焦墨勾勒，略加淡彩，自然传神，所谓“天衣飞扬，满壁风动”，有“吴带当风”之誉，称之为“吴装”。他的宗教壁画以独特的艺术风格传派，当时叫做“吴家样”。其特点是，落笔时或自臂起，或从足先，不拘规矩，一笔挥就，但又不失尺度。吴道子的作品，今已无存，日本大阪市美术馆收藏的《送子天王图》卷，传为吴道子真迹，其实，最多不过是他传派的摹本草稿。北宋时的武宗元曾在洛阳等地寺庙见过吴道子的壁画，努力学习其造型笔法，从所作的《朝元仙仗图》（今藏美国某私人处），可探知其艺术特点。除文献记载外，要了解吴道子的艺术，莫高窟的盛唐壁画和唐宗室墓葬壁画，或可提供一些线索。

图 13-7 张萱《虢国夫人游春图》局部

## 三、仕女画家张萱和周

单独以妇女儿童作为绘画创作题材，在唐代有了新的发展。在此以前，妇女和儿童的形象在绘画中出现，或者作为人物故事中的陪衬，或者作为封建说教的工具，如《女史箴图》；而描写她们的日常生活用以玩赏的作品，则是在唐代才大量出现的，其代表为张萱和周昉。

张萱，京兆（今西安）人，活动于盛唐开元年间。他的贵族妇女形象，反映出盛唐时代的享乐欢快的气氛。作品有宋徽宗赵佶临摹的《捣练图》（今藏美国波士顿博物馆）、《虢国夫人游春图》（今藏辽宁省博物馆）等。前者描绘宫中妇女捣练时的各种劳作活动，细节生动，充满生活气息；后者描绘杨贵妃三姊虢国夫人及其眷属骑马郊游，队伍花团锦簇，反映出杨家姊妹的显赫与骄纵。（图 13—7）

周昉，字景玄，长安（今西安）人，贵族出身，官至宣州长史，活动于唐代宗时期。他的仕女画，“初效张萱，后则小异”。所画肖像，“不唯形似，兼移神气”。宗教壁画，首创“水月观音”，广为流传，被称为“周家样”。传世作品有《挥扇仕女图》（今藏故宫博物院），描绘了一群衣着华丽的宫中妇女悠闲散漫、百无聊赖的生活。人物的苦闷情态跃然画上，呼之欲出。周昉笔下的妇女，已失去了张萱作品那种欢乐气氛，反映出时代情绪的变化。相传为周昉作品的《簪花仕女图》（今藏辽宁省博物馆），是一幅被揭裱下来的唐代屏风画，其技巧熟练、笔法细腻，设色浓艳，是一幅优秀的唐代无名匠师之作。

## 四、山水画家李氏父子和王维

李思训（651—716），字建，为唐宗室。高宗时任江都令，武则天当权时弃官潜匿，中宗复位任宗正卿，玄宗时官至右武卫大将军。擅长山水，继承了展子虔以来的青绿山水画法，金碧辉煌，灿烂耀目，为后世所崇。他的作品内容，没有摆脱六朝以来的求仙访道主题。存世《江帆楼阁图》（今藏台北故宫博物院），相传为他的作品，画江天浩渺，风帆溯流，境界开阔。树木画法多种多样，山石在勾线的基础上有少许皴法，是对展子虔《游春图》的继承发展。李思训之子李昭道继承家学，亦以画青绿山水知名于世，与其父合称“大小李将军”。

王维（701—761），字摩诘，著名诗人，亦长绘画。晚年隐居陕西蓝田，并以其庄园景致创作成《辋川图》，开创了文人士大夫别墅画的风气，为后世所崇。苏轼称赞他“诗中有画”，“画中有诗”。明末董其昌等人提倡山水画“南北宗”说，将李思训说成“北宗之祖”，崇王维为“南宗之祖”，创水墨写意文人画。相传王维有《伏生授经图》（今藏日本大阪市美术馆）、《雪溪图》（今藏台北故宫博物院）等，均不可信，王维画风有待进一步探讨。

## 五、畜兽画家韩幹和韩滉

鞍马为汉代以来流行的绘画题材，随着绘画的分科发展，至唐代则出现了一批以画鞍马而知名的画家，如曹霸、韩幹、陈闳、韦偃等。牛也经常入画，画牛的专家有韩滉、戴嵩等。描绘牛、马（包括龙、虎、獐、鹿、猿、猴、猫、狗等）一类的家畜走兽的画，宋代概括为畜兽画。

韩幹出身贫寒，得王维资助，随曹霸学画，以画肖像、鞍马知名于时。天宝中召入宫廷，累奉命画御马，玄宗要他照着陈闳的马画，他说：“臣自有师，陛下内厩之马，皆臣师也。”可知他的追求。传世作品有《照夜白图》（今藏美国大都会博物馆），画肥壮马一匹，拴于桩上，作昂首嘶鸣状，十分生动。

韩滉（723—787），字太冲，长安人。由地方官升至宰相，封晋国公。吏事之余，喜好绘画，长于人物、田家风俗及牛马等，落笔绝人，然不多作。传世有

图 13–8 韩滉《五牛图》局部

《五牛图》（今藏故宫博物院），画牛五头，各具姿态。（图 13—8）所用线条，粗壮有力，表现出牛的健壮体魄和坚韧的皮质，神情活现，在中国画史上不多见。

## 六、气象万千的唐代壁画

唐代壁画有宫殿、寺观、石窟、墓室等数种。宫殿、寺观壁画之盛，见诸文献记载，超出以往时代，但随着建筑物的毁灭，早已渺然无存，今天所能见到的，只有石窟和墓室里的壁画。

敦煌莫高窟发展至唐代为全盛时期，今存唐窟有二百余个。随着国家统一与社会安定，唐朝的经济和文化空前繁荣发达，唐窟的壁画题材，由南北朝以来流行的宣扬忍耐牺牲精神的主题，逐渐转变为渲染以西方极乐世界的享乐情景为宗旨。如《西方净土变相》，把极乐世界描绘得富丽辉煌，殿堂楼阁，参差错落，歌童舞女，一派升平景象，实际上是帝王贵族的现实生活写照（320 窟、127 窟可为代表）。《法华经变相》、《报恩经变相》中穿插的其他佛教故事及生活情节，如 45 窟的胡商遇盗、217 窟的化城喻品，85 窟的善友品，以及众多的生产劳动场面，曲折地反映了当时社会生活的各个方面，内容极其丰富。《维摩诘变相》为最受欢迎的题材，它所刻画的维摩具有充沛的精力、潇洒的风度、闪烁的眼神，是当时士大夫形象的写照。103 窟的《维摩诘变相》，线条简括流动，有吴道子画派风格。其旁帝王听法的场面，可从中探知唐代著名画家作品《职贡图》、《帝王图》一类题材的表现方法。整个敦煌唐代壁画，无论是描写佛、菩萨，还是天王、力士、伎乐、飞天，都更世俗化，充满着人间的温情，而体态婀娜，夸张变化，有着动人的艺术效果。

唐代的墓室壁画，今发掘出土的有唐初的李寿墓，盛唐的章怀太子李贤墓、懿德太子李重润墓、永泰公主李仙蕙墓等，都是属于皇室宗族的墓葬。这些墓室壁画直接出于宫廷匠师之手，其规模与气派，与敦煌唐壁画相比，有过之而无不及，是其他唐代绘画作品不可替代的。从李寿墓中的农耕、放牧、杂役等画面，可以了解到初唐的农牧手工业生产。李贤墓中的《出行图》、《客使图》、《仪仗图》、《马球图》等，描写了宫廷贵族的奢侈豪华，是当年宫廷贵族生活的写照。其中《客使图》与传世《职贡图》的造型十分相近。李仙蕙墓中的《宫女图》，描绘宫女们姿态多端，不唯衣着华贵，而且形象美丽，飘飘欲仙，更是一幅完整而细腻的杰作。（彩图 19）

# 第五节 五代两宋的绘画

唐末藩镇割据，国家走向分裂，相继出现五代十国。五代时期绘画盛行的地区，主要在中原、西蜀和南唐所辖地。西蜀和南唐都建立了画院，山水、花鸟画成熟，出现了一批对后世有极大影响的画家。北宋统一后，绘画得到了进一步发展，画院兴盛，文人画兴起。这一时期传世的作品较多，寺观等壁画虽也有所成就，相形之下，就退居其次了。

## 一、人物画家周文矩和顾闳中

周文矩，金陵句容人，擅长人物、山水、楼观和仕女。他继承了周昉的传统，但在衣纹描绘上吸收了李煜书法的“行笔瘦硬战掣”(称“战笔描”)即颤抖的笔法，而形成自己的风格。作品有《宫中图》、《重屏会棋图》(今藏故宫博物院)、《琉璃堂人物图》(美国大都会博物馆藏摹本)等。《重屏会棋图》描绘南唐中主李璟和他的兄弟们下棋，有肖像画性质；衣纹作战笔，是其画法特点。《琉璃堂人物图》描写文人士大夫的诗酒活动，各有神态。据专家考订，今传韩滉《文苑图》(今藏故宫博物院)即其中一部分。

顾闳中唯一的存世作品是《韩熙载夜宴图》(今藏故宫博物院)。(彩图 20)据记载，此画是奉南唐后主李煜之命而作。全画分为听乐、观舞、休息、清吹、送别五个段落，描写韩熙载的夜宴过程，客观上反映了当时贵族的腐朽生活。由于作者技术的高超，对韩熙载的刻画，能通过形象而揭示出内心的矛盾与痛苦；所画其他人物也都各有特点，生动传神。该画线描的工整精细、严谨有法，设色的绚丽清雅、丰富协调，都达到这一时期的最高水平。

这一时期其他著名画家尚有僧贯休、阮郜、胡瓌、卫贤等。胡瓌，契丹人，善画本部族人马，其画作沙碛平远，曲尽契丹族及塞外之景，传世有《卓歇图》(今藏故宫博物院)。卫贤为南唐画院画家，作品有《高士图》(今藏故宫博物院)，以山水为主体，画梁鸿、孟光夫妻相敬故事。

## 二、“徐黄异体”和北宋的花鸟画

“徐黄异体”是指以徐熙和黄筌为代表的、在艺术风格上不同的两大花鸟画流派，最早见于郭若虚《图画见闻志》记载。

徐熙，金陵（今南京）人，性淡泊，所画花鸟多为“汀花野竹，水鸟渊鱼”，“蔬菜茎苗，亦入图画”。其画法“落笔颇重，中略施丹粉”，可能是一种以勾勒为主的淡彩画法，有“落墨花”之称。他的题材内容与画法都表现出文人士大夫情趣，故有“徐熙野逸”之评。但他也为宫廷服务，创作一些装饰用的作品，称为“铺殿花”、“装堂花”。

黄筌，字要叔，成都人，西蜀的宫廷画家。除人物画外，尤擅长花鸟画，多画宫廷中珍禽瑞兽，奇花怪石，以供帝王贵族玩赏。其画法先用细笔勾出轮廓，然后敷以重彩，极其工细精整，富丽堂皇，故有“黄家富贵”之称。传世作品有《写生珍禽图》（今藏故宫博物院）。（图 13—9）

入北宋以后，宫廷中主要是黄筌体系的花鸟画占统治地位。宋太祖赵匡胤、太宗赵光义都非常欣赏黄家作品，曾命黄筌之子黄居寀负责搜访天下名画，诠定品目，因而黄家的画法便一时成为宫廷绘画的标准。徐熙之孙徐崇嗣继承祖法，在宫廷中受到排斥，只好改变画风向诸黄学习，创造了“没骨法”。

北宋的花鸟画家除黄居寀、黄居宝外，重要的还有赵昌、崔白、易元吉等。赵昌长于写生，形象生动，被认为达到了“与花传神”的境地。作品有《四喜图》（今藏台北故宫博物院）、《写生夹蝶图》（今藏故宫博物院）。崔白，字子西，作品有《寒雀图》（今藏故宫博物院）、《禽兔图》（今藏台北故宫博物院）等。易元吉，长沙人，善画猿狖獐鹿，曾深入荆湖深山，对野生动物作观察研究，又于家中建庭苑，养育野禽，对之写生。所以他的作品真实生动，被认为“徐熙以后一人而已”。传世有《聚猿图》等。北宋的花鸟画家重视师法自然，观察细致入微，创作精密不苟。北宋是花鸟画发展取得重大成就的时代。

图 13—9 黄筌《写生珍禽图》局部

## 三、荆、关、董、巨山水画的新贡献

五代是中国山水画发展的重要时期，表现为（1）水墨山水画的确立；（2）画家深入自然，创造了不同的笔法，出现了南北两大派别。代表画家有荆浩、关仝、董源、巨然。

荆浩（号洪谷子），沁水（今属山西）人。唐末隐居太行山，潜心研究山水画，善画北方地区的崇山峻岭，层峦叠嶂，沿袭唐代水墨山水画法而有新的创造。他曾认为吴道子有笔无墨，项容有墨无笔，自己则采二者之长而成一家之法。画法在勾斫之中有皴有染，用笔带方而讲究笔势。传为他的作品有《匡庐图》（台北故宫博物院藏），为全景式山水画，气势雄伟。（图 13—10）他曾著《笔法记》一文，着重“图真”，提出“六要”，总结用笔方法“四势”和“二病”，对于山水画的创作和美学研究都是很有价值的见解。

图 13–10 传荆浩《匡庐图》

关仝，长安（今属陕西）人，山水学荆浩，多描写关中一带风景，尤喜绘秋山寒林、村居野渡。所绘山水，用笔简练而气势壮阔，石体坚凝，山峰峭拔，杂木丰茂，有枝无干，被认为“笔愈简而气愈壮，景愈少而意愈长”。传世关仝作品有《关山行旅图》（台北故宫博物院藏），勾笔粗壮雄健，境界宏大。

荆浩和关仝对表现大自然雄伟之美开创了新风格，把山水画的思想内容提到了新高度。

董源，字叔达，钟陵（今江西进贤西北）人，南唐中主时任北苑副使。他善画江南风景，山峦浑厚，林木苍茂，烟雾迷濛。用笔长、圆，称为“披麻皴”和“点子皴”。作品有《潇湘图》（故宫博物院藏）、《夏景山水待渡图》（辽宁省博物馆藏）、《夏山图》、《龙宿郊民图》（台北故宫博物院藏）等。

巨然，江宁（今江苏南京市）人，开元寺和尚，山水师法董源。用长披麻皴画山，以破笔焦墨点苔。所画山水为水深林密、烟云流润。作品有《秋山问道图》（台北故宫博物院藏）等。

董源和巨然创立了山水画的另一种新风格，受到元明以来文人画家的推崇和模仿，比荆、关影响更大。

## 四、李成、范宽和宋初山水画

李成，字咸熙，避乱居青州营丘（今属山东）。他是唐王朝宗室，有文学才能，抑郁不得志，好饮酒和游历，善画山水，能表现出山川地势和季节气候的多样变化；山林薮泽，平远险易，索带曲折，一一吐自胸臆而写之笔下。喜作寒林雪景，笔势锋利简洁，有“惜墨如金”之誉。但他的作品到宋时就很少，今有与王晓合作的《读碑窠石图》（画中人马为王晓所作）可供参考。

范宽，字中立，华原（今陕西耀县）人。宋仁宗在位早期尚在。山水受李成影响，也曾师法荆、关。他长期生活在终南、太华一带，所作多关陕地区雄奇壮美景色。山石坚劲，气势逼人。喜作正面主峰，用笔浓重粗壮而短，称为“雨点皴”或“芝麻皴”。作品有《溪山行旅图》、《雪山萧寺图》等（均藏台北故宫博物院）。

李成、关仝、范宽在宋初被认为是并立的三大家，评价为“三家鼎峙，百代标程”的人物。关仝的峭拔、李成的旷远和范宽的雄杰，代表了宋初山水画北方风格的不同气派。

## 五、郭熙及其《林泉高致集》

郭熙，字淳夫，河南温县（今属河南）人，是北宋中期卓越的山水画家和绘画理论家。宋神宗时被召入宫廷，为当时宫殿、官署画了大量山水壁画。他的山水画曾受李成的影响，技巧熟练。他有深厚的文学修养；能作大幅山水画，具体、生动、真实，重视创造优美动人的意境，有强烈感染力。作品有《早春》、《关山春雪》（台北故宫博物院藏）、《窠石平远》（故宫博物院藏）和《幽谷》（上海博物馆藏）等。（图 13—11）

郭熙的绘画理论，集中在由他儿子郭思辑录的《林泉高致集》一书中。全书共六节，前四节阐述画理画法，强调山水画创作要深入自然，进行研究，从对比的角度去观察山水的四时、朝暮、阴晴、远近，高低等不同变化，并把这些变化

图 13-11 郭熙《早春》

同人的思想情绪发生联系，从而创造出富有理想和意境的山水画作品。在具体技法上提出了山水画的“三远”（平远、高远、深远）取景法。《林泉高致集》是我国第一部系统完整阐述山水画创作规律的理论著作，在美学发展史上具有重要意义。

## 六、李公麟、苏轼等文人画

文人画是相对于当时工匠（职业画家）画而言的，参与者多为文人士大夫阶层中人，逐渐形成一种新的画风，故有此名。

文人从事绘画活动，虽然由来已久，但真正掀起潮流还是在北宋中后期，重要的画家有燕肃、王诜、李公麟、苏轼、文同、米芾等。

李公麟（1049—1106），字伯时，舒州（今属安徽）人。熙宁三年（1070）中进士，曾为中书门下后省删定官，元符三年（1100）辞官回家，隐居龙眠山，自号龙眠居士。他博学工诗，善鉴别古器物，尤精于画人物鞍马山水等。他创作的题材广泛多样，重视对生活的观察。所画人物，能于不同阶层中区分地域和种族的特征和情态，敢于突破前人定式。他把过去只是作为壁画粉本的“白画”加以精练提高，确立了“白描”在绘画中的独立地位。传世作品有《五马图》（今在日本）、《临韦偃牧放图》（故宫博物院藏），是为杰作。（图 13—12）另有传为他作的《免胄图》（今在台湾）、《维摩演教图》（故宫博物院藏），也是值得注意的作品。

苏轼（1037—1101），字子瞻，号东坡，四川眉山人。他是北宋文学家、书法家，同时也善画枯木竹石。他在绘画方面的主要贡献在于推进了文人画的发展，并在文人画的理论方面提出了一系列的见解，大体可归纳为以下几点：（1）确定文人画的地位高出于工匠画。他很推崇吴道子，但更推崇王维。正式提出“士人画”的概念。（2）强调艺术形象创造的主观感受，以便达到于象外求意。有“论画以形似，见与儿童邻”、“摩诘得之于象外，有如仙翮谢笼樊”等诗句。（3）提倡绘画表现的诗歌意趣。如说“味摩诘之诗，诗中有画；味摩诘之画，画中有诗。”“古来画师非俗士，摹写物象略与诗人同。”如此等等，都对后世绘画有极大影响。苏轼有作品《枯木怪石图》（今在日本）存世。

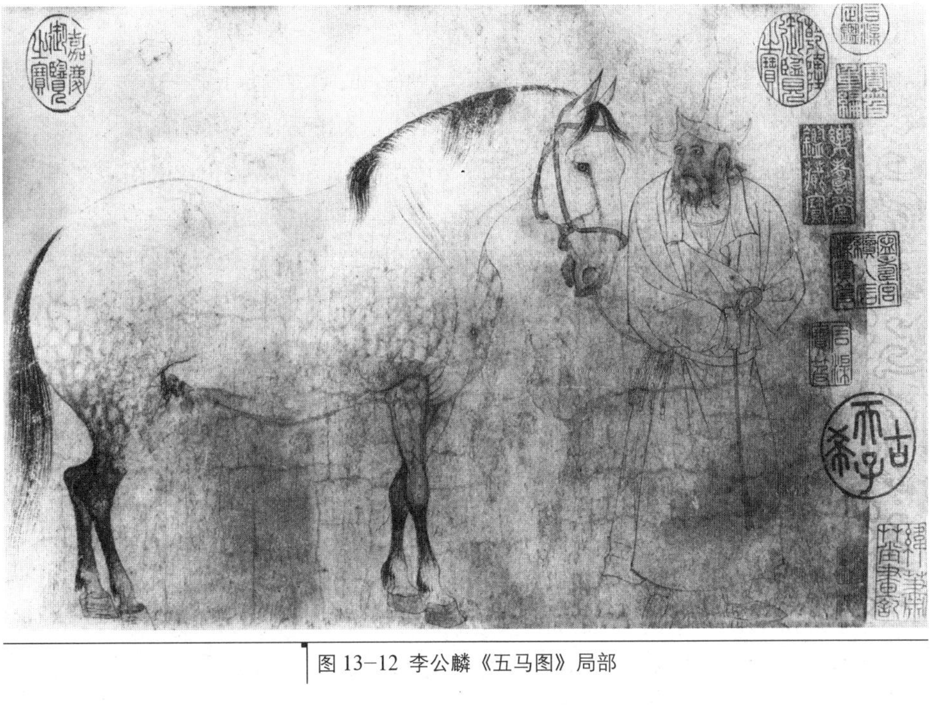

图 13–12 李公麟《五马图》局部

与苏轼同时对文人画作出重大贡献的画家还有文同和米芾等。

文同（1018—1079），字与可，四川永泰人，诗人兼画家。善画墨竹，因出知湖州（今浙江吴兴），所画墨竹及后来学他画法的，称为“湖州竹派”。他曾深入竹林，作仔细观察研究，先有成竹在胸，然后进行创作。有《墨竹图》两幅（一在台湾，另一在广州市博物馆）存世。

米芾（1051—1107），字元章，居襄阳，后定居润州（今江苏镇江）。精于鉴藏古书画和善书法，在绘画上，根据江南烟云风雨变化的特点，用水墨大笔触的方法来表现。这一方法为他儿子米友仁（1086—1165，字元晖）所继承和发挥。世称“米氏云山”。阔笔浓墨皴法，被称为“米点皴”或“落茄皴”。米芾画已无存，存世《溪山雨霁》等图乃后人所作。米友仁作品有《潇湘奇观图》等。

王诜，字晋卿，神宗时为附马都尉。与苏轼、米芾、黄庭坚等文人往来密切，善画山水，继承李成、郭熙画法。有《渔村小雪图》、《烟江叠嶂图》等作品传世。

## 七、赵佶和宋代的画院

宋代继承南唐和西蜀的做法，在宫廷中设置了翰林图画院，集中了当时大批的优秀画家，为宫廷创作服务。到宋徽宗、宋高宗时期，画院最为兴盛，并有一整套制度。当时画院也同科举考试一样，进行开科取士，分为佛道、人物、山水、鸟兽、花竹、屋木六科，以摘古人诗句为题目。考取后按出身分为“士流”与“杂流”，授以不同等级职称，有画学生、供奉、祗候、待诏、艺学、画学正等名目；再通过考核，予以提升。特别恩宠者赐“绯紫”和“佩鱼”，有的还授以朝官衔。画院画家的创作，主要为宫廷服务，受皇帝支配控制；画稿需经审查，才能正式创作。

宋徽宗赵佶（1082—1135）在位期间，是画院的高峰时代。他本人也是出色的画家，善画花鸟和山水。有作品《四禽图》、《雪江归棹图》、《柳鸦图》、《祥龙石图》等，被认为是其亲笔。另外有《腊梅山禽图》、《芙蓉锦鸡图》、《听琴图》等作品，画法工细，设色浓丽，技巧精熟，被认为是画院画家代笔。（图 13—13）他还擅长书法，用笔瘦硬，被称为“瘦金体”。赵佶自己是画家，经常对画院进行指导。他的喜好与他对绘画的某些见解，对画院创作风格有着支配作用。他还命臣下整理记录了当时宫廷的古今书画收藏，编辑成《宣和书谱》、《宣和画谱》，是官修的重要书画史论著作。

张择端和王希孟是徽宗时期宫廷画院里的画家，分别以创作了《清明上河图》和《千里江山图》（两图均藏故宫博物院）而成为画史上不朽的画家。

张择端，字正道，东武（山东诸城）人。原为士人，游学京师，后习绘画。

图 13–13 赵佶《听琴图》

入画院为翰林待诏。工界画，尤长于画舟车、市桥、郭径，自成一家。所作《西湖争标图》、《清明上河图》，被称为神品。

《清明上河图》，绢本，淡着色。以全景式的构图、严谨精细的笔法，描绘了北宋都城汴梁汴河沿岸及东角子门内外市区风貌。全画可分为三段，首段为市郊农村风光；中段以“虹桥”（正名上土桥）为中心，画出汴河及两岸车船运输交通、手工业和商业贸易的繁忙景象；后段则是城门内外纵横交错的街道，商店鳞次栉比，车马轿驼往来熙攘。作者以写实的手法、高超的技巧，集中概括、生动有趣地再现了北宋都市社会生活的各个方面，令人百看不厌，不但是一幅杰出的绘画作品，而且还具有历史文献价值。

王希孟，徽宗时期画院学生，曾得到徽宗赵佶的亲自指授，天才颖悟，进步很快。但寿命不长，作品仅只留下《千里江山图》一件。据图后蔡京题跋，王希孟创作此图时，年仅 18 岁。

《千里江山图》，绢本，青绿设色。描绘江南自然景色，峰峦冈岭，江湖河港，境界空阔，气势宏伟。其间丛树竹林，楼台庄院，舟楫桥亭，以及各种人物往来活动，繁密不可胜记。整个色调，以暖色赭石衬托出石青、石绿，统一和谐而绚丽夺目，给人以祖国辽阔大地雄伟壮丽的深刻鲜明印象。艺术技巧上，作者主要继承了传统的“青绿法”，适当吸收了董源、巨然的笔法，灵活地将郭熙“三远”取景构图融为一体，因而极富变化。《千里江山图》不但代表了北宋宫廷山水画创作的最高成就，而且也是中国山水画史上罕见的长篇巨制。

## 八、南宋李、刘、马、夏四大家

南宋时期的山水画在继承北宋的基础上，以追求表现内容的单纯、手法的洗练、形象的突出为目的，而创造出了新的风格，形成时代特征。其代表画家有李唐、刘松年、马远、夏圭，称为“南宋四家”。

李唐，字晞古，河阳（今河南孟县）人。徽宗时画院老画师，汴京陷落，逃亡至杭州卖画为生，后受高宗赏识入画院，授以待诏。善画山水人物，山水画突破全景式构图，多取近景，简练突出，重视意境创造。代表作品《万壑松风图》（台北故宫博物院藏），画高岭飞泉，万松深壑，用斧劈皴，墨色浓重，气势雄浑厚重，开创了南宋新风。人物故事画有《采薇图》（故宫博物院藏）为代表，通过对伯夷、叔齐在首阳山中采薇时稍事休息的描写和人物面部表情的刻画，表现出他们宁肯饿死、不愿投降的刚毅不屈精神，含有深意。（图 13—14）

刘松年，杭州人，孝宗、光宗、宁宗时的画院画家。其师张敦礼是学李唐的，

图 13–14 李唐《采薇图》局部

因而他的山水画继承了李唐风格而有所创造，善于把人物和山水结合起来。代表作品有《四景山水图》（故宫博物院藏），描绘杭州近郊贵族别墅四季风光，笔法细密严谨，富有享乐的庄园情趣。他还画过《耕织图》，受到皇帝的赏识。

马远，字遥父，号钦山，生于钱塘（今浙江杭州），为光宗、宁宗时画院待诏。其先祖及父兄都曾是画院画家。马远继承家学，擅画山水，取法李唐而能出新意，下笔遒劲严整。绘山石，多以带水笔作大斧劈皴，显得方硬多棱角；绘树干用焦墨，常为横斜曲折之态。所绘风光，多为“一角”、“半边”之景，构图别具一格，人谓“残山剩水”，有“马一角”之称，有人认为这是对南宋朝廷偏安一隅的讽刺。后人把他与夏圭并称“马夏”。存世作品有《踏歌》、《华灯侍宴》等。

夏圭，字禹玉，钱塘人。宁宗时为画院待诏。擅长山水人物，喜用秃笔带水作大斧劈皴，笔法苍老而墨汁淋漓。绘楼阁不用界尺，信手而成。所绘景物亦多取“半边”、“一角”之景，有“夏半边”之称，与马远齐名。存世作品有《溪山清远》、《江山佳胜》等。（图 13—15）

图 13–15　夏圭《溪山清远》局部

## 九、南宋的人物画和风俗画

南宋时期，由于赵宋政权退避江南，民族矛盾尖锐，长年与北方的辽、金政权处于敌对状态，这时画家们的人物画常常是通过历史题材反映人民收复失土的愿望。早期李唐画有《采薇图》，以歌颂伯夷、叔齐不食周粟饿死于首阳山的气节，讥讽朝廷中的投降派。又有陈居中的《文姬归汉》图、宫素然的《明妃出塞》图，隐喻少数民族的入侵给中原人民带来的悲痛。刘松年的《中兴四将图》画的是刘光世、韩世忠、张俊、岳飞四位抗金名将，是为岳飞恢复名誉而作。此外，无名氏画家留下的《折槛图》、《却坐图》、《锁谏图》等，都是以表彰贤臣、斥责权奸为主题的。

风俗画包括节令画，以描写民间风俗和吉祥用语为主要内容。苏汉臣擅长画婴戏一类题材，有《婴戏图》、《秋庭婴戏图》、《五瑞图》等作品传世。李嵩善画货郎题材，描绘货郎走村串巷，招徕妇女儿童，引起阵阵欢乐。无名氏作品《百子嬉春图》、《村童闹学图》、《大傩图》等，取材于民间风俗活动，色彩艳丽，富有情趣，具有今天年画的性质。当时的汴梁和临安，每逢年节，市场上均有门神、桃符、钟馗、虎头一类书画出售。

南宋时代还有其他许多画家，如杨无咎、赵孟坚、郑思肖、梁楷、牧溪等，也都对后世画风颇有影响。

# 第六节 辽、金、元的绘画

辽、金、元都是由少数民族贵族建立的政权，它们先后和宋对立。在立国期间，受汉民族文化的影响，出现了不少知名的少数民族画家和汉族画家。辽、金、元都没有正式的图画院，却有类似机构组织画家创作，为宫廷服务，如辽的“翰林院”，金的“秘书监”下属“书画局”，“少府监”下属“图画署”，元的“祗应司”下属“画局”等。

## 一、辽、金知名画家

陈升，字及之，辽圣宗耶律隆绪时的翰林待诏，曾奉命画《南征得胜图》。传世有《便桥会盟图》（故宫博物院藏），描绘唐太宗李世民与突厥可汗颉利，在长安城外便桥相会订盟的故事。

肖瀜，辽画家，擅长山水花鸟。生平竭力吸收中原画家之长，每有使臣到宋，必委托收购名画，作为范本临摹学习。曾创作有《平沙落日》、《关山鼓角》、《秋原讲武》等描写塞外风光作品，惜不存世。

王庭筠（1151—1202），字子端，号黄华老人，河东人。金大定十六年（1176）进士，官至翰林修撰，能诗善书，绘画长于山水、枯木竹石。存世作品有《幽竹枯槎图》（日本藤井有邻馆藏），以水墨作枯树一株、竹一枝，笔法苍辣，受到苏轼、米芾的影响。

赵霖，金熙宗时人，生平不详，作品有《六骏图》（故宫博物院藏）。此画临摹自唐太宗昭陵前石刻六匹骏马，与石刻原样相校，既能保持浑厚朴拙的风味，又能将其具体化，发挥自己的想象创造才能。

武元直，字善夫，金明昌（1190—1196）时名士，能画。今台湾故宫藏朱锐《赤壁图》，经鉴定家考订为武元直作。画江流有声，断岸千尺，一小舟漂荡江中，正是苏轼词意。另有赵秉文（闲闲）纸本书苏轼词原装此图后，今亦存世。

## 二、文人画的倡导者钱选和赵孟頫

钱选和赵孟頫同为湖州著名文人，两人有很好的友谊，曾在一起讨论绘画，但两人政治观点和处世态度有所不同。钱在宋时为乡贡进士，入元隐居不仕；赵为宋宗室，入元应诏入都，受到元世祖忽必烈的重视，由兵部郎中官至翰林学士承旨，“荣际五朝，名满四海”，而在士大夫间，颇有微词。

钱选（约1239—1299），字舜举，号玉潭。工诗，善画人物、山水、花卉。讲求作画要有“士气”。按他的解释，所谓“士气”即是“隶体”，也就是说非“行家”的“外行画”。用他的追求来考察其作品风格，在严谨精细之中，包含着清丽古拙，并富有装饰趣味，而内容则多描写田园隐居生活。如《浮玉山居图》（上海博物馆藏）、《幽居图》（故宫博物院藏）等。人物画有《柴桑翁像》，花鸟画有《花鸟三段卷》（天津艺术博物馆藏）。

赵孟頫（1256—1322），字子昂，号松雪，水精宫道人等，封魏国公，谥文敏。诗文书画全能。绘画上提倡“作画贵有古意，若无古意，虽工无益”。实际上他是反对南宋以来画院的画风，推崇唐人的笔墨的。曾说：“宋画人物不及唐人远甚，予刻意学唐人，殆欲尽去宋人笔墨。”此外，他还特别注重在绘画的笔墨中追求书法的运笔趣味，在《疏竹秀石图》后曾自题诗云：“石如飞白木如籀，写竹还应八法通。若也有人能会此，须知书画本来同。”他的这些主张和观点，对当时和

图 13—16 赵孟頫《红衣罗汉像》

后世影响都很大。

在贯彻“古意”的创作实践中，赵孟頫的人物画有唐代人物的造型和笔法古拙的特点，如《浴马图》(故宫博物院藏)、《红衣罗汉图》(辽宁省博物馆藏)。(图 13—16) 他的山水画有两种风格，一种青绿着色，是对隋唐以来的青绿法的继承，如《秋郊饮马图》(故宫博物院藏)；另一种浅绛着色，是对五代董源、巨然的水墨法的继承，如《水村图》(故宫博物院藏)。有时则二者兼而用之，如《鹊华秋色图》(台北故宫博物院藏)。此图是他画给朋友周密的，周为齐（今山东）人，所以画的是济南郊区鹊山和华不住山。两山遥遥相对，中间平原洲渚，红树芦荻，以及茅屋舟罟，行人往来。画法仿董源，以墨笔浅绛为主，略施青绿，造型与用笔古拙，有创新之意。赵孟頫的墨笔画，多画枯木竹石幽兰，运笔畅快如写字，是苏轼、文同以来文人画家题材和技巧的直接继承和发扬。赵孟頫的绘画创作实践，是在打着复古旗帜下的革新和创造。

赵孟頫夫人管道昇（1262—1319)，字仲姬，世称管夫人，善画墨竹，有《墨竹卷》(故宫博物院藏）等作品传于世。次子赵雍（1289—？)，字仲穆，官“集贤待制”，书画均能继承家学。孙赵麟，字彦征，官浙江行省检校，能画人马山水，然不及乃父乃祖。今美国大都会博物馆收藏有赵氏一门祖孙三代所画的《人马图》。

## 三、文人画大师黄、吴、倪、王

在元代文人画发展的高潮中，黄公望、吴镇、倪瓒、王蒙成就最为突出，画史称为“元四大家”。明中叶以后，他们的声誉越来越高，作品成为学画者楷模。

黄公望（1269—1354？），字子久，号一峰道人，又号大痴道人，常熟（另说松江、富春）人。中年时，曾充任小吏，因事曾两次被捕入狱，几乎丧命，以后便无心吏事，加入全真教为道士，抱着“坐看鸟争林”的生活态度隐居起来，卖卜江湖间，以诗酒自娱，并从事山水画创作。他的山水画继承了董源、巨然的传统，融汇荆浩、关仝笔法，注重观察自然，直接从中吸取创作素材和感情营养。在他的《山水诀》中说：“皮袋中置描笔在内，或于好景处，见树有怪异，便当模写记之。”著名的作品有《九峰雪霁图》（故宫博物院藏），以简洁的笔法，描写大雪覆盖下的群山，千岩万壑，一片洁净，意境非常深远。《富春山居图》（台北故宫博物院藏）是他晚年精心力作，描写富春江一带初秋景色，峰峦坡石，起伏绵延，云水树木、秀润有致，其间村落倚山，亭台临水，钓艇浮空，步步转移，引人入胜。而笔法娴熟，变化多端。（图 13—17）清王原祁评曰：“想其吮毫挥笔时，神与心会，心与气合，行乎不得行，止乎不得止。绝无求工求奇之意，而工处奇处斐亹于笔墨之外，几百年来，神采焕然。”此图曾被火烧、抢救出重新装裱时，将首段裁下另成一卷，名《剩山图》，今藏浙江省博物馆。

吴镇（1280—1354），字仲圭，号梅花道人等，浙江嘉兴人。博学多识，家境贫寒，隐居乡里，曾以卖卜为生。传说他曾与另一知名画家盛懋比邻而居，上盛家求画者门庭若市，而他家则冷冷清清。夫人嘲笑他，他说 20 年后再看。可见他家虽贫，却不以画媚世。吴镇所追求的是一种新的文人画风格。他的山水画和墨竹画，在继承巨然和文同的技法上，突出笔墨的厚实潇洒效果，沉郁莽苍，有所谓“林下之风”。喜作渔父一类题材，无论直幅或横卷，在水阔天空的江面上，或

图 13−17 黄公望《富春山居图》局部

一舟独钓，或数舟群栖，渔人们总是悠闲自得，非真得鱼。旁岸芦花，远处沙洲，坡石群山，随意点染，境界开阔，表达出“放歌荡漾芦花风”、“一叶风随万里身”的避世思想。吴镇传世作品有《渔父图》卷和轴（分别收藏在上海博物馆和故宫博物院）、《草亭诗思图》（美国纳尔逊·艾京斯博物馆藏）、《墨竹卷》（台北故宫博物院藏）。

倪瓒（1301—1374），字元镇，号云林子、荆蛮民等，无锡人。家殷实，为无锡大族，青少年时，闭户读书，喜好书画。于家筑“清闷阁”，藏古今图书字画其间。中晚年受佛教禅学和道教玄学影响，深感财产田庐之累，将其分散予戚友，扁舟只身，漂荡于五湖三泖间。不久即爆发了大规模农民革命战争，产生了新旧王朝的更替，人谓有预见之明。由于长期生活在太湖及松江一带，多取眼前景色作为画稿，并吸取董源画法，作品清新简洁。近处三五株杂树，或加以翠竹茅亭，中景是平静开阔的湖面，远处坡岸小山。倪瓒的构图，总是在此中求变化，着笔不多，利落明快，在稚朴单纯中，追求静谧雅淡清新的美感。在绘画理论上，倪瓒主张作画以抒写“胸中逸气”达到“自娱”。曾说：“仆之所谓画者，不过逸笔草草，不求形似，聊以自娱也。”又说：“余之竹，聊以写胸中逸气”。其为人有“洁癖”。当时的士大夫们十分钦慕他，称为“高士”，到了明代，“江南人家以有无（倪瓒作品）为清浊”，可见其影响。今存世作品较多，故宫博物院藏有《六君子图》、《松涧寒泉图》，中国美术馆藏有《鹤林图》等。

王蒙（1301—1385），字叔明，号黄鹤山樵，浙江吴兴人。元末曾作过“理问”的小官吏，后弃官隐居黄鹤山（今浙江余杭县境）中。明朝建立后，出山任山东泰安知州，不久因胡惟庸案无辜受牵连，瘐死狱中。王蒙是赵孟頫外孙，受外祖父及舅氏影响，从小喜好绘画，及长又与黄公望相交研习。长期的隐居生活，对自然山水有着深入的观察与体验，逐渐形成了自己独特的艺术风格和精湛的技巧。《青卞隐居图》（上海博物馆藏）描绘吴兴卞山，千崖万壑，林木幽深。其用笔畅快淋漓，密而不塞，墨法干湿并重，虚中有实，表现出郁郁苍苍蔚然深秀的自然山水磅礴的气势，被董其昌誉为“天下第一”。《太白山图》（辽宁省博物馆藏）长卷，用尖细干笔，画崇山峻岭，一望茂密的松林杂树。丛林中萧寺隐现，层层殿阁，深邃幽远，别具匠心。王蒙的其他著名作品还有《葛稚川移居图》、《夏山高隐图》（均故宫博物院藏）等等。

元四家虽然都是继承董源、巨然的笔墨技巧，作品也都是表达士大夫隐逸思想，但是由于他们长期生活在自然山水中，重视师法造化，在依据各自的生活环境和直接的感受来创作山水画时，能创造出各自不同的艺术风格和笔墨技法，因而使他们的作品丰富多彩，将中国山水画推向了一个新的发展高峰。

## 四、墨竹与墨梅名家

自北宋以来，由于文人们的偏爱，梅、兰、竹、菊逐渐成为文人画的专有题材，在元代文人画发展高潮中，涌现了一批专门家，其突出代表有：

李衎（1244—1320），字仲宾，号息斋，大都（今北京）人。官至吏部尚书、集贤殿大学士。曾经出使交趾（今越南）。以画竹知名，初学王庭筠，后追学文同。他曾深入竹乡，对各种品类的竹进行了仔细的观察，著有《画竹谱》、《墨竹谱》、《竹态谱》数篇，专门论述竹的生态及表现方法。他的作品，一种为双勾填彩的“画竹”，如《沐雨竹图》（故宫博物院藏）、《纡竹图》（广东省博物馆藏）等。另一种为墨竹，如《四清图》（故宫博物院藏。此图另半在美国堪萨斯纳尔逊博物馆，名《慈竹图》）等。无论哪种画法，他所追求表达的是竹的“清而真”，既要画出竹的真实生动，又要体现自己的思想感情。

高克恭（1248—1310），字彦敬，号房山，其先西域人（或云回族），官至刑部尚书。工画山水，融汇董源和米氏的画法以作江南风景，别有姿致。善墨竹，笔法厚重。与李衎不同，他的竹，在形态上更多主观意象。作品有《云横秀岭图》、《春山晴雨图》、《墨竹坡石图》等。

柯九思（1290—1343），字敬仲，号丹丘生，台州仙居人，官至奎章阁鉴书博士。长于诗文，精鉴古书画及器物。绘画以墨竹著称，师法文同而有独创。画竹叶，以浓墨为面，淡墨为背，又吸收草书笔法写枝干，更重主观意象而能表现出竹的晴雨风雪、荣枯稚老的种种生态。作品有《双竹图》等。

王冕（？—1359），字元章，号煮石山农。会稽（今浙江绍兴诸暨）人。出身贫苦农民家庭，在艰苦环境下自学成才。据说曾举进士不第，在心灰意冷中游历名山大川。曾到过大都（今北京），预言天下将乱，后果如其言，人以为神。最后

图 13-18 王冕《墨梅图》

隐居家乡九里山，作诗云：“山中煮石乍归来，满树琼花顷刻开。仿佛暗香生卷里，夜寒明月与徘徊。”可见其生活志趣。以画墨梅见长，继承杨无咎画法，繁花密枝，极尽生意，经常寓意寄托着自己的思想。《墨梅图》卷（故宫博物院藏）画梅花一枝，以湿墨写干，淡墨点花，极其挺劲秀逸，生气勃勃，其上题诗云：“吾家洗砚池头树，个个花开淡墨痕。不要人夸好颜色，只流清气满乾坤。”诗画相辉，珠联璧合。(图 13—18)

## 五、人物画和肖像画

从总的趋向来看，元代的人物画不及宋，更远不及唐之盛，这原因是多方面的。一方面大规模的宗教寺庙建筑势头在减弱，墓室建筑也不注重壁画，社会的需求不如唐宋那么迫切；另一方面文人画的兴起逐渐成为画坛主流，文人画家们表达自己思想的方式，多借重于山水、花鸟以怡情适性，而不重视人物画。元初的文人画大家赵孟頫、钱选等尚能画人物，仅止玩赏小幅而已，之后的“元四家”只是作点景人物。以人物擅长的元代人物画家有任仁发、刘贯道、颜晖、王振朋、张渥、刘元、卫九鼎等。

任仁发（1254—1327），字子明，号月山，松江（今属上海市）人。曾任都水监，指挥疏浚黄河及吴淞江河道，治水有方，并有著作，是一名水利专家，后官至浙东道宣慰副使。吏事之余，擅长画人物、鞍马。作品有《张果见明皇图》、《二马图》（均故宫博物院藏）等。前者画八仙之一的张果老在见唐玄宗李隆基时表演法术的故事。张果老紫袍高冠，形如鹤瘦，唐玄宗黄袍幞头，雍容华贵。两人相对而坐，一瘦一胖，一喜一惊，对比强烈，富有戏剧性。后者画肥瘦两匹马，作者自跋云：“予吏事之余，偶图肥瘠二马，肥者骨骼权奇，萦一索而立峻坡，虽有厌饫刍豆之荣，宁无羊肠蹐蹶之患？瘠者皮毛剥落，啮枯草而立霜风，虽有终身槟斥之状，而无晨驰夜秣之劳，甚矣哉！物情之不类如此，世之士大夫，廉滥不同，而肥瘠系焉。能瘠一身而肥一国，不失其为廉；苟肥一己而瘠万民，岂不贻污滥之耻欤？按图索骥，得不愧于心乎？”作者寓寄，针砭时弊，入木三分。

刘贯道（1258—1336？），字仲贤，中山（今河北定州）人，曾任宫廷肖像画师。作品仅存《消夏图》（美国堪萨斯纳尔逊博物馆藏），画一士大夫仰卧榻上，旁置阮咸，仕女侍立，环境幽雅。此图疑为长卷中的一部分，表现的是魏晋时代的文人闲逸放达的生活。人物刻画准确生动，是元代人物画中的杰作。

颜晖，字秋月，庐陵（江西吉安）人，以画道释鬼神人物见长，作品有《李仙图》（故宫博物院藏）等。

王振朋，字朋梅，永嘉（浙江温州）人。画得元仁宗赏识，赐号孤云处士。长于界画，精细入毫端，自成一派，作品有《阿房宫图》、《金明池龙舟图》等。人物善白描，师法李公麟。所绘《伯牙鼓琴图》（故宫博物院藏），画伯牙挥弦自如，子期听曲入神，各臻其妙，而线条流利劲健，加以淡墨渲染，别具特色。

张渥，字叔厚，号贞期生，祖籍淮南，居杭州。人物擅白描，承继李公麟法。作《九歌图》多本（其一藏吉林省博物馆），取屈原《九歌》为题材，一诗一画，并附以屈原肖像“招魂”一段。线条流畅潇洒，一点一划，细致入微，受到历代收藏家重视。

元代虽不设画院，但有时集中画家为宫廷作画，其中重要任务是为皇帝、皇后、皇妃画肖像。据记载，刘贯道、叶可观、叶清支、礼霍孙等，都曾为元帝、后画过肖像。今存《元帝后肖像》图册（故宫博物院藏），线条粗犷，造型很具有蒙古民族特征，可谓神形毕肖。这些作品都没有留下作者名字。

元代著名肖像画家有作品存世的是王绎。王绎字思善，号痴绝生。其先睦州（浙江建德）人，迁居杭州。生于1333—1334年间，卒年未详。早岁为秀才，以画肖像知名。所画肖像，与对象“无毫发异”，“非惟貌人之形似，抑且得人之神气”。著有《写像秘诀》一篇，提出画肖像，除了注意对象的轮廓形态特征外，还要注意对象在活动中的神态特征，等待对方在“叫啸谈话之间，本真性情发现，我则静而求之”。他的这篇论文，为我国第一篇肖像画创作专论。作品有《杨竹西小像》（故宫博物院藏）。

杨竹西，名谦，松江人，一生不仕。画家将他画成身着宽袍，手持竹杖，徜徉于山水之间（背景松石土坡为倪瓒画），像是一个悠游林下的高士。衣纹简洁，以突出人物面部。面部以淡墨勾勒，略加皴擦渲染，使之具阴阳凹凸之形，而表情有林泉啸傲自得之神。手法新颖，技巧熟练，与传统肖像画不同，是我国肖像画史上极重要的作品。

## 六、墓室壁画与寺庙壁画

辽代贵族继承唐代遗风，在墓室建造中，仍然喜欢制作壁画，企图保持生前的显赫地位与享乐生活。今辽墓壁画发现有多处，如辽宁白塔子之北的庆陵、内蒙古库伦旗一号辽墓、法库叶茂台辽墓，以及张家口宣化和北京永定门外西马场辽墓等。

庆陵是辽兴宗耶律宗真的墓葬，墓内甬道及主室均绘制有壁画，最突出的是主室四壁所画的《四季山水图》。崇山峻岭中，云彩飞扬，一派辽阔的北方景象。其表现手法，以墨线为主，略施晕染，稚拙淳朴，较多地保留了唐代的画风。哲里木盟一号辽墓壁画，其规模气派，可追唐章怀、懿德太子墓。甬道两壁的《出行图》与《归来图》，队伍壮观，除了契丹族随从外，亦有汉族官员，描绘出墓主人生前的地位显赫，再现了契丹贵族的真实生活历史。两墓的壁画是最可信的辽代绘画史料，对于研究契丹族历史以及与汉族的文化艺术交流都极其珍贵。

元代著名画家中，曾经参与壁画创作的有唐棣、王渊等。唐棣，字子华，归安（今浙江吴兴）人。画近学赵孟頫，远宗李成、郭熙。今存作品有《霜浦归渔图》（台北故宫博物院藏）等。王渊，字若水，号澹轩，杭州人。曾从赵孟頫学画，人物、山水、花鸟兼善，今存作品有《花竹禽雀图》（故宫博物院藏）等。公元 1328 年，在南京的怀王图帖睦尔（元文宗）继承帝位后，下诏将他在南京的王府改建为集庆龙翔寺，寺成召名工塑像和绘制壁画，唐棣和王渊都曾应召参与壁画创作，得到元文宗的嘉奖，该寺早已不存。保存下来的元代寺庙壁画，今有敦煌莫高窟元窟、山西稷山县兴化寺、洪洞县广胜寺和永济县永乐宫等。广胜寺“太行散乐忠都秀在此作场”壁画，是珍贵的元代戏曲形象资料。（彩图 15）兴化寺《七佛图》今在故宫博物院保存。永乐宫因黄河三门峡水利工程，今迁芮城龙泉村。永济永乐镇是传说八仙之一吕洞宾的故乡，唐时建有吕公祠，后累经重建并改祠为观。今宫是元代重建的（1294 年完工）。主要建筑有三清殿、纯阳殿和重阳殿。三清殿为主殿，画《朝元图》，即朝拜道教最高神元始天尊。壁画中八个主像，皆作冕旒帝王装束，其他为仙曹、玉女、香官、使者、力士、五星四渎、三官（天、地、水）等，分三至四层排列。各类人物的刻画，神态生动，丰富多彩，不惟从服饰、肥瘦等外形方面进行区别，而且兼有不同的内心活动等神情描写。如主像的庄严肃穆、玉女的温文尔雅、真人的翩翩欲仙，无不真切动人。其他人物表情，有的慈颜悦目，有的怒目眦张，有的安逸祥和，有的英姿飒爽，各尽其妙。而人物之间，顾盼有情，衣带飘举，勾连有致，色彩绚丽，前后呼应，使整个壁画连成一片，一气呵成，气势磅礴。根据题记，知这幅壁画是由洛阳画工马君祥之子马七带领诸工于元泰定二年（1325）完工的。纯阳殿和重阳殿分别画吕洞宾和王重阳故事。纯阳殿是山西襄陵画工朱好古弟子张遵礼等人于至正十八年（1358）完工的。

# 第七节 明代的绘画

明朝前期，以宫廷画和浙派绘画为主，中期吴门画派兴起，成为画坛旗帜，晚期董其昌为画坛领袖。文人画全面占领画坛，是这一时期中国绘画发展的主要脉络。随着封建王朝的没落，宫廷绘画也随之式微，不再居于画坛领导地位。文人画发展成为中国绘画的主流，传统的绘画“成教化，促人伦”的社会作用观念，逐渐被“怡情适性”、“寄兴自娱”所代替，因而使水墨写意的山水、花鸟画获得特别的发展，相比之下工笔画与人物画没有受到应有的重视。由于社会矛盾复杂，城市经济迅速发展，使地域性的绘画派别纷纷出现。晚明成批的妓女、侍姬画家的出现，表现出封建束缚下妇女的才华，但也反映了社会的进一步腐朽没落。随着海上交通的发达，促进了中外绘画交流。日本画僧雪舟等曾来中国学习，中国画僧也曾东渡日本；明末欧洲传教士来华，同时带来了西方绘画。

## 一、传统宫廷画的最后光辉

明代没有正式的翰林图画院，但组织了大批的画家为宫廷服务。洪武初期，画家临时奉诏入宫，随意授以职衔。如沈希远为朱元璋画像称旨，授中书舍人。陈远同样为朱元璋画像称旨，则授以文渊阁待诏。当时主要任务是为皇帝画肖像（有沈希远、陈远、孙文宗、陈扮等）和为皇宫及皇室寺院画壁画（如周位、盛著、卓迪、上官伯达等）。画家大部分来自江浙地区，画风各随原来面貌。由于朱元璋的个性猜忌，赵原和盛著竟以画“不称旨”被处死，周位则“以谗死”，使明代的宫廷画家们，不敢大胆地放手创造，影响了宫廷画的发展。宣德至弘治（1426—1505）时期，由于宣宗朱瞻基、宪宗朱见深、孝宗朱祐樘均好绘画，其本身也能作画，遂使宫廷画盛极一时，出现了一批有成就的宫廷画师。这时画家多安置在仁智殿、武英殿、华盖殿等处，准备随时奉诏，并授以锦衣卫镇抚、百户、千户、指挥、都指挥等武职官衔。锦衣卫本为皇帝的禁卫仪仗，后成为特务组织，声名狼藉。授以画家锦衣卫各级职衔，是为了便于领取俸禄（锦衣卫无常员，可以随意安置）和接近皇帝，随时听召。嘉靖以后，随着明帝国的衰落，宫廷绘画也跟着衰落了。

明代宫廷人物画多继承南宋宫廷历史故事画风，内容大都与王朝的政治需要有关。现存的宫廷人物画中，题材多称颂前代圣主贤臣，以及描绘宫中行乐等。重要的画家和画作有：倪端，字仲正，宣德时被召入宫中，作品有《聘庞图》，描绘三国时刘表延请庞德公故事。商喜，字惟吉，宣德中授锦衣卫指挥，作品有《关羽擒将图》，描绘三国时关羽水淹七军活捉庞德故事。刘俊，字廷伟，官锦衣卫都指挥，作品有《雪夜访普图》，画宋太祖赵匡胤私访赵普故事，宣传半部《论语》治天下。谢环，字廷循，宣德时为锦衣卫指挥，作品有《杏园雅集图》，描绘当时在朝官吏杨一清等人的一次集会，是一幅群体肖像画。

宫廷山水画主要继承南宋马远、夏圭的风格，并参以北宋郭熙等技法。重要画家有：李在，字以政，宣德时与谢环、石锐、倪端同时被皇帝恩宠，待诏仁智殿，作品有《阔渚晴峰图》等。王谔，字廷直，弘治时供事仁智殿，曾被孝宗朱祐樘誉为“今之马远”，可见其画风与马远十分接近，但较之马远平稳、完整而细腻，作品有《江阁远眺图》等。朱端，字克正，正德间以画士直仁智殿，后授锦衣卫指挥，画风学郭熙，作品有《烟江远眺图》等。

宫廷花鸟画在宋代画院的基础上有所发展，创造了多种风格，在整个明代宫廷绘画中，是成就最高的。著名的画家有：边景昭，字文进，永乐时入宫为武英殿待诏，擅长工笔花鸟画，“妍丽生动，工致绝伦”，“花之娇笑，鸟之飞鸣，叶之反正，色之蕴藉，不但勾勒有笔，其用笔墨无不合宜”。作品《竹鹤图》，画竹林中两只白鹤，悠闲徜徉，不惟造型准确、体物入微，且能表现出气宇轩昂的神态，且设色鲜明，对比强烈，竹鹤穿插，层次分明。较之南宋的花鸟画，在富贵明丽中，更突出浑朴端庄气象。孙隆，号都痴，宣德间为翰林待诏，常陪侍宣宗朱瞻基作画。善画花鸟草虫，以色代墨，随意点染，不用勾勒，简括而放纵，逸笔草草，使神形具备，称“没骨法”，自与宋代徐崇嗣的“没骨法”不同，在当时花鸟画中独树一帜。作品有《花鸟草虫图》、《花石游鹅图》等。林良，字以善，广东南海人。少年时家贫，曾充当奏事杂役，因画而知名。英宗时应召入宫，授工部营缮所丞，直宿仁智殿，后由锦衣卫镇抚、百户直升到指挥。林良早年曾学习画山水、人物，后来以花鸟专门，存世最多的是他的水墨写意花鸟画作品，“随意数笔，如作草书，能脱俗气”，“取水墨为烟波出没凫雁嚵唼容与之态，颇见清远。运笔遒上，有类草书，能令观音动色”。[1]喜画鹰，威猛有势，多为绢本立轴。故宫博物院收藏他《灌木集禽图》卷为纸本水墨，略施淡彩。在灌木杂草丛生的水沼边，众鸟聚集，或振翅奋飞，或觅食寻宿，或追逐相亲，或欢呼跳跃，各尽姿态。加之枝条摇曳，草叶飞翻，形成一片热烈景象。其用笔随意挥写，概括简略，似不经意而谨严不失法度，达到了情景交融的完美统一。在发展中国水墨写意花鸟画上，林良是一位继往开来的大师。吕纪，字廷振，浙江宁波

---

〔1〕见《名画録》卷六。

人。弘治间被荐入宫，供事仁智殿，授锦衣卫指挥。其为人恪守礼法，敦诚信义，很受士大夫们欢迎。同时作品多所寓意，又得孝宗器重，说："工执艺事以谏，吕纪有焉。"他的花鸟初学边景昭，继承五代以来黄筌的手法，以精细、工细、设色浓艳见长，而运笔、章法又吸收南宋马、夏的粗豪险劲的特点，遂形成自己的风格。代表他工笔的花鸟画作品有《桂菊山禽图》等。他同时也擅长水墨写意花鸟，曾私淑林良，同造化境。作品《残荷鹰鹭图》，描写秋日荷塘，苍鹰袭来，众鸟惊散。鹰之搏击，众鸟之仓皇惊惧，风吹苇动，败荷翻飞，绘声绘色，妙趣横生，无不扣人心弦。作者把握住禽鸟的自然特征，加以人格化个性化的渲染，强化了主题内容的感人力量。林良和吕纪在明代宫廷花鸟画家中，如双星辉映，后世并称为"林、吕"，故画坛谚语云："林良、吕纪，天下无比。"代表了明代宫廷绘画的最高成就。

## 二、戴进、吴伟及其派别

当明宫廷绘画兴盛的时候，与之共荣的有以戴进为首的浙派画家，由于他们的画风相近，画史上并称为"院体浙派"。戴进（1388—1462），字文进，号静庵、玉泉山人，钱塘人。少年时曾为锻工，铸造金银器皿，后习绘事，名闻江南。宣德间

图 13–19　戴进《达摩至慧能六代祖师像》局部

曾被荐入宫，受宫内画家妒忌排挤，终未被录用，后回江南以卖画为生，声名更甚，因而有关他入都被谗事，传说愈演愈奇。戴进的绘画，技巧熟练精湛，达到了很高的艺术水平。其山水画，以马、夏画风为基础，同时吸收了董、巨的技巧，笔迹遒劲疾迅，墨色淋漓，形式风格，变化多样。代表作品有《渭滨垂钓图》、《风雨归舟图》、《春山积翠图》等。人物画较多道释题材，及前代圣贤、隐逸故事。多用铁线描，间亦用叶兰描法。《钟馗夜游图》则用"蚕头鼠尾"描法，行笔顿挫有力，更具特色。其他人物画作品有《达摩至慧能六代祖师像》、《南屏雅图》、《三顾草庐图》等。(图13—19)花鸟画有工笔设色的《葵石蛱蝶图》，水墨写意的《三鹭图》、《墨松图》，二者结合的《耄耋图》等，技法和风格有多种。由于他工力深厚，才华出众，在当时颇受画坛的推许，即使到后来文人画风靡的时候，院体浙派画家受到攻击，人们也仍然佩服他。其中排斥最力的画坛领袖董其昌见了他的作品，也不得不赞誉说："国朝画史以戴文进为大家。"在戴进的身后，有一大批追随者，一时有"浙派"之目。其中吴伟、张路、蒋嵩等成就最高。

吴伟（1459—1509），字次翁，号小仙、江夏（今武昌）人。幼失怙，家贫寒，而喜绘画，后以此成名。弘治时曾两次被召入宫，待诏仁智殿，授锦衣卫镇抚、百户，很得宪宗朱见深宠信，赐"画状元"印和居第，声名更甚。其为人"性戆直，有气岸，与俗寡偕"。又好酒使气，"性自是，不受羁绊"，"出入掖庭，奴视权贵"，因此受到公卿们的攻击，两度离开宫廷到南京。武宗朱厚照即位，再次召他入宫，还未上路，因剧饮中毒而亡。吴伟的绘画近受戴进影响，远承马、夏遗风，而更加放纵，笔墨豪爽劲健如其为人。山水喜作大幅，浓墨大笔，气势豪放，如《溪山渔艇图》，纵270.8厘米，横173.5厘米。然而他也能作细笔，人物白描，秀雅可爱，有元人韵致。如《铁笛图》、《子路问津图》等。追随吴伟画风的画家，称为"江夏派"。

以戴进为首的浙派，和以吴伟为首的江夏派，以及宫廷中的画师们，曾经盛极一时，自吴门画派兴起之后，他们的画风逐渐受到批评，特别是董其昌等人的批评更为尖锐。主要是他们的笔墨过于放纵，缺乏蕴藉含蓄，也流于习气，而这些画家们，大都是出身低微的职业画师，不入"仕流"，故而受到文人们的轻视。

## 三、吴门四家与吴门画派

随着经济的发展，明代中期的苏州（古称吴门）成为重要的手工业和商业城市，它的繁荣为吴门画派的兴起提供了物质基础。明初以来，江南士大夫阶层累遭政治上的打击，为了求得心理上的平衡，以"清高"、"不求仕进"为慰，采取了优游林下、诗酒书画自娱的生活方式。这为吴门画派的出现，准备了人才和条件。在沈周出现之前，杨基（字孟载）、张羽（字来仪）、徐贲（字幼文）、陈汝秩（字惟寅）、陈汝言（字惟允）、赵原（字善长）等，均为苏州地区文人，同时擅长画山水和枯木竹石，寄托悠闲平静、冲淡清雅的情致。他们的继承者有刘珏（字廷美）、杜琼（字用嘉）、赵同鲁（字与哲）、谢缙（字孔昭）、马琬（字文璧）等。由于这些吴派的先驱将元代兴盛的文人画延续和播种在苏州地区，成就了沈周、文徵明成为一代画坛宗师。吴门地区也有受南宋李唐、马远、夏圭影响的画家，如王履和周臣。王履曾以创作《华山图》著名，周臣则为职业画师，他门下的两位学生，唐寅和仇英，名与沈、文相齐，画史把他们并称为“吴门四家”，名倾天下。

沈周（1427—1509），字启南，号石田、白石翁，从小受家庭熏陶，父恒吉、伯贞吉，均寄兴于诗画，不曾做官。沈周同时师事陈宽（陈惟允之子）、赵同鲁、杜琼、刘珏等，亦受其影响。沈周不曾出仕，为人宽厚，优游林下，以诗画为乐，深受士大夫们的尊敬。绘画以山水为主，兼作花鸟，继承了宋、元时期董、巨、黄、吴四家传统而有所创新。早年笔法较细和繁密，深得王蒙之法，如《庐山高图》。此画是为其师陈宽祝寿而作，山势雄伟富于想象，以比拟其师的崇高品德。中年以后，扩为粗笔秃锋，笔力雄壮，圆润而简括，形成自己的风格。《夜坐图》，画山中茅屋，一人秉烛夜坐，抒发世上“人喧未息”的感慨。他的山水画作品，无论是以江南名胜风景为依据的作品，还是自己想象构思出来的意境，都表达出士大夫们对闲适生活的追求，于静中求美，抒发出清心寡欲、高举远引的情怀。沈周的传世作品很多，著名者有《东庄图》册、《沧州趣图》等。

文徵明（1470—1559），初名壁，字徵明，后以字行，更字征仲。他是沈周的学生，早年潜心艺术，不曾仕进。54 岁时曾被荐入宫，授翰林待诏。未及四年，便自求退职回乡，专心从事诗文书画的创作。晚年声望愈高，向他求画者，车马盈门。而其为人，谨慎冲和，勤奋刻苦，孜孜不倦，诗文书画，不激不怒，体现着他的人品性格。其绘画风格也多样，青绿山水及水墨枯木竹石兰草兼而有之，主要师法赵孟頫。笔致和平清远，情调萧疏幽淡。山顶的平台，浓密的小叶苔点等特点，则师法元四家，融汇成自己的风格。有时他也放笔作水墨写意山水，但控制得法，不太显露锋芒。因这类作品较少，与沈周的早年细笔一样，故收藏家有“粗文细沈”之说，得此弥足珍贵，代表“粗文”的作品有《寒原宿莽图》、《古木寒泉图》等，代表“细文”的有《江南春图》、《真赏斋图》、（图 13—20）《惠山茶会图》等。他也能作人物，多为山水中作点景用。独立的人物画作品，有

图 13-20 文徵明《真赏斋图》局部

《湘君湘夫人图》，线条细劲如游丝，造型古朴典雅。

唐寅（1470—1523），字子畏，又字伯虎，号六如居士。与文徵明、祝允明、张灵、徐祯卿友善，为吴中才子。青少年时，读书求学，29 岁举南京应天乡试，获第一名解元。曾刻有印章“南京解元”和“江南第一风流才子”在书画作品中使用，其倜傥自许如此。不意次年入京会试时，因考场“鬻题受贿”一案，无辜受到牵连，不但受到严刑杖责，而且被永久取消功名资格。这一打击，使他饱尝了人情冷暖、世态炎凉的痛苦。自此就采取了放浪形骸、玩世不恭的生活态度。唐寅的绘画，透过他的老师周臣，主要继承了南宋李唐的造型用笔方法，同时又远溯李成、郭熙，并把自己在诗文方面的修养体现在作品中，因而有“出蓝”之誉。尽管他放怀不羁，然创作勤谨，短短的一生，作品不少。山水画有《山路松声图》、《女几山图》、《事若图》等。他的人物画作品，多取材下层妓女生活，对她们不幸的遭遇寄予一定同情，也表现出他对封建道学的嘲弄。技法则继承唐张萱、周昉的造型。作品有《陶谷赠词图》、《李端端乞诗图》、《王蜀宫妓图》等。《秋风纨扇图》画一女子抱扇立于秋风中，并题诗曰：“秋来纨扇合收藏，何事佳人重感伤，请托世情详细看，大都谁不逐炎凉。”当是他身世遭际的切身体会。

仇英（约 1501—约 1551），字实父，号十洲，原籍太仓，寄居苏州。他出身漆工，兼画建筑彩画，后弃工专学绘画，从师周臣，又得文徵明父子的鼓励指授。

他擅长临仿古画，可以“乱真”，曾被收藏家项元汴、陈官延聘至家中，专门临摹、全补古代名家作品和创作。由于他天资颖悟、刻苦用功，从临摹复制古画中，广泛地吸取前代大师的技法技巧，融汇到自己的创作里，所以很受文人们的器重，认为他的作品“秀雅纤丽，毫素之工，侔于叶玉”。他最擅长的是工笔重彩的人物画和青绿山水画。突出成就表现在纤细精巧艳丽中，能得古朴淡雅的意趣。所以前人评价认为，其人物“发翠毫金，丝丹缕素，精丽艳逸，无惭古人”，“神采生动，虽（周）昉复起，未能过也。”山水则是“赵伯驹后身”。代表作品有《玉洞仙源图》、《桃源仙境图》、《剑阁图》、《兰亭修禊图》、《春夜宴桃李园图》、《金谷园图》等。他也能作水墨写意人物和白描人物，作品如《羲之书扇图》等。

沈周、文徵明的学生、子侄及追随者很多，他们大都能诗善文，使吴门画派壮大成一股潮流，影响到以后明、清两代的绘画史进程。其中重要画家有文彭、文嘉、文伯仁、陆治、陆师道、王谷祥、钱谷、陈淳、周天球、孙枝等。

## 四、陈淳、徐渭的写意花鸟画

水墨写意的花鸟画，经过林良、沈周、唐寅等人的努力，在明代得到空前发展，继之者陈淳、徐渭又作出了新的贡献，特别是徐渭，对后世的影响尤为深远。

陈淳（1483—1544），字道复，号白阳山人，长洲（古苑名，在今江苏、苏州市西南）人。文徵明的学生，擅长画米家山水。他的水墨写意的花鸟画，一变传统的奇花怪石异鸟珍禽，而为庭院中常见的花木、并赋予它们以超然绝尘的人格理想。在造型上严于剪裁，虽为折枝，而给人以完整印象。在使用水墨上，“浅色淡墨之痕具化”，有一种清新淡雅之感。代表作品有《葵石图》、《洛阳春色图》等。与陈淳同时的陆治（字叔平）也是文氏学生，亦善花鸟。稍后的苏州画家周之冕字服卿，号少谷，在花鸟画法上开创了“钩花点叶”派。

徐渭（1521—1593），字文长，号天池、青藤等，山阴（今浙江绍兴）人。为明代文学家、戏曲家、书画家。幼颖慧，学书学剑，心怀远志。然20岁考取秀才之后，连续八次参加乡试不中。兵部右侍郎胡宗宪总督东南沿海抗倭时，曾延至幕府，献谋献策，参与机密。后胡宗宪因严嵩案发败落，徐渭精神受到刺激，旧“脑风”病复发，数次自杀不死。因疑心击杀继室，入狱七年。出狱后贫病交加，寂寞中死去。徐渭一生，遭际坎坷，怀才不遇，有托足无门之悲。曾有题《墨葡萄图》诗云：“半生落魄已成翁，独立书斋啸晚风。笔底明珠无处卖，闲抛闲掷野藤中。”（图13—21）此诗正是其心境的写照。故其书画，有一种兀傲不群之气，令世俗骇目，在当时得不到赏识，死后则身价愈来愈高，直到今日。他的作品主

图 13-21 徐渭《墨葡萄图》

要是水墨写意花卉，在继承沈周、陈淳写意技巧上，笔墨更为自由活泼，纵横驰骋，淋漓满纸、不受任何拘束。他画上的题句，表达了心中的愤懑和对世态的讽刺。如《石榴图》题诗云：“山深熟石榴，向日便开口，深山少人收，颗颗明珠走。”又有《黄甲图》，在败荷下，画了一只螃蟹，题诗云：“稻熟江村蟹正肥，双螯如戟挺青泥，若教纸上翻身看，应见团团董卓脐。”在《墨花图》卷里，泼墨画各种花卉，其中一段画萱花荆棘上栖一白头翁，题诗云：“问之花鸟何为者，独喜萱花到白头。莫把丹青等闲看，无声诗里诵千秋。”他不独在技巧形式上对写意画作出了独特的贡献，而且在诗、书、画的紧密结合上亦为人称道。

## 五、董其昌及其“南北宗”论

董其昌（1555—1636），字玄宰，号思白，江苏华亭（今上海市）人，35 岁中进士，由翰林院庶吉士，一直升到南京礼部尚书掌詹事府事，以太子太保致仕。他虽然官运亨通，很少波折，但大部分时间却是在家中度过的。有较多的空闲从事书画艺术创作，以及观摩、收集、鉴赏古书画，成为著名的画家、书家和鉴赏家。董其昌擅长山水画，渊源董、巨，以黄、倪为宗，讲求笔致墨韵。所画山水清润秀逸，烟云流动。由于他的政治地位、文化修养和广泛的交游，使他在当时的画坛成为领袖式人物，其书风、画风和理论观点影响到整个清代。

董其昌的绘画理论与莫是龙（字云卿）、陈继儒（字仲醇）分不开，归纳起来有：(1) 主张“读万卷书，行万里路”。认为“六法”中“气韵生动”是自然天授的，但可以从读书行路中获得。(2) 主张学习绘画要以古人为师，进而再以天地为师，反对从近人问途径。他所说的古人是指荆、关、董、巨，近人指浙派画家。(3) 提倡“士气”，反对“作家气”。以写字的方法去作画，去掉甜俗蹊径，即是“士气”。同时把绘画创作看做一种娱乐活动。(4)“南北宗”论。认为中国山水画从唐代开始分为两派，一派是李思训父子的着色山水，传为赵干、赵伯驹、赵伯骕至马远、夏圭，是为北宗；另一派是王维开创的水墨画山水，传为张璪、荆、关、董、巨、郭忠恕、米氏父子，以至元四家到沈周、文徵明，是为南宗。贯穿这一派别划分的主要思想是，推重水墨或加浅绛的山水画，贬斥工笔青绿设色的山水画；推崇文人画家，贬斥工匠和职业画家。创作方法上，主张有类佛教禅宗中南宗的“顿悟”，反对北宗“渐悟”。“南宗”到清代演变成“正宗”、“正派”。凡学画者，首先要认“宗”，再决定从何入手学习，否则便是邪道。“南北宗”论抓住一些历史的表象和未经证实的派源分流，是违反历史真实的，其重南贬北，带有严重的士大夫偏见。

董其昌所在的松江地区，有一批画家称为“松江派”（华亭派），重要画家有莫是龙、陈继儒、沈士充、赵左等。由于董其昌的影响，逐渐取代了吴门画派的地位。

## 六、南陈北崔和曾鲸的人物肖像画

陈洪绶（1595—1652），字章侯，号老莲，浙江诸暨（今属浙江）人。早年曾从兰瑛（1585—约 1664，字田叔，钱塘人）学习绘画，后自立成家。所绘山水、花鸟，富有装饰意味，而人物画在明末清初有着特殊地位，对后世影响很大。他的人物画线描继承李公麟的传统，细劲圆润转角多方折，衣纹组织不依自然形态结构，而是根据自己的感受加以安排以达到审美的理想。造型则躯干伟岸，面部夸张，因而奇特。为周亮工所作《归去来图》，画陶渊明解组归田，享受田园安静生活，含有规劝周不为清王朝效力之意。为沈颢作《隐居十六观图》，表达了当时士大夫对生活的态度。《升庵簪花图》则歌颂失意文人，玩世不恭。他还为不少书籍作插图，刻为木版流传，有《西厢记》、《九歌》等。另外还有《水浒叶子》、《博古叶子》等，为中国版画的发展作出了贡献。(图 13—22) 他的作品具有丰富的想象力、装饰的风味和造型的夸张，形成独特的风格面貌，到今天仍受到画家们的高度赞赏。

图 13–22 陈洪绶《水浒叶子》

与陈洪绶同时齐名的北京画家崔子忠（？—1644），字道母，亦擅长人物画，时号“南陈北崔”。作品有《洛神图》、《云中鸡犬图》、《张东华像》等。明亡，走入土室不出而饿死。另有丁云鹏，字南羽，安徽休宁人，擅长画佛、道人物，风格独特，董其昌认为“三百年来无此作手”。作品有《玉川煮茶图》、《五相观音图》等。

曾鲸（1568—1650），字波臣，福建莆田人，寓居南京。擅长人物肖像画，“如镜取影，妙得神情”，“每画一像，烘染数十层，必匠心而后止”。他的肖像创作继承了王绎的构思特点，同时也学习了民间画师的“写真”方法，是对中国传统的肖像画的发扬。作品重墨骨，面相先以淡墨勾勒五官轮廓，然后以色彩层层晕染，使之具阴阳凹凸之形，以达神形逼肖。衣纹则往往寥寥数笔，得意而已。每一幅肖像，他特别注重研究人物的姿态，以及布局的空间安排，从而表现出不同人物的精神气质。不止于形似传真，且令人玩味不已。作品有《王时敏像》、《葛一龙像》、《张子卿像》、《胡尔慥像》等。曾鲸的弟子及追随者有张琦、谢彬、顾见龙等，皆以肖像画为主，被称为“波臣派”。

## 第八节 清代的绘画

清代（1644—1911）是中国封建社会最后一个王朝。清初画坛受董其昌影响，文人绘画占绝对优势。但由于最高统治者是满族贵族，强烈的民族矛盾促使文人画家中分离出一批遗民画家。中期由于政权巩固，宫廷绘画得到发展，但因思想控制严厉，社会矛盾加深，绘画中也出现了异端，隐晦曲折地表达了士大夫阶层的愤懑和不安。晚期受西方资本主义列国的侵略，外来文化也影响到画坛。随着清帝国的崩溃，资产阶级民主革命的高涨，新的思潮猛烈冲击着封建旧文化，中国绘画的发展，也进入了一个新的历史阶段。

## 一、“四僧”和遗民画家

中国历史上曾经两次出现过所谓的“遗民画家”，第一次是元初，代表有郑思肖等；第二次便是清初，这是由于中国传统文化观念、文人画发展与异族统治相结合而产生的。清初遗民画家人数之多、声势之大、影响之远，在中国绘画史上占有突出的地位。其代表人物除“四僧”（弘仁、髡残、朱耷、原济）外，还有龚贤、项圣谟、陈洪绶、方以智、傅山、肖云从、程邃、查士标、梅清、徐枋、姜实节、黄道周等。

弘仁（1610—1663），号渐江，俗姓江，安徽歙县人。明亡前习举子业，侍母至孝。明亡后离家出走，入福建武夷山，可能是去参加抗清活动，就在那里他出家作了和尚，师父是古航禅师。返歙后住西干五明寺。擅长山水兼画梅花，山水学倪瓒，多写黄山风景。用笔清刚，墨如海色，山石层叠多方折，则不受倪法束缚。画梅花清秀可爱，画松千姿百态，不落陈规。作品有《黄山图册》50幅，《枯槎短荻图》、《晓江风便图》等。弘仁与查士标、孙逸、汪之瑞一起称“新安四大家”（或称“海阳四家”）。又有汪家珍、郑旼、程邃等均为歙人，后人呼为新安画派。

髡残（1612—1673），字介丘，号石谿、白秃等，俗姓刘，湖广武陵（今湖南常德）人。青年时自己剪发为僧，清兵入湖南，曾遁迹武陵山中，受种种磨难。后到南京，住牛首祖堂山幽栖寺。与顾炎武、熊开元等抗清志士遗民往来，尤与程正揆过从密切。正揆，字端伯，号清溪，曾创作《江山卧游图》五百卷。时号“二谿”。髡残为人鲠直，个性倔犟，有着强烈的爱国热情。所作山水，多取黄山及南京一带风景入画，高山巨壑，叠巘层峦，烟云氤氲，草木蓊郁，元气漓淋，千变万化。而笔墨不事修饰雕琢，一任纯朴自然，因而有“粗服乱头”之称。主要是继承元四家特别是王蒙的笔法，而参以荆、关之意，在当时画坛别具一格。作品有《雨洗山根图》、《云洞流泉图》等。

朱耷（1626—1705），明宗室后裔，江西南昌人。明亡后落发为僧，别号人屋、个山等，59岁后号八大山人。朱耷心怀国破家亡之痛，有时装聋作哑，于门上大书一“哑”字，不与人交谈，有时又跑到市上去，边歌边哭，然后大笑而走。种种狂态，不一而足。然而他的绘画却异常冷静，山水从董其昌处得笔意，意境

图 13−23 朱耷《河上花图》局部

荒寒萧瑟，满目苍凉，曾在《为黄研旅写山水册》中题诗云：“郭家破法云头小，董老麻皮树上多，想见时人解图画，一峰还写宋山河。”语意双关。花鸟画淋漓奇古，题诗晦涩难读。技巧上继承陈淳、徐渭大写意画法，而于水墨渗透效果的控制运用，更加得心应用灵活自如。运笔浑圆厚朴，不假矫饰。造型夸张，越出常规，生气活泼。作品有《杨柳浴禽图》、《双雀图》、《河上花图》等。(图 13—23)

原济（1642—1707），号石涛、大涤子、清湘陈人、苦瓜和尚等。本姓朱，明宗室广西靖江王后裔。其父代福王监国，为人所杀。他逃走后很小就出家为僧，漫游各地。先后到过庐山、黄山、浙东一带，后到南京，晚年定居扬州。明亡时，原济年仅三岁，成年后正是清王朝巩固发展时期，因此遗民意识较少。曾经到北京，与清室权贵交往。在扬州时，两次为康熙皇帝召见。曾有诗画赞颂清王朝，因而后人多有微词。其实，他的遗民形象，是后人给他装扮起来的。擅长画山水、兰竹。山水初似梅清，后自成面貌。用笔纵横恣肆，奔放洒脱，不拘古法。画兰竹，如野战，略无纪律，而规矩法度在其中。作品有《搜尽奇峰打草稿图》、《万点恶墨图》、《余杭看山图》、《高呼与可图》等。除了绘画创作外，在绘画理论上，石涛也作出了突出贡献。其理论主张除散见于他的题画跋语中外，集中体现在《画语录》一书中。全书共 18 章，主要针对当时画坛临摹尚古之风，对“泥古不化”提出批评。他提倡到真山水中去“搜尽奇峰打草稿”，以创造出自己的风格。他试图运用哲学思想对画理进行精深的探索和阐述，体现了见解的高深。《画语录》是中国画论史、美学史上的重要著作。

项圣谟（1597—1658），字孔彰，号易庵，浙江嘉兴人。明末大收藏家项元汴之孙，好读书，不取功名，以画自隐。曾创作有三卷《招隐诗画图》以明其志。明亡后，作品多寄托对故国江山的怀念，如《大树风号图》，画一株古树参天而立，树下一老人拄杖仰首遥望远处青山暮霭，徘徊沉吟，不忍离去。并题诗云：

“风号大树中天立，日薄西山四海孤。短策且随时旦暮，不堪回首望菰蒲。”诗画相结合，表达出沉郁、悲愤、感伤的情绪。其他作品有《且听寒响图》、《天寒有鹤守梅花图》等。其画风取宋人格法、元人气韵合而用之，不受当时流派影响。

## 二、“四王”吴、恽等正统派

“四王”即指王时敏、王鉴、王翚、王原祁四位画家，同吴历、恽寿平一起，并称为“清初六大家”。四王等在绘画上是董其昌的继承者，而在政治上则亲于清王朝，其绘画成就影响了整个清代，成为正统派画家。

王时敏（1592—1680），字逊之，号烟客，江苏太仓人，出身官僚家庭，以荫官至太常寺卿。家富古书画收藏，有此优越条件，他非常重视对古画的临仿，特别是对黄公望的临摹学习更下工夫。其作品被认为“凡布置设施，钩勒斫拂，水晕墨彰，悉有根底”。意境则追求安闲自在，冲淡和平的情趣。与董其昌等人称“画中九友”。作品有《雅宜山斋图》等。

王鉴（1598—1677），字园照，号湘碧，江苏太仓人。明王世贞孙，官至廉州太守。“画中九友”之一。家亦富于收藏，追摹古人，于董、巨、吴镇尤为着力。用笔沉着古厚，墨色浓重苍润。作品有《仿北苑山水图》等。

王翚（1632—1717），字石谷，号耕烟散人，江苏常熟人。早年家贫，被王时敏、王鉴收为弟子。受师影响，于画极力追摹古人。但他对前人成果的继承比较广泛，被认为是合南北二宗为一体和集唐、宋、元、明之大成的“画圣”。曾被召到宫廷，负责总体设计和绘制《康熙南巡图》12卷巨作，受到康熙皇帝的嘉奖。他技巧熟练，功力深厚，临古不拘一家一法。中年以前，笔法生动有致，晚年稍嫌习气。一生创作极其丰富，为作品最多的画家。有《秋树昏鸦图》、《寒塘鸂鶒图》等。他有一大批弟子，如杨晋（字子鹤）等，被称为“虞山派”。

王原祁（1642—1715），字茂京，号麓台，王时敏之孙。康熙时进士。曾奉命鉴定皇室古书画，担任《佩文斋书画谱》和《万寿盛典》两书的总裁官。他的绘画创作，一生追求模仿黄公望，用笔讲究如“金刚杵”，以干笔皴擦，层层加厚，然后以赭石、花青、石青、石绿层层加染，因而他的画显得厚重浑穆，有“浓而淡，实而清”的艺术效果。作品有《辋川图》、《松溪山馆图》、《秋山读书图》等。其弟子颇多，有“娄东派”之称。

吴历（1632—1718），字渔山，号墨井。与王翚同乡，同时师事王时敏，但两人政治生活态度有所不同。吴历以卖画为生，然“不肯向人”。晚年加入耶稣教会，居澳门多年。他也是师古的画家，以黄公望、王蒙为宗。山水丘壑层叠，醇厚苍莽，晚年用干墨焦墨短皴，更为厚实凝重，人谓其喜画“阴面山”，意境新颖。作品有《横山晴霭图》、《兴福感旧图》等。

恽寿平（1633—1690），原名格，字寿平，后以字行，更字正叔，号南田，江苏武进人。幼曾随父参加反清武装斗争，失败后以卖画自给，不应科举。初工山水，仿元人逸笔，尤得云林法，雅淡清秀。后见王翚，自谓不能超越，耻居第二，则着力于花卉，托北宋徐崇嗣名，创“没骨法”。墨与色同时俱下，笔致超逸，蕴藉含蓄，细腻生动而清新雅丽，有富贵之态又含野逸之情，深得上层社会的普遍赞赏，被尊为“写生正派”，亦称“常州派”，对清代花鸟画影响极大。作品有《锦石秋花图》、《灵岩山图》等，与恽寿平同时的花鸟画家还有王武等。

“四王”、吴、恽，出身和政治态度虽有所不同，但私人间有很好的友谊，交往密切。作品表现了和平雅淡不食人间烟火的士大夫闲适情调，而笔墨技法则强调无一笔无来历、受到宫廷和上层社会的欢迎，被认为是山水、花鸟画的“正宗”、“正派”。“四王”之后的康熙、乾隆年间的王昱（原祁族弟）、王愫（时敏曾孙）、王玖（翚曾孙）、王宸（原祁曾孙），称为“小四王”。再后的王三锡（昱侄）、王廷元（玖长子）、王廷周（玖次子）和王鸣韶（嘉定人）称为“后四王”。他们的作品，死守家法，缺乏生气和创造性。

## 三、龚贤和“金陵八家”

南京在明末清初是画家集中之地，是江南的政治中心，清初遗民们多在此活动。另外，南京商业繁荣，交通便利，古书画市场活跃，收藏家众多。靠卖画为生的画家多来此地求知音获名望。髡残、程正揆、石涛等，都于此地成名。浙江名画家兰瑛（字田叔，号蝶叟，善画山水人物及梅竹，落笔奇古。）和贵州名画家杨文骢（字龙友，弘光时官拜兵部右侍郎兼右佥都御史，清兵至被执，不屈而死。）都曾来南京，并被孔尚任写入《桃花扇》剧中。

最初提出“金陵八家”之说的是当时收藏鉴赏家周亮工《读画录》，他们是：陈卓、吴宏、樊圻、邹喆、高岑、武丹、蔡霖沧、李又李。后张庚《国朝画征录》更提为龚贤、樊圻、高岑、邹喆、吴宏、叶欣、胡慥、谢荪，遂成定论。其中以龚贤成就最高。

龚贤（约 1599—1689？），字半千，号野遗、柴丈等，祖籍江苏昆山，移居南京。青年时与复社文人交往，有“短衣去国”之志。明亡后，漂泊流离，居无定所，曾远涉北方，卖画扬州，晚年筑半亩园于南京清凉山。死后贫“不能具

图 13–24 龚贤《岳阳楼图》

棺殓”，而生前慷慨仗义，乐于帮助难友。绘画擅长山水，师法董源、二米及吴镇，秃笔短皴，则有范宽遗法，层层加染，浑朴凝重。善用墨，以积墨为之，黑白对比强烈，不落俗套。结构则层峦叠嶂，万壑千丘，飞瀑流泉，烟霞云霭，层出不穷。（图 13—24）作品有《溪山无尽图》、《摄山栖霞图》等，散落人间者，不计其数。

## 四、中西结合的宫廷绘画

清代没有画院的设置，只在内务府造办处中有画画处和如意馆，负责组织画家为宫廷服务。画家地位低下，或称“南匠”，因画家多系南方人之故，或称“画画人”。画家来源或为原在宫中服务的画家子弟，或大臣推荐，或画家毛遂自荐，均经考核再录用。其中也有大臣如王原祁、蒋廷锡等，虽也为宫廷绘画，则不在此中。

顺治初见于记载的宫廷画家只有黄应谌一人。康熙时有唐岱、焦秉贞、冷枚等。唐岱山水得王原祁指授，画风亦相近。焦秉贞善山水人物，用透视法，受西方的影响。冷枚为焦秉贞的学生，以人物仕女见长。其后至乾隆时期，画家有丁观鹏、姚文瀚、金廷标、余省、张宗苍、徐扬、陈枚等。他们的作品艺术成就远不及宋代和明代。最具有清代宫廷绘画特色并创造出了艺术成就的是宫廷中的一批来自西方的传教士画家，他们中有意大利人郎世宁、安德义、潘廷章，法国人贺清泰、王致诚，波希米亚人艾启蒙等。他们根据宫廷的需要与爱好，用中国的作画工具，综中、西不同的观察和表现方法，如人物用西法，背景则为中法，或背景用中国画家来画；面部塑造采用正面光，减轻明暗对比度，以适合中国传统欣赏习惯等等，因而创造出一种新的风格。这批画家中，以郎世宁成就最高。

郎世宁（Giuseppe Castiglione,1688—1766），意大利米兰人。1715 年来中国广州。康熙末年被荐入宫充当宫廷画师。他在近五十年中，为宫廷创作了大量的作品，深受皇帝特别是乾隆的宠爱。1747 年曾奉命参加长春园内欧式建筑的设计。70 岁时，皇帝为之举行庆寿仪式，死后赏三品顶戴、恩给侍郎衔。在清代宫廷画师当中，郎世宁受到的荣宠是最突出的。郎世宁为雍正、乾隆两帝及其后妃、子女画了不少肖像画，这些作品真实生动，融合中西技法，丰富了中国肖像画创作手法。每逢宫中有重大事件，皇帝则命他为之作图纪实，如《哈萨克贡马图》、《乾隆帝阅马术图》、《乾隆帝万树园赐宴图》、《塞宴四事图》、《木兰哨鹿图》、(图 13—25)《阿玉锡持矛荡寇图》、《大阅图》等。这些作品虽然为歌颂皇帝及其武功之作，但它真实地记录了当时的历史事件，弥足珍贵。他还画了大量的花鸟走兽

图 13-25 郎世宁《木兰哨鹿图》

画，如《十骏图》、《白鹰图》、《郊原牧马图》、《海西知时草图》、《羚羊图》等，画法细腻逼真，但限于技法束缚，某些地方缺乏生气。此外，也有少量的油画作品和铜版画作品。最有名的《平定准部回部战图》十幅，是由郎世宁、王致诚、艾启蒙、安德义共同创稿后，送到法国刻版印制的。郎世宁在宫内还培训了一批学生，有丁观鹏、王幼学、王儒学等。在促进中、西文化艺术的交流和架设友谊桥梁上，郎世宁等宫内西方画家，作出了特殊的贡献。

## 五、华喦和“扬州八怪”

清代中期扬州地区商业经济繁荣，由于地处南北要冲，交通便利，文化艺术活动活跃，集中了大批画家来此卖画谋生。这些画家各有专长，风格各异。方士庶、张宗苍等人，继承了“四王”家法，长于山水。李寅、袁江、袁耀，长于界画楼台亭阁，工致细腻。肖晨的设色山水人物，则有仇英遗风。禹之鼎长于肖像创作，生动准确。而最具有地方特色对后代影响深远的，当推华喦及被称为“八怪”的一批画家。

华喦（1682—1756），字秋岳，号新罗，福建临汀（今上杭）人，居扬州以卖画为生。擅长人物、山水、花鸟，题材范围广泛，是一个具有多方面才能的画家。他的花鸟画吸收了恽寿平和石涛的方法，以小笔写意，重视写生，体察入微，形象姿态清新活泼，简练传神，往往赋予对象以人格化，如《梧桐栗鼠图》，画两只松鼠如小儿般嬉戏跳跃于梧枝间，十分生动可爱。山水画不拘一格，笔法受唐寅影响，布局新巧工稳，如《白云松舍图》。人物画多得益于王树谷、陈洪绶及马和之，构图奇巧，造型夸张，意趣深远。如《天山积雪图》，画天山脚下，一穿大红斗篷的单身客人牵驼而进，被孤雁一声长鸣，引起无限情思。构图奇险而平稳，设色鲜明而雅致，造型夸张而不怪，是这一作品最突出的特点。华喦出身民间画师，而具有文人的修养，所以他的艺术能“文质相兼”，“雅俗共赏”，既赢得了上层社会的赞赏，也受到市民阶层的欢迎。

“扬州八怪”是康熙末至乾隆时期活跃于扬州的一批风格相近的画家，他们大都出身贫寒家庭，各有不同的生活遭遇。有的虽曾作过县官，但受到排挤打击，被罢官免职。他们生活在社会的中下层，靠卖画为生，能广泛地接触社会，对当时人民的疾苦有所体会和了解。出于知识分子的敏感和正义，对社会上贫富不均和官场的腐朽黑暗，进行了批评，一心想改革现状，均遭碰壁，于是便产生了归隐思想，采取洁身独好、玩世不恭的生活态度，因而被目之为“怪”。而艺术则继承了陈淳、徐渭、八大山人、石涛的水墨写意画传统，笔墨更为恣肆，奔放豪爽，不拘成法，重在“自立门户”，风格独创，并借以抒写胸中愤懑。这均与“四王”

传派的重视古法、意在和平恬淡的山水画不同，也与恽寿平的蕴藉含蓄、典雅超逸的花鸟画不同，因而被认为是离开了正宗、正派，目之为“怪”。

被认为是“八怪”的画家有：汪士慎（1686—1759），字近人，号巢林，原籍安徽歙县。家贫，酷嗜茶，性爱梅，晚年双目失明，谓“不见寻常碌碌人”。善画梅竹，笔致秀雅，意境幽冷。

李鱓(1686—？)，字宗扬，号复堂，扬州兴化人。以举人检选出任山东滕县知县，以忤大吏罢归。善画花鸟，曾从蒋廷锡、高其佩学习，又取法徐渭、石涛，画风凡三变，用破笔泼墨，纵横驰骋，不拘绳法，多得天趣。

黄慎（1688—1770年尚在），字恭寿，号瘿瓢，福建宁化人。画人物，初师上官周，后以怀素草书入笔墨，粗犷奔放，气象雄伟，多取历史人物、神仙佛道及渔父樵夫作画。曾创作《群乞图》，描写灾民流落街头的痛苦生活。

金农（1687—1764），字寿门，号冬心，杭州人。博学多才，工诗词，精鉴古，善书画。曾举博学鸿词不遇，心情郁闷。擅画梅竹人马佛像等，笔法古拙，意境奇奥。作江南小景，诗意盎然，别有情致。

高翔（1693—1752），字凤冈，号西堂，扬州甘泉人。家贫而性孤傲。画山水少时亲得石涛指授，又取法渐江，画江淮间小景，颇得佳致，亦写梅花。

郑燮（1693—1765），字克柔，号板桥，兴化人。家贫失母，赖乳母抚养。由进士出任山东范县、潍县令。为官关心民间疾苦，同情贫苦百姓，深得民心。时值饥荒，多方赈灾，触犯大富，受中伤而罢官。画兰、竹、石，取法石涛、高其佩和徐渭。作品中题句表现出他非常关心国计民生，同时也抒写了他胸中的沉郁。如题《潍县署中画竹》云：“衙斋卧听萧萧竹，疑是民间疾苦声；些小吾曹州县吏，一枝一叶总关情。”曾宣言“凡吾画兰、画竹、画石，用以慰天下之劳人，非以供天下之安享人也”。

李方膺（1695—1754），字虬仲，号晴江，南通人。以父荫出任乐安、兰山、合肥等地县令。性鲠直，为官清正，不肯随上司俯仰，被诬坐牢、罢官。寄居南京，往来扬州，穷老无依，卖画为食。善画松、竹、梅、兰，取法徐渭。他画梅花，铁干铜皮，矫健蟠屈；画竹，枝叶纷披，偃仰有态，都体现着一种不屈的精神。

罗聘（1733—1799），字遁夫，号两峰，其先歙县人。幼孤贫，从金农学画，并为代笔。山水、人物、花卉均有很深造诣。自称能白日见鬼，作《鬼趣图》讽喻社会不平现象，轰动文坛。又作《卖牛歌图》，对农民的穷困寄予同情。名动公卿，旅居北京却无资以归。擅长画肖像，继承金农所创风格而有所发挥。

除以上八人外，另有高凤翰、边寿民、闵贞、陈撰、杨法等也被列入“八怪”

之内。高凤翰，字西园，号南村，山东胶州人。以秀才举孝友端方科，授歙县丞，后官泰州巡盐分司，被诬入狱。无罪获释后，卖画扬州。晚年右手病废，改以左手书画，所作山水、花卉，纵逸气胜，别饶奇趣。边寿民，字颐公，专画芦雁；闵贞，字正斋，画妇女儿童，均各得其妙。

与“扬州八怪”稍前和同时，中国画坛上还有另外一批花鸟画家，他们用工笔重彩，着重写实，多受恽寿平影响，如蒋廷锡、邹 ·桂、沈铨、马元驭和其女马荃等。此外还有高其佩，以擅长指头画而著名。

## 六、海上名家

清末由于西方资本主义的入侵，许多沿海城市被辟为通商口岸，其中以上海发展最快，成为新兴的大都会，在这里集结了又一批新的画家。朱熊、张熊、任熊，被称为“沪上三熊”。任熊、任熏、任颐，则被称为“海上三任”。后来的画家更多，虽然风格各异，各有所长，但由于都是在上海活动，时有“海派”之目。“海派”上承“扬州八怪”，直接开创了中国现代画风。其主要代表人物有：

虚谷（1824—1869），俗姓朱，安徽新安人。曾在清军中任参将，因与太平军作战有所感悟，遂出家做了和尚。往来上海、苏州、扬州等地。擅长花鸟，用枯墨秃笔，清新雅淡，意态朦胧，别具一格。画人物肖像，用笔稍工，能准确传神。

任颐（1840—1895），字伯年，浙江山阴人。少年时参加太平军，为旗手。后遇任熊，收为弟子，卖画为生。他的绘画取材广泛，功底深厚，能工能写，人物花鸟，均有创新，特别在人物画方面，更显示了他卓越的才能和高度成就。其中《关河在望》、《苏武牧羊》、《观刀图》、《雪里送炭》等作品，均有感于当时国家民族的危殆而作，寓含深刻的思想内容。肖像画如《胡公寿像》、《高邕之像》、《吴昌硕像》等，是金农、罗聘肖像画的发展，工写结合，造型严谨，揭示出人物性格，神态自然。花鸟画色彩明丽，涉笔成趣，粗中见细，使人耳目一新。任伯年坚持师法造化的写实传统，突破单纯的笔墨作风，技巧熟练，不受固定形式法则的束缚去表现自己的理想和周围美好的事物，赢得了声誉，成为一代大师。

赵之谦（1829—1884），字㧑叔，号悲盦，浙江会稽人。当过知县，后到上海卖画。精通书法篆刻和写意花卉，以篆隶笔法入画法，沉厚浑圆而有气势，所作松、菊、梅、荷，笔酣墨畅，形象鲜明，在开拓近现代中国画风上占有重要地位。

吴昌硕（1844—1927），名俊卿，以字行，号缶庐，浙江安吉人。曾做过一月安东县（今江苏涟水）令，便离职到上海鬻书卖画。精通金石篆刻，尤擅写石鼓文。中年始学画，师任伯年，参赵之谦，上溯李鲜、金农、朱耷、徐渭、陈淳。以金石书法入画法，纵横涂抹，奔放不拘成法，天真烂漫，独具匠心，对近现代画风影响很大，尤为齐白石所推崇。

嘉庆至光绪年间，人物画中，改琦和费丹旭以画仕女和肖像知名。改琦，字伯蕴，号七芗，松江人。专画仕女，清秀雅致而形象瘦弱。费丹旭，字子苕，号晓楼，浙江乌程人。擅长肖像画，能以简练的笔墨抓住对象的神采特征。而所画仕女，柳眉细眼，弱不禁风。明末以来，中国绘画中的妇女形象，逐渐变为瘦小文弱，至改琦、费丹旭而极，反映出封建末世士大夫阶级的病态审美情调。

## 七、明、清时代的版画和年画

中国传统的版画，是随着书籍印刷的发明兴盛而成长发展起来的。唐咸通九年（868）的刻本《金刚经》扉页上《祇树给孤园说法图》木刻，不但是我国也是世界上最古老的雕版画。甘肃发现的宋代《四美图》，印有王昭君、班姬、赵飞燕和绿珠，可说是我国最早的木版年画和招贴画。书籍中的木刻插图，宋代广为流行，宋版《列女传》插图 123 幅，可谓大观。

明代是中国传统版画的鼎盛时期。雕版业的发达，书籍的大量印行，特别是市民文学的发展，为版画艺术带来了空前的繁荣。许多著名的画家参与为书籍作插图，使版画的艺术水平得到大大提高。如唐寅为《西厢记》，仇英为《列女传》，陈洪绶为《离骚》、《西厢记》等所作插图即是其突出代表。此外还有郑重、赵左、刘原起、兰瑛、顾正谊、汪耕、刘素明、丁云鹏等。传统版画是绘、刻、印分工的，刻工好坏高低，关系到它的艺术水平。明代的刻工名手辈出，首推徽州的黄、汪两姓艺人。黄氏有黄铤、黄奇、黄玉林等三十余人。汪氏则有汪忠信、汪文宦、汪士珩等。其他有刘君裕、刘启先、郑圣卿、汤尚、汤复、谢茂阳、姜体乾等。杭州名手有项南洲，曾刻陈洪绶所绘《西厢记》。刘素明既是画手也是刻手，为建安名家。彩色水印木刻，是在明末创造发明的，最著名的是《十竹斋书画谱》、《十竹斋笺谱》。十竹斋是安徽休宁人胡正言寓居南京的书斋，他能书善画，“清姿博学，尤擅众巧”。“书画谱”完成于明天启七年（1633），“笺谱”完成于清顺治二年（1645）。十竹斋的套色水印木刻，使绘、刻、印在一致性上达到了很高的水平，不仅在复制绘画上逼真，而且还具有木趣刀味。

清初由画家王概主编的《芥子园画传》，吸收了十竹斋的水印木刻方法，于绘、刻、印三者都取得了卓越成就。（图 13—26）王概，字安节，浙江秀水人，居南京，善山水，并工人物、花卉、翎毛。其弟王蓍（字宓草）、王臬（字司直）及

图 13-26　清康熙四十年刊彩色套印本《芥子园画传》

李渔（芥子园主人）女婿沈因伯（字心友）均参与了《芥子园画传》的绘画、编订和出版工作。清代名画家当中参与本版画绘制的人更多。肖云从的《离骚图》、《太平山水图》，上官周的《晚笑堂画传》，费丹旭的《阴骘文图证》，任熊的《高士传》、《于越先贤传》、《剑侠传》、《列仙酒牌》等，都是版画史上的重要作品。清代宫廷为宣扬其“丰功伟业”，也采用了版画印刷形式，以广宣传。木刻《万寿庆典图》、《南巡盛典图》、《皇清职贡图》、《耕织图》等等，在绘、刻、印技术方面，都十分精良。

在年节中张贴年画，反映着人民群众爱美之心和追求美好生活的愿望，在艺术上则具有浓烈的乡土气息。它在中国的历史发展上，也源远流长。现存宋人的《五瑞图》、《大傩图》、《货郎图》、《戏婴图》等，都具有年画性质。明代画家吴伟曾画过《天乙赐福》、《群仙拱寿》，杜堇画过《东王迓寿》、《五老攀桂》等，也应是年画。但是年画能够普及到更多的百姓家中，则是随着木版印刷的发展而兴盛的。明、清时代是木版年画的高峰，集中产地有：苏州桃花坞、天津杨柳青、山东潍坊、广东佛山、四川绵竹等，其他有河北武强、江苏南京和无锡、河南朱仙镇、湖南邵阳、江西九江、浙江绍兴、福建漳州及山西、陕西、甘肃等，几乎遍及全国。各地都有各自的风格特点。

年画的内容丰富，其中虽然掺杂着封建迷信的糟粕，但有不少反映社会生活面貌、风土人情以及群众思想感情和纯朴愿望的作品。按其题材内容，大致可分为四个方面：(1) 神码：门神，由神荼、郁垒演变而为秦琼、尉迟敬德画像，是年画中最古老的题材。其他神祇有天官、福禄寿三星、钟馗、刘海、和合二仙、

图 13–27 清末苏州年画上海火车站

灶王等等，以及象征性的动、植物，如蝙蝠、鹿、宝瓶和象、鞍马等。(2) 民俗：反映市民、农民及各行各业的生活面貌，如《姑苏万年桥》、《山塘普济桥》、《三百六十行》等，描绘了城市生活的繁荣与热闹。(图 13—27)《五谷丰登》、《十男忙》、《十女忙》、《耕织图》、《宫蚕图》等，则反映了农民希图通过劳动达到丰衣足食的朴素愿望。《瑞雪图》、《丰庆图》等描绘了家庭成员在年节中为庆祝过去的好收成、祈求来年更美好而得团聚的情景。(3) 戏曲故事：小说、戏曲中的故事题材，在年画中占有相当大的比重，是年节中人们所乐于说道的。最多的是《水浒传》、《岳飞传》、《杨家将》、《花木兰》、《西游记》、《白蛇传》、《梁山伯与祝英台》以及一些公案小说等。小说、戏曲年画不仅适应群众娱乐要求，同时也传播了历史知识，表现了对英雄人物的崇敬，对美丑善恶的评判，对爱国精神、反抗压迫意志和争取自由愿望的赞美。(4) 妇女儿童、风景花卉：有《连年有余》(莲花、鱼与小孩)、《金玉满堂》、《二甲传胪》、《榴开百子》、《喜上眉梢》(喜鹊与梅花)、《六合同春》(鹿与鹤同画一起)、《丹凤朝阳》、《鸳鸯戏水》(夫妻和睦幸福) 等百十余种，反映了人民群众对美好事物的欣赏和憧憬。

年画的造型简练夸张，构图丰满，色彩鲜艳明快，对比强烈，朴实无华，为群众所喜闻乐见。版画和年画，是中国古代绘画宝贵遗产中的一部分。

**主　编**

阴法鲁　许树安　刘玉才

**本卷撰稿者**（按撰写章次之先后）

陈美东　许树信　丘光明

金秋鹏　范楚玉　杨　泓

赵　超　王仁湘　罗哲文

罗　扬　马洪路　许青松

李知宴　王世襄

图史系列

# 中国古代文化史

插图本

（下）

北京大学出版社

彩图 1 唐拨镂牙尺

彩图 2 甘肃秦安大地湾出土彩陶瓶

彩图 3 汉代身穿深衣的彩绘陶舞俑

彩图 4 新疆民丰出土的汉代锦袜

彩图 5 陕西西安唐鲜于庭诲墓出土男俑

彩版6 宋墓宴饮图壁画

彩图 7 故宫三大殿

彩图 8 唐三彩

彩图 9 宋耀州窑青釉塑像

彩图 10 金大定二年铭虎形枕

彩图 11 洪武青花缠枝花卉纹碗

彩图 12  洪武青花牡丹纹碗

彩图 13  宣德青花花卉纹碗

彩图 14  康熙洒蓝地描金红鱼纹棒槌瓶

彩图 15  乾隆款珐琅彩
花卉纹蒜头瓶

彩图 16 河南信阳长台关楚墓出土漆瑟残片

彩图 17 山西大同司马金龙墓北魏漆画

彩图 18 明永乐五老图委角方形剔红盘

# 目　录

（下）

# 第十四章 天文历法的演进

中国是世界上天文学发达最早的国家之一。由于生产和生活的需要，人们从远古时期开始就已经对天文现象进行观察，经过世代连续不断的努力，积累了越来越多的天文学知识，并逐渐形成了内容丰富且具有独特风格的天文学体系。中国古代天文学在许多领域曾长期在世界上处于领先的地位，在世界天文学史和中华民族文化史上，都写下了光辉的篇章。

中国古代天文学的最主要组成部分是历法，换一句话说，历法是中国古代天文学的核心。中国古代历法不单纯是关于历日制度的安排，它还包括对太阳、月亮和土、木、火、金、水五大行星的运动及位置的计算；恒星位置的测算；每日午中日影长度和昼夜时间长短的推算；日月交食的预报等等广泛的课题。从某种意义上讲，中国古代历法的编算相当于近现代编算天文年历的工作。为此，我国古代天文学家展开了一系列的观测与研究活动：譬如对历法诸课题的共同起算点——历元的选定，对一个又一个天文学概念的阐述，对种种天文常数的测算、各种天文数表的编制，对具体推算方法、天体测量方法和数学方法的抉择和改进等等。这些就构成了中国古代历法的基本框架和主要内容。

当然，中国古代天文学还包含更广泛的内容，如中国古代特有的、精良的天文仪器的设计与制造，关于宇宙理论的探讨，以及对一系列天象特别是奇异天象的长期系统的观测与记录等，它们与历法一起，组成了中国古代天文学的十分丰富多彩的体系。

中国古代天文学体系经历了发生、发展、完善、没落，最终融入近现代天文学的漫长演变过程。下面我们拟分六个阶段（即如下六节）简要地加以介绍。

# 第一节 西周及以前的天文学知识

这是一个天文学知识开始萌芽和初步积累的漫长历史时期。由于生产和生活的需要，从对星辰出没、日月运动的观测中，人们逐渐形成了与这些需要密切相关的年、月、日等时间长度的概念，进而产生了初始的历法系统。由于占卜活动的需要，人们对天象变化、尤其是异常天象的出现，极为关注，这也刺激了人们对天象观测的重视，并由此逐渐形成了天象记录的传统。这些都给后世的发展以深刻的影响。

## 一、观象授时时期

我们的祖先，生息在中国辽阔的土地上，人们在自己的生产和生活实践中，逐渐发现日月星辰的升落隐现，自然界寒来暑往，猎物的出没和植物的荣谢等自然现象，对于人类的生存有着密切的关系。所以有意识地观察和认识这些自然现象，以期顺乎自然，求得自身的发展，便成为先民们感兴趣的问题之一，从中也就逐渐萌发出天文学知识的嫩芽。

1987年，考古工作者在河南省濮阳市西水坡发现了一座蚌塑龙虎、北斗墓，(图14—1)经测定其距今约六千年。[1] 墓主人头居南、足向北，其东、西分别为蚌塑龙、虎图像，其北则为一蚌塑三角形和人的两根胫骨构成的图案。据考证，它们应是代表在后世得到进一步完善的，东苍龙、西白虎的恒星组合以及北斗的图像。[2] 说明当时的先民对恒星观测的重视，以及对恒星区划所取得的初步成果。

太阳对人们无疑是至关重要的。古人日出而作，日入而息，就是以太阳的出入作为作息时间的客观依据。太阳出入造成的明暗交替出现的规律，必定给先民们以极深的感受，于是以太阳出入为周期的“日”，应是他们最早认识到的时间单位。

自然，月亮的圆缺变化，是又一明显的和意义重大的天象。说它意义重大，是因为月亮的亮光对于人们夜间活动的安排是关键的要素。经过长期的观测和计

〔1〕濮阳西水坡遗址考古队《1988年河南濮阳西水坡遗址发掘报告》，《考古》1989年第12期。
〔2〕冯时《河南濮阳西水坡45号墓的天文学研究》，《文物》1990年第3期。

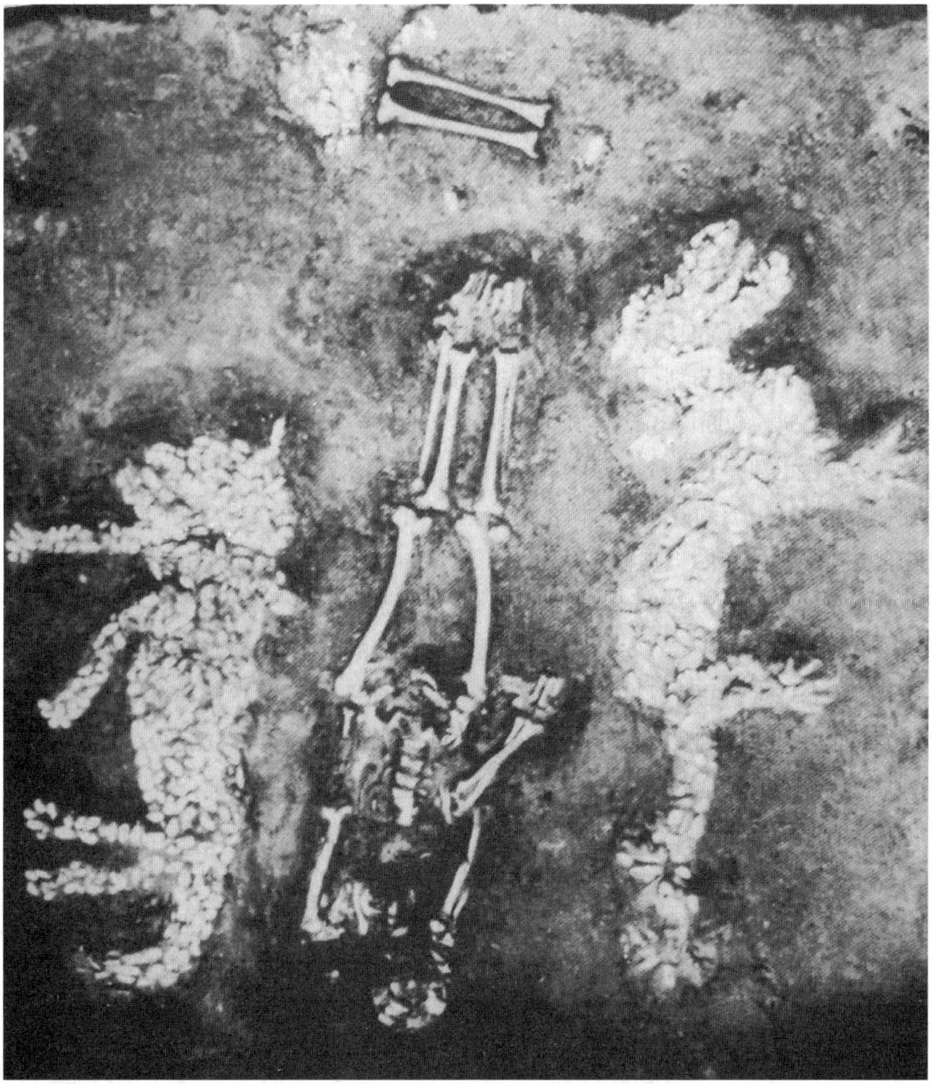

图 14-1　濮阳龙虎、北斗图

数，人们逐渐发现月亮圆缺的周期约为 30 日，这便进而导致一个较长的时间单位“月”的产生。

对于更长一些的时间单位“年”的认识，要较“日”、“月”困难得多，但这是对于人们生产和生活的意义更为重大的一种周期，因为寒暑、雨旱，以及渔猎、采集乃至农业生产活动无一不与它有关。所以，人们对它进行了长期不懈的探索。由物候——草木枯荣、动物迁徙、出入等的观察入手，大约是探索一年长度的最早方法，随后才是对某些星象的观测。后者所得结果要较前者来得准确。

据传说，在颛顼帝时代，已设立“火正”[1]专司对大火星（心宿二，天蝎座 $\alpha$ 星）进行观测，以黄昏时分大火星正好从东方地平线上升起时，作为一年的开始，亦即这一年春天的来临。由此不难推得一年的长度。这是我国古代观象授时的早期形态。据研究，这大约是公元前2400年的事。[2]

又据《尚书·尧典》记载，在传说中的尧帝时，“乃命羲和，钦若昊天，历象日月星辰，敬授人时”。其具体的观测方法与结果是：“日中星鸟，以殷仲春”，“日永星火，以正仲夏”，“宵中星虚，以殷仲秋”，“日短星昴，以正仲冬”，即以观测鸟、火、虚、昴四颗恒星在黄昏时正处于南中天的日子，来定出春分、夏至、秋分和冬至，以作为划分一年四季的标准。其具体的年代，学界至今众说纷纭，它大约是公元前2000年前后的天象。[3]

由上述记载，我们还可以推知，当时已有原始圭表的出现，否则人们就无从确定某星辰南中天的问题。这时的圭表还仅用于厘定方位，尚未用于测定日影的长度。观测星辰南中天来确定季节，可以减少地平线上的折射和光渗等的影响，其精度自然要比观测星辰出没来得高。此外，从“日中”和“宵中”（指昼夜平分）、“日永”和“日短”（分别指白昼最长和最短的日子）等说法，可知其时已应用了某种测量时间的器具（这一点由下述《夏小正》的有关记载亦可证）。这些都说明，此时已进入观象授时比较发达的时代。其标志是：所观测的恒星已由一颗增加到多颗，由观测恒星东升改为南中天，并已使用了某些器具。

更值得注意的是，《尧典》还记述了这时人们已经采用了“朞三百有六旬有六日，以闰月定四时成岁”的初始历法。这里以一年为366日，大约是人们对恒星周年运动周期的测算得到的结果。由于一年的长度与月的长度不存在整数倍的关系，该初始历法已采用了置闰月的方法予以调整，这显然是一种阴阳历，是我国古代长期使用的阴阳历的最早记载。

在《夏小正》一书中，则载有一年中各月份的物候、天象、气象和农事等内容，它集物候历、观象授时法和初始历法于一身，相传它是夏代行用的历日制度。就观象授时法而言，它是以观测黄昏时分若干恒星（鞠、参、昴、南门、大火、织女、银河等）的见、伏或南中天的时日，以及北斗斗柄的指向，作为一年中某一个月份起始的标准的，是一种分一年为12个月的恒星历。也有人认为，《夏小正》乃是一种分一年为10个月，每月36日，另有5至6日为过年日的太阳

[1]《左传·襄公九年》。

[2] 中国天文学史整理研究小组《中国天文学史》，科学出版社，1981，第10页。

[3] 陈美东《中国科学技术史·天文卷》，科学出版社，2003，第8—9页。

历。[1]看来，《夏小正》乃是一种不考虑月相变化的纯阳历的见解，当是可信的。

《尚书·尧典》和《夏小正》的记载，都反映了观象授时法的重要成果，同时又反映了夏代出现的两种不同系统的历法（阴阳历和阳历）的雏形。它们是由观象授时向有一定规范的初始历法过渡的两种不同形态，都具有十分重要的意义。

## 二、商周历法

由甲骨文的有关卜辞，我们可以知道殷商时期行用的历法乃是阴阳历。

首先，年有平年、闰年之分，平年 12 个月，闰年 13 个月，闰月置于年终，称 13 月，是为年终置闰法。这时的岁首已基本固定，季节和月名有了基本固定的关系。但在甲骨卜辞中还偶有 14 月甚至 15 月的记载，这说明这时人们还不能较好地把握年月之间的长度关系，对于闰月设置的多少，还没有一定之规，多半是由经常性的观测来决定，当发现季节与月份名相悖时，便加进一个闰月加以调节，带有较大的随意性。这种状况一直延续到西周。

在甲骨文中有“至日”、“南日”或“日南”的记载，它们指的都是冬至日（春秋时期人们还称冬至为“日南至”）。其中有一块卜辞说：“壬午卜：扶，奏丘，日南，雨？”[2]（壬午这一天，贞人扶占卜，举行奏丘的祭仪，迎接太阳南至，会下雨吗？）在《周礼·春官·大司乐》中则有这样的记载：“冬至日，于地上之圜丘奏之”，以迎祭天神。二者说的是同一祭祀活动，可证“日南”即为“冬至”[3]。这说明殷商时期已使用圭表观测日影长度的变化，并由之确定冬至日。已知冬至日，一回归年长度的数值便不难算得。

其次，殷商历法是以新月为一月的开始，月有大月和小月，大月 30 日，小月 29 日。起初仅以大、小月相间安排历日，这表明人们以为一朔望月长度等于 29.5 日。后来，更有连大月的出现，即在若干个大、小月相间的月份后，安排两个连续的大月，这证明人们已经知道，一朔望月的长度应略大于 29.5 日，这是对朔望月长度测算的一次重大进步，虽然此时对连大月的安置尚无一定的规则。

再次，殷商时期已明确使用干支纪日法，[4]（图 14—2）建立起了逐日无间断的日期记录的系列，从而提供了较准确地探求月、年等更长的时间单位的重要

〔1〕陈久金《论〈夏小正〉是十月太阳历》，《自然科学史研究》1982 年第 4 期。

〔2〕董作宾《殷墟文字乙编》(9067)，台北，历史语言研究所，1953。

〔3〕萧良琼《卜辞的“立中”与商代的圭表测量》，《科技史文集》第 10 辑，1983。

〔4〕郭沫若《甲骨文合集》(37986)，中华书局，1978—1983。

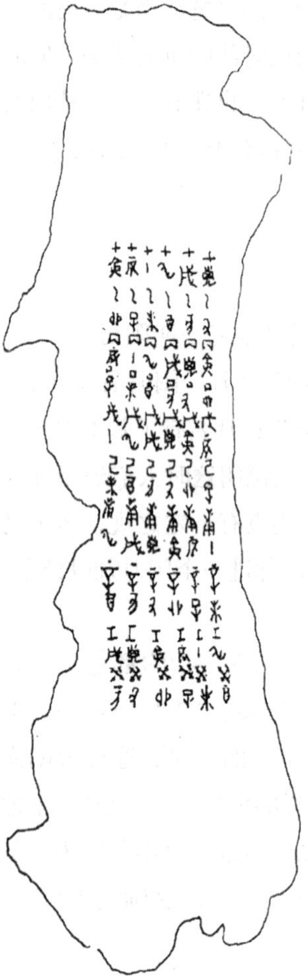

图 14-2 甲骨刻辞六十干支表

基础，同时也为历史年代学提供了重要的依据。干支纪日法顺序循环，几乎没有中断地连续使用到今天，成为世界上最长的纪日方法。

再其次，殷商已将一天分为若干不同的时段，甲骨文中可见的时段专名有：㫷𦝠、旦（或朝、明、大采、大采日）、大食（或大食日、食日）、日中（或中日、昼、督）、昃（或昃日）、小食（或郭兮、郭）、莫（或昏、小采、小采日）与枫——以上依次为天明到天黑的时段；晻（或冟、鼓）、小夜（或寐人、卮人）、中彔（或夗、三鼓）、夙（或五鼓）——以上依次为天黑到天明的时段。[1]

这些便是商代历法对于年、月、日、时刻安排的大体情况，西周历法与之大同小异。在金文中，亦有不少 13 月的记载，并以“朏”（新月）为一月的开始，均为明证。但《诗 · 小雅 · 十月之交》有：“十月之交，朔月辛卯，日有食之”的记载，据研究，这当指公元前 735 年 11 月 30 日发生的一次食分很大的日偏食，[2] 是我国典籍中关于朔日的最早记述。由此看来，大约在西周后期已有以朔代替朏为月首的尝试。由于朔并无具体的天象与之对应，它必须在测知比较准确的朔望月长度后，以推算的方法求得，所以朔的概念的建立和应用，乃是历法史上的一大进步。

此外，金文中经常出现初吉、既生霸、既望和既死霸四种名称，对此，古今众说纷纭。一为定点月相说，认为它们分别代表每月特定的某一天或某二、三天，近两千年来人们多宗此说。一为四分月相说，认为西周时是将一个月均分为四份，每份约为七天，初吉等依次为各份的专有名称，此说起于近代王国维，[3] 一度广为史学界接受。20 世纪四五十年代以后，新说又起。现在有一种比较合理的解释是：初吉与月相无关，大约指一个月的上半月；既生霸对应于新月初见到满月的时段；既望对应于满月到月亮出现亏缺的时段；既死霸对应

〔1〕陈美东《中国科学技术史 · 天文卷》，第 20—21 页。
〔2〕张培瑜《〈春秋〉、〈诗经〉日食和有关问题》，《中国天文学史文集》第 3 集，1984。
〔3〕王国维《生霸死霸考》，《观堂集林》卷一，中华书局，1984。

于月亮出现亏缺到新月初见的时段。[1] 这些解释孰是孰非尚有待进一步论证。

### 三、对天象的观测与记录

从远古时期开始，人们就已经注意对天象特别是奇异天象的观测。在殷商时期的甲骨文中，我们看到了古人对有关天象的真切记录，这些记录往往是与预卜人事凶吉等占卜活动联系在一起的，它们涉及日月食、日珥、新星等异常天象。

“癸酉贞：日夕又食”[2] 等，这是关于日食的记录。“六日〔甲〕午夕，月有食”[3]；“旬壬申夕，月有食”[4] 等，这是关于月食的记录。它们都是发生在公元前 12 世纪前后的交食现象的记述。[5]

“乙卯允明，雚，三臽食日，大星”[6]，有人认为，这是指在一次日全食时，人们不但看到了明亮的星星，还看到了在黑暗的太阳边缘上有三条火焰升腾而起，当是关于日珥现象的记录。[7] 也有人认为，此说并不可信。[8]

此外，有人认为在甲骨文中还有太阳黑子、彗星等的记事，这还有待进一步的研究与认证。

总之，甲骨文中已经有相当丰富的天象记录，说明我国古代重视天象的观测与记录的传统，至迟在殷商时期就已见雏形，这对后世的发展产生了巨大的影响。

## 第二节 春秋战国时期天文历法体系的奠基

春秋战国时期是我国古代社会大变革的一个时代，这时生产力得到很大的发展，促使包括科学技术在内的古代文化得到长足的进步。就天文历法而言，前进的步伐亦明晰可见，这主要表现在对天文现象的观测与描述由定性向定量的转变，

〔1〕景冰《西周金文中纪时术语—初吉、既生霸、既望、既死霸的研究》，《自然科学史研究》1999 年第 1 期。
〔2〕郭沫若《甲骨文合集》(33695)，中华书局，1978—1983。
〔3〕同上，(11484 正)。
〔4〕同上，(11482 正反)。
〔5〕张培瑜《甲骨文日月食与商王武丁的年代》，《文物》1999 年第 3 期。
〔6〕董作宾《殷墟文字乙编》(6385 正，6386 反)。
〔7〕刘朝阳《甲骨文之日珥观测记录》，《宇宙》1945 年 1—3 合期。
〔8〕李学勤《三焰食日卜辞辨误》，《传统文化与现代化》1997 年第 3 期。

阴阳历的定型，和关于宇宙的理论的涌现等等，这些都为我国古代特有的天文历法体系奠定了基础。随着周室衰微和诸侯蜂起，打破了由周王朝少数天文学家垄断天文历法的局面。各诸侯国由于发展农业生产以及政治上的需要，都极其重视天文历法的研究，这给流散四方的畴人子弟以施展才能的良好机会。这一时期出现了一批著名的天文学家，“鲁有梓慎（活动于公元前550年前后），晋有卜偃（活动于公元前650年前后），郑有裨灶（活动于公元前500年左右），宋有子韦（活动于公元前480年左右），齐有甘德，楚有唐昧，赵有尹皋，魏有石申夫（亦名石申，后四人皆活动于公元前4世纪），皆掌著天文，各论图验”[1]。他们或者前后相继，或者同时并立，在天文历法界内形成了各树一帜、百家争鸣的局面，更促进了天文历法的发展。

## 一、天文观测的定量化与系统化

### 1. 二十八宿系统的形成和距度的测定

二十八宿是沿天球黄、赤道带，将其临近天区划分成28个区域的恒星区划系统，其名称依次为：角、亢、氐、房、心、尾、箕、斗、牛、女、虚、危、室、壁、奎、娄、胃、昴、毕、觜、参、井、鬼、柳、星、张、翼、轸。1978年，湖

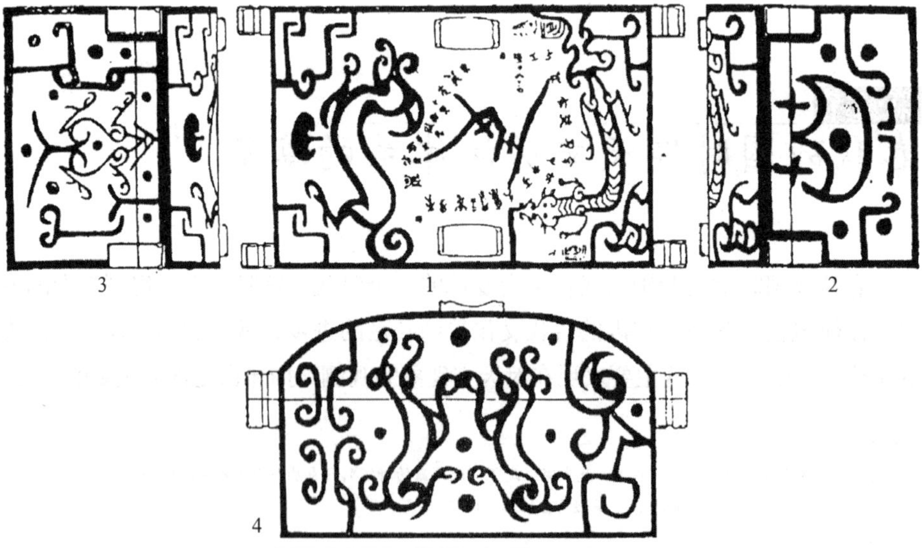

图14—3 曾侯乙墓星象图

[1] 李淳风《晋书·天文志上》，《历代天文律历等志汇编》，中华书局，1976。以下引各史天文、律历、五行等志均同此。

北随县发掘的战国早期（约公元前433年）曾侯乙墓中，出土有一只漆箱盖，上面绘有二十八宿的全部名称，[1]（图14—3）这是迄今所发现的最早的二十八宿恒星系统的完整记载。究其实，二十八宿作为一个完整的系统形成的年代还要早些，当不迟于春秋时期。据研究，约于公元前6世纪，人们已经对二十八宿各标准星之间的赤道度距（称二十八宿距度）进行过测量，[2]其数值留存在唐代的《开元占经》一书中。二十八宿系统的建立，为日、月、五星以及若干天象发生位置的确定，提供了一个统一的和定量化的背景依据，是为这一时期天文观测定量化和系统化的重要标志之一。

### 2．恒星区划命名的系统化与《石氏星经》

将天上的恒星按一定的方法进行区划和命名的工作，在战国时期取得了重大的进展，其中尤以石申夫和甘德的工作最为显著，他们对恒星的区划都自成系统。据《开元占经》记载，包括二十八宿在内，属于石申夫区划的星官有120个，计星815颗，属于甘德区划的星官有146个，计星687颗。他们的工作为我国古代传统星官的区划和命名奠定了良好的基础。

石申夫还定出了120个星官的标准星具体坐标值，这样各星官的位置和该星官中非标准星的位置都相对准确地确定了。此中，最主要的是对121个标准星（北斗星座选取2个标准星）具体坐标值的测定，它们构成了一个完全数量化的成熟的星表，这就是著名的《石氏星经》。这一成果亦载于《开元占经》之中。对这121颗恒星坐标值的研究表明，许多恒星的坐标值确与石申夫所处时代的理论值相吻合，但另有一些却与东汉前期的理论值相一致，[3]这说明《石氏星经》并不全是石申夫当年的测量结果，而是石申夫创始的天文学派在数百年间长期观测的总汇。另一种观点认为，《石氏星经》的观测年代应在西汉时期（公元前70年前后）。[4]即便如此，《石氏星经》亦不愧为世界上最早的星表之一，石申夫也无愧为恒星坐标测量工作的先驱。

### 3．五星观测的数量化

春秋战国时期，人们对五大行星运动的观测与研究有了重要的进步，这主要

〔1〕随县擂鼓墩一号墓考古发掘队《湖北随县曾侯乙墓发掘简报》，《文物》1979年第7期。

〔2〕潘鼐《我国早期的二十八宿观测及其时代考》，《中华文史论丛》1979年第3辑。

〔3〕上田穰《〈石氏星经〉研究》，《东洋文库论丛》第12册，1930年，日文版。

〔4〕前山保胜，“The Oldest Star Catalogue of China:Shens Hsing Ching”， PI MATA Festselirift Fur Willy Hartner，1977；孙小淳《汉代石氏星官研究》，《自然科学史研究》1994年第1期。

表现在以下两个方面：

一是对五星运动周期的测量。人们已经把行星的恒星周期（行星运行一周天所需的时间）和会合周期（行星两次晨见东方的时间间隔）区别开来。石申夫和甘德都指出木星的恒星周期为12年（应为11.86年），其实，这一认识的产生当不迟于春秋时期。石申夫还指出火星的恒星周期为1.9年（应为1.88年）。而甘德又测得木、金、水三星的会合期分别为400日（应为398.9日），587.25日（应为583.9日）和136日（应为115.9日）。在长沙马王堆出土的帛书《五星占》中，也载有木、土和金三星的会合周期，依次为395.44日、377日（应为378.1日）和584.8日，此当为战国末年的观测结果，与甘德当年所测的精度互有短长。

二是对五星动态的定量描述。石申夫和甘德已发现火星和金星的逆行现象，他们都曾形象地用“巳”字形来描述其运行的视轨迹。在《五星占》中则更具体地对木、土、金三星在一个会合周期内的动态作了定量描述，如把金星的动态分为：晨出东方—顺行—伏—夕出西方—顺行—伏—晨出东方六大阶段，每个阶段则定出所经时日与每日运行的速度，其中对两次顺行还定出二或三个不同的速率。这就是后世得到进一步发展的行星动态表的雏形。行星会合周期的测定和动态表的编制，已使得对行星位置的预报成为可能。

二十八宿距度的测定、《石氏星经》的出现，以及初始的行星动态度的编制等等，都证明春秋战国时期业已有相应的测量仪器的出现，有些研究者称之为“先秦浑仪”[1]。虽然我们还说不清这种浑仪的具体结构，但它应是汉代以后日益完备的浑仪的直接祖先，则是毋庸置疑的。

**4．二十四节气的完备**

二十四节气是我国古代天文学家的一大创造。它曾经历了一个十分漫长的发展过程，起初大约仅有二至（冬至、夏至）和二分（春分、秋分），一直到战国时期才逐渐形成完备的二十四节气系统：由冬至起算，每经一年的1/24日交一个节气，其名称分别为冬至、小寒、大寒、立春、雨水、惊蛰、春分、清明、谷雨、立夏、小满、芒种、夏至、小暑、大暑、立秋、处暑、白露、秋分、寒露、霜降、立冬、小雪、大雪。此中奇数统称为中气，偶数统称做节气。二十四节气分别标志着太阳在一周年运动中的24个大体固定的位置，是对太阳周年运动位置的一种特殊的描述形式，它们又能较好地反映一年中寒暑、雨旱、日照长短等变化的规

〔1〕徐振韬《从帛书〈五星占〉看“先秦浑仪”的创造》，《考古》1976年第2期。

律。所以，它们不但具有重要的天文意义，而且对于农业生产有着重大的指导作用。二十四节气自战国时期得以完备之后，一直成为我国传统历法的重要内容之一，至今在广大农村仍有旺盛的生命力。

### 5．天象观测与记录的多样化和系统化

自春秋始，对于异常天象的观测与记录，呈现多样化的明显趋向，如彗星、流星雨、陨石等的明确记录均首见于此时。《春秋》庄公七年（前687）“夏四月辛卯夜，恒星不见，夜中星陨如雨”，这是世界上关于天琴座流星雨的最早记载。僖公十六年（前644）“春王正月戊申朔，陨石于宋，五”，这是最早的陨星记事；文公十四年（前613）“秋七月，有星孛入于北斗”，这些关于哈雷彗星的最早记录，等等。

此外，对若干天象记录的系统化又是一大特征。如《春秋》一书中，就有37次日食记录，据考证，其中31次记录是准确可靠的，[1]说明这时人们对日食观测的重视并已使之制度化了。又如，长沙马王堆三号汉墓帛书中，绘有形态各异的29幅彗星图像，（图14—4）并赋予各不相同的名称，这显然是对大量彗星观测作系统的收集与归纳的结果。其中彗尾的形态或长或短，或宽或窄，或直或曲，彗尾的条数或多或少，彗头画成圆圈或圆点，有的圆圈中又画有一个圆圈或圆点，表明人们已经注意到彗头的结构层次，这些都说明战国时期人们对彗星观测已经达到了比较精细的程度。

图14-4　马王堆帛书彗星图（局部）

〔1〕张培瑜《〈春秋〉、〈诗经〉日食和有关问题》。

## 二、古四分历法

春秋后期，产生了一种取回归年长度为 $365\frac{1}{4}$日，并采用 19 年 7 闰为闰周的历法，它因回归年长度的奇零部分为$\frac{1}{4}$日而得名为四分历，又有别于东汉时期的四分历，故通称古四分历。该历的朔望月长度可由回归年长度和闰周推得：19 年 7 闰，即 19 年有 $19 \times 12 + 7 = 235$ 个朔望月，有 $19 \times 365\frac{1}{4}$日，则一朔望月长度等于$\frac{19 \times 365\frac{1}{4}}{235} = 29\frac{499}{940}$日。在此之前，人们并未取得如此明确的回归年和朔望月的长度值，在调整两者之间的关系时，也未曾寻得如此规整的闰周，于是在历日的安排中，往往出现多闰或失闰的现象。所以，古四分历的出现，标志着阴阳历完成了从不稳定的、带有某种随意性的形态向明确的、规整的形态的过渡。

在欧洲，古代希腊人默冬在公元前 432 年所发现的闰周，罗马人于公元前 43 年采用的儒略历所取的回归年长度，分别与古四分历相同，所以古四分历的这三个基本数据在当时世界上是居于领先的地位的。

春秋战国时期，各诸侯国分别使用黄帝、颛顼、夏、殷、周、鲁六种历法，合称古六历。其实，它们都是四分历，即都采用上述三个基本天文数据，只是所规定的历法起算年份（历元）、每年开始的月份（岁首）和每日起始的时刻有所不同而已，历元不同是由于各家观测年代的先后与观测精度的差异造成的，而后二者则纯属人为的不同规定。

到战国时期，古四分历的内容日趋丰富。如它们都以为冬至时太阳位于牵牛初度，这说明对于太阳所处恒星间位置的推算，已是这时历法的重要内容之一，那么二十八宿的测定结果亦已引入历法中，也当无疑问。此外，二十四节气以及五星位置的推算也已是历法的组成部分。

## 三、关于宇宙理论的争鸣

### 1．宇宙本原和宇宙无限性问题

宇宙万物的本原是什么？这是春秋战国时期人们广泛关注的一个问题，除了自商周以来就已提出的阴阳、五行说仍在流行外，这时人们还提出了一些新的见解。

《管子·水地》认为："水者何也？万物之本原，诸生之宗室也"，即把水作为包括生物在内的万物的最基本元素，也就是把世界万物看成是水这一单一的物质，经过长期、复杂演化的结果。这种观点与以金、木、水、火、土五元素作为世界万物的本原的五行说相比，反映了宇宙本原从多元论向一元化的演进。

战国中期的宋钘和尹文则进一步提出了"气"是宇宙本原的学说。"气"是一种以比较抽象的形态出现的物质，“其细无内，其大无外”[1]，即它可以小到无穷小，大到无限大，它是人们的感官未能察觉得到的细微物质，但不是虚无，却是无所不在的，万物无不由它组成。这一学说较以水为宇宙本原又前进了一大步，而且它还表述了物质的无限可分性和宇宙空间无限性的思想，都是十分可贵的。后世的元气学说也是在此基础上发展起来的。

关于宇宙，尸佼（约前4世纪）曾下过这样的定义：“四方上下曰宇，往古来今曰宙”[2]，这指出了十分简明的时空观念。如果说尸佼的定义并未回答时空是否存在界限、开端或终点的问题，那么，墨翟（约前478—前392）的见解则相当明确，他认为“宇”包括所有不同的场所，“宙”包括所有不同的时间，[3]包含了无限时空的初步认识。墨翟还曾把空间位置的变迁同时间的流逝紧密地联系起来，以考察物体的运动，即把时空统一于物质的运动之中。这些也都是很可宝贵的思想。

### 2. 关于天地关系与结构

在春秋时期以前，人们从直觉出发，以为天为半球形，地为正方形，并以为天高临于上，地卑踞在下，这种观念到春秋时期开始发生了动摇。

邓析（前545—前501）提出了“天地比”[4]的命题，认为天与地并不存在高卑之分。其后，惠施（约前370—前310）则进一步提出“天与地卑”[5]的观念，即以为星宿所附丽的天空，每天东升于地平线之前和西落于地平线之后都低于地，亦即天可以转到地下面去，比地低。这实际上就是后世得到充分发展的浑天说的重要论点之一。与惠施差不多同时的慎到（前395—前315）更明确提出了“天体如弹丸，其势斜倚”[6]的观点，他以浑圆的天的概念否定了天是半圆形的传统看法，并以为天有南、北二极，且绕极旋转，这些也是浑天说的重要论点。惠施和慎到都是在观测事实并应用合理推理的基础上建立各自的新观念的，它们都对后世产生了很大的影响。

〔1〕《管子·内业》，《诸子集成》，中华书局，1954。以下引诸子说均同此。

〔2〕尸佼《尸子》。

〔3〕《墨经·经下》。

〔4〕荀况《荀子·不苟》。

〔5〕庄周《庄子·天下》。

〔6〕慎到《慎子》。

### 3. 关于天地不坠不陷的原因

天地为什么不坠不陷？是什么机制维系着天地的相对平衡和稳定？这也是这时人们普遍注意的又一问题。

有人以为："天地不可留，故动，化故从新，是故得天者，高而不崩"[1]，认为天地处于不停顿的运动中，这种运动本身就形成了维系天地不坠不陷的力量。

有人以为：地是一个"东西二万八千里，南北二万六千里"，厚一万六千里的有限实体。由于"其出水者八千里，受水者八千里"[2]，载水而浮，于是得以平衡，不致塌陷。

又有人认为："地为人之下，太虚之中者"，并有"大气举之"[3]，即以为地乃悬浮于天空中的物体，依靠大气的举力而不致坠陷，而天乃是太虚，所以也就不存在什么坠陷的问题。

在今天看来这些解释有的显得幼稚，但也有包含合理和科学的因素者，它们又都是汉代浑天说和宣夜说的思想胚芽。

# 第三节 秦汉魏晋时期天文历法体系的成熟

这是我国古代天文学发展的极重要时期。在先秦已经奠基的天文历法系统的基础上，这时在历法编制、仪器制造、宇宙理论及星图编制等方面，都取得长足的进步，形成了一个独特的和成熟的天文历法体系。

## 一、太初历（三统历）的编制

秦代行用古六历之一的颛顼历，到西汉初年仍沿用不改。由于颛顼历行用已久，据该历法推算的朔望日期与实际产生较大偏差，时有朔晦时见有新月的现象发生，所以要求改革历法的呼声渐高。汉武帝元封七年（前104）遂诏令改订新历。从制造仪器，进行实测、计算，到审核比较，最后从18家历法中选出邓平等

[1]《管子·侈靡》。
[2]《管子·地数》。
[3]《素问·五运行大论》。

人的八十一分律历为新定历法，即为太初历。太初历经西汉末年天文学家刘歆改造，遂成三统历（公元前 7 年），是为我国现存第一部完整的历法，[1] 对后世历法影响深远，其主要进展有：[2]

其一，以实测历元为历算的起始点，定元封七年十一月甲子朔旦冬至夜半为历元，其实测精度比较高，如冬至时刻与理论值之差仅 0.24 日，而春秋战国时期冬至时刻测定的误差在 2—3 日之间。[3]

其二，太初历仍然以 19 年 7 闰为闰周，而对于 19 年中 7 个闰月的具体设置，首先发明了以不包含中气的月份定为闰月的方法。该法不但较好地调节了回归年和朔望月之间的关系，而且可以把冬至、大寒、雨水等 12 个中气与十一月、十二月、正月等月序一一对应起来，形成固定不变的关系，从而方便了生产季节的推算和应用。

其三，交食周期是指原先相继出现的日月交食又一次相继出现的时间间隔。食年是指太阳相继两次通过同一个黄白交点（指太阳视运动轨道与月亮运行轨道交点）的时间间隔。太初历首次引进这两个天文学概念，并定出明确的数据，它们是预报交食的最基本概念和数据，虽然其数值的误差还较大。

其四，太初历定出了新的五星会合周期，其精度都比战国时期有巨大的进步。此外，太初历还正确地建立了五星会合周期和五星恒星周期之间的数量关系。太初历定出的五星在一个会合周期内的动态表，是我国古代保存最早、最完整的动态表，它远比战国时期的相应动态表完备和准确。更重要的是，在五星会合周期的测定和五星动态表编制的基础上，太初历第一次明确规定了预推五星位置的方法：已知自历元到所求时日的时距，减去五星会合周期的若干整数倍，得一余数。以此余数为引数，由动态表用一次差内插法求得这时五星与太阳的赤道度距，即可知五星所处的位置。这一方法的出现，标志着人们对五星运动研究的重大飞跃。这一方法继续应用到隋代都没有什么大的变动。

太初历所采用的回归年和朔望月长度的精度反不如古四分历，这是该历的一个重大缺欠。

〔1〕班固《汉书·律历志下》。

〔2〕陈美东《中国科学技术史·天文卷》，第 123—126 页。

〔3〕陈美东《论我国古代冬至时刻的测定及郭守敬等人的贡献》，《自然科学史研究》1983 年第 1 期。

## 二、张衡的天文工作成就

张衡（78—139），字平子，河南南阳人，是东汉时期杰出的科学家。他在天文学、数学、地震学、地图学以及文学、绘画等领域均成绩卓著。他曾先后两次任太史令，时达 14 年之久，所以在天文学上的贡献也最大。[1]

张衡曾对恒星进行了长期的观测与统计工作，他把星空共划分成 444 个星官，计得 2500 颗恒星，这一成果大大超过了石申夫、甘德的同类工作。他还观测出太阳和月亮的视直径均为半度，相当于 360° 制的 29.6′，这与现代所测的太阳、月亮视直径已比较接近。

他也十分积极地参与当时关于历法问题的论争与研究。他极力主张用月行九道法（由月亮运动不均匀性的认识推导出来的月亮实际行度的计算法）来改进东汉四分历，以更准确地推算朔日的时刻。这一主张虽未被采纳，但这是试图用定朔法替代平朔法的一次早期努力。此外，张衡还创立了黄道宿度和赤道宿度两种不同坐标值之间相互换算的计算方法，初步解决了历法计算中一个相当重要的课题。这一方法后来被刘洪纳入乾象历中。

在天文学理论上，张衡多有建树，《灵宪》[2]一文可以说是这方面的专门论著。他认为，在阳光的照射下，地总是拖着一条长长的影子——暗虚，当日月相望并发生在黄白交点附近时，由于月体与暗虚相遇，自身不发光的月亮就要发生亏食现象，这是我国古代月食理论的经典性论述。张衡把日、月、五星在恒星间运动速度的快慢，同它们与天距离的远近联系起来考虑，认为其间关系为："近天则迟，远天则速"，这反映了张衡关于日、月、五星与地球的距离有远有近的思想。他还对日、月出没与中天时视大小变化的现象进行过讨论。他以为，当日初出时，天空背景和观测者所处的周围环境都比较暗，所以看起来太阳的圆面就大些，而当日中时，则相反，这与"火当夜而扬光，在昼则不明"的道理是一样的。

关于宇宙的理论，张衡认为宇宙是在演化着的，其过程可分为三个不同的阶段：从只存在一切虚无的空间（"溟涬"阶段），到生成浑沌不分的元气（"庞鸿"阶段），到元气分离为阴阳二气，又由于刚柔、清浊、动静等物理因素的作用，和"自然相生"的事物内部机制，逐步形成天地万物（"天元"阶段）。在张衡看来，后一阶段都是前一阶段长期渐变的结果，前后两个阶段之间又是由突变的方式相衔接的。张衡的这一学说，是在先秦以来，特别是《淮南子 · 精神训》中所阐发

〔1〕陈美东《张衡》，金秋鹏主编《中国科学技术史 · 人物卷》，科学出版社，1998，第 65—81 页。
〔2〕司马彪《续汉书 · 天文志上》，刘昭注引。

的有关理论的基础上，所作的新概括和发展。另外，张衡还认为“宇之表无极，宙之端无穷”，这则是关于宇宙无限论的精辟论述。

张衡还是天文仪器制造大师。他是新型的计时仪器——补偿式漏壶的发明者。在张衡以前的漏壶，均存在漏水流速先快后慢的弊病，为此张衡设计了二级漏壶（上为A壶，下为B壶），A壶（称补偿壶）的水不断补充进入B壶，使得B壶的水位大致保持不变，也就使得由B壶流入起量度时间作用的箭壶的漏水流速基本恒定，从而提高了时间计量的准确度。张衡还创制了我国古代第一台自动的天文仪器——水运浑象，它以漏壶流出的较均匀的漏水为原动力，通过浑象内部装置的齿轮系等的传动和控制，自动地、每日大体均匀地驱动浑象绕天轴旋转一周，从而近似正确地演示有关天象，同时又可以形象地说明浑天说的正确性。关于张衡对浑天说的阐明，下面我们就要谈到。

## 三、论天三家

盖天说、浑天说和宣夜说，是我国古代关于宇宙结构学说的三个主要流派，合称论天三家。它们都在汉代形成了成熟的学说。

西汉中期成书的《周髀算经》是盖天说的代表作，它把先秦时期主张“天圆如张盖，地方如棋局”的早期盖天说加以改造，提出了“天象盖笠，地法覆盘”等新的学说。其要点是：天和地均为拱形，天在上，地在下，天比地高出八万里。日月星辰均附着在天上，绕北天极平转，不会转到地下面去。太阳的出没与离人的远近相关，太阳离人远时，人的目力不及，表现为日没；近时，为人所见，表现为日出。太阳位置的四季变化，则是由于太阳运行的轨道四季不同而造成的，等等。《周髀算经》在论述这些问题时，应用了勾股定理和相当复杂的数学运算，赋予盖天说以数学化的形式，成为当时有影响的一个学派。但由于这一学说与一系列天文现象之间存在不可克服的矛盾，东汉以后日趋衰微。

浑天说经由西汉天文学家落下闳、鲜于妄人、耿寿昌和扬雄等人的努力，逐渐确立了自己的地位。到张衡推出《浑天仪注》[1]一文，成为浑天说的经典著作。该学说的要点为：天和地都是圆球形的，天在外，地在内，天比地大得多，天包裹着地，犹如鸡蛋壳包裹着蛋黄一般。日月星辰附丽于天球之上，天球以南北极为轴，每天自东向西绕轴旋转一周，天可以绕到地下面去，北极出地平的高度为36度。太阳沿黄道运行，黄道与天球赤道交成24度角，等等。这些论述能较好

〔1〕司马彪《续汉书·律历志下》，刘昭注引。

地解释许多天文现象，日渐得到广泛的传播。但是，张衡为了解决天地不坠不陷和稳定性问题，引进了天球表里有水，地载水而浮等观念，遂使浑天说在解释太阳绕地而行等问题时遇到理论上的困难，而且使关于地球的观念黯然失色。虽然如此，浑天说还是我国古代最重要和影响最大的一个学派。

对宣夜说进行系统总结和表述的是郗萌，他是与张衡同一时代的天文学家。宣夜说以为，天是无形无体、无色无质、无边无际的广袤空间，人目所见的浑圆的蓝天，仅是视觉上的错觉造成的，这如同“旁望远道之黄山而皆青，俯察千仞之谷而窈黑”是一个道理，实际上“青非真色，而黑非有体也”[1]。宣夜说还认为，日月五星的运动“迟疾任性”，“日月众星，自然浮生虚空之中，其行其止，皆须气焉”，即以为天体在广阔无垠的空间中的分布与运动是随其自然的，并不受想象中的天壳的约束，它们各具特性，并在气的作用下悬浮不动或运动不息。这样，宣夜说既否定了天壳的存在，又描绘了一幅天体在物质的无限空间自然分布与运动的图景，较盖天说和浑天说都更接近事物的本来面目。可是，该学说没有提供对天体运动规律的进一步说明，只是停留在思辨性论述的水平上，其影响远不及浑天说。

## 四、刘洪及其乾象历

刘洪（约135—约210），字元卓，泰山蒙阴（今山东蒙阴县）人，是东汉后期著名的天文学家。

东汉伊始，天文学界一直十分活跃，关于天文历法的论争接连不断，在月亮运动、交食周期、冬至太阳所在宿度、历元等一系列问题上展开了广泛的探索，孕育着一场新的突破。在这种历史背景下，刘洪经过二十多年的潜心观测研究，终于在206年最后完成了他的乾象历，它的出现可视作这场长期论争的良好总结，是实现了新突破的标志。归纳起来，刘洪及其乾象历在如下九个方面取得了重大的进展：[2]

第一，刘洪发现以往各历法的回归年长度值均偏大，在乾象历中，他定出了365.2468日的新值，较为准确，从而结束了回归年长度测定精度长期徘徊以致倒退的局面，并开拓了后世该值研究的正确方向。

第二，他肯定了前人关于月亮运动不均匀性的认识，在重新测算的基础上，

---

〔1〕李淳风《晋书·天文志上》。

〔2〕陈美东《刘洪的生平、天文学成就和思想》，《自然科学史研究》1986年第2期。

最早明确定出了月亮两次通过近地点的时距（近点月长度）为 27.5534 日的数值，并首创了对月亮运动不均匀进行改正计算的数值表（月离表），即月亮过近地点以后每隔一日月亮的实际行度与平均行度之差的数值表，为计算月亮的真实运行度数提供了切实可行的方法，亦为我国古代该论题的传统计算法奠定了基石。

第三，他指出月亮是沿自己特有的轨道（白道）运动的，白道与黄道之间的夹角约为六度，这同现今得到的测量结果已比较接近。他还定出了一个白道离黄道内外度的数值表，据此，可以计算任一时刻月亮距黄道南北的度数。

第四，他阐明了黄道与白道的交点在恒星背景中自东向西退行的新天文概念，并且定出了黄白交点每日退行的具体度值。

第五，他提出了新的交食周期值，据此可得一食年长度为 346.6151 日。该值比他的前人和同时代人所得值都要准确，其精度在当时世界上也是首屈一指的。

第六，他提出了食限的概念，指出在合朔或望时，只有当太阳与黄白交点的度距小于 14° 33′ 时，才可能发生日食或月食现象，这 14°33′ 就称为食限，就是判断交食是否发生的明确而具体的数值界限。

第七，他创立了具体计算任一时刻月亮距黄白交点的度距和太阳所在位置的方法。这实际上已经解决了交食食分大小及交食亏起方位等的计算问题，可是乾象历对此并未加阐述。这类计算问题的明确记载则首见于杨伟的景初历（237）中。

第八，他发明有“消息术”，这是在计算交食发生时刻时，除考虑月亮运动不均匀性的影响外，还虑及交食发生在一年中的不同月份，必须加上不同的改正值的一种特殊方法，实际上已经考虑到太阳运动不均匀性对交食时刻影响的问题。

第九，刘洪还和蔡邕一起，共同完成了二十四节气太阳所在位置、黄道去极度、日影长度、昼夜时间长度以及昏旦中星的大文数据表的测算编纂工作，该表载于东汉四分历中，后来它成为我国古代历法的传统内容之一。

总之，刘洪提出了一系列天文新数据、新表格、新概念和新计算方法，把我国古代对太阳、月亮运动以及交食等的研究推向一个崭新的阶段。他的乾象历是我国古代历法体系趋于成熟的一个里程碑。

## 五、岁差的发现和闰周的改革

所谓岁差，是指春分点（或冬至点）在恒星间的位置逐年西移的天文现象。在公元前 2 世纪，希腊天文学家依巴谷已经发现春分点每百年沿黄道西退 1° 的现象，我国古代最早发现类似现象的是东晋天文学家虞喜，他在330年左右，对岁差现象作了与古希腊人在形式上迥异而实质相同的表述。

在虞喜之前，我国古代天文学家已经发现了冬至时太阳所在恒星间的位置发生变动的情况，但这未导致对岁差规律的探讨和总结。一直到虞喜才充分注意到实际上已为天文学界熟知的这一现象的重要天文学意义，并着手对岁差现象作数量化的论述。他由“日短星昴，以正仲冬”[1]句推知，昴星于尧帝时在冬至日黄昏时中天。再由实测，他得知，当时冬至日黄昏时昴星与子午方位的偏离度值。又考知自尧帝到其时的年距。最后虞喜算得每经50年冬至点沿赤道向西移动一度的数值，这就是我国古代经由特殊的途径独立地得到的第一个岁差值，虽然发现年代远迟于古希腊，但该值的精度已略优于依巴谷值，为岁差值的进一步探索开拓了新路。在此基础上，虞喜“使天为天，岁为岁”[2]，即把恒星年（太阳两次通过同一恒星的时间间隔）与回归年（太阳两次通过冬至点的时间间隔）两者区别开来，并为历法有关问题计算精度的提高准备了条件。

后秦天文学家姜岌约于380年发明了月食冲法，[3]其方法是在月食时测量月亮所在宿度，这时太阳正与月亮相差半周天度，于是能较准确地推知冬至时太阳所在宿度。这为后世岁差佳值的频频出现提供了切实有效的基本方法。

19年7闰的闰周前后沿用达千年之久，到北凉赵敺的元始历（412）才出现了转机，赵敺给出了600年221闰的新闰周，[4]这是他对回归年和朔望月长度认识深化的结果，即他对于回归年长度应小于365.2468日，和朔望月长度应在29.5306日左右均深信不疑，而这两个天文数值绝非19年7闰法所能协调，所以只有改革旧闰周，方可符合他已经确认无疑的如上事实，别无出路。当然要迈出这一步仍需极大的勇气。元始历所取回归年长度的精度较前代历法有大幅度的提高，赵敺对闰周的改革正与此相辅相成，是一大胆的和明智的创举。自此以后，新闰周辈出，呈现了不断求索、改进的可喜局面。

## 六、陈卓星图及其他

由于汉以来观测仪器的日渐改善，促进了恒星位置观测工作的开展，又由于

[1]《尚书·尧典》。
[2] 欧阳修《新唐书·历志三上》。
[3] 李淳风《晋书·律历志下》。
[4] 瞿昙悉达《唐开元占经》卷一〇五，中国书店，1989。

天文学自身和占星术等的需要，厘定一个相对完整的全天星官系统，绘制比较完善的星表和星图，成为一种社会的需求。三国时期吴国太史令陈卓出色地完成了这项任务。他整理、汇总当时流行的甘氏、石氏和巫咸氏三家星官，并同存异，总结出 283 星官、1465 颗恒星的全天星官系统，[1] 并绘成星图，奠定了我国古代星官系统的传统模式。

刘宋时，钱乐之在元嘉十三年（436）和十六年（440）两次铸造浑象，采用的就是陈卓的星官系统。隋代丹元子著《步天歌》，[2] 以诗歌的形式介绍陈卓星官系统，因易于记诵，遂广为流传。《步天歌》还把全部天空分作 31 个大区，即所谓三垣（紫微垣、太微垣和天市垣）二十八宿分区法。这一分区法和陈卓星官系统都一直沿用到近代，是我国古代天文学别具一格的又一表征。

在这里，我们还要顺便提一下这一时期在天象记录方面的两个特点：一是，各种天象的记录趋于齐备，除前述已有的天象记录外，还出现了明确的太阳黑子和超新星记录。如汉成帝河平元年（前 28 年）“三月乙（己）未，日出黄，有黑气大如钱，居日中央”[3]，对太阳黑子出现的时间、形象、大小和位置等均作了明确的记录。又如汉灵帝“中平二年（185）十月癸亥，客星出南门中，大如半筵，五色喜怒，稍小，至后年六月消”[4]，这是世界上最早的超新星记录。二是，天象记录日趋详尽、精细。如对日食的观测，不但有日期的记载，而且开始注意了食分、方位、亏起方位及初亏和复圆时刻等的描述。关于彗星记事，对于彗星运行路线、视行快慢以及相应的时间，都用生动而又简洁的文字加以描绘。这些表明古老的天象记录的传统不但相继不辍，而且在这时已经具备了成熟的形态。

## 第四节　南北朝隋唐五代时期天文历法体系的完善

这一时期天文学发展的主要特征是，一系列天文数据趋于精确，一批新的天文现象的发现，历法中的数学计算方法，向着严密化和公式化方向演进，这些使

〔1〕李淳风《隋书 · 天文志上》。

〔2〕郑樵《通志 · 天文略》，中华书局，1987。

〔3〕班固《汉书 · 五行志下之下》。

〔4〕司马彪《续汉书 · 天文志下》。

我国古代天文历法体系从内容和形式，都达到了较完善的境界。

## 一、祖冲之及其大明历

祖冲之（429—500），字文远，祖籍范阳（今河北涞水县），是刘宋时期杰出的科学家。他对圆周率的研究，使他闻名遐迩，其实他对科学技术的贡献远非止于此，在天文历法上，亦堪称一大家。463 年他撰成大明历，内中多所创新，是为我国古代最著名的历法之一。

把岁差现象首次引入历法，是祖冲之的一大贡献。由于我国古代历法在计算日月五星的位置时，是以冬至太阳所在恒星间的位置作为基准点的，所以岁差概念和数值的引进，就使得这一基准点的位置得到较好的校正，从而使日月五星位置推算的准确度得到根本的保证。[1]

大明历取回归年长度为 365.2428 日，误差仅 46 秒，这是我国古代所用的最佳值之一。[2] 该值的取得，与祖冲之巧妙、正确地应用东汉刘洪等人在 173 年的日影测量结果有关，还与祖冲之发明的冬至时刻测算法密切相关。该测算法是在测量冬至前后数日午中的日影长度的基础上，并在假定这前后数日影长的变化是均匀的前提下，用线性比例的方法求取冬至的具体时刻，它嗣后成为我国古代冬至时刻的经典测算法。[3]

在回归年和朔望月长度精确测算的基础上，祖冲之还很好地选定了十分准确的新闰周：391 年 144 闰，这是我国古代得到的最佳闰周。

在大明历中，祖冲之还第一次明确地指出了交点月（月亮相继两次通过同一个黄白交点的时间间隔）的长度值：27.2122 日，误差仅 1 秒左右，已达到了相当高的精度水平。[4]

对于五星会合周期，祖冲之也进行了重新测量，得木星 398.903 日（误差 0.019 日），火星 780.031 日（误差 0.094 日），土星 378.070 日（误差 0.022 日），金星 583.931 日（误差 0.009 日），水星 115.880 日（误差 0.002 日），[5] 从总体上看，其精度达到了前所未有的高度。

为争取大明历得以颁行，祖冲之曾与守旧派戴法兴辩论，写下了驳议之文，

[1] 杜石然等《中国科学技术史稿》(上册)，科学出版社，1982，第 243 页。

[2] 陈美东《论我国古代年、月长度的测定》，《科技史文集》第 10 辑，1983 年。

[3] 中国天文学史整理研究小组《中国天文学史》，第 89—90 页。

[4] 陈美东《论我国古代年、月长度的测定》。

[5] 中国天文学史整理研究小组《中国天文学史》，第 151 页。

是科学思想史上的名篇。他坚持改革，反对“信古而疑今”的思想，他“愿闻显据，以核理实”的实事求是态度，他“考影弥年，穷察毫微”[1]的实践精神，至今仍闪烁着熠熠光芒，照耀着人们在崎岖的科学道路上攀登。

## 二、张子信的三大发现

张子信，清河（今河北清河县）人，是北魏、北齐间著名的天文学家。他花了三十多年的时间，隐居于一海岛，专心致志地用浑仪观测日月五星的运动。570年前后，他获得了在我国天文学史上具有重大意义的三大发现：

一是关于太阳视运动不均匀性的发现。张子信由观测得知：太阳视运动从平春分到平秋分（时经半年）所历的黄道度数，要比从平秋分到平春分（亦时经半年）所历度数少若干度，于是，前半年太阳视运动的速度自然要比后半年来得慢，这是他导出这一发现的途径之一。途径之二，是循着与东汉刘洪当年相似的方法达到的。张子信指出：欲使交食发生时刻的预推值与实际相吻合，除虑及月亮运动不均匀性的影响外，还须加上某一改正值（称为“入气差”）[2]，该值的正负、大小与二十四节气有密切和稳定的关系。这是刘洪“消息术”的再发现。更重要的是，张子信由此升华出太阳视运动不均匀性的结论，给予“入气差”以合理的解释。他还推算出了二十四节气“入气差”（即二十四节气时，视太阳实际行度与平均行度之差）的具体数值，这是我国古代对太阳视运动不均匀性现象所作的最早的明确的定量描述。

二是关于五星运动不均匀性的发现。张子信发现，依据传统的方法推算得的五星晨见东方的时刻，往往与实际天象不相符，常有应见而不见，或不应见而见的情况发生。由进一步的考察，他确认五星晨见东方时刻的这种超前或滞后及其时间的长短（称为“入气加减”[3]），也与二十四节气有紧密的、稳定的关系。张子信以为，这正是五星运动不均匀性的具体反映。同样，他也推算出了五星二十四节气“入气加减”的明确数值，从而实现了五星运动不均匀性的初始的定量描述。

三是关于食差的发现，这是关于交食研究的一大进展。张子信认识到简单地根据传统的食限法，还不能断然判定日食发生与否，即在已入食限的条件下，“合

〔1〕沈约《宋书·律历志下》。
〔2〕欧阳修《新唐书·历志三上》。
〔3〕同上。

朔在日道里则日食，若在日道外，虽交不亏”[1]，即如果当时月亮在黄道之北，则必发生日食无疑；而如果当时月亮在黄道之南，则不发生日食。这里，张子信是发现了月亮视差对日食的影响。月亮视差是指在地面上的观测者看来，月亮真实位置的天顶距（Z）总比视位置的天顶距（Z + ΔZ）来得小的一种天文现象。（见图 14—5）对日食而言，（见图 14—6）当月亮在黄道之北时，由于视差使月亮的视位置下降，令日月的距离更靠近，所以只要入食限则必发生日食；而当月亮在黄道之南时，也由于视差使月亮的视位置下降，遂令日月的距离增大，所以即使已入食限，还是不发生日食。这就是张子信关于食差的发现的真实天文含义。

张子信的这三大发现都具有划时代的意义，它们为天文历法体系的完善增添了全新的内容。

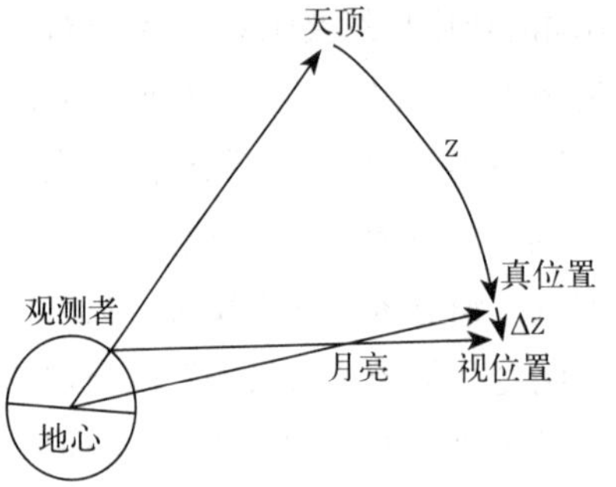


图 14–5 视差示意图

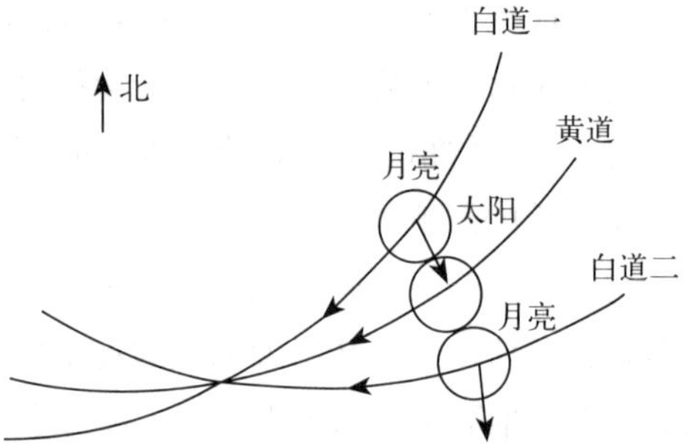


图 14–6 月亮视差对日食的影响示意图

## 三、刘焯的皇极历及其他

刘焯是隋代杰出的天文学家，他于 604 年撰成皇极历，后世历家咸称其妙。[2] 他最先把张子信的三大发现引入历法，并成功地解决了这三大发现的具体计算和合理应用问题。

在皇极历中，载有二十四节气太阳视运动不均匀性改正数值表（日躔表），这是流传至今的第一份完整的日躔表，其前身即张子信的“入气差”。在应用日躔表进行任一时刻的改正值的计算时，刘焯首创了等间距二次差内插法。这一数学方法的物理意义，是把某一时段内太阳视运动的速率看成是匀加速或匀减速的。这一方法较好地解决了太阳视运动不均匀性的计算问题。在这一基础上，刘焯成功

〔1〕李淳风《隋书·天文志中》。

〔2〕陈美东《刘焯》、《张衡》，金秋鹏主编《中国科学技术史·人物卷》，科学出版社，1998，第 224—242 页。

地解决了同时考虑日、月运动不均匀性影响的定朔计算方法，使真正朔日时刻的计算精度得以提高。

在皇极历中，还载有五星入气加减的数值表，其源由亦当来自张子信。重要的是，刘焯首创了推算五星晨见东方时刻的三段计算法：平见—常见—定见法。即先把太阳和五星的运动视作是匀速的，由此可算得平见时刻（$T_0$）；次由五星入气加减表求得五星运动不均匀性改正值（$\Delta t$），则常见时刻 $= T_0 + \Delta t$；再由日躔表算出太阳运动不均匀性改正值（$\Delta T$），于是定见时刻 $= T_0 + \Delta t + \Delta T$。

关于日月交食的研究，在皇极历中载有"推应食不食术"和"推不应食而食术"，这是对张子信第三大发现的具体补充和发展。此外，刘焯还首次提出了食差对日食食分大小的影响的具体算法，以及交食起讫时刻的计算方法，并对于交食的亏起方位作了前所未有的详细讨论。

刘焯还是黄道和白道宿度变换的首创者。他曾测得 75 年差一度的新岁差值，这是一个相当准确的数值。他对南北相距千里，日影长度相差一寸的旧说，持反对的态度，并提出由实测加以验证的具体建议。可惜这一建议连同他的皇极历均未被采纳，但他的科学业绩却是不可泯灭的。

和刘焯同时的另一位天文学家张胄玄，也吸取了张子信的工作成果，约于 610 年编成大业历。虽然大业历对于类似问题的处置不如皇极历周全，却也别树一帜，尤其在五星运动的研究上最为突出。张胄玄测得五星会合周期分别为：木星 398.882 日（误差 0.002 日），火星 779.926 日（误差 0.011 日），土星 378.090 日（误差 0.002 日），金星 583.922 日（误差小于 0.001 日），水星 115.879 日（误差 0.001 日），[1] 它们是我国古代所取得的最佳成果。又，张胄玄对五星在一个会合周期内的动态进行描述时，以为在某些动态段中，五星的运行速率是依等差级数变化的，并解决了等级差数求和的问题，这在天文学上和数学上都是有重要意义的。

## 四、一行及其大衍历

一行（683—727），魏州昌乐（今河南南乐县）人，俗名张遂，唐代名僧，在天文学上有很高的造诣，他对我国古代天文历法体系的贡献主要有如下三个方面：[2]

〔1〕中国天文学史整理研究小组《中国天文学史》，第 10 页。

〔2〕陈美东《一行》、《张衡》，金秋鹏主编《中国科学技术史 · 人物卷》，第 278—294 页。

### 1. 大衍历的编制和创新

728年，张说奏上一行完成的大衍历。一行为编此历，进行了大量的天文实测，并对中外历法系统进行了深入的研究，在继承传统的基础上，颇多创新。

从历法的编次体例上看，共计分为七章：[1]“步中朔”（计算节气、朔望等），“步发敛”（计算七十二候等），“步日躔”（关于太阳运动的计算），“步月离”（关于月亮运动的计算），“步轨漏”（计算日影及昼夜漏刻长度），“步交会”（日月交食的计算）和“步五星”（关于五星运动的计算）。它们具有结构合理、逻辑严密、体系完整的特点，后世历法大都因之，成为历法体例的楷模。从内容上考察，其创新之处主要有：

对太阳视运动不均匀性进行新的描述，纠正了张子信、刘焯以来日躔表的失误，提出了我国古代第一份从总体规律上符合实际的日躔表。在利用日躔表进行任一时刻太阳视运动改正值的计算时，一行发明了不等间距二次差内插法，这是对刘焯相应计算法的重要发展。

一行对于五星运动规律进行了新的探索和描述，确立了五星运动近日点的新概念，明确进行了五星近日点黄经的测算工作。如他以为728年时，木、火和土三星的近日点黄经分别为345.1°，300.2°和68.3°，这与相应理论值的误差分别为9.1°，12.5°和1.6°，此中土星近日点黄经的精度已经达到了很高的水平。一行还首先阐明了五星近日点进动的概念，并定出了每年进动的具体数值。在对五星运动不均匀性进行描述时，一行发明了五星盈缩运动的数值表，它是以五星近日点为起算点，每隔15°定出一个五星实际行度与平均行度之差的数值表格。据此，再应用等间距二次差内插法，推求任一时刻五星运动不均匀的改正值，这一表格和方法均较张子信等人的“入气加减”法前进了一大步。

大衍历还首创了九服晷漏、九服食差等的计算法。前代各历法在计算晷漏、食差时，都仅局限于京都所在地，其结果并不适应全国广大地区（即九服之地）的实际情况，所以新算法的提出，就把原先仅合用于京师的历法，全面推广为真正的全国性历法，其意义可想而知。而且，在新算法中，还包含有一行编成的世界上最早的类似正切函数的计算表，更具有重大的数学意义。

### 2. 新仪器的制作

为编制大衍历的需要，一行和梁令瓒等人共同制作了用于天体位置（赤道、黄道、白道和地平四种坐标）测量的新仪器——黄道游仪。该仪器是在唐初天文

[1] 欧阳修《新唐书·历志》。

学家李淳风所制的浑天黄道仪的基础上演变、发展而成的。黄道游仪有三重环组构成：外面一重是固定不动的，包括有地平、子午（南北方向）和卯酉（东西方向）三个环；中间一重是黄道环、赤道环和白道环三个环，它们均可绕极轴转动；里面一重是夹有窥管的四游环，可以灵活地照准任一天体。另外，李淳风曾在黄道环上打了 249 对孔，令白道环每经约 27 日移动一对孔，以适应黄白交点沿黄道不断西移的天文现象。对此，一行等人稍作改进，他们分别在黄道环和赤道环上每隔一度打一个孔，计 365 个小孔，前者与李淳风的用意相当，后者则是为适应岁差现象而设计的。

一行和梁令瓒还共同制作了用于演示天象和报时的水运浑天仪，这是对东汉张衡水运浑象的发展，既能自动地表演天球和日月的运动，还能令立于地平环上的两个木人按刻自然击鼓，依辰自然打钟，是为自动报时器的始祖。

### 3. 子午线长度的实测工作

724—725 年间，一行分别派人到北起铁勒（今俄罗斯贝加尔湖附近，约北纬 51°），南至林邑（今越南中部，约北纬 18°）的 13 个地点，测量它们的北极出地高度（即地理纬度）、冬夏至和春秋分日影长度，以及冬夏至昼夜漏刻长度等数据，为九服晷漏等历法问题的计算准备必要的条件。

在这项工作中，一行精心选定了滑州白马（今河南滑县）、汴州浚仪（今河南开封市）、许州扶沟（今河南扶沟县）和蔡州上蔡（今河南上蔡县）四处，它们大体位于同一地理经度上，且均地处平原，便于距离的丈量。在这四处，除进行上述数据的测定外，还丈量了它们彼此间的水平距离。具体测量工作由另一位天文学家南宫说负责。一行则由这四处的距离差与北极出地高度差的比例关系的分析中，得出南北相距“大率三百五十一里八十步，而极差一度”[1]的重要结论，即以为子午线每 1° 长 131.11 公里。虽然这一数值比近代的结果偏大约 20 公里，但它毕竟是世界上第一次子午线 1° 长度的实测工作。

## 五、曹士芳和边冈等人的贡献

曹士芳是唐代民间天文学家。在 780—783 年间，他撰成符天历，这仅是一种民间小历，似不登大雅之堂，但实际上，却在历法史上占有相当重要的地位。

符天历选取唐高宗显庆五年（660）为历元，以这种近距历元取代传统的上元

[1] 欧阳修《新唐书·天文志一》。

法。所谓上元是一种理想的历元，它要求一系列天文现象同起始于一点，这实际上是不可能的，强求之，就不能不带有牵强附会的因素，而且自上元到实际求算年之间往往相距极其庞大的年份，所以上元法存在既使计算繁杂，又使计算结果失真的弊端。曹士蒍的改革，正是针对这种弊病采取的有效措施。又，传统历法的天文数据，一般均以分数表示。对此，曹士蒍选用了万分法，即取分母为一万，这既使各天文数据呈一目了然的形式，又使计算便捷。这两项改革，后为元代授时历所采纳。

此外，曹士蒍开辟了历法数值表格及其计算公式化的蹊径。符天历对于日躔表及太阳视运动不均匀性改正的计算进行了极重要的改革，建立了太阳实际运行度（V）与平均运行度（M）之间的数学关系式：[1]

$$V-M=\frac{1}{3300}（182—M）M$$

式中 M 为所求日距冬至时刻的天数，亦即度数。该式实质上是刘焯二次差内插法的一种特殊形式，它既具有计算上的简便性，又具有数学上的严密性。它的出现是我国古代历法体系进一步公式化、数学化的重要标志。

这种公式化、数学化的趋势，在唐代边冈的崇玄历（892）中得到了极大的发展。边冈把曹士蒍上述公式所展示的数学方法，明确归结为"相减相乘"法，并把该法推广应用于黄赤道宿度变换、月亮极黄纬和交食等历法问题的计算中，均建立了相应的算式。不但如此，边冈还首创了计算每日中午日影长度的二个三次函数式，[2] 把传统的二十四节气晷影长度表格及其每日晷长的计算公式化了。他还曾定出二个计算太阳视赤纬的算式，[3] 系为四次函数式，这就把传统的二十四节气太阳视赤纬表格及每日太阳视赤纬的计算公式化了。它们在天文学和数学上都具有很重要的意义。

唐代天文学家徐昂在其宣明历（822）中对日食计算所作的重要改进，也是这时天文历法的重要事件。徐昂把月亮视差对日食的影响，区分为"时差"、"气差"、"刻差"和"加差"[4] 四种，它们都与日食发生的节气先后及辰刻早晚有关。其中，时差是从定朔时刻求食甚时刻的修正值，而后三者是对去交度（月亮与黄白交点的度距）的修正值，用以判断日食发生与否以及食分大小的计算。对此，徐昂均提出了近似的、经验性的计算方法。由于加差仅是一项微小的订正，

〔1〕陈美东《我国古代的中心差算式及其精度》，《自然科学史研究》1986 年第 4 期。
〔2〕陈美东《崇玄、仪天、崇天三历晷长计算法及三次差内插法的应用》，《自然科学史研究》1985 年第 3 期。
〔3〕陈美东《中国古代太阳视赤纬计算法》，《自然科学史研究》1987 年第 3 期。
〔4〕欧阳修《新唐书·历志六上》。

后世历法均略而不计，于是徐昂首创的时差、气差和刻差，被合称为日食三差法，成为后世历法遵循的经典方法。

# 第五节
# 宋元时期天文历法体系发展的高峰

我国古代天文历法体系到隋唐时期已经具备了完善的形态，无论从形式和内容上看都是如此。宋元时期的发展，主要体现在天文观测仪器、观测方法、观测成果在精度上的提高，在规模上的扩展，以及若干计算方法的进一步改良，某些宇宙理论的深化等方面，这些都把我国古代天文历法体系的发展推向高峰。

## 一、天文仪器的制造

由于对天文观测的重视和对天文观测精度要求的提高，这一时期的天文仪器不论在数量、质量以及创新等方面都达到了前所未有的高峰。

### 1. 一批巨型浑仪和简仪的制作

宋代制造的浑仪特别多，北宋从 995 年到 1092 年不到百年之中，先后铸成了五架巨型浑仪，每架用铜均达两万斤左右。南宋时期又有多架浑仪问世。这种情况为前代所未见。这些浑仪基本保持了传统的多环圈结构，有的在仪器校正和环圈设置方面进行了某些改革。如从皇祐浑仪（1050）起，不但沿用北魏孔挺浑仪（412）在仪器底座开凿水平沟，令底座处于水平位置的旧法，而且还在地平环上开了一圈水平槽，以调节仪器工作部分保持水平状态。又如沈括浑仪（1074），可通过浑仪南北极轴孔观测北极星的位置，把极轴孔中心调整到北极星轨道的中心点上，使浑仪的极轴得到校正。沈括还取消了白道环，意在减少不十分必要的环圈对天区的遮掩。此外他还曾提出了改变某些环圈安置位置的建议。[1] 沈括关于浑仪的改革和设计思想，到元代经郭守敬的努力，得到了充分的发展，遂有简仪的出现。

〔1〕脱脱《宋史·天文志一》。

简仪仅保留了传统浑仪的四种最基本的环圈，并且把它们分成彼此独立的两组分别安装。第一组由赤道环、百刻环和四游环组成，赤道环和百刻环与极轴相垂直，两者重叠安装，其间平放四个圆筒形的短铜棍，使转动灵便，这是世界上滚筒轴承的最早应用。四游环垂直安置于赤道环心之上，在四游环转轴顶端还安有定极环，用来观测北极星，以校正仪器的极轴方向。这是一组赤道坐标装置，是世界上最早的大赤道仪。第二组由阴纬环（即地平环）和立运环（相当于四游环）组成，立运环垂直安置在阴纬环心之上，底座刻有水槽，用来校正阴纬环，使之处于水平面上。它们构成了一组地平坐标装置，与近现代的地平经纬仪相当。简仪所取环圈的减少，以及分组安装法和环心垂直安置法的采用，克服了传统浑仪环圈众多、遮蔽天区的弊端，及多环同心交叉安置法的技术困难和较大误差，显示了适用性、灵活性和准确性的优点。此外，简仪又以窥衡代替传统的窥管，即以两线取齐的照准法代两圆孔面之间的照准法，[1]起到了提高照准精度的作用。(图 14—7)

图 14–7 简仪

〔1〕宋濂《元史 · 天文志一》。

### 2．燕肃莲花漏和沈括漏壶

在北宋燕肃于1030年发明莲花漏以前，张衡首创的补偿式漏壶一直沿用不衰，只是历代有所改良而已。如晋代使用了三级漏壶，内中有二个补偿壶。又如唐代吕才的漏壶，使用了四级漏壶，其中有三个补偿壶，即夜天池、日天池和平壶，[1]（图14—8）它们依次比较平稳地补充下一级补偿壶漏水的流逝，最终达到保持万分壶水位相对稳定的目的。从理论上讲，补偿壶级数越多，万分壶的水位稳定性越好，但这也势必使漏壶变成十分庞大的漏壶群，从制造和实用上都是有困难的。

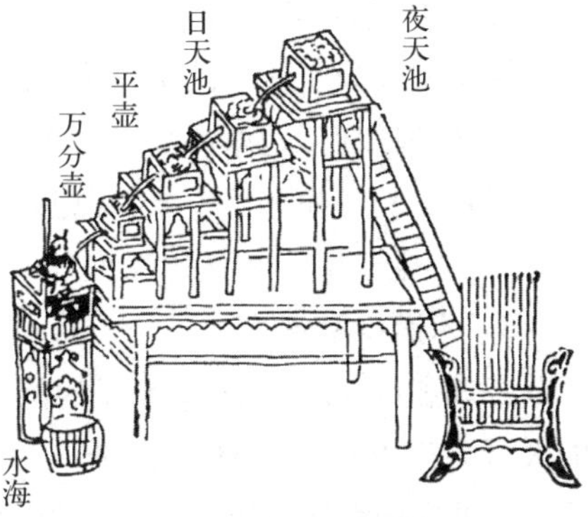

图14–8 唐代吕才漏壶图

燕肃莲花漏是一种新型的漫流式漏壶。[2]（图14—9）为保持下匮（亦称平水壶）流量的稳定，燕肃令上匮的水通过渴乌（虹吸管）不断注入下匮，又在下匮上部开孔，由于上匮的流量稍大于下匮的流量，遂使下匮总处于漫溢的状态，多余的水则由竹水筒引入减水盎中（图中竹水筒放置位置有误）。这样就十分圆满地解决了下匮水位保持恒定的问题，既提高了计时精度，又大大简化了漏壶的结构，克服了补偿式漏壶过于庞大的缺点。燕肃以他的巧妙设计，在漏壶发展史上写下了重要的一页。

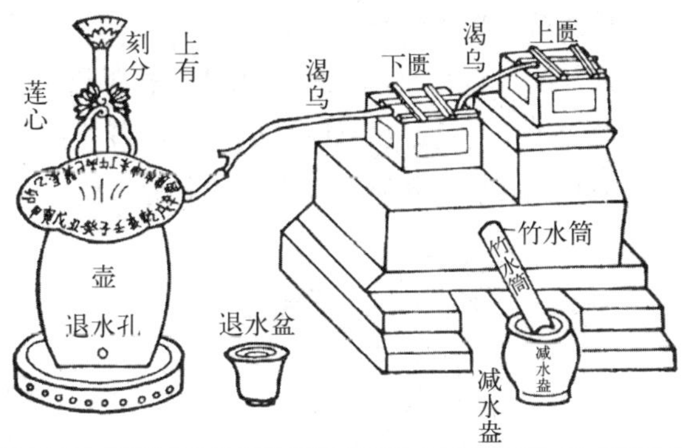

图14–9 燕肃莲花漏图

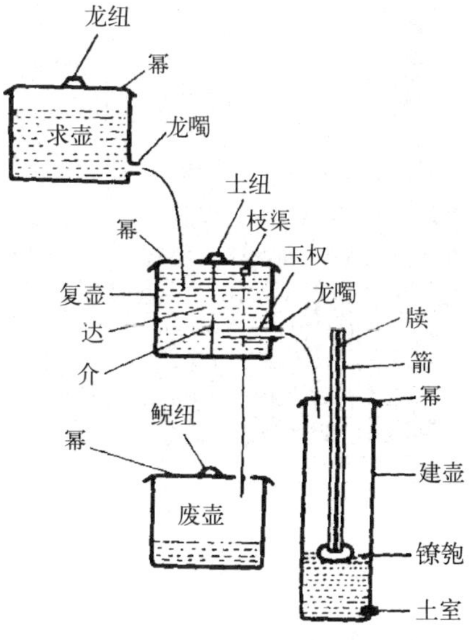

图14–10 沈括漏壶示意图

〔1〕杨甲《六经图》，王皜《六经图定本·诗经》，向山堂校刻本。

〔2〕同上。

沈括于1074年制成了新的漏壶，(图14—10)他用一中间带孔(达)的隔板(介)，把复壶分成左右两半，相当于两个平水壶，这样可以大大减小复壶右半部中水的扰动程度，是保持复壶漏水流量稳定的又一重要措施。沈括漏壶在燕肃莲花漏的基础上又前进了一步，使漏壶的结构更趋合理与完善。[1]

### 3. 水运仪象台

苏颂和韩公廉在1088年制成的水运仪象台，[2](图14—11)是这一时期出现的大型综合性天文仪器的代表作。台高约12米，宽约7米，从外观上看是一座上狭下宽的塔形木结构建筑物。其内部结构十分复杂，是一台把浑象、浑仪、报时、圭表等仪器集于一体的天文仪器。在一漫流式漏壶流水的推动下，通过一套复杂的齿轮系统的传动，使上述仪器处于协调同步的运动状态中，浑象可以自动地演示天象，浑仪可以自动地跟踪天体，报时机构可以通过击钟、鼓、钲或出现木人等声像形式，自动地显示时、刻、更、筹的推移，圭表可以用来测量日影，等等。台顶则有九块活动屋面板构成，可随时开启。

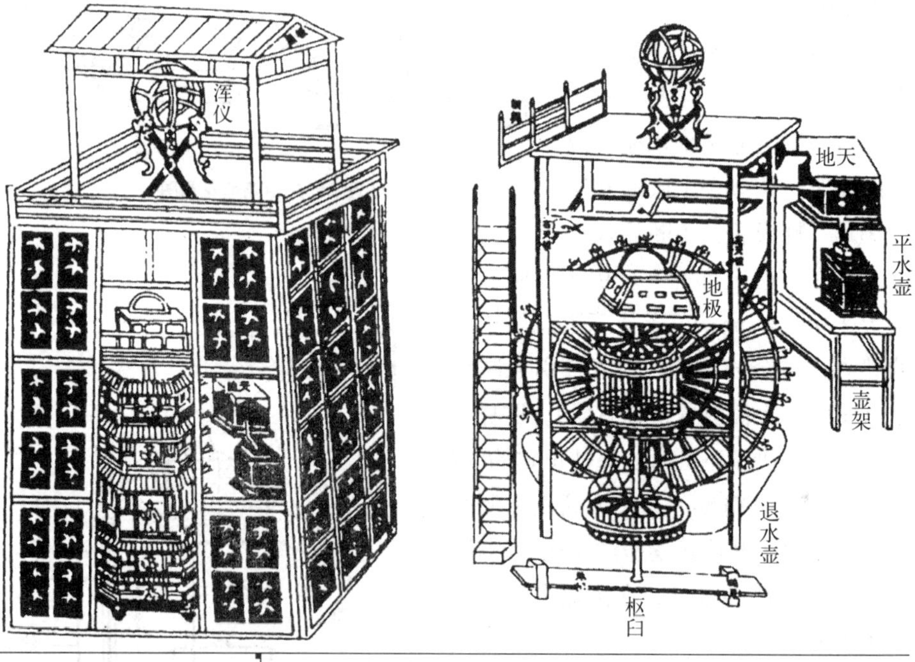


图14—11 水运仪象台台体与内部结构图

[1] 陈美东《我国古代漏壶的理论与技术——沈括的〈浮漏议〉及其它》,《自然科学史研究》1982年第1期。
[2] 苏颂《新仪象法要》,商务印书馆,1937。

水运仪象台是用多种形式表达天体时空运行的天文钟的祖先。它开启了近代钟表中锚状擒纵器的先声。它还是近代用来控制望远镜随天球同步运转的转仪钟的先驱，又是望远镜观测室活动屋顶的始祖。它以多方面的创造，在天文仪器史上占有重要的地位。

**4. 高表的设计和景符的应用**

我国古代传统的晷影测量一般是用八尺高竖立的表尺。为提高测影精度，增高表长和改善测影方法，是两大途径，元代郭守敬在这两方面都取得了巨大的成功。[1] 在河南省登封县，郭守敬巧妙地设计了一座城墙式建筑，以砖砌为台，台上可放置漏壶等天文仪器，其中起测影表尺作用的是台面正中砌成的垂直凹槽，有一横梁置于凹槽上部，相当于表尺的顶端，它与圭面的垂直距离为四丈，即所谓四丈高表。

从理论上讲，日中时，横梁的影子，应投到圭面上，但由于表高影淡，实际上是不能轻易见到影子的。为使影子清晰可辨，郭守敬利用小孔成像的原理，设计成了小巧灵便的景符，（图 14—12）令景符在圭面上南北方向移动，当横梁的影子正好平分米粒大小的太阳像圆面时，由影子所当之处，就可在圭面上读得四丈高表的影长值，下面我们就要讲到高表和景符的创制和应用，对有关天文数据测算的重要作用。

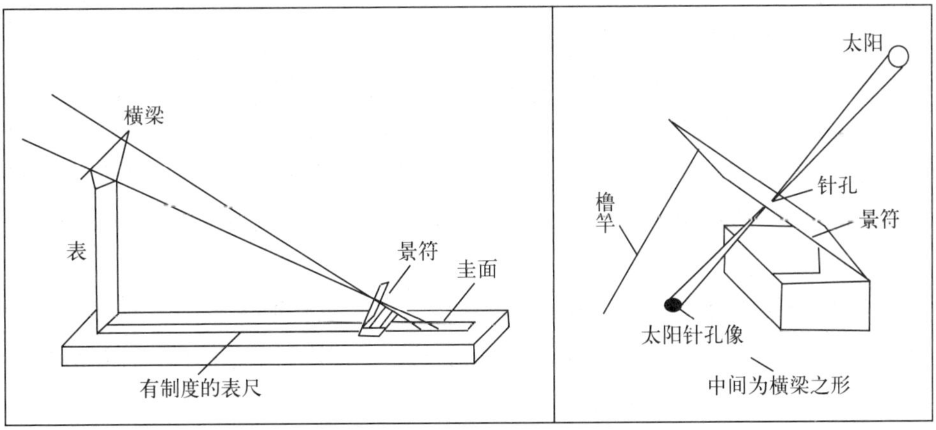


图 14—12 景符示意图

[1] 潘鼐、向英《郭守敬》，上海人民出版社，1980。

## 二、天文数据的精确化和历法数据表格及其计算法的进一步公式化

这一时期，人们对一系列天文数据的测算达到了前所未有的准确度，如下仅举数例加以说明。

以冬至时刻的测算而论，自周琮明天历（1064）以后，各历法的误差平均为10刻（1刻等于14.4分钟）左右，杨忠辅统天历（1199）以后各历法，误差更降至2刻左右，这是晷影测量方法趋于缜密和计算方法得到改进的结果。到郭守敬等人的授时历（1281）冬至时刻的误差则已小于0.5刻，[1]这显然是高表、景符的应用，以及计算方法进一步得到改进的必然产物。

关于回归年长度的测算，统天历和授时历均取365.2425日，其误差仅约22秒，是为当时世界上的最佳数值。[2]此外，杨忠辅还明确提出了回归年长度古大今小的新概念，并最早提出了这一变化的数学表达式，具有很重要的天文学意义。

在交食周期的探索方面，姚舜辅在纪元历（1106）中，给出了4127个交点月与324个食年相当的新数据，依此得一食年长度为346.6199日，与理论值之差仅7秒，它是我国古代得到的最佳交食周期值，这比19世纪末美国天文学家纽康提出的交食周期值还要精确。而实际上纽康周期也并非纽康最早得到，其发现者应是唐代五纪历（726）的制定者郭献之。[3]

赤道岁差值的研究，此时亦硕果累累。如明天历取77.57年差1度，皇居卿观天历（1092）得77.83年差1度，陈得一统元历（1135）用77.98年差1度，它们是我国古代得到的三个最好数据。[4]

五星运动的研究也喜获进展，以五星近日点黄经值的测定为例，宋行古崇天历（1024）所测火星误差约2.5°（前代约10°），水星误差15.9°（前代100°余，到授时历已降至1°左右），观天历所测木星误差约4°（前代10°左右），纪元历所测土星误差约1°，亦较前代为佳，它们分别代表这一时期对五星近日点黄经测算的总体水平。[5]

这一时期，对于历法有关数据表格及其计算公式化的工作，在广度和深度上均大有长进。经史序（1001）和宋行古的努力，已使边冈首创的晷长计算法更加

[1] 陈美东《论我国古代冬至时刻的测定及郭守敬等人的贡献》，《自然科学史研究》1983年第1期。

[2] 陈美东《论我国古代年、月长度的测定》，《科技史文集》第10辑，1983。

[3] 同上。

[4] 同上。

[5] 陈美东《我国古代对五星近日点黄经及其进动值的测算》，《自然科学史研究》1985年第2期。

简捷和严谨。[1] 宋行古还把曹士蒍算法推广到黄白道宿度变换的计算，并大大简化了边冈黄赤道宿度变换的公式。周琮更把曹士蒍算法应用于月亮和五星运动不均匀改正的计算，其明天历当是我国古代历法中最全面地推行计算公式化的一部历法。此外，姚舜辅的太阳视赤纬计算公式，是一个包括常数项及二、三、四次项的函数式，较边冈的同类算式有了新的发展。[2]

## 三、恒星观测和星图、星表的绘制

北宋时期，大约从 980 年到 1106 年的百余年间，曾进行过七次恒星位置观测工作，其中有三次是对周天恒星进行测量的大规模活动。其部分成果以不同的形式留存至今，它们的精度比前均大有提高。如 1049—1053 年间，周琮等人所进行的观测结果，收载于王安礼等人修订的《灵台秘苑》和马端临的《文献通考》等书中，包括有 360 颗恒星的入宿度和去极度值，这就是著名的“皇祐星表”。又

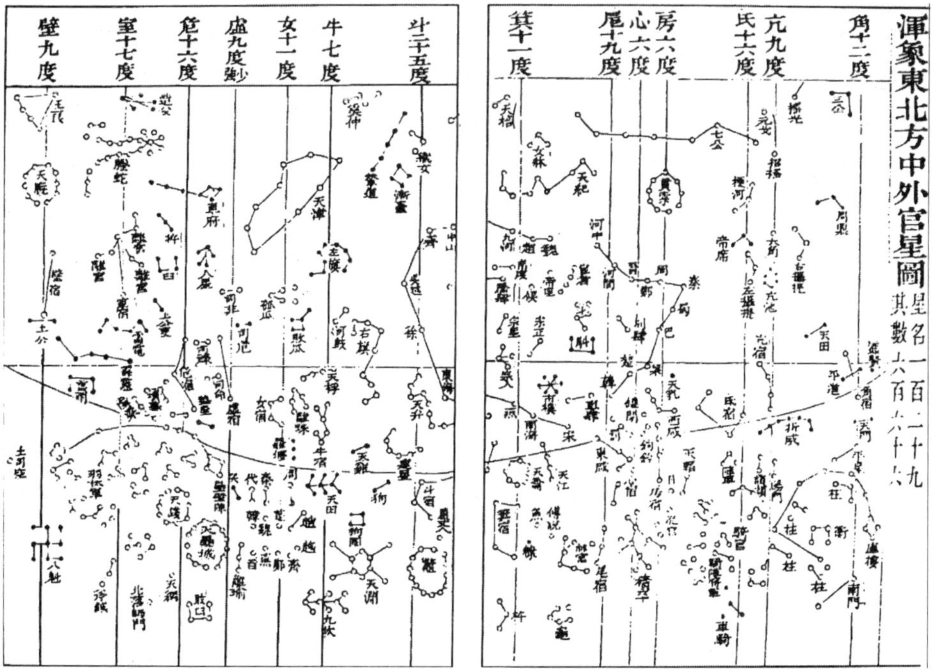


图 14—13　苏颂星图

[1] 陈美东《崇玄、仪天、崇天三历晷长计算法及三次差内插法的应用》，《自然科学史研究》1985 年第 3 期。
[2] 陈美东《中国古代太阳视赤纬计算法》，《自然科学史研究》1987 年第 3 期。

图 14—14 苏州石刻星图

如 1078—1085 年间的观测结果，被分别保留在苏颂所著《新仪象法要》一书的星图中，和苏州石刻星图中。苏颂星图(图 14—13)绘星 1464 颗，对于北极附近天区以极坐标式圆图表示，对于赤道附近天区则以赤道为中轴的横图展示，这种圆、横图相结合的画法，是减少星图失真的有效方法。苏州石刻星图，(图 14—14)于 1247 年刻石，原图绘于 1190 年，现存苏州历史博物馆。星图面积 8×2.5 尺，刻星 1430 余颗。它以北极为中心，绘有三个同心圆，分别代表北极常显圈、南极恒隐圈和天赤道，另有 28 条辐射线通过二十八宿的标准星，还以一偏心圆表示黄道，并绘有银河。它是一种极坐标式星图。再如，1102—1106 年间，姚舜辅等人的观测结果中，二十八宿距度测量的绝对值平均误差只有 0.15°，达到了相当高的精度水平。

郭守敬也曾进行过大规模的恒星位置观测工作。就二十八宿距度测量误差而言，较姚舜辅的误差小一半，可见郭守敬工作之精细程度。近年有人发现北京图书馆存明抄本《天文汇抄》中有《三垣列宿入宿去极集》一书，书中绘有星图，共有 267 星官，1375 颗星，内中标有入宿度和去极度数据者，计有 739 星。据研究认为这当是郭守敬恒星观测成果的幸存者，其入宿度和去极度的偶然误差绝对值平均分别为 0.26° 和 0.22°。从数量和精度上看，郭守敬星表都是当时世界上最优秀的星表之一。[1]

对于新星和超新星的观测和记录，在这一时期也取得了重大成就。如景德三年（1006）的骑官客星，至和元年（1054）的天关客星，和淳熙八年（1181）的传舍客星记录，均已被证认为超新星，并在银河系中找到了与它们相对应的遗迹。其中 1054 年天关客星的记录尤为翔实可信，依之甚至可以绘出其光度变化的曲线来，著名的蟹状星云就是这次超新星爆发留下的遗迹。(图 14—15)这些记录为现代天文学的中子星等理论提供了极宝贵的历史资料，

〔1〕陈鹰《〈天文汇抄〉星表与郭守敬的恒星观测工作》，《自然科学史研究》1986 年第 4 期。

广为现代天文学界所重视和赞誉。〔1〕

## 四、郭守敬和授时历

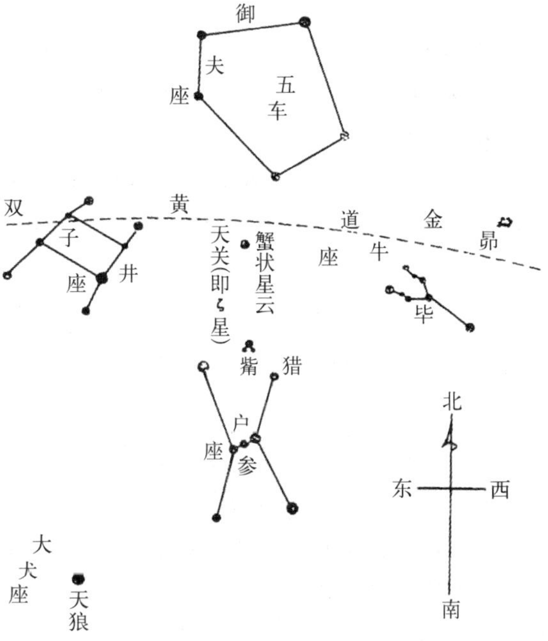

图 14–15 天关客星与蟹状星云位置示意图

郭守敬（1231—1316），字若思，顺德邢台（今河北省邢台市）人，是元代著名的科学家。他在天文仪器制造、天文观测和水利工程等科学技术领域中成绩卓著，他与王恂等人共同编制的授时历则是我国古代历法发展到巅峰状态的标志。〔2〕

郭守敬一生先后设计制作的天文仪器约有二十种，除前已提及的简仪、高表、景符以外，还有仰仪（用于测量地方真太阳时和太阳视赤纬，亦可用于观测日食）、玲珑仪（用于观测日、月的赤道坐标，又有假天仪的功能）、正方案（用于厘定方向和测量地理纬度）、七宝灯漏（自动报时仪）和水浑运浑天漏（自动演示日月星辰运行状况的仪器）等等。它们无不具有结构新颖、实用有效的特点。郭守敬在此领域中，以其数量之多，质量之高和创新之众，勇冠历代天文仪器制造家之首。

他主持进行了大量的天文观测工作。除上已述及的恒星位置测量、冬至时刻、回归年长度、五星近日点黄经等之外，还对月亮过近地点和降交点的时刻、平朔时刻，北京每日太阳出入时刻，冬至时太阳所处恒星间的位置（冬至日躔），五星平合时刻等一系列天文数据，进行了长期仔细的和带创造性的测量工作，均取得了较好的成果。如对冬至日躔的测定，郭守敬主要采用后秦姜岌的月食冲法，同时采用姚舜辅发明的方法：先测定太阳与金星之间的度距，再测定昏旦时金星在恒星间的位置，进而推算出冬至日躔的数据。在姚舜辅法的基础

〔1〕席泽宗、薄树人《中、朝、日三国古代的新星记录及其在射电天文学中的意义》，《天文学报》1965 年第 1 期；D.H. 克拉克、F.R. 斯梯芬森著，王德昌、徐振韬译《历史超新星》，江苏科学技术出版社，1982。

〔2〕陈美东《郭守敬》、《张衡》，金秋鹏主编《中国科学技术史 · 人物卷》，第 464—483 页。

上，郭守敬又增加月亮和木星为观测对象，从而得到尽量多的可资利用的第一手观测结果。经过三年的不懈努力，郭守敬共得 134 个数据，最后定出 1281 年冬至时太阳在赤道箕宿 10 度，这与理论值之差仅约 0.2°，足见郭守敬观测工作之精良可靠。

他还主持了一次大规模的、全国性的天文测量工作，共选择了 27 个观测点，遍布全国各地。观测内容与一行当年的测量相仿，但从规模和精确度上均远远超过前人。

所有这些天文测量工作，都为授时历的编制提供了切实可靠的第一手材料，亦即把授时历的编制建立在坚实的实践基础之上。此外，授时历还充分吸收前代历法的精髓，并有所创新。

授时历废止了上元积年法，而以实测历元取代之，即它以 1281 年为历算的起始年份，这一年的各历法要素，如冬至时刻和日躔、平朔、月亮过近地点和降交点、五星平合等等，均由实测而得，并分别令其为有关历法问题计算的起始点。授时历还以万分法代替分数法。这二点是郭守敬等人总结前人经验基础上作出的明智抉择。

对于日月五星运动不均匀改正的计算方面，授时历明确应用了完善的三次差内插法。研究表明，这些算法与古代希腊和印度所使用的相应算式的精度相当，即在这一论题上，中西天文学达到了殊途同归的境地。

授时历还提出了黄白宿度变换、白赤道宿度变换和太阳视赤纬计算的数学公式，这些公式是由数学方法推衍而得的，与前人类似公式得来的途径大不相同。考其所用的数学方法，实际上已经开辟了通往球面三角法的蹊径，所以具有天文学和数学进展的双重意义。

授时历自元及明行用了三百六十余年，它作为我国古代传统历法发展的高峰，而被永远载入史册。

## 五、宇宙理论的深化

宋元时期，宇宙理论得到了进一步的发展，特别是关于宇宙演化的思想和宇宙无限性的论述尤为精彩。

北宋张载认为："太虚不能无气"，即空间和物质具有不可分割的联系，而且气在太虚中"升降飞扬，未尝止息"，即物质总是在运动着，物质与运动是密不可分的。"气不能不聚而为万物，万物不能不散入太虚，循是出入，是皆不得已而然也。”[1]这就是说，气乃是生成世界万物的基本和初始物质，气象万千的世界万物只是气聚集的不同形态，它们又都不是一成不变的，而是存在着最终离散还原成气的铁的必然性，进而，又孕育着新的聚集，如此往复无穷，是不以任何人的主观意志为转移的客观规律。这就描绘了宇宙在时间上的无限性和气生万物，万物归气的生生不息的演化图景。

稍后，朱熹则提出了以地为中心的天地生成过程的假说，以为“天地初间，只是阴阳二气。这个气运行，磨来磨去，磨得急了，便拶许多渣滓，里面无处出，便接个地在中央。气之清者便为天、为日月、为星辰，只在外常周环运转，地便只在中央不动，不是在下”[2]。这里，朱熹把气如何聚集成天地的机制具体化了，其中，他强调了摩擦、碰撞和离心力的作用。在朱熹看来，地由此自然悬浮于空中，天乃由气组成自然运转在外，天和地都不必借助于水的承托，这实际上是对传统的浑天说作了重大的修正。

元代邓牧在其《伯牙琴·超然观记》中指出：“天地大也，其在虚空中不过一粟耳。虚空，木也，天地犹果也；虚空，国也，天地犹人也。一木所生，必非一果；一国所生，必非一人。谓天地之外无复天地，岂通论那？”元代的另一著作《琅环记》也认为：“人物无穷，天地亦无穷也。譬如蛔居人腹，不知是人之外更有人也；人在天地腹，不知天地之外更有天地也。”他们都以通俗的比喻，阐明了同一个深邃的思想：天地之外复有天地，天地虽大，它却如一粟、一果、一人或一虫那样，是有限的，而整个宇宙却是无穷的有限空间的总和。

在这种无穷的天体系统的思想基础上，明代《豢龙子》一书更指出：“或问天地有始乎？曰：无始也。天地无始乎，曰：有始也。未达。曰：自一元而言，有始也；自元元而言，无始也。”即认为对于某一个具体的天体系统来说，在时间上是有始有终的，但是就由无穷的天体系统来说，那便是无始无终的了。这是关于宇宙在时间上有限与无限的辩证统一的精辟论述。

〔1〕张载《正蒙·太和篇》，《张子全书》，《景印文渊阁四库全书》，第886册，台湾商务印书馆，1983。

〔2〕李光地《朱子全书·卷四十九》，康熙五十二年刻本。

# 第六节 明清时期传统天文历法的没落和中西天文学的融合

明清时期，传统天文历法虽然在个别领域仍有所发展，在个别时期也曾有复兴的苗头，但从整体上看，它经历了长期停滞，渐趋衰落，并融入世界天文学发展的总潮流中去的历史过程。

## 一、传统天文历法的停滞和西学的东渐

自明初开始，到明万历年间的约二百年中，除了对异常天象的观测仍在继续，个别实用天文学（如航海天文学）有所进展外，天文历法的研究完全陷于停顿的状态。

明初统治者对天文历法采取了极其严厉的政策："国初，学天文有严禁，习历者遣戍，造历者殊死。"这严重地摧残了民间对天文历法的研究。至明孝宗（1488—1505）时，曾"命征山林隐逸能通历学者以备其选，而卒无应者"，[1]可见历法在民间几成绝学。此外，极少数有幸涉足天文历法的官员，多趋保守，满足于成规旧法以应付日历等的安排，久而久之，对于历理渐渐茫然无知，甚至出现以讹传讹的现象。间有改革历法的议论，亦并无真知灼见之识，或为"祖制不可变"的强大思潮所淹没。遂使有明一代，沿用元代授时历，一无更改，殊可悲叹！

到明万历年间（1573—1620），国初的禁令已松弛，间有朱载堉、邢云路等人起而对授时历进行较深入的研究。朱载堉先后献上圣寿万年历和黄钟历，虽然从整体上看它们乃是授时历的翻版，但在回归年长度古大今小等问题上较授时历有所修正。[2]邢云路著《古今律历考》，对上自古四分历，下至授时历的历法作了全面的评述。邢云路还在兰州立六丈高表，进行了万历三十六年（1608）冬至时刻的实测工作，进而算得回归年长度值为365.24219日的新值，与理论值之差仅约2秒，是为我国古代、亦为当时世界上的最佳值，[3]这是在传统历法经过长期停滞之后，迸发出的灿烂火花。

〔1〕沈德符《万历野获编 · 卷二十》。
〔2〕陈美东《中国科学技术史 · 天文卷》，第612—614页。
〔3〕陈美东《论我国古代年、月长度的测定》。

明末，正当人们渐渐从二百多年的迷蒙中醒来，开始发掘传统历法并有所发现的时候，西方传统的天文学知识，随着传教士的东来，开始传入中国。从此开始了两种不同体系的天文历法相互交锋，又彼此融汇的复杂过程。

先是以徐光启为首的一批学者，崇尚西法，他们与传教士一起，共同编纂了《崇祯历书》，对西法作了系统的介绍，对西法的传播起了极重要的作用。到明清之际，则有王锡阐、梅文鼎等人，兼通中西之法，他们尽力取中西法之长，力图融中西法于一炉，如王锡阐编撰的《晓庵新法》便是中西历法合璧的产物。清初，以杨光先为首的一批官员，对西法采取全然排斥的态度，其自身对传统历法又茫然无知，这对于天文历法的发展是无益有害的。这些情况，大概反映了明末清初人们对西法传入的三种不同态度。

1723 年，清雍正皇帝下令把西方传教士赶出中国，自此到 1840 年鸦片战争爆发的一百余年中，清王朝采取的闭关锁国政策，和愈演愈烈的文字狱，对于天文学的发展，带来了极其严重的恶果。这时的学者只能埋头于对古代传统历法的注释和整理工作，而西方天文学在此间更取得突飞猛进的发展。如果说明末清初中国传统历法还可以与西方传统天文学相媲美，到此时则无以望其项背了，传统天文历法的落后状况已成定局，而这时的中国学者还不能自知。

1840 年以后，长期禁锢的门户才被打开，近代天文学知识第二次以全新的面貌传入，在中国学者面前，展现了一个五彩纷呈的天文学知识的世界，人们才认识到自身的落后，开始翻译、学习新的天文学知识，踏上了追赶近现代天文学发展潮流的艰巨而漫长的道路。

## 二、航海天文知识的发展

在航海中，观测日、月、星辰以确定船位和航向的方法，至迟在汉代已见端倪，到明代则得到了很大的进步，这是明代前期郑和船队七次下西洋的伟大航行所促成的。

在《郑和航海图》[1] 中，从苏门答腊往西途中所经过的地点，共有 64 处当地所见北辰星（即北极星）和华盖星（即小熊星座 β 星、γ 星等八颗星）地平高度的记录，这是航海中利用了天文定位法的明证。类似的记录，还见于清初的《顺风相送》一书中，说明天文定位法在明清时期得到了广泛的应用，它与利用指南针针经法相参照，是为这时航海定位的两大方法。

〔1〕茅元仪《武备志》卷一四〇，《中国兵书集成》影印本，解放军出版社、辽沈书社，1989。

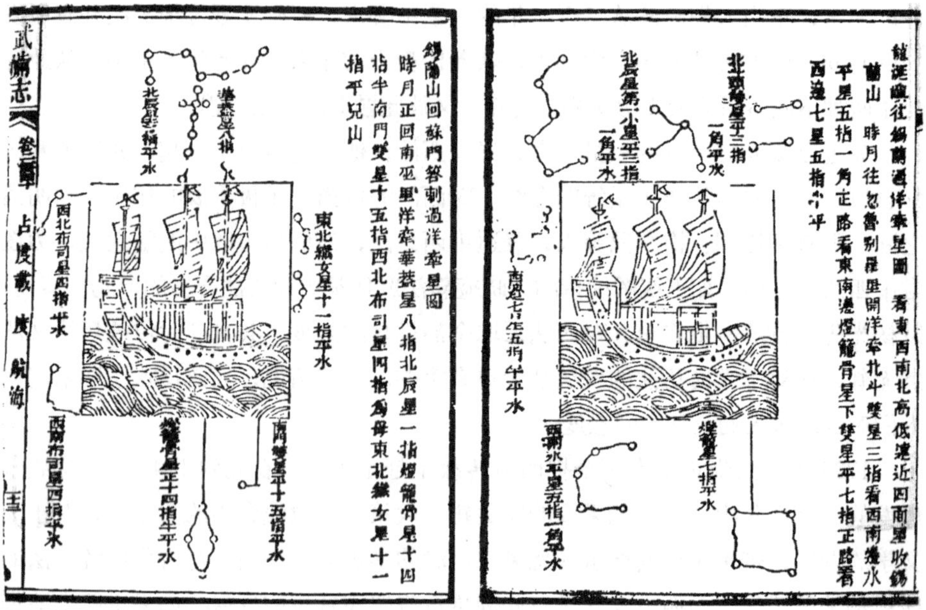


图 14–16 过洋牵星图之一、之二

在《郑和航海图》中，还有四幅附图，称为“过洋牵星图”，(图 14—16) 它以图示的方法标出船位经印度洋某些地区时所见若干星辰的方位和高度角，这就更具体和形象地表明当时人们由测量星辰的地平坐标以确定船位的天文方法。而在《顺风相送》等书中，还有关于观测太阳出没以确定方向的方法，它是以歌诀的形式表达的，是民间的比较通用的一种天文导航法。

用来观测星辰方位角的仪器大约是指南针，而观测星辰的高度角的仪器叫做牵星板。据明代李诩的《戒庵老人漫笔》[1] 记载，它由 12 块乌木板（最大约 22×22 厘米，依次减小）和一块四角皆缺（缺口大小不一，分别代表某一定角度）的象牙板组成。观测时，左手拿一块乌木板，向前方伸出，右手牵直穿于木板中央的引绳，使绳与木板垂直，又令木板的下边缘与水平线相切，眼在绳端仰视，使木板的上边缘（或置象牙板在木板上边缘以调节之）与星辰相切，由此便可测知星辰的地平高度。

## 三、《崇祯历书》的编纂

崇祯二至七年（1629—1634），在徐光启和李天经先后领导下的历局，聘请龙

[1] 明万历三十四年刊《藏说小萃》本。

华民、邓玉函、罗雅谷等耶稣会士参加，编辑了一部比较系统地介绍欧洲天文学的卷帙浩繁的著作——《崇祯历书》，共计137卷。[1]

该书分为节次六目和基本五目，前者是将历法分为日躔、恒星、月离、日月交会、五纬星和五星凌犯六个部分；后者是指法原（天文学理论）、法数（天文用表）、法算（天文学计算中必备的数学知识，主要是三角学和几何学）、法器（测量仪器和计算工具）以及会通（中西各种度量单位的换算表）五大部分。其中法原40卷，约占全书的三分之一，是全书的核心，它不但论述了历法本身，而且还着重讨论了作为历法基础的天文学理论和计算方法等问题。

该书采用了16世纪丹麦天文学家第谷的宇宙体系，以为地球是宇宙的中心，月亮、太阳和恒星绕地球旋转，而五大行星则绕太阳运行。这个体系比利玛窦等人传来的托勒玫地心学说有进步，但较哥白尼体系却是个退步。该书还采用本轮、均轮等一整套小轮系统来解释日月五星运动的不均匀性现象，而此时小轮系统已被开普勒证明是一种主观的虚构，天体绕中心体作椭圆轨道运动才是真谛。从这两方面看，《崇祯历书》所根据的并不是当时先进的理论，而是业已落后的东西。

尽管如此，第谷体系和小轮系统对中国学者来说，也还是较新颖的知识。更重要的是，该书还引进了一系列新的天文概念和计算方法。如明确的地球概念，测量经纬度的方法，日月食计算新法，周日视差和蒙气差的改正值，球面和平面三角学的准确公式，严格的黄道坐标系统，冬至点和太阳近地点的区别，圆周的360°制等等。它还介绍了哥白尼、第谷、伽利略、开普勒等人的部分科学成果和天文数据。如它大量引用了哥白尼《天体运行论》中的材料，基本上译出了其中的八章，译用了哥白尼发表的27项观测记录中的17项；介绍了伽利略关于太阳黑子在日面上运行的新发现；译出了开普勒《论火星的运动》一书中的几段材料，等等。这些都大大扩展了人们在天文学领域的视野。

清初，传教士汤若望又将《崇祯历书》略作整理进呈给清帝，改书名为《西洋历法新书》，共100卷。在其后相当长一段时间内，它一直成为当时天文学家学习和研究西方天文学的最主要著作，对我国天文学的发展产生了很大影响。

## 四、王锡阐、梅文鼎等人的天文工作

清初，涌现出一批积极学习、研究中西天文学的学者，形成了一个兼通中西天文学的流派，王锡阐和梅文鼎便是其代表人物。

[1] 陈美东《中国科学技术史·天文卷》，第641—653页。

王锡阐（1628—1682），字寅旭，号晓庵，江苏吴江人。梅文鼎（1633—1721），字定九，号勿庵，安徽宣城人。他们对中西天文学均采取去伪存真的科学态度，并脚踏实地作了大量的工作。

王氏之学以精深见长。在深入钻研中西天文学和亲自从事天文观测实践的基础上，他提出了不少独到的见解。[1] 他指出西法有精到之处，但还存在不完善以至讹误的地方。如西法以为月亮在近地点时视半径大，因而月食食分就相对地要小些。王锡阐则正确地申明：月亮在近地点时，其本身大小是不变的，而地球影锥的截面却肯定要大些，所以月食食分不会反而减小。又如，他指出了传教士汤若望在计算日食时刻时，把定朔时刻和食甚时刻混为一谈的错误，以及把平气和定气合二为一的曲解。王锡阐还认为中法虽有不及西法之处，但也不乏超胜的部分。他极力阐明传统历法的优点，在对我国历代黄赤交角测量结果分析中，敏锐地提出了黄赤交角古大今小的正确概念。

在《五星行度解》一书中，王锡阐还在第谷体系的基础上，建立了一套独特的行星运动理论，并推导出了一组公式，用于行星位置的预报。

《晓庵新法》是王锡阐融汇中西天文学的杰作，这是我国古代最后一部以传统体例形制出现的历法，在内容上兼收中西历法的长处，并有所发明创造。如提出了日月食初亏和复圆方位角计算的新方法，独立发明了计算金星、水星凌日的方法，还提出了细致地计算月掩行星和五星凌犯的初、终时刻的方法，等等。

梅氏则以博大闻名，他的最主要工作是在数学方面，但对天文学亦多所论述。仅天文学著述就达四十余种之多，有对传统历法的评述、注释和研究，有对《崇祯历书》的评论及正误补缺的工作，有对古代天文仪器的研究，和对他自己所创制的仪器的说明等等。这些著作对于中西天文学的异同得失有着十分深入中肯的评介，对中西法的融通起了重要的历史作用。[2]

薛凤祚是与王锡阐齐名的另一位学者。他经过三十余年的学习和研究，写成了《历学会通》一书，十分系统、详尽地介绍了欧洲天体运动的计算方法，并充分利用了传入不久的对数这一有效的数学方法。该书是我国学者独立完成的影响很大的介绍西方天文学的著作。[3]

〔1〕席泽宗《王锡阐的天文工作》，《科学史集刊》第6期，1963年。

〔2〕陈美东《中国科学技术史·天文卷》，第688—694页。

〔3〕同上书，第653—654页。

## 五、近代天文学知识的传入

1760 年，法国耶稣会士蒋友仁向乾隆帝进献《坤舆全图》，在图的四周说明文字中，肯定了哥白尼学说是唯一正确的理论，并介绍了开普勒运动定律和地球为椭球体的事实。但是，这幅世界地图，连同前不久传入的表演哥白尼学说的两架仪器，都被锁在深宫密室之中，没起到它应有的作用。[1] 自 1840 年鸦片战争失败以后，中国才真正掀起了学习西方天文学的热潮。

1844 年，魏源编成《海国图志》一书，书中对西方各国的政治、经济、军事和科学技术作了介绍。其中译载了好几篇有关哥白尼学说的文章，并附有地球沿椭圆形轨道绕太阳运行的图像，这是第一批公开宣扬和肯定哥白尼学说的中文文献。

1859 年，中国学者李善兰和英国传教士伟烈亚力通力合作，翻译出版了《谈天》一书，这是近代天文学传入中国的一个重大事件。该书是英国天文学家约翰·赫歇耳编著的一部深入浅出的优秀天文学著作，原名《天文学纲要》，在西方曾风靡一时，广为流传。《谈天》是据原书 1851 年新版译出的，书中全面地介绍了当时西方已取得的先进的天文学知识：有对太阳系结构和行星运动理论的较详细的叙述，有对万有引力定律、光行差、太阳黑子理论、行星摄动理论（包括其轨道根数摄动的几何解等）、彗星轨道理论等的论述，有对恒星系，如变星、双星、星团、星云等的讨论。从而展示了一幅崭新的、丰富多彩的天文学画图。（图 14—17 与图 14—18）

图 14–17《谈天》中的月面环形山图

李善兰为《谈天》写了篇极其精彩的序言，极力宣传哥白尼

〔1〕陈美东《中国科学技术史·天文卷》，第 718—721 页。

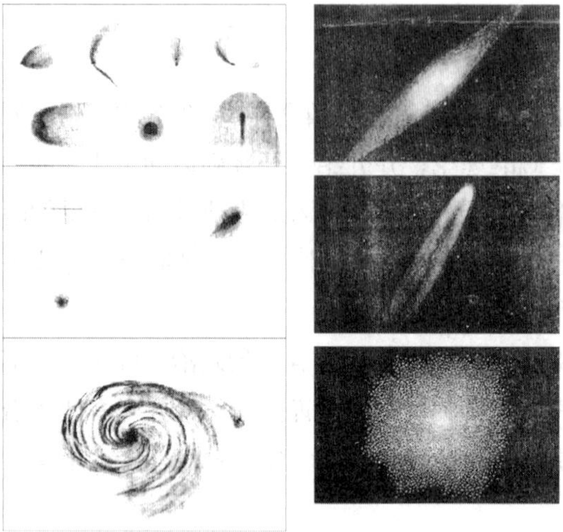

图 14-18《谈天》中的彗星不同形态图

的地动日心说、开普勒三大定律和牛顿的万有引力学说的正确性，尖锐地批评当时一些保守的中国学者对哥白尼学说的歪曲和攻击。《谈天》出版后，受到广大读者的欢迎。1874 年，徐建寅又把 1871 年为止的天文学最新进展补充进去，出版了《谈天》增订本。经由李善兰等人的努力，从哥白尼开始到牛顿完成的建立在牛顿经典力学体系之上的近代天文学知识，在中国站稳了脚跟。

1885 年，康有为写了《诸天讲》一书，其后屡经修改，到 1930 年他去世以后才正式发表。该书介绍了许多天文学最新知识：恒星光谱型，太阳的化学元素组成，太阳上的核反应，以及康德—拉普拉斯的星云假设，张伯伦和摩尔顿提出的太阳系形成的半碰撞假说，乔治·达尔文的关于月亮起源于因地球迅速自转而从地球分离出来的假说，等等。

康有为以及严复、谭嗣同，以至革命的先行者孙中山都是哥白尼和牛顿学说的信奉者，又都十分重视对宇宙演化学说的学习、研究和引申，这些都曾是他们批判封建主义而变法革新的思想武器。他们的工作，为近代天文学的传播，起了独特的和重要的作用。

# 第十五章 货币制度和货币形态的演变

货币，是人类社会经济发展到商品生产阶段的产物。中国古代货币，是世界上起源最早的货币之一。它源远流长，三四千年的发展过程连绵不断，形成了具有东方色彩的中国货币体系，在世界古代货币史上独树一帜。中国早期货币形式的演变、货币理论的研究、货币制度的发展以及货币制造技术工艺的进步，都处于世界领先地位，对古代世界上国际经济交往，特别是亚洲各国货币的发展有着相当深远的影响，成为中国古代文明史上的一丛艳丽之花。

中国的古代货币制度，与其他国家不同，不存在什么本位制度，也没有主币辅币之分，往往金、银、铜、谷、布帛以及后来的纸币都同时不同程度地行使货币的职能，只不过在不同的历史时期各有所侧重而已。各个朝代的货币制度也很不一致，即使一个朝代的不同时期、不同地区也有种种变化和区别，叙述起来不胜繁举。现仅按货币的不同形式种类，分述如下。

## 第一节 商品交换和货币的起源

在原始氏族社会，人们过着群居简陋的生活。那时生产力还很低下，人们成年累月地辛勤劳动，所获得的衣食用品也只能勉强维持生活的最低需要，所以当时没有商品交换，也不存在货币。

随着原始社会生产力的发展，劳动产品在满足了人们自身生活需要之外开始有了剩余。与此同时，为了进一步发展生产和改善生活，人们的需求也多样化起来，于是出现了交换活动，“以己之有换取所无”。最初是氏族与氏族之间进行剩余产品的交换，后来扩大到部落之间互通有无，交换的物品主要是各自的公共财物。随着私有财产的出现，个人之间的交换也愈来愈多了，而且逐渐占据了优势。

古书曾记载："日中为市，致天下之民，聚天下之货，交易而退，各得其所"[1]；"以所有易所无，以所工易所拙"[2]。据说这是四五千年以前神农、唐尧时代的情形，是以物易物的直接交换。

生产日益发展，物品愈来愈丰富，交换也就愈频繁。人们为了交换方便，就先把手中的商品换来一般易于为别人接受的或需要的商品，然后再用这种商品换取自己需要的东西。这样，在众多的商品中就逐渐分离出一种可以同其他一切商品都能交换的商品。这种商品在政治经济学上叫做"一般等价物"，它的特点是可为多数人所喜爱或接受，用它可以与各种商品进行交换，从而成为各种商品交换的媒介。一般等价物的出现，简化和方便了交换过程，从而促进了商品交换的发展，成为最早的货币雏形。在我国古代，曾经充当过一般等价物的商品多种多样，如牛、马、刀、箭、皮革、布帛、贝、玉等等。经过长时期的演变，为了交换的便利，可充当一般等价物的商品种类不断减少，逐渐集中并固定在少数的经常为大家所公认的几种商品上，这些商品即成为古代的原始货币，司马迁写道："农工商交易之路通，而龟贝金钱刀布之币兴焉。所从来久远，自高辛氏之前尚矣，靡得而记云。……虞夏之币，金为三品，或黄，或白，或赤；或钱，或布，或刀，或龟贝。"[3]其他古籍也有记载。如：《管子》："先王……以珠玉为上币，以黄金为中币，以刀布为下币"[4]，"汤以庄山之金铸币"，"禹以历山之金铸币"；[5]《盐铁论》"弊（币）与世易，夏后以玄贝，周人以紫石，后世或金钱刀布"[6]等等。从这些记载可以知道，我国最早的原始货币主要是上述一些物品，其中有金、银、铜、贝、玉、珠、龟甲等物；也有人们的日常用品，如农具钱、布（镈）和渔猎工具刀。原始货币产生的年代，据说是"虞夏"或"夏后"时代，也有说是神农、黄帝时代的。如以夏代（约前2070—前1600）计算，至少也有四千余年了。

但是，这些古籍的记述过于简略，而且都是后人追述的，带有很大的传说性质，还需结合考古发掘的出土实物，加以研究验证。

---

〔1〕《易·系辞下》。

〔2〕《淮南子·齐俗训》。

〔3〕《史记·平准书》。

〔4〕《管子·国蓄篇》。

〔5〕《管子·山权数篇》。

〔6〕《盐铁论·错币第四》。

# 第二节
# 贝　币

贝壳在中国古代是深受人们喜爱的装饰品，由于它圆润而有美丽的花纹和光泽，且数量相对稀少，就成为大家都想获得的价值极高的一般等价物，由此人们往往把最美好的东西称做宝贝。从古代文字结构看，凡是同货币、价值有关的字，大都从贝，如赏赐、宝货、贫贱等等。可见，中国文字形成的时候，贝就已经是起货币作用的价值尺度了。

据考证，贝在夏代就已成为原始形态的货币了。在河南偃师夏代二里头文化遗址的发掘中，除发现了人们作为货币使用的天然贝外，还有经过加工制作的骨贝和石贝。〔1〕二里头文化的断代，介于龙山文化〔2〕和郑州二里冈商代前期文化之间，应该是夏代晚期的遗址，因此这一发现可以说明夏末商初时期贝币的使用已相当广泛了。骨贝、石贝等人工制造的仿制贝的出现，表明当时贝币的需求量很大，天然的真贝数量已不敷应用，才以仿制贝来代替真贝。可以认为，这一时期贝的功能，应为兼有装饰品和货币的两种作用。

进入公元前1600年商代后，从出土文物和古籍记载看，贝币的使用已很普遍了。记载中使用贝币的数量也愈来愈大，从“二贝”、“五贝”发展到几朋、几十朋。“朋”是古代成串贝币的计数单位。朋的出现，表明贝币的使用按枚计算已不敷应用了，而改用串来计算了，即它的流通使用数量已成倍地增加。如殷墟甲骨卜辞：“取㞢贝”〔3〕；“其庸用旧贝一叀贝十朋”〔4〕。传世的殷彝铭文，也不乏关于贝币的记载。如：“王商（赏）戍嗣子贝廿朋。”〔5〕在已知的这些记载中，把贝用来作为赏赐品的情况比其他任何物品都多。货币职能已逐渐成为贝的主要作用。古籍《尚书·盘庚篇》记述了盘庚斥责他的臣僚们贪求贝玉的行为，告诫他们要“无总于货宝”。可见早在公元前一千三百余年时，贝就成为人们经常贪求的财宝了。贝所以能具有这样的品格，根本原因是它已成为社会公认的、代表一定价值并能换取多种物品的货币了，而不单纯是装饰品。河南安阳殷墟武丁配偶

〔1〕《河南偃师二里头遗址发掘简报》，《考古》1965年第5期。
〔2〕据碳14法测定，河南地区龙山文化的年代，约为公元前2800—前2300年。
〔3〕《铁104.4，武丁卜辞》，陈梦家《殷墟卜辞综述》，中华书局，2004。
〔4〕《甲777，康丁卜辞》，陈梦家《殷墟卜辞综述》。
〔5〕郭沫若《安阳圆坑墓中鼎铭考释》，《考古学报》1960年第1期。

图 15−1 河南安阳殷墟及妇好墓出土的贝币

“妇好”墓，出土海贝有 7000 枚之多，[1] 山东益都苏埠屯一号大墓出土贝 3790 枚，[2] 其他商代中晚期墓葬中也多有出土数百枚贝的现象，这些表明贝的数量显示了货币财富的多少，贝是当时通行的主要货币。(图 15—1)

贝之所以能够成为古代最早的货币，一是由于它具有天然美丽的形态和色彩斑斓的花纹、光泽，同时又被古代先民看做是“生育之门”的象征，是美好和吉利的护符，所以人们都乐于互相赠与或珍藏。二是在商品交换过程中，它具有很多作为交换媒介物的优点，比如它能以枚为单位，便于计数；坚固耐磨，轻巧灵便，便于携带和授受；它的产量不多，得来不易，不致流通过滥。海贝有一百多个品种，被用作货币最普遍的是齿贝，它的长短大小在一寸左右，人们交换授受比较方便。此外，还有紫贝、玄贝、大贝等。大贝作为货币在商代已有记载，殷《戊辰彝铭》：“戊辰弜师锡肄卣、賫贝”；《庚午父乙鼎铭》：“作册友史锡賫贝”，[3] 据郭沫若考证，“賫贝”就是大贝。《尚书 · 大传》中也有“大贝百朋”的话。殷墟妇好墓出土实物中的一种大贝，比一般的海贝体积大得多，可能就是这种賫贝，它的价值应比一般的海贝要高。从甲骨文和金文中有的贝字写成、形状看，被当做货币的贝，可能还有类似河蚌的双壳贝。贝币发展到鼎盛时期，真贝的数量不足，仿制贝日渐增多。现在已知的仿制贝种类有：珧贝[4]、石贝、

[1]《安阳殷墟五号墓的发掘》，《考古学报》1977 年第 2 期。
[2]《山东益都苏埠屯第一号奴隶殉葬墓》，《文物》1972 年第 8 期。
[3] 郭沫若《殷周青铜器铭文研究》，科学出版社，1961。
[4] 珧贝，用蚌类磨制的贝币。

骨贝、角贝、陶贝以及各种金属贝，如铜贝、金贝、包金贝等。

贝币在流通中，最初以枚或个为计算单位。商末周初，随着手工业和商业的发展，货币的作用和流通范围扩大了，贝币的计算单位就逐渐改为“朋”。朋是用绳穿起来的贝币。根据朋字的写法“”、“”，以及其他史料的研究，一朋的数量大约是十个或二十个贝币。现在出土的贝币，有不少是有穿孔的，一孔的、二孔的、三孔的都有，这就是绳穿的遗迹。在商代以朋计数的尚少，进入西周后，各种文字中记载贝币数量时，以朋为单位就多起来了。如《诗经》：“既见君子，锡我百朋”。[1] 西周青铜器也有“易贝十朋”、“易贝五十朋”等铭文，所记数额都在十朋以上。以朋计数的贝币的购买力有多大，现在已知的材料很少。西周初期的《遽伯睘彝铭》，记述铸造本器的费用为：“用贝十朋又三朋”，意即铸造它花费了十四朋贝币。周共王三年的《卫盉铭》记载：“堇（瑾）章（璋）才八十朋，氒（厥）賈”；“赤虎（琥）两、麀桒（韨）两、桒韐一，才廿朋”，[2] 说明瑾璋（美玉制的礼器）值贝币八十朋，两件赤琥、两件麀韨（麀皮制的祭服蔽膝）、一件桒韐（画有花纹的蔽膝），共值贝币十朋。可以认为，这就是当时的物价了。

西周中期，由于货币经济的进一步发展，金属贝币逐渐流行。从发掘的文物看，铜铸贝币早在殷商时代就已出现。河南、山西都曾出土过这种铜贝币[3]，这是世界上最早的金属铸币，比西方最早的小亚细亚的里底亚（Lydia）铸币，要早四五个世纪。大约在公元前九百多年周共王以后，铜贝币的使用就逐渐增多起来。（图 15—2）现在已知的铜贝币，大体有两类：一是形体凸起，齿纹成曲线，比较像真贝；另一类形体扁平，齿纹成直线，使用较方便。铜贝币广泛流通使用以后，

图 15–2 东周无文铜贝

〔1〕《诗经 · 小雅 · 菁菁者莪》。
〔2〕《陕西省岐山县董家村西周铜器窖穴发掘简报》，《文物》1976 年第 5 期。
〔3〕马德志《1953 年安阳发掘报告》；吴振录《保德县新发现的殷代青铜器》，《文物》1972 年第 4 期。

贝币的计算单位又改为“寽”。寽是古代金属重量单位名称，一寽合十一又二十五分之十三铢，即略小于半两（十二铢）。周穆王时的《稽卣铭》：“易贝卅寽”；周厉王时的《扬毁铭》：“取遗五寽”；周宣王时的《毛公鼎铭》：“取賨卅寽”，[1]这些都是铜贝流通使用的记载。以寽来计算铜贝，是货币制度的一个重要改革。朋是以串计数的，没有脱离原始的个数计算的范围。寽是以重量来计算货币价值的多少，用寽计算铜货币的数量，从此开辟了称量货币的新阶段。铜贝的购买力情况，在周孝王时的《曶鼎铭》中有这样的记载：“用偾诞买兹五夫用百寽”[2]，说明买五个奴隶的价格是一百寽铜贝。

上述贝币流通的整个时期，能起价值尺度和其他货币职能作用的物品还有：金、银、铜、龟甲、珠玉、布帛等，但这些都不占主要地位。到西周末春秋初期，铜贝以及金属铜块的流通使用已相当广泛，它的作用和流通范围都超过了以往的天然贝，从而逐渐取代了天然贝的主要货币地位。春秋以后，金属贝也逐渐衰落。至秦始皇改革币制时，明确规定禁止用贝作货币，从此贝在法律上正式失去了货币的资格。

## 第三节
# 早期的铜铸币

我国古代很早就掌握了金属冶炼技术，金、银、铜等都曾担任过一般等价物，起过某种货币媒介作用。由于当时金、银的产量很少，而铜的开采和冶炼相对地比较容易，于是铜在人们生活中的作用愈来愈重要，从生产工具、兵器、祭祀的礼器到日常生活器具，都逐渐用铜制造。这时，铜的货币媒介作用也随着它的产量和质量的提高而逐步扩大。

进入商周时期，青铜制品已达到了相当精美的水平，铜块、铜饼等铜制的货币也随之出现，并与贝、金、银、谷、帛等货币同时流通。历史上关于铜制货币的记载，早在西周时期就已经不少了。西周青铜彝器铭文中，有许多关于用铜来赏赐、处罚或缴获铜货币的记述。如周成王时《禽毁铭》：“王易（赐）金百寽”，周

〔1〕郭沫若《两周金文辞大系图录考释》，科学出版社，1957。
〔2〕同上。

昭王时的《过伯毁铭》："过伯从王伐反荆，孚金"，周穆王时的《奴觯铭》："易赤金"，[1]这里所说的金，显然都指的是铜而不是黄金，说明铜在西周时期已发展为一种比较重要的货币了。这一时期铜制货币的形态，是没有固定形状的生铜块，现在已知的有不规则的块状、饼状、钣状。1975年江苏金坛县鳖墩西周墓葬曾出土过这种青铜块。1976年陕西临潼县零口街西周遗址，也曾出土过作为货币的铜饼。这种铜饼呈圆形饼状，直径约二十厘米。从各种资料来看，这种无定形的铜制货币，是早期铜铸币的初始类型，属于称量货币，它的计算单位与铜贝一样是寽。

到春秋时期，牛耕、冶铁、煮盐等先进技术相继出现，农业、手工业的进步促使商品生产迅速发展，商业的规模空前扩大，原来的以贝币为主的货币流通体制已不能适应社会经济发展的要求而逐渐解体，铜贝和无定形铜块在流通中的作用逐渐缩小，代之而起的是新型的早期铜铸币。这种新型货币，经历了春秋、战国两个时期，一直延续到秦始皇统一全国币制时止，在全国范围流通至少有五六百年。

早期铜铸币，在全国范围内有四个货币体系同时并行，即布币、刀货、蚁鼻钱、圜钱四大货币体系。由于当时周王权衰落，各地诸侯割据争雄，政治上的分裂导致经济上的分割，反映在货币上即逐渐形成货币形制特点和流通使用区域范围不同的铜铸币。不同体系的铜铸币，既互相区别，又互相影响、融合。

## 一、布币[2]

布币是由类似铁铲或锄头的农具演变而来的。古代有一种农具叫"钱"(jiǎn)，是用来翻土、起土的，其形状类似现代的铁铲，其上面头部圆空，可装木柄；中间扁平厚重，不易折断；下面底部平直或稍向上凹曲。另一种农具叫"镈"(bó)，其形状类似"钱"，只是下面两侧足部稍尖，是用来锄田去草的。《诗经·周颂》曾有"命我众人，庤乃钱镈"，"其镈斯赵，以薅荼蓼"之句。《说文·金部》也说，"钱，铫也，古田器"。这两种农具，在频繁的交换过程中充当一般等价物，逐渐演变为货币，即布币。这也就是后世将货币通称作钱币的由来。

最早的布币，大小和原来的农具差不多，币面一般没有文字，或有少量的铭

〔1〕郭沫若《两周金文辞大系图录考释》。

〔2〕经裘锡圭、艾俊川、周卫荣等考证，先秦的铲形铸币，自东汉末郑玄对《周礼》误注为"布币"后，以讹传讹，虽有历代名家指出其错误，但未受到多数人重视，相沿袭了一千多年，因此认为"布币"应改称"铲币"。(参见2002年出版的中国钱币学会编《中国钱币论文集》第四辑，第6—37页）但考虑到这一见解目前仍有不同的争议，故本文仍称做"布币"。

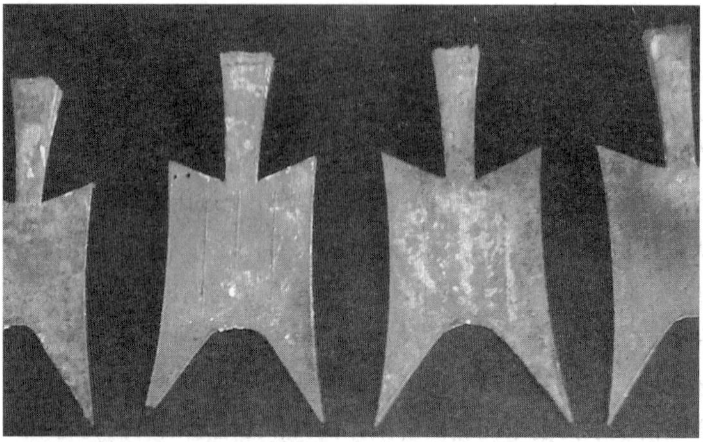

图 15–3 山西侯马出土的春秋时期空首尖足布

文，甚至还可直接用于耕作。钱币学家把它称做原始布（或称大铲布、古布）。它的形状，从镈演化而来的，肩略高耸，足略尖，又称尖足布；（图 15—3）从钱演化而来的，肩平足钝，又叫平足布。原始布早在殷商后期、西周初期黄河中游一带地方就已出现，在河南洛阳、安阳、郑州一带曾有实物出土，但数量不多。原始布流通使用的时间，大约有四五百年之久。

稍晚些时候，为了携带和交换的方便，布币的形状逐渐变小变薄，而头部圆空的銎则比原始布加长，叫做空首布。这种布币，币面大都铸有铭文，如地名、干支、数字等，也有的铸其他意义的文字，如财富的“富”字、重量单位“釿”字等。布币的体型均为近方形，按空首布的形状，大体分为平肩弧足和耸肩尖足两类，上端的“空首”保留着农具铜铲的原始遗痕。空首布出土地点，多为河南、陕西、山西等地，说明它在当时流通使用范围主要是周、郑、晋、卫等国，流通的时间直至战国初期。（图 15—4）

图 15–4 田字空首布

在战国时期，布币形状变得更加轻小。其外形出现重大变革，其头部不再是圆空的銎，而变为扁平坚实的板片状，世称为平首布或实首布。平首布的形制，只略具原来的农具钱、镈形态而已，基本上摆脱了原始的痕迹。为了适应货币流通发展的需要，携带方便，随着时间的推移，平首布的头部、肩部、足部形状逐渐朝着平钝化、圆化的方向发展。原来的空首平肩弧足布，逐渐变为平首平肩平足布；原来的空首耸肩尖足布，逐渐变为平首斜肩尖足布，后又变为方足小布。到战国晚期，很多地方铸造的布币都渐变为圆首圆肩圆足布了。有些地方还铸造了各种形状不够规范的布币，有的圆肩，有的短足，一般称为异形布。晚期的圆足布有的上面还有穿孔，多为三个穿孔，这是为了用绳穿起来携带方便，所以这种布币又叫做三孔布。布币的圆化趋向，表明了铸币在形态上的进步和完善，因为战国时期商品交易已相当发达了，货币交换愈来愈频繁，带尖的、有棱角的铸币在多次反复使用中易于磨损和折断。从货币历史的发展来看，布币的圆化，也可以说是以后几千年行使圆形钱币的前奏。

平首布的铸造，比空首布要精巧得多，纹饰也愈来愈美观。币面一般都有铭文，多是地名和重量、价值单位，如“梁□釿”、“梁一釿”、“梁半釿”等，是我国最早的纪值纪重铸币。“釿”是布币的货币单位，它所代表的重量在战国的几百年中是有变化的。从出土实物看，战国早期的一釿布约重 12—17 克，半釿布约重 6—9 克；战国晚期的一釿布约重 11—13 克，半釿布约重 4—6 克。魏国迁都大梁后还铸过同时标明两种重量单位的铭文布，如“梁夸釿百当寽”。据说，寽是指楚国流通黄金的计重单位，釿为魏国布币计重单位，“釿当百寽”是二者的比价，“夸”是表明大而足值的意思，因此这种布币是适应使用两种不同重量单位的两地间商业往来的货币。

平首布流通的区域为北自辽宁，南抵河南，西至陕西，东至山东的广大农业

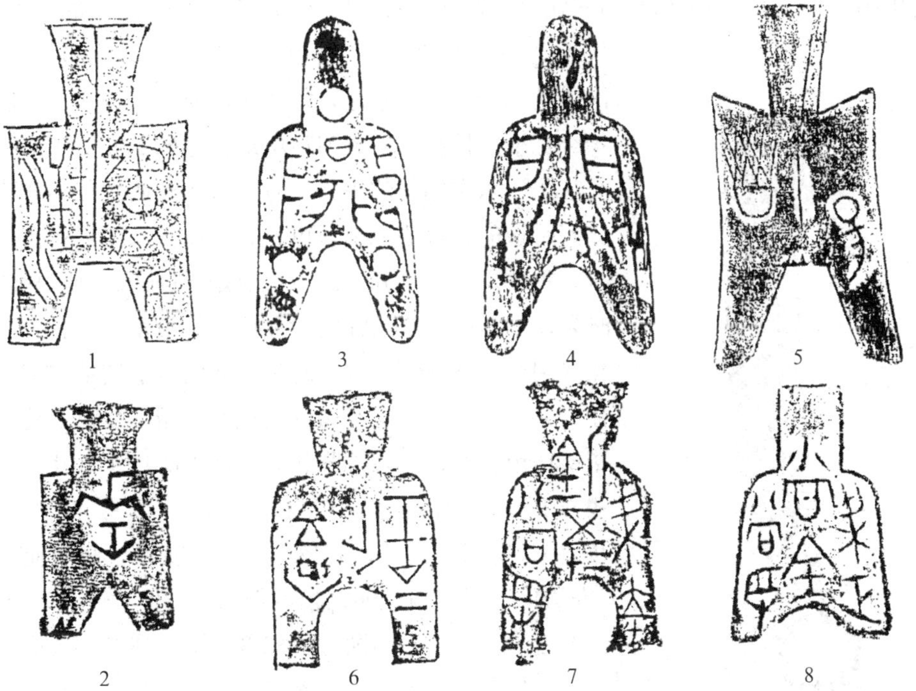


图 15–5 韩（1、2）、赵（3–5）、魏（6–8）布币

地区。从地下发掘的实物铭文看，布币的铸造地有魏、韩、赵、秦、燕等国一百余处城邑。(图 15—5) 许多地方同时铸造行使同一货币单位的两种或两种以上的大小分等级的布币，实行了一种“子母相权”的货币制度。大的重的为母，小的轻的为子，但都是足值货币，大小币之间有一定比例关系，它们既不是主币辅币关系，也不同于后代的货币贬值，小币只是为了方便流通。战国晚期，这种小币的数量特别多，说明这种单位重量的铸币最适宜于流通界的需要。子母相权制度，反映了当时商品交换的复杂化和货币制度的进步，表明货币经济在我国已开始确立。

## 二、刀币

刀币产生于我国东方、北方渔猎区和手工业商业发达的地区。刀币是由古代一种叫“削”的铜制渔猎和手工业用刀演化而来的。它的形状类似带柄的刀，其前部刀端较尖，刀背呈弧形，刃凹，柄身有裂沟，柄端有穿绳圆孔。刀币按它的形制和铸造地区划分，大体有三种类型：

1. 齐刀　这种刀币体型较大，又称大刀，多流通于山东半岛的齐国。齐刀的制作比较精整，币面都铸有铭文，铭文字数有六字的、五字的、三字的不等。但无论哪一种都有“齐、法、化”三字。化即货字，法化是标准货币的意思，指货币的重量、成色、形制均合标准。据研究，齐刀币中最古老的是有“齐造邦长法化”六字铭文的刀币，有人认为是西周姜尚初建齐国时造的，有的说是齐桓公时，或田和取得齐国政权时铸的。由此可知，齐刀可能始于西周。进入战国时期，齐刀中有全国性货币和地方性货币之分。大约在战国中期齐威王、宣王时期，齐国普遍铸造“齐法化”三字铭文刀，在境内统一流通使用，反映了地方诸侯铸币权的进一步加强和货币制度的进步。其他一些刀币和“节墨邑之法化”(即墨刀)、“安易(阳)之法化”(安阳刀)等，应属于地方性货币，也可能是“齐法化”三字刀流通之前的旧币。(图 15—6) 齐刀币的流通范围，在战国时期随着齐国疆域的拓展而扩大，从历年齐刀币出土地点来看，已遍及现在的山东省各地。

图 15-6 战国时期齐国安阳刀

2．燕刀　燕刀是燕国地区流通的刀币，有三种类型。一是明刀。这种刀币的正面都铸有一个“ ”（明）字，所以叫做“明刀”。这是在燕地流通最广，历代出土最多的燕刀币。燕明刀的背面，有的铸有铭文，有的是各种图形、符号，据说是铸币时炉次的标识。明刀的形制有两种，一种刀身圆折，弧背凹刃，称做圆折刀；一种直背直刃，刀身方折，像古磬形状，故称磬折刀。在齐国也行使过少量的明字刀，多发现于山东博山附近，叫做齐明刀或博山刀，这种明刀形体较短狭，上面的铭文有：“齐化”、“齐化共金”或齐国的城邑名等。据认为，这是燕国名将乐毅攻占齐国七十余城邑时期铸造的。（图 15—7）燕明刀流通的地域很广，河北、辽宁、吉林、河南等许多地方都曾出土，在朝鲜、日本等地也有发现，流通的时限约为战国时期。另一种燕刀，叫做尖首刀。它的特征是刀身较长狭，前端头部较尖锐，币面铸有一个或两个字的铭文，可能是地名或其他标识。尖首刀的形制比较接近于齐刀，据认为是受了齐国的影响。流通的时限约在春秋末战国初期，历代出土的数量较少。还有一种燕刀叫做针首刀，它的前端头部更尖，像针一样。刀身较短而薄，形制古朴，多数没有文字，少数有一些象形文字或符号。产生的年代比尖首刀更早一些，有人说可能是西周时代的刀币。针首刀流通的范围很小，从出土的地域看，主要限于燕国沿长城边地一带。也有人说它出于匈奴故地，故又称匈奴刀。

3．赵刀　赵刀是赵国靠近燕国的地区使用的刀币。它的特征是前端比较平或

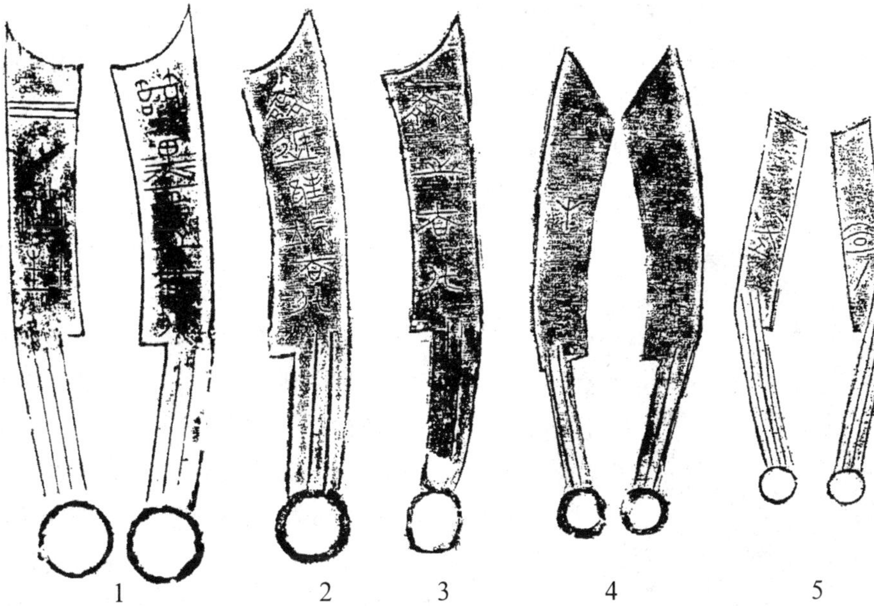


图 15–7 齐国（1–3）和燕国（4、5）刀币

呈圆形，刀身平直薄小而有弹力，又叫做圆首刀、平首刀或直刀。赵刀的铭文多为“甘丹”（邯郸)、“白人”（柏人）两种地名，也有少量其他地名的。赵刀流通时间，约在战国中后期，赵地本是布币流通区，因受燕、齐的影响，为便于地区间商业交往而铸造的，实际上，燕、赵两地均为布币、刀币并行流通地区。

## 三、圜钱

圜钱是从纺织工具纺轮演化而来的。它的形制扁平而圆，中间有孔，大小、形状都和铜制纺轮实物差不多。圜钱的扁圆体型，比布币刀币更便于计数和携带，又不像布币那样容易折断，而且有孔可以穿绳，适合于商品交换日益增长的需要，所以圜钱的出现，是早期铜铸币的一个进步。在战国的中后期，除楚国以外陆续为各国所采用，逐渐取代布币、刀币而形成一种新的铜铸币体系。

圜钱由于流行的地区不同，大体可以分为两类。一类是刀币流通区和刀布币并行区发展起来的圜钱。这种圜钱圆形方孔，货币单位沿用刀币的“化”。有的有郭（郭是指钱的周圈加厚的部分，具有加强圜钱耐磨性的作用)，如賹化圜钱（賹原为黄金的重量名称，賹化即为极珍贵的货币的意思)，又名有轮賹化；有的无郭，如明字圜钱。这些圜钱约流通于战国的晚期，如齐国的“賹四化”、“賹六化”圜钱，是齐襄王（前283—前265）复国以后铸行的。燕国的“明四”、“明化”圜钱的产生年代，比齐圜钱要更晚一些，另一类为布币流通区发展起来的圜钱。这种钱面平孔圆无郭，后来有的也变为方孔或有郭的了。货币单位一般都沿用布币的“釿”，币面铸有地名和货币单位，如三晋和周地区的“共”、“垣”、“蔺”、“漆垣一釿”等。魏国的共字圜钱、垣字圜钱是产生年代最早的圜钱，大约是在魏惠王（前370—前319）迁都大梁以后。(图15—8)

图15-8 战国“垣”字圜钱

秦国也处于布币流通区，秦圜钱与别国不同的特征是，以“两”为货币单位，币面只纪货币单位，不纪地名，这表明货币铸造权集中于朝廷，在货币制度上更具有进步性。秦圜钱的形制，最初是圆形圆孔无郭，背面平而无文字，正面铭文“珠重一两”（珠是宝贵珍物的意思)，战国晚期演变为圆形方孔的“半两”钱。由于它大小适中，便于授受，适合当时流通的需要，得到了迅速发展，后来成为全国统一的货币。

## 四、蚁鼻钱

蚁鼻钱是江淮流域楚国流通的货币，是从仿制贝转化而来的。由于楚国的经济、文化比中原各国落后，镈、刀、纺轮的使用也较迟，铜铸币就沿用了仿制贝的形态。蚁鼻钱的形制为椭圆形，正面突起，背面磨平，形状像贝但体积较小。（图15—9）币面铸有阴文，有的铭文为“[illegible]”字，状似蚂蚁；有的铭文为“咒”字，笔画深凹很像人脸，两竖中间部位凸出，很像人的鼻子，故名为蚁鼻钱或鬼脸钱。也有少量蚁鼻钱的铭文为“釿”、“全”（金）等字。还有人对[illegible]字铭文释为“圣荼”、“五朱”、“口六朱”等字。这些都带有纪重的意思，流通的时限似应在战国晚期。蚁鼻钱的产生，大约在春秋时期，古籍中就曾记载楚庄王（前613—前590）铸钱的故事。进入战国以后，随着楚国疆域的扩大，蚁鼻钱的流通范围也逐渐扩大，原来行使布币的陈、蔡、宋、鲁一些地方也成为蚁鼻钱流通地区，从而形成独立的蚁鼻钱货币体系。但蚁鼻钱的制作粗陋，与同时期的刀币、布币的品质比相差甚远。

综合上述四个铜铸币体系情况可以看出，这一时期货币经济在我国社会经济生活中已开始确立，货币因素渗透于人们生产、生活的各方面。战国初期魏国李悝曾列举了一张当时普通农家生活费用账单，他说：农民一夫挟五口治田百亩，除缴税和本身消费外，可得1350钱，衣服每口岁用300钱，五口则为1500钱，再加上社闾祭祀等活动的支出，尚不足450钱，需靠副业等补足。[1]这张单子表明，货币经济在当时已很普遍，不仅在城邑到处使用货币，而且又渗透于农民日常生活之中了。早期铜铸币的使用范围已很广泛，除日常买卖东西之外，

图15—9 蚁鼻钱

〔1〕《汉书·食货志上》。

还用于赏赐、馈赠、贿赂、纳贡、借贷等经济活动。劳动力的雇佣也使用铜铸币。《韩非子》说："夫卖庸而播耕者，主人费家而美食，调布而求易钱者，非爱庸客也，曰：如是，耕者且深耨者熟耘也。"[1]当时的财政税收，用粮食也兼用铜铸币。"厚刀布之敛以夺之财"[2]。穷人向富人借债也用铜铸币，名之为"称贷"、"贳贷"，"贷子钱"或"贷息钱"。大的放高利贷者，称为贷家、子钱家。齐国孟尝君放债，一次就收"息钱十万"。鲁人曹邴氏为子钱家，"贳贷行贾遍郡国"[3]。铜铸币还被当做殉葬品，河南汲县山彪镇的一个战国大墓，一次就随葬六七百个空首布。[4]以窖藏铜铸币来保存价值的现象更为普遍，如1961年冬在山西祁县下王庄出土一个绳纹陶罐，罐内装满了战国布币，共重24.5公斤。

由于铜铸币的广泛通行，以货币计算的价格观念也渐深入人心。关于当时物价的记载，在史籍中也逐渐增多起来，但由于各国货币制度不统一，铸币的轻重大小差别很大，难以和后代比较。例如，春秋末，越国粟价，在平常年景大约为一石值30钱，价格低落时20钱，价格高涨时可达八九十钱。[5]秦国禾粟价格，也是"石卅钱"；做衣服的粗麻，"十八斤直六十钱"[6]。齐国的物价，据《管子》所说，粟价每石四十钱，绢价每匹合黄金十四铢半，布价每匹约合黄金五铢。金价是一金四千钱，如果一金是指一斤，则绢价每匹值钱150，布价每匹值钱50。

铜铸币在各国的发行流通虽有一定制度，但都较粗放，发行数量一般无所限制，减重的事也时有发生。例如楚庄王因钱轻，要改小钱为大钱，百姓感到不便，孙叔敖劝楚庄王恢复了旧币制。[7]周景王二十一年（前524）也要铸大钱，单穆公反对，讲了一番关于铸大钱、铸小钱影响社会经济生活的道理。[8]这种大钱，如果是增加钱的重量，则会使物价下跌；如果是只增加名义价值，不增实际钱重，则物价会上涨。所以，管子说："币重则万物轻，币轻则万物重"[9]，这是他对那一个历史时期货币物价关系的总结。

〔1〕《韩非子·外储说左上》。

〔2〕《荀子·富国》。

〔3〕《史记·货殖列传》。

〔4〕郭宝钧《山彪镇与琉璃阁》，科学出版社，1959。

〔5〕《史记·货殖列传》。

〔6〕《睡虎地秦墓竹简·秦律十八种》，文物出版社，1978。

〔7〕《史记·孙叔敖列传》。

〔8〕《国语·周语下第三》。

〔9〕《管子·山至数》。

# 第四节
# 铜　钱

铜钱是我国流通时间最长，对古代社会经济影响最大的一种货币。从秦始皇到清朝末年，大约流通了二千一百多年，这在世界货币史上也是仅有的。

铜钱是在早期铜铸币的基础上产生的。战国末期，各国商品生产发展较快，商业繁荣，地区间贸易往来也很频繁，货币的使用范围和数量也愈来愈大。但是另一方面，各诸侯国以至大的城邑货币制度极不统一，货币种类相当繁杂，形形色色、大小轻重不一，代表的价值相差悬殊，给商品交换带来极大的不便。秦始皇兼并六国，建立全国统一的政权，推行统一的铜钱制度，适应了当时社会经济发展的需要和人民群众的要求，从此铜钱在全国范围内普遍行使开来。

铜钱的形状，呈周圆孔方的金属圆饼。这种外圆内方的形态，在世界上是东方货币的典型代表，它体现了中国古代天圆地方的宇宙观，象征着君临万方，皇权至上的思想。把钱币和天地宇宙相比拟，说明中国的货币发展到铜钱阶段，货币在人们的心目之中已处于极重要的地位。有人给钱币起个别号为："孔方兄"，认为它是万能的，说"死生无命，富贵在钱"，"钱之所在，危可使安，死可使活。钱之所去，贵可使贱，生可使杀"。[1]铜钱的形制也就是货币拜物教思想的体现。

铜钱上都镌铸有铭文，与西方钱币上有人物、动物等花纹图案完全不同，这也是东方货币的一大特色。早期铜钱上的文字，一般是标明重量，后期则一般为朝代年号，也有标上铸造地点、铸造机关以及其他标记符号的。制作铜钱的材料（简称币材），主要是铜，一般为铜、锡、铅合金，所以叫做铜钱。由于币材其本身是有使用价值的，所以钱币的重量就是它的价值的标志。历代政府对钱重都有明确规定，但也经常有钱币减重贬值的情况。

铜钱的通行，标志着我国金属铸币制度已发展到成熟阶段。两千多年来随着朝代的演变，它的发行制度和流通制度有着明显的阶段性，随着冶金制作工艺技术的进步，以及地区、民族特点的体现，铜钱的名称、形制和流通状况等也有着不同的发展变化。因此，铜钱的种类非常繁多，样式也千差万别。归纳起来，随着时代的演进，铜钱大体可分为半两钱、五铢钱、通宝钱、制钱四个大类别体系。

[1] 鲁褒《钱神论》，见《全晋文》卷一一三。

## 一、半两钱

半两钱是最早的铜钱类别体系。秦国在战国末期秦惠文王时，就在本国境内统一了币制，推行“秦半两”圜钱。秦始皇统一全国后，于公元前 210 年颁布了货币改革令，“以秦法同天下之法，以秦币同天下之币”[1]，在全国实行统一的币制。当时规定黄金为上币，用于大额支付和赏赐，半两铜钱为下币，供日常市场买卖流通。对于以前六国的杂乱货币，一律禁用。对原来可作为货币的珠、玉、龟、贝、银、锡等只可作器饰或宝藏，不能作货币来用。由于黄金使用的范围较狭窄，半两钱使用广泛，实际上半两钱在流通中起主要作用。(图 15—10) 秦始皇的币制改革，统一了钱币的形制，明确了中央政府的货币铸造权和发行权，从而结束了战国币制紊乱的局面。

半两钱，有秦半两和汉半两二种。

秦半两是秦朝铸造的，流通的年代如果从秦惠文王算起到汉朝初年，大约有一百三十多年。秦半两造型古朴，开始时为圆孔圆形无轮郭，后改为外圆内方无轮郭，币面有小篆体“半两”二字。史书说“重如其文”[2]，即半两重，实际上由于当时冶炼技术还较原始，各枚重量往往相差悬殊。从出土的实物看，重的一枚可抵轻的三枚以上。

汉半两，是西汉初期铸造的。西汉继承秦的币制，但认为秦半两太重，提出“秦钱重难用，更令民铸钱”，改铸较轻的半两钱，并允许民间私铸，即为汉半两。

图 15-10 秦半两钱及钱范

〔1〕王献唐《中国古代货币通考》，齐鲁书社，1979。

〔2〕《史记·平准书》。

从汉高祖到汉武帝元狩四年（前 119），汉半两共行使了七十余年。

汉半两的形制与秦半两基本相同，但重量不断减轻，名为半两（即十二铢），实际只重八铢、四铢、三铢不等。有些小钱穿孔大而钱体薄小，形似榆荚，又叫“荚钱”。汉半两的减重贬值，造成了汉初的通货膨胀，物价上涨。

汉半两的发行制度和流通制度，都不够稳定，七十余年进行了六次币制改革，改革的突出问题为是否允许私人铸钱。汉高祖“许民私铸”，造成低劣小钱到处充斥。后又严禁私铸，规定违者处死，但也未根本解决问题。汉文帝时又允许私铸，各地豪强富商借机大发横财。大夫邓通因铸钱而“富甲天下”，超过王侯。吴王刘濞招亡命之徒采铜铸钱，“富埒天子”，后来终于叛乱。于是汉景帝又禁私铸。汉武帝时大臣们进行了一场经济政策与货币政策大辩论，最后采纳了桑弘羊的主张，将冶金、煮盐、铸钱大权收归官营，从而为以后数千年造币权集中于中央政府奠定了基础。

## 二、五铢钱

五铢钱与半两钱同是以重量为钱名的铜钱，法定重量为五铢。自汉武帝元狩五年（前 118）到唐高祖武德四年（621），共通行了 739 年，对我国古代钱币发展具有深远影响。

五铢钱的出现，是汉初以来人们在长期实践中摸索、创造出来的，是半两钱进步的标志。它的特点，一是大小轻重适度。秦半两厚重不方便，汉半两荚钱又太轻小，而五铢钱重量适中，携带或计数都较方便，适合当时社会经济发展状况和价格水平对货币单位的要求，所以历经多次改朝换代还能持续沿用不废。二是形制铸造先进。五铢钱在形制上，继承了半两钱外圆内方的基本形态，同时又吸收了战国时某些刀币、圜钱在边缘上突起轮郭的铸法，这样既可以保护币面文字不被磨损，又可增加钱币的牢度。这种制作规制，一直延续到清末。五铢钱的制作，规定由朝廷的专门机构负责，这就使钱币的质量有了保证，同时采用铜质母范（浇铸金属的模具）的方法，比过去用泥范的工艺技术大为进步，使铸出的钱币大小和式样达到一致。因此，汉武帝五铢钱一般铜色浑厚匀称，文字端庄俊秀。三是确立了铸币权集中于中央朝廷的制度。汉武帝元鼎四年（前 113）命令上林三官〔1〕铸造标准的五铢钱，废除以前各种钱币，“令天下非三官钱不得行”〔2〕。

〔1〕上林三官，汉代官制。水衡都尉居上林苑内，属官有钟官、技巧、辨铜三令，专管铸钱。
〔2〕《汉书·食货志》。

图 15-11 汉五铢钱

从此，历代王朝都把铸币权集中于中央。(图 15—11)

在长期流通过程中，不同朝代不同地域的五铢钱也存在着较大的差别和不同的特点，从而也出现了各种不同名目的五铢钱。比如汉武帝“三官五铢”，制作精整，郭纹很细。汉宣帝五铢，上有宣帝年号，币面“五”字的中间相交的两画向内收，外郭比较宽。东汉灵帝、献帝时的五铢，钱背面有四道斜文，从穿孔的四角直达边缘，叫做四出五铢。南朝萧梁铸造四柱五铢和二柱五铢，即在五铢钱正面有两个星点，背面也有两个星点，是为四柱五铢；背面没有星点的，是为二柱五铢。隋文帝时的五铢，重量严格，制作精整，书法笔画较细，“五”字交股处稍曲而圆，钱色发白，又叫“白钱”。

五铢钱流通期间，个别帝王也曾废除五铢钱，改行其他名称钱币，例如，西汉末王莽的“六泉十布”，三国时蜀汉刘备的“太平百钱”，东吴孙权的“大泉”、南北朝前凉张轨的“凉造新泉”、刘宋的四铢钱、二铢钱，北周的“布泉”、“五行大布”、“永通万国”等钱币。这些钱币在形体上大都仍为方孔圆形，但大小、轻重、制作工艺都各有特色，铭文则更是不同。这些钱币大多行使在战乱年代，钱体重量与法定重量差别很大，处于通货膨胀状态，而且流通的时间也都较短暂。其中较突出的是王莽时的币制。王莽热衷于货币制度改革是有他政治和经济目的的，一是要否定西汉的既定制度，二是为了聚敛社会财富，因此八年间进行了四次币制改革，废除了五铢钱，实行了各种各样的复古式的货币。(图 15—12) 他在始建国二年（10 年）的第三次币制改革中，推行所谓宝货制，一次即搞出用金、银、铜、龟、贝五种币材制作的 28 种货币。用龟甲、贝壳交易时须先量尺寸

图 15–12 王莽时的货币“大泉五十”铜范

再计价值，其麻烦可想而知。布币分成十级，从小布一百到大布千钱，每级实际重量只差一铢，不识字的人根本无法分辨。因而人民拒绝使用这些钱币，暗地偷偷坚持以五铢钱来交易。

王莽推行光怪陆离的特殊的货币制度，却也促进了铸造钱币技术工艺水平的提高。例如其中“金错刀”的错金（以金丝金片嵌入刀币的文、郭面上）技术是相当高明的，“一刀”两字能发射出水银的光彩，是珍贵的艺术品。东汉张衡在《四愁诗》中写道：“美人赠我金错刀，何以报之英琼瑶”，把它和珠玉相比美。又如“货布”，长二寸半，宽一寸，四枚连在一起，恰好等于汉制一尺，以此标榜它源于先秦的纤维织物布帛货币。这种货布制造规格严谨，检查上千枚，其大小轻重差别也很小，因而可用这种货布来确定汉代的度和衡的规制。但是，钱币华美的外表无法掩盖它实际价值的降低，王莽的新币制使物价越来越高，米价涨到每石万钱。

## 三、通宝钱

通宝钱在货币发行和流通制度上，比五铢钱又进了一步。通宝钱是以通宝（或元宝、重宝）为钱名的钱币，改变了过去以重量为钱名的旧制，而以帝王年号为主要标志，在流通中取代了五铢钱。这种钱币，从唐高祖武德四年（621）开始铸造发行，到清朝末年，共流通了 1290 年，对中国封建社会中后期经济有很大的影响。

通宝的含义是通行的宝货。由于过去铜钱经常减重，钱名重量与实际币重相差悬殊，采用通宝的名称可以掩盖这样的矛盾。同时也表明钱币的流通手段职能大大加强，交换中不必过于强调它的重量，就可成为社会公认的媒介物。通宝钱的形状

图 15—13 开元通宝

仍为外圆内方，肉好皆有周郭。[1] 直径一般为 2.4 厘米左右。币材为铜、锡、铅合金，一般一枚重约四克，一千枚合唐衡制共重六斤四两。最早的通宝钱为唐高祖时铸造的开元通宝。(图 15—13) 法律规定，开元通宝每枚重量为 2.4 铢，每十文钱币重一两。后人嫌 2.4 铢这个数目麻烦，就将“钱”作为一个新的衡制单位，每一枚钱币的重量为一钱，十钱等于一两。开创了两以下十进位的衡法。后来各朝铸钱，大小轻重都以开元通宝为标准，“钱”这一重量单位就沿用到现代。

通宝钱的一个特征，是历代皇帝为了表明自己的统治权，都在钱币的铭文上大做文章。开元通宝是唐王朝开国第四年开始铸造的，取名开元的意思是自唐高祖李渊开始，要去除过去的币制积弊，富国强民，开辟新纪元。以后各朝皇帝大都把自己的年号铸在钱币上，作为他至高无上的统治权力的象征，客观上也是对币值的一种保证，所以叫做年号钱。年号钱最早出现于五铢钱体系南北朝时成汉李寿的汉兴钱，但当时仅系偶然现象，流通时间很短。但在通宝钱体系，从唐高宗乾封泉宝以后，直至清末，各朝所铸钱币多数都是年号钱。如两宋 320 年间，共铸造发行了 45 种年号钱。

通宝钱的铭文书法和图案标记具有较高的艺术性。总的说来，五铢钱多为篆书，通宝钱在唐代多为隶书，五代十国的南唐开始采用真书，两宋时则真、草、行书与隶、篆体并用，并且出现了“对钱”。对钱，是同一种年号钱，同时有两种或多种书体，或篆、真，或行、隶，相配成对，而钱的铜质、大小、轻重、厚薄以至穿孔、轮廓的广狭、制作风格都完全相同。如北宋仁宗、神宗时的真、篆书对钱；徽宗时的篆、行书对钱，篆、隶书对钱；南宋高宗时篆、隶、真三体书对钱等。与

[1] 肉好，为古代表述铜钱钱体各部分的术语，肉指铜钱的金属部分，好指铜钱中间的孔。

宋同时的辽、金、西夏等国也都有各种不同书体的钱币。通宝钱许多铭文书体很讲究书法艺术，一些钱币上的文字多出自名家手笔。如唐初的开元通宝为欧阳询所书，是“八分书”隶体，极工整。宋初的淳化元宝有宋太宗亲自书写的真、行、草三种书体，即所谓御笔钱。崇宁通宝、大观通宝的多种钱币都是宋徽宗所书，铁画银钩，号称瘦金体。元祐通宝的文字则有司马光、苏东坡写的。此外，还有不少钱币上铸有各种图案或标记，如开元通宝上铸有星、月、太阳、星月、双月、莲纹等等。有一种开元钱，在穿孔的上面有一仰月如 ⌣ ，也有作俯月的如 ⌢ ，称做“肷”。此“肷”来源，有人说是在向皇帝进呈钱模蜡样时，被皇后掐了一指甲印，铸钱时不敢改动，就遗留在钱背上。更有人说这“肷”是杨贵妃的指甲痕，对此金朝人曾写过“金钗坠后无因见，藏得开元一捻痕”的诗句。另一些专家认为，这是受到西域钱币上铸星月图案的影响，是钱币的一种图案或标记。

## 四、制钱

制钱是明、清两代所铸造的钱币，是通宝钱体系的一种特殊类型。按照明朝规定，本朝所铸造的钱币称为“制钱”，带有法定货币的意思，对以前各朝代的钱币则统称为“旧钱”。制钱和旧钱可以并行流通，但在兑换比价方面有差别。比如明嘉靖时就规定，嘉靖制钱七文可兑白银一分，而前代旧钱则需 30 文。清代币制仍然沿袭明代旧制，所以，制钱制度一直延续到清末。制钱流通时间，大约共五百多年。清代制钱的消亡，也就结束了铜钱流通的历史。

制钱的形制，仍然维持了方孔圆形。名称也是以各个皇帝的年号为钱名，如洪武通宝、永乐通宝等。明朝统治者在货币体制上比较注重纸币，所以开国以后对铜钱铸造和使用时开时禁，从宣德到嘉靖的几十年间则完全停铸和禁用铜钱，民间盛行纸币、白银或实物交易。嘉靖六年（1527）因纸币宝钞膨胀过甚，不能再用，才又恢复铸钱。从洪武到正德的九个年号的制钱，都是嘉靖时补铸的。清朝入关前已铸造自己的钱币，入关后制定钱法，有五种钱式，即：一式为光背（钱的背面没有文字），仿古钱形式；二式为仿唐开元钱形式，钱背面有一个汉字用来标明铸造机关的局名；三式为钱背有“一厘”二字；四式为钱背有两个满文标志铸造机关的局名；五式为钱背有满、汉文各一字标志铸造机关的局名。以后各朝每改一次年号就新铸一种年号钱，从康熙通宝到宣统通宝共十种，形制则选用上述五种范式中的几种来铸造。康熙晚年还铸造过一种字形写法不同的康熙通宝，色泽金黄、光闪夺目、质地精细，据说这种钱内含有黄金，是年羹尧任四川总督时，将庙里鎏金罗汉熔铸而成的钱币，所以人民把它叫做罗汉钱。清末制钱曾一度使用机器制造，叫做

图 15-14 咸丰元宝

机制钱。如光绪十四年（1888）广东等地都曾制过。但因成本较高，不如造铜元有利，因此铸造的数量不多，流通不广。

清代制钱，在嘉庆、道光年间，私铸小钱大量涌现，日本的轻钱也大量流入。同时，鸦片贸易使白银大量外流，结果市场上铜钱与白银的比价变为银贵钱贱，以铜钱计算的物价不断上升。咸丰时期制钱制度进一步混乱。咸丰三年（1853）政府铸造大钱，面额价值划分 15 个等级，普通制钱仍称咸丰通宝，当四的至当五十的叫咸丰重宝，当百的至当千的叫咸丰元宝，（图 15—14）使用的材料种类也很多，有铜的、铁的、铅的，铜的里面又分为黄铜的、红铜的、紫铜的。不仅各种大钱币值计算不同，而且随着实际币值的下跌，钱的重量也常有变动，结果钱体轻重和面额大小互相矛盾，轻重倒置，当五十的钱体比当白的大，当百的又重于当千的。结果比王莽的宝货制还乱，通货严重膨胀，物价猛涨。

制钱的流通，经过咸丰时的大乱，到光绪时期已是强弩之末，虽经几次整顿但仍日趋消亡。原因是鸦片战争以后，中国半封建半殖民地制度下的商品经济有了发展，要求比较简便易行的货币与它相适应。而制钱的种类繁杂，形制很不规范划一，成色质地也参差不齐，一串钱之中，经常夹杂质差个小的恶钱，人们把一串千文中夹恶钱百文以内的叫“毛钱”，夹百文以上的叫“一九钱”，二百文以上的叫“二八钱”，依此类推，甚至有“倒四六钱”，老实的商人、百姓经常吃亏上当。各地区流通的制钱也不一致，如京城行使当十大钱，外地则行使一文制钱。外地客商在京售货后须把大钱换成制钱，经常受到克扣盘剥。制钱的计量单位——“吊”的计算方法，各地也不一致。顺治时规定制钱一枚叫“一文”，千枚叫“一吊”。光绪时京津一带 100 文为一吊，东三省 160 文为一吊，山东、河北 500 文为一吊，长江一带每吊为 980 文。换算复杂繁难，极为不便，不利于民族工商业的发展。另一原因是，外国货币侵入国内，特别是国内铜元、银角相继兴起，逐渐代替了制钱的地位。以铜元为例，铜元形制工整划一，取消了制钱的中孔，花纹细致，不易假造。所以铜元一出现，人们都乐于使用，开始时它的市价高于名义价值，原定铜元 100 枚当银元一元，光绪二十八年市价为银元一元换铜元 80 枚到 90 枚。铜元仍沿用“文”或枚为单位，一般为一枚合制钱 10 文。但它的重量比当十制钱轻，咸丰当十大钱一枚重六钱，铜元一枚只重二钱。由于铜元成本低，可取得双倍利润，于是各省官僚纷纷铸造。铜元的铸造量，从光绪三十年算起，五年间增长了六倍多，从此流行了两千多年的方孔圆钱被挤出历史舞台。

上述四大类型铜钱体系，主要是历代政府发行的钱币，此外，历代农民起义军也有不少铸造铜钱的。一般的说，唐以前农民起义军铸造的货币，多属于五铢钱类型，唐以后的多属于通宝类型，如明末李自成的“永昌通宝”、张献忠的“大顺通宝”。清末太平天国在相当大的地域行使过多种铜钱，如“太平通宝”等。农民起义军的钱币，大多比当时政府的货币币值稳定，受到人民群众拥护。据说，明末人们甚至把“永昌通宝”、“大顺通宝”缝在帽子上做装饰品。

我国古代钱币，除铜质的以外，还有用铁、铅、锡甚至泥等材料制作的。这些材料的价值都较铜的价值低，所以这些材料制作的钱币一般都是作为铜钱的减值形式出现的，流通于战乱或通货膨胀的时代。铁钱是最常见的低值钱币。最早的铁钱，大约是在西汉初期出现的。近年来，长沙、衡阳西汉墓发掘中，就出土过较多的铁钱，有的一次发掘就出土三百余枚铁钱，其中有的铁钱形制类似汉文帝时的四铢半两钱。〔1〕铁制的五铢钱在文献记载中就比铁半两钱要多了。《梅福传》张宴注说，西汉成帝“河平二年，沛郡铁官铸钱，如星飞上去”〔2〕，据说这是最早的铁五珠。西汉以后许多朝代，都行使过铁钱。如：东汉公孙述铁五铢、三国刘备的直百五铢以及南北朝、五代十国、两宋时代的铁制通宝钱。比较有名的如南朝梁武帝的铁五铢，价值极低，交易时要用车载铁钱支付，计价时论贯（千枚）计算，物价上涨到一斗米卖 80 万钱。北宋各朝铸造的铁钱种类和数量最多，两淮和四川地方专门行使铁钱，规定铁钱不出界，铜钱不入境。宋太宗时四川因铁钱发行过多，一匹罗要两万铁钱。清咸丰年间发行铁制钱，开始时因制作精整还受欢迎。后来又铸造铁大钱，从当五到当千有六种之多。由于铁大钱贬值太厉害，日常买卖交易以铁大钱计算的价格比铜大钱高五倍，咸丰七年正月初十日北京商户干脆拒不收用，形同罢市。

我国铜钱制度，长期以来每一枚法定重量基本上是不变的，这是与外国金属铸币不同的一个突出特点。例如通宝钱，从唐武德四年（621）确定开元通宝一枚重一钱以后，一千余年虽经无数次改朝换代而钱的法定重量却没变动。但是短时间钱币减重贬值又是经常出现的。自从汉武帝推行五铢钱，将钱币铸造权集中于中央朝廷以后，钱币减重贬值就成为统治阶级用来掠夺人民百姓财产增加财政收入的一个

〔1〕高至喜《长沙衡阳西汉墓发现铁半两钱》，《文物》1963 年第 11 期。

〔2〕千家驹、郭彦岗《中国货币史纲要》，上海人民出版社，1986。

手段了。由于钱币的实际价值与名义价值相分离，从而同时伴随着出现通货膨胀和物价上涨。因此，从铜钱流通的两千余年长期历史来看，它的购买力水平总是处于经常波动的状态。物价上涨到万倍以上的至少也有五六次，而上涨十倍百倍的次数就更多了。历代政府实行铜钱贬值的方法，基本上有三种类型。一是减重，即将每枚钱币的重量减轻，使币材的重量小于钱币的名义重量。例如汉初的半两钱，原重十二铢，后减为三铢，但名义仍是半两，等于膨胀了四倍。董卓铸造的小钱，将五铢钱改铸一铢重，膨胀了五倍。减重钱又轻又小，人们对此十分厌恶，给它们起了各种别号，如綖环、翦边、鹅眼、荚钱、大眼贼、短命等等。如东晋沈充铸的钱极其薄小，每枚仅重一克，人们比作榆荚，唐代诗人们就常提到它，李贺诗云："榆荚相催不知数，沈郎青钱夹城路"，李商隐诗云："谢家轻絮沈郎钱"，反映了人民的不满情绪。二是铸大钱，币材重量虽稍有增加，形体较大，但规定的面额价值要超过币材的几十倍甚至千百倍。如王莽的宝货制，"大泉"铜币币材比五铢钱加重2.4倍，面额作价等于五铢钱的50倍，实际等于贬值到1/20。"契刀"铜币，一枚当五铢钱500使用，按其重量则等于贬值成1/120以下。"错刀"币，一枚当五铢钱5000枚使用，约等于贬值成1/720。短时间内货币如此急剧贬值，使物价狂涨不已。史称："赋敛民财什取五"，"米石万钱，人相食。"[1]三是改变币材的金属成分，降低贵金属铜的比重。如宋徽宗时宰相蔡京推行夹锡钱，即在铜钱合金配方中减少铜的比重，增加铅锡的比重，使黑锡和白锡占43%以上。含铜量只有57%左右，而标准的唐开元钱含铜量一般均在83%以上。结果夹锡钱币值降到1/20，引起通货膨胀，连宋徽宗也承认，"夹锡之患，甚于当十钱"。

## 第五节

# 金银和谷帛货币

### 一、黄金

#### 1. 早期的黄金货币

黄金白银，体积小价值大，色泽美丽，不锈不烂，分割也不太困难，是适

[1]《汉书·王莽传》。

宜作货币的理想金属。我国古代金银产量较少，只能起部分货币职能作用。金银用作货币，据古籍记载距今大约已有三四千年的历史。《史记》说："虞夏之币，金为三品，或黄（金）或白（银）或赤（铜）"，"金有三等，黄金为上，白金为中，赤金为下"。[1]《管子》也说："先王以珠玉为上币，黄金为中币，刀布为下币。"[2]《汉书》则认为，西周初期黄金货币已有了一定的形制，还有法定的货币制度，它说："太公为周立九府圜法，黄金方寸而重一斤……太公退，又行之于齐。"[3]这些说法表明，商周时期黄金已在发挥货币的作用，在安阳虽曾出土过金贝和包金铜贝，但还缺乏大量考古实证。

春秋战国时期，黄金已是社会经济生活中的重要货币之一了，与早期的铜铸币并行使用。当时大宗交易支付，国与国交往都使用黄金，封建贵族、大商人买卖珍贵的奢侈品，多以黄金论价，如千里马、象床、宝剑、玉卮、狐白裘等，都计值在千金以上。据说韩国有一美人，售价很贵，诸侯们不能买，后由秦国花三千金买去。[4]地主、商人的家产也往往以黄金计值，夸耀为"千金之家"。统治者们朝贡、馈赠、赏赐、贿赂也都使用黄金。如"尉缭说秦王，赂诸侯豪臣，不过三十万金，而诸侯可尽"[5]。当时各诸侯国的铜铸币——布币、刀币、圜钱等都有一定的流通范围，受地域的限制，而黄金则可通行于各国，不受国界限制，成为国际性货币。

黄金作为货币，是一种以重量为单位的称量货币。黄金计算的单位有两种，一是"斤"，合16两；一是"镒"，合20两。实际上这两种单位经常是混用的。楚国的黄金单位叫做"爰"，所以楚国的黄金货币，叫做"爰金"或"卢金"。楚国是多产黄金的国家，所以后世出土爰金也最多。爰金的形制，最初是圆饼或钣状，[6]无铭文。近代还发现有铅饼包以金箔、银箔的冥币，[7]说明爰金在当时已是相当普遍流行的货币了。后来，爰金发展为在金钣或金饼上钤印若干小方格和铭文，使用时根据需要把小方块凿开，以天平称量支付。（图15—15）铭文通常为两个字：一是"爰"字，一是国名或地名，如"郢爰"、"陈爰"、"专爰"、"鄗爰"、"卢金"等。以郢爰最为多见，因郢为楚国都城。卢金是钤有"卢金"二字

〔1〕《史记·平准书》。
〔2〕《管子·国蓄篇》。
〔3〕《汉书·食货志》。
〔4〕《战国策·韩策三》。
〔5〕赵翼《二十二史札记》，"汉多黄金"条。
〔6〕钣，指板片状金属。
〔7〕《湖北江陵三座楚墓中出土大批文物》，《文物》1966年第5期。

图 15-15 江苏盱眙出土的爰金

小圆印的金钣，大约是楚国晚期的金币。卢金二字是表明此币经过化炉精炼，金质足赤的意思。这是因为此时楚国国势衰危，郢爰币值下降，改用卢金二字来维持货币信誉。根据对实物的化验分析，郢爰一般含金量为97%—98%，卢金为94%—95%。[1] 爰金在楚国流通的同时，北方诸国行使一种金币叫做“圜金”。形状像圆饼，底部凹，表面隆起，有的似马蹄形，都刻有表示重量的文字和数码符号。但出土实物很少。

关于早期黄金货币的购买力，古籍中记载的不多，也缺乏与其他币种的比较。《管子》曾记载：“粟贾平四十，则金贾四千。”[2] 可以认为，一石粟值 40 铜币，而 4000 铜币等于一斤黄金。《管子》又说：“黄金一镒，百乘一宿之尽也。无金则用其绢，季绢三十三，制当一镒；无绢则用其布，经暴布百两当一镒。”[3] 有关这方面的资料，还需要进一步发掘和研究。

### 2. 黄金货币的盛行

秦始皇统一全国后，规定黄金为上币，以镒为单位。西汉承袭秦制，黄金仍为法定货币，单位改为斤。这一时期，是中国货币史上使用黄金货币最盛的时代。

当时的货币流通，小宗买卖都使用铜钱，凡价值大和支付额多的交易都以黄金计算。据记载，黄金的使用范围主要的有：赏赐、库藏、朝贡、助祭、算赋、

[1] 涂书田《安徽省寿县出土的大批楚金币》，《文物》1980 年第 10 期。
[2]《管子·轻重甲》。
[3]《管子·乘马篇》。

买卖官爵和民间窖藏等。赏赐是黄金数量最大的用途。仅就《汉书》记载，皇帝各次赐金加起来的总量达 90 万斤，合今天 276 吨还多。例如，陈平曾以 4 万斤黄金间于楚；文帝赐周勃金 5000 斤，宣帝赐霍光 7000 斤。皇帝娶皇后的聘礼，惯例为黄金 2 万斤。其次是酎金，这是汉代诸侯为祭宗庙向皇帝贡献的助祭费。按规定，以诸侯封地人口计算，每千人贡金 4 两，实际加起来就是很大的数量。如果交纳酎金重量不足或成色不好，则犯大不敬罪，王则削县，侯免国。汉武帝时，因酎金问题获罪夺爵的有 106 人之多。黄金代表财富，西汉皇帝运用酎金及赎罪、罚款、抄家、卖官等手段，搜刮了大量黄金，集中于皇家。汉武帝时，皇室贮藏的黄金有 50 万斤，约占全国黄金的一半。王莽时期，实行黄金国有，他制定了“宝货”制，使用严刑强逼民众交售（实际是没收）黄金和金制器物，藏于宫中，每万斤为一柜，在他灭亡时还存有六十余柜。[1]

秦汉初期黄金货币没有固定的形状。出土的金饼、金钣，大体有一斤重的和一两重的两类。《汉书》记载，“黄金方寸，而重一斤”[2]。西汉的一斤约合今 250 克，所以出土的金饼以 250 克重的最为常见。西汉中山靖王刘胜夫妇墓出土有数十枚小金饼，每枚重量约合当时的一两。[3] 汉武帝太始二年（前 95 年）铸“麟趾裹蹄”，[4] 开始统一了黄金货币的形制。北宋沈括曾记述这种金币的形制：“麟趾中空，四傍皆有文，刻极工巧；裹蹄作团饼，四边无模范迹，似于平物上滴成，如今干柿，土人谓之柿子金。”[5] 各地西汉墓葬出土实物中，确有一些像马蹄状或兽趾瓣状的金饼，人们称之为马蹄金、麟趾金。（图 15—16）此外，还有一种“金五铢”，是 1980 年陕西咸阳塬下出土的。它的大小形制与西汉五铢铜钱一样，黄金成色与西汉金饼一样，体重九克，比铜钱重一倍多。

汉代黄金与铜钱的比价，法定是黄金一斤值铜钱一万。但在民间实际流通中，则因时因地而有高有低。《九章算术》中曾记载：金一斤值钱“六千二百五十”[6]，“金价九千八百”[7]。在战乱年代，黄金价格变化甚大，如王莽失败后的长安三辅一带，曾有“黄金一斤，易豆五升”的现象。[8]

---

〔1〕关于古代用黄金数量为何如此之大，可参考《二十二史札记》“汉多黄金”条，其中有：“后世黄金日少，金价亦日贵，盖由中土产金之地已发掘净尽；而自佛教入中国后，塑像涂金……此最为耗金之蠹”云云。

〔2〕《汉书·食货志》。

〔3〕安志敏《金钣与金饼》表二：1949 年后发现的金饼登记表，《考古学报》1973 年第 2 期。

〔4〕裹，是古代的一种良马。

〔5〕沈括《梦溪笔谈》卷二一。

〔6〕《九章算术》卷六。

〔7〕《九章算术》卷七。

〔8〕《后汉书·冯异传》。

图 15-16 西汉麟趾金、马蹄金

3. 黄金货币职能的减退

东汉至晋隋期间，黄金愈加贵重，人们对黄金的用途有了很大改变。用于大额支付和商品交易的情况锐减，作贮藏、饰品和其他方面用处的大为增加。像皇帝对臣属的赏赐，西汉 215 年间赐黄金有一百多次，东汉 195 年间赐金只有 9 次，而赐钱、赐物的相应增加，仅赐铜钱的就有 64 次之多。东汉赐金的数额也很少，总计约为 21740 余斤，合今 5.5 吨左右，仅及西汉赐金总数的 2%。皇帝赐金少了，臣下献金的也少了，连赎罪也改用缣。把黄金作货币媒介以外的用途，则广泛发展。当时社会风气崇尚奢侈浮华，盛行用金银打造器皿、服饰。汉光武帝的内弟郭况，在家中就蓄有四百多人专门制作金银器物。[1] 妇女们用黄金做首饰也很流行，曹植诗“皓腕约金环，头上金爵钗”是其时风尚的写照。同时，两汉之际佛教东传，魏晋以后道教也逐渐盛行，寺观庙宇、佛像、法器多用黄金装饰。北魏天宫寺造佛像，一次就用黄金 600 斤。特别是战乱频仍，铜钱经常贬值，物价腾贵，人们多以黄金来保存价值，避免损失，这样，黄金就逐渐退出了市场流通范围，成为大家竞相贮存的对象。由于用金数量稀少，黄金的数量名称也起了变化。本来汉代称黄金一斤为“一金”，到了晋代，称“一金”却往往指的是一两了，这是因为使用黄金时用两计算已逐渐习以为常了，而南北朝以后就不再用斤计算了。

唐宋时代，金银制作工艺达到相当高超的水平，黄金用于打造器物、饰品以及佛道法事祭祀、布施等有增无减，黄金的用途更加广泛。与此同时，由于工商业和对外贸易蓬勃发展，以黄金计价、估值以及用于大额赋税、大宗交易的情况又时有

[1] 王嘉《拾遗记》卷六。

发生。杜甫就有“囊虚把钗钏，米尽折花钿”的诗句。由于经济的增长，黄金的货币作用在这一时期又有所上升，但相比之下它作为贮藏、保值的作用仍是主要的。史籍对这方面的记载很多，如“天下金帛皆贮于左藏”[1]等等。元代以后，纸币逐渐流行，黄金则进一步退出流通领域。尤其是明朝，曾明令禁止民间用金银交易，但实行的结果是，白银未能禁止住，而黄金的货币地位则正式取消。

黄金货币的形制，一直是多种式样同时并行的，但不同时期又分别以某一式样为主要形式。东汉以后，除圆饼形外，铤状逐渐多起来。金铤是狭长的金钣，似大臣用的笏，一直流行到唐代。1979 年山西平鲁屯军沟曾出土金铤 82 件，金饼 4 件，部分刻有唐肃宗乾元年号。[2]南北朝时，黄金制的钱币开始出现，《南史·吕僧珍传》曾有生动的记述。这种金钱，多是仿照当时流通的铜钱的形制而造的。从出土实物看，有些金钱是从国外流入的，如拜占庭金币等等。唐宋时期，金银制的钱币已较普遍，但多用作祭祀、布施、馈赠、殉葬等，与流通中的铜钱有所区别。《旧唐书·玄宗本纪》记载：开元元年（713）九月，宴王公百僚于承天门，令左右于楼下撒金钱。杜甫诗云：“何时重此金钱会，暂醉佳人锦瑟旁。”张祜诗云：“长说承天门下宴，百官楼下拾金钱。”两宋时金银开始以锭的形式出现，这是一种砝码或绕线板的形状，为两端宽、中间窄的亚腰形。元代的金银锭又改为元宝形，即两端尖而翘起。明、清时又有中锭（小元宝形）、锞子（小馒头形）以及滴珠、福珠形状。上述多种形状的黄金，都仍属于称量货币，在使用时需用秤称量，分量重者要进行截凿。

黄金的购买力，东汉以后千百年来一直是比较稳定的。金银比价为 1:5 左右，维持了相当长时间。至宋初为 1:6.52。明中期为 1:7—8，明末为 1:10 左右。清乾隆时为 1:14 左右，和当时欧洲的比价大体相当。黄金和铜钱、纸币的比价，则由于后者价值经常不稳，而变化较大。

## 二、白银

### 1. 早期的白银货币

白银和黄金一样，在古代传说时期就已成为人们交换中使用的货币之一了。但由于我国对白银的提炼技术比较落后，因此白银的使用时间应较黄金稍晚。

春秋战国时期，白银铸币已经出现。1974 年河南扶沟古城村出土 18 枚银布

---

〔1〕《资治通鉴》卷二二六。

〔2〕《文物》1982 年第 6 期。

币，据考证，其中空首布1枚，约为春秋前期的；5枚短型平首布，约为春秋晚期的；12枚中、长型平首布，约为战国初期的。[1] 同年河北平山县战国时中山国墓葬的发掘中，出土了银质贝币数枚，同时出土的还有赵国的刀币，[2] 因而可知银贝在中山国也同刀币一样是日常流通的货币。

秦始皇统一币制，对白银是禁止作为货币来流通使用的，所以白银只用于首饰和贮藏。汉代没有明令禁止白银，但由于数量不多，仍主要用于首饰和贮藏，有时也作货币使用于大额支付。汉代白银属于称量货币，一般作饼状或铤状，叫做银饼或银铤，与金饼、金铤形状类似。已知的，西汉曾有过无字银铤、汉景帝“中元二年（前148）银铤”及银砖等物。汉武帝元狩四年（前119），因对匈奴用兵，财政困难，用少府积存的银锡铸造“白金三品”。白金三品是三种银币，一是圆形龙纹币，重八两，值三千铜钱；一是方形马纹币，重六两，值五百铜钱；一是椭圆形龟纹币，“肉圆好方”（即方孔椭圆形），重四两，值三百铜钱。这白金三品银币的发行，仅是一次失败的尝试。由于它作价太高，比实际价值约高出三倍以上，又系银锡合金而无固定成分比例，因而民间纷纷私铸，降低银的成分，使此币大幅度贬值，不利于正常经济生活，仅用了四五年就废止了。两晋、南北朝时，史籍记载中用银的例子逐渐多起来，也有了以银计值的记载。但白银仍不是主要货币，除用于饰品和贮藏之外，人们在赎罪、贿赂、租税、贡奉等方面也有用白银的。银的形制，除银铤外，银质的钱币开始出现，有的类似五铢钱形制，有的可能是对外国银币的仿造，但数量都很少，只起货币某些职能的有限作用。

### 2. 白银的货币作用增强

唐代的货币，主要是绢帛。中唐以后，绢帛货币已不能适应市场交易的需要，其货币作用逐渐趋于衰退。贵金属白银，作为货币逐渐受到人们的重视。本来，唐代的法律不承认白银为合法的货币，但由于交换、支付使用方便，人们多乐于用白银，致使后来唐政府的经费也使用白银了，所以实际上白银货币在唐代已具有多种用途，如：商品交易、租税、赈济、赏赐、贡奉、军费、布施、官俸、债务等等。甚至政府的税法都有用银的规定，如唐税制《租庸调》规定：“丁，随乡所出，岁输绢二匹……非蚕乡，则输银十四两，谓之调。”[3] 到唐末、五代时期，白银已成为商品流通中最常见的一种货币，根本改变了过去主要用于饰品和贮藏

---

[1]《河南扶沟古城村出土楚国金银币》，《文物》1980年第10期。

[2]《河北省平山县战国时期中山国墓葬发掘报告》，《文物》1979年第1期。

[3]《资治通鉴》卷一八七胡三省注。

的状态。不仅用银的范围扩大，而且用银的数量也是空前的。据一些史籍记载，人们进行贡献、济军、贿赂等活动用银，一次往往是数万两或数十万两。

两宋时期，白银的货币性质进一步增强。政府正式规定白银为租税和官俸的法定货币。政府的财政支出中，白银货币占据很大比重，而且日趋增加。北宋真宗天禧末年（1021），政府岁收中白银为八十八万余两，岁支中白银为五十八万余两。[1] 到神宗熙、丰年间（1068—1086），岁收中白银已达二百九十余万两，[2] 47 年间，白银岁收额增加二百多万两，增长 2.3 倍。南宋孝宗淳熙（1174—1189）中，左藏库对政府禁军百官俸给岁支中白银为二百九十三万余两。[3] 可见，南宋每年仅在军饷、官俸方面的用银就比北宋神宗政府全部岁收用银多二万余两。宋代用银范围比唐代更加广泛，民间私人经济交往，也常使用白银。白银在经济中的作用，已超过西汉时的黄金。南宋有的地方发行纸币“会子”也以银为单位，如绍兴七年（1137）川陕宣抚副使吴玠在河池发行的“银会子”即以银计价。但这一时期白银还不是十足的货币，在货币的价值尺度和流通手段方面的职能也还不够充分。如宋代的物价，还都是用铜钱来表示的，人们有白银也还得先兑换成铜钱，然后交换使用。百姓日常生活用银，相对来说还是较少的。

白银货币在唐代通行的形式是银铤。西安唐大明宫遗址曾出土唐玄宗天宝年间的银铤，长市尺九寸六分，宽二寸一分五厘，为笏状长方形的银钣，铭文“重五十两”[4]。在其他地方也发现一种重 20 两的小银铤。宋代白银货币一般叫做“银锭”，其形状是在铤形基础上，两端为圆弧状，中间较窄，而且在正面记有地名、用途、重量、官吏、匠人名称等。大银锭重 50 两，小银锭则重量不一，如 25 两、12 两等。宋代也铸造了一些银质的通宝钱币。

### 3. 白银成为主要货币

在与南宋同时代的金朝，白银已成为主要货币，和铜钱、纸币同时流通使用。金章宗承安二年（1197），铸造了白银的“承安宝货”，这是汉武帝以后第一次出现的政府法定银铸币。它的形制类似银锭，按重量从一两至十两，分为五种银币，一两承安宝货值铜钱二贯。近年来在黑龙江阿城一带曾出土了这种银币。承安宝货由于没有规定固定成分，于是发生大量盗铸掺假，使百姓受到损失，京师商人

〔1〕《续资治通鉴长编》卷九七。
〔2〕《建炎以来朝野杂记》甲集卷一四《财赋》。
〔3〕《建炎以来朝野杂记》甲集卷一七《财赋四 · 左藏库》。
〔4〕《文物参考资料》1957 年第 4 期，文物出版社。

曾为此罢市，因而到承安五年就停止流通了。但称量性质的银铤、银锭仍继续流通使用。金朝历届政府为了推行纸币交钞，曾经严令限制银价和用银数量，民间贸易强令搭配使用交钞，但商民百姓不予理睬，继续以银论价，乐于用银交易，拒用纸币。

元代以后，白银已成为流通中的主要货币。虽然元、明两朝建国初期都曾经明令民间交易禁止使用白银，而推行纸币。但这种禁令收效甚微，未能阻止白银的流通。白银已成为日常生活中的价值尺度。民间借贷、劳务报酬、物价的表示、日常贸易大都用银，小额的买卖才用铜钱。到后来，政府非但不再禁止，而且本身收税、发放兵饷、官俸也都用银。政府发行的纸币，也以白银为本位。由于人民用银日多，银铺业也有了很大发展，它们不仅从事打造金银首饰器皿，还开办了银钱兑换的业务。在清代，政府明确规定："以银为本，以钱为末"，政府财政收支一律以银为准，白银成为流通中最主要的货币。白银货币的形制为元宝状，又称宝银，以重量计算。(图 15—17)

白银货币的流通，在清朝初年是比较稳定的，当时对外贸易出口生丝、茶叶、瓷器等，输入的主要是白银。据统计，嘉庆以前的一百七十余年间（1644—1821），西班牙、荷兰、英、法、美等国输到中国的银元达三亿零六百多万元。道光以后，鸦片贸易使白银大量外流，每年出口白银数千万两，造成国内银荒。另一方面，外国银元制造精致，规格划一，计数比用秤称白银方便得多。人们宁愿以十足的白银换取成色较低的银元使用，以致外国银元在国内市场盛行，缴纳赋

图 15-17 银锭、银元宝

税以及商人交易都愿用它。为了适应经济发展的需要，林则徐在任江苏巡抚时就曾试铸过中国自己的银元，每枚重七钱三分，但行用不久即废。以后道光十八年(1838)，台湾铸过有寿星图像的“足纹银币”；道光二十四年（1844）福建漳州曾铸造军饷银币。咸丰、同治年间浙江、上海、吉林等地也出现过各种银饼、银币，都是民间或地方政府铸造的，流通时间不长、地区范围不广。光绪十五年（1889）两广总督张之洞正式奏准朝廷，用机器铸造“龙洋”银元。币面中央为“光绪元宝”四字，背面为蟠龙花纹，重七钱二分。龙洋含银九成，与白银等价使用。龙洋出现后，各省也纷纷仿铸。宣统二年（1910）四月，朝廷制订国币则例，规定银元铸造权归于中央，次年五月开始铸造统一的“大清银币”，但几个月后，辛亥革命就爆发了。清政府虽然灭亡，但在社会经济生活中现代铸币银元取代称量货币银两的趋势已经构成。

白银在流通中作为主要货币行使大约有七百一十余年。这一时期白银的购买力，基本上是下降的趋势，其价格变动主要受产量和进出口的影响。例如米价，明初洪武年间每石值银四钱六分，明末崇祯年间每石约需银一两一二钱。清康熙年间每石值银五钱九，清末光绪年间为二两一七。白银与铜钱比价，明初为白银一两值铜钱一千文，到万历年间为五六百文；清初顺治年间为一千四百文，康熙以后约为一千文，嘉庆以后白银外流，银价上涨，道光年间涨至二千文以上，同治年间又降至一千六百文左右。银钱比价的变动，受打击最重的是农民，因他们卖粮收铜钱，而纳税要交白银，如果银价对铜钱上涨五成，即意味着农民的租税负担增加 50%，从而引起农民纷纷起义反抗。

## 三、谷帛

谷即指粮食，帛或布帛指纺织品，帛为丝织品的通称，布为麻葛类织品的通称，都是人民赖以生活的衣食之本。我国古代自从有了交换，谷帛就是重要的一般等价物，起着货币媒介作用。谷帛是本身使用价值极强的一种货币，退出交换后即可直接进行消费。因此它最适合商品交换不发达的自然经济环境，或战火纷飞、社会动乱时期交换媒介的需要。即如古代童谣所说：“虽有千黄金，无如我斗粟，斗粟自可饱，千金何所直。”[1] 由是几千年来谷帛一直断断续续发挥着货币作用，有时甚至完全代替了其他货币的地位。

周秦以后，据历史记载，谷帛一直是与金属货币并行的重要币种。《汉

[1] 任昉《述异记》卷下，《汉魏丛书》本。

书·食货志》载："太公为周立九府圜法：黄金方寸而重一斤。钱圜函方，轻重以铢。布帛广二尺二寸为幅，长四丈为匹。故货宝于金，利于刀，流于泉，布于布，束于帛。"汉代把谷帛作为法定的货币，是政府财政收支的一个重要手段。比如汉代政府的官俸中，就有一部分是以粮食计算的。皇帝的赏赐有时也使用缣帛。《资治通鉴》记载，汉武帝巡狩郡县时，曾赏赐用帛百余万匹。赋税和民间交易也都是钱、帛并用。在王莽末年、东汉晚期和三国时的曹魏，由于社会动乱，粮食和布帛更上升为主要货币的地位，排斥和削弱了铜钱的流通作用。魏明帝以后，恢复了五铢钱，实行了钱帛并行流通。但西晋八王之乱以后，战火连绵，谷帛的货币作用又趋扩大，黄河流域及辽东地区，几乎处于实物交换状态，谷帛取代了铜钱，金银也只作宝藏和装饰之用。东晋和南北朝时期，各国大多是钱币、布帛、米麦同时并行流通。如萧齐时，虽然规定以钱币为主要货币，但在户租中，则三分之二收布帛，三分之一收钱币。萧梁时，规定各种交易"钱帛相半，为制永久"。北魏则一切公私财务收付，如俸饷、税收、赈济、赏罚、借贷等等，都以帛作价，有时还用牲口。北齐规定发放俸饷，以帛、粟、钱各三分之一。唐朝沿袭前代习俗，政府法令明确规定绢帛与钱币并行流通。如开元年间规定，"绫、罗、绢、布、杂货等，交易皆合通用……与钱货兼用，违者准法罪之"，[1]"布帛为本，钱刀是末，贱本贵末，为弊则深"，"自今以后，所有庄宅，以马交易，并先用绢、布、绫、罗、丝、棉等，其余市价至一千以上，亦令钱物兼用，违者科罪"。[2]政府赋税，如《租庸调》的庸、调，也是收绢帛。军费支出，一次用绢帛可达几十万匹。民间交易，大宗小项用绢帛的比用钱的多。日用的柴米油盐也用绢帛买卖。白居易《卖炭翁》诗中描写："半匹红绡一丈绫，系向牛头充炭值"，即可见一斑。

唐代中叶以后，绢帛的货币作用逐渐衰落。这是由于天下承平较久，商品生产逐渐发展，布帛作为既有交换价值又有使用价值的货币，其局限性较大，如布帛的品质不易划一、一经割截其整体价值就会受损、久藏会变质朽坏等问题越来越突出，因而在流通中逐渐被铜钱所代替。宋代以后，谷帛即逐渐退为生活日用品，仅在社会动乱时偶然发挥交换媒介作用。

关于谷帛货币的规格，谷是粮食的通称，各种谷物一般以斛、升等容量或重量为单位。布帛作为纺织品，其品种很多，如锦、绣、纱、绫、绮、罗、縠、绢、缣、绨、布等都可作货币，其中常见的是：丝织品绢、缣和麻、葛织品布。汉代

[1]《册府元龟》卷五〇一《邦计部·钱币第三》。

[2]《唐会要》卷八九《泉货》，清武英殿聚珍版丛书本。

曾定有规格，即：阔二尺二寸为幅，长四丈为匹，六十尺为端。二匹布抵一匹绢。唐代规定，绢以四丈为匹，布以五丈为端，均宽一尺八寸。在小额交易中，也有割断零碎使用的。

绢帛货币的购买力，在各个朝代都有所不同。唐代贞观初年，一匹绢约值一斗米。玄宗开元十六年（728）规定，每匹绢值钱五百五十文。实行两税法以前，大历年间（766—779），绢价曾涨至三四千文一匹。文宗开成三年（838），扬州白绢每匹 660 文。宣宗大中六年（852），每匹绢 900 文。绢价高低与外贸出口也有一些关系。

## 第六节 钞 币

钞币是古代的纸币，它本身没有价值，是代表一定价值的符号，是在信用关系比较发达的情况下为社会所公认的一种流通手段和支付手段。钞币的出现，表明我国货币已发展到较先进的阶段。

中国是世界上使用纸币最早的国家。据说，纸币的雏形，早在西周时期就已出现，叫做“里布”。春秋战国时，又有“皮币”、“傅别”。汉武帝时有“白鹿皮币”。唐朝有“飞钱”、“便换”。五代十国时有长沙的“契券”。严格地讲，这些都还不能算是真正的纸币，但是它们对钞币的产生有着重大的影响。

我国最早的纸币，是北宋初年的“交子”。宋、金、元、明、清各朝都发行了多种类型、名称各异的纸币，由于其中叫“宝钞”、“钞券”名称的使用年代最长，所以一些钱币学家把古代的纸币通称为“钞币”，[1] 以便和现代纸币相区别。钞币的流通到清咸丰官票宝钞消亡为止，大约有八百七八十年。以后近代银行券兴起，中国纸币的发展即进入了另一新的阶段。

中国钞币的发展，如果从其性质来看，基本上可分为：兑现的钞币和不兑现的钞币两类。

〔1〕罗振玉《四朝钞币图录》。

## 一、兑现的钞币

早期的钞币，都是以兑换券形式出现的，凭券随时可以换取现钱或现银，所以是兑现的钞币。这种纸币，在宋、金和元初流通使用，大约有三百余年。

最初的钞币产生于四川。北宋开国前后，四川流通行使的是铁钱。铁钱个体重价值小，买卖交易用钱量大。大铁钱每千枚重 25 斤，小铁钱每十贯重 65 斤。买一匹绢，需用两万多个小铁钱，重量共达 130 斤，得用车载驴驮，极为不便。于是在淳化、至道年间（990—997），出现了交子。“蜀民以铁钱重，私为券，谓之交子，以便贸易”。[1] 交子的“交”是交换的意思，指凭券即可交钱，所以是兑换券性质。由于交子随时能兑现，因而它可以代替现钱在市场流通。

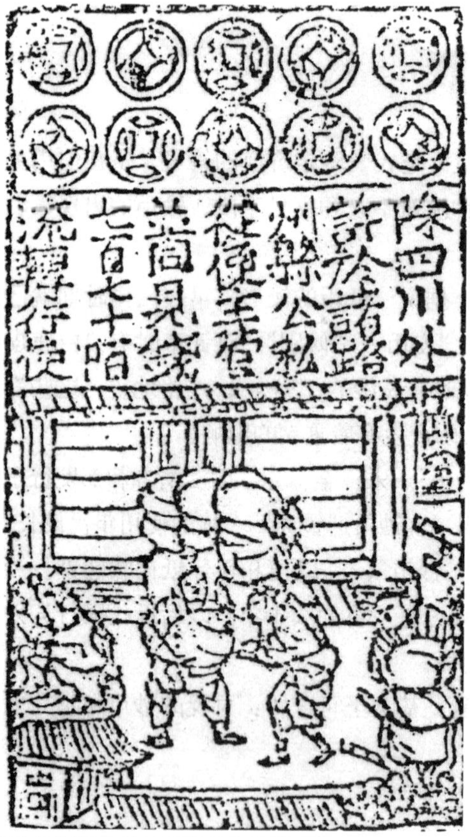


图 15—18 北宋官交子或钱引版

最初的交子，是一张两面都有出票人印记的收据式的票券，上面有密码花押，朱墨间错。票面金额临时填写。交子初创时，是由一些大商号分别签发的，又叫做私交子。后来成都 16 家富商联合建立交子铺，统一负责交子的发行工作。印制交子，改用统一的纸张，图案花纹用铜版印刷。（图 15—18）向交子铺收票人交付现钱，即可领到交子。兑现时，每贯收取手续费 30 文。交子比铁钱具有很大的优越性，简便易行，极受人们欢迎，但也常被举办交子的商户利用来赚钱。宋仁宗时，北宋政府设置益州交子务，取缔私交子，发行官交子，官交子有几种不同的面额，形制为长方形，桑皮纸印刷。考虑到纸币容易磨损，字迹模糊，采取分界（分期）发行的办法，三年为一界，界满以旧换新。每界发行限额为一百二十五万余缗（每缗千文），以四川铁钱为钞本（发行准

〔1〕李焘《续资治通鉴长编》卷一〇一。

备金）。流通范围限于四川、陕西。宋徽宗崇宁四年（1105）实行币制改革，交子改称钱引，全国通行。钱引是领钱的证书，也就是兑换券的意思，又叫钞引。钞引的印刷很有特色，币面有文字、图案花纹，还有人物图画，黑、青、红三色套印，用铜版分六次印刷，是很好的艺术品。钱引的印刷，是我国多色印刷术的鼻祖，在世界印刷史上也享有很高的声誉。

在交子和钱引流通的同时，各地区还产生了关子和会子。它们起初也是民间发行的，后改为官办。会子盛行于东南各地，南宋时最流行。会子和钱引一样，也是三色套印，精美程度稍差。钱引的金额是临时填写的，会子则把面额、发行机关等印在上面，分为一贯、五百文、三百文、二百文几种。上半部还印有严禁伪造等法律规定。

金朝受南宋的影响，海陵王贞元二年（1154），设交钞库，发行交钞，与铜钱并行流通。交钞是交子和钞引的合称，形制基本上仿自交子和钱引，长方形，四周画云鹤图案，钞面有文字说明，并有对伪造、捕告的惩赏条例。〔1〕交子以铜钱为单位，分大、小钞各五等（即一、三、五、十贯及一、二、三、五、七百文），以七年为期，到期以旧换新。后因通货膨胀改为无限期。泰和七年（1207）金政府曾发布《钞法条例》，制定了有关交钞的管理规定。〔2〕由于金政府军费开支过大，交钞从1189年起通货膨胀，尽管一再更换新钞，先后改名为宝券、通宝、珍货、重宝、宝会等等，但币值越换越小，信用越来越低，直至经济全面崩溃。

元朝是古代纸币最盛行时期，市场上除银元宝外，几乎都是纸币。成吉思汗时期，曾发行过会子和交钞。元世祖中统元年（1260）发行“中统元宝交钞”，以白银为本位，面额仍沿用铜钱单位，从十文到二贯分为十等，每二贯同白银一两。当时不限地区，不限年月行使。这些纸币初时还都是兑现的，但中统钞因发行量过大，不久即宣布不再兑现、强制永久通行，从此结束了兑现钞币时代。

三百年来兑现纸币的发行，较大地方便了工商贸易和民间支付，促进了当时商品生产，受到商民百姓的欢迎。但是，纸币发行权收归官营以后，又不可避免地被政府利用来收掠民间财货，弥补财政开支。因此，无论哪一种纸币，在开始正常行使流通了一阵之后，都毫无例外地出现了大规模超量发行，从而引起通货膨胀和物价上涨。例如，“界”本来是宋代钞币的重要特征，是为保证兑现和控制发行量的措施。实际上，宋政府并未认真遵守这个规定，也没真正按定额发行。两界并行或一界展期的事时有发生。大观六年（1107），交子发行量一界超过天圣年间的20

〔1〕《金史·食货志》。
〔2〕《中国古钞图录》。

倍。到南宋绍定五年（1232）两界会子发行三亿二千九百多万贯，为立界之初定额的33倍。显然，界的限制作用已经消失。淳祐七年（1247），南宋政府终于取消了会子的界分，永远通用。[1]最突出的是金朝的交钞恶性膨胀。金朝初起时，军事上四面出击，发了战争财，上下骄奢靡费。后来四面受敌，军费开支太大，财政极端困难，就滥发纸币。金世宗大定二十九年（1189）以后，取消七年期的限制，不限发行数量，不管兑现，不备钞本，并且不断发行新钞，扩大交钞面额。金宣宗贞祐二年（1214）在已经严重通货膨胀的情况下，发行面额二百贯到一千贯的大钞，结果币值跌成千分之一，一贯钞币实际只值一文钱。百姓的资财受通货膨胀影响瞬间即化为乌有，当时称做“坐化”。贞祐三年又发行新币“贞祐宝券”。一年后，宝券又跌到每贯只值几文钱。贞祐五年再发行新币“贞祐通宝”，一贯当宝券一千贯，再跌成千分之一。至兴定五年（1221），银价已上涨四十多万倍，元光二年（1223）银价已涨到六千万倍。后来元初的耶律楚材说，当时“万贯唯易一饼”。金朝末年，民间已公然拒绝用钞，许多商人罢市，远逃他乡。

图 15-19 中统元宝交钞

## 二、不兑现钞币

不兑现钞币，是靠政府行政权力强制通行的纸币，已成为纯粹的价值符号，表明我国纸币发展已进入一个新阶段。我国古代不兑现钞币，从元代中统钞开始，历经明、清两代，行使流通大约五百余年。

元中统四年开始限制白银流通，至元十四年（1277）禁止江南行用铜钱，至元二十年禁止民间买卖金银，至元二十二年拘收全国铜钱，通过这一系列措施，使中统元宝交钞成为全国唯一的法偿货币，开创了不兑现的纸币时代。（图15—19）在中统钞流通的同时，至元二十四年发行“至元通行宝钞”。

[1]《宋史·食货志下》。

面额从五文到一贯、二贯共十一种。以后中统钞发行缩小，至元钞成为主要纸币。至元钞流通期间，武宗至大三年（1310）曾发行“至大银钞”，正式规定银钞与白银的联系，面额以银两计算，自二两至二厘共为十三等级。至大银钞一两，等于至元钞五贯。此币未及一年即废止。顺帝至正十年（1350），发行新的“中统元宝交钞”，叫至正交钞。新钞一贯合铜钱一千文或至元钞二贯。元代纸币形体较大，长方形，有蒙、汉两种文字，版别很多，书法各异，其他如图案花纹、印押等，都和宋、金钞币差不多。元代钞币的发行和流通制度比较完备，至元十九年（1282）中书省颁发《整治钞法条划》，至元二十四年尚书省颁行的《至元宝钞通行条划》，这是我国最早的较完整的两个纸币法规。中央政府成立诸路宝钞都提举司，设行用库和平准行用库，控制发行量和倒换昏钞（破烂票）。管理制度的完善，使元代成为钞币发展的高峰时期。意大利人马可·波罗来到中国，见小小一张纸片竟可以买到各种各样的商品，大为惊叹。他说：“大汗国中，商人所至之处，用此纸币以给赏用、以购商物、以取其货物之售价，竟与纯金无别”，简直是中国皇帝的“点金术”。[1]

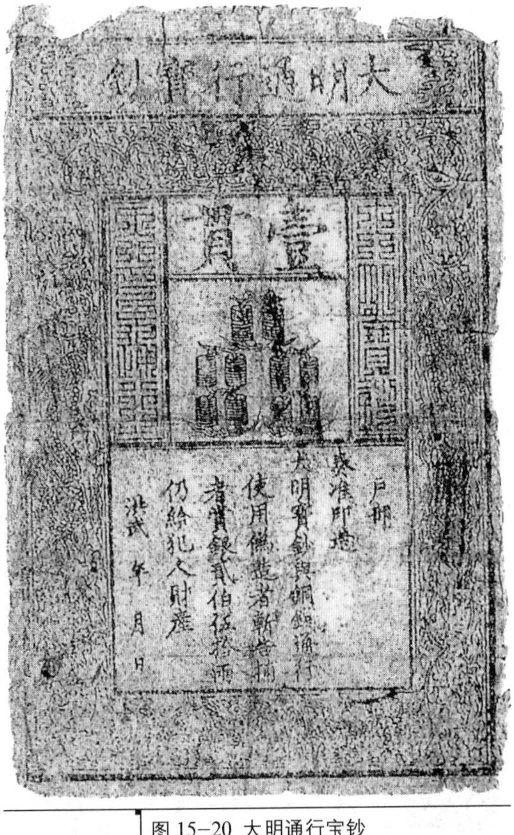

图 15–20 大明通行宝钞

明代只发行了大明通行宝钞一种钞币。（图 15—20）洪武八年（1375），设立宝钞提举司，立钞法，发行大明通行宝钞。它的形制基本仿照元钞，花纹结构、款式格局都差不多，桑皮纸印刷。面额按铜钱从一百文到一贯共分六种。一贯的宝钞，长一尺，宽六寸，是我国最大的钞币。允许与铜钱混合流通，但政府发钞不兑现钱。每钞一贯，折钱一千文，银一两；钞四贯准黄金一两。明

〔1〕马承钧译《马可波罗行纪》第 95 章，中华书局，1954。

代钞法，沿用元制，不限地区和流通时间，不定发行限额，没有发行准备金。宝钞的印制和发行都集中于中央政府。为了推行宝钞，曾实行“户口钞盐法”（每户成人配盐一斤，收钞一贯）、“门摊课程”（店铺商人用钞交纳门摊课），强制商民用钞，但收效甚微。弘治年间（1488—1505）宝钞已无人使用。

清代政府发行的钞币有两种。顺治八年到十八年（1651—1661），因军费支出浩大，财政入不敷出，发行“钞贯”。形制仿明宝钞，面额从十文到一贯。每年发行限额十二万八千余贯。后因战事减少，经济好转，钞贯发行即停止。咸丰三年（1853）因镇压太平天国战争，财政困难，发行“户部官票”和“大清宝钞”。户部官票又叫银票，以银两为单位，分一两、三两、五两、十两、五十两等多种面额。（图 15—21）形制似大明宝钞而略小，桑皮纸印刷。大清宝钞，又叫钱票、钱钞。以制钱为单位，面额有二百五十文到二千文等八种。后为了收回当千、当百大铜钱，面额膨胀到五千文、十千文、百千文（即十万文）等多种大额钱钞。同治元年（1862），政府决定税款停收钞票，至此官票、宝钞不再流通使用。清代除政府发行的钞币外，民间还有钱庄、票号、典当以及大的商号等发行的钱票、银票等钞币同时流通。这是属于定期付现的本票性质的票券。一般是银票面额大些，计算单位是两和钱，钱票面额小些，计算单位是文和吊（或串）。各地的名称也有所不同，如山西有凭帖、兑帖、上帖、壶瓶帖、期帖等。

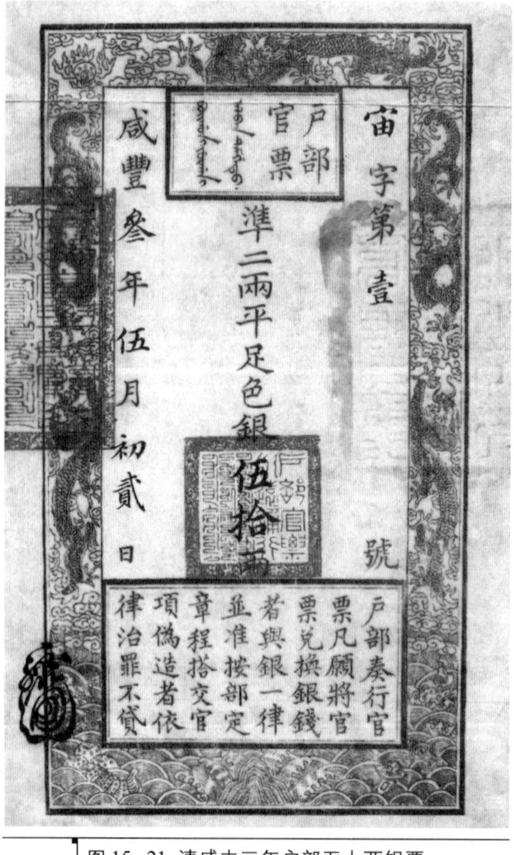

图 15—21 清咸丰三年户部五十两银票

元、明、清三代的不兑现钞币，都是在战乱年代或财政困难的情况下发行的，凭借皇权威势以行政方式强迫商民百姓行用。实际是一张无价值的纸片，无偿地征收民间财物来弥补政府财政的不足。明朝的货币政策，规定政府支付俸给、军饷都用宝钞发出，而租税却不收宝钞，光投放不回笼，或多投放少回笼，利用大明宝钞搜刮人民财富的手段尤为露骨。由于发钞有利可图，促使政府漫无限制地滥发，从而通货膨胀一直伴随钞币流通而共始终。如元代钞法虽较完善，但执行得非常混乱，任意扩大发行，使钞币到处充斥市场。初发钞时中统元年，中统钞发行量为七万三千余锭，到至元二十四年，发行额已增至五百零九万余锭，增长 220 倍，物价也上涨数十倍。到至大三年发行至大银钞一百四十五万锭，合中统钞三千六百余万锭，比中统初增长 1253 倍。物价随之大涨，如米价元顺帝至正末比忽必烈中统初上涨六七倍。贿赂官吏，所需钞币要用车载。[1] 明代的大明宝钞从一开始就处于通货膨胀的阴影之下，币值不断下跌，到洪武二十七年（1394），大明宝钞一贯实际只值一百六十文钱。正统九年（1444）宝钞一贯只值十文钱。弘治元年（1488 年），宝钞一贯值钱一文，实际上这时民间已不用钞了。嘉靖初年（1522），规定入库只用银不用宝钞，即等于正式宣布宝钞作废。清咸丰钱票最初的三四个月就发行了一百几十万串。人们拿到钱票却换不回现钱，所以大家重私票（私人钱庄的钱票）轻官钞（大清宝钞），钞价大跌。咸丰四年（1854）宝钞一千文值四五百文钱，咸丰五年官票一两和宝钞一千文，只值制钱一二百文。许多省份，拒不行用。外国商人则乘机压价收购钞币，按规定的五成用钞币去缴关税，逃避负担。因此，钞币已成为政府之累赘。到咸丰十一年（1861），官票早已绝迹，宝钞一千文只值二十六文铜钱。

货币是历史性的范畴。中国古代货币及其制度，是在中国社会经济发展中不断地前进的，是我国古代文化遗产中的瑰宝。在中国古代货币的历史长卷中，展现了中国古代货币经济发展繁荣兴旺的景象，也显示了封建制度后期货币经济停滞及种种矛盾问题。所有这一切，都可以给我们研究和处理当代的货币问题以有益的启示。

---

〔1〕彭信威《中国货币史》，上海人民出版社，1958，第 405—412 页。

# 第十六章 度量衡制度的演变与发展

人类的祖先在长期的生产实践中，发现了自然界存在着“数”和“量”。用数和单位来表示事物的物理量就叫做“计量”。中国古代，计量的称谓是“度量衡”。《尚书·舜典》云：“协时月正日，同律度量衡。”[1]这是“度量衡”一词最早的文字记载。它记述了虞舜到东方巡视，在部落联盟议事时，商讨把四时之节气，月之大小；日之甲乙；度量衡的齐同，乐律的音高都统一起来。至夏禹治水，“身为度，称以出”[2]，以人体建立度量衡标准。《礼记》云：周公“朝诸侯于明堂，制礼作乐，颁度量而天下大服。”[3]至公元前221年，秦始皇用武力征服各诸侯国，颁发统一度量衡诏书，同时初步建立一套完整的制度，后经汉代的继承、完善，成文于典籍并被历代遵循，奉为圭臬。此后每经改朝换代，都须探究古制以为本，再确立当朝度量衡制度、标准。直至明清，都是秦汉制度的沿袭。这一承传关系，被历代古籍和大量出土的珍贵文物所证实。

## 第一节 从原始的测量到度量衡的产生

### 一、原始社会的比较测量

古猿在长期使用天然材料，随意拾取折断的树枝和散落石块的过程中，萌发出大小、多少、长短等这些直觉的量，并对这些量有了初步的认识后，开始了创

〔1〕《尚书正义》卷三《虞书·舜典》，《十三经注疏》本，中华书局，1983，第127页。

〔2〕《史记》卷二《夏本纪》，中华书局标点本，1975，第51页。

〔3〕《礼记正义》卷三一《明堂位》，《十三经注疏》本，第1488页。

造性的劳动——制造工具。最初只是从大的石核上任意一击，打下了许多小石块，经过无数次敲击后，学会了把石块分割成不同大小、不同形状后，逐渐选择出相对尖锐的多边形的砍砸器、刮削器和带锋芒的尖状器，分别用于砍伐树的枝杈与野兽搏斗、挖掘植物根块和击落树上的果实。到了旧石器中晚期，石质工具已大体可以分为石刀、石斧、石镰了。特别值得注意的是，在北京周口店山顶洞人遗址发现了骨针。证明这时期的人已可以把小块兽皮按一定大小缝合，披在身上蔽挡风寒了。这些活动已蕴涵着对总量和分量的朦胧理解。

大约距今一万年前，旧石器文化向新石器文化转变。原始人群慢慢迁徙到河流、湖泊沿岸的平原地区，过着相对稳定的聚居生活，开始了原始农业生产，即“神农氏教民耕作”，形成了许多母系氏族公社。这时期工具的作用更显重要，出现了外形规整、刃口锋利，经过精心打磨的石刀、石斧、石铲、石镰和骨、木质工具。此外，复合工具也大量出现，即在打磨好的石器上钻孔，再绑上一定长度的木柄，这样使用起来就灵巧、省力得多了。复合工具的出现，说明古人已认识到将两种不同物质的量配合在一起。这时期虽然没有测量孔径的工具，但比较一下石孔的大小和木棍的粗细是不可缺少的。

西安姜寨和半坡都发掘出土了典型的母系氏族公社遗址。半坡居住区，中心是一座面积达 120 平方米的大房子。可能是氏族酋长居室和氏族议事场所，周围有几十座大小相仿圆形或方形的小房子。建造房屋，对长度的简单测量是必不可少的，如用规、矩画圆形或方形房屋地基时，圆的直径要多大，方边要多长，房屋需要多高，这些都离不开测量。建造小房子时，只需各自迈出几步，四边大致相等即可。而要建造 120 平方米的大房子，显然需要集体通力合作。由于各人的身高、臂长会有一定的差异，这时就要建立一个统一的标准；或以酋长的步距为准，或临时找一根树枝或一根绳索，定出一个相对统一的长度作为共同遵循的标准已成为必要。在砍伐房屋支柱的木料时，用手臂、身高去比一比长短，用手幅测量一下树干的粗细。这些十分粗疏的测量，却已都包含着对数和量的认识和利用了。

## 二、私有观念的产生到测量器具的出现

大约距今五六千年前，人类进入父系氏族社会。农具已大多为磨光、穿孔的石斧、石镰、石刀，用它们来砍伐树木、清除杂草，开垦出一片片耕地。骨制工具则用动物的肩胛骨制成刃宽而锋利的挖掘工具，鹿角制成短柄鹤嘴锄，便于刨土。生产工具的改进大大促进了农作物的增收。考古发掘已发现有炭化了的粮食

堆积。农产品有了剩余，畜牧业和手工业相继成为独立的生产部门，出现了社会分工，生产力水平提高，基本必需品有了剩余，导致了私有制的产生，少数人开始追求生活必需品之外的奢侈品，如珠、环、项链等。玉器的大量出土，是私有制形成的另一表现。玉多制成琮、璧等祭祀天地的礼器。江苏省武进县良渚文化墓葬中出土了数十件玉琮、玉璧，都表现出线条对称，图案繁缛，值得注意的是，同一规格的玉璧，彼此直径仅相差几毫米，玉琮的高度更是相差甚微。[1] 从这些玉器制作工艺来分析，这时期的比较式测量已十分精细了。

农产品有了剩余，储存粮食的大小陶罐、陶盆、陶缸都普遍使用，甚至出现了能装几十斤粮食的大陶瓮。在收获的季节，氏族酋长很可能用不同大小的陶罐、陶盆来作为分配工具，或用小型陶罐来测量大型陶缸、陶瓮的容量，以便了解剩余和储存粮食的多少以及容器之间约略的倍比关系。

父系氏族社会，大酋长的地位日益显贵。由于社会分工不同，社会地位有了尊卑之别，分配制度也发生了变化。在平均分配时期，收获季节大家聚在一起，由氏族酋长临时选用一件陶器作为分配的容器，每人得到的粮食大致相等。粮食一旦分完，这件容器便不再具有测量器具的功能，下次分配时可以另找一件。然而，在生活必需品有了剩余，私有观念日益增强的时代，氏族酋长对个人财富及集体贮备开始需要有一个量的概念。随之产生了保存一两件相对稳定的专用测量器具的要求。氏族酋长选择几件有一定倍比关系的陶器，用结绳、契木的办法，把测量和分配的数量记录下来，年复一年，这几件陶器便成为在一定范围内固定的专用测量器具了。据报道，在甘肃大地湾一处大型建筑遗址中，发现了四件破碎了的陶器，（图 16—1）复原后经过测量，四件陶器之间有一定的比例关系，大致为 1:10:20:100。[2] 估计当时人们为了分配和储存粮食的需要，对容器不仅要分辨出不同大小，甚至已产生了倍比量的概念，逐渐制造出大致成倍比关系的测量器具了。

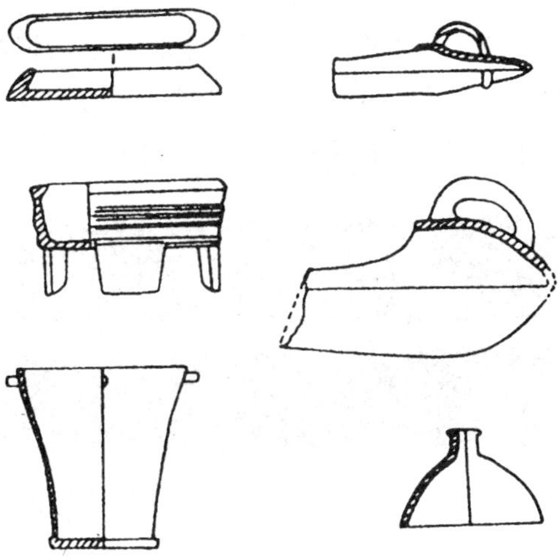

图 16–1 大地湾遗址出土的四件原始陶量线图

〔1〕汪遵国《良渚文化·“玉殓葬”述略》，《文物》1984 年 2 期。

〔2〕赵建龙《大地湾古量器及分配制度初探》，《考古与文物》1992 年 6 期。

## 三、大禹治水和度量衡标准的建立

《尸子》曰："古者，倕为规矩、准绳。"[1]《史记·夏本纪》曰：禹"左准绳，右规矩"。"身为度，称以出。"[2]"规"划圆；"矩"作方；准绳可测水平和距离。早在母系氏族社会就有方形和圆形的房屋。倕是氏族社会时期的能工巧匠，大禹则是带领群众治理水患、造福中华的伟大人物。而规矩、准绳就是中华文明史上最早的测量工具。

黄河是中国第二大河，古代文明发源地之一。各种古籍多处记述了在尧舜时期发生了一次特大的洪灾。夏禹继承父亲鲧未完成的治水事业，并改变了过去只用堵塞的方法，而采取以疏导为主，引水入东海，最后完成了治水大业。禹在外 13 年，考察地势高低，水流的途径都离不开测量。《周髀算经》记述了矩尺的用法："平矩以正绳，偃矩以望高，覆矩以测深，卧矩以知远，环矩以为圆，合矩以为方。"禹用矩尺"望山川之形，定高下之势。"测量水平、距离和高程。故赵爽注曰："禹治洪水……乃勾股之所由生也。"[3]东晋王嘉在《拾遗记》[4]中说：禹因得到神的帮助，获取了大量工具。禹在开凿龙门而进入到一个深数十里的岩洞时，"幽暗不可复行"。出来一头如豕的怪物，口衔明珠引路，走到一开豁明亮处，只见水河神女之子、蛇身人面的伏羲交给禹一支长一尺二寸的玉简，使其量度天地。禹即持玉简作长度标准。这段神话故事却道出了一个真理，即进行某项大工程时，必须由权威者制定出度量衡标准，以保证测量数据的统一。联系到《史记》中禹"身为度，称以出"的记载，正是在这期间有了中国最早的度量衡实物标准，并且逐渐成为此后划分土地，征收赋税，建造大型宫殿以及手工业制造等必备的度量衡工具了。传安阳殷墟出土的两支骨尺，[5]大约十六七厘米。

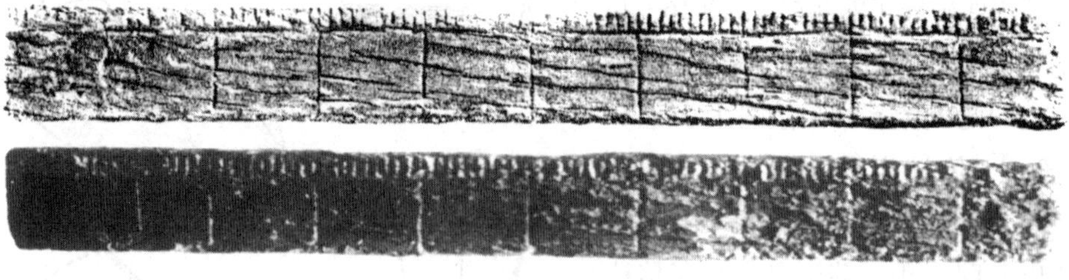

图 16-2 殷商骨尺

〔1〕《尸子》卷下《四部备要》本，中华书局，1936，第 19 页。

〔2〕《史记》卷二《夏本纪》，第 51 页。

〔3〕《周髀算经》卷上《四库全书》本第 786 册，台湾商务印书馆，1986，第 6 页。

〔4〕王嘉《拾遗记》卷三《夏禹》，中华书局，1981，第 38 页。

〔5〕罗福颐《传世历代古尺图录》，文物出版社，1957。

(图 16—2)《孔子家语》曰:“布手知尺。”[1] 十六七厘米正是一般身高人拇指至食指之间的距离。(图 16—3)

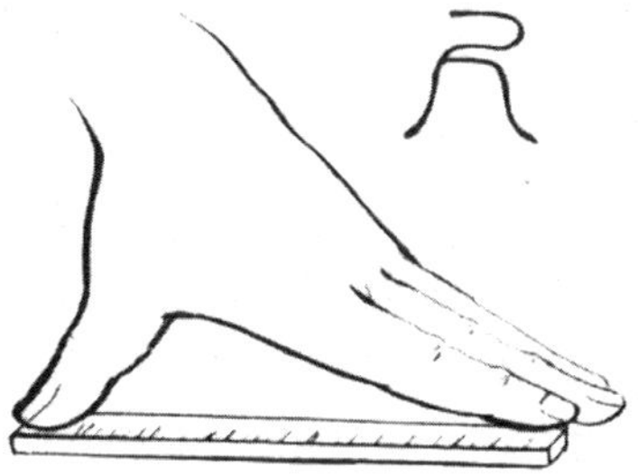

图 16–3 布手知尺示意图

## 第二节 度量衡制度初步建立的夏商周时期

夏、商、周三代经历了奴隶社会的建立、发展到全盛时期。在这样漫长的历史时期度量衡从萌芽到产生,开始有了度量衡单位制度和各种专用的测量工具了。

### 一、度量衡是划分土地、征收赋税的依据

大禹完成了治水工程之后,以他个人的智慧和权威,于公元前 2070 年建立了第一个以华夏民族为中心的夏王朝,即中华历史上第一个奴隶制国家。

禹在治水过程中,通过长期的实地测量,把居地分为九个区域。为了便于统治,他划分了大国、小国的疆界,即画经界,分地理。[2] 商代父己铜觯上刻有一疆字,写作“畕”。[3](图 16—4)两个田字中间有一“◁”形符号,表示用矩尺测量土地,定国之疆界。禹还善于治理农田,教民耕作。开沟渠、划阡陌,建井田,出现了田、井、甸、里、成这些计量土地面积的单位。《左传》记载,禹的后代少康,在一次夺权斗争中,曾经逃奔有虞氏,虞思把两个女儿嫁给他。那时少康“有田一成,有众一旅。”晋杜预注:

图 16–4 商代铜觯“畺(疆)父己”铭文

〔1〕《孔子家语》卷一《王言》,《四库全书》本,第 695 册,第 8 页。
〔2〕参见段玉裁《说文解字注》,上海古籍出版社,1981,第 698 页。
〔3〕《天津市新收集的商周青铜器》,《文物》1964 年,第 9 期。

一成是方十里的土地，“五百人为旅”[1]。郭沫若在《中国古代史的分期问题》中说：“在中国毫无疑问地施行过井田制，就平坦的地面划分出有一定亩积的等量方田，以分配给臣下作为俸禄。”[2]井田制起源很早，但发展成完整的制度，用来作为剥削的手段和发放俸禄的标准，则是在商代完成的。商代的甲骨文中已有“田”字。唐兰先生说：“田是田亩的量词。”[3]反映了土地划分的自然形态。金文中的“田”、“里”都已是量词。《敔簋》上刻有夷王赏“于敔五十田，于早五十田”。《召卣》刻铭：孝王“赏毕土方五十里”。《诗经》中也有关于田、亩的记载。《诗·周颂》云：“率时农夫，播厥百谷……终三十里。”[4]《魏风》：“十亩之间兮，桑者闲闲兮……十亩之外兮，桑者泄泄兮。”[5]数词与单位“里”、“田”、“亩”相连，说明它们已具备了定量单位的意义。

西周是奴隶社会鼎盛时期。周天子是土地唯一的所有者，即“溥天之下，莫非王土，率土之滨，莫非王臣”[6]。天子又必须制定一系列土地分配制度来管理，即把大部分土地分封给诸侯王，诸侯再以采邑的形式分给卿大夫，大夫再分给士（家臣），形成了土地使用的严格制度。为了适应分封的需要而专门设置了官吏来丈量、划分土地。《礼记》云：“司空执度度地……量地远近。”[7]在一定范围内，对平坦的土地可能已采用弓、绳之类的测量工具作实地丈量了。有了数字、单位，又规定了统一的量值，度量衡便在统治者所管辖的范围内通行了。

禹建立了夏王朝，为了维持公共的权力（国家），就需要公民缴纳赋税。《通志》曰：“古之有天下者，必有赋税之用，计口而入谓之赋，公田什一及工商衡虞之入谓之税。……禹定九州，量其贡赋，三代因之。”[8]土地的分封与赋税制有密切的关系。《孟子》曰：“夏后氏五十而贡，殷人七十而助，周人百亩而彻，其实皆什一也。”[9]贡、助、彻都是地租的名称。贡，是自由民耕种土地，统治者依据耕地上若干年收获量定出一个平均数，以平均数中抽取十分之一的贡物。助，是自由民耕地的所有权被统治者占有，因此必须替统治者耕种所谓的公田，属于劳役地租的形式，即《孟子》所说：“方里而井，井九百亩，其中为公田，八家皆

[1]《春秋左传正义》卷五七，《十三经注疏》本，第2154页。
[2]《郭沫若全集》（历史卷）第三卷，人民出版社，1984，第6页。
[3]唐兰《陕西省岐山县董家村新出西周重要铜器铭辞的译文和注释》，《文物》1976年，第5期。
[4]《毛诗正义》卷一九《周颂·噫嘻》，《十三经注疏》本，第591—592页。
[5]《毛诗正义》卷五《国风·十亩之间》，《十三经注疏》本，第358页。
[6]《毛诗正义》卷一三《小雅·北山》，《十三经注疏》本，第463页。
[7]《礼记正义》卷一二《王制》，《十三经注疏》本，第1338页。
[8]《通志》卷六一《食货》，浙江古籍出版社，1988，第736页。
[9]《孟子正义》卷五《滕文公章句上》，《诸子集成》本，中华书局，1986，第197页。

私百亩，同养公田。”[1] 西周又把助法改为彻法，实物地租代替了劳役地租。夏、商、周三代赋税制度，大体均为缴纳收获量的十分之一。《周礼》中还记载了周天子为征收各种赋税，设有专门的官吏，并授予度量衡器具。在分封诸侯时，也要发给相应的度量衡器。于是这些度量衡器具便成为一种权力，一旦掌握了它，便有权在其管辖的范围内征收赋税。随着土地的划分，赋税制度的建立，度量衡制度逐步地建立起来。

## 二、度量衡是建筑宫殿的准绳

古代宫殿、城郭建筑早在夏代已出现。禹建都阳城（今河南登封）。考古工作者在偃师二里头发现一座夏代或商代早期的宫殿遗址。它的整体是一略成正方形的台基，台基高出当时地面约八十厘米，台基中是殿堂。它布局严谨，主次分明，已是一座由堂、庑、门、庭等单位建筑组合而成的一座十分壮观的建筑群体。能够兴建如此宏伟的宫殿，说明当时已有成熟的营造设计，并且集中了大量的劳力共同劳作，因此统一的规划，统一的度量衡就成为建筑工程的技术基础之一。

晚于二里头的是郑州商城和宫殿遗址。遗址范围约二十五平方公里，古城垣周长约七千米，全部城墙完全用夯土分段筑成，从城墙的断垣上还可以看到版筑的痕迹，每块木板长约三米，板宽约二十五厘米。板、堵、雉是计量城墙长度的单位，即五板为一堵，三堵为一雉。在商城内还发现了一座面积相当大的宫殿遗址，东西长超过 65 米，南北宽 13.6 米。四周有回廊，中间有木骨泥墙的一排大寝殿。[2] 商代建筑宫殿的程序，首先要用“杆影定向”，即面朝南方。第二步是测量、划定地面建筑物的尺度。第三步是定平，即划定地基的水平直线。商代已懂得用水来测量柱基的水平度。夏商时期在建筑宫殿时，除了已用立杆测定方向之外，水悬、矩尺、圆规等已是工匠们常用的测量工具了。

## 三、官营手工业的发展与严格的检测技术

奴隶社会政权集中在最高统治者手中。手工业虽然很发达，而手工业者却世代为奴隶。商业有所发展，却多在官府控制之下，即“工商食官”。一方面度量衡

〔1〕《孟子正义》卷五《滕文公章句》上，《诸子集成》本，第 213 页。
〔2〕北京大学历史系考古商周组《商周考古》，文物出版社，1979，第 58—59 页。

早已成为社会政治、经济不可缺少的一部分，另一方面却又只是掌握在少数统治者手中，它不仅仅是一种测量工具，更重要的是体现了统治者的权力。故曰："关石禾钧，王府则有。"[1]即度量衡器皆掌控在统治者手中。

商周时期，度量衡除了用作划分土地、征收赋税、发放俸禄之外，更是规范手工业生产标准的测量工具。我国是世界上最早发明和使用车的国家之一。《史记》载：大禹治水时已"陆行乘车"[2]。《左传》云："薛之皇祖奚仲……以为夏车正。"[3]《管子》云："奚仲之为车器也，方圆曲直，皆中规矩钩绳，故机旋相得，用之牢利。"[4]车的结构复杂，工艺要求很高，不可能由一个人来完成。大规模造车，需要集中大量技术熟练的工匠和一套工艺流程，分工合作。《考工记》称，造车的工匠为"车人"。车人中又有更细的分工，制造车轮的称"轮人"，轮人先制成车毂（车轮中心部位）、辐（车条）、牙（车轮的外圆）谓"三材"，然后由技术最高超的工匠把它们组装成车轮。要造出合格的车轮、还要经过六道检测工序，即规、萬、水、县（悬）、量、权。"规"即检测车轮、车轴等部件的圆度。"萬"检测角度；"水"测水平度，即取正、定平；"悬"检测垂直度，"量"测各部位的长度、深度；"权"检测车轮各部分重量的平衡。[5]可见造出一辆合格的车，检测范围已不限于长度、容量和重量，而扩大到水平度、垂直度、圆度、角度等各种量的测量。《吕氏春秋》记："弩机差以米则不发。"[6]"米"当即"黍"，十分之一寸，约相当于0.23厘米，造车时，许多部件制造、测量的精度必有更高的要求。

## 第三节
# 春秋战国度量衡普遍使用

西周末年，周室衰微，礼崩乐坏，列强争霸，战乱此起彼伏，处在大动乱，大变革之中，至周平王东迁，史称东周。东周前期又称春秋，后期称战国。春秋

[1]《国语》卷三《周语》下，《四库备要》本，中华书局，1936，第24页。
[2]《史记》卷二《夏本纪》，第79页。
[3]《春秋左传正义》卷五四《定公元年》，《十三经注疏》本，第2131页。
[4]《管子校正》卷二〇《形势解》，《诸子集成》本，第327页。
[5]《周礼注疏》卷三九《冬官考工记》，《十三经注疏》本，第907—909页，参见闻人军《考工记导读》，巴蜀书社，1987，第222—224页。
[6]《吕氏春秋》卷一六《先识览·察微》，《诸子集成》本，第193页。

战国土地国有制逐渐被封建领主土地所有制所取代，土地变为私人占有。耕地扩大，铁制农具和畜耕技术被推广，亩产量增加，农产品转化为商品的数量也随之增加。与农业生产关系相适应，手工业和商业生产关系也有了重大变革，“工商食官”的羁绊被冲破，出现了独立的手工业者和更多独立的商人。

## 一、商业发展促进了度量衡的广泛使用

早期的交换，多以相互赠送，以物易物的形式进行，如用猎物换取采集物，以黍、粟换取陶冶。这种交换没有、也不需要什么价值标准和用度量衡进行价值比较。在奴隶社会，权力集中在统治者手中，他们控制着一切重要经济部门，商业很不发达，统治者日常的粮食等主要生活必需品，直接从农业赋税中获取而不进入交换市场。手工业生产又只是满足贵族的需要，用于交换的仅是极少的一部分。手工业者都是国有奴隶，他们的一切生产、生活资料都由官府“供给”，不通过商业渠道。

西周的城市里虽已出现商业比较集中的“市”，但是对“市”有严格的管理制度和法规，并设置了管理市场的各级官吏加以控制。从商品的种类、参与交易的人，到哪些商品、什么样的规格才准出售，都加以限制。即使当某些商品长短、大小不合规定，需要裁断时，度量衡器也只能掌握在管理市场的官吏“质人”手中，买卖双方无权进行检测和计量。[1]

春秋战国，随着农业生产力的提高，手工业经营方式也发生了变化。家庭手工业、个体手工业成为官营手工业的补充而允许存在。春秋时期，各诸侯王也都比较重视商业，普遍把通商惠工作为富国强兵的必要条件。以齐国为例，春秋前期，管仲辅佐齐桓公时“一匡天下，九合诸侯”[2]，成为五霸之首，与商业的发达有一定关系。管仲鼓励齐国以外的商人来齐国做买卖，并多次协助齐桓公同各国诸侯会盟，所订盟约中规定，相互间“勿忘宾旅”，“毋遏籴”。即要给商旅提供各种便利，不要阻止粮食流通。并提出要降低关市之税和“修道路，偕（同）度量，一称数”[3]。出于征收关税、平准物价的需要，对统一度量衡也提出了较高的要求。《管子·君臣》篇提出：“衡石一称、斗斛一量、丈尺一綧（准）制，戈兵一度，书

〔1〕详见《周礼注疏》卷一四《地官司徒·司市》，《十三经注疏》本，第734—737页。

〔2〕《战国策》卷一三《齐策六》，上海古籍出版社，1978，第456页。

〔3〕《管子校正》卷三，《诸子集成》本，第39页。

同名，车同轨。”[1] 管仲主张以法治国，即“有功必赏，有罪必诛”。《管子》一书多处以度量衡来解释法度，如《七法》云：“尺寸也，绳墨也，规矩也，衡石也，斗斛也，角量也，谓之法。”[2] 等由于度量衡一经制度化，必具有很强的法制性，此外，也只有当它成为官民日常所用之器具，为民所熟知时，才会以度量衡来比喻法度。就像今天的法律，都用天平为标志来代表公平、正直一样。

随着“工商食官”的格局被打破，各诸侯国都先后出现了一些富至“千金”、“巨万”的工商业主，个体手工业和小农经营者生产的产品也部分或全部都要拿到市上去出售，从而扩大了商品经营范围。商业逐渐与人民生活发生了联系，这时期度量衡已成为生产者和消费者双方都不可缺少的工具了。如手工业产品要求符合一定的标准：“布帛精粗合其数，幅广匹长合其度。”车辆要合辙，各种不同的器物大小也要求合乎规定。商业的扩大，私有观念逐步增强，交换双方对大小、多少、轻重这些量都有所计较，这时就要求有一种为大众所公认、价值稳定、易

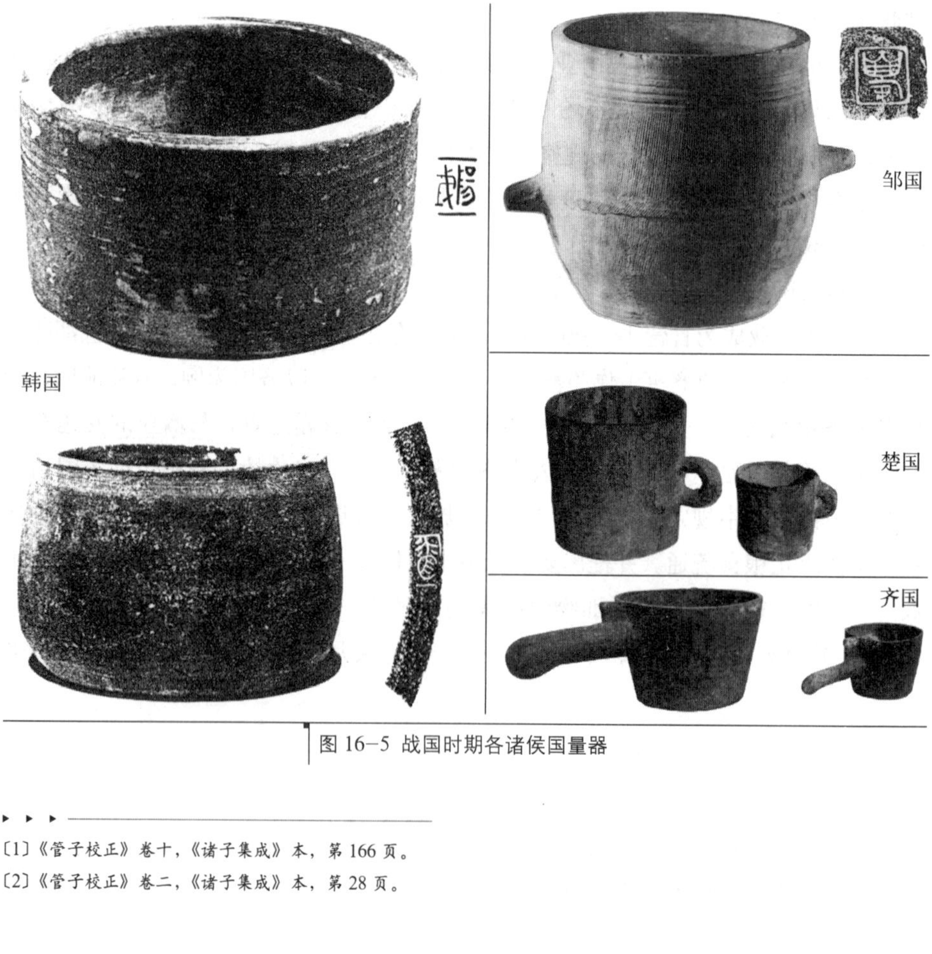


图 16-5 战国时期各诸侯国量器

〔1〕《管子校正》卷十，《诸子集成》本，第 166 页。
〔2〕《管子校正》卷二，《诸子集成》本，第 28 页。

于分割、坚固耐久、携带方便的特殊商品来作等价物，于是产生了货币。当商品用货币来计价时，就需要通过度量衡来定量了，即“布帛长短同，则贾相若；麻缕丝絮轻重同，则贾相若；五谷多寡同，则贾相若；屦大小同，则贾相若”[1]。如一石粟值二十钱；一斤铜值粟八石；大麦、小米、大豆等皆以重量单位计价。这时期度量衡的社会需要才更广泛，更显著了。（图 16—5）

## 二、货币与度量衡

最早的货币是海贝，以“朋”为单位。但贝币不易分割，本身又没有使用价值，最终被金属铸造货币取代。然而金属没有天然单位，只有在制定了重量单位之后，才可能铸造成货币。这就决定了金属货币与度量衡之间的必然联系。铸币最早仿造农具镈或刀的形状，故称铲币、刀币，后来又有了圜钱、铜贝币和金钣。铸币上的重量单位有钘、镒、寽、两、锱、铢等。春秋战国由于各诸侯国分治，各地货币形制、重量单位也有不同。尽管受当时铸造水平所限，各枚铸币的轻重不甚相等，但它们毕竟都是建立在重量单位之上，使用时一般不需要再去称重，唯楚国的金钣例外。“金”为贵金属，所铸造的金钣又不可能达到轻重完全相等，因此在作支付手段时必须重新称量，故钱币学家称它为“称量货币”，以别于铜铸币。然而这一历史事实经过了近两千年，直到近现代才被大家所认识。

图16−6　楚国金钣“郢爯”铭文

据《太平御览》[2]记载：早在西晋时，曾有一位太守在安徽寿县八公山溪水边散步，偶然发现一块闪闪发光的金属，顺手拾起一看，上面还打有方块印，可惜印上的字连这位满腹经纶的太守也无法识别，只好带回去与亲朋好友共赏。此后的几百年中，偶然在寿县一带又有人拾到类似的金块。至北宋时，沈括在《梦溪笔谈》中也有关于金钣的记载。他听说在寿县地区常有人拾到打有方印的金块，于是便到处托人寻觅。果然在一渔夫手中得到了一块上面打有多方印的金钣。因寿县有八公山，传为西汉淮南王刘安修炼之所，故

〔1〕《孟子正义》卷五《滕文公章句上》，《诸子集成》本，第 234 页。

〔2〕原文见《太平御览》卷八一〇《金》引《晋永和起居注》中华书局影印本，1992，第 3598 页。

释印上两字为“劉主”，定为刘安药金。[1] 可见沈括的释读也完全属于附会。直到清末由于研究甲骨文、金文的人逐渐多了起来，释别古文字水平提高，才有人推翻“劉主”说，释读为“郢爰”。“郢”是楚国国都的泛称，“爰”认为是楚国的重量单位。这一说法也延续了相当长一段时间，直到现代，又有人认为“爰”字的释读不妥，“爰”不是重量单位，而应释作“再”（稱），[2]（图 16—6）即楚国的称量货币。大块金钣在交易时，可以切割成不同大小，再用天平称重后才作支付。20 世纪 40 年代以来，在楚国故地不断出土了许多环形铜权，最可贵的是 1954 年在长沙左家公山楚国墓葬中出土了一套完整的天平，包括木质衡杆，两个铜盘和九件环形铜权。（图 16—7）最小的 0.65 克，最大的 125 克，九件相加约 251 克（一斤）。每件铜环权都是以倍数递增，即一铢；二铢；三铢；六铢；半两（十二铢）；一两；二两；四两；八两（半斤）[3]。显然，这类小型天平是用来称量黄金货币不可缺少的衡器。由于商业的繁荣，金钣的大量使用，这类小型天平也随着增多，仅在湖南就有一百多座楚墓中出土了这类权衡器。以环形砝码最常见，多则十枚，少则一二枚。可以设想，当时富商大贾们对贵重商品已是锱铢必较了。度量衡器不但是商人们必备的用器，贵族们甚至也将它们视为生活用品，死后随葬于地下，成为我们考证度量衡史重要的实物佐证。

图 16–7 楚国称金币的“天平”

〔1〕胡道静《梦溪笔谈校正》卷二一《异事》，上海出版公司，1956，第 680 页。

〔2〕安志敏《金版与金饼》，《考古学报》1973 年第 2 期。

〔3〕高至喜《湖南楚墓中出土的天平砝码》，《考古》1972 年第 4 期。

## 三、诸侯割据度量衡从混乱走向统一

春秋战国，许多诸侯王为了生存，并争夺霸主地位，都任用贤能在政治、经济上相继进行了改革，废除旧的土地分封制，把田地分赏给国人去耕种，提高了生产的积极性，再根据土地面积规定生产量标准来征收赋税。在这场变革中，新兴地主阶级与旧的奴隶主贵族之间矛盾十分尖锐。而在长期的斗争中，度量衡也起到了一定的作用。以齐国为例，早在管仲辅助齐桓公时，已十分重视对度量衡的改革和统一。他的一系列措施对发展经济、富国强民起到了明显的效果。但随着岁月的流逝，二百多年后，齐国已由盛到衰，至齐景公时，由于过分地追求享乐，对百姓的压榨十分残酷，每遇灾荒之年，哀鸿遍野，民不聊生。一次，晏婴出使晋国，与晋国大夫叔向私下谈论两国的政治局势。晏婴无可奈何地对叔向说：齐国迟早会被田氏取代（田氏是新兴地主阶级的代表）。齐国量制是豆、区、釜、钟。四升为豆、四豆为区、四区为釜、十釜为钟。而田氏却自设“家量”，以五升为豆，五豆为区，五区为釜。每遇灾荒之年就用大斗“家量”把粮食借给灾民，年成好转再用小斗“公量”收回，以此来笼络民心。百姓都扶老携幼地归顺田氏。现在的姜姓齐国迟早会被田氏取代。[1] 晏婴的预言最终变成了现实。1857 年在齐国故地出土了三件量器：子禾子铜釜、陈纯铜釜和左关铜钅和。[2]（图 16—8）器物上都刻有

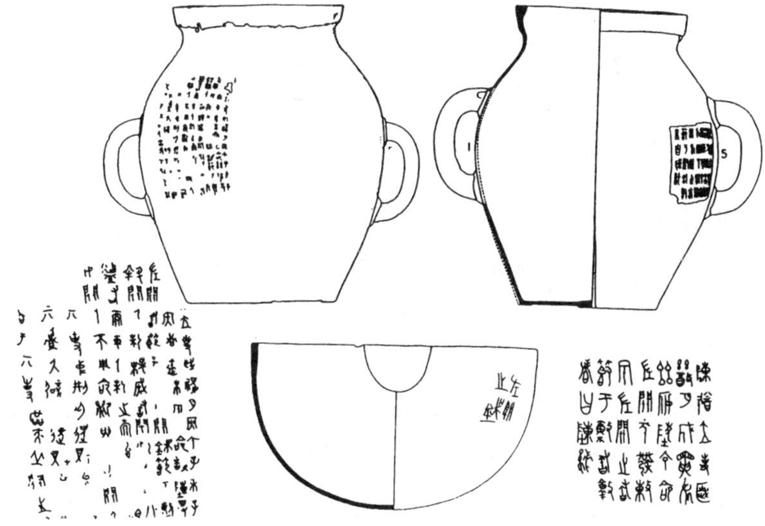

图16–8 齐国三件铜量器及铭文摹本

〔1〕原文见《春秋左传集解》，上海人民出版社，1977，第 1218—1219 页。

〔2〕《齐量》，上海博物馆，1959。

铭文，经过许多专家共同研究，认为应该是田氏取代姜氏被立为诸侯王时铸造的。子禾子釜上刻有一百多字的铭文，大意是说：左关釜是国家级的标准器，不准加大或减少其量。如有不从命，则论其轻重施以相应的刑法。陈纯釜上还把各级管理、监督制造和具体制造者的官职、人名都刻在器物上，以示各负其责。“左关”是当时的通商关卡。[1] 由于商业规模逐渐扩大，商人出入各诸侯国之间都要征收赋税。如果说，在此之前，度量衡仅仅是统治阶级手中的剥削工具，他们所掌握的度量衡器便是唯一的标准，到了春秋战国，已将度量衡的检定、管理制度都刻在器物上，成了大家都看得见、人人都必须遵守的成文法了。

春秋战国度量衡的不统一，除一国之内有“公量”、“家量”之外，从文献记载还可以看到各国之间单位名称、进位制度、单位量值都有较大的差别，从出土器物上也可见一斑。如上述齐国量器豆、区、釜、钟都没有脱离实用器的器形，而后期的升、斗、釜却已成为便于使用和测量的度量衡专用器了。各国器形也略有不同：齐国的升、斗为圆口单柄、铜质；韩国、邹国的陶量与秦陶量器形相近，直口无柄；楚国铜量类似近现代的量杯。权衡器除楚国用环权外，其他各国多为馒头形、顶端带鼻纽，以便系绳。从刻有量值铭文的器物来比较，许多国家所用的度量衡单位、单位量值也有区别。但从另一方面又可以证明，战国后期各诸侯国度量衡已趋向统一，如齐国一釜、秦国的一斛单位名称不同，容积却都在二万毫升左右。楚国环权的一铢又与赵国金饰件刻有朱（铢）、两的单位量值十分接近，即每斤约二百五十克。经过了数百年的战争和混乱，统一成为众望所归。度量衡趋向于统一，正是从一个侧面反映了统一的愿望。

## 第四节 从商鞅方升到秦始皇统一度量衡

战国时期，由于社会经济的发展，新旧势力之间进行着激烈的斗争，各国纷纷实行变法革新。在各国之间激烈的兼并战争中，变法最彻底、最成功的是秦国。经过几代人的努力，至秦王嬴政时，国力强盛，最后统一了中国。

---

〔1〕丘光明《中国历代度量衡考》，科学出版社，1992，第132—134页。

## 一、商鞅变法与商鞅铜方升

商鞅于公元前 361 年从卫国来到秦国，立志要辅助秦孝公变法，振兴秦国。他提出废井田“开阡陌封疆”。把旧制 100 步为亩，改为 240 步为亩，扩大了耕地面积，有利于农业发展。在田亩有了统一标准的前提下又提出要统一赋税。设“治粟内史”专收农业税，设“少府”主要征收人口税、手工业税和商业税。又制定了各级官吏的俸禄。要实现以上的改革，都必须建立在统一度量衡基础之上。收藏在上海博物馆的“商鞅方升”便是商鞅在秦国推行统一度量衡的珍贵历史文物。(图 16—9) 方升三面及底部都刻有铭文。左侧铭文大意是：秦孝公十八年 (前 344)，齐国派卿大夫数人出使秦国，共同商议包括统一两国度量衡等事宜。为

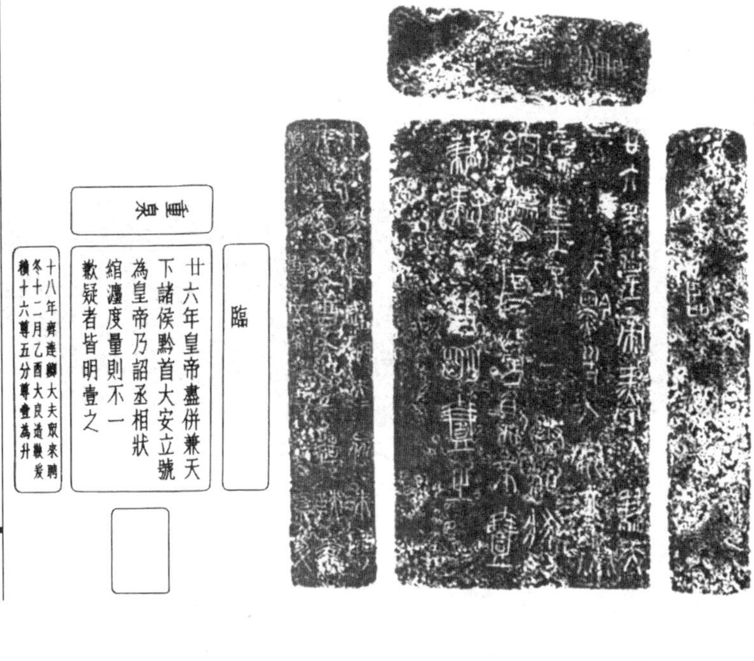


图16—9 商鞅铜方升铭文及释文

纪念这一重大事件，在当年的 12 月，商鞅督造了度量衡标准器——铜方升。明确规定一升的容积是 16.2 立方寸。今实测方升：深 1 寸，宽 3 寸；长 5.4 寸。计算容积正合 16.2 立方寸，约 200 毫升。[1] 商鞅方升是目前所见，最早“以度审容”的实物。方升的设计、制造精确，刻铭翔实。无论从度量衡技术，还是从历史意义上都是正经补史的珍品。商鞅统一度量衡对于推动秦国的改革，巩固新兴地主阶级的政权，都发挥了积极的作用，并为后来秦始皇统一全国度量衡奠定了基础。

## 二、秦始皇统一度量衡的历史功绩

公元前 221 年，秦始皇统一中国，结束了历时五百多年的诸侯割据、战乱频仍的动乱局面。为了巩固统一的政权，秦始皇采取了一系列重大措施来加强地主阶级的专政。他自称是全国最高统治者，立尊号为“皇帝”，实行郡县为基础的中央集权制，设“三公”、“九卿”等各级官吏，并按不同等级统一发放俸禄。为了维护封建秩序，在秦国原有法律基础上制定了一套更严密、更完善的法律条文。

1976 年在湖北云梦睡虎地出土了一批秦律竹简，其中许多条文都必须以度量衡来保证实施。如《田律》规定按受田之数缴纳赋税；《仓律》规定出入仓廪的粮食必须严格称重后记账；《金布律》对绢帛的幅宽、匹长有严格的尺度要求；《工律》对官营手工业生产的各种产品要求规范化、标准化等等。[2] 以上各项法律条文都必须建立在统一的度量衡基础之上。因此，秦始皇统一了全国之后，立即下令统一度量衡。

### 1. 颁发统一的命令

秦王嬴政统一全国后，自称为“始皇帝”。皇帝所下的命令为“诏”。统一

图 16-10 秦方升

---

〔1〕《唐兰先生全文集》，《“商鞅量”与“商鞅量尺”》，紫禁城出版社，1995，第 25—30 页。

〔2〕原文见《睡虎地云梦竹简》，文物出版社，1978。

度量衡的命令就是以诏书的形式发布的。诏书全文共40字："廿六年，皇帝尽并兼天下诸侯，黔首大安，立号为皇帝。乃诏丞相状、绾，法度量则不壹歉疑者，皆明壹之。"大意是：秦王在他继位的第26年，平定了各诸侯国，统一了天下。百姓得以安居乐业。立皇帝称号。下诏书给丞相槐状、王绾，制定统一度量衡的法令，把混乱和不统一的度量衡都统一起来。近年来刻有秦始皇诏书的各种权衡器和量器在原各诸侯国故地都曾出土。（图16—10、图16—11）《商君书》曰："权制断于君则威。"[1]颁布了统一度量衡的命令，有力地保证了这项措施的顺利推行和坚决贯彻。

图16-11 秦统一度量衡诏版

### 2. 延续秦国故有的度量衡制度

秦始皇统一度量衡，是以商鞅统一秦国度量衡制度为基础，并推广至全国。以商鞅方升为例，方升除有制造时刻的铭文外，传至秦始皇已时隔一百多年，仍以它为标准器，故在底部加刻始皇统一度量衡诏书。此外，1964年在西安市郊秦阿房宫遗址出土了一件铜权。权上铸、刻有各个时期的铭文：正面阳文，是铸造时原有的，内容包括管理、主造和制造者人名，以及"高奴"、"禾石"等。（图16—12）说明是高奴地区用来称粮草的120斤权。高奴禾石铜权上的刻

图16-12 高奴禾石铜权

〔1〕高亨《商君书注译》，中华书局，1974，第110页。

铭，反映出在商鞅统一秦国度量衡之后，已建立了一套严格的管理制度。至秦始皇统一全国，即将秦国原有的标准器皆重新检定、校测。此权也加刻了统一度量衡诏书。秦二世即位，对此权再次检测后，加刻二世诏书于一侧。二世诏书大意是：强调统一度量衡是始皇帝的功绩，并令后代将统一的法令继续推行下去。从这些器物上证实了秦自商鞅至秦二世，统一度量衡的一切法规、制度均未改变，对度量衡器的检测也从未间断。这些都是秦始皇能在短期内顺利统一全国度量衡有力的技术保证。

### 3. 制造和颁发大量度量衡器

迄今已搜集到秦代度量衡器百余件，几乎每一件都以铸、刻或镶嵌诏版等各种形式把40字诏书复现在器物上。出土地区包括了秦统一前各诸侯国的领地。有力地证明了秦始皇在统一后短短的十几年内已把统一的政令推行至全国各地。所见秦权量值包括石(120斤)、钧(30斤)、24斤、16斤、9斤、8斤、5斤、1斤和半两。经实测每斤重约250克，每件秦权量值皆以倍数递增，据考证皆属等臂天平上作砝码用。大型砝码是征收粮食和草料的称重器。

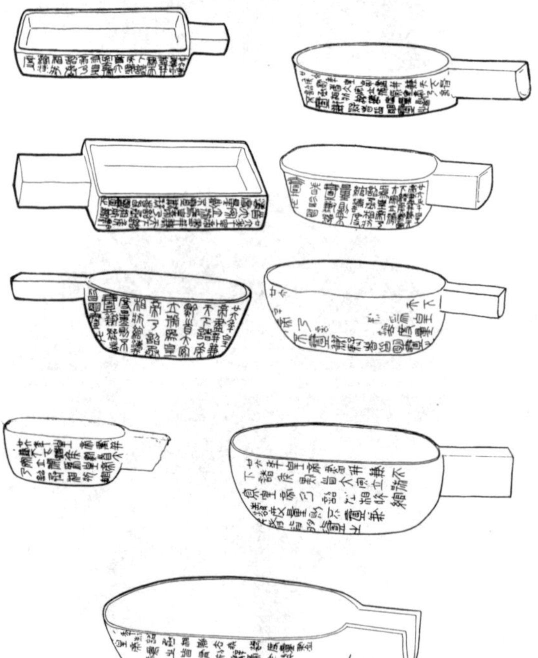

图16-13 秦铜量线图

量器分陶质、铜质两种。铜质量器多呈广口。椭圆形，量值皆为“斗”的分数倍，如二分之一斗；三分之一斗；四分之一斗等。经研究，它们与分配服劳役者每日口粮有关。据《墨子》记载：秦汉之际，士卒每人、每餐定量分为五等，即半食，食二分之一斗；三食，三分之一斗；四食，四分之一斗。[1]这些量器正是当时分配制度最有力的实物证据。(图16—13)今国家博物馆所藏秦始

〔1〕《墨子间诂》卷一五，《诸子集成》本，第369页。

皇铜方升，无论器形、容积皆与商鞅铜方升相似。大于一升的各种铜量，则多为椭圆形。实测秦量折合每升容量也在200毫升左右。

近年在山东出土了数件秦陶量，其特点是40字诏书预先烧制成10个印戳，分别打在陶量的泥坯上，然后烧制而成。这种用戳式印拼成一篇完整文书的形式，开创了活字印刷术的先河。（图16—14）

图16—14 秦始皇诏陶量及铭文拓本

#### 4．实行严格的检定制度

为了保证“器械一量”，秦时还制定了严格的检定制度。秦律竹简《工律》、《效律》、《内史杂》等律令中都可以看到相关的法律条文。其中《效律》是检验官府物资、财富的法律，因此对度量衡器具的准确度给予了必要的重视。律令中对被检测的度量衡器具的允许误差范围、超出允差标准后的惩罚制度都作了十分具体的规定：衡器中凡“石”不准确，误差在16两以上，罚该官府啬夫盔甲一副；不满16两，在8两以上，罚盾牌一副。60斤权，误差在8两以上；30斤权，误差在4两以上；斤权，误差在3铢以上，皆各罚盾牌一副。量器中凡桶（斛，10斗）不准确，误差在2升以上，罚盔甲一副；不满2升而在1升以上，罚盾牌一副；斗量，误差在半升以上；升量，误差在一龠以上，各罚盾牌一副。称黄金的小型天平、砝码不准确，误差在半铢以上，罚盾牌一副等等。[1]经实测，所见秦权、秦量，单位量值都比较准确，大部分误差未超过《效律》所允许的范围。其实际量值是：一尺约23.1厘米；一升约200毫升；一斤约250克。这一单位量值从商鞅到东汉，几乎延用了四五百年，其中东汉末，尺度略有增长，约为24厘米，重量略有减轻，约为220克。

“秦律”还对度量衡的使用、管理作了规定，《工律》“县及工室听官为正。

〔1〕《睡虎地秦墓竹简》，第113—114页。

衡石羸(累)、斗、用(桶)、升，毋过岁壶(壹)。有工者勿为正。叚(假)试即正”[1]。律令大意是，政府部门及官营手工作坊使用的度量衡器，皆由官府指定的部门每年校正一次。本身有检测工匠者，则不必代为校正。领用时需加校正。《内史杂》中还规定：官仓内必须配备齐全各种度量衡器，暂时不用的也需要定期校正备用。如果丢失度量衡器，要与丢失文书、符券、官印一样受到惩罚。[2]

《吕氏春秋》中也多处记载了检测、校定度量衡器的时间和范围。“仲春之月，日夜分，则同度量，均衡石、角斗桶，正权概。”“仲秋之月，日夜分，则一度量，平权衡，正钧石，齐斗甬。”[3] 为了保证检测的准确，已注意到选择在气温、湿度适中的春、秋两季进行。说明当时已萌发了科学的管理思想和方法。

秦始皇统一度量衡，不仅促进了度量衡的发展，也为封建社会度量衡制度奠定了基础。

## 第五节 汉代是中国度量衡制度的完备时期

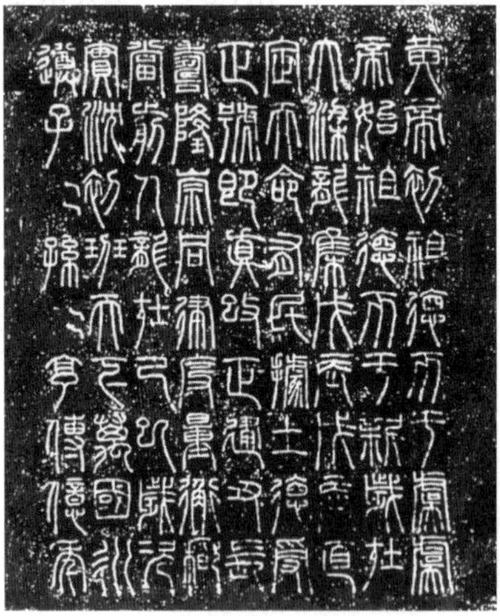

图 16-15 新莽统一度量衡铜诏版拓本

汉代度量衡是秦制的延续和发展。从汉高祖命张苍定度量衡程式，到《汉书·律历志》的成篇，在中国度量衡发展史中起到了一个承前启后的作用。而汉代度量衡又以新莽时期最具有代表性。西汉末年，王莽把持朝政，建立了一个历时仅十几年的“新朝”。为实现其政治图谋，他以复古改制为名，进行了一系列改革，但多遭惨重的失败，唯有度量衡的“改制”取得了显著的成效。(图16—15)度量衡的改制，是在天文、乐律、数学家刘歆的主持下进行的。刘歆等系统考证了前代制度，提出了建立度量衡体系，包

[1]《睡虎地秦墓竹简》，第 70 页。
[2] 原文见《睡虎地秦墓竹简》，第 108 页。
[3]《吕氏春秋》卷八，《诸子集成》本，第 12、76 页。

括各级单位名称；进位关系；单位量值的确定；标准器的设计、制造以及行政管理等。特别是在前人基础上明确地提出以“黄钟”为度量衡标准，假以累黍为介质，直接定出长度标准从而推导出容量和重量标准。经过归纳、整理，分成审度、嘉量、权衡三篇专论。后被班固收入《汉书》，列为《律历志》首篇。此后《汉书·律历志》便成为中国古代度量衡最完备、最重要的文献。继汉以后历代，皆以它为圭臬而遵循。

## 一、《汉书·律历志》中“审度”、“嘉量”、“权衡”篇

近年来，新莽时期度量衡器多有发现，与《汉书·律历志》相互印证，可对这一时期度量衡有一个更全面的了解。

1. 审度篇[1]：首次明确规定了长度的五个单位是分、寸、尺、丈、引，皆十进制。标准器是一铜丈：厚一寸、宽二寸、长一丈。由内官“廷尉”掌管。1927年在甘肃出土了一支铜丈，上面刻有新莽统一度量衡诏书共81字。器已损坏、折断，据记述，铜丈之长、宽、高与《审度篇》所规定基本相符。此外，近年出土的汉尺较多，实测各种尺长均在23厘米左右，即与秦尺同长。

除一般直尺外，新莽时还制造了便于测量圆球体直径的专用测长工具——卡尺。卡尺上有铭文“始建国元年(9年)，癸酉朔日制”。固定尺中间有导槽，滑动尺正面有刻度。卡尺的发现，说明最晚在西汉末年，我国测长技术已从一支直尺发展到可作多种用途的专用测长工具，是古代测长技术史上的一次突破。[2]（图16—16)

图16–16 新莽铜卡尺

2. 嘉量篇[3]：容量单位是龠、合、升、斗、斛。二龠为合；十合为升；十升为斗；十斗为斛。由管理国家仓库的官吏“大司农”掌管。容量的标准器是一件五量合一的“嘉量”，器形仿《考工记》中的“栗氏量”。[4]今台北故宫博物院

〔1〕原文见《汉书》卷二一《律历志》，中华书局标点本，1975，第966页。
〔2〕丘光明《中国物理学史大系·计量史卷》，湖南教育出版社，1902，第244页。
〔3〕原文见《汉书》卷二一《律历志》，第967—968页。
〔4〕戴震《考工记图》，商务印书馆，1955，第51—55页。

图 16–17 新莽铜嘉量

藏有一件。(图 16—17)嘉量为铜质，主体是一个大圆柱体，近下端有隔断，上方是斛量，下方是斗量；左侧是一个小圆柱体为升量；右侧也是一个小圆柱体，上为合量，下为龠量。故斛、升、合口朝上，斗、龠口朝下。器壁正面刻 81 字总铭外，背面刻五量分铭，详尽地记述了各量的数度和经过验算所得之容积，即每器之积均为 16.2 立方寸的分数或倍数，与商鞅方升量值相同。说明刘歆定度量衡，严格遵循“古”制。然而嘉量各器皆为圆柱体，在数学运算尚处在“圆周率三，圆径率一”的汉代，要把圆形器的体积精确地计算出来是难以做到的。刘歆为了要使容量合乎古制，就必须遵循秦汉一尺之长，一升之容的标准。于是他经过精心设计和运算，把圆周率从“径一周三”提高到 3.1547。至南朝北宋时，祖冲之偶然见到了此量，对器的计算容积产生了疑点，认为根据刘歆给出的数据，计算所得的容积应该是 161.23 有余，达不到 162。最后祖冲之经反复运算，终于得到了圆周率为 3.1415926—3.1415927 之间，以此圆周率再去计算各器的容积为 161.999……。[1] 这样，与 162 就十分接近了。嘉量一方面从形式上遵从战国时栗氏量——器圆并数量合一；容积又完全遵从秦之遗制——各器皆为 16.2 的倍数。能做到这一点实属不易。设计者不仅在一件器物之上集中了容量制度中的五个单位量，还用刻铭记每一器的度数，从而长度标准也明。此外还规定了全器总重“二钧”(60 斤)。故后代只要得到一件“嘉量”，则度量衡三者量值犹存。故历代均把嘉量视为传世之瑰宝，两千年来，研究者甚众，赞美声不绝。

除嘉量外，今藏国家博物馆的新莽铜方斗也是一件珍品。(图 16—18) 斗口沿处刻铭文“律量斗，方六寸，深四寸五分，积百六十二寸，容十升。”方斗正面浮雕凤纹，其他三面浅刻黍、麦、豆、禾、麻五种主要农作物。此外还见有铜升、铜龠、铜撮等。皆制作精美，量值准确。

3. 权衡篇：[2] 重量单位制是：铢、两、斤、钧、石。24 铢为 1 两；16 两为 1 斤；30 斤为 1 钧；120 斤为 1 石。器形仿楚国环权。故曰“圆而环之”。由“鸿胪”掌管。1927 年在甘肃出土了新莽时期铸造的铜衡杆和多件铜环权；衡杆中间

〔1〕原文见《隋书》卷一六《律历志》，中华书局标点本，1973，第 387—388 页。

〔2〕原文见《汉书》卷二一《律历志》，第 969—971 页。

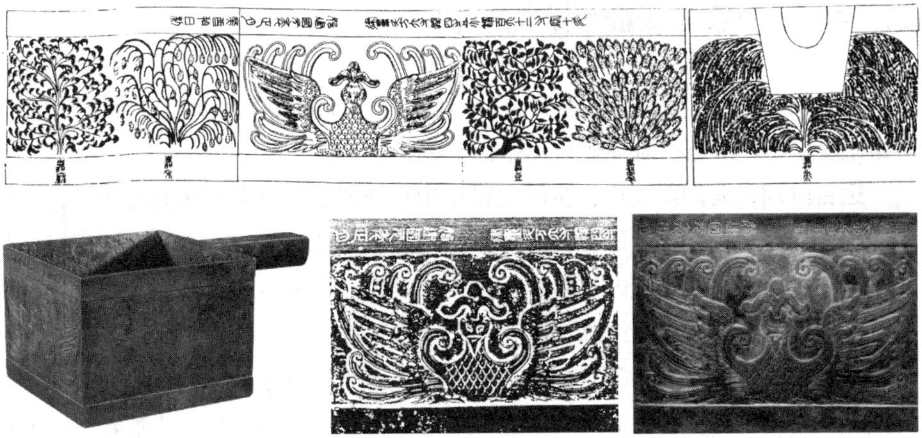

图 16-18　新莽铜方斗及纹饰

有提纽，两端各有扁平长方体的悬纽。衡杆中部刻统一度量衡 81 字诏书。环权有石权、2 钧权、6 斤权和 3 斤权各一枚。石权外壁一侧亦刻有 81 字诏文，另一侧刻“律石权，重四钧”。实测 29950 克，折合每斤约 250 克，与秦权同。二钧权刻铭文：“律二钧，始建国元年正月癸酉朔日制。”其余各权也皆有铭文。（图 16—19）

图 16-19 新莽铜衡杆、铜钩、铜环权

## 二、黄钟、累黍与度量衡标准的确立

如果说以人体、谷物为度量衡标准，是人类共同的设想和做法，那么以黄钟、累黍定度量衡，则是中国特有的一种创造发明。

远古时期，人们在生产、生活实践中用自身的器官判别事物的数和量，故有了布指知寸、布手知尺；舒肘知寻；举足为跬、倍跬为步；一手之盛谓之溢，两手谓之掬之说。随着时代的进步，至汉代，人们已认识并利用物理性能比较恒定的自然物或自然现象作为度量衡标准了。如“黄金方寸，而重一斤”[1]；“水一升，冬重十三两”[2]等。而《汉书·律历志》则明确规定：“度者……本起(于)黄钟之长，以子谷秬黍中者，一黍之广度之，九十分黄钟之长。”“量者……本起(于)黄钟之容，以子谷秬黍中者，千有二百实其龠。”“权者……本起(于)黄钟之重，一龠容千二百黍，重十二铢。”

“黄钟”是中国古代乐律学中十二律名之一。[3]明朝朱载堉云：“乐也者，声之学也；律也者，数度之学也。”[4]东汉蔡邕云：“律，率也，声之管也。”又云：“古以钟律齐其声，后人不能，则数以正其度，度正则音亦正。”[5]乐声是按照声音高低排列，由低到高，宫、商、角、徵、羽就是五声音阶，而乐律是指音阶中每个音的高低规律。我国早在战国时期已形成了三分损益法，以确定管或弦的长度和发音高低之间的关系。如何正确理解《汉书·律历志》中关于黄钟、累黍与度量衡之间的关系，是我们研究的关键所在。《易·系辞》曰：“形而上者谓之道，形而下者谓之器。”[6]乐要发声必制器，律管，形而下之器。它必有长短、容积之量。从物理学的角度来看，一支律管在管径不变的情况下，其频率与管长的四倍成反比。由于能发出黄钟乐律之管，其长度、口径是固定的，制器时用度量衡把律管的数据确定下来。反之，利用律管佐以累黍之法，又可以制约度量衡，成为度量衡理论上的标准。蔡邕《月令章句》云：“律，率也，声之管也……律亦以寸分大小长短为法故也。黄钟之管长九寸，孔径三分，围九分，其余皆稍短。唯大小围数无增减。以度量者，可以文载口传，与众共知，然不如耳

---

〔1〕《汉书》卷二四《食货志》，第1149页。

〔2〕《后汉书》志第五《礼仪》中，第3125页。

〔3〕十二律名：黄钟、太簇、古洗、蕤宾、夷则、无射、林钟、南吕、应钟、大吕、夹吕、仲吕。

〔4〕朱载堉《律吕精义·序》，《中国科学技术典籍通汇·物理卷》，河南教育出版社，1995，第99页。

〔5〕蔡邕《月令章句》，引自《太平御览》卷一六《时序部·律》，第81页。

〔6〕《周易正义》卷七《系辞》上，《十三经注疏》本，第83页。

决之明。”[1] 这段文字说明了声与度之间相互制约的关系。然而度量器一旦不存，或制度发生变化，也会失去文存口传的特点。为此古人又去寻找某种相对恒定的自然物体，把度量衡三者用数规定下来。累黍就是其中行之有效的方法之一。

以累粟黍与尺度相佐证，可追溯至西汉。《说苑》中即有“度量权衡以粟生为一分”。而古人通过各种试验证明，唯黍粒的大小长短，基本上能与当时长度单位“一分”相合。横排 90 粒中等大小的黍，即合黄钟之长，100 粒约略相当 1 尺。《汉书 · 律历志》加以发展、完备。首先以 90 黍合黄钟律管之长为基数，100 粒黍则合 1 尺。又说，黄钟律管可容黍 1200 粒，1200 粒黍之重则合 12 铢。这样，只要有了一支黄钟律管，并假以累黍便可以得到度量衡三个基本单位量了。

古人多尊儒训经籍，对周汉制度尤为推崇。自《汉书 · 律历志》定黄钟累黍之法后，历代沿用至清末，其基本论点未见有擅自改篡者。但受当时科技条件所限，这一完美的设计，或者说是理论上的标准，在实施中还会遇到许多难以解决的问题。如律管会因吹气的松紧、吹口与唇相对位置的变化而导致发音高低的变化。累黍又因“岁有丰俭，地有硗肥……理难均一”[2]。故汉以后两千年也不断受到各种质疑。其中争论最激烈的是宋代。当时朝廷重臣、天文、数学、乐律学家以及各方面人士都卷入到争论中来。仅司马光、范镇二人就在这场争论中，往返信件数十封，时间长达三十多年终无结果。历代争辩者也不乏其人，最终皆既难以全盘否定又未能提出新的理论代替。甚至经过多方辩论后不得不回到争论的起点，仍遵从黄钟累黍之说。尽管古代受到各种条件限制，这一理想化的度量衡最高标准，尚无法完美地实施，但它的基本思想却是先进的，甚至是十分超前的。在中国度量衡史上书写了光辉的篇章。

## 三、杆秤的制造和使用

目前所见世界上最早的称重工具，是公元前五千年古埃及的天平。它的支点在正中，称物时当被称物与已知量（权）相等，衡自然取平。古人从日常积累的感性知识中认识到这一点后，即可制造出这类称重工具了。故马衡先生说：“权衡之初制，必如今之天平。施纽于衡中，使两端皆平，一端悬权，一端称物。故传世之权，多纪斤两之数。”[3] 此正合我们对秦权作今天平上砝码用考证之依据。中国古

[1] 蔡邕《月令章句》，引自《太平御览》卷十六，第 81—82 页。
[2]《宋史》卷七一《律历》，中华书局标点本，1977，第 1608 页。
[3] 马衡《凡将斋金石丛稿》，中华书局，1977，第 26 页。

代什么时期开始制造不等臂杆秤的，目前尚缺乏有力的器物证实。最早从理论上论述杠杆的，见于《墨子·经说下》："衡加重于其一旁，必捶。权重相若也，相衡，则本短标长。两加焉，重相若，则标必下。标得权也。"[1]对此条的释读，各家看法虽不尽相同，但是有一点认识上是一致的，即《墨子》已对不等臂杠杆从理论上作了探讨。钱临照先生关于古人对杠杆原理的认识作了如下的分析："夫以能应用两臂不等长之秤，则必知杠杆力矩之原理；此与能应用两臂等长之天平而可不知力矩原理不同。盖天秤之两端等重，何以能得平衡，可归于左右两臂对中间支点之对称性，以为在理论上无任何一方可高或低之理由存在也。至若两臂不等之秤，则非力距之理，不足以释之。故始创秤者，其在有意无意之中必知力矩之原理无疑。"[2]即古人在制造等臂天平时，尚可不知力距之原理，若制不等臂之杆秤，必在有意无意之中已知力距之原理了。古代文献中称、秤，权、砣等常互用，没有明确的界定，更无天平、杆秤的区别。能从文载中确定为杆秤的，见于《国语》韦昭注曰："衡，称上衡，衡有斤两之数。"[3]韦昭是三国时人，故马衡先生说，三国时已有杆秤了。南宋时陈淳对杆秤的描写就更具体了。他说："在衡有星两之不齐，权便移来移去，随物以取平。"[4]秤杆上有斤两秤星，秤锤可以在衡杆上移动位置，改变力臂与重臂的关系以取平，正是杆秤特点之所在。那么中国是否直至三国时才制造、使用杆秤呢？除文献外，还可以从器物上作些研究。

砝码与秤砣最主要的区别在于，它们称物时所起的作用不同。天平称物时，被称物的重量是直接通过一件或几件已知标称值的砝码来计重。一件砝码只能称出一种量值。一般情况下，砝码都是某一个基本单位的整数倍。而杆秤上的秤砣却不同，在杆秤上，秤砣的作用是来定准星，称重时，掌秤者不以秤砣计被测物之重，而是看秤砣在秤杆上秤星的位置计重。因此秤砣并非必须是定量砣。正因为砝码与秤砣有以上的区别，一旦掌握了这个朝代一定数量的"权"之后，就可以大致分辨出哪些是砝码，哪些是秤砣了。

所见秦权多以倍数递增，其量值分别为半两、1斤、5斤、8斤、10斤、16斤、30斤、60斤、90斤和120斤等。西汉权除三件自铭为"斤十两"外，其他也多以倍数递增。新莽环形权也均为1斤的整数倍。因此只要有一件或数件有自铭标称值的权，推算出每斤的单位量值后，其他无标称值的权，也可推算出它们

〔1〕谭戒甫《墨辩发微》，中华书局，1977，第261页。
〔2〕钱临照《释墨经中光学·力学诸条》，《科学史论文集》，中国科技大学，1986。
〔3〕《国语》卷三《周语》下，上海古籍出版社，1976，第124页。
〔4〕陈淳《北溪字义》卷下《经权》，《四库全书》本第709册，第41页。

的量值。数据表明单位量值误差都在一定范围之内。而大多数东汉权则不然。如果仍按1斤的整数倍来推算，重者达270克，轻者仅201克，而且1斤的数值也非常分散。这正是东汉权的性质大多数已从砝码转化成秤砣的重要标志。[1]

由于所见东汉权，多已从定量砝码转化成不定量秤砣了，故从出土的大部分“权”中，不可能比较准确地折算出1斤的单位量值。仅从所见少数有自铭重量的砝码和有自重刻铭的实用器中，综合分析，得东汉1斤量值在220克左右。比西汉单位量值略有下降。

## 第六节 三国两晋时期的度量衡

三国政权是在东汉末年战乱中建立起来的。至西晋仅有短暂的统一，不久发生“八王之乱”。西晋灭亡后，北方进入“十六国”时期。南方以建康为中心建立东晋。这是一个战乱不断，社会处于分裂状态的时代。这期间少见史书系统记述有关度量衡管理、使用情况。流传下来的器物也比前大为减少。史书中在讨论三国至隋这一段时期度量衡时，大多与秦汉时期作比较，称“古制”。三国、两晋度量衡单位量值却是东汉的延续。

### 一、三国两晋的尺度

三国、两晋尺度，可以从《晋书·律历志》和《隋书·律历志》中看到其发展、变化的过程，以及日常用尺和天文、乐律用尺之间的关系。再佐以近年所见出土的各种尺，可以得到较为可信的尺度单位量值。

古籍中考校历代尺度，最初见于《晋书·律历志》，其后《隋书·律历志》更遍搜汉至隋有关尺度的文献及实物，前后达17个朝代，古尺27种，依尺之长短，分别其异同，列为15等，皆以第一等“周尺”（实为新莽铜斛尺）为标准，精测细校至毫厘，得此间尺度之变化。《晋志》、《隋志》皆出自李淳风之手，以二《志》互为参校、互为补充，为我们研究、了解三国至隋历代尺度变迁提供了可靠

[1] 丘光明《我国古代权衡器简论》，《文物》1984年第10期。

的文献资料。

十五等尺中，有关魏、晋之尺共五支，其中以魏时杜夔尺和西晋时荀勖尺最有代表性。《隋志》首先对秦至魏晋时尺作了简要的论述："及秦氏灭学。……汉室初兴，丞相张苍，首言音律，未能审备。……及王莽之际，考论音律，刘歆条奏，班固因《志》之。……炎历将终，而天下大乱，乐工散亡，器法湮灭。魏武始获杜夔，使定音律，夔依当时尺度，权备典章。及晋武受命，遵而不革。至泰始十年，光禄大夫荀勖，奏造新度，更铸律吕。"[1] 杜夔在曹魏时任雅乐郎，定魏尺的时间当在东汉末。由于"乐工散亡，器法湮灭"。不得不以东汉末至曹魏时民间日常用尺定律。十五等尺中第五等魏尺"杜夔所用调律，比晋前尺一尺四分七厘"[2]。

晋初立，沿用魏时杜夔尺。至武帝泰始十年，司马炎又命荀勖考校古律以定尺度。勖博学明识，精通乐律。奉命考校晋之乐律及尺时，发现"八音不和"，遍寻古器七种，反复揆校古、今乐律，"始知后汉至魏，尺长于古四分有余"。勖乃"依周礼制尺，所谓古尺也"以勖尺量古器，竟"尺寸无差"。[3] 故李淳风列 15 等尺时，在第一等周尺之中，将荀勖律尺与王莽铜斛尺并列，荀勖校律尺，时在西晋前期，又名"晋前尺"。杜夔尺是当时日常用尺，又称"今尺"。二者尺度之比，即魏尺"比晋前尺一尺四分七厘"[4]。晋前尺与莽尺同长，合今 23.1 厘米，故魏尺长 24.186 厘米。

荀勖考古律尺，以《汉书 · 律历志》黄钟律定度量衡为依据，所得尺之长与莽尺正合。但荀勖律尺却并未成为西晋时官民日常用尺，仅仅用于调钟律，即《晋志》所云："荀勖新尺，惟以调音律，至于人间未甚流布。"[5] 而杜夔尺"自此迄晋，用相因循"。又云："夔依当时尺度，权备典章。及晋武受命，遵而不革。"[6] 实际上晋时仍沿用的是魏尺。另一方面，由于古人又多尊《周礼》及典籍古训，恪守"律不可变"的信念。凡遇改朝换代，必寻古音，定古律，也就必求古尺为定律之准。然而律与度皆不可言传书载，累黍定尺又会因黍之大小不同难以定准。以致历代常为以尺定律或以律求尺而争论不休，魏晋已始。至于度量衡量值的变化，原因十分复杂，一般情况下往往在朝代更迭之时，对

[1]《隋书》卷一六《律历志》，第 386 页。
[2] 同上书，第 404 页。
[3]《晋书》卷一六《律历志》，第 490 页。
[4]《隋书》卷一六《律历志》，第 404 页。
[5]《晋书》卷一六《律历志》，第 491 页。
[6]《隋书》卷一六《律历志》，第 386 页。

前朝某些因袭增讹而积渐之量值予以承认，并以法制确立下来即可，并没有千载不变之必要。东汉至晋，尺度实际已有所增长，官民又早已习用，也就完全没有再回复到所谓“古制”的必要了。这正是荀勖尺虽合“古”制却未及使用的原因。

近年来所见三国两晋尺共 15 支，皆为出土文物。出土地区分散，尺的质地也不同，有铜、铁、骨、木等各种，每一支尺长度虽不完全相同，却多在 24 厘米左右，与文献互为参校，可厘定一尺之值为 24.2 厘米。

## 二、三国两晋之量器和权衡器

这期间的量器及权衡器皆未见实物遗存，文献也少见记述。惟《晋书·律历志》据刘徽注《九章商功》将魏时大司农斛与新嘉量斛作了比较。《晋志》云：“魏陈留王景元四年，刘徽注《九章商功》曰：‘当今大司农斛，圆径一尺三寸五分五厘，深一尺。积一千四百四十一寸十分寸之三。王莽铜斛，于今尺为深九寸五分五厘，径一尺三寸六分八厘七毫。以徽术计之，于今斛为容九斗七升四合有奇。’魏斛大而尺长，王莽斛小而尺短。”[1] 文中说明魏尺与莽尺之比是 1∶0955，已知莽尺长 23.1 厘米，则魏尺长 24.188 厘米，正与杜夔尺同长。今以徽术计算，得魏斛的容积为 20396.4 立方厘米，莽斛的容积 19874.2 立方厘米。[2] 魏斛比莽斛大 2.6%。二斛之比正如刘徽所说 1∶0974 即莽斛合魏斛的“九斗七升四合有奇。”刘徽以魏斛比莽斛，是从计算的角度出发，以计算之精确为目的，并非以此证明汉魏度量衡的变迁。因为受古代铸造技术所限，量器的实际误差一般都在 5% 左右。故刘徽所得此魏斛比彼莽斛大 2% 有余。正说明魏之容量继承秦汉旧制。故暂厘定魏时一升仍为 200 毫升。

迄今未见可供考证两晋容量制度的实物和文献资料。但从隋代统一度量衡时对“古制”的界定来分析，两晋容量继承汉制有一定的可信度，也仍以每升 200 毫升厘定之。

三国两晋涉及权衡器的资料更是极为少见。几件刻有自重的铜器，可比性不大，皆不足为证。亦因晋以后至隋唐，皆以“古制”及南朝梁、陈比隋唐制。（图 16—20）故可反证此期间权衡制及单位量值沿袭东汉之制，即每斤约合 220 克。

〔1〕《晋书》卷一六《律历志》，第 492 页。

〔2〕详见丘光明《中国物理学史大系·计量史卷》，第 305 页。

图 16–20 南朝梁凤纹铜矩尺线图

## 第七节
# 南北朝度量衡的混乱到隋代的统一

南北朝政权分裂，主要表现为南北分治。度量衡进入又一个混乱和量值大幅度增长时期。南朝从刘宋建国到隋统一的一百多年中，虽然朝代更迭，但都自称是华夏正统，一切仍以延续汉制为主，度量衡也“因而不改”。而北方是由鲜卑族中拓跋部建立的北魏。439 年北魏统一北方后的几十年中，经过长期斗争、融合，逐步从部族游牧生活向封建社会转变。在这样特殊条件下，反映在度量衡上也是十分错综复杂的。南北两朝度量衡的不统一，更是不可避免。

## 一、南朝尺度

李淳风“十五等尺”中，列南朝尺共四种：包括梁法尺、梁表尺、梁俗间尺和宋氏尺。以“宋氏尺”为代表，“实比晋前尺，一尺六分四厘”。“此宋代人间所用尺。传入齐、梁、陈以制乐律。与晋后尺及梁时俗尺、刘曜浑天仪尺略相依近。当由人们恒用，增损讹替之所致也”。[1] 以上四支尺，长度在 24.255—24.7 厘米之间。可知南朝宋、齐、梁、陈皆沿用魏时杜夔尺。各尺长度之差，皆由增损讹误所致。晋时虽有荀勖律尺合“古”制，但官民已习用杜夔尺，故遵而未改。

除十五等尺之外，近年还搜集到出土、传世的各种尺数支，长度在 24—25 厘

---

〔1〕《隋书》卷一六《律历志》，第 406 页。

米之间，虽有一厘米的误差，此民间所传，讹误难免。李淳风之考校精确可信，当以“宋氏尺”长 24.5 厘米为南朝尺度的厘定值。[1]

## 二、北朝尺度

北朝尺最大的特点是，不仅比同时代的南朝尺长，而且呈不断增长之势，即从北魏前尺的 25.6 厘米；中尺 27.97 厘米；[2] 至后尺已达 29.6 厘米。北魏灭亡，东西魏分治，至东魏后，尺已增长为 30.05 厘米。

## 三、南北朝的容量和权衡

迄今南北两朝均未见量器及有关实物留存。衡器虽得各种“权”十数件，却均为不定量秤砣。（图 16—21）文献所记又皆不甚翔实。今录如下：《隋志》云：量“梁陈依古。齐以古升（一斗）五升为一斗”；权衡：“梁、陈依古称。齐以古称一斤八两为一斤。”[3] 其“梁陈依古”应泛指南朝，包括宋齐。而“齐”则当指北朝的北齐。[4] 孔颖达《左传正义》疏曰：“近世以来，或轻或重。魏齐斗称，于古二

图 16—21 北朝魏、齐铜权

〔1〕详见丘光明《中国物理学史大系·计量史卷》，第 315—317 页。
〔2〕详见丘光明《中国物理学史大系·计量史卷》，第 312 页。
〔3〕《隋书》卷一六《律历上》，第 410—412 页。
〔4〕详见丘光明《中国物理学史大系·计量史卷》，第 318—319 页。

而为一，周隋斗称于古三而为一。”[1] 孔颖达在此只提到北朝，在他看来“或轻或重”变异最大的只是北朝。此后杜佑在《通典》中也提到“古制”与“今制”之比。他说：“自东晋寓居江左……历宋齐梁陈皆因而不改。……其度量三升当今一升，秤则三两当今一两，尺则一尺二寸当今一尺。”[2] 再次重申南朝皆沿袭东晋制度。至隋唐，与南朝相比，量衡已三倍于古了。其增长过程当然仅在北朝。

以上三家之言虽不甚详尽，但其中含意是一致的。即南朝之宋、齐、梁、陈皆因“古制”，而北朝却十分混乱，北魏至北周，度量衡都有不同程度的增长。至隋，南北之比为：尺，1∶1.2；量、衡皆三倍于古了。

## 四、北朝度量衡混乱及量值迅猛增长的原因

建立北魏的拓跋部，是鲜卑族中比较落后的一支。建国前仍是“畜牧迁徙，射猎为业”[3]。长期停留在原始氏族阶段。他们以好战进入中原，以好战大肆抢掠。建国以后，最高统治层希望能建立封建秩序，重视利用汉族大地主阶级为他们服务。早在天兴元年(398)，太祖已“诏有司正封畿……平五权、校五量、定五度”[4]，继承汉制。而过惯了游牧生活的各诸部大人，却顽强抵制，使奴隶制在社会经济中仍占有相当比重。两种生产关系并存，决定了社会矛盾尖锐复杂。北魏初，官吏没有俸禄，赋税征收带有很大程度的掠夺性，百姓不向封建国家纳税，却任官吏自行搜括。各级官吏与商人勾结起来，任意加大尺斗秤度，朝廷无力制止。由于法度废弛，度量衡失去管理。按规定，布一匹“皆幅广二尺二寸，长四十尺”[5]，而征民岁调，皆80尺。公元484年，北魏高祖孝文帝决心整饬法度，建立新制。并下诏：“改长尺大斗”[6]，实行俸禄制。“孝文改制”后，在短期内吏制有所整顿。高祖死后，随着鲜卑贵族的门阀化，与封建制矛盾更加突出。政治日趋腐败，各地又恢复长尺、大斗、重秤。满朝上下皆以此为利，后乃渐至滥恶，不依尺度。[7] 国政日趋腐败，各地起义不断，最后摧毁了北魏统治。永熙三年(534)分裂为东、西魏，后又演变为北齐、北周对峙的局面。自北魏末至北周及隋统一之

〔1〕《春秋左传正义》卷五五《十三经注疏》本，第2141页。
〔2〕杜佑《通典》卷五《食货》，第29页。
〔3〕《北史》卷一《魏本纪》，第1页。
〔4〕《魏书》卷二《太祖纪》，第33页。
〔5〕《魏书》卷一一〇《食货志》，第2852页。
〔6〕《魏书》卷七下《高祖纪》，第178页。
〔7〕详见《魏书》卷七八《张普惠传》，第1736—1737页。

前，度量衡又有增长，故民间流传着“南人适北，视升为斗”的谚语。

## 五、隋代统一度量衡和大小制的形成

隋文帝于公元581年取代了北周政权，建立隋朝，又于589年灭陈后，统一了全国，结束了南北朝分裂混乱的局面。

图16-22 隋代 青釉兔纽瓷权

隋立国后，实际上是恢复了汉族的政权，其典章制度仍为魏晋之旧。而度量衡却继承了北周之大制。故明末顾炎武《日知录》说：“三代以来权量之制，自隋文帝一变。”[1] 这一变巧妙地采取“因势利导”，从而迅速达到了南北统一。其原因我们认为与当时制订了行之有效的统一方案有直接关系。《隋志》中南北度量衡都有明确的比例，首先是“梁陈依古”。尺：“以一尺二寸即为市尺”；量：“开皇以古三升为一升”；衡：“开皇以古称三斤为一斤”。[2] 当时南北方度量衡差别虽大，隋统一度量衡也没有秦始皇时浩大的声势，却是在顺乎民俗民情的基础上找出十分简便的换算方法，便于百姓接受，从而收到了很好的效果。(图16—22)

隋代是作为北周的后继者而崛起。杨氏家族虽长期为北方非汉族王朝效力，一旦重新建立了大一统的国家，仍以华夏文化为正统，追溯汉文化渊源。朝廷大量任用南朝旧臣，他们影响和改变着北朝制度。这种思想反映在度量衡改制上也充分表现出来。一方面以北周尺为统一的官民用尺。而调乐律、测天象却用南朝浑天仪尺。《隋志》又说：平陈后“上以江东乐为善”[3]。又得梁陈正乐，乐律尺与日常用尺之比，即乐尺“一尺二寸为市尺”。这一比例关系一直沿用至唐朝。而量衡大小制均为一与三之比。隋炀帝继位后，改度量衡并依古制。他试图将度

[1] 顾炎武《日知录某解》卷一一《权量》，康熙三十四年遂初堂刊本。

[2]《隋书》卷一六《律历志》，第410—412页。

[3] 同上书，第407页。

量衡再次全部恢复到“古制”，却遭到失败。“虽有此制，竟不能复古。”[1]

## 第八节 唐宋时期的度量衡

继隋之后的唐朝，政治统一，国势强盛，经济繁荣、文化灿烂。度量衡基本沿用隋制。在其统治的近三百年间，单位量值相对稳定、管理制度严密。

宋朝分北宋和南宋两个阶段，北宋度量衡在某些方面比隋唐有所改进。但又在一定程度上因管理不力而造成混乱，南宋尤甚。

### 一、唐代度量衡继承隋制

唐承隋制，度量衡也有大小制之分。对度量衡的管理、大小制的定位和使用，都以法律的形式确立下来。《唐六典》云：“权衡度量之制，皆总其文籍而颁其节制。”“凡积秬黍为度量权衡者，调钟律、测圭影、合汤药及冠冕之制则用之；内外官悉用大者。”又说：“凡度以北方秬黍中者，一黍之广为分……。一尺二寸为大尺。”“凡量……三斗为大斗。”“凡权衡……三两为大量”。[2]文中累黍定度量衡，虽因袭《汉志》之说，但实际上则皆以隋制所定，而《唐六典》明确了大小制的用途：“小制”专作天文测量；调试乐律；称量药物及宫廷中各级官吏衣冠的尺寸等。中国古代尊崇“天不变，道也不变”的礼制，测量冬至日及夏至日的天文仪器——圭表上的“量天尺”是不能随意改变的。自魏晋至南朝日常用尺与“量天尺”同长约24.5厘米，隋代保留为“小尺”。中药的药量大小，关乎人命，亦不可随意改变而保留小斤、小两的古制。唐朝将大小制写进《唐六典》，成为一种法律制度延续下去。

唐朝的量衡器很少见到，唯各种尺却十分引人注目。反映出这个时代的奢华和工艺水平之精美。如金属尺中常见鎏金、鎏银，并且上面錾刻极精细的花纹。(彩图1)此外最引人惊叹不已的是，至今珍藏在日本国“正仓院”的红、绿拨镂牙尺。据记载，唐朝每年二月二日进镂牙尺及木画紫檀尺。至中和节，常以这类

[1]《古今图书集成》第782册，《考工典》，第22页。

[2]《唐六典》卷三《尚书·启部》，中华书局，1992，第81页。

图 16–23 唐代拨镂牙尺线图

尺赐予大臣及来华使节。正仓院所藏的数支红、绿拨镂牙尺，正是当时日本国“遣唐使”带回去的。[1]（图 16—23）当时日本、韩国等周边国家受中国影响十分深远，如日人所著《度量衡考》和《校订译注齐民要术》都说：“吾邦尺禀唐制”，又说：“唐一尺，等于今日本一尺”，长约三十厘米。而日本国最初整理出的度量衡制度，无论是单位制、检定制度、器具的标准、法律的格式，几乎都抄袭《唐律疏议》中度量衡条文。

## 二、唐代度量衡的管理法规

唐代度量衡已建立了严格的管理制度：国家级的度量衡器，由掌管财货、贸易的太府寺主管；地方级的标准器，由州县政府主管。凡标准器皆用铜质，由政府统一制造发放。（图 16—24）无论官府或私家的度量衡器，每年都要送官府校准后，加盖合格印章方准使用。除行政措施之外，还制定了严厉的法律条文。在我国保存

〔1〕王国维《日本奈良正仓院藏唐尺摹本跋》，《观堂集林》卷一九，《史林》，1923。

图 16-24 唐代铜权

下来最早、最完备的法典《唐律疏议》中，明确规定了处置使用不合格的度量衡器，以及对违法行为的惩治条例：凡检定度量衡器的部门，如有徇私舞弊或检定而不准确者，杖 70；凡制造、使用不合标准的度量衡器者，罚笞刑至 50；如利用度量衡器贪赃枉法者，以盗贼论处等等。[1]

## 三、宋代度量衡

北宋初创，宋太祖赵匡胤对全国度量衡的统一十分重视。即位伊始，便下诏书："精考古式作为嘉量，以颁天下。"又诏曰："凡四方斗、斛不中式者，皆去之。"[2] 每平定一地，都颁发度量衡器给各级政府，废除一切不合标准之器。严禁民间私造，以保证全国赋税统一征收。

两宋度量衡，一方面统一由太府寺管理：制定有关政策、法规、制造、颁发标准器具，按时检定、校正等。太府寺虽多次改换名称，其实际职能延续至南宋。另一方面又出现了名目繁多的乐尺、乐斗和乐秤。究其缘由，无不与多位皇帝热衷于律历制度的考证、修订有关。《宋史 · 乐志》云："景祐、皇祐间，访乐、议乐之诏屡颁。"[3] 上有所好，下必趋之。随即朝廷重臣、天文、乐律学家丁度、和岘、李照、沈括、司马光、范镇等人都纷纷参与。在研究乐律、历法的同时，往往涉及"古"、"今"之度量衡。故今留存对律历议论而关系到度量衡的文献颇多。

[1] 详见《唐律疏议》卷二九《杂律上》，从书集成本，第 619—621 页。
[2]《宋史》卷六八《律历志》，第 1495 页。
[3]《宋史》卷一三一《乐六》，第 3055 页。

### 1. 日常用尺和天文乐律尺

日常用尺主要是由太府寺颁发的官尺，又称三司尺、布帛尺等等。除太府寺尺之外，地方上又根据用于不同地区、不同时期和不同用途有淮尺、浙尺、大晟新尺、曲尺、量地尺等等。各种尺虽长短不同，但总与“古尺”或太府尺作比较。沈括云：“度皆以周尺，一尺当今七寸三分少强。”[1] 蔡元定云：“宋太府布帛尺，比晋前尺一尺三寸五分。”[2] 故太府寺尺长在31.2—31.5厘米之间。比较符合唐以后自然增长的趋势，与所见宋尺实物一尺之长约31厘米相近。今厘定为31.2厘米。

宋代对“古”“今”乐律反复考校，前后出现过十几种乐尺。宋初就有和岘依五代王朴律尺和唐景表尺定律尺和圭表用之“量天尺”，亦即《隋志》十五等尺中的宋氏尺长24.5厘米。之后又有李照、丁度、阮逸、胡爰等订乐律尺，长短各不相同。经反复考校、议论，最后仍以和岘尺为准，定为宋代之律历尺。

### 2. 宋代的容量

宋代日常所用量器，名目十分繁杂，有太府寺量、文思院量为官量。地方上还有各种“加量”、“省量”、“军量”、“粜斗”、“乡斗”等等。除日常用器之外，还出现了礼乐、天文、医药用量器。迄今未见两宋量器留存。要了解宋代容量之值，只有通过文献记载各种名目量器的度数或与“古”制之比去推算它们的容积。经过合理的筛选，去伪存真后，也能推导出有一定可信度的容量一升之值。如《宋会要》记：李照“凡新尺律……尺准太府寺尺”。“乐升所受如太府升”。“乐升广二寸八分，长三寸，高二寸七分。”[3] 今考李照乐尺长约31.4厘米，可列下式：$2.8\times3\times2.7\times(3.14)^3=702.15$ 立方厘米。又见《梦溪笔谈》沈括受诏考校乐律并制浑天仪，研究秦汉以来的度量斗升，得“汉之一斛，当今二斗七升”[4]。$10\div2.7\times200=740.8$ 立方厘米。再根据其他资料综合分析，得李照乐升与太府升量值更接近。故厘定宋之一升约合700毫升。

### 3. 宋代的权衡

宋代权衡器有按种类分成天平、杆秤、等秤；有根据用途分茶秤、果品秤、

---

〔1〕《梦溪笔谈校正》，上海出版公司，1956，第961页。

〔2〕蔡元定《律吕新书》卷二《权衡度量》，“四库全书”本，第212册，第42页。

〔3〕《宋会要辑稿·乐一之五》，中华书局，1957，第282页。

〔4〕《梦溪笔谈校正》，第155页。

图 16–25 宋代称盐专用的 100 斤铜权

鱼肉秤、盐秤等等。（图 16—25）为考校乐律还有各种乐秤。其中以刘承珪创制的小型等秤最有实用性，而李照乐秤代表着科学创新理论。在中国度量衡史中占有一席之地，故分述如下：

①刘承珪考校权衡创制等秤

公元 977 年，宋太宗继位后，再次下诏重申统一度量衡。令管理国库收支的官吏刘承珪，对历代度量衡再作考证，并提出更好的管理方案。刘承珪检查了国库中旧藏的度量衡器，发现多有不准，使用中难免产生弊端和争讼。刘承珪经过反复检验和研究后，首先改革秦汉以来的权衡单位制：采用唐朝后期用 10 枚开元通宝钱定 1 两，即 10 钱进位为 1 两，取代此前 24 铢为 1 两制；又用分、厘、毫十进位取代黍累制。再用新旧不同单位制互为参校，分别制造出两种精准的小等秤。第二步，选出一批淳化年间制造的铜钱，用等秤称出其中正合 1 钱者共 2400 枚，作为校准 15 斤秤的重量标准。第三步，重新铸造一批成套标准砝码，发给中央和地方各级政府。[1] 这一系列措施，对统一全国度量衡起到了积极作用。刘承珪制造的小型等秤，大受商界欢迎，成为此后称量金银、药材等贵重物品的专用工具而沿用了近千年。

②李照乐秤

李照是北宋的乐律学家，于景祐二年 (1035) 奉诏改乐，制造了乐尺、乐升、乐秤。他造的乐尺、乐量因皆与太府尺、量同，故多遭非议。其制定乐秤的理论和方法，也未得到认可。《宋会要》记：李照“乐秤以一合之水重一两，一升之水重一升（斤），一斗之水重一秤”[2]。其设计原理不再以传统的累黍法定重，而是改用水的比重作为重量的自然物质标准。又将 16 两 1 斤改为 10 两 1 斤的十进制，这也是对一千多年来旧的权衡单位制的突破。然而囿于封建经济和因循守旧思想的束缚，李照这一创造性的改革和建议却未能被采纳。九百多年后的今天，李照的科学理论才被确认。1959 年国务院颁布《关于统一计量制度的命

[1] 原文详见《宋史》卷六八《律历志》，第 1495 页。
[2]《宋会要辑稿 · 乐一之五》，第 282 页。

令》，确定米制为我国的基本计量制度，改革市制。即“1 公斤 4℃的水为 1 升”，将 16 两 1 市斤改为 10 两 1 斤。李照不愧为中国度量衡史上杰出的科学家。

关于宋代 1 斤之值，可以从出土的大型天平砝码和定量银锭中作一些综合分析，得每斤之值约合 640 克。而李照以太府寺升 1 升水为 1 斤之比，可求得乐秤 1 斤合 702.2 克（即 1 升水定为 1 斤之重），与当时 1 斤之重不合，大概也是这一提案未能推行的客观原因之一。

# 第九节 元代的度量衡

1271 年元世祖忽必烈建立元朝。元立国后一般“仪文制度”也多“遵用汉法”。[1] 承认和提倡汉文化，加强中央集权，大力发展经济，但是也必然会遭到来自守旧派贵族势力的抵制，在政治、经济、文化等方面不可避免地保留本民族的特点，度量衡也如此。

## 一、元代的尺度

元代度量衡史籍少有记载。元尺及元量器一件也未见流传至今，许多问题还有待史料的发掘。但有一点是可以肯定的，即元尺如隋唐以来分大小制，天文历算用小尺。

### 1. 日常用尺

元日常用尺之长，史无定说。明郎瑛《七修类稿》说：“元尺传闻至大，志无考焉”。可见，早在明代已无确切的考证了。史籍中虽可找到一些蛛丝马迹，皆为只言片语的推测。各家说法也不一致，对尺度长短的考订相差甚多，从 31—45 厘米不等。另一条渠道即从相关实物中作些推证。如《元典章》中有关于各级官印尺寸的规定，与所见官印实测数去推证，不失为一种可取做法。今得元代官印 15 方，测得各印边长之数，再与《元典章》之规定尺寸勘比，求得元尺之长在 35 厘

〔1〕《元史》卷一二五《高智跃传》，第 3073 页。

米左右。[1]

### 2. 律历用尺

元史对乐律用尺未及详述。推溯辽、金史可略见其承传关系。《辽史·乐志》云："道宗大康中，诏行秬黍所定升斗，尝定律矣。其法大抵用古律焉。"[2]《金史·乐志》云："今之钟磬虽崇宁之所制，亦周、隋、唐之乐也。"[3]《元史·天文志》云："宋自靖康之乱，仪象之器尽归于金。元兴，定鼎于燕，其初袭用金旧。"[4]可知辽、金、元天文仪象制度亦仍承宋制。据考，今尚存河南登封县告城镇古观星台，是元代在周公测影台旧址上建造的，距今已近700年历史。《元史·天文志》记载："圭表以石为之，长一百二十八尺，广四尺五寸，厚一尺四寸，座高二尺六寸。"[5]今测得石圭全长3119厘米，与《元史》所记圭尺长128尺折算，得元量天尺当今24.367厘米。与宋氏尺相近。

## 二、元代的容量

《元史·食货志》记：至元十九年"是年二月……其输米者，止用宋斗斛，盖以宋一石当今七斗故也"[6]。至元年间这项关于征收粮食所用量器的规定，是在南宋灭亡仅十几年时间。(图16—26)其所谓之"今"量，很可能是通行于原辽金地区的量器。俞正燮《癸巳存稿》云："元初用辽金斗。"[7]近年在辽墓中出土了一件铜量，器形具有"新莽嘉量"之遗风。铜量呈圆筒形有柄。器底在筒高的三分之二处。经实测，上部容1047毫

图16–26 辽代嵩德宫铜量

[1] 杨平《从元代官印看元代尺度》，《考古》1997年第8期。
[2]《辽史》卷五四《乐志》，第885页。
[3]《金史》卷三九《乐志》，第883页。
[4]《元史》卷四八《天文志》，第989页。
[5] 同上书，第996页。
[6]《元史》卷九三《食货志》，第2359页。
[7] 俞正燮《癸巳存稿》卷一〇《石斗升》，《丛书集成》本。

升，下部容 500 毫升。[1] 按《元史》宋 1 石当元 7 斗说，以宋 1 升约合 700 毫升，得元 1 升容约 1000 毫升。那么，此辽之铜量当是 1 升和 2 升合一的量器。[2]

## 三、元代的权衡

与元尺和量器未见留存成显明对比的是，元代各种权大量出土，仅我们所见已超过三百余件。大多有实测数据可查。

### 1. 杆秤技术已趋于成熟

元权自铭为“锤”。重量多在 1—2 斤之间，没有明显的倍比关系，其中数件自铭“×× 斤秤”、“×× 斤锤”。证明了它们都是杆秤上的游砣。

未见元代有关于权衡器制造、研究的记载，但从秤锤刻铭已说明是宋制的延续和发展。刘承珪在研制等秤的过程中，已对砣重、杆长、最大称量以及分度值都作了严格的规定。[3] 元代杆秤正是在这一基础上向定量秤、定量砣方向发展的。从元秤锤自重与最大秤量的刻铭中反映出，其比值大多在 4%—6% 左右。说明杆秤发展到元代已基本定型，趋于成熟阶段。

### 2. 严格的管理制度

元代度量衡器由省部制造颁降，再由各路总管府“照依省部元降样制成造，委本路管民达鲁花赤长官校勘相同，印烙讫，发下各处，公私一体行用”[4]。“达鲁花赤”意为“镇守者”，由蒙古人或色目人担任，以掌实权，元权上有刻铭“依省成造，校勘相同”。“汴梁路、达鲁花赤”可证。[5]《宋史 · 律历志》记：“凡遇改元，即差变法，各以年号印而识之……明制度而防伪滥也。”[6] 仅所见元权铭文，从世祖立国之前的“中统”，到元末的“至正”，共 16 个年号中，唯缺仅用了不到一个月的“天顺”年号。元代恪守“改元必铸权”的古训，实际上也是以此向全国发布一项命令；度量衡器必须遵守官降之法物。

[1] 李文信《义县清河门辽墓发掘报告》，《考古学报》1954，第 8 册。

[2] 详见丘光明《中国物理史大系 · 计量史卷》，第 483 页。

[3] 同上书，第 455—456 页。

[4]《元典章》卷五七《刑部 · 诸禁 · 杂禁》光绪三十四年刊本，第 51 页。

[5] 丘光明《中国历代度量衡考》，科学出版社，1992，第 476 页。

[6]《宋史》卷六八《律历志》，第 1497 页。

图 16—27 元代铜权及铭文

**3. 秤锤大量流传是商业繁荣的实物见证**

元代是一个疆域辽阔、经济开放并由少数民族掌管政权的朝代。为了便于在各民族乃至元朝势力范围之内的波斯地区以及西亚各国频繁的经济往来，当时已有畏兀儿、汉、梵、西夏、藏、蒙、突厥、叙利亚、波斯等17种文字的印刷品在中国广泛流通。元代铜权上有的除铸汉文外，还铸有八思巴文、回鹘蒙文和波斯文，正是经济发达、文化交流、对外开放的一种表现。(图 16—27)

求证元代权衡量值，除可以从定量秤锤上折算之外，还见金、元时期的定量银铤和两件金代砝码等实物，测每一器之重便可得一斤之值。虽有一定偏差，也属在所难免。经合理取舍得一斤约合 640 克。与唐宋相比略有下降。

## 第十节 明代的度量衡

公元 1368 年，朱元璋攻下元大都后，逐步完成全国的统一。为了巩固政权，他注意到了让民众休养生息，发展经济，建立对外关系。在商品经济得到发展的形势下，南方出现了资本主义萌芽因素。另一方面，由于专制主义中央集权的统治进一步强化，使微弱的资本主义因素受到种种限制而发展十分缓慢，商品经济仍处在从属的地位。因此，这期间的度量衡仍主要为封建经济服务。

### 一、明代的尺度

明代度量衡基本上是前期的延续和发展：律历尺用小尺，日常用大尺。常用尺又分营造尺、裁衣尺和量地尺三种。

### 1. 律历用尺

明代对乐律学有重大贡献的是皇太子朱载堉。他潜心研究14年，创造了世界上最早的“十二平均律”。在研究乐律的同时，对古人累黍定尺求律管之长也提出了种种看法和见解，既有疑义，又未全盘否定。经过种种试验和求证，最后将他所得到的律尺，按原大绘成图、著于书。今实测其律尺长25.32厘米。[1]

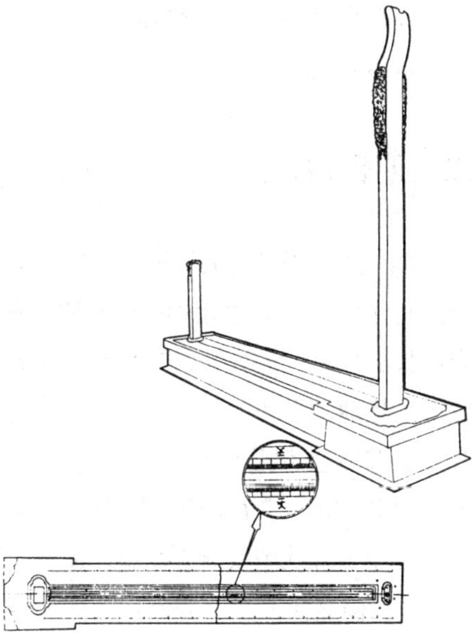

图16—28 明代量天尺线图

明代的量天尺，则可从今仍陈列在南京紫金山天文台明圭表仪所刻尺度实测数中得到。(图16—28)此圭表仪是正统年间(1436—1449)制造的。后经清代改装，又在一侧加刻清尺继续使用。明代所刻尺度多已磨灭，实测其中尚可分辨的部分，推算出一尺长24.525厘米，与宋氏尺十分接近。明量天尺的发现，说明我国天文用尺自刘宋以降，经隋唐宋元传至明代，历时共一千三百余年，尺度始终保持不变。

### 2. 日常用尺

朱载堉在其巨作《乐律全书》中，除了对乐律尺作了详尽的考证外，对日常用尺及升斗也作了详细的记述。朱载堉云：“今制三种尺：钞尺即裁衣尺，铜尺即量地尺，曲尺即营造尺。”[2]又引《明会典》：“洪武八年，诏中书省造大明宝钞……其制方高一尺，阔六寸许。”于是以宝钞为率准，以《明会典》为依据，详述他的比较方法和测得各尺之长，也将各尺与宝钞之比用原大绘于书。又说：营造尺“与宝钞黑边外齐”；裁衣尺“与宝钞纸边外齐”；量地尺“比钞黑边长，比钞纸边短”。[3]今曾实测国家博物馆藏完整的“大明宝钞”数十张，与朱载堉图示相比对，尺寸皆相近，得营造尺长32厘米、量地尺32.6厘米、裁衣尺34.25厘米。又见北京故宫博物院藏一支“大明嘉靖年制”牙尺，系皇室所存。尺长32

〔1〕戴念祖《朱载堉——明代科学和艺术巨星》，人民出版社，1986，第209—211页。
〔2〕朱载堉《律吕精义外编》卷之一，《中国科学技术典籍通汇》，第325页。
〔3〕朱载堉《律学新说》卷之二，第32页。

厘米，与清营造尺几乎毫厘不差。可知清承明制。而裁衣尺、量地尺皆无以比对，仅从朱载堉之说。

## 二、明代的容量

明代为加强赋税的管理，对量器也作了一系列规定。《明会典》记：洪武“二年，令凡斛斗秤尺，司农司照依中书省原降铁斗、铁升较定则样制造……校勘付与各州县仓库收支行用”[1]等等。朱载堉《律学新说》中记有一件成化年间颁降的铁斛，又依宝源局量地铜尺和古横黍尺，详测斛之口、底及深的尺寸，可求得铁斛容积，折合1升为1022.3立方厘米和1008.44立方厘米。今仅见国家博物馆藏一件明代铁斗，四壁各铸阳文，组成“福寿康宁”。底部铸阳文“成化兵子造”。(图16—29)实测容9600毫升，[2]小于朱载堉所测之铁斛。在资料缺乏的条件下，难以确定明代容量一升之值。今得清代标准量器“户部校铁方升”一件，有文献可考，实测数据可靠，得1035毫升。清承明制，暂以此厘定为明代一升之值。

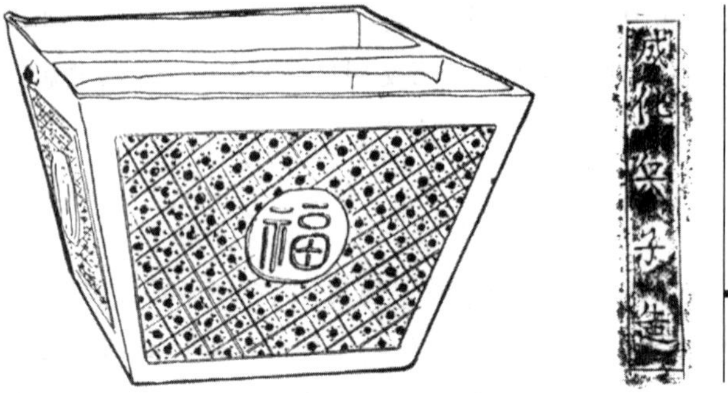


图16—29 明代成化兵子铜斗线图及铭文

## 三、明代的权衡

流传至今的明代权衡器，既有砝码，又有秤砣和等秤，还出土了一定数量的定量银锭。(图16—30) 其中一件万历年间瓷秤砣，鼻纽和权体皆呈六面体。纽上相对称的两面书写“金玉”、“富贵”。权体的每一面书写一个字，连成“公平交易，正直”。这些代表着商业经营思想的词汇烧制在度量衡器具上，正是资本经济

[1]《明会典》卷三七《课程六·权量》，第270页。

[2] 丘光明《中国历代度量衡考》，第260页。

图 16–30 明代万历年造戥秤

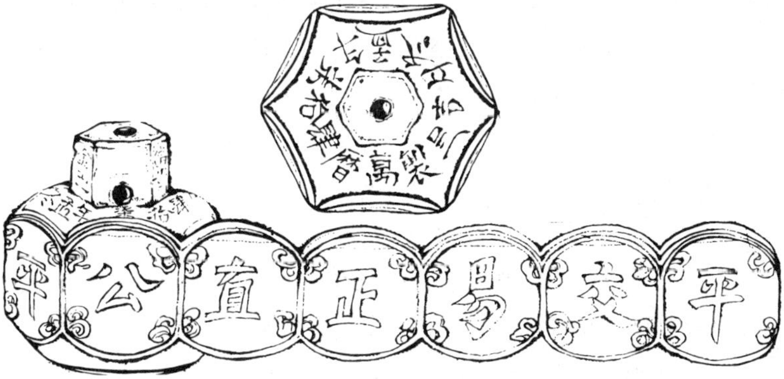


图16–31 明代瓷秤砣线图

萌芽的一种反映。(图 16—31)

关于明代一斤的量值，虽有许多实物可供考订，但每一组数值都有偏差，从四组砝码实测数推算一斤分别重 593.8 克、538 克、593.8 克和 582 克；两支等秤折合每斤重 573 克、584 克；43 件银铤一斤重 583—629 克不等，暂时还很难确定一个标准值。而清代却有十分准确的标准值，故亦依清一斤合 596.8 克为明代厘定值。〔1〕

## 第十一节
## 清代的度量衡

1644 年满族统治者入关，建立了独立的封建制国家。经过一百多年的发展，至 18 世纪中叶达到了鼎盛时期。随后由盛变衰，1840 年爆发了鸦片战争，中国

〔1〕丘光明《中国物理学史大系·计量史卷》，第 513–519 页。

逐步沦为半殖民地半封建社会。清代的度量衡正是这一历史时期的产物，也从一个侧面反映了这个朝代的兴盛和没落。

清代度量衡“大抵皆仍前明之旧”。早在顺治时期便颁定斛式、砝码、秤尺。不过清代度量衡制度完备建立，却在康、乾两朝。康熙御制《律吕正义》，对度量衡制度作了详细的论述，以营造尺为长度标准；以漕斛为容量标准；以立方寸的金属为重量标准，形成了著名的营造库平制。又详列度量衡表，载入《数理精蕴》。乾隆继而御制《律吕正义后编》，再列度量衡表。乾隆还根据康熙考校的古律尺、清律尺、清营造尺之间形成一定的比例关系，巧妙地运用到他亲自设计并制造成“鎏金铜嘉量”，方、圆各数件。今仍陈列在北京故宫博物院太和殿前的是其中之一件。[1]

## 一、清代的尺度

清代尺度沿袭前朝制度，分律尺和常用尺两类。而突出变化的是，废天文小尺改用营造尺，并将尺度刻在明正统年间制铜圭表所刻尺度的一侧。即明量天尺长 24.525 厘米，清量天尺长 32 厘米。(图 16—32)

康熙对天文律算有很深的造诣，对通晓天文历法的西方传教士汤若望、南怀仁都给予支持和重用。他废弃了一千多年来用小尺量天的制度，但在定律尺和营造尺时，却仍未摆脱古制的束缚。他在《律吕正义》中说：“今欲定黄钟之管，必先定黄钟之度。”“尺者所以度律，而黍者所以定尺。古今尺度虽各不同，而律之长短自不可更，黍之大小又未尝变。故黄钟之分，参互相求而可得其真也。”[2]

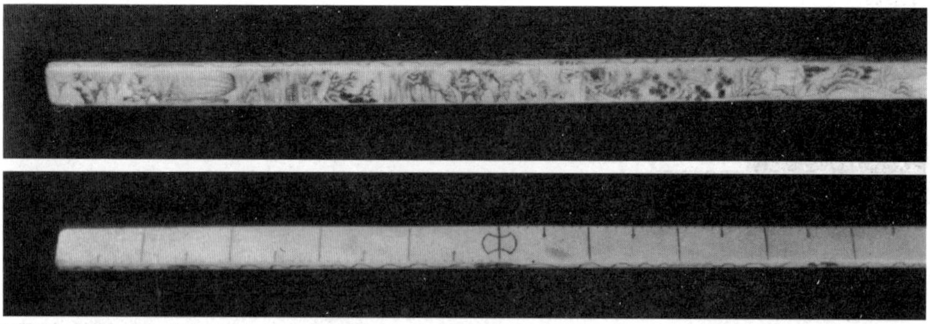

图 16–32 清代人物山水牙尺

[1] 丘光明《中国物理学史大系 · 计量史卷》，第 527—529 页。
[2] 录自《清朝文献通考》卷一五七《乐三》，浙江古籍出版社影印本，1988，第 6227 页。

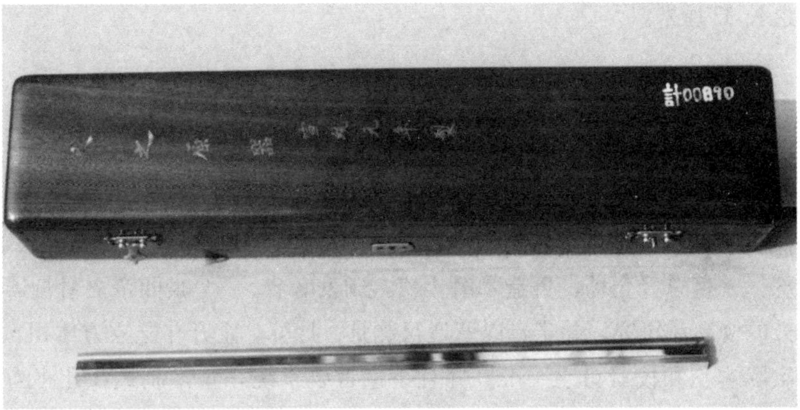

图16–33 清代尺之原器

康熙帝虽制定斗、尺、砝码各式颁之天下，又恐法久易湮而依古法累黍定度。他说，古论律必先考黄钟之长，即“度立而量与权准焉”。便于康熙五十二年(1713)“躬亲累黍布算，而得今尺八寸一分恰合千二百黍之分，符乎天数之九九，于以定黄钟之律尺”〔1〕。经过他反复试验，竟验得“今尺纵黍百粒，得十寸之全，而横黍百粒适当八寸一分之限”〔2〕。他引用《汉书 · 律历志》曰：“黄钟之长，以子谷秬黍中者……九十分黄钟之长，一为一分。”并解释说：“广者，横之谓也，九十分为黄钟之长，则黄钟为九十横黍所累明矣。”〔3〕进一步推算古尺、今尺及黄钟律尺之间的比例关系。“以横黍之度比纵黍之度，即古尺之比今尺。以古尺之十寸为一率，今尺之八寸一分为二率，黄钟古尺九寸为三率，推得四率七寸二分九厘，即黄钟今尺之度也。”〔4〕即横累百黍之尺为古尺，纵累百黍之尺为营造尺。古尺十寸即古横累百黍之尺（前已厘定长约 23.1 厘米）为一率。今尺（即营造尺）之八寸一分为清律尺(32 × 0.81 = 25.92 厘米)为二率。古黄钟律管长九寸(23.1 × 0.9 = 20.79 厘米)为三率。营造尺之七寸二分九厘即今所得黄钟黍尺之度(32 × 0.729 = 23.328 厘米)为四率。从康熙推得之古累黍尺，虽与我们前所厘定的秦汉尺相差 0.23 厘米，应该说是约略相当的。(图 16—33)

营造尺之长可以以下实物作一考订：①“康熙御制”牙尺，全长 5 寸，一寸长 3.2 厘米。②“高宗纯皇帝钦定权度尺”，纯皇帝是乾隆谥号。一尺正合 32 厘米。③两支光绪三十四年(1908)清政府商请国际权度局校订制造的营造尺，一尺

〔1〕《清朝文献通考》卷一六〇《乐六》，第 6256 页。
〔2〕《清朝文献通考》卷一五七《乐三》，第 6227 页。
〔3〕同上。
〔4〕同上。

之长32厘米。[1]

## 二、清代的容量

清代自顺治年间(1644—1661)，为保证赋税的征收，已着手整顿量制。据《清朝文献通考》记载："顺治五年(1648)颁定斛式。""定工部造铁斛二,一存户部、一存总督仓场，再造木斛十二，颁发各省。"[2]康熙帝更对量器作了深入细致的观察和研究，并亲自以营造尺测量、计算，定升斗之立方体积，再用水复测实际容积和校器口之平准。并且下谕旨要求统一量器制式：升斗为底面一律平准；斛为上窄下宽之小口式。此外"盛京金石、金斗、关东斗，皆停其使用。铸造铁斗三十，铁升三十，发盛京户部、顺天府五城仓场、直隶各省巡抚，令转发宁古塔、黑龙江等处，及各布政司粮道、府州县仓官，通行晓谕地方民人，一例遵行"[3]。盛京是满族人对入关前旧都之称，即今沈阳市。金石、金斗当为满族人入关前所用的量器。

康熙亲以营造尺定升斗斛容积，详列度量衡表载入《数理精蕴》："铁升、斗、斛(形方)。以寸法定容积之准。升方三十一寸六百分。斗方三百一十六寸。斛方一千五百八十寸。两斛为石，方三千一百六十寸。如为升，面底方三寸，深三寸五分一厘。为斗，面底方六寸五分，深七寸四分七厘九毫。"[4]乾隆皇帝对度量衡也作了深入的研究，在《律吕正义后编》中再列权量表，新制铁升、斗、斛之标准器颁发各部。"量制，形方。以寸法定容积之率；升方，积三十一寸六百分，面底方四寸，深一寸九分七厘五毫；斗方，积三百一十六寸，面底方八寸，深四寸九分三厘七毫五丝。"[5]根据康熙、乾隆所列权量表，得知升斗容量标准器，均为口底相等之方形，疑为便于更精确、便利地计算出标准容积。今以康熙乾隆所测方升，分别合今制容积为$3\times3\times3.51\times3.2^3=1035.14$(立方厘米)；$4\times4\times1.975\times3.2^3=1035.469$(立方厘米)。故《清朝文献通考》在转录《数理精蕴》和《律吕正义后编》度量衡表后又加了说明："圣祖仁皇帝钦定营造尺，度其升、斗、斛之制，虽与前表尺寸不同，而中容实积则一也，特形式微异耳。"[6]

[1] 丘光明《中国历代度量衡考》，第117—118页。
[2]《清朝文献通考》卷一六〇《乐六》，第6255页。
[3]《清会典事例》卷一八〇《户部 · 权量》，商务印书馆，1909，第7463页。
[4]《清朝文献通考》卷一六〇《乐六》，第6256页。
[5] 同上书，第6257页。
[6] 同上。

今见北京故宫博物院藏“户部铁方升”，正面铸铭文“户部样仓升，康熙五十四年十月造”。(图 16—34) 实测方升内方、深皆与《律吕正义后编》所规定之铁方升尺寸完全一致，计算容积如下式 $12.8 \times 12.8 \times 6.32 = 1035.4688$(立方厘米)。[1] 除铁方升之外，还见几件斗、斛，均为木质，损坏程度不同，又多为民间日常用器，容积略有出入。正如《律吕正义后编》说：“今天下之大，兆民之众，所用丈尺斗斛等秤，虽长短大小轻重或有不同，而要皆以部颁定制为准，通融合算均归划一，则不同而实同也。”[2] 故今以文献为依据，以户部铁方升为佐证，即得一升之法定值合今 1035 毫升。

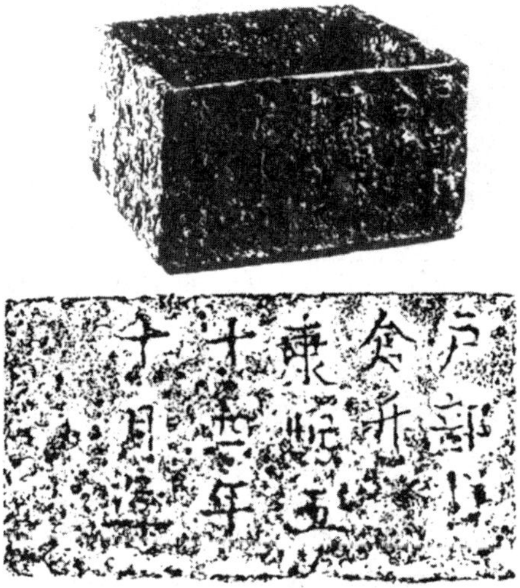

图 16-34 清康熙户部铁方升及铭文

## 三、清代的权衡

清代的权衡器，亦如尺、量，其标准先后由康熙、乾隆朝制定，分别录入《数理精蕴》和《律吕正义后编》之度量衡表。后均汇录入《清朝文献通考》，又详载入《清会典》，颁行天下。《清会典》载：“凡制权量，皆准以营造尺，辨其体积、容积以为程。制权之法，审其体积，黄铜方寸，重六两八钱，红铜方寸，重七两五钱……权之轻重，或净铜，或配铅，或生熟铁，皆以各体积多寡，随行方圆大小可以入算。”“权之属，曰法马、曰秤、曰戥。”“法马有正有副，一百两法马，每副自一分至一百两共二十八件；一千两法马，每副自一分至五百两，共三十二件；一千六百两法马，每副四圆，每圆四百两。”并规定标准砝码颁发及校准的办法：“自道库以上及西安驻防营坐粮厅，均给予一百两正副法马各一。”各处赴部请颁时，“本部司官会同户部司官，及该处委员，公同校准，具结发用”[3]。这些砝码多用于国库收支，故称之为“库平”。

〔1〕丘光明《中国历代度量衡考》，第 264 页。
〔2〕《律吕正义后编》卷一一三《度量衡考》，第 21 页。
〔3〕《清会典》卷五九《工部》，中华书局，1991，第 550 页。

图 16–35 清代工部造 10 两至 200 两的标准铜砝码

康熙、乾隆虽均详以不同金属体积来定砝码之轻重，但因金属的纯度各异，砝码的精确度也难以保证。实际上当时仍以实物为标准，即由工部负责“颁权量程式”。今见由中国计量科学研究院收藏的十多件户部、工部制造的库平砝码，皆有实测数据，折合每斤多在 596 克左右。( 图 16—35)( 图 16—36)

清代末年，度量衡已相当混乱。光绪三十四年 (1908) 命农工商部及度支部拟定《划一度量衡图说总表及推行章程》，共 40 条。重申“度以营造尺，量以漕斛，衡以库平为制度之准则”。又因金属质地纯杂不尽相同，遂改“以营造尺一立方寸纯水量之重为权之重率”[1]。并商请法国巴黎国际权度局制造铂铱合金原器和镍钢合金副原器，作为库平两的基准和副基准。实测原器重 37.305 克，副原器 37.303 克。以一两标准重 37.3 克〔以一立方寸黄铜重六两八钱计算 ($3.2^3 \times 7.74/6.8 = 37.3$)〕，则一斤为 596.8 克。又与所测“康熙二十四年伍拾两”砝码重 1862 克，折算每斤 596.8 克基本保持一致。与清末议定“恪守祖制”又兼“采西制”的宗旨相符。(图 16—37)

图 16–36 清代的盒装式砝码

图 16–37 清代“五十两之原器”

〔1〕《划一度量衡图说总表及推行章程》，光绪三十四年 (1908) 刊本，第 1—2 页。

# 第十二节 晚清至民国度量衡的改革及米制的推行

## 一、半殖民地半封建社会混乱的度量衡

1840 年鸦片战争以后，中国逐步沦为半殖民地半封建社会，由于外国经济的侵略，各国度量衡也纷纷传入，对我国度量衡产生了直接的影响，使它带上了很深的半殖民地性质。清政府无法抵制各国度量衡制度在我国使用，也无力统一国内的度量衡，因此造成度量衡从制度到器具等各方面都极度紊乱。

### 1. 海关主权的丧失

道光以后，中外通商日趋频繁，为了便于稽查和征收进出口货税，清政府设立了通商海关。根据道光二十七年《中国瑞典挪威贸易章程》第十二款规定，瑞典、挪威等国各口岸领事馆所用度量衡均以粤海关定式为标准，由“中国海关发给丈尺秤码各一副，以备丈量长短权衡轻重之用”[1]。广州、厦门、福州、宁波、上海等五个通商口岸一律依照粤海关部颁之式盖戳镌字，以保证量值统一，并要求各海关监督所在口岸送交领事馆照此划一。然而帝国主义并不满足于清政府开放海禁，为了在中国攫取更多的资产，各国均觊觎着控制中国的海关大权。咸丰八年 (1858) 天津条约订立之后，各约所附的通商章程皆规定请外国人帮助办理税务，从此海关大权旁落。自咸丰九年英国人李泰国被任命为中国海关总税务司后，从此中国的海关被帝国主义所把持：海关衙门既不在中国行政系统之内，海关上使用的度量衡币制亦不在中国法律规定之内，各国借口我国度量衡庞杂纷乱，漫无一定，另设专款规定互相折合的办法，自此在中国度量衡史上出现了丧权辱国的海关度量衡，即所谓海关尺和关平秤。

### 2. 海关度量衡的产生

通商条约规定度量衡互相折合办法，大致可分为英制和法制两种。英、美、丹麦、比利时等国属英制；法、意、德、奥地利等国属法制。英制折算标准为：中国之 100 斤合英制的 133 磅零 1/3 磅，折合 1 关平斤为 605.3 克；中国之 1 丈

[1] 转引自王铁崖编《中外旧约章汇编》第 1 册，三联书店，1957，第 73 页。

合 141.1 英寸，折合 1 海关尺为 35.8 厘米。法制折算标准为：中国之 100 斤合法制 60 公斤零 453 克，折合 1 关平斤为 604.5 克；中国之 1 丈合 3.058 厘米，折合 1 海关尺为 35.8 厘米。[1] 可见由英、法两种度量衡制折算的海关度量衡单位量值亦不一致，所谓海关度量衡既不是当时清政府法定的营造库平制，也不完全合于各国当时行用的制度，故海关度量衡制本身标准不定，早已不成其为独立的制度，却从另一个方面反映出我国海关主权的丧失和半殖民地化加深这一历史事实。

## 二、米制的传入与市用制的确立

### 1．营造尺库平制与米制并用的北洋军阀时期

随着清王朝的被推翻，度量衡的改革也进入一个新时期。从国际形势来看，自 1795 年法国政府颁布以米制为标准之后，世界上采用米制的国家日益增多，至 1875 年 3 月 1 日，法国政府召集了“米制外交会议”，二十多个国家派出了政府代表与科学家出席会议，正式签署了“米制公约”。国内形势是，鸦片战争后，我国度量衡无一定准则，制度混乱。民国初立，是彻底改革的极好时机，工商部经反复讨论，均认为适应世界潮流，直接采用米制，既可统一全国混乱的制度，又可消除对外贸易的障碍，并拟在十年内将米制推行全国。后因考虑到公尺过长，公斤过重，完全废除营造尺库平制而直接采用米制，恐与我国数千年之民情习俗相背离而不易被接受，故仿效美、英等国的办法，本国度量衡制与米制兼用，确定营造尺库平制和米制两制并行。1915 年北洋政府制定《权度法》如下：

①权度以万国权度公会所制定铂铱公尺、公斤原器为标准。

②权度分为下列两种：

营造尺库平制简称甲制：长度以营造尺一尺为单位，重量以库平一两为单位，营造尺一尺等于公尺原器在百度寒暑表零度时首尾两标点间百分之三十二（即 32 厘米），库平一两等于公斤原器百万分之三七三零一（即 37.301 克）。

米制简称为乙制：长度以一公尺为单位，重量以一公斤为单位。一公尺等于公尺原器在百度寒暑表零度时首尾两标点间之长，一公斤等于公斤原器之重。

甲乙两制同为法定制度，而甲制为过渡时期的辅制，甲制的比例折合均以米制为标准。

《权度法》公布后又设立权度制造所和权度检定所，并以北京为推行的试点，为全国作出模范，派遣检定人员到各商铺将所有度量衡旧器与法定之器一一比较，

[1] 详见丘光明《中国物理学史大系 · 计量史卷》，第 551—552 页。

凡合于法定营造尺库平制各器，即錾盖㐅字图印，准其行用，不合法定之器具一律錾盖弌字图印，只准使用至规定换用新器之日为止。此后各省市也曾积极采取各种措施，力争推行新法。然而由于当时政局不稳，号令不行，计划不周，经费不足等原因，新制实际上未能在全国推行。〔1〕

### 2. 市用制确立与米制的推行

1927年南京政府成立，国民政府每每感到度量衡关系到国家政治及人民福利，再次提出划一度量衡议案，随即组织度量衡标准委员会进行度量衡标准的研究，组织各方面人士先后提出几种方案，最主要的不过以下两种：费德朗、刘晋钰等人提案完全推翻公制，根据中国习惯规定独立的国制。另一种是，徐善祥、吴承洛等人认为，我国自与外国通商以来，外商在华势力日趋增大，为了发展民族工商业，采用各国通行的米制是划一度量衡的唯一出路。为考虑我国国民之习惯，民国四年《权度法》虽亦提出两制并用，但甲乙两制因无简单的比例，致使不能通行全国，因此提议完全采用公制，并以市用制为辅制，市用制既概略地沿用了中国度量衡制（即营造尺库平制）的量值，又与米制的量值有简单并约略相合的比率。经国会反复讨论，一致同意吴承洛等人的议案，于民国十七年以《中华民国权度标准方案》予以公布，主要内容如下：

①标准制　定万国公制（即米突制）为中华民国权度之标准制。长度，以一公尺（即米突尺）为标准尺；容量，以一公升（即一立特或一千立方生的米突）为标准升；〔2〕重量，以一公斤（一千格兰姆）为标准斤。

②市用制　以与标准制有最简单之比率而与民间习惯相近者为市用制。长度，以标准尺三分之一为市尺，计算面积以六千平方市尺为亩；容量，即以一标准升为升；重量，以标准斤二分之一为市斤（即500格兰姆），一斤为十六两（每两等于31格兰姆又四分之一）。

《中华民国权度标准方案》公布后，为了保证实施，由中央各部与全国商会联合组织度量衡推行委员会，制定了全国度量衡划一程序，公布《度量衡法》。根据度量衡法将全国各区域按交通、经济发展的不同情况分地区、分期、分器逐步推行公制和市用制。（图16—38、图16—39）成立全国度量衡局，掌管全国度量衡行政事务，扩充度量衡制造和度量衡检定人员养成所，负责制造度量衡标准器和培训检定人员，又在度量衡法的基础上制定了实施细则。当时推行新制计划之周

〔1〕吴承洛《中国度量衡史》，商务印书馆，1937，第316页。
〔2〕“生的米突”为“centimetre”音译，今译为立方厘米。

图 16−38 中华民国时期的砝码与秤砣

图 16−39 中华民国时期的标准量器

密，决心之大可见一斑。然而，由于国民经济衰败，工业、科学技术以及教育事业凋零，米制未能在全国推行（根据《度量衡法》第 11 条："凡有度量衡之事项，除私人买卖交易得暂行市用制外，均应用公制"〔1〕），只是与人民生活有密切关系地市用制，在各省市商业行会促进下通行起来。这次的度量衡划一运动，有效地遏制了清末民国初以来，度量衡的极度混乱状况。为我国度量衡制与国际接轨、最终走向公制，奠定了良好的基础。

〔1〕民国实业部全国度量衡局编《全国度量衡划一概况》第七章《新制度量衡推行计划》，南京，1933。

# 第十七章 古代科学技术成就

提起中国古代的科学发明，人们马上就会想到四大发明——造纸术、印刷术、指南针和火药。这四大发明无疑是极其伟大的，它们对世界文明的发展曾经有过巨大的影响。造纸术的发明为人类提供了质地优良、方便而又经济的书写材料，极大地促进了人类文化的保存、传播、延续和发展。印刷术、指南针和火药的西传，则成为促进欧洲近代文艺复兴和科学革命的有力杠杆。英国著名科学家、哲学家弗·培根（Francis Bacon，1561—1626）认为："这三种发明已经在世界范围内把事物的全部面貌和情况都改变了：第一种（按：指印刷术）是在学术方面，第二种（按：指火药）是在战事方面，第三种（按：指指南针）是在航行方面。并由此又引起难以数计的变化来，竟至任何帝国、任何教派、任何星辰对人类事务的力量和影响都仿佛无过于这些机械性的发现了。"[1]但是我们也应该看到，四大发明毕竟是中国科技文化史上很小的一部分，仅仅知道四大发明，对于了解中国文化史还是远远不够的。

纵观中国几千年的科技文化史，我们可以自豪地说，中国古代的科学技术成就是极其光辉灿烂的，在一个相当长的历史时期中一直居于世界领先的地位，对于整个世界的文明进化作出过杰出的贡献。英国科学史家贝尔纳说，中国"许多世纪以来，一直是人类文明和科学的巨大中心之一"[2]。英国著名的中国科技史家李约瑟也指出："中国在公元3世纪到13世纪之间保持一个西方所望尘莫及的科学知识水平。"[3]

同时，从中国古代的科技发展史中，我们也可以看到，我们祖先所取得的成就是多方面的。这些成就几乎遍及科技领域的各个分支，从数学、物理、化学、天文、地理、生物以及医学等学科，到建筑、冶金、纺织、机械、造船、航海、

[1] 培根《新工具》，商务印书馆，1984，第103页。

[2] 贝尔纳《历史上的科学》，"为中文译本写的序"。科学出版社，1981。

[3] 李约瑟《中国科学技术史》，中译本，第1卷，科学出版社，1975，第3页。

造纸、印刷、陶瓷等技术领域，无不有着相当突出的成就，而令举世所赞叹。李约瑟博士曾以有关机械和其他技术的发明和传播为例，比较了古代世界各文明古国与中国的成就，指出中国古代的技术发明比其他文明古国要多得多，而且“这些发明在公元1世纪到18世纪期间先后传到了欧洲和其他地区”。在列举了中国的26项技术发明之后，李约瑟又说：“我写到这里用了句点，因为26个字母都已经用完了，可是还有许多例子，甚至还有重要的例子可以列举。”[1]

的确，中国古代科学和技术方面的发明为数之多，在古代世界上是无与伦比的。仅就技术方面的发明来说，用26个英文字母为序是不足以列举的。有鉴于此，本章只能是着重介绍中国古代主要的科学技术成就，不可能面面俱到，而且受篇幅限制，这些介绍也只能是简要的和提纲式的，这是必须事先说明的。由于在本书中，另辟有农学、天文、地理、建筑、陶瓷、交通工具等专章，故这些方面的成就本章不再赘述。当然，这些方面的成就，也都包括在中国古代科学技术成就的范畴之中，这也是必须申明的。

## 第一节 别树一帜的中国数学

在世界古代数学中，古希腊欧几里得几何学的辉煌成就可说是家喻户晓，为人们所熟知了。但是，对于中国古代数学的成就，人们却知之甚少，或知之不详。其实，中国古代数学的成就同样是极其辉煌的，并对人类文明的发展做出了特殊的贡献。

首先，现在人们日常生活中所不可或离的十进位值制，就是中国的一大发明。至迟在商代时，中国已采用了十进位值制。从现已发现的商代陶文和甲骨文中，可以看到当时已能够用一、二、三、四、五、六、七、八、九、十、百、千、万等13个数字，（图17—1）记十万以内的任何自然数。这些记数文字的形状，在后世虽有所变化而成为现在的写法，但记数方法却从没有中断，一直被沿袭，并日趋完善。古巴比伦的记数法虽有位值制的意义，但它采用的是60进位的，计算非常烦琐。古埃及的数字从一到十只有两个数字符号，从一百到一千万有四个数

〔1〕李约瑟《中国科学技术史》，中译本，第1卷，第545—547页。

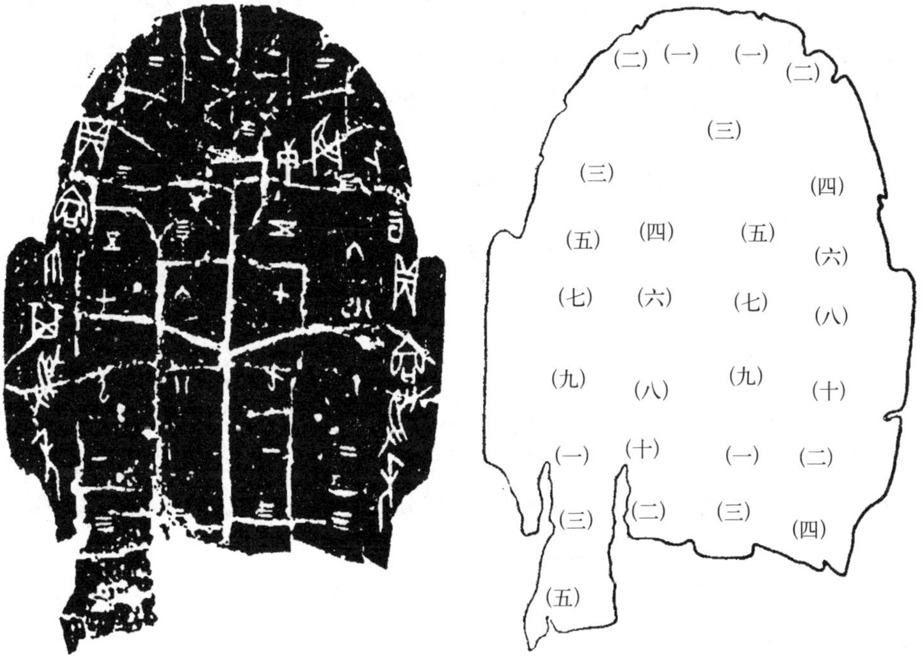


图 17−1 甲骨文中的数字（采自《殷墟文字》乙编，7672）

字符号，而且这些符号都是象形的，如用一只鸟表示十万。古希腊由于几何发达，因而轻视计算，记数方法落后，是用全部希腊字母来表示一到一万的数字，字母不够就用加符号“‘”等方法来补充。古罗马采用的是累积法，如用 ccc 表示 300。印度古代既有用字母表示，又有用累积法，到公元 7 世纪时方采用十进位值制，很可能受到中国的影响。现在通用的印度—阿拉伯数码和记数法，大约在 10 世纪时才传到欧洲。由此可见，十进位值制的记数法是古代世界中最先进、科学的记数法，对世界科学和文化的发展有着不可估量的作用。正如李约瑟所说的：“如果没有这种十进位制，就不可能出现我们现在这个统一化的世界了。”[1]

在计算数学方面，中国大约在商周时期已经有了四则运算，到春秋战国时期整数和分数的四则运算已相当完备。其中，出现于春秋时期的正整数乘法歌诀“九九歌”，堪称是先进的十进位记数法与简明的中国语言文字相结合之结晶，这是任何其他记数法和语言文字所无法产生的。从此，“九九歌”成为数学的普及和发展的基础之一，一直延续至今。其变化只是古代的“九九歌”从“九九八十一”开始，到“二二如四”止，而现在是由“一一如一”到“九九八十一”。

〔1〕李约瑟《中国科学技术史》，中译本，第 3 卷，科学出版社，1978，第 333 页。

与此同时，中国发明了特有的计算工具和方法，即用“算筹”进行计算。“筹”是一些粗细、长短一样的小竹棍，也有用木或骨制成的，后来还有用铁等金属制作的。用算筹表示数目，有两种形式，即纵式和横式：

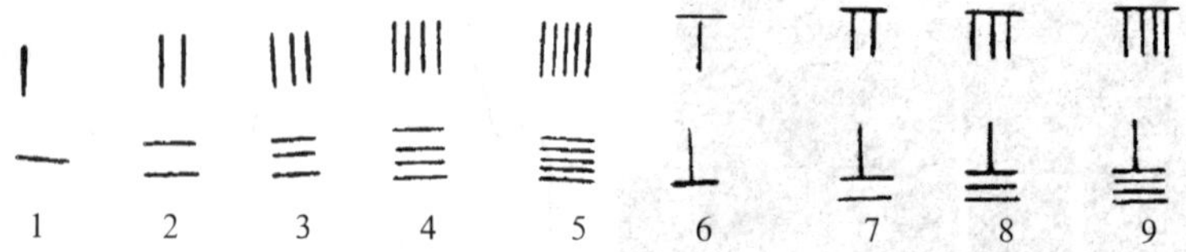


在表示数字时，用纵式代表个、百、万位的数，用横式代表十、千位的数，遇零则用空位表示，如此就可以用算筹摆出任何自然数。如 1804，是|≐ ≣。用算筹进行计算，叫做“筹算”。即通过算筹的摆列，进行加减乘除以至开平方、开立方等的运算，整数以后的奇零部分，则用分数表示。后来的“筹划”、“筹策”、“筹算”、“筹议”等常用词，都是由此演生和引申出来的。

正是在上述的基础上，中国古代数学以擅长计算著称于世，并逐步形成了自具特色的数学体系。《九章算术》一书是这个体系形成的重要标志。《九章算术》大约成书于公元 1 世纪中叶，是集战国和秦汉数学成就之大全的著名古算书。该书采用应用题集形式写成，共收入实际生产和生活中的数学问题 246 个，并给出答案。全书分为九章：

第一章“方田”，主要讲的是田亩面积的计算，包括分数的各种计算方法；

第二章“粟米”，讲各种比例问题，特别是关于各种谷物间按比例相互交换的计算方法；

第三章“衰分”，讲按等级分配物资或摊派税收的比例问题；

第四章“少广”，讲开平方、开立方的计算方法；

第五章“商功”，讲各种形状的体积的计算方法；

第六章“均输”，讲如何按人口、物价高低、路途远近等条件，以计算各地的赋税和分派工役等问题的计算方法；

第七章“盈不足”，即用假设的方法解决如下一类的问题：“今有（人）共买（物），（每）人出八（钱）盈余三（钱），（每）人出七（钱）不足四（钱），问人数、物价各几何？”[1] 这类问题，在《九章算术》中已有完整的解法；

第八章“方程”，是关于联立一次方程组普遍解法的叙述；

第九章“勾股”，主要是应用勾股定理和直角三角形相似的各种比例关系，测

〔1〕《九章算术 · 盈不足》。

量和计算“高、深、广、远”的问题。

《九章算术》不仅有着一套较为完整的编写体例，形成了具有自己风格的数学体系，而且其数学水平处于当时世界的先进行列，其中一些成就还远远走在世界的前面。如“盈不足术”类似于现代“行列式解法”，它在欧洲至中世纪方以“双设法”的形式出现；欧洲直到16世纪时方得出类似一次联立方程组的普遍解法；“方程”章中已引入了负数的概念，并已产生和运用了正、负数的加减法则，而印度到7世纪以后，欧洲到16世纪以后，才产生比较明确的负数概念。

以《九章算术》为代表的中国数学体系，其特点是以解决社会实际问题为主要目的，以算筹为主要计算工具，以十进位值制的记数系统进行运算，其内容包括算术、代数、几何等各个方面。这个数学体系在其自身的发展历程中，逐步走向自己的高峰，呈现着久盛不衰的局势，并结下了累累的硕果。其中最为突出的成就有：

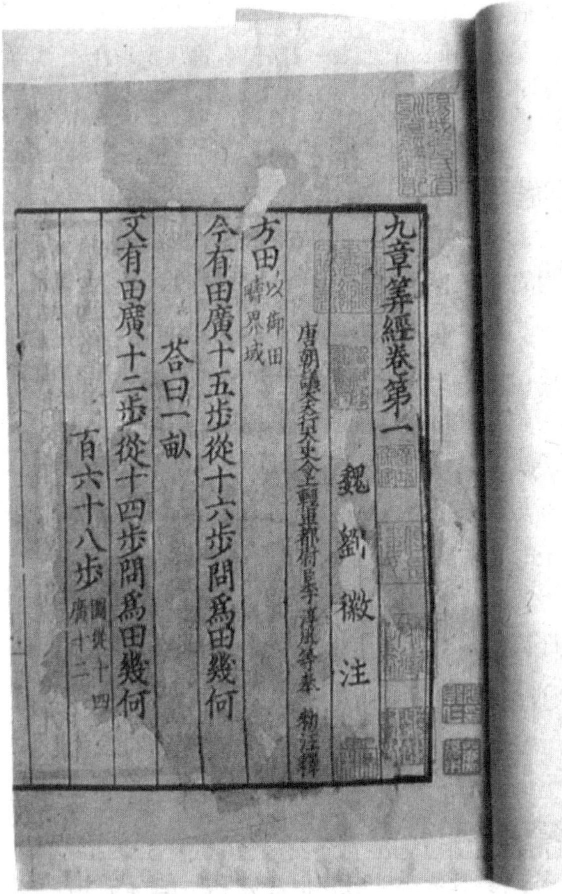

图 17–2　魏刘徽注《九章算经》

古代世界中最精确的圆周率，三国曹魏景元四年(263)，著名数学家刘徽在为《九章算术》作注时，创立了割圆术的新方法。（图17—2）他认为当圆内接正多边形的边数无限增加时，其周长即愈益逼近圆周长，“割之弥细，所失弥小。割之又割，以至于不可割，则与圆合体而无所失矣”[1]。由此可以看到，刘徽已把极限的思想应用于圆周率的计算。刘徽应用割圆术，从圆内接正六边形算起，边

[1]《九章算术·方田章》刘徽注文。

数逐步加倍，直算至圆内接正 192 边形的面积，求得圆周率 $\pi=\frac{3927}{1250}$（相当于 3.1416），成为当时世界上最精确的圆周率数据。在实际应用中，他则主张采用 $\pi=\frac{157}{50}$（相当于 3.14）。南朝的祖冲之继承了刘徽的工作，求出了精确到七位有效数字的圆周率：$3.1415926<\pi<3.1415927$。这一结果的得到，相当于应用算筹对九位数字的大数目进行各种运算（包括开方）130 次以上，其劳动量之大是可以想象的。为了计算方便，祖冲之还求出了两个用分数表示圆周率的数据，一个是 $\frac{355}{113}$，称密率，这是分子、分母在一千以内表示圆周率的最佳渐近分数；另一个是 $\frac{22}{17}$，称约率。祖冲之求得的圆周率数据，远远地走在世界的前面，直至 1000 年后，阿拉伯数学家阿尔·卡西（al Kashi）于公元 1427 年，法国数学家维叶特（Viete）于公元 1540—1603 年间，才求出更精确的数据。而密率的求得，欧洲也是直至 16 世纪方达到的。

其他如隋代刘焯创立的“等间距二次内插法”；唐代一行的“不等间距二次内插法”，王孝通的三次方程解法；宋元时期的解三次以上方程的方法，高阶等差级数求和、联立一次同余式等等，也都在世界上领先数百年之久。而在明代广泛使用的珠算盘，更是几百年来最先进的一种计算工具，至今仍有一定的生命力。

如同古希腊注重几何证明而忽视计算一样，中国古代在数字计算方面相当发达，在实际生活中所遇到的几何问题，也都用算术或代数的方法进行解答，从而相对地限制了几何证明的发展。但这并不是说，中国古代就没有几何学。其中墨子在《墨经》中所提出的圆、直、点、线、面、体、平行等各种命题和概念，都可与欧几里得几何学的相关定理和命题媲美。勾股定理及其应用，制图工具规、矩的普遍使用，也都反映了中国古代在几何学方面有着相当的成就。当然，在实用计算数学的掩盖下，中国古代在几何学上没有在理性论证方面得到充分地发展；计算数学本身也在《九章算术》体例的影响下，一直采用习题问答的方式，没有加以很好地抽象、提高，使其更具理性化的程度，这不能不说是重大的缺陷。

## 第二节
# 指南针和其他物理学成就

严格地说，在古代世界中是没有近代意义的物理学的，但这并不是说物理学不是历史发展的产物。在物理学作为一门独立的科学形态出现之前，它同样经历

图 17–3 汉司南方盘复原

了漫长的历史进程，甚至可以说它是与人类的活动相始终的。在中国悠久的文化史中，历代的人们积累了大量的经验性物理知识，并取得了许多辉煌的成就。指南针的发明就是一项具有划时代意义的伟大成就。

中国是世界上最早发现磁铁指极性的国家。大约在战国时期，人们就利用磁铁的指极性，发明了磁性指向仪器“司南”。东汉的王充说：“司南之杓，投之于地，其柢指南。”[1] 20 世纪三四十年代，中国著名的文博学家和科技史家王振铎研究并复原了司南，[2] 指出它是用天然磁铁磨制成杓状之物，投置于光滑的地盘（即罗经盘）上，其杓柄就会指向南方。（图 17—3）由于天然磁铁加工后易失磁，本身又难以加工得小巧轻薄，故指向不太准确，没能被推广应用。

从司南到指南针，经历了一个漫长的演进过程。指南针究竟何时问世，现在尚无法确定。目前发现的关于指南针的早期文字记载，主要的有如下几条：

《茔原总录》卷一说：

> 客主的取，宜匡四正以无差，当取丙午针。于其正处，中而格之，取方直之正也。

意思是说，要定东西南北四正的方向，必须取丙午向的针，然后在丙、午的位置，

〔1〕王充《论衡 · 是应篇》。

〔2〕参见王振铎《司南指南针与罗经盘》（上），《中国考古学报》第三册，1948。王振铎先生的研究和考证是有历史根据的，是可信的。现有人提出“司南”指的是北斗星；又有人提出《论衡》中“投之于地”的“地”字是“池”字之误，“池”即水银池。这两种见解根据都不足，论证亦不严密，有臆断之嫌。

"中而格之"，找出正南的方向。亦即让针指丙午中间的方向，则午向就是正南方向。《茔原总录》是一部相墓书，撰于宋仁宗庆历元年（1041）。作者杨维德是当时的天文学家、星占学家和堪舆学家，大中祥符三年（1010）左右任司天监保章正，专司占候变异。这条记载中所说的针，虽没有明确指出是什么针，但从字里行间可以断定是磁针无疑，说明当时已把磁针与罗经盘配套，作为定向的仪器，并且已发现了地球的磁偏角，定为正南偏东75度。

《梦溪笔谈》卷二十四说：

方家以磁石磨针锋，则能指南，然常微偏东，不全南也。水浮多荡摇，指爪及碗唇上皆可为之，运转尤速，但坚滑易坠，不若缕悬为最善。其法取新纩中独茧缕，以芥子许蜡，缀于针腰，无风处悬之，则针常指南。其中有磨而指北者。予家指南、北者皆有之。

《梦溪笔谈》是北宋沈括所著，撰于公元1088—1095年间。这条记载明确指出指南针是方家（堪舆家）首先发明和使用的，用的是"磁石磨针锋"的人工磁化方法制成，并且记述了水浮、置指甲上、置碗唇上和悬丝等四种指南针的装置方法，以及各种方法的长处和缺陷，使人们对当时的指南针有较清晰的认识。（图17—4）文中所说的指南针"常微偏东"，说明沈括也已注意到磁偏角。

图17-4 北宋缕悬式指南针复制品

《本草衍义·磁石条》说：

磨针锋则能指南，然常偏东，不全南也，其法取新纩中独缕，以半芥子许蜡，缀于针腰，无风处垂之，则针常指南。以针横贯灯心，浮水中，亦指南，然常偏丙位。

《本草衍义》撰于公元1116年，为北宋药物学家寇宗奭所著。此记载与杨维德和沈括的记述基本一致。

从上述材料中，我们可以看到，指南针在11世纪时已是常用的定向仪器，有多种装置方法，并已由指南针发现了地球的磁偏角，从而也表明指南针至少已经行用了一段时期。由此可以推断，指南针至迟发明于 11 世纪初期。如果把指南针的发明时代上溯到 10 世纪时的唐末或五代，也是不无根据的。如王伋（王赵卿，约 10 世纪末）曾留有“虚危之间针路明”的诗句；[1] 佚名的《九天玄女青囊海角经》（约 900 年）中说：“今之象占，以正针天盘，格龙以缝针地盘”[2] 等。这里所说的“针路”、“正针”、“缝针”等，极可能就是用指南针与罗经盘配套定向的术语。

除“磁石磨针锋”外，中国古代还发明了另一种人工磁化方法，即利用地球磁场的作用进行磁化。北宋曾公亮主编的《武经总要》中记载的指南鱼就是如此。其法是把薄铁片剪成鱼形，烧红后把尾部蘸入水中，使鱼尾指向正北方位，并且稍微向下倾斜，然后取出，鱼形薄铁片就被磁化，让它浮在水面，就成为可以指向的指南鱼。这种利用地磁场进行磁化的方法，是一个非常了不起的发现和发明，包含有丰富的科学道理。近代科学表明，磁铁的磁性是由磁畴的规则排列形成的，非磁铁由于磁畴排列杂乱无章而不具磁性。鱼形薄铁片烧红以后，内部磁畴活动加剧，沿南北方向放置，可以在强大的地磁场作用下，使磁畴顺着地磁场的方向排列。蘸入水中，则可以使磁畴的规则排列比较快地固定下来。至于鱼尾稍微向下倾斜，是由于地球磁场的磁倾角作用，可以增大磁化的程度，这也反映了当时中国已经发现了地球的磁倾角。欧洲人用同样的方法进行人工磁化，比中国晚了四百多年，磁偏角的发现是哥伦布在航海探险中于 1492 年发现的，而磁倾角的发现则还要更晚一些时候。

在物理学的其他分支中，中国古代同样不乏出色的成就：

力学方面，墨子已经得到了力 × 力臂 = 重 × 重臂的杠杆原理，对力、运动、静止、时空等概念，墨子也都有着精辟的论述。墨子认为，运动是由于物体受力的作用而发生，在空间中表现为位置的移动，在时间上表现为先后的变化；时间和空间既是连续的，又是由不可再分的时间基元“始”和空间基元“端”所构成的。墨子的这些力学成就，以之与古希腊物理学相比，毫不逊色。其他如利用摩擦而引起板振动的喷水鱼洗，利用类似于现代万向支架原理制作的被中香炉等，都是至今仍为举世所赞叹和惊异的杰出发明。

光学方面，墨子提出了光是直线传播的，并进行了小孔成像的实验，用光的直线传播解释了光通过小孔所形成的影像是倒像的道理。他对凹面镜、凸面镜和平面镜成像的原理也进行了比较系统的研究，已发现了凹面镜焦点的存面。虽

〔1〕引自《古今图书集成》卷六五五。

〔2〕引自《古今图书集成》卷六五一。

然他把球心和焦点混淆在一起，但这些实验是世界上最早的光学实验，具有重大的科学意义。李约瑟曾把墨子光学与古希腊光学进行比较，指出墨子的光学研究“比我们任何所知的希腊为早”，“印度亦不能比拟”。[1] 后来，宋代的沈括和元代的赵友钦分别又对凹面镜和小孔成像原理进行较深入的研究，把中国古代的几何光学提高到一个新的水平。此外，汉代发明的透光镜，能够反射出铜镜背面的精美图像，是中国古代光学的一大发明，现在仍引起中外学者的关注。

声学方面，中国是首先发现声音共鸣现象的国家。早在春秋战国时期，人们就已发现了声音的共鸣现象，并加以利用。《墨子·备穴篇》中记载，为了侦知敌方是否挖地道攻城，可在城内沿城墙根每隔一定的距离挖一口井，井中放置大瓮，瓮口紧绷薄牛皮，派耳朵聪敏的人贴着瓮口监听。如敌方开挖地道，即可由井瓮发出的声音情况来判断敌方地道的方位，预作准备。这反映了当时已经发现了声波共鸣可使声音放大的现象，并加以巧妙地利用。又据《庄子·徐无鬼篇》记载，西周的鲁遽曾把二瑟置于二屋，一屋中拨弦，另一屋中相应的弦即随之振动，“鼓宫宫动，鼓角角动，音律同矣”。如果调一瑟中的某一弦，使它与五声中任何一声都不相当，那么弹动它时，另一瑟上的 25 根弦都会振动。这可说是世界上最早的共振实验。后来，沈括也进行了类似的实验。他在一根琴弦上放置一小纸人，弹动另一架琴上频率相应的弦，则弦上的纸人就会跳动；弹动其他的弦，则纸人不动。欧洲

图 17–5 天坛圜丘

〔1〕李约瑟《中国之科学与文明》，中译本，第七册，台北商务印书馆，1980，第 147 页。

直到 17 世纪，方进行了相似的实验。关于声音的反射问题，中国也早就有所研究，现存北京天坛的回音壁、三音石和圜丘就是利用声音反射效应的杰作。（图 17—5）音律学的研究，更是中国古代长期关注的问题，特别是明代朱载堉于 1581 年前后首创的十二平均律，以及十二平均律的计算公式，在世界音律学史上揭开了一个新的篇章，对近代音乐艺术的发展起了巨大的促进作用。

## 第三节
# 火药及炼丹化学

火药的发明发端于炼丹术。炼丹家在炼丹实践中，经常使用硫黄、硝石和含碳的皂角、马兜铃等炼制丹药，丹房失火的事故时有发生。唐代的炼丹家已从中认识到，硫黄、硝石、碳混合在一起，遇火后会引起燃烧或爆炸。这三种药物的混合物就是初始的黑火药。大约在晚唐时，军事家从炼丹家手中得到了配制火药的方法，并在军事上加以应用。

初期的火药简单粗糙，威力不大，主要是利用其燃烧性，用来加强火攻的效力。大约在唐哀帝天祐年间（904—907），有人在战争中使用了火箭、火炮。火箭是把火药缚在箭头附近，点燃后用弓射出；火炮是用火药制成类似于炸药包一类的东西，点燃后用抛石机抛射以烧敌。五代时，除火箭外，还制造有火球、火蒺藜等火药武器。

有宋一代，先后承受着北方的少数民族政权辽、金、元南犯的威胁，战争时断时续，与宋代相始终。由于火药的威力较其他兵器为大，故受到特别的重视，火药的质量和火药武器得到较快的发展。在战争中，金、元也都掌握了火药和火器的制造方法，并有所改进和发展。

在北宋曾公亮主编的《武经总要》中，记载有三个火药配方，分别为毒性的、燃烧性的和爆炸性的火药。（图 17—6）配方中的基本成分除硫黄、硝石和木炭外，还根据各自的性能添加了多种辅助性的药物。这些配方按定量配制，增加了硝的比例，接近于后世黑火药中硝占的分量，反映了火药配方已脱离了初期的简单粗糙和配制的盲目性，有了比较合理的定量配比。毒性火药配方称“毒药烟球法”[1]，含有巴豆、砒霜等毒药成分，用于向敌阵施放烟幕，使敌方中毒而削

[1] 曾公亮《武经总要前集》卷一一。

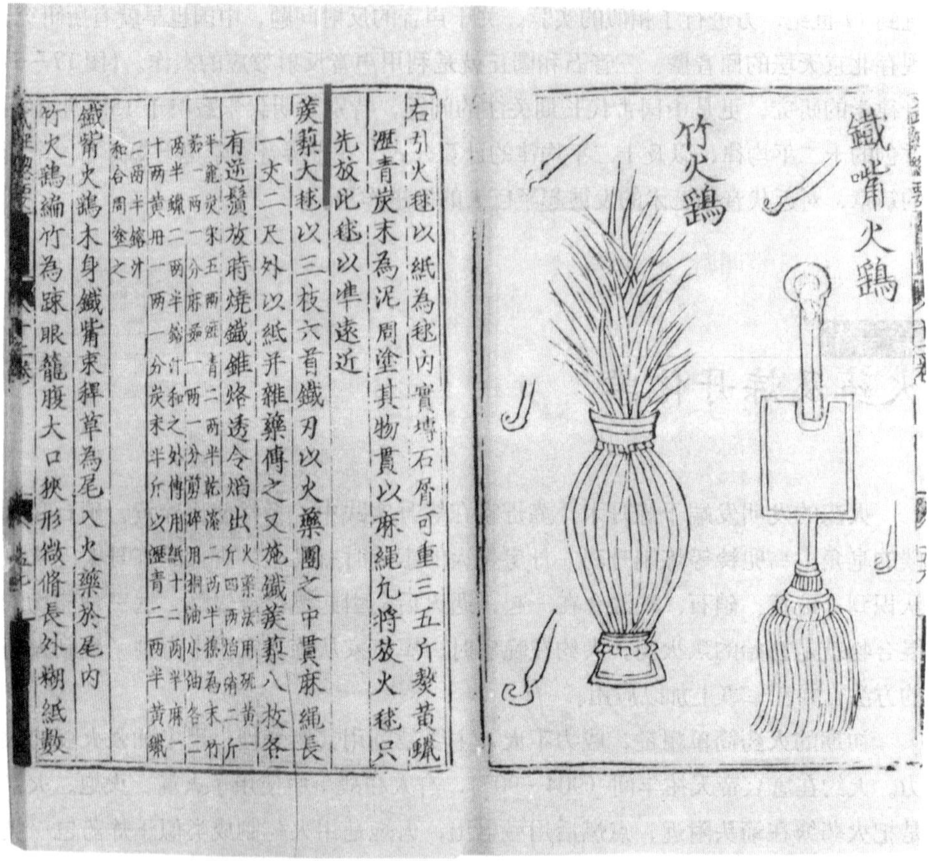


图 17-6《武经总要》书影

弱战斗力；燃烧性火药配方称“蒺藜火球法”[1]，含有沥青、干漆、桐油、蜡等易燃成分，布放于敌骑兵必经之地，以烧伤敌方马匹，阻止敌骑兵的进攻；爆炸性火药配方则称“火炮火药法”[2]，含有松脂、黄丹、砒黄、桐油等成分，但爆炸性能很差，其目的主要是用于火攻，以烧伤敌方兵将。《武经总要》中还记载有一种称为“霹雳火球”的火药武器，其点燃后“开声如霹雳”[3]，用以放烟熏敌人，对付敌方挖地道攻城。“霹雳火球”可能是爆炸性火药武器的初始形式。

宋元时期在火药武器方面的一个突出成就，是管形火器的问世和发展。管形火器的出现是兵器史上的划时代成就，后世的枪炮正是在这基础上发展起来的。

〔1〕曾公亮《武经总要前集》卷一二。

〔2〕同上。

〔3〕同上。

图 17-7 元代火铳

管形火器何时发明，现尚未定论，但至迟在南宋时已在战争中使用。最初的管形火器是用竹筒制成的突火枪，随后发展为用铜铸造的铜火铳。现已出土有数尊南宋和元时制造的铜火铳。（图 17—7）明代又改铜为铁，口径和炮筒长度都大为增加，成为具有强大杀伤力和破坏力的重型武器。

火药武器方面的另一突出的成就，是自身具有推进和发射功能的火箭的出现。宋元时期已发明了一种利用火药喷射所产生的反作用力，把箭镞射向敌方的火药箭。这是现代火箭的鼻祖，其原理与现代火箭的发射原理相一致。在明代茅元仪的《武备志》卷一三三中，记载有一种名为“火龙出水”的火箭，已是一种两级火箭。它利用四支火箭燃烧后产生的反作用力射出，再引燃火龙口中的火箭，使箭镞射出以击敌。这不能不说是火药利用过程中所取得的一项重大成就。

大约在元时，随着元军的远征以及中外交通贸易的发展，火药和火药武器相继由陆路和海路传到阿拉伯和欧洲。从此，在世界兵器史和军事史上引发了一连串重大的变革。

当然，火药只是炼丹家对化学的一项贡献。中国是炼丹术的发祥地，有着悠久的炼丹历史，炼丹术对人类文化史，特别是对化学的贡献是极其重大的。炼丹术在西方称炼金术，中国的炼丹术大约在公元 7—9 世纪时传到阿拉伯，又由阿拉伯传入欧洲，促进了阿拉伯和欧洲炼金术的发展。

炼丹术的本意是极其荒谬的，它企图通过化学变化，把各种药物（包括草木和矿物）炼制成“长生不老药”及变贱金属为贵金属，这肯定是不可能实现的。但是炼丹家在长期的炼丹实践中，却从中认识到“变化者，乃天地之自然”[1]，即

〔1〕葛洪《抱朴子内篇·黄白篇》。

物质是会发生变化的，物质的变化是自然界的普遍规律，并积累了大量关于物质变化的知识，取得了一系列的化学成就。弗·培根说："炼金家是在培育着永久的希望，事情不成时，总是归咎于自己的某种错误：不是恐怕自己没有充分了解这个方术或其著作者的语意（因而他就转向对古法和秘传的追求），就是恐怕自己在制炼中在分量上或时间上有毫厘分秒的差池（因而他就把试验无限地重复下去）；而同时，当他在试验过程的一些机会中居然达到一点新的或尚属有用的结论时，他又认真地把它们看做是大功将至，以它们来餍足其如饥似渴的心，把它们极度地张大起来，而尽将余事寄于希望之中。诚然，炼金家们不是没有许多的发现，不是没有带给人们以有用的发明；不过他们的情节却如寓言中所讲的一个老人的故事：那老人以其葡萄园中的窖金遗给诸子，而故称不知确切地点，诸子于是就辛勤地从事于翻掘园地，虽然没有找到什么金子，可是葡萄却由于这次翻掘而变得更加丰茂了。"[1]这段话生动而深刻地揭示了炼丹家的心态、炼丹术的性质和结果。

炼丹术带给人们有用的发现和发明是多方面的。在炼丹著作中，人们可以经常看到"还丹"或"九转还丹"之名称，实际上这不过是红色硫化汞（丹砂）。炼丹家把天然的丹砂置于丹鼎（炼丹炉）中加热，使其分解为汞和硫，汞和硫又会化合为黑色硫化汞，再经加热而升华，回复为红色硫化汞。炼丹家把所得的红色硫化汞称为"还丹"，重复上述过程多次炼制所得的丹砂称"九转还丹"，并用比附的方法，认为人服食了还丹，就会像它一样脱胎换骨，飞升成仙，长生不老。这种认识当然是荒谬的，但还丹利用化学和物理的方法，去除了天然丹砂的杂质，是人类最早通过化学方法制成的产品之一，在汉代就已经制得。汉代时炼丹家利用类似的方法制成的化学产品，还有胡粉（白色碱性碳酸铅）、黄丹（四氧化三铅）等。

在炼丹实践中，炼丹家发现和积累了不少物质的化学性质和性能的知识。如汞化学，铅化学，金、银、铜、铁以及硫黄、碳等的特性。其中，铁对铜盐的置换反应的发现，不论从化学角度还是工业角度看，都堪称是一项了不起的发现。西汉的《淮南万毕术》中记载，"曾青得铁则化为铜"，曾青是天然硫酸铜，其溶液与铁接触，铁离子能置换出硫酸铜中的铜离子，表明了汉代以前炼丹家已进行了置换反应的实验，时间之早是不能不令人惊叹的。这一发现，还为后世的湿法炼铜——胆铜法奠定了实验基础，开创了湿法冶金的先河。后世的炼丹家同样有不少新的发现和发明，如硫酸、硝酸等强酸以及一些强碱剂，都是在唐代就已制成。

通过炼丹活动，炼丹家对于一些矿物也有一定的认识。如晋代的葛洪已了解

[1] 培根《新工具》，商务印书馆，1984，第64页。

图 17-8 杭州葛岭葛洪炼丹遗址

到碱性碳酸铜有杀菌作用；（图 17—8）南朝的陶弘景已经知道用燃烧的方法来鉴别硝石（硝酸钾）：“以火烧之，紫青烟起，云是真硝石也。”〔1〕这是化学中用火焰法鉴别钾盐的肇始。

此外，炼丹家大都又是医药学家，他们把化学药物应用于医疗之中，促进了医药学的发展。如唐代已用剧毒的汞、砷等化合物来杀灭病原虫和细菌，治疗皮肤病、回归热和疟疾等疾患；用白锡银箔和水银合制成“银膏”来做牙齿的填充剂。这些，在医药学史上都是具有开创性意义的成就。

## 第四节
# 生物学上的出色成就

各种生物与人类的生活息息相关，可以说，自从人类出现之时起，人们便一刻也离不开生物。在长期的生活实践中，中国古代积累有极其丰富的生物学知识，

〔1〕陶弘景《神农本草经集注·硝石条》。

并取得了许多重大的成就。

生物学上最基本的知识开始于对生物的分类，没有这种分类学上的知识，就不可能对纷繁杂沓的生物界进行科学性的处理、总结，并加以利用。早在殷代的甲骨文中就有不少关于动植物的名称，根据这些字形的特征来加以考察，可以看出当时人们已经产生了依据动植物的外部形态特征进行分类的认识。随着人们对动植物外部形态认识的逐步深化，到春秋战国时产生了具有鲜明特色的中国传统分类法。当时的分类知识大都散见于《周礼 · 地官》、《考工记 · 梓人》、《礼记 · 月令》、《管子 · 幼官》和《尔雅》等典籍之中。这些分类知识又大致可分为两种：一种是把植物分为皂物（柞栗之属）、膏物（杨柳之属）、核物（核果类、李梅之属）、荚物（荠荚、王棘之属）、丛物（萑苇之属）等五类，把动物分为虫类、鱼类（又分之为鳞类、蛇类与介类）、羽类、毛类和羸类（指人类，包括猿猴类）等五类，这种分类法是受五行说的影响而产生的；另一种分类法以《尔雅》为代表，把植物分为草、木两大类，把动物分为虫、鱼、鸟、兽四大类。后世的分类法，是在这两种分类的基础上进行综合而发展起来的。明代李时珍的《本草纲目》中的分类情况，可以为中国古代传统分类学之集大成者。《本草纲目》分植物为草、谷、菜、果、木五类，分动物为虫、鳞、介、禽、兽、人六类。从其动物的分类顺序中，可看出中国古代已有关于生物界发展变化的认识。

同时，在中国古代的传统分类学中，还包含有生物之“属”和“科”的分类概念。如《尔雅》中把山韭、山葱、山蒜等放在一起，相当于葱蒜属；把蜩、蚻、蚻、蜺等不同的蝉放在一起，相当于蝉科。《本草纲目》中把草这一大类又分为芳草、毒草、蔓草、苔草、山草、湿草、水草、石草等十小类，把大戟、甘遂、泽漆等大戟科植物分在一起。这些分类方法，都符合或近似于近代的生物学，在古代世界也是处于先进的地位。西方植物学的创始人瑞典的林耐（Carl von Linné，1707—1778）的代表作《自然系统》，出版于1735年，全书仅12页，不但时间远远落后于中国，内容也远不如中国之丰富。

中国是一个农业古国，又长期进行畜牧饲养，从实际生产中积累有丰富的动植物生态学知识。《管子 · 地员篇》中就记载有极其宝贵的植物生态学知识，管仲在考察了土质优劣、地势高低和水泉深浅等地理条件与植物关系的基础上，得出了“凡草土之道，各有穀造，或高或下，各有草土”的重要结论，同时已初步认识到植物垂直分布的现象，即在同一地方，由于地形高低不同，所分布的植物种类亦不同的现象。后来，人们更进一步认识到地域和地理环境不同，所宜生长的植物也不同，并把这一认识在生产实践中加以应用。类似的动物生态学知识，在中国古代亦早已产生。特别是利用动物外形特征来鉴别动物品种优劣的外形学知

图 17–9 甘肃武威东汉墓出土的马踏飞燕

识和理论，已达到了较高的水平，出现了一批相马、相牛、相鹤以至相贝之类的专门著述。从北魏贾思勰的《齐民要术》所转引的汉代《相马经》内容看，在汉代以前人们已认识到马体各部位之间的相互关系和内外联系。东汉的马援曾于公元 45 年铸立铜马于洛阳宫中，这是最早的马匹外形学研究的良马标准模型。有人认为 1969 年甘肃武威东汉墓出土的铜奔马"马踏飞燕"，可能就是一种良马模型。（图 17—9）因当时良马等级有"袭乌"一级，即形容马可跑得快到追上疾飞的乌鸦。

此外，中国古代已经注意动物生理状态随日夜、潮汐、月令、季节变化的节律问题，留下了大量关于生物节律的历史记载。如《吕氏春秋 · 精通篇》中说："月望则蚌蛤实，群阴盈；月晦则蚌蛤虚，群阴亏"，宋代姚宽的《西溪丛语》中说："蛤蜊、文蛤皆一潮生一晕"等，在《夏小正》、《礼记 · 月令》以及历代的农书中，都有许多关于物候的记载。这些，反映了中国古代对生物节律已有初步的认识。而且至迟在公元 4 世纪时，中国就已利用低温催青，改变了蚕一年二化的生长节律，成功地培育出第三化蚕，这是生物学史上一项划时代的成就。

对生物的遗传和变异，中国古代亦已有较深刻的认识，并在生产实践中加以应用。在长期的农业和畜牧业生产中，人们很早就认识到遗传现象的普遍存在，即"夫种麦而得麦，种稷而得稷，人不怪也"[1]。同时，又认识到遗传性与生活条件有着密切的关系，因此要求在生产中必须"适其天性"，不能"任情返道"，

[1]《吕氏春秋 · 用民》。

而要“顺物性，应天时”[1]，以满足生物的生活条件。但是，遗传性并不是一成不变的，对此中国古代也早已有所发现和认识。在《周礼》中就记载了谷子有成熟期较长的“穜”和较短的“稑”，《尔雅》中更记载有36个品种的马，明代的《天工开物·黍稷粱粟》中则进一步指出，粮食品种甚多，“相去数百里，则色、味、形、质随方而变，大同小异，千百其名”。基于对生物遗传和变异的认识，中国古代在农业和畜牧生产中，广泛地采用了存优汰劣的选种和育种方法，选留优质的种子、种畜以种植和养殖。同时，还进行了培育新品种的研究，成功地研制出大量菊花、牡丹、玫瑰等花卉以及家蚕、金鱼的新品种。中国古代在这方面的工作和记述，是任何其他国家和地区所无法比拟的，并为近代生物学的创立和发展提供了大量珍贵的资料。正如达尔文在《物种起源》一书中所说：“如果以为选择原理是近代的发现，那就未免和事实相差太远，……在一部古代的中国百科全书（指《本草纲目》）中，已经有关于选择原理的明确记述。”达尔文所著的《动物和植物在家养下的变异》，引用的中国资料就达几十条之多。

更为可贵的是，中国古代已进行了杂交育种的探索和研究，开拓了一条培育生物新品种的途径。其中，利用马与驴杂交而生的骡子，是这方面的一个重大成就。《吕氏春秋·爱士》中记载，“赵简子有两白骡”，表明这一工作至迟在二千多年前的春秋时期就已发明。此后，利用杂交优势，培育骡子的工作一直是家畜繁殖中的一件大事，受到历代的重视。植物的嫁接技术也是中国所首创的，在东汉的《氾胜之书》中，已记载有瓠的嫁接方法，后世更是在果木栽培中广泛加以应用。

在昆虫和微生物的利用方面，中国同样有着悠久的历史和杰出的成就。除了蚕的驯育和利用外，中国还是最早利用五倍子、虫白蜡和紫胶的国家，昆虫在医药中的利用更是多不胜举。在养蜂方面，元代刘基的《郁离子·灵丘丈人》中已概括出了蜂群管理法的原则，比德国齐从（J.Dzierzon）1845年发表的13条养蜂原理早五百多年。在西晋时中国已经采用放养黄惊蚁的方法防治柑橘的害虫，后来人们在甘蔗种植中又发明了养红蚂蚁防治螟害的方法。此外，在《齐民要术·种谷》中，记载有利用育种避虫的十个品种。这些是现代利用天敌治虫及作物育种避虫方法的先驱。至于利用微生物制曲、酿酒，进行食用加工，在中国更具有几千年的历史，至今仍在生产和生活中得到广泛地应用。

还应该特别指出的是，中国古代已经注意到生物资源的保护和合理利用的问

[1] 贾思勰《齐民要术·种谷第三》。

题。战国时的荀子已经认识到，生态环境与社会安定和人类生活有着重大的关系。他指出："天之所覆，地之所载，莫不尽其美，致其用，上以饰贤良，下以养百姓而安乐之。"[1]从周代开始，中国已经把保护山林，保护动植物资源，列为国家管理中的一项要务，并被视为关系到帝王能否治理国家的重要标志。"为人君而不能谨守其山林菹泽草莱，不可以立为天下王。"[2]因此，周代就已制定法律，规定了砍伐林木，猎取禽兽的月令，禁止非时伐木和狩猎，并委任有专门的官吏进行管理。后来的历代政府，也都不同程度地注意到生物资源的保护和合理利用的问题。中国古代在这方面的经验和教训，是值得认真总结，引为鉴戒的。

## 第五节 自成体系的中医药学

在中国古代科学的各分支中，未被近现代科学所融会，且至今仍有强烈生命力的，唯有传统的中国医药学。其所以能够如此，原因之一是它拥有自己的理论、方法和内容，即形成一个完善的科学体系。中国古代科学的其他分支，虽然也各具鲜明的中国特色，也可说是各有体系，但与中医药学相比较，都不如它那么完整和完善。

中医药学体系是以中国古代盛行的阴阳五行学说，来说明人体的生理现象和病理变化，阐明其间的关系，并将生理、病理、诊断、用药、治疗、预防等有机地结合在一起，形成了一个整体的观念和独特的理论，作为医药学的基础。其内容包括以脏腑、经络、气血、津液为基础的生理、病理学；以望、闻、问、切"四诊"进行诊断，以阴阳、表里、虚实、寒热"八纲"进行归纳治疗的一整套临床诊断和辨证施治的治疗学；以寒、热、温、凉"四气"和酸、甘、苦、辛、咸"五味"来概括药物性能的药物学；以"君臣佐使"、"七情和合"进行药物配伍的方剂学；以经络、腧穴学说为主要内容的针灸治疗学；此外还有推拿、气功、导引等独特的治疗方法。这个体系创立于春秋战国时期，早期阶段的成就以《内经》、《伤寒论》、《神农本草经》等著作为代表，经历代不断发展和完善，成为中

[1]《荀子·王制》。
[2]《管子·轻重》。

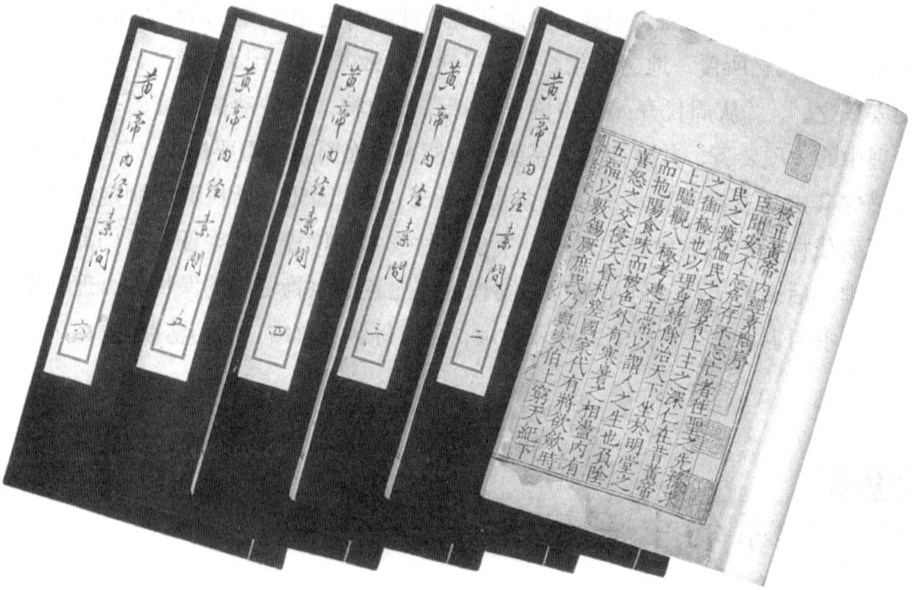

图 17-10 明嘉靖赵府居敬堂刻本《黄帝内经素问》书影

国文化史上一份极其宝贵的遗产。(图 17—10)

从世界医药学史的角度看，中医药学不但体系独特，而且有着一系列卓越的贡献。其中突出的有：

在医学理论方面，中医药学虽然以人体为对象，但是它把人体看做是自然界整体的一部分，不是孤立地研究人体，而是把人体放在自然界整体运动和广阔的动态平衡之中来进行研究。因此，在其病理学说中，非常重视疾病与人体自身精神状态、生活状态以及外部环境，特别是气候变化的关系。在临床治疗中，它反对单纯的头痛医头，脚痛医脚，强调“治病必求于本”[1]的原则，即把握住疾病的原因和本质，针对不同的情况进行辨证施治。同时，它又把人体本身看做一个有机的整体，不是简单、孤立地研究疾病的症候，而是把各脏腑、经络、气血、津液等紧密地联系在一起，进行全面的考察。在用药方面，它讲究药物配伍的原则，即根据每个病人虚、实、寒、热的特性，因人施药，并注意主治药物和辅助性药物的配伍问题。这些理论和原则，即使用现代科学观点和方法来加以考察，亦是非常深刻和具有积极意义的。

脉诊，是中医药学上一项独特的诊断方法。据《史记》记载，战国时的扁鹊

〔1〕《素问·阴阳应象》。

已能通过脉诊确定病人的病情，然后对症下药，反映了当时已掌握了脉诊的方法。从此，脉诊成为中医药学的一个重要组成部分。脉诊的应用表明，中国古代的医生已掌握了脉象与身体各部分的关系的经验，亦即关于心脏、血液与血管的关系，血流速度与人体健康的关系，呼吸和脉搏频率的关系等解剖生理学的知识。现代医学表明，脉搏是循环机能的综合表现，脉象因循环系统的情况改变而不同。而且，由于循环系统与身体各内脏都有关联，组织代谢的任何变化，都会给血液循环以一定影响，机体的重要疾病变化，都会在不同程度上影响循环系统的功能。因此，尽管中国古代脉诊是建立在经验基础上的，但却是有着科学依据的。中国的脉诊很早就传到国外，除邻近的日本、朝鲜等国外，大约在 10 世纪时已传至阿拉伯，17 世纪时传至欧洲，对世界医学的发展有着一定的影响。

在外科学方面，与西医只重视局部和体表的医治方法不同，中医坚持了整体的观念，既重视体表疾患的局部表现，更重视患者机体的内在变化；既重视手术、手法的治疗，更重视机体抗病能力的增强。这一思想，在骨科治疗中体现得更为突出。因此，在治疗过程中不仅注意了局部的处理，而且强调适当的活动和功能锻炼，同时配合活血化瘀和调理脏腑功能的药物，收到了良好的疗效。麻醉药物的发明，是中医外科的又一重大成就。据《后汉书》记载，东汉名医华佗已在外科手术中应用了麻醉药——麻沸散。麻沸散的药物组成早已失传，据现代研究，它可能与宋代窦材《扁鹊心书》、元代危亦林《世医得效方》、明代李时珍《本草纲目》中所记载的睡圣散、草乌散、蒙汗药相类似。这些方子的主要药物成分是曼陀罗花，具有麻醉作用。即使不算华佗的麻沸散，宋、元、明三代所用的麻醉药也是世界最早的发明。国外直至 1805 年，日本的华冈青州方使用以曼陀罗花为主的麻醉剂，被誉为世界外科学麻醉史上的首创，实际上比中国要晚得多。

针灸是中国独创性的一种治疗方法，其特点是在病人身体的一定部位用针刺入，或用火的温热烧灼局部位置，以达到治病的目的。这一疗法大约起源于新石器时代，周代以后逐渐形成为一项专门的治疗方法。针灸疗法的理论基础是经络学说。在长沙马王堆汉墓出土的周代古医籍中，有《足臂十一脉灸经》、《阴阳十一脉灸经》等帛书，反映了当时经络学说已基本确立。在《黄帝内经》中，又进一步把人体的主要经脉总结为 12 条，并对每条经脉的循行部位，以及经脉和疾病、治疗的关系进行了总结。经络学说认为，经络遍布于人体各部位，不仅分布在体表，而且进入体内与各脏腑相联结，并周而复始地循环运行，担负着运送全身气血，沟通身体内外、上下的功能。在经络学说的基础上，又演化出腧穴的认识。腧穴都处在经脉运行的径路上，分布于身体表面的特定部位，针灸这些部位，可经由经络对身体起刺激作用，进而调整人体内部的机能，增强防病能力，达到

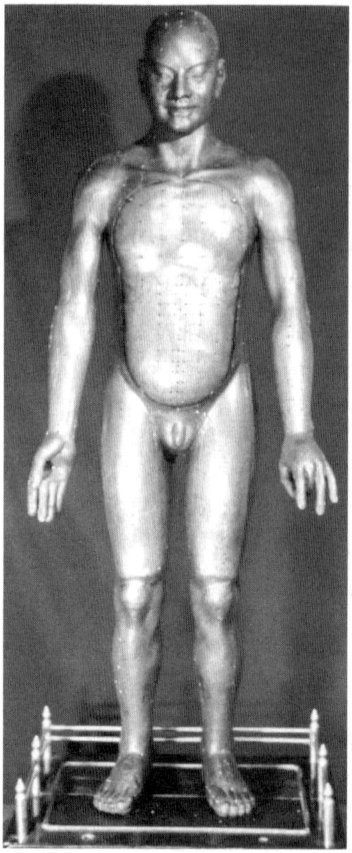

图 17-11 宋代天圣铜人模型（明代复原品）

治病的效果。（图 17—11）由于针灸疗法简便易行，经济实用，适应症广，治疗效果比较迅速和显著，特别是具有良好的兴奋身体机能，提高抗病能力和镇静、镇痛等作用，没有或极少副作用，又可协同其他疗法进行综合治疗，因此深受人们的欢迎。针灸疗法早在汉唐时就传到日本、朝鲜等国，宋元后又相继传到阿拉伯和欧洲，至今仍受到国内外的重视。

中国还是免疫学的发祥地，免疫思想很早就已萌发。公元 4 世纪初，葛洪所著的《肘后方》中记有“疗猘犬咬人方”，即当人被狂犬咬伤后，把咬人的狂犬杀掉，取狂犬的脑子敷贴于伤口上，以防治狂犬病。19 世纪时法国著名医学家巴斯德（Louis Pasteur，1822—1895）防治狂犬病的疗法，也是基于利用狂犬的病毒以增强免疫力。隋代的巢元方在《诸病源候论》中又指出，服用“沙虱”（恙虫幼虫，形似小红蜘蛛，可传播恙虫病）研成的细末，可治疗恙虫病。国外直至 20 世纪初，才在感染该病毒的鼠类中获得病原，制成疫苗。中国古代在免疫学上最突出的贡献，是关于天花的防治，发明了人痘接种法。该法是取少许天花患者的痘浆或痘痂，植入健康儿童的鼻孔中，使其感染轻度天花，而获得免疫力。种痘法发明于何时，现说法不一，有说是始于宋代的，有说是始于明代的，但至迟在 16 世纪下半叶已经使用，则是无疑的。大约在 16 世纪末，中国的人痘接种法传到俄国，继之又传入欧洲，对保护儿童的健康做出了重大的贡献。公元 1796 年英国医生琴纳（Edward Jenner，1749—1823）发明牛痘接种法后，方逐渐代替了人痘接种法。

在药物学方面，中药也具有非常显著的特色，它在药物的自然属性和在人体内的治疗作用的基础上，总结出了一套独特的理论系统，并形成了一套独特的药物炮制和配方用药方法。中国古代关于药物和方剂的专著很多，其中唐《新修本草》是世界上第一部国家发布的药典，明代李时珍的《本草纲目》更可堪称古代世界的药物大全。

此外，在妇科、儿科、法医学以及食物医疗保健等方面，中国古代也都有着很多重大的成就。其中，宋代宋慈所著的《洗冤集录》是世界上第一部系统的法医学专著，在法医学史上占有重要的地位。

## 第六节
# 造纸术、印刷术的发明和发展

史籍上关于造纸最早的明确文字记载，是《后汉书 · 蔡伦传》所记载的："自古书契多编以竹简，其用缣帛者谓之为纸。缣贵而简重，并不便于人。伦乃造意，用树肤、麻头及敝布、鱼网以为纸。元兴元年奏上之，帝善其能，自是莫不从用焉，故天下咸称'蔡侯纸'。"后人便以此为据，称蔡伦是造纸术的发明者。但自从 1933 年在新疆罗布淖尔发现西汉麻纸后，蔡伦发明纸的定论便开始受到怀疑。1957 年西安灞桥再次发现了西汉麻纸，1973—1974 年又在甘肃居延发现西汉麻纸，这些出土实物更加有力地表明，纸是在西汉时发明的，不是蔡伦所首创。尽管还存在着不同的见解，但关于纸是西汉时期发明的观点已越来越受到学术界的承认。(图 17—12)

虽然最初的纸不是蔡伦发明的，但是蔡伦在造纸史上的功绩仍然是极其伟大的。首先，他是造纸技术的伟大改革者。在他之前的纸，质地粗糙，夹带有较多未经松散的纤维束，表面不平滑，不宜书写，大都只供包装用。而蔡伦于元兴元年（105）所献的纸，受到汉和帝的赞赏，"自是莫不从焉"，深受人们的欢迎，说明蔡伦所造的纸已相当精良。要得到优质的纸张，工艺上必然要有所改进，特别是"打浆"工艺要比西汉造麻纸时更为成熟和完善。其次，是他开拓了造纸原料的新领域。蔡伦除了继承和改进用麻类原料（麻头、废旧的麻布和麻织渔网等）造纸外，还首创了用树皮（主要是楮皮）作为造纸的

图 17-12 甘肃金塔西汉关城出土纸

新原料。这是造纸技术上的一项重大的技术革命，既为纸的制造开辟了一个更加广阔的原料来源，又促进了纸的产量和质量的提高。正是由于蔡伦的贡献，为人们提供了廉价优质、适于书写的纸张，从而使纸张的应用得到普及和推广，并引起了书写材料的变革。从此，不仅中国原先所用的竹、木简牍和缣帛之类逐步为纸张所取代，而且埃及的纸草、印度的树叶、以至阿拉伯和欧洲的羊皮等，无不一一在纸的面前相继退出了书写材料的舞台。

自蔡伦以后，中国的造纸业持续地得到发展。人们一方面开拓新的造纸原料，一方面在工艺技术上不断地进行改进，使纸的品质越来越高，品种越来越多样。魏晋南北朝时期已开始利用桑皮、藤皮造纸，隋唐五代时期，竹、檀皮、麦秆、稻秆等也都作为造纸原料，先后被利用。工艺技术方面，魏晋南北朝时期已采用帘床设备捞纸，既提高了工效，又使纸张有了一定的规格，便于运输、保藏、书写和装订。防止纸张虫蠹的“潢治法”，也在这个时期发明并推广。所谓“潢治法”，是用黄檗和雌黄等防虫原料进行处理，以防止纸张被虫蛀蚀。从此，“潢治法”成为古代造纸术中的一项传统工艺。唐时竹纸的问世，是造纸技术的重大突破。竹子纤维硬、脆易断，技术处理比较困难，用竹纤维作原料，表明造纸技术已达到相当成熟的程度。在造纸过程中加矾、加胶、涂粉、洒金、染色等加工技术，也都在唐时问世。至于纸张的品种，从唐代到清代更是不断地增多，各种彩色的蜡笺、冷金、错金、罗纹、泥金银加绘、砑花等名贵的纸张，各种宣纸、麻纸、壁纸、花纸等实用纸张，成为人们文化生活和日常生活中不可或缺的必需品。

廉价优质纸张的大量生产，为印刷术的出现提供了必要的物质条件，而刻印、刻石、木刻符箓以及染织上的镂版印花技术，则早已为印刷术准备了充分的技术条件，因此随着社会文明的发展，印刷术在中国很自然地诞生了。中国古代印刷术的发展，可分为两个阶段，一个是雕版印刷术，一个是活字印刷术。雕版印刷术本书另有专章涉及，这里着重讲一下活字印刷术。

活字印刷术是北宋庆历年间（1041—1048）平民毕昇发明的。《梦溪笔谈》说，他用胶泥刻字，经火烧变硬，按字韵排列分贮于木格中。每一字皆刻有数印，常用字如“之”、“也”等则备有二十几印，以为每板内重复时使用，至于排版时遇到缺字，则随时刻出，烧硬补上。排版时，把泥活字放在一块铁板上。铁板上铺有一层松香、腊和纸灰等混合物以作黏着剂，铁板周围有铁范框住，待字印密布后，将铁板放火上加热，让黏着剂稍熔，再用平板把字面压平，冷却后活字便固定在铁板上，即可刷墨印刷。印完后再行加热，使黏着剂熔化，取下活字。一般铁板设有两块，一块用于印刷，一块用于排字，“更互用之，瞬息可就”，印制数量较多的印刷品“极为神速”。（图 17—13）活字印刷工艺简单，使用和保存方

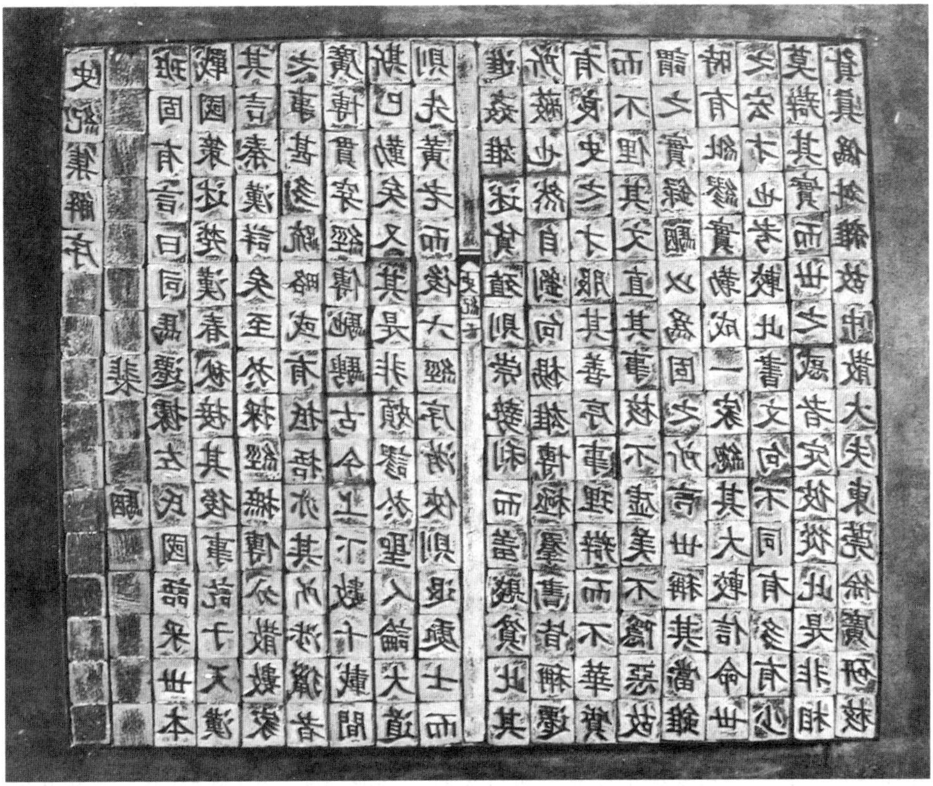

图 17–13 泥活字排版模型

便，工效又高，克服了雕版印刷费工费时，用材浪费，工效低，雕版用后保存不便等缺陷，把印刷技术推进到一个新的发展阶段。

沈括在记述毕昇的泥活字印刷时，还曾说道："不以木为之者，木理有疏密，沾水则高下不平，兼与药（指黏着剂）相黏，不可取，不若燔土，用讫再火令药熔，以手拂之，其印自落，殊不沾污。"[1] 这一记载表明当时毕昇可能试验过用木活字印刷，但因其所存在的缺陷而未被采用。最先记载用木活字印刷的是元代的王祯。其法是："造板木作印盔，削竹片为行，雕板木为字，用小细锯锼开，各作一字，用小刀四面修之，比试大小高低一同，然后排字作行，削竹片夹之。盔字既满，用木掮掮之，使坚牢，字皆不动，然后用墨刷印之。"[2] 王祯对如何刻字、修活字、作印盔、刷印等，都有较详细的记述，较好地解决了木活字印刷工艺中一系列的技术问题。他在公元 1298 年试用木活字印刷，在不到一个月的时间

[1] 沈括《梦溪笔谈》卷一八。
[2] 王祯《农书 · 杂录》。

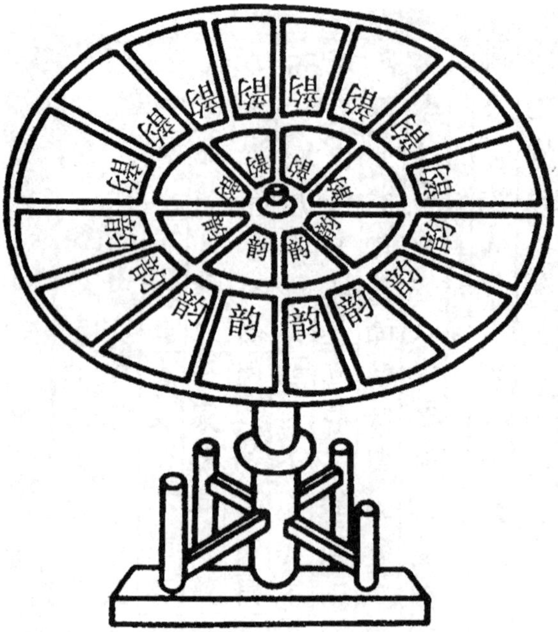

图 7-14 活字板韵轮图

内，印成了六万多字的《旌德县志》一百部，速度既快，质量又好，开创了木活字印刷的先河。王祯还记述了一种新创的印刷机械“活字板韵轮”（即转轮排字架），这是印刷技术中一项重大的发明。（图 17—14）转轮排字架由大木轮、轮轴和轮架构成，使大木轮可在轮轴上转动。大木轮的轮盘上“以圆竹笆铺之，上置活字板面，各依号数上下相次铺摆”[1]。一般用两个转轮排字架，一个置按字韵排列的木活字，一个置杂字板面，字都编成字号，并另造一册。排版时，人坐于两个转轮排字架之间，由另一人按册中的号码唱字，即转动轮盘按号取出所需的字来，进行排版。如遇缺字，则随时刻补。转轮排字架的应用，既提高了排版效率，又减轻了排字工的劳动强度，把活字印刷术提高到一个新的水平。

除了泥、木活字外，中国还是最早使用金属活字的国家。元时就以铸锡作字，明以后又相继使用铜、锡活字。

造纸术大约在两晋时期即传至朝鲜和日本，唐时传至印度、波斯和阿拉伯，后又相继传入北非和欧洲。印刷术在唐时传入朝鲜、日本和波斯，后又经波斯传至埃及和欧洲。14 世纪末，欧洲出现了木板雕印的纸牌、圣像、经典以及拉丁文文法课本，1456 年，德国谷腾堡在欧洲首先用活字印刷“圣经”。可以说，造纸术和印刷术是中国奉献给世界文化的厚礼，它对人类文化的保存和传播、普及和提高产生了不可估量的影响，有力地推动了人类文明发展的进程。

[1] 王祯《农书·杂录》。

# 第七节
# 矿物学和采矿技术成就

中国的矿物学同样有着悠久而光辉的历史。李约瑟在比较中西古代矿物学知识时说："中国人在文艺复兴以前的各个时期内对岩石和矿物的研究，并不是感情用事的，而是科学的，他们的贡献至少可与欧洲人相提并论。"[1]李约瑟的这一评价是不为过分的，事实上中国古代在这方面的贡献，往往超过同时代的欧洲人。

中国最早记载矿物的典籍是《山海经》中的《五藏山经》，其成书年代大约在春秋末期。据统计，《五藏山经》中共记载有矿物 89 种，包括金属、非金属和各种怪石、各色垩土等矿藏。同时记载了这些矿藏的产地 309 处。对矿物的性质，如硬度、颜色、光泽、透明度以至敲击声音、医药性能、集合体的状态（土状、块状、卵状、米粒状）等，都有所描述。而成书于公元前 3 世纪左右的古希腊矿物学名著《石头记》，只记载了 16 种矿物，分成金、石、土三类。

中国古代的矿物又与医药学关系极其密切，本草药物著作中包含有丰富的矿

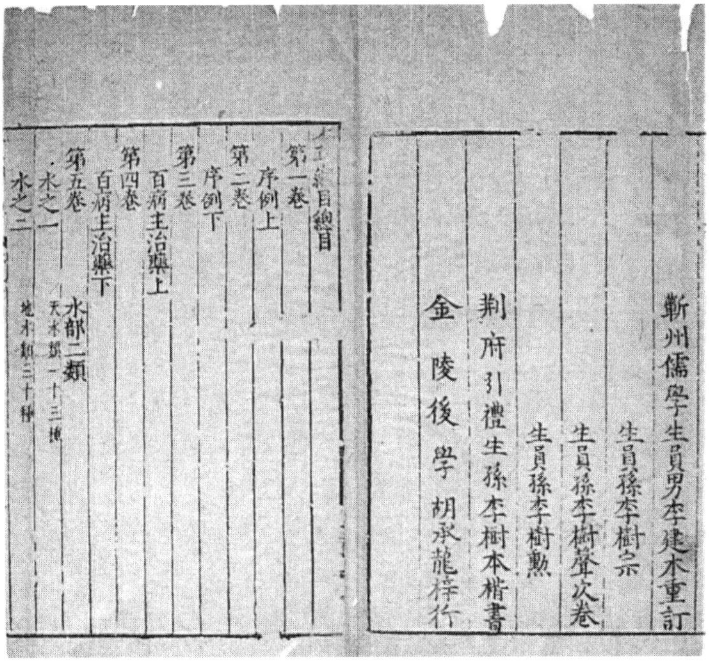
蘄州儒學生員男李建木重訂
生員孫李樹宗
生員孫李樹聲次卷
生員孫李樹勳
荆府引禮生孫李樹本楷書
金陵後學胡承龍梓行
目總目
第一卷
序例上
第二卷
序例下
第三卷
百病主治藥上
第四卷
百病主治藥下
第五卷
水部二類
水之一
天水類一十三種
水之二
地水類三十種

图 17-15 明万历十五年金陵胡承龙刊本《本草纲目》

[1] 李约瑟《中国科学技术史》，中译本，第 5 卷，第 363 页。

物学知识。如唐代梅彪撰于818年的《石药尔雅》，列举有62种矿物药物的335种异名，是世界上第一部矿物药物同义词典。宋代寇宗奭的《本草衍义》中，已经利用化学变化、晶体形状、矿物解理和色泽等来鉴定不少矿物。明代李时珍的《本草纲目》列有矿物药物266种，除水、火、土三部外，金石部所载连同附录计有矿物一百六十多种，分金、玉、石、卤四类，对其产地、形色、鉴别等都有记述。（图17—15）其他如各种石谱，都在文艺复兴前领先于欧洲。

人们从长期的找矿、采矿实践中，还较早就总结了一套经验性的探矿理论。《管子·地数篇》说："山上有赭者，其下有铁；上有铅者，其下有银；上有丹砂者，其下有黄金；上有慈（磁）石者，其下有铜金。此山之见荣者也。"所谓"山之见荣"，即是矿苗露头。铁矿表层高价氧化物呈赭色，铅和银常共生，这是现代矿床学所证明了的。这里讲的除把铜和铁的硫化物混称为黄金和铜金外，大体上符合现代关于硫化矿床的矿物分布理论。这段记载表明，在战国时期中国已经总结了一些矿床中矿物分布知识，并提出了根据矿苗和矿物的共生或伴生规律来找矿的方法。这些关于矿物共生的知识，在中国探矿史上一直得到继承，并不断丰富。

利用植物找矿的方法，是中国古代对探矿理论的又一重大贡献。其起源可以上溯到战国时期，《荀子·劝学篇》中就有"玉在山而草木润"的记载，表明关于矿物与植物关系的知识已经萌生。后来这方面的经验性认识不断积累、增多，到唐代的段成式进行了集中和概括。他说："山上有葱，下有银；山上有薤，下有金；山上有姜，下有铜锡；山有宝玉，木旁枝皆下垂。"[1]这些记载虽与实际情况不完全相符，但却为人们开拓了利用指示植物找矿的新途径，是现代利用植物找矿或生物地球化学找矿理论的滥觞。正如李约瑟所说的："中国人在中古代所进行的观察，确实可以说是仍在迅速发展中的、范围十分广阔的现代科学理论和科学实践的先驱。"[2]

在采矿技术方面，中国古代也有着一系列的发明。至迟在春秋战国时期，人们就已不仅能开采露天矿藏，而且可以开采地下矿藏，并已达到相当高的技术水平。1974年，在湖北铜绿山发掘出从春秋到汉代的古铜矿遗址。从春秋时期的矿井遗址看，其开采深度在20—30米左右，有竖井八个，斜井一个，井筒的支护结构采用"密集法搭口式接头"。战国到汉代的矿井遗址开采深度在40—50米左右，有竖井五个，斜巷一条，平巷十条，组成较合理的矿井体系，采掘和支护技术较

〔1〕段成式《酉阳杂俎》前集卷一六。
〔2〕李约瑟《中国科学技术史》，中译本，第1卷，第484页。

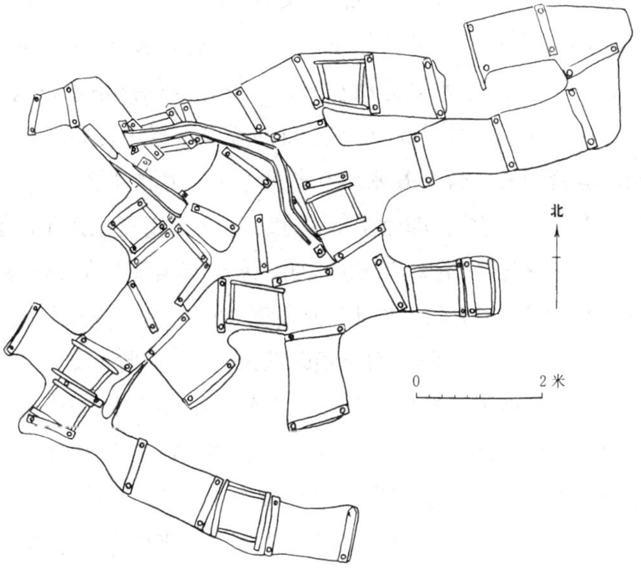


图 17-16 铜绿山铜矿井巷

春秋时期有明显进步。(图 17—16) 古矿遗址表明，早在二千多年前，中国“已有效地采取竖井、斜井、平巷、斜巷相结合，多中段的开拓方式，初步解决了井下通风、排水、提升、照明和巷道支护等一系列复杂的技术问题”[1]。其后，历代的地下开采一直是采用这种井巷结合的方法，并在矿物运送、井下通风和排水、安全保障等方面不断加以改进。

对于用工具难以采掘的矿层和岩层，中国古代还利用“火爆”的方法进行开采。这种方法出现于何时，现尚难以确定，但至迟在明代已广泛使用。明代陆容曾记述浙江处州（今丽水一带）铜矿的开采方法，说：“采铜法，先用大片柴，不计段数，装叠有矿之地，发火烧一夜，令矿脉柔脆。次日火气稍歇，作匠方可入身，动垂尖采打。”[2] 这是利用矿藏中所含不同成分的物质热膨胀系数不同，经火烧后会开裂，然后开采的方法。也有利用热胀冷缩的性质进行开采的，即《明史 · 河渠志》所载：“焚以烈火，用水沃之，石烂化为烬。”福建泉州在历史上就曾使用这一方法开采花岗岩，称为“火攻”。

特别值得提出的是，中国历史上不但有着较高的开采固体矿藏的技术水平，而且能够开采液态和气态的矿藏，是世界上最早开发、利用石油和天然气的国家之一。

石油一名首见于沈括的《梦溪笔谈》，在此之前有石漆、水肥、脂水等称。中

〔1〕铜绿山考古发掘队《湖北铜绿山春秋战国古矿井遗址发掘简报》，《文物》1975 年第 2 期。

〔2〕陆容《菽园杂记》卷一四。

国大约在西汉时已发现石油，《汉书 · 地理志》上郡高奴县（今延安东）条下注说：“有洧水（今延河）可燃”，即石油浮于延河水上，可作燃料。其后，晋张华在《博物志》中指出：“水肥亦所在有之，非止高奴县洧水也”。北魏郦道元在《水经注》卷三中还引《博物志》说，把石油“取著器中，始黄后黑，如凝膏，然（燃）极明，与膏无异。膏车及水碓釭甚佳，方人谓之石漆”。“釭”字据《说文解字》称，乃“车毂中铁也”，即轴承的意思。唐李吉甫在记述玉门县（今玉门镇）石脂水时也说：“泉有苔如肥肉，燃之极明。水上有黑脂，人以草盝（捞）取，用涂鸱夷酒囊（革制酒囊）及膏车。北周武帝宣政（578）中，突厥围酒泉，取此脂燃火，焚其攻具，得水逾（愈）明，酒泉赖以获济。”[1] 由此可见，由汉代至唐代已发现石油产地多处，并被用作燃料，以及作为车辆和水碓轴承上的润滑油，也用于润革和作为火攻的原料。到宋代时，沈括又用石油的烟作墨，同时指出“石油至多，生于地中无穷，不若松木有时而竭”，必将被作为制墨原料而“大行于世”。

天然气的发现也是在西汉，《汉书 · 郊祀志》记载，汉宣帝神爵元年（前61年）“祠天封苑火井于鸿门（今陕西神木县西南）”；《汉书 · 地理志》西河郡鸿门县条下，班固自注说：“有天封苑火井，祠火从地出也。”关于天然气的开发和利用，最早的要数四川盆地，大约是在汉代穿凿盐井时发现的，并被利用来煮盐。西汉扬雄在《蜀王本纪》中说：“临邛有火井，深六十余丈。”[2] 张华《博物志》卷九也说，临邛火井“昔时人以竹木执以取火”，“执盆盖井上煮盐（水）得盐”。火井即是天然气井，天然气除被用来煮盐外，还被用以照明。东晋时就有记载说：“民欲其火，先以家火投之（火井口），顷许，如雷声，火焰出，通耀数十里。以竹筒盛其光藏之，可拽行终日不灭也。”[3] 唐《十道要记》也记载：“火井有水，郡人以竹筒盛之，将以照路，盖似今人秉烛，即水中自有焰耳。”[4] 四川的天然气开发，自汉代以来一直进行着，从未中断，至清道光（1821—1850）年间，已用竹、木、钻头构成的钻机，钻透四川气田的主要地层，建成了深达一千米以上的气井，这是当时世界上最深的气井。

---

〔1〕李吉甫《元和郡县志》卷四〇。

〔2〕《太平御览》卷八六九引。

〔3〕常璩《华阳国志》卷三《蜀志》。

〔4〕乐史《太平寰宇记》“山南西道七 · 邛州”引。

## 第八节 后来居上的冶金技术

在早期的文明国度和地区中，中国使用铜、铁等金属的年代相对说来是较晚的。埃及大约在公元前 5000 年时开始进入青铜时代，公元前 1000 年左右开始进入铁器时代；美索不达米亚地区大约在公元前 7000 年时开始利用自然铜，公元前 4000 年时开始进入青铜时代，公元前 1200 年左右开始进入铁器时代；爱琴海地区大约在公元前 3300 年时开始进入青铜时代，公元前 1000 年左右开始进入铁器时代；印度大约在公元前 2500 年时开始进入青铜时代，公元前 800 年左右开始进入铁器时代；而中国是在公元前 1500 年左右开始进入青铜时代，公元前 500 年左右开始进入铁器时代的。但是，由于中国在冶铸技术方面的发明和创新，使中国的冶金业很快就后来居上，跃升于世界的前列，并为中国古代文明的高度发达奠定了坚实的物质基础。从这里我们可以看到一个技术进步带动生产发展，并进而促进社会文明进步的典型范例。

中国冶金史上的一个最突出的特点，是铸造技术占有重要的地位，以至于铸造既作为成形工艺而存在，又成为冶炼工序中的一个组成部分，达到了“冶”与“铸”密不可分的地步。因此在古代文献中往往是冶铸并称，并对中国文化产生了深刻的影响。如常用词汇“模范”、“范围”、“陶冶”、“就范”等，都是由冶铸技术衍生而来的。这种冶与铸密不可分的冶金传统，是古代世界上其他国家和地区所无法比拟的。

被认为是中国古文明象征的商周到战国的青铜器，在某种意义上可以说是铸造技术所造就的。从重 875 公斤的司母戊方鼎、精美的曾侯乙尊盘和大型的随县编钟群，以至大量的礼器、日用器、车马器、兵器、生产工具等，可以看到当时中国已经非常熟练地掌握了综合利用浑铸、分铸、失蜡法、锡焊、铜焊的铸造技术，在冶铸工艺技术上已处于世界领先的地位。（图 17—17）而《考工记 · 桌氏》中所记载的：“金有六齐。六分其金而锡居一，谓之钟鼎之齐。五分其金而锡居一，谓之斧斤之齐。四分其金而锡居一，谓之戈戟之齐。三分其金而锡居一，谓之大刃之齐。五分其金而锡居二，谓之削杀矢之齐。金、锡半，谓之鉴燧之齐”，这是世界上最早的合金配比的经验性的科学总结，表明当时中国已认识到合金成分与青铜的性能和用途之间的关系，并已定量地控制铜锡的配比，以得到性能各异，适于不同用途的青铜合金。《考工记 · 冶氏》中还记载有：“凡铸金之状，金

图 17-17 殷墟出土的铸铜鼎陶范

与锡，黑浊之气竭，黄白次之；黄白之气竭，青白次之；青白之气竭，青气次之，然后可铸也。”说明当时已掌握了根据火焰的颜色，来判定青铜是否冶炼至精纯程度的知识，这是后世化学中火焰鉴别法的滥觞。用以比喻工夫达到纯熟完美境界的成语“炉火纯青”就是由此引申出来的。

在炼铜中的另一项重要成就是湿法炼铜，也叫胆铜法。这是利用炼丹家所发现的铁对铜离子的置换反应，进行冶铜的方法。其工艺过程是把硫酸铜或碳酸铜（古称曾青、胆矾、石胆等）溶于水，使成胆水，然后投铁块于溶液中，因铁的化学性能比铜活泼，铁离子会置换出铜来。这是世界上最早的湿法冶金，宋代已用此法进行大规模的炼铜生产。

青铜铸造技术的高度发展，对中国的钢铁冶炼产生了巨大的影响。中国在使用铁的初期，就很快产生了生铁的冶铸工艺。生铁的熔点低，便于浇铸、连续加工成形和大量生产，从而促使了中国钢铁冶铸业迅速发展，跃居世界钢铁生产的领先地位。而西方早期主要是炼制块炼铁，通过锻打成形，其生产效率远低于中国的生铁冶铸，直到 14 世纪欧洲方开始采用生铁冶铸工艺。

由于生铁含碳量高，虽硬但脆，不耐碰击，易毁坏，为改进生铁的性能，中国古代发明了一系列的生铁加工技术。其中，首先是战国时期问世的铸铁柔化术。该项技术又分为两类：一类是在氧化气氛下对生铁进行脱碳热处理，使成白心韧性铸铁；一类是在中性或弱氧化气氛下，对生铁进行石墨化热处理，使成黑心韧性铸铁。而在西方，白心韧性铸铁的生产技术 1722 年方由法国人首次记述，黑心韧性铸铁是 1831 年才在美国问世的。到汉代，铸铁柔化术又有新的突破，形成了铸铁脱碳钢的生产工艺，可以由生铁经热处理直接生产低、中、高碳的各种钢材，中国从此成为世界上的先进钢铁生产国。其产品亦随着中外交通贸易的发展，输运到周围各国以及中亚、西亚和阿拉伯一带。

另一杰出的生铁加工技术是炒钢，它是中国古代由生铁变成钢或熟铁的主要方法，大约发明于西汉后期。其法是把生铁加热成液态或半液态，并不断搅拌，使生铁中的碳分和杂质不断氧化，从而得到钢或熟铁。河南巩县铁生沟和南阳瓦房庄汉代冶铁遗址，都提供了汉代应用炒钢工艺的实物证据。东汉时成书的《太平经》中也说："有急乃后使工师击治石，求其中铁，烧冶之使成水，乃后使良工万锻之，乃成莫邪耶。""莫邪"乃古代宝剑之称。这段文字虽失之疏简，但不难看出，它叙述的是由矿石冶炼得到生铁，再由生铁水经过炒炼，锻打成器的工艺过程。炒钢工艺操作简便，原料易得，可以连续大规模生产，效率高，所得钢材或熟铁的质量高，对中国古代钢铁生产和社会发展都有重要的意义。类似的技术，在欧洲直至18世纪中叶方由英国人发明。

中国古代的炼钢技术主要是百炼钢。自从西晋刘琨写下"何意百炼钢，化为绕指柔"〔1〕这一脍炙人口的诗句后，"千锤百炼"、"百炼成钢"便成为人们常用的成语。百炼钢肇始于西汉早期的块炼渗碳钢，其后不断增加锻打次数而成定型的加工工艺。到东汉、三国时，百炼钢工艺已相当成熟。上引《太平经》中的"万锻之，乃成莫邪耶"，即是其生动的写照。曹操曾令工师制作"百辟利器"〔2〕，曹丕的《典论·剑铭》中说："选兹良金（指铁），命彼国工，精而炼之，至于百辟"。刘备曾令"蒲元造刀五千口，皆连环，及刃口刻七十二湅。"〔3〕《古今注·舆服》亦说："吴大帝有宝剑三，……一曰百炼，二曰青犊，三曰漏景。"后世这一工艺一直被继承，并不断得到发展。

创始于魏晋南北朝时期的灌钢技术，是中国冶金史上的一项独创性发明。陶弘景说："钢铁是杂炼生柔作刀镰者"〔4〕，北齐的綦母怀文"造宿铁刀，其法烧生铁精以重柔铤，数宿则成刚"〔5〕，说的就是灌钢技术。灌钢的工艺过程大致为，将熔化的生铁与熟铁合炼，生铁中的碳分会向熟铁中扩散，并趋于均匀分布，且可去除部分杂质，而成优质钢材。灌钢技术在宋以后不断被改进，减少了灌炼次数，以至一次炼成。沈括《梦溪笔谈》卷三说："世间锻铁所谓钢铁者，用柔铁屈

〔1〕刘琨《重赠卢谌》。见《古诗笺》，上海古籍出版社，1980，第121页。

〔2〕《太平御览》卷三四五引《内诫令》。

〔3〕《太平御览》卷三四六引《刀剑录》。

〔4〕《重修政和经史证类备用本草》卷四玉石部引。

〔5〕《北史·綦母怀文传》。

盘之，乃以生铁陷其间，泥封炼之，锻令相入，谓之‘团钢’，亦谓之‘灌钢’。”并说“二三炼则生铁自熟，仍是柔铁”，正反映了灌炼次数的减少。其中把柔铁屈盘起来是为了增加生熟铁的接触面，提高灌钢的效率，并促使碳分分布更均匀；封泥则可以促进造渣，去除杂质，并起保护作用。明代灌钢技术又进一步发展，据《天工开物》卷十四记载，已把柔铁屈盘改为薄熟铁片，进一步增加了生熟铁的接触面，加速“生熟相和，炼成则钢”的进程，泥封亦改为草泥混封。灌钢又称“抹钢”、“苏钢”，其工艺自清至近代仍很盛行。在坩埚炼钢法发明之前，灌钢法是一种最先进的炼钢技术。

铜、铁外，中国古代冶炼和使用的金属还有金、银、汞、铅、锡、锌等，其中锌的炼制是中国首先发明的。中国在先秦的青铜中已把锌作为伴生矿加入铜合金中，从汉代至元代更是有意识地把锌的氧化物“炉甘石”加入化铜炉中，以生产锌为主要合金元素的铜合金黄铜。明代时，则开始了大规模地用炉甘石做原料提炼金属锌。从16世纪起，中国的锌便不断传入欧洲。欧洲到17世纪才开始炼锌，其工艺也是源自于中国。

## 第九节
# 举世瞩目的机械发明

中国古代在机械方面的创造发明，亦是中国文化史上璀璨光辉的一个组成部分。在风力、水力、热力机械及齿轮系传动等各机械方面，中国古代都有不少创造发明，为人类文明做出了极有价值的贡献。关于农业机械、天文仪器、纺织机械、印刷机械、交通机械、军事机械等方面的成就，已在各有关章节述及，这里仅介绍其他方面的几个突出成就，以见中国古代机械发明之一斑。

**指南车**

又称司南车，相传为黄帝所作，亦有说周公所作，实际上大约是西汉问世。《西京杂记》记载有：“司南车，驾四，中道。”东汉的张衡、三国时魏国的马钧都曾造过指南车，其后历代史书差不多都有指南车的记载。如《晋书·舆服志》说：“司南车，一名指南车，驾四马，其下制如楼，三级；四角金龙衔羽葆；刻木为仙人，衣羽衣，立车上，车虽回运而手常南指。”《宋书·礼志五》说：“其制如鼓车，设木人于车上，举手指南。车虽回转，所指不移。”《南齐书·祖冲之传》

说："冲之改造（指南车之）铜机，圆转不穷而司方如一。"但是，这些记载都过于简略，对其构造、原理都未述及，而且各代所造之指南车都很快流失。也即是说，各代都是在无资料记载和实物的情况下重新制造。只是到宋代的史籍才对燕肃和吴德仁制造的指南车有较详细的记述。燕肃曾任宋仁宗时的工部郎中，他于天圣五年（1027）在"……至国朝，不闻得其制"[1]的情况下，"创意成之"，造了一部指南车。吴德仁曾任宋徽宗时的内省侍，他于大观元年（1107）对燕肃所造之指南车进行了改进。

《宋史·舆服一》中对燕肃、吴德仁所造指南车的大小、规格、形制，以及内部的齿轮结构、齿轮大小和齿数等都有相当详细的记述。根据这些记载和近人的研究，我们可以对指南车的结构和原理有一个大致的了解。（图 17—18）指南车的车身为一辕双轮车，车箱为重构结构，上立一木人，引臂南指。车箱内部设置有一套可自动离合的齿轮传动机构。当车子行进中偏离正南方向，向东（向左）转弯时，车辕前端向左移动，而后端向右（向西）移动，即将右侧传动齿轮放落，使车轮的转动能带动木人下方的大齿轮向右转动，恰好抵消车辆向左转弯的影响，使木人手臂仍指南方。当车子向西（向右）转弯时，则左侧的传动齿轮放落，使大齿轮向左转动，以抵消车子右转的影响。而车子向正前方行进时，车轮与齿轮系是分离的，因此木人手臂所指的方向不受车轮转动的影响。如此，不管车子的运动方向是东西南北，或不断变化，车上木人的手臂总是指向南方，起着指引方向的作用。

**记里鼓车**

即利用车轮的转动距离而自动报告车行里程的车子，其原理和作用类似于现汽车上的计程表。关于记里鼓车的最早文字记载亦是在《西京杂记》中，其云"记道车，驾四，中道"。其后各代史书亦都有记述，《晋书·舆

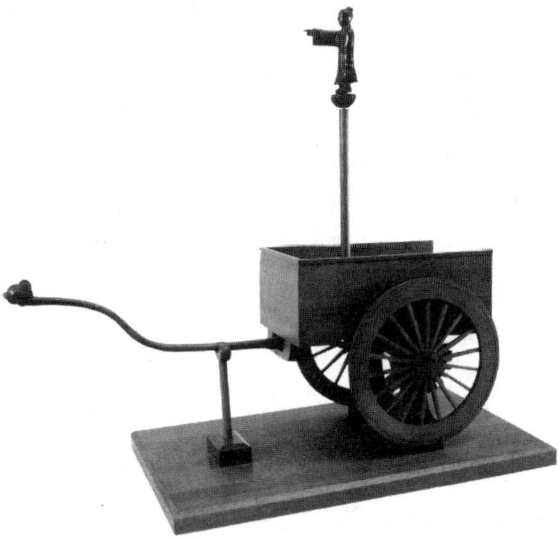

图 17-18 魏指南车模型

[1]《宋史·舆服一》。

服志》云："记里鼓车，驾四，形制如司南，其中有木人执槌向鼓，行一里则打一槌"；《宋书·礼五》云："（记里车）制如指南，其上有鼓，车行一里，木人辄击一槌"；五代马缟所注的《中华古今注》亦曰："记里鼓车，所以识道里也，谓之大章车。起于西京，亦曰记里车。车上有二层，皆有木人焉。行一里下一层击鼓；行十里上一层击钟。"但如指南车的命运一样，记里鼓车也是每次造后即很快失传，记载也是过于简略。

《宋史·舆服一》记有天圣五年内侍卢道隆和大观元年吴德仁所造的记里鼓车，对车子的形制、大小、齿轮传动结构等都有较详细的记载。其制为独辕双轮车，车箱分上下两层，下层有木人执槌司鼓，上层有木人执槌司镯（或钲）。车箱里设置有一套减速齿轮系，并分别与上下两木人相连。当车子每行走一里时，控制下层木人的齿轮转动一周，木人击鼓一次；当车子每行走十里时，控制上层木人的齿轮转动一周，木人击镯（或钲）一次，从而达到报告行程里数的效果。

**水转百戏**

三国时马钧所创制。当时，有人送给魏明帝一木制玩具，上有百戏的造型，形象优美，制作精巧，但却是静止固定的，不会活动。马钧便对之进行改制，他用木料做了一个大原动轮，平放于地上，用水力驱动，原动轮便会带动戏中的各种造像活动起来。"设为女乐舞象，至令木人击鼓吹萧；作山岳，使木人跳丸掷剑，缘絙倒立，出入自在；百官行署，舂磨斗鸡，变巧百端。"[1]"水转百戏"的具体构造现已无从得知，但从其能使各种戏中的造型活动，可推断其内部一定运用有一套复杂的齿轮系以及凸轮、连杆等传动机构。水转百戏所达到的机械水平，即使在今天看来也是令人惊叹的。

指南车，记里鼓车，水转百戏，唐、宋、元时的水运天文仪器，明代的五轮沙漏，以至各种农用的水转连磨等等，均结构复杂，构思灵巧，反映了中国古代已经对齿轮系的传动原理有着相当深刻的认识，也体现了中国古代高超的设计思想和创造才能。

**地动仪**

东汉张衡于公元132年发明，为世界上第一架观测地震的仪器，李约瑟称之为"地震仪的鼻祖"[2]。地动仪"以精铜铸成，员（圆）径八尺，合盖隆起，形

〔1〕《三国志·魏书》卷二九《杜夔传》裴松之注。
〔2〕李约瑟《中国科学技术史》，中译本，第1卷，第341页。

图 17–19 张衡地动仪模型

似酒尊”。其内部有精巧的结构，中间为“都柱”，相当于一种倒立型的震摆；周围分“八道”，即按八个方向装置的八组机械装置。外面相应八个方向各设一条口含铜珠的龙，龙头下各有一只蟾蜍张口向上。一旦发生较强的地震，“都柱”便会因震动失去平衡而触发地震方向的机构，该向的龙口即张开，使铜珠落入蟾蜍口中，“振声激扬”，观测者就能测知何时、何方向发生了地震。[1]据记载，地动仪曾成功地记录到公元 138 年甘肃发生的一次强震，证明了地动仪的准确性和可靠性。(图 17—19)

**鼓风机械**

在金属冶炼中，为了使燃料充分燃烧，以提高炉温，一般都装设有鼓风机械。最早的鼓风器称为橐，是一种皮囊。把多个橐排在一起称排橐，用马力、人力、水力推动就称马排、人排、水排。水排是东汉时南阳太守杜诗于公元 31 年发明的，用于鼓铸农器，收到了“用力少，见功多，百姓便之”[2]的效果。三国时韩暨在魏国官营冶铁作坊进行推广，以代替马排、人排。由于鼓风器何时由皮橐

〔1〕《后汉书·张衡传》。
〔2〕《后汉书·杜诗传》。

发展为风扇，现尚不清楚，故杜诗、韩暨的水排是用皮橐或风扇，结构如何，不得而知，但至迟在北宋时，木风扇已取代皮橐。北宋的《武经总要》中的行炉，元代王祯《农书》中的水排，都用的是水风扇。书中的水排图，有立轮式和卧轮式两种，是用水作动力推动轮子旋转，进而拉推风扇以鼓风，应用的是通过轮轴、拉杆，或者传动带，把圆周运动改变为直线往复运动的机械原理。

中国在鼓风技术方面最重要的发明，是活塞式风箱。活塞式风箱可能出现于唐代或宋代。公元1280年印制的《演禽斗数三世相书》中，刊载有一幅世界上最古老的双动式活塞风箱图，相传该书是唐初袁天罡所撰著的，宋代初次刊行。明代《天工开物》中所载的活塞式风箱，与此类似。活塞式风箱正逆行程都作有用功，每行程中一端排气鼓风，另一端同时吸取等量空气，因而能提供连续风流，提高鼓风效率，是鼓风技术上的重大进步。欧洲直至公元1716年方发明了类似的双动往复式水泵，为后来的活塞式机械打开了道路。

**走马灯**

大约发明于唐代。唐时的“影灯”可能即是走马灯，宋代称马骑灯。《全唐诗》崔液《上元夜六首》之二：“神灯佛火百轮张，刻像图形七宝装。影里如闻金口说，空中似散玉毫光”；宋范成大《石湖居士诗集》卷二十三《上元纪吴中节物俳谐体三十二韵》的“转影骑纵横”，生动地为人们描绘了走马灯的形象。走马灯的构造是在一根立轴上部横装一个斜翼系统和叶轮，立轴下端附近则装一盏灯或一支烛。灯（或烛）点燃后，上方空气受热膨胀，密度降低，热空气即上升，而冷空气由下方进入补充，产生空气对流，从而推动叶轮旋转，并带动与立轴相连的各种图像转动。走马灯的制作原理，与现代燃气机相一致，可称之为燃气机的始祖。遗憾的是，中国古代一直把其作为玩物，没有能进一步加以研究，使之走向实际应用。欧洲在公元1550年发明了类似的燃气轮，用于烤肉，以后随着工业革命的浪潮，很快得到发展，在工业生产中被广泛地应用。

## 第十节 古代知识分子与科学

科学是脑力劳动的产物，因此科学的发展与知识分子的状态之间有着密切的关系。

知识分子在中国古代被称为士。先秦时就有士农工商四民之说，《汉书·食货志》说："士、农、工、商，四民有业。学以居位曰士"。也就是说，士是四民之首，是以学识取得地位的。《说文解字》说："士，事也"。《白虎通》也说："士者事也，任事之称也"。"传曰：通古今，辩然不，谓士。"《说文解字》又云："数始于一终于十，（士）从一从十，孔子曰：'推十合一为士'。"段注云："数始一终十，学者由博返约，故云推十合一。博学、审问、慎思、明辩为行，惟以求其至是也，若一贯之，则圣人之极致矣。"郑也说过："仕（通士）之言事也"，"引伸之，凡能事其事者称士"。由上引述可以看出，士的社会功能一是任事，一是致圣人之道，即负责处理事务和维护传统伦理道德的双重使命。在一个君主专制的政体中，在一个"君君、臣臣"位秩森严的社会中，服从君主，忠于君主，为君主任事，辅助君主处理国事，这在中国历史上是被视为天经地义的，知识分子也是以此而立身处世的。

既然知识分子是以协助政务、治理国家为己任的，在一个幅员广袤的一统国家中，国家事务包括政治、经济、军事、文化、教育、外交等各个方面，而科学技术是国计民生所不可或缺的，自然也就导致了一批官吏不能不去从事这方面的工作。因此在历史上，凡是与国家治理有关的科学技术，都置有相应的官方机构进行组织和管理，并任命官吏主持其事。当然，这些官僚知识分子之所以也从事科学技术工作，其出发点是为治理国务，是被动的，并非出于探索自然界奥秘的目的。本质上，他们是轻视科学技术，视科学技术为末技的。而他们注重的是经史治国，"君子博学于文，自身而至于家国天下，制之为度数，发之为音容，莫非文也"[1]。由此，也就决定了中国科学史上的另一特殊现象，即与国家事务关系密切的学科特别发达。其中，又以农、天、算、地、医等学科最为发达，成就最大。

中国历史上一直以农立国。《吕氏春秋·上农篇》云："古先圣王之所以导其民者，先务于农。民农非徒为地利也，贵其志也。民农则朴，朴则易用，易用则边境安，主位尊。民农则重，重则少私义（议），少私义（议）则公法立，力专一。民农则其产复，其产复则重徙，重徙则死其处而无二虑。"[2]也就是说，农业不但可以获取土地之利，保证国家的财政收入，而且可以把农民固定在土地上，便于征调和统治。所以历代政权都奉行以农为本的国策，组织和管理农业生产也因之成为政府的一项要务。历史上的农学家都是在这农本思想的指导下，从事农

〔1〕顾炎武《日知录》"吏胥"、"博学于文"。
〔2〕夏纬瑛《吕氏春秋上农等四篇校释》，农业出版社，1979。

学工作的。贾思勰著《齐民要术》的宗旨，是要政府重视农业生产，以达到“要在安民”[1]的目的；韩鄂在《四时纂要·序》中，开宗明义曰：“夫有国者，莫不以农为本；有家者，莫不以食为本”，认为这是“贤愚共守之道也”；王祯《农书·自序》曰：“农，天下之大本也”，他著书是希望“躬任民事者，傥有所取于斯与”；徐光启的《农政全书》，则是在农业“为生民率育之源，国家富强之本”[2]的思想指导下写成。

在中国传统的宇宙论中，存在着一个有意志的“天”，“天”是至高无上的，天地万物乃至人世间的一切事务，都受着“天”的支配和主宰，而且认为天文现象与世间人事之间存在着相对应的关系。人世间的君主是“天子”，代表“天”的意志行事，并受着“天”的制约。为了卜知天意，沟通天人关系，于是出现了星占术，由之星占术便被与政务紧密地联系起来。历法则被视为顺应天意，代天“敬授民时”的重要举动，为“王者所重”，“王者易姓受命，必慎始初，改正朔，易服色，推本天元，顺承厥意”。[3]历史上的天文学是与星占学及历法纠缠在一起的，因而天文学便寄寓于星占学和历法而受政府直接控制，国家还设立了钦天监专司其职。这样，天文学便带上了神圣而又神秘的色彩，连天文仪器的制造，天文台站的设置和历法的制定、颁布等，都成了政权的象征。

数学作为一门工具性学科，与国计民生关系极为密切。地理情况的了解，地图的测绘，土地的丈量，赋税的计算，国库的收支，货物的交易，建筑工程、水利工程的设计和施工，乃至音律的制定等等，都离不开数学。同时，天文、历法亦与数学密不可分，故此中国古代是天算不分的。孙子说：“夫算者，天地之经纬，君生之元用”，可以“观天道精微之兆基，察地理纵横之长短。”[4]《后汉书·律历上》在论数时也说：“故体有长短，检以度；物有多少，受以量；量有轻重，平以权衡；声有清浊，协以律吕；三光运行，纪以历数。然后幽隐之情，精微之变，可得而综也。”可见中国古代对于数学的功用，已有相当深刻的认识。数学的这些功用，都与治理国家的政务直接相关，故数学一直受到历代政权和知识分子的重视，成为“士”必受训的“六艺”之一。

对于地理情况的了解和掌握，更是治理一个庞大国家的要务。《山海经》中已指出：“此天地之所分壤树谷也，戈矛之所发也，刀铩之所起也……得失之数，皆

〔1〕《齐民要术·序》。
〔2〕徐光启《农政全书·凡例》。
〔3〕《史记·历书》。
〔4〕《孙子算经·序》。

在此内，是谓国用。”[1] 二十四史中，十六史有《地理志》，以供“王者司牧黎元，方制天下，列井田而底职贡，分县道以控华夷”[2] 之用。地图的绘制也受到历代政权的重视，西晋裴秀的《禹贡地域图》之制作，是为了使“王者不下堂而知四方”[3]；唐李吉甫编纂《元和郡县图志》，是为了“佐明王扼天下之吭，制群生之命，收地保势胜之利，示形束壤制之端”[4]。

医学虽有些特殊，著名的医家很多没有进入仕途，但由于医学关系到每个人的生命安危，对于维护社会的安定有重要的作用，加上儒家思想认为，医学“上以疗君亲之疾，下以救贫贱之厄，中以保身长全，以养其生”[5]，所以也受到历代政府和知识分子的重视。政府设有医药机构，并颁布药典或医方，连王焘、苏颂、沈括、苏轼等著名的官员都研究医药，撰写医书。

纵观中国历史，可以看到，凡与国家治理有关的科学领域和技术部门，都受到政府的直接控制。也可以说，中国历史上较为发达的科学领域和技术部门，大都带有官营的印记，与国家的治理息息相关。

知识分子以做官为出路，进入仕途之后以治国为己任。为了达到这一目标，特别是汉代独尊儒术后，只有熟读儒家经典方能做官和治国，因此知识分子大多把精力耗费在皓首穷经之中，去修习所谓“内圣外王”之功。即内以圣人的道德为体，外以王者的仁政为用，体用兼备，各尽其极致。如此，培养出来的人才只能是属于通儒，育出的是娴熟于经典的文化人，而不是一个专才。“治经入官，则君子之道焉”[6]，对科学技术，仅“可以兼明，不可以专业”[7]。这是一条反专业化的道路。用现代社会学的术语说，也就是造就的知识分子属于功能普化型，而不是功能专化型。所以，中国古代的知识分子，包括科学家在内，大都是以经学作为进身的阶梯，身兼多种职能，注意力主要集中在现实的人世，关心的是治国平天下的政业，而很少是以自然界作为研究对象，以科学技术作为终身事业的。也正因为如此，那种探索自然界奥秘的独立的科学思想和科学精神，没能在中国形成。

同时，由于中国历史上的主要科学领域和技术部门，是直接为国家的治理

---

〔1〕《山海经》卷五。
〔2〕《旧唐书·地理志一》。
〔3〕《北堂书钞》卷九六。
〔4〕李吉甫《元和郡县图志·序》。
〔5〕张仲景《伤寒杂病论·自序》。
〔6〕《晋书·食货志》。
〔7〕《颜氏家训·杂艺篇》。

服务的，注重的是科学技术的功用，而不注重于探究其事理和原因，因而造成了“但言其当然，而不言其所以然”[1]的学术倾向。

上述两个原因，决定了中国历史上的科学形态是属于实用型，注重于实用性，充满了务实精神，而非理论型，在理论方面的研究受到忽视。

当然，科学技术的存在及其发展，是不可能完全离开理性思维的，哪怕是最简单、初级的理性思维。但在古代中国，这些理性思维的因素大都被寓于实际（有形、有数的事物）之中，被强大的务实精神所笼罩着，没能被抽象出来，升华而形成独立的系统的理论。此外，也不可否认，在中国历史上的科学中也应用过一些理论，如元气学说、阴阳学说、五行学说等，但这些理论与知识分子是功能普化型的一样，也是功能普化型的理论，它普适于天地万物以至人事和人身。这种高度普适性的理论，虽也可以用来笼统地、模糊地解释一些自然现象，可是其客观效果却束缚了人们对自然界进行具体的、有分析的探讨的科学精神，阻碍了人们深刻认识事物本质的进取心理的发展，因而最终成为形成科学性专化理论的一种阻力。

同时，在读经入仕的道路上，知识分子养成了崇尚经典的学风和唯经典是从的惰性，也影响到科学领域中。各门主要的科学学科都树立有经典，后人的工作更多的是继承、沿袭、注疏，并在此基础上补充、改进，而创新精神不足，缺乏对科学文化体系进行变革的活力。这也决定了中国古代科学技术只能沿着传统的道路缓慢地前进，没能产生质的飞跃，自行进入近代理性的科学阶段。

总之，知识分子从治理国家政务的实用目的出发，进行科学技术工作的结果，一方面给中国历史上的科学技术带来了动力，使中国古代具有较高的科学技术水平，取得了不少划时代的成就，在很长的历史时期中处于世界的先进行列，甚而居领先的地位；另一方面也给中国历史上的科学技术带来了局限，特别是缺乏对自然界进行理性探索的精神，致使未能形成专化性的科学理论，而只能停留在经验性的认识阶段。及至进入近代科学时期，便赶不上时代的潮流，被时代的潮流远远地抛在后面。

---

〔1〕阮元《畴人传》卷四六。

# 第十八章
# 古代农业生产成就

## 第一节 概　述

### 一、中国农业的起源和发展

人类最早获取生活资料的方式是采集植物的根、茎、叶和果实，以及捕捉野兽、鱼类。在经历了上百万年的采集、渔猎基础上，才进一步发明了农业。一般所指的农业，包括种植业和畜养业两大部门。农业的产生是人类发展史上的一个重要里程碑，标志着人类第一次从依赖自然界转变为开发、改造自然界。没有农业的发明，人类至今仍会过着穴居野住，采集、渔猎的生活，而不能进入此后经历的各个社会发展阶段。

农业起源于大约一万多年前，即考古学上的新石器时代。证之我国的考古出土材料亦如此。我国农业起源是多源的，迄今全国已发现了六七千处以上新石器时代的农业遗址。黄河流域已发现的最早农业遗址是分布在河南中部的裴李岗文化[1]和河北的武安磁山文化，[2]距今约有七八千年之久。与裴李岗、磁山文化年代差不多，经济面貌相似的还有分布于陇东和关中的大地湾文化（又称老官台文化），以及分布在陕南汉水上游的李家村文化。甘肃秦安大地湾遗址出土了距今七千多年的栽培黍遗存。[3]裴李岗文化遗址出土的石器，都为农具，制作精致，种类有石斧、石铲、骨耜、木耜、石锄、蚌锄、石镰、石磨盘、石磨棒等，即从

---

〔1〕开封地区文管会等《河南新郑裴李岗新石器时代遗址》，《考古》1978 年第 2 期；《裴李岗遗址一九七八年发掘简报》，《考古》1979 年第 3 期。

〔2〕河北文物管理处等《河北武安磁山遗址》，《考古学报》1981 年第 3 期；佟伟青《磁山遗址的原始农业遗存及其相关问题》，《农业考古》1984 年第 1 期。

〔3〕甘肃省博物馆文物工作队《甘肃秦安大地湾遗址 1978—1982 年发掘的主要收获》，《文物》1983 年第 11 期。

砍伐林木、耕翻土地到收割和加工谷物用的农具已一应俱全，配套成龙。磁山遗址出土了四百多个窑穴，其中88个堆积有谷物遗存，估算原存量达5—6吨。又长江下游最早的浙江余姚河姆渡遗址，出土大量有关农业生产的农具、谷物等。根据发现的稻谷、稻壳和稻草的堆积层，有专家推算，折合稻谷估计在12吨以上。[1]农具中用鹿骨和牛肩胛骨加工成的骨耜，是用于挖沟和翻土的。出土的家畜骨骼，说明河姆渡人已饲养猪、狗和水牛。[2]河姆渡遗址距今已近七千年。以上考古材料再结合《易经·系辞下》说的“神农氏作，斫木为耜，揉木为耒，耒耜之利以教天下”；还有从近代有的少数民族的具体耕作方法来看，可以说，七八千年前我国农业在黄河流域和长江流域的许多地区已进入了锄（耜）农业阶段，比最早的“刀耕火种”农业已迈进了一个新阶段。原始农业又分为三个阶段，即刀耕火种、锄（耜）耕和发达锄（耜）耕与犁耕萌芽阶段。那么它们的起源时间当在一万年以前。除上述考古材料外，在长江中游距今9000年的湖南澧县彭头山遗址中发现了保存在陶片和红烧土中的碳化稻谷，[3]与彭头山文化时代相近的湖北城背溪文化等遗址也发现了早期稻作遗存。同属长江水系的汉中盆地李家村和何家湾遗址，也有距今七八千年的稻作遗存出土；[4]湖南道县玉蟾岩甚至出土了距今约一万年的栽培稻遗存。[5]华南地区许多新石器时代早期的遗址中，都出土了与农业定居生活有关系的原始陶片，还有农业初始阶段，安装在点种棒（木耒的雏形）上的“重石”、磨光的石斧和挖土点种的骨蚌器等。广西桂林甑皮岩遗址出土了迄今世界上最早的家猪遗骨。[6]江西万年仙人洞和吊桶环遗址则出土了距今一万年前的栽培稻遗存。云贵和西藏地区的原始农业文化更具有地方特点和多样性，至迟距今四千多年前已有一些定居农业村落出现。东北和内蒙古、新疆地区，以种植业为主的遗址比较密集分布在东北大平原的中南部，如距今七千年左右的沈阳新乐文化遗址中出土了栽培黍的遗存。[7]渔猎为主的，以距今约六千年的黑龙江密山新开流遗址为典型。松嫩平原和呼伦贝尔草原也有星散分布以渔猎为主的原始遗存。蒙新高原则零星分布了一些以细石器为主要文化内涵的遗存，

〔1〕严文明《中国稻作农业的起源》，《农业考古》1982年第1期。

〔2〕浙江文管会等《河姆渡遗址第一期发掘报告》，《考古学报》1978年第1期。

〔3〕湖南省文物考古研究所等《湖南澧县彭头山新石器时代早期遗址发掘简报》，《文物》1990年第8期；裴安平《彭头山文化的稻作遗存与中国史前稻作农业》，《农业考古》1989年第2期。

〔4〕向安阳《论长江中游新石器时代早期遗存的农业》，《农业考古》1991年第3期。

〔5〕董恺忱等主编《中国科学技术史·农学卷》，科学出版社，2000，第41页。

〔6〕广西文物工作队《广西桂林甑皮岩洞穴遗址试掘》，《考古》1976年第3期；李有桓、韩德芬《广西甑皮岩遗址动物群》，《古脊椎动物与古人类》1978年第16卷第4期。

〔7〕董恺忱等主编《中国科学技术史·农学卷》，第41页。

可能是原始人们游猎的遗迹。

农业生产的发展离不开气候、地形和水等自然资源条件，同时受到各个历史时期生产力水平的限制。因此，各地区的农业面貌和进程总是不尽相同和不平衡的。中国古代农业生产发展的进程大致如下：

根据考古学资料，在距今四五千年前，黄河、长江流域，甚至包括珠江、辽河流域、澜沧江流域部分地区的氏族部落已较普遍地形成了以原始种植业为主，兼营家畜饲养和采集渔猎的综合经济；有些地区则以畜牧业为主；有的氏族部落还过着以采集渔猎为主的生活。原始种植业的两种不同类型，也基本形成，即北方黄河流域为种粟等作物的旱地农业，南方长江流域则为种稻等作物的水田农业。畜牧业已获得较大发展，成为仅次于种植业的生产部门。采集渔猎业的比重下降，但仍然是原始农业经济的必要补充。在黄河、长江流域的一些地方，出现了原始的石犁、木犁，但由于使用范围不广，牵引动力为人，因此还远远不能取代耒耜的地位。夏、商、西周时期，黄河流域大部分地区和长江流域一些地区正经历着耕作区日益扩大，把游牧业进一步挤向北部、西北部边缘地区和山区的过程。农业生产技术的主要内容耕作、栽培、育种三个方面已基本具备。生产工具虽仍以木、石制作的为主，但青铜制的钱、镈等除草工具已经出现。园圃业已经出现，蔬菜和果树人工栽培的种类已不少，经济林木也开始人工种植。在种植业地区，家畜、家禽基本上已全为舍饲，饲养管理、繁殖和相畜术等已积累了较丰富的知识，还出现了兽医。养蚕受到了统治者的重视，已具有一定的规模。春秋战国是中国社会发生大变革的时期，农业生产的发展进入了一个新的阶段。铁器自此广泛使用，牛耕逐渐推广，社会生产力有很大提高。其结果，耕地得到大量垦辟，数口之家的自给自足小农经济从而得以出现。个体小农的生产积极性较高，而他们的经营范围又十分狭小，在这样的历史条件下，我国的农业生产开始走上以提高单位面积产量为主的道路。《荀子 · 富国》中说："农精于田"，说明战国中期以后，农民已相当精通和讲究农业耕作和栽培技术。这一时期不仅大田耕作技术获得很大提高，其他园圃、林业、畜牧、蚕桑、渔业等方面的技术都有长足的进步。以后，秦和两汉到魏晋南北朝，是黄河流域农业生产大发展的时期。种植业迅速发展，农耕区向西北方面有了新的扩展；在长江以北淮水以南、关中、中原和西北部分地区出现了大大小小的灌溉农业区。长江下游广大低湿沮洳地带和岭南地区还远远没有大量开发。东汉末至三国、两晋、南北朝时期，黄河流域由于长期战乱，古代农耕重心地区遭到严重破坏。长江以南、五岭以北广大地区和巴蜀，逐渐发展成为比较重要的农耕区。特别是江南地区，由于人口、劳动力的增加，水利工程的兴修和北方一些先进技术的传入，农业生产水平开始赶上一再遭到破坏的黄河中下游地区，改变了“楚越之地，地广人稀，饭稻羹鱼，或火耕而水耨”[1]的状况。这一时期，北方旱作农业耕作技术体系形成。为克服干旱的自然条件，除兴修水利外，农民经过世世代代的努力摸索，在生产实践中总结出了以耕、耙、耱为中心的耕作保墒技术。同时，北方的连种制已定型、轮作复种制有了初步发展，间、混套作也有萌芽。隋、唐五代到宋元时期，一开始，南北方种植业都有较大发展，广大西北地区是当时的主要牧区。唐中期以后，南方农业发展更为迅速。汉代南方人口只占全国总人口的1/10强。东晋以后，北方人口大量南迁，使南方开发最需要的劳动力大大增加。这时已是“赋之所出，江淮居多”[2]，农耕区的重心已开始由黄河流域转移到长江流域。五代十国时，黄河流域又由于前后九十多年的军事破坏，已疲惫不堪；而长江以南则因战争破坏较少，两大河流域的经济发展水平，高低相去更远，北方日益依赖于南方。北宋和南宋时期，北方劳动人民第二次大批南迁，他们和南方农民一起进一步开发了江南。农耕和蚕桑的重心已明显地由黄河流域转移到了南方。此后，中国南方一直是全国的粮食和蚕桑的重要产地。随着长江流域的开发，水田耕作技术相应发展起来。宋、元时期便形成了以耕、耙、耖为特点的水田耕作技术体系。适应水田耕作的各种农具，自唐代以来陆续出现，如曲辕犁、龙骨车等。为扩大耕地面积和提高单位面积产量则出现了梯田、圩田以及一年二熟制等。在园艺、蚕桑、畜养、渔茶等经济部门，这时期在南方也取得突出成就。明清时期，围绕着人口猛增和商品经济的发展，中国农业科学技术进一步全面深入发展。宋代南方大规模开发，导致中国人口开始了长期增长的趋势，到1840年鸦片战争前夕，人口已突破四亿大关，远超过耕地的增长，人均耕地面积日益下降。宋代治平三年（1066）平均每人占有耕地面积为19.22亩，而到了清代道光二十一年（1841）就只有1.64亩了。[3]在人多地少的情况下，农民只有在技术上更下工夫了。首先是多熟种植技术获得很大发展；其次围绕多熟种植和提高单位面积产量，育种和其他许多栽培技术都有较大发展。这时期还从国外引进了玉米、甘薯和土豆等高产作物。可以说，直到近代不久前，中国农业生产中的作物组成、耕作制度、栽培技术等在此时期基本定型。

---

〔1〕司马迁《史记》卷一二九，《货殖列传》，第3270页。

〔2〕刘昫《旧唐书·第五琦传》，第3517页。

〔3〕闵宗殿、董恺忱《关于中国农业技术史上的几个问题》，《农业考古》1982年第2期。

## 二、中国古代农业生产的特点

中国农业生产在发展过程中有其自身的特点。首先是成就突出，至少在有文字记载的四千多年来，稳定而没有中断过。从整个人类文化发展史看，必须要有相当稳定的农业生产，供给人们以生活物资，然后作为上层建筑的文化，才有产生和发展的基础。世界上任何一个民族或集团，其农业生产中断了，文化和历史传统也一定随之中断。如曾经繁荣一时的文明古国底格里斯河和幼发拉底河流域的古巴比伦，尼罗河流域的古埃及，还有古罗马以及美洲印加帝国，由于外族的入侵或严重自然灾害等原因，而造成农业生产的破坏、衰落，甚至中断，以致引起国家的衰落、消亡，中国农业基础稳定和成就突出的重要原因是在农业生产上有一个先进的、丰富的、完备的科学技术知识体系。这个体系是中国文化的一个重要构成部分，集中了无数劳动人民的智慧，经过成千上万年的积累，逐渐充实、改进、提高而臻于完备的。几千年来，中国农业经历了无数次大大小小天灾人祸的考验，始终没有出现过由于技术指导上的错误而引起的重大失败。[1]

其次，由于社会历史的各种原因，诸如土地所有权分散、人均耕地少等，中国农业走的是向土地要粮食和纤维的以种植业为主的发展道路。历史地形成了中原地区重粮食和纤维，西部、北部重畜牧，东部重鱼盐，山区重木材，开发较晚的南方也是以粮食和纤维为主的局面。两千多年来，除了以畜牧业为主的地区外，中国广大农业区一直以“五口之家”的家庭为经营单位，在不大的一块土地上年年种满作物，同时圈养一些家畜和家禽，畜牧在经济中所占比重很小。这同欧洲从古代农业直到转变为近代农业时，仍继承了古代农业牧草和作物轮作，畜牧业在农业经济中比重大的特点迥然不同。

中国古代农业的另一个特点是有精耕细作的优良传统。“精耕细作”系近代人对中国传统农业（近年来，农史学家们根据农业生产工具和技术的特点，把农业生产的发展历史过程大致划分为原始农业〔在中国约为距今一万多年至4000年前〕、传统农业〔约距今4000年前直到近代〕和近现代农业三个阶段）精练的一个概括，指的是一个综合技术体系，而不是单项技术；甚至不是局限于种植业，其基本精神也贯彻于畜牧、蚕桑、渔业、林木生产等领域。精耕细作是以劳动集约为主，即是提高劳动强度，实行精耕细作，充分挖掘土地增产潜力，努力提高单位面积产量。具体措施是充分用地和积极养地紧密相结合，即以合理的耕作、轮作、施肥和灌溉（有条件的地方）来改良土壤，提高地力，从而保证包括连种、

〔1〕参见石声汉《中国农业遗产要略》，农业出版社，1981。

复种、间作、套种相结合的高复种指数的用地体系的实现。欧美人把中国水稻区的耕作方式叫做“园耕”，意思是在大田作业中应用园艺的经营方式。这是极为集约的农田操作和管理；而且主要是靠农民操作手法的灵巧，用简陋的工具做出细活来。这也显然不同于欧洲中世纪耕作粗放的二圃制和三圃制。

## 三、中国古代的农学思想

春秋战国时期，中国的农学家就开始把在此以前丰富的农业生产实践进行总结和理论概括，以后的农学家在这方面也不断做了许多工作。中国古代的农学思想有许多很有价值的理论与原则，至今仍闪烁着人类智慧的光芒。

### 1. 农业生产中的核心思想“三才”理论

“三才”一词最早见于《易经 · 系辞下》：“易之为书也，广大悉备，有天道焉，有人道焉，有地道焉。”可见“三才”理论是讲天、地、人的变化与关系的。它是战国时期比较流行的哲学观点之一，被人们运用于经济生活、政治活动和军事作战等各个方面。《吕氏春秋 · 审时》：“夫稼，为之者人也，生之者地也，养之者天也。”这段话阐明了农业生产的三大要素是天、地、人，而且把人的因素列为首要地位。到汉代，天、地、人演变为“力”、“地”、“时”。晁错说：“粟米布帛，生于地，长于时，聚于力。”[1]这里的“力”，即人力，具有重视人工劳动的含义。中国历代农学家都继承了在农业生产中强调人力作用这一思想。农业生产中的“时宜”、“地宜”、“物宜”的“三宜”原则是“三才”理论的另一衍化。其主要内涵就是农业生产必须根据天时、地利的变化和农业生物生长发育的规律，采取相应的措施。“三宜”原则也开始出现于春秋战国时期。明代农学家马一龙对之作了较为全面、科学的说明：“合天时、地脉、物性之宜，而无所差失，则事半而功倍。”[2]“三才”理论运用在中国农业生产中，为精耕细作技术体系形成和发展的主要指导思想，对农业生产的发展产生了巨大的影响和作用。其他较重要的农学思想还有地力“常新壮”论、“风土”论和在农业生产中实现废物利用，物质循环的思想等。

[1] 班固《汉书 · 食货志》，第1131—1132页。

[2] 马一龙《农说》，范楚玉等主编《中国科学技术典籍通汇 · 农学卷》二，河南教育出版社，1994，第130—131页。

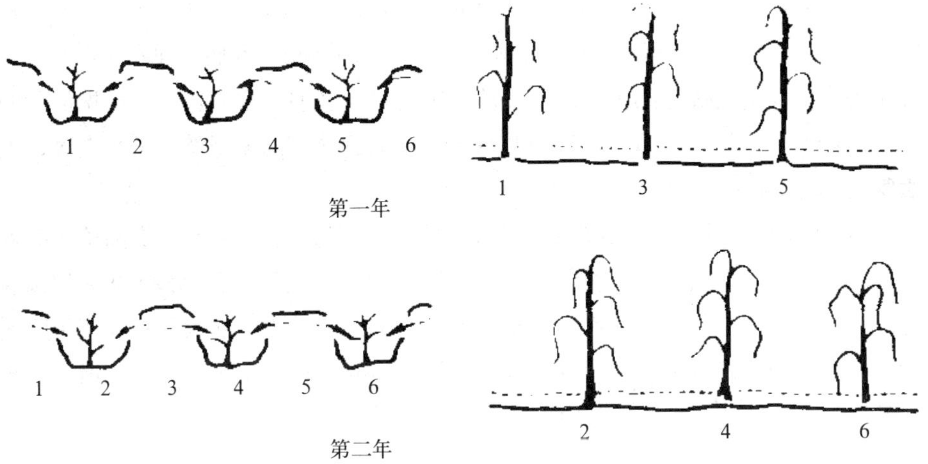


图 18-1 代田法经营示意图

### 2. 具有浓厚特色的经营思想

与中国古代国情相适应的农业经营思想，有的直到今天还具有生命力和现实意义。战国初，李悝在魏国为相时，作“尽地力”之教，是最早的集约耕作思想的表现；“治田勤谨，则亩益三升”[1]，就是加强劳动强度，实行精耕细作，挖掘土地潜力，提高产量之意。汉代，通过推广“代田法”和“区田法”等方式，把精耕细作推向一个新的高度。如代田法（图 18—1）“一岁之收，常过缦田亩一斛以上，善者倍之”[2]。《氾胜之书》第一次记述了区田，以后历代都有试种者。区田的技术要点是集中施用水、肥，保证作物能够生长良好，获得丰产。

“量力而行”的思想提出也较早。晋代傅玄（217—278）提出：“不务多其顷亩，但务修其功力。”[3] 即主张提高农业产量，不要靠扩大耕地面积，而应重视在一定单位面积上多投入劳动。后魏农学家贾思勰进一步提出“凡人家营田，须量己力”[4]。意思说，经营农业的规模，需要度量自己的力量，与物力、劳力等相称。

“扬长避短，发挥优势”也是中国农业经营的传统思想之一。《史记 · 货殖列传》中的“水居千石鱼陂，山居千章之材。安邑千树枣；燕秦千树栗；蜀、汉、

〔1〕班固《汉书 · 食货志》，第 1124 页。

〔2〕同上书，第 1138—1139 页。

〔3〕房玄龄等《晋书 · 傅玄传》，第 1321 页。

〔4〕贾思勰《齐民要术 · 杂说》，范楚玉等主编《中国科学技术典籍通汇 · 农学卷》一，河南教育出版社，1994，第 24 页。

江陵千树橘；淮北、常山已南，河济之间千树萩；陈、夏千亩漆；齐、鲁千亩桑麻；渭川千亩竹。”就是汉代人们根据地区特点，因地制宜发展各项农业生产，扬长避短，发挥地区优势的生动写照。清代唐甄在《潜书·富民》中又根据他所处时代的情况，作了“陇右牧羊，河北育豕，淮南饲鹜，湖滨缫丝，吴乡之民，编蓑织席”的真实描述。

“趋利避害”是中国古代农业经营思想的又一重要组成部分。《淮南子·缪称训》：“人之情，于害之中争取小焉，于利之中争取大焉。”趋利避害思想应用到农业生产上就是“种谷必杂五种，以备灾害”[1]的经验总结。明代的马一龙不仅明确总结出农业生产的趋利避害原则就是“知其所宜，用其不可弃；知其所宜，避其不可为”，而且把它提到“力足以胜天”[2]的高度。

## 第二节 古代先进的农田水利工程和农业生产工具

### 一、农田水利工程建设成就

水是农业的命脉。在中国，农业生产的发展与水利有着密切的关系，可以说，有些地区农业的盛衰与水利的兴废直接有关。两者的密切关系具体表现在下列几方面：一是对中国农业经济区的形成和转移有重大影响。如秦、汉时期，一系列大规模灌溉渠系陆续兴建，由此而形成了关中、成都平原和冀、鲁、豫等几个重要农业经济区。东汉至魏、晋，陂塘水利灌溉事业的发展，使江淮之间成为重要农业经济区。中唐以后，长江下游塘浦圩田水利的发展为农业经济重心逐渐南移江南地区创造了条件。其次，水利促进了一些地区耕作栽培制度的发展。如长江流域沮洳下湿地区，随着塘浦圩田水利的发展，排灌技术的进步，耕作栽培制就由一年一熟逐步演进为稻、麦两熟和两稻、一麦的制度。第三，水利使一些地区的作物组成发生变化。黄河流域自西周迄至春秋，主要农作物为黍、稷；而到战国、秦、汉时期，粟、菽（大豆）、麦则成为主要农作物。菽、麦对水分的要求较高，水利灌溉事业的发展是促成这一变化的重要原因之一。再就是农田水利排灌

〔1〕班固《汉书·食货志》，第1120页。
〔2〕马一龙《农说》，范楚玉等主编《中国科学技术典籍通汇·农学卷》二，第130页。

事业的发展，促使一些低产地区变成为农业高产区。

中国农业，自古以来在水的条件方面一直很不理想。中国大部分地区气候受季风影响，降雨量年内分配很不均匀，往往不能满足农业的需要，亟需靠人工灌溉来保证。因此，中国自远古就开始重视农田水利的兴修。从浙江余姚河姆渡遗址出土的大量稻谷遗存以及骨耜来推测，河姆渡人从事水稻生产，已初步掌握了根据地势高低开沟引水和做田埂等的排灌技术。黄河流域一直流传着大禹“疏九河”〔1〕，“尽力乎沟洫”〔2〕的传说。这可算得上是中国农田水利事业的萌芽时期了，真正大规模的农田水利工程的兴修，那是到春秋战国时候的事。中国农田水利事业虽然历史悠久，成绩卓著，但总也达不到理想的地步，结果始终是一个由水利而引起各种灾祸所困扰的国家。中国历代当政者都标榜“重农”和讲究水利，二十四史有的就撰有《河渠志》专篇，在《地理志》、《一统志》中也记载有关于农田水利的建设。功绩当然都记到了帝王将相的名下。实际上，贡献更大的是广大农民。农民不经过官府过问，自己联合起来修建农田水利的事例各朝各代、各地皆有。如清代中叶，长江流域无地农民纷纷迁往川、鄂、陕边区山中，开垦山田。他们合力筑造堤堰，控渠引水。其结果如道光时《紫阳县志》所记载的，“深山邃谷到处有人，寸地皆耕，尺水可灌”。由此而推，历史上长江流域广大丘陵地区的开发，情况大体相同。

中国古代因地制宜地创造了多种形式的农田水利工程，有的工程就其规模之大，设计的巧妙和高超技术，都居于当时世界先进之列。

### 1. 灌溉渠系工程

开渠引水以满足作物的水分需要，开水沟排除农田多余的水，是农田水利的主要任务。所以沟渠工程是最普遍的一种形式。商、周时期农田中的沟洫分别起着向农田引水、输水、配水、灌水以及排水的作用。战国时期，列国争霸，为达到富国强兵目的，水利事业备受重视，大型渠系建设迅速兴起。魏国西门豹在今河北临漳一带主持兴建漳水十二渠，〔3〕为中国最早的大型渠系。自西汉以下数百年间，本地区一直是重要的政治经济区域。公元前3世纪，蜀守李冰主持修建了举世闻名的都江堰工程，至今历时二千多年而不废，效益有增无减。都江堰建于岷江冲积扇地形上，为无坝引水渠系。渠道工程主要由鱼嘴、宝瓶口和飞沙堰三

〔1〕《孟子·滕文公上》，《诸子集成》本，中华书局，1986，第221页。
〔2〕《论语·泰伯》，《诸子集成》本，中华书局，1986，第170页。
〔3〕司马迁《史记·滑稽列传》，第3211页。

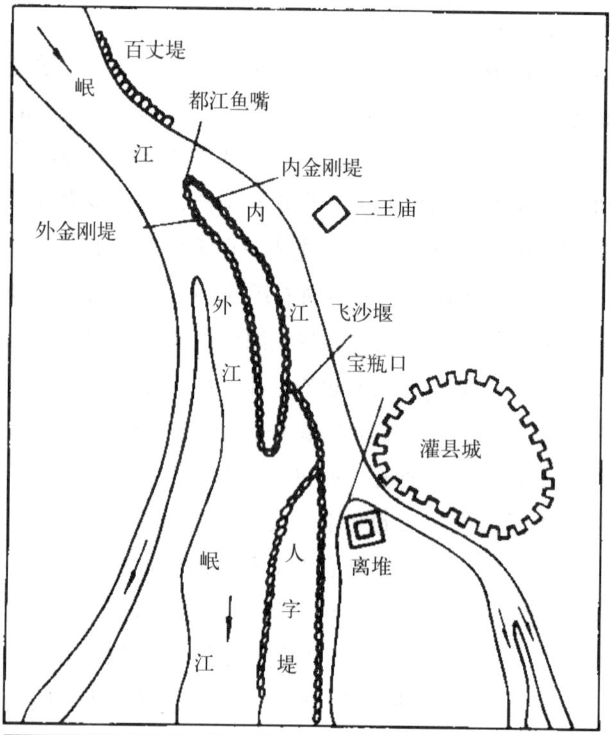


图 18-2 都江堰工程布置示意图

部分组成。整个工程规划布局合理，设计构思巧妙，管理运用科学，施工维修经济，为中国古代灌溉渠系中不可多得的优秀工程。（图 18—2）建成后，四川平原遂“旱则引水浸润，雨则杜塞水门……水旱从人，不知饥馑，时无荒年，天下谓之天府也”〔1〕。关中平原上的郑国渠是规模最大的一个渠系工程，由水工郑国主持修建。渠西引泾水，东注洛水，干渠全长三百余里，计划灌溉面积达四万顷。司马迁评价郑国渠在秦统一事业中所起的作用说：“渠就，用注填淤之水溉泽卤之地四万余顷，收皆亩一钟。于是关中为沃野，无凶年。秦以富强，卒并诸侯。”〔2〕西汉时，灌溉渠系工程继续发展，关中地区建成了白渠、六辅渠、成国渠、蒙茏渠、灵轵渠、沛渠等；在今河套地区和河西走廊“皆引河及川谷（水）以溉田”〔3〕；新疆古轮台（今轮台县）、渠犁（今库勒尔县）、伊循（今若羌县一带）、车师、楼兰（今罗布泊北岸一带）和伊吾（今哈密附近）等地也多有灌溉工程。〔4〕西汉以后，灌溉渠系工程的发展基本上处于停滞状态，只是在少数地方略有兴建而已。

### 2. 陂塘工程

陂塘系利用自然地势，经过人工整理的贮水工程，其功能是蓄水溉田。二千

〔1〕常璩《华阳国志 · 蜀志》，刘琳校注本，巴蜀书社，1984，第 202 页。
〔2〕司马迁《史记 · 河渠书》，第 1408 页。
〔3〕同上书，第 1414 页。
〔4〕孟池《从新疆历史文物看汉代在西域的政治措施和经济建设》，《文物》1975 年第 7 期。

多年前的文献中已有利用陂池灌溉农田的记载："滮池北流，浸彼稻田。"[1] 芍陂兴建于春秋战国时期，是最早的一座大型筑堤蓄水灌溉工程，"陂有五门，吐纳川流"[2]。直径大约百里，周围约三百多里，灌注今安徽寿县以南淠水和淝水之间四万顷田地。今天的安丰塘就是其残存部分。汉代，陂塘兴筑已很普遍，东汉以后，陂塘水利加速发展。陂塘水利适建于丘陵地区，起始于淮河流域，汝南、汉中地区也颇发达。从云南、四川出土的东汉陶陂池模型，可看出当时已在陂池中养鱼，进行综合利用。《淮南子·说林训》中有关于陂塘灌溉面积数量的计算："十顷之陂可以灌四十顷。"中小型陂塘适于小农经济的农户修筑，南方地区雨季蓄水以备干旱时用，修筑尤多。元代王祯《农书·农器图谱·灌溉门》说："惟南方熟于水利，官陂官塘处处有之。民间所自为溪堨、水荡，难以数计。"明代仅江西一地就有陂塘数万个。[3] 总之，古代遍布各地的陂塘，对农业生产的作用不可低估。

### 3. 太湖流域的塘浦圩田系统

隋、唐、宋时期，水利建设遍及大江南北，太湖流域的塘浦圩田大规模兴修尤为突出。古代太湖地区劳动人民在浅水沼泽，或河湖滩地取土筑堤围垦辟田，筑堤取土之处，必然出现沟洫。为了解决积水问题，又把这类堤岸、沟洫加以扩展，于是逐渐变成了塘浦。当发展到横塘纵浦紧密相接，设置闸门控制排灌时，就演变成为棋盘式的塘浦圩田系统。宋代范仲淹在《答手诏条陈十事》(1043) 中描述道："江南旧有圩田，每一圩方数十里，如大城，中有河渠，外有闸门，旱则开闸引江水之利，潦则闭闸拒江水之害，旱涝不及，为农美利。"太湖地区的塘浦圩田形成于唐代中叶以后。五代时吴越国利用军队和强征役夫修浚河堤，加强管理护养制度，设立"都水营田使"官职，把治水与治田结合起来。这些措施对塘浦圩田的发展和巩固起到了良好作用。北宋初，太湖流域塘浦圩田废而不治，中期又着手修治。南宋时大盛，作了不少疏浚港浦和围田置闸之类的工程。

### 4. 海塘工程

自汉、唐起，江、浙、福建沿海人民为防御潮水灾害而开始修建江海堤防。海塘在中国东南沿海地区的经济开发过程中占有相当重要地位。海塘从局部到连成一线，从土塘演变为石塘，建筑技术水平不断提高。五代吴越国钱镠在位时，

〔1〕《诗经·小雅·白华》，朱熹集注《诗集传》卷十五，上海古籍出版社，1980，第 172 页。

〔2〕《水经注·肥水》，江苏古籍出版社《水经注疏》，1989，第 2679 页。

〔3〕《古今图书集成·田制·议江西屯田水利》，中华书局、巴蜀书社影印本，1985。

曾在杭州候潮门和通江门外筑塘防潮，所用“石囤木桩法”[1]以木栅为格，格内填进砖石，经涨沙充淤后，就成为远比土塘坚固的土石塘。可以说这是从土塘到石塘的过渡。北宋时，石塘技术上的一次改革就是采用了“坡坨法”，即海塘为斜坡石级式，塘身稳定性优于壁立式海塘，坡阶又起消力作用。明、清时，海塘工程更受重视，投入的人力、物力之多以及技术上的进步都超过其他历史时期。

**5. 井灌**

这是利用地下水的一种工程形式。中国井的起源很早。据考古资料，距今四千多年前的龙山文化遗址中就发掘出了井。北方许多地方地表水不足，故重视发展井灌。战国以来，北方井灌相当流行，历代政府也提倡凿井。明、清时，在今陕西关中，山西汾水下游，河北、河南平原地区形成了井灌区。方承观《棉花图》中说：“植棉必凿井，一井可溉田四十亩。”坎儿井，是新疆地区利用天山、阿尔泰山、昆仑山上积雪融化的雪水经过山麓渗漏入砾石层的伏流或潜水而灌溉的一种独特形式。坎儿井在西汉时就有了。人们根据当地雨量稀少，气候炎热，风沙大的特点，在地下水流相通的地带开凿成列的竖井，其下有横渠（暗渠），然后通过明渠（灌溉渠道）把水送到农田里。这样水行地下，可减少蒸发。清代，林则徐曾在吐鲁番一带大力推广，对炎热干旱的吐鲁番农业发展起了很大作用。(图 18—3)

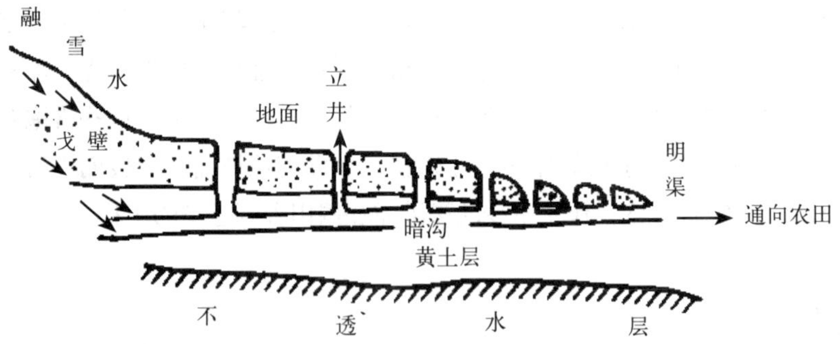


图 18–3 坎儿井示意图

〔1〕《吴越备史》卷一，《四部丛刊续编》影印吴枚庵手抄本。

## 二、农业生产工具

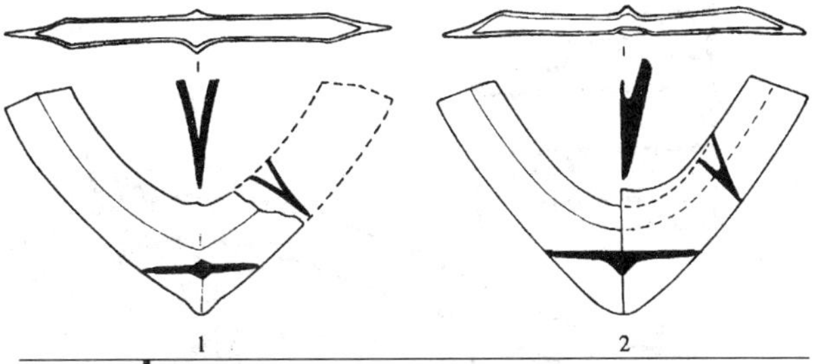

图 18-4 战国时期的铁犁，河南辉县出土

农业生产工具自春秋战国以来称之为“田器”、“农器”和“农具”。制造农具的原料，最早是石、骨、蚌、角等。商、周时代出现了青铜农具，种类有锛、臿、斧、斨、镈、铲、耨、镰、犁形器等。这是中国农具史上的一个重大进步。中国铁的冶铸技术发明至迟始于春秋。春秋战国之际，冶铁技术先后出现了生铁冶铸、炼钢和生铁柔化三项技术，使铁器成为更富有广阔前途的锐利工具，加快了铁农具代替木、石、青铜制农具的历史进程。（图 18—4）铁农具的使用是农业生产上的一个转折点，它能清除大片森林，使之变为耕地、牧场，也使大面积的田野耕作成为可能；甚至使农业生产关系、土地耕作制度和作物栽培技术等也发生一系列的变化。中国古代的农具按功用可分为下列几类：

### 1．高效的取水设备和机具

引水灌溉，最重要的是设法把低处的水引向高处。在这方面，中国古代有过不少灵巧的发明。人们熟悉的水车，也叫“翻车”、“龙骨车”、“水蜈蚣”。它出现于东汉、三国之际，最初只用来浇灌园地，后来被水田区的农民广泛采用，将近二千年来，在生产上一直起着较大的作用。筒车，今天在许多地方还可见到，大约有千年以上历史。这是把一个大的转轮，周围系上许多竹筒或木筒，安置在水边，转轮一部分没在水中，水流激动转轮，轮上的筒就川流不息地依次汲水注到岸上的田地里。元代王祯《农书》里记载的水转翻车、牛转翻车、驴转翻车、高转筒车，构造比较复杂，效率比较高，都是从翻车和筒车变化出来的。高转筒车可以把水引到十丈以上高的地方。为了把水引向远处，则有连筒和架槽的发明。连筒是把粗大的竹竿去掉里面的节，一根根连接起来，下面随地势高下，用木石架起，可以跨越涧谷，把水引到很远的地方。架槽的设计基本上同连筒一样，只是用以引水的是木槽而已。这类器具，正如王祯所说：“大可下润于千顷，高可飞流于百尺，架之则远达，穴之则潜通，世间无不救之田，地上有可兴之雨。”[1]反映出中国古代这方面的创造发明之巧妙，高效而又实用。

[1] 王祯《农书·农器图谱·灌溉门》，《中国科技典籍通汇·农学卷》一，第 646 页。

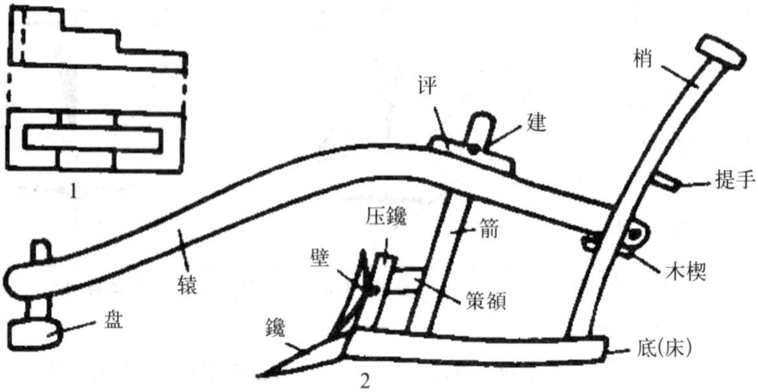


图 18-5 唐代曲辕犁复原图(宋兆麟绘制)

**2. 耕翻平整土地的农具**

耒耜是犁普遍使用前的主要耕具。它类似现代还使用的铁铲、铁锹，也有叫臿或锨的。使用耕畜牵引的耕犁，中国从春秋战国才开始逐渐在一些地区普及使用。甘肃磨嘴子出土的西汉末年的木牛犁模型说明汉代耕犁已基本定型。[1]汉武帝时赵过推广“二牛三人耕”[2]的耦犁，有犁辕、犁梢（犁柄）、犁底（犁床）、犁衡、犁箭等部件。犁壁（又叫犁镜或犁碗）在汉代已广泛使用。汉代的犁是直辕长辕犁，耕地时回头转弯不够灵活，起土费力，效率不很高。经过不断改进，到唐代创制了新的曲辕犁，又叫做“江东犁”。当时陆龟蒙《耒耜经》中详细记述了它的部件、尺寸和作用。这种犁由铁制的犁鑱、犁壁和木制的犁底、压鑱、策额、犁箭、犁辕、犁梢、犁评、犁建、犁盘等十一个部件组成。(图 18—5)整个耕犁相当完备、先进，是中国耕犁发展到比较成熟阶段的典型。中国犁又被称作框形犁，是因为犁体由床、柱、柄、辕等部分构成，呈框形的缘故。比起地中海勾辕犁、日耳曼方形犁、俄罗斯对犁、印度犁、马来犁等，它的优点是操作时犁身可以摆动，富有机动性，便于调整耕深、耕幅，且轻巧柔便，利于回转周旋，适于在小面积地块上耕作。另外，使用曲面犁壁，不仅可以更好地碎土，还可起垡作垄，进行条播，利于田间操作和管理。宋代发明了踏犁和犁(劚)刀，明代又发明了几种人力犁，但都应用范围不广。除犁以外的翻土工具还有镢和铁搭等。农田耕翻后，须经过碎土和平整。平整的农具最早有耰（椎），以后有挞、劳

〔1〕甘肃省博物馆《武威磨嘴子三座汉墓发掘简报》,《文物》1972 年第 12 期。
〔2〕《汉书·食货志》，第 1139 页。

(耱)、耙、碌碡等。甘肃嘉峪关市发现的魏晋墓室壁画中有耙和耱的形象。[1] 广东连县西晋墓中出土的陶水田犁耙模型，犁和耙都用牛牵引。[2] 水田操作使用的耖，魏晋时南方也已较普遍地使用了。

3. 播种农具

最重要的创造发明是耧车，为汉武帝时搜粟都尉赵过大力推广的新农具之一。据东汉崔寔《政论》说："其法三犁共一牛，一人将之，下种挽耧，皆取备焉。日种一顷，至今三辅犹赖其利。""三犁"即三个耧脚。山西平陆枣园西汉晚期墓室壁画上有一人在挽耧下种，(图 18—6) 其耧车正是三脚耧。[3] 用耧车播种，一牛牵引耧，一人扶耧，种子盛在耧斗中，耧斗与空心的耧脚相通，且行且摇，种乃自下。它能同时完成开沟、下种、覆土三道工序。一次播种二行，行距一致，下种均匀，大大提高了播种效率和质量。

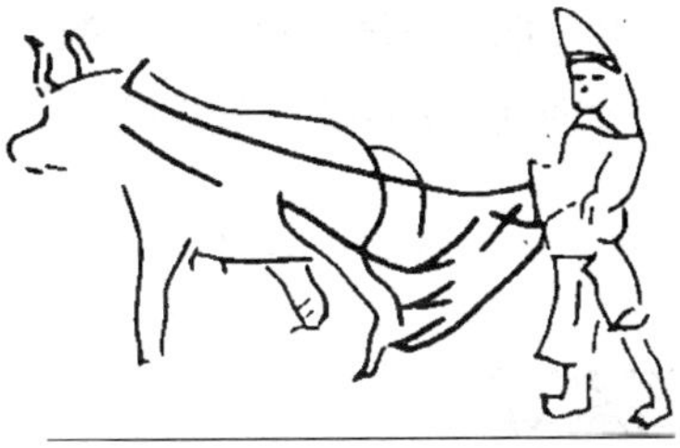

图 18-6 山西平陆壁画中的播种图

4. 中耕除草农具

一类是钱、铲和铫，构造大同小异，实质是同一种农具。古代文献往往用来相互注释，《说文解字》十四："钱，铫也，古农器。"这类农具需运用手腕力量贴地平铲以除草松土，也可用来翻土。另一类是耨、镈和锄，就构造说也大同小异，都是向后用力以间苗、除草和松土的农具，比钱、铲、铫要进步些，至今仍被大量使用着。春秋战国时已有了铁锄；汉代以后的铁锄和近代使用的基本上没有什么差异。耘盪是水田用的除草、松土农具。王祯《农书 · 农器图谱 · 钱镈门》中有耘盪图。宋、元之际的《种莳直说》中第一次记载了耧锄。这是一种用畜力牵引的中耕除草和培土农具。

5. 收获农具

新石器时代已有石制或蚌壳制的割取谷物穗子及稿秆的铚与镰。金属出现后，则有青铜和铁制的铚和镰。几千年来，铚和镰的形制基本上没有多大变化。

〔1〕嘉峪关市文物清理小组《嘉峪关汉画像砖墓》，《文物》1976 年第 12 期。

〔2〕徐恒彬《简谈广东连县出土西晋犁田耙田模型》，《文物》1976 年第 3 期。

〔3〕参见刘仙洲《中国古代农业机械发明史》，科学出版社，1963。

宋以前，还出现了拨镰、艾、翳镰、推镰、钩镰等收获农具。王祯《农书·农器图谱》中记载的由麦钐、麦绰等组成的芟麦器，是一种比较先进的收获小麦的农具。谷物收割脱粒后，利用比重和风力把秕壳与籽粒分开的办法很早就使用了。从《诗经》中可以找到证明："维南有箕（箕斗，星名，二十八宿之一），不可以簸扬。"[1] 1973年河南济源县泗涧沟汉墓出土的陶风车模型，[2] 说明至迟西汉晚期已经发明了清理籽粒，分出糠秕的有效工具。风车把叶片转动生风和籽粒重则沉、糠秕轻则飏的经验巧妙地结合在同一机械中，确是一种新颖的创造。

## 第三节 科学灵活地掌握农时

农业生产活动必须按季节，即各地的气候条件适时而耕，适时而种，适时而获，这就叫做"农时"。不违农时，作物在整个生长过程中就能够很好地适应和利用气候条件，获得丰收；违反农时，轻则招致减产，重则会颗粒无收。中国劳动人民很早就对农时与农业生产的关系有了较深刻的认识，而且摸索出了科学、灵活地巧用农时的方法。

### 一、对农时与农业生产的关系的认识

春秋战国时期，中国农业生产中的天时、地宜、人力观已基本形成。诸子著作中多有所论述，并把天时放在一个较为突出的地位来看待。人们认识到天时能决定作物的生长和收成好坏，强调在整个生产过程中都应予以重视，渔业、林业生产也应如是，所以说"不违农时，谷不胜食也"[3]；"春耕、夏耘、秋收、冬藏，四者不失时，故五谷不绝，而百姓有余食也"[4]；"污池渊沼川泽，谨其时禁，故鱼鳖优多，而百姓有余用也。斩伐养长不失其时，故山林不童，而百姓有

[1]《诗经·小雅·大东》，朱熹集注《诗集传》卷十二，上海古籍出版社，1980，第148页。

[2] 河南省博物馆《济源泗涧沟三座汉墓的发掘》，《文物》1973年第2期。

[3]《孟子·梁惠王上》，《诸子集成》本，中华书局，1986，第311页。

[4]《荀子·王制》，《诸子集成》本，中华书局，1986，第105页。

余材也”。[1]《吕氏春秋》中的《上农》、《任地》、《辩土》、《审时》四篇对天时在农业生产中的重要性进行了系统总结。除强调“凡农之道，厚（候）之为宝”外，还指出适时耕种可以收到事半功倍的效果，以及提高农作物产量和谷物的质量。因此，当权者的职责是致力于掌握农时。为了保证民时，不妨碍农业生产，提出的具体措施是让农民“三时务农，而一时讲武”；正当农忙时，“不兴土功，不作师徒（军旅）。庶人不冠弁（成年礼）、娶妻、嫁女、享祀”。[2]

战国以后，对农时的认识不断深化。南宋初的《陈旉农书》指出适时耕种能保证农业生产计划的完成，“种莳之事，各有攸序。能知时宜，不违先后之序，则相继以生成，相资以利用，种无虚日，收无虚月”。明代的《农说》从相反方面指出掌握农时的重要：“时一失，则缓急先后之序皆倒行而逆施矣，安得顺畅而不困苦哉。”

## 二、科学灵活地巧用农时

古代农业生产基本上是靠天吃饭。人们没有能力控制气候条件，只能从长期的观察和实践中找出天时变化的规律；利用有利于农业生产的天时，以减轻天时灾害的影响，达到增产的目的。因而古代著作中论述如何利用天时时，都说“秉时”、“顺时”、“不违天时”、“应时”和“节四时之适”等，[3]也就是《吕氏春秋·任地》所说的“时至而作，竭时而止”。

为了做到掌握好农时，古代人们在“巧用”二字上下工夫。首先很早就利用物候。把观测星躔（chán，或作缠。星躔指星辰运行度次）、花、鸟、虫、鱼、兽等物候作为时宜的标志。据古代文献记载，早在颛顼时代就有了“火正”这一职官，专门负责观测“大火”（心宿二），根据其出没来指导农业生产。现代研究者根据推算，认为最利于观测“大火”来决定春分的时代是公元前2400年前后。[4]夏、商、周三代最高统治者已把观测天象，敬授民时列为国家的重大政事来抓。中国现存最早、含有夏代丰富物候知识的《夏小正》中记载有许多物候、气象、天象和与之相对应的农事及其他生产活动。例如：

〔1〕《荀子·王制》，《诸子集成》本，中华书局，1986，第105页。
〔2〕《吕氏春秋·上农》，《诸子集成》本，中华书局，1986，第332页。
〔3〕范楚玉《我国古代农业生产中的天时·地宜·人力观》，《自然科学史研究》1984年第3期。
〔4〕中国天文学史整理研究小组编著《中国天文学史》，科学出版社，1981。

| 月份 | 物候 | 气象 | 天象 | 农事活动等 |
| --- | --- | --- | --- | --- |
| 正月 | 启蛰、雁北乡、雉震响、鱼陟负冰、田鼠出、獭祭鱼、囿有见韭、鹰则为鸠、柳稊、梅杏杝桃则华、缇缟、鸡桴粥 | 时有俊风、寒日涤冻涂 | 初昏参中、斗柄悬在下 | 农率均田、采芸 |
| 三月 | 榖则鸣、田鼠化为鴽（一种候鸟）、拂桐芭、鸣鸠 | 越有小旱 | 参则伏 | 摄桑委扬、颁冰、采识 |
| 四月 | 鸣札、囿有见杏、鸣蜮、王萯秀、秀幽 | 越有大旱 | 昴则见、初昏南门正 | 取荼、执陟、攻驹 |

《夏小正》把天象同相应的物候揉在一起，构成了物候历与天文历的结合体。其物候观测内容，植物方面，对木本和草本植物都有观察；动物方面，凡鸟、兽、虫、鱼都有所注意。战国时的诸子著作以及后世的农书中都或多或少记录有不同地区的物候观测。

实际上，物候学是农民自己的科学。它主要是历代农民千百年来对千变万化的各种自然现象的观测总结，揭示出了“天变于上，物候于下”的内在联系，而将之运用于农业生产的。因此，很多物候知识是通过谚语和诗歌形式在民间口头流传着。“春日载阳，有鸣仓庚（黄莺），女执懿筐，遵彼微行，爰求柔桑。”〔1〕诗歌里的“黄莺儿鸣叫”就是采桑活动时宜的标志。后魏的《齐民要术》引用古农谚三十余条，与物候有关的如“椹厘厘（言桑葚多且熟也），种黍时”〔2〕；“麦黄种麻，麻黄种麦”；“夏至后，不没狗（指生长不良，株高不没狗）；但雨多，没橐驼”〔3〕等。

中国古代历法中的二十四节气与农业生产的关系最为密切。所谓“节气”就是太阳位置，即气候寒暖的反映。大体太阳在黄经上从春分点起，每移过黄经15度，算经过一个节气（15天）。这种节气制为中国所独创，还推广到了朝鲜、日本、越南等国家。二十四节气在战国时期已基本形成，但其全部名称到西汉初的《淮南子·天文训》中才具备了。传至今天的二十四节气名称是立春、雨水、惊蛰、春分、清明、谷雨、立夏、小满、芒种、夏至、小暑、大暑、立秋、处暑、白露、秋分、寒露、霜降、立冬、小雪、大雪、冬至、小寒、大寒。从这些节气的命名来看，均来自人们日常生活中的观察和实践积累。它主要也通过农谚形式，

〔1〕《诗经·豳风·七月》，朱熹注《诗集传》卷八，上海古籍出版社，1980，第90页。
〔2〕贾思勰《齐民要术·黍穄第四》，《中国科学技术典籍通汇》一，第36页。
〔3〕同上书，第39页。

在民间世世代代流传着。如“小满前后，种瓜点豆”（山西）；“冬至菜花年大麦”（上海）；“惊蛰春分两相连，耕田浸种莫迟延”（广东）等，都是已有相当长年月的农谚了。

由于物候和二十四节气在农业生产上能够较确切地起指示作用，特别是物候，现代气象工作者对之评价甚高，说它往往是很多气象资料也难以完全替代的，因此中国农民几千年来一直喜欢利用物候和二十四节气来掌握农时。

古代人们掌握农时的原则是科学、灵活的。首先注意到农业生产上的时宜和地区的关系。因地势的高低，地区的南北不同，气候的条件也会有差异，作物的播种时间就应有差别，西汉末的《氾胜之书》说粟的种植时间应“因地为时”。《致富奇书广集·授时》阐述比较具体，说：“以上播种随南北地气先后为之，若闽、广地暖，正月则万树俱青，百种易茁矣。至于北地土寒，清明始见柳芽，而燕代五月方可种瓜也。此则因江以南地气先至而言之，以示人及时树艺，时不可失也。”先秦时人们已根据土壤的性质不同决定耕作的早晚。《吕氏春秋·辩土》说，刚硬的“垆”土要先耕，因它含水分少，表层易干枯；软弱的“靹”土可以后耕。《氾胜之书》也说：“春地气通，可耕坚硬强地黑垆土；……杏始华（花）荣，辄耕轻土弱土。”在播种方面，虽为同一种作物，种在不同的土壤里，时宜标准也不一样，东汉崔寔的《四民月令》说：“凡种大小麦，得白露节，可种薄田；秋分，种中田；后十日种美田”。《齐民要术·种谷第三》说：“良田宜种晚，薄田宜种早。良地非独宜晚，早亦无害；薄地宜早，晚必不成实也。”

此外，还认识到不同作物的播种期和收获期也不一样，这和作物本身所具备的特性有关。《氾胜之书》说种枲（雄麻）“宁失于早，不失于晚”。晚种了，麻皮质量就差。《齐民要术》谈种蔓青，认为七月初下种最相宜；如在六月种，根部虽长得粗大，但叶子要遭虫吃；如在七月底种，叶子虽肥大，但根部却细小。[1]个别地区的特别灾害也足以影响作物的播种期。如长江下游产棉区，每年秋季常有台风过境，棉铃被吹落，植株被拔倒，影响产量，《农政全书》中就总结出提早种十多天以避免或减轻风害。[2]在作物收获方面，作物特性表现得更为明显。不同作物，收割时期早晚不同。《齐民要术》指出秫“收刈欲晚”，其原因是“性不零落，早刈损实”。[3]而小麦则迥然不同，成熟后麦粒易落，所以《韩氏直说》里提出要带青刈割，一般民间都说“收麦如救火”。

〔1〕贾思勰《齐民要术·蔓菁第十八》，同上《中国科学技术典籍通汇》一，第49页。

〔2〕徐光启《农政全书·蚕桑广类·木棉》，《中国科学技术典籍通汇》二，第776页。

〔3〕《齐民要术·粱秫第五》，《中国科学技术典籍通汇》一，第37页。

# 第四节 充分利用土地

农作物种在地里，所以土地是种植业的基础。距今四五千年前，中国的农业生产在许多地区已走上了以种植业为主的道路。以后人口逐渐增多，越往后世近代人口增加越快，清代乾隆初年，中国人口已突破一亿大关。为了养活众多的人口，中国世世代代的农民，在充分利用土地上创造了值得赞叹的业绩。

## 一、想方设法增辟耕地

增加粮食产量的一个重要办法是扩大耕地。为此，中国古代农民就开展了“向山争地”、“向水夺田”的斗争。这种斗争到明、清时期达到了高峰。战国时期，对丘陵地、平地、低洼地三种类型的土地已有所利用。到汉代，种植业比较发达的中原地区，沼泽地已基本上垦辟治理为农田。汉以后，北方人口不断向南方迁移，加上铁制农具的普遍使用，使南方地区农田的垦辟扩大也出现了新形势。

### 1. 向山争地

中国有广大的丘陵地带和山区，农田向山坡扩展是必然的趋势。它最主要的形式是“梯田”，在农业生产中占有重要地位。开辟梯田始于何时？有不同看法。大致梯田是由山坡田逐步发展而来，《诗经》提到的“阪田”可能就是简单的山坡田。山坡田会破坏山坡上的天然植被，引起水土流失。从严重的失败教训中人们总结出修筑梯田的办法。梯田在条件不同的地方，修筑形式和效果也有所不同。西北黄土地带，主要作用是拦截水土，当地农民的口号是“水不下原，土不下坡，泥不出沟”〔1〕。而南方丘陵地区的梯田则结合丰富的水源条件，表现了对于水土的高度的利用。“梯田”之名称最早见于南宋范成大的《骖鸾录》，说江西袁州“岭阪上皆禾田，层层而上至顶，名梯田”。梯田的出现当然比这要早得多，四川彭水县东汉墓出土的一块陶田模型上，丘形狭斜，丘与丘相接如鱼鳞，略呈阶梯形，研究者认为很像现今四川之梯田。〔2〕说明梯田在四川已有近二千年的历史了。唐代人樊绰到过云南，在所著《蛮书》中写道：“蛮治山田，殊为精好”；“浇田皆用源泉，水

〔1〕参见王毓瑚《中国古代农业科学成就》，科学普及出版社，1957。

〔2〕参见中国农业遗产研究室《中国农学史稿》上册，科学出版社，1984。

旱无损”[1]有人工灌溉设施，种植农作物的山田，当为梯田无疑。南宋时，梯田在江西、福建、四川等地已成为普通的田法。南宋以后，梯田仍继续发展。山坡被广泛开辟为农田，必然会形成与林、牧争地的局面。

**2. 向水夺田**

有多种方式，主要的一种是围湖造田。低洼地方湖泊多，滨湖的土地比较肥沃，对人们特别具有吸引力。《汉书》中已记载了北方个别围湖造田的事例。魏、晋、南北朝时期，北方人口大量南移，对农田的需求急剧增加。江南地区围湖造田的活动逐渐增加。刘宋时（420—479），谢灵运先后奏请将会稽回踵湖、始宁（浙江上虞县西南）岯崲湖“决以为田”[2]。孔灵符奏请迁徙山阴（浙江绍兴）贫民到余姚、鄮（浙江鄞县东）、鄞三县开垦湖田。[3]围湖造田，就是排放湖里的水；有的先筑起一道堤，堤的两端与陆地相连，并在适当地方开口设闸，然后把堤内水排干。从湖田衍变出的围田又叫“圩田”、“坝田”、“垸田”，主要推行于古云梦泽及沿长江的沼泽地区。《禹贡》中把荆、扬两州的土壤称为“涂泥”，属下下田。有了圩田这种巧妙的设计后，就使之变成了肥美丰产的水田。唐代著作中关于圩田的记载不多，说明尚未广为推广。到宋代，记载多了起来，北宋沈括（1031—1095）《长兴集·万春圩图记》说，万春圩在南唐以前叫“秦家圩”，“土豪秦氏世擅其利”。宋廷南渡后，大量南撤的军队屯驻在沿江一带，大规模开垦圩田。从此以后，圩田成为长江中下游广大沼泽低洼地区的重要水田类型，对促进这一地区农业生产的发展起了很大作用。不过，这种向水索地的办法，如超过了一定的合理限度，滥围滥垦，就会破坏天然的水利和生态平衡。

沙田，是南方水田地区农民向水夺田的又一方式。江河傍岸或水流中往往有沉积起来的沙滩和沙洲，土质肥沃，芦苇丛生，人们在其上辟为农田，并挖通沟渠，引水排水，也能做到水旱无忧。长江下游的人把它叫做“沙田”。据文献记载，唐代沿海农民已在靠海岸以及近岛屿边缘的泥沙堆积层上，围海造田了。王祯《农书》中称之为“涂田”，还说“其稼收比常田利可十倍”。[4]（图18—7）此外，向水夺田的方式还有葑田、架田、柜田等，都属模型式的人造田，数量少，面积小，在农业生产中没有起到多大作用。

---

〔1〕樊绰《蛮书》卷七，向达校注本，中华书局，1962，第172—173页。

〔2〕沈约《宋书·谢灵运传》，第1776页。

〔3〕沈约《宋书·孔季恭传》，第1533页。

〔4〕王祯《农书·农器图谱·田制门》，《中国科学技术典籍通汇》一，第577页。

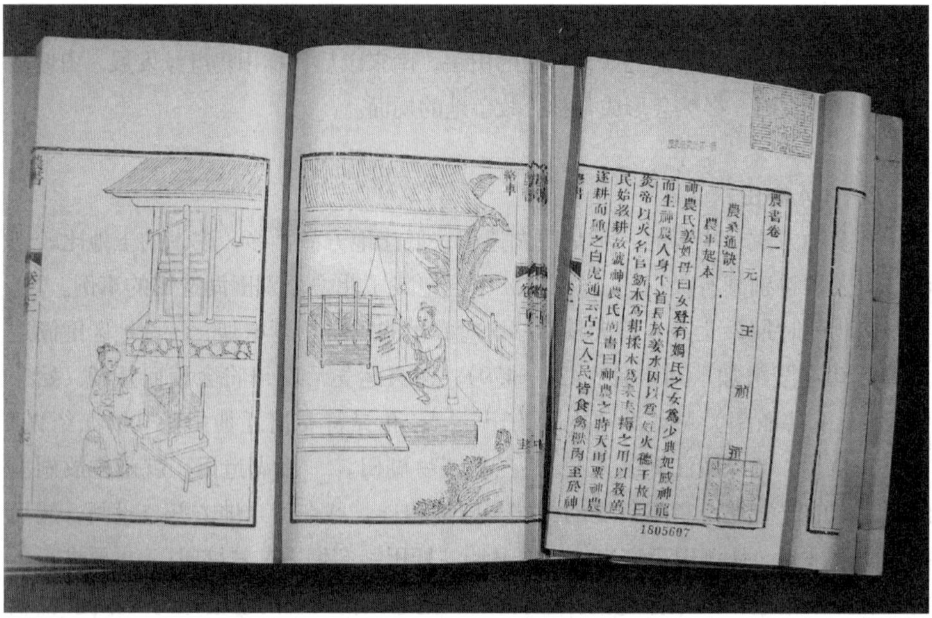


图 18-7 王祯《农书》

### 3. 想方设法找田种

北方有些地区的农民在自然条件非常差，甚至种植业难以发展起来的地方，也千方百计地扩大种植面积。突出地表现在两大创举上，一是改造盐碱地，古代把盐碱地称为“斥卤”。农民创造出“赶盐”、“压盐”、“压青”、“泡茬”、“躲盐”、“放淤”等办法，把许多斥卤不毛之地改造成为能种植的农田。另一是明、清时期甘肃某些地方农民创造的特殊的土地利用法——“石子田”[1]。贫瘠多山的黄土高原降雨很少，风又大，昼夜温差变化大，水土流失严重。于是农民们设法在耕地之后，施上肥，然后运来砂石，先铺一层粗沙，再逐层铺上一层小石子和大石块。石子田因砂石下面土壤昼夜温差较小，温度较高，适于作物生长；又由于有砂石的覆盖，大大减少了土壤中水分的蒸发，降水渗入土内的水分不易流失；土壤水分保持较好，盐分不易上升，有减轻盐碱化的效果。石子田不仅保收，产量也比当地一般农田要高得多。但它建造起来很费工，而且头十年收成很好，以后产量逐渐下降，30 年后必须重新改铺。这种石子田实为世界农业生产技术史上少有的一项创举。

〔1〕李凤岐、张波《陇中砂田之探讨》，《中国农史》1982 年第 2 期。

## 二、提高土地利用率

要增加农业生产量，除扩大耕地外，最有效的办法就是设法充分合理地提高土地利用率，增加单位面积产量。美国经济学家帕金斯（D.H.Perkins）认为，从14—19世纪，中国人为提高单位面积产量，除了通常的技术措施外，改进耕作方式起了突出的作用。[1]美国育种学家布劳格（N.E.Borlang）认为，中国人创造了世界上已知的最惊人的变革之一是“遍及全国的两熟和三熟栽培，它在发展中的国家中也居于领先地位”[2]。

《周礼·地官·县师》：“辨其夫家人民、田莱之数。”东汉学者郑玄注释说：“莱，休不耕者。”反映出周代农田还盛行轮荒农作制。到春秋战国时，就开始逐渐废弃了轮荒农作制而走上了土地连种制的道路，并在此基础上又创造了轮作复种制，公元前5世纪，魏国政治家李悝提出“尽地力”之教，其实质就是设法摆脱原始的休耕制，而向连作的高级阶段发展，提高已耕农田的利用率。《荀子·富国》中说，黄河流域有的地方“人善治之”，可以“一岁而再获之”（二年三熟或一年二熟）。东汉郑玄在《周礼·地官·稻人》注释中说，他生活的那个时代，黄河流域已经流行“禾下麦”、“麦下种禾、豆”的谷、麦、豆之间轮作复种的二年三熟制。南方气候温暖，雨水充足，这一时期在汉水流域的河南南阳一带已经有了稻、麦轮作复种的一年二熟制。[3]《异物志》则记载有“一岁再种”的双季稻。宋以后，中国广大农区已经很少有闲田旷土了，人多地少的矛盾开始出现。在长江以南地区，除大规模开展修造圩田和梯田的活动外，再就是采取更为有效的措施，进一步努力提高复种指数。《吴郡图经续记》中说江苏南部种庄稼已是“刈麦种禾（水稻），一岁再熟”。岭南地区更有水稻一年两熟，一年三熟的记载。[4]“一年三熟”很可能是通过间套复种等多种方式实现的。宋以后，轮作复种制继续有所发展。

“间作”、“套种”是中国种植制度上的又一独具特色的优良传统。中国的多熟种植主要是综合运用轮作复种和间作套种的种植方式实现的。所谓“间作”、“套种”就是在同一块地里同时夹杂栽种不同的作物；或在一种作物的生长期中间，再栽种另外一种作物。这样，当前一种作物还没有收获，而后一种作物已经长起

[1] D.H.Perkins: *Agricultural Development in China*, 1368–1968, Chicago, 1969。

[2]《基督教科学箴言报》，1977年12月7日。

[3] 张衡《南都赋》：“冬稌夏穱”。稌，为一种粳稻；稻下种麦称穱。

[4] 周去非《岭外代答·月禾》，文渊阁四库全书本。

来了。它可以更充分地利用土地，使之没有空闲之时。《氾胜之书》和《齐民要术》中都提到了间作、套种，从中反映出在公元6世纪以前，这种方法还只限于使用在园艺蔬菜方面。间作、套种等复种技术在明、清时有较大的发展，方式更丰富多彩，并同轮作复种密切配合，综合运用，收效更大。1834年成书的《江南催耕课稻编》中说："台湾百余年前种稻岁只一熟，自民食日众，地利日兴，今则三种三收矣。"《修齐直指》中详述的18世纪陕西关中地区"一岁数收之法"和"二年收十三料"之法是北方综合运用间套复种的最典型实例。作者杨屾认为这"乃人多地少，救贫济急之要法"。

## 三、使地力常新壮

作物生长发育须由土壤供给水分、养料和一部分空气。土壤的这种供给能力，叫"土壤肥力"。土壤肥力保证了人们生存必需的粮食、纤维和其他生活资料。所以古人说"地生财"[1]。战国时人们已经认识到"地可使肥，又可使棘(瘠)"[2]。随着农业生产土壤管理科学技术的提高，又进一步认识到合理利用土壤、改良土壤和培肥土壤，土壤肥力就不会减退。宋代陈敷的《农书》对此有精辟的论述，并提出了"地力常新壮"[3]这一上升到一定理论高度的土地利用原则。对人们努力提高土壤肥力，定向改造土壤，提高单位面积产量具有积极意义。

中国农民自古以来对土壤一向采取主动态度，想方设法去改良和维持它的肥力，在生产实践中逐渐形成了一套把土壤耕作，作物轮作和施肥等措施加以综合运用的方法，从而使中国的农田使用了几千年而没有衰敝。近百年来到中国的欧洲人对这一事实很是惊异。

施用有机肥料来恢复和维持地力是关键的措施。古文字学家根据对甲骨卜辞的研究，认为商代已开始给作物施用粪肥，并有了贮存人畜粪和造厩肥的方法。[4]《诗经·周颂·良耜》："荼蓼朽止，黍稷茂之。"反映周代人们认识到使用绿肥与庄稼生长良好的必然关系。《周礼》、《孟子》、《荀子》、《韩非子》、《吕氏春秋》等书中都谈到了"多粪肥田"，以及改良土壤和对不同土壤应施不同肥料的"土化之法"和"粪种"等。《齐民要术》的记载反映了公元6世纪时的肥料种

[1]《吕氏春秋·任地》,《诸子集成》本，中华书局，1986，第334页。
[2]《吕氏春秋·任地》，同上，第334页。
[3] 陈敷《农书·粪田之宜》,《中国科学技术典籍通汇·农学卷》一，第342页。
[4] 胡厚宣《再论殷代农作物施肥问题》,《社会科学战线》1981年第1期。

类有人粪尿，牛、羊、猪等畜粪，还有蚕粪、缫蛹汁、兽骨灰、草木灰和陈墙土。还介绍了一种造堆肥的方法——“踏粪”；强调作物要施用腐熟的熟粪：对基肥和追肥的施用法也作了具体记述，反映出施肥技术已有较高水平。

6 世纪以后，在开辟肥源方面不断有新的发展，对施肥方法的改进也很突出。陈敷《农书》说：“用粪犹用药也。”在 12 世纪时对施肥有这样深刻的认识是值得重视的。18 世纪的杨屾在《知本提纲》中总结了历代农民积累的施肥经验，发展了陈敷的认识，指出施肥要注意“时宜”、“土宜”和“物宜”，所谓“时宜”就是“寒热不同，各应其候”；所谓“土宜”就是“随土用粪，如因病下药”；所谓“物宜”是因为“物性不齐”，应“当随其情”。总之，到明、清时期，中国农田施肥技术几乎达到了经验知识的顶端，至于施肥的作用和意义也被提到前所未有的高度。在欧洲，农田施肥是比较晚的事，即使较早的国家、地区到 11 世纪方才开始施肥。18 世纪时，法国农业在欧洲算是最先进的，可是全国农田仍有半数以上经常休闲着。听任大量土地休闲，主要是因为无法迅速恢复土壤的肥力。

## 第五节　选种育种成就

中国古代不仅把许多野生动植物驯养和培育成为家养动物与栽培植物，而且通过改良营养条件、人工选择、杂交育种等实践和研究，创造性地培育了大量的农作物和家畜、家禽优良品种，以供人们生活所需。

### 一、农作物的育种成就

中国为世界栽培植物重要起源地之一。起源于中国的农作物有粟、稷（黍子）、水稻、荞麦；豆类有大豆、毛黄豆；蔬菜有白菜、萝卜；果树有桃、杏、李、梨、柑橘、荔枝等。

当远古人们把野生植物加以驯化栽培时，需有所选择，这就是农作物出现的开始。所以选种的历史和农业发生的历史同样悠久。中国的农作物种类很多，品种更多，现今水稻品种有四万多个，粟有一万五千多个。这都是经过无数代的农民广泛采用存优汰劣的留种和选种技术创造出来的。

根据考古发掘资料，在六千多年前，中国水稻已有籼稻和粳稻两种。在周代，农作物播种前，对种子要进行粒选。选种的标准是色泽鲜亮，子粒粗大饱满，即《诗经·大雅·生民》中说的“种之黄茂”。此篇还反映了当时人们已具有优良品种——“嘉种”的概念，并记述了黍和粟各两个优良品种的名称：“秬”(黑黍)、“秠”(一稃二米的好粟)、“穈”(赤粱粟)、“芑”(白粱粟)。《诗经·鲁颂·閟宫》篇中有“黍稷重穋，稙稺菽麦”之句，“重”、“穋”、“稙”、“稺”，即晚熟、早熟和早播、晚播的两类品种。它们是考察了很多品种的特性和特征之后予以概括出来的，有明显的品种区别，说明周代的选育种技术已有相当高水平。战国时期，人们通过总结积累的经验，制定出了一些选种的标准和措施，如《吕氏春秋·审时》里就分别提出了禾(粟)、黍、稻、麻、菽、麦六种粮食作物的选种标准。

到汉代，出现了有关存优汰劣的选种留种文字记载。《氾胜之书》记载了单穗选种法：“取麦种，候熟可获，择穗大强者”，收割下来，成束晒干，收藏好，“顺时种之，则收常倍”。6世纪时，《齐民要术》总结出了近似现代种子田的良种繁殖技术，在“收种”中说：“粟、黍、穄、粱、秫常岁别收，选好穗色纯者，劁刈高悬之，至春治别种，以拟明年种子”；还强调留种田要“尝须加锄”，收获时要“先治而别埋”。在现代选种技术没有出现以前，无疑这是古代世界所能达到的最高水平的良种繁育方法了。《齐民要术·种谷第三》中对作物品种名称很注意收录，如粟的品种收录有97个(其中11个系转录自3世纪的《广志》)，水稻品种有36个(其中糯稻11个)，黍12个，小麦8个，穄6个，秫6个，粱4个

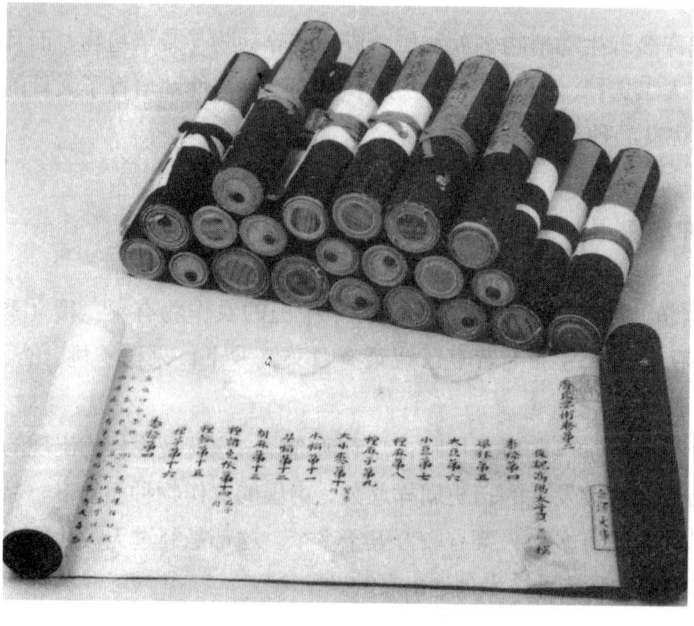

图18-8 贾思勰《齐民要术》(日本古写本)

等。还把粟按“成熟有早晚，收实有多少，质性有强弱，米味有美恶，粒实有息耗”的标准来分类，说明后魏时已能够相当全面地评价一个品种了。值得注意的是在和育种目标有关的一些问题上也有论述，如说：“早熟者，苗短而收多；晚熟者，苗长而收少”。注意到早熟、矮秆的品种比晚熟高秆的品种产量高。过去人们一直认为秆高产量也高，只有到20世纪50年代以后，一批矮秆高产的品种育成，才证明了矮秆高产的正确。另外，篇中还指出“收少者，美而耗；收多者，恶而息也”。这是论述产量与质量间的矛盾，高产品种往往品质较差，而优质品种则往往产量不高。一千多年前提出的这个问题至今仍是育种工作需要解决的重要课题。(图18—8)

用一个具有优良性状的单株或单穗选育新品种的单株选择法很早就有了。清初，农民已普遍使用此法。《康熙几暇格物编》下册中记载了康熙皇帝用此法在丰泽园中选育成功了一种“早熟”、高产、“气香而味腴”的水稻优良品种“御稻”。曾推广到江、浙一带，在苏州地区一年两季共收五石二斗，比其他品种增产一石三斗。四年之后产量高达六石多，比其他稻增产1.7倍。乾隆时编纂的《授时通考》收录的作物品种比《齐民要术》更多，如粟有250个，对各品种的特征和特性都有详细记述。在最近几个世纪以来编纂的全国各地方志中所记载的各地农作物品种，更是多不可数。

## 二、家畜家禽的育种成就

中国各地的优良家畜家禽种类之多，品种资源之丰富，过去以及今天都受到世界其他国家的重视。马、牛、羊、鸡、犬、豕“六畜”，中国在五千多年前就已全部饲养了。中国是最早饲养猪、鸡、鸭、马的国家之一，也是最早用杂交方法培育骡的国家。

马在家畜中占有特殊地位。根据《夏小正》记载，夏代在春季已实行“颁马”，即选择强壮种马配种。商、周时期，马被用于军事、狩猎、娱乐，得到统治者的重视，品种不断增多。人们根据马的品质高下，毛色的纯驳而将之分类，并规定了使用范围，《周礼·夏官·校人》：“辨六马之属。”有繁殖配种用的“种马”，军事用的“戎”马，毛色整齐供祭典用的“齐马”，善奔驰骋用的“道马”，田猎所用之“田马”，还有供杂役用的“驽马”。汉武帝大力提倡养马，从中亚和新疆地区引进汗血马3000匹进行大规模杂交繁殖改良内地的马种。唐代在马匹改良上也作过很大努力，据《唐会要》记载，唐高祖时，康国（今乌兹别克斯坦撒马尔汗一带）进贡四千匹大宛良马。唐太宗时，居住在瀚海以北的“骨利干”族

图 18-9 汉景帝阳陵彩绘陶母猪

人（现西伯利亚叶尼塞茨克地方）派使者带来良马 100 匹，其中有 10 匹特别优良，唐太宗极为珍爱，给每匹马都取了名字，号为“十骏”。汉、唐以来，先后从西域输入的良马有大宛马、乌孙马、波斯马、突厥马等等。

利用异种间的有性杂交方法来培育新畜种駃騠（jué tí），也是中国古代家畜育种技术的重大成就。现在把母马配公驴产生的骡子叫马骡，古代叫“蠃”（luó）；把母驴配公马生的骡子叫驴骡，古代就叫“駃騠”。这是北方匈奴民族的贡献，春秋时期已引入内地。骡既继承了马和驴的优良性状，而且又胜过马和驴。《齐民要术 · 养牛马驴骡第五十六》[1] 说：“蠃，驴覆马生蠃，则准常。以马覆驴，所生骡者，形容壮大，弥复胜马。”这种杂交育种方法现今还在生产中广泛应用。

汉代在猪的选育方面的经验和技术已相当成熟。（图 18—9）从华南和华北一些地方汉墓出土的青瓦猪外形来看，当时的猪种已具有优良品质。在历代劳动人民的精心选育下，中国各地曾培育出不少优良猪种。明代李时珍《本草纲目》中记载说：“生青、兖、徐、淮者耳大；生燕、冀者皮厚；生梁、雍者足短；生辽东者头白；生豫州者喙短；生江南者耳小，谓之江猪；生岭南者白而极肥。”

中国华南广东猪自汉以来就以早熟、易肥、繁殖力强而著称于世，大秦（古罗马帝国）的本地猪种生长慢、晚熟、肉质差，不能满足人们的要求，因此千方

〔1〕缪启愉《齐民要术校释》卷六，农业出版社，1982。

百计地引入中国华南猪以改良本地的猪种，育成了罗马猪。而罗马猪对于近代西方著名猪种的育成起过很大作用。英国在 18 世纪初引入中国广东猪种，到 18 世纪后期，其本地猪种已渐绝迹；著名的大约克夏，又名英国大白猪，为优良的腌肉用猪，就是用中国华南猪和约克夏地方本地猪杂交改良而成的。总之，现今世界上许多著名猪种，几乎都含有中国猪的血统。英国进化论学说奠基人，伟大的博物学家达尔文说过："中国猪在改进欧洲品种中，具有高度的价值。"[1]

在鸡、鸭方面，中国历代培育了很多珍贵品种。鸡有鲁鸡、长鸣鸡、辽阳鸡、矮鸡、泰和鸡、寿光鸡、九斤黄鸡和狼山鸡。鸭主要有番鸭、北京鸭。北京鸭育成于 15 世纪，用它烧制成的佳肴"北京烤鸭"闻名于中外。

## 第六节
# 蚕桑、园艺和畜牧兽医方面的特殊贡献

中国在蚕桑、园艺和畜牧兽医方面有不少特殊的创造发明，对世界文明作出了重要贡献。

### 一、蚕桑方面的贡献

中国是世界上养蚕、种桑、缫丝最早的国家。当二千多年前中国丝绸传入欧洲时，欧洲人对那美丽、轻盈的丝绸是如何织造的，竟一无所知。

中国古代关于养蚕的传说特别多，诸如天驷龙精、马头娘、菀窳妇人、寓氏公主、西陵氏始蚕等等。实际上，像养蚕织丝这样伟大的发明，只能是人们集体的、长期的经验积累。1958 年，考古工作者在距今五千年前的浙江吴兴钱山漾遗址中发掘出了一批丝织品，有绢片、丝带和丝线。[2] 遗物经浙江省纺织科学研究所鉴定，绢片为平纹组织，经纬密度为每厘米 40 根，粗细均匀。丝带组合，观察为 10 股，每股单纱 3 根，共计单纱 30 根编织成。有人据丝织物分析，认为已是先缫后织的产品，蚕也进入了家养的时代。[3] 比这再早与蚕桑有关的考古资料还

〔1〕张仲葛《我国猪种的形成及其发展》，《北京农业大学学报》1980 年第 3 期。
〔2〕浙江省文物管理委员会等《钱山漾遗址第一、二期发掘报告》，《考古学报》1960 年第 2 期。
〔3〕周匡民《钱三漾残绢片出土的启示》，《文物》1980 年第 1 期。

有1926年在山西夏县西阴村仰韶文化遗址中发现的一个"半割的茧壳",经1928年美国Smith-Sonion学院鉴定为蚕茧。[1] 此外,浙江余姚河姆渡遗址出土的一个牙雕小盅,"外壁雕刻有编织纹和蚕纹的图案一圈"[2],织纹和蚕纹组成一个图像,反映了蚕与织的相互依赖关系。

通过长期养蚕的实践,历代蚕农在养蚕技术方面积累了丰富的经验,取得不少成就。首先,家蚕经过长期饲育和选择,其性状发生了很大变化,并形成了各种类型的品种。宋、元时期,江、浙地区饲育成了四眠蚕和许多优良品种。三眠蚕比四眠蚕抗病能力强,容易饲养,但从蚕丝生产角度看,四眠蚕的蚕丝比三眠蚕优良。四眠蚕的饲育成功和推广是养蚕生产上的一大进步。

为了发展蚕丝生产,中国古代除了饲养春蚕外,还饲养夏蚕、秋蚕,甚至一年里养多批蚕。一千六百多年前,已利用低温抑制蚕卵使之延期孵化的低温催青制取生种的方法,为能在一年内多批养蚕创造了有利条件。这是中国古代养蚕生产技术上的又一项重大发明。

为提高蚕丝的产量,现代蚕业工作者经过长期反复研究,发明了用葆幼激素配合蜕皮激素体喷或添食的养蚕方法。而在八百多年前,中国蚕农已注意到这个问题,发明了用中药添食增产丝的方法。宋代庄季裕《鸡肋篇》卷上中说:"每槌间用生地黄四两,研汁洒桑叶饲之,则取丝多于其他。"华南农学院做了验证性试验,证明庄氏的记载是可靠的。[3]

古代蚕农还积累了丰富的防治蚕病的经验。采取了许多卫生措施、药物添食以及隔离病蚕等办法来防止蚕病的发生和蔓延。卫生措施有,养蚕前修整和打扫蚕室蚕具,用烟熏方法来对蚕室进行消毒。在饲养过程中,及时清除蚕沙(蚕粪),利用日光照射蚕具消毒。药物防治蚕病,包括药物添食和药物烟熏两种。17世纪的《养蚕秘诀》等书记载了用"甘草水"、"大蒜汁"、"烧酒"等喷在桑叶上喂蚕来防治各种蚕病。以后更针对不同症状,提出不同的治病药方。

发展养蚕业,必须繁殖桑树,发展桑园。开始人们利用撒子播种来繁殖桑树。至迟到公元5世纪,压条法已经应用在桑树繁殖上。此法比用种子播种大大缩短生长时间。宋、元以来,南方蚕农又把果树嫁接技术使用到桑树上,这对老桑树的复壮更新,保存优良性状,加速桑苗繁殖,培育优良品种都有重要意义。

为了提高桑叶质量,周代已讲究修整桑树的技术。(图18—10)《汜胜之书》

〔1〕参见陈维稷主编《中国纺织科学技术史》(古代部分),科学出版社,1984。
〔2〕河姆渡遗址考古队《浙江余姚河姆渡遗址第二期发掘的主要收获》,《文物》1980年第5期。
〔3〕黄世瑞《八百多年前蚕业科技上的两项重大发明》,《农业考古》1984年第1期。

图 18-10 成都百花潭铜壶纹饰宴乐射猎采桑图

记述了一种树形低矮，枝嫩叶肥，宜于养蚕的地桑（鲁桑）的栽培方法。《齐民要术》引民谚对鲁桑评价说："鲁桑百，丰绵帛。"[1]即桑好出帛多。宋代以来，鲁桑和嫁接技术，陆续流传到江南。嘉湖地区蚕农用江南原有荆桑为砧木，鲁桑为接穗，嫁接培育出新的植株，鲁桑的新类型——"湖桑"便逐渐形成。湖桑一直为世界各蚕业国家所称道。关于湖桑类型新种见于文献记载最早的是南宋末吴自牧撰写的《梦粱录》。

## 二、园艺方面的成就

距今约六千年前的陕西西安半坡村遗址曾出土一个陶罐，里面留存有芥菜一类的菜籽，说明那时已种植蔬菜。周代出现了园圃。《诗经·小雅·鹤鸣》："乐彼之园，爰有树檀"；《魏风·园有桃》："园有桃，其实之殽"；《离骚》："余既滋兰之九畹兮，又树蕙之百亩"。由此可见园圃中经营的有蔬菜、果树、经济林木和观赏植物等。随着商品经济和城镇的发展，农（大田作物）、圃（园艺）分工大约在春秋战国时期。樊迟向他的老师请教种庄稼和种菜之道，孔子回答说："吾不如老农"、"吾不如老圃"。[2]

在园艺栽培中，中国很早就采用了复种、连作、套种等技术措施；此外，在长期实践中还创造了其他一些独特的技术。如近代采用的人工加温办法，以保护幼嫩植物抗御严寒或酷暑，是农业科技史上的里程碑之一。而这在公元前2世纪的中国已有发轫。秦始皇时，"乃密令冬种瓜于骊山坑谷中温处"[3]；唐代诗人杜甫有"御苑分得温汤水，二月中旬已进瓜"的诗句。这两例是利用温泉温室提前种瓜。《汉书·召信臣传》则记载有利用"蕴火"（即烧着不起焰的火）提高室温，促进蔬菜的生长："太官园种冬生葱韭菜茹，覆以屋庑，昼夜爇蕴火，待温气乃生"。6世纪，北方农村有利用日暖"笼盛"育菜苗，提早发芽的。10世纪时，多风严寒的漠北农民利用牲畜粪便腐熟时发酵生热，增加地温，于棚中种西瓜。[4]南宋时，浙江杭县西马塍的艺花工人对温室栽培技术有重要的提高和发展。周密《齐东野语》记载其法："凡花之早放者曰堂（塘）花。其法，以纸饰密室，凿地作坎，緶竹置花其上，粪土以牛溲硫磺，尽培溉之法。然后置沸汤于坎

[1]《齐民要术·种桑柘第四十五》，《中国科学技术典籍通汇·农学卷》一，第66页。
[2]《论语·子路》，《诸子集成》本，中华书局，1986，第284页。
[3]《汉书·儒林传》，颜注引卫宏《尚定古文尚书序》。卫宏为东汉人。第3592页。
[4]陈景沂《全芳备祖》后集卷八引五代《陷虏记》，农业出版社影印宋刻本，1982。

中，少候，汤气薰蒸，则扇之以微风，盎然盛春融淑之气。经宿，则花放矣。”被当时人们誉之为“侔造化，通仙灵”的技术。

黄化栽培的历史也较早。北宋苏轼诗中已有“青蒿韭黄试新盘”的诗句。温室囤韭黄的技术，王祯《农书》中有详细记载：“至冬移根藏于屋荫中，培以马粪，暖而即生，高可尺许，不见风日，其叶嫩黄，谓之韭黄。”[1] 南方菜农还利用这一原理在露地用瓦筒培植韭黄、葱黄、芹菜等蔬菜。无土灌溉培育的黄化豆芽菜，最早记载见于宋代林洪《山家清供》中的“鹅黄豆生”，就是用黑大豆培育出来的豆芽菜。

近几百年来，贵州省北部，广东省广州、佛山等地区的菜农，利用小型竹筐育苗。筐内盛苔藓植物、锯木屑、灰粪等，厚约三寸，铺平，撒上温水浸过的种子，再盖上一寸厚的苔藓，置温暖处，并经常喷洒温水，待种子发芽后再移植大田。可算得上是活动苗床的雏形。

中国蔬菜种类繁多，品种丰富。东汉末，仅据《四民月令》记载，黄河流域的蔬菜种类已有二十余种。后魏《齐民要术》记载的有 31 种，其中 21 种至今仍在栽培，并为主要蔬菜种类。现在世界上蔬菜约有一百六十余种，其中常见的一百种左右。在这一百种左右的蔬菜中，原产于中国和虽为引入，但经过精心培育而成优良种型的大致有五十余种。如白菜（古代称菘）现仅在华北就有五百多个地方品种。日本于 1875 年开始从中国引种。芥菜、萝卜，中国也是原产地之一。萝卜由于栽培时间长，种植地域广，育出了世界上类型最多的品种。引进的蔬菜经过精心培育，也逐渐演化为适应中国风土特点的许多新的优良类型的品种，如原产美洲的辣椒，传入中国不过三四百年光景，现在已具有世界上最丰富的辣椒品种，其中柿子椒已引种到美国，并被命名为“中国巨人”。

中国是世界上三大果树原产地之一。据苏联学者瓦维洛夫考察，起源于中国的果树有 52 种。重要的有桃、中国李、杏、中国梨、柿、枣、核桃、栗、樱桃、木瓜、柑、橙、柚、龙眼、荔枝、枇杷、杨梅等。桃，原产中国，已有二千多年栽培史，《齐民要术》详细记载了它的性状、繁殖和栽培技术。大约于公元前 1—2 世纪由中国西北部经中亚传入伊朗，再传至希腊，最后传至欧洲各国。荔枝主要分布于长江以南，公元前 1 世纪，曾采用特殊保护措施少量移栽到当时京城西安的“扶荔宫”中。宋初，《广中荔枝谱》仅记载广州附近地区品种就有 22 个，蔡襄《荔枝谱》记闽产荔枝品种有 32 种。当时已远销新罗、琉球、大食等国。橙、

[1] 王祯《农书·谷谱·蔬属》，《中国科学技术典籍通汇·农学卷》一，第 740 页。

橘、柚也原产中国，战国时代楚国诗人屈原曾以橘为题材写下了杰出的文学作品《橘颂》。汉时已大规模种植于四川、湖北一带。世界上其他国家栽培的柑橘良种，大都引自中国。世界上第一部柑橘专著，为韩彦直撰写的《橘录》(1178)系统介绍了27种柑、橘、橙的性状特征、品种和名称的由来，以及种治、去病、采摘、收藏法等。

在果树和经济林木的繁育上，嫁接有重要意义。这种无性繁殖法比用种子的有性繁殖，不仅结果快，还能保持栽培品种原有特性和促进变异培育新品种。嫁接技术在中国出现比较早，《齐民要术》对嫁接原理、方法已有比较详细的记述。随着时间的推移，果树嫁接法越来越丰富。《齐民要术》只讲到枝接和根接法，而发展到元代已有六种"缚接法"："夫接博（缚）其法有六，一曰身接，二曰根接，三曰皮接，四曰枝接，五曰靥接，六曰搭接。"[1] 顾名思义，六种接缚法是以嫁接方法或嫁接部位的不同加以区分的。虽然不十分科学，但有些接木名词作为专门术语，在中、日两国至今仍沿用着。嫁接法还运用于花卉上，唐、宋时，因采用嫁接法而培育出来的花卉品种之多为当世所罕见。

## 三、畜牧兽医方面的创造发明

中国驯养的历史很悠久。近几十年的考古发掘资料说明，在黄河、长江、珠江、黑龙江各流域，以至沿海各省和西北、西南等纯牧区，在六七千年前便都有了原始畜牧业。猪是中国驯养最早的家畜，根据河北武安磁山、甘肃秦安大地湾、河南新郑裴李岗以及浙江余姚河姆渡等遗址出土的猪骨骼来看，在距今7000年以前便已由野猪驯化为家猪，并在各地普遍饲养。(图18—11)以上遗址出土的狗和羊骨骼，说明狗和羊驯养的时间和猪差不多。河姆渡遗址中发现了水牛骨骼，在河南、河北、山东、内蒙、甘肃等距今五六千年前的仰韶文

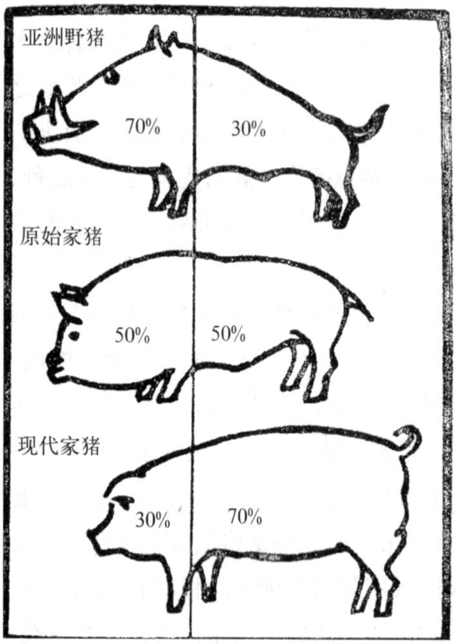

图18－11 猪的进化图

[1] 王祯《农书·农桑通诀·种植篇第十三》，《中国科学技术典籍通汇·农学卷》一，第557—558页。

化遗址中也发现了牛的骨骼，说明约在六千多年前牛的驯养就开始了。马的驯养要晚一些，从山东城子崖和大汶口等新石器时代晚期遗址出土的骨骼推断，大约有四五千年的驯养历史。从河南、甘肃、江西、山东、湖北等相当于仰韶文化和龙山文化时期的遗址中出土的鸡骨和陶塑鸡来看，鸡的驯养大约也已有 5000 年历史。北方民族的“奇畜”橐驼，可能在新石器时代晚期已被驯养。[1]

阉割术的发明，是畜牧兽医科技史上的一件大事。经过阉割的家畜膘肥肉壮，性情驯顺，便于饲养并提高经济价值。《夏小正》中的“攻驹”就是给马去势。日本学者认为，世界上马的阉割以中国为最早。商代甲骨文中有关于阉割过的猪的字符。至今中国民间还流行的小母猪卵巢摘除术，手术过程只需一二分钟，而且术前不需麻醉，术后不需缝合；手术机械简单，手术部位正确，创口小，手术安全，无后遗症，随时随地都能施行手术。国外畜牧兽医界对这一阉割技术非常重视。

相畜学是中国一门古老的科学，起源于文字没有发明前。春秋战国时期，由于战争和生产的发展需要大量的马、牛等家畜，推进了相畜学的形成和发展。当时有不少著名的相畜专家，最著名的有卫国的宁戚，著《相牛经》（早已佚失）。相马的理论和技术成就更大，《吕氏春秋 · 观表》说：古时，善相马的有十大家：寒风相口齿，麻朝相颊，子女厉相目，卫忌相髭，许鄙相朊，投伐褐相胸胁，管青相膹吻，陈悲相股脚，秦牙相前，赞君相后。最有名的相马学家是伯乐，著有《相马经》，奠定了中国相畜学的基础。汉代，出现了完整的《相六畜》著作。相畜学对于家畜品质的提高有重大意义。

中国还有一些特殊的家畜饲养技术得到世界上的重视。如马蹄铁的发明。蹄铁是马匹管理上不可缺少的东西，由“无铁即无蹄，无蹄即无马”这句谚语就足以说明其重要性。制造蹄铁和装蹄、削蹄是一项专门技术。它可以提高马匹的工作效能。蹄铁的发明时间，有人说是汉代，有说是隋、唐到明代之间。不论哪一种说法成立，中国都是世界上最早使用蹄铁的国家。家禽人工孵化法，两千多年前在中国已使用。北方人大都用土缸或火炕孵蛋，燃烧煤炭升温。在南方，一般用木桶或谷囤孵蛋，以炒热的谷子为热源。这些方法设备简单，不用温度调节设备，也不需要温度表，却能保持比较稳定的温度，而且孵化时数量不受限制，成本低，孵化率可达 95% 以上。此外，像填鸭肥育技术和人工止卵、强制换羽的方法也是中国人首创的。

[1]《史记 · 匈奴列传》：“唐虞以上，有山戎、猃狁、荤粥，居于北蛮，随畜牧而转移。其畜之所多，则马、牛、羊，其奇畜则橐驰（驼）。”

中国的兽医自成体系。周代，兽医已从医学中独立出来。《周礼·天官》中有“兽医”，职掌治疗“兽病”（内科）、“兽疡”（外科）。治内科病采用口服汤药的方法；治外科病，除服药外，还要施行手术割治。此外，又制定了诊疗程序，重视护理工作等，反映出两千多年前中国的兽医科学已有相当高水平。针灸疗法是中国独创的一种优越的医疗技术，起源很早，根据汉代刘向所著《列仙传》所说，黄帝时的马师皇用“针其唇下及口中和甘草汤治愈”，说明中兽医“方不离针，针不离方”的传统由来已久。到5世纪，针灸疗法已流传到国外。现今针灸疗法仍为广大兽医界所乐用。隋、唐时代，兽医分科更加完善，关于疾病的诊治、药方和针灸都有专著。宋、元、明、清各代，专门的兽医著作出现更多。

## 第七节 劝课农桑和古农书

### 一、历代的劝课农桑

中国历代王朝，特别是开国之君，对劝课农桑都比较重视。除下达诏书、命令提倡之外，也采取一些切实措施。当然，大多数情况只不过是例行公事而已。所谓“劝课农桑”，类似于近代的农业推广。就是把先进的农业科学技术，通过宣传、示范和展览等方式，传递给广大农民，以使农业生产有所增长。

中国的劝课农桑制度创始于周代。首先是设立一系列农官进行教导。见于《诗经》中的有“田畯”[1]、“保介”[2]等。《周礼·地官》记载的则从立田制、兴修农田水利、辨别土壤种类、备耕备种一直到收获都设有专职官员分工管理，如“大司徒”之职是“辨十有二壤之物而知其种，以教稼穑树艺”；“里宰”，“掌比其邑之乡众……以岁时合耦于锄，以治稼穑。趋其耕耨，行其秩叙”；“稻人”，“掌稼下地”；“司稼”，“为之辨穜稑之种，周知其名，与其所宜地，以为法，而悬于邑闾”等等。其次，制定出一套制度，如孟夏之月，“命野虞出行田野，为天子劳农，劝民毋或失时。命司徒巡行县鄙，命农勉作，毋休于都”，“驱兽无害五谷，毋大田猎”。[3]

[1]《诗经·小雅·甫田》，朱熹注《诗集传》卷十三，上海古籍出版社，1980，第156页。
[2]《诗经·周颂·臣工》，同上，卷十九，第228页。
[3]《礼记·月令》，中华书局《四部备要本》，1989，第56页。

春秋战国时期，各地人口大增，“今千丈之城，万家之邑相望”[1]；商业贸易发达起来了；加之诸侯国争雄称霸，战争频繁，都需要农业提供大量剩余产品粮食、布帛、肉类和蔬菜。因此，从当时诸子著作中都可找到他们建议当政者重视农业生产，劝课农桑的言论。如《管子》中的“牧民”、“立政”、“八观”、“治国”等篇都是以重农劝课为言的。

两汉，特别是西汉王朝，继秦王朝的暴政之后，农民流离失所，饿殍遍野，汉高祖统一天下后，立即采取轻徭薄赋，与民休息的政策。以后各帝对劝课农桑也颇为重视，屡下劝农诏，将劝课农桑的好坏作为考核各级官员政绩的重要内容。这一系列措施，取得显著成就。其中尤以汉武帝时的农业推广工作做得出色。武帝好大喜功，对四境扩大疆土，屡次用兵，弄得民穷财尽。晚年悔征伐之事，决心抓农业生产，下诏说：“方今之务，在于力农”。征和四年（前89年），以赵过为搜粟都尉，教田太常、三辅（关中一带）。赵过总结民间经验，创立了一种比较精细、先进的“代田法”。代田法的基本内容是“一亩三甽（在一亩地上开三条沟，形成三条沟和三条垄），岁代处（即垄和沟每年轮换着种植）”。因为播种时将种子播于沟内，水分和温度条件比垄上稍好，有利于作物出苗和生长，亩产量比不开沟作垄的缦田要高得多。赵过在推广代田法过程中分作三个步骤：首先亲自实地试验，证实代田法比缦田法优越，作为推广的先决条件。其次，借用行政力量，县令长和乡村中的“三老”，还有生产骨干力量“力田”和老农“受田器，学耕种养苗状”。最后，由骨干通过公田和“家田”作重点推广后，再普遍展开。赵过推广代田法约七年时间，取得了“用力少而得谷多”[2]，民皆称便的效果。赵过算得上是中国历史上农业技术推广程序的首创者，使农业科技推广工作具有一定的科学性。

唐、宋时期，政府对劝课农桑工作也较重视。唐代劝农官员的设置，据《旧唐书·职官志》：中央有司农卿一人，少卿二人；地方道、州、县的副长官主要职责是劝课农桑。此外还深入乡里，以百户为里，每里设里正一人，专掌按比户口和课殖农桑。武则天时又删定《兆人本业》一书，颁行天下，宣传推广农业技术。这是中国官修的第一部农书。

宋代的农业技术推广工作，最高统治者宋太宗、宋真宗、宋仁宗都亲自过问过，淳化五年（994），太子中允武允成献踏犁，可以人力替代牛力，太宗立即下令依式样制造推广给农民使用。[3] 宋真宗也抓过两件农业推广工作，一是下诏翻

[1]《战国策·赵策三》卷六，《四部丛刊初编》影印元至正刊本。
[2]《汉书·食货志》，第1139页。
[3] 脱脱等《宋史·食货志》，第4159页。

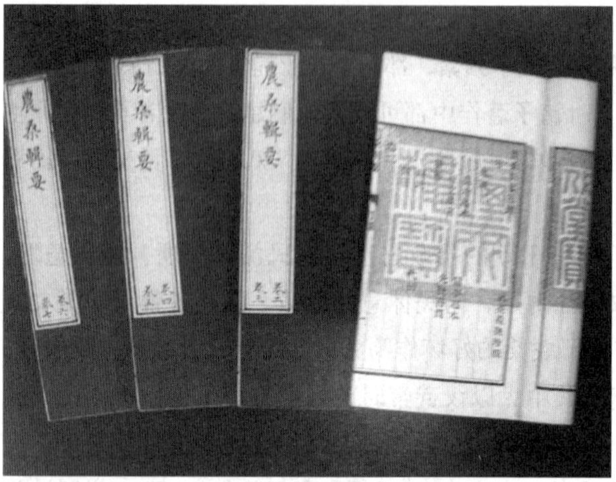

图 18—12 元代官方编纂的《农桑辑要》

印《农器图》、《齐民要术》、《四时纂要》等农书颁布民间。另一件是在大中祥符五年（1012）遣使从福建取“占城稻”（生长期短、成熟早、较抗旱、对土壤肥力要求不高的一种旱稻）三万斛，分给江淮、两浙三路为种，择民田高仰者莳之。由朝廷公布占城稻的种法，命转运使揭榜示民，号召种植。[1] 北宋的地方官还利用“劝农文”的形式来劝课农桑。它类似近代的宣传品，内容主要讲农业生产技术，与农书所不同的是比较注意针对当地的农业生产情况，文句简练，篇幅短小。南宋时劝农文仍盛行。

元王朝虽为游牧民族入主中原，但受汉族影响，也比较注意抓农业生产。至元六年（1276），忽必烈下令：“诏诸路劝课农桑，命中书省采农桑事，列为条目，仍令提刑按察司与州县官相风土之所宜，讲究可否，别颁行之。”[2] 先搜集，再实验，后推广，做法十分科学。同时参考大量古籍而编写成了《农桑辑要》一书颁布天下。（图 18—12）后来，元政府又曾多次刊刻、颁发给各级官员，“以知稼穑之艰难”[3]。此外，元政府还颁发过《栽桑图》。

明、清时期，民间出现了不少农业推广者。如明末清初的陈振龙家族，在甘薯的引进和推广上连续几代人为之奋斗了一百五十多年。[4] 康熙、乾隆年间，陕西兴平人杨屾，为使其家乡人能增加收入，解决穿衣难的问题，他先“博访树桑养蚕之法”，然后“先自树桑数百株”，又亲自养蚕、缫丝、织绸。经过 13 年的努力宣传、示范，他在兴平及其邻近地区推广栽桑养蚕取得了一定成效。[5] 直至光绪二十九年（1903），张之洞厘定《学堂章程》，中国才开始有近代农业学校和农业试验场等近代农业推广方法及机构组织。

[1]《宋史·食货志》卷一七三，第 4162 页。
[2] 宋濂等《元史·世祖三》卷六，第 122 页。
[3]《蔡文渊农桑辑要序》，载《元文类》卷三六。
[4] 陈世元《金薯传习录》，《中国科学技术典籍通汇·农学卷》四，第 731 页。
[5]《豳风广义弁言》，《中国科学技术典籍通汇·农学卷》四，第 209 页。

## 二、中国的古农书

中国现存最早的古农书，距今已有二千多年。在中国古代科技类书籍中，农书的数量称得上名列前茅。它卷帙浩繁、体裁多样，内容丰富，且有许多哲理性的农学思想，是中华文化宝库中的一份重要财富。中国古农书到底有多少？中外专家说法纷纭，所以，真正要把古农书的数量摸清楚是很困难的。

中国早期古农书，以生产谷物、蔬菜、油料、纤维和某些特种作物（如茶叶、染料、药材）、果树、蚕桑、畜牧、材木、花卉等为主题的“综合性农书”占大多数。它在发展过程中又演变成为三个类型：一是“农家月令书”，创始于东汉崔寔的《四民月令》。它将一年12个月必须进行的农业生产操作事项，按时令缓急，依次安排。对农作物生产过程没有作系统的连续叙述，技术性知识显得分散些。二是以后魏贾思勰的《齐民要术》为代表，着重于各项技术知识的系统记录。除各项农业生产技术知识外，还包括农产品加工技术等的记述是“百科知识”型的。第三类是综合上述二种类型的特点，将各种技术约略地集中在某一个时令中，而将上两类书中的丛辰、占卜、祈禳、厌胜等迷信内容扩大加重到占压倒的优势。这类书一向称之为“通书”，现存以唐末韩鄂的《四时纂要》为最早。“专业性农书”，最早着重于相马、相六畜、养鱼等方面。由于宫廷对花木的需要，导出了花卉、庭园方面的专书，到唐代则有讨论种茶、农器和养蚕等的第三类专业性农书出现。时代越往后，农业分工越细，专业性农书也越多。它有时与“谱”、“录”合流，有时分家。除上述三类专业农书外，到明、清时还出现了救荒和治蝗专书。如果从时间上看，还可作如下归纳：

### 1. 先秦和两汉的农书

《汉书·艺文志》“农家类”收录了九种汉代流传着的农书，其中四种“作者不知何世”，两种确定为“六国”时人所作，即《神农》和《野老》。以上全已不存于世。现存先秦的农学著作只有《吕氏春秋》一书中的《上（尚）农》、《任地》、《辩土》、《审时》四篇。《上农》是专讲农业政策的；后三篇总结了先秦的农业生产经验，反映了战国时期的农业生产技术水平。肯定为西汉人所著的有《董安国》12篇，《蔡葵》一篇，《氾胜之书》18篇。前二书早已佚失。《氾胜之书》靠《齐民要术》等几部书的引用，现还保存了一些零星片断。清代曾有三种辑佚本，现代则有1956年出版的《氾胜之书今释》[1]和1957年出版的《氾胜之书辑

〔1〕石声汉著，科学出版社，1956。

释》。[1] 氾胜之，山东曹县人，汉成帝时（前33—前7年）为议郎。刘向《别录》说他曾“教田三辅，好田者师之，徙为御史”。《氾胜之书》现残存只有三千多字，内容包括耕作的总原则；12种作物从选种、播种、栽培、收获到储藏为止的各种方法细节，以及少量带有神秘色彩的“卜种”、“藏谷”方法；还有“治种”（处理种子）和“区种”两项特别技术内容。

《后汉书》没有“艺文志”，因此东汉二百余年中，出现过多少农书，至今没有可供考证的历史记录。目前能确知的有《四民月令》。此书已佚失，现存的只是辑佚书。[2] 作者崔寔是冀州安平人（今河北安平县一带），其家庭是当时“望族”。他曾在洛阳自己多年经营着一份庄田，利用所积累的农事经验，加以整理写成《四民月令》，传授给和他相似的其他经营地主。

### 2. 三国魏晋南北朝时期

这一时期是中国历史上动荡最多的年代之一。记载这约四百年历史的11种“正史”中都没有“经籍志”或“艺文志”部分。因此，除《齐民要术》外，是否还有其他值得提及的真正农书，至今没有发现直接史料可供参证。《齐民要术》是公元6世纪时中国出现的一部空前伟大的农书。关于作者贾思勰，只能凭借《齐民要术》卷首所题“后魏高阳太守贾思勰撰”，知道他作过这么一个官；由书中部分内容还知道他曾到过今井陉、壶关、上党等地，观察了此处一些作物的特点；他家里曾养过二百多头羊；他有一位朋友刘仁之，做过兖州刺史。

《齐民要术》全书由“序”、“杂说”和正文三大部分组成。正文里又夹有双行小字附注。全书11万字，正文约7万，夹注小字4万。大多数研究者认为“杂说”是后人写的，时间在北宋前。夹注小字当中也有些是唐代的资料。此书范围包括广泛，正如其“序”所说：“起自耕农，终于醯醢，资生之业，靡不毕书。”《齐民要术》是中国北方旱地农业技术总结得最好的一部书，真正掌握了旱地保墒农业技术的精髓。它对国外，特别是日本农学有较大影响。

### 3. 唐、宋两代的农书

隋代没有新农书出现。唐代出现了几部与农业有关的著作，现存的就是陆龟蒙的《耒耜经》和韩鄂的《四时纂要》。《耒耜经》为江南人所著最早的一部农书，也是最早一部专论农具的书。全书并序文在内共443字。围绕耕犁这一件农器各

[1] 万国鼎著，中华书局，1957。
[2] 1923年前共有四种辑佚本。1965年中华书局出版了石声汉的《四民月令校注》。

部分的构造与功能作了详细正确的叙述，附带谈了另外的三件小农具。《四时纂要》的作者韩鄂为唐末至五代时人。此书大约在宋以后佚失。近年在日本发现了它的一个朝鲜复刻南宋本。全书五卷，分作12个月。每月依次抄录了天文（星躔为主）、占候、丛辰、禳镇、食忌、祭祀、种植、修造、牧养、杂事的新旧文献，最后抄一段《礼记·月令》中的“愆忒”（即节令不正常所引起的灾祸）作结尾。这些内容中与农业生产有关的，只有种植、牧养两项和杂事中的几条。陆羽的《茶经》则是这时期第一部有关饮茶和栽培茶树的专书，对中国甚至世界茶文化都有影响。

由北宋王朝组织人编纂的官方农书有《授时要录》、《大农孝经》、《本书》等，都已佚失。整个北宋170年中，没有留下一部像样的新的综合性农书。各家书目记载的专业性农书种数不少，医马、相马和医骆驼的书各有两种以上，它们是作为具有重要国防意义的役畜而得到了重视。论种茶、制茶的书出现了十多种，除说明当时茶已成为通行的饮料外，换取军用马匹可能也是一个原因。牡丹、芍药两种名花，各有几种专门谱录出现，虽以谈品种为主，但也写有一些栽培经验。秦观的《蚕书》是现存最早谈养蚕的专书。从浴种到养蚕、缫丝各阶段，都有简明切实的叙述。陈敷《农书》于南宋高宗绍兴十九年（1149）写成。（图18—13）全书总共一万多字，分上、中、下三卷。上卷占全书的大半，内容讨论以水稻为主的耕种，也谈了小麦等几种辅助作物。书中强调尽到人力就可使地力“常新壮”，是一进步的看法。中卷三篇，是专谈江南地区适用于水稻耕作的唯一役畜水牛的。下卷五篇专谈蚕桑，从种桑起，到收茧止，没有缫丝、纺织、染的叙

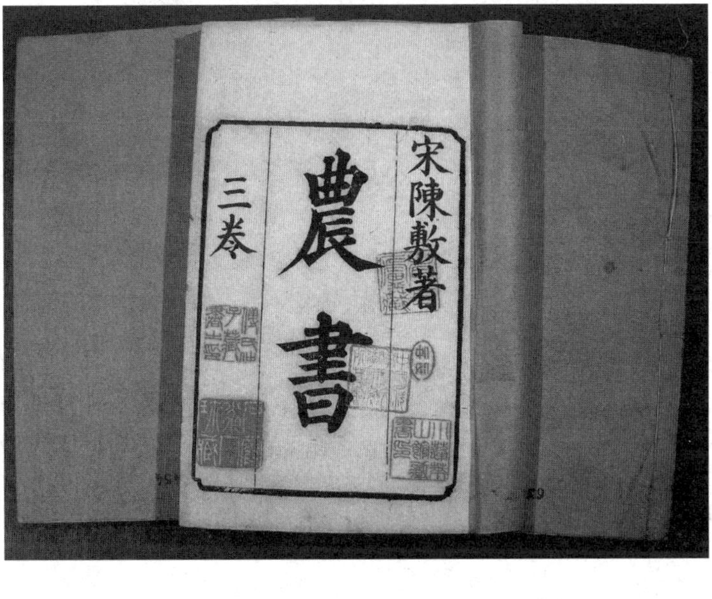


图18–13 陈敷《农书》

述。总之，这本书是以种稻、养蚕为主的江南泽农内容，是私人著作的地区性农书的典型。南宋时其他与农业生产有关、较有价值的农书还有楼璹的《耕织图》，韩彦直的《橘录》。《耕织图》以绘图作诗的表达方式对后来农书有较大影响。与此同时，在北方黄河流域金王朝统治地区的士人也写作了一些小型农书，从元初《农桑辑要》所引用的看，有《务本新书》、《蚕桑直说》、《蚕经》、《士农必用》、《种莳直说》、《韩氏直说》等。近人在《永乐大典》中还发现了《种艺必用》一书。[1]此书特点是把花卉收入农书中。

#### 4．元代的农书

元政府司农司所编写的《农桑辑要》是元代第一部农书，此后又有王祯的《农书》和《农桑衣食撮要》。《农桑辑要》为一部从技术上作指导的全国性综合性农书。全书六万字左右，分作七卷十门，即“典训门”（农本观念的叙述）、“耕垦门”、“播种门”、“栽桑门”、“养蚕门”、“瓜菜门”、“果实门”、“竹木门”、“药草门”（实际上是染料、药材、特种作物）和“孳畜门”。全书主体材料仍采自经史，承袭了过去几部重要农书的丰富遗产。其突出之处是非常重视农桑，把它提到空前的高地位。王祯《农书》成书于14世纪初，通行版本和《农桑辑要》一样，是从《永乐大典》中辑出的，以《四库全书》武英殿聚珍版排印本为最早。王祯是山东东平人，曾在安徽、江西等省做过地方官。《农书》系综合了黄河流域旱农和江南泽农两方面的情况写成。现在通行本全书约11万字，共分三部分：“农桑通诀”（农业总论）、“百谷谱”（农业各论）和“农器图谱”。“农器图谱”占全书4/5篇幅，为本书的一大特色。图共有306幅，分作20门，如“田制门”、“耒耜门”、“镬臿门”等等。每幅图均附有说明，记述构造、来源、用法等。元代，维吾尔族曾出现过一些文化技术专家，鲁明善就是一位农学家。《农桑衣食撮要》是他在作寿春郡（今安徽寿县）监察官任内编写的。（图

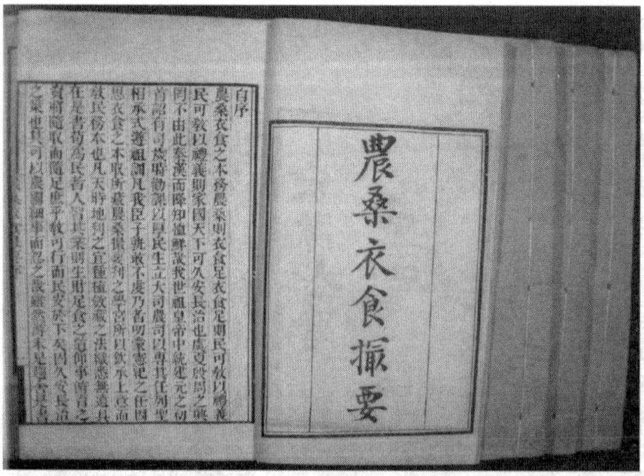

图18-14 鲁明善《农桑衣食撮要》

[1] 胡道静校注《种艺必用》，农业出版社，1963。

18—14) 本书是最好的农家月令书之一。书中材料主要采自《农桑辑要》，但因寿春郡接近江南，所以增选了一些适合江南地区情况的资料。它是专为自给自足的农民家庭生活服务的。元朝统治虽只有短短九十多年，留下了以上三部重要农书，在中国农学史上占有光辉的一页。

### 5. 明、清时期的农书

王毓瑚先生著的《中国农学书录》中所载明代农书大小共有一百三十多种，而质量较高、真正够得上称为农书的，大小不过十来种。它们是《种树书》、《便民图纂》、《多能鄙事》、《学圃杂疏》、《群芳谱》、《农说》、《宝坻劝农书》、《沈氏农书》、《农政全书》等。明中叶以后，出现了第一部医治马的医方书《元亨疗马集》。它与《疗牛集》和《驼经》常合并在一起刻印，称为《元亨疗马牛驼集》。这部书应是群众的长期经验积累，而成书于明代。书中记述了相法、针灸法、外治法、内服药方和各种症状，并绘有图，便于应用。《农政全书》是一部集大成的巨著。(图 18—15) 作者徐光启是 17 世纪中国的杰出科学家，在数学、天文、历法和农学方面都取得了不少成绩。《农政全书》总计约有七十余万字，广征博引

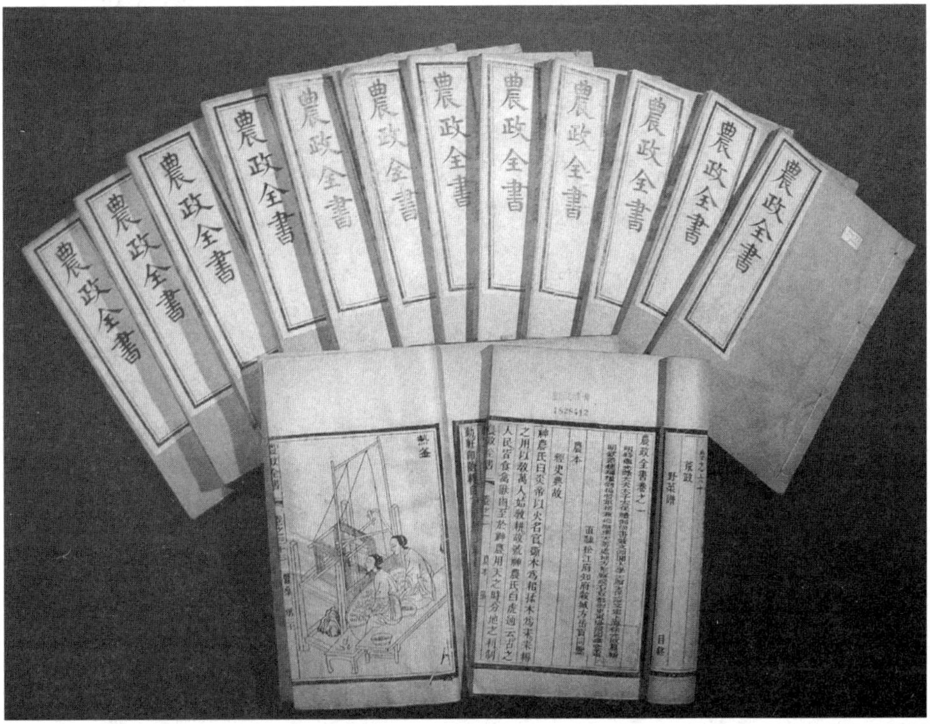


图 18-15 徐光启《农政全书》

各种文献二百多种，以全国农业生产为讨论对象，在此以前实不多见。书中充分体现了反保守的精神，率先介绍了西洋科学，如“泰西水法”；还提倡种植甘薯等外来引进作物，打破风土不宜说。另外，在此以前的农书大都为纯技术性的，而此书重点在于保证农业生产和农民生命安全的政治措施，抓住了屯垦立军、水利兴农和备荒救荒三项基本农政。全书60卷，分成“农本”、“田制”、“农事”、“水利”、“农器”、“树艺”、“蚕桑”、“蚕桑广”、“种植”（经济作物）、“牧养”、“制造”、“荒政”等12目。《农政全书》对日本农学也有很大影响，在距离此书第一次刻印后不到60年就传入了日本。

清代出现了不少小型专业农书。果谱、花谱较多是一大特点。值得一提的有《秘传花镜》（又称《花镜》），作者陈淏子，杭州人。全书分“花历新栽”、“课花十八法”、“花木类考”三部分。还有康熙四十六年（1708），皇帝命一班词臣就明王象晋的《二如亭广群芳谱》改编成一百卷《广群芳谱》，虽在形式、体裁上有所改进，但实际内容仍和旧著一样，对农业生产意义不大。讨论一个小地区农业生产特点和技术的小型农书，从清初到道光时（19世纪初）出现了不少。如专论河北省泽地农业的《泽农要录》，专论江南旱稻的《江南催耕课稻篇》，山西祁嶲藻的《马首农言》，陕西杨屾的《豳风广义》和杨秀元的《农言著实》等都是根据小地区需要和特点写成的，对当地农业生产的指导意义较大。传统形式的大型农书清代也有一部，是乾隆二年（1737）弘历召集一班文臣编纂成的《授时通考》。全书布局依次序分作“天时”、“地宜”、“谷种”、“功作”、“劝课”、“蓄聚”、“农余”、“蚕桑”等八门，各门都有图，引用文献达427种。因是皇帝敕撰，有诏令各省复刻，流传很广，在国外也颇有名声。作为农书而言，它在指导农业生产上并没有多大作用。

# 第十九章 古代兵器的发展

## 第一节 古代兵器的起源和发展

### 一、古代兵器的起源

兵器起源于远古人类使用的带有锋刃的生产工具，主要是渔猎工具，以后在人类相互残杀的战争中，成为伤害对方的特制器械。在史前阶段，原始社会的氏族或部落之间，出于争夺生存空间、获取祭神的牺牲品，乃至血族仇杀等等原因，不断发生争斗，导致人们的相互残杀，于是各种带锋刃的生产工具，就被用来伤害对方。随着私有制的萌发，原始社会趋于解体，中华大地上出现了不同部落联盟之间剧烈而残酷的原始战争，其中最受后人重视的是古史传说中的“涿鹿之战”，以黄帝为首的部落联盟战胜了以蚩尤为首的部落联盟，在华夏族形成的道路上迈进了重要的一步。传说在涿鹿之战前发生过共工与蚩尤的大战，其后又爆发了黄帝与炎帝的战争。带锋刃的生产工具已无法满足频繁而惨烈的原始战争的需要，专用于杀人的作战兵器开始创制出来。因此在古史传说中常把多种兵器的发明归功于黄帝和他的臣子们，也有把发明兵器的荣誉归功于失败英雄蚩尤的传说，在汉代的画像石中还常能看到两手和双足都持有兵器，连头上都顶着兵器的蚩尤画像。这些都表明，那时正处于杀人兵器最终与一般带锋刃的生产工具分离的关键时刻。原始社会最终为阶级社会所取代，使这一分离转化的过程宣告结束，专用于作战的兵器同战争——这个人类互相残杀的怪物一起降临人间。

### 二、古代兵器的发展阶段

中国古代兵器，指从史前时期兵器出现时，直到封建社会结束，即清王朝的闭关政策在1840年鸦片战争后被帝国主义列强打破，中国沦为半封建半殖民地社会为止，装备中国古代军队、用于实战的各类兵器。以火药开始用于制造兵器为分野，可分为两大阶段。北宋初编成的《武经总要》，是明确记载了火药兵器的最早史籍，因此北宋正是前后两个大阶段的转折期，从史前直到北宋是使用冷兵器阶段，在其以后是火药兵器和冷兵器并用的阶段。

### 1. 冷兵器阶段

在使用冷兵器的阶段中，又可以依据主要兵器的质地和工艺特点，区分为三个连续发展的较小的阶段，即石器时代的兵器、青铜时代的兵器和铁器时代的兵器。

石器时代实际指新石器时代中晚期，这与探讨兵器起源相联系，是冷兵器的萌发阶段或原始阶段。当时最先进的工艺，是磨制石器，因此原始兵器也以磨制的石兵器为其代表，特别是钺和镞，但大量使用的还是由木、骨乃至蚌、角制造的兵器。至于防护装具，更以藤、木、皮革为主。当时所处的社会发展阶段，是原始社会。

青铜时代是冷兵器的发展阶段。当时最先进的工艺是青铜冶铸技术，因此最精锐的兵器以青铜质料的为代表，主要是青铜戈、矛、钺、镞，也发现有以青铜铸造的防护装具。这时还使用着大量石、骨制造的兵器，防护装具则主要是皮质的甲胄。其所处的历史时期，约当夏商周三代，下限可延至战国。青铜兵器经历了发生、发展、成熟和衰落四期：发生期约当夏至早商；发展期约当商代；成熟期约当西周至春秋；衰落期约始于战国，那时钢铁兵器已较多地出现于战争场合。

铁器时代是冷兵器的成熟阶段，最先进的工艺转为钢铁的冶炼，于是钢铁兵器逐渐代替了青铜兵器，连防护装具也以钢铁制造的为主。其所处的历史时期，自战国秦汉直到北宋，钢铁兵器的发展可以区分为四期：发生期约当战国至秦汉；发展期约当三国两晋至南北朝；成熟期约当隋唐；衰落期约当北宋，那时火药兵器已出现在军队的兵器装备之中。

### 2. 火药兵器和冷兵器并用的阶段

这一阶段可以分为前后两期，以明初大规模将金属管状射击火器用于实战为分野。

火器和冷兵器并用阶段的前期，又可分为三个连续发展的小期：火药用于制作兵器，原始管形射击火器的萌芽，金属管形射击火器的出现。

从明代中叶到清代末年，是火器与冷兵器并用时代的后期。这时元末明初金属管形射击火器发展的势头停滞下来，制造技术逐渐落后于西方，以至到明代中叶不得不从舶来品中汲取技术，仿制西方的火器，出现了主要靠引进的技术发展火器的局面。

## 第二节 石器时代的兵器

### 一、生产工具向兵器的转化

原始社会末期，有关带锋刃的生产工具向杀人兵器转化的具体时间，至今尚难寻得确切的答案，但是在考古发掘中已获得一些有关的新线索。

在对新石器时代墓葬的发掘中，发现一些值得注意的现象。例如在宝鸡北首岭的仰韶文化墓葬中，有一座墓（77M17）中埋葬一缺头的成年男子，双膝间随葬成束的骨镞，表明他生前为武士。在头颅位置处放一件带黑彩符号的双耳尖底陶器，下面原来衬垫着皮毛和木板，用以代替失去的人头。在山东的大汶口文化墓葬中，还发现过随葬品较丰富但没有尸骨的空墓，如大汶口 24 号墓中，相当腰部处放有石斧、獐牙和角坠，相当于头部附近放有石笄和多件陶器等，但缺少尸骨。同样情况的还有 54 号墓和 60 号墓等。据推测，上述墓葬，所以缺失头颅和尸骨，无法埋入墓中，是由于氏族间武装争斗中失陷于敌方的缘故。这些墓葬，正反映出史前氏族间的争斗、仇杀、猎取祭神牺牲等社会现象，而在这些出现杀人情况的争斗中，带锋刃的工具已成为杀人兵器。

另一些墓例，可以更清楚地窥探到杀人兵器出现的线索。在距今约 5600 年的江苏邳县大墩子遗址，发现过一座墓葬（M316），死者为中年男性，左手握骨匕，左肱骨下置石斧，可能生前为氏族中的武士。一枚三角形骨镞嵌入他的左股骨，深达 2.7 厘米，当是射中后折断在体内的。新石器时代尸骨上嵌有箭镞的例子，还见于山西绛县，那是头部中箭，石镞射入鼻骨。又在云南元谋大墩子遗址也发现被石镞射中的尸骨。该遗址距今 3200 年左右，当时中原地区已进入青铜时代，但边远的云南地区还停留在石器时代阶段。遗址中有八座墓（M3、4、7—11、17）埋葬死者，经鉴定多属青壮年男女，都曾遭乱箭射中，有的呈被捆绑状，中箭的部位主要在胸部或腹部。其中一个青年男子（M3）胸、腹遗有十余枚石镞，头部的右颧骨和下体的尾椎骨上各有一枚石镞射入骨质内，说明他死于乱箭攒射。这些死者，很可能是氏族间争斗或仇杀中被处死的俘虏。上述的例子，证实了弓箭已被用为杀人兵器。

## 二、石器时代兵器的类型

在史前时期，弓箭和石斧（或锛）是男子狩猎和劳动最有用的器物，分别具有远射和利刃劈砍的功能，自然在氏族间的争斗中也会发挥同样的功能，它们正是最早从工具转化为兵器的。弓箭的发明，至少可以追溯到距今2.8万年前的旧石器时代晚期，在山西朔县峙峪遗址已发现有当时的石镞，是由薄燧石长石片加工制成的一枚长2.8厘米的箭镞。进入新石器时代，箭镞的质料常选用石头、兽骨或蚌壳，经精工磨制而成，形状有棒形、叶形、三角形等多种，有些还有茎和逆刺，增强了镞与箭杆结合的牢度和杀伤性能。在斧钺类中，在山东和江南等地新石器中晚期遗址中常见一种穿孔石斧，形体较一般石斧薄得多，刃呈半圆形，弧度很大，有的上端做成双肩，因此可以称为“钺”。它们不适于砍伐林木或用于农耕，应该是专门制造的兵器。在山西襄汾陶寺龙山文化墓葬出土的石钺中，有一件还留有涂饰红彩的木柄痕迹，可以看出钺体横置、垂直装柄。再参考山东莒县凌阳河灰陶缸上的石钺图像和江苏海安青墩遗址出土的陶质模型，可以看出钺柄并不很长，大约相当于钺宽的四倍左右，是适于单手挥舞的兵器。石钺中较为突出的制品，是广东曲江石峡文化墓葬中出土的，形体较大，质料多为透闪岩，长身亚腰，斜弧形刃，往往放置于尸骨之上。这种石钺出土于有丰富随葬品的大型墓中，应是社会中出现等级以后，属于身份较高的人物持有的兵器。前面讲到的陶寺龙山文化墓葬中出土的柄涂红彩的石钺，同样是那一墓地中属于身份较高的大型墓葬中出土的，看来这种兵器当时已有标示持有者身份的意义。特别是浙江余杭县反山出土的一柄良渚文化的玉钺，（图19—1）制工精美，还附有装饰钺柄头、尾的端饰，很可能是氏族军事首长标示身份的特殊兵器。

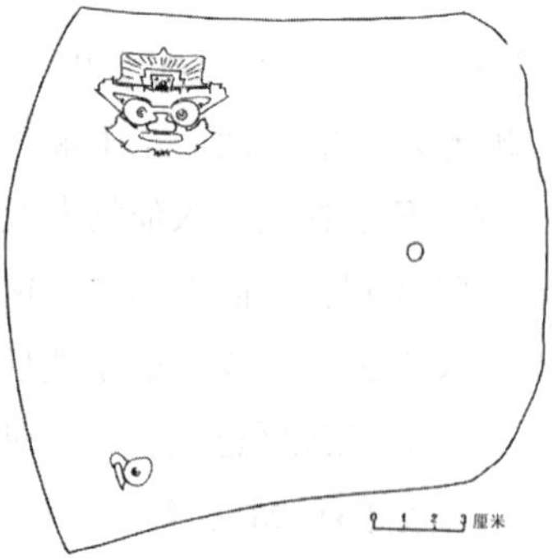

图19–1 良渚文化的玉钺
（浙江余杭反山遗址出土）

除了镞和钺以外，新石器时代可用作兵器的，还有骨矛或石矛、石匕首和嵌有石刃的骨柄匕首、带齿刃的石锤（多头石斧）、石戈、“飞石索”投掷的石球等等。到新石器时代晚期，从工具转化而成的兵器，已经初步形成了构成进攻性兵器的几个主要类型：

远射兵器：装有石、骨、蚌镞的弓箭，以及用“飞石索”投掷的石球（或陶球）。

格斗兵器：大木棒，石制的锤、矛、戈、钺等（也用兽骨等制作），分别具有锤砸、扎刺、劈砍、钩啄等功能。

卫体兵器：石、骨制的匕首，或嵌有石刃的骨匕首。

为了抗御进攻性兵器的伤害，保全自己，史前的武士创制了以藤木或皮革等制作的原始的防护装具，主要是盾牌和原始的甲胄。由于这些质料的物品难于保存，只能依据民族学的资料加以辨识。典型的例子如台湾兰屿耶美人的藤盾牌和藤编的甲、胄，还有云南傈僳族的整片牛皮制成的形制原始的皮甲和驴皮头盔，西藏珞巴人的皮甲等物。

## 第三节
# 青铜时代的兵器

### 一、青铜兵器的出现

在人们步入青铜时代门槛以前，对金属铜已有初步的认识，现在已经在甘肃、山东等地发现过马家窑文化、龙山文化及齐家文化的一些小件铜器，有锥、小刀等物。经检验，其中有红铜、黄铜及青铜，但工艺技术还很差。其中甘肃东乡马家窑文化的青铜刀（含锡 6% ~ 10%），是迄今发现的中国最早的青铜器物，约当公元前 3000 年。但是少量的小件铜工具的出现，并不足以改变生产工具的基本面貌，它们更不足以作为战斗的兵器。

从考古发掘中获得的技术较成熟的青铜器，是距今 3200 年前的二里头文化的产品。在河南偃师县二里头遗址，已发掘到化铜炉的残壁、铜渣和铸造铜器用的陶范残片，表明那里曾存在过冶铸青铜器的作坊，也反映出当时青铜冶铸业已经具有一定的规模。同时还从遗址和墓葬中获得了不少青铜制品，出土的器物中有饮酒用的青铜爵、盉、斝，还有小型工具、装饰品和铜铃等。这些充分表明二里头文化时，中国已迈入了青铜时代的门槛。在出土的青铜器中，也出现了目前所知年代最早的中国青铜兵器。

二里头文化的青铜兵器，已发现有远射兵器弓箭使用的青铜箭镞，以及格斗兵器中的青铜戈和青铜戚（斧的一种）。由于它们的铸造技术已具有相当水平，戈和戚的形制极为规整，特征明显，说明它们决非初创的第一代青铜兵器，因此推知青铜兵器开始出现的时间还应该更早。目前考古学界对二里头文化与古史传说中的夏代的关系还有争论。虽然关于二里头文化的文化性质问题讨论尚在进行，但是这并不影响我们得出如下结论：中国历史步入青铜时代应在商代以前，至迟在古史传说中的夏朝，即一直被认为是中国进入阶级社会的第一个王朝。古史记载夏朝“以铜为兵”，正反映出当时是中国古代开始使用青铜兵器的时期。

## 二、青铜兵器的发展

中国历史进入商代，奴隶制国家进一步巩固和发展，建立了具有相当规模的军事力量。为了装备日益扩大的军队，商王朝必需努力增加青铜兵器的产量，提高质量，并不断改进它们的战斗效能。商代青铜冶铸业的发展，是青铜兵器得以发展的基础。当时的青铜冶铸工艺，已经超越了由矿石混合冶铸的低级阶段，发展到以纯铜、锡和铅按比例冶铸青铜的较高水平。铸造青铜器的作坊也具有较大的规模，如郑州南关外的商代中期炼铜遗址，面积已达一千多平方米。商代晚期的安阳殷墟小屯东南的铸铜遗址，推测面积至少在一万平方米以上，已出土数以千计的各类陶范和大量坩埚残片等。这些充分表明当时已能大量生产优质的青铜制品。仅以殷墟的妇好墓一墓为例，即出土各种青铜器 460 余件，总重量估计超过 1625 千克以上。正是基于商代青铜冶铸技术的发达和生产的规模，大量生产精锐的青铜兵器才具有坚实的物质基础。同时，商王朝对内镇压和对外征伐，更日益要求得到更多和更锐利的青铜兵器去装备军队，促使青铜兵器的生产日趋扩大。这样就使青铜时代的兵器进入发展期，与青铜兵器开始出现的“二里头文化”时期相比，商代晚期的青铜兵器不仅数量猛增，而且器类齐全，形成包括远射、格斗、卫体等进攻性兵器与防护装具的完备的组合。仅以安阳侯家庄 1004 号殷代王陵的墓道中发现的青铜兵器和防护装具为例，据不完全统计，出土铜矛 730 件、铜戈 72 件，以及不少于 141 件铜胄，按各类铜兵器的平均重量估算，总重量接近 1/3 吨，同时还有以皮、木等材料制作的甲和盾等，应是属于守卫殷王的部队的部分装备。

西周到春秋时期，青铜兵器进入成熟期，质量和产量都有较大提高，同时还总结出适合于不同器类和不同兵器的含金比例配方，《考工记》对此有较详细的记录。制造兵器的含金比例配方，见于《考工记》中的“六齐”，其中四项即“戈戟之齐”、“大刃之齐”、“削杀矢之齐”、“斧斤之齐”，都与兵器的制造有关。统一规范的配方比例标准的出现，保证了兵器生产质量的稳定性。在产量和质量日益提高的基础上，青铜兵器的性能和品种也出现新的变化，创制了新型的兵器，例如强力的远射兵器弩，以及格斗兵器中的刺（矛）、体（戈）联装的戟和剑。对传统兵器镞、戈、矛等的外形也都有改进，提高了杀敌效能，使兵器的组合更切合实战需要。在《考工记》中还详尽地记录了不同兵器的选材、技术要领和各部位的具体比例关系，使兵器制造日趋规范化和制度化。兵器的规范化和标准化，有利于军队的组训和战术动作的提高，也促进了军事科学的发展。

到战国时期，青铜兵器的生产规模继续扩大，以满足连年战争的需要。各国都设立了专门生产兵器的官营作坊，在成批生产的兵器上铸刻了制造机构、监造官吏及工匠姓名，器形也更趋规范化。在新郑的“郑韩故城”遗址中就曾出土有大量铭刻着制造机构、官吏及工匠姓名的青铜兵器。同时青铜兵器的制作工艺也有新的提高，特别是对青铜合金成分配制有了进一步的认识。例如能生产出脊部和刃部分铸而成的复合剑，脊部所用材料含锡较低，因此较坚韧不易折断，而两侧的刃部所用材料含锡较高，以保持性刚而锋利，二者结合而使剑体既坚韧抗折又刃口锋利，具有较完全的性能。陕西咸阳秦始皇陵侧陶俑坑中出土的大量青铜兵器表明，当时还大量使用青铜兵器，而且制造技术更加精良，出土的青铜剑长度超过 90 厘米，比以前的青铜剑长得多，表面还经防腐处理，至今不锈，仍然锋利异常。不过，青铜兵器发展到高峰，它已经笼罩了衰落的阴影。因为钢铁冶锻工艺在西周晚期已开始出现，并从出现之始即已试用于兵器的制造。钢铁兵器较大量的使用大约开始于战国晚期，标志着青铜兵器无可挽回的衰落命运自此开始。

## 三、青铜兵器的类型

青铜兵器可以分为进攻性兵器和防护装具两大类型。进攻性兵器中，又可分为远射、格斗和卫体三种。

### 1．进攻性兵器

（1）远射兵器

弓箭　弓由有弹性的弓臂和有韧性的弓弦构成，张弓拉弦，迫使弓臂改变形状，将能量储存进去。松弦时使已积聚的能量在瞬间猛然释放，就把扣在弦上的箭或弹丸有力地弹射到远方。从甲骨文中弓字的形态，可知殷商时期已使用了复合弓。据《考工记》记载，弓以“干、角、筋、胶、丝、漆”等“六材”制成。

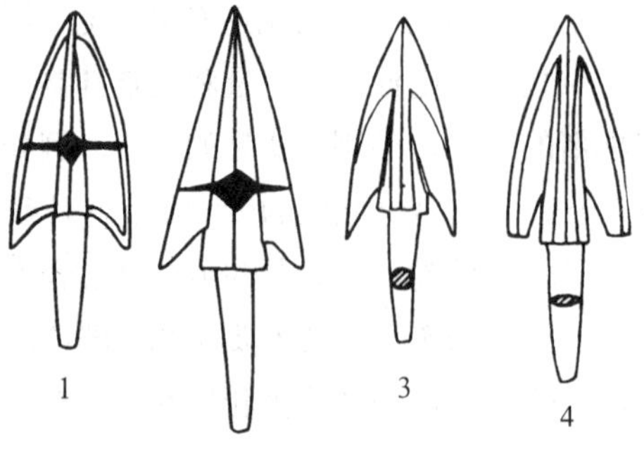


图 19–2 殷周青铜镞 1、2．殷代青铜镞（河南安阳出土） 3、4．西周青铜镞（甘肃灵台出土）

使用的箭多装有青铜镞，商和西周主要使用的是扁平的有脊双翼式镞，其中间是凸起的脊，两侧是薄刃，前聚成锐利的前锋，向后扩展，全镞呈三角形，两刃末端形成倒刺，使镞射入人体不易拔出，增大创伤面积。（图 19—2）春秋时期开始使用新式的锥体三棱铜镞，增强了箭的穿透能力，又由于锥体周围匀称地凸起三个侧刃，加大了创伤面，使弓箭的杀伤效能有所提高。这种铜镞流行于战国直至汉代，并常在镞后装有较长的铁铤，再插合于箭杆之中。

弩　装有张弦机构（弩臂和弩机），可以延时发射的弓。在木制的弩臂前端横装弩弓，后端安装机括，弦张开后先管在机括上，形成准备完毕的待机发射态势，可选择最有利的时机扳动机括即可释弦放箭。因此既可从容瞄准以提高命中率，还可以形成多弩齐射突发而威猛的袭击。此外，射手还可借助臂力之外的其他动力，如足踏、腰引等张弦，从而达到比弓更远的射程。从春秋开始，弩上安装了青铜铸制的弩机，使它正式成为在战争中起决定作用的兵器。春秋战国时的弩机，一般由三部分构成，即望山（瞄准器）、悬刀（扳机）和牛（钩心），用两个铜枢（键、栓塞）结合在一起，然后装在木弩臂后端的槽中。（图 19—3）战国末年，为了增强弩力，开始在弩机外加装铜廓，然后再装嵌入木弩臂中，但这种改革到汉代才普遍使用。弩箭的长度一般短于弓箭的箭长，同样装有青铜的箭镞，都是锥体三棱形的样式。在湖南的楚墓中，曾发现过保存较完好的木弩臂和铜弩机，以及弩箭上的铜镞。

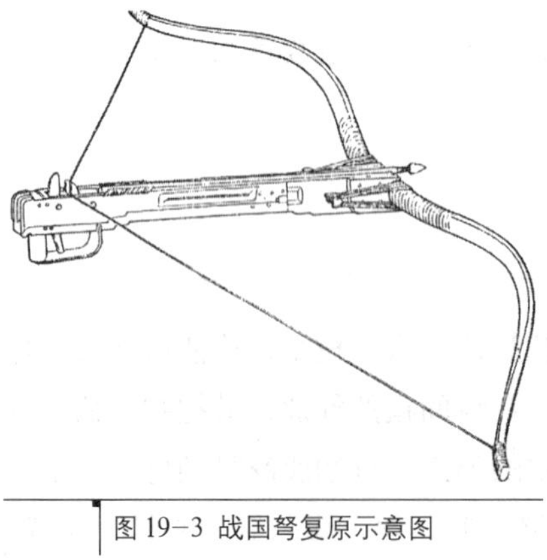

图 19–3 战国弩复原示意图

（2）格斗兵器

青铜制造的格斗兵器，主要有戈、矛、戟、殳、钺等，都安装有较长的木质或竹质的柄，春秋战国时期更使用了复合材料制造的柄，常以木为芯，外围以竹篾一周，有时多达十八根，再用丝线紧缠，最后髹漆封固，使得坚韧美观耐用，称为“积竹柄”。春秋时代以后，手握短柄的青铜剑日益发展，成为重要的近距格斗兵器。此外，也有一些使用较少而具有时代特征的异形青铜兵器，如西周时的背上附有多个銎孔以装长柄的青铜刀、星状的青铜锤状器等，都极为少见，使用也不普遍，不是军队中必备的主要兵器。

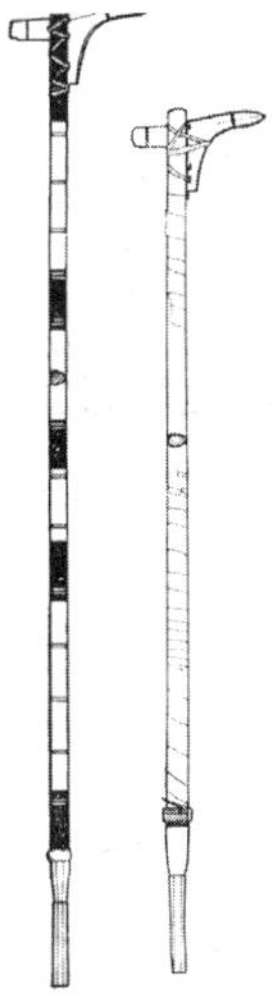

图 19–4 东周铜戈（湖北江陵包山楚墓出土）

戈　是中国古代具有民族特色的兵器，由长柲（柄）和横装的戈头组成，主要用于勾、啄的格斗兵器。它可能由镰刀类工具演化而成，是商周时期几乎每个战士必备的兵器，因此凡与战争有关的象形文字，大都绘有戈的图像，至今汉字“武”、“战”等字仍从“戈”旁，即起源于此。最早的铜戈出现于“二里头文化”时期，形体较直，具有前面的尖“锋”和戈“援”上下的利“刃”，援后有用于安柄的“内”。商代以后，为了使戈头和柲结合得更牢固，以避免战斗进行中戈头脱落的缺点，不断改进戈内的形状，并在援和内之间设“阑”，并增加了由下刃弧伸的“胡”，并在内和阑侧增设“穿”孔。西周以后，为了加强勾击效能，戈头与柲由垂直相交，逐渐加大角度，改成大于 90° 的钝角。春秋到战国时期，不断加长胡的长度和上面穿的数量，以更牢靠地缚扎在柲上。(图 19—4）戈柲的长度据考古发掘资料看，长一百四十厘米左右，以利于一手执戈、一手持盾进行短兵相接的格斗。直到战国时期，戈还与剑、弩、盾一起组成步兵的标准兵器组合（见于《荀子 · 议兵篇》）。

矛　商代已普遍使用装有青铜矛头的长矛，它用在战斗中仅次于铜戈，是重要的格斗兵器。商、西周时期的青铜矛，一般是有中脊，两侧是扁平宽阔的矛叶，两侧有刃，前聚成尖锋。春秋以后，矛叶渐窄，更加锐利。

图 19–5 春秋青铜戟（江苏六合出土）

戟　是由戈与矛结合在一起而发展成的新型兵器。商代已出现过把戈和矛用柲联装在一起的兵器，构成戟的雏形，但极罕见。西周时期使用戟体与刺合铸在一起，整体呈十字形状的青铜戟，但因铸造困难，而且本身易于残损，因而使用不够普遍。春秋以后，改用把刺（矛）和戟体（戈）分别铸制，然后用柲联装而成的戟，解决了铸造方面的困难，又具有戈、矛两种兵器的优点，因此大量用于战争中，成为主要格斗兵器。（图 19—5）还出现有在柲上自上而下联装二至三重戟体的“多果戟”，在湖北随县曾侯乙墓中出土有戟柲完整的多果戟实物。

殳　用于撞击的长柄兵器，又称“杸”。在长柄顶端安装

图 19-6 商代青铜钺(河南安阳殷墟妇好墓出土)

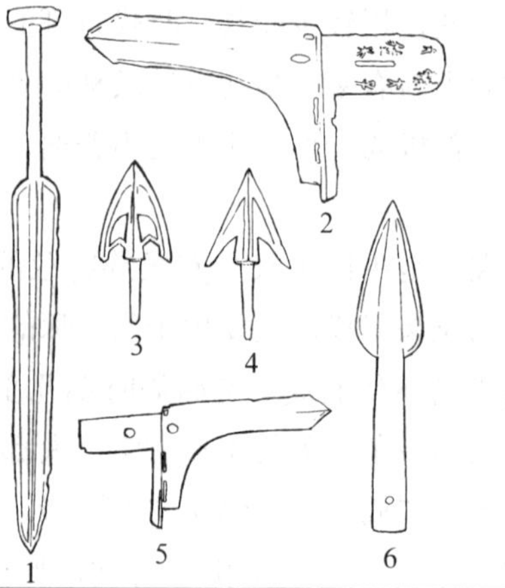


图 19-7 春秋青铜兵器 1. 剑 2、5. 戈 3、4. 镞 6. 矛(河南三门峡虢国墓出土)

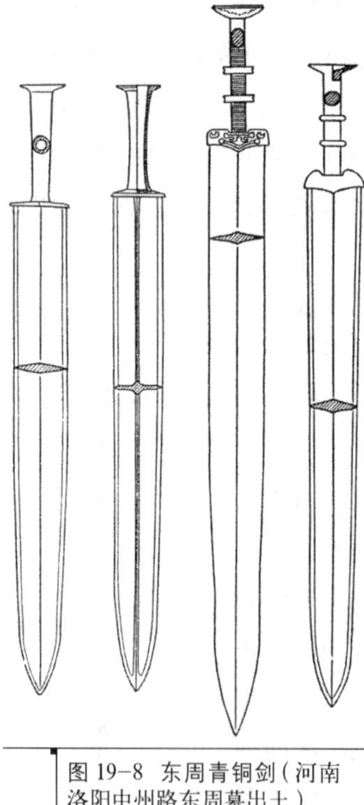

图 19-8 东周青铜剑(河南洛阳中州路东周墓出土)

青铜铸制的殳首，一般是平顶或有棱角的圆套筒状。也有的殳前制成矛尖形状，下面带有旁伸尖刺的圆球状物，可以扎刺或锤击敌人。

钺 两角上翘，具有弧形阔刃的大斧，由石器时代的石钺演变而成。形体巨大的青铜钺上常铸有狰狞的图案花纹以及铭文，常常是军中统帅权威的象征物。例如殷墟妇好墓中出土的两件大型青铜钺，刃宽达 37.3—38.5 厘米，重达 8.5—9 千克，铸有“妇好”铭文。(图 19—6) 妇好是殷王武丁的配偶之一，生前多次领兵出征，是当时著名的女统帅，这两件大钺正是她的权威的象征。象形文字中的王字，就是钺的形状“”，正是来源于王权的象征。实战使用的钺，形体较小，适合于战士挥舞劈砍战斗。

剑 是以刺为主、直体尖锋、短柄的兵器，体侧有刃，也用于劈击。出现于西周时期，形体短而全形呈柳叶状，当时只能作卫体兵器用。(图 19—7) 春秋时期青铜剑有了较大发展，剑体增长，特别在江南的吴越地区的水战和步战中日益发挥作用。制造工艺日益精良，出现了长度超过 50 厘米的青铜剑，(图 19—8) 以在湖北江陵发现的越王勾践剑最为名贵，剑长 55.7 厘米，锋刃锐利，遍体满布菱形的暗纹，衬出八个错金的鸟篆体铭文："越王鸠浅自作用鐱"，鸠浅就是历史上著名的卧薪尝胆终于灭吴的越王勾践。

(3) 卫体兵器

主要是青铜制作的匕首、短刀和短剑，它们不适用于在正式的战争中格斗断杀，仅能用于在特殊危急情况下，护卫自己。商代常见一些柄端作成马头或其他兽首的短刀以及铃首的短剑。西周时期的青铜兵器中，有长度仅 20 厘米到 30 厘米的短剑，以及形状特殊的匕首。

**2. 防护装具**

青铜时代的防护装具，主要有甲胄及盾牌。

(1) 甲胄

在殷墟发掘中，发现有青铜铸造的胄以及皮甲的残迹。青铜胄的数量较多，集中出土于侯家庄 1004 号大墓中，胄上饰有牛、虎形图案等纹饰，顶上竖有装胄缨的铜管。(图 19—9) 西周和春秋时期的青铜胄也有发现，在沣西的西周墓里也发现过少量青铜甲片。在各地的春秋战国时期的墓葬中，常发现有髹漆的皮质甲胄，都是先将皮革裁制成甲片以后，再编联而成的，表明当时主要使用的是皮甲胄，在随县曾侯乙

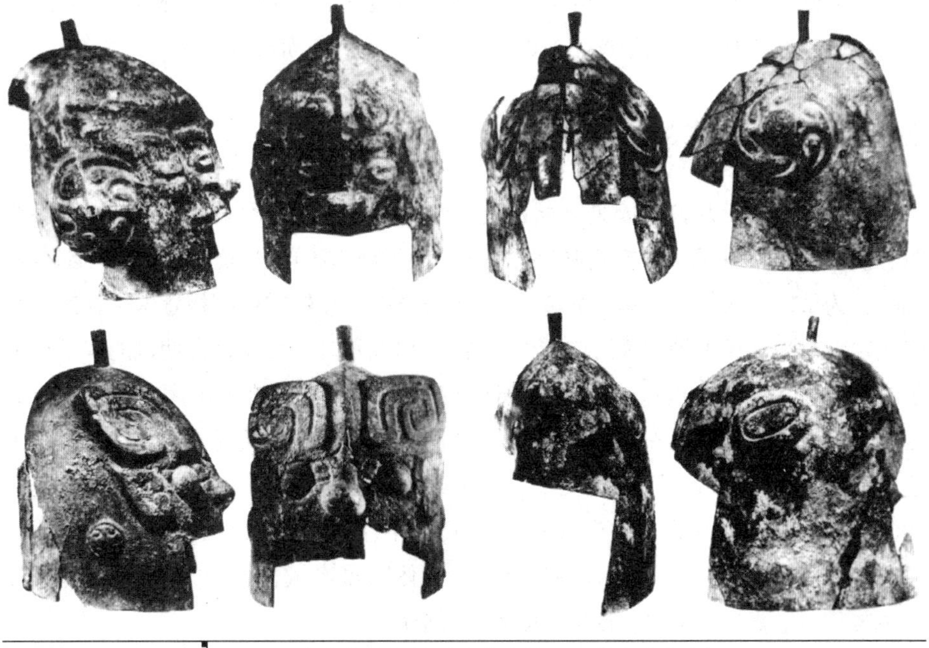

图 19-9 商代青铜胄（河南安阳殷墟 1004 号大墓出土）

图 19–10 战国曾侯乙墓出土皮甲胄复原示意图

墓中出土的皮甲胄，已经复原，一顶皮胄一般由不同形式的 18 片皮甲片编成，一领皮甲由不同形式的 183 片皮甲片编成，具有甲身、甲裙和甲袖三部分，都用丝带子编联，外表髹黑漆。(图 19—10)

(2) 盾牌

商周时期多使用呈长方形的大型盾牌，以皮革、木材制作，表面髹漆彩绘，又常在盾面上装有青铜的盾饰，有的盾饰呈现狰狞的人面形象。

## 四、青铜兵器与车战

在青铜时代，从商代晚期开始，大量使用以马拖驾的木质战车。在安阳殷墟的历次发掘中，发现不少商代晚期的埋有马匹和车辆的车马坑，所埋的车都是木制的，为单辕、双轮、方舆(车箱)、长毂的形制，在辕的前端横置木衡，然后在衡上左右对称地缚上呈“人”字形的“轭”，用以驾马。发掘情况明确的车子，都是前驾两匹马，过去报道的也有个别称前驾四马的例子。在有的木车上装备有兵器，说明是用于作战的车辆。(图 19—11) 因此当时的青铜兵器，主要是在战车上使用的。战车上的战士一般是三个，一人御车，另外两人作战，其分工一般是左侧的以射为主，右侧的以格斗为主。他们装备的兵器，进攻性兵器中包括远射兵器弓箭，格斗兵器戈和矛以及钺和大刀，卫体兵器青铜兽首短刀和铃首短剑等。防护装具，主要是青铜胄、皮甲，以及大型盾牌。

西周以后，战车在战争中的地位更加重要，木车大致仍沿袭着商代的传统，但前面拖驾战车的辕马增至四匹。到春秋时期，这种驷马战车是军队的主力兵种，随着战争的日益频繁和规模不断扩大，车战的规模也日益扩大，交战双方出动的战车总数，从几百乘扩大到上千乘，随车徒兵的人数也由一乘几人增到几十人。车战的发展促进了车战兵器的发展。首先是战车的制造更为精美，轨宽减小，车辕缩短，轮辐增多。还在车上增加防护措施，如在车舆四周加钉由大型青铜甲片组成的护甲；或在车軎顶端增置矛状长刺，用以杀伤靠近战车的敌方徒兵。同时，用于车战的兵器组合更加完备。据《考工记》记载，车战用的一组格斗兵器包括戈、殳、戟、夷矛和酋矛五种，它们的柄长由短递增，插载在战车上，可随情况不同而选取其中的一种进行格斗。从考古发掘的实际出土物观察，湖北随县曾侯乙墓出土的战国初期兵器最为典型，远射兵器是弓箭；格斗兵器有青铜的戈、戟和矛，还有带尖锋和刺球的殳，装有多戟体的"三果戟"，并普遍采用"积竹"柲，长度多超过 3 米，以适宜于两车交错时与敌人格斗。防护装具有盾牌和整套的髹漆皮甲胄，并有防护马匹的髹漆皮马甲。达到了中国古代车战兵器最成熟的阶段。直到秦代，还可以从秦始皇陵侧陶俑坑中，看到驷马木制战车的原尺寸模型，以及车上站立的三个模拟真人的披铠陶俑。这些战车仍然在队列中占有重要位置，而且俑坑中还有大量制造精细的青铜兵器。这大约是在古老的战车和车战用青铜兵器改革以前，留下来的最珍贵的遗迹了，因为那时更新的金属材料——钢铁制造的兵器已出现了，这预示着冷兵器将进入新的发展阶段。

图 19-11 商代战车（河南安阳殷墟出土）

# 第四节 铁器时代的兵器

## 一、钢铁兵器的出现

早在商代，人们已经懂得利用天然的陨铁，经锻造后用于制作兵器的刃部。例如在河北藁城台西村的商代遗址中，就曾发现一件青铜钺，以锻成薄片的陨铁作刃，浇铸成一体。至于真正懂得以人工冶炼的铁来制造兵器，是迟到西周时代晚期的事，曾在河南三门峡西周虢国墓中出土有钢刃铜茎玉柄短剑。通过对目前考古发掘中所获得的中国早期铁器资料的科学检验和分析，表明中国的冶铁技术在春秋末期（即公元前6世纪末叶）有很大发展，用低温固体还原法或块炼铁法炼成“块炼铁”，并可利用它再渗碳锻造成钢。同时从春秋末叶起，生铁在中国得到了日益广泛的应用。到战国中晚期，中国已进入大规模用铁时期。铁的冶炼和使用，标志着新的生产力的出现，促进了社会发展，中国历史进入了铁器时代。

钢铁冶锻工艺在西周晚期一开始出现，人们就将这种金属材料，尝试着制作短剑，春秋时期，进一步用钢铁来制造兵器。在甘肃灵台景字坪和湖南长沙，都发现了这一时期的钢剑，前者是嵌在铜柄中的，钢刃残片长仅9厘米；后者附有铜剑格，全长也只有38.4厘米，但还难以作为主要格斗兵器。经鉴定，长沙钢剑所用的钢是含碳量0.5%左右的中碳钢，金相组织比较均匀，可能进行过热处理。据推测，这两件钢剑都是从固态还原的铁，再渗碳锻造而成。不过那时的钢铁兵器，尚属个别尝试的制作品，并不能在战争中起重要作用，但已呈现出冷兵器材质改革的新的曙光。

战国时期，人们已进一步掌握了块炼铁固态渗碳制钢的方法，并用于研制兵器，于是钢质的矛、戟和剑等兵器才较多地出现于战争场合。在考古发掘中，在

图19-12 战国铁戟（河北易县燕下都44号墓出土）

燕和楚两国的疆域之内，都出土过较多的钢铁兵器，特别是在河北易县燕下都遗址的一座丛葬墓（44 号）内，有 22 个战死的士卒尸体和许多兵器。出土的兵器以钢铁质料的为主，有剑 15 件、矛 19 件、戟 12 件，（图 19—12）小刀 1 件和匕首 4 件，还有 11 件装在矛、戟等长柲尾后的铁镈。至于青铜兵器，只有戈、剑、弩机各一件，和 19 件带有铁铤的三棱铜镞。墓中还出土一顶以铁甲片编成的兜鍪。这一发现，雄辩地表明了战国晚期燕地钢铁兵器发展的规模。经过检验，剑、矛、戟中确有以块炼铁渗碳的低碳钢制作的，有的还经过淬火，以增强刃部的硬度。另一些是以块锻铁直接锻成的铁制品。此外，在古代文献中，还有三晋地区当时也制作铁兵器的记载。这些都表明战国末年，已有较多的钢铁兵器用于装备军队并用于实战，不过它还不可能取代青铜兵器，还有待于社会生产力水平的提高，不是短期可以完成的，因此青铜兵器还在继续大量制造并作为军队的主要装备。不过，钢铁兵器的应用已经标志着青铜兵器衰落的命运是无可挽回的了，它们将被钢铁兵器最终取代只是时间问题了。

## 二、钢铁兵器的发展

秦始皇扫平六国，形成统一的局面。不久就爆发了以推翻秦的暴政为目的的农民大起义，而后经历了楚汉之争又迎来了西汉的统一。随着汉代中央集权封建国家的巩固，特别是文景时期的经济发展，促进了钢铁冶炼业的发展，生产规模日益扩大，工艺技术不断提高，这就为兵器制造业从传统的以青铜为主要原材料，向以新兴的钢铁为主要原材料的变革，提供了坚实的物质基础。同时经过从秦末农民大起义、楚汉之争到西汉初期，在军队的成分和编制等方面都出现了与封建制的巩固基础相联系的新变化，农民最终成为军队中士兵的主要成分，古代战车兵和那笨重的驷马战车一起被淘汰，骑兵和步兵升为主要兵种，而为了抗御游牧民族军队的袭扰，更促进了骑兵的成长和发展，这些都对汉代的兵器制造业提出了新的要求，主要适用于车战的成组青铜兵器早已过时，它们的形体特点和战术性能既不适应新材料和新工艺的要求，也不适应新兴的步、骑兵的战术需要。于是汉代的兵器呈现出新的面貌，进入铁器时代兵器的发展期。

由于钢铁兵器远比青铜兵器锋利和坚韧，以及骑兵和步兵新的战术需要，汉代兵器从类型到具体形体特点都有新的变化。

### 1. 进攻性兵器

(1) 远射兵器

仍以弓和弩为主，但使用的箭已大量采用铁制的镞，从西安汉长安城武库遗

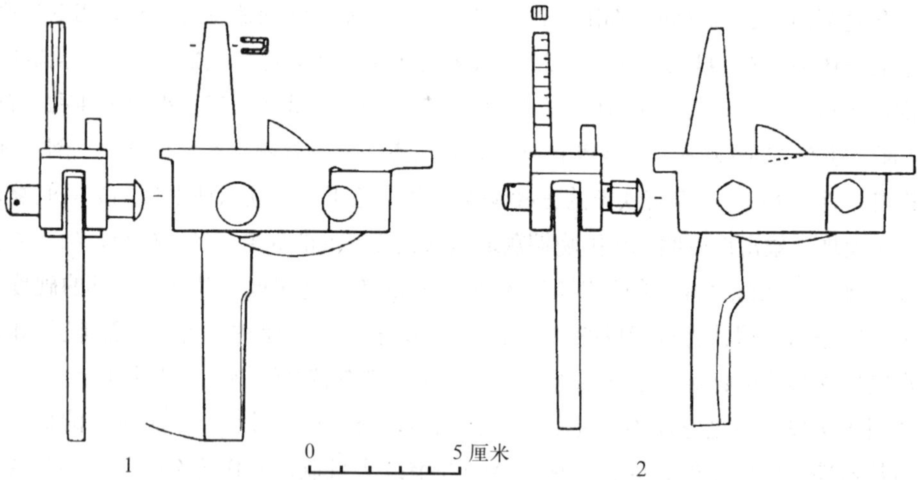


图 19-13 西汉青铜弩机（河北满城出土）

址出土的兵器观察，箭镞中铁镞的数量超过 1000 件，同时出土的青铜镞的数量，只及铁镞的 1/10 左右。在河北满城中山靖王刘胜墓中出土的箭镞，共达 441 枚，其中只有 70 枚是青铜镞，其余均用钢铁制造，钢铁镞与青铜镞的数量之比，为 5.3∶1。用钢铁制造消耗量大的箭镞，也表明当时钢铁兵器生产的规模是相当可观的。至于青铜镞，也还沿用到东汉时期，主要是三棱锥状的镞，常装有铁铤，当时习惯称为“羊头镞”。

弩在汉代军队中，其重要性超出弓箭，特别在边防的烽燧守御军队中，强弩是主要的远射兵器。汉弩的弩机，主要仍用青铜铸制，(图 19—13) 但都在机括外周加施铜廓，以增强弩力。同时，为了提高命中的精确度，在一些弩的望山上加有刻度，用于瞄准，具有近代步枪的表尺作用，是一项重要的改进。

(2) 格斗兵器

除了材质方面由青铜转向钢铁以外，兵器类型和具体形状也有较大的变化。

戈　殷周时期几乎是每个战士必备的青铜戈，到西汉时期已从战场上消失，被淘汰出兵器的行列，只在少数西汉大墓中，发现有形貌华美的铜戈，并附有金质、银质或鎏金的鸳鸯形戈龠及柲末端的镈，表明它们已是王侯的特殊的仪仗器，而不再是实战兵器。

矛　青铜铸制的矛，在汉代仍然使用，但更多的是钢铁的矛。铁矛的形状与传统的铜矛出现较大差异，多呈体长而锋锐的形态。同时较多地使用近于剑形的特殊的阔刃铁矛，称为“鍒”，用于步兵格斗时，它可以装较长的柄，也可装短柄，与盾牌配合使用。

戟　战国至秦大量装备军队的以柲联装刺和戟体的青铜戟，也和青铜戈一样被淘汰，类似的青铜戟体在西汉墓出土的兵器中只有个别遗留。取代它的是钢铁制作的戟。为了锻造方便并便于骑兵冲刺，其具体形状与青铜戟大不相同，都是从战国晚期铁戟出现时创制的“卜”字形，特点是直刺而前伸，旁枝与刺体垂直横出，也极尖锐。东汉以后，钢铁戟的旁枝又向上弧曲，更增强了叉刺的效能。直到魏晋时，这种戟几乎是战士必备的标准兵器。

剑　流行于东周时期的青铜剑，逐渐让位于钢铁锻制的长剑，剑体日益窄长而且剑锋更尖锐。

刀　西汉时期出现了新型的手握短柄格斗兵器——刀。刀体修长。宽脊薄刃，柄的后端作成扁圆的大环，所以一般称为“环首刀”。这种用于劈砍的环首刀，更适应骑兵和步兵的战斗需要，逐渐代替了铁剑，东汉以后成为主要的手握短柄格斗兵器，与盾牌相配合，一直到南北朝时仍是标准的步兵装备。

钺　青铜钺也从兵器的行列中消失。在汉代出现了一种由矛（或鍒）与钺斧结合而成的新型兵器，在东汉时期的遗址和墓葬中已有发现。

### 2. 防护装具

盾牌　汉代除大量地以木材、皮革等制造盾牌外，也制造铁盾，以增强防护功效。同时在东汉时还出现了一种特殊的盾，在铁盾的上下各伸出锐利的铁钩，成为既可进攻又可防护的新型兵器——钩镶。

铠甲　铁制的铠甲已经用以普遍装备部队，都是以铁甲片编缀制成的，比较

图 19–14　西汉铠甲（陕西咸阳出土陶俑）

大的长条形甲片编成的称“札甲”，比较小的叶状甲片编成的制作细密的称“鱼鳞甲”。(图 19—14) 在满城西汉墓中出土的一领铠甲，由 2859 片甲片编成，重 16.85 千克，工艺精细，是西汉铠甲中的精品。皮甲也还使用，但也仿照铁铠甲片的形制，先制成皮甲片，然后连成整领皮甲。

汉代钢铁兵器的发展，使得钢铁兵器到东汉时期终于代替了青铜兵器，除部分铜弩机和箭镞以外，全被钢铁兵器所取代，至此青铜兵器向钢铁兵器的过渡已告完成，钢铁兵器进入它的发展期。

钢铁兵器进入发展期的标志，主要是制作技术的日臻完备。一方面在钢铁冶炼方面，已由块炼铁锻打渗碳成钢到初级阶段的百炼钢的阶段，发展到以炒钢料锻打的百炼钢，并出现了“杂炼生鍒”的灌钢工艺，提高了钢铁兵器的材质和生产工艺。另一方面，淬火工艺也日臻成熟，三国时蜀丞相诸葛亮让蒲元造刀、取蜀江水淬火的故事，正反映了淬火技术发展的事实，使所生产的兵器更加锐利。至于兵器的类型方面，大致沿袭着汉代钢铁兵器的传统而有了进一步发展。两晋以后，特别是南北朝时期，军队的主力是重装骑兵，因此兵器发展的重点放在改进骑兵装备方面。重装骑兵的格斗兵器，由马戟逐渐改为长体双刃的马矟（槊），增强了冲刺功效和穿透力，以利于透过日益牢固的铠甲的防护而杀伤敌人。与此相适应，对人和战马的防护也日趋完备。这时除了人披的铠甲以外，特别注重战马的防护，制造了披在马体上的“具装”铠。(图 19—15) 它是由面帘、鸡颈、

图 19–15 南朝的甲骑具装拼镶砖画（江苏丹阳南朝墓出土）

当胸、马身甲、搭后和寄生等部分构成，使马体得到完备的保护，只有耳朵、眼睛、口鼻和四肢、尾巴露在外面。还使用了改进的马鞍和普遍装备了马镫，使骑兵的威力达到前所未有的程度。

## 三、古代兵器的“百科全书”——《武经总要》

南北朝以后，经过隋唐，中国冷兵器的发展已经达到它的顶峰。北宋庆历四年(1044)修撰成书的《武经总要》一书，便是对汉唐以来传统的冷兵器中当时还装备军队的各种类型，以及新发展的兵器及装具，进行了总结性的记录。在该书前集第十三卷《器图》中，集中记录了当时军队使用的各种兵器装备，每一件都配有插图。在第十卷至第十二卷，有《攻城法》、《水攻》、《水战》、《守城》等四篇，也都详细地记录了与这几种战法有关的兵器装备，还有战船和城防工事的情况，也附有详尽的图像。使各种兵器装具的具体形貌，得以展现在人们面前。从这一角度来看，《武经总要》可以说是中国古代兵器的百科全书。

《武经总要》中记录的传统格斗兵器，仍以刀、矛（枪）为主，而剑和戟已从实战兵器中淘汰了，其中剑还保存了两个图形，但注明“今不用于阵，以失其传也”，表明它已是被淘汰的兵器。而戟这一类型，根本就没有出现，更说明它早已从军队的正式装备中被淘汰的事实。另外，出现了各种棒类兵器，表明它们是当时经常装备军队用于实战的。在刀、枪类中，为了适应各种特殊战斗的需要，每类下又各形成许多分支。如刀有八种，包括手刀、掉刀、屈刀、掩月刀、戟刀、眉尖刀、凤嘴刀和笔刀，其中手刀是手握的短柄刀，其余都装有长柄。枪（矛）有九种，包括双钩枪、单钩枪、环子枪、素木枪、鸦颈枪、锥枪、梭枪、槌枪和大宁笔枪，它们分别用于装备步兵、骑兵，还有的无刃，是用于教阅训练用的，如锤枪。各种棒类兵器，除一般的白棒、杆棒外，还有附加尖刃、倒钩、钉头等的特殊形制，如钩棒、抓子棒、杵棒、狼牙棒等，另有一些以链连接几节棒体的特殊兵器，如铁链夹棒、连珠双铁鞭，是从西北少数民族地区传来的兵器类型。同样用于砸击的兵器还有“骨朵”，(图19—16) 是宋代常用的新型兵器，即在直柄上安装一个大体呈圆球形的锤头，依形状不同，又有“蒜头”和“蒺藜”等名目。大量使用砸击类兵器，可能与宋代以步兵对抗骑兵的战斗阵势有关。至于远射兵器，仍以弓箭为主，也使用弩。防护装具有铠甲和马甲，以及步兵和骑兵使用的盾牌。

在《武经总要》中，较突出地记录了当时的重型远射兵器，主要是各种床弩和砲。床弩是以绞车张发的强弩，用几十人甚至以牲畜为动力，因此威力强大。这种兵器早在《墨子》中就已提及，在唐杜佑《通典》中称为“车弩”。开始时是单

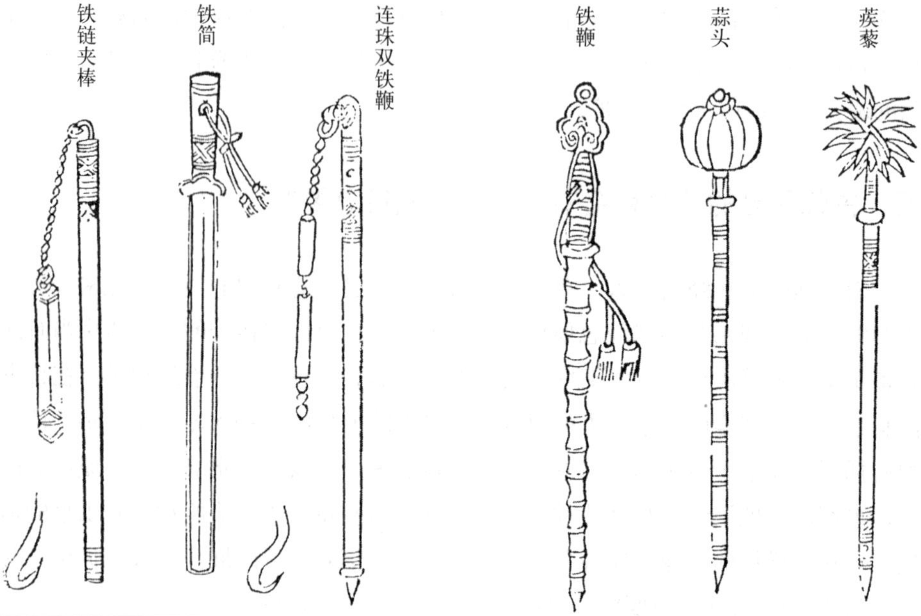


图 19–16 北宋鞭、简、骨朵、铁链夹棒（明版《武经总要》附图）

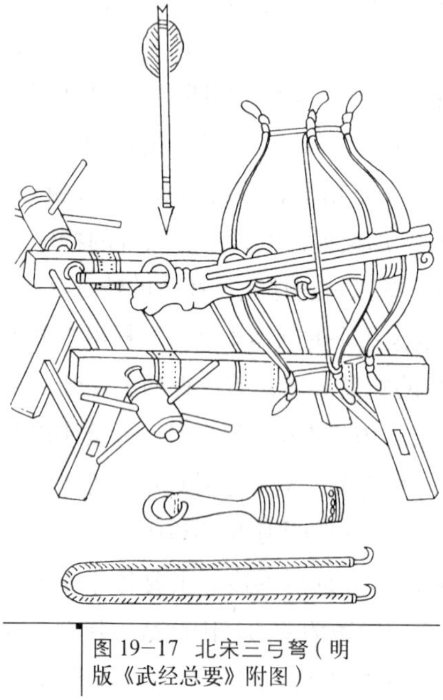

图 19–17 北宋三弓弩（明版《武经总要》附图）

弓，用绞车绞张。后来改为复合弓，威力更强。《武经总要》中载有双弓和三弓之分，双弓的有“双弓床弩”、“大合蝉弩”、“小合蝉弩”、“双弓斗子弩”，三弓的有“三弓弩”、“次三弓弩”、“手射弩”、“三弓斗子弩”，其中三弓弩要用 70 人绞张才能发射，射程 200 步到 300 步，约 370—560 米。（图 19—17）“砲”（礮），就是利用杠杆原理的抛石机具，在火炮发明以前，它是军队中最重型的远射兵器，可以抛发巨大的石弹。据传在春秋时已出现于战场上，三国时曹操使用的“霹雳”车也是这种兵器。这种抛石砲是在巨大的木制砲架上，装有一根可以转动的横轴，横轴上固定着长的砲梢（一根长木杆，中央处固定在轴上），砲梢一端用绳索连着一个用来兜装石弹的皮窝，另一端系上几十根长长的拽索。射击的时候，由一个

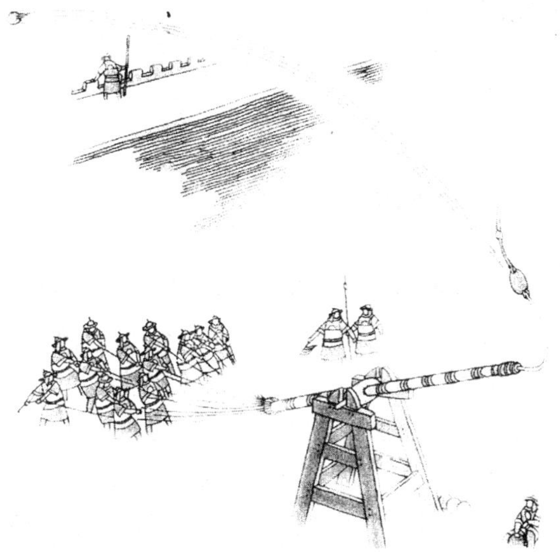

图 19—18 砲（抛石机）间接射击方法示意图

战士把石弹定置在皮窝上，另外几十个战士猛然地拽动拽索，砲梢一下子反转上来，利用杠杆原理产生的抛力把石弹抛射出去，沿抛物线轨迹射向敌方。（图 19—18）在《武经总要》中记录的各种砲，大致有三类，一类是固定放置的，有单梢砲、双梢砲、五梢砲、七梢砲、虎蹲砲等；另一类砲架可以旋转，改变发射方向，有旋风砲、独脚旋风砲、旋风五砲等；还有一类下面装有车轮，可以随时移动位置，如砲车、旋风砲车、卧砲车、行砲车等。其中威力最大的是七梢砲，砲梢由 7 根巨大的梢材合成，长 2 丈 8 尺，需用 250 人拽索发射，可以把 90 到 100 斤重的石弹抛掷到 50 步远的地方。

随着筑城技术的提高，出现了更多的专门用于攻城和守城的器械，其中最早出现的登城用的“云梯”，早在东周晚期就已出现。至北宋时期，冷兵器阶段的攻守城器械已经相当完备，《武经总要》中有很详尽的记录。前面讲述过的重型远射兵器床弩和砲，对于攻守双方都是重要的装备。此外攻城器械方面，主要有用于跨越深壕的“濠桥”、“折叠桥”等，攀越高墙的“飞梯”、“云梯”等，掩护战士逼近城垣的“尖头木驴”、“木牛车”、“辕辒车”等，登高侦察城内敌情的“巢车”、“望楼车”等。守城器械主要用于毁坏敌方的攻具和杀伤敌方登城士兵，包括各种形状和质料的檑石、檑木及“铁撞木”，用以烧毁攻具的“燕尾炬”、“飞炬”、“猛火油炬”等火攻器械，以及塞补被敌方摧毁的防御工事所用的“塞门刀车”、“木女头”等，还有对付火攻的灭火器材，如唧筒和各式皮水囊，防御砲石飞矢的“垂钟板”、“蓖篱”、“皮竹笆”等装备。特别值得注意的是在《武经总要》所列的守城器械中，出现了利用火药制造的兵器，包括“火毬”、“火药鞭箭”、“蒺藜火毬”、“霹雳火毬”等多种。它们的出现，标志着冷兵器已步入衰落期，并预示中国古代兵器即将发展到新的阶段，那就是火器与冷兵器并用的阶段。

# 第五节 火药的发明和火器的出现

## 一、火药的发明

火药是中国古代的伟大发明之一，对世界文化的发展曾起过重大作用。中国古代的火药，是以硝石、硫黄、木炭或其他可燃物为主要成分的混合物，点火后能速燃或引起爆炸。硝石、硫磺等都属于药物，因此称这种混合物为“火药”。现代的黑火药，正是由中国古代的火药发展而来。

对于硝石、硫黄等药物的性质，在汉代已有认识，《神农本草经》中已对它们的特点和药性有所记述。但是从对硝、硫性质的认识和发现它们的起火现象，到制成火药而应用于军事，又经历了漫长的过程。在这一过程中，炼丹术的发展起了重要的促进作用，因为硝、硫及硫黄的砷化物，都是炼丹术中常用的药物，为了避免在炼丹时发生意外事故，如燃烧或爆炸，就要研究各种能够控制这些药物的所谓“伏火法”。早期火药的发明正是与炼丹家研究“伏火法”相联系的。相传在隋末唐初的医学家、炼丹家孙思邈(581—682)著作的《孙真人丹经》中，记载了多种“伏火”之法。唐宪宗元和三年(808)，清虚子在所著《天上圣祖金丹秘诀》(后选入《铅汞甲庚至宝集成》卷二)的《伏火巩法》中，记载了对硫黄伏火之法：“硫二两，硝二两，马兜铃三钱半，右为末拌匀，掘坑入药于罐内，与地平，将熟火一块，弹子大，下放里面，烟渐起，以湿纸四五重盖，用方砖两方捺，以土塚之，候冷取出。”其中已包括有硝石、硫黄和“烧令存性”(即炭化)的马兜铃粉，三者混合具有燃烧爆炸的性能，已形成原始火药。为此炼丹时要采取使硫黄改性的方法，还要采取入罐、掘坑、覆湿纸、塚土等安全措施，以避免爆炸燃烧事故。正表明炼丹家通过长期实践，掌握了硝石、硫黄和木炭等混合物的爆炸性能。因此可以推断，至迟在公元808年以前，含硝、硫、炭三种成分的火药已经在中国制成。

## 二、火药用于制造兵器

火药发明以后，至迟到公元10世纪时，中国已经开始用火药来制造兵器。《武经总要》中记述了最早的火药兵器，有毒药烟毬、霹雳火毬、蒺藜火毬、火药鞭箭和火炮等。该书中还列出三种正式冠有“火药”名称的配方，即用于毒药烟毬、蒺藜火毬的火药和火炮火药法。这些都明确地证实，在公元1044年以前，北宋军队已装备有多种原始的早期火药兵器。英国著名的研究中国科技史的学者李约瑟博士正确地指出，《武经总要》中记载的三种火药配方，"是所有文明国家中最古老的配方"。十分清楚，中国是将火药用于军事最早的国家。同时，在北宋都城官营的制造军事装备的手工业中，设有"广备攻城作"，其下领有制造火药、猛火油等作坊。这些情况见于《麈史》所引《东京记》一书的记载，并且在《宋会要辑稿》中也有相似的记载。它们表明在北宋时期，官营手工业中已能成批量地生产火药，并用以制造兵器。当时对生产技术实行高度保密，严禁外传。

火药用于军事行动，从此揭开了古代兵器发展史上的新篇章，火器和冷兵器并用的阶段到来了。

## 第六节
## 火器的发展和枪炮的制作

### 一、早期火药兵器

火药用于制造兵器，根据《武经总要》的记述，当时主要用于传统的火攻战术，作为纵火的一种手段。据书中所记载的三种配方分析，虽然已具有硝、硫、炭三种成分，但是这些配方中的硝含量低，又含有大量其他成分，通常只能速燃、发烟，还是一种低级火药，是近代火药的雏形。因此所制造的火药鞭箭，以弓弩发射的火箭（将原有的油脂等燃烧物质改成火药筒），以及"铁嘴火鹞"、"竹火鹞"等以木身、纸皮、竹编中实以火药的器械，都属于纵火器材。有时也在火药中增添毒剂等，制成播毒或发烟的毒药烟毬等兵器。最后，当时已开始认识火药的爆炸性能，制成爆炸时可发巨响的霹雳火毬。

到宋金战争中，火药兵器有了新的发展，主要表现在三个方面：第一是随着火药性能的不断提高，利用火药爆炸性能的兵器开始大量使用。靖康元年(1126)宋军守汴京时，使用过威力较大的爆炸性火器"霹雳砲"。后来更以铁制造外壳，造出威力更大的"震天雷"、"铁火砲"等爆炸力强的兵器。第二是利用火药的燃烧性能，制造出单兵手执的喷火兵器——火枪。这是在一般长枪上扎捆一个装火药的筒，一般是纸筒，作战时点燃筒内火药使其喷火以伤害敌方。当火药燃完后，长枪还可用于扎刺格斗。第三方面，也是最重要的方面，是原始管形射击火器的萌芽，它引起了以后兵器制造技术的划时代的变革。

## 二、管形射击火器的出现

原始管形射击火器的萌芽，也出现于宋金战争时期，目前所知有以下两项：

一是绍兴二年(1132)，宋将陈规守德安时制作了巨竹火枪，这也是一种喷火枪。它以长竹竿制作，用以焚烧敌人的大型攻城器械“天桥”。由于它以竹筒喷射，所以与在冷兵器的长枪上缚附火药筒的做法有显著的不同。

二是开庆元年(1259)，寿春府（今安徽省寿县）地方制造了“突火枪”，也用竹筒制成，内装火药，并安有“子窠”。作战时点燃火药，先喷火焰，火焰喷尽后，“子窠”发射出来，同时发出巨响。“子窠”是什么？记载不详，有人认为是子弹的雏形。突火枪用巨竹筒制作，故又称“突火筒”。它大约是最原始的管状射击火器了。令人遗憾的是，关于以上两类火器，文献记载过于简略，也无法获得实物资料。但是，仅据这些记载，还是可以表明当时确已出现了原始管形射击火器。

## 三、金属管形射击火器的使用和枪炮的制作

### 1. 金属管形射击火器的出现

以金属铸制的管形射击火器，是现代枪炮的前身，它最早出现于何时，尚无确切资料，但从传世的元代大德二年（1298）和至顺三年(1332)两件有纪年铭文的铜火铳来看，总应出现在元朝末年以前，至少在公元13世纪末到14世纪初

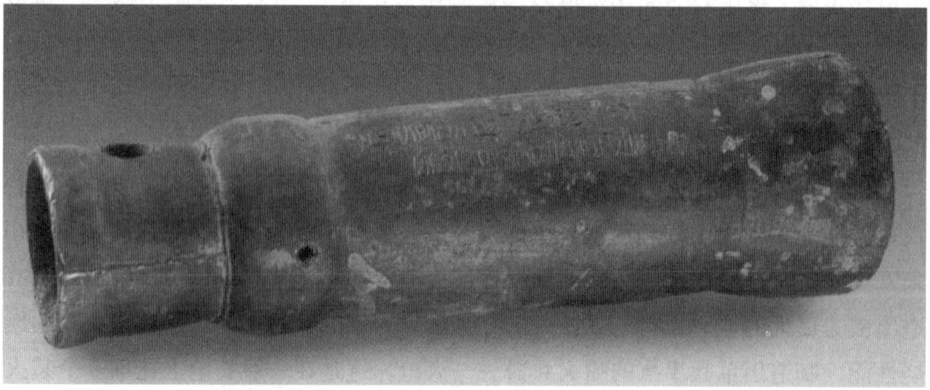

图19-19 元大德二年铭铜火铳（内蒙古出土）

年已用于实战。(图 19—19) 据《元史·达礼麻识理传》记载，元至正二十四年(1364)，达礼麻识理为了对抗孛罗帖木儿的军队，在铁旛竿山下布列的队伍中，已是“火铳什伍相联”，可以说明其所装备的金属管形射击火器的数量已很可观。目前的考古发现中，也出土了一些大致可以推断为元代晚期的铜火铳实物。其中较重要的一件出土于西安市东关景龙池巷南口外元代遗址，铜火铳由铳管、药室和尾銎三部分组成，全长 26.5 厘米。药室呈椭圆状，有安装药捻的小圆孔，药室内还遗有一些残留的黑火药。与此大致相同的铜铳，在黑龙江阿城县半拉城子和北京市都出土过。由于原始的管形射击火器是以竹筒制造的，故称为火筒。改用金属铸制后，也随之出现了一个从“金”旁的新字来称呼它，但仍沿用“筒”的音，那就是“铳”字。据明代邱濬在他著的《大学衍义补》一书中讲到“铳”字时说，在字书里过去没有这个字，只是“近世以火药实铜铁器中，亦谓之炮，又谓之铳”。说明这个新字的出现，正反映出大约在元朝晚期由竹制的火筒演变为金属制造的火铳的实际情况。

### 2. 金属管形射击火器的发展

元末明初，金属管形射击火器有很大发展，火铳已为农民起义军广泛使用，朱元璋的军队中就装备有较多的火铳。《明史纪事本末》中曾记有朱元璋部将胡德济、谢再兴在元至正二十二年(1362)用火铳守诸全(今浙江诸暨县)的史实。明朝建立初年，特别是洪武年间(1368—1398)曾大量制造铜火铳，使火铳制造工艺有很大发展，形制日趋规范化，与元朝晚期的制品相比，身管加长，口径略微缩小，制作更为精细。一般都是前有细长的直体铳管，管后接椭圆形的药室，药室后接铳尾，向后开安装木柄的銎孔，器形颇为规范，尺寸也大致相同。明朝火铳多在铳体铭刻制作地点、年月、重量及编号，还有制造部门及监制官员和制作工匠的姓名。这一时期的铜铳，在北京、河北、内蒙古、山西、江苏等省市都有较多实物出土。洪武以后，铜铳继续改进，形制日趋统一，并有统一编号，如以“天”字为头的统一编号的铜铳，口径为 15 毫米左右，全长 36 厘米左右。已发表的资料中，“天”字号铳，最小序号为“天字九十五号”，制于建文二年(1400)，最大序号为“天字九万八千六百十二号”，制于正统元年(1436)。此外，还有“英”字、“胜”字等编号的铜铳。

从已发现的元末明初的火铳看，大致有两类，一类是以上述洪武年间制作的火铳为代表，形体较小，尾銎装木柄，供单兵手持施放，应为后来枪械的前身。以内蒙古托克托县黑城古城址南墙内发现的洪武年造铜火铳为例，它们分别造于洪武十年(1377)和十二年(1379)，全长 43.5—44.5 厘米，口内径 2 厘米，重1.9—2.1千克。其口径与体高之比约为1∶20。另一类如元至顺三年铜铳，长35.3厘米，口径10.5厘米，重6.94千克。它的口径与体高之比，约为1∶33。其尾銎的直径7.7厘米，所装柄的粗度也应如此，这样粗的木柄是难于单兵手持，何况点燃施放时铜铳还要震动，所以只有用安放木架的办法才成。同时，铜铳尾部两侧各有一个约2厘米长的方孔，且方孔的中心位置，正好和铳身轴线在同一平面上，据此可以推知原来应是以金属的横栓从二孔中穿连，然后固定在木架上，这个金属栓还可以起耳轴的作用，使铜铳在木架上可以调节高低俯仰，以调整射击角度。类似的大型铜铳，有的铳管稍细但口部制成外侈的碗口形状，故又称为大碗口铳。又如中国军事博物馆中藏有一件明洪武五年(1372)造的大碗口铳，全长36.5厘米，口径11厘米，重15.75千克，器身自铭为“大碗口铳”，与元代的碗口铳相比，碗口不再是向外斜侈而是呈弧曲状，铳管加粗，药室明显加大。在拆除太原旧城时，还发现过洪武纪年的铁铳，长度已达1米，口径达21厘米。因此，这类大型金属火铳，需设置铳架，应该是后世火炮的最初形态。

### 3．西方火器的引进和仿制

中国是火药的故乡，也是最早生产火药兵器的国家，元末明初中国的金属管形射击火器也是居于世界前列的。但是这一优势并没能够长久保持。进入明代中叶直到清代末年，是火器与冷兵器并用时代的后期。长期陷于发展迟缓状态的中国封建经济，以及统治阶级的禁海锁国政策，使元末明初金属管形射击兵器发展的势头停滞下来。火药兵器没有能在它的故乡引起革命性的变革，而当它传到欧洲时，资本主义的兴起却使它对社会的进程发挥了巨大的作用，正如恩格斯所指出的，它最终导致“市民的枪弹射穿了骑士的盔甲，贵族的统治跟身披铠甲的贵族骑兵队同归于尽了。”资本主义制度的胜利，更促进了枪炮的改进和扩大生产。于是到了明代中叶，火器的故乡中国不得不从舶来品中汲取养分，仿制了比火铳先进的“佛狼机”和“红夷炮”，还有单兵使用的鸟铳等，并且制造了威力较大的“大将军”等大口径火炮，开始改变军队兵器装备的面貌。

佛狼机铳(佛朗机铳)约在明正德末年(1521年左右)从葡萄牙传入中国，它由母铳和子铳构成。母铳身管细长，口径较小，铳身铸有准星、照门，可瞄准射击。铳身后的腹部颇粗，开有长形孔槽，以装填子铳。子铳类似小火铳，上有提把，前无铳管，填入母铳后腹的孔槽后，其前口外接子铳的铳管。每一母铳备有五至九个子铳，可预先装好弹药，战时轮流装填入母铳发射，因而提高了射速。嘉靖初，中国开始成批仿制佛狼机铳，生产出大小型号不同的产品。北京首都博物馆所藏嘉靖二十八年(1549)造铜佛狼机铳，编号“胜字四十二号”，母铳口径

38 毫米，全长 91 厘米，子铳口径 35 毫米，全长 23 厘米。佛狼机铳虽有以子铳预先装弹填装，因之操作方便、射速快的优点，但是由于子铳装药量小，母铳口径不大，因之又有威力不足的缺点。

红夷炮，又称西洋炮，是一种由荷兰传入的大型火炮，约在万历后期传入中国。据《明史 · 兵志》记载，红夷炮“长二丈余，重者至三千斤，能洞裂石城，震数十里”。炮身铸有准星、照门，中部有炮耳。与佛狼机相比，这种炮的口径较大，管壁加厚，并且从炮口至炮尾逐渐增厚，能承受较大膛压，是当时威力最大的火炮。

鸟铳是由欧洲传入的火绳枪或燧发枪的统称，大约在嘉靖年间经日本传入中国。它与原来的单兵手持的火铳相比，身管较长，口径较小，发射同于口径的圆铅弹，因而射程较远，侵彻力较强。又增设有准星和照门，变手点发火为枪机发火，枪柄由插在火铳尾銎的直柄改为托住铳管的曲形木托，因此可稳定持枪进行瞄准，提高了射击的精确度。其外形与结构已接近于近代的步枪，正是近代步枪的雏形。至于为何称为“鸟铳”，有不同的说法，戚继光在《练兵实纪》中认为“即飞鸟之在林，皆可射落，因是得名”。另有说法是因其枪机形似鸟嘴，因而名鸟嘴铳。

佛狼机铳、红夷炮和鸟铳的仿制成功，使中国火器有了较优良的作战性能，改进了明军的装备。特别是明末与后金军在东北地区的战斗中，红夷炮曾起过很大作用。

清朝建立以后，军队中也装备了从明军装备中引进的火炮和鸟铳。清初颇注重火炮的生产，以适应统一全国及平定三藩叛乱等战争的需要。当时大量制造的火炮，主要有三种类型。一种是沿袭着明代的红夷炮制造的，称“红衣炮”也称为“神威无敌大将军”。(图 19—20) 这种炮还曾在中俄雅克萨之战中发挥作用，至今黑龙江省博物馆还藏有一门，为康熙十五年 (1676) 所铸造，铜铸，炮身前细后粗，口径 110 毫米，全长 248 厘米，重 1000 千克，装药 2 千克，铁弹重 2.7 千

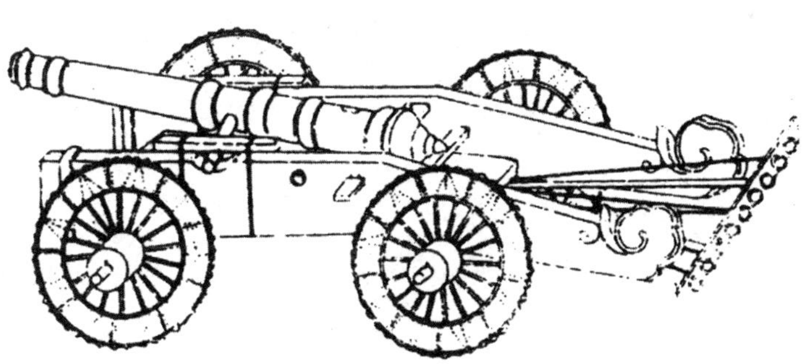

图 19–20 清神威大将军炮图（《清会典图》附图）

克。一种是子母炮型，类似明代的佛狼机铳。还有一种是大口径的短管炮，称为“冲天炮”、“威远将军炮”等。现存故宫博物院的一门康熙二十九年(1690)铸的铜威远将军炮，口径212毫米，全长69厘米，重280千克，以四轮车运载，能发射15千克重的爆炸铁弹。据《清文献通考》记载，从康熙十三年到六十年(1674—1721)，清政府所造的大、小铜、铁炮约900门，但火炮的基本构造和性能改进不大，也可以说是沿袭着明代中叶引进欧洲火炮技术后的发展势头。不过清代中期以后，火炮发展的势头又一次被扼制下去。落后就要挨打，闭关自守而且妄自尊大的大清帝国，终于在帝国主义列强的巨舰大炮面前惨遭败北，于是中国一步一步地沦为半封建半殖民地社会。至此，中国古代兵器史的后一阶段——火器与冷兵器并用阶段宣告结束。火药这个被恩格斯喻为“注定使整个作战方法改变的新因素”，没有能在它的故乡引起兵器生产的革命，更没有促成社会的革命性变革。这个历史教训，是不应该忘记的。

# 第二十章 历代服装与装饰

## 第一节 追溯上古时代

至少在汉代，我们的祖先就已经把创造衣服的功绩归于传说中的华夏民族始祖——黄帝。《尚书大传》中说："黄帝始制冠冕，垂衣裳，上栋下宇，以避风雨，礼文法度，兴事创业。"这样推算起来，在中华大地上，出现衣服的历史最少也要有五六千年了。而从考古发掘得到的古代遗物中可以看到古人装饰自身的做法具有更悠久的历史，这样的人体装饰品与装饰手法在古代曾长期沿用，在古文献中可以见到很多有关的记载。这里，我们首先去回顾一下上古时期人们使用的饰物。

北京西南的周口店拥有著名的中国北京猿人遗址。这里曾发掘出生活在距今四五十万年左右的山顶洞人的大量遗迹，发现了大量人工制造的装饰品，其中有穿孔的兽牙、石珠、石坠、骨管、海蚌壳、鲩鱼眼上的骨片与刻有沟槽的骨管等。（图 20—1）有些装饰品大概是经过长期佩戴，孔眼已经磨光变形了。有五件饰物在出土时排列成一个半圆形，可能是一条成串的项链。到了距今六七千年的新石器文化时期，这类装饰品的形状更加规范，更加精致，并且分化成各种不同的种类，如：耳饰、项链、戒指、手镯、头饰等。随着手工业技术的发展，用来制作装饰品的材料也越来越丰富。石料、玉、宝石、蚌壳、贝、象牙、骨、藤、硬木等，都成为制作装饰品的好原

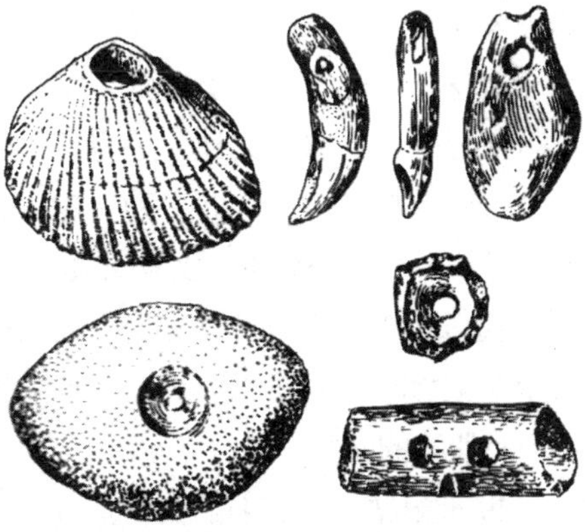

图 20—1 山顶洞人遗址出土的原始人装饰品（蚌壳、兽牙、骨管等等）

料。在考古发现的古代文物中，反映这些装饰品的例子很多。在甘肃省礼泉出土了一些属于仰韶文化的陶人像。他的两只耳朵上都发现了贯通的孔洞，这显然是在模仿当时人们耳朵上有佩戴耳饰用的孔洞。在商、周一些大型墓葬中出土的玉器里，可能有些就是用于作耳饰的。中国古代把用玉做的耳饰叫做珥、瑱等。《说文解字》中解释："瑱，以玉充耳者。"就是把玉饰直接塞入耳朵上的洞里，它们是一段圆柱形的小玉器。

在陕西省临潼姜寨仰韶文化遗址的一处少女墓葬中，出土了一套美丽的项饰。它由 8721 件有孔的骨珠组成，还包括有石珠、石管、兽牙与蚌壳等。浙江省的良渚文化遗址中发现过多种玉石制作的冠饰，花纹精细怪异。它们大约都是当时上层人士戴的饰物，这种冠饰很可能是和羽毛一起组成羽冠。在浙江余杭出土的良渚文化玉器上雕刻有精细的花纹，上面常有一个头戴羽冠的人物像。在云南省元江、沧源等地的岩画上也可以见到头戴羽冠的原始社会人物形象。

发式的产生，是人们在外形装饰方面的一个进步。古代人类可能运用发式来区分各个部落与氏族。在甘肃省秦安大地湾曾经出土过一件彩陶瓶。瓶子的口部做成一个人头的形式，在前额与两鬓留有弧线形的齐眉短发，后面的头发则修剪得与耳垂相齐。(彩图 2）可能这就是当时生活在渭水上游这一带的男人发式。以后的《后汉书 · 西羌传》记载东汉时仍在这一带生活的羌人还是"被发覆面"，与这些古代的发式一脉相传。南方的原始部族有过将头发盘起来的做法。这就是《汉书 · 陆贾传》中记载的"椎髻"。云南省石寨山出土的古代滇人青铜贮贝器上，有很多人物形象都梳着这种发式。从历史记载中得知，古代生活在四川邛都的夷人、贵州的夜郎人、云南的滇人等都曾经采用这样的发式。根据《史记 · 吴太伯世家》的记载，古代生活在江南的吴越人习惯"断发文身"，这是他们与中原民族的主要区别。

文身，则是在身体上刻画花纹。这是原始民族中非常普遍的一种习惯。古代文献中记载，吴越人文身，是为了在水中游泳时吓跑龙蛇等水中的敌害。实际上文身可能有实用与美容的多种功能。有人还认为，文身后使皮肤加厚，可以抵御蚊虫叮咬。从这一点看，文身又具有类似衣物的功能了。

我们从现存的先秦古文献，如《诗经》、《左传》、《礼记》等著作中可以看到很多对上古时期服装的记载，更可宝贵的是在近代的考古发现中获得了一大批表现当时服装的文物。

20 世纪初，在著名的商代遗址——安阳殷墟，位于侯家庄西北岗的一座商代陵墓中曾经出土一件残缺了一半的白色大理石跪坐人像。它穿了一件窄衣袖、大宽领的短上衣。衣襟向右面交掩。宽宽的领子上装饰了绣花文饰，腰间束有一条绣花宽腰带。下身好像是一条有多重衣褶的裙子。脚上穿的是前端上翘的鞋子。在身体的前面，腰带下还残留有一条有人字形花纹的带子。这可能是一块长方形绣花布料的残存部分。它应该是表现古代系在腰间的重要装饰品——“黼黻”。黼黻在中国古代具有十分崇高的地位，作为贵族的身份标志，成为他们礼服的主要成分。

图 20—2 河南安阳商代妇好墓出土的玉人像

将这一套服装与古代文献中的记载互相对照，可以确定它就是一套商代的贵族礼服。

20 世纪 70 年代，在殷墟又发掘了商王武丁后妃妇好的墓葬。墓中出土了很多件玉石雕刻的人像。它们向我们提供了更多的商代服装式样。其中有一个跪坐的玉人。他身上穿着绣了云纹与虺蛇纹的长上衣。衣服是对襟、窄袖。下襟可垂到足踝。领口左右交掩。腰间束了一条宽带，下面悬垂着长方形的黼黻。（图 20—2）

更令人惊讶的是这件玉人的发式以及头上的饰物也刻画得精细入微。在头顶的上方，戴有一圈圆箍用以束发。圆箍的前面连接着一个卷筒形的头饰。根据在这个卷筒上面刻出的文饰可以看出它应该是用丝绸制作的。有人认为，这就是在《诗经 · 小雅 · 頍弁》中写的“有頍者弁”。頍是古代贵族礼服中的一种头饰。20 世纪 80 年代，在四川广汉三星堆遗址中出土了大批相当于商代时期的蜀文化遗物。这里有一座青铜立人像，穿着全套庄严的华丽礼服。头上戴有圆箍形的冠帽。冠帽上装饰着突起的冠饰。

由此证明，在商周时期，已经形成了一套完整的衣服，有衣、裳、鞋、帽以及各种饰物，自然还有与之相配的发式与化妆等。但这也就是上层社会人物可以享用的文明成果。而广大贫民与奴隶则不可能得到如此丰富的衣着。着衣简陋，衣不蔽体乃至赤身裸体等情况，才应该是他们的真实写照。如 20 世纪 30 年代在河南省安阳殷墟中出土了一批殷商时代的陶俑。这些陶俑的身上只穿了一种圆领的连衫裙，腰间系着带子。衣着显得十分简陋。

但即使在这样粗劣简单的衣物中，我们也可以看出商周时期男女的衣着已经有了根本性的区别。男子的服装一般分为上下两截，就是上身的“衣”和下身的“裳”。而女子的服装恰恰相反，只是一件完整的长袍。这可能也是出于女子要严密掩盖身体的需要。表现出中国古代的礼仪观念起源是如此之早。

在考古发掘中，商周时期的各种饰物多次大量出土，使我们了解到丰富多彩的商周人体装饰艺术水平。头饰、佩饰等都是可以经常见到的重要饰物。例如梳理头发时使用的饰物大多是一根一头粗钝，一头尖细的长钎子，一般用陶、竹子、骨头、金属以及玉石制作，大致在先秦时期叫做笄，而从汉代起叫做簪。现在我们从属于新石器时期的仰韶文化遗址、龙山文化遗址中已经发现了用陶土烧制的笄与用骨头磨成的笄。大概在这时，中原地区的居民已经将头发盘在头上了。此外，在河南省偃师二里头等夏、商、周代文化遗址中也发现过大量的笄。

腰带虽然不大，却是上古华夏人民衣着中必不可少的一个组成部分。男子用腰带来系紧下裳与蔽膝，女子用腰带来束紧衣衫。到了商周时期，腰带有用丝编织的和用皮革制作的等多种式样。最初，人们用打结的方法来束腰带。后来，产生了专门系带用的带钩。它很快就发展成一种广泛使用的精美工艺品。春秋战国时期，手工业迅速发展，能工巧匠们曾经制作出大量花纹精美、造型奇特的带钩，如水禽形、琵琶形、长牌形、兽面形、匙勺形等等，十分生动逼真。在考古发掘中出土了大量华丽的带钩，反映出古代人衣着的一个侧面。

有些贵族使用腰带时，为了显示自己的高贵，不在腰带上穿孔，而是将皮革腰带的一段装置上一个玉环或者是铜环，然后将带钩的钩首挂在环上。这种用法既美观还可以保护腰带。在河南省汲县山彪镇等地的战国墓中便发现了铜带钩与玉环同出的情况。看来，当时在中原各国都流行着这种使用方法。

带钩不仅用来固定腰带，还可以用来佩挂各种饰物与武器等。用于佩挂的带

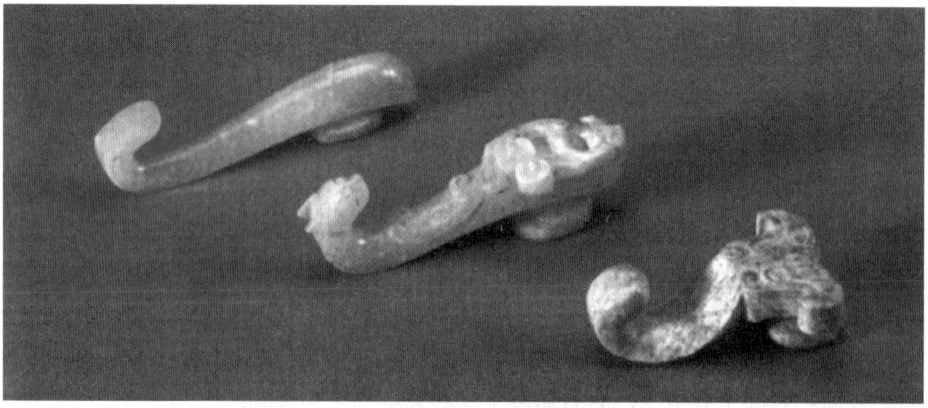

图 20–3 河北满城出土的汉代玉带钩

钩比束带用的带钩要小一些，固定在腰带中，钩颈下垂，平时在上面佩挂的物品有玉饰、印玺、铜镜、刀剑、弓箭等。尤其是妇女使用的带钩，多只用于佩戴饰物，更精细美观。（图 20—3）

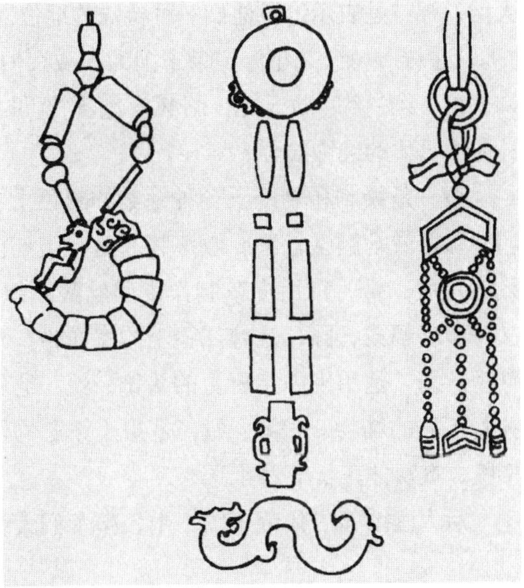

图 20-4 古代玉佩饰（左：西周，中：战国，右：隋）

古代人们非常看重身上的佩饰。不仅用它来美化外表，还用以体现个人的身份、等级与文化修养。最重要的佩饰是各种玉制作的成套饰物。上古人们制作玉饰的工艺水平很高。各种玉饰的形状与用途各有不同。人们在佩戴时把各种形状不一的饰物组合起来，形成美丽的佩饰，叫做杂佩。在河南三门峡虢国墓地与山西曲沃晋国墓地等处，都出土过成串的精美佩饰，复杂而华美。广州西汉初年的南越王墓中，在墓主的尸骨上摆放着成串的大玉石璧，也应该是组成佩饰的。在古文献中见到的玉石佩件名称有：璧，中间有孔，扁平的圆形玉器；环，圆形的玉环；瑗，孔大的璧；玦，开口的圆环；珩，横长的玉块；冲牙，两端尖的玉块；璜，半个圆环等等。（图 20—4）

据说在西周时期，“周公制礼”，建立了一套完整的以血缘家族观念为基础的宗法等级礼仪制度。它系统地完善了与贵族等级制度相匹配的服饰制度。历代正史很多都设有《舆服志》的内容，记录了各个朝代对于各级官员及其家属服装的严密规定。这在世界上也是绝无仅有的。随着西周宗法礼仪制度的形成，官方不仅规定了尊卑上下各个等级的不同礼服样式，而且还要求随着各种不同的礼仪活动改换各种不同的服饰。这样就形成了一个完整的官员制服系统。帝王冕服可以说是封建社会制服的代表。我们就先来分析一下它的组成部分。

精美的西周青铜器是西周历史文化的宝贵实证。在一些重要的青铜器上，往往刻写有记录铭文。我们在这些记录中，可以看到周王有时将自己的一些礼服奖赏给立下大功的大臣。例如在陕西省岐山出土的一件《此鼎》上记载：此这个大臣被周王赐予“玄衣、黹屯、赤芾、朱黄、銮旗”，就是黑色的上衣、刺绣上花边的红色黼黻、红带子以及车上用的銮铃、旗子等。另一件《师兑簋》中写道：赏给师兑“赤舄”，即红色的厚底鞋。这些都是只有国王才能使用的礼服用品。赏给大臣，那就是表示给予他们一种特殊的地位。

《左传·桓公二年》记录宋国大夫臧哀伯的话说：“衮、冕、黻、珽、带、裳、幅、舄、衡、𬘘、纮、𫄧，昭其度也。”这里列举的各种服饰都是周代定型的帝王礼服中具体的装饰成分。

衮，是绘制和刺绣上各种图案的彩色上衣。冕，是帝王戴的顶上有平版的冠帽。黻，就是黼黻，又叫做蔽膝，是在腹部前悬垂的长方形绣花织物。珽，是手执的玉版。带，指用皮革制作或用丝线编织的腰带。裳，是下身穿的长裙。幅，又叫做斜幅或行縢，是缠在腿上的宽布带。舄，是用金色或红色丝线编织的厚底鞋子。衡，是用来固定冠冕的头饰。𬘘，是从冕版上垂下来的彩色丝带，下端悬挂着玉石的饰物——缜。纮，是用于系冠的丝绳。𫄧，是在冠顶上平覆着的长方形版，宽八寸，长十六寸。

后人画的《历代帝王图》中，皇帝们大多穿着这样一套庄严的礼服。我们可以从上面清晰地了解到它的全部组成。（图20—5）

图 20–5 古代帝王的冕服

上古时期的妇女一般不戴冠帽，但是会使用很多头上的饰物。礼仪制度规定女子“十五而笄”，就是说女子到了15岁以后，要把头发盘到头顶上，再用一块黑色的巾帛包裹住头发，在上面插上笄、簪等头饰，进行固定。这类似男子的成丁礼，表示女子从此长大成人，可以出嫁成家了。直至近代，中国一些地方还保留着女子在出嫁时要将头发改梳成盘髻的风俗，叫做“上头”，就是这种古代礼仪的遗绪。

商周时期，贵族已婚女子的头饰比较多，除去各式各样的笄、簪以外，还有一些颇具特色的发型用品，如用假发制作的“副、编、次”等。

“副”是整件的假发。制作它时，用丝线、铁丝等将假发一缕缕地系起来，形成一个半圆形的发套。可以将它衬在女人的头发中，制成各种发型，也可以将它接续在头发的外面，盘成高高的发髻。现在已经发现过汉代的“副”。例如湖南省长沙马王堆汉墓中就曾经出土一件保存完好的“副”。“编”是用假发盘结成的发髻，也可以附加在妇女的头上，形成多种发型。短的假发就只能用来编成小绺的“次”。它用来贴在头的侧面，作为装饰。

即使在小小的女子头饰上，也显出了当时严格的宗法礼仪制度的束缚。《诗经·鄘风·君子偕老》有“副笄六珈”的说法。指当时的公侯夫人们在戴上假发以后，还要插上顶端嵌饰珠玉的发笄。她们的发笄上可以缀有六件玉饰。士大夫们的妻子只能使用有一二件玉饰的笄。而平民百姓就只能使毫无装饰的素笄了。商代妇好墓中出土了四百多件刻饰精美的骨笄，正是这种礼仪等级制度的体现。

## 第二节 胡服与深衣

到了距现代二千多年前的春秋时期，中原大地上已经基本形成了以农业经济为主的社会形态。编户农民占了社会人口的绝大部分，他们居住比较固定，迁徙较少，劳动量较大，但不需要长途驰骋或到处奔走，从而形成了中原各诸侯国大致相同的服装式样，即宽松舒适的袍服与裙裳。当时，中原人们已经拥有比较严密、宽敞的房屋，兴建了有一定规模的城市与交通道路。日常居室中，人们在地上铺设了席子与茵褥，跽跪而坐，远行时或者乘车、船，或者步行。中原人穿的袍服、裙裳，正是出于适应这些生活习惯而逐渐定型的。

然而，当历史进入春秋战国之交的时候，诸侯之间的兼并战争日益激烈。铁的普遍使用造成兵器技术的进化，特别是远射程强弩的产生，甲胄护具的使用与兵法的形成等军事新要素改变了战争的方式。大规模的步、骑兵作战取代了传统的车战。这样一来，原先的衣着便显得碍手碍脚，既不便于奔跑、骑马驰骋，又不便于近身格斗。新的战争需要强烈要求改革衣着，成了起决定作用的服装设计师。

在战争的压力下，与游牧民族接邻的一些北方诸侯国注意到北方游牧民族的娴熟马技在战争中的优势，也注意到北方游牧民族的特色服装，即所谓“胡服”。胡服与中原服装相比起来，衣袖窄而细，袍衫紧身，有裤子与皮靴等利于骑马的服装成分，在作战时轻捷方便。因此，地处北方的赵国在中原七国中首先开始了服装改革，同时，这一变革也深入到政治、经济与思想领域里，对中原社会的发展起到了很大的作用。这就是中国历史上著名的一大变革——胡服骑射。

表面看来，这一服装改革主要是为了适应骑马的需要。传统的中原服装中，外面的衣、裳又宽又长，而且没有裤子，特别是没有连裆的裤子。即使采用保护腿的衣着，也只是一种没有裆，只有裤腿的套裤，古人叫做“胫衣”。从这个名字，就可以知道它是用于保护双腿的。一件“胫衣”包括两条裤腿，所以古人计算它时，都是以一两（即一双）作为单位的。在河南省信阳长台关楚墓与湖北省江陵西汉墓等处，都曾经发掘出当时记录随葬品的清册——“遣策”。上面记录随葬的衣物，就有“绔（裤）一两”的字样。

但是人们在跨上马背时，没有裤裆就很不舒服了。特别是在上古时期人类还没有发明马镫，骑马时必须用双腿夹紧马身来维持平衡。这样不但没有裤裆的裤子穿着不方便，连浅口的履、屣都很容易脱落。而改用裤子与长筒靴就便利多了。衣服式样的改变也要求做服装的质料随之改变。以往中原传统服装使用的丝绸、葛布、麻布等面料也被胡服使用的毛毡制品、皮革等逐渐代替。这些胡服的特点，成为中原服装中的新成分。

与北方改用胡服相对应的是南方首先兴起的深衣。

在商周时期，贵族们的服装主要是分成上、下两截的衣、裳。这是当时男子常穿的服装，而女子穿的大多是上下一体的袍服。大约进入春秋战国时期后，一种新的服装式样由南向北流行开来。在它的影响下，男子也开始改穿上下一体的袍服。这造成了中国服装史上的一个重大变化。

这种新的服装式样，古人叫做“深衣”。它缝制容易，穿着方便，既利于活动，又能严密地包裹住身体，还可以充分地利用布料。所以很快就广泛地流行开来。无论是文人、武士，还是官吏、平民，全都把它作为日常的服装，甚至还把它作为礼服。由于深衣牵涉到古代礼制，清代的学者还专门对它进行过研究，但是也没有讲清楚它的形制。数百年后的今天，由于各种出土文物上不断发现有关深衣的图像，更为难得的是近年来在多处古墓葬中出土了保存完好的丝绸服装，像湖北省江陵马山楚墓、湖南省长沙马王堆汉墓等，使得今天的学者能够超越前人，非常准确地说明深衣的式样了。这完全得益于近代考古学的成就。(彩图 3)

在战国时期的中山国遗址中，曾经出土了一件人形铜灯。这个人穿的深衣是一件宽袖的交领长袍，右面的衣襟压在左衣襟的下面。衣襟的左下部横向接出一条三角形的曲裾。它是一条长长的三角形布，向右缠绕在人的身体上，尖端掩到背后或者掖入腰带以下。在深衣这种服装式样中最具特色的应该就是这条长长的曲裾。其他像湖南省长沙楚墓出土的一些彩绘木俑身上的服装、湖北省马山楚墓中出土的着衣女俑、云梦大坟头西汉墓中出土的男女木俑等实物形象中，都可以看到大体相同的深衣式样。

在战国时期有关衣服的文物上，我们可以看到当时南北各国的服装以及其文化意识有着明显的不同。深衣的具体式样也是这样。北方的衣着显得衣袖窄长，上衣紧贴身体，下面的衣裾宽大曳地。在山西省侯马出土的战国陶器残片与山东省临淄出土的齐国漆盘等大量器物上都可以见到身穿深衣的当时人物形象。它们的细窄腰身、衣袖可能是表现出"胡服骑射"的影响，在衣服的上半部吸收了胡人衣服的特点。而宽大的下部衣裾表现着南方深衣的传统。

在楚墓出土的木俑彩绘、帛画与实用衣服中，我们可以找到至少三种以上的南方深衣不同式样。1946 年在湖南省长沙陈家大山的一座楚墓中，曾经发现了一幅十分珍贵的战国时期帛画，上面画了一条龙与一只凤在争斗，有一个身穿深衣的女子在下面举手祝祷。这件深衣的式样有些特别，它的衣袖肥大而且下垂，在衣袖口处突然收紧，像牛下垂的颈部（胡）。衣裾的下部宽大而且拖长，显得华丽富贵。这种衣袖可以兼作口袋使用。日常使用的香袋、手巾、零钱等都可以放在里面。最为可贵的是在湖北省江陵马山楚墓中出土了有这种垂胡形衣袖的锦袍实物，使我们能完整全面地了解这种服装。这座楚墓属于中型墓，是当时中、下等贵族的墓葬。从而说明这种深衣式样是当时贵族妇女所享用的日常服装式样。

另一种深衣服式的肩部与腋下比较宽松。它的袖子从肩部向下开始逐渐变窄，形成一种细长窄小的袖口。其衣裾拂及地面，可以使足部不外露。在湖北省江陵的马山楚墓中也出土了一件这样的素纱深衣，留下了二千多年前的重要实物证据。今天，北京故宫博物院中还保存有一件精美的战国时期刻画铜壶，上面有表现宴乐、采桑与射猎的花纹。文饰中刻画的一些妇女形象，如提篮采桑与操厨送酒的妇女，就都穿着与上述式样相似的长衣。

与以上的式样相比，当时还有一种显得很简陋的深衣式样。它的衣袖宽松，像一只圆筒，衣服的上下宽窄相近，衣裾比较短，可以露出双脚。衣服的前襟下面还露出了下垂的右内襟。它的制作显得粗糙，式样平板，缺乏变化与美感。但是比起前几种式样来，既节约布料，制作起来又简单方便。大概这种式样在汉代更流行，我们现在从出土文物中看到的汉代人物形象，就大多穿着这种式样的服装。可能这种形式简单、裁剪方便、适宜劳作的服装就是汉代社会中下层劳动人民的日常衣着吧。

闻名世界的湖南省长沙马王堆一号汉墓，是西汉初年长沙轪侯夫人的陵墓。其中保存了大量完好的汉代丝织衣物。这里以其中的一件"信期绣"蒌纹罗绮面、素绢里的深衣为例，看一下它的裁剪方法。（图 20—6）这一件深衣可以分为上衣与下裳两个部分，最后缝在一起，形成一件深衣。它的上衣采取正裁，分为六片。

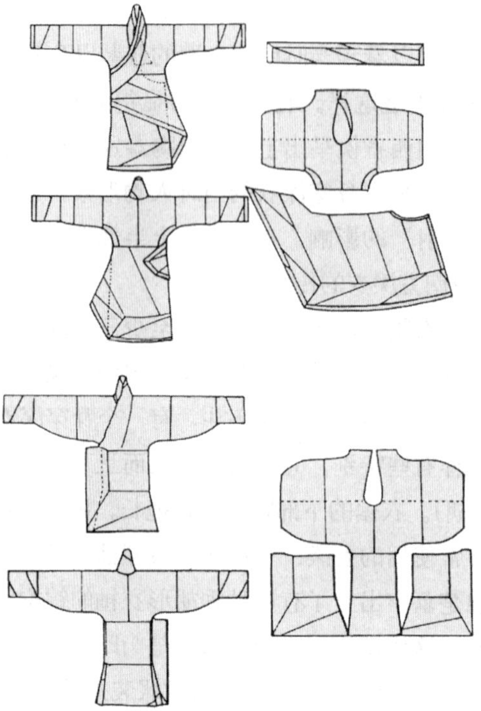

图 20-6 马王堆出土深衣裁剪图

身部为两片，各宽一幅；袖子各为两片，一片宽一幅，另一片宽半幅。将这六片布料横向缝合以后，再将它对折，腋下缝合成上身与袖子，挖出领口。下裳要斜裁，一共用四片布料，每片一幅宽。这样缝合起来后就形成一个向左侧倾斜的衣片。它的左侧是三角形的曲裾。在这个衣片的左侧与下缘，还要缀上半幅宽的织锦缘边。穿衣的时候要把左侧的曲裾向右面绕到身后，用腰带束住。这样就可以严密地将身体包裹起来了。

从现有的考古资料来看，当时还有很多种其他式样的服装，例如在湖北省江陵的马山楚墓中曾经出土一种直裾的袍服。它最突出的特点就是没有另外接上曲裾。左、右两片前襟的大小相近，都是从胸腋部位起直线向下。两片前襟在身前交相掩盖。腰间用带子束住。这种裁剪方法比较省工省料，还可以保存面料上的花纹完整统一。穿起来后的效果也很不错。在马山楚墓中还出土了一件对襟单衣。它放在一个竹笥中，上面系了一个竹签，写明它叫做“絉衣”。这件衣服式样十分简单，是用一整块面料对折缝成，下面再接上两个衣襟。两个衣襟互不交掩，只是在身体中央相对接。另外在上面缘上一个大菱纹锦做的领口。看起来和今天的长睡衣十分相像。《仪礼》一书记载：古代在丧礼中放置陪葬的衣物时，要将浴衣放入竹笥中。这恰巧与这里看到的出土现象相符合。

在另外一些战国时期的人物雕像上，我们可以看到一种比较短的上装。在河南省洛阳金村出土了一件银质的男人像。他的上身穿一件衣袖细窄的交领短袍，长度只达到膝盖。在他腿上缠着当时被称为“斜幅”的布裹腿，赤足，没有穿鞋。特别是陕西省临潼秦始皇陵兵马俑陪葬坑中出土的上千名士兵陶俑，在甲胄下面穿的也是这种窄袖短衣。它可能就是古人所称的“襦”。襦与裤子或裹腿配合起来，成为一种便于劳作和战斗的服装。这应该是当时广大士兵常穿的衣服了。

## 第三节 汉代的服装、发式与饰物

汉代，曾经是一个强盛发达的时代。从遗留下来的汉代壁画、画像石、铜镜、帛画等艺术作品中，我们可以看到大量身着宽大长袍的人物。肥大宽松的深衣，应该是当时社会中上层人士的主要衣着。包括大量官员的制服，也是这样的长衣。

那么，怎么去区分这些等级森严的官员官职高下呢？从古代文献的记载与考古实物来看，当时可能主要是从头上戴的冠帽和腰间佩的绶带等方面来区分等级品秩。

汉代官员日常戴的冠帽有很多种，比较主要的有：

长冠，又叫斋冠，高七寸，广三寸，用竹皮编成内框，外面罩有黑色的漆纱，使用时套在发髻上。它是沿袭楚国流行的冠帽形制制作的。20 世纪 70 年代，在湖南长沙子弹库楚墓中曾经出土一件人物御龙帛画，上面画了一个男子，头戴高高的长冠，就是战国时楚冠真实的记录了。70 年代发掘的湖南长沙马王堆汉墓中，出土有一些随葬的木俑。其中有一件男俑头上戴有一个向后上方倾斜的梯形长木板，有些学者认为这就是当时的长冠。也有人把它叫做另一种汉代冠帽——却非冠。却非冠与长冠相比，应该显得短一些，低一些，但外形基本相似。

委貌冠：它与古代的皮弁相似，长七寸，高四寸，形状像一个倒扣过来的杯子。它是用黑色的丝绢缝制，而皮弁是用白鹿皮制作的。我们在山东聊城出土的一块汉代画像石中可以见到一个头戴委貌冠的人物形象。根据记载，汉代的公卿诸侯大夫在参加大射礼等重要礼仪时需要戴委貌冠。

通天冠：这是皇帝平常戴的冠，它的主体是一个长方形的板框，用铁梁制作而成，上面罩着黑纱，冠前面有三角形的装饰物，称之为“山”。冠的两侧最早用鹬鸟羽毛装饰，后来改成用绢帛代替。在山东沂南出土的汉代画像石上就可以看到戴这种通天冠的人物画像。

远游冠的样式与通天冠相似，但是没有“山”的装饰与两侧的各种饰物，只是在冠的前部横卷了一个绢筒。这是亲王日常戴的。

高山冠是官吏与近侍的冠服。它的形状与通天冠相似，只是冠的顶部不倾斜，也没有各种饰物。

进贤冠是汉代最普通的一种冠饰。一般文官与儒生日常都戴这种冠。它是由先秦的缁布冠演变而来。冠的下部是一个套在头上的冠圈，冠圈上装有用铁或竹、木做的冠梁，前面高七寸，后面高三寸，顶部长八寸。公侯的冠上装三道梁。中二千石至博士级别的官员（相当于后代的三至七品官员），冠为两道梁。博士以下的吏员与儒生们的冠只有一道梁。

法冠：是专门为司法人员，如侍御史、廷尉等官员设置的冠帽。传说楚王曾经获得一头长有一只长角的神兽，名叫獬豸。它可以区分是非曲直。如果请它断案，它会用角去牴有过失的一方。于是楚王便仿照獬豸的角制作了一种顶部有直立铁柱的冠。汉代沿用了这种式样，制作法官戴的冠帽。

武冠：它只供给武官们戴用，又叫做武弁大冠。传说它是赵惠文王实行胡服，改进后形成的一种冠式。它与巾帻合戴可以把整个头部包裹起来，便于保护头部，而后形成一种装饰性比较强的官员冠式。在甘肃省武威磨嘴子的汉代墓葬中曾经出土过汉代的武冠实物。它用漆纱制成，两端有垂下的护耳，耳下有缨，可以系在颔下，前额部分突出，另包有巾帻。汉代的宫廷侍卫官员，如侍中、常侍等高级武官还要在所戴的武冠上加戴黄金铛、玉蝉等装饰品。在辽宁北票西官营子发掘的北燕冯素弗墓中出土了一件当时装饰在冠上的金附蝉。它用金丝与宝石制成，精美异常。此外，宫廷武官们还要在冠旁佩戴一条貂尾作为装饰。侍中的貂尾垂在左边，常侍的貂尾垂在右边，以示区别。

汉代以后，中央的中郎将、羽林监、虎贲等将领率领着专门征战的野战部队。这些将领们的武冠上面附加了另一种装饰物，在左右两边各插上一枝鹖鸟的尾羽，这就是习惯称做鹖冠的武冠。以后它成为武将的象征。其实在武冠上插羽毛装饰的做法起源很早。在战国时期青铜器上的图案装饰中，就见到过在冠上插有羽毛的骑马武士。据说鹖鸟是一种非常勇猛好斗的鸟。让武将们戴上它的羽毛，意思是希望武将们也能像鹖鸟一样的勇猛善战。

用彩色丝线编织而成的绶带也是汉代官员身份的重要标志。它根据官员的官品不同而分成不同的颜色和纹样。其长度也随着官秩的大小而改变，官品越高，绶带越长。这种绶带可以说是汉代官员的主要身份标志。它平时垂挂在腰间，也可以收起来装在鞶囊中。囊上往往绣着虎头纹样，挂在腰带的侧面，叫做虎头绶囊。山东省嘉祥武氏石室画像石中有一幅“周公辅成王”的图画，画中周公、成王与随侍的大臣们身上都系挂着长长的绶带。沂南汉画像石中也有一个头戴武冠、腰佩虎头绶囊的将军形象。这些汉代画像都是当时官员佩绶制度的逼真反映。

汉代帝王随葬的玉衣，是一种特殊的衣物，也是汉代贵族等级制度的体现。近年来在河北满城、江苏徐州等地出土过多件汉代的玉衣。它是用玉片缀接而成的。古人认为玉能保护尸体不腐朽，所以产生了这样一种特殊的衣服，因为耗资巨大，又作为一种特殊的荣耀，只有皇帝赐予玉衣的王侯才能够使用。

从考古材料中看到，上身穿短襦，下身穿裤子或在腿上缠绕斜幅的一种服装组合曾广泛流行。这应该是当时下层人民的穿着。四川省博物馆收藏了一些当地汉墓中出土的陶俑。其造型生动逼真，都是手执耒耜等工具的劳动者形象，可能是在表现被墓主雇佣或奴役的农民。他们的服装很简单，只穿一件短襦，光着腿，赤着脚，显然是在劳作中的衣着。而在河北省望都县的汉代壁画墓中发现的壁画士兵、侍卫等军人形象。则是身穿短襦，腿缠斜幅，头戴小冠。类似的形象在四川省、河南省、山东省、陕西省等地出土的陶俑、画像石、画像砖和石棺画上也是处处可见。

对于下层人民来说，最普遍的衣着只是用毛、麻织的粗布裁剪的短衣。当时，把粗毛布做的衣服叫做“竖褐”，把粗麻布做的衣服叫做“布衣”。因此，“布衣”、“竖”与“衣褐”就成了下层平民乃至奴仆的代名词。劳动人民赤身裸体，仅穿一条下裳劳作是很常见的事。这在古代文物中也有反映。山东省沂南汉画像石中有一个舞剑的杂技艺人，山东省汶山汉画像石中有一个杀猪的屠夫，他们都赤裸上身，只穿一条短裤。这种短裤与今天仍在使用的中式短裤相近。汉代人称之为“裈”。是下层民众常常穿用的。比这更短小的是“犊鼻裈”，它是贫贱劳动者穿的另一种短裤，只是用一块三尺长的布帛围在腰胯间。《史记·司马相如列传》记载“相如身自着犊鼻裈，与保庸杂作，涤器于市中”。

比起男子的衣着来，女装的色彩与式样应该更为丰富，具有独特的时代风貌。

“帼”是汉代流行的一种妇女头饰物。三国时蜀汉的诸葛亮为了激怒司马懿，就给他送去巾帼。从四川省彭山汉代崖墓中出土的女俑头上就有巾帼，像一顶圆形的冠帽，可能是用勒子束紧戴在头发上的。上面露出发髻。这样看来，巾帼可能就是一个布帛缠成的中空的帽圈，戴在头发上。在山东省嘉祥武氏石

图 20-7 山东沂南汉代画像石墓中的女子图像

室画像石、河南省南阳汉代画像石等文物中，可以见到一种花瓣形的帼，外形像一顶花冠，在帼上装饰了很多花朵与饰物。(图 20—7) 贵妇在帼上还要插装饰的步摇、凤簪、华胜等饰物。

由于社会经济的发展，宫女、婢妾以及歌舞伎们的服装日益趋于丰富多彩。式样奇巧多变，质地轻薄华丽。这在汉代墓葬壁画、画像石等描写宴乐的画面中，可以看得十分清楚。例如四川成都汉画像砖上画的舞女，宽松长大的衣袖迎风起舞，婀娜多姿。显示出衣料的优良质地。

于是，汉代妇女服装式样就在不断变化。上衣逐渐变窄，变短，与下裳分离开，形成了“上襦下裙”的两截服装组合。襦作为上衣，有不同的长度，长的可以垂至膝盖以下，短的才与腰相齐。妇女们日常以襦裙为常服。上衣与下裳分开以后，上身的襦、衫子等，袖子逐渐加长、加宽。这种倾向增加了衣装的装饰性，使汉代女装衍化出多种时髦的流行式样。像汉代乐府《陌上桑》，就是如此描写容貌美丽的采桑姑娘罗敷衣着打扮的：

头上倭堕髻，耳中明月珠，缃绮为下裙，紫绮为上襦。

这些优美的词语描绘出了汉代民间妇女的衣装式样。相比起来，帝王贵族们的财富可以使他们把妇女打扮得更加华丽。让我们看一看东汉末年著名文人曹植的《洛神赋》，那里面用华美的辞藻描绘出了这样一位宫廷贵妇。

披罗衣之璀粲兮，珥瑶碧之华琚。戴金翠之首饰，缀明珠以耀躯。践远游之文履，曳雾绡之轻裾。

我们再来看一下出土的实物。长沙马王堆一号汉墓中出土了两件单裙。这是我们有幸看到的汉代裙子实物。它们都是用四片整幅宽的绢片缝合成一个裙片，然后再在裙片上端加缝上一条裙腰。每片绢片都裁成上窄下宽的梯形。这样整个裙子就形成一个圆弧形。裙腰的两端延长出来做系裙的带子使用。也有一些裙子另配一条裙带。裙片两侧不缝合在一起。穿着时把裙片从身后向身前方包掩，两侧互相叠压，用裙带束紧。

战国秦汉时期的妇女是很少穿裤子的。在湖北省江陵马山一号楚墓中出土的 20 件各种女子服装中只有一条锦裤。而长沙马王堆一号汉墓中出土 58 件衣物，却连一条裤子也没有。当时的女子即使要穿裤子，也是只有两条裤腿，上面没有裤裆。由于外面要穿多重裙子与袍衫、深衣等，这种不完全的裤子无伤大雅。由此看来，完整的裤子在中国古代各种服装中流行开来的时间是最晚的。

可能是由于儒家提倡“身体发肤，受之父母，不得损伤”。秦汉时期的人对头部的装饰很在意。当时的平民头戴巾帻是很常见的。由于只有贵族官员才能使用冠冕。百姓们只是用布帛把头包一下。这种布帛称为“巾”。当时流行一种包头巾的式样，叫做“帩头”，也称做“络头”。在四川省成都天回山出土过一个生动的东汉舞人陶俑。他的头上就包了一个帩头，在额头前束出了两个尖角，很像现在陕北的农民包头式样。

帻是在战国时期形成的一种头衣，流行很广。最早的帻可能是用窄窄的长布条整齐地在头上缠成一圈，类似今天苗族的缠头。汉代时它被改进成一种帽子。在头顶上方做成一个可以盖住发髻的高顶，四周有整齐的边沿。帻本来是卑贱的执事人员和普通平民所使用的头衣。我们可以在汉代的陶俑、壁画与画像石中见到很多戴帻的士兵、百姓等人物形象。以后，帻的应用范围越来越广。戴帻的人也不仅限于下层人民了。像王莽头秃，就用帻加上遮顶的“屋”来戴。于是就出现了很多改进的帻。有的是在原有的帻上面加上两侧的护耳，这些护耳还有长耳、短耳之分。有些是在帻上面加上发冠，如文官在进贤冠下戴介帻，武官在武冠下衬平上帻等。有的把头巾与帻一起戴。这些多种多样的帻在当时也都有具体的名称，例如平巾帻、介帻、平顶帻、冠帻等等。

和先秦一样，假发仍然是妇女服饰中一个重要的组成部分。

在湖南省长沙马王堆出土的西汉女尸上仍然保存了原来的发髻。它就是由缀加假发梳成的盘髻。梳理时将假发续入真发的下端，然后反转上来盘到头顶上，形成高髻，再以三枚发笄插入进行固定。从古代文献与汉代画像石、墓葬壁画等文物资料中可以了解到，秦汉妇女的发髻式样达数十种之多。据记载，秦代的女子发式有：凌云髻、垂云髻、迎春髻、神仙髻、望仙九鬟髻、参鸾髻、黄罗髻等。而汉代流行的女子发式则有三角髻、三鬟髻、双鬟髻、瑶台髻、堕马髻等等。

鞋袜的式样在秦代时就已经十分丰富了。大致分类便有皮靴、皮鞋、木鞋、草鞋、麻鞋、丝履等许多种。“履”大多是指丝履，即用丝锦缝制的鞋子。它舒适又轻巧，十分华美，是上层社会的日用品。湖南省长沙马王堆一号汉墓中出土了一双完整的青丝履。鞋帮浅直，尖尖的鞋头向上翘着，方口，样子有些像小船，适宜穿着。它的鞋面用丝线编织而成，鞋底是用麻线织的。当时把贵妇人穿的丝履称为“文履”，是说它上面布满了花纹。它是用绣花的锦缎做成的，价值不菲。

相比起来，广大下层社会的民众，却只能穿用草或麻皮编织的鞋子。在甘肃省居延的汉代遗址中发现过当时的草鞋。它是用草绳编织成一个鞋底，再有穿绳子的环，把鞋系在脚上。直至今日，南方农村中穿的草鞋还是这样。在陕西省咸阳出土的汉代陶俑中，也有脚上穿草鞋的人物。北方的少数民族穿一种高统的皮靴，当时叫做“络鞮”，由于民族之间的接触增多，除去胡人外，汉人士兵乃至北方的一些居民也有所穿用。汉族的皮鞋大多是用一块整皮子折叠缝成的，方头平底。用生革制作的叫做“鞜”。底部浅平，开口较大的叫做“靸”。此外还有多种皮革制作的鞋履。当时可能皮革比起丝绸来便宜得多，皮鞋又耐磨经久，所以皮制的靴鞋成了比较普及的日用品。古代上层社会里穿皮鞋倒成了生活俭朴的表现。西汉初年，以俭朴著名的汉文帝就经常穿革履，这成了他被后人称赞的美行之一。

最高级的鞋叫做“舄”。它用华丽的锦缎作面料，加上厚厚的木底，描上金漆。这是供皇帝与高级官员们在礼仪场合穿的。在朝鲜乐浪彩箧冢中曾经出土一双保存完好的舄。这座墓葬的时代大致相当于汉代晚期。那时朝鲜地区受到中原文化的极大影响。这双舄应该是中原的式样。它圆头圆口，很像今日的中式圆口布鞋。只是鞋底又高又厚而已。

另外一种当时常见的鞋是“屐”。也就是木拖鞋。秦汉时期，人们穿木屐是很普遍的，制作上也很精巧。根据《后汉书 · 五行志》中的记载，东汉延熹年间，京城洛阳里的老人们都穿着木屐。妇女出嫁时，也穿着油漆彩绘的美丽的木屐，用五彩的丝带做系带。男女的木屐在外形上有所不同。《搜神记》说：男子的木屐是长方形的，而女子的木屐两端都要做成圆形。这恐怕不仅是为了美观，也许还含有男女地位不同的意义。

古代人把袜子叫做“足衣”。用皮革、丝帛、麻布等面料制作它。式样比较简单，像一只布袋。有些也裁剪成类似脚的外形。它一般有一尺多长。在袜口还缀上一条带子，用来束紧。古代人们大多是一进屋就脱下鞋子。但赤足不恭敬。所以袜子在上层社会中是很重要的。马王堆汉墓中出土了两双短靿绢夹袜，由此可见当时的两种袜子式样。另外，在新疆民丰的古墓中也出土过几双东汉时期的高统袜子。（彩图 4）它们是用彩色的织锦，如延年益寿大宜子孙锦、菱纹阳字锦等缝制的。这些带有汉字花纹的织锦表明了它们来源于中原地区。新疆罗布泊中的楼兰遗址还出土过一种汉代的丝绸袜裤，它是把袜子与长长的裤筒连在一起，十分别致。

我国妇女很早就有使用香料的习惯。当时，不论男女老幼，都会在身上带一、两个香囊。香囊是用丝绸缝制的，像一个小口袋，在里面装上香草或者香料。幸运的是现代发现了汉代香囊的实物。在长沙马王堆一号汉墓中出土的纺织品中有四件香囊。它们用极其精细的“信期绣”织锦和素绢制成。香囊中装了一些植物，经鉴定，是香茅草、花椒、辛荑等香草料。妇女应该是香料的主要使用者，不仅带在身上，还用香料沐浴、熏衣。甚至皇宫中后妃的居室墙壁都用掺和有香料的灰泥涂抹，所以古代把后妃的住处称做“椒房”。

仔细看一看当时海、陆两条丝绸之路的贸易往来情况，就可以发现，西方商人用来交换丝绸的，除去象牙、犀角、珠宝、珍禽异兽以外，主要是大量的香料。有安息香、苏合香、郁金香、胡椒、乳香、龙脑香等等。在广州发掘的西汉初期南越王墓中就发现了一盒乳香。中国不出产这种香料。它一定是来自红海沿岸的原产地，是海外贸易的结果。这说明，在汉代已经需要从西方得到香料了。这也是促进丝绸之路发展的一个重要因素。

## 第四节
# 魏、晋时期各族服装的融合

汉室在军阀混战中灭亡后，历史进入了魏晋南北朝时期。汉代人那种将身体掩盖得严严实实的服装开始有了改变。近代学者们认为：魏晋名士风度的流行，形成了当时特殊的服装式样——褒衣博带。褒衣博带，就是宽松的大袍衫与长长的宽腰带。它的产生，是社会思想的变化改变了流行服装式样的典型例子。

魏晋名士们很注重人的内在精神，充分地追求自我，讲求脱俗的风貌，一反以往世人注重外表，讲求浮浅华丽的装饰美的心理，改以提倡通过漂亮的外在风貌表现出高妙的内在人格，追求内外完美的统一效果。这是一种与以往审美观念大相径庭的美学思想。它影响并改变了当时社会的审美习惯，给晋代以及南北朝时期的服装带来了新的风貌。

20 世纪 60 年代以来，在南京地区陆续发现了多处具有大型拼镶砖壁画的六朝墓葬。这些壁画中最引人注目的就是以著名的魏晋文人“竹林七贤”为主题的大幅作品。60 年代首先发现的南京西善桥宫山北麓六朝砖墓中，南北两侧墓壁上嵌着对称的精美画面，每侧四人。根据人物旁边的文字题榜，他们是：“嵇康、阮籍、山涛、王戎、向秀、刘灵（伶）、阮咸”以及不属于“竹林七贤”的荣启期。（图 20—8）这些壁画上的人物服装都有一个共同的特点，就是宽松肥大。他们上衣袖子的肘部做得特别宽，几乎可以拖到地面。由于绘画的线条圆润流畅，表现了衣料的柔软轻薄。腰间系的长带，似乎要随风起舞。这种衣服与汉代那种紧密包裹身体的服装一比，真有天壤之别。它们应该就是后代学者称呼的“褒衣博带”。

图 20-8 南京西善桥南朝墓出土拼镶砖画《竹林七贤图》中的部分人物摹本

南朝时，民间产生了一种很流行的服装式样，叫做“半袖”。它是一种比较短的直领对襟罩衣，袖子很短，只有肩下面短短一截。它在属于这一时期的绘画、雕塑文物中经常出现。江南出土的南朝瓷文吏俑就向我们展示了这样的服装。唐代画家孙位的《高逸图》画的是魏晋南北朝时期的隐士，他将宽松适意的衣服随便地披在身上，显示出当时率性而为的名士风气，外面也套着一件半袖。

南朝的汉族妇女衣裙，在南北朝时期左右着南北妇女服装的发展趋势，创造出了不少新的样式。在江南、四川等地，曾出土了南朝画像砖、石刻线画与浮雕、陶俑等多种生动逼真的造型艺术品，通过它们的具体形象来看，南朝的女装已经从深衣制度中解脱出来，变得更加贴近人生。其具体式样、裁剪方法、采用的质料等都有了很大改变。这时，上衣的衣身变得细瘦，紧贴身体，由掩襟改为对襟直领，显露出较多的脖子与胸部。衣袖也变得又细又窄，只是在小臂部开始才突然变宽。相传是东晋著名画家顾恺之所画的《女史箴图卷》，现仍完好地保存在英国博物馆。那上面所画的女子长裙与汉代壁画中的女裙相比，长度有了明显的增加。裙裾垂在地面上，拖曳出很长。裙子的上端提高束在腰部以上，裙子的宽度也有所增加。裙幅加大，使得裙腰要做出多重细褶裥，甚至有些裙子的整个裙幅上都缝成褶裥，显得裙子上细下宽，呈现明显的喇叭形。

南朝的大文人庾信写过这样的诗句：“细腰宜窄衣，长钗巧挟鬟。”正是当时妇女衣装的写照。值得注意的是袖子的下半部却越变越宽大。诗人吴均写道：“纤腰曳广袖，半额画长蛾。”描绘出女装宽大袖子的时尚。

由于当时南朝的妇女衣装过于轻薄，女子们就将多层衣裳组合起来穿。同时又产生了一种新的衣物，叫做“抱腰”。它的外形有些像一条极短的短裙，穿时围在腰间，用丝带系住。也有的古代文献中记载：抱腰是一条绸布，上下都缝有带子，穿时将它包裹在腹部系紧。这就有些像现代的妇女腹带了。

南朝妇女的鞋履式样很多，使用的质料也非常丰富，有皮制的，丝制的，麻制的以及装有木底的等等。可惜还没有这一时期的鞋履实物保存下来。我们现在只能从当时的绘画、雕塑上见到一些鞋履的外形。根据古代文献中对鞋履名称的记载，这时的女鞋有凤头履、鸠头履、笏头履、玉华飞头履、立凤履等。它们都是将鞋子的头部装饰成各种纹饰或做成不同的形状，从而起到美化作用。结合当时的文物可知：凤头履应该是将鞋头做成凤凰形状，而笏头履是将鞋头做成一条翘起的长版，类似官员上朝时所持的笏版。其他各种名称的鞋大多也可以根据名称想象出它的大致形状。还有些鞋叫做五色云霞履、文履、珠履等。这些鞋子的命名可能是根据它们的质料花纹与所用材料决定的。

附带提到一点，古代人们，尤其是儒者们，往往把奇装异服的流行看做是一种凶兆。所以古人一直对服装有着种种思想上的禁忌。早在孔子，就对一些国君的奇装异服表示过不满。而当一些奇装异服的流行无法禁止时，后人也会把它看做灾害的征兆，把当时社会败落、政权灭亡的原因归结于这些服装的流行。例如《晋书·五行志》说："晋武帝泰始初，衣服上俭下丰，著衣者皆厌腰，此君衰弱，臣放纵之系也。""至元康末，妇人出两裆，加乎交领之上，此内出外也。"这是把晋代妇女服装上衣紧小、下衣宽大的变化与将两裆穿在外面的做法看成是晋代君主衰弱，国家败亡的征兆。以后各代，也有一些将服装变化与国运兴败联系起来的说法，在征兆迷信流行的古代，这种看法也是对服装发展的一种左右力量。中国古代大部分平民的服装大多保持简单朴素的式样，除了儒家思想提倡简朴的思想影响与具体经济力量限制外，与这种禁忌也有着密切的关系。

西晋末年，晋室南迁，北方成了游牧民族争雄的战场。近百年间，五胡十六国交替统治北方，也将胡人服装的影响逐渐扩展到中原各地。虽然当时北方汉族居民仍长期保留着自己的衣冠习俗，同时南朝的汉族传统文化一直在影响着北方社会，但是胡服的式样仍在这一时期内逐渐进入中原人们的生活中，从而形成了不同于以往的新服装式样。

北方一些游牧民族的服装与汉族衣冠相比有哪些明显的不同呢？

首先，北方的鲜卑、匈奴、羌、氐等民族不像汉族那样将头发束成发髻。他们或者将头发编成辫子，或者披散头发，或者将头顶和前面的头发剪掉。他们根本就不使用冠、簪等用品，也就没有汉族最为重视的冠冕制度。他们习惯于在头上戴各种帽子。根据记录北朝史实的《邺中记》、《北史》等文献记载，当时有"金缕合欢帽"、"突骑帽"、"面帽"等多种帽式。对比现存的北朝陶俑的衣着，有一种顶

图 20-9 甘肃固原出土的穿北方民族服装的北朝陶俑

部是圆形，由左右两片缝合成的帽子；（图 20—9）还有一种女帽，上面有高高的圆顶，由四片缝成，帽子的后面披下一条斤帕，垂至肩头。此外还有三条棱的风帽，厚厚的大皮帽，酷似兜鍪的尖顶帽等。说明当时帽子在北方的普遍流行。

其次，胡人身穿窄袖子的紧身长袍，或者穿一种由裤子和褶组成的服装，脚蹬长靴。这些服装的形成是为了适应长期的骑马游牧生活。胡人长袍与褶的式样与汉族衣衫有所不同。例如褶，又叫左衽袍，是一种短身，细袖，前面大襟向左面掩起来的上衣。汉族人接受了褶以后，做了一些改动，把原本又细又窄的衣袖改成下部宽大的长袖子。这样改，可能是由于保暖的需要不那么迫切，又有保持汉族传统的心理在内。这种短上衣特别便于劳作与征战穿用，所以当时的农夫、士兵、仆役们大多穿这种衣服。在它盛行时，有些表现汉族传统文化的故事画也把人物的衣服画成这种式样。例如在宁夏固原出土的北魏孝子图漆棺上，虽然描绘的是舜、郭巨等汉族孝子的形象，却都给他们穿着裤褶服，戴上鲜卑帽。

北朝时期的妇女喜欢穿有夹领窄袖的长袍。有些人也穿裤褶服。例如一件在山西省太原北朝墓中出土的女陶俑，上身穿着一件长度仅及臀部的宽袖短褶，下身穿裤腿散开的大口裤子，显得身材苗条俏丽，十分动人。

北朝胡服使用的腰带也别具特色。它用皮革制成，缀上带扣与带钩，制作得非常考究。加上宝石、金、银、玉等珍贵的饰物，这些装饰物上面往往浮雕出精美的动物图案。由于游牧生活的需要，腰带上有多个带钩，用以悬挂日常使用的弓箭、刀剑、打火具、算囊等。

北魏孝文帝为了巩固鲜卑入主中原后的政权，曾大力改行汉族衣冠。（图 20—10）以后，上面所说的这些具有典型游牧民族特色的服装被既宽松又典雅的汉族衣冠所代替。这个重大的变化在北朝的石窟造像、壁画、石刻画等艺术作品中充分表现出来。特别是在北魏迁洛后修建的洛阳龙门石窟、巩县石窟等处的供养人画像上表现得更加明显。

20世纪40年代，洛阳曾经出土一批重要的北魏墓葬石刻，后流入美国。在其中的宁懋墓室画像中，有一些当时的世俗人物肖像。男子们身穿宽袖上衣，下面是长长的裙裳，腰间束着宽带。这是一种与汉代冕服非常相像的礼服。它与传统的汉族礼服唯一不同的地方是它的领子有些改变，做成了一种前端竖立起来的宽曲领。男子头戴纱冠，束发，插有簪笄。脚上穿着鞋头高高耸起的厚底舄。画像上的婢女，衣着发式与在邓县南朝画像砖中刻画的南朝女子完全一致。她们上身是对襟直领的宽袖短襦，下穿飘曳的长裙，在长裙的外面还附加一条紧束在腰间的短裙。可见当时南北的服装已经没有什么根本的区别了。

图 20-10 北魏石室线刻人物所着褒衣博带

从出土陶俑、石刻、壁画等艺术品上看来，由南朝传入北方的笼冠是很流行的。笼冠是在汉晋时期出现的武弁大冠的基础上加以改进而形成的。它用乌纱做成，有高高的圆形平顶。在江苏省丹阳金王陈村出土的南朝墓砖画像上，就有头戴笼冠、身穿宽大服装的侍吏形象。

还有些服装是受到军服的影响。在铠甲的里面，为了防止钢铁的甲片与身体摩擦，往往要穿袍、襦等衣物来衬里。一种与两当甲外形相似的衣衫衬里这时就应遇而生。它叫做“两当衫”，或者写作“两裆”。这种衣衫穿着方便，两臂都露在外边，适宜活动，又适合在春、夏、秋季热天中穿着。所以，它很快就在民间流行开来。再进一步，连妇女也穿上了两当衫。妇女穿的两当由前后两大片缝成，很像今天的背心。当时妇女的上衣领口开敞得比较大，在里面穿一件两当衫，既保暖，还可以起遮蔽作用。所以，在南北朝时妇女穿两当衫是很常见的事情。

披风，也是经常可以见到的武士衣着。它与后代的斗篷相似，都是一件长方形的织物。上面用带子收紧，系在颈部。对于骑马的士兵来说，披风是很好的遮风蔽土的外罩。我们还见到具有袖子的长披风。例如河南省安阳的北齐范粹墓中出土的陶俑就穿着这样的长披风。

# 第五节
# 隋唐盛世的辉煌

隋唐时期，中原又重新进入了大一统的天下。由于政治经济与文化的发达，这一时期成为古代服装式样最丰富的时期。保留下来的文物图像资料也最多。首先来看看官员的制服。随着时代演进，隋唐的官员服饰制度形成了一套十分完备、等级森严的体系。它包括有祭服、朝服、公服、常服四个部分。各个等级之间是以不同的纹饰以及色彩严格区分开的。

隋炀帝时，正式恢复了古代的冕服制度。文武官员朝服穿红色的纱单衣，白色纱内衣，白袜皂靴，戴进贤冠。唐代则遵循了隋代的定制。唐代武德四年，唐高祖颁布了衣服诏，规定了皇帝的服装共 12 种，其中冕服依照周代的礼制确定为六种，它们是："大裘之冕、衮冕、鷩冕、毳冕、绣冕、玄冕。"

衮冕是使用最广泛的礼服，在各种祭祀和宫廷里重大的仪式中皇帝都穿它。我们在古代描绘帝王的图画中最常见到的就是这种衮冕。唐代衮冕的专用冠冕上装有黄金打制的饰物。在冕版的前后各垂下 12 条由白珠串成的旒。冕的左右两侧悬挂着玉制的充耳，用意是提醒皇帝不轻信谗言。冕中插有玉簪，与发髻固定在一起。上衣宽身大袖，底子是黑色的，上面绣了八种花纹，它们是"日、月、星、龙、山、华虫、火、宗彝"。下裳是红色的多褶大裙，上面绣四种花纹是"藻、粉米、黼、黻"。这 12 种花纹就是标志着皇帝威严的 12 章。里面穿白色的纱单衣。腹部前面系有锦绣的蔽膝，腰间系大带、革带、绶带与玉佩等。

在唐显庆元年九月，太尉长孙无忌等官员向唐高宗上奏，认为诸臣子在助祭时穿的礼服与皇帝的礼服相同，是贵贱不分，请求皇帝在任何礼仪场合都穿最高规格的衮冕。从此，唐代皇帝礼服中鷩冕以下的各种服式都只成了虚设的名义。群臣的礼服共分为十种。一品官员穿更低规格的衮冕，二品官员穿鷩冕，三品官员穿毳冕，四品官员穿绣冕，五品官员穿玄冕。五品以下的官员礼服叫做爵弁，头上戴像爵杯的冠，没有垂旒；冠上垂下黑色的缨系；上身穿黑色的外衣，里面是白纱中单；下身是红裙；腰间系大带、革带、蔽膝；足穿红履。自六品官至九品官，在宫廷典礼和祭祀中都穿这种衣装。

大臣们在穿礼服时，除了戴冕以外，还经常使用其他四种冠。如亲王与异姓王可以戴三梁冠、束黑介帻。亲王还在冠上附加上金蝉饰。这种金蝉饰，以前可能是高级官员普遍使用的，辽宁省北票出土的北燕冯素弗墓中就发现过用金丝制作的类似饰物。

九品以上的文官戴进贤冠，并根据品级不同而采用不同的冠梁数目。三品以上官员的冠有三道梁，四品、五品的冠有两道梁，九品以上至六品的冠只有一道梁。唐代大诗人杜甫的《丹青引》一诗写道："文臣头上进贤冠，武将腰间大羽箭。"可见当时进贤冠是文官的重要标志。在陕西省礼泉的唐代名臣李勣墓中曾出土三梁进贤冠，虽然它上面的织物已经腐朽，但是由镀金铁梁形成的基本结构还保存了下来。

九品以上的各级武官和门下省、中书省、殿中省、内侍省等宫廷部门的官员要戴武弁，束平巾帻。御史台等监察司法部门的官员则专门戴标志司法的獬豸冠，它的中央有一根铁柱。

这些繁缛庄重的冕服，穿着麻烦，也不会太舒服，而且为了显示它的崇高威严，只在盛大的典礼中使用，一年也就穿几次。而在其他的日子里，皇帝百官就改穿统一规定的朝服、公服和常服。

朝服主要在官员陪祭、朝飨等大典礼中才穿，并且只限于七品以上的官员使用。五品以上的官员朝服由冠帻、红纱衣、白纱内衣、白色裙裳、革带、红纱蔽膝、袜、舄等组成。白纱内衣还缘上黑色的宽领。腰佩剑、玉佩、绶带等。特别是要在胸前附缀一块方形的织物，叫做"曲领方心"。后代的官员"补子"很有可能是这种装饰的演化。五品至七品的官员朝服与此相同，只是不带剑、玉佩和绶带等。为了辨别，文官穿朝服时要在冠上插上一支白笔。官员们所戴的冠帽，基本上分别是上面所说的进贤冠、武弁、獬豸冠等。

比朝服更加简单、穿着场合更随便的是公服，它也叫从省服。公服与朝服基本相同，只是不系蔽膝，不加黑领，不穿白纱内衣，也不佩戴剑、玉佩和绶带。但是要佩戴起着标志官员品级作用的小彩带——纷，以及装纷的鞶囊。鞶囊的文饰具有区别品级的特征，二品以上用金线镂花，三品用金银线，四品用银线，五品用彩色丝线，六品以下的官员便不能佩戴纷和鞶囊，而是依靠冠的式样来区分品级高下了。

武官们在宫中站班时，穿的公服式样具有实用意义，适宜作战。它包括平顶的巾帻、发簪、具有金玉饰物的冠、两当外衣、褶衣、长裤、靴与革带等。长裤采用白色。褶衣分为浅红色、紫色两种。五品以上官员穿紫色，以下穿浅红色。如果文官乘马陪伴皇帝出行，也要穿与上述服装相似的衣物，只是不穿两当。

上面是礼制规定的制服，但是上自皇帝，下至百姓，都愿意在平常穿一些既随便又舒适的衣服。这就产生了官员们日常穿的服装"常服"。

官员的常服以襕衫为主。这种服装创始于北周时期，是一种圆领、窄袖、左右开衩的长袍。它是在胡人袍服的基础上改进而成的，不论官员或是平民都可以穿。为了区别，北周的宰相宇文护曾下令在官员穿的袍服前襟下摆处加缀一道横栏，把这种衣服叫做襕衫。隋唐时期保留了这种袍服。隋炀帝更是明确下诏，限定了各种人等衣袍的颜色，用来区分高下。他规定五品以上的官员可以穿紫袍，六品以下的官员分别用红、绿两色。小吏们用青色，平民用白色，而屠夫与商人只许用黑色。士兵穿黄色衣袍。这些颜色被严格区别开，任何等级都不得使用其他等级的服装颜色。

唐代初期，帝王的常服沿循了隋代的制度，采用赤黄色的袍衫，戴向上反折的乌纱头巾，束九环带，穿六合皮靴。有一幅据说是唐代画家画的唐太宗图，画上的唐太宗穿的正是这样一套服装。各级官员的常服也仿效帝王，采用圆领襕衫。这种襕衫一般比较短，长度到小腿部，露出靴子。根据礼制的规定，三品以上的官员可以用较高级的绸、绫、罗等丝织品做常服，颜色为紫色，饰物为玉质。四、五品的官员用粗一些的绫罗，颜色为朱红，用金质饰物。六、七品的官员用丝布、杂绫等丝织品制作服装，颜色是绿色，用银饰物。（彩图 5）八、九品官员穿青色的襕衫，用鍮石的饰物。

图 20-11 陕西西安出土唐三彩女俑

唐代壁画，如敦煌壁画中，常绘有当时男子的一般衣着。可以看出当时的衣裳式样繁多，整齐华美。在陕西省扶风法门寺地宫中发现过一件唐咸通十五年刻的《监送真身使随真身供养道具及恩赐金银宝器衣物帐》碑，上面记录了供奉的衣物有“可幅绫披袍、纹縠披衫、缭绫浴袍、幞头、帽子、巾子、长靿袜、鞋”等。这大约也是当时最常用的衣着吧。

唐代的妇女服饰，是当时经济文化高度发达的最好体现。它既保持了中华文化的传统，又兼容并蓄，引入了大量美好的外来因素。在服装设计思想上破除了一切束缚与局限，花色式样层出不穷，可以反映这一成果的考古文物材料更是美不胜收。在南北朝时期，襦与裙已经成为妇女衣装的两大主要部件。在此基础上，唐代的女装发展成衫、裙、帔子三种构件。（图 20—11）唐代的女上衣一般比较短，衣身与袖子比较窄。显得紧贴身体，俏丽多姿。当时把单衣叫做衫，夹衣与絮有衬层的棉衣叫做襦和袄。在每一类中都有多种不同的裁剪式样。这些不同主要表现在衣服的长短，领子、衣襟、衣袖等部位的形状以及各种装饰上。

当时女子穿衣时，习惯将衫子下摆束在裙腰里面，所以显得裙子很长，自胸部以下直到地面。再配上一条迎风飘舞的帔子，使女子们风姿袅娜，神态妩媚动人。在隋代与唐代初年，一种由不同色彩的竖条拼缝起来的长裙十分流行。这种长裙上面系到胸部，加上竖条的视觉效果，更显得裙长、身子修长，独具风貌。我们在敦煌莫高窟的壁画中、陕西省乾县的唐永泰公主墓壁画中、传世的唐代绘画《步辇图》等处，都可以见到这样的美丽长裙。

在新疆吐鲁番阿斯塔那的唐代墓葬中，曾经出土过一件完整的唐代着衣女俑。她的上身穿一件绿色的纱衫，外面罩一件橙红色的双鸟联珠纹锦半臂。下身穿红黄相间的条纹长裙。裙子的上端用锦带束在胸部，肩上披着黄色的罗帔。类似的服装我们在陕西省乾县的永泰公主墓中壁画上也可以见到。不过永泰公主墓中壁画内的宫女衣装大多采用又薄又透明的轻纱制作，尤其是外面穿的短衫与帔子等，显得十分通透。这大概是宫中的习惯要求吧。

比较起来，帔帛是唐代服装中新出现的成分。在隋代以前的中原服装资料中，还很少见到这种服饰。但它也不是我国境内各少数民族的服装样式。孙机先生指出：在中国当时相邻的各国民族服装中，只有波斯与波斯附近的一些小国使用帔帛。在欧美以及伊朗等地博物馆中收藏的萨珊波斯金银器图案中，可以看到披着帔帛的波斯女子形象。实际上这种艺术造型与披帛的风俗可能传自更遥远的古代希腊、罗马文明。由此看来，在唐代十分流行的帔帛，应该是从西亚传入的外来文化影响。

半臂，也是唐代女装中经常可以见到的新衣着。它是袖口仅到上臂的对襟上衣。领口宽大，可以裸露出胸部。没有扣袢，只是在胸前用缝在衣襟上的带子系住。半臂的下摆长及腰部，可以束在裙内，也可以将半臂罩在裙子外面，有些像今天的短风衣。在阿斯塔那的唐代墓葬中，还出土了保存得非常好的女俑，她身上的衣服是用真的绸缎制作的，其中就有一件真正的锦缎半臂。

唐代妇女喜欢穿窄瘦上衣的风气，可能仍然是北朝胡服流行的余韵，同时有西域以及境外风俗的影响。隋唐时期空前兴盛的中西交往，使得西域、中亚、南亚甚至欧洲流行的各种服饰进入中原，并且受到中原人士的欣赏和模仿，又兴起了新的一轮胡服流行热潮。这次的胡服热没有掺杂任何民族压迫的政治目的，而纯粹是社会自发的一种追求时髦，追求美的消费倾向。使这次胡服流行时尚既迅速又深入，并给华夏衣冠带来了全新的面貌。

这时的胡服主要是翻领、对襟、窄袖的直统长袍，或者圆领的窄袖长衫，下身穿长裤，足登靴鞋，腰束革带。这种腰带上缀有花饰，并且还挂上佩刀、砺石、契苾真哕厥、针筒、火石袋等日用工具，是游牧民族惯用的。在陕西省乾县唐永泰公主墓中壁画的宫女图等处，有描绘得很精致的胡服女子画像。韦泂墓中石棺线刻上有一个穿胡服的侍女，身穿圆领窄袖长衫，袖口上还缀有锦制的宽边。腰间紧束革带。衣衫长至小腿，露出下身的条纹紧口裤和脚上的六合皮靴。另一个侍女身穿大翻领中掩襟长袍，束带，内穿紧口裤和长靴。韦顼墓中的胡服侍女石刻画，除去穿了翻领长袍、条纹裤、锦靴以外，还戴有浑脱帽。甚至在新疆吐鲁番阿斯塔那唐墓中出土的绢画上也有穿着这种胡服的女子像。

胡服的裁剪式样上没有明显的男女区别，顶多只是女装的颜色、花饰多一些。所以在中原的胡服热中，也隐含着女子穿男装的风气。

男女有别，是中国传统礼教的一个重点。女子穿男装，可以看做是女子地位有所增高，礼教的束缚有所减弱的结果。早在南北朝时期，平民男女就都爱穿裤褶服，使男女衣着之间没有什么明显的区别。隋唐时期，裤褶不大流行了。继之而起的是男女都穿圆领衫以及翻领长袍的风气。男女的服装式样上又没有什么大区别了。如果这种装束的女子再戴上幞头，就与男子完全一样了。当时一些性格爽朗开放的女性往往喜爱装扮成男子。

当时在宫廷中有一种宫女，专门负责在帝王后妃的身边侍从，传递言语，名叫裹头内人。她们都穿着男子的服装。在永泰公主墓壁画的宫女队伍中，左边最后的一个人，身穿翻领窄袖长袍，腰束革带，头戴幞头，足蹬皮靴，可能就是这种“裹头内人”。

唐代以前的文物中，很少见到女子戴帽子的情况。而在唐代妇女欣赏胡服，争穿胡服的时尚里，女子戴胡帽的现象很多。这也是从男子流行胡帽的风气发展过来的。初唐时期，被称做浑脱帽的胡人毡帽风行一时。这种浑脱帽可能是完全用动物毛擀制成的毡帽。这时最典型的一种胡帽就是诗人张沽所称的“卷檐虚帽”。这种帽子是顶部又尖又细，底边向上翻卷的毡帽。根据世界各地的考古资料，可以知道古代在欧亚大陆北方游牧的各个民族，例如中国北方的匈奴人，西北的月氏人、粟特人等，都戴着形状类似的毡帽。在外来胡帽的基础上，唐代妇女经过巧妙的构思与加工，创造出了大量美观新奇的胡帽样式。在陕西省礼泉的唐代李贞墓中曾出土女子骑马俑，她戴的帽子是将顶部尖细的卷檐帽下沿裁剪成优雅的曲线，形成了一个云头形的帽檐。

此外，当时吐蕃流行的一种皮帽也给唐代妇女以启发。吐蕃的皮帽有一个向前方弯曲的扁圆形帽顶，有些像鹅冠，下沿露出衬里的皮毛边缘。吐蕃帽也有用毡子制作的，它的下沿是两个可以上下翻的护耳。中原妇女们改用锦缎和毛皮作为原料，巧妙地裁剪、缝制出这些西域式样的帽子。但气派要华贵许多。还有一些帽子完全用织锦来缝制。例如新疆吐鲁番阿斯塔那唐墓出土绢画上女乐人戴的帽子看上去就是用锦缎制作的。而韦顼墓中石椁上线刻画中的另一位女子，戴着一顶鹅冠状的胡帽。它用锦缎做面，皮毛做里。帽子的下沿还用皮毛做成卷云纹状，戴上它显得十分秀丽妩媚。

从广义上讲，唐代初期妇女沿袭北朝习俗经常戴用的幂䍦也是一种胡帽。幂䍦是一种从头顶直垂到脚下的纱网，可以把全身都罩在里面。有些像一个大罩袍。北周时期朝廷规定妇女外出时要戴上幂䍦。这是一种将男女严格区分开，甚至不许妇女一点肌肤外露出来的衣物。中国礼教虽然历来主张“男女授受不亲”，但是也没有偏执到这种地步。可见幂䍦不是中国的土产。《大唐新语》一书中也说：幂䍦是“发自戎夷”。至今土耳其、伊朗、阿富汗等中亚国家的妇女仍然戴着长长的面纱和厚头巾。北非、西亚阿拉伯各国信奉伊斯兰教的民族中，妇女也必须戴面纱遮掩脸部，全身也要遮掩严密。这是这些地区流传已久的风俗。唐高宗时，汉族对幂䍦加以改造，创造了一种只能遮掩面部的帷帽。帷帽的主体是一种叫席帽的凉帽，用竹篾、芦苇等编织而成。它有一圈宽宽的帽檐，在帽檐外边加缀上一圈薄薄的纱网，长度与脖颈相齐。这就成了帷帽。（图20—12）根据唐人王睿《炙毂子录》一书的记载，席帽原来是西北羌人的发明，是用羊毛毡片缝制的，在秦汉时期引入中原，改为用席片制作。而后唐文人马缟的《中华古今注》中介绍，帷帽只用藤条和席片作为骨架，上面还要绷上缯帛的面子。晚唐时期又有人把油布缝在帷帽上，可以防雨。帷帽加上纱网，主要出于外出行走时防日晒、挡尘土、遮风避雨的需要。在传世的唐代画卷《关山行旅图》和敦煌莫高窟的唐代壁画中，都发现了这种

图20—12　唐代郑仁泰墓戴帷帽骑马女佣

戴帷帽的女子形象。最可贵的是在新疆吐鲁番阿斯塔那的唐墓中出土过一座完整的女子骑马俑。她头上戴着一顶帷帽，连下垂的纱网都保存得完好无损，给我们留下了逼真的唐帷帽式样。

安史之乱后，汉族传统思想在中原重新占了上风。于是，汉族传统的肥大妇女服装式样又逐渐受到人们的青睐。在现存故宫博物院的唐代画家张萱作品《捣练图》上，描绘了一批正在加工丝织品和缝制衣衫的妇女形象。她们身穿的对襟衫子袖子宽松，裙子就更为肥大。在另一位画家周昉的《簪花仕女图》与《执扇仕女图》中，贵族妇女的服装达到了极度绮丽奢华的程度。她们身穿锦绣丝织品制作的长裙。裙子上端用锦带束在胸前，宽大的裙裾拖曳在地上。上身里面不穿内衣，仅外着一件薄薄的透明纱衣。颈部与胸、臂的大部分都裸露在外。正像唐代诗人描写的："绮罗纤缕见肌肤。"纱衣袖子宽肥，垂及地面。在肩部还披着彩色的织锦帔帛。

发式与化妆，是古代女子区别于男子的重要修饰手段。唐代妇女对于美化自己更下工夫，对于面部也要进行认真的化妆与修饰，这在古代文献与考古文物发现中有着大量反映。

唐代妇女的面部化妆与以前的化妆相比，有了更多的内容。它一般包括七个方面：一、施铅粉，二、抹胭脂，三、涂鹅黄，四、画黛眉，五、点口脂，六、画妆靥，七、贴花钿。这些步骤中几乎包含了当代美容化妆的全部内容。所使用的化妆品，除去以前已有使用的白粉、胭脂、花黄、眉炭等之外，还增添了斜红、花钿等新的式样。

施粉是非常普遍的，从唐代壁画上就可以看出很多妇女的面部、肩部都被涂成雪白，表现当时妇女施粉的风气。抹胭脂不用多说了。涂鹅黄则是在女子的前额上涂上黄粉，这是从南北朝兴起的风气。在新疆吐鲁番唐代墓葬中出土的绢画上有几位涂了黄粉化妆的女子。她们的化妆只是在额头正中央涂一个黄色的圆晕。这种化妆的做法与北朝相比，就有了很大的改变，显得更柔媚，而不是过分生硬了。

用胭脂点在面颊上的圆点，叫做妆靥。这是与花钿互相配合的化妆手段。

唐代的花钿有很多种形状，有学者总结了唐代绘画作品中能看到的花钿形状，有桃形、梅花形、宝相花形、月形、圆形、三角形、石榴花形、三叶形等三十多种。这些花钿有时是用颜料直接画在脸上，更多的是先制成花样，用时贴在脸上。当时人们用纸、鱼鳞片、金箔、丝绸、茶油花饼等多种材料制作花钿，然后用鱼鳔胶或者呵胶粘贴在额头上。呵胶是一种用口呵气就可以软化的物质，使用起来很方便。

花钿的颜色主要有红、黄、绿等几种。其中红色是最常见的。初唐时期的莫高窟壁画中、新疆吐鲁番阿斯塔那唐墓出土绢画上以及其他初唐文物上的花钿，大都是红色的。而中晚唐时期诗人的咏唱中，却主要提到绿色的“翠钿”与黄色的花钿。像杜牧的诗句：“春阴扑翠钿”，温庭筠的词：“眉间翠钿深”，“扑蕊添黄子”等。晚唐画家周昉的《簪花仕女图》中，雍容华贵的少妇们脸上贴的也是黄色的花钿。

在新疆吐鲁番唐墓中出土的绢画上，还可以看到一种特殊的装饰，就是在女子的眼角两旁各画一道竖着的弯弯新月。它叫做“斜红”。在陕西省西安郭杜镇出土的唐执失奉节墓中壁画舞女脸上，新疆吐鲁番阿斯塔那唐墓出土彩绘陶女俑脸上等处也画有这种妆，可见这是唐代很普及的化妆手段。它也可以先制成花子，然后再贴到脸上。

最能显示时代特征的要数唐代妇女的发髻式样。根据唐人段成式的介绍，唐高祖宫中有半翻髻、反绾髻、乐游髻等流行式样。唐玄宗时，宫中又有双环望仙髻、回鹘髻、愁来髻等样式。唐德宗贞元年间，宫中又创造出归顺髻、闹扫妆髻。在长安城中还流行过盘桓髻、惊鹄髻、抛家髻、倭堕髻等。段成式列举这些发髻名称是为了说明在时尚流行中隐含的局势变化征候，所以并不能完全反映当时发髻的全貌，但已经如此丰富。唐代文献中记载的发式还有同心髻、交心髻、凤髻、侧髻、反绾乐游髻、乌蛮髻、丛梳百叶髻、飞髻、宝髻、囚髻等等。这些发髻，大多可以从遗存至今的唐代图画、陶俑、石刻线画、造像等艺术品中找到对应的式样。

唐代后期，妇女在头上戴的饰物越来越多。贵族妇女经常是珠翠满头。头饰多使用金银、珍珠、宝石、玳瑁、珊瑚、象牙、玉、骨角等珍贵材料制作。类型有梳子、篦子、簪、钗、步摇、搔头、金银宝钿等。段成式有诗形容妇女的头饰，“出意挑鬟一尺长，金为钿鸟簇钗梁”。近年在江苏省镇江、河南省偃师杏园等地出土的唐代金钗上也有花鸟纹饰。在各地的唐代墓葬中曾发现多种簪、钗、步摇等金银饰物。它们都打造得十分精细美观。显示了当时高度发达的手工业水平。唐代后期，贵族妇女们在头上戴花树。它也是一种比较大的花钗。上面的花饰更多，往往做成一式两件，对称地戴在头两侧。

而在妇女发髻上插梳子作为装饰，也是中、晚唐时兴起的风气。诗人元稹的《恨妆成》一诗中有“满头行小梳，当面施圆靥”的句子，就是在描述这种装饰头面的习惯。这时的梳子，装饰十分华丽。唐墓中出土的梳子，有用牛角做成的，上面装饰有金质的梳背，梳背上打凿出精细的花鸟纹样。它已经不只是用来梳理头发的工具，而是一种华贵的装饰品了。

晚唐时期妇女对于眉毛的描画也有其独特之处。从唐代中期开始，就时兴起又短又宽的桂叶眉。在唐代《簪花仕女图》上，仕女的眉毛都画成既短又阔，末端向上扬起，形状像一片桂叶，有些甚至像蚕蛾的翅膀，所以人们又叫它蛾眉，后来便成为女子的代称。

## 第六节
## 宋代以来中国服装的几大特点

在唐代晚期，汉族日常穿用的传统服装式样已经十分完备了。在以后的一千来年里，汉族的服装基本上延续着传统的式样。这一期间不断给中国服装带来新式样的，仍然是周边各少数民族的影响。限于篇幅，这里仅介绍一些具有突出时代特色的新服装式样。

宋代官服中最有特色的是官员头上戴的幞头。幞头后面的两条巾端，习惯叫做“脚”。唐代时一般是让它自然垂下。晚唐五代时，一些藩镇开始使用硬脚幞头，具体可以分成直脚、曲脚、交脚、朝天脚、顺风脚等很多种。在宋代的文物中常可以见到它们。最常见的是直脚。它像两根直尺一样平伸在脑后。南熏殿旧藏的宋太祖赵匡胤像，幞头的脚左右各伸长达二尺以上。(图20—13）据说最长的硬脚可以达到将近一丈。从宋代的图画、石刻、雕塑等艺术品中来看，公差皂隶这一阶层的人一般戴有向上弯起的交脚或曲脚幞头。

图 20-13 身着袍服与幞头的宋太祖画像

从北宋开始盛行的山水花鸟画中，表现出一种散淡清雅、平和闲逸的艺术气氛，充分体现出在当时哲学思想指导下形成的审美情趣。与这种情趣相协调，宋代文人喜欢穿宽松朴素的便装。著名文人朱熹给自己设计过一种家常服装。上衣是宽袖直领的对襟短襦，用黑色的绢包上衣边，长度仅到膝上。下身穿黄色的裙子，腰间束一条缘上黑边的白绢带。足登方履。如果是接见客人，再束上一条大带。

为当时士大夫阶层普遍穿用的，还有宽大的长袍，称之为直裰、直缝或者道袍。直裰也是僧人普遍穿着的衣服。直至今天，僧人的日常衣着还是这般式样。

背子是在宋代新出现的服装式样。男女都有穿用。它有一个共同的特点，即前后衣裾不缝合，两侧衣衩缝一直开到腋下。由于两侧开衩，所以必须在腰间束帛或者系带。

建立辽国的契丹民族，其传统服装以长袍为主。它的式样一般是圆领、窄袖，紧身，下摆大约与小腿相齐。衣襟向左面掩上，是它与传统汉族服装的最大区别。辽代的巾帽制度与其他民族有显著的不同。《辽史》记载，除了皇帝与有一定级别的官员可以戴冠、巾之外，其他人一律不许戴帽。无论盛夏还是严冬，中小官员与平民百姓都只能光着头顶。契丹人的发式十分特殊，汉人称之为“髡发”，认为它像古代罪犯的发式。它与中原汉族蓄发梳髻的做法有着根本的不同，也是两种文化的明显区别。

位于西北的西夏王朝，是党项族建立的地方政权。西夏人的衣着与中原衣着比较接近，主要穿圆领窄袖的袍服，也有交领的长袍，衣襟右衽，与唐朝流行的服装很相似。女子身穿交领长背子，内系细裥百褶裙，足着尖头弓鞋。他们的头衣比较特殊。党项男子经常戴圆箍形的毡帽，或者戴一种底部小、顶部大、向后方斜披的冠。也有的戴一种高高的圆筒形毡帽。毡帽下面的四周有一圈向上翻的短檐。帽子后面缀有垂下的绸飘带。盛装的党项妇女往往在头上戴一个桃形的金花冠。（图 20—14）

图 20–14 敦煌壁画中的西夏妇女衣装

金人的服装则与契丹人的服装相似，外面穿圆领的窄袖左衽长袍，下身穿裤子与长筒皮靴，腰束革带，头戴皮帽或缠罗巾。

元代蒙古服装的一些特色幸运地在明代服装中保留下来。这就是上下连在一起的束腰袍

图 20-15 元代蒙古族服装陶俑

子，类似元代的“辫线袄子”。(图 20—15) 四川省博物馆中藏的明代陶俑中，就有些穿腰间做出细褶的“辫线袄子”。说明这种式样在当时还是很流行的。根据文物材料得知，蒙古人的帽子很有特色。有一类笠帽是四方形的，是用四个大小相同的梯形毡片缝成帽身，上面再加缝一个帽顶。陕西省西安元代段继荣墓中出土的彩绘陶俑就戴着这种瓦楞帽。直到明代绘制的毗卢寺壁画中，还让元代的官吏带着这样的帽子。

元代蒙古人有自己的传统衣着。质孙服与顾姑冠就是突出的代表。

质孙服是蒙古宫廷大宴时，天子与百官穿的冠服。这是上衣与下裳相连接的一种袍服。衣式比较窄，腰间做出无数细密的褶。制作质孙的衣料要求十分考究。经常使用的衣料有色彩鲜明、花纹富丽的“纳石矢”。它是一种用金线和丝织成的锦缎，上面有各种奇特精美的花纹，灿烂夺目。现在保存在台北故宫博物院的元世祖皇后彻伯尔像，身穿蒙古族的贵妇装束，头上戴着一顶高高上耸、式样奇特的帽子，叫做顾姑冠。制作顾姑冠要用桦木做骨架，上面包裹着红绢，用金帛做顶。冠顶上用四五尺长的柳枝或铁丝做一个高起的细架，上面包青毡，呈现一种上大下小的长筒形。

明代的帽子式样非常多，其中也有不少有趣的文化政治背景。例如当时盛行的“六合一统帽”与“四方平定巾”(后来省称为“六合帽”和“四方巾”) 就是专制皇权的产物。

“六合一统帽”就是一直沿用到民国初年的“瓜皮帽”。它用六块三角形的罗帛拼缝起来，下面加上一个帽圈。制作简单，戴着也方便。后来，它就成了平民的象征了。而“四方平定巾”是用黑色罗纱缝制的四方形高顶巾帽。原来叫四角方巾，是民间的老人与儒生常戴的一种巾子。

在明代创造的妇女新式衣着有“比甲”、“头箍”等几种。

比甲是一种无领无袖的长衫，对襟中缝，两襟间用带子束合，有些像近代的马甲，但是比马甲长得多。明代的妇女喜欢戴一种黑色纱罗制作的包头，它又叫“额帕”，每幅大约宽四尺，戴用时将它对角折叠，从额前向后面缠裹，再将巾角绕到额前方打一个结子。后人将它进一步简化，称之为“渔家勒子”。在此基础上，发展出一种新的头部装饰——头箍。冬季戴的头箍常用各种皮毛料子制作。当时人们又叫它卧兔儿、貂覆头等等。官宦富贵人家为了要显示自己的气派，还在头箍上镶嵌各种珠宝以及金花玉饰。

清代，满族入关后，立即迫使汉人遵照满族的习俗，剃发，留辫，改穿满族服装。企图通过这种作法改变汉族的民族意识，使得具有浓厚民族色彩，沿袭数千年的汉族冠冕服装制度退出了历史舞台。

进关以前，满族一直是以骑射为主的游牧民族。它的服装特色来源于骑射征战生活的需要。典型的表现是冠帽、马蹄袖、袍褂等方面。

清代男子的冠帽，有礼帽、便帽的区分。清代成立后作为官员的制帽使用的叫做礼帽。礼帽分为两种，一种是在八月到来年二月之间戴的，叫做暖帽；另一种是在三月到八月之间戴的，叫做凉帽。我们在现代表现清代官场的影视作品中就可以看到这两种冠帽。

马蹄袖是满族特有的。本来它正规的名字叫做“箭袖”，是武士射箭时保护手腕的防护物。一般用纽扣装在清人常穿的“箭衣”袖口上。平时可以翻起来，露出手。行礼时要放下来。清代人十分注重马蹄袖的作用。一般士庶日常行礼时，即使不穿箭衣，也要在袖口上用纽襻系上一副马蹄袖，行完礼再解下来。人们形象地把这种袖子称做“龙吞口”。

男子服装中，袍褂是最主要的礼服。满族的袍褂与汉族传统的长袍不同，上身紧窄，袖子细瘦，袖口前端安上箭袖。领口做成圆形，不上立领。衣襟右掩，在右腋下系扣襻。有些袍子的下身前后左右都开衩。这是骑马民族为了上马方便而形成的服装特色。按照规定，官吏平民的袍子只开前后两条衩。皇帝宗室子弟才能在袍子上开四条衩。开衩袍之外，满族人还常穿一种行袍，又叫缺襟袍。它比日常穿的袍子短大约十分之一，前面开衩，右半边的衣裾比左半边短一二尺，从正面看缺了一块。这是为了骑马时上下的方便。不骑马的时候，可以将右前襟缺少的一块用纽扣连接在袍子上，就和一般的袍子一样了。

满族人习惯在袍子外面再穿一件稍短的褂子，也叫做外褂。它一般是对襟圆领，袖子比较宽大。袖口平齐，长及肘部。身长大约与膝部以下相齐。它与袍子结合，形成了清代特有的袍褂衣服式样。官服中的外褂上缀有补子，叫做“补褂”。它中央开襟，门襟上有五颗纽扣，前胸与后背装饰有补子。由于是中央开襟，补子被分为左右两半。补褂与袍服、礼帽、顶珠、花翎、朝珠、官靴组合起来，就形成了清代官员的主要官服。

另外有一种满人特有的外褂，非常短小。它的袖子长度只到肘部，身长不超过腰部，显得轻捷方便，特别适宜骑马时穿。因此，人们就叫它马褂。马褂有对襟、大襟、缺襟等几种类型。对襟马褂比较正规，经常被作为礼服的成分穿用。其中有一种黄马褂的地位最为尊崇。不经皇帝赏赐是绝对不能穿黄马褂的。

满族妇女的旗装在清代一直被作为礼服保留下来。妇女旗装与男子的袍褂一样，也是以长袍为主体，采用圆领、右掩襟，但是不开衩。除正式礼服外，一般显得比较瘦长。袍子的下裾几乎与地面相齐，袖口敞开，比较宽大。但是没有马蹄袖。女子外衣中也有马褂，分对襟与大襟等式样，只是装饰比较多，绣有复杂的花纹。同时还有坎肩、马甲等。

满族妇女的头饰富有民族特色。满族妇女的头发经常梳成在头顶左右横卧的两个平髻。老北京人称之为“两把头”。梳好平髻后，插上各种花朵和首饰。以后又在平髻上加插黑色的梯形版片“扁方”。这种发式，人们称之为“大拉翅”。女子们用大朵的鲜花、金银钗簪、珠翠等装饰平髻与版片，更显出头上发髻的高大华美。

以上是对中国古代服装大致演变情况的一个简略扫描。在中国古代文献中有着大量对当时服装式样的记述。在出土文物中也有丰富的表现当时服装的实物形象。它们为了解古代服装提供了极其丰富的原始资料。这些资料也表明了在号称衣冠礼乐之邦的中国古代社会中，衣冠具有多么重要的文化意义。古人的服装与当时社会的政治制度、经济发展、文化习俗、民族交往等方面都有着极其密切的关系，是古代文化的重要组成部分。今天，了解一些有关古代服装的知识，对我们学习与发扬传统文化，认识中华文明，无疑是非常有益的。

# 第二十一章
# 古代饮食文化

## 引子：勺子、叉子、筷子

人类进食采用的方式，在现代社会流行最广的是这样三种：用手指，用叉子，用筷子。用叉子的人主要分布在欧洲和北美洲，用手指抓食的人生活在非洲、中东、印度尼西亚及印度次大陆的许多地区，用筷子的人主要分布在东亚大部。中国人是用筷子群体的主体，是筷子的创制者，是筷子传统的当然传人。

远古时代的人类最初并不知道要凭借什么餐具享用食物，甚至还没有发明任何容器和取食用具，人们随手将食物取来送达口腔，一切顺其自然，这与其他灵长类动物并没有明显区别。到了饮食生活发展的一定阶段，进步中的人类的进食方式开始有了一些变化，不仅发明了烹饪用具，也创制了一些进食器具。古代中国人使用的进餐用具，主要有勺和筷子两类，还曾一度用过刀叉。中国人使用餐叉的历史，可以追索到五千多年前的史前时代，一些新石器晚期遗址发现了骨制餐叉。考古还发现一些商周时期的餐叉，有时墓葬中能见到数十枚骨餐叉放置在一起。不过中国历史上没有将餐叉作为首选的进食器具，它实际上是基本被淘汰出了餐桌，这显然是有更适用的筷子的缘故。（图 21—1a–d）

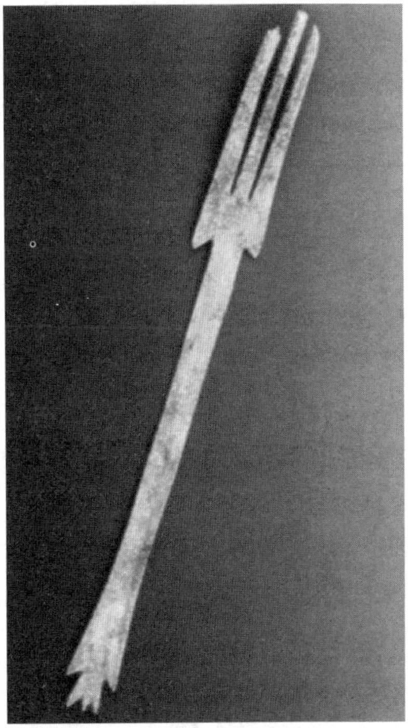
图 21–1a 齐家文化骨餐叉

古代中国人使用餐勺的历史更为悠久，餐勺的起源可以追溯到距今 8000 年以前的新石器时代。新石器时代餐勺的制作材料，主要取自兽骨，而铜器时代则主要取用的是青铜。自战国时代开始，又出现了漆木勺。隋唐时期开始用白银大量打制餐勺，在上层社会白银打制餐勺的传统一直到宋元时代仍然受到重视。在历代皇室贵胄们的餐桌上，还常常摆有金质餐勺。勺与筷子一样，成为中华民族传统的进食器具。

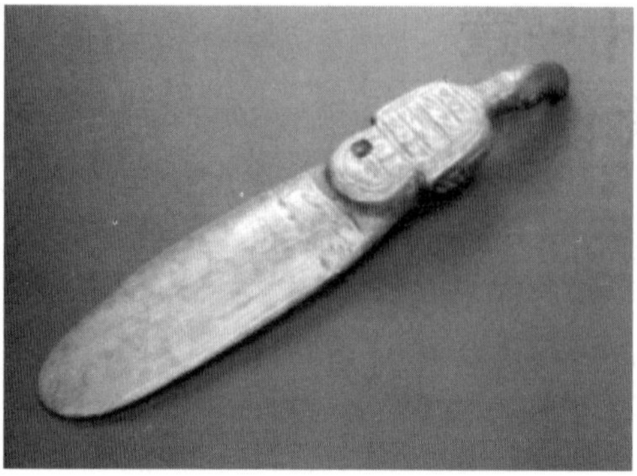

图 21-1b 河姆渡文化象牙匕

最能体现中国文化特色的是筷子，它的使用可能已有不下 5000 年的历史，筷子被看做是中国的国粹之一。考古发现的各时代的筷子，有骨质的，有铜质的，也有金、银、玉和竹木质的。古代中国人在进食时，餐勺与箸通常是配合使用的，两者一般会同时出现在餐案上。汉代以后，比较正式的筵宴，都要同时使用勺和箸作为进食具。赏赐与贡献，匕箸也是不能分离的物件。唐宋时代筵宴上仍然要备齐勺和箸，在进食时对两者的使用范围区分得依然非常清楚。以箸食饭，以勺食羹菜，分工明明白白。

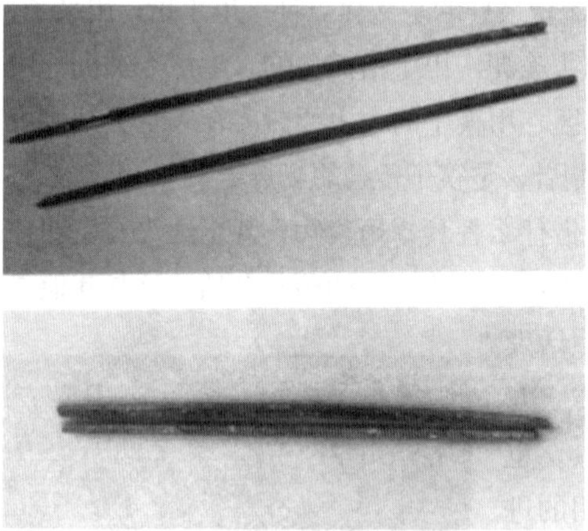

图 21-1c 春秋铜箸

到了现代社会，正规的中餐宴会在餐桌上也要同时摆放勺与筷子，食客每人一套，这显然是古代传统的延续。使用筷子需要有一定的技巧，因为它是世界上所有进食具中最难掌握的一种，两支箸之间没有任何机械性联系，全靠大拇指，食指和中指三指恰当掌握，辅以无名指的协作，方能运用自如。

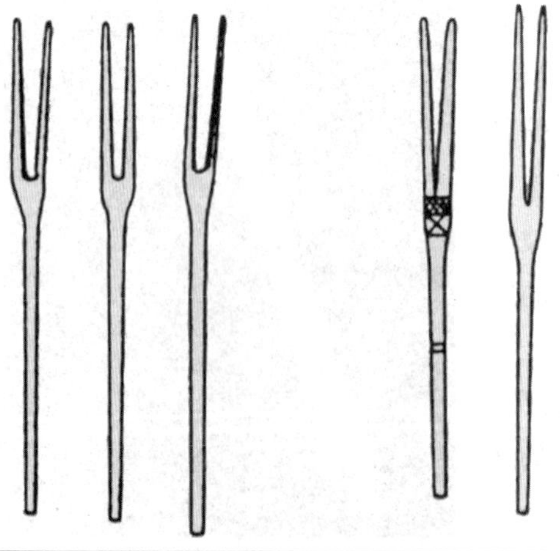

图 21-1d 商周时期的骨餐叉

华夏民族历史上拥有过世界上各地区常用种类的进食具。在所有以往使用过的进食具中，筷子具有比之刀、叉还要轻巧、灵活、适用的优点，我们的历史曾经淘汰了叉子，现在的许多场合正在淘汰勺子，但筷子的地位依然稳如泰山，一丝也没有动摇。

## 第一节
# 历史的盛宴

西周建国伊始，统治者接受商王朝倾覆的教训，严禁饮酒。《尚书 · 酒诰》记载了周公对酒祸的具体阐述，他说戒酒既是文王的教导，也是上天的旨意。上帝造了酒，并不是给人享受的，而是为了祭祀。周公因此制定了严厉的禁酒措施，规定周人不得“群饮”、“崇饮”（纵酒），违者处死。包括对贵族阶层，也要强制戒酒。

禁酒的结果，酒器派不上用场了，所以考古发现西周时的酒器远不如商代那么多，即便在一些大型墓葬中，甚至一件酒器也找不到，而食器的随葬却有逐渐增加的趋势。在贵族墓葬中，一般都随葬有食器鼎和簋，鼎多为奇数，而簋则是偶数，鬲则随而增减。在考古发掘中，常常发现用成组的鼎随葬，这些鼎的形状，纹饰以至铭文都基本相同，有时仅有大小的不同，容量依次递减。这就是“列鼎而食”的列鼎。

列鼎数目的多少，是周代贵族等级的象征。用鼎有着一套严格的制度，据《仪礼》和《礼记》的记载，大致可分别为一鼎、三鼎、五鼎、七鼎、九鼎等。九鼎为天子所用，东周时国君宴卿大夫有时也用九鼎。

簋盛饭食，用簋的多少，一般与列鼎相配合，如五鼎配四簋，七鼎配六簋，九鼎配八簋。九鼎八簋，即为天子之食，算是最高的规格。

这种饮食上的等级制度，被原封不动地移植在埋葬制度中。考古发现过属于国君的九鼎墓，也有不少其他等级的七鼎、五鼎、三鼎和一鼎墓，没有鼎的小墓一般都见到陶鬲，这是平民通常所用的炊器。能随葬五鼎以上的死者，不仅有数重棺椁，还有车马殉人，各方面都显示出等级的高贵，他们属高级贵族。（图 21—2）

鼎不仅被看做是地位的象征，而且也是王权的象征。陶鼎的制作与使用可以上溯到七千多年以前，作为家国重器的三足两耳铜鼎在商代才开始流行。原先仅仅作为烹饪食物之用的鼎，在商代贵族礼乐制度下成为第一等重要的礼器，又称作彝器，即所谓“常宝之器”。鼎不再是一种单纯的炊器和食器，它成了贵族们的专用品，演化为统治权力的象征。一般平民不仅绝不允许使用铜鼎，即便是陶鼎，

图 21–2 湖北随州曾侯乙墓出土的铜列鼎

也断然不行。

与鼎相配的簋，形似碗而大，有盖和双耳。簋通常用于盛饭食，九鼎所配的八簋究竟盛哪几种饭食，并不十分清楚。据《礼记 · 内则》所列，饭食在周代确有八种，分别是黍、稷、稻、粱、白黍、黄粱、稰（成熟而收获的谷物）、穛（未完全成熟的谷物），或许即为八簋所盛。

贵族们在古代被称为“肉食者”，这是他们饮食多肉的缘故。东周时烹饪技术有较大发展，肉食制品种类增多，进食方式也有了改进，餐叉的流行，正是这些变化的一个结果。

周代天子的饮食分饭、饮、膳、馐、珍、酱六大类，其他贵族则依等级递降。

天子之馐多至百二十品，不可枚举。燕时还另加有“庶羞”，包括牛脩、鹿脯、田豕脯、麋脯、麕脯，还有雀、鷃、蜩（蝉）、范（蜂）、芝、栭（小栗）、菱、椇（白石李）、枣、栗、榛、柿、瓜、桃、李、梅、杏、楂、梨、姜、桂，瓜果辛物，应有尽有。

周代精心烹制的八种珍食，都是用独特方法制作的风味馔品。其烹调方法完整地保存在《礼记 · 内则》中，是古代典籍中所能查找到的最古老的一份菜谱。八珍可以看做是周代烹饪发展水平的代表作，无论在选料、加工、调味和火候的掌握上，都有一定的章法，形成了一套固定的模式，奠定了中华民族饮食烹饪传统的基础。

贵族们总是在引领饮食潮流，站在潮流前方的是历代的帝王们，他们的味蕾让历史盛宴不断翻新着花样。

晋武帝司马炎是西晋奢侈之风的倡导者，他的大臣和亲信有许多也都因奢侈而著名，《晋书》有十分详尽的记载。位至三公的何曾，史称其生活最为豪侈，甚至超出帝王之上。日食万钱之费，他自己却还说没有下筷子的地方。何曾的儿子何劭，累迁侍中、尚书、司徒，任太子太师，骄奢更甚，远远超过他父亲之上。

何劭吃起饭来，“必尽四方珍异，一日之供，以两万钱为限”，当时人以为太官准备的皇帝御膳，也没法与何劭相比。何每次赴晋武帝的御筵，都要带着家厨精心烹制的馔品，根本不吃太官准备的膳食，武帝也拿他没有办法，只得让他拿出带来的美味吃。何曾确实也算得是少有的美食家，家传有独到的烹饪术，自己还撰有名曰《食疏》的菜谱，为士大夫所侧目。

石崇官至太仆，晋武帝帮助母舅王恺与他斗富，始终没能胜过他。王恺家里洗锅用糖浆而不用水，以此炫耀富有。石崇则以白蜡当柴烧，以示更富。他们还在酒宴上斗试阔派。王恺请客人饮酒，命美女在一旁奏乐，乐声稍有失韵走调，美女即刻就被拉出去杀掉。石崇也不逊色，他是让美女为客人劝酒，如果客人不饮或饮得不畅快，美女也会遭杀害。有一次石崇的贵宾是武帝的女婿王敦，这王敦也着实无一点人性，竟然故意缄口不饮，结果连续有三个劝酒的美女成了酒筵前的刀下鬼。

南北朝时奢侈之风更是刮遍朝野，上行下效。（图 21—3）南朝齐东昏侯萧宝卷也是个荒淫皇帝，他以汉灵帝游乐西园为榜样，在芳乐苑中立市做买卖，也是让宫女当酒保，游玩取乐。他还让宠妃潘氏为市令，自任市魁，纠察市中。

类似于何曾的人，南北朝也有，远远超出者，也大有人在。这时又有一种别样风气，菜肴不仅讲究味美，而且注重形美，有人形容说：“所甘不过一味，而陈必方丈，适口之外，皆为悦目之资”（《宋书 · 孔琳之传》）。一个人的胃容量总是有限的，可一顿饭动辄摆出许多盘盏，仅是悦目而已。所谓“积果如山岳，列肴

图 21-3 咸阳北周武帝孝陵出土庖厨俑

同绮"，"未及下堂，已同臭腐"（《梁书·贺琛传》）。瓜果菜肴摆得很多，只是为好看，吃不了的都得倒掉。大型的花式拼盘菜肴，也是这个时期的发明。北齐光禄大夫元孝友有一段话谈到了这些情况，他说，"今之富者弥奢，同牢之设，甚于祭盘。累鱼成山，山有林木，林木之上，鸾凤斯存。徒有烦劳，终成委弃"（《北齐书·元孝友传》）。把鱼摆成山丘之形，再用肉类植成林木，又有雕刻的鸾凤亭立于林木之上。这不是风景盆景，却胜似盆景，它把吃变成了地道的艺术欣赏，这恐怕是最早最考究的花色拼盘了。

一般的富贵之家也不甘落伍，变着法子享乐。刘宋风雅参军周朗对当时的情况这样说：一年到头，也穿不了几件好衣服，却准备了一箱又一箱；即便身上挂满金玉，也用不到一百两，却收藏了一椟又一椟。役使奴婢，也没有定数，本来一个奴婢就够了，却要用两个以至几个。"瓦金皮绣，浆酒藿肉者，不可称纪"，视金子如瓦砾、绮绣如毛皮，将美酒当水浆、肉鱼当菜叶者，不计其数。

隋唐时历史进入到一个最辉煌的发展时期，政局比较稳定，经济繁荣，饮食文化也随之发展到新的高度。君臣上下的欢宴，士大夫畅心的宴游，胡姬美酒的西来，交织成一幅幅色彩斑斓的风俗图卷。

那些高高在上的将相，醉生梦死，李白诗《行路难》的"金樽美酒斗十千，玉盘珍羞直万钱"，正是他们生活的写照。中唐时的一个宰相裴冕，性极豪侈，衣服与饮食"皆光丽珍丰"。每在大会宾客时，食客们都叫不出筵席上馔品的名字，丰盛之极。另一个差一点而当宰相的韦陟，每顿饭吃完之后，"视厨中所委弃，不啻万钱之直"，扔掉的残馔都有万钱之多。这韦陟有时赴公卿们的筵宴，虽然是"水陆具陈"，珍味应有尽有，却连筷子都不动一下，他看不上眼。宰相李吉甫的儿子李德裕，后来也做了宰相，他也是穷奢极欲，有钱不知如何花费才好。李德裕吃一杯羹，费钱三万之巨，羹中杂有宝贝珠玉、雄黄朱砂，只煎三次，这些珠宝便倒弃在污水沟中。

宰臣们尽管家中有享不完的四方珍味，还能常常在朝中得到一顿顿丰盛的美餐。唐代继承了自战国时起各代例行的传统，为当班的大臣们提供一顿规格很高的招待午餐。国家富强了，这顿饭也越发丰盛了。丰盛到什么程度呢？到了宰臣们都不忍心动筷子的地步，因为不忍心再这样挥霍下去，以至几次三番提出要求"减膳"。唐太宗时的张文瓘，官拜侍中，兼太子宾客，累官黄门侍郎，这个官几乎与宰相相差不多。他和其他宰臣一样，每天都能从宫中得到一餐美味。和张文瓘同班的几位宰臣见宫内提供的膳食过于丰盛，提出稍稍减扣一些。张文瓘坚决不同意，而且还认为这是理所当然，他说"这顿饭是天子用于招待贤才的，如果我们自己不能胜任这样的高职位，可以自动辞职，而不应提出这种减膳的主意，以此来邀取美名。”这么一说，众人减膳的提案不得不作罢。唐代宗时，有一位“以清俭自贤”的宰相常衮，看到内厨每天为宰相准备的食物太多，一顿的馔品可供十几人进食，几位宰相肚皮再大也不可能吃完，于是请求减膳，甚至还准备建议免去这供膳的特殊待遇。结果呢，还是无济于事，“议者以为厚禄重赐，所以优贤崇国政也。不能，当辞位，不宜辞禄食”（《旧唐书·常衮传》）。这与百年前张文瓘的话是同一腔调，也即是说，宰臣们有权享受最优厚的待遇，你想推辞这种待遇，反倒被认为是不正常的举动。(图 21—4)

有高官就有了厚禄，高官得中，第一件事就是大吃大喝，大摆筵席，广贺高升。至晚从魏晋时代开始，官吏升迁，要办高水平的喜庆家宴，接待前来庆贺的客人。到唐代时，继承了这个传统，大臣初拜官或者士子登第，也要设宴请客，还要向天子献食。唐代对这种宴席还有个奇妙的称谓，叫做“烧尾宴”，或直曰“烧尾”。这比起前代的同类宴会来，显得更为热烈，也更为奢侈。

烧尾宴的形式不止一种，除了喜庆家宴，还有皇帝赐的御宴，另外还有专为给皇帝献的烧尾食。除了赐宴不必非有以外，家宴与献食皇上都是决不可少的。献给皇帝的烧尾食究竟是些什么呢？我们从宋代陶谷所撰《清异录》中可窥出一斑。书中说唐中宗时，韦巨源拜尚书令（尚书左仆射），照例要上烧尾食，他上奉中宗食物的清单保存在传家的旧书中，这就是著名的《烧尾宴食单》。食单所列名

图 21-4 敦煌壁画宴饮图

目繁多，《清异录》仅摘录了其中的一些“奇异者”，达58款之多，如果加上平常一些的，也许有不下百种哩！

从这58款馔品的名称，一则可见烧尾食之丰盛，二则可见中唐烹饪所达到的水平，因为保存如此丰富完整的有关唐代的饮食史料，除此还不多见。

拜得高官者，要给皇上“烧尾”，没有机会做官的皇室公主们，也仿效烧尾的模式，寻找机会给皇上献食，以求取恩宠。据《明皇杂录》说，唐玄宗李隆基时，诸公主相效进食，玄宗“命中官袁思艺为检校进食使”，专门清点登记献上来的食物。所献食物，“水陆珍羞数千盘之费，盖中人十家之产”，耗费之巨，不亚于大臣“烧尾”。

向皇上进献的馔品，多为家厨所为。官僚们一般都十分注重家厨的传统，如被封为邹平公的宰相段文昌，他自己便十分精于馔事，府第中的厨房命名为“炼修堂”，行厨则称为“行珍馆”。段文昌的家厨由一个名叫膳祖的老婢主管，她训练女仆学厨，传授她们烹饪技巧。真正学成者并不算多，膳祖四十年间教了一百多人，只有九人算是学到了家。这段丞相还自编《食经》五十卷，称为《邹平公食宪章》。

历代管理帝王御膳都有专设的机构，有专门的官员。清朝是中国历史上最后一个封建王朝，帝后的膳食集历朝陈规，有庞大的管理机构，也有大量的厨役，这一切都是空前绝后的。帝后的特权与尊严，在他们的饮食生活中得到了最充分的体现。

清代宫中膳食的管理机构，主要为内务府和光禄寺，不过实际上直接掌理宫廷膳食的是“御茶膳房”。御茶膳房设管理大臣若干人，由皇帝特别简派。下面再设尚膳正、尚膳副、尚膳、主事等职，作为次一级的管理官员。

御茶膳房分茶房、清茶房和膳房三部。后来膳房又有内膳房和外膳房之分，内膳房下设荤局、素局、点心局、饭局、挂炉局和司房等机构，专门承制帝后和妃嫔们的日常膳食。以后宫中又陆续设立了皇子饭房和茶房，还有专为老太后太妃承办茶膳的寿康宫茶膳房。

帝后所用的膳食也并不全在御茶膳房制备，有时由另一个称为“掌关防管理内管领事务处”的机构办理。这个机构下设官三仓、恩丰仓、内饽饽房、外饽饽房、酒醋房和菜库等。

官三仓主要负责备办宫中祭祀和筵宴所需米、麦、盐、蜜、糖、醋、油、面及豆、谷、芝麻、高粱等一切杂粮。恩丰仓专供太监所用米粮，定期发放。内饽饽房承做帝后早晚膳所用的各样饽饽、花糕、每月朔望佛楼所用的“炉食供”和佛城用的“玉露霜供”等等。每逢上元、端午和中秋，宫中所需的元宵、粽子和月饼，亦归内饽饽房承办。外饽饽房备办供桌、大宴桌、筵宴外藩蒙古王公的班桌、各位妃嫔和皇子用的翟鸟桌、赏赐用的跟桌、七星供桌及寺庙用的供饼等。

酒醋房为内宫特酿玉泉酒、白酒、醋、豆酱、面酱、清酱、酱包瓜、酱整瓜、酱瓜条、酱王瓜、酱茄子、酱苤蓝、酱胡萝卜、酱紫姜、酱糖醋蒜、酱豆豉、酱莴笋、酱冬瓜片等，这些是用于调剂帝后吃腻了的胃口的。菜库管理和供应宫中所需瓜菜，这些瓜菜均由各地菜园头、庄头和瓜园头每年按量缴纳，少量缺货须到市上采买。

光禄寺专掌各类宫廷筵宴的备办，内廷和宗室筵宴不在此列。光禄寺分设大官署、珍馐署、良酝署、掌醢署等机构，各司其职。

清代皇帝平日用膳没有固定的地点，一般多在寝宫和经常活动的地方。每天分早晚两次进餐，早膳在上午六七点钟，晚膳在中午十二时至二时之间。晚上六点前后的“晚点”不包括在内，那不是正膳。正膳之外的酒膳和小吃一般没有固定的时间，由皇帝随意命进。

每到皇帝用膳时，太监先在传膳处摆好膳桌，御膳房的膳食一运到，就迅速按规定摆放妥当。（图 21—5）皇帝进膳，心里并不踏实，时刻担心会有人谋害他，深恐有人在饭菜中下毒。他在动筷子之前，要先看看菜盘中插着的一块小银

图 21–5 清代帝后膳桌

牌的颜色。看罢银牌，皇帝仍不大放心，还要命随侍的太监用筷子先尝尝每道菜点，这是一道绝不可少的程序，谓之“尝膳”。

如果未经皇帝特别恩准，任何人都不得与他在同一张桌子上进膳，这大约是当皇帝最寂寞的时刻。皇太后、皇后和妃嫔，一般都在各自居住的宫中用餐，也不大容易与皇帝一起品尝美味。

皇室档案保存至今的，只有清代的较为完整，这些档案对清宫帝后膳食记录比较详细。清代档案中保留的皇帝大批膳单，膳单上有时还详细注明早晚用膳的时间、用什么样的膳桌，主要菜肴还指明烹制厨师的名姓，注明用何种餐具盛送。

## 第二节 南北佳肴

中国的烹饪技法，值得引以为自豪的主要有蒸煮法和爆炒法两种，在唐代以前菜肴以烹煮的羹食法为主，随着烹食传统的改变和技术的进步，宋代开始炒作法流行，同时新出现或新改进的烹法有爆、煎、炸、涮、焙、冻等，炒法又分为生炒、熟炒、南炒、北炒，出现了许多前所不见的炒法风味肴品。元代出现的烹法有川炒、软炸、贴、烧等。明代出现盐酒烹、酱烹，又有酱炒、葱炒，清代爆炒大行，无所不炒，清宫名肴有炒豆腐脑。一些研究者认为明清是中国饮食文化的成熟时期，烹饪形成了煎炒烹炸一菜一作的方法，因为小炒的大量采用，奠定了苏、粤、川、鲁四大菜系形成的基础。我们现在不论是荤与素，也不论是主食与副食，都可一炒了之，炒菜、炒米、炒饭、炒面，快捷便当。滑炒、枯炒、清炒、盐炒、干炒、水炒、软炒、小炒、糖炒、沙炒、脆炒、爆炒，中国菜的特色一大半就在这炒字上表现了出来。

中国幅员辽阔，各地区的自然气候、地理环境和物产都有自己的特色，互有区别，各地人民的生活方式和风俗习惯也存在许多差异。这样一来，不同地区在吃什么和怎么吃的问题上，都形成了自己的传统和特色。由于历史的发展与积累，不同的菜系也就逐渐形成了。

巴蜀好辛香，荆吴喜甜酸，说的是食风，这是菜系形成的一个基础。中国的菜系究竟可以划分为多少个，行家们的意见不大一致，有四大菜系说，八大菜系说，也有十二大菜系说，不尽相同。各菜系中以鲁、川、粤、淮扬四系最为著名，其他还有京、杭、闽、湘、鄂、皖等系，也都不相上下。这些菜系共同的特征是选料广博、刀工考究、拼配得体、调味适口、火候精到，它们又以许多独到之处互为区别，像一簇簇竞艳的鲜花，开放在中华大地。

鲁菜即山东菜，主要由济南和胶东两个菜系构成。鲁菜选料考究，刀工精细，调味得体，工于火候。烹调技术以爆、炒、烧、炸、溜、焖、扒等见长，具有鲜咸适度、清爽脆嫩的特色。鲁菜流入宫中，成为皇帝后妃的御膳。鲁菜也广在民间，在华北、东北和京津地区广为流传。

鲁菜讲究丰满实惠，大盘大碗。这反映出山东人的好客，唯恐客人吃不好、吃不饱。从筵席名称上，也可看出这一点。如“三八席”，为八碟、八盘、八大碗加两大件；又有胶东的“四三六四席”，为四冷荤、三大件、六行件、四饭菜；还有“十全十美席”，为十盘十碗。从一款八宝布袋鸡，可以看出鲁菜的实惠，做法是将鸡剔下骨架，往鸡腹中装入海参、大虾、口蘑、火腿、香菇、海米、玉兰片、精猪肉等八种原料的馅，烹熟后不仅馅香肉嫩，而且量大菜多。

鲁菜精于制汤，十分讲究清汤和奶汤的调制。清汤色清而鲜，奶汤色白而醇。清汤用肥鸡、肥鸭、猪肘子为主料，急火沸煮，撇去浮沫，鲜味溶于汤中，汤清见底，味道鲜美。奶汤用大火烧开，慢火煎煮，后用纱布过滤，等汤为乳白色即成。用这些汤制作的菜肴有清汤燕菜、奶汤蒲菜、奶汤鸡脯等，都是高级筵宴上的珍味。鲁菜还善以葱香调味，什么菜都要用葱爆锅，很多馔品都以葱段佐食。大葱除味香激发人的食欲，还有顺气、散腻、健胃、抑菌的功效。山东人平日也极爱食葱，大饼卷大葱就是家常饭。

胶东系鲁菜烹制海鲜有独到之处，传统风味有红烧海螺、炸蛎黄、芙蓉蛤仁、清蒸蟹合、蟹黄鱼翅、绣球海参、烤大虾等海味珍品。

北京菜集全国众菜精华，尤其是吸收山东菜系的优点及北方少数民族的烹调技术，逐渐形成了自己的风格。辽、金、元、清几朝都曾在北京建都，北方一些少数民族的传统饮食风尚不断地被带到北京；祖居江南的达官贵人们，一代一代地从南方带来了优秀的饮食文化；流入民间的官厨名师，将宫廷御膳的高超技艺传授出来。这样就使北京菜系显得愈加丰富多彩，如满汉全席、全羊席、涮羊肉、北京烤鸭等，至今都享有极高的声誉。

京菜选料讲究，调味多变，以爆、烤、涮、溜、炒、扒、煨、焖、酱、拔丝、瓤见长。菜肴以菜物原味为主，具有酥、脆、鲜、嫩、清鲜爽口的特点。

京菜注重时令风味。如涮羊肉，须得于立秋后开吃，这时不仅羊肉肥美，而且天气渐凉，适宜涮火锅。又如春卷，则是立春时节才吃。到了夏季，才有水晶肘子、水晶虾等，还有杏仁豆腐和荷叶粥等时令小吃。

京菜还十分讲究菜点的配伍，吃什么菜就得配什么佐料和点心。如吃涮羊肉，就有许多讲究，开涮前汤锅中要下口蘑和海米，要备好香菜末、葱白末、芝麻酱、辣椒油、酱豆腐卤、卤虾油、腌韭菜花、桂花糖蒜、绍兴酒、酱油、芥末等佐料。吃时用筷子夹起肉片在汤锅中涮一涮，随涮随吃，羊肉鲜嫩可口，非一般火锅可比。

京菜中最擅长的技法为爆、烤、涮、炮和拔丝，名品有酱爆鸡丁、烤填鸭、溜鸡脯、糟溜鱼片、拔丝山药、涮羊肉等。烤法最为别致，本源于御膳房。清宫御膳房专设有“包哈局”，用特制的挂炉烤鸭、烤乳猪，称之为“双烤”。

京菜的佐膳也极有章法。宾客到来，主人迎进屋内，先奉上茶水，配以一些精致的点心，包括山药干儿、枣干儿、卷果之类，让客人在饮酒前先垫个底，免得空腹饮酒伤了肠胃。入席后先上荤素冷盘，然后上大菜热菜佐酒，末了才上压桌的饭菜，最后上汤，外加甜菜、小点心和水果。

川菜以四川成都的为正宗。当代川菜已发展到近五千种，以取材广泛，调味多样，清鲜醇浓并重，尤以善用麻、辣著称于世。

川菜烹法注重烧、干酥、熏、烤，调味不离辣椒、胡椒、花椒这三椒，还有鲜姜，品味重于酸辣麻香。川菜中有咸鲜微辣的家常味型，有咸甜酸辣兼备的鱼香味型，有咸甜麻辣酸鲜香并重的怪味型，有咸鲜辣香的冷拼红油味型，有典型的麻辣厚味的麻辣味型，有酸菜和泡菜的酸辣味型，还有糊辣味、陈皮味、椒麻味、椒盐味、酱香味、五香味、甜香味、香糟味、烟香味、咸鲜味、荔枝味、糖醋味、姜汁味、蒜泥味、麻酱味、芥末味、咸甜味等二十多种味型，所以川菜享有“一菜一格，百菜百味”的声誉。

川菜具有适应性强，雅俗共赏的特点。既有工艺精湛的一品熊掌、樟茶鸭、干烧岩鲤、香酥鸡、红烧雪猪、清蒸江团等名菜，又有大众化的清蒸杂烩、酥肉汤、扣肉、扣鸡鸭、肘子等三蒸九扣，以及宫保鸡丁、怪味鸡、鱼香肉丝、麻婆豆腐、干煸鳝鱼、回锅肉、毛肚火锅等家常风味。另外，川味中还有风格独特的传统民间小吃赖汤元、夫妻肺片、灯影牛肉、棒棒鸡、小笼牛肉、五香豆腐干等，也都是流传很广的名品。

淮扬菜以扬州风味为主，包括镇江、南京、淮安等地的风味，以清淡味雅著称。淮扬菜以烹制河鲜、湖蟹、蔬菜见长，十分注重吊汤，制作精致。

淮扬菜以炒、溜、煮、烩、烤、烧、蒸为主要烹法，擅长炖焖，具有鲜、香、酥、脆、嫩等特点。如“清汤三套鸭”，采用家鸭、野鸭、菜鸽整料去骨，用火腿冬笋相隔，三味套为一体，文火宽汤炖焖，造成家鸭肥嫩、野鸭香酥、菜鸽细鲜、火腿酥烂、冬笋鲜脆的特点。又如“糖醋鳜鱼”，先将鳜鱼剞上牡丹花刀，粘上淀粉糊，三次下油锅，分别炸透、炸熟、炸酥，起锅时浇汁，得到皮脆、肉松、骨酥的效果。

淮扬菜在调味上强调突出本味，使用调料也是为了增强主料本味，而且还注重用调料增色，或用配料补色。这些做法往往与节令相合，如夏季要求色泽清淡，冬季则要求浓艳。例如夏季作清炖鸡，汤汁清澈见底，鸡块鲜嫩洁白，再衬以鲜红的火腿、绿色的菜心、黑色的香菇，使人有清爽悦目的感受。淮扬菜其他名菜还有清炖蟹粉狮子头、拆烩大鱼头、水晶肴蹄、百花酒焖肉、清蒸鲥鱼等。

淮扬菜造型美观，通过切配、烹调、装盘、点缀的方法，以及卷、包、酿、刻的手法，达到色香味形俱佳的艺术境地。冷菜拼盘尤其讲究造型，变化多端。其中的萝卜花雕技艺高超，刻成梅、兰、竹、菊等花卉，生动传神。冷盘的代表作有逸圃彩花篮，篮中有用萝卜雕刻的牡丹、玫瑰、菊花、马蹄莲、白兰花等，艳丽多姿，是高雅的艺术品。

粤菜选料广博奇杂，鸟兽蛇鼠均为佳肴。在风味上，粤菜夏秋求清淡，冬春取浓郁。如八宝鲜莲冬瓜盅，即是用夏令特产鲜莲、冬瓜，配以田鸡肉、鲜虾仁、夜香花等原料炖制，清淡可口。又如名菜龙虎凤大会，选用秋季肥嫩的三蛇，配以豹狸和母鸡炖汤烩羹，味道浓郁，为滋补佳品。

粤菜的调味品也别具一格，经常采用的有蚝油、糖醋、豉汁、果汁、西汁、柱侯酱、煎封汁、白卤水、酸梅酱、沙茶酱、鱼露、珠油等，大都是专门配制的。如糖醋为白醋、片糖、精盐、茄汁、辣酱油等混合煮溶而成，酸、甜、咸、辣俱全，别称怪味汁。

粤菜中独特的烹调技法有熬汤、煲、焗、泡、焗等。熬汤以鸡、瘦猪肉、火腿为主料，汤成后用于菜肴烹调中的加汤。煲是以汤为主的烹法，用瓦罉慢火熬成。焗则是将几种动植物原料混配一起，加进调料，焗成色鲜味浓的菜肴。泡分油泡与汤泡两种，不加配料。焗分锅焗和瓦焗两种，将原料放入锅中，经油炸成水浸，加盖，以文火焗成浓汁，上盘淋汁，风味别致。

粤菜有香、松、臭、肥、浓五滋和酸、甜、苦、咸、辣、鲜六味的分别，名品有三蛇龙虎凤大会、五蛇羹、竹丝鸡烩王蛇、脆皮鸡、烤乳猪、盐焗鸡、酥炸三肥、叉烧肉、出水芙蓉鸭等。

由福州、漳州、厦门、泉州菜组成的福建菜系，烹调技法以清汤、干炸、爆炒为主，常用红糟调味，偏重甜酸。名菜有干炸三肝花卷、淡糟炒鲜笋、佛跳墙、小糟鸡丁、清汤鱼丸、雪花鸡等。

湖南菜也是南方一个较重要的菜系，采用熏腊原料较多，烹法以熏蒸、干炒为主，风味重酸辣，名肴有蒸腊味合、凤尾虾、线粉炒牛肉丝、麻辣子鸡、红煨鱼翅、金钱鱼、冰糖湘莲、清蒸鱼等。

湖北菜重烧、煨、蒸、炒，油厚、口重、味鲜，名菜有红烧鮰鱼、清蒸鳊鱼、皮条鳝鱼、粉蒸鲭鱼、脊花鳜鱼、茄汁鳜鱼、冬瓜鳖裙羹、油酥野鸡、瓦罐鸡汤等。杭州菜则具有清鲜、香脆、细嫩的特色，名品有西湖醋鱼、生爆鳝片、叫化鸡、龙井虾仁、东坡焖肉、荷叶粉蒸肉、鸡蓉莼菜等。安徽菜以皖南徽菜为代表，以烹制山珍野味著称，擅长炖、烧、蒸，讲究重油、重酱色、重火工的“三重”，名品有火腿炖甲鱼、红烧果子狸、无为熏鸭、腌鲜鳜鱼、符离集烧鸡、毛峰熏鲥鱼、奶汁肥王鱼等。

在中国菜系中，还有没入系的菜，如素菜和清真菜。一般的菜系都有特定的地域分布范围，而清真菜尤其是素菜却没有明显的地域特征，它们的形成经历了长久的历史过程。

关于素菜素食的起源，饮食史家们的意见极不一致，或以为与佛教有关，或以为很早起源于史前社会。首先在素食的定义上，各家还没有一个统一的标准，或指肉食之外的蔬食，或指佛教徒的斋食。佛教创始人释迦牟尼及其弟子，他们在沿门托钵时，遇荤吃荤，遇素吃素，并无什么禁忌。最早的佛教教义并没有规定绝对不许食荤，如释迦牟尼《四分律》说，佛教徒可食“不见、不闻、不疑为我而杀之肉”，指出凡特地为僧众杀生的种种肉不可吃，其他净肉则可以食用。大力首倡素食的据说是南朝的梁武帝，他是一个十分虔诚的佛教徒。天监十年(511)，梁武帝集合一批沙门，与他们共同立誓永断酒肉，并以此“羞天下沙门”。在此前从刘宋时开始流行的《梵网经》就明白规定“不得食一切众生肉，食肉得无量罪”；又说“不得食五辛”，五辛指大蒜、革葱、韭、薤、兴渠，这已经是极严格的戒律了。佛教的传入中国，对素食的发展起了推波助澜的作用，但素食在中国却不一定是起源于佛教。

素食是相对肉食而言的，是完全以植物类食品为主。素食素菜在中国大约是与农业的发明同时开始的，在农业生产成为主要经济门类以后，素食便在原始中国人的饮食生活中占据了主要的位置。经历了数千年的发展，到了当代仍是如此，在广大从事农业活动的人口中，仍然是以素食为主。在古代，“肉食者”是统治者的代称，而平民百姓则是当然的素食者，即所谓“藿食者”。当然，平民百姓并不是素食主义者，肉食在他们是可望而不可得的，他们并非甘心于素食。后来的素食倡导者则完全不一样。我们在他们中间，既可以看出佛教徒的慈悲之心，也可以看到山居高士的淡泊之志，还可以看到吃腻了的贵族们的尝鲜之趣。

虽然素食有久远的历史渊源，但作为一个菜系的形成，当是在宋代才开始的。北魏贾思勰的《齐民要术》以及唐代昝殷的《食医心鉴》虽也提到过一些蔬食的制作方法，但那些蔬食与后世的素食还不能相提并论。到北宋时，都市中出现了专营素菜素食的店铺，《梦粱录》所载市肆素食就有上百种之多。这时的素食研究著作也较多，林洪的《山家清供》一书，就是一本以叙述素菜素食为主的食谱。他还著有《茹草纪事》一书，收录了许多有关素食的典故与传闻。还有陈达叟的《本心斋蔬食谱》，也是一部极力提倡素食的著作。

明清两代是素菜素食的进一步发展时期，尤其是到清代时，素食已形成寺院素食、宫廷素食和民间素食三个支系，风格各不相同。宫廷素菜质量最高，清宫御膳房专设素局，能制作二百多种美味素菜。寺院素菜或称佛菜或福菜，制作十分精细，蔬果花叶皆能入馔。民间各地都有一些著名的素菜馆，吸引着众多的食客。

明清人对素食抱有不同的态度。明代高濂著《遵生八笺》十九卷，其中第十二卷载有家蔬 55 种和野蔬 91 种的烹调方法，作者偏重素食，符合他的“日用养生务尚淡薄”的原则。（图 21—6）清代袁枚著《随园食单》，在“素食单”和“小菜单”中记有八十余种蔬素菜品的烹调方法。清代还有一位佛教徒叫薛宝辰，撰有《素食说略》，记述了清末流行的一百七十余种素食的制作方法。他是一位绝对的素食主义者，反对杀生，反对食荤。他认为只知肉食者都是昏庸之徒，而品德高尚才能出众的人，无不都以淡泊的生活来表明自己的心志。他还特别指出，

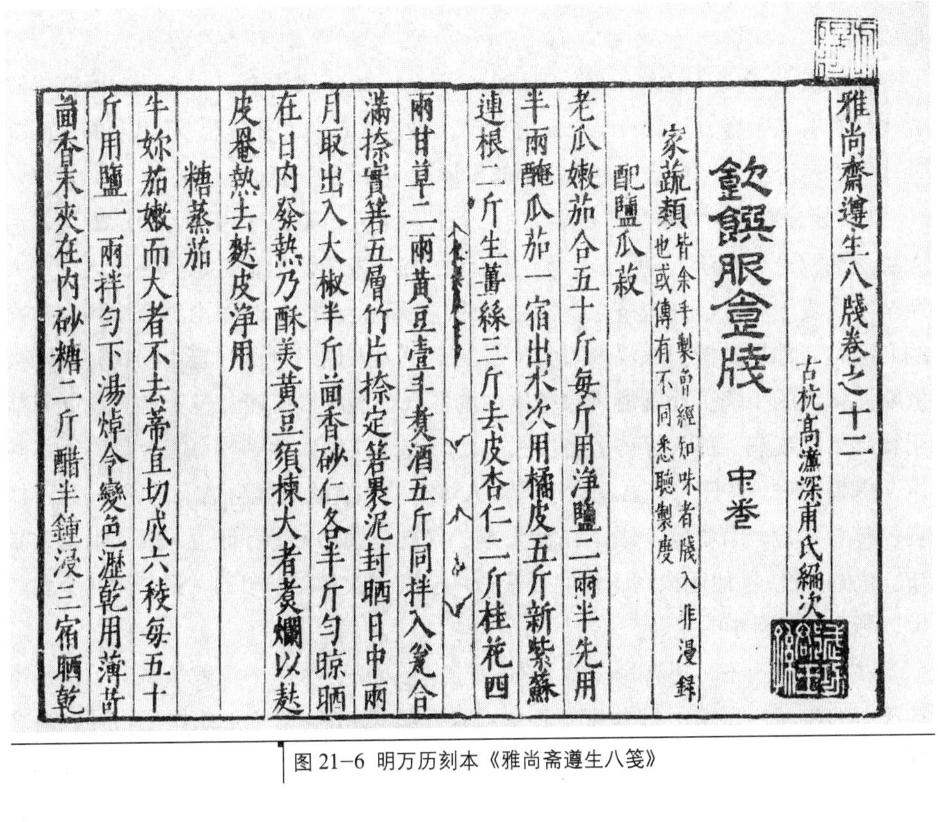
雅尚齋遵生八牋卷之十二
古杭高濂深甫氏編次
飲饌服食牋 中卷
家蔬類 皆余手製曾經知味者牋入非漫錄也或傳有不同悉聽製度
配鹽瓜菽
老瓜嫩茄合五十斤每斤用淨鹽二兩半先用半兩醃瓜茄一宿出水次用橘皮五斤新紫蘇連根二斤生薑絲三斤去皮杏仁二斤桂花四兩甘草二兩黃豆壹斗煮酒五斤同拌入瓮合滿捺實箬五層竹片捺定箬裹泥封晒日中兩月取出入大椒半斤茴香砂仁各半斤匀晾晒在日内發熱乃酥美黃豆須揀大者煮爛以麸皮罨熟去麸皮淨用
糖蒸茄
牛妳茄嫩而大者不去蒂直切成六稜每五十斤用鹽一兩拌匀下湯焯令變色瀝乾用薄荷茴香末夾在内砂糖二斤醋半鍾浸三宿晒乾

图 21–6 明万历刻本《雅尚斋遵生八笺》

素菜如果烹调得法，味美亦不亚于珍馐。

素食者又不都是佛教徒。明代陈继儒的《读书镜》有一语说："醉醴饱鲜，昏人神志。若蔬食菜羹，则肠胃清虚，无滓无秽，是可以养神也。"这其中所追求的另一番清净的境界，代表着相当一部分文人的思想。

素菜以绿叶菜、果品、菇类、豆制品、植物油为原料，易于消化，富有营养，利于健康。现代医学证实，许多素菜如香菇、萝卜、大蒜、竹笋、芦笋等，都具有抗癌和治癌作用。素菜还能仿制荤菜，形态逼真，口味相似。这些都是素菜越来越受到人们重视的原因。

现代中国素菜已发展到数千种，烹调技法也有很大进步。这些技法大体可归纳为三类：一是卷货，用油皮包馅卷紧，以淀粉勾芡，再烧制而成，名品有素鸡、素酱肉、素肘子、素火腿等；二是卤货，以面筋、香菇为主料烧制而成，品种有素什锦、香菇面筋、酸辣片等；三是炸货，过油煎炸而成，有素虾、香椿鱼、咯炸盒等。

素食养生，古代的许多学问家坚信这一点。饮食既能养生，又可疗疾，这些道理早在野蛮时代便为人们所懂得。然而这些知识要上升为科学，却不知经历了多少个世纪。到了唐代，出现了专门研究食疗的学者和著作，一个新的学科逐渐形成了。

唐初医药学家孙思邈，少时因病而学医，一生不求官名，一心致力医药学研究。他著有《千金方》和《千金翼方》等，被后人尊为"药王"。孙思邈的这两部著作有专章论述食疗食治，对食疗学的发展产生了深远的影响。

《千金方》又名《备急千金要方》，全书三十卷，第二十六卷为食治专论，后人称之为《千金食治》。所以名为"千金"，有一方药值千金之意，孙氏自谓"人命至重，贵于千金，一方济之，德逾于此。"《千金食治》的序论部分谈到了食疗的必要性，孙思邈援引东汉名医张仲景的话说：人们平时不必妄用药物，否则会影响肌体内的平衡。饮食能排除身体内的邪气，能安顺脏腑，悦人神志。如果能用食物治疗疾病，那就算得上是良医。孙思邈还谈到饮食不当可能会危害人体健康，提倡少吃一些佳肴，要注意选择对人体有益的食物。他告诫人们说："凡常饮食，每令节俭，若贪味多餐，临盘人饱，食讫觉腹中彭亨（胀肚）短气，或致暴疾，仍为霍乱。"他还谈到一些配餐禁忌，也谈到饮食与季节的关系，尤其节食一说，包含着极科学的道理。

在孙思邈门下，还有一位著名的医药学家孟诜，也是一位寿星老。孟诜师事孙氏，写出了中国第一部食疗专著《神养方》。后由其弟子张鼎作了增补，易名《食疗本草》，共载食疗方 227 条。1907 年，英国人斯坦因在敦煌莫高窟中找到了

《食疗本草》残卷，这书的许多内容散见于其他一些唐宋医籍中，近代许多学者进行了辑佚，出版了比较完备的辑本。本书集药用食品共一册，在每种食物名下均注明药性、服食方法及宜忌等项，特别对有些食物多食或偏食可能招致的疾患，也都一一标明。

## 第三节
## 外来美食

秦亡汉兴，经过六七十年的休养生息，社会经济逐渐出现大繁荣，至汉武帝时达到极盛。中国文化的发展除了具备统一性，又有了开放性，对域外的经济文化交流，自汉代起开始表现出高度的主动性。这种交流很快便突破了长城关隘，通向遥远的国度，著名的丝绸之路就是最有力的见证。

汉武帝刘彻为了联络西迁的大月氏，以与匈奴周旋，募人出使西域。应募的就是日后大名鼎鼎的探险家张骞。公元前 138 年，不到 30 岁的张骞自长安出发，没想到途中被匈奴拘禁十年之久。在那里他为一贵族放牧几百头牛羊，并娶一女奴为妻，生育了孩子。后来得便逃脱，到达大月氏，可大月氏却不想与汉朝联盟。张骞不得已走上归途，结果又被匈奴拘禁了一年多，戴着脚镣手铐做苦工。后因匈奴内乱，才脱身回到长安，出发前的一百多人，经过 13 年的艰难险阻，这时只剩包括他自己在内的两个人了。

这第一次的失败，并没使汉武帝丧失信心。张骞生还，带回来西域各国有关风俗物产的许多信息。于是五年之后，汉武帝又命张骞带领三百人的大探险队，每人备马两匹，带牛羊一万头，金帛货物价值一万万，出使乌孙国，同时与大宛、康居、月氏、大夏等国建立了交通关系。后来，又连年派遣使官到安息（波斯）、身毒（印度）诸国，甚至还派像李广利这样的战将进行武力征伐。文交武攻，不仅将伟大的汉文化输送到遥远的西方，而且从西方也传入了包括佛教在内的宗教、文化、艺术，对中国这个东方古国的精神文化生活产生了深远的影响。由于从西域传入的物产大都与饮食有关，这种交流对人们的物质文化生活也同样产生了深远的影响。

从西域传来大量物产，使得汉武帝兴奋不已。他命令在都城长安以西的皇家园囿上林苑，修建一座别致的离宫。离宫门前耸立按安息狮子模样雕成的石狮，宫内画有开屏的印度孔雀，点燃着西域香料，摆设着安息驼鸟蛋和千涂国的水晶盘等。离宫不远处，栽种着从大宛引进的紫花苜蓿和葡萄。上林苑中还喂养着西域来的狮子、孔雀、大象、骆驼、汗血马等珍禽异兽，完全是一派异国风光。

在汉代从西域传来的物产还有鹊纹芝麻、胡麻、无花果、甜瓜、西瓜、安石榴、绿豆、黄瓜、大葱、胡萝卜、胡蒜、番红花、胡荽、胡桃、酒杯藤，以及玻璃、海西布（呢绒）、宝石、药剂等，它们不仅丰富了高高在上的统治者的生活，大多也为下层人民带来了实惠，流泽直至今日。所传进的瓜果菜蔬，成了最大众化的副食品。

当然，这些物产也许并不是同时由西域引进的，后人慕张骞之名，把其他汉使的功劳也都统统记在他的账上。其他几种用于调味的香菜香料，可以确定由西域传来，充实了人们的口味。苜蓿或称光风草、连枝草，可供食用，多用为牲畜的优质饲料。胡荽又称芫荽，别名香菜，有异香，调羹最美。胡蒜即大蒜，较之原有小蒜辛味更为浓烈，也是调味佳品。还有从印度传进的胡椒，也都是我们熟知的调味品。

汉代时对异国异地的物产有特别的嗜好，极求远方珍食，并不只限于西域，四海九州，无所不求。据《三辅皇图》所记，汉武帝在元鼎六年（前 111）破南越之后，在长安建起一座扶荔宫，用来栽植从南方所得的奇草异木，其中包括山姜 10 本、甘蔗 12 本，龙眼、荔枝、槟榔、橄榄、千岁子、柑橘各百余本。由于北方气候与南方差异太大，这些植物生长得都不太好，本来有些常绿的果木，到了冬季也枯萎了，很难结出硕果来。要想吃到南方的新鲜果品，还得靠地方的岁贡，靠驿传的递送。

中国古代有时不仅把地道的外国人称为胡人，有时将西北邻近的少数民族也称为胡人，或曰狄人，又以“戎狄”作为泛称。于是胡人的饮食便称为胡食，他们的用器都冠以“胡”字，以与汉器相区别。东汉末年，灵帝刘宏不顾经济凋敝、仓廪空虚的事实，一味享乐，而且对胡食狄器有特别的嗜好，算得上是一个地道的胡食天子。

灵帝好微行，不喜欢前呼后拥。他喜爱胡服、胡帐、胡床、胡坐、胡饭、胡箜篌、胡笛、胡舞，京师贵戚也都学着他的样子，一时蔚为风气。灵帝还喜欢亲自驾驭四匹白驴拉的车，到皇家苑囿西园兜风，以为一大快事。在西园还开设了一些饮食店，让后宫采女充当店老板，灵帝则穿上商人服装，扮作远道来的客商，到了店中，“采女下酒食，因共饮食，以为戏乐。”灵帝也算得一个风流天子。

灵帝和京师贵戚喜爱的胡食，主要有胡饼、胡饭等，烹饪方法比较完整地保留在《齐民要术》等书中。

胡饼，按刘熙《释名》的解释，指的是一种形状很大的饼，或者指面上敷有胡麻的饼，在炉中烤成。唐代白居易有一首写胡饼的诗，其中有两句为“胡麻饼样学京都，面脆油香新出炉”，似乎又是指的油煎饼，不论怎么说，其制法应是汉代原来所没有的，属于北方游牧民族或西域人所发明。

胡饭也是一种饼食，并非米饭之类。将酸瓜菹长切成条，再与烤肥肉一起卷在饼中，卷紧后切成二寸长的一节节，吃时配以醋芹。胡饼和胡饭之所以受到欢迎，主要是味道超过了传统的蒸饼。尤其是未经发酵的蒸饼，没法与胡饼和胡饭媲美。

胡食中的肉食，首推“羌煮貊炙”，具有一套独特的烹饪方法。（图 21—7）羌和貊代指古代西北的少数民族，煮和炙指的是具体的烹调技法。羌煮就是煮鹿头肉，选上好的鹿头煮熟、洗净，将皮肉切成两指大小的块。然后将斫碎的猪肉熬成浓汤，加一把葱白和一些姜、橘皮、花椒、醋、盐、豆豉等调好味，将鹿头肉蘸这肉汤吃。貊炙为烤全羊和全猪之类，吃时各人用刀切割，原本是游牧民族惯常的吃法。以烤全猪为例，取尚在吃乳的小肥猪，褪毛洗涤干净，在腹下开小口取出五脏，用茅塞满腹腔，并用柞木棍穿好，用慢火隔远些烤。一面烤一面转动小猪，面面俱烤到。烤时要反复涂上滤过的清酒，不停地抹上鲜猪油或洁净麻油，这样烤好的小猪颜色像琥珀，又像真金，吃到口里，立刻融化，如冰雪一般，

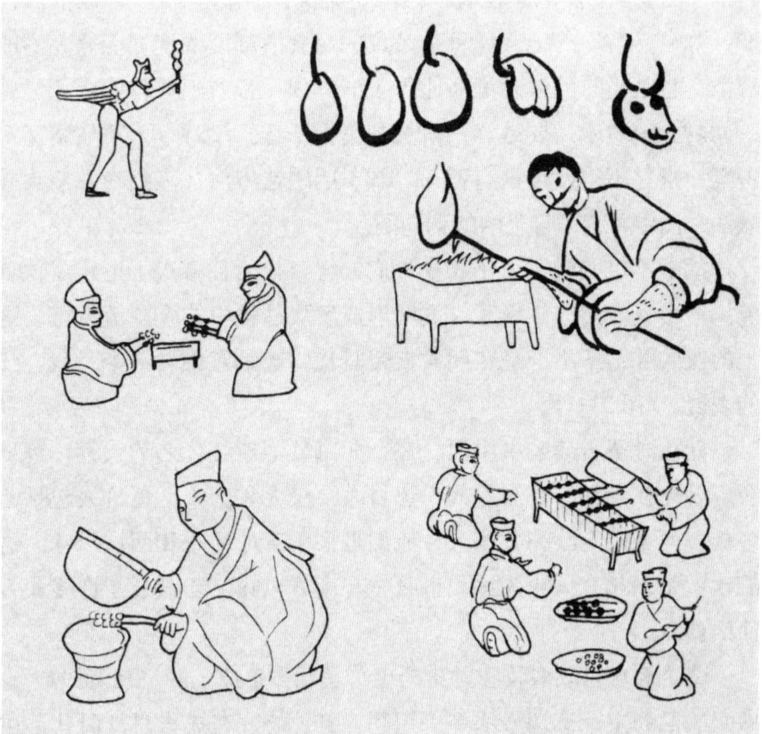

图 21-7 汉代烤肉串图

汁多肉润，与用其他方法烹制的肉风味特异。

在胡食的肉食中，还有一种“胡炮肉”，烹法也极别致。用一岁的嫩肥羊，宰杀后立即切成薄片，将羊板油也切细，加上豆豉、盐、碎葱白、生姜、花椒、荜拔、胡椒调味。将羊肚洗净翻过，把切好的肉、油灌进羊肚缝好。在地上掘一个坑，用火烧热后除掉灰与火，将羊肚放入热坑内，再盖上炭火。在上面继续燃火，只需一顿饭工夫就熟了，香美异常。

羌煮貊炙、胡炮肉，所采用的烹法实际是古代少数民族在缺少应有的炊器时不得已所为，从中可以看到史前原始烹饪术的影子。

天子喜爱的胡食，也是许多显贵们所梦想的。这胡食不仅指用胡人特有的烹饪方法所制成的美味，有时也指采用原产异域的原料制成的馔品。尤其是那些具有特别风味的调味品，如胡蒜、胡芹、荜拔、胡麻、胡椒、胡荽等，它们的引进为烹制地道的胡食创造了条件。如有一种“胡羹”，为羊肉煮的汁，因以葱头、胡荽、安石榴汁调味，故有其名。当然西域调味品的引进也给中原人民的饮食生活带来了新的生机，直接促进了汉代及以后烹调术的发展。

用胡人烹调术制成的胡食受到人们的欢迎，而有些直接从域外传进的美味更是如此，葡萄酒便是其中的一种。葡萄酒有许多优点，如存放期很长，可长达十年而不败。《搜神记》便有“西域有葡萄酒，积年不败，彼俗云：可十年。饮之醉，弥月乃解”的记载，可是汉代的粮食酒却因浓度低而极易酸败。葡萄酒香美醇浓，也是当时的粮食酒所比不上的，魏文帝曹丕《与朝臣诏》曾说葡萄酒让人一闻就会流口水，要是饮一口更是美得不行。汉时帝王及显贵们对葡萄美酒推崇备至，求之不得。可虽有葡萄，却不明酿造方法，直到晚及唐代破高昌，才得其酿法，国中才有了自己酿的葡萄酒。

胡食不仅刺激了天子和权贵们的胃口，而且事实上造成了饮食文化的空前交流。这个交流充分体现了汉文明形成发展过程中的多源流特征。这样表现在文化上的兼收并蓄，不论是在明君武帝时代，还是在昏君灵帝时代，汉代都有极突出的表现。(图 21—8)

元代时蒙古族入主中原，在今北京城地建都，名为大都，为世界著名的大都会。居住在大都的有蒙古人、色目人、汉人和南人，色目人包括蒙古以外的西北各族、西域以至欧洲各族人，他们带来了草原风味和西域风味。这就使得元大都的饮食是以北方风味为主，也吸收有南方风味，还融合了许多蒙古族食品和西域回回食品。

蒙古族自古以畜牧和狩猎为生，是北方草原上的“马背民族”。他们的饮食以肉奶制品为主，烹调方法多采用烤、煮、烧。在成吉思汗时代，由于远征需要而

图 21-8　山东诸城出土的汉代画像砖庖厨图

推行了一种快速熟肉法，即随地挖坑烧烤，称为“锄烧”。此外，还有铁板烧，也都是与成吉思汗有关的具有特色的蒙古族烹调方法。名肴有烤全羊、烤羊腿、手扒羊肉、蒙古馅饼、奶豆腐等。从无名氏《居家必用事类全集》“饮食类”一节看，一些蒙古族食品如生肺、酥油肺、琉璃肺、肝肚生、烤肉等，在元大都是较为流行的食品。元代诗人白廷有诗赞美蒙古族的“八珍席”，八珍即：醍醐、麈沆、野驼蹄、鹿唇、驼乳糜、天鹅炙、玄玉浆、紫玉浆等。这是蒙古大汗的御膳。

“回回食品”和“女真食品”在元大都的流行，可以由元代饮膳太医忽思慧的《饮膳正要》看到。该书卷一的“聚珍异馔”详列了许多非汉族的馔品，主要有马思答吉汤、八儿不汤、炒狼汤、羊皮面、秃秃麻食、马乞、搠罗脱因、乞马粥、河西米汤粥、撒速汤、炙羊心、炙羊腰、河西肺、脑瓦剌、攒羊头、攒牛头、细乞思哥、肝生、马肚盘、牛奶子烧饼、颇儿必汤等等了。

明代时明成祖迁都北京，南人入朝为官，将南食携入，南味大规模北移，造成又一次南北饮食大汇合。明代时所谓回回食品（清真食品）在民间仍很受欢迎。元明之际无名氏《居家必用事类全集》“饮食类”还专有“回回食品”一节，录有卷煎饼、糕糜、酸汤、秃秃麻失（手撇面）、八耳塔（豆面蜜羹）、哈尔尾（炒面蜜糕）、吉剌赤（豆粉煎饼）、哈里撒（黄烧饼）等。这本书同时还录有一些“女直（真）食品”，如蒸羊眉骨、塔不剌鸭子、野鸡撒孙、柿糕等，表明满族饮食在那时也受到汉族人的关注了。

伊斯兰教最早传入中国，是从7世纪中叶阿拉伯商人到中国，在宋代时还仅限于广州、泉州、杭州等地。公元13世纪初的南宋末至元代，信仰伊斯兰教的民族多在葱岭内外地域，被统称为回回，宗教称回回教。从1219年成吉思汗西征，到1258年旭烈兀攻陷巴格达，先后征服了葱岭以西，黑海以东信仰伊斯兰教的各民族，大批中亚各族人，波斯人和阿拉伯人，迁徙到东方来。这些人都被元代称作回回，被列为所谓的“色目人”的一种，和蒙古、汉、畏兀儿、唐兀、契丹等民族相区别。这时出现了聚居的回回营和回回村，他们散处在中国西北、西南以及中原各地，主要是西北的新疆、宁夏、甘肃、陕西等地。明代时回回已成为一个民族的共同体，西北的甘肃、宁夏、陕西已成为回民的聚居区，在云南也有发展。从杭州到通县，沿运河两岸的许多地方都有回民居住区。

中国信仰伊斯兰教的民族有回族、维吾尔、哈萨克、乌孜别克、塔吉克、塔塔尔、柯尔克孜、撒拉、东乡、保安等十余个民族。伊斯兰教信仰不仅表现在意识形态、风俗习惯等方面，饮食习俗也包括其中。

阿拉伯和波斯人的先世，不吃猪肉，伊斯兰的经典《古兰经》禁食猪肉，也不吃马、骡、驴三种家畜的肉，有的不吃狗肉，有的地区不吃带蹼的家禽肉、兔肉，有些人不吃无鳞鱼等。但吃骆驼肉、牛羊肉，特别喜吃羊肉。新疆的烤全羊、手抓羊肉、羊肉烤辣椒、甜酱烤羊腿、羊肉抓饭都是独具风味的菜肴。羊肉抓饭是新疆维吾尔族最喜欢的一种饭、菜，每逢喜庆活动，或在古尔邦、肉孜节都是必备的佳餐。将焖好的米饭盛在大托盘里，堆得小山似的，上面撒上香料，倒入炒好的羊肉及汤，最后放葡萄干、青梅块、樱桃等，人们席地围坐取食，用右手指尖抓饭。

米、面食品是西北，特别是新疆地区的食清真菜的民族饮食的一部分。（图21—9）米蒸煮为饭，和菜肴装盘中抓食，即为“抓饭”；而食品以烤、烙、炸为主，新疆的“馕”即是一种烤烙而成的大饼，“烤包子”是包成四角形带焰的发面包子，是烤熟的。回民的油香，是发面的炸制品，多包糖馅或肉馅，是一种普及食品。新疆扯面即我国北方抻面，只是较粗，煮熟后，可另炒菜（用羊肉、青菜、西红柿等合炒），再与面条同炒，谓之“炒面”，亦称“爆炒面”。

清真菜烹调方法，早先以炮、烤、涮为主，后来大量吸收汉族风味菜点的烹调技法，如涮羊肉就采用汉族涮锅子的方法，成为北方清真菜的代表菜。清真菜基本上可分为三种风味特色。一是西北的清真菜，特别是新疆、宁夏地区的清真菜，保留了较多的阿拉伯人饮食特色；二是长江以北的北方地区的清真菜，受北京、山东菜的影响，烹调方法较精细，烹调牛羊肉最具特色；三是杂居南方和沿海地区回族的清真菜，口味清淡，以海河水鲜、禽类为原料。

对汉族一般居民而言，如果说像清真菜的传播对他们饮食生活还没有产生太大影响，那么从外部传入的一些新的物种，则使明代时的食俗乃至食性都发生了很大变化。

图 21–9 唐代面食女俑，吐鲁番出土

明代初年郑和入宫做太监，于永乐三年（1405）率舰队通使外洋。在以后的28年间，他一共航海七次，途经36国，最远到达非洲东岸和红海海口。他的航海不仅大大扩展了明王朝的外交领域，而且将远国的风俗物产带回到中国。舰队每到一地，都以瓷器、丝绸、铜铁器和金银换取当地特产。

值得提到的是，明代引进的原产美洲的几种物产确实给古今中国人带来了实惠，这就是玉米、甘薯、落花生和辣椒。玉米、甘薯、马铃薯和花生，都属粮食作物，特别是玉米和甘薯，它们至今在中国许多地区还是人口的主粮，尤其是在北方干旱地区。辣椒的引进，对中国烹饪的影响也非常大。中国古代的五味体系中有辛（姜、蒜）而无辣，有了辣椒后，原有的“甘酸苦辛咸”就变成了“甜酸苦辣咸”。辣椒与其他调料配合，又产生出许多新的复合味，大大丰富了中国烹调的味型。如与花椒配成麻辣味，与醋配成酸辣味，与酱配成酱辣味，还可以配成鱼香味等。

## 第四节 享受自然

大约自隋唐时代开始，皇室、官僚、富豪、士大夫们的宴饮活动越来越频繁，规模也越来越大。巧立的宴会名目，翻新的饮食花样，在那个时代难以尽数，有钱人想方设法造出机会来大吃大喝，肆意挥霍。这样的筵宴既有摆阔绰的，也有追求雅兴的，免不了也有落入俗套的。

隋代那个杀父而登上皇帝宝座的炀帝杨广，凭借他的老子积累起来的巨大民力与财富，随心所欲地安排着自己奢侈的生活。杨广常常在游玩中打发日子，他由大运河乘船出游江都（扬州），庞大的船队首尾相衔，逶迤二百余里。挽船的壮丁多达八万人，两岸还有骑兵夹岸护送。杨广下令船队所过州县，五百里内居民都得来给贵人献食。

杨广在宫中花天酒地，饮馔极丰。他所食用的馔品，一部分名目保存在谢讽所撰《食经》中。谢讽是杨广的尚食直长，他的《食经》虽早已不存，但从《清异录》上还可找到这书的一些内容。

唐人举行比较重大的筵宴，都十分注重节令和环境气氛。有时本来是一些传统的节令活动，往往加进一些新的内容，显得更加清新活泼，盛唐时的“曲江宴”，就是一个例子。

中国采用科举考试的办法选拔官吏，是从隋代开始的，唐代进一步完善了这个制度。每年进士科发榜，正值樱桃初熟，庆贺及第新进士的宴席便有了“樱桃宴”的美雅称号。宴会上除了诸多美味之外，还有一种最有特点的时令风味食品，就是樱桃。由于樱桃并未完全成熟，味道不佳，所以还得渍以糖酪，食时赴宴者一人一小盅，极有趣味。

这种樱桃宴并不只限于庆贺新科进士，在都城长安的官府乃至民间，在这气候宜人的暮春时节，也都纷纷设宴，馔品中除了糖酪樱桃外，还有刚刚上市的新竹笋，所以这筵宴又称作“樱笋厨”。这筵宴一般在三月三日前后举行，是自古以来上巳节的进一步发展。

皇帝为新进士们举行的樱桃宴，地点一般是在长安东南的曲江池畔。曲江池最早为汉武帝时凿成，唐时又有扩大，周回广达十余公里。这是一座全都城中风光最美的开放式园林，池周遍植柳木等树木花卉，池面上泛着美丽的彩舟。池西为慈恩寺和杏园，杏园为皇帝经常宴赏群臣的所在；池南建有紫云楼和彩霞亭，都是皇帝和贵妃登临的处所。在三月上巳这一日，皇帝为显示升平盛世，君臣同乐，官民同乐，不仅允许皇亲国戚、大小官员携带妻妾和侍女以及歌伎参加曲江盛大的游宴会，还特许京城中的僧人道士及平民百姓共享美好时光。曲江处处皆筵宴，皇帝贵妃在紫云楼摆宴，高级官员的筵席摆在近旁的亭台，翰林学士们特允在彩舟上畅饮，一般士庶只能在花间草丛得到一席之地。

长安唐代韦氏家族墓壁画中的《野宴图》，描绘的大概是曲江宴的一幕场景，图中画着九个男子，围坐在一张大方案旁边，案上摆满了肴馔和餐具。人们一边畅饮，一边谈笑，好不快活。（图 21—10）唐代大诗人杜甫的《丽人行》云：“三月三日天气新，长安水边多丽人。……紫驼之峰出翠釜，水晶之盘行素鳞；犀箸厌饫久未下，鸾刀缕切空纷纶。黄门飞鞚不动尘，御厨络绎送八珍”。这描写的是权臣杨国忠与虢国夫人等享用紫驼素鳞华贵菜肴，游宴曲江的情形，翠釜烹之，水晶盘盛之，犀角箸夹之，鸾刀切之，该是多么快意！新科进士更是得意，这从刘沧《及第后宴曲江》诗中看得出来：“及第新春选胜游，杏园初宴曲江头。紫毫粉壁题仙籍，柳色箫声拂御楼。霁景露光明远岸，晚空山翠坠芳洲。归时不省花间醉，绮陌香车似水流。”

许多食风的形成以及相应食品的发明，于季节冷暖有极大的关系，如《清异录》所载的“清风饭”即是。唐敬宗李湛宝历元年(825)，宫中御厨开始造清风饭，只在大暑天才造，供皇帝和后妃作冷食。造法是用水晶饭（糯米饭）、龙睛粉、龙脑末（冰片）、牛酪浆调和，放入金提缸，垂下冰池之中，待其冷透才取出食用。这食法同现代用电冰柜做冷食冷饮并无区别，那冰池实际是以冰为冷气源

图 21–10 唐代壁画《野宴图》

的冷藏库。

夏有清风饭，冬则有所谓“暖寒会”。据《开元天宝遗事》所载，唐代有个巨豪王元宝，每到冬天大雪纷扬之际，吩咐仆夫把本家坊巷口的雪扫干净，他自己则亲立坊巷前，迎揖宾客到家中，准备烫酒烤肉款待，称为暖寒之会。

把饮食寓于娱乐之中，本是先秦及汉代以来的传统，到了唐代，则又完全没有了前朝那些礼仪规范的束缚，进入了一种更加放达的自由发展境地。包括一些传统的年节在内，又融进了不少新的游乐内容。比如宫中过端午节，将粉团和粽子放在金盘中，用纤小可爱的小弓架箭射这粉团粽子，射中者方可得食。因为粉团滑腻而不易射中，所以没有一点本事也是不大容易一饱口福的。不仅宫中是这样，整个都城也都盛行这种游戏。

每逢年节，一些市肆食店，也争相推出许多节令食品，以招徕顾客。《清异录》记唐长安皇宫正门外的大街上，有一个很有名气的饮食店，京人呼为“张手美家”。这个店的老板不仅可以按顾客的要求供应所需的水陆珍味，而且每至节令还专卖一种传统食品，结果京城处处都有食客被吸引到他的店里。张手美家经营的节令食品有些继承了前朝已有的传统，如人日（正月七日）的六一菜（七菜羹）、寒食的冬凌粥，新的食品则有上元（正月十五日）的油饭、伏日的绿荷包子、中秋的玩月羹、重阳的米糕、腊日的萱草（俗称金针、黄花菜）面等等。这些食品原本主要由家庭内制作，食店开始经营后，使社会交际活动又多了一条途径，那些主要以家庭为范围的节令活动扩大为一种社会化的活动。

在唐代人看来，饮食并不只为口腹之欲，并不单求吃饱吃好为原则，他们因此而在吃法上变换出许多花样来。著名诗人白居易，曾任杭州、苏州刺史，大约在此期间，他举行过一次别开生面的船宴。他的宅院内有一大池塘，水满可泛船。他命人做成一百多个油布袋子，装好酒菜，沉入水中，系在船的周围随船而行。开宴后，吃完一种菜，左右接着又上另一种菜，宾客们被弄得莫名其妙，不知菜酒从何而来。

这时的烹饪水平也为适应人们的各种情趣提高了许多，大型冷拼盘的出现就是证明。《清异录》载：唐代有个庖术精巧的梵正，是个比丘尼，她以鲊、鲈脍、肉脯、盐酱瓜蔬为原料，“黄赤杂色，斗成景物，若坐及二十人，则人装一景，合成‘辋川图’小样”。这空前绝后的特大型花色拼盘，美得让人只顾观赏，不忍食用。辋川为地名，在西安东南的蓝田县境，因谷水汇合如车辋之形，故有此名。辋川本是唐代著名诗人宋之问和著名山水诗人兼画家王维的别墅所在地，那里有白石滩、竹里馆、鹿柴等 20 处游览景区。梵正按王维所作《辋川图》一画中 20 景作成的风景拼盘，是唐代烹饪史上少有的创举。

精彩的饮食活动，在很多场合下不是在家庭成员范围内完成的，往往具有一定的社会性。在亲朋故旧的聚会中，在与外人的交际中，更能在饮食活动中体现出超出饮食之外的意境，体现出时代的风貌。这样的意境或高雅，或粗俗，或热烈，或淡素，很少有在皇宫见到的那种庄重和官场见到的那种审慎。

北宋时，社会风气一度比较质朴，这与士大夫们的倡导有关。表现在饮食生活上，人们追求一种淡泊素雅的风度，这在中国历史上还并不多见。这种淡泊素雅的风度，可称为君子风度，自古以来就为士大夫中的一部分人所推崇，正所谓“君子之接如水”（《礼记 · 表记》）、“君子之交淡若水”（《庄子》）。

北宋时一些高居相位的官僚，也能以节俭相尚，十分难得。如撰有《资治通鉴》的史学家司马光，哲宗时被擢为宰相。此前他曾辞官在洛阳居住 15 年，也就是撰写《资治通鉴》的那阵子，他与文彦博、范纯仁等这些后来都身居相位的同道相约为“真率会”，每日往来，不过脱粟一饭，酒数行。相互唱和，亦以简朴为荣。文彦博有诗曰：“啜菽尽甘颜子陋，食鲜不愧范郎贫”；范纯仁和曰：“盍簪既屡宜从简，为具虽疏不愧贫”；司马光又和：“随家所有自可乐，为具更微谁笑贫？”充分表达了他们兴俭救弊的大志。司马光居家讲学，也是奉行节俭，不求奢靡，“五日作一暖讲，一杯一饭一面一肉一菜而已”。司马光为山西夏县人，他在归省祖茔期间，父老们为之献礼，用瓦盆盛粟米饭，瓦罐盛菜羹，他“享之如太牢”，觉得味过猪牛羊。司马光的俭朴大概与家教有关，他自己曾说他父亲为郡牧判官时，来了客人未尝不置酒，“或三行，或五行，不过七行酒”，吃的果品只有市上买来的梨栗枣柿，肴馔则只有脯醢菜羹，器用皆为瓷器漆器，无有金银。当时的士大夫差不多都是如此，“人不相非”。人们更多讲究的是礼、情，所谓“会数而礼勤，物薄而情厚”（《比事摘录》）。(彩图 6)

范纯仁是“先天下之忧而忧，后天下之乐而乐”的文学家范仲淹的儿子，他的俭朴也是承自父辈的家法。范仲淹官拜参知政事，为副相，贵显之后，“以清苦俭约称于世，子孙皆守其家法。”范纯仁做了宰相，也不敢违背这家法。有一次他留下同僚晁美叔一起吃饭，美叔后来对人说：“范丞相可变了家风啦！”别人问他何以见得，他回答说：“我同他一起吃饭，那盐豉棋子面上放了两块肉，这不是变家风了吗！”人们听了都大笑起来，范纯仁待客既如此，自家的生活就可以想见其淡泊了。

淡泊素雅虽为一种流行风度，但这并不意味着说士大夫们都是一位位苦行僧。他们即便在这种淡泊之中，也在寻找着生活的无穷乐趣，高雅的“斫鲜之会”正充分体现了这一点。据《春渚纪闻》说，吴兴溪鱼极美，冠于他郡，郡城的人聚会时，必斫鱼为脍。斫脍须有极高的技艺，所以操刀者被人名为“脍匠”。又据《避暑录话》说，过去斫脍属南食，汴京能斫脍的人极少，人们都以鱼脍为珍味。文学家梅圣俞为江南宣城人，他家有一老婢，善为斫脍。同僚欧阳修都是江西人，极爱食脍。他们每当想到食脍时，就提着鲜鱼去拜访梅圣俞。梅圣俞每得可为脍

图 21-11  河南出土的宋代厨娘画像砖

的鲜鱼，必用池水喂养起来，准备随时接待同僚。（图 21—11）

有时这斫鲜之会还以野宴的方式出现，更充满一种清新的情趣。据《东京梦华录》，汴梁人在清明节时，都涌到城外郊游，“四野如市，往往就芳树之下，或园圃之间，罗列杯盘，互相劝酬。”城西皇家金明池琼林苑，三月一日起开禁，允许士庶在划定的游览区赏玩。池西垂杨蘸水，游人稀少，那里有一些兴致很高的垂钓者，他们事先在池苑管理处买得准钓的牌子，然后才得开钓。钓得的鱼有的当即便高价卖给游人，游人随带脍具，乘鲜临水斫脍，用以佐酒，称为“一时珍味”。

五代时的梁、晋、汉、周，皆定都于汴京，就是开封府，或称为东京汴梁。宋太祖赵匡胤发动兵变，推翻后周，建立宋王朝，都城依然在汴梁。连续几朝的建都，给汴梁带来很大发展。汴梁比起汉唐的长安，民户增加十倍，居民百万，甲兵几十万，成为历史上空前的一大都会。

在宋代以前，一般都会的商业活动都有规定的范围，这就是集中的商业市场，如唐长安的东市和西市。宋都汴梁，则完全打破了这种传统的格局，城内城外，处处店铺林立，并不设特定的贸易商市。在众多的店铺中，酒楼饭馆占很大比重，饮食业的兴旺，成为经济繁荣的一个象征。

汴梁御街上的州桥，是市民和远方商贾必得一游的著名景点，附近一带有十几家酒楼饭馆，如有“张家酒店”、“王楼山洞梅花包子”、“曹婆婆肉饼”、“李四分茶”、“鹿花包子”等。城内的“市井经纪之家，往往只于市店旋买饭食，不置家蔬。”此外，还有不少沿街叫卖的食摊小贩，十分热闹。汴梁城内的商业活动不分昼夜，没有时间限制，晚间有直到三更的夜市，热闹之处，则通晓不绝。夜市营业的主要是饮食店，经营品种众多，有饭、肉鱼、野味、蔬果等，无所不包。夜市注重季节的变化，供应时令饮食品，如夏季多清凉饮料、果品，有甘草冰雪凉水、荔枝膏、越梅、香糖果子、金丝尝梅、生腌水木瓜等；冬季则有盘兔、滴酥水晶脍、旋炙猪皮肉、野鸭肉等。酒食店还继承了唐代创下的成例，每逢节令，都要推出许多传统风味食品，如清明节有稠饧、麦糕、乳酪、乳饼；四月八日佛节初卖煮酒；端午节有香糖果子和粽子；中秋则卖新酒、蟹螯等。在著名的杨楼、樊楼、八仙楼等酒店，饮客常至千余人，不分昼夜，不论寒暑，总是如此。

酒店之外，汴梁的饮食店还有不卖酒的食店、饭店、羹店、馄饨店、饼店等。食店经营品种有头羹、石髓羹、白肉、胡饼、桐皮面、寄炉面饭等。还有所谓“川饭店”，经营插肉面、大燠面、生熟烧饭等。其他有“南食店”，经营南方风味，有鱼兜子、煎鱼饭等。羹店经营的主要是肉丝面之类，算是一种经济快餐。客人落座后，店员手持纸笔，遍问各位，来客口味不一，或熟或冷，或温或整，一一记下，报与掌厨者。不大一会，只见店员左手端着三碗，右臂从手至肩驮叠着约二十碗之多，顺序送到客人桌前。客人所需热羹冷面，不得发生差错，否则客人报告店主，店员不仅会遭到叱骂，还要罚减工钱，甚至还有被解雇的危险。

宋代张择端所绘《清明上河图》，是流传至今的反映汴梁市民生活和商业活动的鸿篇巨制。五米多长的画幅，十分细致生动地展示了以虹桥为中心的汴河及两岸车船运输和手工业、商业、贸易等方面紧张忙碌的活动，纵横交错的街道，鳞次栉比的店铺、熙熙攘攘的人流，交汇成一派热闹繁华的景象。汴梁人的饮食生活，是《清明上河图》描绘的重点之一，图中表现的店铺数量最多的是饮食店和酒店。可以看到店里有独酌者，也有对饮者，也有忙碌着的店主。

类似市肆酒楼，还见于山西繁峙岩上寺内的壁画。在一幅壁画上画有头顶的、肩挑的、手提的、车推的、摆摊的饮食小贩。在临河搭建的一座壮观的酒楼里，有数人围坐桌前共饮，一旁还有弹唱助兴的歌女。楼前高挑着一面酒旗，上写着

图 21-12 山西繁峙岩上寺壁画局部

“野花攒地出，村酒透瓶香”，十分引人注目。壁画将酒楼的情景描绘得十分真切，这是属于金代的作品，可补《清明上河图》的不足。(图 21—12)

北宋败亡后，金人多次从汴梁收罗数以千计的艺人，其中包括不少烹饪高手，有的还是流落民间的御厨，这些人把中原的烹调技艺带到了北方。当然，更多的烹调高手随着朝廷的南迁而涌进了新都临安，南方因此而有机会吸取中原的烹饪技巧，南北饮食文化得到一次空前的交流。

临安即风景秀丽的杭州，南宋自公元 1138 年起在此建都，它因此而取代汴梁，一跃而为全国最大的商业都市。饮食业是临安最大的服务行业，有茶坊、酒肆、面店、果子、油酱、食米、下饭鱼肉鲞腊等。汴梁来的厨司和食店老板带来了中原的传统与技巧，钱塘门外著名的鱼羹铺主人宋五嫂，就是自汴梁流落到此的。

临安各类饮食店都有自己的特色，经营品种不同，以适应不同层次的雇主。如几种普通酒店中，有茶酒店，即茶饭店，以卖酒为主，兼售添饭配菜；有包子酒店，专卖鹅鸭包子、灌浆馒头、鱼子、薄皮春茧包子、虾肉包子、肠血粉羹；有直卖酒店，专售各色黄白酒；有散酒店，以零栲散卖碗酒为主，兼售血脏、豆腐羹、蛤蜊肉等；还有庵酒店，有娼妓作陪，酒阁内暗藏有卧床之类。

临安的大酒楼有太和楼、春风楼、丰乐楼、中和楼、春融楼等名号。所供酒类名号也极高雅，如玉练槌、思春堂、皇都春、珍珠泉、雪腴、琼花露、蓬莱春、清风堂、蓝桥风月、银先、紫金泉、万象皆春等，都是全国各地的名品。酒店雅座在楼上，楼下为散座，一般人入店，并不轻易登楼上阁，买酒不多，只在楼下散座。初一入座，酒家店员先上“看菜”，这是样品菜，只看不吃，问好顾客想买多少，然后换上所点的菜肴。有些远来的客商不懂这些规矩，见了“看菜”就动筷子，多被人冷眼耻笑。

临安食店多为北来的汴人所开办，有羊饭店、南食店、馄饨店、菜面店、素食店、焖饭店，还有专卖虾鱼、粉羹、鱼面的家常食店，为一般市民经常光顾的场所。此外还有茶坊，除主营茶饮外，也兼营其他饮料，有漉梨浆、椰子酒、木瓜汁、绿豆汤、梅花酒等。

不论是汴梁还是临安，酒楼食店的装修都极考究，大门有彩画，门内设彩幕，店中插四时花卉，挂名人字画，用以招徕食客。在高级酒楼内，夏天还增设降温的冰盆，冬天则添置取暖的火箱，使人有宾至如归的良好感觉。食客酒店进门，便有专门的伙计提瓶献茶，奉迎入座。接着请客人点菜，店伙计能将一二百种菜点的名称价码背得滚瓜烂熟。菜未烹好之前，先上果品数碟，酒温之后，菜肴接连上桌。酒楼还备有乐队，有乐手十余人至数十人，清歌妙曲，为客侑食。有的酒店还雇有名妓若干人，身着艳丽时装，凭栏招邀酒客，或陪侍客人进酒。

中国有一套逐渐完善的节令饮食风尚，它是在民间形成的，为普通民众所崇尚。唐宋时代，帝后们在某些特定的民间节日里虽然也会“与民同乐”，但只不过是摆摆样子而已。到了明代，民间一整套节庆活动都被搬进宫中，与节庆有关的饮食活动，在深宫也都一丝不苟地进行。每到岁时佳节，皇宫也热闹非凡，那里成了民间风尚的一个缩影。

平日饮食，多是为了口腹之需，而岁时所用，则又多了一层精神享受。历史上逐渐丰富起来的风味食品，往往都与岁时节令紧密相关。饮食与节令之间，本来就有一条紧密联系的纽带。各种食物的收获都有很强的季节性，收获季节一般就是最佳的享用季节，这就是现在所谓的时令食品。古代受阴阳五行学说的影响，人们把食物的组配和季节的更替作了一些貌似合理的规定，如《礼记·月令》所说的，孟春之月，天子食麦与羊；孟夏之月，天子食菽与鸡；孟秋之月，天子食麻与犬；孟冬之月，天子食黍与彘。这些食物尽管与季节可以拉上一定的联系，却不能算是真正的节令食品。

各种各样的岁时佳肴，几乎都有自己特定的来源，与一定的历史与文化事件相联系。到了今天，有一些岁时佳肴早已被淡忘，然而更多的却一代一代传了下来，风靡了中华大地，甚至飘香到异国他域。

南朝梁人宗懔所撰《荆楚岁时记》，较为完备地叙述了南方地区的节令饮食，汉代至南北朝时期的节令饮食风俗几可一览无余。

自古即重年节，最重为春节。春节古称元旦，又称元日，所谓“三元之日”，即岁之元、时之元、月之元。西汉时确定正月为岁首，正月初一日为新年，相沿至今。新年前一日是大年三十，即除夕，这旧年的最后一天，人们要守岁通宵，成了与新年相关的一个十分重要的日子。《荆楚岁时记》说，在除夕之后，家家户户备办美味肴馔，全家在一起开怀畅饮，迎接新年的到来。还要留出一些守岁吃的年饭，待到新年正月十二日，撒到街旁路边，寓送旧纳新之意。大年初一，鸡鸣时就得起床，在堂阶前爆响竹筒，用于避鬼。现在的烟花鞭炮，正是由此变化而来。到天亮时，全家老小都要穿戴整齐，依次祭奠祖神，互贺新春。这一日要饮椒柏酒、桃汤水和屠苏酒，下五辛菜，每人还要吃一个鸡蛋。饮酒时的顺序与平日不同，要从年龄小的开始，而平日则是老者长者先饮第一杯。

新年所用的这几种特别饮食，并不是为了品味，主要是为祛病驱邪。古时以椒、柏为仙药，以为吃了令人身轻耐老。西晋人成公绥所作《椒华铭》说：“肇惟岁首，月正元日。厥味惟珍，蠲除百疾”，讲的也是这个道理。桃木古以为五行之精，能镇压邪气，制伏百鬼。桃汤当指用桃木煮的水，用于驱鬼。晋人周处的《风土记》说：“元日造五辛盘，正元日五熏炼形。”五辛指韭、薤、蒜、芸苔、胡蒌五种辛辣调味品，可以顺通五脏之气。新年吃五辛，可见完全出于保健的愿望。梁时有一条正月初一不许吃荤的规定，荆楚之地因此不复食鸡蛋。初一不吃鸡蛋，可能与这一日为“鸡日”有关。古代以正月一日为鸡日，二日为狗日，三日为猪日，四日为羊日，五日为牛日，六日为马日，七日为人日，所以习惯上一日不杀鸡，二日不杀狗，三日四日不杀猪羊，五日六日不杀牛马，七日不行刑。一日既然不杀鸡，鸡蛋也就吃不得了。

到了正月七日，即是人日，须以七种菜为羹，照样无荤食。北方人此日要吃饼，而且须是在庭院中煎的饼。

正月十五日，熬好豆粥，滴上脂膏，用以祭祀门户。先用杨枝插在门楣上，随枝条摆动所指方向，用酒肉和插有筷子的豆粥祭祀，这是为了祈福全家。

从正月初一到三十日，青年人时常带着酒食郊游，一起泛舟水上，临水宴饮为乐。男男女女都要象征性地洗洗自己的衣裳，还要洒酒岸边，用来解除灾厄。

立春后的第五个戊日，为春社之日。这一天乡邻们都带着酒肉聚会在一起，在社树下搭起高棚，祭祀土地神。末了，人们共同分享祭神用的酒肉。本来这些酒肉是人们用于祭神的，祭罢还要说成是神赐予人的，吃了它便能福禄永随了。

冬至节过后一百零五日，为寒食节，大约在清明节前一二日。相传寒食节起因于晋文公悼念介子推的被焚。晋文公即位前在外流亡 19 年，介子推相随始终，并曾割股肉给文公充饥。文公复国，论功行赏，而忘却了共患难的介子推。于是，介子推背着老母亲，隐居到绵山深谷。文公去绵山寻求，介子推坚持不出。文公令人放火烧山，子推抱木而死。晋人哀怜子推，于是寒食一月，不举火为炊，以悼念这位志士。到了汉代，因老弱不堪一月的寒食，于是改为三日不举火。曹操还曾下过废止寒食的命令，终不能禁断。寒食所食主要为杏仁粥及醴酪。

寒食一过，就是春光明媚的三月三日清明节。这一日人们带上酒具，到江渚池沼间作曲水流杯之饮。在上游放入酒杯，任其顺流而下，浮至人前，即取而饮之。这样做不仅是为了尽兴，古时还以为流杯宴饮可除去不祥。这一日还要吃掺和鼠麴草的蜜饼团，用以预防春季流行病。

五月五日，是南方初夏一个很重要的节日。传说这一日是楚国诗人屈原投江的丧日，重要的食品是粽子。粽子古时按其形状称为“角黍”，用箬叶等包上黏米煮成。或以新竹截筒盛米为粽，并以五彩丝系上楝叶，投进江中，以祭奠屈原。当然这个节日是否与屈原有关，还有些不同的看法，但无关宏旨。到宋朝时，政府出面追封屈原为忠烈公，将五月五日定为端午节，传谕全国纪念屈原。现在流行的芦叶粽子，是明代弘治年间才兴起的，时间不算太久。

六月炎夏，兴食汤饼。汤饼指的是热汤面，意在以热攻毒，取大汗除暑气，亦为祛恶。

九月九日为重阳节，正值秋高气爽，人们争相出外郊游，野炊宴饮。富人或宴于台榭，平民则登高饮酒。这一日的食品和饮料少不了饼饵和菊花酒，传能令人长寿。陶渊明把重阳看做最快乐的一天，所谓“引吟载酒，须尽一生之兴。”他还有诗曰：“菊花知我心，九月九日开；客人知我意，重阳一同来。”饮酒赏菊，确为一大乐趣。

十月一日，要吃黍子羹，北方人则吃麻羹豆饮，为的是“始熟尝新”。尝新即尝鲜，早已成俗，泛指享用应时的农产品。

到了十一月，采摘芜菁、冬葵等杂菜晾干，腌为咸菜酸菜。腌得好的，呈金钗之色，十分好看。南方人还用糯米粉、胡麻汁调入菜中泡制，用石块榨成，这样的咸菜既甜且脆，汁也酸美无比，常常作醒酒的良方。

十二月八日，称为腊日。这个节日除了举行驱鬼的仪式，还要以酒肉祭灶神，送灶王爷上天。祭灶由老妇人主持，以瓶作酒杯，用盆盛馔品。又说佛祖释迦牟尼是这一天成佛的，佛教徒此日要煮粥敬佛，这就是“腊八粥”。后来祭灶活动改在十二月二十四日，与腊日不相干了。

还有一个重要的节日——中秋节，在《荆楚岁时记》里不曾提到，或许这部分内容已残佚不存，不可查考。中秋是一个食月饼庆团圆的突出家庭色彩的节日，据说是从先秦的拜月活动发展而来，魏晋时便已有中秋赏月的习俗，可能还没有成为普遍的风尚。

以上这些古老的节日及其饮食，作为民族传统几乎都流传了下来。尽管不少节日的形成都经历了长久的岁月，很多在南北朝时期之前便已成风尚，但南北朝却是一个集大成的时代，不仅这些节日形成了比较完善的体系，而且本来一些带有强烈地方色彩的节日也被其他地区所接受，南北的界限渐渐消失。如本出北方的寒食和南方的端午，风俗被及南北，成为全国性的节日。后来一些节日饮食虽有所变化，但整体格局却并没有多大改变。节令食风，是华夏民族一份十分丰厚的文化遗产，这传统一定还会弘扬光大。

## 第五节
# 餐桌上的礼仪

《礼记·曲礼》曰："入境而问禁，入国而问俗，入门而问讳。"这话成了周代那个崇尚礼仪的社会所奉行的行为准则。尤其对于饮食礼仪，人们态度之严肃，远不是我们当代标榜有现代意识的人所能想象得到的。

《礼记·礼运》说："夫礼之初，始诸饮食。"意思是礼仪产生于饮食活动，饮食之礼是一切礼仪的基础。饮食礼节虽然不是文明社会所独有的现象，它的产生可能与饮食本身大体同时，但文明社会的繁文缛节却远不是野蛮时代所可比拟的。夏商时的饮食礼仪不太清楚，至迟在周代，饮食礼仪形成了一套相当完整的制度。饮食内容的丰富，居室、餐具等饮食环境的改善，如何使饮食过程规范化，高层次的饮食礼仪自然产生，与礼仪相关联的一些习惯也逐渐形成。这些饮食礼俗即使在今天，有相当多的内容还有一定的合理性，所以有许多规范一直保存在现代人的饮食生活中，这也是构成中国饮食文化的重要特征之一。

周代的饮食礼俗，经过儒家后来的精心整理，比较完整地保存在《周礼》、《仪礼》和《礼记》的《曲礼》、《礼器》、《郊特牲》、《少仪》、《玉藻》等章节中。这里我们简单叙述一下客食之礼、待客之礼、侍食之礼、丧食之礼、进食之礼、侑食之礼、宴饮之礼，由此可见周代饮食礼俗之大端。

客食之礼。作为一个客人，首先，赴宴时入座的位置就很有讲究，要求"虚坐尽后，食坐尽前"。古时无椅、凳之类，席地而坐，在一般情况下要坐得比尊者长者靠后一些，以示谦恭；而饮食时则要尽量坐得靠前一些，靠近摆放馔品的食案，以免食物掉在坐席上。

其次，要求"食至起，上客起"。宴饮开始，馔品端上来时，客人要起立。在有贵客到来时，其他客人都要起立，以示恭敬。如果来宾地位低于主人，必须端起食物面向主人道谢，等主人寒暄完毕之后，客人才可入席落座。

进食之先，等馔品摆好之后，主人引导客人行祭。古人为了表示不忘本，每食之先必拨出各种馔品少许，放在杯盘之间，以报答发明饮食的先人，是谓之"祭"。食祭于板，酒祭于地，等食毕后即撤下。如果在自己家里吃上一餐的剩饭，或是吃晚辈准备的饮食，就不必行祭，称为"馂余不祭"。

享用主人准备的美味佳肴，虽然都摆在面前，而客人却不可随便取用。须得"三饭"之后，主人才指点肉食让客人享用，还要告知客人所食肉物的名称，细细品味。所谓"三饭"，指一般的客人吃三小碗饭后便说吃饱了，须主人再劝而食肉。实际上主要馔品还没享用，何得而饱？这一条实为虚礼。《礼记·礼器》云："天子一食，诸侯再，大夫、士三，食力无数。"这是说天子位尊，以德为饱，不在于食味，所以一饭即告饱，要等陪同进食的人劝食，才继续吃下去。而诸侯王是二饭、士和大夫是三饭而告饱，都要等到再劝而再食。至于农、工、商及庶人，便不受这礼法的约束，所以没有几饭而告饱的虚招，吃饱了便止，正所谓"礼不下庶人"。

宴饮将近结束，主人不能先吃完饭而撇下客人，要等客人食毕才停止进食。主人未饱，"客不虚口"，虚口是指以酒浆荡口，使清洁安食。主人未食毕而客先虚口，便是不恭。

宴饮完毕，客人自己须跪立在食案前，整理好自己所用的餐具及剩下的食物，交给主人的仆从。待主人说不必客人亲自动手，客人才住手，复又坐下。如果是本家人，或是同事聚会，没有主宾之分，可由一人统一收拾食案。如果是较隆重的筵席，这种撤食案的事不能让妇女承担，怕她们力不胜劳，可以推出年轻点的人来干。

待客之礼。主人接待客人的方式，上面已言明一二。及至仆从待客，也有一些很具体的礼节，大意不得。仆从安排筵席，对于馔品的摆放有严格的规定，例如带骨的肉要放在净肉的左方，饭食要放在客人左边，肉羹则放在右边。脍炙等肉食放在外边，醯酱调味品则放在靠人近些的地方。酒浆也要放在近旁，葱末之类可放远一点。如有肉脯之类，还要注意摆放的方向。这些规矩大致上还是切合实际的，主要还是为了取食方便。

食器饮器的安排也毫不含糊。(图 21—13) 仆从摆放酒尊酒壶等酒器，要将壶嘴面向贵客。端出菜肴时，不能面对客人和菜盘子大口喘气。如果此时客人正巧有问话，仆从回答时，必须将脸侧向一边，避免呼气和唾沫溅到盘中或客人脸上。如果上的菜是整尾的烧鱼，一定要将鱼尾指向客人，因为鲜鱼肉从尾部易与骨刺剥离。干鱼则正好相反，上菜时要将鱼头对着客人，干鱼从头端更易于剥离。冬天的鱼腹部肥美，摆放时鱼腹向右，便于取食；夏天的鱼鳍部较肥，所以将背部朝右。主人的情意，由此可以见其深厚，可以见其真切。

侍食之礼。陪侍年长位尊者进餐，自己不是主要的客人，主人亲自进馔，则不必出言为谢，拜而食之即可。如果主人顾不上亲自供馔，客人则不拜而食。

陪长者饮酒时，酌酒时须起立，离开坐席面向长者拜而受之。长者表示不必如此，少者才返还入座而饮。如果长者一杯酒没饮尽，少者不得先饮尽。长者如有酒食赐与少者和僮仆等低贱者，他们不必辞谢，地位差别太大，连道谢的资格都不给。

侍食年长位尊的人，少者还得准备先吃几口饭，谓之"尝饭"。虽先尝食，却

图 21-13　长沙马王堆出土的汉代漆案盘

又不得自个儿先吃饱肚子，必得等尊长者吃饱后才能放下碗筷。少者吃饭时还得小口小口地吃，而且要快些咽下去，准备随时能回复长者的问话，谨防有喷饭的事。

凡是熟食制品，侍食者都得先尝尝。如果是水果之类，则必让尊者先食，少者不能抢先。古来重生食，尊者若赐给你水果，如桃、枣、李子之类，吃完这果子，剩下的果核不能扔下，须怀而归之，否则便是极不尊重的了。如果尊者将没吃完的食物赐给你，若是盛食物的器皿不易洗涤干净，就得先都倒在自己用的餐具中才可食用，贵族们对于个人饮食卫生可真是够讲究的了。

丧食之礼。家国之丧，有丧食之礼。《礼记 · 问丧》说："亲始死，三日不举火，故邻里为之糜粥以饮食之。"亲人死去，家里三日不做饭，而由邻里乡亲送些粥来给家属吃。

如果是君王去世，王子、大夫、公子（庶子）、众士三日不吃饭，但以食粥服丧。大夫死了，家臣、室老、子姓都是只能吃粥。鲁悼公死后，季昭子问孟敬子道："为君王服丧，该吃什么？"敬子说："那当然是吃粥，吃粥为天下之达礼。"

病人服丧，可以受到一些照顾，不必死守吃粥的规矩。这服丧之礼到了后来，发展到一些孝子终身食粥，连盐菜都要戒绝。当然也有不孝的子孙，祖先去世，依然大肉大鱼不断。现在有的地方办丧事大吃大喝，丧事当成喜事办，那又另当别论了。

进食之礼。进食时无论主宾，对于如何使用餐具，如何吃饭食肉，都有一系列具体的行为准则。如共食不饱，同别人一起进食，不能吃得太饱，要注意谦让。不要长饮大嚼，让人觉得自己是想快吃多吃。咀嚼时不要让舌在口中作声，不要啃骨头，使人感到不敬重。客人自己不要啃骨头，也不要把骨头扔给狗去啃，否则主人会觉得你看不起他筹措的饮食。不要喜欢吃某一味食物就只独吃那一种，或者争着去吃，有贪吃之嫌。吃黍饭不要用筷子，但也不是提倡直接用手抓。食时用匙，筷子是专用于食羹中之菜的，不可混用。吃羹时不可太快，快到连羹中菜都顾不上嚼，既易出恶声，亦有贪多之嫌。客人不要自行调和羹味，这会使主人怀疑客人更精于烹调。进食时不要随意剔牙齿，如齿塞须待饭后再剔。湿软的肉可直接用牙齿咬断，不可用手擘；干肉不能用嘴撕咬，须用刀匕帮忙。大块烤肉或烤肉串不要一口吃下去，如此不及细嚼，狼吞虎咽，仪态不佳。吃饭时不要唉声叹气，唯食忘忧，不可哀叹。

这些禁条，使中国古代文明的细枝末节，在饮食生活中得到了圆满地体现。

还有宴饮之礼。周代礼仪之谨严，在宴饮活动中表现得最为充分。在《仪礼》中的《乡饮酒礼》、《乡射礼》、《大射礼》、《燕礼》、《公食大夫礼》、《聘礼》、《觐

图 21-14 四川出土的汉代画像砖宴饮图

礼》各篇中，对相关的饮食礼仪，有着严格的规范。(图 21—14)

如“乡饮酒”之礼，乡学三年大比，按学生德行选其贤能者，向国家推荐，正月推荐学生之时，乡里大夫以主人身份，与中选者以礼饮酒而后荐之。整个乡饮酒程序，大约分 27 个步骤进行。

首先，乡大夫请乡学先生按学生德能分为宾、介、众宾三等，宾为最优。大夫主持大礼，告诫宾介互行拜答之礼。接着是陈设，为主人及宾、介铺垫坐席，众宾之席铺的位置略远一些，以示德行有所区别。在房户间摆上两大壶酒，还有肉羹等。摆设完毕，主人引宾、介入席，入席过程中，宾主不时揖拜。

饮酒开始，主人拿起酒杯，亲自在水里盥洗一过，将杯子献给宾，宾拜谢。主人接着为宾斟酒，宾又拜。酒肉之先，照例要祭食。席上设俎案，放上肉食，宾左手执爵杯，右手执脯醢，祭酒肉，然后尝酒，拜谢主人。主人劝宾饮酒，宾一饮而尽，又拜谢安坐。接着主人又献介饮酒，礼仪与宾相同。介回敬主人饮酒。主人又劝众宾饮，众宾也回敬主人。

席间有乐工四人，二人鼓瑟，二人歌唱，另有乐师一人担任指挥。所歌为《诗经 · 小雅》之《鹿鸣》、《四牡》、《皇皇者华》。《鹿鸣》为君臣同燕、讲道修政之歌；《四牡》为国君慰劳使君之歌；《皇皇者华》为国君遣使者之歌。三曲歌毕，主人请乐工饮酒。接着又是吹竹击磬，都是演奏为《诗经》所谱的乐曲。整个饮酒过程中，乐声间而不断，最后还有合乐，即合奏合唱，所歌也都是《诗经》中的篇章，如《周南 · 关雎》、《召南 · 鹊巢》等。

宾主应酬之礼和笙歌之礼毕，大概主宾已有些疲倦了，于是主人指使一人为“司正”，作为监察，以防发生失礼的事。以下进行的是相互比较随意的祝酒，宾、介和众宾之间也可互相祝酒，这时的礼节稍有懈怠，不像起初那么一丝不苟。

末了，主人请撤去俎案。宾主饮酒前都曾脱了鞋子上堂，现在要去把鞋子穿上，又是互相揖让，升坐如初。燕坐时，主人命进馐馔如狗肉之类，以示敬贤尽爱之意。最后，宾、介等起身告辞，乐工奏乐，主人送宾于门外，拜别。

第二天，宾还要穿着礼服前往拜谢主人的恩惠，这时又要举行一次略为简单一点的宴会，礼仪要求也不甚严格。如饮酒不限量，将醉而止；奏乐不限次数，合欢而已。有时也不必特为杀牲，有什么就吃什么，不必大操大办。

如此“乡饮酒”，对鼓励年轻人勤学上进，具有一定的积极意义。

礼仪过于繁复，也会表现出不切实际的弊病，甚至在统治者们也会感到有一些不方便。例如食物，符合礼仪规定的食物并不一定都爱吃，如大羹、玄酒和菖蒲菹之类；另外想吃的食物，却又因不符合礼仪规定而不能一饱口福。贾谊《新书》载：周武王作太子时，很喜欢那闻着臭吃着香的鲍鱼，可姜太公就是不让他吃，说是“鲍鱼祭祀不用，所以不能用这类不合礼仪的东西给太子吃。”不用于祭祀的食物都不能吃，而用于祭祀的食物却未必全都好吃，有时真会倒人胃口，这是周礼的另一面。

在东周时期社会大动荡大变革中，涌现出许多学派，它们的代表人物，著书立说，开展争辩，形成百家争鸣的局面。各个学派几乎都有与自己学术思想相关联的饮食理论，这些理论直接影响到整个社会生活。其中有代表性的学派主要有墨家、道家和儒家，其学术代表人物是墨子、老子和孔子。

墨子生活极其俭朴，提倡“量腹而食，度身而衣。”他的学生，吃的是藜藿之羹，穿的则是短褐之衣，与一般平民无异。为了解决社会上“饥者不得食”、“寒者不得衣”和“劳者不得息”的“三患”问题，墨子除提倡社会互助外，又提出积极生产和限制消费的主张，反对人们在物质生活上追求过高的享受，认为只求吃饱穿暖即可。他反对不劳而食，攻击儒家“贪于饮食，惰于作务。”墨家自以夏禹为榜样，自愿吃苦，昼夜不息。而且还造出一条圣王制定的饮食之法，即“足以充虚增气，强股肱，耳目聪明，则止。不极五味之调、芬香之和，不致远国珍怪异物”（《墨子·节用》）。也就是说，墨家不求食味之美、烹调之精，饮食生活维持在低水平。

老子以为发达的物质文明没有什么好结果，主张永远保持极低的物质生活水平和文化水平。老子提倡“节寝处，适饮食”的治身养性原则，比起墨家来，似乎倒退得更远。老子学派的门徒末流既有变而为法家的，也有变为阴谋家的，更有变为方士的，他们以清虚自守，服食求仙，梦想长生。

孔子的饮食思想同他的政治主张一样著名，他把礼制思想融汇在饮食生活中，其中一些教条法则直到今天还在起作用。这是因为，就广泛的程度来说，儒家的食教比起道家和墨家的刻苦自制更易为常人接受，尤其易为统治者所利用，后世罢黜百家独尊儒术的事之所以发生，也有着相似的原因。人们认为，儒学就是礼学，孔子所创立的儒学，主要内容为礼乐与仁义两部分。礼实际是统治阶级所规定的一切秩序，亲亲、尊尊、长长、男女有别，是礼的根本，由此制定出无数礼文，用以区别人与人之间复杂关系，确定每一个人应受的约束，不得逾越。乐则是从感情上求得人与人相互间的妥协和中和，使各安本分。礼用以辨异，分别贵贱的等级；乐用以求同，缓和上下的矛盾。礼既始于饮食，饮食发展了，礼仪也会有所变更，但更多地表现出的还是传统的烙印，所以我们可以从现代礼仪中找出两千多年以前的渊源来。

典籍中关于孔子饮食生活的实践内容，比起其他学派的代表人物既丰富又具体。《论语》一书是孔子言行的记录，其中包含不少食教内容，尤以《乡党》一篇，阐述最是精辟。墨家攻击儒家为贪食之徒，其实不能一概而论，孔子就不一定是这样。孔子曾说过："君子食无求饱，居无求安，敏于事而慎于言。"可以看出，他并没有将美食作为第一追求。他还说："士志于道而耻恶衣恶食者，未足与议也！"对于那些有志于追求真理，但又过于讲究吃喝的人，采取不予理睬的态度。可是对苦学而不求享受的人，则给予高度赞扬，他的大弟子颜回被他认为是第一贤人，说："颜回要算是最贤的了！一点食物，一点饮料，身居陋巷，别人都忍受不了，可颜回却毫不在意。贤哉，颜回！"孔子自己所追求的也是一种平凡的生活，即粗饭蔬食，曲肱而枕之，乐在其中。

孔子的饮食生活确也有讲究之处，只要环境允许，他还是不赞成太随便。饮食注重礼仪礼教，讲究艺术和卫生。"食不厌精，脍不厌细"，他要求饭菜做得越精细越好，并不指一味追求美食。他不吃那些变质的饭食和腐败的鱼肉，烹饪不得法，菜肴颜色不正、气味不正，都不吃。如果不是在常规进餐时间，不吃东西，免伤肠胃。"割不正，不食"，切割不得法的食物，也不吃。"不得其酱，不食"，各类肉食都配有规定的肉酱，没有所需的酱便不吃肉。这几条颇有贵族风度，孔子因此而受到不少责难。

孔子不赞成随便在街市上买食物吃，不逛酒肆，不上饭馆。"食不语，寝不言"，吃饭睡觉不要说话，为的是吃得卫生，睡得安稳。饭桌上高谈阔论，唾沫横飞，非但不雅，更为不洁。如果国君赐给食物，回家一定要坐端正了再吃，不可造次，以示敬重。如果所赐为生食，要做熟了先敬年长者受用。如果所赐为活物，应当先喂养起来，作为纪念。陪侍国君吃饭，国君亲自祭食，陪者不必祭，但须先于国君吃饭，叫做尝饭。孔子坐在服丧的人旁边吃饭，从未吃饱过。要有恻隐之心，因为服丧者不饱食，所以不能狼吞虎咽。

圣人孔子对于自己的一大套饮食说教，大部分是身体力行的，在异常情况下，才有某些违越。如有时赴宴，主人不按礼仪接待他，他也以无礼制非礼。不合礼法，给肉鱼也不吃；若以礼行事，蔬食也当美餐。如据《说苑》记载，鲁国有一个生活俭朴的人，用瓦鬲做了一顿饭，吃起来觉得很香美。于是他把饭盛在一个土碗内，拿去送给孔子吃。孔子很高兴地接受了这碗饭，就好是接受了牛羊肉一样。他的弟子问他："这土碗不过是低贱的物件，这饭食也不过是粗糙的食物，先生见了为何如此之高兴？"孔子回答说："我听说好谏的人总会想着他的国君，吃到好食物的人会想起自己的亲人。我并不是以为他送来的饭好，而是因为他吃了觉得味美而想到我，所以我才感到高兴。"又如《吕氏春秋·遇合》载，孔子听说周文王爱吃菖蒲菹，自己也皱着眉头吃那味道极不宜人的东西，三年之后才习惯了那怪味。为了体会周礼的精髓，孔子不惜受三年的苦熬，去吃那并无美味的食物，他也真是够实在的。

孔子活着的时候，齐国的晏婴说他礼节繁盛，几辈子也学不完。晏婴字平仲，为齐国正卿，执政五十余年。饮食上奉行节俭，维护旧有礼制，他也是一个极崇拜孔子的人。

晏子反对无客而饮酒，也反对长夜之饮。有一次齐景公与大夫们一起饮酒，饮到兴头上，景公端起杯子说："今天和大夫们同欢，请不必拘于礼节。"晏子听了这话，顿时变了脸色，他严肃地说："您这话可不对了，群臣固然希望国君不要用太繁的礼法来约束他们，但国君应该明白，以臣下之勇完全可以弑君代立，他们之所以不这么做，就因为有礼法的缘故。否则，强者为君，那与禽兽有什么区别？"景公不听晏子的话，仍和大夫们狂饮。景公因事出入筵席，晏子视而不见，不起立迎送；景公与他碰杯，他又抢先一饮而尽。景公十分生气，双手插在腰间，两眼圆瞪，责怪晏子无礼。晏子说："刚才您说可以不拘礼仪，无礼便是我这个样子。"景公才明白是自己的错，表示听从晏子的劝告。

东周饮食礼仪确实十分严格，不用心研习，就难免在社交场合出岔子。《左传》上便记有许多官员在外交场合因不习礼仪而闹出笑话的事，宴会上既不能有傲气，又不能有惰气，还不能叹气，不许坐错了位置，更不许有不雅不敬的姿态。

以孔子为代表的儒家的饮食思想与观念是古人中国饮食文化的核心，它对中国饮食文化的发展起着不可忽视的指导作用。儒家所追求的平稳社会秩序，也毫不含糊地体现在饮食生活中，这也就是他们所倡导的礼乐的重要内涵所在。

# 第二十二章
# 古代建筑艺术

## 第一节
## 建筑与文化艺术

古代建筑，是人类历史文化遗产中极为重要的一部分。中国古代建筑以它独特的结构体系、优美的艺术造型、丰富的艺术装饰闻名于世，在世界建筑史和文化艺术史上写下了光辉的一页，受到了各国建筑师、艺术家和广大人民群众的高度赞赏。

建筑不仅是艺术作品，更重要的还在于它的实用价值，在于它是人们生活中最不可缺少的条件之一。如果离开了它，人类就无法生存了。

建筑这两个字包括建筑活动和建筑物两个内容，建筑活动指的是进行建设工程的行为，古时候称作“营建”或“营造”。建筑的过程包括勘察、设计、备料、施工等程序。建筑物是指已经建成的各种建筑，按照它们的用途和形式可分为许多种类。古代营建项目包括较广，从城市规划以至各种工程都在其中。近代分工较细，一般分作土木与建筑两方面。土木工程方面有道路、桥梁、堤坝、码头等等，建筑工程方面分工业建筑、农业建筑、公用建筑、居住建筑等等。还有纪念性的建筑也是建筑物中一个重要的项目。

### 1. 建筑的两重性

建筑是一种满足人们工作和生活需要的物质资料，任何人都可以使用它。人们起居、饮食、生产、工作、文化娱乐以及接待宾客、举行宴会等，莫不在建筑物之内。为了审美要求、礼仪制度、法权象征等等需要，建筑艺术不断发展，由简单质朴，逐渐繁复，最终达到了十分豪华富丽的地步。

建筑又是人类文明的标志，是人类文化的重要组成部分。翻开一部人类文明史，可以说，世界上任何一个国家、任何一个民族都有其历史的精华、文明的结晶，而最能具体形象地表明每个历史时期文明标志的，要首推建筑物了。建筑不仅反映了各个时期建筑本身的技术与艺术的水平，而且也反映了当时全部的科学技术与文化艺术的成就，反映了社会的政治与经济力量。建筑可以说是多门科学技术与文化艺术的综合体；而且，在许多古建筑内还保存了大量的文化艺术瑰宝。

#### 2. 建筑的民族文化特点

建筑和其他文化艺术一样，具有鲜明的民族与地区特点，是民族文化的重要组成部分。各民族的语言文字、风俗习惯、文学艺术、衣冠服饰、宗教信仰等等，加上地理环境、温度、气候、雨量、风力、日照、积雪等自然条件都对建筑产生影响，形成了各式各样的民族建筑形式和丰富多彩的民族建筑风格，反映出各个国家、各个民族的文化特色。就是在一个国家之内的建筑，也因不同的地区和不同的民族有着不同的特点。正是有了许许多多不同国度、不同地区、不同民族的建筑特点，才能使建筑艺术繁荣、丰富多彩。它们好像一朵朵不同色彩、不同形状、不同大小的绚丽花朵，开放在世界大地，五彩缤纷，光芒四射。

#### 3. 建筑文化的交流

建筑虽然有着它不可磨灭的民族文化特点，但是它们绝不是孤立的、静止的，而是无时无刻不在艺术和工艺方面彼此交流，相互影响，相互促进。我们从现存的许多古建筑身上，可以发现非常明显的文化交流的痕迹。

建筑的文化交流可以分为两个方面，一是国内的交流，一是国际的交流。

国内或国际的建筑文化交流都是相互影响，相互促进的，其结果是推动了本国本民族建筑艺术的发展。

## 第二节 古代建筑的悠久历史

### 一、中国古代建筑发展历史悠久

大约五十万年前，我们的祖先就在为解决人类生存的根本需要“住”这个问题上开始了奋斗。根据中国丰富的历史文献记载和考古资料，我们了解到原始祖先在解决住的问题上大约是通过从空中到地面和从地下到地面的两条发展途径，最后创造了有基础、有墙壁、有屋顶三大部分结构的地面建筑。所谓从空中到地面和从地下到地面即是由“巢居”和“穴居”两种居住方式的发展演变。两种原始居住方式在中国古代文献中都有不少的记载。根据自然条件和发展的规律，构木为巢应起源于南方潮湿、林木较多的地区，因为树上比较干燥，对健康有利，也可避免猛兽虫蛇的侵袭。随着自然的变化和人类的进步，巢居从树上逐渐下落到地面。从中国南方现在还大量保存的“干栏式”建筑、穿斗结构上，还可以看出它们发展的脉络来。

利用自然山洞，挖掘穴居、半穴居发展成为地面建筑，这种“三部曲”是与构木为巢同时并行的。首先是从利用自然山洞开始，稍事加工，然后再挖掘土穴，从土穴上升为半穴居再由半穴居升到地面成为地上房屋。在北京周口店、山西垣曲、广东韶关、湖北长阳、广西柳江等地，相继发现了公元前几万年、几十万年以前我们祖先居住过的山洞。其中保存较好、年代最早而又经过科学发掘的，是北京房山周口店“北京人”居住过的山洞遗址，距今已有50万年的历史。到了原始社会后期，工具改进，出现了锋利光平的磨制石器，农业生产有了萌芽，人类进入了相对定居的新石器时代。简单地利用、加工自然山洞，已经不能满足人类居住的要求了，于是在我国黄河流域和适宜于开挖洞穴的黄土地带，人们开始挖

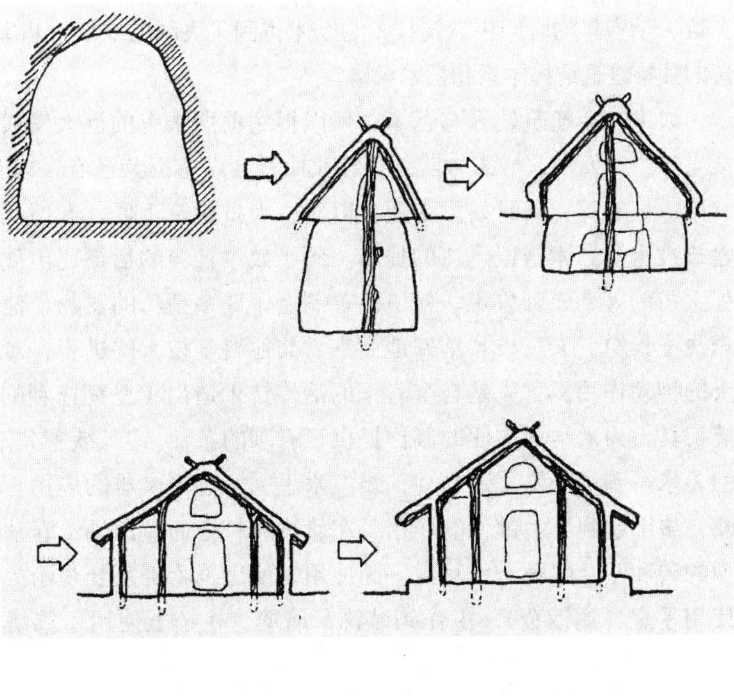

图 22–1 从窑洞穴居到房屋居室发展示意图

掘了各式各样的洞穴来居住。其后又发展成为一半在地下、一半在地面的半穴居，最后完全脱离地下，升到了地面，增加了墙壁，改进了柱子和梁架结构，完整的地面房屋建筑便出现了。(图 22—1)

从构木为巢，穴居野处发展到营建地面房屋，经过了几十万年的漫长岁月。我们的祖先不知付出了多少辛勤的劳动与智慧。今天看起来，这种原始房屋是非常简陋的，但是它们在建筑发展史上所具有的价值却十分重大。没有这一漫长的历史发展，今天的高楼大厦是不可能出现的。

## 二、建筑技术日益发展，建筑物日趋华丽

在大约距今四五千年前的原始社会后期，随着社会生产力的发展，建筑规模不断扩大，建筑技术不断提高，建筑的种类也增多了，出现了公共建筑“大房子”、原始村落、防御工程、陶窑等等。与此同时，社会生产有了富余，少数人占有了大量的剩余财富，原始社会逐渐向阶级社会转化。这一重大的社会转化，也引起了建筑的变化，原始公社的公共建筑“大房子”逐渐向统治者的宫殿楼台演变，新的设防城堡开始出现，大量熟练的建筑技术与艺术开始集中到少数奴隶主的建筑工程上去了。

从公元前 21 世纪开始，中国建立了第一个奴隶制国家——夏朝，进入了奴隶制社会。到公元前 5 世纪前后，奴隶社会瓦解，大约经历了一千五六百年的时间。在这一千多年的时间中建筑技术与艺术得到了飞跃的发展，基本上完成了中国建筑的独特建筑结构体系和艺术风格。

奴隶社会建筑技术与艺术之所以得到前所未有的巨大发展，首先是由于社会生产力的发展，奴隶主阶级得以集中社会财富据为己有，以营建自己的城垣、宫殿、坛庙等。同时奴隶主还得以集中大批建筑工匠，专门从事建筑工作，使建筑技术与艺术得以迅速的提高。到了奴隶社会的后期还出现了被尊为土木工程之祖的著名匠师鲁班，传说他曾制造了许多精巧的器物，他所制成的一只木鸢飞上天空三天三夜才落回地面来。其他科学技术的进步，对建筑也起到了巨大的推动作用。首先是合金青铜的冶炼技术造出了坚韧锋利的刀、斧、锯、凿等工具，为木结构构件的制作提供了有利的条件。“工欲善其事，必先利其器”的要求得到了满足。还有规、矩、水平、罗盘等仪器的应用，为建筑的精密勘测、施工起到了关键性的作用。在建筑材料方面，西周、春秋时期就出现了大型的砖和瓦，配合土木材料一同使用，使建筑物更加壮观耐久。在建筑物上还使用了金（铜镏金)、玉作为装饰，墙壁、柱子上使用了锦绣装饰，并绘了彩

画。建筑空前华丽了。

奴隶社会时期在建筑上突出的类型是城市和宫殿。城市的出现，是由原始社会进入奴隶社会的标志。历史文献记载夏有万邦，也就是有许多的设防城堡。河南登封发现的一处夏代城堡遗址，已经有了城垣和下水管道的设施，规模虽然不大，但是已经构成了“城”的雏形了。郑州商城、安阳的殷墟都是规模较大的王都。(图 22—2) 西安的西周丰、镐遗址，山东曲阜的鲁故城、齐临淄等大城市的遗址尚存。文献记载也很丰富，春秋时期成书的《考工记》上最早记载了王都规划的模式，它一直不断影响两千多年来的古代城市规划格局。《管子·乘马》篇上所提出的因地形进行王都规划的理论也同样流传不息。这是我国古代城市规划史上的重要文献。宫殿作为王城中的核心部分，其建筑技术与艺术当然是最为华丽

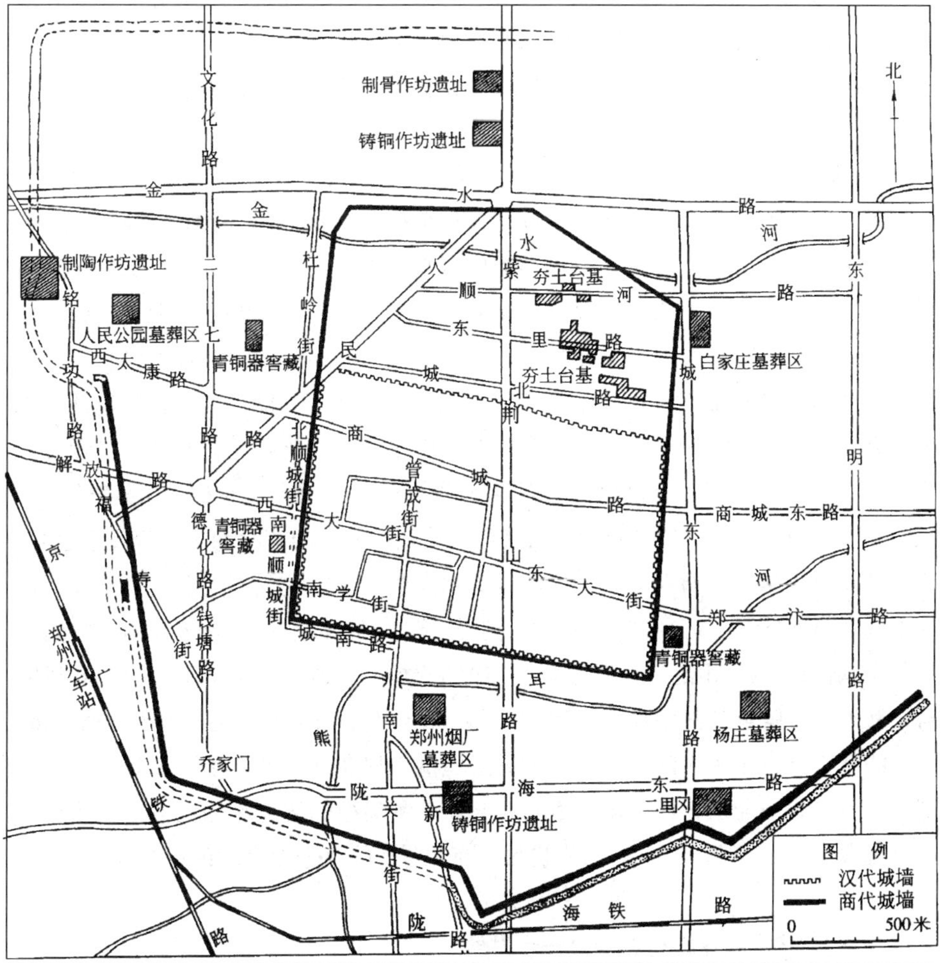


图 22–2 河南郑州商城平面图

宏伟的，在历史记载和遗址中都有丰富的遗存。这一时期为了使建筑物更为高大雄伟，还盛行着“高台榭”的风气，就是在宫殿、楼阁之下，用土夯筑起巨大的高台。这种方式一直流传到战国、秦、汉。

## 三、完善精湛的封建社会建筑

从公元前 5 世纪到 19 世纪中，我国经过了十几个主要封建王朝，历时两千多年。在这漫长的封建社会里，建筑技术与艺术都在不停地发展着。封建帝王和臣属把剥削来的大量财富，集中用于他们的都城、宫殿、坛庙、苑囿、园林、陵寝、寺观、王府等皇家工程和御赐御办建筑。与此同时全国各地官府和富绅大贾以及民间集资修建了许多衙署、坛庙、寺观、宅第、园林、桥梁、堰坝等等建筑和公共建设工程。它们都是历代匠师和劳动人民聪明智慧的结晶。

这时期是我国古代建筑发展史的最重要阶段，主要的成就表现在以下几个方面。

### 1. 建筑类型的逐渐丰富

随着社会的发展，人们对建筑的需要也越来越广泛多样。政治、经济、军事、文化、宗教、科学、交通等各方面都需要以建筑来满足其要求。古代工匠们发挥了聪明才智，根据不同的需要以各种不同的结构方法、不同的艺术造型，成功地完成了时代赋予的使命。这里要着重提到几种在此以前所未曾出现的新建筑形式。例如坛庙建筑中的孔庙（文庙）、学宫、书院，是儒家思想的产物。在封建社会的中后期，从首都到每一个县、州、府都有孔庙或文庙以及相配合的学宫（学校）、考场等建筑物。这些建筑物都有它们各自的特殊布局与形式。又如宗教建筑，在以前是没有的，自东汉传入佛教，唐代传入伊斯兰教，明清时期传入基督教之后，才陆续出现了佛寺、石窟寺、塔，清真寺邦克楼，天主堂等不同形式、不同结构与不同风格的建筑。值得注意的是，有些建筑物起初都是自国外传入的，它们一旦与中国传统文化相结合，经过建筑工匠们的加工创造，便具备了中国式的新风格、新形式，塔就是其中最为突出的作品。在现存古建筑中，这种受外来影响而产生的新类型占了极大的数量。又如城防建筑工程在这时期有了许多新发展和新创造，万里长城即是其中突出的例子。其他各种类型的建筑物如住宅、园林以至帝王宫殿、坛庙、陵寝的形式结构也无不随着时代的演进而得到创新发展。

### 2. 建筑技术和建筑材料的进一步发展

中国早期的古建筑技术，主要在于处理木材和土质材料方面。随着建筑类型

图 22-3 南京灵谷寺无梁殿

的丰富和建筑用途的需要，出现了砖瓦、石料以及铜、铁、石灰等建筑材料，进而使建筑结构有了巨大的发展。此时期砖瓦的制作得到了巨大的发展，其质量之高，甚至超过今日。秦砖、汉瓦已成为近代文物的重要项目。陕西临潼秦始皇陵区出土的条砖和陶俑，反映了当时制作技术已经达到相当高的水平。由此而产生了拱券式结构。从汉代即已发展起来的砖砌拱券和叠涩结构，经三国、南北朝已经达到很高的水平。北魏正光元年（520）所建的河南登封嵩岳寺塔，其砌筑技术的精湛令人吃惊。北宋咸平四年（1001）所建的河北定县料敌塔高达 84 米，为全国最高的古建筑。明、清时期的“无梁殿”建筑也是仿木构形式的一种新创造，至今还保存了许多无梁殿的实物。（图 22—3）石造建筑主要用在桥梁、城防、堤坝和基础工程等方面。铜铁建筑也随着冶金技术的进步而出现。武当山金顶元、明时期的铜殿，五台山显通寺铜殿、铜塔，湖北当阳玉泉寺铁塔等等，都表现出高度的建筑与冶金水平。

木结构技术的发展，是这一时期的重大成就，是建筑史上的杰出创造。这时期高楼飞阁，不计其数。在长期的实践中，古代建筑匠师们不断总结经验，创造出以“材、栔”、“斗口”为标准的木结构“模数”，为材料的预制构件、现场安装，开辟了道路。这一时期在总结经验的基础上，曾经出现了许多建筑理论、技术的专书，其中重要的三部是春秋时期成书的《考工记》，北宋李明仲编、崇宁二年（1103）颁布的《营造法式》和清雍正十二年（1734）颁布的《工部工程做法则例》。这些理论与技术专著的颁布施行，对于建筑技术的发展起了很大的推动作用。

### 3. 建筑艺术日益精美丰富

随着社会各方面的发展，特别是统治阶级财富的集中和社会文化艺术的发展，不仅帝王们的宫殿、园林、王府大加装饰美化，就是一些地方官府、地主绅士们也大兴土木，装饰宅第、美化园林。据历史文献记载，在春秋战国时期即已盛行雕梁画栋的建筑装饰艺术了。秦汉时期大量使用金、玉、翡翠、珠宝、锦绣等贵重材料作为室内的装饰。两千多年来中国建筑艺术的发展主要表现在以下三个方面：

(1) 建筑物艺术造型的发展。这是建筑形象美的重要条件，从早期的简单外廓发展成为各式各样的殿阁亭台，各式各样的屋顶和平面，优美的轮廓，曲折的变化，已成了东方建筑形象的特色。

(2) 色彩的发展。中国建筑色彩的发展也是随时代的要求崇尚而变化的。历史文献记载，殷人曾经尚黑，到了汉代又转变为尚黄，逐步发展，颜色越来越丰富。琉璃瓦从宋代起已大量使用了，明、清时期更把它扩展到几乎所有的皇家工程中。除避暑山庄个别地点之外，几乎所有的宫殿、坛庙、陵寝、苑囿都使用琉璃瓦，而且有严格的等级区分。黄色琉璃瓦顶最为高贵，除皇帝之外，其他王公大臣均不得使用全黄琉璃瓦顶，只能以黄绿镶边。后来只在清朝才开例允许孔庙使用全黄琉璃瓦顶。建筑的室内外彩画也从原来的自然描绘逐渐发展为规格化、几何图案化和程式化。到了清代基本上以旋子图案和龙凤图案作为基础图案，并且也都有等级。琉璃瓦饰和梁枋彩画已成了古建筑艺术的重要组成部分。(彩图 7)

(3) 建筑雕刻塑饰的发展。古建筑中的雕刻塑饰也是由早期的简单质朴向繁复精细发展，形成图案化、规格化，时代风格非常明显。到了明、清时期，还出现了完全按照建筑彩画雕制的梁枋构件，不仅有石雕的，还有经雕制后烧制成琉璃的。戏曲场面和历史故事的雕刻题材，在明清古建筑中使用很广泛。各地不少会馆中的大门、戏台、大小殿宇上满布的各种砖、石、木雕，就保存了许多精品。除了建筑物本身之外，在建筑物的门口或庭院内也有各种雕塑，如狮子、马等。陵墓前的神道石雕是古代大型雕塑中的精粹之作。它们也反映了由简单粗犷向繁复精细发展的特点。从西汉霍去病墓石雕到唐、宋、明、清陵墓石雕中即可明显看出这一发展脉络。

# 第三节 古代建筑的主要特征

## 一、梁柱式的弹性结构体系

一个国家、一个民族的建筑风格，主要由其建筑结构决定。内部的结构决定了它的外部形式。我国的古代建筑结构，自穴居和巢居发展为地面上的房屋建筑以来，逐渐创造了木构梁柱式的结构体系。虽然也同时并行着以砖石材料建造的叠涩和拱券式结构，但是在长期实践的过程中，梁柱式结构以其各方面的优越性，成为中国古代建筑结构的主流，并由此而形成了它的独特艺术风格。

梁柱式结构，以木材为主，由立柱、横梁及顺檩等主要构件组成。各构件之间的结点用榫卯相结合，构成了富有弹性的框架。这种榫卯结合的形式，在浙江余姚河姆渡原始社会建筑遗址中已有发现，表明它在距今七千多年前就已经形成了。在后来的长期发展过程中，又创造了“斗拱”这种独特的结构形式，成为中国古建筑结构的一种重要特征。斗拱由形状像量谷物用的斗和升子相似的构件和

图 22-4 天津蓟县独乐寺观音阁上的斗拱

好像弯弓一样的拱形构件所组成，所以称之为斗拱。(图 22—4) 斗拱的位置在柱子与梁和其他构件的交结处，它的作用不仅有加大加长结点的接触面、增强抗剪能力的作用，而且还有装饰作用。凡是古代重要的建筑如宫殿、坛庙、寺观以及“大式”的楼台亭阁等都使用了斗拱。由于主要建筑都使用斗拱的缘故，至少在宋代以前就已经形成了以斗拱的“材、契”尺度作为“模数”，分等级大小来决定建筑物全部构件尺度的制度。在宋代《营造法式》中，对此已有了明确的规定。清朝的《工部工程做法则例》中也同样以“斗口”的等级尺度来决定建筑物的所有构件尺度和比例。每个时代的斗拱大小和比例都有它们的时代风格，因此斗拱的形制还是鉴别古建筑年代的重要依据。一般的情况，斗拱在建筑物上，由粗壮发展为纤细，由功能性发展为装饰性。

中国古代木结构，主要有三种形式。一是井干式，即是以圆木或方木四边重叠结构如井字形，这是一种最原始而简单的结构，现在除山区林地之外，已很少见到了。二是“穿斗式”，是用穿枋、柱子相穿通接斗而成，便于施工，最能抗震，但较难建成大型殿阁楼台，所以我国南方民居和较小的殿堂楼间多采用这种形式。三是“抬梁式”(也称为叠梁式)，即在柱上抬梁，梁上安柱（短柱)，柱上又抬梁的结构方式。这种结构方式的特点是可以使建筑物的面阔和进深加大，以满足扩大室内空间的要求，成了大型宫殿、坛庙、寺观、王府、宅第等豪华壮丽

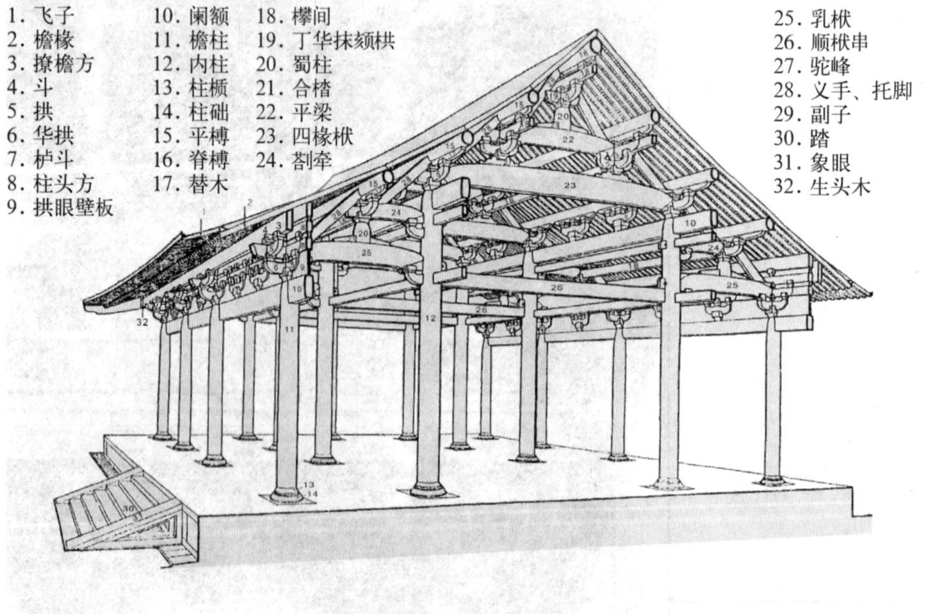


图 22-5 宋《营造法式》大木作制度示意图（厅堂）

建筑物所采取的主要结构形式。( 图 22—5) 有些建筑物还采用了抬梁与穿斗相结合的形式，更为灵活多样。

“墙倒屋不塌”这一句中国民间的俗语，充分表达了上述梁柱式结构体系的特点。由于这种结构主要以柱梁承重，墙壁只作间隔之用，并不承受上部屋顶的重量，因此墙壁的位置可以按所需室内空间的大小而安设，并可以随时按需要而改动。正因为墙壁不承重，墙壁上的门窗也可以按需要而开设，可大可小，可高可低，甚至可以开成空窗、敞厅或凉亭。

由于木材建造的梁柱式结构，是一个富有弹性的框架，这就使它还具有一个突出的优点即抗震性能强。它可以把巨大的震动能量消失在弹性很强的结点上。这对于多地震的中国来说，是极为有利的。因此，有许多建于重灾地震区的木构建筑，上千年来至今仍然保存完好。如像高达 67 米多的山西应县辽代木塔，为现存世界上最高的木塔，天津蓟县辽代独乐寺观音阁高达 23 米，这两处木构已经近千年或超过了 1000 年。后者曾经经历了在附近发生的八级以上的大地震，1976 年又受到唐山大地震的冲击，还安然无恙，充分显示了这一结构体系的抗震性能的优越性。

## 二、优美的艺术造型

中国古代建筑以它优美柔和的轮廓和变化多样的形式而引人注意，令人赞赏。但是这样的外形不是任意造成的，而是适应内部结构的性能和实际用途的需要而产生的。如像那些亭亭如盖，飞檐翘角的大屋顶，即是为了排除雨水、遮阴纳阳的需要，适应内部结构的条件而形成的。两千多年前的诗人们就曾经以“如翚斯飞”这样的诗句来描写大屋顶的形式。在建筑物的主要部分柱子的处理上，一般是把排列的柱子上端做成柱头内倾，让柱脚外侧的“侧脚”呈现上小下大的形式，还把柱子的高度从中间向外逐渐加高，使之呈现出柱头外高内低的曲线形式。这些做法既解决了建筑物的稳定功能，又增加了建筑物外形的优美曲线，把实用与美观恰当地结合起来，可以说是适用与美观的统一佳例。

中国古代建筑的艺术造型外观，一般可以分作台基、屋身和屋顶三个部分。台基是建筑物的下部基础，承托着全部上层建筑的重量。高大的台基不仅使上部建筑华丽壮观而且也有防潮去湿的作用。屋身（主要构架）是建筑物的主体部分，以柱子、墙壁构成各种形式的室内空间，供各种用途的需要。屋顶（也称屋盖）是房屋的顶盖，起防备雨雪以及各种下坠物品侵害和遮阴避日防寒保暖的功用。屋顶在艺术造型上有着非常显著的特色。在屋顶之上精心布置了许多装饰，特别是在一些华丽雄伟的建筑物屋顶上，装饰着人物、飞禽、走兽和各种形式的图案花纹。在重要的建筑物上，还以屋顶的形式来区分建筑的等级。台基、屋身和屋顶三部分，共同构成了中国古建筑的艺术形象。它们的造型不仅庄严雄伟而且优美柔和。

中国古建筑的平面、立面和屋顶的形式丰富多彩，有方形的、长方形的、三角形的、六角形的、八角形的、十二角形的、圆形的、半圆形的、日形的、月形的、桃形的、扇形的、梅花形的、圆形和菱形相套的等等。屋顶的形式有平顶、坡顶、圆拱顶、尖顶等等。坡顶中又分庑殿、歇山、悬山、硬山、攒尖、十字交叉等种类。还有的把几种不同的屋顶形式组合成复杂曲折、变化多端的新样式。

## 三、整齐而又灵活的平面布局

建筑的平面布局是决定一座建筑、一组建筑、一群建筑，甚至一个村镇、一个城市形制的重要因素。在中国古代建筑中，基本上有两种平面布局的方式。一种是庄严雄伟，整齐对称，一种是曲折变化，灵活多样。举凡帝王的京都、皇宫、坛庙、陵寝，官府的衙署厅堂、王府、宅第，宗教的寺院、宫观以及祠堂、会馆等等，大都是采取前一种形式。其平面布局的特点是有一条明显的中轴线，在中轴线上布置主要的建筑物，在中轴线的两旁布置陪衬的建筑物。这种布局主次分明，左右对称。以北京的寺庙为例，在它的中轴线上最前有影壁或牌楼，然后是山门，山门以内有前殿、其后为大殿（或称大雄宝殿），再后为后殿及藏经楼等。在中轴线的两旁布置陪衬的建筑，整齐划一，两相对称，如山门的两边有旁门，大殿的两旁有配殿，其余殿楼的两旁有廊庑、配殿等等。工匠们运用了烘云托月，绿叶托红花等手法，衬托出主要建筑的庄严雄伟。这类建筑，不论建筑物的多少、建筑群的大小，一般都采用此种布局手法。从一门一殿到两进、三进以至九重宫阙，庞大帝京都是这样的规律。这种庄严雄伟、整齐对称、以陪衬为主的方式完全满足了统治者和神佛教义对于礼敬崇高、庄严肃穆的需要，所以几千年来一直相传沿袭，并且逐步加以完善。另一种布局方式则与之相反，不求整齐划一，不用左右对称，因地制宜，相宜布置。举凡风景园林、民居房舍以及山村水镇等等，大都采用这种形式。其布局的方法是按照山川形势、地理环境和自然的条件等灵活布局。例如民居甚至寺庙、官衙，凡位于山脚河边者，总是迎江背山而建，并根据山势地形，层层上筑。这种情况最适宜于西南山区和江南水网地区以及地形变化较多的地点。这种布局原则，由于适应了我国广大的不同自然条件的地区和多民族不同文化特点、风俗习惯的需要，几千年来一直采用着，并有科学的理论基础。中国式的园林更是灵活布局，曲折变化的实例。山城、水乡的城市、村镇布局也根据自然形势、河流水网的情况，因地制宜布局，出现了许多既实用又美观的古城镇规划和建筑风貌。

## 四、绚丽而又淡雅的色彩

中国古代建筑的色彩非常丰富。有的色调鲜明，对比强烈，有的色调和谐，纯朴淡雅。建筑师根据不同需要和风俗习尚而选择施用。大凡宫殿、坛庙、寺观等建筑物多使用对比强烈，色调鲜明的色彩：红墙黄瓦（或其他颜色的瓦）衬托着绿树蓝天，再加上檐下的金碧彩画，使整个古建筑显得分外绚丽。在表现中国古建筑艺术的特征中，琉璃瓦和彩画是很重要的两个方面。

琉璃瓦是一种非常坚固的建筑材料，防水性能强，起初是从陶瓷发展而来的。从出土实物得知，在殷代即已经有了原始的瓷器，其质地与琉璃瓦很近似。但是由于琉璃毕竟是贵重材料，所以直到南北朝、隋、唐时期才开始在建筑上使用，其时仍然是在局部作为点缀装饰。到宋、元时期出现了用琉璃瓦全部铺盖屋顶或包砌全部建筑的情况。现在河南开封的北宋佑国寺塔（俗称铁塔）就是全部用琉璃砖瓦包砌的。到了明、清时期，琉璃瓦件的生产技术提高，生产量也大大增长，皇家建筑和一些重要建筑便大量使用了琉璃砖瓦。琉璃瓦的色泽明快，颜色丰富，有黄、绿、蓝、紫、黑、白、红等等。一般以黄绿蓝三色使用较多，并以黄色为最高贵，只用在皇宫、社稷、坛庙等主要建筑上。就是在皇宫中，也不是全部建筑都用黄色琉璃瓦，次要的建筑用绿色和绿色“剪边”（镶边）。在王府和寺观，

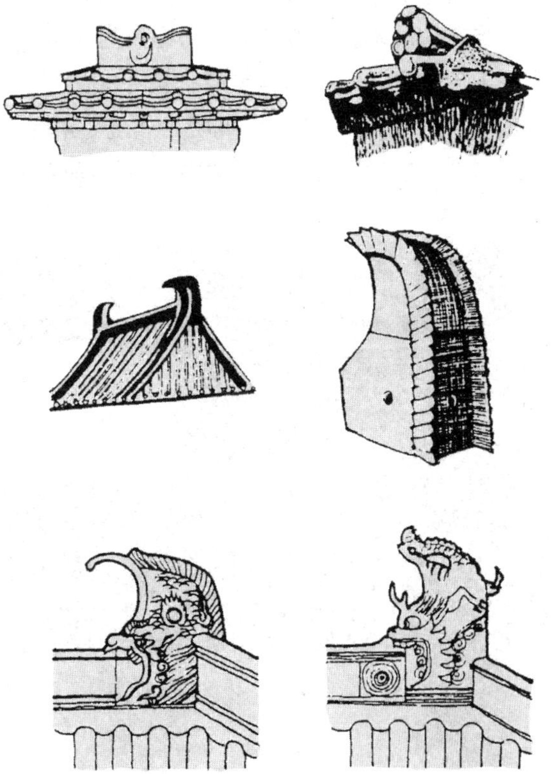

图 22-6 历代脊饰与鸱吻

一般是不能使用全黄琉璃瓦顶的。清朝雍正时，皇帝特准孔庙可以使用全部黄琉璃瓦，以表示对儒学的独尊。琉璃瓦件大约可分作四类：一类是筒瓦、板瓦，是用来铺盖屋顶的。第二类是脊饰，即屋脊上的装饰，有大脊上的鸱尾（正吻），垂脊上的垂兽，戗脊上的走兽等，走兽的数目根据建筑物的大小和等级而决定。(图22—6)明清时期规定，最多的是11个，最少的是3个，它们的排列是，最前面为骑鹤仙人，然后为龙、凤、狮子、麒麟、獬豸、天马等等。第三类是琉璃砖，用来砌筑墙面和其他部位的。第四类是琉璃贴面花饰，有各种不同的动植物和人物故事以及各种几何纹样的图案，装饰性很强。

彩画是中国古建筑中重要的艺术部分。我们今天看见天安门城楼、故宫三大殿以及天坛、颐和园、雍和宫等等重要建筑的室内外，特别是在屋檐之下的金碧红绿彩画，使这些阴影部分的构件增强了色彩对比，同时使黄绿各色屋顶与下部朱红柱子门窗之间有一个转换与过渡，使建筑更觉辉煌绚丽，这实在是一种很成功的手法。我们追溯其源，建筑彩画也有一个长期发展的过程。根据目前所知的情况，在公元前一千多年前的殷周时期就已经开始在建筑物内外涂色绘画了。秦汉时期得到了很大的发展，唐宋时期已形成一定的制度和规格，宋《营造法式》上有详细的规定。明清时期更加程式化并作为建筑等级划分的一种标志。考其产生与发展，建筑彩画也有实用和美化两方面的作用。实用方面是保护木材和墙壁表面。古时候有一种椒房，即是在颜色涂料中加上椒粉，不仅可以保护壁面和梁柱而且还可散发香气驱虫。装饰方面的作用即是使房屋内外明快而美观。彩画的

图22-7 北京法海寺明代内檐彩画

图案早期是在建筑物上涂以颜色，并逐渐绘画各种动植物和图案花纹，后来逐步走向规格化和程式化，到明清时期完成了定制。(图 22—7) 明清时期的彩画主要分两大类：一类是完全成为图案化的彩画，分为和玺（以金色龙凤为主要题材）、金线大点金、墨线大点金、金琢墨、烟琢墨、雄黄玉、雅五墨等，它们都以用金多少和所用的主要题材来定其等次贵贱。另一类是后来才兴起的“苏式彩画”（苏指苏州），它的特点是在梁枋上以大块面积画出包袱形的外廓，在包袱皮内绘各种山水、人物、花鸟鱼虫以及各种故事、戏剧题材。还有一些别出心裁的彩画，如故宫太和殿的柱子以贴金沥粉缠龙为饰，遵化清东陵慈禧陵在楠木梁枋上素底描金彩画，达到了金碧辉煌登峰造极的地步。

朴素淡雅的色调在中国古建筑中也占了很重要的地位。如江南的民居和一些园林、寺观，以洁白的粉墙、青灰瓦顶掩映在丛林翠竹、青山绿水之间，显得清新秀丽。北方山区民居的土墙、青瓦或石板瓦也都使人有恬静安适之感。甚至有一些皇家建筑也在着意追求这种朴素淡雅的山林趣味，清康熙、乾隆时期经营的承德避暑山庄就是一个突出的例子。

## 五、丰富的雕塑装饰

中国古建筑上的雕刻塑制装饰有很久的历史，《左传》庄公二十三、二十四年就有“丹桓宫之楹”、“刻其桷”的记载。建筑雕塑艺术在两三千年来的发展过程中踵事增华，并且吸收了许多外来成分，丰富了自己的内容。其中尤以吸收佛教艺术为多，如像莲花瓣组成的须弥座，在建筑物的台基、柱础、龛座以至室内装饰等处都被广泛利用，几乎成了建筑雕饰中不可缺少的内容。“须弥”即佛教所谓的一座大山，传说上边居住有许多佛菩萨，把它作为建筑物、柱子、龛座的基础那当然是十分稳固的了。装饰成莲花形，不仅有出污泥而不染之意，而且也十分美观。其他如狮子是汉朝时由西域传入的，它也成了许多雕塑的题材。起初狮子被当做守护大门的“健将”，后来又发展成为装饰物。其后到南北朝、隋、唐各代以至于明、清，许多外国的雕塑题材和技法不断传入中国，它们也都逐渐被吸收到中国建筑艺术中来，例如佛像，早期的还带有浓厚的异国情调，到后期就逐渐“华化”。山东长清灵岩寺的宋代罗汉，就是一副山东大汉的面孔，而云南昆明筇竹寺的罗汉也完全是一副副世俗立体图像了。

古建筑的雕塑一般分作两类，一类是在建筑物身上的，或雕刻在柱子、梁枋之上，或塑制在屋顶、梁头、柱子之上的。题材有人物、神佛故事、飞禽、走兽、花鸟、鱼虫等等，龙凤题材更被广泛采用。雕塑的材料根据建筑物本身的用材而定，有木有石，有砖有瓦，有金有银，有铜有铁。另一类是在建筑物里面或两旁或前后的雕塑，它们大多是脱离建筑物而存在的，是建筑的保藏物或附属物。建筑物内的雕塑多为佛、道寺院内的佛、道教内容。

古建筑雕刻的表现技法，大致可分为线刻、平雕、浮雕（浅浮雕、高浮雕）、圆雕、半圆雕等种类。宋代《营造法式》中总结了四种石刻表现技法，基本上概括了几千年来古建筑雕刻的表现形式：一、素平，这是最简单的做法，即把砖石表面打制光平的技法；二、减地平钑，即一般称之为阴刻的技法，把石面打磨光平之后，向下平刻出各式花纹图案和各种题材；三、剔地隐起，即把表面打制光平之后，刻去不需要的部分，留出需要的各式花纹图案和各种题材，一般称之为阳刻；四、剔地起突，也就是现代称之为浮雕的表现形式，包括浅浮雕、高浮雕。以上这四种表现形式和雕刻方法均是在建筑物上的雕刻方法。这几种表现形式虽然列在该书《石作》一章内，但砖、木、金属等也基本相同。至于塑制的形式也有许多种类，主要的有：一、单体塑像及群像，如佛、道神像、供养人、动植物等等；二、塑壁，在墙壁之上浮塑出各种佛道神像、天宫楼阁、山海景色、鱼龙幻变、人物故事等等；三、屋顶塑饰，即在屋顶、屋脊、檐头等塑制（包括塑成后烧制的瓦件）的各式题材的作品；四、塑绘，这种表现形式较为少见，即是在壁画之上采用雕塑手法，在主要题材的主要部分浅塑成突面，以加强其立体感，在后来的建筑彩画上的“沥粉”也有类似的效果。

## 六、建筑与环境的配合与协调

建筑本身就是一个环境，供人们从事多种活动，因此被称为空间的艺术。在这方面，中国古建筑有着很高的成就，有许多精辟的理论与成功的经验。古人不仅考虑建筑物内部环境主次之间、相互之间的配合与协调，而且也注意到它们与周围大自然环境的协调。中国古代建筑中有一种讲究阴阳五行的“堪舆”之学，也就是看风水之学，其中虽然夹杂了不少封建迷信的东西，但剔去其糟粕，仍有不少可供借鉴之处。特别是其中讲地形、风向、水文、地质等部分，还是有参考价值的。中国古代建筑设计师和工匠们，在进行规划设计和施工的时候，都十分注意周围的环境，对周围的山川形势、地理特点、气候条件、林木植被等等，都要认真进行调查研究，务使建筑的布局、形式、色调、体量等与周围的环境相适应。例如《管子》论述选择都城条件时就强调，非于大山之下，必于广川之上，高勿近旱而水用足，低勿近涝而沟防省，因天材、就地利等等。至于山区城镇、城堡、村庄、寺观、园林、民居等等，也都是随着山形地势起伏转折，高低错落，相宜部署。江河湖海岸边的建筑物必然随着港湾河汉的地形高下予以安排。历代陵墓尤其重视地形环境。所谓的“龙脉”即考虑到周围数里、数十里，甚至数百里范围的地形、风水。园林更是综合了空间与时间的艺术，景随时换，步移景转。对园内外环境的关系，相互配合最为讲求。“借景”就是造园技法中巧妙地运用环境的一种表现手法。明计成《园冶》一书中专门有“借景”一章。他说：“园林巧于因借……借者园虽别内外，得景则无拘远近。”把园外远处的山峰冈峦、楼阁塔影以至山林树木、海山景色都可借入园内成景。景与景之间，也相互为借，隔院楼台，出墙红杏都可相互借用，构成一个大的环境空间。

一个建筑与另一个建筑之间的配合协调、一个建筑组群与另一个建筑组群之间的配合协调，是中国古建筑艺术中十分重要的特征之一，也是中国古建筑艺术的巨大成就之一。

## 第四节 丰富多彩的古建筑类型

我国现在保存下来的古代建筑非常丰富，它们本身就构成了一部实物建筑史。悠久的历史、雄伟的工程、精湛的艺术、独特的风格，大都可以从遗存的古建筑实物中得到反映。它们主要有宫殿、坛庙、陵墓、园林、民居、府第、文庙学宫、佛寺、石窟寺、塔、宫观、清真寺、城垣、桥梁、堤坝、古观象台、楼台亭阁、华表、牌坊、门阙等等。它们都有各自的建筑特点和发展的历史。现择要分别简述。

### 一、宫殿

宫殿是我国古代建筑中最高级、最豪华、艺术价值最高的一种类型。它们是历代奴隶主和封建帝王把大量的财富、最好的建筑材料、最高级的匠师、最精湛的技艺集中起来建造的，代表了当代建筑技术与艺术的最高水平。根据历史文献记载，相传在公元前 20 世纪，奴隶主即开始为自己修筑了宫殿。《史记 · 夏本纪》上记载，禹“卑宫室而尽力乎沟洫”，可能此时已有奢华的宫殿出现。到了殷代末年（前 12 世纪），殷纣王大修宫苑，《史记 · 殷本纪》注引《竹书纪年》说：“南距朝歌，北据邯郸及沙丘，皆为离宫别馆”，其规模之大可以想见。朝歌即今河南安阳，这处宫殿遗址曾经在数十年前进行过发掘，其中有不少土筑殿基，上置大卵石柱础，排列成行。柱础之上，有的还覆以铜“櫍”(即垫板)。建国后，又发现了不少殷和早周时期的宫殿建筑遗址，如湖北武汉盘龙城殷代宫殿遗址，陕西扶风、岐山早周（前 11 世纪）宫殿遗址等等。其院落式组合的平面布局与台基立柱等之构架，已奠定了后来宫殿建筑的基础。

春秋战国时期，各诸侯国在争霸的同时，对宫室的营建也不遗余力，并以此相夸耀。所谓“高台榭、美宫室”成了一时之风气。这一时期的齐临淄、赵邯郸、燕下都等处宫殿遗址，现在仍然历历可寻。

秦始皇统一六国后，大修宫殿，建造了历史上规模宏大的阿房宫，据《史记·秦始皇本纪》记载：三十五年“始皇以为咸阳人多，先王之宫廷小，……乃营作朝宫渭南上林苑中。先作前殿阿房，东西五百步，南北五十丈，上可以坐万人，下可以建五丈旗。周施为阁道，自殿下直抵南山。表南山之巅以为阙”。由于前殿之宏伟，加之始皇之帝业，以后凡帝王之居皆称之为宫殿。(图 22—8)“宫”指一组宫殿之全部，“殿”则是指宫中的重要建筑。此后，汉长安之长乐宫、未央宫、建章宫，洛阳之北宫、南宫，殿阁楼台，离宫别馆，组成了规模宏大的帝王宫苑。汉以后，隋之仁寿宫、唐之大明宫、兴庆宫，北宋东京大内，辽、金、元之燕都宫殿，无不日益豪华壮丽。然而这些帝王宫殿，都在改朝换代的战火中，付之一炬。纵或未在王朝更替中毁坏，也未能保存下来。因为帝王宫殿乃王朝政权之象征，不毁去前朝宫殿不足以显示新王朝之威势。所以当元朝统治者自大都败逃之后，大都宫殿虽还完整无损，但明朝并不保存它。朱元璋特地派了工部侍郎肖洵前来北京拆毁元代宫殿。肖洵来到大都之后，看到完整的宫殿时，还十分欣赏，但又不能不把它拆毁。于是他专门写了一本《故宫遗录》来记录其盛况，成了今天研究元代宫殿的重要资料。

现在比较完整地保存下来的帝王宫殿，只有两处，一是北京的明、清故宫，二是沈阳的清故宫。北京的明代故宫非常幸运地被保存下来了，其原因是当清统治者攻下北京时，见到巍峨的宫殿十分壮丽，起初也有拆毁之念，但经过慎重考

图 22—8 秦咸阳宫殿复原透视图

图 22–9 故宫武英殿

虑之后，感到毁之可惜，非数十年工夫和大量的财力重建不起来，于是想出了一个妙法，即把原来建筑物上的匾额取下来换上一个新的。例如把原来的皇城头道门大明门换成了大清门，把原来的承天门改成了天安门，把原来的奉天、华盖、谨身三大殿改成了太和、中和、保和三大殿。一座明王朝的皇宫顷刻之间变成了清王朝的皇宫，免去了历代的焚烧拆毁，可称得上是一次极大的创举。另一处是沈阳故宫，它原是清朝统治者入关以前使用的宫殿。由于它是清王朝“发祥”之地，全国统一之后，统治者仍然注重对它的保护，并且还增修了不少殿阁楼台等建筑。

北京明清故宫原称紫禁城，四周有高大的城墙和宽深的护城河，自明永乐十八年（1420）建成后，至今已有 580 年的历史。故宫经历了明清两代 24 个皇帝的统治和居住，直到 1924 年末代皇帝溥仪出宫，才结束了作为帝王禁城的历史，并于 1925 年成立了故宫博物院。故宫占地面积七十二万多平方米，殿宇廊屋九千余间，建筑面积约十五万平方米。故宫建筑布局继承了古代帝王宫廷前朝后寝的传统格局，分作“前朝”和“内廷”两部分。前朝以太和、中和、保和三大殿为中心，东西分列文华、武英两殿，是皇帝日常朝会和举行庆典的地方。（图 22—9）内廷以乾清宫、交泰殿、坤宁宫为中心，两旁分列东、西六宫，其后又有御花园，为皇帝处理日常政务和后妃、皇子们居住、游乐、礼佛敬神之处。在中轴线的两侧慈宁宫、寿安宫、皇极殿、养心殿等，是专为皇太后、太上皇等养老的宫殿。整个禁城的建筑，金碧辉煌，灿烂绚丽。

沈阳故宫，原称盛京宫阙，始建于后金天命十年（1625），崇德元年（1636）基本建成。清顺治元年（1644）世祖在此称帝。清统治者入关后，这里称作奉天行宫，乾隆、嘉庆时又增建了部分建筑。沈阳故宫占地六万多平方米，有房屋三百余间。这里的建筑布局分为中、东、西三个部分。中路称作大内宫殿，仍继承了前朝后寝的制度，前面崇政殿为主体，是皇太极处理军政要务、接待使臣宾客之所。前为大清门，左右有飞龙、翔凤二阁和廊庑对峙。殿后自凤凰楼以后为寝宫，以清宁宫为主，两旁有关雎宫、永福宫、麟趾宫和衍庆宫等宫殿建筑。东路是沈阳故宫中独具风格的部分，其布局与中原传统的层层院落方式迥然异趣。东路后部正中是一座八角形的大政殿，其前左右分列十个方亭，为八旗大臣和左、右两翼王办公议事之所。西路则是乾隆时期所修建，主要建筑有文溯阁、仰熙斋、嘉荫堂和戏台，是专为收藏《四库全书》和供清帝们来盛京（沈阳）时读书看戏之所。沈阳故宫建筑，不仅在建筑布局上有其特点，而且在彩画、雕刻等方面都

图 22–10 西藏布达拉宫

有浓厚的东北地方风格，反映了中国多民族建筑文化的特点。

在中国现存宫殿中，还有一座极为特殊的宫殿，就是西藏的布达拉宫。它既是一座喇嘛庙，又是一座具有政权作用的宫殿，是中国古代西藏地区政教合一的产物。布达拉宫位于拉萨市的中心玛布日山上，是中国藏族建筑艺术的精华。相传在公元 7 世纪，吐蕃赞普（即王之意）松赞干布为了迎娶唐朝的文成公主，在这里创建了宫室。现在山顶上的法王洞内，尚有松赞干布和文成公主等人的塑像。现存其他建筑大都是在公元 17 世纪中叶达赖五世受清王朝册封后重新修建的。布达拉宫主楼 13 层，高 110 米，东西长 360 米，内有宫殿、佛堂、习经室、灵塔殿、庭院等建筑。全部建筑依山势层层向上兴造，分作红宫和白宫两部分，以其外部红白二色为别。红宫居中，为历代达赖喇嘛的灵塔殿。白宫居侧，为佛堂、经室、寝宫等建筑。整个建筑群楼高峙，殿宇嵯峨，气势雄伟，加之顶部镀金铜殿高低错落，金光灿灼，十分绚丽壮观。（图 22—10）

## 二、陵墓

中国历史上，几千年来一直盛行着厚葬的制度，那时候人们相信人死后要到另一个世界去，仍然可以享受与人间同样的富贵荣华。因此修建了工程浩大的坟墓，把大量的财富带到地下去。尤其是奴隶主和封建帝王们的陵墓工程更为宏大，耗费人力物力之巨，难以胜计。他们的陵墓建筑之精美，宝藏之丰富，不亚于地上宫殿，因此，被称为地下宫殿。例如陕西临潼的秦始皇陵，不仅地面建筑规模宏大，壮丽豪华，地宫内的建筑和陪葬品也十分壮观、丰富，不亚于生前的宫殿。我们仅从已经发掘的部分兵马俑坑的规模就可以想见当时地上地下陵墓工程之浩大。

### 1. 从墓而不坟到高封巨冢

早期的墓葬在地面上并没有留下什么特殊的标志。《礼记 · 檀弓上》记载：“古也墓而不坟。”《周易 · 系辞下》说：“古之葬者，厚衣之以薪，葬之中野。不封不树。”这里所说的树、封，指的是在地面上树立标志和堆起封土坟头。我们从考古发掘的情况来看，也证明了这一点。在原始社会的墓葬中，从未发现过有封土坟头的遗迹。根据历史文献记载和考古资料研究，封土坟头和地面建筑（祭堂等）的出现，大约自奴隶社会中期，也即是殷、周之间开始。这可能与奴隶主需要经常向祖先鬼神祈祷、祭祀有关。《礼记》上有一段孔子寻找他父母之墓的故事，说明了封土坟头和树植标记的重要性。故事说：孔子三岁的时候，父亲叔梁纥就死了。当孔子长大成人后，想要祭祀一下父亲，却找不到墓地所在。后来经过许多老人的回忆，费了很大的事才找到。孔子是个重礼的人，他认为祭祀祖先是必要的礼节，于是便在父亲的墓上堆土垒坟，植树作为标志，以便经常前来祭祀悼念。墓上封土垒坟树标的形式可能在孔子以前就有了，这一故事借孔子之名说明了坟冢的起源。从今天保存的帝王陵墓来看，封土的发展过程，主要有以下三种形式：第一种叫做“方上”，就是在地宫之上用土层层夯筑，使之成为一个上小下大的尖锥体，而锥体的上部好像截去尖顶成一方顶，故名之为方上。陕西的秦始皇陵和汉代诸陵大都是这种封土形式。第二种是依山为陵，就是利用山丘作为陵墓，把地宫掘进山里去，如像西安附近的唐太宗昭陵、唐高宗和武则天的乾陵就都是这种形式。第三种是宝城宝顶的形式，就是用砖石砌筑成圆形或长圆形的城墙，里面垒土封顶，使之更加明显突出。这种陵从南京的五代南唐二陵、成都前蜀永陵已有开端，到明十三陵、清东西陵都采用了这种形式。

**2．陵园、神道和地宫**

陵墓建筑除了封土坟头之外，一般分作地面建筑（祭堂）、墓道和墓穴三部分。它们按照墓主人的地位和财富情况，或简或繁，而帝王陵寝则三者均备而且工程宏伟壮丽。陵地有占地数里甚至数十、百里的，如明十三陵、清东陵、清西陵的范围就很可观。（图 22—11）陵园建筑以祭祀的大殿为主，称作棱恩殿或隆恩殿。在它的前后四周有各种门和配殿，形成了一个地面宫殿建筑群，规模十分庞大。如唐高宗与武则天的乾陵，地面建筑就有房 378 间之多。神道即墓道。一般的墓道很短，只是表示通向墓前的道路。帝王陵的神道（也称御路）则规模很大，两旁有石人石兽等雕刻。这种石雕称为“石象生”，以其好像生前的仪仗队一般。明十三陵长陵的神道长达 14 华里，有石象生 18 对，有文臣、武将、麒麟、狮、象、马、骆驼等等。地宫是埋葬死者的地方，是帝王陵的主要部分，又称为幽宫、玄宫等等。早期的墓葬很简单，挖一个土坑盖上几块木板而已，也没有什么殉葬物品。随着财富的集中，统治者得以将大量财力物力和技术力量建造地下宫殿，并有大量器物殉葬。地宫的发展也有几种形式，最早是土穴墓室，后来发展为木板墓室。到了春秋战国和西汉时期便盛行了木椁墓室，成为数层棺木外套木椁的大型木椁玄宫。这时期出现了十分考究的“黄肠题凑”，其结构是“以柏木黄心致累棺外，故曰黄肠。木头皆内向，故曰题凑”。（《汉书 · 霍光传》颜师古注）这种形式，过去只见于史书记载，直到 20 世纪 70 年代，在北京大葆台、河北石家庄、湖南长沙等地相继发现了保存有黄肠题凑的西汉诸侯王王室墓之后，才得到了实物证据。由于木材容易被盗被焚和腐朽，东汉时便逐渐扬弃了木椁玄宫，代之以

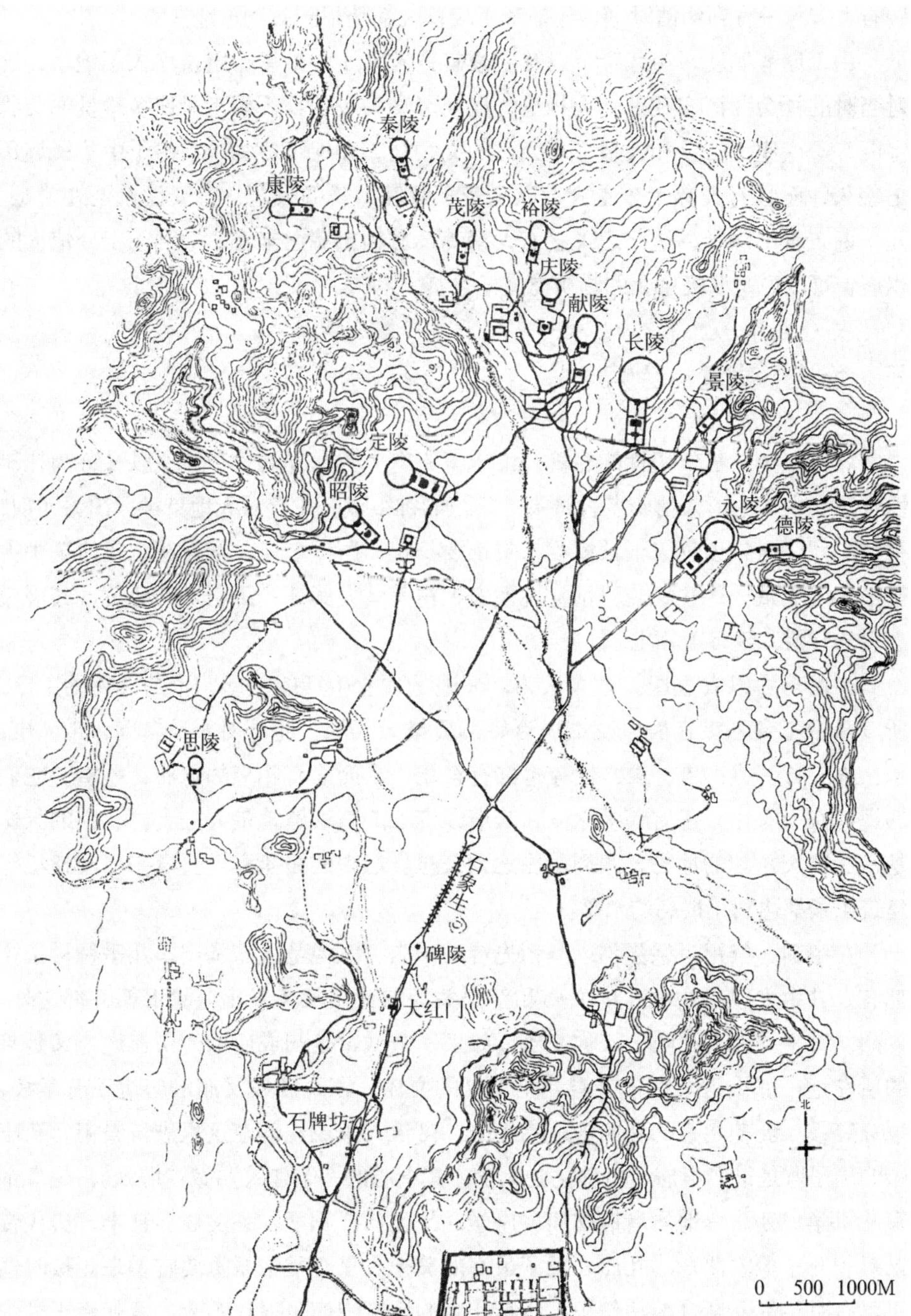


图 22-11 明十三陵分布图

砖石玄宫。一直到明清时期，凡是帝王陵墓大都是用砖石砌筑地宫的。

由于厚葬制度，历代帝王以及富豪官宦人家不知把多少财富埋入了地下，这对当时的社会经济实在是一大损失，但同时却为我们今天留下了许多珍贵的文物宝藏。一座座帝王陵和大墓都是绝好的文物仓库和地下博物馆。由于中华民族历史悠久，而且对丧葬十分重视，以至帝王陵寝、公卿大墓、富豪巨冢处处皆是，几乎遍布青山绿野。这些建筑之宏大精美，文物宝藏之丰富，达到了十分惊人的程度，可以说是一笔巨大的物质与文化财富。

## 三、坛庙、祠堂、会馆

坛庙、祠堂是祭祀性的建筑，由于祭祀有一套繁复的礼节，所以又称为礼制性建筑。古代中国人信奉多种神灵，祭祀的神很多。人们对天地鬼神、山岳川河、祖宗先烈、圣哲先贤以至动植物精灵都要祭祀，所以坛庙、祠堂在古代建筑中占了很大的数量。这些坛庙、祠堂规模宏大精美，尤其是帝王祭坛的建筑，其规模之大与宫殿、陵寝不相上下。

中国自古以农立国。古人认为，天地是农业生产的主宰，也是万物的主宰，所以从帝王到各级官府以及庶民百姓都要祭天祭地。此外对于风、雨、雷、电、水、火、日、月、星、辰、灶等也都有祭祀，从而建有相应的坛庙、祠堂。它们的规模有大有小，还有等级之分，其中以帝王的祭坛建筑最为宏大。北京的天坛是帝王祭天祈谷的地方，四周范围达六公里。坛内的祈年殿、皇穹宇、圜丘坛等建筑工程都达到了很高的水平。

在中国，祭祀祖宗先烈、圣哲先贤的祠庙可以说是遍布全国，几乎村村镇镇都有。其中尤以祭祀孔子的文庙和祭祀关羽的武庙最为突出。除王朝首都之外，各州、府、县都有孔庙，又称文庙。如果一个城市是州或府治的所在地，又是县的所在地，那么这个城市就有几个等级的文庙。在孔庙或文庙的旁边还有学校，也分等级。现存北京的孔庙是最高级的，可供天子或礼部在这里进行祭祀。孔庙旁的国子监是最高学府，古称之为太学。其中心的一个建筑叫做“辟雍”，是皇帝来此讲学之处。各地均有府文庙、府学，州文庙、州学，县文庙、县学。历代帝王对于孔子老家曲阜的孔庙表示了最高的尊崇。皇帝常常派重要官员来此按时祭祀，有时皇帝还亲自前往祭祀。曲阜孔庙的建筑规模也逐代扩大，清朝雍正皇帝特别准许曲阜和全国各地的孔庙屋顶能使用黄琉璃瓦，其等级可与帝王宫殿相比。(图 22—12) 与孔庙相并行的是关羽庙，或称关帝庙、武庙，以关羽的老家山西解县的关帝庙规模最大，建筑也最为壮丽。此外还有不少岳飞庙，以浙江杭州西湖

图 22–12 曲阜孔庙大成殿

岳庙为最。至于在个别地方纪念个别英雄人物、圣哲先贤的庙祠，如广东潮州的韩文公（韩愈）祠、四川眉山三苏（苏洵、苏轼、苏辙）祠、北京文天祥祠、合肥包公祠等等，其数量之多就难以胜计了。

泰山、华山、衡山、恒山、嵩山五岳，自两千多年前西汉时期就开始祭祀了，并且还给它们上了尊号，逐步封为帝君。祭祀五岳的建筑规模也极为宏大，宛如帝王宫殿。祭祀东岳泰山的庙称作岱庙、华山为西岳庙、衡山为南岳庙、恒山为北岳庙、嵩山为中岳庙。这五岳由于历史悠久，庙内还保存了许多具有珍贵价值的古树和历史文物，如中岳庙的汉代石阙、宋代铁人，西岳庙的西汉碑刻，岱庙的汉柏等等。此外还有祭祀医巫闾山的北镇庙，祭祀四渎的水神庙等等，规模都是相当巨大的。

宗氏祠堂在中国遍及城乡，几乎每一个村镇都有祠堂，在有些大的城市之中可有许多座祠堂。祠堂建筑的规模虽不如坛庙宏大，但多以建筑之精巧与华丽相炫耀。(图 22—13) 广州的陈家祠是现存祠堂中非常突出的一个，从建筑设计到装饰艺术都达到了很高的水平，尤其是它的建筑雕塑艺术，可称为清代建筑艺术的代表作品。

会馆是中国古建筑中具有特殊用途的一种类型。它是在明、清时期，随着工商业经济发展而广泛修建的。会馆之名最早见于明代。修建的目的是某一省、县、或地区的同乡或行业的同仁，为在外省外县外地保护本集团利益而提供进行联系、

图 22-13 安徽歙县呈坎村罗氏祠堂宝纶阁的檐廊装修

互助的场所。从京城到各省、州、府县均有会馆建筑。这种建筑虽然盛行于明、清，但在很久以前就已经有了萌芽。如在汉代京城长安已经有了外地同郡人的邸舍，南宋杭州也有专为外郡同乡人谋利益的场所。在京城者还为各省、州、府官绅来京居住之用，以及入京赴考学子居住之用。后来又称之为“公所”或同业公会。由于会馆建筑还作为同乡、同行业聚会联欢之用，所以大都要有一个比较讲究的戏楼。如苏州的全晋会馆、四川自贡西秦会馆、天津广东会馆等等。许多行业会馆为了显示经济势力，对会馆建筑往往不惜资金精雕细刻，使其具有较高的艺术价值。

## 四、佛寺、石窟、塔

佛寺、石窟和塔，三者都是佛教的建筑。原来本是一体的，但在两千年的发展过程中，由于种种原因或是分离或是孤立存在，成为似乎是三种类型的建筑了。

### 1. 佛寺

这是供僧众礼佛、居住的建筑，是佛教传入中国之后才出现的建筑类型。佛教正式在中国传播并得到皇帝的允准在汉明帝时期。永平十年（67 年）汉明帝派蔡愔、秦景等人去西域求法，他们迎回了印度高僧摄摩腾和竺法兰以及佛经等物。汉明帝很尊重他们，把他们安排在鸿胪寺（相当于国宾馆）中居住。第二年立即为他们修建了一个专供礼佛诵经传教的建筑，命名为白马寺，于是便在中国出现了第一座佛教寺院。“寺”这个字原是古代高级官署的名称，这时称之为寺，以示尊重。从此所有的佛院便通称为寺了。两千年来，随着佛教的兴衰起落与教义的发展，佛寺建筑也在不断地变化着。最大的一个发展即由早期的以塔为主的寺院布局改变为以殿堂为主的寺院布局。根据《三国志 · 魏书 · 释老志》、《洛阳伽蓝记》等历史文献记载，隋唐以前的佛寺大都是以塔为主的布局，即在寺院的中心修建一个大塔，供礼佛之用，其余的经堂廊庑只是作为陪衬的建筑。最初把塔译作“浮图”或“佛图”等，因而也有把寺院称为佛图寺、佛图祠的。据记载，第一个佛寺洛阳白马寺就是一个以塔为主、塔在中心的寺院。从隋唐时期起，逐步以殿堂安设佛像作为礼佛诵经的主要场所，把塔建于寺旁寺后或另建塔院了。其原因主要是受到中国古代建筑中以殿堂庭院为主的传统影响和佛像的普遍盛行，以礼像代替了礼“舍利”（佛的遗骨）的缘故。这也可以说是佛教中国化的一种表现。自魏晋南北朝以来，帝王舍宫为寺、官绅富豪舍宅为寺的行为也促进了以塔为中心的寺院转变为以殿堂为中心的寺院布局。佛寺建筑在造型和艺术风格上，由于教派和民族地区的不同，也有很多区别。大概可分为大乘、小乘、禅宗、律宗、净土、法相、天台诸宗和密宗等多类。在中原、华北、江南地区大多为禅、律、净土、法相诸宗寺院，在西藏、青海、内蒙、新疆、华北部分地区大多为密宗（藏传密宗佛教）寺院。在云南、广西部分地区有小乘寺院（俗称缅寺）。以上这些地区除小乘寺院较少外，其他各宗寺院与藏传佛教寺院都有相互并存的情况。在建筑艺术风格上，藏传佛教寺庙和小乘佛寺的特点尤为突出，反映出浓厚的藏族和傣族的民族艺术特点。

### 2. 塔

塔是佛寺中的主要建筑。在印度早期无佛像，认为塑绘佛像是对佛的不敬。直到公元前后才出现了佛像，于是塔便成了佛的最早纪念建筑。塔的梵文原名窣堵波（stupa），是坟冢的意思。传到中国来之后，把它译作了浮图、佛图、塔婆、私偷婆、方坟、圆冢等等。塔的用途是埋藏佛的“舍利”。相传释迦牟尼死后，他的弟子们焚化了他的尸体，于是出现了许多五光十色的晶莹珠子，称作“舍利子”，还有其他一些未烬骨头、牙齿、毛发等，都称之为舍利。人们为了纪念他，便把舍利分别建坟埋葬，这就是塔。随着佛教的广泛传播，人们为了信佛拜佛，纷纷建塔。于是舍利的范围不断扩大，凡是佛经、佛物以至珠宝、砂石、植物等都可作为舍利，这样塔的数量就大大增加了。至于塔的形式，印度最初的塔确属半圆形的大坟冢，现存最早的印度三齐大塔（建于公元前二三世纪）就是这种形式。佛教传到各国之后，按照各个国家发展了的教义和受当地的建筑传统影响，塔的形式就十分丰富、变化多样了。

图 22–14 山西应县木塔

中国最早的塔是楼阁式塔。汉明帝永平十一年（68 年）洛阳白马寺塔和三国时徐州笮融浮图祠塔、北魏洛阳永宁寺塔等都是楼阁式塔。它们是印度窣堵波在中国古代高层楼阁的传统基础上创造出的新类型。其形状好像一座四方形的摩天高楼。永宁寺塔高达一百多米。因为我国古建筑是以木结构为主的，所以早期塔也是木塔。以后随着建筑材料和建筑技术的发展，为了防火和保持坚固，隋、唐以后建造了大量的砖石塔。现在保存的塔，纯木构的只有山西应县木塔、甘肃敦煌慈氏塔等一两处了。(图 22—14) 其余大部分都是砖石结构或是砖木混合结构。此外还出现了许多铜铁塔、金银塔、珠宝塔、琉璃塔等等。塔的造型在两千年的发展过程中，又创造了许多新形式，有楼阁式、密檐式、亭阁式、覆钵式（喇嘛塔）、花塔、过街塔、金刚宝座塔以及几种形式相结合的组合塔等等，可说是形式多样，丰富多彩，塔的用途除了原来的埋藏舍利、礼佛拜佛之外，结合中国传统建筑的功能又有了新发展。这主要有：(1) 登临眺览。这是古代楼阁建筑的重要功能，塔把它完全继承了下来。(2) 点缀山川名胜。由于塔具有高耸挺拔的英姿和优美的艺术形象，能够装点锦绣河山，所以到后来专为点缀山川名胜而建塔。(3) 导航指路。由于塔的体形高峻，远远就能看见，是导航识路的绝好标志，所以在江河转折、海岸港汊、桥梁津渡等处往往建塔，作为导航指路的标志。有些塔上面满布灯龛，晚上点燃，日夜导航。此外，塔还有作为瞭望敌情、观察风向等功用。

### 3. 石窟

石窟本来也是佛寺的一种形式。在印度约公元前 2 世纪时就已有了石窟寺，是一些僧侣为了静修而在山中开凿的洞窟寺庙（cavetemple)。这些洞窟后面一般

图 22–15 山西五台唐建南禅寺

都凿有塔以为拜佛象征，并有小石室供静修之用。石窟中还有礼佛集会的场地，与寺院的作用相同，所以称之为石窟寺。这种石窟寺大约从魏晋开始逐渐传入中原，石窟寺自传入之后，很快就与中国传统的建筑相结合，与印度原来的形制大不相同了。这些洞窟中一般只有雕塑的佛像和壁画，作为拜佛之用，而在窟前或旁边另建寺院，供僧侣住宿诵经。虽然有些石窟内还保存了静坐的"禅窟"痕迹，但已经不是真正有僧人去打坐，只是保留些原始的遗意罢了。中国的石窟寺不仅是著名佛教寺院，而且也是收藏丰富的雕塑、壁画和文物的宝库。

佛寺、塔和石窟寺三种佛教建筑，在中国现存古建筑中，不仅在数量上占了很大的比例，而且其历史、艺术和科学价值也非常高。如山西五台南禅寺、佛光寺是我国现存最早的木构建筑，(图 22—15) 拉萨布达拉宫、日喀则扎什伦布寺、承德外八庙、北京雍和宫、青海塔尔寺等等规模宏大，豪华壮观不亚于帝王宫殿。至于佛寺和古塔、石窟中的雕塑壁画更是古代雕塑、绘画艺术最为集中之处，在数量与艺术成就上也都居全国之冠，是一份值得珍视的文化财富。

## 五、道教宫观

道教是中国本土的宗教，起源于古代之巫术和秦汉时期的神仙方士之术，其后在一千八百多年的时间中，道教和佛教一样有了许多新的发展。

道教建筑称为“观”或“宫”。这两种建筑形式是中国古建筑的传统类型，早已有之，道教建筑袭用了这个名称，是很自然的。观这种建筑，本为瞭望观览的高楼，所以又常常称为楼观。过去帝王宫门前有两个高楼称为两观，又称为两阙。《尔雅 · 释宫》说：观也叫做阙。在古代大型府第庄园之中，往往建高大的望楼以为瞭望之所，也属于观这一类型。相传秦汉时期的帝王好求神仙，而仙人又好楼居，故大力修建高楼以迎候仙人。道教本来承袭了神仙方士之术，其建筑以观为名，当然是很合适的了。到了唐朝，不少皇帝崇信道教，连嫔妃宫人也效道装，“五金冠子道人衣”成了时装，于是把原来的道观，晋级为宫。此后，各个朝代便宫观并称，当然宫的地位似乎较观为高，如陕西周至县终南山下的楼观台，唐宋均称宗圣观。元中统元年（1260），特由皇帝下旨易名为宫，以示尊重。历史上把观提升为宫的情况为数甚多。而有些宫、观名称也时有更换，这并不以其规模大小而定。

道教建筑还与岛屿名山相结合，有仙山楼阁、洞天福地之称。保存至今具有建筑与艺术价值的道教宫观，有如下一些：福建莆田玄妙观的三清殿，为北宋大中祥符八年（1015）重修，是现存最早的木构道观。江苏苏州玄妙观三清殿，为南宋淳熙六年（1179）所建，规模宏大，结构精巧，面宽 45 米多，进深 25 米，是现存规模最大的宫观殿宇，尤其是在斗拱上运用了“上昂”结构，是木构中的孤例。山西芮城永乐宫原名大纯阳万寿宫，建于元中统三年（1262），为现存元代建筑中规模最大者。现在尚存宫门、龙虎殿、三清殿、纯阳殿、重阳殿等五座殿宇，除宫门外均为元代建筑。（图 22—16）永乐宫内除木构这一特点外，最有价

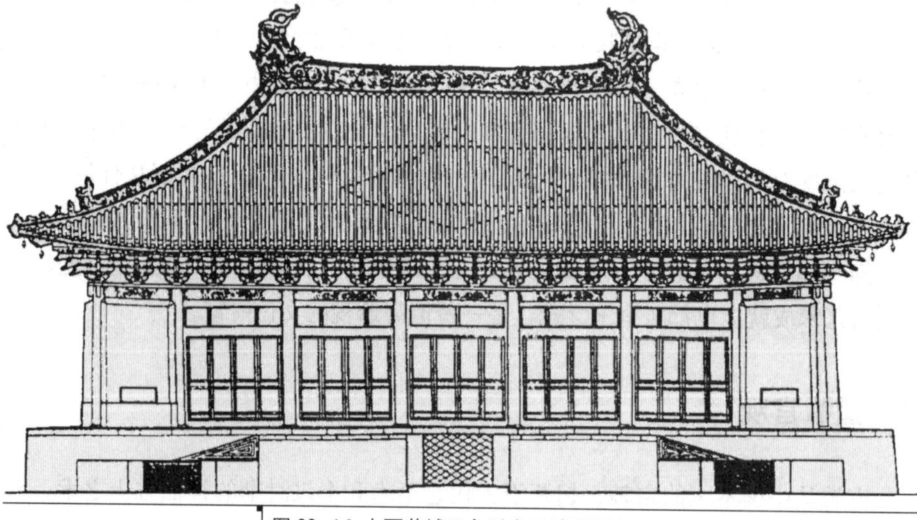

图 22–16 山西芮城县永乐宫三清殿正立面

值的是元代壁画。三清殿的壁画高 4.26 米，全长 94.68 米，计有金童、玉女、天丁、力士、帝君、星宿、仙猴、仙伯等等共 290 多尊，色彩绚丽，画技高超，堪称杰作。纯阳殿内的吕洞宾神话故事壁画，为一幅幅连环画所组成，名叫“纯阳帝君仙游显化图”，不仅画技高超而且所表现的元代建筑艺术和社会生活内容十分丰富，是研究宋元社会的重要资料。永乐宫原在吕洞宾的老家永乐镇黄河岸边，由于处在三门峡水库淹没区之内，于 1959 年开始将其全部迁建于此。北京的白云观是全真教的第一丛林，也是龙门派的祖庭，建于唐代，金代曾改名为太极宫、长春宫，明初改名为白云观，现存建筑都是明清时重建的。全观分为中、东、西三路及后院。中路依次为灵官殿、玉皇殿、老律堂、邱祖殿、三清阁、四御殿及钟鼓楼等。东路为南极殿、斗姥阁和罗公塔。西路有吕祖殿、八仙殿、元君殿、元辰殿、祠堂院等。后院为一精美的花园，名叫云集园，又名小蓬莱。院内假山错落，回廊周匝，绿树成荫，清新幽静，有云华仙馆、友鹤亭、妙香亭、退居楼等分布其间。四川成都青羊宫也是著名道教建筑，始建于唐，现存建筑为清代重建。有灵祖殿、八卦亭、无极殿、斗姥殿、三清殿等。其中的八卦亭的石柱雕刻艺术价值甚高，宫内水池山石和林木花草布置相宜，不失为一优美园林。

## 六、清真寺

清真寺是伊斯兰教（旧称回教、清真教、天方教）的建筑，在平面布局和结构形式以及艺术装饰上都有其独特的风格。它也和佛寺、塔、石窟寺一样是外来宗教文化同中国传统建筑融合后，创造出的新建筑类型。

伊斯兰教传入中国大约始于 7 世纪中叶。据《新唐书》记载：大食国（即阿拉伯）正式派使节来唐是高宗永徽二年（651）。这时的伊斯兰教，在阿拉伯已处于统治地位，可以想见此时和以后来华者当有其徒，他们由海路将伊斯兰教传入中国沿海地区。五代以后，伊斯兰教在中国得到了很大的发展，广州、泉州的礼拜寺建筑极为华丽。10 世纪末，伊斯兰教经中亚传入我新疆地区。

历史上，伊斯兰教传统建筑与中国各民族地区建筑相结合的情况可分为三个阶段。第一个阶段是唐宋元时期，这时期的伊斯兰建筑以移植方法为主，保存阿拉伯建筑特点较多。如广州光塔，泉州清静寺等，均以砖石结构为主，形式与做法均有显著的阿拉伯风格。到元代虽然已经吸取了中国原有的木结构体系和平面部局，但还保存了一些阿拉伯建筑风格。带有过渡性的成分。第二个阶段是明清时期，是伊斯兰建筑发展的高潮。从 1368—1840 年近五百年的时间，为适应传教的需要，许多省市创建了大量的清真寺，新出现了讲经堂、拱北（即教主的陵墓）

等建筑。在此时期中，伊斯兰建筑“华化”的程度加剧，逐步形成了以木结构殿堂楼阁为主体的中国伊斯兰建筑风格。从现存的伊斯兰建筑来看，大多是这阶段的遗物，建筑技术与艺术价值也较高。第三个阶段是自 1840 年以后到 1949 年的一百多年间，由于中国政治经济上处于半封建半殖民地的地位，伊斯兰建筑的修建较少，工程质量与技术、艺术水平都较差。在个别新建的清真寺中，也掺杂了钢筋混凝土结构和多层的建筑物。在甘肃、宁夏等省，这一时期还修建了一种规模宏大的道堂。在道堂内，不仅有传教的道堂，而且有拱北、客房、帐房等，形成了一组庞大的伊斯兰建筑组群。

与内地木构殿堂楼阁式清真寺同时发展的另一支伊斯兰建筑，是新疆地区的伊斯兰建筑。其建筑形式较多地保留了阿拉伯建筑的特点，结合这一地区的地理、气候条件和建筑材料，形成了新疆伊斯兰建筑的独特风格。其建筑材料系用土坯、青砖、红砖、琉璃砖及木料等，外观为圆拱顶或平顶形式。内部殿堂分为内外殿或上下殿。

清真寺建筑由于它的功能需要，与其他类型建筑比较，具有独自的特点。在平面布局上，主要建筑为礼拜殿，是教民们日常进行礼拜活动的地方。礼拜殿内，正中有一小龛名圣龛，龛的方位必须背向“麦加”，因此，造成了清真寺大殿都是坐西朝东的情况。在全国成千上万个清真寺中，仅有一个例外，即泉州清净寺的圣龛是背向西北的。由于伊斯兰教没有偶像，不像佛、道那样殿内需供奉许多神佛像，只要能满足人们的想象祈祷即可，所以大殿的平面布局形式多样，外观也有较多变化。大殿的结构一般由前廊、殿身、后窑殿三部分组成。殿前有宽阔的卷棚廊子，以便于教民在此脱鞋进殿。殿身内部空旷宏大，以适应做礼拜的需要，后窑殿在大殿后，无间隔，也可供做礼拜用。后窑殿中为圣龛，左侧置宣教台，也有无后窑殿而在大殿后墙上开圣龛者。清真寺建筑中还有几项建筑与其他寺庙不同之处：一是邦克楼，也称唤醒楼或召唤楼，是用来登高召唤教民们前来做礼拜用的，它的位置在寺前方或旁边。早期楼的建筑形式为砖砌圆塔形，后来逐渐成为木构楼阁式了，仅新疆地区还保存了一些圆塔形式。二是大门。早期清真寺大门有两重，大门之内再套大门，保存了较多的阿拉伯风格。在内地，随着华化过程出现了在木构大门上加楼，成为木塔式建筑，更有做成木牌坊式带八字墙的大门，可谓独具一格，丰富多彩。还有在大门上建数层的木构邦克楼，或在门的两旁建圆形砖砌邦克楼的，使门与楼结合起来。三是水房，为清真寺必有的部分，供教民们做礼拜时沐浴之用。

伊斯兰建筑的墓祠也独具特点，其下为正方形的平面，用土坯或砖砌拱，顶呈穹隆形，在其四隅各砌邦克楼一个。有些墓祠用琉璃砖瓦砌筑，更为华丽。不少回族清真寺的墓祠用磨砖对缝，在墙壁、门窗栏杆、须弥座之上都有精美的砖雕，艺术水平很高。

伊斯兰建筑装饰艺术的一个重要特点是，不用动物形象作为花纹，而是用植物纹样、几何纹样以及图案化阿拉伯文字来做装饰。

现在全国的清真寺建筑很多，兹举几例：

广州怀圣寺，建于唐武则天天授年间（690—691），是中国最早的清真寺。现存建筑大部分为后代重建，仅存光塔一座尚是唐代原物。光塔高 363 米，圆形，内有梯级上登塔顶，也即是召唤教民做礼拜之邦克楼。泉州清净寺，建于北宋大中祥符二年（1009），现存建筑有大门、奉天坛遗址，大门雄伟壮观，均为石砌，为中国除光塔之外现存最早的清真寺建筑。西安化觉巷清真寺，为明代所建，有院落五进，规模宏大，保存完整。（图 22—17）北京牛街清真寺，是北京规模最大、历史最悠久的清真寺，建于辽统和十四年（996），历代均做过重修，现存建筑大部为明清时期遗物。大殿坐西朝东，由三个勾连搭式屋顶和一座六角攒尖亭所组成，左右附抱厦，华丽壮观。宁夏同心清真大寺，建于明代，是宁夏现存规模较大、历史悠久的清真寺。寺建于高达十米的砖砌高台之上，显得分外雄伟。山东济宁东、西清真寺，主要建筑为清康熙、乾隆年间所建。西大寺大殿不仅是全国伊斯兰教清真寺中最大的一个，而且在所有木构大殿中也是很少见的，它的

图 22–17　西安大清真寺

规模仅次于故宫的太和殿。东大寺大殿的龙柱、抱鼓石、柱础的雕刻和八字墙上的砖雕均极精美。新疆、青海、内蒙等地的清真寺规模也都非常宏大，尤以新疆清真寺独具特点，如喀什艾提尕尔清真寺、西宁东关清真大寺、呼和浩特清真寺等等。其他著名的清真寺还很多很多，不能一一列举。

## 七、园林

### 1. 中国园林的悠久历史

中国的造园艺术在世界上独树一帜，受到许多国内外建筑师、园艺师、美术家和广大旅游者的赞赏。根据历史文献推断，远在五千多年前，人们就已经开始利用自然的山泽、水泉、林木、花草、鸟兽、鱼虫等进行初期的造园活动。相传在帝尧的时候，就设了称作“虞人”的官职来掌管山泽、苑囿、田猎之事。舜的时候曾封伯益为“虞官”，专管草木、鸟兽之事，这是一种专职的园林之官。当然这时候由于生产力不发达，人们主要还是利用自然的条件，人工造园的成分不多，但是作为造园这一活动已经开始了。公元前11世纪，周王朝营建了一个方圆35公里的囿，里面有灵台、灵沼、灵囿等著名建筑物和珍禽异兽、奇花异草，可以称得上是一个大型的建筑和动植物综合园林了。进入封建社会以后，帝王和达官显宦、富贾豪绅们无不花费巨资营建园林，并且与皇宫、府第相结合，规模之大，动辄数十、百里。如秦始皇的上林苑，宫殿、园池、台榭蔓延三百里。汉武帝把秦的上林苑扩大充实，在苑中建离宫七十余所，名花异草、珍禽异兽莫不具备。汉武帝又经营了规模更为宏大的甘泉苑，周围540里，苑内宫殿楼台百余处。他还在建章宫内开辟了太液池，在池中布置海上三神山——蓬莱、方丈、瀛洲，开创了此种三神山的造园手法，一直延续了两千多年。到了汉代后期，不仅帝王、诸侯、卿相显贵们造园，富户豪绅也争相经营园林。三国两晋南北朝时期，东吴建业（今南京）在大道之旁种植青槐，河流绿水，浓阴铺地，流水潺潺。南北朝时有不少佛寺是由帝王、贵族舍宫舍宅而成的，皇家园林和宅园也舍入了寺中，促进了佛寺的园林化。大同的北魏云冈石窟，一开始就把庙宇修成为园林的形式，有“山堂水殿、烟寺相望”的景色。隋唐时期，不仅帝王宫苑大为发展，更重要的是私家园林的崛起，并出现了许多由诗人画家所经营的园林，被称为“诗画、山庄园林”。如唐代著名诗人兼画家王维所经营的“辋川别业”和诗人白居易所营“庐山草堂”就是他们以诗画意境所设计的园林，宋、辽、金、元时期，园林艺术的突出成就是叠石堆山艺术的兴起，尤以宋徽宗的万寿山艮岳最为著名。为了修建这一园林，从江南搬运花石的“花石纲”，给人民带来了极大的灾难，可惜不久就被破坏了。金、元时的琼华岛（今北京北海琼岛）等，也是在宫苑中堆叠山石，把叠山艺术推到了新的水平。明清时期是中国古代造园艺术的又一高峰，也是古典造园艺术的一个大总结。这时期产生了明代计成所著《园冶》、文震亨的《长物志》、清代李渔《一家言》等专书和专论。与此同时还出现了米万钟、计成、张琏、张然等造园叠石名家和工匠，“山子张”成了叠山的世袭家族。明、清时期的另一大成就是集景式园林的发展和对外来因素的吸收，如北京的圆明园、清漪园，承德避暑山庄等，都争把全国各地的名园胜景、著名建筑仿建于园内。圆明园中的西洋楼再现了西洋园林建筑，为中国园林增添了新的内容。现在全国所保存的皇家宫苑，私家园林大多是这一时期的遗物。

### 2. 造园理论与技法

中国古代园林的巨大成就和特殊风格，来源于独特的造园理论与技法。这些技法有如下一些特点：第一，古代园林体现了中国传统文化，古代文学、艺术的高水平直接影响到造园理论的发展，使园林的布局与造景达到了很高的境界。第二，中国古代园林布局以曲折变化，层次幽深为主要特色，这有别于整齐对称的欧洲形式。第三，模仿自然，接近自然，在经营建造时，要达到“虽由人作，宛自天开”的艺术效果。第四，小中见大。在很小的地盘上，用分隔、转换等手法达到感觉上的广大和深远的效果。第五，移天缩地，集景奇观。从秦、汉时期的仿海上神山发展到明、清时期的集景园林，使园林景观的丰富达到了高峰。第六，借景。这是中国造园艺术中的一项特有技法，《园冶》一书把它称为“巧于因借”。它的成功之点是把园外之景借入园内，扩展了某一园林的景区，利用园内外的景点环境，丰富景色内容，使园林艺术达到了高超的境界。第七，动植物的配合。中国古代园林除了建筑、山石之外，也十分注重花草树木、鸟兽鱼虫的配合。许多园林的鸟兽都养放于自然山林之中，保存其野生的特点。园中的花草树木，均按四时配合种植，并注意其野生趣味。

### 3. 丰富的古代园林遗物

在漫长的历史岁月中，中国不少古代园林杰作不幸毁于自然和人为的破坏，但是至今仍有大量的遗物保存了下来。其中以明、清时期为多。它们分布于北京和全国城乡。按这些古园的地位和功能以及造园艺术的特点，大致可分为以下几种：(1) 宫苑，即皇家园林。它们大多与帝王的宫殿相结合，如北京的北海、中南海、圆明园、静宜园、静明园，承德避暑山庄以及故宫中的御花园、乾隆花园等。它们都是集中了大量的财力物力和能工巧匠精心营建的，是古代园林中极为

图 22–18 苏州网师园

重要的一部分。(2) 宅园，是属于某一大型住宅、府第的园林。有些大型的宅园，把住宅居处建于园中，被称之为“园居”。宅园分布于全国各地，数量很多，其中有不少艺术价值很高的作品。如北京明代米万钟所营漫园、勺园、湛园，清代李渔半亩园等。江浙一带这种园林尤多，如苏州拙政园、留园、网师园、怡园，扬州个园、何园，南京瞻园，山东曲阜铁山园等等。(图 22—18) (3) 庭院与缀景，这种形式并非单独的园林，而是在庭院广场空地或是天井之中布置点缀一些山石、水池、花木之景，以美化庭院。有些十分狭小的住宅在檐前阶下，房前屋后点缀一些山石花木，以美化房舍。(4) 寺观园林，在中国古代园林中也占了不少的数量。寺观不仅本身有园林，而且它的楼台殿阁、宝塔也成为大型园林风景中的重要部分，“南朝四百八十寺，多少楼台烟雨中”，组成了一幅优美的昔日金陵风景图画。现存的寺观园林很多，如北京碧云寺、潭柘寺、承德殊像寺、须弥福寿之庙等等，都有精美的园林。苏州戒幢寺西园、扬州大明寺西园、杭州灵隐寺、成都文殊院等等也堪称佳作。(5) 坛庙祠馆园林。古代京城和各州、府、县都建有坛庙和祠堂、会馆，在这些建筑物中也多附有园林。如北京的社稷坛（今中山公园）、天坛、地坛、日坛、月坛、孔庙，四川成都的杜工部祠（草堂）、眉山三苏祠等。(6) 名山胜景园林。在中国广大地区，蕴藏着许多珍贵奇特的水泉、山石、名花异木，千百年来无数的造园艺术家、诗人画家相继经营，成了公共游览和集会之地的园林。如北京的樱桃沟、陶然亭，浙江绍兴兰亭，安徽滁州醉翁亭、丰乐亭，昆明大观楼，成都望江楼，宜宾流杯池，济南趵突泉等等。(7) 大型湖山园林。这种园林属于开敞式的，往往与城市或村镇融为一体，由许多组风景点、寺观、楼台亭阁、堤、桥等所组成。虽然事先并未有全面的布局，历代的经营者在前人营建的基础上，相宜布置，逐渐形成了一个完善的布局。如杭州西湖、扬州瘦西湖、济南大明湖、北京西山、安徽黄山、四川峨眉山、广西桂林漓江及桂平西山，五岳泰山、华山、嵩山、衡山、恒山等等，都是经过上千年不断经营、逐步完善的大型湖山园林。

## 八、民居住宅

民居、宅第是中国古代建筑中数量最大的一种类型。由于中国疆域辽阔，自然环境相差很大，建筑材料的多样，以及多民族共居所形成的风俗习惯的差异，使得民居住宅的形式、结构、装饰艺术、色调等等都有所不同，各具特色。主要有如下几种形式：

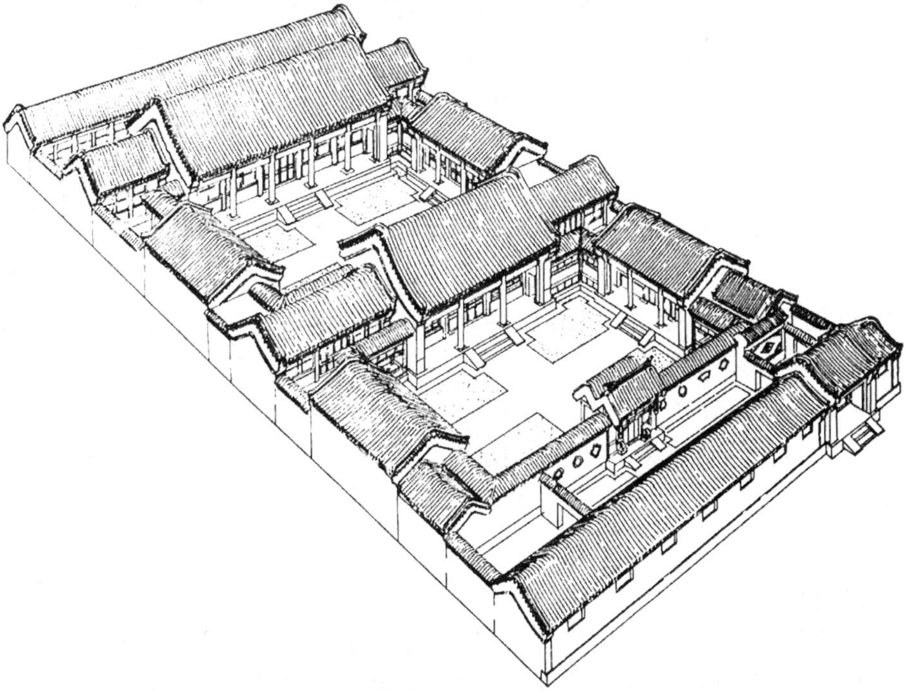

图 22-19 北京典型四合院鸟瞰图

### 1. 四合院民居

这是在汉族广大地区和许多少数民族地区广泛采用的形式，延续了几千年一直在使用。四合院布局的特点是，造成一个封闭性的庭院，自成一个单位，环境安静，居住舒适。院子由门、廊子、厅堂、寝室、厢房、耳房、倒座、花园等相互配合组成。这些建筑的功能分明，主次有序。也可以由许多进、许多排的四合院组成一座大型的四合院，成为大宅院——四合院组群，以供昔时的四世同堂、五世同堂等子孙众多的大家族居住。四合院的结构，大多是采用木构架的方式，北方多为抬梁式结构，南方常用穿斗式结构。也有用两种结构混合式和“硬山搁檩”的结构的。(图 22—19)

### 2. 蒙古包

主要是蒙古族在蒙古草原上的住宅，其形状似拱包，所以被称为蒙古包。在新疆的维吾尔族、哈撒克族牧民以及甘肃、青海等省区的牧民也常采用这种居住形式。蒙古包最大的优点是便于拆卸搬迁，是一种非常方便的活动房屋，所以很适合草原牧民的需要。蒙古包的结构是以木条编扎为骨架，外面包以羊毛毡，所以又称为毡包。一般的毡包高约 2—3 米，圆形，直径约 4—6 米。在包的顶部装有圆形的天窗，以供通风和采光之用。有些半牧半农地区的牧农所建造的半固定式住宅，外面也用毡包裹，较之墙壁更为方便。

### 3. 窑洞

这是在西北、华北等黄土地带常见的民居住宅形式。它们的建造方式是在黄土崖壁上挖出拱洞，在洞口安设门窗。结构比较简单，因为窑洞均在原生土上挖出，所以被称为生土建筑。窑洞挖掘的形式主要有两种，一种是沿土崖挖掘的，单层或多层成排，也有单独的。另一种是在黄土平地上向下挖出大坑，然后在大坑的四壁挖掘窑洞，有如一个地下的村落。这种窑洞式住宅还保留了早期穴居的形式。其优点是建造技术简单，节省建筑材料，保温较好，冬暖夏凉，所以一直被沿用了下来。

### 4. 碉房

在西藏、青海、甘肃及四川等省市自治区的藏族大多采用这种形式的住宅。因它由巨大的石块砌墙，门窗较小，外观坚固厚实，俗称碉房。其内部以密梁构成楼层和屋顶，高二三层不等，而以三层为多。底层为牲畜房及草料房，二层为卧室、厨房、储藏室等，三层则为经堂、晒台、厕所等。此种房屋保温性强，外观朴实。

### 5. 干栏式住宅

在广西、云南、贵州、海南岛等南方地区，因气候炎热，雨水较多，空气潮湿，为了通风防潮以及避虫蛇之害，很多地方采用了下部架空的干栏式住宅，俗称为吊脚楼。其下部空敞部分往往作为牲畜和堆积杂物之所，上层前为廊及晒台，后为堂屋与卧室。两层之间有楼梯上下。此种住宅的结构大多为木构，不仅梁柱，连墙壁也以木板装制。有的高达三层，十分壮观。在广西、云南傣族的住宅中，以竹为楼，也作干栏式，不仅梁柱以竹构架，连墙壁也以竹编而成，俗称竹楼，显得轻巧美观。

### 6. 井干式住宅

这种住宅用木材层层叠构为四壁，形如井状，故称作“井干式”，仅见于云南和东北一些森林地区。它的形式比较简单，仅一间或两开间，偶有二层者。

### 7. 土坯房

在新疆吐鲁番、喀什、和田等地区，有用土坯外墙、木架、密肋结构的房屋。前廊列拱，开朗明快。因气候干燥炎热，一般不开窗，而用天窗采光。在拱廊、墙面、壁龛、火炉、天花板等处的砖木部分，常有精美的雕刻、绘画装饰。

此外，在广东、福建还有大型的高层圆楼、方楼形式的集居围房、水上住宅等，都是由于历史上的种种原因和民族生活习惯所形成的，充分反映了中国多民族国家丰富多彩的生活方式。

## 九、城市规划与城防建筑

城市是人口最为集中的地方，是一个国家或一个地区政治、经济、文化的中心，被称做人类文明的焦点。城市还是各种类型建筑物荟萃之区，它本身即是一个建筑的综合体。中国城市的发展有着悠久的历史，大约在四千多年前的夏代，就已经有了城市的雏形。史书上记载，夏有万邦，这个“邦”就是一个个小城堡。在河南登封发现的公元前两千年前的一处小城遗址，就是这时期的遗迹。

正因为城市是一个综合体，是各种建筑类型汇集之地，如果没有周密的建筑规划，就会杂乱无章，相互扰乱，不能很好地满足人们各种活动的需要。所以中国很久以前就已经有了城市规划。根据历史文献记载，中国在公元前一千年前就有了完整的城市规划理论。春秋时期成书的《考工记》，专门记载了周初关于城市规划的内容。书上说："匠人营国（国指都城），方九里，旁三门。国中（城内）九经九纬，经涂（涂即道路）九轨。左祖右社，面朝后市。"两千多年来，这一城市规划的理论不断在各个朝代的都城建设中得到体现。明、清北京城的规划就是反映这一王都规划理论的例证。与此同时，还有一个与这一理论相对应的、按照自然地形布局的城市规划理论，即《管子·立政》所记的："凡立国都，非于大山之下，必于广川之上。高毋近旱而水用足，下毋近水而沟防省。因天材，就地利，故城郭不必中规矩，道路不必中准绳。"这一根据实际情况进行城市规划的理论，由于适应中国广大地区不同自然环境的需要，在两千多年来的城市建设实践中，得到了广泛的采用。

中国的许多古代城市，一直被沿用下来，成为今天的历史文化名城。经过调查研究和评审，国务院公布的第一、二两批国家级历史文化名城的名单，有北京、西安、洛阳、开封、南京、杭州、大同、上海、重庆等62座城市。也有不少在历史上曾经是重镇名都，但早已成为废墟遗址了的古城，如西周丰镐、洛邑，郑州商城、安阳殷墟，春秋战国时期的齐临淄、楚纪南、鲁曲阜、赵邯郸、燕下都以及秦咸阳、汉长安、隋唐长安、宋东京、南诏太和城、辽上京、中京等等，这些古城遗址不仅反映了历代城市规划的情况，而且遗址内容丰富，反映了历代人民生产、生活和政治、经济、文化、科学技术的发展情况，在学术研究上有很高的价值。许多古城遗址也由国务院公布为全国重点文物保护单位。

有不少的历史文献和图画也反映了古代城市的面貌。如一幅北宋著名画家张择端所绘的《清明上河图》，就是北宋东京部分街市繁华景象的写照。

自城市出现，就产生了城防的问题。中国古代城市，从天子的帝京到郡、州、府、县以及一些镇、乡都有城墙和护城河。城墙上有城门、城楼、角楼、墙台（亦称马面）、敌楼、宇墙、垛口（亦称雉堞）等防御工事，构成了一整套坚固的城防体系。（图22—20）我国古代的城垣建筑，不仅工程坚固，而且具有高超的建筑艺术水平。险固的城墙，高耸的城楼、宽广的护城河（亦称城壕或隍）显示出雄伟森严的气势。现在保存较为完整的城墙有辽宁兴城、湖北江陵、山西平遥、福建诏安、广西永福等处，尤其以陕西西安城墙规模最大而又完整。它是明王朝初期封藩秦王的城郭，距今已有六百多年的历史。此外还有一些特殊结构的城垣，如山东蓬莱戚继光所筑备倭水城，是用以操练水军和停泊战舰以防御倭寇入侵之用的。还有北京卢沟桥头的明代"拱极城"，是专为防守卢沟桥的桥头堡（现称宛平城，是民国时才将县署移此的）。其布局也与一般城市不同，有重大的研究价值。

图 22-20 北京永定门旧照

我国还有一项特殊的城防工程，即是闻名中外的万里长城。它自成一套完整的城防体系，修筑时间之久，规模之宏大，世界罕有，因此在很久以前就已被列为世界七大奇迹之一。长城始建于公元前 7 世纪前后的春秋战国时代。当时诸侯争霸，为了互相防御，便在各自的领地上，根据防御的需要筑起了高大的城墙。由于这种城防与京城、州郡等的城墙不同，它的周围不封闭，而且很长，动辄上百里、上千里，所以称为长城或长墙、长垣。长城自公元前 7 世纪前后开始修筑以来，到 17 世纪才基本停止，延续修筑了两千多年，总共有二十多个朝代和诸侯国家修筑过长城。若把每次修筑的长城长度相加起来，大约有十万里以上。其中秦、汉、明三个朝代的长城都超过了一万里，所以被称为万里长城。现在有 16 个省、自治区保存了不同时代长城的遗迹。长城不仅是一道万里长墙，而且是由千百座雄关隘口、城堡墩台所组成的严密防御体系。它凭借着上万座烽火台，以白天燃烟、夜间放火的方式，把万里防线的军情迅速地传递到附近的郡、县、州城和关防卫所，直到王朝的首都。在古时以冷兵器为主要作战武器的情况下，长城确实发挥过很大的防御作用。

长城不仅是坚固的工程，而且在建筑技术与艺术上也有着巨大的成就。远在两千多年前秦始皇修筑长城的时候，军事学家、建筑工匠们就总结出了“因地形、用制险塞”(《史记 · 蒙恬列传》)的规划建筑原则，使之既能控制险要，便于防守，又能达到节约人力物力的目的。在建筑材料和施工上创造了“因地制宜、就地取材”的经验。凡在山岭多石地区就开山取石修筑，若当黄土地带就利用黄土夯筑，就是砖瓦木料也都尽量就近烧制伐取。最令人惊叹的是，在无土无石的戈壁沙滩上，古代建筑工匠和士兵们巧妙地利用了沙漠中所产的红柳枝条和芦苇与砂砾石子相间层层铺筑的方法，建造起高大城墙和烽燧高台。在今甘肃玉门关、阳关附近还保存了这种两千多年前西汉长城、烽燧结构的遗迹。长城挺拔的雄姿、宏伟的气势象征着中华民族不屈不挠的精神。为了保护这一历史奇迹，国家早已把全部长城作为文物来保护，并将山海关、居庸关八达岭、嘉峪关、玉门关等处也公布为全国重点文物保护单位。

## 十、桥梁

古代桥梁数量很多，恐怕要以十万百万计。桥梁是为解决跨越过渡的需要而修建的，凡在沟渠、溪谷、江河、湖泊等处，甚至房屋、街衢之间，常常有古桥存在。

最早的桥梁应是自然形成于山间峡谷中的石拱、石梁或倒塌在溪流上的树木枝干等。原始人类曾借以涉水过河，跨山越谷。这种自然形成的桥，今天还可以看到，被称为“天生桥”、“天仙桥”、“仙人桥”等等。随着社会的发展，人们在天然桥的启示下，开始人工修造桥梁。从原始的独木桥、单跨桥逐渐发展到今天长达数千米、多孔多跨的各式大桥，成了建设工程中不可缺少的一个重要项目。我国造桥的历史悠久，据历史文献记载，在距今四五千年的尧舜时期就已经开始了造桥的活动。考古发掘中更证明了还在原始社会时期人们就已开始造桥。在西安半坡村距今五六千年前的原始社会村落遗址中，发现了原始的木梁桥。《诗经》描写周文王曾经在渭水上“架舟为梁”，造了一座大浮桥。其后随着科学技术的进步，三千多年来，各个朝代、各个地区相继建造了许许多多不同结构、不同形式的桥梁。有不少的古桥虽然已不存在，但也仍有大量的古桥保存了下来。

我国建造古桥的工程技术，在世界造桥史上也居于前列。现存河北赵县安济桥所采用的空腔式（也称敞肩式）拱券做法，已有一千三百多年的历史，是世界现存这种结构方法建造的古桥中最早的实物。（图 22—21）福建泉州洛阳桥所采用的“筏形基础”，也是世界造桥史上的首创实例。北宋著名画家张择端《清明上河图》上所绘东京“虹桥”，以木架搭成巨拱，结构方法之奇绝更是巧夺天工。建于宋代的福建漳州东江桥（虎渡桥），其石梁之巨大者，重达二百余吨，如此巨大石梁当时如何把它架设于波涛汹涌、水深流急的大江中流，至今仍然难以想象，可称得上是世界古桥的奇迹。至于像卢沟桥上的破冰迎水、分水尖上的“斩龙剑”（即三棱铁柱）等等根据实际情况所采取的工程技术措施，就随处可以见到了。

我国古桥不仅历史悠久，工程技术高超，而且造型优美，艺术精湛。赵州桥大拱两背上的四个所谓“两涯嵌四穴”小拱，不仅有增加排洪泄水、减轻桥身重

图 22-21 河北赵县安济桥

量的作用，而且使桥身显得轻快玲珑。桥上的雕龙栏版“若飞若动”，艺术精绝。卢沟桥上的华表、碑亭、仰大石等的雕刻精美绝伦，尤其是栏杆柱上的石狮子，大小相抱负，嬉戏逗玩，千姿百态，栩栩如生，有“数之辄不尽”的传说。在无数座古桥上都或有华表、牌坊、碑亭、古塔、石狮、石象等等建筑或雕刻艺术精品。它们把古桥装点得更加美观壮丽。古代文学家、诗人们常常以“长虹饮涧”、“彩练行空”、“初月出云”等等来描绘我国古桥的优美形象，是不无道理的。

我国古桥的类型丰富多彩，从结构上讲，主要有梁式、拱式、绳索式、漂浮式、跳跃式等种类。在艺术形象上又分许多种类：有用鹅卵石、石墩等分立水中的踏步桥(也称堤梁桥、跳墩等)；有用独木单跨的独木桥；有用独石单跨的独石桥；有用数梁并列，多孔相连的长梁桥；有用砖石发券起拱的单拱桥、连拱桥；有在拱上加拱的敞肩拱桥、重拱桥；有用单索溜滑的溜索桥；有用多条绳索组合的竹索桥、铁索桥、藤网桥；有用多条船只、浮桶、皮囊等相连组成的浮桥；还有在高层建筑之间、悬崖绝壁之上架设的复道飞廊、凌空栈道，以及在梁桥、拱桥之上修建长廊、殿阁、亭榭的廊屋桥、亭桥等等。它们不仅以雄健的桥身飞跨济渡，而且以它们优美的形象和丰富多彩的艺术内容装点着祖国的大好河山、风景名胜。

## 十一、古观象台

古代中国是世界上天文学最发达的国家之一。要观测天象就需要筑台建屋，以作观测之用。因而历代都曾兴建观象台。古观象台的建筑，主要分为观测用的台子和记录整理观测结果、进行研究的衙署两部分。台子需要设立在四周空旷的高处，以便进行对空观测。台子建筑早期多为土筑，到宋元以后则多用砖石砌筑以使之更加坚固。台子顶上安放观测仪器，并另建小屋以为观测人员休息住宿之用。

古观象台的建筑，多已不存，主要的遗址和建筑物有以下几处：

**1. 秦始皇时的上天台遗址**

在陕西省西安市西阿房宫遗址内。是一座土筑台子，残高约十米，基底面积约六千平米，远望好像一座小山丘。1974 年曾经发现门和甬道的遗迹。出土过柱础和下水管道。据说是观测天象的台子，但遗址已残毁过甚，原来的情况还有待于进一步的考察和研究。

**2. 东汉灵台遗址**

这是一座有历史文献可查的古观象台遗址，位于河南省洛阳市东约 15 公里的汉魏故城南郊，始建于东汉建武中元元年（56 年）。以后曹魏和西晋都相继沿用，为时二百五十多年。东汉时期杰出的科学家张衡，两度任太史令达十多年。他直接领导、主持和参与了灵台的天象观测和天文研究，写出了《灵宪》等天文学著作，并创制了世界上第一座用水力推动观测天象的浑天仪和第一座测报地震的地动仪。现存整个台子的面积有四万多平方米，中心是一座方形的夯土高台，东西残宽 31 米，南北残长 41 米，残高约 8 米。土台四周各有上下两层平台，上层平台四周各有五间建筑遗址，下层平台有回廊建筑遗址。台上是作为观测的场所，四周建筑是进行整理观测记录与研究的屋舍。

**3. 登封元代观象台**

位于河南省登封县城东南 15 公里的郜成镇，是中国现在保存最早的天文观测建筑。此台创建于元代初年，当时由王恂、郭守敬主持，在全国设立了 27 个天文观测站，此台为观测的中心。(图 22—22) 郭守敬曾亲自在此测验过晷影。台子用砖石砌筑，平面正方形，上小下大。台高 9.46 米，连同明代在台顶增建的小房共高 12.62 米。台子北面有东西踏道盘旋登上。台顶北壁中间有一砖砌上下直通之凹槽，用以测量日影的“景表”。在凹槽之下的台子底部，有南北指向的石圭一个，用 36 方整齐的青石连成，长 31.2 米，方位与子午线相符。圭面刻有双股水槽，水自南端注入，北端可泄出，表上刻有尺度以观测水准。在此台之前还有周公测影台，建于唐开元十一年（723)。相传周公曾在此以土圭测影。为纪念此事，唐代天文学家张遂（僧一行）在改革历法时，建立了象征性石表。石表连座高仅

图22-22 河南登封元代观象台

2.12米，正面刻行书“周公测景台”五个大字。在台后还有周公祠等建筑。

**4. 北京古观象台**

在北京建国门立交桥西南侧，位于原北京城墙之上。台建于明正统七年(1442)，是现在世界上保存有完整天文仪器的最古天文台。台上原有的明代仪器已移于南京紫金山天文台和南京博物院，现存仪器为清初所制造。有赤道经纬仪、天体仪、象限仪、玑衡抚辰仪等共八件。此仪器在清初曾采用西法制造，但仍保持中国艺术风格，是中西文化科学交流的例证。台下有紫微殿、晷影堂等建筑，现已辟为古代天文博物馆。

## 十二、堰、渠、陂、塘

堰、渠、陂、塘四种水利工程也是中国古代建筑中的一种重要类型，它们之中有不少已列入国家重点文物保护项目。它们的工程结构与施工技术，早已载入了古代营造法式或工程做法的专书之中。

中国古代著名的水利建筑工程很多，兹介绍如下几处：

图 22—23 四川都江堰水利工程

### 1. 都江堰

在四川省成都灌县，为公元前 3 世纪秦昭王时蜀郡守李冰率众修建。自从都江堰建成之后，使川西平原千百年来“水旱从人，不知饥馑”，“天府之国”的名称即是由此而来的。都江堰的工程由鱼嘴、飞沙堰、宝瓶口三个主要部分组成。鱼嘴作为分水之用，把岷江之水分导为内外二江，外江为岷江的主流，宝瓶口是人工开凿的内江入水口，引岷江水从宝瓶口流入内江。在宝瓶口岸边埋有铁桩，标出水位，称为“水则”。人们可以按照水位的高低需要，以位于鱼嘴与宝瓶口之间的飞沙堰来泄洪调节水量。当水位高时，洪水即由飞沙堰排入岷江，避免内江灌区的泛滥。(图 22—23) 全堰灌区 1949 年时为 12 县、市，二百多万亩，经过整修后，现已扩大到 30 个县、市八百多万亩。

在都江堰上下有纪念李冰父子的二王庙、伏龙观（离堆之上）和安澜桥（竹索桥）等古建筑和名胜。它们在建筑艺术上均有很高的价值。

### 2. 灵渠

位于广西壮族自治区兴安县，因其连接湘、漓两江又称湘桂运河或兴安运河。

灵渠系秦始皇为了统一岭南，于公元前 223 年至前 214 年命史禄修建的。渠长 34 公里，沟通了湘、漓二江，把长江与珠江两大水系联系了起来。起初名“秦凿渠”，后称作零渠，唐朝以后始称作灵渠的。灵渠的主要建筑工程，是在湘江上游用长方形石料砌成铧嘴形的分水尖，后面砌成左右延伸的人字形大小天平，把湘江之水分成南北二渠，分一部分湘水注入漓江，湘水仍为主流，因有“三分漓水七分湘”之说。

灵渠最突出的成就是建筑了许多陡门，以依次提高水位，使船只能翻越高程，通行两江。陡门也即相同于后代的运河船闸，是现存世界上最早的利用闸门提高水位通航的措施。灵渠的陡门在唐代有 18 个，宋代为 36 个，清代有 32 个。灵渠的兴修不仅便利了灌溉而且促进了中原与岭南地区经济文化的交流。

在渠岸有四贤祠、三将军墓等古建筑以及飞来石等古迹。

### 3. 木兰陂

位于福建省莆田县城南五公里，是一处蓄水排涝、防潮灌溉的综合水利工程。因在木兰溪畔的木兰山下筑陂蓄水拦潮，故名为木兰陂。陂的建筑形式为堰闸式的滚水坝，陂长 113.13 米，陂门 28 孔，陂墩 29 座，各高约 7.5 米。陂的南北两头顺水建了两道长五百多米的护陂石堤，并有回澜桥、万金陡门和进出水水闸。从水闸以后挖掘南北干支渠一百二十余公里，灌溉南北洋良田数十万亩。

木兰陂始建于北宋治平元年（1064），经过三次营建，两次失败，到元丰六年（1083）费时 20 年才建成。陂畔有协应庙（李宏庙）是为纪念兴建此陂的钱四娘、李宏等人而修建的。

### 4. 安丰塘

古名“芍陂”，因引淠水经白芍亭东积而为巨泊，故以为名。在安徽省寿县城南 30 公里。相传为春秋时期楚国丞相孙叔敖所造，隋唐时期始称安丰塘，是中国历史上早期的大型水利工程。芍陂的修筑采取了筑堤蓄水，分流引灌的方法，与近代的水库工程基本相同，可以说是我国最早的人工水库。初期芍陂周围 120 里，其后自两汉至于明清，历代均有修葺增扩，陂周围达二三百里，溉田万顷，“军屯民垦，公私利赖”，至今仍然发挥着巨大的经济效益。

在塘北岸边有孙公祠，为后人纪念孙叔敖筑陂功绩而建。北宋王安石曾有“楚相祠堂仍好在”的诗句，可知在此以前祠堂即已修建了。现在祠内尚有明万历年间所刻孙叔敖画像，刻工极为精美。

## 十三、华表、牌楼、阙

华表、牌楼、阙等建筑物，虽然它们本为某一大型建筑组群中的一部分，但是有时因为某种原因比如其他建筑被毁坏而单独存在了下来，而且它们本身也有一定的意义和内容。它们大多系标志性、表象性、装饰性的建筑，艺术性也较高。

### 1. 华表

华表也称作华表柱，是中国古建筑中一种形象非常优美的建筑。华表有着一段古老的历史和演变过程。起初它并非石制而是木头做的，是用来表示王者采纳民众意见的标志。据晋代崔豹《古今注》说："程雅问曰：'尧设诽谤之木，何也？'答曰：'今之华表木也。以横木交柱头，状若花也。形似桔槔，大路交衢悉施焉，或谓之表木，以表王者纳谏也。亦以表识衢路也。秦乃除之，汉始修复焉。今西京谓之交午也'。"在这段问答式的记载中，已经对华表的历史和用途以及早期的形状作了简要的叙述。据说在尧舜时期已有了此种建筑物。它立在大路通衢的地方，人们可以把意见写在上面。

随着历史的发展，华表的作用和形式也有所改变和发展。秦朝曾将它废除，汉代虽然予以恢复，但是纳谏的作用逐渐消失，作为路标和装饰的作用逐渐增加。以后在帝王宫殿、陵墓、坛庙之前，常常采用这种标志性装饰；在大路通衢、关津渡口、桥头市井以及王公大臣、平民墓地等处也都建立华表以为标志。为了能坚固长久保存计，把它的建筑材料逐渐易木为石也是非常合理的。现存华表的实物很多，最早的是汉代的墓表，有一个"琅邪相刘君墓表"全部石制，现存山东省博物馆内，是东汉时期的原物。北京也有一个东汉时期的墓表，在表柱上刻了墓主人的姓名与官职。南京六朝陵墓前的墓表甚多，雕刻十分精美，以句容县梁朝萧绩墓的一对石柱保存最为完整宏大，柱高六米多，柱础刻二龙捧珠图案，柱身刻出 24 道瓜菱形装饰，柱头刻蟠螭纹，柱头石额刻"梁故侍中中军将军开府仪同三司南康简王之神道"字样。整个石柱造型优美，雕刻精美。以后唐、宋、明、清各代帝王陵墓均有华表（或称望柱）。到明、清时期，华表已基本定型，为石制，下面是一个雕刻精致的须弥座，座上置八角形或圆形柱身，帝王用者刻升降盘龙，一般的或刻花纹或是素面。柱身上部贯以华版，顶上置圆盘，饰以珠串，圆盘上立石刻望天犼。天安门前后都有一对华表，为明朝永乐年间雕造。外面两个华表顶上的犼头向外，里面的头向里，被称之为望君出、望君归，传说是希望君王平安出去平安回来，也有说希望君王扬善惩恶之意。

我们在一些古画上常常看到华表柱顶站立一个仙鹤之类的鸟，如宋代《清明上河图》、元代《卢沟运筏图》等。关于这鸟有一个传说：汉朝时一位名叫丁令威的辽东人，在灵虚山学仙，成道后化作仙鹤归来，落于城门华表柱上，有少年欲射之，鹤乃飞鸣作人语，唱道："有鸟有鸟丁令威，去家千年今始归，城郭如故人民非，何不学仙累。"（见陶潜《搜神后记》）画家们便把这一故事画在华表柱上了。

此外，还有用石柱作为纪念的。在河北定兴州有一个北齐时候的义慈惠石柱，是为纪念在一次农民起义战争中大批死亡的战士而建立的。这一石柱建于北齐大宁二年（562），柱上有三千余字的颂文，记述了战争的经过，书法极为精美。柱下有一个巨大的莲瓣柱础，雕刻朴质有力。最为珍贵的是柱顶上刻有石屋三间，屋顶为单檐庑殿式，刻出屋脊、瓦陇、角梁、斗拱、柱子等结构，是研究唐代以前建筑的重要形象资料。

**2．牌楼**

牌楼又名牌坊，或简称坊，是古建筑中常见的一种类型。它不仅自身具有很高的艺术价值，而且还把它所在的建筑组群装点衬托得更加雄伟壮观。在异国他乡，往往把具有中国特色的牌楼作为中华文化的象征。如像澳大利亚悉尼、美国纽约等地的中国城（China town）都有中国式的牌楼作为中华民族的标志。就是在国内外新建的中国古典建筑或园林中，也往往采用牌楼以增添风韵。

牌楼属于大门一类的建筑物。根据历史文献和考古遗址推断，大约在原始社会后期，人类聚居的村落和其他群体建筑的入口处，就已经有了简单的过门了。其形状大概是在两旁树立的柱子之上加一横木。在《诗经·陈风·衡门》上有"衡门之下，可以栖迟"的诗句。衡门可能就是这种形式的门。在中国北方农村，有时还可以看到这种两柱加一横木的简单大门。既然是门，为什么成了旧社会表彰忠臣孝子、节妇义女以及圣贤人物的纪念性建筑物呢？这就要溯源到中国古代乡里和城市规划的制度上去。《周礼·天官·小宰》记载，周朝以 25 户为一闾。春秋战国及秦汉，城市中有闾里制度，隋唐时期称作里坊。在大城市中有许多个坊，每个坊就好像一座四四方方的小城，坊四面开门或两面开门，叫做坊门。里坊之门较早期的两柱横一木之门要讲究得多。文献记载：一个里坊之内，如果出了好人好事，人们便把他的事迹和名字写出来，张贴在坊门之上，让坊里坊外的人都知道，以资表扬和表示尊敬。汉唐时期的里坊之门大多为木造，表扬通报贴上之后很快就坏了，不易长久保存。后来，人们为了使受表彰之人和事能更久远地保存，便改用砖石来修筑，把受表彰的人和事刻在坊上，于是成了一种专门旌表的牌坊。我们现在看见的许多旌表牌坊大多是明清时期的。还有一种名叫"乌头门”的，也是坊门的一种，汉代称作“阀阅”。据记载，古代仕宦人家大门外，常立二柱，在左曰阀，在右曰阅，用来榜贴功状。唐宋以后，遂于门外作二柱，称为乌头阀阅。宋《营造法式》上也专门有乌头门做法的图说，可见其由来已久。

牌楼的种类很多，从它修建的位置来看，有街巷道路牌楼、有坛庙寺观牌楼、有陵墓祠堂牌楼、有桥梁津渡牌楼、有风景园林牌楼等等。从建筑材料上看有木牌楼、砖牌楼、石牌楼、琉璃牌楼、砖石木石合造牌楼等等。从结构和造型上看，有柱子不出头的牌楼和柱子出头的冲天式牌楼，从间数上看有一间二柱一楼、一间二柱三楼、三间四柱三楼、三间四柱五楼、三间四柱七楼、三间四柱九楼、五间六柱五楼、五间六柱十一楼等等。

由于在旧城改建、展拓街道等城市建设中没有很好地规划安排，不少立于街巷道路的牌楼被拆毁，其他的坛庙寺观牌楼、陵墓祠堂牌楼、风景园林牌楼、桥梁津渡牌楼等也有因各种原因被拆毁的。但也有些艺术价值较高的牌楼被保护下来了。

下面介绍一些著名的牌楼：

安徽歙县古城中心有一座形制奇特，雕刻精美的牌楼，名叫“许国石坊”。它位于十字大街的交叉路口，四座牌楼结合在一起，成为口字形的平面，在全国街道牌楼中，堪称佳作。这牌楼是明朝万历十二年（1584）为了表彰嘉靖、隆庆、万历三朝大臣许国的功绩而赐建的。石坊南北长 11.54 米，东西宽 6.77 米，高 11.4 米，因四座牌楼合为一体，只有八根柱子，俗称“八脚牌楼”。坛庙寺观牌楼保存得很多，北京的天坛、地坛、日坛、月坛、社稷坛均有牌楼，山东泰山岱庙前的石坊和曲阜孔庙、孔林的石坊雕刻均极精美。陵墓牌楼首推北京昌平明十三陵牌楼，是现存石牌楼中规模最大、年代也早的一个。它是明十三陵入口的标志，为五间六柱十一楼的形式，面宽 29 米，高 14 米余，全部用汉白玉石仿木构修造，梁仿之上还刻出旋子点金彩画。在石枋六根石柱之下有巨大的夹柱石，石上雕刻麒麟、狮子、各式龙和海兽，并间以云气波涛，神态生动，刻艺精巧。在十三陵的石象生以北还有一座三门并列的石坊，称为龙凤门，为冲天式牌坊，有横枋而无楼，在门上置石刻火焰宝珠，也是石坊中的重要实物。桥梁津渡牌楼不仅作为桥梁津渡的标志，而且也美化了环境，增添了桥梁建筑的艺术性。如北京北海的堆云、积翠牌楼，颐和园谐趣园的知鱼桥牌坊等等。名山胜景中的牌楼牌坊，不仅作为风景区的入口，在进山之后，每到一个转折之处也都设牌坊。如泰山的岱宗坊、一天门、二天门等等。

3. 阙

阙，在中国古建筑中也是一种特殊的类型。它的发展变化很大。现存的地面古建筑中，要以阙为最早，汉代的地面古建筑除一两处石祠而外，就是阙了。（图 22—24）

图 22–24 四川雅安高颐阙

阙，又称作两观、象魏，实际上就是外大门的一种形式，与牌楼牌坊的起源可能有相同之处，但后来的发展则分道扬镳，各尽其能了。根据《说文解字系传》的解释，阙这种建筑物是古代帝王在宫廷大门之外建两个对称的台子，在台子上建楼观，上圆下方，因其两台子之间阙然为道，所以称为阙。因为在阙楼上可以观望，所以又称之为观。又因在阙上悬挂法典，所以称之为象魏，《周礼 · 天官 · 太宰》上就有“乃悬治象之法于象魏”的记载。因此，古时候经常把阙作为帝王宫廷的代表。如《汉书 · 朱买臣传》上有“诣阙上书，书久不报”的记载。岳飞《满江红》词里的“待从头，收拾旧山河，朝天阙”指的也是帝王的宫殿。秦始皇的阿房宫气势更为雄伟。“表南山之巅以为阙”，把高山引来作为他宫殿的外大门了。还有直接把两山对峙之处称之为阙的。

阙的种类按它所在的位置分大约有：宫阙、坛庙阙、墓祠阙、城阙、国门阙等等。

宫阙　位于帝王之居宫门前面，那种在宫门前建独立的二台（两观）的形式，自汉魏以后已有变化，逐渐与皇宫大门相结合，成为一个整体了。早期的遗物也已不存，现在保存唯一的一处宫阙遗物就是北京明清故宫的午门。它的位置在皇宫正殿大门太和门之外，但它与早期两观形式不同了，已与午门相结合，构成为凹形的平面，把两观形式与门组合在一起。我们如果把两旁的东、西雁翅楼分开，还可以重现两观的形式。现在的午门又称五凤楼，但是在正门两旁的侧门上，还特意加上了阙左门和阙右门的名字，以保存原来宫阙的遗意。这种将双阙两观与宫殿宫门相结合的形式，我们从唐宋以来的绘画和遗址中常常可以看到，可见其演变发展由来已久。

坛庙阙　位于大型的坛庙大门左右，现存实物有著名的嵩山三阙，位于河南省登封县嵩山之麓，即太室庙阙、少室庙阙、启母庙阙，公元2世纪初东汉时期所建。三阙均为石制，阙身上有汉代隶书题记和各种人物、车马、动植物、建筑物的雕刻，是研究汉代社会生活、风俗习惯和书法艺术的珍贵资料。

陵墓阙　是现存汉阙中保存得最多的类型。它们均位于陵墓之前，两相对称，中阙为道，为陵墓神道的入口大门。现存者均为石制，故能保存近两千年未毁。著名的陵墓阙有四川渠县冯焕阙、沈府君阙，绵阳平阳府君阙，梓桐李业阙以及山东嘉祥武氏祠阙，平邑皇圣卿阙等等十数处。这些阙均为公元一二世纪遗物，不仅是研究汉代建筑而且也是研究汉代社会生活和书法、雕刻艺术的重要实物。

陵墓阙自汉唐以后也有所改变，已逐渐从一般墓道中消失。陕西西安附近汉唐陵墓的陵门前双阙尚有遗址可寻，尤以唐高宗武则天合葬墓神道前的双阙遗址最为显著，借双峰以为阙址，气势更为雄伟。

城阙　古时候，常常在城门的两旁建立双阙，以为守望，称作城阙。《诗经·郑风　子衿》上有“挑兮达兮，在城阙兮”的句子。白居易《长恨歌》中的“九重城阙烟尘生，千乘万骑西南行”，指的更是整个京城了。

国门之阙　只是一种想象，并无实物建筑。最近在辽宁绥中海边，发现了秦始皇行宫遗址前大海中的一对峙立礁石，俗称为海门，可能秦始皇当时巡视海疆时，曾把它当做过国门阙。

汉阙的建筑形式，从现存实物和古代画像石、画像砖、壁画中可以看出有单阙对立的，也有带子阙的。另外还有两阙之间连以门楼阁道的，可能北京故宫午门就是从这种形式发展而来的。

# 第二十三章 古代交通与交通工具

## 第一节 古代的道路

### 一、战国以前的道路

道路是人类社会活动的产物。人类为了生存和发展，必须不断地寻找和扩大生活的空间及范围，必须跋山涉水、披荆斩棘，其中包括制造和利用交通工具，以及与阻碍这些活动的一切自然的或社会的力量进行斗争。

在石器时代，氏族和部落的迁徙与交流促进了远古社会交通的发展。生产的发展和人口的繁衍都必然带来各地聚落之间的交通的发展，包括道路的拓宽、整修和管理，也包括独木舟和独木桥的产生。氏族社会末期的各部落联盟大规模的兼并战争则使交通的发展进一步加速了。黄河中游一带的黄帝轩辕氏与黄河下游地区的炎帝神农氏曾经发生三次大战；黄帝又与华北的蚩尤展开过激战，这个传说中的华夏始祖一生“披山通道，未尝宁居”，他率领的军队“迁徙往来无常处，以师兵为营卫”，[1]这种战争过程中军队的调动和物资的运输，都需要相对通畅的道路。

公元前2100年左右，中国历史上出现了夏王朝。夏原来是一个部落联盟的名称，是由夏后氏、有扈氏等12个姒姓的氏族部落组成的。开始主要兴起在河南嵩山周围和伊水、洛水流域，很快扩展到山西南部，并向东发展到河北、河南、山东交界处。在这一广阔的区域内，夏人主要从事农业生产，并保持着同周围其他部落联盟的交往。

在夏的东部，有日渐强大的商族。商人的活动范围更加广阔。早期经常迁徙，

〔1〕《史记·五帝本纪》。

并发明了便于迁徙的车辆，当时还设立了“车正”之职专司车旅交通。相传一位名叫奚仲的人，就曾担任过夏朝的车正。用牛马挽车已经成为部落酋长和有一定社会地位的新生贵族身份的标志，史称“尊卑上下，各有等级”[1]。杰出的商族首领汤经过十余次大规模战争，消灭了夏，建都于西亳（今河南偃师），五次迁都而在殷（今河南安阳一带）落下脚。商王武丁不断对外作战，使疆域扩大到整个黄河流域。

在夏、商时代，出于迁徙和战争的需要，陆路交通应当已经颇具规模了，可惜文献未有专门记载。《尚书》中说夏禹“随山刊木，奠高山大川”；《史记》进一步说夏禹在治水的13年里“陆行乘车，水行乘船，泥行乘橇，山行乘榉”，走遍天下九州。对于夏代的车、船、橇、榉已无从考证，但当时已经有了一定规模的陆路和水路交通，应是没有疑义的。到了周代，中央政府和各地诸侯都很注意道路的修筑和保护，从典籍中可以比较详细地了解到当时的有关情况。

据《国语周语》记载，西周时期的道路按照一定时间进行修固，泽潦按照一定时间去筑坝垒堤，江河之上要依据不同条件造桥，这一切都是“先王之教”；还规定道路旁要种植树木，以树木作为一种标记；域邦四郊要设置房屋，储备些食品，作为防护道路的兵士和修治道路的丁夫止息之处，等等。此外，还设置司空之官专门管理路政。20世纪90年代，考古工作者在陕西周原遗址发现一段三千多年前的大型道路遗址，是西周最宽的道路。这条西周古道位于扶风县法门镇齐家村东北，呈东南西北走向。清理出的部分路段长约四十多米，路面宽约十米，中间略高，两边略低，路面上有8条明显的车辙痕迹，可供4辆马车并排通行。在《诗经》、《左传》、《史记》等文献中，有很多关于周代道路的记载。《诗经》中记载有的贵族女子出嫁，上百辆车子迎送（《鹊巢》）；有时军队出征，路上排列的战车多达3000辆（《采芑》）；有的官员乘车在路上“驱马悠悠”（《载驰》）；人们普遍称颂鲁国的道路平坦宽阔（《南山》、《载驱》）等等，可见当时道路的规模和质量是不错的。

春秋时期，各国基本上都是按照西周时期的办法管理道路的，有的诸侯国如陈国对道路管理不好，曾受到全社会的舆论谴责。到了战国时期，陆路和水路交通都有了较大的发展，各地开辟了不少重要的道路，其中最为著名的是由陕入川的金牛道。

金牛道，亦称石牛道，自陕西汉中地区的勉县向西南行，经七盘岭而入四川境内，又经由朝天门驿而趋剑门关，中间包含许多架设于悬崖峭壁间的栈道，形

[1]《续汉书·舆服志》。

图 23-1 剑门关故址

势十分险要。（图 23—1）相传战国时秦惠王欲伐蜀，因山道险峻，作五头石牛，声言能屙金，以欺蜀王。蜀王命五丁开道引之，秦军随而灭蜀，“石牛”、“金牛”即由此得名。又有另一种传说是：上天为蜀生了五丁力士，力能搬山，秦王献美女与蜀王，蜀王遣五丁迎女，途中见一大蛇入山穴中，五丁共牵蛇，山崩，压死五丁，秦女皆化为石，而山遂分为五岭。李白在《蜀道难》中所唱“地崩山摧壮士死，然后天梯石栈方钩连”即用此意。这条道路后代屡加修建，元明以后称“南栈”，又名“蜀栈”，是由陕入川的重要交通线。

战国时由于社会经济的发展，水利和交通也有了相应的发展，各个地区不同形式的交往使经济发展上的不平衡逐渐减少，为全国的统一准备了条件。在频繁的战争中，大规模的军队调动和战争移民，对陆路交通的发展起了一定的促进作用。战争可能在局部地区对交通有所妨碍，甚至造成道路和桥梁的破坏，但从全局来看，全国从分裂走向统一的战争过程，使更多新的道路得以开辟，更多桥梁得以架设，更多的人群得以流动，更多的车船得以制造，无疑对交通的发展是有利的。秦赵长平之战，赵国出兵 40 万人；秦为了灭楚，动员兵力达 60 万人之多；公元前 318 年，魏、赵、燕、楚五国合纵攻秦；公元 301 年，齐、韩、晋、秦、楚而大举伐齐……这一系列大规模的战争行动，没有陆路和水路交通方面的条件是很难进行的，所以，战国时期的陆路交通，已经基本上构成了古代交通的网络。

## 二、秦汉时期的道路

秦始皇统一六国后，为了巩固政权、控制全国局势并抵御北方匈奴的骚扰，在战国时期交通网络的基础上，修筑了著名的驰道与直道。

### （一）驰道

秦代的驰道是公元前220年开始修治的，以国都咸阳为中心，通向全国各个重要地区，尤其是六国的故都。

驰道是专供秦始皇出巡时行驶车马的道路，即御道。《汉书·贾山传》载："秦为驰道于天下，东穷燕齐，南极吴楚，江湖之上，濒海之观毕至。道广五十步，三丈而树。"驰道上就连皇太子也不得擅自通行，直到汉代仍是一条御用道路。《汉书·成帝纪》说汉武帝做太子时"不敢绝驰道"。他当上皇帝之后，特别优待他的大乳母，"有诏得令乳母乘车行驰道中"。不过，随着时间的推移，后来汉代的驰道已不止为皇帝所专用了，只要有皇帝或太后、皇后的诏令，其他皇室成员也可以行于驰道之上。

实际上在秦末战争年代驰道御用的规定就已经没有那样严格了。刘邦的部下周勃，攻打反叛的燕王臧荼，在易下消灭了敌军，他就是利用驰道的交通便利而迅速出兵取胜的。

驰道两旁的行道树，是每隔三丈便栽种一棵松树，既用来标明路线，也用来计算里程。在皇帝专用大路的两旁，有可以让百姓行走的小路。修筑驰道时，路上垫土全部夯实。驰道的修成，对后来的交通提供了极大的便利条件。

魏晋以后，驰道虽然完全失去了皇家大道的意义，但是许多地区的驰道仍然是重要的交通干线，政府对驰道的维修养护一直很重视。唐代洛阳附近的驰道两旁，居住着许多王公贵族，为的是出门方便。

### （二）直道

秦代的直道只有一条，是由咸阳北部的云阳县甘泉山循子午岭主脉北行，直到定边县南，再东北行进入鄂尔多斯草原，在昭君坟附近渡过黄河，到达内蒙古河套地区的九原郡。两地南北遥对，史称"堑山堙谷，千八百里"，实际上全长为七百多公里。

直道的修筑主要是从战略上考虑的。匈奴长期以来活动于阴山南北，远在秦统一六国之前，就经常向南进攻，秦国以及东部的赵、燕诸国常受其扰，首当其冲的便是秦国。匈奴控制的地区，南边达到宁夏固原、陕西榆林一线，即战国时的秦长城以北的鄂尔多斯草原和六盘山、横山北麓，距咸阳最近处仅250公里。匈奴的轻装骑兵一昼夜疾行就可到达。秦始皇以前的秦国统治者，一般都对匈奴采取消极防御的战略，征发民众修筑长城。但长城并没有也不可能完全保障北方的安宁。秦始皇统一全国后，即派蒙恬率30万大军北征，把匈奴驱逐到阴山以北。秦王朝在新统一的地区建立了34座县城，从内地迁徙大批人民到这些地方定居，并在今包头市以西设置了九原郡进行统筹管理。在驱逐匈奴的第二年（前212）下令修筑直道，以便有效地统治这一片国土。

直道为什么以云阳为起点呢？因为云阳距国都咸阳不远，其间有往来方便的交通大道。咸阳至云阳间修有驰道，道的两旁都建起了垣墙，又称甬道。车辆驶过如同穿行巷中。云阳县北有座甘泉山，峰峦起伏，云高气爽，风景十分秀丽，是避暑的胜地。山上建有林光宫，秦始皇经常去那里游幸。战国时期，甘泉是子午岭下的一个险要关隘，起着屏蔽咸阳的作用，秦始皇去林光宫，也包含着一定的军事意义，所以直道也从这里为起点。

直道从甘泉山向北伸展，有一半蜿蜒在子午岭上。子午岭位于陕北与陇东之间，作南北走向，为泾、洛两河的分水岭，岭的北段为黄土丘陵，南段为土石山区，大致可以在甘肃的华池县东南为分界线。直道从甘泉山循岭北行经过石门关、雕岭关、兴隆关等诸多关隘，到达长城的营盘山、铁角城一带，然后从定边开始，向东北穿越鄂尔多斯大草原。

从子午岭上现存的直道遗迹看，直道是一直循着子午岭主脉修筑的，因为鄂尔多斯草原也散布着许多丘陵台地，所以直道经过草原时也免不了一番“堑山堙谷”的工程。在今伊克昭盟东胜县城西南的漫赖乡，曾发现一段直道遗迹，路面残宽约二十二米，路基的断面暴露极为明显，用当地的红色砂岩土填筑，由此向北和西南，均可以见到山冈上有当时开凿的四个宽约五十米的豁口。这四个豁口连成一线，向人们诉说着二千年来的风风雨雨。

直道的一半路程修筑在山岭上，一半路程修筑在草原中，是一项巨大的工程。修筑直道始于秦始皇三十五年（前212），在短短的两年半时间里全部完成了选线和施工，政府和百姓都付出了很大的代价。当年在郁郁葱葱的崇山峻岭中出现一条几百里长的道路曲折盘旋于山间，为从渭水流域到塞外的交通提供了方便，不能不说是一个创造性的奇迹。[1]

〔1〕延安地区文物普查队《延安境内秦直道调查报告之一》，《考古与文物》1990年第1期；李仲立等《甘肃庆阳地区秦直道考查报告》，《庆阳师专学报》1990年第2期。

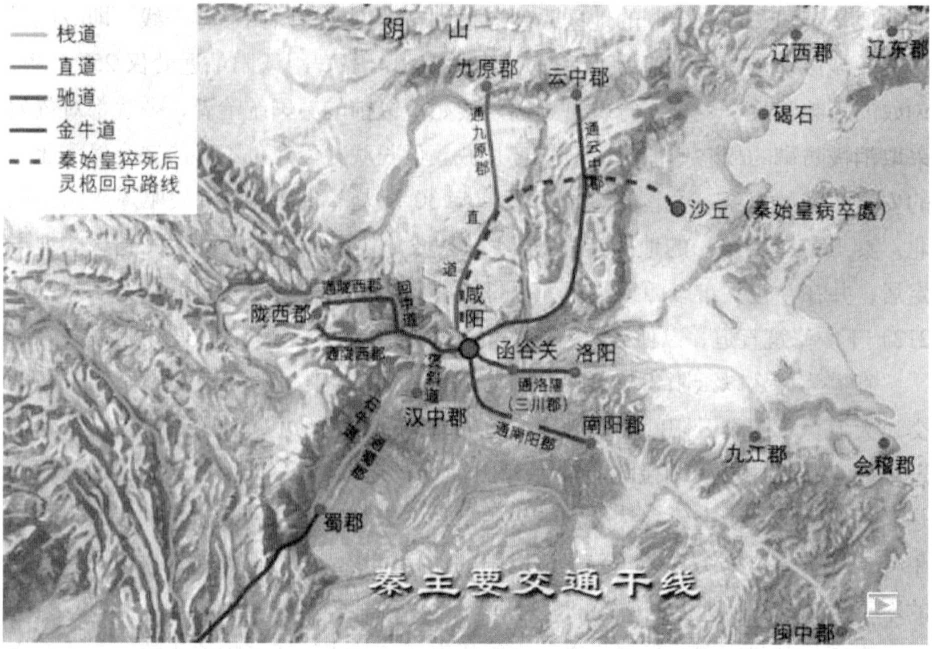


图 23–2 秦交通干线示意图

无情的历史似乎做了一个有意的安排：秦始皇三十七年，他最后一次出游东方，在山东德州患病，七月死于河北钜鹿的赵国故苑丘宫，根据中车府令赵高的安排秘不发丧，载尸的辒凉车经井陉而抵九原，即从刚刚修好的直道疾速返回咸阳。从此，秦帝国走向了灭亡的道路。

秦代的驰道与直道，在秦王朝短暂的历史中没有充分发挥其应有的作用，但却为汉朝以后的陆路交通作出了巨大贡献。(图 23—2)

### （三）秦汉时期的其他道路

秦岭和巴山，是关中通往西南地区的两道天然屏障。高耸的山崖峭壁、纵深的峡谷沟壑、湍急的河流飞涧，横阻在川陕之间，千秋万代使行路人愁凋朱颜，抚膺长叹。

战国秦汉，有几条古道路过秦岭巴山，成为川陕之间的政治、经济、文化交流的纽带，这就是著名的褒斜道、陈仓道、子午道和傥骆道。

早在新石器时代，人类已能通过崇山峻岭间的峡谷曲折穿绕于秦岭间，有一条路线是沿着北注渭水的斜水和南注汉水的褒水两道河谷行进的，这就是褒斜道。褒、斜二水同出秦岭太白山，褒水南入汉水，谷口在旧褒城县北 10 里；斜水北入渭水，谷口在眉县西南 30 里。两河谷间的小路，曾是原始氏族先民穿越秦岭的通道。考古发掘表明，汉水上游的仰韶文化遗址反映的基本面貌和渭水流域的文化一致，汉中市附近的南郑龙岗寺遗址，发掘了一百多座六千多年前的墓葬，出土的大批陶器、石器和骨角器的形制、花纹等大都可以在西安附近的同类遗存中见到，这种现象说明褒水、斜水间的小路当时曾是人们往来的重要途径。秦代曾于两河谷间的一些悬崖陡壁上架设一些凌空的栈道，进一步沟通了秦岭南北的交往。在楚汉战争的后期，刘邦兵归汉中时，张良曾献策烧掉了褒、斜峡谷中的一些栈道，一方面为了断绝其他诸侯的兵马，另一方面为了向项羽显示汉兵没有再入关中的意向，实为缓兵之计。不过这样一来，确实给南北交通造成了极大的困难。

汉武帝即位后，非常重视汉中和巴蜀的开发。有人上书讨论重新恢复褒斜道及褒水、斜水和沔水的漕运事项。御史大夫张汤的意见得到了采纳，汉武帝委派张汤的儿子张印为汉中太守，负责修筑褒斜道及各水漕运。按照张汤的设计，陈仓道经过的山岭太多，上下起伏很大，路程又远，而穿筑褒斜道，所经山岭较少，路程要近四百里，几条河流经过沟通可以使汉水连接渭水连接渭水，皆可行船，南阳的物质可以从陆路，水路齐头并进，在水路受阻时又能转而与陆路联运，直达咸阳长安。而且，褒斜道的沿途有丰富的木材竹箭，不亚于巴蜀，关中可以径

图 23−3 秦岭褒斜栈道

得其利。后来，五百里长褒斜道终于筑成，果然比陈仓道近便得多。不过，褒水和斜水都流势湍急，不可行船，按原计划的水陆联运只好作罢。但是，从长安到汉中之间毕竟节省了400里山路，这条道路此后不断为人称颂，成为秦岭南北交通的主要通道。(图23—3)

自汉末至五代。褒斜道多次堙塞，又几经修复。南北兵争，这条道路始终是双方行军作战的主要通道。据史载，东汉末年刘焉据益州，曾使张曾断斜谷栈道；蜀汉建兴年间（223—237）诸葛亮北伐，亦修治斜谷栈道；北魏正始年间，曾重开斜谷旧道以达梁州；等等。五代以后，斜谷道基本废弃，自褒谷北上者，皆转经陈仓道出散关而行。

陈仓道，也是穿越秦岭的南北要道。因古人以北为“子”，以南为“午”，所以这条南北的古道又称为子午道。西汉平帝元始五年（5年）王莽因皇后有子孙之瑞，决定开凿子午道从长安东南的杜陵直绝南山而至汉中，其南口在今陕南安康县境。[1]三国时，这条道路是魏、蜀交争的要道。到了南朝时，另开新路，即略向西移，自今西安市西南至宁陕县。唐代天宝年间，剑南涪州向朝廷贡纳生荔枝，即由此道飞马以达长安。

傥骆道，即骆谷道，是关中通往汉中的又一条古道，也是非常近捷的道路。骆谷是秦岭山脉中的一条长四百余里的峡谷，北口在今陕西周至县西南部，沿骆谷水和傥水的河谷曲折南行而至汉中地区的洋县。

三国时期，魏齐王正始五年（244）曹爽率军入骆谷南下；元帝景元四年（263）钟会率军分别从斜谷、骆谷入，皆指此道。唐代以后关于傥骆道的记载更多。

下面再介绍另外几条秦汉古道。

自今甘肃文县穿越岷山山脉，经由四川平武、江油等县，绕出剑阁之西而趋成都，有一条古道称为平道。这条道路虽然十分险阻但亦堪称捷径。三国时魏将邓艾即由此道进兵灭蜀。这条古道因山径异常狭窄，行路人自北而南，担在左肩无法移至右肩，故而又名左担道，很多商旅视之如畏途。

从关中平原通往陇东高原，主要的道路是回中道。秦始皇曾下令在今陕西陇县西北修建一座宫殿，称为回中宫，始皇二十七年（前220）出巡陇西、北地（今宁夏和甘肃东部），东归时曾路经回中宫。古道南起汧水河谷，北出萧关（今宁夏固原东南），途经回中，所以称为回中道。西汉元封四年（前107）汉武帝自雍县

〔1〕王子今等《子午道秦岭北段栈道遗址调查简报》，《文博》1988年第4期。

（今陕西凤翔南）经过回中道，出萧关。东汉光武帝建武八年（32年）来翕由这条路攻取隗嚣割据下的略阳（今甘肃秦安东北）。1978年，考古工作者在回中道附近的陇县边家庄发现了一座春秋早期的秦国贵族墓葬，发掘出土了大批青铜器铜礼器、兵器和车马器。这座墓葬的发现，进一步表明陇县在陕甘古代交通中有重要的地位，回中道可能从远古时代起就已成为东西交通的要道。

穿越秦岭的褒斜道、陈仓道、子午道和傥骆道等等达汉中平原后，继续向南越过巴山，有几条著名的古道通往四川，伸向云贵高原，它们是剑阁道、米仓道、清溪道、石门道及其他一些古道。

从汉中通往四川，在今四川剑阁东北的大剑山、小剑山一带，峰峦连绵，峡谷幽深，下有隘路称为剑阁道。剑门地势险要，为古代兵家必争之地，易守难攻。"一夫怒临关，百万未可傍"，杜甫留下的千古名句，最初指的就是剑门雄关。三国时期，诸葛亮在此主持凿剑山而开阁道，成为川陕间的主要通道。诸葛亮曾在剑门关修筑关楼，设把守，抵御曹军。蜀汉末年，魏将钟会、邓艾率兵攻蜀，大将军姜维仅以三万人马便把敌人十万大军拒之关外。魏军久攻不下，只好另生一计，偷渡阴平，才取得胜利。

从汉中往四川，另一条古道是米仓道。这条道路循汉水支流濂水谷道和嘉陵江支流巴江谷道，到达四川巴中地区，因经过米仓山而得名。东汉献帝建安二十年（215），汉中张鲁为曹操所破，自南山而入巴中，即由此道行进。后来，南宋理宗宝祐六年（1258）蒙古军队分三路由北而南攻取四川，一路即经此道。

中国西南地区，汉代以前居住着濮族系统的滇（云南）、夜郎（贵州）、句町（广西）、邛都（四川）等"椎发、耕田、有邑聚"的人民，同时也有称为"徙"的少数外来民族，还有从甘青地区南下的氐羌系统的移民，《后汉书》称这些移民为筰、巂等。清溪道和石门道，就是汉代通西南夷的重要道路。

雄峙于川滇两省及西藏东部的横断山脉，由多条并列的南北向雪岭冰川组成。自古以来，不但阻隔着川藏间的交通，而且限制了川滇间的往来。清溪道就是在荒僻险阻的山野中开辟的川滇古道。

清溪道从四川汉源出发，经邛崃、荥经、雅安、西昌、渡口等地进入云南，然后继续往西延伸，穿云南经缅甸到达印度，成为连接亚洲大陆腹腔内地与印巴次大陆及中南半岛的枢纽，构成了一条早于北方丝绸之路两个世纪的南方丝绸之路。这条古道穿过彝族聚居的凉山地区，凉山彝族的首府西昌是一座有悠久历史的古城，凉山邛海，山清水秀，宁静幽绝，清溪道从这一带通过，打破了宁静，揭开了神秘，使闭塞的山寨居民增加了与外部世界交往的便利条件。古道从今攀枝花市渡过金沙江，便进入了云南省。

如果说清溪道是冲破云贵荒原西段的一条羊肠小路，那么石门道则是向云贵高原开辟的一条颇具规模的驿道。因为它是秦始皇统一全国修筑的官道，路宽五尺，所以习惯上又称之为五尺道。公元前135年，汉武帝派遣鄱阳令唐蒙出使夜郎，又对这条古道进行了全面整治和开凿，以通好"南夷"，开发"西南夷"，因此在汉代泛称"西南夷道"。石门道这个名称，则是隋唐以后由于道经四川境内石门山而得名的。据《史记》载，汉武帝派唐蒙、司马相如负责修筑这条道路时，因为在崇山峻岭上施工，每天都有数万人参加筑路，丁伕是从各地征调的，粮食也要大量从外地运到工地上，实在供给不及，只能到附近山寨中去购买。数年而路犹未成，对当地居民的侵扰颇多，经常遭到少数民族的攻掠，官府又屡次派兵镇压，在筑路的几年里，消耗的粮食和经费即使集中整个巴蜀的租赋也满足不了。[1] 由此可见，通西南夷的道路是历尽艰辛而开辟的。浩大的工程耗用了大量人力财力，也严重影响了当地人民的生活，不过，这条道路的修治为后来的社会发展起了很重要的促进作用。

在华北平原，秦汉时期有一条道路十分重要，即飞狐道。这条道路是东汉建武十三年（37年）诏令王霸负责修筑的。王霸与杜茂指挥刑徒6000人，从代城（今河北蔚县东）南部的飞狐口谷道延伸，经代城而西到达平城（今山西大同），沿路堆石布土，筑起亭障，全长三百余华里。后来北方发生的许多战争，都是在这条古道上调兵遣将的。在和平的日子里，路上行人不绝，商旅过往频繁，成为华北地区著名的交通要道。

从河北穿越太行山到山西的古代道路，以"井陉古道"遗迹保存较为完好。这条道路是燕赵至秦晋间的交通要隘，有娘子关扼守，是秦始皇统一中国之后，为巡视天下而在战国时期原车马道基础上开辟修筑的。由于路面靠开山取石铺就，有的地段用巨石砌成，所以能较好地保存下来。至今可见河北井陉县东天门附近的一千多米长的石板路，路面上有秦汉以来车辆碾压出的两道深深的车辙。为防止载重车辆下滑，同时考虑到上坡车辆休息，这条古道每隔二三十米还设有一处高凸于路面的石槛。研究表明，井陉古道上的车辙宽度恰与西安附近秦兵马俑遗址的马车轮距相吻合。

除了朝廷下令修筑的一些著名道路外，还有不少道路是根据移民和军事上的需要而开凿的，即所谓"逢山开路，遇水搭桥"。东汉建武十七年（41年），伏波将军马援率大军水陆并进南击交趾，在沿着海边进军时，因山路荆榛丛生，极不

〔1〕《史记·西南夷列传》。

便利，就边开路边行进，乃至筑路千余里。这种道路，历史上并没有留下专门的名称。军事行动结束后，道路也就成为民间往来的纽带了。

战国秦汉时期，统治者十分重视城市道路交通的建设和管理。每一座城市都修筑了一些干道以便车辆行驶。汉长安城的发掘表明，在各个城门之间，各宫、市、库、坊和贵族甲第之间，都有严格施工修筑的大道。清理出保存较好的由南宫门至直城门大街的一条南北向道路，宽九米，厚约三十厘米。

总之，秦汉时期，陆路交通是日益发展的，这一个交通大发展的阶段，初步形成了春秋战国开始奠定的中华大地陆路交通的基础，形成了各地四通八达的交通网络主体，促进了经济的发展和物质文化的交流。如今，上述这些古道已大多无存，代之而起的是现代的公路和铁路，但是，现代的道路往往是循着古道而扩展延伸的。虽然历史已埋进深山幽谷，行路人已听不到马嘶剑鸣，千百年里古人对行路难的慨叹却永远萦回在山谷间，化作风声水声，迎送着南来北往的人们。

### （四）魏晋至唐代的道路

汉代末年，内战频仍，三国魏晋南北朝的360年间，各个独立王国都没有足够的力量统一全国，所以水陆交通只能分散、局部地有所发展。在连年战争中，经济生产遭到破坏，人口也遭到极严重的损失，除了征发壮丁充军，各朝代的统治者几乎无力调动更多的人力修筑道路。不过，在各个王国内，也有相对稳定的和平时期，从总的情况看，全国的交通还是向前持续发展的。

在今内蒙古呼和浩特市北，有一条从河套地区往阴山以北的交通要道，在南北朝时期为北方各民族的交通作出了贡献。这条道路因呼和浩特市西北的路口有千余步土色灰白，人们习惯称为“白道”。北魏时，在南谷口设有白道城，城北有白道岭和白道川。孝明帝正光年间北边六镇各族兵乱，破六韩拔陵曾扼守此道，屡破魏军。

灵丘道是华北地区的又一条重要道路。北魏太和六年（482），孝文帝曾“发州郡五万人治灵丘道”。北魏早在拓跋珪天兴元年（398）时，即修筑了这条道路，自望都（今河北唐县东北）至代（指平城，今山西大同市东北）；太延二年（436）又通莎泉道（今山西灵丘西）。孝文帝即是在原有的基础上又加修治的，因为道出灵丘，故称灵丘道。这条古道北起平城，南越恒山，自灵丘以下略循今唐河谷道出太行山，南抵中山（今河北定州）。此道为当时从山西高原北部通向华北平原的交通要道。

历史上穿越太行山的古道路主要有八条，号称“太行八径”。滏口道，即为太行八径之一。山道穿行于河北的石鼓山之间，滏水（今滏阳河）源出于此，山高谷深，为自邺（今临漳西南）西出的交通要道。公元394年燕慕容垂灭西燕，即经此道。

经过南北朝时期的大动荡，隋代的统一为全国交通的大发展创造了有利的条件。隋王朝的幅员已很广大，东部、南部皆临大海，北至五原（今内蒙古包头市西北），西至且末（今新疆且末），东北至辽西（今辽宁朝阳锦西一带），西南至安南。如此辽阔的国土，必须有发达的水陆交通作为商品沟通、文化交流的保证，同时得以维护政治的统治和军事的行动。在隋朝两代君主三十几年统治的岁月里，陆路交通没有什么明显的建树，只是大运河的开凿为促进南北交通往来做出了贡献。公元618年，李渊父子建立了唐朝，从此中国的交通进入了一个全面发展的高峰。

唐代的国土比隋代更为辽阔，“东极海，西至焉耆（今新疆焉耆），南尽林州南境（在今越南境），北接薛延陀界（今内蒙古阴山北）”。其交通堪称四通八达，根据《新唐书·地理志》，可以见到当时新开辟的许多道路，陆路交通真可谓无所不到了。

在关内道，德宗贞元七年（791）刺史李西华从陕西蓝田到河南内乡，开新道七百余里，“回山取涂，人不病涉，谓之偏路”，至今这条路仍是连接关中和豫西的主要通道。

在河南道，玄宗天宝七载（748）河南府尹韦济以偃师县境内的北坡道十分迂回，“自县东山下开新道，通孝义桥”；第二年，馆驿使御史中丞宋浑在虢州开新路，自稠桑西经由晋王斜。这样的短距离道路各地都有新开的，大大便利了各地行路人。

江南东道，敬宗宝历年间在杭州余杭一带修筑甬道。连通了西北大路，长达百余里，使“行旅无山水之患”。

江南西道，宪宗元年和年间，路旻主持在歙州祈门以西四十的武陵岭上凿石修筑了盘山道，代宗永泰元年（756），潭州都督翟灌从益阳的望浮驿开新道，经过浮丘而至湘乡。

岭南道，开元十六年（728）玄宗下诏令张九龄在韶州的大庾岭开凿新路。

上述各条新开的道路，以关内道的偏路为最长，以大庾岭的山路为最险要。

张九龄在《开大庾岭路》一文中说：新路未开通之前，“以载则曾不容轨，以运则负之以背”，曲折狭窄的山径极为险峻。筑路之后，“海外诸国，日以通商，齿革羽毛之殷，鱼盐蜃蛤之利，上足以备府库之用，下足以赡江淮之求”，说明这条交通要道确实起了非常大的作用。

从成都到昆明，有一条千年古道，途中经由四川的宜宾和云南的昭通，是从中原经蜀入滇的主要交通线。昭通地区的盐津县豆沙关，曾有隋开皇五年（585）十月始州、益州石匠开山凿石、架设编梁桥阁、直通越析州等地的题记。隋朝亡后，这条路逐渐行人稀少而一度荒废下来。唐贞元年十年（794），德宗遣御史中丞袁滋从长安赴云南，册封异牟寻为南诏首领，当时的剑南西川节度使韦皋为袁滋一行经过而派人重修这条古道。巡官马益率领行营兵士负责这项工程。

从成都至“云南蛮界”，中间的分界在雟州俄淮岭。马益率行营兵马筑路，就修筑到俄淮岭为止。开路置驿，共设驿舍 32 处。这条道路成为后世从四川往云南的主要通道。玄宗以前，路上行人很少，德宗以后，来往于成都大理间的商队就络绎不绝了。

早在秦汉时期，从长安通往全国各地的道路就形成了系统的网络，到了唐代，这种交通网络更加扩展延伸，无所不至了。[1]

以上从长安通往各个方向的道路，各地距离的里程可能与实测里程有少许出入，每条路线所经过的城邑也许比实际上的路途更为迂回曲折，但唐代的主要交通路线即如上述，这些路线的总里程约为 14800 多公里。

唐代的陆路交通已经基本上确定交通格局。宋代以后再没有大的变化。

### （五）丝绸之路

说起中国古代的陆路交通，不能不介绍誉满中外的丝绸之路。

广阔的欧亚草原，西起匈牙利，越过第聂伯河、伏尔加河、乌拉尔河，经过中亚而达中国的北部和西部。自远古时代起，欧亚草原就是众多的游牧部落生活和斗争的巨大舞台。从中石器时代狩猎集团留下的具有细石器工艺传统的千百处遗址，直到青铜时代游牧民族到处留下的石丘墓地、大石遗址和遍布各地的动物形纹饰铜牌，一切都始终体现着草原民族的文化传统和生活习俗。在中国北方，商代晚期至秦汉时期先后活动在草原地带的游牧民族有鬼方、猃狁、羌、山戎、林胡、东胡、楼烦、匈奴、乌桓、鲜卑等族。这些民族和黄河流域的民族交往，大大促进了华夏文明的形成和发展。

从中原通往北方和西方的条条道路，无论在战争年代，还是在和平的日子里，都是连接各个民族文化交流的纽带。其中两千多年前开辟的丝绸之路，永远为后世人民所讴歌。

汉代在完全继承了秦代统一的疆域基础之上，在北方开拓了朔方郡（今内蒙古杭锦旗西北），西北开拓了武威、张掖、酒泉、敦煌诸郡，东北开拓了玄菟（今

[1] 陈鸿彝《中华交通史话》，中华书局，1992。

辽东至朝鲜咸境北道)、乐浪（今朝鲜平安南道）郡，西南开拓了犍为（今四川宜宾一带)、越隽（今四川省西昌一带)、牂牁（今贵州大部)、益州（今云南晋宁一带)、交趾（今越南北部）和九真（在交趾南）诸郡，南方开拓了珠崖（今海南岛东北部）和合浦郡。于是，自今之朝鲜北部、辽宁、河北沿海而南至于广州、海南岛及越南北部，全入了汉帝国的版图。这是秦汉以来国内交通区域最宽广时期的图景。汉武帝在牢固地控制了统治权力之后，开始进一步扩大向各个方面的交通。

当时，在甘肃西部的玉门关、阳关以西，中亚乃至东欧一带，汉朝统称之为西域。在天山以南、昆仑山以北、葱岭以东的塔里木盆地，存在着三十多个少数民族建立的王国。汉王朝的势力向西发展，这些小国首先被征服。与汉王朝争夺这些小国的，还有北方势力强大的匈奴。

匈奴自殷周以来一直是侵犯中国的强敌，秦末到汉初三四十年的时间里，趁着黄河流域战争的混乱，匈奴族在冒顿单于的统治下，武力达到空前未有的强盛。它东灭东胡，占有了兴安岭至辽河上游的广大地区：北灭浑庾、屈射和丁零诸部落，拓地远至贝加尔湖沿岸；向西方驱走了大月氏，并征服了楼兰、乌孙等二十多个西域的弱小王国，祁连山、天山一带都归属于它的统治；向南则侵及河套以南地区，与西汉的北疆郡县兵锋相接。几乎整个亚洲东部的沙草原尽为匈奴骑兵所有。30万匈奴骑兵，眼光常投注在富饶的汉朝土地上，对汉民族构成了强大的威胁。

西汉前期，鉴于急需疗治国内战争的创伤，与民生息，朝廷一直对匈奴采取和亲政策。匈奴愈益骄横，连年入侵汉朝边郡，掠夺人口、财物和牲畜。到了汉景帝时，经济发展接近了极盛时期，军事抵抗力量也因之迅速加强了，双方的力量对比开始发生变化，终于导致汉武帝对匈奴的大举讨伐。

张骞就是这时奉命出使西域的。他的目的十分明确：相约被匈奴欺辱的大月氏出兵夹击匈奴。然而，他出使的结果，意义却远远超出了他原来的目的，从此揭开了中外文化交流和中西交通的新篇章。(图 23—4)

公元前 175 年之后不久，匈奴人把大月氏人驱逐出他们传统的居住地。大月氏人举族西迁，占领了居住在伊犁河流域的乌孙族地区。他们并没有在这里长期居留，而是继续向西走，在公元前 130 年左右推翻了巴克特里亚地区的希腊王国，便在那里定居下来。后来大月氏又一举侵入印度河谷地，建立了新的王朝。这时的大月氏已从游牧生活改变为农业生活，并不愿意再向东重返故乡。张骞当时不完全了解这一切。

建元三年（前 138)，张骞开始西行，不料在途中被匈奴人拘禁。单于下令关押他，张骞在屈辱中生活了十年，最后设法逃出匈奴，继续西行去完成他的使

图 23-4　敦煌壁画张骞出使西域辞别汉武帝图

命。当他终于到达大月氏那里时，大月氏人已经放弃了对匈奴进行报复战争的想法。张骞无奈，停留了一年后启程归国。归途中他虽然尽力避开匈奴人，从柴达木高原的羌人地区绕道而行，但仍未逃脱厄运，又被匈奴人拘禁了一年。元朔三年（前 126）乘着匈奴发生内乱，他带着一个鞑靼妻子和忠实的鞑靼仆人堂邑父回到长安。

张骞的返国，给雄才大略的汉武帝带来了西方诸国的新消息，对进一步打通与西方的联系起了关键的作用。他被任命为太中大夫，后来又被封为博望侯。

公元前 119 年，汉武帝下令组织了一个 300 人的队伍，每个队员都有两匹马，共带牛羊 1 万头，金帛货物难以计数，令张骞率队出使乌孙国。张骞到达乌孙后，即分遣副使到大宛、康居、月氏、大夏等国去，与这些西方大国开始了正式的交通。

历史上就这样出现了丝绸之路。

此后，汉武帝又连年派遣许多特使到安息（波斯）、身毒（印度）、奄蔡（在咸海与里海间）、条支（安息的属国，在波斯湾西北岸，底格里斯河与幼发拉底河的汇合处）、黎轩（即大秦，指附属于大秦的埃及亚历山大城邦）诸国和地区。汉民族的科学技术、文化艺术和产品随着这些使节广泛地传播到遥远的西方。

汉对匈奴战争的胜利使通往西方的道路得以畅通无阻。张骞的两次出使，开创了中西交通和文化交流的新纪元。从此，河西四郡最西的敦煌郡成为中西交通的枢纽。一队队商旅从长安出发，经过敦煌，向西至楼兰，再分别通往印度、西亚和欧洲，这些大道成为世界著名的丝绸之路，成为中国与西方相连接的纽带，成为一条开放经济的重要动脉，成为各个民族之间文化传播的桥梁。

因为自张骞通西域之后，横越亚洲大陆的丝绸贸易开始成为经常性的商业活动，所以后来人把沟通东西方的大道称为丝绸之路。（图 23—5）三国两晋南北朝时期，尽管中国大地上战争不断，烽烟不息，但从长安、兰州、敦煌通西方各国的商旅并没有完全停止，唐帝国成为世界上威名远播的强国之后，丝绸之路上往来的商人、使节、僧侣和游客更多了。

丝绸之路的具体路线大致是这样的：

从长安出发，经过凉州、甘州、肃州等北方干旱地区的绿洲城市到达敦煌，商人从这里分别沿着两条不同的路线继续西进。一路沿着西藏北部柴达木的山麓而行；另一路则横越沙漠，经过吐鲁番盆地和焉耆，沿着天山南路而行。另外，在敦煌以西不远的古玉门地区，还有一条路线，即离开北路直接通过沙漠来到位于罗布泊附近的城市楼兰。直到公元 400 年以后，由于干旱日益严重，楼兰古城成为废墟，这条道路才被废弃。上述各条道路都在高原古城喀什噶尔会合，商人在这里略作休整和从事贸易，然后再分道扬镳。

从喀什噶尔出发，一条路通过特拉克达文山口进入费尔干（大宛），即著名的汗血马的产地，然后经过撒马尔罕到达马尔奇阿那（莫夫）的安条克。另外一条路则是从喀什噶尔到达巴克特里亚（大夏）的巴尔克，并由此到达马尔奇阿那。这条路中间要越过雄伟的帕米尔高原，经由许多险要的山谷，旅途十分艰险。过了马尔奇阿那之后，路便容易走了，通过伊朗的希卡东普洛斯（古代安息的都城）和埃克巴塔那（现在的哈马丹），到达底格里斯河沿岸的一些地区，从那里有许多道路通向叙利亚等地。

从长安到陇州（今陕西陇县西南）的驿路上，驿馆林立，商旅络绎不绝。经考察，在岐州（今宝鸡市）辖境内的驿站情况是：从长安的安远门西出，过中渭桥，经临皋驿、陶化（咸阳）驿、槐里驿（兴平）、马嵬驿、武功驿、扶风驿、龙尾驿、石猪驿、凤翔驿、千阳驿而至陇州。这些驿城有的已经荒废，有的至今仍然是繁盛的经济和文化交流重镇。唐代在陇州县城北坡设有大型交易市场，是元和十年（815）应吐蕃“请互市”之要求而设立的。在市场上，“商旅往来，兴贩货物，任择利润，一切听从，关镇不得邀诘”。陇州城内原有为胡商设置的客舍，后为方便而移至城外。

敦煌，是丝绸之路上一座非常重要的城市。两千多年前，这一带是水草丰美的塞外绿洲。甘泉河（今称党河）从城外流过，神农渠、阳开渠、都乡渠、宜秋渠蜿蜒伸向城外沃野。这座古城至明代时仍是城内商埠林立，城外流觞曲水，花

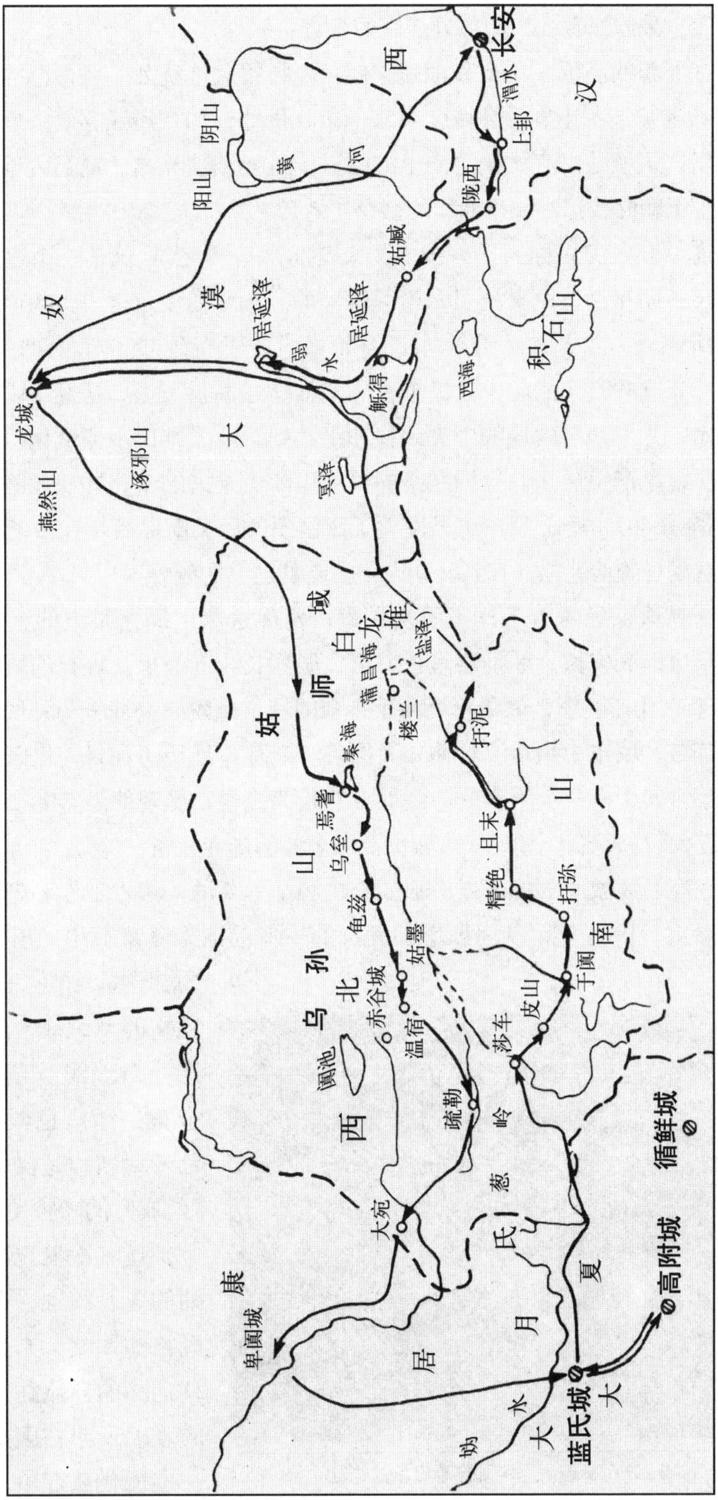


图 23−5　张骞出使西域示意图

草繁茂、果园飘香，一派塞外江南的景色。

在新疆的高原、山峦和沙碛之间，吐鲁番盆地犹如一块翠绿的宝石吸引着无数中外游客。在吐鲁番县城以东二十多公里处，如今还残存着一座夯土筑成的古老城堡，这就是汉唐丝绸之路上的另一个重要城镇高昌。高昌古城曾经是古代西域数个王朝的首都，往来商旅的必经之地。

高昌城，汉代称为“高昌壁”或“高昌垒”，当时仅是一个边防线上的屯兵点。汉王朝在这里设置校尉掌管军政事务。东晋初年，这一带为前凉统治者张氏家族所统辖，并于太元四年（327）正式设立了高昌郡。南北朝时魏孝文帝太和二十三年（499），西北少数民族首领麴嘉建立高昌王国，历经141年，政治上比较稳定，并主动与内地的中央政权和平共处，大力推广中原文化。这一阶段人口增加了，生产发展了，丝绸之路的繁荣逐渐由过去的南路移回北路。唐太宗贞观十四年（640），唐王朝在这里设立了西昌州（后又简称西州）。9世纪中叶，回鹘族在这里居统治地位。直到元朝末年，高昌之名才废弃不用。

高昌遗址经考古工作者多次勘察，发现这座丝绸之路上的重镇的建筑格局很像汉唐的长安城。城址略呈正方形，城周长约五公里。现存的城垣最高处仍有11.5米。登临眺望，依稀可见两千年前的城市概貌。全城分为外城、内城和宫城三个部分，城市中街道、坊曲、大佛塔、寺院遗址历历在目，但以城内西南隅最为密集。其中有一个很大的寺院保存的较为完整，参观的游客如今甚至可以穿过一道道大门和回廊，领略汉唐盛世西域名城的佛寺风情。

在高昌故城北部的阿斯塔那、哈拉和卓等墓地，考古工作者先后发掘出大批古代珍宝。1964年，从阿斯塔那发掘的一座前凉末年墓葬中，出土了一双织有“富且昌，宜侯王，天延命长”铭文的丝织履。这双丝履用褐红、白、黑、蓝、黄、土黄、金黄、绿八色丝线编织而成，色泽如新，是汉晋文献中记载“丝履”的考古发现。此外，这一带还多次发现西凉和高昌时期的各种织锦。有的织着波斯风格的图案，充分说明通过丝绸之路的商旅往来是相当频繁的。1969年在阿斯塔那发掘的一座唐代墓葬中，出土了大历

图23-6 新疆阿斯塔那唐墓出土的锦鞋

十三年（778）的文书，还发现了一双云头锦鞋和一双锦袜。（图 23—6）锦鞋的鞋面是用黄、蓝、绿、茶青四色丝线织成的平纹经锦，鞋里衬的是用六色丝线织成的彩条花鸟流云平纹经锦。其中蓝、绿、浅红三色施晕绚，这是目前所知唐代最绚丽的一种晕绚锦。鞋尖和锦袜都是用同一种八色丝线织成的斜纹纬锦，图案是红地五色花。它以大小花朵组成的花团为中心，周围织着各种禽鸟、行云和零散小花，外侧又杂置折枝花和山石、远树；近锦边还织出了宽 3 厘米的宝蓝地五彩花卉带状花边。整个锦面构图华美，形象生动，配色鲜艳，组织也极为致密，反映了唐代中期织选斜纹纬锦的高超水平。另外，鞋内还附有黄色回纹绸垫一双，绸面光平，回纹匀整，表明当时丝绸织造技术也是相当精湛的。

从阿斯塔那唐墓中发现的《高昌县上安西都护府牒》可知，每天途经高昌的商旅非常多，丝织品对外运输的数量也非常大。运输的工具除了众所周知的骆驼外，还有牛、驴商队。另外，这件文牒还告诉了我们一些鲜为人知的史料：在丝绸之路的北路上还有一条从龟兹到弓月城及其以西的“支线”。经考证，这条道路早在公元前 1 世纪时就已开通了。

塔里木盆地东南的楼兰，也是丝绸之路上一个十分重要的城市。楼兰古城位于新疆巴音郭勒蒙古自治州若羌县境内的罗布泊西北岸，孔雀河下游三角洲南部的雅丹地貌上。西北距库尔勒市 340 公里。公元 4 世纪之前，楼兰王国是西域的 36 国之一，楼兰古城是王国的政治、经济、文化中心，是丝绸之路上的重要交通枢纽。这座城市作为亚洲腹地的交通要道和军事要塞，在东西方文化交流中曾起过很大作用。

弓月城，也是丝绸之路上的一个重要贸易中心。故城遗址在今新疆西部伊犁河北的伊宁附近。弓月城的大路南通安西都护府所在地龟兹，东通北庭都护府所在地庭州（今新疆吉木萨尔）和西州，西通安西四镇的最西重镇碎叶。这座城市是丝绸之路北路上的一座交通要城，商业重镇。《高昌县上安西都护府牒》中明确记载，弓月城向西方输出的丝织物数量巨大，有的商人一次就可以从弓月城的贸易货栈中取出 275 匹绢。

碎叶，是丝绸之路北道的必经之地，在今吉尔吉斯斯坦境内伊塞克湖以西的托克马克。对这座古城，隋唐地理典籍中都有明确记载。当时行进在丝绸之路上的商队，沿天山南麓，从西州经焉耆、龟兹、拜城、阿克苏，越过拔达岭，即到达碎叶城；沿天山北麓，从西州经轮台、乌苏、弓月、伊犁，也能到达碎叶城。在汉唐时期，通往碎叶大道上的商旅往来不绝，是中国内陆从西域向中亚和欧洲通行的要冲。从这里往西，有大路经过怛罗斯等地，可直通地中海和欧洲诸国；从碎叶往南，可通往西亚、波斯和印度。据《新唐书 · 波斯传》载，高宗调露元年（679），诏吏部侍郎裴行俭率兵护送波斯王子泥涅斯回国。因为去波斯路途遥远，裴行俭送王子到达碎叶后，即停止送行，让王子一行人马自行回国了。1973年，从吐鲁番阿斯塔那的一座唐墓中出土了一件当时送波斯王子回国的部分人员“名册”，上面记载了送行队伍中白欢进、赵力相等人的活动。

在丝绸之路上，还有一个历史名城喀什，古代称喀什噶尔，又称疏勒。这个位于中国西域边疆的重镇，建筑在塔里木盆地中最大的一块绿洲的克孜河畔，位于帕米尔群山脚下，西枕高原，东临塔克拉玛干大沙漠，扼天山与昆仑山交接处，是塔里木盆地南北两条丝绸之路的交汇点。由喀什西经帕米尔可通吉尔吉斯斯坦和乌兹别克斯坦的费尔干纳谷地；南越喀喇昆仑山口可通南亚诸国；北经山路可达伊犁河谷。这几条道路都是汉唐时期的重要商路。内地远销国外的货物在这里汇聚，西方物资和文化进入中国首先在这里落脚与交融。

位于喀什市北十余公里的三仙洞，是东汉时期的佛教洞窟遗址。公元5世纪的南北朝时期香火很盛，洞内壁画为“犍陀罗”艺术风格，具有异常珍贵的价值，丝绸之路上往来的商旅都曾在这里祈求佛祖的保佑。明英宗正统七年（1442）建筑的艾提尕清真寺，是新疆地区最大的清真寺。清嘉庆三年（1798）曾重新修缮，是一个有浓郁民族风格和宗教色彩的伊斯兰古建筑群，反映出在明清时期，喀什这座丝绸之路上的名城已成为中国西部边陲的经济文化中心。[1]

丝绸之路，作为联结中国与中亚、南亚和欧洲各国人民的纽带，以及中外友好关系发展的见证，千百年来被人们世代讴歌。至今，丝绸之路仍是中外友谊的通道。

## 第二节 古代的桥梁

逢山开路，遇水搭桥，这是千百年来人们熟知的一句格言，反映出人类在生活中不畏艰难，奋斗进取的精神。在古老的氏族社会里，人们已经懂得遵循一定规律出门旅行，既首先选择较平坦的路面和最近的途程，其次是在遇到阻碍时能顺利克服。这样，就产生了逢山开路，遇水搭桥的古训。

〔1〕王炳华《丝绸之路考古研究》，新疆人民出版社，1993。

相对来说，搭桥比开路要困难得多。人们沿着江河两岸行进，很快就会懂得借助水势顺流而下的道理，但在江河上架起桥，则需要有更长的认识过程。远古时期，河流两岸的大树被山洪或飓风摧折而横架在河面上，以及冲击下来的树木拥塞于水面，都可以形成天然桥或浮桥，这种现象为人类在江河上架桥提供了最初的经验。随着多种生产工具的创造，人们用石斧砍倒树木，用石锛、石锯制作各种材料，架桥的技术逐渐提高。金属工具的出现，使人们进一步掌握了跨越江河的本领。中国西南地区山寨，人们很早就知道攀缘藤索过涧渡河的方法，并因之创造了用藤条、竹索等制作吊桥的技术。石板桥和石拱桥的修造，展示了古代交通的进一步发展。大渡河上的铁索桥以及留下美好传说的赵州石桥，是中华民族引以自豪的创造。

中国古代的桥梁建筑虽然千姿百态，但总括起来只有四种：浮桥、梁桥、拱桥和悬桥。另外有一种将梁桥和拱桥结合起来，造型十分注重美观，可在桥上休憩和躲避风雨的“廊桥”，亦称“风雨桥”，在江南也比较普遍的存在，可以归于梁桥。

## 一、浮桥

浮桥是用木板、船只、竹筏等串联在一起，基本上漂浮于水面的一种桥，多铺架在水势较平稳的河流上。有的浮桥规模较大，常常是用船只连接的。浮桥因长期浸泡在水中，所以不十分耐久。在战争的情况下，军队常在行进中在所经江河上架设浮桥。至今仍有一些地方在河流上铺架浮桥。

架设浮桥不必构筑桥墩，无论是用竹筏、木筏、皮筏连接在一起横亘于水面，还是直接用船只连接而成，都必须用篾缆或铁索紧密加固，桥面要铺设木板以利行人和车马通过。

中国的浮桥，最早见于文字记载的是在公元前134年左右，《诗经 · 大雅 · 大明》记“亲迎于渭，造舟为梁”，就是指西周文王姬昌为了娶亲，在渭河上用船只架设浮桥的事情。

根据西周初年的礼制，只有天子一人有资格踏浮桥过河，这种专为迎亲的仪仗队伍架设的浮桥，一般老百姓是不能涉足的，他们过河只能乘船只和木筏，所以这时的浮桥往往是一种临时性的建筑物，随建随拆，结构很简单，当时的浮桥自然也少。到了春秋战国时期，因为商业的发展和战争的需要，浮桥才逐渐多了起来。例如秦昭襄王在公元前257年首先将浮桥用于战争，于蒲州（今山西风陵渡）黄河边上调集大量船只，在河上连舟为浮桥以对晋国作战。这种架桥技术很快得到了推广，最初架设浮桥的地方也就成为重要的渡口。秦晋之间的多次战争，都经过蒲津渡，其后西魏、隋、唐各代皆在此连舟为浮桥，仍号“河桥”，直至北宋时犹时坏时复。[1]

因为浮桥多用于军事战争的需要，所以又叫战桥。长江上的第一座浮桥，就是东汉光武帝时为统一四川的战争而架设的，公元35年架于宜昌、宜都之间。宋太祖时，为了讨伐南唐而在长江上又架设了一座浮桥，是公元974年在安徽当涂的采石矶。元世祖忽必烈在进军西南的战争中，先后架设过24座军用浮桥，为统一西南的胜利创造了重要交通条件。

秦汉以后，浮桥渐多。朱雀桁，就是古代秦淮河上的一座著名浮桥，也是重要的渡口。这座浮桥是汉代在今南京市镇淮桥稍东的秦淮河上架设的，三国时称南津桥。因在朱雀门外，东晋成帝咸康年间人们渐称其为朱雀桥或朱雀航，通称“南航”。当时秦淮河上有24座桥，以此桥为最大，长90步，宽6丈，故又称“大航”。每逢战乱年代，有警报则撤掉浮桥为备，是南京城的一个重要门户。隋朝灭陈之后，这座浮桥被毁，此后遂废弃了。

著名的洛阳天津桥，也是一座浮桥，是隋炀帝大业元年（605）用铁锁连接大船建成的，南北勾连，夹路对起四楼，既是浮桥两端的装饰性建筑，也是固定铁锁的地方。天津桥是交通要冲，南来北往的人非常多，在这里发生过不少流传很广的故事。

## 二、梁桥

梁桥是模仿浮桥而建造的，大多在水中和河床两岸建筑石桥墩，然后铺石而成。开始时桥墩用石条或石块叠砌，上大下小，层层挑出，直至墩顶，这样，各墩顶之间的距离便缩短了，铺设石的净跨度亦随时之缩短。不过，这种桥墩由于上面的石材越往上越大，所以桥墩不十分稳固，兼之越往上承受河水的冲击力也越增加，桥墩的各层结构就容易松动，变形和颓倒不可避免。所以后来的桥墩被建成垂直的方柱形，或者下大上小呈锥状体，从而向拱桥过渡。

实际上，梁桥出现在很久以前的远古社会，《说文解字》中解释梁字即“用木跨水，则今之桥也”。最古老的独木桥，也就是最早的梁桥。在西安半坡仰韶文化的氏族营地周围壕堑上，就曾架设过梁桥。

除了独木桥以外，另一种最简单的梁桥是步桥，也叫过水桥或过水明桥，这

[1] 孙波主编，罗哲文撰文《中国古桥》，华艺出版社，1993。

是在一些水浅的河涧上聚石于水中，使石块露出水面，人们步涉过水的便桥。有些地区缺乏石料，而用烧土块、陶片或苇笆等铺垫于水中成为过水梁桥。这种桥遍布全国山乡，至今仍有很多。

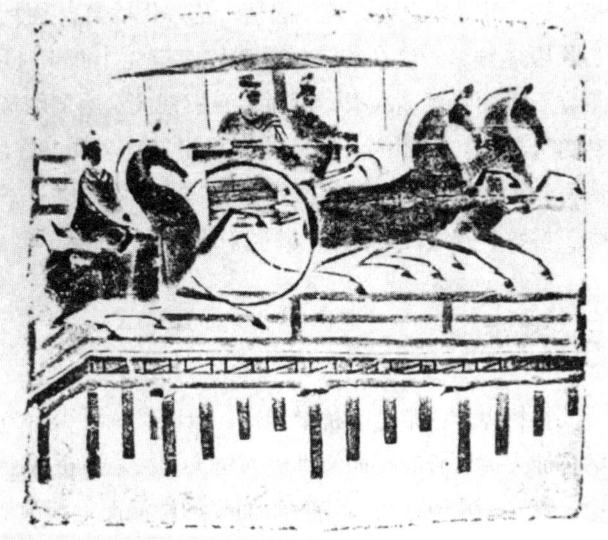
图 23-7 成都跳蹬河汉墓车马过桥画像砖

梁桥是各地最常见的桥，种类很多，造型各异，可谓千姿百态。有一种梁柱式桥，以立于水中的直柱和架于柱上的横梁结构而成。从出土的东汉画像砖上可以看到这种桥的最早形制：下部为桥柱，柱上有横楣，上面再架梁木，梁木上铺桥，构造美观坚固，桥身平直，桥两端作倾斜约 45 度的斜坡。（图 23—7）山西太原晋祠圣母殿前的鱼沼飞梁，就属于这种类型的桥，从石柱和斗拱的形制看，是宋代的建筑。还有一种木撑架桥，系由伸臂木梁和撑架相结合建筑，如湖南醴陵的渌江桥，始建于宋代，它有五层挑梁，在第四层的顶端加了斜木撑，木撑下端插入桥墩两侧的预制孔里，这就增加了一个承托，减轻了挑梁的受力。类似的桥在浙江与福建东北最多，浙江泰顺县建于明代的叶树阳桥，目前最为古老。

上海青浦县的迎祥桥，始建于元，清代乾隆时重建，是由木、石、砖三种材料建成的梁桥，以砖石柱为桥墩，墩上密排圆形檀木作梁，而以砖铺桥面，并用水磨砖覆贴两边木梁外侧，既保护了木梁，又增加了美感，设计者别具匠心。浙江温州的外墙桥，是典型的漫水梁桥，这种桥多建于水位较低、洪水季节较短、泄水较快的河流之上。洪水来时，任水从桥上漫过，水一退，桥面便露了出来。漫水梁桥的桥身都比较矮，两侧不设栏杆，好让洪水畅通无阻。

古代著名的梁桥有北方的渭水之桥、西安灞桥和南方的泉州洛阳桥等等。渭水之桥是多跨式梁桥。显示了古代桥梁技术的极高水平。据北魏郦道元《水经注》记载，三桥中的中渭桥全长约有五百多米，宽近 14 米。它由 750 根木柱组成了 67 个桥墩，分成 68 个桥孔，平均每孔跨径近 8 米，中间一孔跨径 9 米，便于高大的楼船顺利从桥下通过。唐代重修的东渭桥以青条石砌基，石缝中灌以铁水，楔以松木桩，其规模之大，施工之精，是古代桥梁史上少见的。西安灞桥始建于汉代，历代毁建频繁，现在的灞桥是清宣宗道光十四年（1834）所重建，长近四百米，下立石轴柱四百零八根，桥面为石板铺成，两侧砌筑石拦墙，上有栏杆，以花果鸟兽为雕饰。泉州的洛阳桥为宋代州官蔡襄督工修建，宋仁宗皇祐五年（1053）四月动工，六年的时间才修完。尖锐的桥墩可以分减水势。蔡襄还首创了种养牡蛎于桥墩的方法，用牡蛎的硬壳来联结加固桥墩。

## 三、拱桥

拱桥也是很常见的桥梁形式，但比梁桥要少。为了使两岸的桥墩和中间的桥墩都能支撑更长的桥面，拱桥的建筑方法是在桥墩上面加上斜木，利用三角形的稳定性，形成五边形（不算水面）的桥洞而逐渐演变的。拱桥的桥洞有半圆形、圆形和弯弓形等等，拱圈的数量随着桥的长度而增加，既美观又实用。

河北赵县的安济桥，是中国古代人民的杰出创造。这座桥相传是公元 600 年后不久由石匠李春负责修造的，全桥长 50 余米，宽 9 米，拱圈由 28 条并列的巨石砌成，上设四个小拱，既减轻重量、节省材料，又便于排洪，增加了美观，它的设计与工艺技术堪称石拱桥的卓越典范。

中国最迟在东汉时期就有拱桥了，在河南新野出土的东汉画像砖上就刻有拱桥的图案：一座单孔拱桥，驷马驰骋其上，马车前还有一个骑马者，桥下有大小船只数艘。这幅画像以清晰的笔法明确表现出当时不仅能建筑拱桥，而且修建拱桥的技术已相当成熟了。

拱桥根据拱券矢跨的比值分为坦拱、陡拱和尖拱等几种形式。坦拱桥的桥面坡度较缓，便于人马车辆通行；陡拱桥的桥洞高敞，利于桥下行舟；尖拱和蛋形尖拱桥多见于园林之中，装饰性较强。

江南水乡常可见到多跨拱桥，即由若干桥拱组成的拱桥，桥孔一般是奇数，罕见偶数。由于桥孔搭配适宜，全桥结构匀称，自然落坡既便于路上的车辆行人过桥，又利于桥下船只往来。（图 23—8）多跨拱桥可有十几孔至几十孔者，唐代修建的苏州宝带桥有 53 孔，徐州的景国桥竟有 140 孔，可见规模之大了。

有一种拱桥是极为少见的，称做全拱拱桥。它不但上面有拱、下面也有拱，下拱常隐伏于水中，全部拱圈近乎圆形。辽宁凌源县天盛号村的金代石拱桥就是这样的全拱拱桥，上拱是半圆形，下拱为椭圆形。苏州吴县的东美桥，拱圈则为全环形。半个拱圈有水底，通体不用一根桥桩，所谓“一道长虹上下圆”，就是赞美这种拱桥的造型艺术的。

图23-8 浙江绍兴始建于南宋宝祐四年的八字桥

宋代时，山东青州（今益都）首创了一种全木结构的拱桥，又称虹桥、虹梁、飞桥或飞梁。据北宋王辟之《渑水燕谈录》记载，当时青州城被河水分为两部分，连接城市两边的梁柱式桥经常被洪水冲坏，成为全城百姓的大患。宋仁宗明道年间（1032—1033），州官夏竦采用一个狱卒的建议和设计，叠巨石加固两岸，取大木数石相贯连，架为无柱之桥，竟然五十余年未坏。至庆历年间（1041—1048），陈希亮为宿州（今安徽宿县）州官时，大力推广这种木构拱桥，因为宿州是中原通江淮的水陆交通重镇，而跨汴河的梁柱式或因洪水冲地，或因频繁往来的运粮船只碰撞，多次损毁，经常造成船覆人亡。于是陈希亮派人学习青州拱桥的建筑形制，在汴河上架起飞梁，以至“沿汴皆飞桥，为往来之利”。目前，这种木拱飞桥虽然均已无存，但从北宋画家张择端的著名《清明上河图》中，仍可看到对当时都城里汴河上的虹桥精细而逼真的描绘。

宋代以后，桥梁建筑不但讲究实用性，也更加注意了美观。拱券在民间习称为孔、洞，于是各地常可见到三洞桥、五孔桥等美观实用的拱桥。北京颐和园昆明湖上的十七孔桥，是中外闻名的大型联拱桥。

在北京至通州公路旁的通惠河上，横跨着一座古桥，名叫永通桥。这座桥与卢沟桥、朝宗桥并称为拱卫京师的三大桥。永通桥位于通州城西八里，故又叫做八里桥。该桥建于明英宗正统十一年（1446），为三券联拱石桥，中拱高大，两侧拱券较小。桥南北长 50 米，东西宽 16 米。桥面两侧护以石栏，立 33 对望柱，柱顶有须弥座雕狮，神态各异。栏端各有戗栏石兽蹲伏，独角、长鬣、密鳞，昂首挺胸守在桥头。桥孔东西泊岸上有4只镇水石兽各自卧伏于雁翅之上，造型奇特，满身披鳞，后拖长尾，瞪视绿波。据记载，通惠河此处因“每夏秋之交雨水泛滥，常驾木为桥，比舟为梁，数易辄坏”，所以在内官监太监李德的建议下，英宗命另一位太监阮安负责建桥。正统十一年八月开工，十二月即竣工建成，不仅十分坚固，而且颇为秀美，至今五百五十多年仍在使用。

## 四、索桥

索桥，亦称悬桥、吊桥，在中国西南地区较多。有些学者的研究表明，中国西南地区是世界索桥的发源地。在这一地区西部横断山的怒江、澜沧江、金沙江、雅砻江诸流域河谷地带和川南、川东、贵州、滇东北地区，是西南索桥分布最集中的地区。古代的索桥形式繁多，最简单的是在湍急的江河溪涧上，较狭窄的两岸峭壁间连以藤索，人们手脚并用，攀缘而过。时间耐久些的则是以竹索、铁索横架在两岸石崖上，或在数根长索间铺设木板、竹排，如著名的大渡河上铁索桥即是。索桥的架设，主要是因为水深流急，水中无法修筑桥墩而采取的架桥渡河办法。在长索的两端，需在石岸上用巨大的木桩或钢铁、混凝土为桥墩将索固定。

中国最早的索桥应该在汉代以前就已出现了，四川成都市西南的笮桥在东晋时期便有记载，但这座索桥显然不是最原始的产物。笮桥用竹索编成，又名夷里桥，公元347年，东晋大将桓温曾在这里击败成汉的军队，进入成都，成汉因而灭亡。这座著名的索桥历经南北朝和隋唐，巍然飞渡峡谷之间、急流之上，对西南地区的交通贡献很大。

四川灌县西北，岷江分流的地方曾横跨着中国著名的索桥——珠浦桥，以竹为缆索，以木为桥桩，全长三百余米，因地制宜，十分实用，很受过往行人的欢迎。据《四川通志》记载：“其制两岸椠石为穴，鞬石为笼，夹植巨木，屹砥湍流，编竹绳跨江，横阔一丈，离水面五尺，长一百二十丈。”另据《灌县志》记载，珠浦桥在历史上已多次兴废，至清仁宗嘉庆八年（1803）乃仿旧制重新修建，长九十丈，高二丈尺，阔一丈，名叫“安澜桥”。直到1964年随着交通的发展和都江堰水利设施改革的需要，才将古代的竹索改为钢索，把承托竹索的排架木桩改为钢筋混凝土桥桩，桥身亦缩短为240米，使这座千年古桥彻底换了新貌。

在一些少数民族地区，常见一种很简单的索桥，称为“溜索桥”或“溜筒桥”，过桥采用“溜”的方式。彝、藏地区这种索桥的构造是，将竹筒或木筒穿在溜索上，索固定于江河两岸，索下再系一根横木和两股皮绳。渡河时，人骑在横木上，筒挟于腋下，以手攀索，筒随人“溜”而过。如索较平，溜过时只需一根

图 23–9 四川泸定铁索桥

索，索陡则要一来一往两根索，否则从低处向高处无法溜动。过这种索桥十分惊险，稍一不慎，便有跌落深渊的噩运。溜索以川西的茂州和松州分布最集中，贵州境内分布也很多。

四川泸定县大渡河上的泸定桥，是世界上著名的铁索桥，全桥共用 13 根外径为 9 厘米的铁链组成，以 9 根为桥面，上铺木板，左右各以两根铁链为扶手。为减少晃动，桥的两头各有二处用上下两块铁夹板把 9 根铁链锁住。扶手铁链用吊钩螺丝与最外侧的底索连紧。泸定桥已使用了 300 年，至今仍担负着繁重的交通任务。（图 23—9）现在存世最古老的索桥，是建于唐代的云南塔城关铁索桥。英国在 1741 年、美国在 1796 年、法国在 1821 年、德国和俄国在 1824 年才各自建造了本国的铁索桥。

## 五、其他桥梁

除了浮桥、梁桥、拱桥和索桥外，各地还有一些建筑独特、造型奇异的桥梁，反映出设计师和工匠们高超的技艺和智慧。比如广东潮州市东面的韩江上，横跨着一座古代桥梁——广济桥。这座桥创建于宋代，全长518米，中间有一段用船只连接为浮桥，可以解开，让出航道，成为可分可合的活动桥梁，这是中国桥梁发展史上的一个特殊例子。

还有一种在陆地上凌空架起的桥梁，即天桥，古代也称为“复道”或“阁道”。天桥始建于秦代，骊山旁的阿房宫“覆压三百余里，隔离天日”，期间五步一楼，十步一阁都有构造华美的“复道行空”。《三辅黄图》说，宫中“作阁道至骊山八十里，人行桥上，车行桥下”，可知这座天桥宏大的规模和豪华的气派。

我国长江流域和西南地区、西北和华北的部分地区，有一些木结构楼阁式的风雨桥，又称花桥、回龙桥、廊桥或亭桥。它集桥、廊、亭、塔、楼阁为一体，既实用又美丽。风雨桥是将古代南方的干兰式建筑、汉族宫廷式建筑和江南园林式建筑有机结合、融汇一起的结晶，在建筑史上占有重要的一页。在浙江省武义县的武阳川上，至今仍横卧着一座美丽的风雨桥，状似长廊，两侧有凳。由于历代修缮，现存的是宋代的桥墩，明代的桥身，清代的廊顶。该桥以黛色的远山作为背景，朱红色的桥身饱含千年沧桑，迎送着四海商旅，八方游客。浙江嘉善县的古镇西塘，地处太湖东南的水网地带，河港纵横交错，荡泊星罗棋布，一派江南水乡风光，在春秋战国时期为吴越相争交界处的军事要地。明清时期，西塘镇不仅相当繁华，而且有浓厚的文化氛围。1920年，诗人柳亚子常在西塘吟诗会友，18名西塘文人参加了他创办的南社。至今古镇仍然有104座各代建筑的桥梁，其中有许多廊桥。广西三江县程阳村的林溪河上风雨桥，上面建筑塔形楼亭五座，十分壮美。(图23—10)

图23–10 广西三江程阳村风雨桥

北方人在寒冷的冬季，利用特殊的条件以冰代桥，在古代亦不乏其例，黄河上就曾多次架起冰桥。南宋高宗建炎元年（1127）曾在陕西韩城的禹门外以冰桥渡送官兵。另据《陕西通志》记载，府谷县东30里的天桥峡，每年冬天就靠冰桥过黄河；甘肃皋兰县的镇远黄河浮桥，冬天即拆除，代之以冰桥，冰桥上照样通行车马。

南方的桥梁种类大大超过北方。在浙江的运河地区，有一种主要供纤夫拉纤用的桥，叫纤道桥。这是一种与河流大体平行的岸上桥梁，有的可以长达五六公里，一眼看不到头。绍兴阮社有一座纤道桥称为“百孔官塘”，长三百八十多米，桥墩用条石垒砌，高1.5米，桥底则接近水面，桥面用三行条石拼成，与河岸走向一致，这种桥给挽船的纤夫提供了方便。另外，南方还有一种水闸桥，即在柱、墩间设置水闸以利于两岸农田灌溉的桥梁。这种桥的桥墩两侧设有深槽，必要时则在槽中插上木板，挡住河水，使水不能流过桥下而分流两侧涵洞中，引以灌田，在湖北武昌、浙江钱塘、绍兴、义乌等地都有这种水闸桥。

桥梁是和人类生产、生活密切相关的，一般都建筑在交通要道上，它的发展和人类的文明史有着不可分割的联系。中国的桥梁建筑历史悠久，首创甚多，在世界桥梁史上占有极其重要的地位。从西安半坡新石器时代遗址的壕沟上架起的木桥，到今天武汉、南京上建造的长江大桥，无不聚积着人民无穷无尽的智慧和不怕困难的进取精神。

## 第三节 古代的交通工具

古代的陆路交通工具，主要是供行路人骑乘和驮载货物的各种牲畜和车辆，也有后来出现的近距离内使用的轿子和肩舆等。在中国的北方，用于骑乘和驮载的牲畜有马、骆驼和驴、骡、牛，在一定历史时期和局部地区内还利用过象、驯鹿、牦牛和狗；在南方则主要用马、牛和驴、骡，局部地区用大象。

### 一、牲畜

#### （一）马

马是从国外传入中国的。马匹进入中国的年代和传播路线，至今仍是未解之谜。根据文献记载和考古发掘资料证明，黄河流域在商代已经普遍有马的遗迹存在了，许多商代的墓葬中和陪葬的车马坑内，都发现了马的骨骸。不过，商代中期以前马匹极为罕见，较多出现驾车的马是在商代晚期和西周时期，汉代以后马车已在全国各地普遍存在了。

商周时期，马匹一般是用来驾驶车辆的，很少用于骑乘。西周晚期，由于受到北方少数民族的影响，在战争和驿传中乘马者渐多，马匹也因而成为物资交换中的畜产，成为君主奖励军功的赏赐。例如周宣王为了奖励虢国的子白征伐猃狁立下的战功，在周庙的宣榭里举行隆重的献禽、饮至之礼，并当场赠给子白以马匹和弓矢。子白为此做了一个青铜器铭文纪念，这就是著名的"虢季子白盘"。洛阳西工区在 1969 年发掘清理了一批战国初期墓葬，其中有座墓随葬一匹铜马，昂首静立，无鞍及鞦具，尾巴打结，造型厚重，同时出土了铜马衔和铅制的辔饰，这时的马已较多用于骑乘了。

到汉代时，良马已成为财产和权力的象征。汉武帝十分喜欢西域大宛的汗血马，求马之使者相望于道。一年中出使西方诸国的使者多时十几次，少时五、六次，每批至少有百余人的队伍出行，路程远的需要八九年才能返回长安，马匹成为使者和商旅必不可少的坐骑和驮载工具。（图 23—11）在黄河流域各地发掘的汉代贵族墓葬中，常见画像砖或画像石，刻画着马车、骑马人、牵马人等。山东沂南、河南南阳等地的画像石墓，普遍有车骑出行图，就是中小地主也不例外。陕北绥德发掘的汉和帝永元十二年（100）地方豪强王得元墓，墓室右壁刻画的出行图有轺车一辆、帏车一辆，车前导从二人；相邻的米脂豪绅牛文明墓，葬于汉安帝永初元年（107），墓中出行图上有轺车二辆、帷车一辆，车前各一骑，尾随一骑。可见当时达官贵人、地主豪绅出行时，不仅自己乘车骑马，而且随从和仆

图 23–11 甘肃嘉峪关汉墓出土的骑马驿使壁画

役也可乘马护卫。公侯将相的大墓，则多有铜马、木马或陶马的模型随葬。1990年在四川省绵阳市何家山二号汉墓出土的东汉铜马，高135厘米，马体中空，体壁极薄，由头、颈、腰、臀、尾、四肢等九个部分组成，以子母口拼接后用铆钉固定工艺十分精湛。铜马昂首扬尾，造型准确，威武生动，旁边还有一个高67厘米的牵马铜人。1969年发掘的甘肃武威雷台汉墓，出土了一百多件铜车马武士仪仗，其中有马车、骑马武士和牵马人，这座墓中的“马踏飞燕”铜雕塑像，成为今天中国旅游界的标识。远在西南地区的云南大理市，1990年在下关城北清理了一座东汉熹平年间（172—178）的贵族墓葬，出土了30多件陶瓷器和20多件铜器，其中一件陶马身长96厘米，高97厘米，体态浑圆，背有坐鞍，马头前伸，双耳直竖。马鬃修剪的十分整齐，整体造型逼真，是一件难得的坐骑陶塑艺术品。由此可知，以马为坐骑在各地已很普遍了。

唐代以后，马匹在交通中的作用进一步加强了。政治稳定、军事强大的唐帝国，使北方地区的马匹源源不断地输入黄河流域和西南地区，唐朝政府官员骑马入朝成为定制，打马球也成为贵族的时尚活动，对此在文献中和唐代壁画墓里都可见到。

### （二）象

商代以前，黄河流域还有一些大象出没在山林中和湖沼旁，近代学者王国维、罗振玉、徐中舒等对此都做过详尽的考证。目前，学术界对“殷人服象”已无异议。在殷墟的出土遗物中，不但有象牙雕镂的礼器，而且发现了不少大象的牙齿，公元前12世纪的商王武丁之妻妇好的墓中，还出土了形象逼真的玉象。商代有些极大的卜骨就是以象骨为材料的。卜辞田猎有“获象”之语，甲骨文“为”字即是一人手牵象的样子，上述资料足以证明象是当时常见的动物。

据《吕氏春秋》等书记载，“商人服象，为虐于东夷，周公乃以师逐之，至于江南”。根据当时的车制判断，商人服象主要是说以大象为坐骑和用象驮负货物、拖曳货物，而不是用于驾车。周秦以后，大象在中原地区便很少见到了。到了汉唐时期，大象已成为南方向朝廷的贡物。不过，用大象来运载货物和骑乘，在中国西南地区至今仍是常见的现象。

### （三）骆驼

骆驼是北方沙漠地区交通运输的重要工具。大约在春秋时期，燕、赵诸国战胜北方的少数民族戎人之后，骆驼就越来越被人们所注意了。《史记·匈奴列传》说骆驼是北戎的“奇畜”，后来各国便相继把骆驼和良马相提并论了。

图 23-12 唐代胡人牵驼俑

使用骆驼运输是沙漠地区最常见、最得力的方式。自南北朝以后，人们对骆驼的认识逐步加深，知道有一种称为“明驼”的良种，可以日行数百里，时称“明驼千里足”。位于山西大同的公元5世纪北魏琅琊王司马金龙及其妻子姬辰的合葬墓中，出土了大批陶俑和动物模型，其中包括驮粮食的马匹和骆驼。墓中出土遗物显示出北方游牧经济的情况，说明马和骆驼是北方交通运输中不可缺少的工具。据《魏书 · 食货志》记载，北魏初期，河西草原上畜养的骆驼多达百万匹。隋唐时期，骆驼是中国华北、西北一带仅次于骡马的交通工具，尤其是在中原通往西域的丝绸之路上，西方商人的驼队络绎不绝，丁冬的驼铃声响彻村道和边镇集市上。(图 23—12) 唐代墓葬中出土了大量三彩骆驼俑，有的驮着货物，有的是胡人骑坐在驼背上快活地弹唱。

**(四) 驴**

驴，是中国古代十分重要的驮载牲畜和行路人的坐骑，数量巨大，分布极其广泛，从东北平原到西南高原，到处可以见到骑着毛驴赶路的老人和妇女，到处可以见到驮着货物的、拉着小车的驴。驴在中国的民间，作用比马、骆驼都大，十分受人欢迎。

由于负重的能力有差异，人们历来把马看得比驴重要得多，千里马和蹇驴成为对人的才干不同的比喻。事实上，春秋战国时期只有贵族才可以乘坐高大华丽的马车，骑马者多为军队将士、官府役使和年轻的公子王孙，平民百姓只能乘坐牛车和骑毛驴行路，在广大农村，驴的使用更为普遍，驴在陆路交通中的作用和意义是不可低估的。(图 23—13)

**(五) 其他畜类**

牛是人类较早驯养的一种家畜，在中国的许多新石器时代遗址中都曾发现

图 23–13 骑驴的西方传教士

牛的骨骸。用牛来驮运货物和骑乘，至迟在西周时期已有记录。商代的甲骨文多次发现以牛为祭牲的记载，是否已把牛当做交通工具尚不清楚；西周的青铜器铭文中常见把马和牛同时赏赐给功臣的记录，则可说明马与牛是都可以骑乘、驾车的。

陕西凤翔八旗屯的秦国墓葬中，曾出土陶制牛车模型二件。这二件牛车分别为一牡一牝驾车，两车的车轮形制大小相同。牛与车轮为泥质灰陶烧制，它们之间有车辕、轴、舆等部件的木质朽痕，且辕明显为两根。这是中国目前发现最早的双辕牛车模型，它与殷周以来的单辕车相比，无疑是一个很大的进步。

图 23–14 甘肃武威磨嘴子汉墓出土的彩绘木牛车

汉代以后，牛作为驾车和骑乘的工具，文献和考古发现已十分清楚，资料很多。《史记 · 货殖列传》里就有“牛车千辆”的记载。( 图 23—14)

牦牛，是西部高原地区特

有的牲畜，主要分布在西藏高原及青海、四川西部和云南西北部地区。牦牛因为能在高原雪山上长途驮运，被称为“高原之舟”，与“沙漠之舟”的骆驼相媲美。西藏地区的古代运输主要靠牦牛。

狗和驯鹿，是中国东北地区少数民族喜欢利用的工具，一般是在冬季用之拖曳冰雪上行进的爬犁。

爬犁，是北方民族在冬季使用的交通工具，因为是在冰雪上滑行，极少阻力，所以不需要用很大的牵引力就可以前进，狗的力量足以拖曳爬犁，驯鹿就更加绰绰有余了。

元、明时期，黑龙江下游一带的驿站有所谓“狗站”之设，计24处。这些狗站中饲养的狗不是像西晋时期文学家陆机所养的狗那样，以狗送信，而是用来驾爬犁送驿使，传达官方文件或书信的。用狗或驯鹿为交通工具的情况，至今仍存在于少数地区。

## 二、车辆

人类随着社会生产的发展，在交通运输工具方面不断有所发现，有所创造。利用驯养的动物做运载工具，是比较简单的方法，而机械工具的发明和车辆的制作，则成为人类交通运输中的一个重要里程碑。人们自从发明了车轮、车轴和车厢，就在动力和速度上不断改进车辆的部件和整体结构，从夏商王朝直至现代，各种车辆相继出现，对于车的改进和创造从来没有停止过。

中国古代学者普遍认为，车是在夏后氏时代由奚仲发明的。

《墨子·非儒篇》、《荀子·解蔽篇》、《吕氏春秋·审分览》等都说是奚仲造车。《左传》定公元年（前509）：“薛之皇祖奚仲，居薛，以为夏车正。”《山海经·海内经》：“奚仲生吉光，吉光是始以木为车。”后两本书的记载和《墨子》等书略有不同，但对夏代已经发明了车，以及车和奚仲有密切的关系，则古典文献的记载都是相同的。《后汉书·舆服志》对此做了总结：“上古圣人，见转蓬始知为轮。轮行可载，因物知生，复为之舆。舆轮相乘，流运罔极，任重至远，天下获其利。”这是指最初车辆出现的状况，可能还是以人力驱动的；“后世圣人观于天，视斗周旋，魁方杓曲，以携龙、角为帝车，于是乃曲其辀，乘牛驾马，登险赴难，周览八极。”这是指夏代根据星移斗转的现象，发明了有辕有轭的兽力车的情况，随着制造技术的进步和完善，“群工致巧”，车的种类也越来越多了。

夏代的车是什么样子，目前还没有考古发现可资证明。商代的车辆则有大量发现。

车字在甲骨文中已有很多记述，从字形观察，当时的车制是大体相同的。

中国各地的商代遗址中，常有在贵族墓地内杀殉马匹和用车马陪葬的现象。河南安阳殷墟的西部，白家坟、梅园庄、北辛庄和孝民屯之间的农田上发掘出九百多座殷商墓葬和五座同时的车马坑。这五座车马坑虽然都被盗扰和破坏，但完全可以从残存的遗迹汇集出当时的车制。

殷代的车，一般为双马单辕式，木轮高大，轮牙着地和承辐处齐平，每轮有圆形辐条 18 根，分别插入车毂和牙上的凹窝中。车轴长 3 米，轴两端稍细插入毂内，两头各套有一个铜軎，軎上有一个长方形穿孔着木辖，辖顶端套着一个兽形铜帽。圆形的车辕长近 3 米，用辖置于轴上，相交成十字形。车厢（舆）为长方形，厢后有供上下用的缺口。（图 23—15）驾车的马，身上遍布装饰着铜泡的革带。

西周的车子，其形制基本上与商代相似，只是根据用途不同而种类有所增加。战斗中将士乘坐戎车，王侯将相出行时乘坐装饰华丽的路车，平民百姓只能乘坐牛车。

《诗 · 小雅 · 采芑》："方叔莅止，其车三千。"这是指当时王室拥有的戎车之

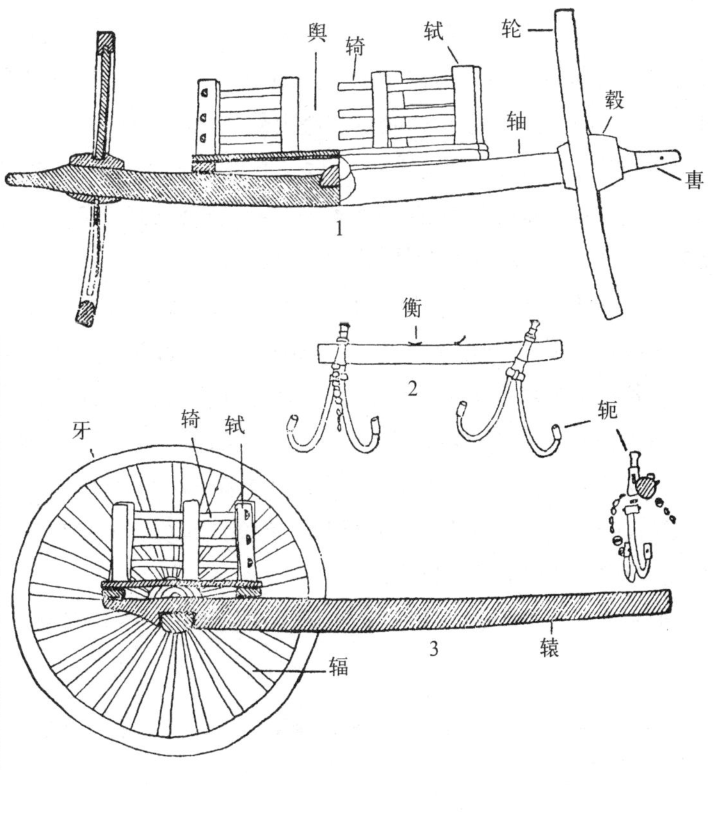


图 23–15 商代车的结构

盛；又云："路车有奭，簟笰鱼服，钩膺鞗革"，"方叔率止，约軧错衡，八鸾玱玱。"《小雅·出车》："我出我车，于彼郊矣：设此旐矣，建彼旄矣。"这都是形容路车之类。

西周时期的车马，在黄河两岸的数十个遗址中大都有所发现，出土的实物表明，上述文献的记载是十分真实的。

1974年在陕西渭南县的南堡发现的西周初期车马坑中，有车马器35件，其中一件长筒形车軎上有四个牛头图案环绕一周，同类铜车马具还有虎头形车辖和当卢、马镳、銮铃、铜泡等等。1976年底在河南省新郑县唐户村发掘出一批西周和春秋时期的墓葬、车马坑内埋葬着四匹马，骨架保存尚好，两匹马的头向着北方，另两匹马头向着南方，土坑内中部较有规矩地分布着軎、辖、軧组成的车子零件，共有四组，每组相距一米左右。根据车子的朽木痕迹判断，坑内的车当为两乘，这种车为二马所驾。1976年山东蓬莱县村里集也发掘了一批西周墓葬，出土的遗物中有两种车軎，一种是平首直筒形；另一种是軎身成十二面形的，素面。前者刻画兽面纹饰线，两个辖首都是兽头形。

最著名的是陕西长安县沣河西岸的张家坡西周墓地，发现了大量车马坑，已发掘清理的十多座中一般每座埋一车二马，也有二车六马的。最多的坑中埋四辆车，有的车马坑内还葬着一名驭夫。在河南浚县的辛村发现了西周时期卫国贵族的墓地，发掘的14座车马坑中有一座最大的长10米，宽9米多，埋车12辆、马72匹。西周时期燕国墓地在北京市房山县琉璃河发现了，墓葬旁边的车马坑中埋放车马的数量与墓主人生前的社会地位有直接关系，车马坑中少的用二马一车或四马一车陪葬，多的有14匹马5辆车。燕国贵族的墓葬在北京昌平白浮村也有类似发现。总之，西周的车制是与文献记载一致的。

春秋战国之际，交通工具开始发生较为明显的变化，主要是作战用的戎车数量减少，骑兵的数量增加了，牛车在民间更为普及。1994年秋，考古工作者在河南省郑韩故城附近的周庄战国墓地发掘了一些车马坑，有一辆车两匹马和两辆车四匹马的两种随葬坑，这种现象在山东地区的滕州、淄博等遗址中也普遍存在，[1]说明当时的车制和埋葬制度都已经比春秋时期更俭约了。

汉代的车辆已经很多，仅宫廷用车和文武官员的公私车辆就有20多种，并依照等级形成了严格的用车制度。

天子乘坐的车叫做"路"，后世因辕前横木曰"辂"而改"路"为辂。据《周

〔1〕蔡全法等《新郑西关游乐场东周及汉唐墓葬与战国车马坑》,《中国考古学年鉴》1995年，第172、152、153页。文物出版社，1997。

礼》王有五路：玉路、金路、象路、革路、木路。其中玉路为第一，非王者不得乘坐，这种制度一直延续到唐宋以后。

皇太子、皇子及武将文官都可坐安车，但从装饰上必须有所区分，皇太子的安车是朱轮、青盖、金花篷、黑色纹饰、各种饰件都要异常精美，多鎏金器，习称“青盖车”。皇孙的安车则是绿色的装饰，习称“绿车”。公侯、列侯乘坐的安车，是“朱班轮、倚鹿轿、伏熊轼、皂绘盖、黑轓”。

太皇太后、皇太后法驾出行，皆乘“金根车”，车篷四周加青色帷裳；如果不是法驾，乘的是紫色车篷的“辀车”，有衣蔽相遮掩，车身各处亦加华丽的装饰，每车驾三匹马。长公主的辀车是红色车篷；公主、皇妃和封君则乘坐油画辀车，仅用一马驾辕。

皇帝亲耕时乘的车叫“耕车”，形制与装饰同金辂一样，也有人称为“芝车”。车上三盖，帝王居左，驭手在中，农具放在右边。

皇帝外出校猎乘坐的车叫“猎车”，形制亦同金辂，“重辋缦轮。缪龙绕之”，因为常猎获凶猛的野猪，习称“阘猪车”南北朝时期改为“阘虎车”。

戎车则是天子和军中将帅在战争中乘坐的。汉代的戎车仍如周秦一样，是一种轻便车。无篷无盖，建矛戟，幢麾于其上，驾两马，这种车在文献中和考古发掘中常可见到。

根据汉代的乘车制度，士大夫食俸二千石者，乘车皆皂盖，朱两轓；一千石至六百石者朱左轓。汉景帝中元五年（前 145）改制：三百石以上皆可皂布盖，千石以上更以皂绘覆盖，二百石以下白布盖。并明确规定：“贾人不得乘马车。”可见对商人地位的鄙视。

当时还规定，王公、列侯、中二千石和二千石等官员的夫人，每逢朝会或参加皇后“亲蚕”仪式时，可以乘坐她们丈夫的安车。但平时出门不准乘坐，只能乘“漆布辎辀车”。

皇帝出行，礼仪极其盛大隆重。上路后，公卿在前面奉引，太仆亲自驾驭乘车，大将军参乘担任警卫，他的车后要紧紧跟随 81 辆官车，分三列齐头并进，每列 27 辆，并有其他装载和驮运货物的千乘万骑随从。

这种出行礼仪大体上是由秦始皇制定的。周代的诸侯出行，是二车九乘。秦灭六国后，合并其车服，所以大驾出行改为 81 乘。

汉代使节乘坐的车有三种，称为大使车、小使车和近小使车。朝廷派遣重要使节出行，御者必须立乘，车驾四马，施赤色帷幔，前面有一个车队导从：贼曹车、斧车、督车和功曹车各两辆。如果是一般的使臣，无节，导从之车减半。一般的使者则乘坐小使车，御者不立乘，车子也不那么华美，导从车中没有斧车。

近小使车，是专门为追捕、考察和奉命取物的官吏乘坐的，阑舆赤轂，白盖赤帷，仅有骑兵 40 人跟随。

汉代官吏的用车制度，对在地方郡县的公卿以下官员，直至县令、亭长，都做了详细的规定。(图 23—16)

应当指出的是，虽然古代的用车制度是相当严格的，但有法不依、执法不严的现象也普遍存在。即使在皇帝的眼底下，亦常有王公贵戚“美车服不轨法度者”。所以，文献记载不能作为考查用车制度的唯一准绳。

下面根据考古发现，简单叙述一下汉代几种常见的车。

在古典文献中最常见到的是安车，车舆为长方形，舆前有挡板，饰一铜兽首。前横轼装饰着两个铜铺首衔环。舆两侧有倚屏。华盖的面为黑色，沿边装饰着彩带，呈椭圆形。车辕有轪箭。驾车的马均佩带辔饰和马衔。这种安车的器具零件常见错金银镶嵌玛瑙及绿松石的工艺品，十分精美华贵，属皇太子、皇子和文武高级官员用车，即“青盖车”。

地方官员的軨猎车，长方形车舆，有华盖，车上两侧各置铜弩机一架及箭囊一个。车亦由四马牵引，车舆彩绘，饰件多为鎏金铜器，马饰亦多为错金银镶嵌玛瑙及绿松石的饰件。

凤凰车，车舆为长方形，左右两侧有倚屏，屏上有彩绘图案，舆后两边还有

图 23−16 东汉君车画像石拓本

图 23–17 甘肃武威雷台出土东汉铜轺车

彩绘小屏及铜箭。舆的四角为四松篷架，篷盖上绘有流云形、几何形和凤凰图案。这种车也是四马牵引，是高级官员的另一种车，也许即贵夫人的軿车。

贵族出行最常乘坐的车是轻便的轺车，四面敞露，由一匹或两匹马驾驶，也可以驾牛。（图 23—17）许多地区的汉代墓葬都发现了这种轺车的模型，1977 年甘肃武威祁连山下杂木河畔发现的第 48 号墓中出土了一件较大的木质彩绘轺车的资料。车舆为横长方形，前轼及两犄刻出方格形栏杆（车铃），轼的右部还有覆瓦状伏栏，上施红彩。两骑的上沿镶嵌着矩形铜饰件。舆内右侧的底部有略高起的坐垫，亦施红彩。车骑内侧用红、白二色绘画出羽毛状彩饰。舆下垫伏兔二枚。架轴上和轴头套着铜軎。轮毂为壶形，辋六块，竹辐十六根。辕后端连着舆底，前端上翘如蛇首状。舆前横置编结的竹槽。伞盖柄为两节式，中有铜箍连接，柄端有十六根弯曲的竹弓插接支撑的伞盖，盖顶为圆形皂绘。御奴跪坐，作双手持缰绳状。马昂首睨视，头部有铜当庐，带着装饰兽面纹饰的衔镳。马颈上套轭，轭皆铜饰。车衔的两端也有铜饰件。因为轺车是一种很流行、较普及的车，不仅城市中随处可见，而且乡村也到处都有。汉代有的县城小吏督邮，就驾着牛拉的轺车来往村镇间执行公务。

汉代的马车实物，在北京大葆台、河北满城和定县、山东曲阜和长清、河南永城等地的王侯墓葬中都有发现。山东临淄的西汉齐王墓，仅在陪葬坑中就清理出大木车 3 辆，小木车 1 辆，马 13 匹和一万多件随葬器物。山东长清双乳山一号汉墓出土的双辕轺车，对研究汉代的马车形制、用车制度和陆路交通都是珍贵的资料。类似的车在北方一些贵族墓葬的壁画中也有描绘。

除了上述王公贵戚乘坐的车辆，在文献和考古发掘中还有一些不常见的车，如山东曲阜九龙山西汉墓中发现的小马车，车舆倚屏，屏内有四根树立的木条，屏顶饰有弓形铜饰，全车各部分几乎都用漆绘彩饰，由四匹小马牵引，马身都装饰着镶嵌玛瑙或金片的饰件，这种车可能是贵族妇女乘坐的一种车。还有一种贵族妇女乘坐的一种牛车，亦称“七香车”。梁简文帝《乌栖曲》云“青牛丹毂七香车”及唐代王维《洛阳女儿行》里“罗帏送上七香车”，均指这种车。卢照邻还在《长安古意》中详细描述了七香车的华美。

另外，汉代还有两种不常见的车，一种是丧葬用的辒辌车，是安车的一种。这种车的使用是由秦始皇之丧开始的，因他死于东巡归来的途中，正逢炎热的夏季，用李斯之计秘不发丧，为防尸臭外溢，以冰块围护棺外，并同时载鱼而归，以腐鱼的气味欺骗舆论。此后，辒辌车专用为丧车，《汉书·霍光传》记载，“载光尸柩以辒辌车。”颜师古注曰：“辒辌本安车也，可以卧息。后因载丧，饰以柳翣，故遂为丧车耳。”古代的车上都要建旗，分为正竖与斜插两种，安车上面的旗帜是斜插的。据《释名·释丧制》，舆棺之车又叫輀。其盖曰柳，亦曰鳖甲，因其形似鳖甲，故称。另一种是槛车，多用押解囚犯或装载家畜。汉代将重要囚犯押解上路，要囚之以槛车。即用粗木制成的槛式车舆，驾之以牛，有兵士押送。西汉时，淮南王刘长谋叛，文帝尽诛参与谋叛者，在众大臣的倡议下，将刘长流放到蜀郡的严道县。因刘长身体壮，“力能扛鼎”，在押送时装在槛车中。沿途郡县都害怕有什么失误，所到之传舍皆不敢开启槛车的封条。这个骄横一世的淮南王不甘如此受辱，绝食而死。文帝为开脱自己“杀兄”之责，竟下令将诸县传舍不发封者一律斩首。汉安帝永初四年（110），中郎将任尚坐赃千万，也由这种槛车押解，斩首于市。从汉代直到清代，押解囚犯一般都用槛车。

民间常见的交通车辆，除了使用畜力的马车、牛车、驴车外，还有更为普遍的独轮车。西汉末年，独轮车开始出现，其中齐鲁地区和巴蜀一带比较流行。在四川成都汉墓的画像砖上，四川渠县燕家村和蒲家湾的汉代石阙上，以及山东嘉祥汉代武梁祠的画像石上，都出现了独轮车的形象。这种车的特点是结构简单，两个把手前方架设一个轮子，把手之间则以二、三横木连接，形成一个框架，其上或坐人或置物。轮子两侧有立架护轮，一般只需要一人推动。如果载物较重，则可以有另一人在车的前面用绳子拖曳，行车灵活轻便，也很适宜在狭窄的路上行走。运输量比一般的人力、畜力大许多倍。两汉魏晋时期，独轮车已经是北方地区广泛使用的车子了，一般多用于一定距离和范围之内的货物运输。甘肃酒泉、嘉峪关地区 1977 年发掘了八座晋代墓葬，出土文物反映了河西走廊在魏晋南北朝时期的贵族生活和交通运输情况。在酒泉县的丁家闸村一座十六国时的大型壁画中，绘制了墓主人日常生活中乘坐的驾牛通幰车和軿车。画中有一支运输车队，由四个车夫推着四辆独轮车组成，正在行进中。在唐宋辽金的墓中壁画上，也曾见到有独轮车的描绘。

汉魏以后，民间的运输车辆主要依靠牛车和马车，其中马车以客运为主，牛车分为载人和载货的两种。马车的形制与装饰，往往表明车主人的地位。载人的牛车，主要是妇女与儿童、老人乘坐。1996 年 12 月，考古工作者在南京市雨花台区花神庙清理了两座南朝墓葬，出土了一件陶制牛车模型。陶牛驾在辕上，昂首瞪目，双耳竖起，两角弯曲，身体壮硕，扁尾下垂。车厢左右两壁近顶部各有一小圆孔，可能是挂帘幕用的。车厢外底部四角各有一插座，内有圆形插孔，可能用来插旗幡类装饰物。尤其令人瞩目的是牵牛车的男仆俑，头戴平帻，身穿袴褶，褶为窄袖鸡心领，内露红色中衣，下摆分叉。袴大口，呈喇叭状，较宽松，及地不露脚。双手作牵绳状。男俑的服装为当时的“胡服”，原在北方的游牧民族流行，魏晋以后才在黄河流域传开，南朝亦受其影响，成为一种“无论贵贱通服之”的常服与便服。南京出土的陶牛车和牵牛俑，说明南北朝时期各民族之间的文化交流是很广泛的，交通的发达是文化交流的重要条件。

文献记载，唐宋时期黄河流域民间使用牛车已极其普遍。农忙时节，牛可耕田；农闲时节，牛可挽车进行短途运输。诗圣杜甫在《卖炭翁》中曾描写了一个赶着牛车卖炭的老人被宦官欺凌的悲惨故事。到了宋代，牛车已经广布长城内外、大河上下了。考古发现的唐代牛车模型已经很多，一般是贵族墓葬中的随葬品，有木制和陶制的。1988 年河南郑州市上街唐墓出土的陶牛车，车厢呈方形，上有卷棚式顶盖，两端上翘。车厢前侧刻出木栅门，后侧刻出双门，中有门柱，右侧一门关闭，左侧一门洞开。车棚下及车厢两端的上部涂白粉，绘红彩，车棚顶部饰有 7 道凸棱。车体各部分比例协调，前有一头陶牛，膘肥体壮，两角上翘，神态生动。同样的陶车，在河南偃师杏园村发掘的唐墓中也发现了。比起南京出土的南朝牛车，有了明显的进步。

在辽宁、吉林发掘的辽代壁画墓中，出行图常绘有驼车，法库叶茂台辽末宰相萧义墓中的出行图，驼车、武士、仆役都刻画得栩栩如生。使用牛车这种状况直到今天在北方农村仍旧存在，而驼车则早已不见踪迹了。

明清以后的商品经济发展较迅速，交通运输业也得到了空前的发展。除了上述各种车辆外，在民间还有许多其他形制的车子，如牛车就出现了一些不同的种类，独轮车的形式也并非一致，这里就不详细介绍了。

## 三、肩舆、步辇与轿

随着交通事业的发展，秦汉以后的交通工具也有新的发展和改进，至迟在南北朝时期已经出现了利用人力的乘坐工具——肩舆。宋代把新式家具交椅和肩舆结合起来用于出门旅行，出现了比以前更舒适轻便的肩舆。

肩舆，是一种二人或四人扛抬的乘坐工具，既可以在通衢大道上行进，也可以在崎岖不平的山路上行走，是帝王在宫院中往来、官员公余出门会客和贵族、乡绅田园生活中必备的代步工具，文献和历代文学作品中屡有记述。1965 年，考古工作者在山西大同郊区发掘了北魏大臣司马金龙的夫妻合葬墓，出土随葬品极其丰富，其中墓室内放置的一张漆屏风上，绘画着精美的历史故事，有一幅汉成帝在后庭行游图，图中的汉成帝就乘坐着四个人扛抬的肩舆，美丽多才的班婕妤随行其后，这幅画似可作为汉代已经出现肩舆的一个证明。（图 23—18）但在魏晋隋唐时期，肩舆还只是少数达官贵人的代步工具。

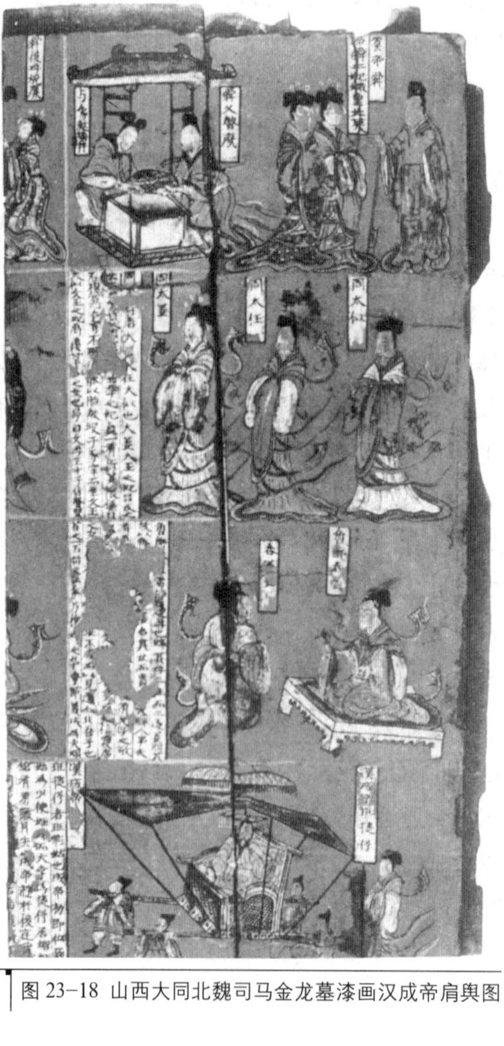
图 23-18 山西大同北魏司马金龙墓漆画汉成帝肩舆图

宋代的官员乘坐肩舆已经十分普遍。邵博的《邵氏闻见后录》载："张君猷为湖南漕。过南岳，自肩舆中见路左一道观甚丽，榜曰'朱陵宫'，遥望其中，有一羽衣立殿上。君猷意欲下，而从骑半已过。"1978 年，在江苏省溧阳县竹箦乡发现了北宋哲宗元祐六年（1091）的夫妻合葬墓，有随葬的肩舆模型。墓主李彬，金陵溧阳人，其曾祖、祖父和父亲均"累世不仕"，李彬本人也从未做过官，但由于世代经营，到李彬时已成为"赀积巨万"的地方富豪，平日以交接社会上层人士为乐，每出门便乘肩舆，形象地再现了当年的情况。

李彬墓中的肩舆模型，即为一只大椅，形制完全同室内所陈设，只是两旁各安置一根竹杠，不施杠帷。舆夫二人，皆短衣小帽，装束整齐，可能是在其家中长期固定做这种劳役的仆人。二人在肩舆的前后作抬舆的姿态。舆的两根抬杠的间距，略宽于人之双肩，舆夫在行走时是将一根杠子担在肩上，另一根则用手承托举起。这样可使手与肩相互轮换休息。这种肩舆十分便于在数里、数十里范围内出行，而不宜远行。现在，到一些高峻的名山大岭游览，犹可见到类似的肩舆，由舆夫帮助体弱的老人和妇女儿童登山爬坡。例如四川各地至今仍有肩舆，当地俗称“滑竿”。

步辇亦即一种肩舆，不过其舆可以卸下而形成供人躺卧的担架，也可以用来运送货物。

肩舆和步辇，北方用木制，南方则多用竹制。南宋时，江南盛行一种小竹舆，十分轻便，在文献中多见记载。

由于肩舆是用人力代替车马而行走的，所以有些讲究礼仪的士大夫不愿意乘坐，北宋王安石辞去宰相之位后，居于钟山，出门唯乘驴。有人劝他说：还是乘肩舆舒服些，王安石变色道：“自古以来，王公即使不讲道德的人，也未尝敢以人代畜！”一时传为佳话。[1]

不过，在多山的地区和交通落后的地方，肩舆的作用是很大的。苏轼远贬海南，出门就不得不常以肩舆为伴，曾作《行琼儋间肩舆坐睡梦中得句》一诗，写海南岛的山风海雨，十分精彩传神。

轿子是由肩舆发展演变成的，在宋代出现，南宋后比较流行。轿子是把肩舆和步辇上的乘椅改制成厢式，坐轿的官员仕女从轿后所开之门掀帘而入，下轿时从前面挑帘而出，轿厢之左右各有遮挡着帘布的小窗口。在现代，轿子已不是常见的交通工具了，而且渐失去交通工具的意义，由于它过去是有钱有势的人才能乘坐的，有表现高贵的色彩，遂成为新嫁娘结婚时去夫家的一种吉祥喜庆象征的代步工具。

北宋时，一般官宦人家的妇女出行，可乘坐四人抬的小轿或八人抬的大轿，视其门第而定，尚有一定法规所限，南宋后，八人轿似乎更多用于高官。陈世崇著《随隐漫录》，曾写到南宋都城临安的贵妇人乘坐八人抬的大轿在街市中穿行的情况。考古发掘中多次发现宋代以后的贵族墓壁画、石刻中有轿子的图案，如四

〔1〕邵伯温《邵氏闻见录》卷十一，中华书局，1983。

川彭山发现的南宋虞公著夫人出行图，就是轿夫备好大轿整装待发的情景。

1995年初，浙江温州市陈村清理了一座明代墓葬，墓主人是太学生项思尧和夫人王氏。项思尧生于嘉靖元年（1522），卒于隆庆二年（1568），生前未得一官半职，因其先辈世为高官，家室富贵，所以墓中仍有较多随葬品。其中有陶制轿子一件，由轿身、轿盖、轿杠三部分组成，通高16.4厘米。轿身呈立式长方形，四个立柱，柱身有平台，柱端用横梁连接，前后柱中间各有一横梁，同时其外侧有外凸的半圆形坐垫，平台上有长方形脚垫。轿盖为四角攒尖顶，四角弯曲上翘，盖面弧平。轿杠为长条形，中间方，两端圆，长27.4厘米。同时出土的还有四个轿夫俑，均呈站立状，头戴圆形平顶帽，双脚分立，身穿圆领对襟宽袖襦袍，腰系束带。其中两个右手弯曲叉腰，左臂曲肘，拇指伸直而食指内弯呈握轿杠状；另外二人的手势正与他们相反。这件陶轿的发现，对复原明代的轿子有重要意义。

中国古代的轿子，在西方未曾发现，但是肩舆、步辇在古埃及的油画上曾经见到，据记载，波斯人也曾使用肩舆。在古代罗马，只有皇后和元老院议员的夫人才能乘坐肩舆，后来就完全变成运输伤员的担架了。

## 第四节 水上交通

### 一、古代的造船工业

自古以来，中国大地上江河东西奔流，湖泊星罗棋布，为捕捞、灌溉和交通运输提供了极大的方便，也是经济发展的重要资源。中国古代的水上交通是比较发达的，内河航运和航海技术都曾走在世界的前列。

中国古代社会的交通，北方习惯于车马，南方则盛行舟楫。造船工业在长江流域率先发展，是地理环境所决定的。

距今六七千年前的浙江余姚河姆渡遗址中发掘出的大批黑色陶器和磨制石器、骨耜及工艺品，显示了氏族成员开拓杭嘉湖平原的不朽业绩。遗址中出土的一柄木桨，柄叶连体，保存很好，是当时已有舟楫之便的可靠证据，也是长江下游一带造船业的最早产物。

在靠近大陆的沿海岛屿上，近年来在不断发现的新石器时代遗址中，虽然尚未发现当时人类渡海的船只等，但岛上的遗迹和遗物亦足证远古先民从大陆乘舟浮海的事实。河姆渡的船桨肯定不是孤立和偶然的现象。新石器时代在黄河流域造船工业也出现了。宝鸡北首岭遗址出土的仰韶文化船形彩陶壶，既表现出高超的制陶水平，也表现出造船工业已颇具规模了。

到商周期时代，造船工业愈益发达。在甲骨文和金文中，关于船的记载很多，舟字就是刻画一条船的象形字。从甲骨文的舟字可以看出，商代的舟已经注意到船舱内的不同结构，而且船只已经有多种形式了。

春秋战国时期，文献中关于舟船的记载更多。特别是长江流域，各民族之间的往来，诸侯间的征战，不绝于书。楚威王、顷襄王时期，派将军庄跻率领水军循长江而上，攻占了四川和贵州以西的地方，兵锋直抵滇池一带，后来楚败于秦，秦修筑五尺道从汉中通巴蜀，有效地控制了西南地区。长江下游缺乏建造大船的木材，战国秦汉各时代多取湖北江陵的木材造船。《史记》说，江陵大木所造的船只“一船之载当中国数十辆车”。

地处长江中下游的楚、吴、越和黄河下游的齐国，不断互相攻掠。在大规模的战役中，舟师经常遍布江河，甚至绕取海路。由于南方河湖较多，战斗时而在陆地，时而在水上穿插进行，所以陆路行军大多和水军配合前进。那时，水上交通工具除了一般的船只外，还有称作“方”的方形船，后称为舫。还有一种称作“刀”的小艇。《诗 · 谷风》有“就其深矣，方之舟之”；《诗 · 河广》有“谁谓河广，曾不容刀”等句，说的即是方、刀在河上航行。也有普通的扁舟，越王句践雪耻吴王夫差之仇后，越国谋臣范蠡便退隐世间，“乃乘扁舟，浮于江湖”。还有用竹、木编成的各种筏子，称为桴。

战国时期，张仪游说于楚，说道：“秦西有巴蜀大船，积粟起于汶山，浮江而下，至楚三千余里，舫船载卒，一舫可载五十人及三个月的粮食。顺流而下，一日可行三百余里，里数虽然这样多，却不费牛马之力，不至十日而抵扞关。”从这段话中，可了解到那时江上航行的速度和负载的重量，已十分可观。

1935 年在河南汲县山彪镇一号墓里获得的水陆攻战纹铜鉴和 1965 年四川成都百花潭中学战国墓中出土的带有水战图像的铜壶，刻画出的战船十分具体而生动，是战国早期造船工业的写照。山彪镇铜鉴画面完整清晰，左右相对驶来的两艘战船形制相同，都是船身修长，首尾翘起，分作上下两层。战士在上面，击棹的水手在下面。这种战船没有风帆，完全靠人力划桨作为动力，也没有尾舵。伍子胥曾向吴王阖闾讲述，仅战船就有大翼、小翼、突、楼缸、桥缸等多种。《越绝书》记载，大型战船“大翼”，可乘坐 90 人左右。其中约三分之二的人是驾驶船只的，仅击棹一项就需要 50 人，其余是战斗人员。《墨子 · 备水》讲到较小的战船，所乘30人，大概既要击棹行船，又要进行战斗。

统一后的秦王朝为了加强对长江流域的控制，大力发展造船工业和训练水军，同时扩大漕运。在《淮南子》、《史记》和《汉书》中，都有秦军在统一岭南的战役中大量使用船只、调动舟师的记载。当时的水军已经拥有克敌制胜的楼船，又用军队开凿了灵渠以解决粮草的运输问题。

目前世界上发现最早的独木舟是在大西洋东岸、西欧北部的荷兰境内，碳14鉴定为公元前6250年左右。但在中国西南地区，古代的独木舟遗存却构成了独特的文化现象。考古调查和发掘表明，在四川的广元、巴县、奉节、新都、蒲江、成都、绵竹、双流、郫县、巫溪、大邑、宝兴、广汉、绵阳、彭县等地，都发现大量汉代以前巴族和蜀族的独木舟制作的“船棺”，其规模和形式都是世界罕见的。1975年，在云南楚雄万家坝发掘了一大批距今约2500年滇王国的墓葬，许多葬具是用圆木制成的有盖船形棺和无盖独木船形棺。汉代以后，随着汉文化的传播与影响，四川巴蜀民族的独木舟文化日趋消失，但在云南、贵州、广西地区一些少数民族中历代延续至今。现代云南省泸沽湖纳西族摩梭人制作的独木舟，有几种不同的形式，基本上反映了独木舟向复合式木船发展的轨迹。另外，四川地区地形复杂，出门旅行常需水陆兼程，车马和舟楫都是不可或缺的，独木舟与竹、木制筏与排是民间主要交通工具。

汉代的造船工业比秦代以前有明显发展，不仅楼船大批出现，而且在船上普遍安装了甲板、桨、橹、帆、舵和锚等等，可以说基本上具备了现代船只的设备。汉代的划桨船既使用短小的楫（手持短桨），也使用了在舷上有固定支架的长桨，这样可以使船夫用全身的力气划动较大的桨。汉代还创造出了另一种效用更高的工具——橹。这种划船工具装在船的尾部，操橹人只要掌握橹片的角度，左右挥动，就可以推动船只前进，同时还能控制船的方向。

帆，最初在什么时代产生的尚无确证，但至少在汉代已经应用于内河航运了。《太平御览》卷七七一录《南州异物志》载，三国时航行在中国南海上的船只已“随舟大小或作四帆，前后沓载之。有卢头木，叶如牖，形长丈余，织以为帆。其四帆不正前向，皆使邪移，相聚以取风吹”。从这段话可以看出，那时的使帆技术已相当高明。船帆不仅可以转动以适应不同的风向，而且船夫可以随风力的大小增减帆数。

船在逆风行驶时要采用“之”字航线，航行中遇到障碍物也需改变航向，因此利用舵来准确地操纵航向，是船舶工业发展中的一件大事。东汉刘熙著《释名》一书中就有关于“舵”的记载和解说，称之为“柂”，是使船只的前进方向不发生偏差而用的，“柂”即在船尾拖曳的意思。广州市郊东汉墓中陶船的尾舵，证实了上述记载是可靠的。这只陶船还悬挂着锚，不仅有锚爪，而且有横杆，可使锚爪

图 23　19 广州东汉墓出土的陶船

迅速插入河底泥中。这种具有较大抓力的锚，已经脱离了锚的初期形态，很接近近代的船锚了。

汉代的船只种类很多，大体上可分为军用的战船和民用的客船、货船几类。(图 23—19）战船中出现了突击用的“先登”，船体狭长以利冲撞敌阵的艨艟。还有漆成红色行驶迅捷的“赤马”，上下两尾的舰和高大坚固的楼船等等。客船和货船常以载重量来区分。运载 300 斛的称为舸，较短小；再小的 200 斛轻舟则称为艇，小艇只能容一二个人乘坐。

楼船早在战国时期就已出现，汉代更有所发展。它已不仅用于水战中的指挥，而且也是达官贵人喜欢乘坐的一种大船，一般有三层楼舱。汉武帝的楼船高十余丈，公元前 113 年，他乘坐自己的楼船巡游汾河，与群臣在舟中宴饮，可见船体是十分高大宽敞的。

秦汉时期的造船工业当时已处于世界领先地位。四面环海的英国直到 13 世纪才制造出在船首和船尾建楼的船，并最早出现于欧洲。多桅帆船直到 15 世纪才在欧洲出现，而可以转动的纵帆在欧洲出现也是在公元 7 世纪以后。

广州的造船工业是江南的中心，不仅可以制造多种类型的运输船，还可以制造精美的游艇和客货两用船。1956 年在广州的西汉古墓中出土了一件木质船模型，长 80 厘米，宽 41 厘米，深 11 厘米，船底水平部分长 34 厘米，两端翘起。船的中部有两个舱，前舱方型，上面有方型盖板为顶，左边开一个方形舱门。后舱稍矮一些，长方形，篷盖为两坡式。船首舱内横架两块木板当坐凳，上坐四个木俑，各持一支短木桨。船尾舱内也有一个木俑坐在凳子上，所持木桨稍宽，看来是掌舵的。从这只木船的形制看，应是一只内河航运的小型客船或游艇。1955 年在广州的东汉墓中曾发现了一件陶制的船，制作十分精巧，长 56 厘米。船的尾部有望楼。船首处两舷各设有三个桨架，船上有六个陶俑。船尾有舵，船首还吊着一只锚。按比例估计这只船长二十米左右。是内河行驶的客货两用船。

湖北、湖南、江西、福建和江苏的造船工业也比较发达，除了官营的船场外，还有大量民间造船专业户制造小型船只、木筏和独木舟。在福建闽江口以北的连江县浦口乡山堂村，1973年发掘出一只西汉时期的独木舟，是用一棵巨大的樟树干制造的。树干削去约1/3的纵横面，存留着树皮，再挖凿成舟形，实测舟长7.1米，头部宽1.2米，尾部宽1.6米。出土时两侧舷已有残损，近尾部侧弦尚存0.83米高，中部靠近舟尾处凸起一块木座，可能是行舟时掌舵者的位置。近舟首两侧舷各有互相对称的凹槽，显然是放置横板用的。这只独木舟出土于鳌江附近，水上交通频繁，面对着台湾海峡中的马祖岛，古代民间造船业也很发达。

隋唐是中国古代经济发展的一个高峰，也是外交关系极为活跃的一个历史阶段。农业、畜牧业、纺织业、陶瓷业、金属冶炼和加工等生产均有大幅度的发展，文化教育、医疗卫生事业的成就也很突出。这一切使具有三千年文明的唐帝国在世界上享有很高的威望。尤其是到唐玄宗开元年间，中国的发展使域外各民族十分神往。在这种形势下，造船工业也有更大的发展。

史载隋炀帝乘着高大的龙船游幸江南时，“舳舻相接，千里不绝”，虽然是夸大之辞，但其船队的浩荡是可以想见的。炀帝伐高丽，亦称“舟舻千里，高帆电逝，巨舰飞云，横断沮江”，可见当时航运之规模。

唐代已经能造出中国最早的轮船了。有一个叫李皋的人，善于研究制船技术，曾运用巧思制造了一种战船。舷侧装置二轮，在船上用肢踏动机关，驱轮转动，乘风破浪，飞快的速度如同扯起了顺风帆。这种用简单的动力带动水轮的机械原理，使造船工业有了重大的革新，从而推动了宋代造船业的进一步发展。

1973年，江苏省如皋县蒲西乡的马港河畔，发现了一只唐代木船。木船从青灰色的淤泥中被发掘出来时，船首部分已有损坏，船尾残缺，一部分船舷和船底的木质腐朽，船舱盖板也多不存在，但船身、船底以及船舱隔板大部分完好。现存船身实长17.32米，船面最窄处1.3米，最宽处2.58米，舱深1.6米。整个船身用三段木料榫合而成，形状细长，头尾部稍狭窄，船底横断面呈圆弧形。船舷板厚4厘米至7厘米，船底板厚8厘米至12厘米，是一只内河航运的船。

从整个船的结构看，船身窄而长，隔舱多，容积大。船舱及底部均用铁钉钉成人字缝，其中填以石灰和桐油，严密坚固。舱面覆盖着木板和竹篷，单桅杆。这种船的速度较快，便于在江面上行驶。根据其长宽和泞度计算，这是一只载重约二十吨的运输货船。当时，中国沿、近海有四大船型：沙船、乌船、福船、广船。这只船属于沙船，底平，吃水浅，顺逆风均能行驶，盛产于江苏一带。

由于造船业的迅速发展，江南一带河湖港湾到处可见各种船只。重要的港口城市则帆樯如林。唐代宗广德元年（763）十二月，“鄂州大风，火发江中焚船三千艘，焚居人庐舍二千家”；大历十年（775）秋七月，“杭州大风，海水翻潮，溺州民五千家，船千艘”。类似记录很多，说明长江流域的船只数量是相当巨大的。除了各类船只，民间还生产数量更多的竹筏和木筏。唐僖宗广明元年（880）二月，黄巢军队“自桂阳编木为筏数千。其众乘暴水船沿湘而下，径自潭州，急攻其城，一日而陷”。紧接着黄巢又派遣尚让乘筏沿流而下，进逼江陵。这件事表明民间以竹木为筏省工省时，花费不多。筏在水上交通方面的功绩实不可没，直到现代仍为水上居民所喜爱。

宋代的造船工业分官营和私营两类。私营造船分布广泛但规模都很小，没有留下多少文献资料。官营造船业则比唐代更为发达，造船场的工匠包括“诸州杂犯配军”和长期佣工、兵士及民间临时调的工匠等等。在各地船场内都制造内河漕运船，沿海地区船场还制造大型海上运输船。北宋时期制造的漕运船只数量很多，到了南宋，由于战乱和南北交通阻断，漕运船产量下降，战船的数量和质量都有一定提高。北宋真宗末年，漕运船年产量将近三千艘，其中江西的造船业产量最多。到了北宋后期，浙江的漕运船产量跃居第一。南宋时，福建沿海的私营造船业发展十分迅速。

广东的造船工业在唐代以后持续发展，宋朝时仍负盛名。福建的造船工业在宋朝成为一个中心，泉州成为著名的港口城市，泉州制造的海船深受中外商旅的欢迎。泉州南门外后渚港附近的乌墨山沃、鸡母沃等地，曾出土船桅、船板、船索和船钉等物，证明这一带当时是修造船只、停泊海船的地方。1973年后渚港发现的一只保存完好的宋代海船，为人们提供了难得的证据。

后渚港位于泉州市东南十公里，这里水深港阔，水陆交通方便，经济腹地宽广，便于海船的停泊与起航，是泉州湾内的一个天然良港。这个港口宋代时属临江里，据记载是外商聚居的地点之一。发现的海船沉没在后渚西南海滩一带的一条小港道边缘，开始只发现部分船侧木板暴露，船体几乎深埋在海边淤泥中。海船发掘出土后，虽然甲板以上的结构已破坏，但甲板及以下的船体保存较好，特别是船身中部底板、舷侧板和水密舱壁、舱底座等都没有多大残损。整个海船存长24.2米，残宽9.15米，结构为尖底、尖头、方尾，船身扁阔，平面近似椭圆形，与如皋发现的唐代木船大不相同。舷侧为三重木板，船底为两重木板，一共有13个船舱。根据上述情况计算，载重量应当在200吨以上。

这艘海船的龙骨为两段松木接合制成，连接龙骨的艏柱是长4.5米的樟木。船板都是柳杉制成，保存较好，纤维的纹理清晰可见。船板上下左右的连接大都彩榫合的办法，缝隙则塞以麻丝、竹茹和桐油灰捣成的黏合物，并用铁钉加固。各舱的隔板和船底板的交界处都装置抱梁肋骨，用樟木制成。第一舱保存有头桅底座第六舱保存着中桅底座船舵是中国古代海船的传统结构。

1994 年，在浙江省宁波市象山县的涂茨镇以东后七埠村南海滩，发现了一条明代的海船。这条古船沉没在海泥堆积层中，其东南二百多米是一个良好的避风海湾，濒临的大目洋，潮水可以直冲沉船处。这一带过去曾发现过古代沉船，调查表明后七埠村周围原为海水覆盖，后因长年淤积，地表缓慢上升，海岸线外移，并与近海的塘西木岛连成一片，形成现在的海滩。这条明代海船为木帆船，出土时上部结构已损坏无存，船首也有残损，其他部分则基本完好。船形为尖首方尾，尾部出艄呈燕尾状，残长 23 米余，宽 5 米，船板用材均为杉木，质地坚硬。在板材接合缝内用艌料填塞，水密性非常好。这些艌料是以麻丝、桐油、石灰制成的混合物，船板之间还用铁钉钉联，凡有钉眼处均用油灰艌料封实。船体用 12 道隔板分隔成 13 个舱位，第一舱最长，为 2.3 米，第十二舱最短，仅 1.14 米。有两根“龙筋”穿过第 3 至第 12 号隔舱板，在右舷船板外侧还发现一段整根杉木制成的护舷木，这些都是为了加固和保护船体的构件。根据木帆船的各种结构数据测算，载重量约为 42 吨。船内出土遗物有瓷碗、碟、瓶、罐及木器和棕缆绳等。

除了官营和民间的造船业以外，长江流域和华南广大地区的水上交通还盛行竹筏、木筏和皮舟等工具。隋唐时期，大渡河流域的丹巴、懋功、靖化一带，当地少数民族常以皮舟渡水（《隋书·附国传》）。据《旧唐书·南蛮传》载：“其王所居名康延川，中有弱水南流，用牛皮为船以渡。”类似的记载在历代典籍中屡见不鲜。

综合上述，可以看到中国的造船工业历史悠久，成就很大，不但曾居世界的前列，而且有许多独创之处。例如，设置后舵、舱房互不渗水等等，为世界各民族的交通往来作出了贡献。宋代以前，各种类型的船只结构已经基本完备，此后没有更多明显的创新。明代我国的造船业和航海业都达到了空前的规模和水平，象山海船的造型和结构比宋元时期的中型海船更有其工艺上的先进性，与 1984 年山东蓬莱出土的元末明初海船大体一致。郑和下西洋的宝船，成为世界造船史上的杰出代表。但是，直到西方机械和动力技术设备的传入，才给中国造船工业以新的启迪和革新。所以，尽管从新石器时代到明清社会，造船工业一直在不断地发展，但是由于历代君主不重视工业技术革新，若从数千年的历史岁月来看，这种发展不能不说是缓慢的。

中国古代的造船工业成就很大却发展缓慢，这看来似乎矛盾的现象正是中国独特的经济生产方式、文化传统背景所决定的。丰富的江河湖泊和漫长的海岸线，勤劳智慧的人民，是使造船工业持续发展的前提。而极度分割的小农经济和因循守旧的思想文化传统则限制着这种工业发展的速度，也妨碍了革新和创造。中国的造船工业就是在这样的前提和背景下艰难地发展着。

## 二、唐代以前的内河航运

从古代造船工业的发展历程可以看到，中国的水上交通自远古时代就已经比较活跃了。古典文献记载，夏代的氏族首领已经善于指挥水上船队征伐四方。《论语·宪问》记孔子学生南宫适的话："羿善射，奡荡舟"，讲的就是古代流传的一个很著名的故事。后羿率众迁徙到了夏后氏的地域内，因夏民以代夏政，他自己却恃射而不管民事，整天沉湎于在原野上追逐射猎野兽。他宠信善于献媚奉承的寒浞，终至寒浞发动内乱，夺取了夏的统治地位，后羿被杀，妻子也为寒浞所夺。后来，寒浞命他的儿子奡率领水军征伐山东的斟鄩氏，大约在公元前 19 世纪，善于荡舟的奡大败斟鄩氏，确立了对黄淮地区的统治。

商朝的统治区域远远超过了夏代。商王的子孙，除继位为王和在王室任职的以外，大都被封为诸侯，管理一方。黄河流域的水陆交通在这时进一步发展，水上交通工具基本上由统治者所控制，各地民间的船只木筏以捕鱼和其他水上生产为主。武丁时代，王室的奴隶曾整批逃走。甲骨卜辞里有这样一个记录：武丁下令追捕逃亡者，占卜时预言三天就能抓回来。但是由于奴隶很快渡过了河，追捕的船只未能赶上。直到第 15 天，武丁派人费了九牛二虎之力才把这批奴隶捉回来。看来，当时的舟船还不多，北方人的操舟技术也还不像江南人那样熟练。公元前 1002 年，周昭王南征楚地，在兵渡汉水时，因水深流急，操舟者的技术不够熟练，至使昭王的船只在河中沉没，昭王溺水而死。由此可知，北方人是不惯舟楫的。

春秋时期的内河航运比以前繁忙，诸侯争霸，使路上的行人多了。游士说客到各地显露才干以求得赏识，使者和官员不断在诸侯中进行政治外交活动，商人在长途贩运过程中常循水路而行，军队频繁调动以应付各种纷乱的局面和战争，粮食和货物的运输任务格外繁重，流民也不断迁徙以重新寻觅适于休养生息的环境，这一切都促进了交通的发展，水上运输也比西周时期有明显的变化。

据《左传》僖公十二年（前 648）载，秦国向晋国运送粮粟，从渭河岸边的雍邑（今陕西凤翔）到汾河边的绛邑（今山西曲沃），浩浩荡荡的船队顺着渭河东下，进入黄河后再转入汾河，共约六七百里的水路。运粮船前后相继，被称为"泛舟之役"，由此可以想见秦晋间的舟楫之盛了。

战国时代，一些学者已经对大陆上的主要江河水系进行过综合研究。根据著名文献《尚书》中的《禹贡》记载，当时人们对黄河流域的山岭、河流、薮泽、土壤、物产、贡赋和交通等，已有较为详尽的记述和讨论。《禹贡》中所描述的古代水上交通系统，既部分地总结出当时的情况，也反映出人们对内河航运的美好构想，对后世有很大的启发。

《禹贡》以夏禹治水的传说为依托，按照夏禹治水的顺序和各地贡赋所行经的道路，把全国分九州。每州内有各自的水道，州与州之间又有彼此相通的水道，从而形成了中国北方庞大的水上交通网。因为夏禹治水主要是在黄河流域活动，所以《禹贡》对淮河、长江流域的记载相对较少。但无论如何，这篇文章反映出中国古代人民建设水上交通系统的理想，代表了人民的殷切期望。

九州方圆，以冀州为中心。八州贡赋所经都以黄河为最大航道。北方数州境内都有黄河的支流相通，南方数州的水道与黄河不通者，则自海入黄河。《禹贡》作者经过一定的调查研究，理想是美好的。虽然实际上未必都行得通，但把这些天然水道系统地描述在一起，则是关于古代内河航运的第一部著作。

战国时期的政治、军事形势和《禹贡》的构想形成了极大的矛盾。各国在陆路、水路交通的许多重要地点筑关设堤，阻塞了不少水道。这种状况直到秦代才有所改善。秦始皇统一六国后，疏浚鸿沟（河南汴河，今已湮没）作为水路中心，远通济水、汝水、淮水、泗水等重要河流。与此同时，下令决通各地许多堤防，并在吴、楚、齐、蜀等地大兴水利工程，使行船和灌溉都收到了显著的效益。

公元前214年，秦始皇征发大军50万人经略岭南，并命令史禄筹划打通运输粮草的水道。杰出的水利专家史禄在湘江上游的江中修筑石堤（在今广西兴安县城东南约三里处），堤形像个巨大的犁头，把湘江分为南北两渠。北渠向北流通湘江，南渠经过兴安县城向西，与桂江上游的大榕江合流。由于南渠所经之处都是高地，史禄用人工开凿渠道，长30公里。渠中设若干个斗门，南北往来船只可以逐斗上进和下降。载重的大船自湘江上溯，通过北渠进入南渠，可以安然过山，运输上省去大批人力。这条渠道是开发岭南的重要航道，从汉唐直至宋明，历代相沿修渠，使航路和农田灌溉愈益完善。史禄为此所创立的功绩深受后人尊敬。因为这条渠道的构思修筑都非常灵巧，所以被人们称为“灵渠”。

汉代的水路交通更为发达。武帝时，关中开凿了许多渠道，漕渠从长安引渭水落花流水东通黄河，便利了漕运，还能灌溉土地万余顷。元封二年（前109）发卒数万人堵塞黄河决口，武帝亲自巡视工地，并命随从官员“自将军以下皆负薪填决河”。从此黄河流归故道，80年未成大灾，对北方的水上运输起了很大的调节和枢纽作用。江南的水路一直比较发达，汉代更加繁忙。宛市（今河南南阳）

位于汉水、长江和淮河三大水系之间，与关中地区往来的孔道上，这时已发展成为新兴的重要商业城市；江陵西通巴蜀，东有云梦泽，南方所产犀革、象牙、翡翠、楠木、梓木、黄金等贵重物品吞吐于江陵码头，通过江陵北运长安；吴（今江苏苏州）在太湖岸边，周围河网密布，舟楫如梭，南近杭州湾，北达长江，附近出产的盐、铜、鱼在这里集散。合肥、成都、番禺（广州）等大城市都因水陆交通的发达而成为商业都会。长沙、广州各地汉代墓葬中出土的木船和陶船模型，说明水上交通工具在人们的社会生活中占有非常重要的地位。

东汉的水上交通比西汉时进步不大，水利工程大抵是修复旧渠，少有新创。王莽时（11 年）黄河在魏郡决口，河道南徙，改从千乘（今山东利津县）入海，河水侵入当时漕运的要道汴渠。汉明帝擢用优秀的水利专家王景治河。王景发民卒 40 万开凿山阜，建立闸门，自荥阳至千乘口筑长堤千余里，使黄河与汴水分流，河不侵汴，从此汴渠得到安全漕运，便利了水上交通。东汉末年，曹操为适应军事运输、农田灌溉的需要，大开河渠沟通了黄河、淮河、长江三大水域，使华东的水上交通更为便利。又在河北开凿平虏、泉州、白沟、清河等渠，使中原至天津一带可通漕运。当时的水源取自淇水、滹沱河、沟河及海河水系诸水。这些水源的水位都高出新乡附近的黄河。而且还修建了头堰以雍高淇水截入白沟，所以当时漕运用的不是含有大量泥沙的混浊的黄河水，而是海河流域的清水。虽然曹操开渠的目的是用兵和运粮，不是长期性的水上航运交通，但这些河渠却便利了水上交通。

隋炀帝杨广执政时期，在曹魏旧渠的基础上建成了永济渠，南达黄河，北通涿郡。隋朝还在黄河以南开了通济渠从板渚南下，串通江淮，这就是著名的大运河。隋炀帝于大业七年（611）自江都巡幸涿郡，龙舟渡过黄河，入永济渠而上。当时的大运河通航盛况相当壮观。运河的水渠在黄河以北取自海河水系，黄河以南取自汶、沂、泗水系，构成了规模宏大的水上交通网络。

唐朝初年，战乱之后的社会还不能很快恢复生机，经济凋敝，道路荒凉。高祖武德晚年，全国户不满 300 万，约当隋朝全盛时的三分之一还弱。黄河下游原来繁荣的地区变成“萑莽巨泽，茫茫千里，人烟断绝，鸡犬不闻，道路萧条，进退艰阻”[1]。面对着这种残破的经济状况，唐王朝采取了许多措施恢复生产，以保证租税的收入。贞观年间，经济得到了全面的恢复和发展。这时，贯通南北的大运河发挥了很大作用。更有许多被重新修整疏浚的河流湖泊构成经济生产和社会生活的动脉，把各个城市联结起来。水路运输很快出现天下诸津“交贸往还，

〔1〕《贞观政要》卷二。

图 23–20 江苏扬州古运河

昧旦永日”的局面。唐代后期，长江流域的城市比以前更为发达。扬州是长江与运河的交汇处，是中国富商巨贾的荟萃之所；（图 23—20）益州的繁盛稍亚于扬州，当时称为“扬一益二”；洪州扼扬州、广州之间的交通要冲；鄂州当汉水入长江之处，皆为一都之会；苏州已经发展成为江浙最大的府城；杭州“骈樯二十里，开肆三万室”。这些城市的繁荣发展，都和水利交通的便利有直接关系。

## 三、宋元明清的内河航运

宋元明清几个朝代，内河航运基本上维持着唐代的状况，没有什么显著的发展。自宋代以后，陆路交通和海上交通发展较快，相比之下，内河航运显得停滞乃至落后了。由于人们的生产活动和自然环境的变化，许多地区的湖泊面积逐渐缩小，河流淤塞得不到及时的疏浚，内河上使用的船只仅有数量的增加而没有技术上和种类上的改进。所以，从公元 10 世纪到 17 世纪，如果说内河航运有所发展的话，这种发展也是比较缓慢的。不过明代中期以后，多少受到西方的影响，造船业的发展才加快了脚步。

宋代的水上交通是在唐代和五代的基础上发展起来的。宋都汴京时期，由于北方有辽和西夏的对峙，政府无力发展黄河流域的北方交通，水陆运输在和平年代里维持着原状，在战争的年代里则受到严惩的阻碍。后来，女真军队长驱而入华北，使迁都临安的南宋朝廷只能苟且偷生，更加无力管理和恢复过去的交通。由于战争中调兵遣将的需要和漕运的利益，南方的水上运输受到一定的重视。但总的说来，宋代的水上交通没有突出的成就和发展。

由于商品流通领域的扩大和城市经济的持续发展，宋代内河航运中民间的货船和客船均有增加。除了沿海城市的造船工业很发达，对外贸易日益繁荣之外，江西的虔州、吉州，湖南的潭州、鼎州和陕西凤翔的斜谷等地，当时都已成为内河航运造船业的中心。每年打造的民用船只数以万计。

元帝国统一天下后，朝廷设立了都水监，各地则分设河渠司，主管兴办水利、修治河堤桥梁的事务。这些机构与南北朝以来各代政府有关部门的设置没有大的改变。从若干水利工程的建设情况，可以看出当时内河航运的大体面貌。

通惠河，是元世祖至元二十九年（1292）秋至三十年秋完成的一条著名河渠，由都水监郭守敬建议所修。郭守敬（1231—1316）是我国古代著名的天文学家和水利专家，青年时期就在家乡河北邢台指导疏浚河道和修复淹没多年的石桥。中统三年（1262）他受到元世祖忽必烈的召见，面陈水利建议六条，深得赏识，即被任命为提举诸路河渠，次年升为副河渠使。至元元年（1264），郭守敬奉命修浚西夏境内的唐来渠、汉延渠等古渠，更立闸堰，使大量农田得到灌溉。至元二十八年（1291）他以太史令兼领都水监事，领导开辟大都（今北京）水源的白浮堰，并开凿由通州到大都积水潭的大运河最北一段通惠河。河道自昌平县白浮村引神山泉，西折南转至大都西门入城，南汇为积水潭，再东南出文明门至通州高丽庄而汇入白河。这条河修成后，使原来从通州往大都陆路运输官粮的数万民工尽免跋涉之苦。供给通惠河水源之一的浑河，即卢沟河，亦曾做过小规模的漕运。华北的滦河则是经滦州漕运的一条水路。浑河与滦河虽有几次溃决，但先后修治的工程都不算大。

除了通惠河外，最重要的是会通河。这条河从至元二十六年（1289）正月开凿，仅用半年时间便建成，共用役夫251万多人。第二年因阴雨连绵，局部河岸崩溃，河道淤浅，由中书省调令3000人重新修治。此后每年由都水监派一名官员率领一批官吏专司巡视和修缮河堤，直到泰定二年（1325）才算彻底完工。半年完成的河道竟然修缮治理了37年之久。这条河开成后，使汶水与御河相通，江南诸行省运输各种货物都从这条河达于御河，再经白河、通惠河以达大都。因此，通惠河与会通河都是很有经济价值的河道。只是会通河水位一直很浅，河身也很狭窄，每有大船经过则对河上运输的其他船有所阻碍，使航运的畅通受到了一定影响。明代隆庆六年（1572），昌平至通县的温榆河段开始承担运输粮饷的任务，许多京郊的粮草经昌平沙河附近的码头和顺义后沙峪镇古城码头运抵通州渡口。一些物品也是这样从通州运到昌平供应守卫明皇陵军队的。

虽然元代统治者在中国北方开凿了多条河渠，但他们忽略了对全国更多河渠的修浚，特别是对长江流域的内河航运很少管理，致使不少河流日益壅塞，地方豪强依势毁堤占田。因此，元代的水路交通远不如唐宋时期发达。

大运河在宋代曾由军队疏浚过。元世祖忽必烈统一江南后，运河水道已严重淤塞。至元末年，江淮行省曾上书请求整治。忽必烈批准了治河奏章，但由于主管的官员不懂水利，治河未见实效。元仁宗延祐四年（1317）十一月，两淮运司因运盐的任务十分繁重，而运河浅涩，源流近枯，只靠雨水无济于事，不得不再次请求修治。

练湖是大运河的重要水源，过去若遇运河浅阻，开放湖水一寸既可添运河水一尺。由于豪势之家在湖中筑堤，围田垦种，严重地侵占了湖面，使运河的这一丰富水源受到破坏，并经常因大雨和洪水而泛滥成灾。运河与练湖是供应京师漕

图 23–21 清《康熙南巡图》所绘南北大运河漕运情形

运、商贾贩载及旅客往来的重要水道，宋代曾专设官吏民夫适时修浚练湖。到元英宗至治年间（1321—1323），练湖之水已经淤浅得不通舟楫了。

宋末之后大运河便无人管理，许多河段有数十处堤防倾颓豁口。有的河段竟淤塞十余里，几近干涸，有的河段则水面高于平地，仅靠河堤护水。元初，沿河农家大量从堤上取土，倾颓处更无人过问，甚至有人掘堤挖井，深至丈余或二丈，引井水灌溉田地。还有一些河段内隐伏着不少木桩木橛，经常毁坏过往船只。在这种情况下，元朝政府便逐渐放弃了大运河上的漕运，转而从海上进行运输了。从此大运河便失去了昔日的辉煌。但是，大运河上往来的民间运输至清朝也没有间断。据《漕帮条规》记载，明清时期苏州、浙江、凇江、山东等地的漕船近万艘经常在运河上运输货物。（图 23—21）

元代江南的水上交通总的看来比宋代有所发展，船只仍是人们出门旅行和运输货物必不可少的交通工具。因为江河纵横交错，湖泊星罗棋布，路上人不得不经常舍路登舟。

总之，元代的水上交通在北方和中原地区不如唐宋时期那样繁盛了，而在长江流域则有一定的发展。这种北方和南方发展的不平衡，到明清时期还在继续。

明清两代的内河航运，总的看来较元代亦有发展，这与统治者对水上交通的重视有直接关系。相对来说，习惯于鞍马的蒙古贵族对水上运输不十分在意，也缺乏管理人才。明代的治水机关为都水司，属工部尚书管辖。设郎中一人，员外郎一人，主事二人；后又增设郎中四人和主事五人，以强化对水上交通的管理。《明史 · 职官志》说，都水司的任务很繁重，不仅要管理川泽、陂池、桥道和舟车，还要兼管织造、券契和量衡等事。都水司之所以兼管后三件事，是因为它在交通管理方面有特别大的权力，从而在办理织造、券契和量衡等事情时有非常便利的条件。

明代对内河的利用比元代广泛。朱元璋定都南京后，下令“江西、湖广之粟浮江直下；浙西、吴中之粟由转运河；凤、泗之粟浮淮；河南、山东之粟下黄河”。同时，还下令从开封运粟经黄河送抵渭河以供给陕西。可见当时在漕运方面，长江、黄河、运河及渭河等主要河流起了巨大的作用。明成祖迁都北京后，因为东南的粮米北运数量很大，海运不能完全满足供应，所以河运又进一步活跃起来。同时，明代对大运河及其支流也进行了多次修治。

会通河在元代末年已废弃不用。明太祖洪武二十四年（1391），黄河在原武决口，漫越安山湖而东，会通河被淤没了。永乐九年（1411），明成祖采用济宁州同知潘叔正的建议，派人疏浚了会通河。自济宁引汶、泗之水至临清，通漳河、御河，北入于海。这条河道的水源很丰富，在漕河中称为闸漕，与荣城至清口间的河漕、淮安至扬州间的湖漕同为漕运中最重要的部分。

在隆庆、万历年间，经过官员的反复争论，明神宗万历三十八年（1610）在山东费县境开通了泇河，避开了黄河运输之险，在经济上也获得了一定的收益。

元代的通惠河在明代洪武年间也已经废弃。永乐四年（1406）重新进行了修治，但未彻底。通船不久，河道就部分淤浅，粮船驶至通州张家湾后，只能再靠车辆从陆路把米运到北京，耗资很大。明世宗嘉靖六年（1527）根据御史吴仲的建议，重新修复了通惠河，第二年完工，每年可节省运粮车费白银二十余万两。此后通惠河长期成为沟通京城东部交通和南粮北运的必经之路。20世纪末在疏浚通州北运河的工程中，多次发现清代的沉船。1998年11月在京秦铁路桥下出土的一艘保存较好的古船，长14.7米，宽6米，船内尚存明清瓷片和铜钱。

清代的内河航运基本上维持着明代的规模。由于黄河水患屡次发生，对淮河和大运河的交通运输都有很大危害，清廷也曾多次治理水道，但多限于抢救险情，很少积极开拓。只有清圣祖康熙二十五年（1686）对中河的开凿有明显的社会效益和经济效益。为避黄河航运的风涛之险，自骆马湖凿渠，历宿迁、桃源至清河仲家庄出口。粮船北上出清河口后，只需行黄河数里即入中河，直达张庄的运河口。这段河道开通之后，商船极称其便，行人亦赞不绝口。后来又有人对中河进一步改造，这一带的水上交通就更加便利了。

元朝的大运河漕运不兴旺，原因在于没有解决好水源问题，政府的重视和管理也不够。当时黄河已南徙夺淮，元朝所开的济州河、会通河与通惠河均在黄河以北。运河在徐州以南至淮河交叉处用了一段黄河作运道，黄河与运河合流，使黄河的大量泥沙淤积阻塞了河道，严重地影响了漕运和水上商旅船只通行。明朝的大运河基本上承袭了元代航道，但根据汶上老人白英的建议，将原来在济宁的分水点移到“南北之脊”的南旺，解决了会通河水源偏低通航不畅的问题，扩大了运河水量。到了清代，通往大运河的河、湖诸泉经清理而数量大增。为了保证南粮北调，清廷多次明令必须保持漕运畅通，甚至不时禁止农民引运河之水灌田。康熙皇帝为此在一道上谕中宣布：山东运河全赖众泉蓄泄微山湖，以济漕运。今山东多开稻田，截湖水上流之泉以资灌溉。上流既截，湖水自然无所潴蓄，安能济运？由此可见，清廷是十分重视大运河水源的。但在清代后期，运河漕运的颓势已不可挽回，从水上交通的全局而言，运河所起的作用是越来越小了。

## 四、海上交通

人类早在旧石器时代晚期，就已经懂得水上航行知识，并掌握了制造独木舟和木筏以渡过海峡的本领。新石器时代，人们从大陆向近海岛屿的航行已较普遍。在中国沿海的群岛上，已发现了五六千年前氏族先民留下的遗迹和遗物。浙江舟山群岛上的唐家墩、孙家山等地先后发现了一批新石器时代晚期的石犁。山东长岛县的砣矶岛，远离陆地350公里，在100平方米的范围内发现不同时期的篝火遗迹十处。其中有些是龙山文化时期的氏族成员跨海来到岛上留下的。他们挖出圆形或簸箕形的土坑，在这些浅穴上架起篝火烧煮鱼虾螺蚌。辽宁长海县的长山群岛，位于黄海北部，其中广鹿岛上的吴家村小珠山遗址是著名的新石器时代遗址。这个遗址经过考古工作者的科学发掘，证明有上、中下三层堆积，分别代表三个不同时期。下层有许多打制石器和含滑石粉的黑褐色陶器，均为手制，器形简单，时代较早。中层发现了房屋建筑残迹和许多磨制石器，陶器种类明显增加，除了有鹿、獐、狗、猪等兽骨外，还有较下层的更为丰富的贝壳堆积。上述遗物的特点表明，靠近辽东半岛的这些氏族先民来自较远的山东半岛，他们的渊源是泰山脚下的大汶口文化。这些资料充分说明六千多年前大陆上的居民已经比较熟悉海上航行了。

商周以后，随着造船技术的发展和航海知识的增加，更多的大陆居民可以远行海上了。《诗经·商颂·长发》说"相土烈烈，海外有截"，说明商族曾在海外打过胜仗。《诗经·商颂·玄鸟》还说商王武丁时期是"邦畿千里，维民所止，肇域彼四海"，亦可证明当时商人已经把势力扩大到海上了。殷墟出土的鲸鱼骨、海贝和大海龟，都是人们驾驭大海的产物。

春秋战国时期，海上往来得到了持续发展。靠近东海的吴、越和靠近黄海的齐国之间多次战争，均是由海上运输军队的。例如吴就曾于公元前485年派舟师从海上去伐齐。从以上可见，先秦时期沿海地区的居民对海上交通已不陌生。

正是因为有了这样的基础，秦始皇才能够命令徐福率领一批大船到远海寻找长生不老的仙药。据《史记·秦始皇本纪》载，秦始皇曾三次东巡，远抵山东半岛之端的芝罘岛，刻石纪功。芝罘岛在今烟台市北部，周围群山起伏，东、西、北三面环临浩瀚的渤海，南有一条路与半岛相通。岛上的阳主庙自秦汉以后历代香火不衰，至今庙址残迹尚存，并有元成宗元贞元年（1295）重修阳主庙的碑记。石碑记述了秦、汉两代皇帝多次到山东封禅的情况，以及谒此庙用牛羊猪鸡和玉圭、货币祭祀阳主的史实。久居西北腹地的秦始皇第一次看到浩瀚无边、气势恢弘的大海时，他的心情一定是和大海的波涛一样汹涌的。他在公元前219年派徐福率数千童男童女入海东渡，虽然不可能寻觅到长生不老的仙药，但是却显示了当时中国的造船技术和航海技术。

尽管人们对海上航行早已不陌生了，但是大海的狂涛巨浪和海洋深处的秘密，仍使人恐惧而又好奇。在三国魏晋以前，很少有人远渡重洋。西汉时期，南方的南越、东越、闽越各族常拥王自立，汉帝国派兵讨伐，楼船将军杨仆多次指挥巨大的船队从内河或海上征战。汉武帝元鼎五年（前 112）以后，汉廷又加派横海将军韩说等渡海远征。杨仆还曾率海军从山东半岛出发，渡过渤海攻打朝鲜。由此可知汉代的航海技术已有相当成就，但这一切仍然局限在较近的海域内，最远就是到日本和斯里兰卡。迄今尚未发现秦汉以前远洋航行的确凿记录。

两汉魏晋时期，西亚和欧洲的海上交通日益发达，对中国的航海事业促进很大。早在公元前 5 世纪，希腊和波斯为争夺霸权就多次发生大规模战争。由于雅典海军占有绝对优势，雅典在相当长的时期内不但取得了称霸希腊的地位，而且迫使波斯人不敢轻易染指西方海上贸易。公元前 4 世纪，亚历山大通过一系列战争建立了地跨欧、亚、非三洲的大帝国，海上交通更加繁荣。到公元 1 世纪和 2 世纪这 200 年里，罗马帝国极为强盛，其疆域北部边界达到现在欧洲的英国、德国、奥地利、匈牙利和罗马尼亚等地；东边达到西亚的幼发拉底河；南边包括非洲的埃及和苏丹北部、利比亚、突尼斯、阿尔及利亚等；西边则面临大西洋。地中海成了亚历山大帝国的内湖，海运畅通。中国史书记载，这时罗马使节和商人多次从陆路和海路到达中国，和中国政府建立了商贸关系。西方的造船技术和航海技术，也对当时的中国产生了强烈影响。

隋唐时期，中国的海上交通有了明显的发展，古代文献对这一时期东渡日本和南航西亚、北非都有不少记载。公元 4 世纪到 7 世纪的日本正处于古坟时代，特别是 5 世纪以后，日本大和政权经常与中国互派使节通好。一批又一批学者、僧人和商贾飞舟越海，为增进两国间的友谊作出了贡献。其中鉴真和尚冒险东渡和日本学者阿部仲麻吕在中国学习的故事，至今仍被传为佳话。

由于唐朝实行对外开放的政策，从陆路和海上到中国来经商、旅游、求学、传教的外国人非常多。据《资治通鉴》卷二三二记载，玄宗天宝年间之后，都城长安中常有大批西亚和北非客商居住。其中有的居住达四十多年，仅在长安地区广置田宅者就有四千多人。唐懿宗咸通十三年（872）到过广州的一个阿拉伯商人记载，当时在广州居住的伊斯兰教徒、基督教徒、波斯人、犹太人等至少有十多万。

不仅外国商人、学者、宗教人士和使者频繁从海上来到中国，中国也不断有人经海上到国外经商求学。唐高宗咸亨二年（671），僧人义净从广州乘船出国，到印度的佛教中心那烂陀寺学习十年，又到印度尼西亚的苏门答腊继续搜求抄写佛经。证圣元年（695）回到洛阳，著书介绍南亚一些国家的佛教和文化、生活，

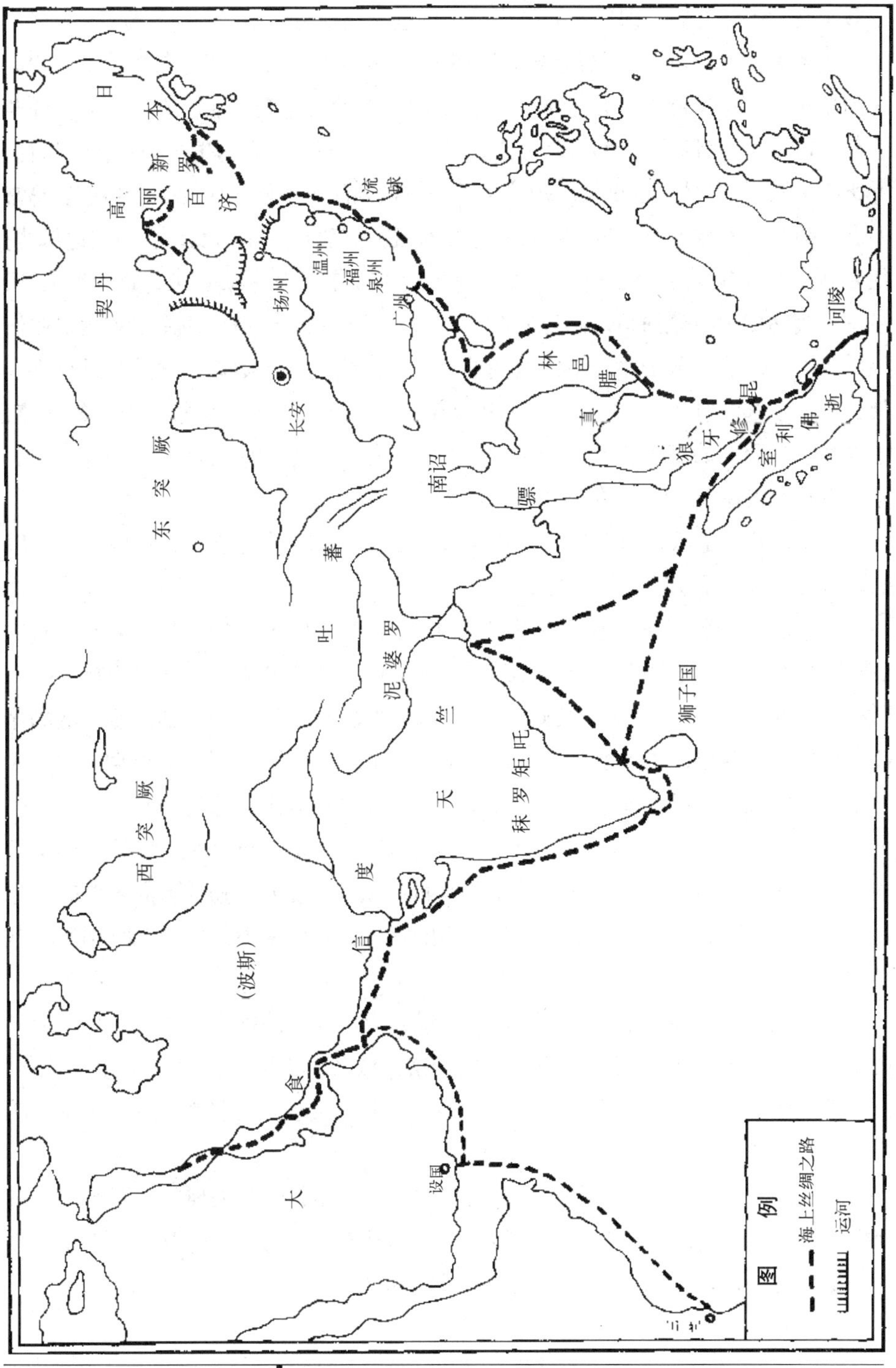


图 23-22　唐代海上丝绸之路示意图

记载了当时去印度的中国僧人的经历，为增进各国友谊作出了很大贡献。

唐代海上交通的主要路线是从广州通向越南、印度尼西亚、斯里兰卡、伊朗和阿拉伯。唐朝中叶，广州港外“有婆罗门、波斯、昆仑等舶，不知其数。并载香药、珍宝，积载如山，舶深六七丈，师子国、大石国、骨唐国……等往来居住，种类极多”。代宗时，每年来广州的各国船只达到四千余艘。唐的商船也远航马来半岛、阿曼湾和波斯湾一带。当时的远洋航线，一般从广州出发，往南到达爪哇，往西到达卡拉奇。由卡拉奇再分为两条航线，一条经过霍尔莫兹海，进入波斯湾，沿东岸到达幼发拉底河口的阿巴丹和巴士拉；另一条沿波斯湾西岸出霍尔莫兹海峡，经阿曼湾北岸苏哈尔和也门境内的席赫尔，到达亚丁附近，这是当时世界上最长的一条远洋航线。（图 23—22）唐朝后期，由于中国水手掌握了季风的规律，中国和日本之间的海上交通更加发达，中国商船已能够直航日本了。朝鲜半岛的船只也时时来往于中国、朝鲜和日本之间。

唐代以后，五代十国的军事割据混乱局面，对海上交通有一定影响。宋代以后，海上交通才重新进入了新的里程。

宋代指南针的发明，使中国海上交通开始了新纪元。据北宋末年朱彧写的《萍洲可谈》，记述了他于 11 世纪末年在广州的见闻。其中说当时中国海舶上的舟师在海上航行，“昼则观日，夜则观星，阴晦则观指南针”。同时期出使高丽的徐兢也记载过海船舟师使用指南针的事。因此可知，最晚在 11 世纪后半期，中国人已把指南针应用于航海业了。当时福建沿海有许多向外地运输货物的码头，其中泉州是世界著名的大型海港。[1] 但是，尽管当时的航海业已经相当发达，仍不可避免有许多海上运输船在风浪中遇难。20 世纪以来，在我国通往世界各地的海上运输线上，不断有海底沉船被发现和打捞的报道，其中多数是宋、元时期的遇难船只。

在元朝统治时期，中国是当时世界上最强大最富庶的国家，它的声誉远及欧亚非三洲。西方各国的使节、商人、旅行家、传教士来中国的络绎于途。同时，由于商品经济的发展和民族矛盾的冲突，不少中国人亦乘船到达中亚、西亚和南洋经商，中国制造的巨大海舶也闻名于世。

元代的海运和国家的经济发展有着更密切的关系，首先表现在由南海、东海而向山东半岛、渤海湾运输粮食货物的决策和措施上。其次在瓷器、手工业品等的进出口贸易方面也比以前有更显著的发展。

---

〔1〕福建省泉州海外交通史博物馆编《泉州湾宋代海船发掘与研究》，海洋出版社，1987。另见金秋鹏《中国古代的造船和航海》，中国青年出版社，1985。

元世祖至元十三年（1276），丞相伯颜率大军进入临安时，淮东一带还在南宋朝廷手里。伯颜把临安得到的所有库藏图籍命人从崇明岛取海道运到直沽（今天津北），以达京师。东南平定之后，江南漕运仍由内河输转，辅之以陆运，辗转北上。伯颜眼看内河漕运费了很大的力气，用了很多钱粮而成效甚微，便想起他以前在海上扬帆运送库藏图籍的事来，觉得海运可行。于是，他下令在崇明、太仓建造利于在沿海接近沙滩航行的平底船 60 艘，由航海经验丰富的崇明人朱清率队试航成功，在至元二十年（1283），开始命人从海道运粮。《元史 · 食货志》说："元自始祖，用伯颜之言，岁漕东南粟，由海运以给京师。始自至元二十年，至于天历、至顺，由四万石以上，增而为三百万以上，其所以为国计者大矣。"元代由海上运输粮粟的数额最盛时虽然仍不如宋运河漕粟之多，不过从朝廷对这些粮食的依赖关系看，意义是同样重要的。一些沿海的渔村也因此很快发展成繁荣的商贸中心。

元朝是一个强大的帝国，特别重视与外国联系，"奖励互市"，并在泉州、广州、杭州、庆元（今宁波市）、上海、澉浦（今浙江海盐县西南）设立市舶司从事对外贸易的管理。元朝还派遣使团到东南亚、南亚的许多国家，与之建立政治上和经济上的联系。这些都说明元朝政府对海外贸易的重视。元末大旅行家汪大渊两次乘中国商船起航游东南亚、印度洋的数十个国家，回国后著有《岛夷志略》一书。书中很多地方都谈到用瓷器与外国贸易，并且具体谈到处州的龙泉青瓷颇受国外欢迎。韩国新安海底元代沉船出土了 16792 件中国瓷器，其中有龙泉青瓷 9636 件，说明龙泉青瓷在元代出口瓷器中占有绝对优势。20 世纪初埃及开罗南郊不断有中国瓷器出土，其中宋元时期的各种瓷器占很大比例。考古发现和文献都表明，元代的海上贸易活动是很活跃的，海上交通比过去有明显的发展。

明清时期，政府逐步实行闭关锁国的政策，对海上贸易实行各种限制。明政府多次颁布法令，严格限制各国使节来华的日期、人数和船只数目，并且还要仔细检验"勘合"和"金叶表文"才能入境。尤其禁止百姓私自下海的命令，把出国的人看成是"无父无君之辈"和"化外之民"。这就使明王朝和西欧、南洋各国之间的商业活动受到极大妨碍，使当时的海上贸易得不到充分发展。这种情形直到明朝后期才有所改变。明代的海上航行较为突出的成就，是成祖永乐三年（1405）到宣宗宣德八年（1433），杰出的航海家郑和率领船队七次"下西洋"的壮举。郑和的宝船显示了中国古代造船工业发展的高峰。（图 23—23）末一次船队中拥有官校、旗军、火长、舵工、班碇手、通事、办事、书算手、医士以及铁锚匠、木匠、搭材匠、水手、民稍人等 2.7 万余人，共乘坐大船 63 艘。其中最大的船长 44.4 丈，阔 18 丈，可容千余人，是当时世界上海洋航行最巨大的船只。其

图 23—23 明代郑和宝船舵杆

他各船平均也可容四五百人。船上备有航海图、罗盘针，并且满载着金银绸缎和瓷器等珍贵物品。郑和的船队先后到过越南南部、柬埔寨、泰国、马来西亚、印度尼西亚、斯里兰卡、印度、波斯湾和阿拉伯半岛及非洲东岸，经历了三十多个国家和地区，最远到达非洲东海岸的索马里和肯尼亚一带，单程就有两万多公里，比哥伦布出海远航早 87 年。郑和下西洋是一件闻名中外的大事，至今仍为人们广为传颂。

清道光二年（1822)，一艘载重量约一千吨的中国货船“泰兴号”在驶向印度尼西亚的爪哇时，在苏门答腊与爪哇之间的海面沉没，船上的一千八百多名乘客和船员有一千六百多人遇难，其他人员被附近的另一艘中国船只和一艘英国商船救起。1999 年 5 月，这艘沉船被发现并打捞出水，发现了船上装载的 35.6 万件明清瓷器。由此可见当时海上运输的盛况。

明清的海运和政府关系最为密切的是“南粮北调”的漕运问题。由于内河漕运形势不好，政府的注意力转向海上。当时称“海舟一载千石，可当河舟三，用卒大减；河漕视陆运费省什三，海运视陆省什七，虽有漂溺患，然省牵卒之劳，驳浅之费，挨次之守，利害亦相当”。可见海运之利已为有关部门和各方面人士所普遍认同。所以，整个明王朝对于海运虽然几次阻遏，但终于不能长时期废除，仍为漕运的一个重要组成部分。明永乐七年（1409），为了方便海上航运，考虑到海船近岸要望海收帆，于黄浦江口的平地上掘土筑山三百余丈，名为宝山，并修筑了卫城，清代废弃。

清朝政府在宣宗道光四年（1824）以前，一直是靠内河漕运粮米的。道光四年以后才改为海运。因为那一年黄河和南方各水骤涨，河运艰难万状。政府花了120万两白银仍未能解决漕运问题，于是在万般无奈的情况下，道光皇帝采用了户部尚书英和的建议恢复了海运。此后，虽然仍不断有人反对，但终于无力制止海运了。

清政府采用了与以前各代完全不同的方法进行海上漕运，即雇用商船以解决朝廷的急需，这也是商业发展的一种表现。英和认为“以商运决海运，则风飓不足疑、盗贼不足虑，微湿侵耗不足患。以商运代官运，则舟不待造，丁不待募，价不待筹”。事实证明，以商船来代替官船，比元明时期的官船运输确实经济，支出少，损失也小。

清朝每年海运粮食数量大约一百五六十万石。海船通常由上海开行，经过山东洋面航至天津，水程总计二千多公里，航行十余日可抵。粮食运到天津后，再用内驳船转运到通州，再转至京师各仓。由此可见海运业对于清王室的重要性。

# 第二十四章 古代礼器和日用器物

作为中国古代文化的一种凝聚物，中国古代的礼器和日用器物，是增强对中国古代历史的感知，认识古代社会生活的具体面貌，以及探求它的发展特点和规律的重要介质之一。古代礼器和日用器物，尽管是物质形态的一种存在，我们却不能仅仅把它们看做物质文化的东西，因为它们往往包含着重要的精神文化的内容。尤其是礼器，和中国古代的哲学、宗教以及政治制度有着极其密切的关系。

## 第一节 日用器物和礼器的产生

古代礼器是在日用器物的基础上发展形成的。在此，我们首先讨论日用器物的产生问题。

### 一、日用器物的产生

人类诞生之后，便摆脱了仅仅利用天然“工具”的那种出于动物本能的“劳动”形式，跃进到制造和使用工具的劳动阶段。也就是说，人类最初制造的器物，首先是生产工具。从这一意义上说，人类在最初还谈不上有什么严格意义的日用器物，因为那时的生产和生活水平实在是太低了。只是由于生活的一些起码的需要，有些生产工具兼具生活用器的功能，因而生产工具与生活用器常常是同一的。例如一根加过工的木棒，本用于狩猎，在人们需要时，又可用作手杖或烤肉的支架。又如一件石刀，既可用于剥削兽皮，又可充作切肉的餐刀。总之，人类要生存，就必须从事物质资料的生产，以期尽可能地提供自己最低限度几乎毫无保障的需要。那时所谓生活日用器物是十分粗糙简陋的。

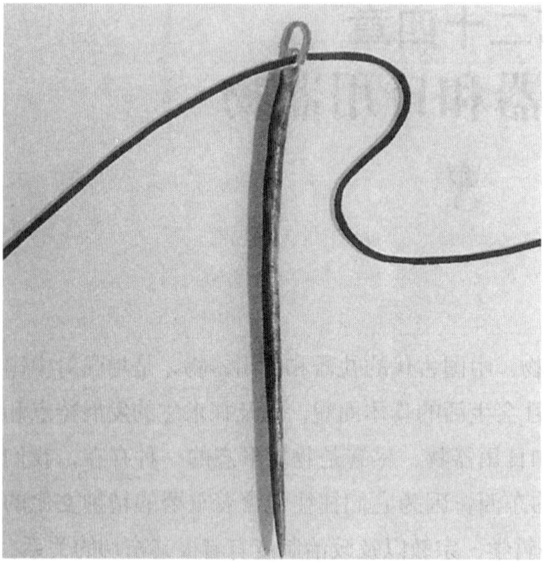

图 24-1 山顶洞人磨制的骨针

经过长期艰苦的劳动，生产有了发展，人类自身的体质、智力也有了提高。于是生活器用方面的某些需求日益迫切而且器物的制作也有了可能。从出土实物看，在旧石器时代中、晚期的很多遗址中，如辽宁海城小孤山、北京周口店山顶洞、宁夏水洞沟等遗址，都有骨针、骨锥的发现。山顶洞的骨针长82毫米，最大直径3.3毫米。而小孤山的骨针针鼻仍十分完好，显示了当时人类高超的钻孔技术。这些骨针，针体滑润，针尖圆锐，说明当时人类已掌握了较熟练的缝纫技术。(图24—1)上述骨针、骨锥既是生产工具，也可作为中国古代最早的日用器物的代表。山顶洞人及同时期的人类，已经过着渔猎和采集的生活。他们既然已能用针缝制兽皮衣服，那么他们完全可能缝制皮囊之类的东西，或缝制树皮器物，以为渔猎、采集等生活日用容器。原始人在创造日用器物方面，常有些"高招"，使在今人看来非常棘手的问题迎刃而解。这通过有关古典文献和民族学的材料可以证明。例如：人们能利用某种树皮制造他们所需的器物，甚至还可以做成"锅"，我国北方的一些古老民族，就是用桦树皮"锅"煮水、做饭的。而拉布拉多的印第安人的"全部家庭设备，实际上都是用桦树皮按几何形状'缝制'成功的"[1]。更有趣的是，人们竟然还能把面包树、无花果树、桑树或杉树的树皮做成"布"。方法是："(把)树皮加以浸泡棒打，变成一种光滑材料——树皮布……其最重要的分布中心是印度尼西亚和玻利尼西亚，称为'塔帕(tapa)'。欧洲和亚洲许多史前民族也知道树皮布。"[2]这使我们知道，原始人在没有发明麻布以前，并非只会用兽皮做衣服。至于在没有桦树的地方，人们又拿什么做"锅"呢？如果那里生长着竹子，人们就会用一端带竹节的竹筒做"锅"，把谷物放在竹筒内，加水，将另一端堵死，放在火上烧烤。不久，里面的饭就熟了，此法沿用至今。如果某地连竹子也没有，或者人们还不会用树皮、

〔1〕〔德〕利普斯《事物的起源》汪宁生译，第五章《发明和早期手工业》。四川民族出版社，1982，第108页。
〔2〕同上书，第110页。

竹子做“锅”，又如何做饭呢？《艺文类聚·食物部》引《古史考》说：“神农时，民食谷，释米加烧石上而食之。”这就是所谓石炙法。同时还有石烹法，即将烧石不断投入盛有水和食物的容器内，使之煮熟。凌纯声在《松花江下游的赫哲族》一书记述赫哲人“在用铁锅煮物以前，没有知道制造陶器，在他们的传说中……用极大的木盆一个，内盛水，将肉放在其中，以石块烧红，立刻浸入大盆水中，如是数次即水沸肉熟”。于省吾先生即结合凌氏等人的资料，考证甲骨文中的庶字是“‘从火石、石亦声’的会意兼形声字，也即煮之本字”。“庶之本义乃以火燃石而煮，是根据古人实际生活而象意依声以造字的。”[1] 由此，我们则进而可知我国中原地区的祖先，也和其他民族的祖先一样谙熟石烹法。有人认为陕西蓝田锡水洞发现的烧石，即蓝田猿人的石烹遗物。此外，动物的胃也是一种现成而常用的“锅”。

约在公元前6000多年，我国主要地区进入了新石器时代。这个时期的主要特点，就是人们发明了磨制石器、制陶和纺织，磨制石器，使生产效率和生活质量大为提高。(图24—2)而制陶的发明，对于人类日用器物的改善与丰富，具有极其伟大的意义，它使人类找到了制造日用器物最便当、最广阔的一种途径。直至当代人类也离不开它。至于纺织的发明，对人类生活的意义是不言而喻的，另有专文论述这里不作赘叙。这个时期，竹木器和牙骨器的制作，也取得了很大的进步，不仅在仰韶文化（前5000—前3000）的陶器上见有篮纹、席纹，有的房子的墙是用编篱涂泥的方法修筑的。而且在河姆渡文化（前5000—前3000）的遗物中，还发现了苇席残片和瓜棱圆木碗。后者并髹有朱红生漆，是已知我国最早的

图24-2 裴李岗文化的谷物加工器具——经过磨制的石磨盘和石磨棒

〔1〕于省吾《甲骨文字释林》下卷《释庶》，中华书局，1979，第431—435页。

漆器。该文化遗存中的木建筑构件，使用了榫卯结构，技术已相当进步。钱山漾遗址（前3300—前2600）所出竹木器尤为著名。其中竹编器达二百多件，品种有篮、篓、簸箕、竹席等。牙骨器，仅看河姆渡出土的骨匕、骨匙、骨笄和加工精细的象牙小盅，便可知此时的成就了。

新石器时代是发生两次社会大分工的时期，生产力有了空前的发展。第二次大分工，使手工业成为独立的一个生产部门，这又进一步导致玉器工艺、特别是铜器工艺的兴起。在山东、河北、河南的龙山文化遗址中，都有小件红铜器的发现。甘肃武威皇娘娘台、临夏大何庄和秦魏家等齐家文化遗址中发现尤多，其中少数为青铜器。甘肃东乡林家的仰韶文化马家窑类型遗址所出青铜刀，是目前最早的青铜器（前3000）。[1] 青海贵南县尕马台和甘肃广河县齐家坪出土的铜镜，是已知最早的大件青铜日用器物（前2000）。[2] 所谓红铜，是未曾有意加入其他金属成分的天然铜。一般是人类首先制造出红铜器。由于红铜的熔点高、质地软，用它制造器物受到很大限制。后来随着时代的进步，人们发明了冶铸青铜器。青铜一般是锡铜合金，也称锡青铜，此外还有铅青铜、铝青铜等，它们具有熔点低、硬度大等优点。早期铜器的出现，表明我们的祖先已开始认识了金属的可熔性和延展性，掌握了锻打或冶炼金属的初步方法，从而为青铜时代的到来打开了大门。由于铜金属特有的坚韧性和可塑性，为古代器物的发展开拓了广阔的前景，更由于它的金灿灿的光彩和昂贵的价值，又为古代礼器的兴盛提供了重要的物质刺激。

春秋战国之际，奴隶制的生产关系再也不能适应日益发展的生产力，铁器的出现是生产力提高的重要标志。从商代开始出现的原始瓷器，在东汉时期发展为成熟的瓷器，自新石器时代即已萌芽的漆器，经商周至战国，也臻于精美。所有这些新材质的器种，都为古代日用器物的发展，提供了更加广袤的天地，而日用器物的日益丰富，也为新材质开辟了前所未有的发展道路。此外，玻璃器、金银器、珐琅器等器种，虽然在我国古器物中占有光辉的一席，但多未进入日用品的行列，或者有的器物很晚才成为人民的日用器物，故不再胪列。

各种日用器物的产生，是人类在利用、改造自然的斗争中，不断积累各种生产、生活经验的结果，是人类自身——包括体质和智力不断提高的结果，而所有这些点滴进步的孕育者，则是千百万年的艰苦劳动——包括脑力的和体力的劳动。

---

〔1〕北京钢铁学院冶金史组《中国早期铜器的初步研究》，《考古学报》1981年第3期。

〔2〕青海省文物管理处考古队《青海省文物考古工作三十年》，《文物考古工作三十年》，文物出版社，1979。李虎侯《齐家文化铜镜的非破坏性鉴定》，《考古》1981年第4期。安志敏《中国早期铜器的几个问题》，《考古学报》1981年第3期。

## 二、礼器的产生

所谓礼器，一般认为是古代贵族在进行祭祀、丧葬、朝聘、征伐和宴享、婚冠等活动时举行礼仪所使用的器皿，指青铜器中的鼎、簋、觚、豆和钟、镈等。此外，还有更广义的一种理解，即把原始部落的酋长直至封建帝王用于上列礼仪的器物，均视为礼器，而在器种上不仅限于铜器。本章对礼器的阐释，主要是就前者而言的。

礼器自然是随着礼仪的出现而产生的。礼作为上层建筑的一种构成部分，是在生产发展到一定阶段后逐渐形成的。《礼记 · 礼运》说："夫礼之初，始诸饮食，其燔黍捭豚，汙尊而抔饮，蒉桴而土鼓，犹若可以致其敬于鬼神。"[1] 这里说的虽是吉礼，但也有一定普遍意义。从中可以看出"礼"之兴起，是为了致敬于鬼神，说明礼与原始宗教有密切的关系。其次，所用以表示敬意之物，乃是饮食，"民以食为天"，鬼神亦然。至于所用之器，不过人类日常所用极其简陋的器物。随着社会的发展，这些都起了变化。

原始宗教，最初表现为迷信灵魂，进而发展到认为"万物有灵"及图腾主义。最后几乎无所不拜，如"生殖崇拜"、"工具崇拜"以及对日、月、山、川、风、雨、水、火等自然物象的"自然崇拜"。山顶洞人为死者放置了随葬品，并在遗体上撒了赤铁矿粉；仰韶文化遗址中的少儿瓮棺设有"魂孔"；庙底沟二期文化遗址华县泉护村及信阳三里店等地很多地点出土了所谓陶祖或石祖（即陶制或石制男性生殖器）。新疆天山发现的原始人类生殖崇拜岩雕画、辽宁喀左和凌源红山文化遗址出土了裸体孕妇陶塑[2] 等，均是证明。随着私有制的确立，氏族首领以及氏族部落首领的权力越来越大，他们一面把尽可能多的财富攫为己有，同时日益乞灵于宗教，以巩固自己的地位。在敬奉鬼神、祖先以及百神、天地当中，一些特用器物也罩上了灵光。在山东日照两城镇出土了刻有商周青铜礼器才特有的云雷纹、饕餮纹的玉斧[3] 和磨光黑陶片[4]。这件玉斧与同出的玉铲、玉刀等加工精细，厚仅 0.2 厘米至 0.5 厘米。三里河墓葬也有成组玉器出土，这都表明玉质礼器已登上祭坛。尤其值得注意的是，在良渚文化诸遗址发现了很多玉琮、玉璧

〔1〕《礼记 · 礼运》，《十三经注疏》，中华书局，1980，第 1415 页。
〔2〕郭大顺、张克举《辽宁省喀左县东山嘴红山文化建筑群址发掘简报》，《文物》1984 年第 11 期；辽宁省文物考古研究所《辽宁牛河梁红山文化"女神庙"与积石冢群发掘简报》，《文物》1986 年第 8 期；孙守道，郭大顺《牛河梁红山文化女神头像的发现与研究》，《文物》1986 年第 8 期。
〔3〕刘敦愿《记两城镇遗址发现的两件石器》，《考古》1972 年第 4 期。
〔4〕山东省文物管理处《山东日照两城镇遗址勘察纪要》，《考古》1960 年第 9 期。

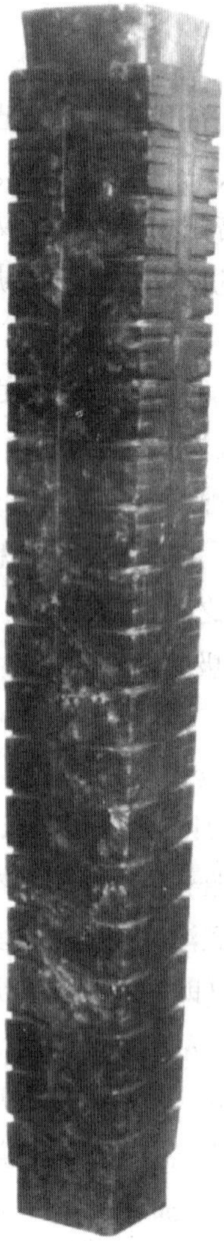
图 24—3 良渚文化遗物玉琮

等礼器，形大工精。（图 24—3）寺墩的一件玉琮高达 23 厘米。[1] 草鞋山的一件玉璧直径达 21 厘米。还有的玉琮刻有精细的兽面纹饰。[2]《周礼·春官·大宗伯》载：“以苍璧礼天，以黄琮礼地。”这些祭祀天地的琮、璧及前述礼仪上用的玉斧、玉铲、玉刀，还说明在新石器时代晚期，礼器就随着阶级的分化而出现，并且渐渐越过了“燔黍捭豚”、“汙尊抔饮”以敬鬼神的阶段，达到了较高的水平，并为古代礼器的兴盛开拓了道路。

进入奴隶社会以后，奴隶主政权进一步被神化，其统治秩序尤其是等级制度进一步礼制化，作为这一秩序和制度的体现物——礼器，也随之日趋完备和制度化。毫无疑问，礼器在这一历史时期，对于奴隶制度的确立、发展，起了积极的作用。二里头文化是我国早期的青铜时代文化。在该文化遗址中已出现了青铜礼器爵和斝，而且爵的数量还比较多，它们是目前已知最早的青铜容器和礼器。同时还发现了珪、璋、琮、钺、戈、柄形器等玉质礼器。《左传·昭公五年》记载：“朝聘有珪，享覜有璋。”可见珪、璋的出现反映着礼制和礼器又有了发展。至商代早期，使用礼器采取系列化配合形式，常有成套的青铜礼器出土。这时的礼器主要有鼎、鬲、盘、尊、罍、爵、斝、觚。例如 1974 年郑州杜岭街出土的两件大铜方鼎，形大质朴，一件高 1 米，重 84.6 千克。另一件高 87 厘米，重 64.25 千克。可能是商王室使用的“宝器”。1982 年郑州一处铜器窖藏，出土有 13 件青铜器，除类似前述的方鼎外，还有首次发现的青铜圆鼎和铜卣。商代晚期至西周时期，奴隶制臻于鼎盛阶段，青铜礼器也伴随着礼制的隆盛而日益考究。不仅器类丰富了，更重要的是各种器物的组合，也明显地礼制化。西周前期用鼎已经出现了多个大小相次的组合，后期则愈为完备。《春秋公羊传·桓公二年》何休解诂云：“礼祭：天子九鼎、诸侯七、卿大夫五、元士三也。”而且各级鼎的盛放物品也各有规定。如天子的第一鼎盛牛，以下盛羊、猪、鱼、肉脯、肠胃、肤、鲜鱼、鲜腊。诸侯的鼎内则去后二味。卿大夫的第一鼎盛羊，

〔1〕南京博物院《江苏武进寺墩遗址的试掘》，《考古》1981 年第 3 期。
〔2〕南京博物院《吴县草鞋山遗址》，《文物资料丛刊》第 3 辑。

以下有猪、鱼、腊、肠胃等。士则仅有猪、鱼、腊。《孟子 · 梁惠王下》记载：孟子做士的时候，丧父，以三鼎祭奠。后孟子晋为大夫，丧母，则以五鼎祭奠。这就是所谓“名位不同，礼亦异数”。

礼器的用场，最主要的是祭祀。“国之大事，在祀与戎”，简直可以说，祭祀是奴隶主阶级的头等大事。所祭的对象，主要是天帝、鬼神和统治者的祖先。统治者通过这种宗教形式，为自己筑起一道保护壁垒，并冀图造成对被压迫者的精神威慑力量。从青铜礼器的纹饰看，惯用的是各种变形的兽面，以及幻想的龙、凤等。这既保留着早期自然崇拜、鬼神崇拜或图腾崇拜的遗风，保留着礼的起源的某些迹象，同时又对那种遗风加以极大的改造与发展，使它们具有高贵、神圣、诡奇、神秘以至令人恐怖的气氛，一面是奴隶主的自慰与自卫，另一面则是对奴隶的震慑。(图 24—4) 从青铜礼器的铭文看，字数较多的，大多是宣扬奴隶主的统治是受命于天的，或者是宣扬其祖先的功绩，或者是记述自己受封、受赏的事迹，或是他们对于奴隶、土地的所有权。这就可以清楚地看出，礼器对于维护各级奴隶主的统治地位，以及内部的统治秩序，是有重要作用的。

图 24—4　商代晚期的虎食人卣

由于礼器的上述作用，奴隶主贵族就将其中在宗庙祭祀时最常用而又特别重要、特别宝贵的礼器，视为祖宗和社稷的化身。传说，夏禹曾铸九鼎，用象九州。夏灭，鼎归于商；商灭，鼎归于周，成为传国重器。春秋时，楚庄王路过周地，周定王派大夫王孙满前来表示慰劳，楚庄王乘机向王孙满询问九鼎的大小轻重。意即觊觎周室政权，所以王孙满当即驳斥说：“周德虽衰，天命未改，鼎之轻重，未可问也。”[1] 此后，“问鼎”遂成为企图夺取政权的同义词。不仅九鼎，凡是宗庙所用的重要的礼器，都属于“重器”。那时，灭掉某国，就要将该国的重器掠走或瓜分。在

〔1〕《左传 · 宣公三年》，《十三经注疏》，中华书局，1980，第 1868 页。

考古发掘中，时常在甲国的墓葬里，发现乙国的礼器，其中不少就是劫掠而来的战利品。直至战国时期，孟子还批评齐宣王伐燕，说："若杀其父兄，系累其子弟，毁其宗庙，迁其重器，则必失民心，故应急令改正之。"[1]

生产力的发展和新的生产关系的出现，使奴隶制度"礼崩乐坏"，青铜礼器随之发生了重大变化。一是使用的规格，打破了旧的礼数。春秋以降，诸侯们的"僭越"行为日益普遍，大夫越用诸侯之制的也司空见惯，甚至有的诸侯所用礼器，比天子还要豪华，所用礼器的数目，竟比天子的还要多。这反映了旧的等级制度和统治秩序的瓦解。其二是形制上出现了新的式样。奴隶主阶级礼器的属性渐渐消失，日用生活器物增多。鉴、缶、敦、杯以及扁壶等就是这个时期的新型器物，且多为日用。尤其是铜镜、带钩、铜灯，更是战国时期连平民都使用的生活用器。总之，随着封建社会的形成，作为奴隶制礼治附庸的礼器也趋于衰败了。

## 第二节 礼器和日用器物类举及其演化

对于中国古代礼器和日用器物，本应有一全面的科学分类，但在这一领域的研究尚未能臻于完善。其中，对礼器的分类研究做得较好一些，而对日用器物的分类研究做得很差，在本节中，也只能对古代礼器和日用器物的主要种类及其包括的主要器物作一概略的介绍。如前文所说，古代礼器是从日用器物发展来的，后来很多又转化为日用器物，并且有的器物虽是礼器，但也有时充作生活用具。因此本节先述礼器要类及其演化，然后只述纯日用器物要类及其演化，以免不必要的重复。

### 一、礼器类举及演化

#### 烹饪器

鼎　一般为圆腹、立耳、三足，少数为方形、四足。鼎耳可以穿杠或搭钩。杠的专名叫扃，钩的专名叫铉或铉，铉也指抬鼎的杠。鼎或有盖。鼎原系人类创造的一种烹饪器，是用来煮肉的。目前见到的最早实物，有河北武安磁山、河南新郑裴

[1]《孟子·梁惠王下》，《十三经注疏》，中华书局，1980，第2681页。

李冈的新石器时代遗址出土的陶制钵形鼎、盆形鼎等，其时代为公元前五六千年。稍晚些，陕西宝鸡北鸡首岭出土过造型甚为别致的双联陶鼎。至公元前四千多年，河南安阳后冈出土的折沿圆腹鼎，与殷周鼎的基本形制有些接近了。郑州商城出土的兽面纹图鼎，是商代早期铜鼎的代表。（图24—7之3）进入奴隶社会以后，鼎成了最重要的礼器，而且不同的鼎有不同的用场，从而形成了一套用鼎制度。据研究，鼎有三类：一是镬鼎，系用以煮牲及鱼、腊的大鼎。商代甲骨文中已有镬字。著名的司母戊鼎便是镬鼎的代表，该鼎通高133厘米，长110厘米，宽78厘米，重达832.84千克。蔡侯墓出土铜鼎19件，其中1件形体很大，底有烟炱，盖上自铭："飤鼾""鼾"与"镬"古音相通，故此类鼎实为自铭为镬的大鼎。[1]《淮南子·说山训》高诱注说："有足曰鼎，无足曰镬。"所说乃是汉制，汉后灶台普及，鼎足成为多余，煮牲只需大釜（或称镬）即可，故有以镬无足即釜属之说。在汉代画像石上，也可以看到这种巨釜正坐在吐着火焰的灶台或篝火上。第二类鼎是设食鼎，或曰正鼎，有的学者命名为升鼎。其主要功用，是盛放镬鼎煮熟的肉食。《周礼·天官·亨人》说："掌共鼎镬，以给水火之齐。"郑玄注："镬所以煮肉及鱼、腊之器，既熟，乃脀于鼎，齐多少之量。"[2]脀即将牲体放入正鼎之意，所以蔡侯墓出土的这类鼎自铭为"鼾"。第三类鼎是羞鼎，又称陪鼎。《周礼·天官·庖人》云："与其荐羞之物。"郑玄注："备品物曰荐，致滋味乃为羞。"[3]简言之，羞就是滋味鲜美的调味羹。它是用牲及禽兽肉为主料制成的。镬肉及盛到正鼎内的肉是无滋味的，所以食用时还需要以羞鼎内的羞味调和裹汁。以上三类鼎，不同地位的贵族有不同的组合制度。笼统地说，统治者地位越高，用鼎规格就越高。如前所述：天子用九鼎，配镬鼎七、羞鼎三。诸侯、大夫、士各级减损不一。从考古发掘实况来看，虽未尽与载籍相合，如曾侯乙用天子制，九鼎，所配镬鼎仅二。但其大的原则还是可以肯定的。在鼎的形制方面，晚商周初大体近似。1959年湖南宁乡出土的人面纹铜方鼎，是商晚期的珍品。（图24—8之2）西周晚期至春秋，多为圆底、附耳、蹄足。晋国率先创制新款式的铜器，导致春秋晚期鼎式的多样化。如三晋多矮足扁圆鼎，而南方多高足鼎等等。战国中期以后，普遍兴用素面附耳鼎，直至秦汉。

鬲　圆颈大口，三足中空，与腹连为一体，称为袋足，或称款足。这种结构可增大受火面积，使食物速熟。足尖多成乳头状。主要用途是煮粥。在新石器时代，即已出现了陶鬲，或有柄，或有耳，或有盖。商周出现铜鬲，并逐渐进入了

〔1〕俞伟超《周代用鼎制度研究》，《先秦两汉考古论集》，文物出版社，1985。

〔2〕《周礼注疏·天官·亨人》，《十三经注疏》，中华书局，第662页。

〔3〕《周礼注疏·天官·庖人》，《十三经注疏》，中华书局，第661页。

图 24–5 陕西扶风出土的刖足阍奴方鬲

礼器行列。(图 24—7 之 1) 其间，三个袋足日趋萎缩，整个形体变矮，并有较宽的唇沿。作为礼器的鬲，在使用时，与鼎有一定的组合关系。如 2、4、6 个鬲，每与 5、7 个鼎相配。8 个鬲，每与 9 个鼎相配。西周时，还有个别的方鬲，已非袋足的形制了。鬲身上下隔开，下层为火室，并有火门，可以开关。过去有的古鬲流入美国，如“季良”铜方鬲，底下还有四兽作器足。20 世纪 70 年代，陕西扶风庄白窖藏又出土一件西周时的方鬲，其火门有一刖足阍奴把守。(图 24—5) 随着鬲的日用化，鬲的数量一度增多，袋足亦复隆硕，但至战国晚期便趋于消亡了。

甗　上部为甑，下部为鬲，或分体，或浑体，是两者结合的一种蒸食器。多为圆形、立耳，少数为方形。甗的主要用途是蒸饭，下部煮水，蒸气通过中间的箅孔将上部的米蒸熟。所以《陈公子甗》铭曰：“用征用行，用鬻稻粱。”浑体箅

图 24–6 商代的三联铜甗

的箄子每有一小鼻钮，与箄的内壁关联，使箄子可以开合。1923 年河南新郑出土的一件方甗，上下分体，上部中间立有一道直隔，将其分为二室，因而可以一次蒸熟两种米饭。新石器时代的陶箄，甑部较大，鬲部较小，惟山东胶县三里河所出陶甗相反，且无明显的袋腹。商周之际的铜甗，甑部降低，从结构上讲，大体是西周多浑体，东周多分体。但商代也有分体甗，如妇好墓所出之“妇好”甗。甗主要为日用器，亦兼作礼器，并与鼎、簋、盘、匜等配合。20 世纪 30 年代，寿县朱家集楚墓出土一组大型铜甗，每个均一米多高，是罕见的特例。妇好墓所出三联甗，三个铜甑坐在一个长方形的“鬲”上，可同时蒸三甑或三种饭。该器形大式新，是为仅见。（图 24—6）

**设食器**

簋　圆形似碗，敞口、凹圜颈、圆腹、圈足。或无耳，或双耳，或三耳，或四耳，或带方座，或带支足。簋的主要用途是盛黍、稷、稻、粱等熟饭，相当于后世的大饭碗。公元前 4000—前 3000 年的大溪文化遗址所出陶簋为敛口，带有原始特征。郑州二里冈和黄陂盘龙城出土的铜簋，是目前发现的最早的铜簋，同样也带有原始的体征。至商晚期，簋形渐趋固定。总之，早期的铜簋无耳、大口，晚商以后的铜簋多双耳、敞口。西周早期的铜簋多带方座，敞口渐有收缩趋向。继后，双耳出现了珥—耳下端所垂之板状饰物。西周中晚期又有四珥立足簋，及高圈足簋或圈足下附小兽支足的簋，且器口多弇。同时方座簋依然行用，（图 24—9 之 2）直至消亡。目前已知最大的铜簋，是 1978 年陕西扶风出土的周厉王的㝬簋，重 60 公斤。说明它纯粹是一种礼器，根本无法实用。簋作为礼器，以偶数组合。天子 8 簋，诸侯 6 簋，大夫 4 簋，士 2 簋，分别与一定数量的鼎、鬲等各种礼器相配。簋，又写作“毁”。

簠　侈口，长方形，由大小、纹饰相同的盖、身两部分组成。盖、身均为长方形的平顶和平底，四面斜坡至于器口，有些器口外沿铸小兽或子母口，使盖、身吻合，并由此可分出盖、身。簠或无耳，或双耳。双耳者，即盖、身各铸双耳。器顶和底均有圈沿，在身则为圈足、其四角有矩形短足。在盖则为捉手。（图 24—9 之 7）簠的用途与簋同。簠、簋既同为盛食奉神之器，须整洁，故古人将“簠簋不饬”当做指责为官不廉的婉辞（见《汉书 · 贾谊传》）。簠出现于西周，盛行于西周中、晚期，终于战国。早期簠一般体卑足低，晚期簠则体隆足高。

盨　敛口，椭方形，有盖，以耳，圈足或再加四短足或四立兽为支足。盖上捉手的形制一般与器足相同，只是要小许多。盨是簠、簋结合的产物，其用途同于簠簋，所以有的盨自铭为“簋”。盨出现于西周中期，至春秋以后即从礼器中消失。盨使用时以偶数组合，与其他礼器相配。

敦　大口，圆腹，二环耳，三短足。盖与身多对称，合盖则成球形。俗称“西瓜鼎”。但也有少数的敦，无耳、无足。或长细蹄足，或盖小于身，或呈扁圆形。敦的用途与簋相同，而且逐渐取代了簋的地位。敦兴于春秋，盛于战国。

豆　上为圆盘或碗形盘，高圈足，或高柄圈足，或有盖。柄的专名称校，圈足的专名称镫。(图 24—9 之 8) 豆本用以盛黍稷之类，约自西周即用盛菹醢（酸菜及肉酱）。所以《周礼 · 天官 · 醢人》说：“醢人，掌四豆之实。”新石器时代的仰韶文化遗址中，即已出现陶豆，只是形制古朴，盘或析腹，无明显的柄。以后的陶豆出现高柄、浅盘者，与高圈足者并行。山西保德出土的商代晚期铜豆是目前所见最早的铜豆，山东长清出土的铜豆，大圈足，盘腹较深。西周时期，如长江流域出土的釉陶豆，大貌与前者相近，但有的豆盘则为敛口。春秋战国时期，无论是铜礼器或陶礼器的豆都十分盛行。一般盘腹加深，形似小碗，而且高柄、有盖，甚至有的柄极高。战国燕下都（今河北易县东南）出土的圆柄方豆、江陵雨台山楚墓出土的鸳鸯漆豆，都有很高的艺术价值。

笾　似豆而盘平浅、沿直、矮圈足。《周礼 · 天官 · 笾人》说：“掌四笾之实”，《仪礼 · 特牲馈食礼》云：“祝命彻阼俎、豆、笾。”可见笾与豆有别。《尔雅 · 释器》说：“竹豆谓之笾”，是知笾是从豆分化出来的。但笾也像豆一样，既有竹编，又有木制、陶制和铜制的多种。此类器物或自铭“铺”及“簠”，学者或以此为之定名。“铺”与“笾”古音相通，故二者实乃同一器物，只是由于质地不同而产生了上述的区别字。笾的用途是盛果脯之类的食品。

**大型盛饭器**

盂　侈口、深腹、附耳、圈足，形体较大。是过渡性的盛饭器。相当于后世的大饭盆。甗内（或甑内）的饭熟之后，先盛到盂内，然后再分盛到簋、簠之类的食器里。辽宁喀左出土匽侯盂自铭“匽侯作餴盂”，餴即蒸熟的饭，“餴盂”自是盛熟饭之器。新石器时代的磁山文化遗址（公元前 5000 多年），曾出土过陶盂，但形制与上述铜盂不甚相同：其口大、体椭圆，无圈足、无附耳，或深腹、或浅腹。可能不限于盛饭，还用于盛水。即或铜盂也兼盛水。如《韩非子 · 外储说》引孔子语：“盂方水方，盂圆水圆。”又形似而体小者，亦称盂。如《史记 · 滑稽列传》说道：“操一豚蹄、酒一盂。”可知汉代有偶用盂盛酒者，但已发生了蜕变。商周铜盂，先是逐渐增大，后则衰落。汉后变成另一形制，多小而浅腹，质地也多有不同，并从食器中消失，成为一般器皿，如水盂之类。

## 案具

俎 形似小凳，上横长方形板面，中央微凹，横板下两端有立足。1979 年辽宁义县窖藏出土的商代铜俎，周沿斜侈，立板式的俎足，俎的腹下悬有二枚铜铃，俎身饰有兽面纹。俎是用于切熟肉的砧板。孔子 7 岁时，就从其母学习“陈俎豆、设礼容”，可见俎这种礼器的使用也颇有讲究。同时俎也用于日常就餐。俎除铜制外，还有用漆木制成的。《史记 · 项羽本纪》中说：“如今人方为刀俎，我为鱼肉”，就是以俎、肉拟人事的一个比喻。山东高唐出土的庖厨俑，展现了古人使用刀俎的情形。

## 酒器

酒器中又可分为盛酒、温酒、调酒、饮酒诸器种。

盛酒器

尊 一般为侈口，高颈，鼓腹或筒腹，圈足。( 图 24—7 之 5) 在礼器中的地位仅次于鼎。在新石器时代就出现了陶尊，形制则为大口或兼尖底。山东大汶口文化遗址中一些为人注目的刻画符号，就是刻在大口尊上的。这种尊可能是用来酿酒的。商代以后的铜尊，则为盛酒器。在郑州铭功路和黄陂盘龙城商代中期的遗址中，出土了我国目前已知最早的釉陶尊。这种釉陶尊，主要为敞口、折肩、深腹、凹底的形制，个别已有圈足的，商末周初还有一种特大侈口、筒状的尊，学者或称之为“觚形尊”。西周中期的尊，有体卑、短颈、垂腹的特点。此外，有的尊或有盖，或有鋬（把手），或方形，或圆口方体，不一而足。著名的四羊尊，就是方尊的优秀代表。( 图 24—8 之 1) 战国早期的曾侯乙墓，曾出土一件尊盘，尊立于盘上，二者合为一体，尊的口、腹及盘的周身，均有极其繁缛的透雕纹饰，它不仅造型精美，而且是我国早在公元前 5 世纪即掌握了熔模技术的确证。还有一种形制更特殊的鸟兽形尊，即尊的整体为一立体的鸟兽形状，有盖、有流，且盖、流处理极巧妙。如夔纹象尊的口盖，设于象背，而盖纽又是一只小象，形成大象驮小象的艺术造型，十分生动。(图 24—8 之 4，照片中盖失。) 此外，还有鸟尊、鸮尊、驹尊、犀尊、羊尊、虎尊、牛尊，(图 24—8 之 3) 不胜枚举。尊又是酒礼器的通名，所以有些礼器，常自铭为“尊彝”。

壶 一般为小口，有盖，长颈，圆腹，圈足，贯耳。(图 24—9 之 3) 用于盛酒，或兼盛水。《诗 · 大雅 · 韩奕》云：“显父饯之，清酒百壶。”《孟子 · 梁惠王下》：“箪食壶浆（指酒），以迎王师。”这些记载都可证明壶是酒器。而《仪礼 · 特牲馈食礼》：“壶濯及豆笾”，又证明它兼或盛水。壶的出现很早，新石器时代的磁山文化以及与其大致同时的裴李冈文化遗址都已有了陶壶。不过后者所出的陶壶形体较矮，与罐近似。仰韶时期的陶壶，则与瓶近似。以后的陶壶是商代铜壶的雏形。商晚时期还盛行一种椭圆形、宽口、垂腹的壶，有的还有提链，形体较大。西周中、晚期又出现了方壶。使用时，常以一方壶与一圆壶相配。春秋时期的莲鹤方壶，形体高大（高约 122cm），壶身饰以蟠曲龙纹，有两个镂孔龙形大耳，圈足下伏有双兽。壶盖四周有莲瓣两层，盖中央立一振翼长鸣之鹤。此壶构思精美，一改商周以来礼器的庄重、静止风格，体现了春秋大变革时代的社会风貌。春秋战国时期的壶，形态繁多，纹饰亦趋写实。其中有瓠形壶、八棱壶、扁壶等，前二者当是模仿匏器造型，并且是返璞归真的作品。因为匏实是壶的原型。河北平山中山王墓出土的圆壶和扁壶中还保存了战国时期的酒。1935 年河南汲县山彪镇出土的铜鉴及 1965 年成都百花潭出土的圆铜壶都镶嵌宴乐水陆攻战纹壶，描绘了战国时期贵族宴乐和水陆战争的场景。汉时，壶又有变化，面多平素，圆者专名为钟，而方者则专名为钫，成为生活日用器物。

罍　有高、扁两类，高者小敞口，短颈，广肩，削腹，圈足。口上有盖，肩有兽耳衔环，下腹前有鼻，鼻多作牛首形。扁者大口，广肩，圆鼓腹，高圈足，口亦有盖，肩有兽形耳，但常无环。罍为大型盛酒器，也用于盛水。《诗 · 周南 · 卷耳》说：“我姑酌彼金罍。”又《仪礼 · 少牢馈食礼》载：“司宫设罍水于洗东。”可以为证。罍多作生活用器，也有时作礼器用。《礼记 · 礼器》云：“庙堂之上，罍尊在阼，牺尊在西。”阼指东阶。罍可能是从陶罐分化出来的一种容器，形体大，容量多，如使用时，当是礼仪中的第一道酒具，即先要将罍中的酒分注于尊内，然后再用勺、枓挹入爵、觚等酒器。所以《诗 · 小雅 · 蓼莪》说：“瓶之罄矣，维罍之耻。”瓶即包举尊在内。罍流行于商周，时间较短，战国虽有发现，数量不多。当罍衰之时，壶便盛行起来。除前述圆罍之外，还有少数的方罍。

缶　敛口，短颈或无颈，广肩，圆腹，足平底，有盖及环耳或链耳。少数缶或为方形。初为陶制，后有铜制品，或充作礼器。《礼记 · 礼器》说：“五献之尊，门外缶，门内壶。”缶也是大型容酒器，兼用盛水。缶主要见于春秋战国时期。著名的“栾书缶”，上有错金铭文，是晋执政大夫栾书为祭祀其祖先所作之器。1955 年蔡侯墓出土的 4 件缶自铭“盥缶”，是为水器。而另外 2 件自铭为“尊缶”，则为酒器。

还有一种自铭为𦉜的酒器，形与罐缶相近，水平底。如“国差𦉜”，其铭曰：“用实旨酒。”再如𦉥、瓿，多作实用器物，概不备述。此外，尚有如下一些中等盛酒器。

方彝　方口，方盖，方腹，或微鼓，方圈足。盖似四面坡的屋顶，盖上有柱钮或屋顶状钮。（图 24—8 之 5）还有的方彝，铸有附耳。彝本青铜礼器的通名，因上述形制的酒礼器没有确切的名称，后人遂以方彝名之。方彝出现于商代晚期，腹壁较直，商周之际则腹壁外鼓。殷墟妇好墓曾出土一件巨型两器联体的彝，名为偶方彝。西周师遽方彝的腹内，有一直隔，将彝腹纵分为二,一器可盛两种酒。方彝多有繁缛纹饰，与觥及鸟兽形尊都是酒器中的豪华礼器。方彝自西周中期以后，即不常用。

卣　一般为小口，有盖，长颈，椭圆鼓腹，圈足，有提梁，挂于两肩。卣的体形近似扁壶。（图 24—9 之 1）因卣为中等盛酒器，最高统治者常用盛着酒的卣赏赐给有功的贵族。金文中每见赐品中有“矩鬯一卣”的话。卣出现于商代晚期，初形较圆，商周之际盛行，多为大口，形扁，腹下垂。卣也有方形、直筒形、鸟兽形等。早年出土于湖南安化的虎食人卣，即是十分著名并受到学者热议的兽形铜卣。约在西周末，卣在礼器中即不常见。河南信阳蟒张乡商代墓葬出土的铜卣中，保存了目前所知我国最早的酒。湖南湘潭荆州乡出土的鼍龙纹提梁铜卣是目前所见最大的铜卣。

觥　椭口带流，有盖，椭圆腹或方腹，圈足或四足，有鋬。盖多作兽形。（图 24—9 之 6）去盖后，形似后世带流有把的漱口盂。有的还附带小勺。觥屡见于典籍。《诗 · 周南 · 卷耳》说：“我姑酌彼兕觥”，可见觥主要为盛酒器，或兼用于饮酒。觥的形制另有作牛角状者。山西石楼桃花庄曾出土一件觥，形体近于龙形，并饰有龙、蛇、蜥蜴等纹样，但整体轮廓仍似牛角。此觥为商晚期物，表明它保留着觥的原型——牛角。觥盛行于晚商及西周前期，西周后期消亡。觥或写作觵。

温酒器

爵　口、颈浑一，口侈而狭长，前为流，后为尾。流的根部有两个立柱，柱顶圆帽。也有的两个立柱向中靠拢，合成单柱，圆腹，凸圜底，三只棱锥足，腹侧有鋬。（图 24—7 之 2）爵的形制多样，除上述最常见者，有方腹四足的，带盖的，无柱的，或柱自颈部附出的。爵是用于温酒的，所以其底或留有烟炱。晚期的爵，底烟少见，说明爵后来转向温酒与饮酒混用，甚或多用为饮酒器。爵最初可能模仿了雀的形状。春秋时期，有的爵就做成雀形。铜爵是从陶爵发展而来的。目前发现最早的铜爵是偃师二里头遗址出土的，它也是已发现的最早的青铜礼器。其形态与二里头的陶爵很近似，但制作规整，壁厚均匀。商代早期的爵，器身与足明显分段，流短而狭，无柱，腹底平。晚期，凸圜底的爵盛行，流长而宽于早期制品，多有柱。（图 24—10）属于商代晚期的爵最多，到西周晚期，爵渐渐消失，被实用、便利的杯子所代替。

图 24−7 郑州商城出土商代早期铜礼器
（1. 鬲，2. 斝，3. 鼎，4. 爵，5. 尊）

图 24–8 商代晚期铜礼器
(1. 四羊方尊，2. 人面方鼎，3. 牛尊，4. 象尊，5. 方彝，6. 封口盉)

图 24-9 西周铜礼器
(1. 提梁卣，2. 方座簋，3. 壶，4. 盘，5. 匜，6. 觥，7. 簠，8. 豆)

角　与爵相似，但口上无柱，无流，两端皆如爵尾，呈锐长的角状。腹侧有鋬。《礼记·礼器》云："宗庙之祭……尊者举觯，卑者举角。"可见角为饮酒之器，但它主要用于温酒。现今出土的角不多，它主要流行于商周之际。需要指出的是，以上所谓角，是传统的说法，今姑沿袭之。有一种酒器形同一只牛角，角根处为器口，有盖。在30年代的殷墟发掘及1953年江苏丹徒西周墓的发掘中，均有这种角出土。容庚先生曾推断："上述的角或是爵的变形，而此角方是真角。"此说是很有道理的。

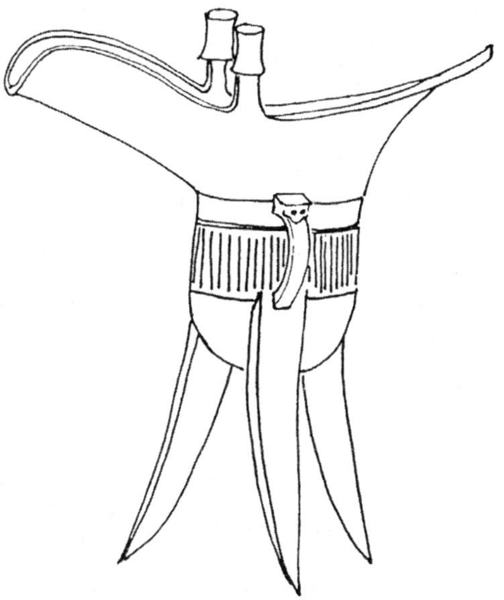

图24-10　商代双柱铜爵

斝　与爵相似，但形体大，正圆形，侈口，口上无流无尾，口缘有双柱，体侧有鋬。其足或为袋足，或为实足，或为棱锥足。（图24—7之2）斝主要用于温酒，在公元前二三千年就已出现了陶斝，如属于龙山文化庙底沟二期的遗存中，就发现了很多。不过陶斝的口沿上一般没有立柱，而为侈口、大颈，以至有的颈特大，形成所谓束腰斝。这直接影响了早期铜斝颈、腰分段的形制。晚商的铜斝则无明显的分段。商周之际斝的形体短粗，多为蹄足。铜斝中个别有四足的。古籍中，礼器有所谓"散"，实即斝。

调酒器

盉　一般为弇口（口小腹大），封顶或设活盖，大腹，管状流，大鋬，三或四个袋状足。（图24—8之6）四足者则为分裆，形体近方。盉的用途原不明了，王国维作《说盉》，[1]始论证为调酒之器。即用以调兑水与酒的浓淡，然后注入爵等酒器中备用。盉或兼用以温酒。陶盉出现得很早，如在河姆渡文化（前5000—前3000）晚期遗址中，就有垂腹式陶盉出土。在良渚文化（前3000—前2000）遗存中有了柱足的陶盉。最早的铜盉，发现于二里头早商遗址中。一般来说，较早的盉多封顶，后侧开小口，前有仰首管状流，袋足。殷墟妇好墓中也有盉出土。

〔1〕王国维《观堂集林》卷三："盉之为用，在受尊中之酒，与主酒而和之，而往之于爵。"

方盉的形状结构，也大体如此。商代晚期主要流行圆腹盉，流在前腹靠上。西周初还有方盉流行，继而有圈足及短足的盉，以后渐衰。

饮酒器

觚　大侈口，细腰，高圈足，饮酒之器。在商代以前即有陶觚，如二里头早期遗存中，有盉、爵、觚的组合。考古所见商代最简单或最基本的酒器组合，也是爵与觚。陶觚的形状为小侈口，腰粗而短、平底，商代早期的铜觚也大体如此。商代晚期的觚变为大侈口，腰细短。觚也有方形的。西周中期以后，觚和相关的某些酒器一起衰落了。

觯　侈口，短颈，鼓腹，圈足，或有盖，形似尊而小。多为椭圆形或圆形，个别有方形的，自铭为“饮壶”，或另立一类。觯为饮酒器，其用途与觚同。相传晋臣杜蒉曾以举觯罚饮的方式，规谏平公遵守礼制，平公乃命该觯为“杜举”。陶觯出现于公元前3000多年，铜觯盛行于商及周初，在春秋时期罕见，或自铭为鍴或耑，如所谓义楚三耑。近代学者王国维作《释觯、觛、卮、䏃、鷓》，谓“此五字同声，亦当为同物”[1]。

**承尊器**

禁　长方体，中空，有的上面平素，有的上面有椭圆口三，以承尊、卣之类的礼器，器身前后及左右均有繁缛纹饰或相应数目的长方孔。又有作正方体者，上承一器，如器铭所自称的鼎卣、告田觥所附的器座，容庚先生认为“也应名之为禁”[2]。禁的用途，已见上述。又据《仪礼 · 士冠礼》：“尊于房户之间，两甒有禁。”郑玄注：“禁，承尊之器也。名之为禁者，因为酒戒也。”长方形的禁发现极少，除外流美国的一件，还有一件藏于天津历史博物馆，均为西周初年之器。1979年河南淅川春秋楚墓出土了一件铸造精美的铜禁，饰有镂空多层云纹，四周攀附12只虎，又以10只虎作为支足，是件罕见的国宝。

**水器**

鉴　大口，圆腹，口沿下有二或四个兽耳，平底。有的鉴作方形。鉴是盛水鉴容之器，故鉴的古文字即为人立水器之侧，俯首照容之形。巨型的鉴，也用于沐浴。《庄子 · 则阳》说道：“灵公有妻三人，同滥而浴。”滥即鉴。鉴又可盛冰，用以防暑降温或冷藏食物，即《周礼 · 天官 · 凌人》所谓的“冰鉴”。鉴盛行于春

〔1〕王国维《观堂集林》卷六。

〔2〕容庚、张维持《殷周青铜器通论》第五章《酒器部 · 承尊器门》，文物出版社，1984，第65页。

秋、战国时期。吴王光鉴是吴王光嫁女儿的陪嫁，为春秋时期的著名器物。河南汲县山彪镇魏墓出土的一对水陆攻战纹鉴，以其精美、生动的水陆两栖战斗的图像而为世人所重。湖北随县曾侯乙墓出土一对冰鉴，鉴呈方形，中央有一方壶，壶与鉴壁之间可以容冰，同出的还有二只长柄斗。显然，这是曾侯的一套“冷饮器”。

盘　大口，直沿，浅腹，双耳或无耳。平底，圈足或三支足。（图 24—9 之 4）个别的盘也有长方形的，还有的盘带流。盘是盥器，用时需与匜配合。《礼记·内则》说：“请沃盥。”沃者，水自上浇之；盥者，手受水而下流于盘。古人吃饭用手抓，食前先要净手，上引《内则》所述，即以匜浇水，供洗手之用，而流下的污水则用盘接受。在公元前二三千年的新石器时代便有圈足陶盘，但尚未有匜的发现。商代及周初也仅发现有铜盘，这时可能已以盉或其他水器代匜，所以有的学者把盉归为水器类。同时沃盥之制也可能尚未臻于正规化。西周以后，盘、匜配用的礼制才确定下来，而春秋、战国时期尤其盛行，且常有与其功用相关的鱼、龙等纹饰。盘有特大的，如虢季子白盘，呈长方形，长达 150 厘米，除了盛水当可用于沐浴。

匜　椭圆形，敞口，长流，龙形鋬，有四足、三足或无足。（图 24—9 之 5）匜为盥手之注水器，其用法已见前述。《左传·僖公二十三年》有“奉匜沃盥”的记载，即说明匜之使用情形。匜出现较晚，西周中期始见，春秋、战国时期盛行。春秋时，匜的流常做兽首形，注水之时，水出其口。个别的匜有盖。还有的将四足做成车轮。

以上所介绍的是一些主要的礼器，有些少见或行用时间很短的，一概从略。下面再谈一下乐器。乐器与礼器的关系。礼器是否包括乐器，历来学者间有不同意见，但都承认某些乐器是为礼制服务的。“礼非乐不履”，奴隶主贵族的各种礼仪，需要音乐的配合。例如钟，除用于军乐及“钟鸣鼎食”的宴乐之外，还有的用于祭祀、铭功、祈福等，足见这部分钟本身即具有礼器的性质。钟体呈扁圆形，上有柄，钟口两端尖角下垂。钟的正常的放置状态为口朝下，与在它们之前出现的同类铙或钲相反，它凭借柄的环悬挂在钟架上。钟架的专名为簴，钟本身也有一套名称制度。如钟的柄称作甬，钟口两角称为铣等。这种钟称甬钟。另有以纽代甬的钟，称纽钟，还有一种钟的口是平的，称为镈。前两种钟可依音阶编列，称为编钟。镈一般独立使用，故称为特钟。编镈虽有，较少见。钟最早见于西周中期，初为二三枚一组，一枚钟一般都能奏出双音。以后渐多起来，战国曾侯乙编钟多至 64 枚。这套编钟的音域达五个八度，充分显示了我国古代音乐的伟大成就。

还有一种似钟而比钟小的铃。桥形纽。《周礼·春官·巾车》说：“大祭祀，鸣铃以应鸡人。”可知铃也用于祭礼。

錞于，是一种打击乐器，圆筒形，上大下小，头似椎，中空，顶上有纽，以便悬挂。除作军乐，也用于祭典。云南晋宁石寨山出土的贮贝器盖上，铸有用人牲祭祀的群雕，其中即有击奏錞于的形象。

即便是如人们熟悉的鼓，也有同钟大体相同的用场。古代的鼓有单面、双面之别，又有陶框（鼓邦）、木框及蟒皮、鼍皮、牛皮等鼓面的不同。商代还有通体皆以铜铸的铜鼓，其形制为双面、横置，上有鸟饰，下有四足，1977 年湖北崇阳出土的铜鼓为矩形足，或称为矩形鼓座。南方少数民族地区的铜鼓，其形迥异。单面，束腰、中空，腰间有耳，可以侧悬击奏。

至于兵器，自然用于战争及格斗，但也有的脱离了实战的意义，而主要体现权威或服务于礼仪。本章第一节已说到玉钺的出现，武王伐商时则“左仗黄钺，右秉白旄以麾”〔1〕。黄钺即以黄金为饰的铜钺，为帝王专用。后世帝王又将它颁赐将帅以主征伐。钺或用为仪仗，作权力的象征。武王灭商后行社祭，“周公把大钺，毕公把小钺，以夹武王”〔2〕。

## 二、日用器物类举及演化

古代日用器物中，有关饮食、盥洗等方面的器物，凡上文已述及者，以及属于建筑、居室、家具、服饰、交通等另有专题论述的器物，一概从略。

**灶具**

人类最早的“灶具”，就是一个火堆，再进一步就是火炕或火塘，实际是无“灶具”可言。直至人类发明了固化的容器之后，这时才有了用三块或多块石块围拢起来的“灶”。以后逐渐发明了高出地面的土灶，又有了陶灶、铜铁炉灶、砖灶等，有些灶的形制或结构一直流传或影响到今天。

陶灶　出现于新石器时代，河南陕县庙底沟曾出土多件，有的灶上还坐着陶釜。其形制为圆形，敞口卷沿，有壁，前脸开口以便填柴，有底，下承三支足。这些陶灶的时代为公元前三四千年。从晚于上述遗址 1000 年的龙山文化庙底沟二期遗址中出土的陶灶，已有了显著的变化。这时的灶呈筒形，上体微鼓、下体收分，敞口，无底，底部开填柴口，而上端近沿处开有四个烟火孔。在山西襄汾陶寺类型的龙山文化遗址，出土了釜灶一体的陶灶，在灶的上端也开了烟火孔。无

〔1〕司马迁《史记·周本纪》。

〔2〕同上。

疑这对加强火力和加速烹饪是极有利的。在此之前的仰韶文化遗址中，曾有双联灶炕，即在前炕填柴、进风，后炕烹食，这在当时是相当先进的。而到了陶寺遗址的时代，人们对于利用烟火孔道，增强燃料火力的技术，有了极大的提高。至于陶寺出土的陶釜灶的结构之妙，是不言而喻的。原始社会发明的这种炉灶，一直影响到周代，当时有所谓煁或烓。《诗·小雅·白华》："樵彼桑薪，卬烘于煁。"《尔雅·释言》："煁，烓也。"《说文》："烓，行灶也。"行灶就是可以移动的灶。所以朱骏声在《说文通训定声》"煁"下解释说："行灶之名，如今之风炉。"[1]陆羽《茶经》云："风炉以铜铁铸之，如古鼎形。"这是用后世器物状喻古器以便于理解。古代之煁，未必都是铜铁所铸。所以《茶经》又指出"其炉或炼铁为之，或运泥为之"。唐白居易《舟行》诗云："船头有行灶，炊稻烹红鲤。"[2]可见行灶用于舟船行旅之情形，其方便可想而知。

砖、土灶　原始社会末期的齐家文化遗址（前2000年左右），出现有高出地面的土灶。在石家庄战国村落遗址，曾发现有台式土灶。春秋、战国时期的灶注意通风、排烟。《吕氏春秋·谕大》篇有"灶突决，则火上焚栋"的记载。由于火力强，又为直突，故易失火。汉后台式砖、土灶极盛行，且将直突改为曲突，

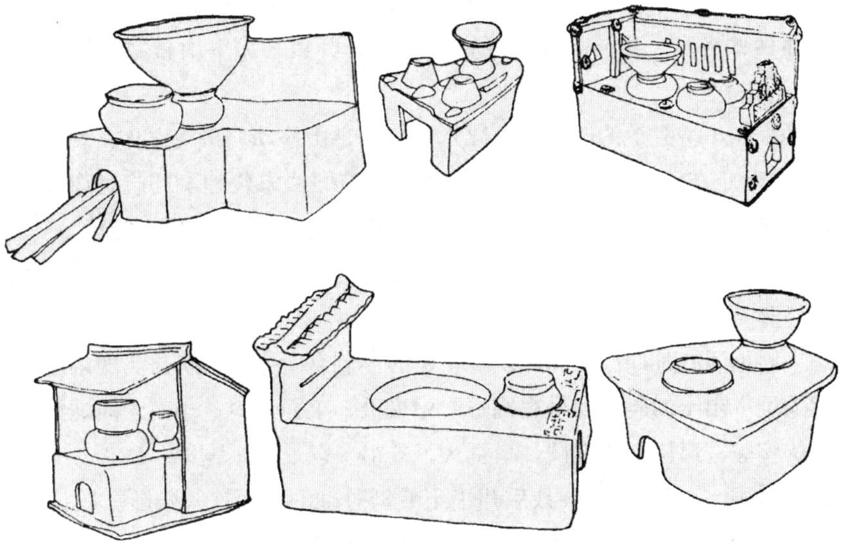

图24-11　汉代陶灶模型

[1] 朱骏声《说文通训定声》，临部第三，清道光二十八年刻本。
[2]《白居易集》卷六。

既拔火、又安全。(图 24—11)汉代“曲突徙薪”的故事，已成人们熟知的典故。1956 年内蒙古包头出土的东汉时期的黄釉陶灶，开有五个灶眼。这种多眼灶，即《汉书 · 五行志》所称之“都灶”。1958 年山东高唐出土的东汉时期陶灶上，坐有釜、甑，后端斜立着一个弯曲的烟囱。1972 年甘肃嘉峪关出土的画像砖，使我们看到了曹魏时期的厨炊，特别是当时人在有烟突的灶前烹饪的生动形象。由于古人对灶的重视，产生了灶神崇拜。《礼记 · 礼器》孔颖达疏：“颛顼氏有子曰黎，为祝融，祀以为灶神”，世代供奉。又由于古灶的发展，灶的各部位都有专名。如《广雅》卷七上《释宫》云，“其（灶）唇谓之陉，其窗谓之突，突下谓之甄”。

铜、铁炉　春秋、战国流行铜炉，秦汉后流行铁炉。如曾侯乙墓出土的一种铜烹炉，形似双层盘，上层腹略深，有双环耳提梁，底有四只长足与下层炉盘相连，炉盘底有三只矮蹄足。实际上这是一种炉灶与烹锅相结合的烹炊器。这种结构特点一直影响到后世。出土时，上层“烹锅”里尚存有鱼骨，下层炉盘内则有木炭，但盘已烧裂变形。1963 年江苏盐城出土东汉时的铁烹炉，其上层铁盘腹深如釜，宜于煮食。1958 年贵州赫章县出土一件汉代的“武阳传舍铁炉”，上为炉体，下为承灰盘，炉体为圆筒形，周身有 12 个竖长方孔，炉底有四个曲尺形箅孔，炉口沿有三个撑爪，保障坐锅（釜）不会压火，而使火力更强。炉体两侧各有一环耳，以便搬动。此炉系驿传为旅客所备之烹饪用炉，至为便利。

镣炉　在小型泥炉的四周，框以木架，可自由移动。岳飞之孙岳珂作有《桯史》，书中对此有所记载。中国历史博物馆藏有一块宋代妇女切脍画像砖，图像中，在桌案前有一小火炉，火焰旺盛，炉上坐着锅。此炉即是所谓镣炉。

### 烹饪器

釜　因不同的时期或不同的质材，釜的形制有所不同。陕县庙底沟新石器时代文化遗址中出土的陶釜，呈扁圆形，中央鼓，上面开口，小沿。河姆渡文化遗址所出的陶釜，形体更为鼓圆，口更大，卷沿。以后有了铜釜、铁釜，其形态的发展日趋鼓圆，如 1956 年陕县后川出土战国时期的配套铁釜陶甑。1973 年南昌出土东汉时期的带铁支架的铁釜。汉后的铜釜和甑多有衔环双耳。釜是古代民间使用最广的烹饪器，以至逃亡避难时也必负携而行。周太王亶父初居邠，“狄人攻之，仗策而去，百姓负釜、甑，逾梁山而国乎岐”[1]。釜亦军中必备炊器，所以

[1] 据李昉《太平御览》卷七五七引《淮南子》。

项羽救巨鹿，“皆沉船，破釜甑”[1]，表示不胜必死的决心。

甑　形如罐或盆而底有孔，或箍以甑带，使其紧固。甑是蒸食器，用时需置于釜或鬲上，燃火后，釜、鬲内的蒸气通过甑底的孔，将甑内的饭蒸熟。在仰韶文化遗址中就发现了甑。属于龙山文化的河南下王岗遗址出土的陶甑，为双耳陶罐形，而山西陶寺遗址出土的陶甑腹壁下收成直线。商周至秦汉的青铜甑，常是分体甗的上部。甑的使用，延续了数千年。东汉时，范冉遭党祸，穷至绝粒，而志节不屈。闾里歌曰：“甑中生尘范史云（冉字史云），釜中生鱼范莱芜（冉曾任莱芜长）”。“甑尘釜鱼”遂成形容贫者断炊甚久的成语。

迅缶　外形似甑，而中央立一中空透底的汽柱，柱上端有花朵形汽孔。通过汽柱的蒸汽将器内食物蒸熟，实际就是今天的汽锅。殷墟妇好墓出土的一件青铜迅缶，双附耳，口沿上有凹槽，以便加盖。河南信阳楚墓曾出土一件陶质迅缶，因遣册内有“迅缶”之器名，商承祚先生认为即此空柱器皿，由此取名。

鍪　似釜而圆，圜底，敛口，反唇，双耳。是由釜发展而来的炊具，主要流行于战国、秦汉的秦人生活地区。四川新都出土的五件铜鍪（礼器），有三件单耳的，较少见。

锅　敞口，凹底，平沿。原始社会新石器时代即已出现。如仰韶文化大河村四期遗址出土大陶锅，湖北屈家岭也出土了特大陶锅。这当是氏族大家庭用的烹饪器具。

鬶　高颈，圆口，有流，三袋足，有鋬。《说文》称之为“三足釜”，是煮粥、煮水之器。是大汶口文化和龙山文化的典型器物。有的鬶还做成动物形状，如山东胶县三里河出土的狗鬶、猪鬶，颇有趣味。在长江流域的新石器文化遗址中也有鬶的发现，以后渐渐衰落，直至绝迹。

炙子　形制多样，主要有箅条式、网式、漏孔式等，多有柄。早在公元前三四千年的马家浜文化遗址中，即出土了一件陶炙子，长方框，中有三条箅孔。当是烤鱼、烤肉时所用的。

镳斗或刁斗　一般为圆盘形，有长柄，或有流，有三足，主要用于军队加温熟食。《急就篇》黄笺及《一切经音义》等皆谓镳斗即刁斗，或谓无足者为刁斗，古人一般每日二餐，第二餐所食称飧或馂。飧即晚餐，义为早餐之余。镳斗或刁斗即加热飧或馂的炊器。当然在必要时也可用来煮食。它们的另一用途，是夜晚时用它打更巡夜。杜甫《夏夜叹》诗云：“竟夕击刁斗，喧声连万方。”

[1] 司马迁《史记·项羽本纪》。

### 盛食器

箪　近似后世之竹篮，竹筐，用竹、苇编制。古人饭食，除蒸饭、煮粥外，还常做干粮，即将米、麦等谷物炒熟，或进而加工成粉，名之为“糗”，箪即盛糗之器。进食干粮时，自需就水，或以水调和，所以《论语》记载孔子称许颜回：“一箪食，一瓢饮……”古人又常以“箪食壶浆”描写群众对军队的欢迎。

### 餐具

碗　旧作盌或椀，敞口，深腹，小圈足，个别有平底的。《说文》说它是“小盂也”。其用途除进食、盛汤外，后世又有用茶碗饮茶的。碗在新石器时代各类文化遗址中均有发现，除陶质的以外，还有石质的，木质的。在河姆渡文化遗址中，发现了一件瓜菱形木胎漆碗，外髹朱红色生漆，是我国最早的髹漆制品。安徽屯溪西周墓中曾出土过原始瓷碗，在江苏丹徒、句容、金坛等地也有出土。湖北曾侯乙墓出土的金碗，有盖，环耳，三足，内附一镂孔金匕，是先秦罕见的金器珍品。汉墓出土的碗，大同小异。

杯　饮酒器，汉代做椭圆形，两侧突出两翼如耳，故名耳杯，又名羽觞。出土物极多，长径10—15厘米，漆木质最多，也有铜制者。还有一种染杯，经学者研究，当是盛作料酱的“调味碟”。

箸　即筷子。古人吃饭最初是用手抓。《礼记·曲礼》云：“共饭不泽手”，疏曰：“古之礼，饭不用箸，但用手。既与人共饭，手宜洁净，不得临食始挼莎手乃食。”但在商周时已有箸。《史记·十二诸侯年表》记载：“纣为象箸，而箕子唏。”不过那时的箸不用于吃饭，而是用于吃菜。因此《曲礼》又云：“羹之有菜者用梜，无菜不用梜。”郑注：“梜犹箸也。今人或谓箸为挟提。”其实梜、箸之别，仅在质地的不同而已。梜为木制，箸为竹制。其后箸渐兴，且用于吃饭。汉时箸已较普及，还产生了专门盛箸的器具，叫做筩或篣，是截取带节粗竹制成的。还有一种箸笼，叫做筝，是以细竹编成的。筷子之名，约出现于宋代。《推篷寤语》云：“有讳恶字而呼为美字者，如立箸讳滞，呼为快子，今流传之久，至有士大夫直呼箸为筷子者。”

### 幂食器

《周礼·天官·幂人》云：“掌其中幂。”即负责用中幂覆盖食物，以保持食物清洁。民间也早有以布幂覆盖食物的习惯。后有食罩，以纸、布或纱等为之，也有竹制笼罩。唐宋盛行碧纱橱，主要是厨用。后来用于寝卧的纬幛也称碧纱橱。食罩则可用于宴席，每道菜上罩一个。

### 取火器

燧木　古代钻木取火，所用钻子及燧木，大小形制无定。后世又有用火刀、燧石击擦取火之法。新疆乌鲁木齐南山矿区的古墓葬中，出土大量的木片，上面还有不少的钻孔，即是战国至秦汉之际的燧木。《史记·孙子吴起列传》载：庞涓中了孙膑诱兵之计，追齐兵至马陵，见大树上有字迹，“乃钻火烛之……”。其取火之法，当即钻燧木，以易燃之引火物引燃之。唐代以后，有人发明了“引火奴”，以杉条染硫黄，一与火遇便引起燃烧。以后逐渐普及，改名叫“火寸”。

阳燧　铜质圆盘形，似镜而小，凹面，可聚阳光成焦。崔豹《古今注·杂注》说：“照物则影倒，向日则火生，以艾炷之则得火。”阳燧显系受到铜镜能反射阳光的启发，而逐渐发明的。因此古人又称之为鉴燧。至迟在公元前5—前4世纪，阳燧已经产生了。《周礼》、《淮南子》、《墨子》等典籍里都有记载。王充《论衡·乱龙》：“今伎道之家，铸阳燧取飞火于日。”阳燧的发明，在科技史上有着重要的意义。不过从文献及实物考察，阳燧很少用于人民的日常生活，所以出土实物不多，黑龙江省阿城曾出土两件，为宋、金时物。

### 照明器

烛炬　古代最初无蜡烛，燃柴枝束以照明，即所谓烛，也称炬（苣）。《周礼·秋官》有司烜氏，即专司取火、照明之事。据贾公彦疏，古之烛炬“以苇为中心，以布缠之，饴蜜灌之，若今蜡烛”。《仪礼·燕礼》疏也说：“古者无麻烛，而用荆燋。”约秦汉后，始以麻浸油为烛。司烜氏所供为“庭燎”，“庭燎”即立于庭中之大烛。但等级分明，天子百燎，公五十，侯伯子男三十。在室内夜晚待客也有讲究，要能做到“烛不见跋”，即烛炬燃烧不得现露其根，以示殷勤不懈之意。必要时，主人还要亲自“执烛抱燋”。至于侍者执烛则一律要坐在角落里，即所谓“隅坐”。炬又用于烽燧，夜有敌情则燃炬报警。1973年在内蒙古居延的汉代烽燧遗址中出土的炬，是用芨芨草捆束而成的。蜡烛约出现于东汉前后，魏晋时期已很流行。1983年，广州象冈山南越王墓出土了兽首形三插座烛台，青铜鎏金。在长沙、满城的汉墓中，曾出土蜡做的烛块。《晋书》和《世说新语》均记述了周嵩以燃烧的蜡烛投击其兄周顗，而顗依然神色无忤的故事。此时的蜡烛灯台也多有出土，如1957年福建建瓯出土的一件烛台，台座上由花盘上分出三支蜡烛座，座上又由花瓣烘托，造型甚美，其烛之精好可知。梁简文帝《对烛赋》云：“绿苣怀翠，朱蜡含丹。”[1] 目前所见最早的蜡烛，是1983年在河南陕县的一座

[1] 据张英、王士禛等《渊鉴类函·火部·烛五》。

唐墓中出土的，共两支，圆柱状。较完整的一支，长45厘米，径5.5厘米。表面还绘有黑、绿两色的梅花图案，制作相当考究。

灯　上部作圆盘形，曰盏，盏内有钎，盘下有柱，柱下圈足，有的还带把。统治阶级还使用各种豪华的连枝灯、连盏灯以及有人物、动物等造型的灯具。《尔雅·释器》："瓦豆谓之登"。注："即膏登也"。最初的灯就是在陶豆中盛膏油燃捻，后来才分离出独立的灯。东周时期，灯具造型有很大发展，如河北平山战国中山王墓出土的十五连盏铜灯，高达84.5厘米，形似大树，分有15枝杈，枝上群猴嬉戏，枝端托出15个灯盏，灯座上有两人抛食逗猴，在结构上，主干由八节组成，有榫口，拆装方便，是一具组合式的华灯。与此灯同出的还有一盏银首人俑铜灯。人俑身穿绣袍，左手提二蛇，盘连二灯盏。右手高举一蛇，其顶连一灯盏。这枝战国中山国的银首人俑铜灯，人俑两手所捉之蛇，实即《西京杂记》所谓之蟠螭。汉代的中山王刘胜妻窦绾墓，出土了一件鎏金长信宫灯(图24—12)，以宫女跪坐持灯，灯盏可以转动，灯罩可以开合，以调整光照的方位和亮度。宫女的右臂及身躯皆中空，燃烧的油烟可由臂进入体内，减轻室内污染，当时，民间的灯具也很普及，不过简陋得多，或仅为一灯碗而已。人们把对幸福的憧憬与灯光联系起来，视灯花为喜兆。汉代民谚曰："灯花今夜开，明朝喜庆来。"随着瓷器的成熟，瓷灯也发展起来。如1958年南京三国吴墓出土一件青瓷熊灯，上刻"甘露元年五月造"。其形为熊踞于灯座内，头顶灯盏，两支前爪扶头，形象极为生动。隋唐时期制瓷业的繁荣，尤其是白瓷制造技术的精湛，为灯具品种的丰富和精美创造了前提，而黑釉，褐釉的出现，进一步推动了各色瓷灯在民间的普及。古代的灯笼，多以纸为罩，或以葛，富者以纱。南朝宋武帝尚节俭，"床头有土障，壁上挂葛灯笼、麻绳拂"[1]。约自唐代

图24-12　河北满城窦绾墓出土长信宫灯

[1] 李延寿《南史·宋本纪(上)》。

起，形成了上元灯节，其后历代灯彩，千姿百态，不一而足。后来又有蜡纸灯笼，透明度好，而且耐用。特别是至迟在宋代创造的“马骑灯”，俗称“走马灯”，利用燃气涡轮原理带动各种故事人物在灯内转动，颇有情趣。如南宋临安（今杭州）“灯品极多”，其中的“纱戏影灯，马骑人物旋转如飞”。[1] 宋代范成大有诗咏之：“映光鱼隐见（原注：玻璃壶瓶贮水养鱼，以灯映之），转影骑纵横（原注：马骑灯）。”[2] 至于灯烛所用膏油，初皆动物油脂，后乃用植物油。《楚辞·招魂》云：“兰膏明烛，华灯错些。”“兰膏”即用泽兰炼制的一种灯油。另外《汉书·地理志》记载说：“高奴，有洧水，可燃。”宋代沈括，将这种流出地面的可燃液体名之为“石油”。而明代曹昭的《格古要论》则明确地记载了陕北人民将石油炼成灯油，这是我国人民燃用煤油灯的滥觞。

烛铗　灯烛之烛灰，往往需剪掉，免其阻燃，形似后世的胡桃夹子，唯夹头做相对薄刃状，手捏夹柄，双刃即可剪掉烛灰。

**取暖器**

炭炉　犹后世所谓炭火盆。圆盘或方盘，下承三兽足，或为圈底支足。盘两侧有链耳。此类炉以燃烧木炭供人取暖。出土实物很多，有的还残存着木炭。多为铜制，也有铁铸的。春秋时期的王子婴次炉，呈方形，炉盘底部残留着底足的断痕，可推知该炉原有斜柱式的圈足。1981 年陕西茂陵无名冢出土一件铜暖炉，圆体、直壁，镂九竖孔。深腹、平底、蹄形高足。腹外壁有提链，这种炉极罕见。同时还出土一件铜暖手炉，也是罕见的暖手炉具。能笼于袖中之炉，名为“袖炉”。暖脚之炉，则名为“脚炉”。《香笺》注：“书斋中熏衣，炙手，对客常谈之具，如唐人所制漏孔罩盖漆古，可称清赏，新制有罩盖，方圆炉亦佳。”

**帐具**

帐构　古人设帐，或为游牧，或为军旅，或为帝王行宫，或为郊行宴饮，而且还每于室内张施于床，但大体有室外用帐及室内用帐两种。《周礼·天官·幕人》有：“掌帷、幕、幄、帟、绶之事”的记载，由此可知，大概两千多年前统治者已有一套用帐的制度。从现存的实物、壁画、画像砖等资料中，可以看到古代的各种帐篷。以室外帐言，河北平山战国中山国墓葬出土了武帐帐架及橛一套，

〔1〕周密《武林旧事》卷二。又顾禄《清嘉录》卷一《灯市》条载：“腊后春前，……贫郎出售各色花灯，精奇百出。……其奇巧则有琉璃球、万眼罗、走马灯、梅里灯、夹纱灯、画舫、龙舟，品目殊难枚举。”

〔2〕张英、王士禛《渊鉴类函·火部·灯五》引范致能《上元纪吴下节物俳体诗》。

还有皮帐及其构件一套。[1] 其中一种帐顶铜构，形如蘑菇，圆顶四周有17个环。环上套有独脚钎子，用来固定帐顶皮带，顶足是一巨銎，可纳大帐的立杆。室内用帐构也有出土的，如河北满城中山王刘胜墓出土帐构有两套，一套鎏金，共102件，复原后为四阿顶长方形帐。长2.5米，进深1.5米，此帐是用于床上的。另一套帐构复原为四角攒尖顶的小形方帐，可在厅堂、露天张设。洛阳也出土过曹魏正始八年（247年）的铁帐构，复原为尖顶方帐。看到这些实物，便不难想象汉代大儒马融讲经“施绛纱帐，前授生徒，后列女乐”的情景了。[2] 当然，不同级别的官吏以至平民百姓施帐，分别有着种种限制。

### 容饰器

梳篦　新石器时代的文化遗存中即发现了骨梳，晚期如山东大汶口文化遗址中出土过两件象牙梳，制作玲珑精致，有17齿。《周礼·考工记》有榔“(栉)人”(文佚)。《说文》曰：“栉，梳枇（篦）总名也。”可见古人对梳篦的重视，故统治者或有以梳理喻政治者。梳篦又有木、角、金属等质地的不同。梳之密者为篦，更利于去油污。头发稀疏者，不必用篦。杜甫诗云：“耳聋须画字，发短不胜篦。”[3] 但梳篦不限于理发，且以理须，此类篦子称“篦刀子”，形似小刀；可随身携带。北宋时王晋卿派高俅向端王（后为徽宗）献“篦刀子”，高俅因此得与端王蹴鞠（踢球），从而飞黄腾达。梳或为妇女用作束发饰物。苏轼诗云：“山人醉后铁冠落，溪女笑时银栉低。”[4]

铜镜　多为圆形，也有菱花形、葵花形、八菱形、亚字形、盾形、方形等。镜面平光，用以鉴容。(图24—13) 镜背有一纽，少数有2、3、4纽的，背地有各式纹饰。有的铜镜有柄，还有的铜镜很小，是随身携带的。时代最早的铜镜是1975年在甘肃广河齐家坪出土的一面素镜，和1976年青海贵南尕马台墓葬出土的七角星纹镜。这两面铜镜制造较粗糙，形体亦小，前者直径为6厘米，后者为8.9厘米。其时代为公元前2000年，皆属齐家文化。稍晚些的是1934年殷墟侯家庄1005号墓出土的一面平行线纹镜和1976年殷墟妇好墓出土的两面叶脉纹镜及两面多圈凸弦纹镜。经西周、春秋，铜镜在战国时期得到长足的发展，创造了铜镜的新风格，不仅造型美观，纹饰也丰富多彩。汉镜较厚重，钮多为半球形、

〔1〕河北省文物管理处《河北省平山县战国时期中山国墓葬发掘简报》，《文物》1979年第1期。
〔2〕范晔《后汉书·马融传》。
〔3〕杜甫《水宿遣兴奉呈群公》，《九家集注杜诗》卷三十四。
〔4〕见《佩文韵府》卷九十九工，十药。

开始出现铭文，并渐趋繁复。汉镜中最精美的是一种博局镜，旧称规矩镜。1979 年山东淄博出土的一面西汉连弧蟠螭纹大长方镜，长达 1.15 米，宽为 57.7 厘米。四角及中心共有五个钮。背饰一长龙穿行于云气之中。是目前已知我国古代最大的铜镜，汉至两晋南北朝铜镜多浮雕人物故事，如东王公、西王母、伍子胥、吴王夫差等。唐代则使汉代繁盛的铜镜工艺，飞跃发展到了一个新的高度。无论是造型或是纹饰，都有了新突破，如菱花、八棱、海棠花等式样均出现于此时，特别是海兽葡萄镜最为名贵，唐玄宗在其八月初五日生日那天，常以铜镜赐百官，以至民间八月五日赠镜成俗。镜铭常有四言、五言小诗，如歌咏照镜情景者："当眉写翠，对脸传红，绮窗绣幌，俱含影中"云云。宋代镜形又新出亚字形、钟形、鼎形、鸡心形等，惟其镜多悬挂于较高的镜台，镜背纹饰渐被漠视。其纹饰一般多为缠枝卷草之类，但也有写实的画面出现，如少男少女蹴鞠（踢球）的图像。清代中叶，玻璃镜子登上梳妆台，铜镜便逐渐而消失了。铜镜的铸造是专门的一种工艺。为使镜面光亮，铜镜铸成后及使用一个时期后，需加以磨光，于是磨镜也就成为古代的一种职业了。此外，有的还需施用一种涂料。《淮南子 · 修务训》记载，汉代使用的涂料叫"玄锡"，即是水银。至于战国至汉代，镜上的错金银、镶嵌琉璃以及唐镜上的金银平脱、螺钿等特种工艺，更是著称于世。古人为保护铜镜，还常给它加上"镜衣"，藏于镜奁之中。富贵人家于镜衣、镜奁尤其讲究，如马王堆一号汉墓出土的漆奁内，除装有铜镜外，还有用绢、锦、丝绵制成的镜衣和镜擦。有的还特制有镜台或镜架，用以支放铜镜。在古镜中还有一种被某些外国人称为"魔镜"的特种镜，其特点是能在日光下将背面的纹饰反映在墙壁或幕布上，俗称"透光镜"。对于这种现象，学者们已揭示出其透光的原理，这是由于铸造冷却和加工研磨镜面过程中，产生的内应力所致。

图 24-13 汉代新兴辟雍镜

奁 圆形、长方形或多边形盒匣，有盖、子母口，内多分层或分间。主要为漆木制。流行于我国直至明清。它用于盛放梳妆用品，后发展成梳妆镜匣。在近十来年发掘的曾侯乙墓、云梦睡虎地秦墓、青川秦墓都有漆奁出土。在长沙烈士公园3号墓中，也出土一件漆奁，内盛木梳和山字纹铜镜。

燕器　燕，安也。《仪礼·既夕礼》“燕器：杖、笠、翣。”这里完全照搬古人的日杂器的分类名称。杖，即老人所拄之器。中国有敬老传统，汉代还由政府给80岁——后改为70岁以上老人发授王杖，其端饰鸠鸟形，铜、木为之，罕见有玉制者，故王杖又名鸠杖，出土实物中多有。翣指大扇，扇，汉时名便面。其制扇，叶在扇柄的一侧，圆形扇尚少见，此外，古籍所称“内具”的缝衣针，至汉代钢制品已有出土，甚或还有银针出土，收存针的针衣，针管和金、银、铜的顶针也均有实物出土。古剪，初为簧剪，剪刃间，并无固定的剪钮，剪刃的张合，全靠人手捏动8形的剪柄及其回弹的张力。我国古扇形状多样，用料则羽、竹、丝、牙、纸并用。王羲之、苏东坡等均有题扇、画扇的掌故流传，宋后折扇渐行，更提供了书画创作的新天地。现故宫藏明代大折扇，展开后，横152厘米，可称折扇王了，至于该扇的画、款、印也有非常重要的历史及艺术价值。

**带具**

鞶　束衣的大带。《说文》：“鞶，大带也。《易》曰：‘或锡之鞶带。’男子带鞶，妇人带丝。”晋陆云《吴故丞相陆公诔》有“鞶带翩纷，珍裘阿那”之句。阿那，今作婀娜。鞶又指腰带所悬之小皮囊。《礼记·内则》说：“男鞶革，女鞶丝。”注谓：“鞶，小囊盛帨巾者，男用韦，女用缯，有饰缘之。”《太平御览》引《曹瞒传》：“操性佻易，自佩小鞶囊，盛手中细物。”鞶，官吏也用以盛放印绶。《隋书·礼仪志》记载了不同品级的鞶囊，用不同质地的缕饰，而官无印绶者，不能佩鞶囊。《晋书·舆服志》还记述了“官不给鞶囊，得自具做”的情形。鞶还被用来缀系小铜镜，称为“鞶鉴”。

带钩　勾系束腰革带的器具。形似一条弯尾的小鱼，其尾即钩，以钩住皮带。大头的背面有带帽圆柱，以固定皮带的另一端。旧说带钩及皮带原是北方游牧民族的一种装束，春秋战国时期传入中原。战国中期更在南方普及。当时人或称“犀比”、“师比”、“私钍头”等。《楚辞·招魂》说：“晋制犀比，黄白日些。”其中“犀比”即带钩。带钩多为铜制，也有铁制、骨角制或宝玉制者，有的还加金银错、松石镶嵌。其形有棒形、月琴形、竹节形及各种动物形，制作多精美。由于近年来在中原地区发现了春秋中、晚期乃至西周晚期的带钩，它们早于古代北方民族的带钩，因此有人推断带钩可能是中原华夏族的发明。也可能各自发明而互有影响。带钩的使用一直延续到汉魏，至南北朝时期才逐渐消失。现今出土的带钩很多，如山东临淄郎家庄 1 号墓，发现铜带钩 64 枚，金带钩 2 枚。又如河南辉县出土的鎏金镶玉嵌琉璃银带钩，精美绝伦，堪称带钩中的珍品。

带头　带扣带銙。这是用于穿系腰带的一系列器具。带扣近似今时皮腰带头，唯其扣针及穿系方法与今不同。带头及带銙均为带端之及带身之饰件。晋唐时这种革带演化为鞢䪙带，这个问题已属服饰范畴，兹略。

**贮物器**

笥　竹藤编制长方形扁箱。亦有苇制者，用盛衣物或饭食。称人“腹笥渊博”即喻其腹藏学识宏深。

箧　椭圆的笥，用贮衣物、书籍及财宝，《庄子》有《胠箧》篇，胠箧，即从旁边打开箱笥，谓行窃。

**贮钱器**

扑满　为馒头形陶罐，上开小扁口，或制成动物形。《西京杂记》云：“扑满者，以土为器，以蓄钱，有入窍而无出窍，满则扑之。”至迟西汉时期，扑满已经流行。扑满又名缿。《说文》云：“缿，受钱器也，古以瓦，今以竹。”可知贮钱器还有竹制的但并未能取代陶质扑满。《说文稽古篇》谓：“今商家以长竹筒盛钱，夕则倒出而计之，即此物也。其制盖始于汉。”

云南晋宁石寨山出土过几件古滇人贮贝器，为青铜制，圆筒形，束腰，盖上有各种雕饰。双兽耳，平底有足。此为汉代滇族奴隶主收藏海贝的一种贮钱器。(图 24—14)

图 24-14　云南晋宁石寨山出土七牛铜贮贝器

**清洁卫生器**

箕帚　早在原始社会即已有制作精致的各式箕帚了。例如浙江吴兴钱山漾出土的公元前 3000 年的簸箕，商代甲骨文中也有箕帚的象形字。古人将天星连缀像箕者，名之为“箕宿”。《诗·小雅·大

图 24—15 河南安阳隋张盛墓出土持箕女俑

东》："维南有箕，不可以簸扬。"古箕有多种：籍箕，用以淘米；簸箕，用以簸扬；畚箕，用以盛物……。商周以来，还有一种铜铸的炭箕，底有网眼，用筛炭灰。古代箕帚之形制与今大体相同，这从有关箕帚的考古材料可以证明。隋代张盛墓出土的操箕女俑，正在碾旁进行簸扬，旁立一持铲女俑，是反映古代妇女劳动形象的作品之一。(图 24—15)

拂　俗称拂尘，一般以麈为之。麈即麈尾的省称，《名苑》云："麈似鹿而大，其尾辟尘，群鹿随麈皆视其尾为准，故古之谈者挥焉。"[1] 实际麈即麋鹿，俗称"四不像"。六朝文士即喜执麈而谈，以彰风雅，并寓指麾之意。欧阳修《和圣俞聚蚊》诗云："抱琴不暇托，挥麈无由停。"直使麈谈之士手不停挥的情态，跃然纸上。麈不限文士使用，将帅亦或用之，据有的学者考证，诸葛亮所挥羽扇实即麈尾。《水浒全传》第七十六回记载童贯在阵前曾用玉柄麈尾指挥军队。至于贫士之拂，自然考究不得，或以棕，或以麻绳为之。后世则常以马尾为之，并常用于拂拭床几。

熏炉　炉身似桃形，下承柱足或人物造型，立于盘中。上有盖，镂作群山形。山间常铸神仙、人物、鸟兽之形，故曰博山炉。多为青铜制，亦有陶瓷制者。古人在炉中焚薰草（一种香草）等，以香熏家室。因此陕西茂陵无名冢出土的高足博山炉又自铭为熏炉。博山炉盛行于汉及魏晋。《艺文类聚》卷七十引汉刘向《熏炉铭》曰："嘉此正器，崭岩若山；上贯太华，承以铜盘；中有兰绮，朱火青烟。"后世熏炉形制与此异，体大，多支足，而无博山，大者或兼用取暖。有时还需配备熏笼（专名为"篝"），用以熏衣巾。还有一种被卧用香炉，形如球，铜制，或鎏金、银。球面雕镂花孔，内设两层双轴相联的同心圆机环，内层之机环有双轴承以灰盂，以备焚香，球身百转，而灰盂永远保持平衡。1987 年陕西扶风法门寺

[1] 张英、王士禛《渊鉴类函·眼饰部·麈尾一》。

出土的这种熏炉，大如香瓜，是目前所见最大的熏炉，但已不是被中所用，而是悬挂室中的香熏。

唾盂　即痰盂，自汉迄至近代，流传不绝。漆木、陶瓷制，后者最多。大小盈捧。

行清　或作行圊，又名清器。《周礼·天官·玉府》“掌王之燕衣服、衽席、床笫，凡亵器”。郑注：“亵器、清器、虎子之属。”行清或称廁。《玉篇》曰：“廁，行圊也，木槽也。”《集韵》说：“廁，行清受粪函也。”《史记·万石君传》《集解》引苏林曰：“牏音投，贾逵解《周官》：‘槭，虎子也。窬，行清也。’”综上所述，可知行清犹后世之马桶。

虎子　即溲溺之器。漆、铜、陶、瓷多种质地，后者居多，后世俗称便壶。

古代日用器物自不限于上述各项，还有些大同小异或很少见的或太平常的，镊钳、日用容器、装具等，今不备述。

## 第三节 结　语

本章所述中国古代礼器和日用器物，还只是它们发展过程的一些点和环节。就时间来说，尚未贯通。就民族说，基本还是囿于中原民族的范围之内。本章实在仅是浅涉而已。尽管如此，还是大致可以看到古代礼器和日用器物的发展概貌。它们的产生、演变受着当时生产力水平的制约，同时又影响着当时的物质生产和精神生活。如果对它们再加以综合研究，还可以由此取得对当时社会生活的进一步了解。如商代武丁时期的铜礼器和日用器物量多质优，且形成了酒器、炊器、食器、水器等完善的组合，这证明武丁时期的古代文明有了很大的发展，同时有助于我们对武丁政治的评价。又如春秋战国时期，不仅淘汰了商周以来的爵、斝、觯、觚、角、觥、彝、卣等礼器，而且诸侯、士大夫使用礼器的数量和质量大幅度地提高，作为最高统治者天子则相形见绌。至战国晚期，日用器增多，并且不断地规格化。这一切又都是那个时期生产发展，阶级关系和思想文化发生剧烈变革的反映。

生存及生活条件的改善、提高，是人类一直追求、奋斗的目标。中国古代礼器和日用器物便是这种追求与奋斗的宝贵见证。在有关的遗物中，常有些令人感到惊讶的，甚至难以置信的发明创造，这充分显示了我们的祖先伟大的创造才能。

固然，古代的这些文化成果是无法与现代相比的，但是，可能人们已经发现，现今有某些日用器物竟和古代的极为相似，甚至完全相同，反映了这些器物设计的合理性。

日用器物是人类生活最直接、最必需的助手，礼器则是物化的礼制。前者是人类生活长久的伴侣，后者则是一定历史阶段上的昙花一现，但它们同是人类社会的杰作，同是劳动与智慧的结晶。需要强调指出的是，中国古代礼器和礼制一样，首先是中国古代文明的伟大升华和推进器，而后才逐渐成为历史的赘疣。在确立文明制度、发展奴隶制国家的历史进程中，礼器作为礼制的载体，曾经起到了进步的作用。在 1949 年以来相当长的一个时期里，礼器完全被简单地当做奴隶主的罪证而加以批判。实际上，如果没有新生的奴隶主阶级、没有平民阶级及知识分子的参与，恢弘而精美的青铜礼器的产生，是不可想象的。这样评价，并不影响我们对于礼器所蕴涵着的阶级压迫的揭露以及对于它（包括礼制）走向反面的批判。恰恰能使我们更好地把握那个时期的阶级关系，看清那个时期阶级斗争的形势和变化，从而洞悉古代社会同现代社会在物质条件方面存在着的根本区别。

# 第二十五章
# 古代陶瓷工艺成就

中国陶瓷以其历史悠久，内容丰富，民族艺术特色浓郁，技艺精湛而著称于世，它是中国优秀文化遗产的重要组成部分。

中国是世界上最早发明陶器的国家之一，陶器的出现可以追溯到一万年前的原始社会，瓷器的发明也有三千多年的历史。陶瓷原料是铝硅酸盐，无毒，无味，特别是瓷器造型的典雅适用、釉面光滑，便于拭洗等优点，现在已成为世界上使用得最广泛、最受欢迎的生活用具。中国发明瓷器对人类文明进步是一个大的贡献，因此被世界人民誉为瓷器之国。中国陶瓷已经成为人类文化艺术宝库中一宗巨大的财富，吸引着各国的历史学家、考古学家、陶瓷学家、工艺美术家，从各个不同的角度来进行研究。研究中国陶瓷已经成为一门世界性的学问。

在中国，陶瓷学却是一门比较年轻的学科，中华人民共和国成立之前，人们主要是从爱好古董的角度加以鉴赏，谈不上什么研究。建国后，考古工作者在全国范围内开展了系统的古窑址调查和发掘。有关学者以陶瓷考古学为基础进行了系统的研究，同时硅酸盐科学工作者、陶瓷工厂等也积极配合，用现代科技手段进行测试，工艺模仿试验，从宏观到微观研究都取得了许多引人注目的成就，在世界上产生了深远的影响。本章就中国古代陶瓷的发展及艺术成就，作一个简单的介绍。

## 第一节
## 原始社会的陶器艺术

制陶是中国最古老的一个手工业部门，它与人们日常生活联系极为密切。在陶器发明以前，人们为了取得熟食，或以篝火烧烤食物；或用石头砌成坑穴，把猎物去皮，放进坑内，上盖热灰，直到焖熟取食；或用灼热的石块将兽肉烫熟；

或把兽肉放入网中，泡入高温的泉水中，认为泡熟了就可食用。长期以来，人们为取得熟食，在努力创造一种良好的生活用具，用以煮熟、储存、饮食之用。中国历史上，早在公元前11世纪的西周青铜器铭文中就有了“陶”字。在先秦的一些文化典籍和后来的神话故事中，也有不少关于发明陶器的记载。例如战国秦汉之际的《逸周书》，在《文酌解第四》中就说：“民生有欲……七陶八冶归灶。”古人注云：“灶善则陶冶良也”。《太平御览》卷七八引《逸周书》：“神农之时，天雨粟，神农耕而种之，作陶、冶、斤、斧。”《史记 · 五帝本纪》里有“舜耕历山，渔雷泽，陶河滨，作什器于寿丘”的记载。《搜神记》里还记载了一段古老的民间传说：“宁封子，黄帝时人也。世传为黄帝陶正。有异人过之，为其掌火，能出五色烟。久则以教封子，封子积火自烧，而随烟气上下。”这些记载和传说保留着远古时期陶器发明和制作的历史影子。

## 一、陶器的发明时间

在人类社会发展史上，陶器的发明是一项伟大的创举，它是人类社会发展到一定阶段的产物。中国究竟在什么时候发明了陶器？这一直是学术界探讨的重大问题。我们至今还没有发现旧石器时代的陶器，但是可以肯定新石器时代（约10000年前—4000年前）确实具备了制陶的各种条件，并且有大量的实物出土。

新石器时代农业和畜牧业已有了初步的发展，人们能够比较有把握地控制和扩大食物的来源，从而改变了过去那种饥则求食，饱则弃余的生活状况。这有利于人们定居生活，而定居的人们对煮熟和储存食物的用具则有强烈的要求。定居有利于生产得到发展，就有可能分出人力来专门从事陶器的制作，促进制陶业的兴起。远古的人类在长期的生产实践中，特别是农业生产实践中，逐渐对泥土的黏性、可塑性有了认识，了解到泥土加水调和后可以捏塑成各种器皿；同时人类对火经过长期使用，认识到火能改变某些物质的性能，并且掌握了控制、应用火的经验。这一切都为陶器的制作准备了先决条件。

虽然新石器时代的陶器已有大量出土，但是考古工作者仍然怀着极大的兴趣探求中国最早的陶器。对此，人们于20世纪70年代以来，开始发现了一些线索。例如1974年在江苏溧水县神仙洞洞穴遗址发现了一块长2.5厘米、宽1.8厘米、厚0.5厘米的陶片和一颗更小的陶粒。它们在制陶工艺上表现得十分原始。在放大镜下观察，该陶片是用普通黏土制作的，黏土中掺有细砂，素面，一面可以看到制作过程中用手指抹平表面时留下的纹路。陶片颜色一面为黑褐色，有黑色炭粒分布其间；中间夹层基本是紫红色，另一面为黄褐色，间或杂有深灰、浅灰色。

坯体中有许多气孔和细小的断裂痕迹，有一定的硬度和抗压强度。世界上许多国家和地区发现的最早的陶器都是这样的小块残片。这块陶片的弧度极小，所以估计该器物比较大。这是在中国发现的最早的陶片，据化验分析当距今 11200±1000 年，河北省徐水县南庄头遗址，经过考古发掘，发现人们生活的遗物很丰富。其中有十几个陶片，有罐，钵等器物，用考古学整理方法可以复原。经科学测试距今最近的为 9500 年，最早的为 10500 年。这类有远古陶器的遗址在江西万年县的仙人洞下层也有发现，说明中国陶器的发明至少已有一万多年的历史。

## 二、新石器时代陶器的特点

新石器时代的人们已经在生活中广泛地使用了陶器。属于新石器时代早期的遗存，如中原地区的磁山文化、裴李岗文化，华南地区的江西万年县仙人洞遗址等，所出土的陶器都还比较原始，陶质比较疏松，烧成温度也较低。不过这时已经出现了横穴窑。这种陶窑同后来的母系氏族社会繁荣时期仰韶文化的陶窑很相似了。所以说，这时的陶器还都不是最早的陶器，因为陶器从露天架火烧制到采用陶窑烧制，一定要经历一个漫长的演进过程。在这些陶器之前，一定还会有更早、更原始的陶器。随着制陶技术的不断提高，新石器时代的陶器生产在父系氏族社会的龙山文化时期发展到顶峰，无论在数量上、质量上还是在工艺水平上，都取得了空前的成就。

考古工作者根据陶器的颜色，把陶器分为多种陶系，如分为灰陶、红陶、彩陶、彩绘陶、黑陶、白陶以及印纹硬陶等等。陶器本身有一定的颜色，是由于原料中含有呈色金属元素的关系，也是由于人们掌握了在烧成后期控制各种火焰的技术所取得的结果。如果烧窑后期烧还原焰（指燃烧时令其供氧不足，燃烧不完全），原料中铁的氧化物大部分转化为二价铁，成 FeO，还原比值很高，陶器就成灰色或灰黑色，是为灰陶。如果是烧氧化焰（指燃烧时供氧充足，可完全燃烧，温度高，具有氧化作用），陶土中的铁大部分转化为三价铁，成 $Fe_2O_3$，还原比值低，陶器就成为红色，是为红陶。如果以金属铁、锰等矿物质与泥土配成彩料，在红陶和灰陶上施以彩绘，压磨以后，经 800℃—900℃高温烧成，其彩绘永不褪落，就成为彩陶。如果是在烧成的陶器上画彩，彩绘颜色附着在陶器表面，一旦受潮或经水浸泡，颜色会变淡或褪落，这就是彩绘陶。彩陶同彩绘陶的区别就在于颜料是否经火烧和褪色与否。黑陶其胎体上有大量的炭微粒。黑陶是在烧窑后期用燃烧不充分的黑烟熏炙，再经打磨光亮制成的。有的黑陶胎壁薄如蛋壳，应用快轮制作，工艺水平很高。在江南广大地区发现有一种陶器，上面用陶拍子打印出各种图案，称为

图 25–1 泥条盘筑法制陶示意图

印纹陶。如果其中掺入细砂等强煅料，经 1000℃左右的高温焙烧，陶质更为坚硬，称为印纹硬陶。这种硬陶一直到商周秦汉时期，在南方仍有生产。

新石器时代制陶成形，可有手制和轮制两种方法。手制法包括泥片筑成法、捏塑法、模制法、泥条盘筑法（将一根长泥条连续向上盘筑，再把里外抹平制成器形）等。轮制法的技术比较先进，盛行于山东龙山文化。这是将泥料放在陶轮上，利用陶轮快速转动的力量，用提拉的方式使之成形的一种方法。（图 25—1）

随着制陶工艺的不断进步，陶器成形以后，还要在陶坯上进行修饰加工。例如用砾石或骨器在陶坯表面压磨，烧好后的陶器可呈现光亮；有的是在陶坯表面涂一层调好的泥浆，烧好后器表就附着一层陶衣。由于调泥浆的配料不同，陶衣可有红、棕、白等颜色。此外还可以在器表上施以彩绘，刻划或拍印出各种花纹图案，甚至镂雕出方、圆、三角等孔形图案来作为装饰。

## 三、新石器时代陶器的艺术成就

新石器时代的陶器，随着制作工艺水平的提高，其种类越来越多。就出土的器形看，有碗、钵、勺、杯、小盒、瓶、罐、盆、瓮等类。据其形状判断，它们大部属于煮熟食物、饮食、盛物、储藏等用具，也有一部分是生产工具，如陶纺轮、网坠等。这些陶器的一个重要特点就是造型适宜实用。通常采用圆形、对称、规整的结构，而不用多角、多边或不规整的形状。有足的器物也多是三足，很少有四足的，四足以上的更未出现过。采取这些结构，便于制作，而且比例协调，容易取得力量均衡，也符合美学原理，可产生强烈的艺术效果。这说明当时的人们已经掌握了实用工艺中的成型规律。这些规律在几千年后仍然被人们运用。

生活是制陶工艺的艺术源泉。人们往往把日常生活中最熟悉的水塘，江河湖面出现的水波、旋涡、鱼、水虫、各种植物、动物及自然界的其他形象作为模仿对象，作出图案画在陶器上作装饰。很多器形就是模仿植物形象作成器皿，如瓜果、葫芦、竹节、叶子、花朵等，模仿动物的有猪、狗，还有鹗、长嘴鸟、水鸟等，模仿虫类有田螺、蜗牛等，还有的模仿人类最早的水上行走工具独木舟，模仿人穿的靴子，甚至将一个水瓶作成一个少女形象等，既实用又美观。

新石器时代的陶器在制作过程中，采用了不少的艺术手段来美化陶器，例如拍印、刻划、绘画、捏塑等。其绘画是用类似毛笔一类的工具，沾上用金属矿物原料铁锰结核碾碎后配成的画图原料，在胎体上画出图案、植物、动物或人物形象的画面，内容丰富又有很高的艺术水平。就图案来说，已经初步掌握了图案构成的美的法则，创造了迄今仍然能在生产中使用的、有强大生命力的图案形式原理，如构图最主要的均衡、整齐、对称、连续、反复等法则，完全符合装饰图案的基本要求，没有轻重悬殊、画面失调、杂乱无章的现象，收到了极好的美学效果。

图案服从器形。人们为了美化陶器，注意把装饰美和实用美统一起来。因此往往把图安排在器物的肩、腹最突出的部位，目光容易接触到，最便于人们在使用中欣赏，又能增强器物端庄、饱满、挺拔的质感。这些图案以艺术的手法表现了大自然、形体、运动产生的节奏感、韵律感、规律性，灵活而又美观。

陶器上有许多植物图画的画面，它反映了当时的采集、农耕经济水平。有的画出了阳光照耀下禾苗的生长状况，还有很简练的卷枝、花瓣、籽实，植物纹样画得很活泼，婀娜多姿，既写实又富于装饰性，这说明劳动实践是艺术营养的源泉，表现了我们的祖先热爱生活，富于创造的精神。

陶器上的动物形象，有的画在器物上，有的塑在器壁上的，还有的作为器物的组成部分出现。动物形象写实性很强。人们在长期的捕鱼、狩猎、饲养以及生活实践中接触到了动物，掌握了它们的形态和习性的突出特点，便将其形态和神态简练地制作出来了。浙江余姚河姆渡文化遗址出土黑陶钵上刻划的猪，是由野猪培驯为家猪过程中的形象，形态结构尚残留野猪的特点，但肥胖的体态、温驯的性格又酷似家猪。庙底沟类型文化遗址中出土陶片上的壁虎，不但准确塑出了壁虎的形象，栩栩如生地刻划出其精神状态。壁虎爬伏在罐的口沿和肩腹之间，有明确的方向感，前肢卷曲，缩颈抬头，背微弓起，两眼紧盯前方，似乎发现了前面的猎物，准备一跃而起，猛扑上去，但其前爪已经接触罐口，似乎又感到再向前爬就会坠入深渊那样的警觉。简练的几根线条，在静与动的一瞬间把壁虎的精神状态刻划得淋漓尽致。从大量的动物形象能看出当时已经采用了夸张的手法，例如蛙的形象，有的就将蛙的四条腿夸张到主要部位，其他如鸟纹也有由夸张到变形，乃至图案化的程度。

人物形象种类相当多，有人的头像，有将器盖塑成人头形，将瓶口沿塑成一个少女在张嘴高歌，也有在陶器的腹壁塑出人形，上端是女人形象，胸前有两个乳房。下端是男人的生殖器。表示一种信仰，即男女同体可以繁衍后代。但最多的是在器物壁上用黑彩画出人物形象。1973 年青海大通县上孙家寨出土一件舞蹈纹彩陶盆。内壁最大腹径处绘四道平行弦纹，上端紧接口沿处绘一圈带纹，上下两组纹饰间有人物舞蹈画面三组，每组两边是五至八道并排的弧线。在相反两组弧线纹之间，各有一条斜行的柳叶形纹。人物舞蹈五人一组，手拉手，面向一致，随着舞蹈的节拍，发辫顺势摆向一侧。外侧之人不拉手的一臂画为两道，表明跳跃动作较大，接触地面的两竖道是人的两条腿，成一定角度垫起全身，有运用脚尖起舞的意味。表明跳的是踏着欢快舞步的舞蹈，显示出舞蹈的旋律。每个人在臀部下端有一略为上翘的尾巴状装饰，这是原始社会里人们通常喜爱的打扮。《山海经 · 大荒西

图 25–2 新石器时代陶器（采自吴山《中国新石器时代陶器装饰艺术》）
1. 马家窑文化舞蹈纹彩陶盆（1973 年青海大通上孙家寨出土）
2. 马家窑文化人面纹、旋涡纹彩陶壶（甘肃临洮马家窑出土）
3. 马家窑文化旋涡纹彩陶壶（甘肃出土）
4. 马家窑文化旋涡纹彩陶壶（甘肃榆中出土）

经》说："西海之南，流沙之滨，赤水之后，黑水之前，有大山名曰昆仑之丘。有神，人面虎身，有文有尾，皆白处之。……有人戴胜、虎齿，有豹尾、穴处，名曰西王母。"这可能就是装饰着兽尾的人们，在劳动之余，围着水塘，在树荫下面，手拉手翩翩起舞情景的生动写照。陶盆上的人们群舞画面，用流畅的实线条来表现，人物突出，形象写实。陶盆是橙黄色，装水使用时，水映陶色更加美化和丰富了舞蹈的形象。这样的装饰反映了原始社会精神生活的内容多么丰富，多么深刻，也说明了陶器的装饰艺术达到了相当高的水平。（图 25—2）

## 第二节 奴隶社会的制陶成就和瓷器的发明

中国奴隶社会自公元前 21 世纪至公元前 5 世纪，包括夏商周三个王朝。在这千余年间，制陶工艺得到了长足的发展，不但品种继续增加，在工艺上也有许多创新。这一时期，在制陶工艺的基础上还发明了原始青瓷，这是一项划时代的成果。

### 一、夏代的陶器

古代文献记载，大约在公元前 21 世纪至公元前 16 世纪曾有夏王朝存在。这是中国的第一个奴隶制王朝。20 世纪 50 年代后期，考古工作者通过对"夏墟"的大规模发掘和考察，证实了夏文化的存在。其中河南偃师二里头文化遗址和山西夏县东下冯遗址可作为夏文化的典型代表。人们从这些夏文化遗址中发掘出很多陶器。这些陶器种类有灰陶、灰褐陶、黑陶和少量的白陶、红陶。经分析证明，这时制陶所选用的原料与新石器时代没有多大区别，都是取普通陶土做原料，少数用北方坩子土做原料烧成白陶。制陶的原料一般加工不细，只有少数的磨光黑陶加工精细。陶器的成形方法也以轮制法、泥条盘筑法为多。烧成的温度在 800℃左右。作为生活用具，这些陶器的质量还是很好的。

从陶器的用途看，这时期有一组区别于其他文化的陶器组合。它们是作为炊器的鼎、折沿深腹罐、侈口圆腹罐，作为食器和容器的是深腹盆、三足盘、平底盘、豆、小口高领罐、瓮、缸等，酒器有觚、爵、缸等。对于原始社会晚期龙山文化中常见的斝、双腹盆、带把鬲、带耳杯等，这时期基本不见了。这些陶器的装饰花纹有绳纹、篮纹、方格纹、圆圈纹、云雷纹、花瓣纹、弦纹、叶脉纹、铆钉状泥饼等。

通过对夏文化遗址的发掘、考察，人们看到这时期的陶窑都是单个地存在，没有成群的窑址发现，而且陶窑建造得也不大。这一切表明，当时还没有制陶手工业的专业作坊，制陶还仅作为家庭副业分散于各个家庭内。

## 二、商周时代的陶器和制陶工艺

商、周是继夏朝之后的两个奴隶制发达的王朝。这时期的青铜冶炼、纺织、制陶等手工业都很发达。在河南偃师二里头的早商遗址中已经发现了青铜器、骨器和烧陶的作坊遗迹。在河南郑州二里冈、河北邯郸等地的商代遗址中也发掘出规模很大的制陶作坊。例如在一处遗址的1250平方米范围内，就发现有密集排列的14座陶窑和十多座房基。这些陶窑平面为圆形，直径约1.2米。同时发现的还有未经焙烧的陶坯、烧坏的废品、陶拍和印有回纹、斜方格纹，夔纹的陶印模等工具。这些制陶作坊的存在，说明商代的手工业比夏代已有很大进步，不仅从农业中分化出来成为独立的部门，而且各种手工业作坊又有分工。商周时期农业、手工业、商业的发达和城市的出现，都为陶器的发展和创新提供了良好的社会条件。

商周时代的陶器，无论是泥质陶器还是夹砂陶器，也无论是白陶还是印纹硬陶，所用原料都经过选择加工。工匠们根据陶器的不同种类而配制胎泥，所制的陶器庄重古朴，即使一般制作不太精细的、作炊器用的夹砂陶，掺的细砂也相当匀实，经高温焙烧，不但不变形，外观效果也很精美。

商周陶器的造型特征，最突出的是在结构上运用弧线灵活自如，富于弹性美，所以器物多用圜底、圈足或袋状足。作为生活用具的陶器种类比夏代有所增多，进一步满足了人们的生活需要和使用的方便。盛行泥质灰陶、夹砂灰陶、泥质褐陶（包括红陶）、夹砂褐陶、磨光黑陶等品种，仍然属于实用工艺品。在商代晚期，开始出现一种为死人殉葬用的陶制明器。当时这种陶制明器尚未受到人们重视，所以粗制疏松，质量低劣。然而这种明器确为陶器的多种用途开辟了新途径。商代以后，随着人们对殉葬品的重视，专门作为明器的陶制品越做越精美，逐渐代替残酷的用活人（奴隶）殉葬，成为中国陶器艺术中很有发展潜力的一种。

商代陶器发展过程中，有一个十分明显的现象，就是陶质酒器的制作越来越多，这与商代统治阶级生活日益腐化、大小官僚无不沉湎于宴饮的风气有关。这种风气波及一般平民，便出现了“庶群自酒，腥闻在上”（《尚书·酒诰》）的社会现象。商代青铜器中酒器多，那是供上层统治阶级使用的，而众多的陶质酒器则是统治阶级和平民都可以使用的。商代陶制酒器以盉、觚、爵、斝、尊、壶等居多，西周以后则盉、觚、爵等酒器明显减少。

商、西周、春秋时代陶器上的装饰纹样，经粗略统计，有绳纹、篮纹、方格纹、圆圈纹、双钩纹、云雷纹、四瓣纹、轮焰纹、曲折纹、方圈四瓣纹、回纹、涡纹、附加堆纹、夔龙纹、饕餮纹等。

商、西周、春秋的陶器庄重而华丽，工匠们非常善于将器物体积感最强的部分放在最显著的地位，以此为重心，同其他部分共同形成统一的雄浑的整体，即使是一些素面，只有简单几条弦纹的器物，其浑然一体的厚重浑朴的特点也非常明显。很多陶器上，特别是白陶上，安排了许多几何图案，重复使用，有的布满全器，有的只在一定部位划出一个装饰带，有的安排神异的夔龙纹或饕餮纹，或几种纹样同时使用，其成功之点是能够使装饰与器形统一起来，很协调地产生一种艺术效果。与原始社会的陶器相比，商代工匠们更善于选择装饰部位，也更善于在不同的装饰部位进行不同的装饰。一件器物可以划分出主要装饰面和次要装饰带。主要装饰面都在器物凸的腹部，用上大面积的图案，如夔龙纹、饕餮纹等，显得十分醒目。有的器物则完全相反，只在肩部作出窄细的装饰带，而肩腹部分整个是光洁面。无论是前一种还是后一种，都要求肩腹最突出部分的面积完整统一，绝对没有任何琐碎和不均衡的造型和装饰。工匠们在造型时就考虑到装饰的

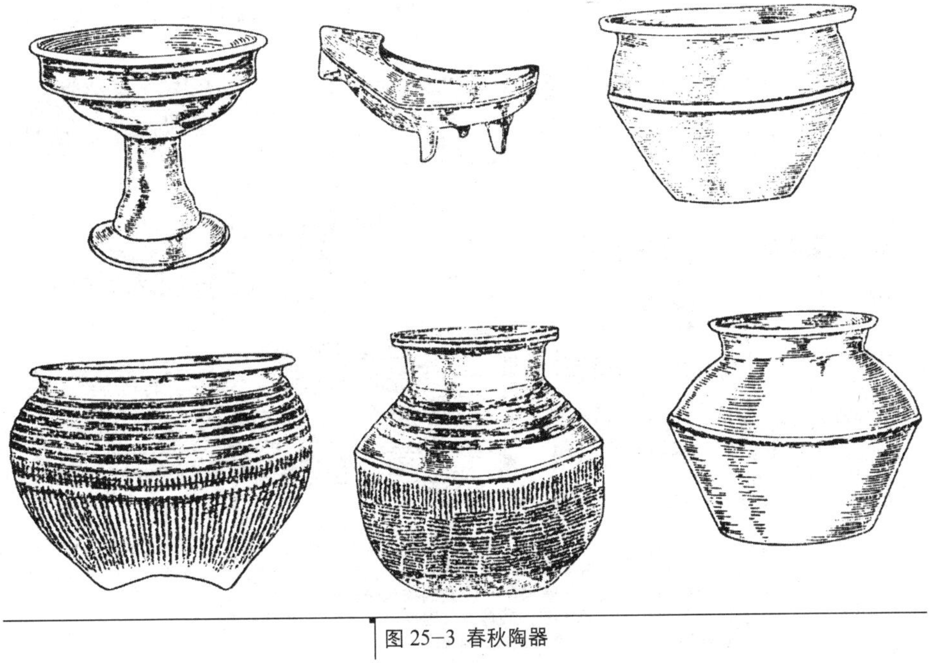

图 25-3 春秋陶器

安排了。(图 25—3)

陶器上的各种图案，包括几何形线条、自然现象或动物形象，都随不同器物、不同部位的需要以及装饰内容的变化，组织得有一定的条理。复杂纷纭的自然现象被加以提炼、简化，哪怕是神秘化的内容也组织成条理分明的画面，表现出与造型和谐而又整齐的装饰美。

陶塑艺术在商周时代也取得很大成就。属于艺术品的陶器有龟、鱼、羊头、虎、猪、蛤蟆、鸟类，陶人坐像等。它们既稚气又生动，例如陶羊头，双角向前弯曲，头上扬，两眼微闭，眼、鼻、口等器官都塑得相当准确。陶蛤蟆不仅姿态生动，而且背上还印刻有密集的小圆圈，表现蛤蟆的突出特征。陶虎作伏卧状，张嘴露齿，双眼圆瞪，刻划出虎的健壮与凶暴。这些陶塑艺术品取材于现实事物，体现了人们对现实生活的真实感受。周代的陶塑制作技术继承了商代的传统并继续有所提高。

在河南的一些商周遗址还出土了陶质水管。这些陶水管一般长 40 余厘米，直径 21.3 厘米，管口平齐，表面饰有绳纹和弦纹。在一处遗址还发现了一段三通水管。这些陶水管是夯土建筑基址的排水设施。它们的出现说明，商代的陶制品中已有建筑构件，制陶技术已开始应用于建筑业。作为建筑用陶，到了周代进一步得到发展。周代的排水陶管已经长达 1 米。西周的建筑物上已开始用瓦。西周的瓦分为板瓦和筒瓦两种。板瓦较大，长约 50 厘米，表面有绳纹，上面还有瓦钉或瓦环。筒瓦较板瓦稍短，表面有绳纹或云雷纹。筒瓦的前端有印有各种艺术形象

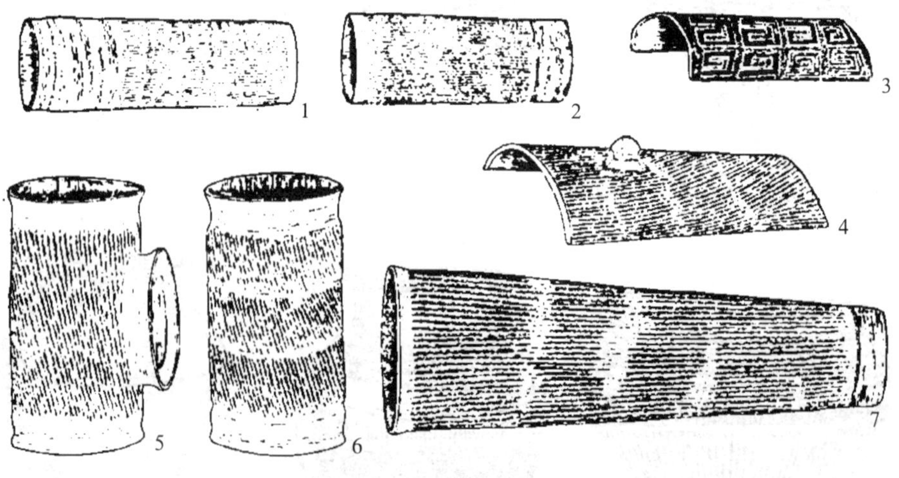


图 25-4 商周建筑陶构件 1. 河南偃师二里头商代早期陶水管 2. 河南郑州铭功路商代中期陶水管 3. 陕西扶风岐山西周陶瓦 4. 陕西长安沣东西周瓦 5. 河南安阳殷墟商代晚期陶三通管 6. 河南安阳殷墟商代晚期陶水管 7. 陕西扶风西周陶水管

的瓦当，一般是圆形或半圆形的。（图 25—4）

## 三、原始青瓷的出现

瓷器是在制陶技术长期发展的基础上发明出来的。由于原料和工艺的关系，使得瓷器既能表现出高雅的气质，又具备实用的价值。瓷器有利于工匠在生产中发挥自己的高度智慧和艺术创造才能。

中国的瓷器究竟发明于何时？这有一个认识过程。过去人们根据晋代文献中开始出现“瓷”字，认为中国的瓷器发明于公元 3 世纪的西晋。但自 20 世纪 50 年代开始，考古工作者通过对商代遗址的多处发掘和充分的科学测试数据断定，距今三千多年前的商代就已经制成了瓷器。考古工作者首先在郑州二里冈商代中期的地层里，发现了一种胎质坚硬，施有青釉的器物。以后又在黄河中下游的河南、河北、山西、山东和长江中下游地区的湖北、湖南、江西、苏南的商代中、晚期遗址和墓葬中继续有发现。

这类器物在西周、春秋、战国，两汉时期发展得更多、更普遍了。它们随着时代的发展，质量不断提高，自成一个体系，与后来公认的瓷器一脉相承。上述情况令人信服地看到，中国瓷器的发明比“瓷”字的出现要早得多。只有瓷器实物的发明并在生活中使用，然后才有记载这种实物的文字出现，这是很自然的。

根据科学测试，商代的青釉器物完全具备了构成瓷器的基本要求。第一，已经采用高岭土作胎。第二，在表面施有一层玻璃质的釉。釉的主要成分是瓷土加上石灰石、草木灰，调成悬浮液涂在瓷坯表面，它在入窑焙烧时熔化，形成玻璃状物质。第三，烧成温度已经达到 1230℃左右。迄今为止，陶器的烧成温度只需要 800℃—900℃，极少数达到 1000℃，而瓷器烧成温度须在 1230℃左右。第四，陶器有吸水性，瓷器没有吸水性或吸水性极微。商代的原始青瓷吸水性已经仅为 1%，或更低。由于胎体中二氧化硅（$SiO_2$）的含量和唐宋时各名窑瓷器一样，都在 70%以上，三氧化二铝（$Al_2O_3$）在 17%以上，经过 1200℃左右的高温焙烧，烧结良好，吸水性很弱，达到了瓷器的标准。第五，在物理性能方面，如比重、硬度、莫来石（也

图 25-5 西周原始青瓷双耳尊（1965 年安徽屯溪市出土，安徽省博物馆藏品）

叫“富铝红柱石”）结晶的发育程度等都和以后瓷器一样。敲击起来有清脆的金属声。这些都证明了中国瓷器在商代已经被发明。

不过商代这种瓷器选料并不精，工艺也比较简陋，如釉层薄厚不匀，且易剥落，与后世瓷器相比表现出一定的原始性。对于这种尚不成熟的瓷器，由于它的釉色多呈青绿、青黄或黄褐色，所以人们称它为原始青瓷。

现今发掘出土的商、西周、春秋原始青瓷的器形有尊、罍、钵、罐、瓮、豆、簋等。其中豆的数量较多，器形为浅盘矮圈足，是商代晚期和西周时期最为流行的器物。在江西清江吴城还发现了原始青瓷制作的工具，如马鞍形背的双孔刀和纺轮等，这是其他地区所不曾见到的。（图 25—5）

## 第三节 战国秦汉的陶瓷

从战国开始，中国历史进入封建社会。封建制度经过秦汉的巩固和发展，政治、经济、文化、艺术、手工业技术又得到了长足的发展。特别汉朝的陶瓷工艺取得了突出的成就。以民用粗陶来说，水平有很大的提高，后世的粗陶制作在规模和质量上很少有超过汉朝的。这时期，建筑用陶，所谓秦砖汉瓦，千百年来为人称颂，最能代表其艺术水平的有神秘色彩的瓦当，战国秦汉瓦当已成为一门专门的艺术；（图 25—6）低温釉陶的发明为陶器的美化开拓了广泛的道路；画像砖大量烧制，其图像生动而具体地记录了汉代社会各方面的现实生活，成为研究汉代历史不可缺少的珍贵资料；青瓷烧制的成熟为中国陶瓷史揭开了新的一章。

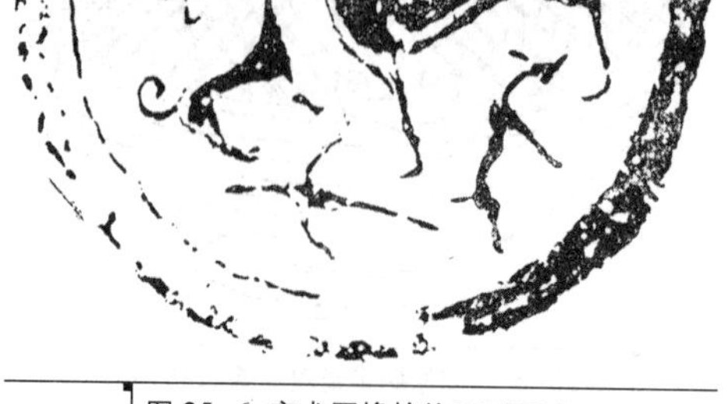

图 25-6 鹿犬雁蟾蜍纹圆形瓦当

### 一、战国秦汉的制陶成就

在战国和秦朝，各地制陶手工业有明显的地方特点。官府办的作坊，为了适应各国兴建都城和宫殿的需要而大量烧砖烧瓦，建筑用陶的生产发展相当快。各地兴起的私营作坊，仍然以生产生活用具为主。

战国陶器主要是泥质灰陶和夹砂灰陶，还有磨光黑陶和彩绘陶。生活用陶的设计和各部分的安排，也是着眼于实用，例如炊器的釜，底部作成半球形的圜底，拍印绳纹和麻布纹，便于放置，也便于煮食物时受热均匀。釜的口沿作成外折或卷沿，为了提拿方便。秦国的釜，腹体扁圆，腹上的颈作得厚实而短粗，这样设计可以增强口部的承受力。与釜配套的炊器是甑，甑是一种复合炊器，它放置于釜上，上面要加一个盆，因此甑底作得尖瘦，在各种口径的釜上均可放置，做饭人家用起来既灵活又方便。为了使扣在甑上作盖用的盆放置牢固稳当，甑的口唇表面作得又宽又平。作为储盛器或容器的瓮、罐一类器物，腹体特别大，而口却很小，使用起来便于加盖和封闭。饮食用具也是以实用的原则来设计的。

在奴隶社会，统治阶级中的贵族崇尚用青铜礼器作陪葬品，战国以来发生了变化。由于青铜名贵难得，人们逐渐用陶来仿青铜器。很多贵族墓葬出土了仿青铜器造型的各种鼎、壶、敦、簠、豆、簋等。

陶器的装饰主要是彩绘和粉绘。在烧成的陶器上用朱红、土黄、白垩土和黑色颜料来绘画，有红黄二色，或红黄白三色或多种颜色。江淮楚国地区多用白色作地。所绘花纹有神化了的动物形象，如龙凤、蟠螭，还有柿蒂、几何纹等。这些装饰讲究对称，优美动人。此外在北京、河北等地陶器上还运用流畅的线刻艺术作出鱼、龟、猛兽和人物狩猎图案。

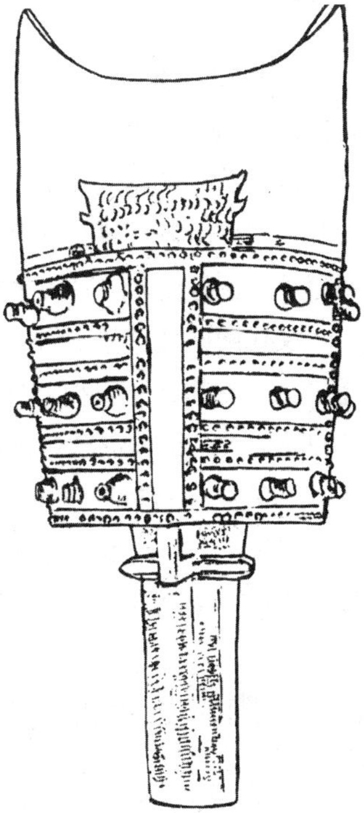

图 25-7　原始青瓷钟

战国到秦，陶器生产中大量制作各种雕塑品，有鱼、飞鸟、鸭、鸡、马、虎、舞蹈人物等作品，有的与日用器物结合在一起，有的是单独小品，有的成组出现。1956 年山西长治分水岭战国墓中出土一组乐队与舞人的群塑，是战国时期人物雕塑的代表之作。乐队是八个人，梳着各式发型，席地而坐，以不同的姿势，捧着不同的乐器，身躯微微前倾，聚精会神地注视着舞蹈者的动作。虽然一些人手臂残缺，乐器已缺失，但弹奏的表情相当逼真。战国雕塑作品，包括个体的动物形象或器物上的动物，虽然没有后代雕塑那么精细、写实，还带着几分稚拙之气，但已经塑制得相当传神，给人一种立体写意的美感，表现出东方艺术的特有风格。原始青瓷生产大量生活用具外还

生产乐器原始瓷钟。(图 25—7)

秦代的陶塑艺术，成就最高、最为壮观的，莫过于秦始皇陵附近出土的兵马俑。这些陶制兵马俑，初步勘探多达七千余尊，还有战骑百余匹，战车百余乘，组成了威武雄壮的军阵。表现秦国军队攻无不克的强大气势。秦朝的工匠们以超凡的技艺和智慧，赋予这些陶塑品以神奇的生命，为中国古代陶塑艺术增添了异常光彩。汉代的陶塑比秦代更能表现人的个性。比秦俑种类更多，雕塑手法更为细腻。(图 25—8)

图 25-8 汉代陶俑(咸阳杨家湾西汉大墓出土)

汉代陶器主要以灰陶和硬陶制成。汉代灰陶一般呈青灰色，火候均匀，质地坚实。灰陶容器很少有印纹，基本上是素面的，在随葬品中有彩绘陶器。陶鼎、陶钟是汉代最为流行的器物，其他容器有陶制的瓮、罐、盆、盘、樽、碗等。在汉墓中，作为随葬明器的陶制模型也很多，如陶俑及仓、灶、井、磨、猪圈、楼阁等等，数量很大，种类也很多。

汉代硬陶流行于长江以南，是用南方的黏土烧制而成的。与灰陶相比，硬陶烧成温度更高，陶质更坚硬，故称硬陶。硬陶表面往往有拍印细密的方格纹或刻划的波状纹、锯齿形纹。器物种类以瓮、罐、壶、盒、碗等为多。

汉代官营的制陶作坊，往往在陶器上面印上戳记，如“河亭”、“河市”、“陕亭”、“陕市”等。亭和市是指汉代各城市中由官府管理的手工业区和商业区。民窑作坊上的印记不统一，不规范，内容多为作坊主的姓氏。

## 二、釉陶的发明和发展

战国制陶工艺一个突出的成就是发明了釉陶。

釉陶就是在普通陶器(即瓦器)上，施一层含铅量很高的釉。铅的熔点低，在釉里起助熔剂的作用，它可以在普通的低温陶器上烧成。在釉里加入一定数量的呈色金属物质，烧成后釉面会呈现出美丽的颜色。

关于铅釉陶器的起源，有人认为是受了东地中海沿岸属于罗马帝国范围内的埃及绿釉、褐色釉陶器的影响而产生的。据考古资料和化学分析证明，中国铅釉陶器和地中海地区的铅釉陶器没有任何联系。铅釉陶器是中国自己发明的。科学家们分析，在秦汉时代，道家在炼丹过程中，很可能采用包括铅、石英在内的一些物质作为原料进行烧炼。这些东西混合后，在一定温度下便会熔融成玻璃状物质。我国古代劳动人民在冶炼和使用铅的长期实践中，完全可能把铅与砂、黏土、灰等含二氧化硅及碱金属和碱土金属的物质混合，进行高温化学反应，逐渐掌握其生成物即铅玻璃物质的形成规律及其特性，并且最终把它应用到陶器上去，这就导致了铅釉的发明。[1] 低温釉陶配制工艺比原始青瓷复杂，它要加入金属铅做助熔剂，配入呈色金属物质，还要求控制陶器烧成的温度、掌握适合陶胎的膨胀系数等。原始青瓷在商代发明以来，制造方法至汉代已经经历了漫长的发展过程，积累了丰富的经验。同时中国也有很久的用铅历史和在铜铁等物质中加入铅的经验。战国就是在制陶及原始青瓷和用铅经验的基础上，采用新的工艺而发明了釉陶的。

目前发现最早的铅釉陶器，出现在战国时期的墓葬中。在美国堪萨斯纳尔逊博物馆收藏着中国洛阳战国墓中出土的釉陶器，在韩国的收藏家中也珍藏着战国时期釉陶单耳杯等作品。釉陶出现的初期，品种和数量很少。汉代釉陶得到极大的发展。釉陶采用普通陶胎，一般以泥质红陶为多，灰陶很少，制作时与制普通陶器一样，在拉成的坯体晾干到一定程度以后就施釉，一次烧成。只要配釉技术掌握了，釉陶就可以很快地发展起来。釉陶在西汉中期还只有壶类，西汉末期至东汉初期增加了仓、樽、罐、洗、钵、盒、魁、几、勺、杯等。到东汉末年，除上述器物外，又增加了博山炉、瓶形器、各类动物、人俑、水井模型等。在河南、山西、甘肃等地还发现了大量的水榭、高楼、坞壁、楼橹等。

棕黄色的釉陶出现较早，绿色的釉陶出现略晚。东汉时期大量流行的是绿釉陶器。釉陶质地不坚，釉也容易剥落或破碎。

## 三、东汉青瓷的提高

经过战国、秦和西汉，瓷器的制作技术在不断提高，逐渐摆脱了其原始状态。根据化学测试得知，西汉瓷器胎体中氧化铝和氧化铁的含量很高，这就需要很高

〔1〕张福康、张志刚《中国历代低温色釉的研究》，见《硅酸盐学报》第8卷第1期。

的烧成温度。但是西汉的烧瓷窑炉较战国时期的改进不大，因此瓷器的烧结程度没有明显提高。到了东汉，由于生产力的提高和社会经济的进一步发展，瓷器的烧制工艺得到一次飞跃性进步，其标志就是制造出了成熟的青瓷。

东汉时期，由于对瓷土的认识和选择的提高，对胎釉配方的改进，并且改造了窑炉结构，使得烧造技术大大提高，终于烧制出完全符合瓷器标准的青釉瓷器。

考古工作者在浙江的上虞、宁波、金华等地发现了烧制青瓷的一些窑址。经过对出土的青瓷进行理化方法测试证明，这些青瓷的烧成温度已高达摄氏1300多度，瓷胎烧结良好，胎釉结合紧密。由于在还原气氛中烧成，使得青釉色泽较正，透明而有光泽，没有流釉。青瓷的器形主要是广口，扁圆腹、平底的四系罐。东汉青瓷的出现表明中国的制瓷技艺已经成熟，是中国瓷器发展史上的重要转折。

东汉时期还制造出一种黑釉瓷器。这种黑釉瓷对原料要求不严格，胎釉质量及工艺都不如青瓷。正因为它成本较低、结实耐用，在民间有广泛的发展前途。

## 第四节 三国两晋南北朝陶瓷新成就

三国两晋南北朝是中国封建社会大动荡的时期，战乱迫使中原人民四处迁徙。这样，汉族人民就把先进的生产力和生产关系带到了边远地区，在全国范围出现了民族大融合的形势。长江流域的社会经济在这个时期赶上了黄河流域，封建社会的经济基础大大扩展，手工业的发展出现了新的局面。手工业者人身依附关系有所削弱，可以有较多的时间和较大的自由用于改进技术和组织生产，在这些方面陶瓷生产反映得更为强烈。江南把东吴年号刻写在瓷器上的现象不少，如吴永安三年谷仓罐就是代表之作。还有把瓷器生产地、工匠名字刻写在瓷器上的，如南京赵士岗吴墓出土的青瓷虎子，上面刻有“赤乌十四年会稽郡上虞师袁宜作□”的铭文。瓷器上刻工匠名称，说明当时可能已经形成了制瓷的专业工匠。上面那个工匠在浙江上虞生产的瓷器，出现在南京官僚的墓中，这说明瓷器的生产和流通已有相当规模。

三国两晋南北朝时期瓷器仍然是浙江地区发展最快，以浙江越窑的青瓷质量最高，胎呈浅灰色，质地细密，釉色均匀。浙江东北部的绍兴、余姚、慈溪、上虞等地瓷窑最为集中，中部的金华地区、东南部的温州地区，以及江苏的宜兴均山一带所产的青瓷也各具特色。此外如长江中上游的江西、湖南、四川等地以及沿海的福建广东也发现了南朝时期的瓷窑。北方地区可能受动乱和战祸的影响，在十六国至北魏迁都洛阳以前的墓葬中，出土瓷器仍然只是唾盂一类。1948 年河北景县封氏墓群出土一批青瓷。经化验是属于北方瓷土，器物的造型、装饰也与南方青瓷不同。在河北的内丘、临城、山东淄博的寨里等地发现过北朝时期的窑址。

这时期，瓷器的种类增多，显示出它在制作、使用、陈设和满足人们意识形态的需要方面，比其他工艺制品有许多优越性。许多过去用陶、木、漆、竹、金、银、铜制作的器皿，逐渐改用瓷器制作出来，表现出瓷器发展的广阔前景。

南方瓷器常见的器形有碗、碟、盘、盒、槅（多格盘）、洗、盆、钵、杯、耳杯、盏托、水盂、壶、扁壶、瓶、罐、坛、唾盂、香炉、灯、砚台、镳斗、虎子等生活用具。专门作殉葬用的明器有谷仓罐、火盆、灶、鸡笼、羊圈、猪栏、狗舍、碓、砻、磨、畚箕、米筛、房屋建筑及车马等模型；人物形象，如持刀抚盾的武士，捧物、作炊的奴仆，骑在马上作吹乐、弹琴、弹瑟等部骑鼓吹，高冠长服、身负简册的官吏，书写、交谈的文人等以及各种动物形象。最突出的制品是流行于三国至晋的谷仓罐，在口沿塑出楼台亭阙、长廊列舍，成四面布局，四个大缸列置四角。上面堆塑着或站或坐的人物，许多飞鸟在楼阁上觅食。在罐沿下腹圆鼓部分粘贴羊、异兽、龟、蛇、鱼类等动物。故宫博物院珍藏一件谷仓罐，在肩腹最圆鼓部分塑一龟形碑，正面刻写“永安三年时，富且羊，宜公卿，多子孙。寿命长，千意（亿）万岁未见央（殃）”的铭文。还有熊形尊、牛头罐、羊头壶等。

北方青瓷的器物种类较南方为少，除生活用具外，最突出的是莲花尊，气魄宏伟，有金银锤锞的效果。

北方瓷系中最突出的成就是烧成了白瓷。河南安阳曾于北齐范粹墓中出土了一批白瓷，有碗、杯，三耳罐等。在河北内丘的邢窑遗址，也发现了北朝时期的白瓷。白瓷的烧制成功，为瓷器的美化开辟了新的途径，反映了北朝制瓷工艺已达到先进的水平。

黑瓷生产的地域不断扩大，工艺水平也有提高。浙江的德清窑水平最高，成为黑瓷生产的中心。主要成品有壶、罐、香熏、唾盂等，釉色稳定，光泽很好，表明黑瓷工艺开始成熟了。

在低温釉陶方面，东汉末年以后一度衰落，到北朝时逐渐得到恢复。北齐的釉陶不用普通瓦胎，开始改用高岭土质地的坩土作胎，釉为无色透明釉，釉中挂彩的工艺也出现了。从此以后，釉陶工艺迅速提高，它为唐三彩的出现打下了基

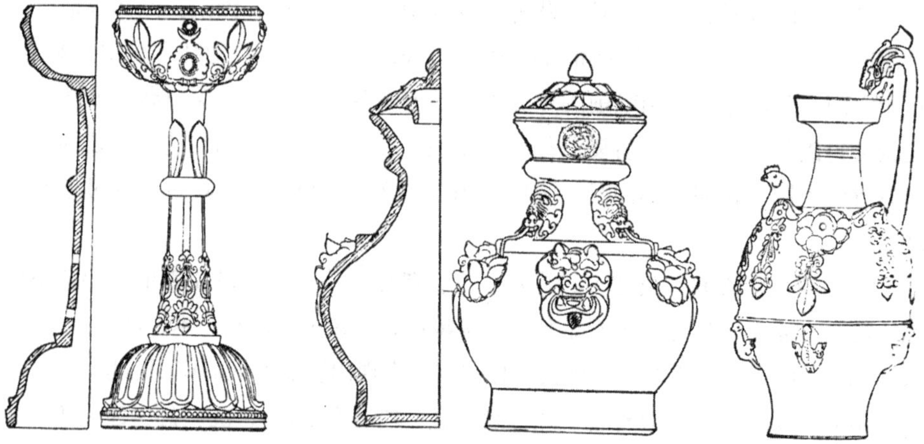

图 25–9 北齐釉陶器物

础。三国两晋南北朝的陶瓷业，处在由汉朝到唐朝两个伟大时代承上启下的过渡时期，值得重视。(图 25—9)

## 第五节 隋唐五代陶瓷工艺的全面发展

### 一、隋唐五代陶瓷生产兴旺发达

隋唐是中国封建社会强大兴盛的时代。这时期，陶瓷工艺获得了全面的发展，在南北各地都形成了以州命名的瓷窑体系；烧瓷新工艺的采用，创造出更多的新产品来，使得陶瓷手工业呈现出五彩缤纷的兴旺景象。文人的著述、诗人的讴歌，更为这时期的名瓷及其制作技艺增添了光彩。隋唐的陶瓷也同中国的丝绸等名贵物产一起，为中外经济、文化交流发挥了积极作用，并且传播到世界许多国家和地区，产生了深远的影响。

隋唐五代的陶瓷生产所以能取得这样大的成就，因素是多方面的，归纳起来有以下几个重要方面：

第一，陶瓷手工业发展到公元 6 世纪，烧制工艺已经有相当雄厚的技术基础。

第二，隋唐统治者建立了统一的封建帝国，南北经济汇集起互相交流，互相促進，封建地主经济得到繁荣发展，这些有利于手工业者安心从事自己的专业生产，陶瓷工艺技术自然能得到提高。

第三，隋唐的商业和城市经济远远超过前代。瓷器投入市场竞争中，推动了瓷器手工业的发展。手工业生产关系的变化也有利于私营手工业的发展。南北朝时期开始出现的“和雇”（封建雇佣工匠）、“和市”（劳力和商品交换市场）、“纳资代役”（以纳贡资金代替徭役）制度，到唐朝特别是唐玄宗时期，得到比较广泛地推行，对蓬勃兴起的瓷窑作坊的开办是有利的。

第四，隋唐时期丝绸之路空前活跃，南海海路不断开拓，中国和亚洲邻国，以及阿拉伯和非洲东海岸进行了密切的经济、文化交流，波斯、阿拉伯一带出色的生活用具、装饰艺术也随之传入中国。中国传统陶瓷受到外来文化的影响，吸收了其中的有益内容，又展现了新的面貌。

第五，唐朝的饮酒、品茶风气十分兴盛，当时许多著名的诗句，如“会须一饮三百杯”、“举杯邀明月”等对此都有反映。这种风气使得人们对瓷制的酒具、茶具需求量大增，同时对其工艺质量也更为讲究。

隋朝继承了前代的传统，仍以生产青瓷为主，同时白瓷的产量和制作技艺也有提高。

唐朝的瓷器生产有所谓“南青北白”之说，即南方主要生产青釉瓷器，而北方主要生产白釉瓷器。此外，唐代还创造出釉下彩绘瓷、青花瓷、唐三彩等陶瓷制品。唐代的陶瓷生产取得了丰硕的成果，为中国的传统文化增添了光辉。在二百多年的时间里其发展有一定的规律。（图 25—10）

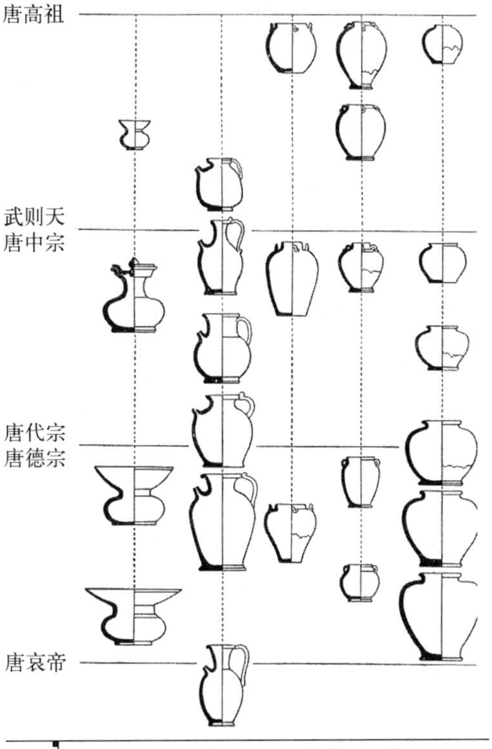

图 25-10 唐代瓷器典型器物发展示意图

## 二、越窑的青釉瓷

唐代的青釉瓷以越窑生产的质量最高，在全国名居榜首。越窑的中心窑场在浙江慈溪县上林湖滨海地区。此外浙江东北部的余姚、上虞、宁波、鄞县、绍兴、临海、黄岩、象山等地也都属于越窑系统，以生产青瓷为主。

越窑青瓷产品种类丰富，有碗、盘、碟、壶、瓶、罐、水盂、唾盂、钵、匙、灯、印盒、粉盒、墓志等。其胎体灰色，釉色青黄、青绿，晶莹润泽。唐人陆羽在《茶经》中将越窑列为唐朝诸窑之首，说明越窑工艺水平确实高超，影响广泛。唐朝著名诗人如皮日休、陆龟蒙、孟郊、卢仝、郑谷、徐寅、韩偓等都曾写诗吟诵越窑瓷器，许多诗句脍炙人口，成了千古绝唱。如陆龟蒙诗云："九秋风露越窑开，夺得千峰翠色来。好向中宵盛沆瀣，共嵇中散斗遗杯。"徐寅在《贡余秘色茶盏诗》中写道："捩翠融青瑞色新，陶成先得贡吾君，巧剜明月染春水，轻旋薄冰盛绿云。古镜破苔当席上，嫩荷涵露别江濆。""巧剜明月"、"千峰翠色"、"嫩荷涵露"等诗句把越窑青瓷的造型、质地、釉色淋漓尽致地描绘了出来。

五代浙江割据者吴越国王钱镠家族，将越窑青瓷生产中技术较高的作坊，指定为专门生产给皇室的贡品和统治集团生活用品的工场，并利用这些瓷器做政治交易，向周围其他实力强大的集团，包括赵匡胤的宋朝政权大量进贡，以换取苟安一时，不受攻击。这类器物一般庶民是不准使用的，所以史书称之为"秘色"瓷。对于这种"秘色"瓷器，过去只见于文献记载。1987年考古工作者对陕西法门寺舍利真身宝塔地宫进行发掘时，发现了十余件唐朝青瓷器，同时还出土一方造物账碑，碑文中即称之为"秘色"瓷。这次发掘使得流芳千年的唐朝秘色瓷实物第一次展现在我们面前。它们釉色淡青，光泽晶莹，果然名不虚传。

越窑青瓷不但质量好，而且有漂亮的装饰。例如用线刻技艺熟练地刻出小花、流云、莲荷、菊花、飞蝶、小鸟、云龙、仙山乃至关于竹林七贤、嵇阮高士的人物故事。有的制品还用金彩修饰，在口沿用金边包裹，即所谓"金釦瓷器"、"金银饰陶器"、"金棱秘色瓷"等。(图 25—11)

在浙江，生产青瓷的除了越窑以外，还有婺州窑系统。其中心窑址在金华，周围兰溪、义乌、东阳、永康、武义等地也有发现。婺州窑生产的青瓷与越窑有许多相似之处，但质地比较粗糙，胎色较深，呈深灰或紫色。婺州窑青瓷的釉层加厚，玻璃质增强，并且釉中呈现星星点点的乳白色，这使它独具特色。不过这种乳白色的星点至晚唐、五代以后便消失了。

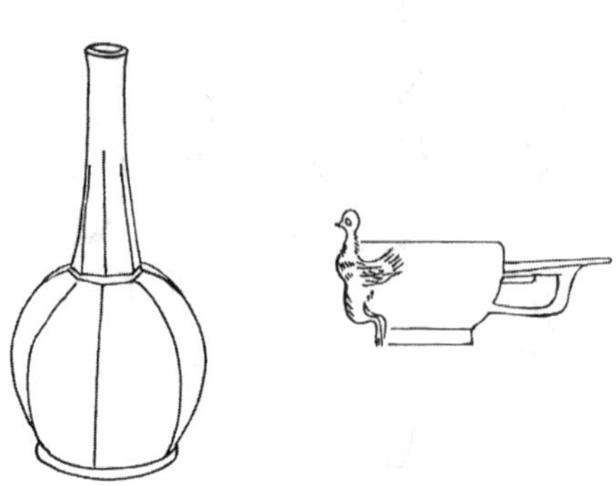
图 25—11 越窑青瓷典型器物

在浙江东南部的温州、永嘉、瑞安等地还有瓯窑系统。瓯窑受越窑工艺影响，也生产青瓷。其生产品种、器物造型等都与越窑相似。但是瓯窑瓷器的胎色灰白，胎体更薄，釉层也比较薄，釉色为淡青，温润如玉。晚唐时，瓯窑的质量进一步提高，胎釉结合紧密，很少有剥釉现象。从整体上看，瓯窑工艺技术比婺窑水平要高。

在长江中游的洞庭湖地区，生产青瓷的代表是岳州窑。其窑址分布在湖南湘阴等地。由于产量大，陆羽在《茶经》中把它同越窑一起称赞："越州瓷、岳州瓷皆青，青则益茶。"

岳州窑历史悠久，在长江中游最早出现青瓷手工业，东汉到三国已经有早期青瓷出现。在南朝时就生产一般日用青瓷，产量大，主要有碗、盘、杯等，质量较差。到了唐代，岳州窑的生产工艺有较大提高。其胎色灰白，胎质较薄，但不如越窑的致密；釉色有青、酱绿、酱黄等多种；其釉玻璃质强，但多开细碎冰片，容易剥落。岳州窑是在中国诸瓷窑中，最早使用匣钵的窑埸之一，这对于提高瓷器的烧造工艺水平具有重要意义。匣钵是一种耐火的容器，瓷器生坯装入其中，烧制时可避免火焰直接作用和烟尘玷污。岳州窑在唐代已经大量使用了匣钵。

## 三、邢窑的白釉瓷

白瓷最早发明于北朝，当时的瓷窑只发现了河北邢窑一处。以后经过数十年的考古调查，发现至隋唐时，除邢窑外，在河南、山西、陕西、安徽、江西等地都发现有生产白瓷的窑址。从考古发掘看到，初唐墓中所出白瓷，釉色尚多泛青；盛唐以后的白瓷，釉色变为纯正。

唐代白瓷的生产，仍以河北的邢窑为代表。胎质细洁，釉色白润，品种丰富。当时邢窑既生产质量高的精细白瓷，也生产质量较粗糙的白瓷，因而能够满足社会各阶层的需要。所以唐代学者李肇在《国史补》中提到邢窑的白瓷时说："天下无贵贱，通用之。"白瓷便于适应买主的需要，可以在上面刻写各种字句。例如西安一唐朝贵族墓中出土的白瓷罐、碗、盒、碟等上面就刻写有"盈"、"翰林"等字样。还有的白瓷上面刻写有类似商标、广告式的字句。故宫博物院珍藏着一件唐朝白瓷花口瓶，上面刻写着"丁大刚作瓶大好"，以招徕买主。刻"盈"字款白瓷的发现说明白瓷已进入宫廷，因为唐朝皇宫里有专门珍藏皇帝珍宝的库房就叫"大盈库"，在大明宫考古发掘中就出现有带"盈""翰林"字款的邢窑的瓷碗。

唐朝的白瓷从造型到装饰，还广泛吸收了外域工艺的风格特点。例如学习波斯金银器的造型，制出牛头形杯、虎头形杯；学习波斯器皿、织锦上的纹样，在白瓷上刻画、模印出忍冬、宝石、人物舞蹈、葡萄图案等。这样的商品在中国市场上显得很新颖，同时也适应国外的需要，有利于外销。

## 四、长沙窑的釉下彩绘瓷

长沙窑属青瓷系统，中心窑址在湖南长沙市的望城县铜官镇，附近的瓦渣坪、石堵湖、廖家坡一带也有窑址发现，因地属长沙，所以史称长沙窑。

长沙窑工匠们努力在工艺上寻求创新，烧制出釉下彩绘瓷，使自己独树一帜，享誉于世。

长沙窑青瓷釉下彩绘瓷，发展于唐代中、后期，其特点是：先在瓷坯上施以彩绘，然后涂釉烧制，烧成后彩绘不再褪色，而且给人一种含蓄温润的感觉。突破了唐代青瓷或白瓷的单一色调，而且为多彩绘画技法运用到制瓷工艺上开了先河。

长沙窑的釉下施彩，有时是用褐绿彩直接绘画，有时是先在瓷胎上刻划花纹轮廓，然后再沿刻线填绘褐绿彩。彩绘的内容很丰富，有点绘联珠、莲荷、块斑图案，有花鸟、动物、人物图画，还有热带植物、宝塔、题诗、警语等，甚至还有瓷器的价格。例如有的瓷器上绘写了这样的诗句："千里人归去，心画一杯中，莫虑前途远，开航逐便风"，表达了家人对远行游子的深切思念，耐人寻味。又如一件瓷壶上绘写着"富从升合起，贫从不计来。五文"。把提倡勤俭持家的警句同壶的价钱写在一起，表现出制作者的巧妙构思。这些丰富的彩绘内容对于研究唐代民间文学、艺术、风俗等，有很高的价值。釉下彩绘瓷把中国传统的诗词、绘画、书法及制瓷技艺融为一体，提高了中国瓷器的欣赏价值，也为中国瓷器的进一步发展开拓了广阔的道路。

长沙窑瓷器种类之多，在唐朝是少见的。一些普通的生活用具，虽然造型基本一致，但对口、腹、系、流等部位进行灵巧变化，便造出许多样式新颖的器物来。例如 1974 年在浙江宁波唐代码头遗址出土了数以百计的越窑青瓷和长沙窑瓷器。其中长沙窑瓷壶的款式就有 17 种之多。从壶的口沿来看，有喇叭口、直口、洗形（似浅盆形）口等多种；腹部结构则有瘦长形、圆鼓形、瓜体形、扁圆形、橄榄形、葫芦形、袋形等；流有直管形、细长而弯曲形、六方形等。随着壶体的改变，壶柄等附件安排也有变化，如颈短的安短小柄，细长颈就安长柄。

长沙窑瓷器还有许多玩具、摆设等小品，如狮子、大象、乌龟、小鸟各种人物等。这些瓷塑小品朴实简洁，虽不重形似，但优美传神。（图 25—12）

长沙窑瓷以自己的独特风采同越窑、邢窑瓷一起投入了海外贸易，所以在中国沿海港口城市和出海海道上时有发现。瓷器有许多表现外域文化风情的内容，如胡人乐舞图、狮子图、椰枣风光、对鸟图、联珠图案等西亚、北非风格的画面。在国外，如朝鲜、日本、伊朗、印度尼西亚、斯里兰卡、伊拉克乃至北非的埃及

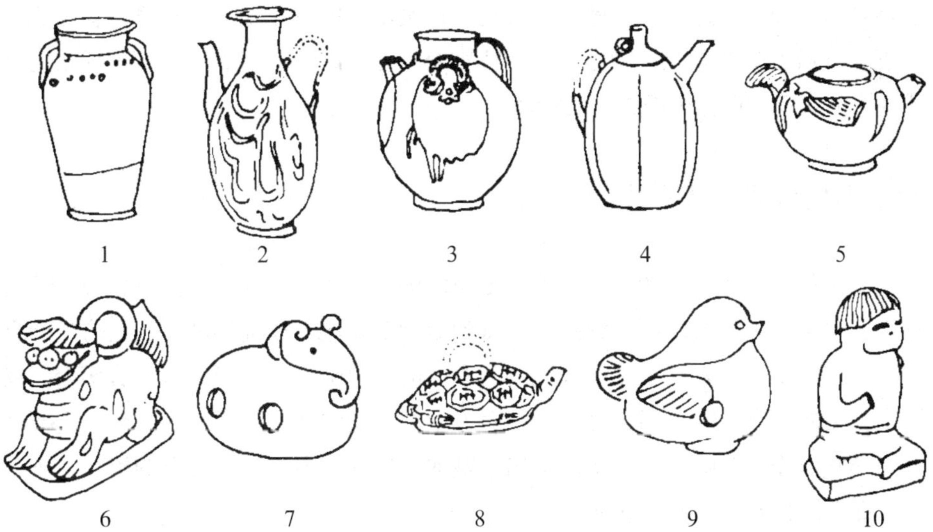


图 25-12 长沙铜官窑各类瓷器（采自周世荣《石渚长沙窑的瓷器及其有关问题的研究》，载文物编辑委员会《中国古代窑址调查发掘报告集》）1-5. 各种瓷壶 6. 狮 7. 象 8. 龟 9. 鸟 10. 人物雕像

等国古代遗址中，也都有长沙窑瓷器发现。它们确实不愧是中外文化交流的出色使者。

邛窑 四川省邛崃县的邛窑，烧瓷历史悠久，在唐朝发展起釉下彩绘瓷、白瓷、绿釉瓷、酱釉瓷、三彩釉陶等品种。其中釉下彩绘瓷也是高温烧成，艺术风格和表现手法和长沙窑一致，只是胎体较粗，釉色偏暗，没有长沙窑那明丽。可能由于交通关系，在海外没有见到邛窑的东西。

## 五、巩县窑的青花瓷

唐朝以河南巩县为中心窑场的工匠们，在白瓷发展的基础上，吸取釉下彩绘工艺，创造出青花瓷器。青花瓷是以钴蓝为颜料，在胎坯上绘花纹，然后涂上一层透明釉，在1200℃高温下一次烧成。唐朝青花瓷胎质较粗松，白度不高；釉质不细，白中泛黄；胎釉之间有一层明显的化妆土。由于钴料含铁，所以青花色泽浓艳，蓝中透紫。现今在中国发现的唐朝青花瓷总共只有12块碎片。根据它们判断，其完整器形有盘、碗、壶、枕等日用器具，并且盘、碗的口缘多作花瓣状，枕为小方形。装饰花纹有中国传统的花卉，也有西亚异国情调的图案。近几年考古工作者在巩县的黄冶窑等处展开大规格考古发掘，出土许多三彩釉作品，也出土相当数量的青花瓷器。这些窑址出土品有烧得很精致完美的，有没有烧熟的生烧器物与扬州唐城遗址，安徽京杭大运河遗址出土的青花瓷品质一样。青花瓷器在唐朝以后不断提高工艺制作水平，特别经过元代的发展，到了明清时期成为瓷器生产的主流，最富于民族工艺特色。

## 六、闻名世界的唐三彩

享誉中外的“唐三彩”是一种多色釉的陶器。它在唐初即已产生；盛唐时，其工艺水平及生产数量都达到高峰；唐朝后期随着北方战乱的破坏，它的生产衰落下去。唐三彩主要产于以河南巩县为中心的中原地区，陕西的铜川黄堡窑、咸阳窑、河北邢窑、四川邛窑也生产。南方生产三彩的地方是四川的邛窑。主要是供大小官僚作明器陪葬用，所以多出于墓葬。根据国内外考古发掘的资料，唐三彩的许多用具可以在生活中使用。

唐三彩以高岭土、黏土或北方坩土作坯体，经手工捏塑或模制成形，令其阴干，然后入窑以1000℃高温素烧，烧成、冷却后再施以釉彩，再次入窑烧至900℃即成。唐三彩的釉质以硅酸铝为主，还要加入炼铅的熔渣和铅灰做助熔剂。在釉中加入不同的呈色金属氧化物，便可以调出各种颜色，例如加入氧化铜可成绿色，加入氧化铁便成黄褐色或黑色，加入氧化钴即成蓝色，通过调配还可以制出不同程度的深浅颜色和复合色。所以所谓唐三彩，不能理解为只是三种颜色，是多彩的意思，实际上可多可少。其釉色斑斓绚丽、光泽明亮，十分漂亮。

唐三彩由于烧成温度低，胎质松脆，而且容易渗水，因此在日常生活中的实用价值远不如瓷器优越。

唐三彩的种类繁多，从日用器具到房屋、仓库等建筑物，从各种天神、人物、动物形象到牛车、井栏、兵器等等，几乎应有尽有，当然都是模型，没有实用价值，不过却可以反映出唐朝丰富多彩的社会现实。

唐三彩，表现了充分的写实性特点，而人物、动物造型不仅各部位的比例准确，线条流畅优美，而且有着强烈的表现力。例如塑造的马有作奋蹄昂首嘶鸣状，有作俯首理身状，十分动人前腿提起，后腿蹲屈作舞蹈状；对于武士则以夸张其肌肉发达、怒目圆睁，来表现刚毅勇猛的精神。唐三彩以其高超的工艺技巧，使它成为唐代陶瓷中的珍品。唐朝灭亡后，虽然还有所谓辽三彩、金三彩，但工艺水平再也无法同唐三彩相比。(彩图8)

## 第六节 宋辽金时期艺术瓷的成就

### 一、宋代制瓷工艺达到新高峰

经过唐朝末年的藩镇割据和五代时期的分裂局面，南方越窑等青瓷体系仍在发展。北方瓷器手工业遭到很大破坏，邢窑、巩县窑、安阳窑等衰落，五代后期耀州窑、定窑、临汝窑等发展起来。公元960年赵匡胤建立了北宋政权，实现了中国的统一。以后宋辽金之间的长期战争给社会生产造成了一定的破坏，但总的说来社会经济仍然波浪式地向前发展，生产力得到提高，社会财富的积累超过唐朝。1127年以后，南宋政权偏安于江南，使得南方经济也曾繁荣一时。这些都有利于制瓷手工业的发展，促使宋代制瓷工艺达到一个新的高峰。

宋代的瓷窑体系和现在所发现的作坊、窑址数量都超过唐朝，其规律是逐渐向交通要道和商业中心城市靠近，一种有代表性的瓷窑产品在社会上赢得声誉以后，小作坊就在附近星罗棋布地建立起来，形成一个地域广阔的瓷窑体系，如定窑、耀州窑、钧窑、磁州窑、临汝窑、龙泉窑、德化窑、同安窑、景德镇的湖田窑等都是这样。这些瓷窑为了保持他们的传统市场，进而夺取新的市场，在生产上竞争得十分激烈。宋瓷工艺的发明、革新冲破了唐代“南青北白”的局面，驰名中外的名瓷窑系一个接一个地出现，其艺术风格很快为其他地区所模仿。

赵匡胤出身武将，但酷爱文化，提倡教育，广泛建立书院，编辑各类图书，在宋朝初年编成的《太平御览》、《册府元龟》、《文苑英华》、《太平广记》等四大类书，提倡科举考试，布衣草泽，老弱妇孺皆读圣贤语。大宋朝历代皇帝的作法对民族文化素质的提高很有贡献，对宋瓷艺术品位的提高有极大的促进作用。

宋代皇家办的瓷窑即官窑也取得很大成就，从此以后，各朝也都建有自己的官窑作坊。

宋朝采煤技术发达，优质煤用在烧窑上，升温高，保温时间长，促使瓷器的胎料、釉料、彩料充分进行化学反应，这就给瓷器工艺的提高，提供了良好的条件。

宋朝海路交通得到开拓，沿海经济、贸易发展迅速，对于制瓷工艺的改进和提高以及制瓷手工业的兴旺发达都起到良好的促进作用。

10世纪以后，中国的科学、技术、工艺、文化、艺术得到进一步发展，特别是科学和艺术的成就对瓷器的发展有明显的影响。

上述种种因素汇集起来，使宋代瓷器艺术在美学领域开拓了新的光辉的境界，其成就，可以归纳为以下几点：

第一，宋人与辽、西夏、金人的战争历时久而且残酷，在严酷的现实生活中形成了强烈的民族意识，这对工艺美术的发展产生了深刻的影响。所以宋代瓷器生产，从北到南各瓷系都突出地体现了民族艺术风格。在景德镇尚未成为中国瓷器生产中心之前，瓷器生产分散在各个地区，一些相当广大的地区出现了风格相近的瓷窑体系。这种现象在唐朝就开始表现出来，但唐朝有一点是突出的，就是广采博收，许多瓷器的造型、装饰内容接受了外域文化的影响，新鲜活泼，有异国情调。而宋瓷则不一样，从北方到中原，从长江两岸到沿海地区各大瓷窑的产品都向着一个方向发展，显示出一种热衷于表现中国独特民族艺术的倾向，所以宋瓷所表现的民族精神最纯粹、最朴实、技艺惊人而风格高雅。宋瓷没有唐瓷那么雍容华贵，气氛热烈，也没有明清瓷器那么繁缛纤细，色彩艳丽，但崇高的民族意识，使它在世界艺术史上享有很高的声望。

第二，明晰的时代精神是任何朝代的陶瓷所不能比拟的。中国封建社会在汉唐时期曾同国外开展了大规模的经济、文化交流，但整个社会商人地位不高。到了宋朝轻视商业经济的现象就少得多了，城市经济空前发展，商人地位提高，城镇市民生活相当活跃。张择端的《清明上河图》表现的汴京市井和人物邸店就是一种时代精神的集中表现。商业城镇繁华壮观，饭店、酒楼、店铺鳞次栉比，上至帝王贵族，下至庶民百姓，生活上都追求奢侈豪华。丝绸、锦缎、金银器、名贵瓷器成为人们追求、竞相夸耀的物品。宋朝的知识分子阶层，尤其是文学家、艺术家空前活跃。他们的爱好、品评、颂扬，促使制瓷工匠在创作上有了精神依据。众多出色的瓷器制品表现出当时人们心灵的爱好和感受。无论造型还是装饰，也无论釉质还是色彩都表现出一种共同的崇高、冷峻、紧凑、清纯的美感。定瓷的纯白，建瓷的漆黑，龙泉青瓷的幽玄深邃，景德镇影青瓷的明澈，官窑、汝窑的莹润，耀瓷刻花的犀利，临汝青瓷的乡土气息，钧红的斑斓，磁州窑的豪放，同安窑的潇洒，把自然美、艺术美、简洁清新的理智美，和谐而形象地融为一体。宋瓷在发展民族工艺的时代精神上作出了可贵的贡献。

第三，宋瓷的区域性特点表现得也很明显。这些特点的出现，一方面是由于中国地域辽阔，工艺美术传统的地域特点很强，人们的生活习惯、审美观念，瓷器发展的具体道路的不同，而长期形成的；另一方面是由于原料、燃料特性的差异，使窑炉建筑、制作工艺和火焰控制等方面形成的特殊工艺所产生的效果。

第四，宋朝著名的定窑、钧窑、龙泉窑以及专为皇室生产的官窑如北宋官窑、汝窑，艺术成就很高，代表了宋瓷的最高水平。它们在艺术倾向上，仿古的意识很强烈。这种风气也波及民间瓷窑，如湖田窑、龙泉窑、耀州窑、临汝窑、吉州窑等，它们仿上古三代的古铜器、古漆器、古玉器的造型相当多。宋瓷中的仿古制品不是粗制滥造，也不是亦步亦趋的简单模仿，而是艺术上要求很严格，工艺技术达到炉火纯青的地步，在造型的线条处理上狠下工夫，没有任何花俏轻浮之感，表现出端庄、肃穆，气魄宏大，把上古时代的青铜、玉器、漆器的造型作得典雅精美，并注入了新的时代气息，在继承古代优秀传统文化方面比较成功。

## 二、宋代的著名瓷窑

对于宋代著名的瓷窑，明朝人有所谓五大瓷窑之说，是指官窑、汝窑、定窑、钧窑、哥窑。这一说法，也广泛流传于后世。实际上，对于其中有的瓷窑，人们还有不同看法，而且宋代著名的瓷窑也还不止于此。下面择其重要者介绍如下：

### 1．官窑和汝窑

所谓官窑是指专为宫廷烧造瓷器的瓷窑。这种做法唐朝尚未出现，有人认为唐朝越窑中为皇室烧制秘色瓷的作坊就是官窑。有人认为为皇室烧贡瓷的窑场是官窑，有的甚至把一些在自己生产的瓷器上刻写一个“官”字的窑场称为官窑，很值得研究，需要找出令人信服的证据。宋代官窑瓷系大多数人认为汝窑、北宋、官窑、杭州郊坛官窑，是为宫廷制造瓷器的窑场。

关于汝窑的窑址，过去人们有许多推测，或以为在河南临汝县。近年来有关专家在河南宝丰县大营镇清凉寺村发现了汝窑遗址，初步找到了可供研究的线索。汝窑的瓷胎为香灰色，其釉为卵青色，在釉层卓盖下微显粉红色，光泽莹润，属于青瓷。汝窑瓷釉较厚，多为素面，很少有花纹装饰，但釉面有冰裂纹，又称蟹爪纹。汝窑对还原火焰控制极为成功，配料精细，是宋朝水平最高的青瓷。汝窑瓷器为内廷御用之物，因此烧制数量极少，一般不在市场出售。南宋周煇《清波杂志》中说汝窑“内有玛瑙末为釉，唯供御拣退，方许出卖，近尤难得”。宋朝一般人士很难见到它，是很自然的。汝窑生产随着北宋的灭亡而衰落下去，它的生产时间较短，所以流传至今的制品极少。汝窑瓷器制品主要有盘、碟、碗、三足樽、盏托、椭圆形四足盒等。

顺便提一下，在汝窑周围的临汝、禹县、宜阳等县也有许多北宋的瓷窑遗址，它们以烧制民用瓷为主，称为临汝窑。其瓷胎体较粗，釉层薄，颜色青绿发黄，呈豆绿色。临汝窑制品有盘、碗、盏、杯、瓶、壶、罐等，有的装饰则用刻划和印花工艺作出各种图案、花卉、人物等。它们的造型和装饰都显示出浓厚的民间色彩。在宝丰县汝窑遗址发现以前，临汝窑同汝窑有着密切关系，汝窑是在临汝民间瓷窑的基础上发展起来的，清凉寺遗址除生产汝瓷外，还大量生产普通青瓷、钧釉瓷、白釉黑花瓷等。

关于北宋的官窑，相传徽宗大观、政和年间，朝廷在开封也曾设置官窑。不过至今未在当地发现瓷窑遗址。因为黄河泥沙将宋代地层深埋地下，窑址难于发现。这些传说都不可靠。考古工作者经艰苦努力在河南临汝县的张公巷发现品质极优的青瓷，经考证该窑即为北宋官窑。

相传南宋时曾在修内司（掌管内廷御用器物制作修缮的官署）置官窑，窑址在杭州市凤凰山北的老虎洞发现南宋官窑窑址。后来又在郊坛另立官窑，在今杭州市乌龟山附近，窑址范围很广，1956 年曾作部分发掘。这里烧造的青瓷，胎薄釉厚，胎为灰、褐、黑三色，釉以粉青色最佳，是南宋瓷器中的珍品。

图 25-13 北宋耀州窑青瓷刻花装饰

### 2. 耀州窑

北方青瓷中耀州窑独树一帜，北方民谣中一直流传“六月十五下雨点，耀州城里买大碗”，艺术上影响深远。窑地在陕西铜川的黄堡镇。该窑从唐朝开始生产白瓷、青瓷、黑瓷和三彩釉陶。宋朝以艾叶青色的青瓷著称，工艺上影响深远。耀州青瓷在美学上的独特之处是在浅灰色胎体上以犀利的刀法刻出丰富而构图繁缛的花纹，再以深沉优美的艾叶青釉深受黄土地带人们喜爱。( 图 25—13)( 彩图 9)

图 25-14 北宋晚期钧窑玫瑰紫红釉折沿盆

### 3. 钧窑

窑址以河南禹县钧台八卦洞为中心。在北方青瓷中，钧窑瓷器釉层厚，釉色有浓有淡，具有像宝石一样的乳光色，浅的如天青色，深的作天蓝色，淡的似月白色，质地温润，优美异常。钧窑的红釉有的像成熟的紫玫瑰，有的像浓艳欲滴的红海棠，有的像蓝天飘动的彩云，有的像灿烂的晚霞，变幻莫测。它的工艺是在青釉中加了金属铜、铁等元素作呈色剂，配出二液分相釉，多次施釉，或将呈色金属配入釉中，或在器物釉层上涂抹铜红，在还原火焰的高温中使釉、彩渗透融熔，呈现出一种变幻莫测的艺术效果。钧瓷生产时间较长，从北宋中期到元朝都在生产。（图 25—14）

### 4．定窑

中心窑场在河北曲阳县的涧磁村和东西燕山村一带。经考古勘测，窑址面积达 117 万平方米。在唐朝中晚期，它受邢窑影响而兴起。定窑以生产白瓷为主。白瓷工艺技巧很高，胎骨致密洁白，不像其他北方瓷器以厚重粗犷取胜，而是精巧玲珑。刻花纯熟，印花精密，像宋代的锦缎。釉色白中泛黄，有象牙白的质感。定窑除生产白瓷外，还生产绿瓷，称为绿定；黑瓷，称为黑定；褐红釉瓷，称紫定，都是定瓷中的精品，有很高的艺术价值。许多定瓷钔金边、铜边、银边。北宋后期，曾一度为宫廷、官府烧造瓷器，所以有的在底足刻有“尚食局”、“尚药局”、“五王府”、“官”字或“新官”字样。

定窑发明覆烧工艺，使瓷器入窑装烧所占的空间范围减去五分之四以上，因此一窑能烧的瓷器增加很多倍。在宋元时代，北方广大地区和南方一些地区的瓷窑，受定窑影响，生产出工艺相近的品种。

### 5．磁州窑

磁州窑是宋代磁州地区生产的一种民间生活用瓷，中心窑址在今河北磁县观台

图 25–15　磁州窑瓷器（采自陈万里《北方民间窑瓷器》）左：白釉刻花黑花罐　右：白釉黑花罐

镇。在河北、河南、山西、陕西、山东等省均有磁州窑系的窑场。磁州窑瓷系的产品在艺术上有卓越的成就，它生产白釉、黑釉、酱釉、绿釉等品种。它把制瓷工艺和中国传统的绘画艺术融汇在一起，生产出白釉黑花瓷，产量最大，还有白釉赭花、绿釉黑花、黄釉黑花等品种。此外，还有划花、刻花、雕花、堆花、剔花等装饰工艺也很成熟，内容有鱼藻、花鸟、奔鹿、跃兔、杂要人物、神话故事、诗词题字等，民间生活气息极浓。磁州窑产品有碗、盘及大型的盆罐等，也有儿童玩具和瓷枕。磁州窑从唐朝开始生产，至宋、辽、金三朝最为兴盛，明朝开始衰落下去。宋金时期，由于磁州窑著称于世，以后人们或称瓷器为“磁器”。清代有人以为磁州窑是以磁石粉为胎，当是望文生义之说。(图 25—15）实际上是当地一种大青土为胎。粗料细作，施化妆土，或彩绘，或刻或划或剔，或搅胎作出有浓郁民间生活气息的民用瓷器。朴实耐用，到元代、明代皇宫也用磁州窑瓷器。

### 6．龙泉窑和哥窑

龙泉窑是宋代南方在越窑衰落之后，继之而起的一个青瓷窑系，分布在浙江省西南的丽水、遂昌、庆元、龙泉等县，而以龙泉县的大窑一带为中心窑场。龙泉窑在南宋时工艺水平最高，元朝时产量最大，明朝时生产逐渐衰落。

龙泉窑又称弟窑。相传有章姓兄弟二人，擅长经营窑业。哥哥名章生一，弟弟名章生二，他们烧制的瓷器颇负盛名。弟弟所烧的瓷器称龙泉瓷，哥哥烧出的瓷器为哥瓷。龙泉青瓷除有碗、盘、碟、壶、笔筒、笔架、香炉等外，还烧造了鬲、觚、琮等仿古器物，别具特色。龙泉窑发明了石灰碱釉，从而烧出了具有该窑代表性的粉青釉和梅子青釉，青莹无暇，精美如玉，工艺水平极高。

哥窑在龙泉县的传说不准确，哥窑不在龙泉在杭州。龙泉有一种类似哥窑的开片瓷。是学习官窑生产出一种开片瓷与传统的哥窑青瓷有差别。真正的哥窑在杭州凤凰山的老虎洞窑的上层的产品与传统哥窑瓷器特征完全相符。哥窑的特点是，胎体色黑而薄，器边（如口沿、圈足底）隐露胎体，釉面有许多大小相错的裂纹，所以人们称之为“紫口铁足”和“百圾碎”“金丝铁线”。(图 25—16)

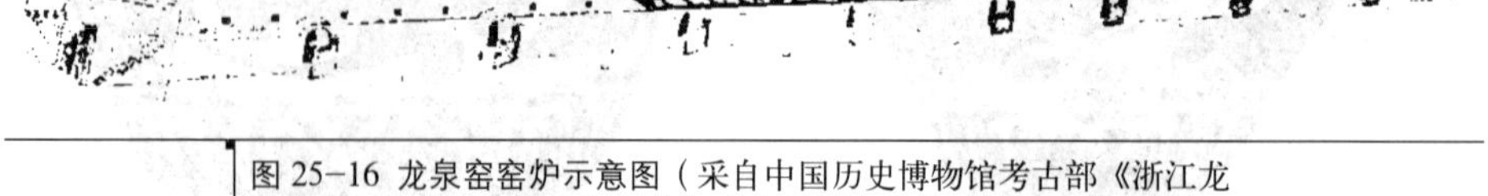

图 25-16 龙泉窑窑炉示意图（采自中国历史博物馆考古部《浙江龙泉青瓷上严儿村窑址发掘报告》,《中国历史博物馆馆刊》总 8 期）

#### 7. 青白瓷系

图 25—17　南宋青白瓷碗内壁印花凤穿花图案

这是一种釉色介于青色和白色之间，白中透青，釉厚处为淡青绿色的瓷器。由于它胎薄釉润，光照见影，所以又称为“影青”釉。青白瓷器产生于北宋，产地以江西景德镇为代表，在长江中下游地区也普遍生产。景德镇的瓷土资源丰富，烧制瓷器的历史可上推至五代。相传北宋真宗景德年间，朝廷曾派官员来此监烧瓷器以充贡品，从此这里所产瓷器名震天下，地名也由原来的“新平”改称景德镇，至今仍以产瓷而闻名世界。景德镇所产青白瓷器种类很多，有杯、碗、盘、碟、酒具、瓜菱罐、镂空香熏、各式小扣盒、瓷枕等；其印花纹饰多学习定窑或宋代织锦绛丝花纹，在青白瓷釉下刻印花卉图案，十分淡雅秀丽。北宋中叶以后，景德镇窑采用并且改进了定窑的覆烧方法，于是产量大增。(图 25—17)

#### 8. 黑瓷系统

宋代黑瓷发展很快，全国都有生产，许多黑瓷已经进入艺术瓷的领域。磁州窑的黑瓷就很有名，此外就是福建的建窑、江西的吉州窑。

建窑又称乌泥窑，在福建建阳县的水吉镇。建窑黑瓷的特点是胎体紫黑，釉层很厚，色黑而滋润，釉层透出银色的光芒，有的如兔毫状，有的像鹧鸪鸟羽毛的斑纹，有的像油滴。以兔毫盏最为有名，受到宋徽宗的喜爱，成为贡品。品种以碗、盏最多。宋人饮茶以用建窑兔毫盏为上。建窑南宋生产最兴盛，于元朝末年衰落。

吉州窑在江西吉安永和镇。南宋时生产最为兴盛，产瓷品种很多，有白瓷、青瓷、白釉黑花瓷、花釉瓷等。其中以黑瓷最富特色，在掌握氧化亚铁结晶、硅酸釉药变化以及控制火力和冷却温度等方面都很成功。吉州窑能烧出一种黑、黄两色混合似玳瑁骨的釉色，称为玳瑁釉，这是其代表产品。在装饰方面，吉州窑别出心裁地运用贴印手法将民间剪纸花纹和木叶纹作为纹饰，创造出新颖独特的艺术风格，学习磁州窑工艺生产的白釉黑花也很有特点。吉州窑的黑釉产品种类繁多，不仅有茶盏，各种日常用具也多烧制。

## 三、辽金的陶瓷

中国是一个多民族的国家，各个民族和汉族一样在发展中国陶瓷艺术方面都作出了贡献。辽、金政权在很长时间里控制着中国北方的半壁江山。辽、金陶瓷是中国陶瓷的有机组成部分，从它们的成就可以看到公元10至13世纪中国的陶瓷艺术是何等丰富多彩！陶瓷工艺本来就扎根于各族人民的生活之中，在汉族制陶工艺的影响下，这时期在北方具有鲜明民族风格的陶瓷工艺得到蓬勃的发展。

### 1. 辽代的陶瓷

辽瓷的烧造地点，主要分布在东北三省、内蒙古自治区、山西北部的浑源、河北北部的隆化窑一带和北京的龙泉务窑。

辽瓷以白瓷为主，胎质不如内地瓷质细，白色，吸水性极小，多仿邢窑、定窑白瓷，产量很大。晚期渐多黑花白瓷器。另有一种是高温缸胎茶绿、黑、赭、杂色釉大型瓷器，如缸、盆等，产量也很大。

辽瓷制品有两种形式，一种是中原汉族常用的器物，如碗、盘、瓶、盒之类；另一种则是富于契丹民族特色的瓷器，如鸡冠壶、有系扁提壶等。它们的造型类似皮革缝制的皮囊，显然适宜草原民族马背上使用。

此外还有一种低温釉陶器，多为单色的黄釉、绿釉、白釉器皿，二彩釉或三彩釉较少，称为“辽三彩”。因胎料含有黄沙，质松，釉面不匀，质量不如唐三彩。（图25—18）

辽朝学习了宋朝的官窑做法，在上京临潢（今内蒙古巴林左旗的波罗城）就置有官窑，所产白瓷也仿邢窑、定窑，有的作品上刻“官”、“新官”字款。

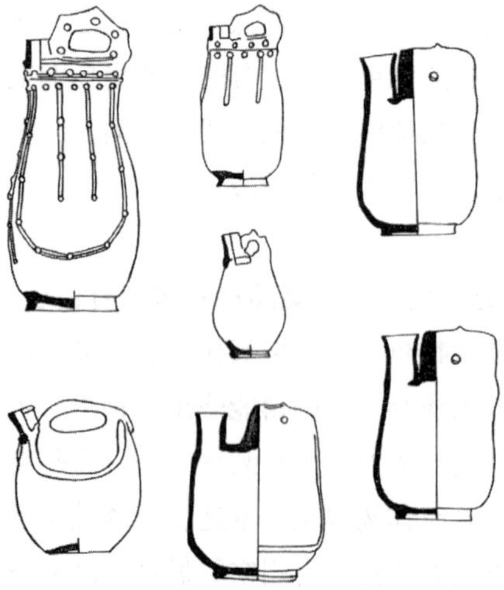

图25-18 辽釉陶皮囊壶造型示意图

### 2. 金代陶瓷

过去有人认为，前文所述钧窑实即金代之窑，但考古发掘证明，北宋晚期已有钧窑烧制，只是金代为其发展时期。所以钧窑仍是金代的主要瓷窑。在金代又生产出天青、月白、红紫等釉色的新品种。

在金代，定窑继续生产，也涌现出一些仿定瓷窑，如安徽境内的宿州窑、泗州

窑、山西的霍县窑等。它们质量虽不如定窑瓷，但在民间使用广泛。(彩图 10)

在金代还发展起一种红绿彩瓷器，这是在烧成的白瓷上挂红彩和绿彩，绘成花卉、虫鸟、图案及题写文字等，再入窑低温烧成，又称宋加彩。这种釉上彩工艺为瓷器的装饰美化开辟了新途径，在元、明、清景德镇的瓷器制作中得到进一步发展。

此外像白釉黑花的磁州窑系产品，在金代广泛生产，艺术水平大大提高，在北方金人政权控制的地区和南宋的吉州等广大地区也发展起来。如隆化窑，在金代受定窑影响生产白瓷，也生产白釉黑花瓷器。瓷器上画墨竹，这是少有的。

在金人控制北方的一个多世纪里，除上述瓷窑以外，尚有陕西的耀州窑，山东淄博的磁村窑和坡地窑，山西的介休、浑源、长治、榆次等瓷窑。它们都生产出许多乡土气息浓郁的产品。

# 第七节
# 元明清陶瓷工艺的高度成就

## 一、元代瓷器的发展和创新

公元 1271 年蒙古统治者忽必烈建立了元王朝，不久又灭了南宋，统一了中国。忽必烈一方面采用汉法治理汉地，同时也保留了许多蒙古旧习俗、旧制度。在这种情况下，蒙汉各族文明之间出现了相互交融、渗透，同时也存在着民族压迫与反抗。以蒙古贵族为主建立的大元帝国十分强大，在中国历史上也作出过许多贡献。也因为草原民族的落后、保守和凶残，导致帝国很快就衰落以至灭亡，一度强大得无与伦比的王朝没有发展下去，成为一个统治不到一个世纪的短命王朝。在蒙古统治者攻占中国北方以及推翻南宋的战争中，许多制瓷手工业作坊遭到破坏，影响了中国陶瓷手工业的发展。但是有一个例外，就是景德镇的制瓷业在元朝后期崛起，把中国传统的制瓷工艺推向更高的水平。

在众多著名瓷窑遭到破坏或者奄奄一息的时候，元朝在景德镇设立了“浮梁瓷局”[1]，对当地制瓷业实行官办。这个局把各地俘虏的制瓷工匠集中到景德镇的浮梁一带进行生产。这样一来，工匠们把各地的烧瓷工艺都带到景德镇来了。

〔1〕浮梁瓷局系元代朝廷在景德镇设置的官方管理机构。浮梁，地名，属景德镇。

他们相互交流经验，使景德镇的瓷器有机会融汇各地之所长，工艺水平进一步提高，产品更加丰富多彩。据史书记载，这些工匠处于奴隶式的劳动环境中，常因贫病饥饿而死。他们不堪严酷的剥削和压迫，时常大量逃亡。这些逃亡工匠或到民窑做工，或自办作坊，又促使各地民窑得到发展。此外，蒙元政权鼓励商业贸易活动，实行驿站制度进行保护，景德镇得天独厚、有优质的瓷土和各种原料、燃料。昌江连通鄱阳湖贯通长江，运输很便利，形成“工匠四方来，器成天下走”的良好局面。由于蒙古帝国的统治地区曾经横跨欧亚两洲，中西交通畅通，外贸发达，这也推动了中国制瓷手工业的发展。从上述情况可以看到，中国的制瓷手工业在元朝虽然有遭受摧残破坏的一面，但同时也在忽必烈实行汉化政策扶持农业手工业以后，社会逐步稳定、经济上升的形势下得到了发展。

元代瓷器工艺上最突出的产品是江西景德镇的白瓷、青白瓷。景德镇还把青花瓷器提高到一个崭新的水平，此外还发展了釉里红、红釉瓷器、蓝釉和蓝釉描金等新品种。(图 25—19)

景德镇的白瓷器物主要是生活用具，有碗、盘、杯、罐、壶等。胎体致密，胎壁很薄，成型纹路细密。白釉洁白无疵。青白瓷质量不如宋代的洁白，透光度差一些，施釉也不够均匀。但是胎壁比宋代厚实适用，古拙饱满，器壁往往注意弧线效果。元代青白瓷也有优秀成品，如元大都出土的青白瓷观音坐像，高达 67 厘米，不但显示出高超的制作工艺，而且表现出工匠卓越的雕塑能力。为宫廷、官府烧制的卵白釉瓷，白釉不透明，品质优秀，元朝上下都很喜欢，相当大一部分在社会销售并出海销售到世界许多国家和地区。

图 25-19 元景德镇窑釉里红

元代青花瓷装饰构图严谨密实，吸收了当时织锦图案的纹样与装饰效果，如云肩纹、宽头莲瓣纹，璎珞纹等，其他还有花卉、植物、动物纹样等。在青白瓷中还有铜红作出的釉里红装饰，这是宋代青白瓷所没有的。

浙江龙泉的青瓷，在元朝获得了发展机会。考古工作者在瓯江两岸和松溪上游发现了窑址三百多处，产品主要是作为商品大量销往海外。在元代重要港口城市如宁波、温州、广州、泉州等地发现了大量的龙泉青瓷。在北方陆路交通线上，如甘肃、新疆、内蒙古、山西的大同等地，出土的元代龙泉瓷也很多。在亚洲各国，龙泉青瓷也常有发现。在韩国新安海底整船的龙泉青瓷被打捞上来。

图 25-20 元青花鱼藻纹盘

龙泉青瓷在成型、焙烧工艺上取得了重大成就，气魄宏大的产品很多，大花瓶高近三尺，大瓷盘直径二尺有余，制作规整，从窑里出来一点不变形，釉面光洁无疵。当时盛行划花、印花、贴花、堆花、镂孔、点彩点等技法进行装饰。

这时期，福建的德化瓷、同安窑系的划花篦纹青瓷迅速地发展起来，对泉州港和海外贸易的开拓起了良好的作用。

河北、河南、山西、山东等省的黑瓷、白釉黑花瓷器，低温釉陶也都在不同程度上有所发展。

元代瓷器，造型雄伟浑厚，最突出的成就是青花瓷器，用钴蓝在坯体作出，生坯作出画，白釉罩盖，高温一次烧成。一部分用苏泥勃青、一部分用国产钴料，白釉蓝花幽靓壮美，具有强烈的时代特色。把瓷器美学提高到一个崭新的水平。(图 25—20) 装饰艺术除继承传统的划花、刻花、印花、雕塑以外，就绘画而论，内容丰富，在一件作品上选用卷草、藤蔓、蕉叶、菊花、莲花、葵花、流水、海涛等内容作边框，以流云、杂宝、牡丹点缀或填补空白。而主题装饰则多选用牡丹、芭蕉、瓜果、鱼藻、云龙、云凤、莲池鸳鸯、残荷飞禽、古松青竹、岁寒三友、人物故事、古代历史片断，元代戏曲、神话题材等内容。元瓷装饰丰富多彩，为明代绘画艺术运用于瓷器装饰开辟了广阔的前景。

## 二、明代陶瓷工艺的巨大成就

经过元末农民战争，朱元璋在 1368 年建立了明朝。在明朝，景德镇成为中国瓷器生产的中心。所谓“有明一代，至精至美之瓷，莫不出于景德镇”。明朝瓷器的成功之点，可以归纳为以下几点：

1．白釉瓷器的成就超过以往任何一个朝代。永乐时期景德镇御窑厂生产的白瓷，胎薄釉润，白度恰到好处，看起来柔和悦目，故称“甜白”釉。人们称赞宣德时期的白瓷为“汁水莹润如堆脂，光莹如美玉”，嘉靖白瓷“纯净无杂”，万历白瓷“透亮明快”等等。古代鉴赏家们的赞美往往是画龙点睛之语。

2．青花瓷器成为瓷器生产的主流，在南方各地，特别是沿海地区，广泛地发展起来。江西，福建、广东、云南等省产量都很大。以江西景德镇的青花为最好。景德镇青花在各个不同时期有不同的风格。永乐、宣德青花“开一代未有之奇”。青料用波斯输入的“苏泥勃青”，发出深蓝苍翠，明艳浑厚。所绘花纹运用了国画中的皴法，浓淡协调，生动自然。（图 25—21）成化时期，钴蓝淡雅，花纹线条表现细腻，像国画中的工笔画一样。嘉靖青花，钴蓝颜色极浓，蓝中泛紫。万历以后的青花，颜色灰淡安静。这些成功之作，不仅供应宫廷使用和在国内销售，而且远销各国，至今成为各国古代艺术品中的珍宝。（图 25—22）（彩图 11、12、13）

3．红釉和釉里红极为成功。明朝的红釉瓷器像红宝石一样鲜艳润泽，称为宝石红。它是用金属铜元素配入釉中，生坯挂釉，经过巧妙的还原火焰焙烧，金属铜的胶体粒子在釉中发挥作用的结果。明朝红釉色泽深沉安定，不流釉，不脱釉，光彩夺目。

明朝釉里红水平极佳。有的在釉下出现各种红色花卉，有的是在凝厚的白釉里用写意的手法点出几个鱼影，烧成后几条鱼儿好像在静静的水中时隐时现地上下漫游。

4．黄釉瓷器的成就很高。明朝弘治时期的黄釉瓷器就像初开的葵花，娇嫩晶莹。黄釉是用锑配釉，并加入用氧化锌、氧化铁、氧化锡、氧化铅、硝酸铝多种原料配成，浇在烧成的细白瓷上，用氧化焰低温烧成，呈色滋润光洁，精美无比。

图 25-21 宣德青花枇杷鸟纹（盘心）

图 25-22 万历青花三羊图

5．上面所述瓷器品种都是在继承前代工艺成就的基础上，进一步发展起来的。此外还有许多创新，如明初的青花红彩，宣德时期发明的斗彩、五彩，成化斗彩秀美绝伦是世界公认的瑰宝。嘉靖以后的素三彩等都是新的发明，具有很高的水平，所谓斗彩就是把釉下彩青花和釉上彩同时结合使用。五彩是言其彩多，并非专指五色。明代工匠在前代烧制彩瓷的基础上，掌握了一套烧出各色彩釉的经验，使得明代的彩瓷工艺达到了前所未有的水平。

明代的制瓷业中，官窑和民窑同时发展。朝廷在景德镇设置"御器厂"，下辖数十座"厂官窑"，专为内廷烧制精细瓷器。官窑不计成本，务求精美，所以产量很少。凡官窑所产瓷器，上面都有当时的年号款识。

明代民窑容量大，产量多，既产精良瓷器供上层官僚地主享用，也产一般粗瓷供下层民众日常使用。民窑瓷器广泛销世界各地。在晚明冲破政府封锁外销形成高潮。

## 三、清代制瓷工艺的高度发展和衰落

清朝的康熙、雍正、乾隆三代是中国陶瓷工艺发展的鼎盛时期。以景德镇为例，顺治时期就逐渐恢复生产，到康熙时期创造出不少优秀的瓷器品种，康熙十九年恢复皇家经营的御窑，专门为宫廷烧御用瓷器。到雍正、乾隆时期发展十分迅速，由于积累了千百年来的经验，工艺技巧已经完全成熟，加之景德镇优越的原料、燃料，精良的技术队伍和清政府督窑官制度的严厉监督，从皇帝到造办处官吏都十分重视景德镇瓷器的生产。督窑官们特别以唐英为代表，抱着忠于皇帝的诚挚，潜心研究技艺，也有利于景德镇的制瓷业取得卓越成就。

景德镇瓷器在清代的成就，可以归纳为以下几点：胎质细腻、釉光莹润，色彩绚丽，镂雕精工。康熙时期的青花、五彩红釉、霁蓝、蓝地描金矾红彩（彩图14）；雍正、乾隆时期的粉彩、珐琅彩，以及五光十色的颜色釉等品种，艺术成就都超过了明代。

康熙时期的青花瓷器，用国产青料，提炼很纯，杂质排除干净。在瓷器上作画，用分水晕染技法，画面层次清楚，钴蓝呈现的彩色，青翠光艳，给人以清新明快的感觉，装饰题材比明代更广泛，画面更宏大。这个时期在瓷器上面出现了完整的山水画、人物画、花鸟画以及人民喜闻乐见的《水浒传》、《列国志》、《三国志》、《隋唐演义》、《杨家将抗金》等古典小说中的一些故事场面。

清代的五彩瓷器，以康熙时期的作品艺术性最高。这类瓷器上的绘画所用的彩色以红，绿、赭、紫为主，此外还有金彩，釉上蓝彩、黑彩等颜色，真是做到了五彩缤纷，丰富多样。由于五彩瓷器装饰花纹在用彩上大胆泼辣，色调强烈，在上彩以后入窑烘烧时温度也较高，人们称为硬彩。花纹内容以蕉叶纹、锦绣纹、弦纹、花、鸟、虫、鱼、蝶等较为常见。在历代五彩器中，康熙时期用五彩画出的人物故事画，艺术价值最高。瓷器是一种立体造型的器物，在它上面作画比在纸上作画困难，但艺术家们发挥了高度的智慧和技巧，布局合理，用彩出奇，能在瓷器上作出场面很大的人物故事画，有的简直成为一部长篇小说或一个历史故事的宏伟图卷，如周处斩蛟、黄甫端相马、岳家军抗金等。根据御用画家焦秉贞的《耕织图》画出很多表现农村生活的劳动情景，有的作出大幅的花鸟画，就以绘画艺术而论也达到了极高的水平。

清朝的粉彩瓷器，是瓷器装饰的新品种，它始创于康熙时期。粉彩是在烧好的瓷器上作画，作好画以后再入窑烘烤，粉彩瓷器颜色柔和淡雅，画面有立体感，每一件瓷器的画面都是一幅水彩画。粉彩画的内容多为花鸟虫蝶，形态逼真。到了雍正时期，粉彩瓷器大为兴盛，超过其他瓷器品种，制作工艺技巧极高。乾隆以后粉彩作品仍然盛行，甚至和各色彩釉共同布置在一件瓷器上，华贵异常。清朝二百多年中，无论是作为艺术品的瓷器，还是生活用瓷，粉彩都占很大比例。(彩图 15)

珐琅彩瓷器，又名瓷胎画珐琅，是利用珐琅彩料绘于瓷上而烧成的。珐琅彩原料则是由石英、长石等原料加入纯碱、硼砂及多种氧化物、氟化物，经熔融、冷却、研磨等工序制成。清代珐琅彩瓷画受到欧美古典绘画艺术的影响，常常表现出资本主义上升时期的一些健康活泼、生机盎然的内容。清朝宫廷对这种艺术瓷器十分重视，控制也十分严密。珐琅彩瓷器的制作过程分两段，先由景德镇官窑厂烧出洁白细致，百里挑一的白瓷，运到皇宫造办处，再由皇宫御用画师或聘请欧洲画师在上面作画。可以说珐琅彩瓷器就是清朝精良的白瓷同西洋绘画艺术相结合的产物。彩料用多尔门油调配，烧出的画面有欧洲油画的效果。珐琅彩的内容有花鸟、人物、题诗等。最常见的花卉有月季、天竹、腊梅、兰花等。人物有神童、仙女等；欧洲人的形象有天使、美女、圣婴等。珐琅彩瓷器精美异常，是中国工艺美术史上一朵灿烂的鲜花。

斗彩瓷器，这时期品种增多，它把釉上彩和釉下青花结合起来，艺术水平超过明朝。斗彩已经普及到一般生活用瓷上面，装饰内容也极为丰富。作画时采用渲染烘托的画法，画的内容有团花，折技花、卷叶花等。花纹讲究对称，布局严谨、内容丰富多彩，富有图案效果。

乾隆时期发明了很多制瓷新工艺，由于工匠们已掌握了各种制瓷技巧，准确地使用火焰、控制火候，很好地掌握了胎釉性能，巧妙地用制瓷原料仿制出竹器、木器、铜器、石器、象牙雕刻器等各种器物形象，无不惟妙惟肖。瓷器鉴赏家们惊叹地称赞工匠们“鬼斧神工”的技艺。此外，还烧制成功镂孔填釉的“玲珑”瓷和大型雕刻的转心瓶和转颈瓶，匠心独具，技艺空前。

在清代，只有单纯一种颜色的瓷器，被称为颜色釉瓷器。在二百多年里，这种瓷器的工艺也有许多创造和发展。景德镇烧制的“粉青”、“天青”、“红釉”、“窑变”、“豇豆红”、“蟹甲青”、“鳝鱼黄”、“茄皮紫”、“松石绿”等颜色釉瓷器，为陶瓷釉色的设计，增添了许多新品种。

中国的陶瓷手工业，经过几千年的发展，积累了丰富的经验，广泛吸收了中外优秀文化艺术的精华，形成一套独特的工艺技巧。到清朝中叶即乾隆时期，造诣精深，作品极多，使得中国陶瓷工艺达到了炉火纯青、登峰造极的地步。

清朝中叶以后，中国的封建社会已经走到尽头，腐败没落的现象越来越明显地表露出来，社会生产力停滞、破坏，各种传统的手工技艺和管理也在腐败社会制度的束缚下衰落下来。陶瓷手工业和技艺也是如此，只有景德镇表现出繁荣景象，其他各地的名窑都已经一蹶不振。

从 19 世纪开始到 20 世纪将近一个多世纪的时间，中国社会在资本主义列强的侵略之下，逐渐沦为半殖民地、半封建的社会。中国陶瓷手工业在封建官僚的残酷盘剥和西方洋瓷的排挤下，受到严重摧残。许多瓷窑被废弃，大批工匠难以谋生，具有悠久传统的陶瓷工艺逐渐失去了光辉，并由停滞走向衰落，作为“瓷器祖国”的中国，沦为西方资本主义列强的洋瓷倾销市场。直到新中国建立之后，陶瓷工艺才恢复了过去的光辉，并取得新的进展。

# 第二十六章 古代髹漆工艺成就

## 第一节 概 述

中国是世界上最早发现并使用天然漆的国家。经过长期的实践，把漆器制造发展成为一种专门工艺并达到了很高的水平。

现知最早的漆器是 1978 年在浙江省的六七千年前河姆渡遗址中发现的木胎朱漆碗。( 图 26—1) 不过从单纯使用天然漆到用色料调漆，其间还有一个漫长的过程，有待今后我们作进一步的探索。商周时代已用色漆和雕刻来装饰器物，并以松石、螺钿、蚌泡等作镶嵌花纹。战国在漆工史上是一个极为重要的时期，器物品种和髹（指把漆涂在器物上）饰技法等都有很大的发展。汉代漆器产地之广、数量之多、传播之远是前所未有的。器物的造型及装饰也呈现新的面貌。魏晋南北朝漆器发掘出土的虽不多，唯据历史文献可知当时花色颇繁，制作亦精。体大

图 26–1 河姆渡遗址朱漆木碗

质轻的夹纻（指用苎麻织成的粗布）像，油漆兼用的密陀绘具有时代的特色。唐代文明高跻当时世界之巅，漆器和其他工艺一样有特殊的成就。它表现在起源于前代的金银平脱至此而愈加华美，盛行于后代的剔红、犀皮等又始创于斯时（据安徽马鞍山朱然墓发现的漆器，三国吴已有犀皮）。宋代一向以一色漆器制作精良为世所称，而近年来又发现有极为精美纹饰的堆漆与镶嵌、戗金与填漆相结合的漆器更呈异彩。元代漆工名匠辈出，尤以剔红、剔犀、戗金诸作，达到了历史的顶峰。明代是我国漆工史上又一次有重大发展和革新的时代，髹饰工艺可谓至此而大备。多种技法和不同纹、地的结合，迎来了千文万华之盛。清代前半叶大规模地任用了明代髹工，由于宫廷的好尚，更趋精工细巧而不免流于纤密繁琐。中叶以后，国运日蹙，导致各种工艺的全面衰退。

总的说来，我国漆工艺几千年的发展和成就，对全世界的漆器工艺都产生了影响，先是东亚、东南亚，继而是西欧及北美。可以说世界上一切制造漆器或用其他物质摹仿漆器的国家，无不或多或少受中国漆器的影响。中国传统漆工艺曾经为人类文明作出了重大的贡献。

中国历史上有关髹工、漆器的著作，为数不多，且大都散佚失传。现存唯一的古代漆工专著是明代黄成撰的《髹饰录》。[1] 它是研究漆工史、明代漆工的原料和技法的最为重要的文献，使我们认识和了解祖国漆器的丰富多彩，为继承发扬、推陈出新这一工艺提供了宝贵材料。它还为古代漆器的定名及分类提供了可靠的依据。《髹饰录》对漆器的分类如下：

1. 质色门　即各种一色漆器。
2. 纹匏门　即表面有不平细纹的各种漆器。
3. 罩明门　即在各色漆地上罩透明漆的各种漆器。
4. 描饰门　即用漆或油描绘花纹的各种漆器。
5. 填嵌门　即填漆、嵌螺钿、嵌金银等各种漆器。
6. 阳识门　即用漆堆出花纹的各种漆器。
7. 堆起门　即用漆灰堆出花纹，上面再加雕琢、描绘的各种漆器。
8. 雕镂门　即各种雕漆，包括剔红、剔犀等及假雕漆、雕螺钿等各种漆器。

〔1〕《髹饰录》作者黄成，号大成，新安平沙人，是隆庆（1567—1572）前后的名漆工。他总结了前人和他本人的经验，叙述了有关髹漆的各个方面。此书在天启五年（1625）又经另一位名漆工嘉兴西塘的杨明（号清仲）逐条作注，丰富了它的内容，并撰写了序言。全书分乾、坤两集，共18章，186条。《乾集》讲制造方法、原料、工具及漆工禁忌等。《坤集》主要讲漆器分类及各个品种的形态。此书一直只有抄本在日本流传，1927年经朱启钤先生刊刻行世。笔者据朱氏刊本撰写《髹饰录解说》，1983年已由文物出版社出版。

9. 戗划门　即刻划花纹，纹内填金或银或彩色的各种漆器。

10. 编斓门　即两种或两种以上纹饰相结合的各种漆器。

11. 复饰门　即某种漆地与一种或多种文饰相结合的各种漆器。

12. 纹间门　即填嵌门中的某种做法与戗划门中的某种做法相结合的各种漆器。

最后是裹衣门和单素门，讲的是两种用简易方法做胎骨的漆器。

本文所用的漆器名称及分类主要以《髹饰录》为依据。由于明、清两代传世的漆器实物较多，在分类时作了适当的归纳、调整和变通。这是因为黄成全凭漆器的制作方法及花色形态来分类，而并未考虑各种漆器存留的实际情况。这样就必然出现有的门类实物甚多，有的门类又实物极少以至举不出实例来。现在为了符合古代漆器存留的实际情况，拟分为十四类，详见第三节。

## 第二节 新石器时代至宋元时期的漆器

### 一、新石器时代已有髹朱色的漆器

在人类物质文明发展史上，天然漆的利用，最初应该是用于生产工具的粘连、加固，然后才发展到漆制日用品和工艺品。漆的使用，最初应该是单纯的天然漆，然后才发展为有调颜色的色漆，其间曾经历漫长的岁月。

20 世纪 50 年代以后的考古发现，把中国的漆工史推得越来越早。但几处发掘所得，都只能说是已知的较早漆器，而不是历史上的最早漆器。

1978 年在距今已有六七千年的浙江余姚县河姆渡遗址第三文化层中发掘到一件木碗，外壁有朱红色涂料。经科学鉴定，涂料物质性能与汉代漆器的漆皮相似。

1960 年前后，江苏省文物工作队在吴江梅堰新石器时代遗址中发现以棕红色为主的彩绘陶器，从上面可以观察到彩绘的原料十分像漆。取样与汉代漆片及纯属陶器的仰韶彩陶、吴江红衣陶试验对比，发现与汉代漆片相同而与仰韶、吴江陶器有异。报道的结论认为，梅堰遗址中出土的彩绘陶器上的彩绘物质和漆的性能完全相同。[1]

1977年，中国科学院考古研究所在内蒙古敖汉旗大甸子古墓葬中发现两件近似觚形的薄胎朱漆器。墓葬遗物经碳14测定，距今约为3400至3600年，属于夏家店下层文化。考古学家夏鼐对该文化层做过分析，认为部分遗物与黄河流域的青铜器时代较早遗址的出土器物面目相似，而另一部分则有龙山文化的特征，因而视为中原地区晚期龙山文化的变种。[2]

在今后的考古发掘中，我们相信会发现单纯用天然漆、未经调色的、比河姆渡朱漆碗等更为原始、更为古老的漆器。

## 二、用彩绘和镶嵌作装饰的商周漆器

1978年在河南堰师二里头商代早期一座大墓中发现红漆木匣，内放狗骨架。[3]

早在1928年，考古工作者在河南安阳西北岗殷墟大墓中发现雕花木器印在土上的朱色花纹，称曰“花土”。木质已朽，花纹则清晰绚丽，其间还镶有蚌壳、蚌泡、磨琢过的玉石、松石等。[4] 花土究竟是由深色木器还是漆木器印成，当时尚无定论。1974年在湖北黄陂县发现早于殷墟的商代盘龙城遗址，出土雕花涂朱木椁板朽痕，与殷墟“花土”很相似。[5] 1973年在河北藁城台西村商代遗址发现漆器残片，制作形态与“花土”更为相似，使人相信“花土”就是由漆木器印成的。

台西村发现的漆器残片，原来是盘是盒，尚能依稀辨认，朱地黑纹，绘有饕餮纹、夔纹、雷纹、蕉叶纹等。有的还嵌着不同形状的松石。这是一次重要发现，使我们看到了技法复杂、有高度纹饰的无可置疑的商代漆器，尽管它们只是残片。更使人惊异的是墓中还发现一具圆盒的朽痕，其中有“半圆形的金饰片，厚不到0.1厘米，正面阴刻云雷纹，显然是原来贴在漆器上的金箔片。[6] 由此可见汉代流行的嵌贴金银箔花纹漆器，以及到唐代更成为重要品种的“金银平脱”，其始都可远溯到商代。

西周漆器在湖北、陕西、河南等省都有发现。在湖北圻春西周遗址中发掘出的漆杯，呈圆筒形，黑色和棕色地上绘红彩，纹饰分四组，每组由雷纹或回纹组

[1] 江苏省文物工作队《江苏吴江梅堰新石器时代遗址》，《考古》1963年第6期。
[2] 夏鼐《我国近五年来的考古新收获》，《考古》1964年第10期。
[3] 中国社会科学院考古研究所二里头队《河南偃师二里头宫殿遗址》，《考古》1983年第3期。
[4] 胡厚宣《殷墟发掘》，学习生活出版社，1955。梅原末治《殷墓发见木器印影图录》，京都便利堂，1959。
[5] 湖北省博物馆、北京大学考古专业盘龙城发掘队《盘龙城一九七四年度田野考古纪要》，《文物》1976年第2期。
[6] 河北省文物管理处台西考古队《河北藁城台西村商代遗址发掘简报》，《文物》1979年第6期。

成带状纹饰。第二组中还绘有圆涡纹蚌泡。每组纹饰间均用红色彩线间隔。

这时期的漆器常用蚌泡做装饰，如陕西长安普渡村西周一号墓中就发现过镶蚌片的残件。河南陕县上村虢国墓也发现外壁镶嵌六个蚌泡的漆豆。洛阳邙山庞家沟西周墓发现瓷豆，豆外套有嵌镶蚌泡的漆器托残片。至于河南浚县辛村的西周晚期墓内发现的“蚌组花纹”，又比镶蚌泡更前进了一步。郭宝钧先生的发掘报告称：这种“用磨制的小蚌条组成图案，……应为我国螺钿的初制”〔1〕。嵌螺钿是我国漆工艺的重要品种之一，而且传布甚广，它的出现目前至少可以上溯到西周晚期。

东周漆器在山东、山西两省都有重要发现。1972 年在山东临淄郎家庄东周墓出土的大量彩绘漆器中，有一件中绘三兽，外描屋宇、人物、花鸟的圆形残片。山西长治分水岭 269 号墓出土的漆箱绘有彩色的蟠龙、蟠螭，和青铜器花纹相似，由此可以看到铜器与漆器之间的装饰关系。〔2〕以上两墓的年代都约当春秋晚期到战国初期。

## 三、战国——漆工史上第一次重大发展时期

战国在漆工史上是一个有重大发展和极为繁盛的时期，并一直延续到西汉，它表现在以下几个方面。

这一时期器物品种大增。生活各方面所需，无不用漆器，许多品种是前所未有的。择要列举如下：

饮食类：耳杯、豆、樽、盘、壶、卮、盂、鼎、勺、食具箱、酒具箱等。

日用器皿及家具：奁、盒、匣、匜、鉴、枕、床、案、几、俎、箱、屏风、天秤等。

文具：笔、文具箱等。

乐器：编钟架、钟锤、编磬架、大鼓、小鼓、虎座双鸟鼓、瑟、琴、笙、竽、排箫、笛等。

兵器：甲、弓、弩、矛柲、戈柲、箭、箭箙、剑鞘、盾等。

交通用具：车、车盖、船等。

丧葬用具：棺、椁、笭床、木俑、镇墓兽等。

漆器产量也随着品种大量增加。中华人民共和国成立后，考古发掘出土的战

〔1〕郭宝钧《浚县辛村》，科学出版社，1964，第 67 页。

〔2〕山西省文物工作委员会晋东南工作组、山西省长治市博物馆《长治分水岭 269、270 号东周墓》，《考古学报》1974 年第 2 期。

图 26-2 湖北江陵望山战国漆彩屏

国漆器，幅员之广，地点之多，[1] 数量之大，都远远超过前代。

漆器胎骨至战国而大备，木胎之外还有夹纻胎、皮胎和竹胎。胎骨的发展正是为了适应制造各种器物的需要，故与品种的增多有密切的关系。

为了制造圆筒状器物，用大张薄木片来圈制卷木胎，下另安底。木片接口处，两边都削成斜坡，使其交搭平整匀称。圆形而体轻的奁和卮等就是用这种方法做成的。

精美的高浮雕、透雕和圆雕也用来做漆器胎骨，这是雕刻艺术和漆工艺术的结合，高浮雕如曾侯乙墓出土的彩绘描漆豆。几何纹的透雕如放在棺底的笭床，动物形象的透雕如鸟、兽、蛙、蛇巧妙地纠结在一起的小屏风。(图 26—2) 立体圆雕则有虎座双鸟鼓、怪诞可怖的镇墓兽[2] 和头与颈可以转动、形态如生的鸳鸯盒。

战国及更早的漆器多在木胎上直接髹漆。1955 年在成都羊子山第 172 号战国墓发现的漆奁为木胎刷灰后再涂漆加朱绘。先刷灰可以填没木胎的节眼缝隙，取得表面平整及加固的效果。还有一种在木胎上粘贴编织物，更能防止木胎开裂，稳定造型，所以是一项重大发展。此后逐渐成为制作胎骨的基本法则，一直沿用到今天。

粘贴编织物的做法还导致夹纻胎的出现。这种纯用漆与编织物构成的胎骨，比木胎体质更轻，造型更稳定，还适宜制造形状复杂而且不规则的器物，它就是现在通称的“脱胎漆器”。承湖南省文物管理委员会的同志见告，1964 年发掘的长沙左家塘 3 号墓，时代为战国中期，墓中出土的黑漆杯及采绘羽觞均为夹纻胎。

[1] 马文宽《略谈战国时期的漆器》，《中国历史博物馆馆刊》1981 年第 3 期，110 页有《战国漆器出土地点分布图》。
[2] 见《文物参考资料》1957 年第 9 期彩色版及河南省文化局文物工作队《河南信阳楚墓文物图录》，河南人民出版社，1959。

1959年在湖南常德德山战国晚期墓发现深褐色朱绘龙纹漆奁，1982年在湖北江陵马山砖厂战国中晚期墓发现15件漆器中的盘，均为夹纻胎。

皮胎性韧而分量较轻，多用来做防御武器，如甲胄及盾牌，长沙近郊出土的龙凤纹描漆盾，虽可能是一件舞蹈用的道具，但仍是皮胎。竹胎漆器则有江陵拍马山出土的双层篾胎奁。这两种胎骨此后亦被长期使用。

沿漆器的盖口或器口镶金属箍，名曰“釦器”。它兼有加固和装饰的功能。据现有考古材料来看，钔器也始于战国。成都羊子山172号墓出土的圆漆盒，底、盖上下同大，扣合处各镶铜钔，上面还有精美的错银花纹。底、盖的圆足也镶铜圈。[1]成都在战国时已是制造漆器的重要中心，一些髹漆新工艺首先在这一地区出现是完全可以理解的。

战国时漆器装饰也达到空前的水平。首先是用色比过去大为丰富，彩绘漆器如河南信阳长台关楚墓出土的小瑟，曾就实物仔细观察，至少用了鲜红、暗红、浅黄、黄、褐、绿、蓝、白、金等九种颜色。尤其是金、银的熟练使用，标志着技法的发展。小瑟既用浓金作点和线，又用淡金作平涂，浮动欲流，有如水彩颜色，使人惊叹。(彩图16) 同墓出土的棺板，大量使用银彩，成为全器的主调。这在后代的漆器中也是少见的。

图26-3　随州曾侯乙墓内棺漆画

花纹的精美生动是战国漆器的又一个重要成就，它可分为图案与绘画两大类。前者以云、雷、龙、凤纹及其变体为主，飘逸轻盈，灵活多变；空间的处理，或全面铺陈，或边缘延续，或圆周几匝，或二三等分，仿佛

〔1〕四川省文物管理委员会《成都羊子山172号墓发掘报告》，《考古学报》1956年第4期。

随心所欲，皆可成章。后者就是用漆作画，既有现实生活的写照，如撞钟击磬和敲鼓舞蹈场面、狩猎人杠抬死兽归家的饰纹；又有纯出幻想臆造，有浓厚神秘气氛的神怪飞腾、龙蛇出没等。(图 26—3)

除彩绘之外还有用针、刀的锋、刃来刻画花纹的。如长沙出土的针刻凤纹奁，盖上划纹细若游丝，鸟兽形象，顾盼多姿。这一技法为汉代出现的戗金准备了条件。

秦代漆器过去所知甚少，一直到 1975 年湖北云梦睡虎地墓葬发掘，才使我们有了比较确切的认识。在第 11 号墓中，发现漆器近四十件。在同时发掘的另十一座墓中又发现一百四十多件漆器，不仅数量多，制作也很精美。描漆圆盒、双耳长盒都是这两批漆器中保存得较好的。有一具漆盂，中心朱漆绘双鱼，立鸟似凤，头顶有竿承物，好像在耍杂技。兽首凤形勺，造型也很奇特，楚文化色彩还非常浓厚。

早年出土的漆器有的一直认为是战国楚器，近年通过铭文字体及内容的研究，断定为秦制。如现藏美国旧金山亚洲艺术博物馆的有“廿九年……”长铭的漆卮，便经裘锡圭、李学勤两同志改正了过去的错误断代。[1] 随着今后的考古发现和对秦文化的研究，我们对这一时期的漆工艺将会有进一步的认识。

## 四、规模宏大制作精美的汉代漆器

西汉漆器产量之多、规模之大、传播之广又远远超过战国。1973 年湖南长沙马王堆 3 号墓出土漆器 316 件，1 号墓出土 184 件，江陵凤凰山 168 号墓出土 160 多件，这在战国墓中是少有的。从漆器款识来看，有的不像是地名，可能是私人作坊的名号。有的标有“市府”或某市、某地字样，是当时各地封建政府的制品。有的则是工官的制品，即由汉中央政权直接设在各郡的官府制品。[2] 据《汉书 · 地理志》记载，西汉有八个郡设工官。其中的蜀郡、广汉郡都是以生产贵重漆器著称的地方。不仅贵州墓中发现广汉郡工官制的漆盘，远隔几千里的朝鲜也发现蜀郡、广汉郡工官漆器多件。[3] 传播之广可以想见。

西汉漆器上承战国，有些器物十分相似，有的形制、技法则为战国所未见，

[1] 裘锡圭《从马王堆一号汉墓“遣册”谈关于古隶的一些问题》，《考古》1974 年第 1 期。
李学勤《论美澳收藏的几件商周文物》，《文物》1979 年第 12 期。

[2] 广州西村石头岗西汉墓出土漆器有“蕃禺”戳记。临沂银雀山西汉墓出土耳杯有“莒市”戳记。按“蕃禺”即番禺，“莒市”即莒市，当为两地市府所造漆器。贵州清镇元始四年墓出土漆饭盘铭文有“广汉郡工官”字样，是广汉郡官府所造漆器。

[3] 指 1916—1934 年在朝鲜乐浪王盱、王光等墓中发现的汉代漆器。

具有汉代的特色。

就器形而言，这时期的漆器大小具备，新颖精巧。（图 26—4）马王堆 3 号墓出土的六个从小到大叠放着的漆盘，最大一个直径达 73.5 厘米，高 13 厘米；1 号墓出土的镟木胎大平盘，直径也达 53.6 厘米，镟木胎钟高达 57 厘米，都需要高超的技术才能旋出这样大型的器物。另一方面小型器物又向精致灵巧的方面发展。马王堆 1 号墓的具杯盒，内套装耳杯七具，六具顺叠，一具反扣，恰好扣合紧密，填满了盒内的空间，设计之巧，使人叫绝。湖南马王堆、山东银雀山等地汉墓都出土单层或双层的内装子盒的奁具，子盒或五、或七、或九，形状各异。它们多数用夹纻胎或夹纻与木胎相结合，所以能做得如此精巧准确。再如安徽天长县汉墓出土的鸭嘴柄盒，以鸭嘴为关键来开关盒盖，制作也很新颖。

图 26–4 长沙马王堆汉墓云纹漆鼎

再说髹饰技法。针划花纹，战国已有，马王堆 3 号墓出土的竹简上有“锥画”字样，乃指针划而言。说明这一技法到汉代已很流行，因此才会出现专门术语。从出土的实物看来，西汉不仅有纯用针刻作装饰的技法，而且发展到在针划纹中加朱漆或彩笔勾点，如马王堆 1 号墓出土的单层五子奁中的一件小奁盒，银雀山的双层七子奁皆是。至于湖北光化西汉墓出土的漆卮，在鸟兽云气的针划纹中更填进了金彩，使花纹更加灿烂生辉。可见宋、元时流行的“戗金”漆器，在西汉已经出现了。

用漆或油调灰堆出花纹，一般通称“堆漆”。近年我国出土漆器可窥堆漆端倪的有马王堆 3 号墓发现的盝顶长方奁，器上布满云气纹，以白色而高起的线条作轮廓，内用彩漆勾填。高起的物质未经化验，惟由其白色，推测是用油调成的可能性较大。马王堆 1 号墓四层套棺中的第二层，云纹的轮廓线条显著高出，有如后代壁画的沥粉堆金。色彩脱落，露出深色的线条，其物质究竟是漆灰还是油灰，也有待作进一步的分析。至于长沙沙子塘木椁墓的棺木挡板、彩绘磬上的谷纹圆点，乃用稠灰堆起。可知堆漆不仅用于轮廓线条，也用来堆写花纹内部了。据以上数例，我们可以把堆漆作为西汉漆工的一种新兴装饰技法。

漆器上贴金箔花片，商代已有。不过镂刻精细，形象生动，与金、银釦箍，彩绘描漆相结合，成为一种异常华丽的漆器，则要到西汉中期才开始流行，延续到东汉前期而渐衰替。这种漆器盖顶多镶白银或鎏金铜饰件，状如叶片，两叶、三叶或四叶，视器形而定。叶上常镶玛瑙或琉璃珠，用以作钮。盖壁及底壁多镶银箍，在盖顶饰件周围及各道银箍之间嵌贴镂金或镂银箔片，刻成人物、鸟兽等形象，其间还描绘云气山峦等。几种工艺的组合，萃众美于一器，自然显得灿烂夺目，瑰丽无比。安徽天长县汉墓出土的单层奁和双层奁、江苏连云港出土的长方和椭圆形盒，都是这类漆器的较好实例。

西汉以后的漆器，只有扬州一带的东汉早期墓中出土的比较精美，此后出土漆器不仅数量大减，质量也下降，而陶器逐渐在殉葬物中占主要地位。这可能与汉中央政权的削弱，官办手工业的衰微及丧葬习俗的改变，更主要的是陶器工艺的发展有关。东汉中期漆器值得提到的有安徽寿县马家古堆出土的夹纻砚。它的形制并不精美，只是后来流行的漆沙砚可溯源于此。

## 五、魏晋南北朝时期的夹纻像和密陀绘漆器

考古发掘到的魏晋南北朝一段时期的漆器并不多，虽然从历史文献中我们知道当时的漆工很考究，技法也多种多样。曹操的《上杂物疏》[1]开列了许多漆器名称，其中的纯银参镂带漆画书案、纯银参带台砚、漆画韦枕、银镂漆匣等不下一二十件。所谓银参镂带应当就是镶银釦和嵌银箔花纹漆器，而韦枕是皮胎漆器。在南昌吴高荣墓中发现漆器 15 件。其中的奁盒、盖顶镶柿蒂纹花叶，上嵌水晶珠，盖有金属箍，箍间彩绘鸟兽纹，尚可见汉代遗风，但制作不甚精。这批漆器为我们理解《上杂物疏》所列的漆器能有一些启示。湖北鄂城吴墓发现分格的漆果盒，当时的名称叫“槅”，有圆和长方两式。

晋代实物更少，南昌出土的长方形果盒分七格，底朱漆隶书“吴氏槅”三字。底、四角及口沿施黑漆，内部施朱漆，无纹饰。同样的漆槅也在高荣墓中发现，其他晋墓中还出土造型相似的青瓷槅。它应视为三国、两晋之际的一种新兴用具。

南北朝佛教兴盛，大造佛像，供人膜拜，逢节日还要抬着它出行，于是髹漆工艺又被用来为宗教信仰服务。体形巨大而分量很轻的夹纻像就是从夹纻胎漆器发展而来的。不过要做出体形、面容及衣折等，技术要求很高，最后还须在胎骨之上精心堆塑，才能使眉目清晰，仪容美好。新的要求促使堆漆技法进一步提高。

[1]（清）严可均校辑《全三国文》卷一，见《全上古三代秦汉三国六朝文》，中华书局，1958 年影印本。

晋代著名艺术家戴逵、戴颙父子就是以善造夹纻佛像载名史册的。艺术家与漆工的结合推动了漆工艺的发展。

北魏司马金龙墓出土的彩绘描漆屏风是一个大发现。(彩图 17) 墓葬地处北方，时代在公元 474—484 年之间，和它类似的漆器极少。它还为书法和绘画的研究提供了宝贵材料，故显得更为重要。屏风彩绘，用油多于用漆，有可能是用当时流行的密陀僧调油彩绘制成的。

综上所述，可见魏晋南北朝四百年间出土的漆器远比战国、西汉为少，在我国漆工史上几乎还存在着一段空白。

## 六、金银平脱超越两汉剔红犀皮下启宋元的唐代漆器

唐代文明高跻当时世界高峰。从《唐六典》、《新唐书 · 百官志》等书得知当时手工业达到空前的水平。不过目前所见到的唐代漆器的品种和数量都不及我们意想的那样多。据文献记载或从漆工发展进程来推断，有的品种到唐代已相当成熟，但目前并未能见到实物。

唐制七弦琴有一定数量传世，标准的漆色为紫褐色，即所谓"栗壳色"。木

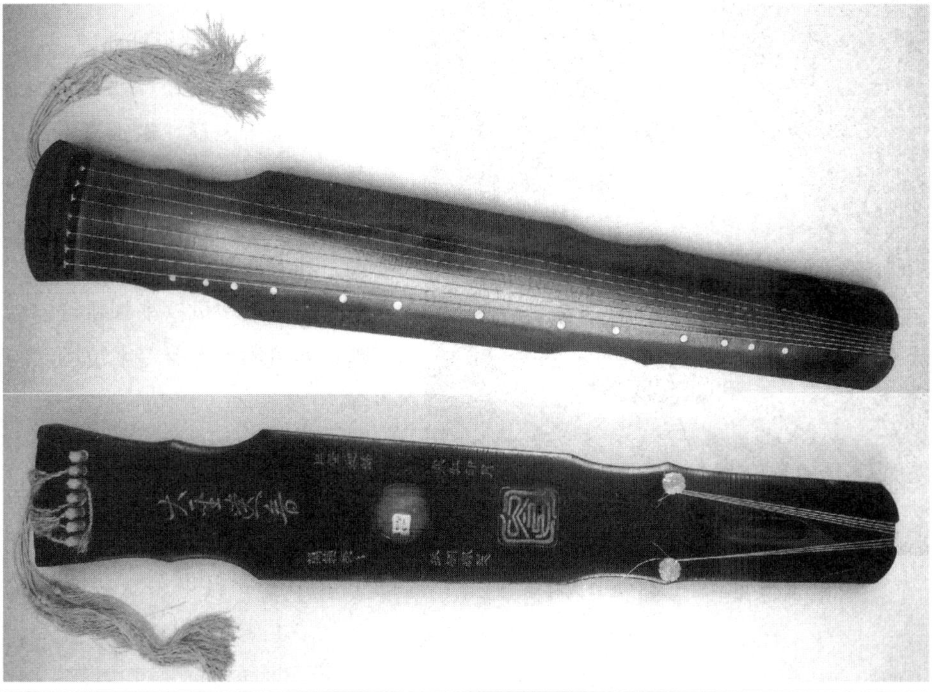

图 26–5 唐"大圣遗音"栗壳色漆琴

胎上有较厚的漆灰，并调入鹿角沙屑，闪烁可见。由于胎骨及漆层不断涨缩，年久琴身出现裂痕，这就是所谓的“断纹”。有断纹的古琴，声音更加松透优美。唐琴断纹大但中间小，和元、明琴有显著的差别。这些特征对鉴定传世漆器年代很有参考价值。故宫博物院藏的“九霄环珮”是唐琴中的重器，年代确实可信，尽管背面的苏东坡、黄山谷两家题字系后人伪刻。唐肃宗元年（756）制的“大圣遗音”是又一张著名的唐琴，近代琴家杨时百推崇为“鸿宝”。琴身大部分是原髹，只有个别地方有修补重漆的痕迹，这是极为难得的。（图 26—5）

1978 年在湖北监利发现的唐代墓葬，出土漆器有褐黑色的碗、盘、盒、勺、盂等，保存大体完好，器形髹色，很像宋代一色漆器。其胎骨乃用窄而薄的杉木条圈成，外糊麻布，然后髹漆。由于器作花瓣形，木条需随着器形凹入凸出，要求有高度的技巧。此种卷木胎流行于宋代，始于何时，有待考证。如此墓的断代无误，则至少可将此法提早到唐代。

密陀绘是用密陀僧，即一氧化铅调油绘成的漆器，这种铅化合物能起加速干燥的作用。在唐代描绘漆器中密陀绘占重要地位，日本正仓院藏品中有不少件，如彩绘花鸟纹密陀绘箱、黄色山水花鸟人物纹密陀绘盆等。[1] 花纹图案，纯作唐风，其中有的可能就是唐时由中国运往日本的。

图 26-6 日本唐招提寺鉴真夹纻像

用夹纻法造像，唐代依然盛行，且向高大发展。据张鷟《朝野佥载》记载，武则天时造佛像高九百尺，“夹纻以为之”，即使有些夸张，其大亦足以惊人。传世夹纻佛像有的从雕塑风格来判断可定为唐制，如纽约大都会美术馆所藏的一尊。

日本所谓的“乾漆”，实际上是在木胎上堆漆。著名的鉴真法师乾漆像，是在他死后，由随往日本的中国弟子和日本弟子共同堆塑

〔1〕见《正仓院御物图录》，日本印本。

的。此为唐代堆漆传往日本之证。(图 26—6) 另外日本法隆寺藏的舞凤纹光背、东大寺藏的宝相华断片，都用堆漆做纹饰，其技法也与唐代的堆漆技法相似。即使制于日本，也忠实地反映了唐代堆漆的技法。它比汉代的堆漆已有很大的发展，而和北宋的堆漆非常接近了。

唐代多用嵌螺钿作铜镜的装饰。镜背用漆灰铺地，上面再填嵌壳片花纹，故可以说是一种铜胎嵌螺钿的漆器。1957 年在河南三门峡唐墓出土的云龙纹镜，1955 年在洛阳唐墓出土的人物花鸟纹漆背镜，嵌入漆背的甸片相当厚，按照《髹饰录》的说法“壳片古者厚而今者渐薄也”，乃属于“古者厚”的一种。

唐代最华丽而又最盛行的一种漆器叫“平脱”，这是把金银薄叶镂切成图案，粘于器物表面，再上漆若干道，加以细磨，使图案露出，它上承汉代嵌金银箔花纹漆器而镂刻錾凿得更加精美。当时平脱发展到如此之高的水平，与金银器工艺的发展有关。可能当时已有分工，平脱花片由金工镂刻，然后再由漆工往漆器上嵌贴。这里举两例：金银平脱镜是中原地区发掘出土的，虽破裂而无损其光华。金银平脱琴是传世品，唐时已携往日本。后者由于制作考究，花纹精细，题材丰富，往往被认为是这类漆器的代表作。

尽管史籍记载因金银平脱过于奢靡而官方几次下令禁造，[1] 惟终唐之世未必能贯彻实行。前蜀王建墓发现极为豪华的金银平脱器朱漆册匣和宝盝等，嵌孔雀、狮、凤、武士等花纹，视唐代制品毫无逊色。说明五代工匠还能熟练制造平脱器。

从文献记载和漆工艺的发展进程来看，我们相信唐代已有“雕漆”，而且其中的某些品种还达到相当高的水平。

这里所谓的雕漆乃指有雕刻花纹的漆器，与堆漆不同。堆漆往往一次或少数几次即堆成，所用多为一色稠漆或漆灰，堆成后或雕或不雕，雕后髹色漆或不髹色漆。雕漆则要经过多层一色漆或不同色漆的积累，少则几十层，多则逾百层，待达到需要的厚度再雕刻。雕漆要比堆漆工料费得多，技法复杂，要求较高，从漆工艺的发展来看，这一技法必然出现在堆漆之后。

雕漆二字，一般用来作为漆器中一个大类的名称，它包括剔红、剔黄、剔绿、剔黑、剔彩、剔犀等等，而传世实物以剔红和剔犀为最多。明代名漆工黄成、杨明在《髹饰录》中都讲到唐代的剔红，推崇其“古拙可赏”和“刀法快利，非后人所能及，……与宋元以来之剔法大异”。味其语气，他们所见的唐代剔红绝不止一两件。日本藏有比较可信的南宋剔黑器。剔犀则有出自南宋墓的实物。因此我

〔1〕唐至德二年十二月戊午，有“禁珠玉、宝钿、平脱、金泥、刺绣”诏令。见《新唐书·肃宗皇帝》。

们有理由相信唐代已有较高水平的雕漆。

英国学者迦纳（Harry Garner）认为最早的剔犀实例是1906年斯坦因（A.Stein）在米兰堡发现的八世纪唐代的皮质甲片。据斯坦因的描述，甲片可能用骆驼皮制成，各片均作长方形，长约2—4英寸，两面髹漆，有的多至七层，以朱黑两色漆为主，有的地方施褐色及黄色漆。甲片上的花纹有同心圆圈、椭圆圈和近似逗号及倒置的S等几何花纹，是用刮擦的刀法透过不同的漆层取得的。

笔者认为皮甲表面只有刮擦花纹而无剔刻痕迹，故尚难称为真正的剔犀，它只能算是剔犀尚未定型的一种早期形态。《髹饰录》剔犀条杨明注有这样几句话："此刻（指剔犀）原于锥毗而极巧致，精复色多，且厚用款刻，故名"。他讲得很清楚，剔犀是从更早的"锥毗"发展出来的，二者的差别是：剔犀比锥毗"精复色多"，即反复积累起来的不同颜色漆层次多，而且"厚用款刻"，即剔刻得深。杨明所说的锥毗，不是和漆皮甲正相符合吗？我们承认漆皮甲和剔犀有密切的关系，不过和真正的剔犀还有距离。但这不等于说真正的剔犀要到唐以后才出现。很可能远在西陲制造锥毗皮甲之时，剔犀已在唐都长安流行了。

唐时已有的另一种漆器是"犀皮"。

"犀皮"或写作"西皮"，或写作"犀毗"，是漆器名称中最混乱的一种。古代言及犀皮的有不少家，其说纷纭，多相抵触。[1] 经过实物观察，并对照明代漆工的描述，我们认为说得切合实际，与髹理漆法相通的当数晚唐的赵璘。他说："西方马鞯，自黑而丹，自丹而黄，时复改易，五色相叠，马蹬磨擦有凹处粲然成文，遂以髹器仿为之。"[2] 他讲得明白，马鞯的灿然成文，是由于长期的磨擦而露出多层色漆的断面，出于无心，不是故意做出来的。而犀皮花纹则是有心地去仿效那种无心形成的花纹。既云"仿为"，我们不必一定理解为只有在漆器上做出马鞯受磨的凹痕才算犀皮。如果能在平面漆器上做出与马鞯相似的花纹，难道就不是仿效？在平面上仿效的方法就是先在漆面上做出高低不平的地子，上各种色漆多层，最后磨平，于是就出现类似马鞯那样的花纹。有的论者泥着于"凹处"两字，认定"仿为"必须剔刻，这样就把犀皮与剔犀混淆成一种漆器，使问题更加复杂化了。

明代漆工黄成、杨明所讲犀皮漆器的形态是十分明确的。《髹饰录》此条说："文有片云、圆花、松鳞诸斑，近有红面者，以光滑为美"。他们强调光滑，自然

〔1〕有关犀皮的不同说法，有唐赵璘（见《因话录》）、宋程大昌（见《演繁露》）、明都穆（见《听雨纪谈》）、明李日华（见《六研斋笔记》）等家。

〔2〕（唐）赵璘《因话录》。据元陶宗仪《辍耕录》卷一一《西皮》条引文引。

不是有剔刻痕迹的剔犀了。

我们认为唐代已有犀皮，不仅因为赵璘是晚唐人。唐末袁郊《甘泽谣》中《红线》一则有“头枕文犀”之语，此枕有可能就是表面光滑的皮胎犀皮枕。南宋时成书的《西湖老人繁胜录》讲到“犀皮动使”。“动使”就是日用家具。又吴自牧《梦粱录》讲到临安设有专门制造犀皮的漆器铺。南宋时犀皮既已如此流行，在此之前，肯定还有一段初创与发展的历史。

## 七、朴质无文与雕饰华美相映交辉的宋代漆器

到了宋代，河北的定州，湖北的襄阳，江苏的江宁，浙江的杭州、温州都是生产漆器的中心。南渡偏安以后，更促进了杭州、温州手工业的发展。

宋代最流行的是一色漆器。1949 年前在河北钜鹿故址发现宋黑漆碗。定州在它的北面不过二百里，很可能漆碗就是定州的制品。1965 年在武汉十里铺北宋墓发现一色漆器 19 件，上有“己丑襄州邢家造真上牢”、“戊子襄州驼（？）马巷西谢家上牢记□”等字样。襄州即今襄阳，当时漆器驰名全国，有“天下取法”，谓之“襄样”的说法。[1] 江苏淮安杨庙镇北宋墓发现一色漆器 72 件之多，有款识的就有 19 件。其中制于江宁、杭州、温州地的都有。杭州老和山南宋墓出土的漆碗有“壬午临安府符家真上牢”款识则是南宋的制品。

两宋一色漆器差别不大，器物有碗、盘、碟、钵、盒等，纯黑的最多，紫色的次之，朱红的又次之，间有表里异色的，但都无文饰。器形除圆者外，起棱或分瓣的颇常见，往往与宋瓷造型有相似处。它们的质量则差别很大，有的漆质坚密，精光内含，莹洁可爱。有的漆灰疏松，霉暗无光，浮起欲脱。这似乎和入葬后的保存条件关系不大，而在造器时便有精制与粗造之别。大抵日用品的质量高，而专为殉葬制的明器，工料就从简了。

宋代堆漆，上承唐代。建于北宋初期的苏州瑞光寺塔，塔心窖穴发现真珠舍利宝幢一座。八角形的幢座上贴狻猊、宝相花、供养人等花纹，由堆漆制成。发掘报告称之曰“漆雕”，容易引起误解，使人错认为经幢上出现了雕漆。

于北宋庆历三年（1043）建成的浙江瑞安慧光寺塔，发现了用堆漆作装饰的经函和舍利函。（图 26—7）经函的外函用漆灰堆出佛像、神兽、飞鸟、花卉等花纹，并嵌小珍珠。舍利函底座四角堆花纹，中间留出壶门，内贴堆漆奔兽。函盖堆菊花图案，亦嵌珍珠为饰。经考证，经函为温州制品，而当时温州漆器是驰名

〔1〕见（唐）李肇《国史补》。

图 26-7 瑞安惠光寺塔描金堆漆舍利函

全国的。

嵌螺钿是宋代漆器的又一重要品种。苏州瑞光寺塔发现的黑漆经函，花鸟纹用贝片嵌成，使我们看到五代、宋初时期的厚螺钿做法。宣和中访问过朝鲜的徐兢，在所著《奉使高丽图经》中记载了当时受中国影响的高丽螺钿器并给予了很高的评价。十三四世纪间朝鲜制的螺钿箱和唐草纹圆盒等，花纹枝梗都用铜丝来嵌制，和明初《格古要论·螺钿》条中所说的“宋朝内府中物及旧者俱是坚漆，或有嵌铜丝者甚佳”正合。铜丝的使用足以说明宋代的螺钿技法传到了朝鲜。南宋临安，螺钿更为流行，《西湖老人繁胜录》讲到螺钿交椅、螺钿投鼓、螺钿鼓架、螺钿玩物等，可见南宋时已用螺钿来做多种器物用具了。

“螺钿古者厚而今者薄”是说厚与薄的出现有先有后。早期的薄螺钿，考古发掘已为我们提供了元代的实物。不过从文献记载来看，南宋时已有薄螺钿而且达到相当高的水平。据周密《癸辛杂识·钿屏十事》记载：“王櫄，字茂悦，号会溪。初知郴州，就除福建市舶。其归也，为螺钿桌面屏风十副，图贾相盛事十项，各系之以赞以献之，贾大喜，每燕客必设于堂焉”。桌面屏风是陈置在桌案上的小型屏风。从贾似道事迹图标题来看，[1] 可知有许多人物行列，宫殿楼阁，山水风景，乃至战争场面，而且还有赞颂文字，这是厚螺钿无法嵌出来的，只有精细如图画的薄螺钿才行。周密还为我们提供了一条漆工史料，即王櫄在福建做官，为向贾似道献媚，特制此副桌屏。可见南宋时福建制造薄螺钿有很高的水平。

唐代雕漆有待发现，退而求宋制，有两件可信为南宋漆器的是流传在日本的醉翁亭剔黑盘及与它刻法极为相似的婴戏图剔黑盘。据日本冈田让《宋之雕漆》

[1]《钿屏十事》的标题是：度宗即位、南郊庆成、郢渚守城、月峡断桥、鹿矶奏捷、草坪决战、安南献象、建献嘉禾、川献嘉禾、淮擒李花。

一文，醉翁亭盘经宋遗民许子元于公元 1279 年携至日本，存在他任住持的圆觉寺中。两盘的刀法相同，花纹凸起不高，与漆层肥厚的元代雕漆异趣，尚存《髹饰录》所谓“唐制多印板刻平锦朱色”的遗意。

现知最早的剔犀实例是从南宋墓中发掘出来的。江苏武进宋墓出土的执镜盒，黑面，刀口见朱、黄、黑漆层，是《髹饰录》所谓“三色更叠”的做法。金坛周瑀墓发现的剔犀团扇柄，亦为黑面，刀口见朱漆十余层，乃属于“乌间朱线”一类。

近年在武进发现的三件戗金漆器，为宋代漆工史增添了重要材料，不仅因为改变了过去认为宋代漆器多一色不施装饰的看法，还使我们看到了戗金与斑纹地结合的早期做法。

两件朱漆戗金器是人物花卉纹长方盒和人物花卉莲瓣式奁，戗金花纹并不布满全器，而留出了足够的空间。细密的刷丝也戗划得较少，和元代的人物花鸟纹戗金经箱有明显的不同。

黑漆戗金长方盒在盖面戗划出一幅池塘小景，盖墙及盒身戗划花卉。花纹之外的地方皆钻小眼，中填朱漆，磨平后成为斑纹地。它为花纹与地子的结合变化打开了一条门路，正孕育着被明代名漆工黄成命名为“斒斓”、“复饰”、“纹间”等类漆器的发展。

## 八、名匠辈出艺臻绝诣的元代漆器

在元朝统治中国的八九十年中，江南一带破坏最轻，工、农业发展始终未停顿，是全国最繁荣富庶的地区。嘉兴成为生产漆器的重要中心，名匠辈出，艺臻绝诣，正是由当时的社会经济条件造成的。陶宗仪《辍耕录》述及戗金、戗银工艺颇详，其法得自嘉兴杨汇的漆工。当时以戗金闻名的彭君宝就是杨汇人。《格古要论》讲到“洪武初，抄没苏人沈万三家条凳、椅、桌螺钿剔红最妙”，这些漆器自然是元代江南地区的产物，有的可能即来自嘉兴。

元代漆器，品种不少，[1] 有实物传世而且水平很高的是螺钿、戗金与雕漆。《格古要论》后增《螺钿》条讲到，“元朝时富家，不限年月做造，漆坚而人物细，可爱”，足见当时的好尚。同条又称：“螺钿器皿出江西吉安府庐陵县”。江西与福建毗邻，宋时福建既能精制桌屏，两省间的工艺交流是可以意想到的。

近年考古发掘已为我们找到了确凿可信的元代薄螺钿器，那就是在北京元大

〔1〕类书《碎金》记有，永乐初据洪武四年大字本修改本，所收多为元代事物。《家生篇三十二·漆器》列有以下名称：犀皮、罽浆、锦犀、剔红、朱红、退红、四明、退光、金漆、螺钿、桐叶色等十一种。

都遗址中出土的广寒宫图嵌螺钿黑漆盘残片，不仅嵌工精美，而且已是“分截壳色，随采而施”。这一发现，更使人相信宋代已有薄螺钿器。

日人西冈康宏在1981年出版的《中国之螺钿》一书中共收薄螺钿器110件，被定为元代制的有23件之多。其中的海水龙纹嵌螺钿莲瓣式盘，可信为元代物。有的从图片来看，与广寒宫图嵌螺钿黑漆盘残片有相似之处，如东京出光美术馆藏的楼阁人物纹莲瓣式捧盒。可惜这一类螺钿器存在国内的竟不多，一时还缺乏可以和黑漆盘残片仔细对比的实物材料。对元代螺钿器的特征我们还所知甚少。

元代戗金漆器也以流往日本的为多。1977年在东京国立博物馆“东洋之漆工艺”展出的就有十件，其中有延祐年款的四件，有的还写明制者和地点，如“延祐二年栋梁神正杭州油局桥金家造”。戗划的方法皆用黄成所谓的“物象细钩之间，一一划刷丝”。划丝细而密，故填金之后，灿然成片，华丽生辉。

在元代漆器中成就最高，可谓达到历史顶峰的是雕漆。嘉兴西塘名漆工张成是十四世纪的杰出代表。现藏安徽省博物馆有“张成造”针划款的剔犀盒，形制古朴，漆质坚良，别具一种静穆淳厚之趣，使人爱不能释。(图26—8)所雕栀子纹剔红盘，繁文素地，厚叶肥花，在质感上有一种特殊的魅力。他的作品还有以茶花作背景，上压双绶带的剔红盘，花纹生动，有一种韵律回旋的美。元明之际，与此花纹设计约略相同的花鸟雕漆盘还有若干件，多无款识，即使不是张成亲制，也应出于他的子侄门徒之手。同时另一位名漆工为杨茂，也擅长剔红，虽同负盛名，似未能与张成抗衡，同为花卉题材的杨茂剔红渣斗，其艺术价值是不能与张成的栀子纹盘相比的。

图26-8 元“张成造”云纹剔犀盒

上海博物馆藏的东篱采菊图剔红盒无款识，比起名家之作，稍逊一筹。因其出自年代可考的任氏墓，用它来比较、印证传世剔红器却是一件非常难得的实物。

## 第三节
# 由盛至衰的明清漆器

纵观我国漆工史，前期的一个重大发展时期是战国，而后期则要数明代。其重大发展也表现在髹饰品种的增多和工艺上的极高成就。杨明在《髹饰录》序中作了很好的概括："今之工法，以唐为古格，以宋元为通法。又出国朝厂工之始，制者殊多，是为新式。于此千文万华，纷然不可胜识矣"。他明确指出，自明初匠师服役果园厂后，[1] 髹饰工艺有了一番重大的革新。这当然和宫廷爱好漆器、发展漆工业有关。而真正的贡献来自哲匠名工，不满足于宋元的通法，力求踵事增华，推陈出新，作了多方面的试验和实践。新的发展也来自借鉴海外漆工的成就。据明张汝弼《杨埙传》记载："宣德间尝遣人至倭国传泥金画漆之法以归。埙遂习之，而自出己见，以五色金钿并施，不止如旧法，纯用金也。故物色名称，天真烂然，倭人见之亦齰指称叹，以为不可及。"[2] 明季海航已便，当时去日本交流漆艺而未见史册记载的肯定还有人在。经过创新和借鉴的努力，终于迎来了漆工艺的千文万华之盛。我们相信有些前所未有的品种，明代始兴；有些虽滥觞于明前，赖技法的改进，至明而更加精美。而两种乃至多种技法的荟萃结合，不同文饰和不同地子的递换迭更，繁衍出不可胜数的变化，更是明代髹漆的一大特色。正因如此，《髹饰录》才开辟了"斒斓"、"复饰"、"纹间"等三个专门门类。

清代制漆业更为繁盛，其制作规模，超过明代。工艺技法也有所发展，尤其是在描金、螺钿、款彩、镶嵌等方面。乾隆号称盛世，百工炫巧争奇，料不厌精，工不厌细，为了迎合宫廷的好尚，漆工也不免趋向繁琐。其成功的作品，谨严细

[1] 英人迦纳（H.Garner）在所著《中国漆器》（*Chinese Lacquer*）60 页讲到 15—16 世纪在北京根本不存在有制造漆器的工厂，意在否定有果园厂官家作坊的存在。但明、清两代讲到果园厂剔红的文献甚多，尤其是漆工杨明所说的："国朝厂工"，正是指其乡前辈张德刚到果园厂任营缮所副。明刘侗、于奕正合著的《帝京景物略》也讲到果园厂，而于奕正在《略例》中说："成斯编也良苦，景一未详，裹粮宿舂；事一未详，发箧细括。"每事都经过调查研究，写作态度是非常严肃的。故果园厂的确实地点，制作规模等问题值得作进一步的考证，但不容从根本上否定其存在。

[2] 见（明）慎蒙《皇明文则大成》卷一二及清薛熙《日月文在》卷八四。

致，似已达到极限，无可逾越，亦足令人惊叹。失败的设计，每嫌雕琢过甚，陷于造作，甚或画蛇添足，弄巧成拙。道、咸以后，我国沦为半封建半殖民地社会，除少数地区，个别工匠，对髹饰工艺有一定的贡献外，漆器制造和其他工艺一样，进入了衰替的时期。

明清漆器的分类，我们自应以《髹饰录》为依据。惟因黄成的分类主要是从形态出发，而没有考虑到流行的情况。传世漆器实物多少很不一致，其所用名称，有的也和现在习惯使用的不同。为了适应传世漆器的实际情况并使其名称容易被人理解，所以不得不做一些适当的调整和变通。为了叙述的方便，明、清两朝漆器实物结合起来讲，不再分代论述。

明清漆器分为以下十四类：

### 一、一色漆器

一色漆器的传世器物以黑漆为多，朱漆、紫漆次之，黄、绿、褐等色较少。当然细分起来朱漆、紫漆等各有若干种，并有不同名色。

金髹也是一种一色漆器，又名浑金漆，北京匠师称之曰“明金”。其金色外露，上面不再罩漆，故不同于下面将要讲到的“罩金髹”。明金由于金色外露，容易磨残，甚至大部脱落。浙江东阳木雕及福建、广东所制木雕家具及建筑构件，雕琢甚繁，表面多饰金髹。

### 二、罩漆

罩漆是在色漆或描绘竣工后，上面再罩一层透明漆。这类漆器是在漆工已能利用桐油或其他植物油来调漆，而配制成透明漆后才产生的品种。南宋时罩漆早已流行，《西湖老人繁胜录》中讲到临安有“金漆桌凳行”。一般金漆家具不可能用真金或真银，而只能用锡箔。锡箔上罩漆也能取得近似真金的效果。故知名曰金漆，乃是罩漆。

黄成将罩朱髹、罩黄髹、罩金髹、洒金四种做法列入“罩明门”类。前两种不难理解，即罩了透明漆的朱漆和黄漆。尽管它们不是考究的做法，要做到光滑明澈也并不容易。

罩金髹是用金箔或金粉黏着到打了金胶漆的漆面上，再罩透明漆，北京匠师通称“金箔罩漆”（如用银箔则称“银箔罩漆”）。其优点是金色受到罩漆的保护，不会磨残。但罩漆不能明澈如水而呈微黄，年久还会转深，变成紫下闪金的色泽。它是一种庄严尊贵的做法，帝王宫殿内的宝座屏风（如设置在故宫太和殿、乾清宫各件）、卤簿仪仗皆有罩金髹。清代工部则例则称“扫金罩漆”，指将金粉扫着到金胶漆上，比贴金箔更为考究。佛像装金亦多用此法。

洒金又名“砂金漆”，即在漆地上洒金片或金点，上面再罩透明漆。洒金点或片有大有小，有疏有密，故形态多种多样。有一种细而密的洒金，浑然成片，闪闪发光，北京俗称“金蚵螂地”，言其像一种闪金光的硬甲虫。从实物来看，洒金很少独自存在，一般都用作漆器的地子，上面再施纹饰。《髹饰录》复饰类中的“洒金地诸饰”可以为证。凡是这一类器物，黄成都认为是二饰或多饰重施，列入复饰门。

《髹饰录》描饰门中还有一种“描金罩漆”，也应归入罩漆类。它的做法是在黑、朱、黄等漆地上作描金花纹，花纹上用朱色或黑色勾纹理，最后罩透明漆，北京匠师分别称之曰“金箔罩漆开朱”和“金箔罩漆开墨”。故都旧俗办丧事摆在大门口的大鼓锣架，多用此法作髹饰。

### 三、描漆

描漆包括描漆、漆画、描油等三种。

战国、西汉彩绘漆器，都可归入描漆类，在当时是很考究的作法。迨至明、清，描漆已不算是名贵品种，在漆器中所占的地位已不及古代那样重要，数量也显得少了。其原因是由于“雕填”漆器的流行。雕填中有许多原本就是描漆漆器，但又加上金细勾来勾轮廓及纹理，使它更加华丽。雕填流行，描漆就显得一般了，在漆器中所占的比重也小了。

### 四、描金

描金漆器做法是，在漆地上先用金胶漆描绘花纹，趁它尚未完全干透时把金箔或金粉黏着上去。描金还可与描漆相结合，《髹饰录》称之曰“描金加彩漆”，列入煸斓门。

### 五、堆漆

类似北宋经幢及经函那样的堆漆，明、清实例均罕见，可能因为色彩单纯，不够华美的缘故。故宫藏的云龙纹柜门，花纹凸起甚高，就是用漆灰堆出，复经雕琢，最后泥金罩漆，正是《髹饰录》所谓“隐起描金”的做法。

堆红，又名罩红。其做法是用漆灰堆花纹，雕刻后上朱漆，或用模子在堆起的漆灰上印出花纹，然后上朱漆，都是用以模仿剔红，故又名“假雕红”。论其技法，实为堆漆的一种。

图 26-9 康熙款戗金填漆梅花式香几

### 六、填漆

填漆就是在漆器上做出凹下去的花纹，把不同色漆填进去，干后磨平，使它像一幅设色画。观察实物，填漆有多种做法。最常见的一种是沿着彩色花纹轮廓勾阴文线条，花纹上也勾阴文文理，然后填金。由于采用了“戗金细勾”，黄成认为是两饰结合，故列入斒斓门。这种漆器，传世实物甚多，北京文物业通称曰“雕填”。雕填由于实物多，已将它列为一类，下面只讲表面光滑不加金细勾的填漆。( 图 26—9)

表面光滑的填漆，《髹饰录》有干色和湿色之别。杨明注更提出有：“磨显填漆，魏前设文；镂嵌填漆，魏后设文”之别。

所谓“魏漆”就是器物接近完成的最后一道漆，此后待做的工作只剩下在上面做纹饰了。“镂嵌雕漆，魏后设文”就是说在魏漆已经做好之后，刻剔花纹，填色漆，干后略加打磨就完成了。从实物来看，明代早期的雕填漆器（即“戗金细勾填漆”器）多采用此种做法。“磨显填漆，魏前设文”就是说在糙漆（指魏漆之前的一道工序）完成后设花纹。这个“设”字十分重要，因为花纹不是刻出来的，而是堆出来的。其做法是在糙漆面上用稠漆堆出花纹轮廓，轮廓内填彩漆，轮廓外也填漆，它就是花纹以外的地子。最后通体打磨，它的磨工要比镂嵌填漆多得多。关于填漆的“干色”、“湿色”，我们认为凡是用漆调色做成的填漆都是湿色，干色只能是在器物上阴刻花纹，内填漆或油，再把颜料粉末敷着粘贴上去。有一种填漆是把彩漆填入细而浅的划纹中，多用皮胎，黑漆作地，即杨明注所谓“又一种黑质红细纹者，……其制原出于南方也”。清代贵州大方即以生产此种漆器著名。清田雯《黔书》有关于此类漆器的记载。

### 七、雕填

雕填是明、清漆器中的一个大类，数量之多可能仅次于剔红。它用彩色作花纹，阴文金线勾轮廓及纹理，有的还做锦纹地，绚丽华美，乃其特色。观察实物，雕填的花纹有的是刻后用彩漆填成的，有的是用彩漆或彩油描绘成的，也有又填又描，两法兼施的。明代早已存在填与描两种做法，故《髹饰录》分别名之曰“戗金细勾填漆”和“戗金细勾描漆”，并把它们都列入了斒斓门。为了弄清填与描确实可施于一器，1950年还曾请多宝臣匠师示范，做了一件紫鸾鹊纹盒。从事物的发展和“雕填”这个名称来看，并用不同时代的实物来印证，我们感到填漆的做法在前，描绘或填、描兼施的做法在后，它们是在填漆的基础上发展出来的。

名古琴家兼善治漆的管平湖先生1950年为故宫博物院修复一对有宣德款的一封书式龙纹雕填柜，部分漆片脱落卷翘，需要重新用漆黏实，从漆片的断面，可见花纹色漆的厚度，有的厚达1—2毫米，这远远超过了描漆的厚度，可知花纹确实是刻剔后填成的。

清代的雕填凡是用锦纹作地的，一般都填、描兼施，即用填漆做锦地，描漆绘花纹。其做法是通体先用填漆做好锦地，以后在锦地上描花纹。描绘时信手画去，锦纹压多压少完全不用考虑，因为反正描绘花卉可以将锦地盖住。这样做比刻填锦地时要为花纹留出空位，描绘时又必须小心地去填满那些空位要省事爽手得多。不过描绘的花纹毕竟厚度有限，就近细看，花纹下的锦地完全可以看出来。我们正是从这里知道，雕填是先通体做好填漆的锦地，再在上面描绘花纹。

清代雕填也有全部是用描绘画成的。到了晚清时期，更有连锦纹也是画成的，工艺简陋粗滥，不过徒有雕填之名而已。

### 八、螺钿

明、清嵌螺钿漆器既有厚螺钿，也有薄螺钿。

明代螺钿器有年款的绝少。英国维多利亚、爱尔伯特美术馆藏有“嘉靖丁酉年”（1537）款的人物楼阁圆盒及日本东京国立博物馆藏有龙纹朱漆盘，底刻“大明隆庆年御用监造”款。不过这两件不论是嵌工还是划理都比较粗糙，不足以代表明代的上等制品。黄成认为螺钿器“总以精细密致如画为妙”。

大约自明中叶开始流行的螺钿加金银片器到清初发展到高峰，钿片剥离更薄，裁切更小，拼合更巧，镶嵌更精，刻画更细。名家如江千里、吴伯祥、吴岳桢等都是这时期的巨匠，而以江千里声誉最高。薄螺钿有的不加金银片而与描金结合。描金可以做大面积的渲染，浓淡成晕，和加金银片的效果是不同的。

上述各种螺钿器的钿片和漆面是平整的。倘取材厚贝壳，施加雕刻，嵌入漆器，花纹高出漆面，成为浮雕或高浮雕，那就是黄成所谓的“镌甸”了。不过镌甸只限于以螺钿花纹为主的漆器，如采用多种物料雕成嵌件，镶入漆器，那就成为“百宝嵌”了。清中期以后扬州名漆工卢映之、卢葵生祖孙都是镌甸能手。

### 九、犀皮

明、清两代犀皮漆器为数均不少，从质量来看，以明代的为佳，有的色漆层次多，花纹天然宛转，有如行云流水，十分美观。故宫博物院藏有犀皮葵瓣式盒，大约为乾隆时期的作品，以深浅黄色相间成文，用色不多而层次不少，尚具明代的法度。

清代晚期南方漆工常把犀皮用到红木家具上，如琴桌的桌面及腿足中部的开光部分。北京则用犀皮来装饰烟袋杆。犀皮作为一种漆器出现反不多见，这样只能使它的技法和质量日愈下降。

据《髹饰录》，犀皮还可与戗金或款彩结合，名曰“戗金间犀皮”和“款彩间犀皮”，实例尚待访求。可供参考的一件漆器是瘿木漆戗金笔筒。瘿木漆是用髹刷蘸不同色漆旋转刷成的，但可以使我们看到犀皮与戗金相结合的效果。

### 十、剔红

剔红包括剔黄、剔绿、剔黑及剔彩等几种雕漆。它们只有色彩的不同，刀工刻法、花纹题材则并无二致，故不妨合成一类。

雕漆自元末达到了历史的顶峰，明初乃其延续。名工张成、杨茂大约入明以后才逝世，史籍还记载明成祖朱棣召张成之子德刚面试称旨，授营缮所副。当时他服役的官家作坊是在棂星门西的果园厂。故永乐时造的剔红，绝似元末西塘的制品，就连款识也仍用针划，字体并不工整而有民间意趣。使人赞叹的是两层花叶重叠的茶花纹剔红盘，章法井然，繁而不紊，意匠经营，可谓千锤百炼。属于近景山水一类的作品，必须留出空隙用不同锦纹来表现天、地、水。有一镌刻至精的赏花图剔红盒，针划“张敏德造”款，技艺比拟张成，有过之而无不及，其时代也不能晚于永乐，当是西塘又一高手。（彩图 18）

宣德雕漆应与永乐划入同一时期，有的作品相似到难于分辨。这一方面是由于部分永乐制品被改为宣德年制，针划原款遭到磨刮涂盖，另加填金的刀刻宣德款。这种令人费解的现象不仅明人早有记载，从实物上也得到证实，所见故宫藏品，永乐改为宣德的就有十二三件之多。不过器底为原髹，全无改款痕迹，可信宣德款并非后刻的也不少，其风格还是和永乐十分相似。永、宣之间，中间只隔洪熙一年，工匠连续服役，故两朝制品，有的原即出于一手，其风格安得不似！

如说永、宣雕漆完全相同，也不符合事实，从某些作品中我们能看到宣德开始形成自己的风貌。其变化主要在用漆由厚而渐薄，花纹由密而渐疏。漆薄就不能雕得像明初那样肥厚圆润，花疏则不得不用锦纹来填补空隙。

宣德以后，从正统到正德（1436—1521）计六朝，几乎看不到刻有年款的雕漆器。流往海外的有"弘治二年平凉王铭刁"款识的滕王阁剔红盘要算绝无仅有的一件。难道这八十几年间宫廷就没有制造或置办雕漆器？这当然是讲不通的。但迄今似乎还没有找到令人信服的答案。故宫博物院是收藏明代雕漆的渊薮，无款而时代风格似在宣德、嘉靖之间的作品不下二百件。此外在风格上距宣德远而距嘉靖近的雕漆为数更多。我们不满足于把一大批无款的明代雕漆笼统地定为明中期。但细致地分辨时代差异，进而作出比较准确的断代，需要经过努力的探索才能取得成果。

嘉靖雕漆多刻年款，风格也有明显的特点。刀法不复藏锋，不重磨工而渐见棱角。器形出现变化，八方香斗、银锭式盘、盒等为永、宣时所未见。剔彩器增多。吉祥文字及图案广泛用作题材，往往用松、竹枝干盘曲成"寿"、"福"等字。道教色彩浓厚，鹤、鹿、灵芝等形象明显增多。有如一幅风俗画的货郎图剔彩盘是这时期的精品，把一位老货郎和八个儿童及器物众多的担子收摄到径尺盘中，视苏汉臣的画本竟不多让。

雕漆到万历而再变，从物象到锦纹，似乎都向细小处收缩，刀法愈加繁密，作风更为谨严，予人一种拘局抑敛的感觉。刀刻填金款字体修长并加干支纪年也是过去很少有的。

明代雕漆中有的还富于民间气息。这类制品构图粗犷，刀法快利，一剔而就，棱角尽在。这类雕漆，从未发现款识，故时代、产地，无从确断。近年中、西学者每据《野获编》、《帝京景物略》、《燕闲清赏篇》等书言及云南剔红"漆光暗而刻文拙"，"雕法虽细，用漆不坚，刀不藏锋，棱不磨熟"，将这类雕漆定为云南制。文献与实物，确有吻合处。但终嫌证据不够充分，即无有力的确证，也缺少旁证。故宫藏品中有一件文会图剔红委角方盘，上有"滇南王松造"款识，但刀法属于圆润一路，风格距宣德近而距嘉靖远，看来关于云南雕漆有必要进行实地调查采访，现

图 26-10　明中期"滇南王松造"文会图委角方形剔红盘

在还不宜过早地作出肯定或否定的结论。(图 26—10)

清代雕漆至乾隆而大盛，器物品种增多，除盘、碗、盒、匣外，还用以制造小型建筑、车辇、舟船，以至巨大的宝座屏风、桌案床几等。雕漆和其他工艺品种结合，是乾隆时期的又一特点。鎏金铜饰，用得最多，其他如画珐琅、嵌珐琅、镌玉、雕牙等也常与雕漆在同一器物上出现。

乾隆时的刀工锋棱毕露，更加追求精细纤巧的效果。故研磨已无地可施，似乎只有繁琐堆砌，才能得到弘历的嘉奖。这时期也有难能可贵的作品。如剔彩百子晬盘精工绚丽，在乾隆剔彩中允推第一。绦纹剔黑大碗，简练而有气势，一扫乾隆时的繁缛堆砌之弊，值得称赞。秋虫桐叶形剔红盒利用天然树叶的筋脉，代替人工设计的锦纹，构思新颖，颇为巧妙，也是乾隆时期不可多得的佳制。

## 十一、剔犀

剔犀也是雕漆的一种，由于它的花纹离不开几何图案，色彩于刀口内见层次，故与其他雕漆不同，宜自成一类。

剔犀和剔红一样，也是在元末明初达到了历史高峰。由明历清，直至近代，这一工艺，并未中断。从表面漆色来看，不外乎黑、紫、朱三色。黑、紫两色面的刀口内多见朱线，朱色面的刀口内多见黑线。漆层内兼露黄色或绿色线的较少见。《髹饰录》还提到有“雕黶等复”、“三色更叠”诸称。前者指黑、朱两色漆层同厚，依次重复；后者指黑、朱、黄三色轮番出现。至于图案虽有剑环、绦环、重圈、回文、云勾等名色，实以云纹及其变体为主，故北京文物行业通称剔犀曰“云雕”。

剔犀不像其他雕漆那样可以山水、人物、花卉、鸟兽作花纹，故不容易从其题材、刀法、锦纹等看它的时代风格，这就为判断其年代增添了困难。又因剔犀在日本也是一个传统品种，名曰“屈轮”，有的制品还传到中国来，故鉴定时还有一个分辨产地问题。中日漆工关系之密切亦于此可见。

## 十二、款彩

款彩的作法是在木板上用漆灰做地子，上黑漆或其他色漆，用近似白描的方法在漆面上勾花纹，保留花纹轮廓而将轮廓内的漆灰都剔去，使花纹低陷。然后用各种色漆或色油填入轮廓，成为彩色图画。由于花纹轮廓高起，看上去很像印线装书的木板。北京匠师因剔刻铲去的部分是漆灰，故名之曰“刻灰”。文物业则称之曰“大雕填”，以别于有戗金细钩的一般雕填。这两个名称都不及款彩来得明了准确。款彩在西方国家有专称，叫“Coromandel”。Coromandel 是印度东南一带的海岸名称，可能明清之际的外销款彩漆器运到这一带上岸转口，因而得名。它和漆器的制作形态更是毫无干系了。

款彩在明代已流行，曾见晚明小插屏的屏心，用款彩做出山水人物。到了清前期用款彩作大围屏之风渐盛，传世的八叠、十二叠的款彩围屏多数是康熙时期的制品。款彩花纹比较粗，可以装饰大面积的空间，宜于远观，用在围屏上是非常适宜的。

**十三、戗金**

戗金漆器，源远流长，自明历清，又有不少变化。

明初戗金器，近年的重要发现是在山东邹县朱檀墓中出土的龙纹朱漆戗金盝顶箱和云龙纹朱漆戗金玉圭盒，均用朱漆作地，划戗云龙纹，金彩灿烂，图案生动，尤以盝顶箱为佳。

在江苏江阴出土的莲瓣式紫漆盒，盖面戗划庭园景色，中设方桌，仕女三人，分立桌后及左右。阑外树木扶疏，前景以花草为点缀。盖面外周为缠莲纹。据考证当为永乐三年（1405）制品。

据日本释周凤《善邻国宝记》卷下记载，宣德八年（1433）明廷颁赐日本的礼品中有：朱红漆彩妆戗金轿 1 乘，朱红漆戗金交椅 1 对，朱红漆戗金交床 2 把，朱红漆戗金宝相花折叠面盆架 2 座，朱红漆戗金碗 20 个，橐金黑漆戗金碗 20 个。戗金日本名曰“沉金”。元代的戗金漆器多藏彼土，说明日本对戗金的爱好和重视。明初戗金器的东传，对日本和琉球有重大影响，戗金逐渐发展成为他们的主要髹饰品种。

1955 年前后，故宫博物院在北京购得朱地龙纹戗金箱，盖面在长方形的签条内用细密的纲目纹戗划出楷书“皇明祖训”四字。两侧划云龙，右升左降，丰颅锐喙，长鬣起立，从双龙的形象看是宣德时期的制品，其技法和图案是和盝顶箱一脉相承的。

宣德到嘉靖一段期间，戗金实物绝少。故宫收藏至富，亦未见到可确信为这一时期的制品。（图 26—11）

图 26–11　明朱漆戗金云龙纹谱系匣

宣德以后戗金器之所以数量稀少，当与雕填漆器的盛行有关。雕填是在用彩漆填嵌或描绘的花纹上加戗金轮廓和纹理，自然比只有划纹填金而没有彩色花纹的戗金来得华美绚丽。这两个品种的消长正好是在同一时期，似能为上述的看法提供一些佐证。

自晚明到清末，戗金漆器约可分为三种。一种是民间制品，多以人物、山水、花鸟为装饰题材，花纹内密布刷丝，尚保留传统技法。锦纹惯用正方上重叠斜方，细密而不甚工整。器物以盘、盒为多，有一定的实用价值，不能算是贵重的观赏漆器。第二种是清代宫廷制品，技法已脱离传统的戗金而自具一格。由于它只勾轮廓而无划纹，故或称之曰“清勾”。我们认为它并非出自戗金匠人之手而是雕填漆工的制品。因为其技法和雕填器上的勾金全同，只不过免去彩色花纹，在一色漆地勾轮廓而已。第三种用刀刻来追求书画笔墨效果，刀痕有粗有细，或深或浅，它实际上是受清代竹刻的影响，而和漆工的戗金关系并不密切。因在刀痕中填金，只能名之曰戗金。

**十四、百宝嵌**

百宝嵌是用各种珍贵材料如珊瑚、玛瑙、琥珀、玳瑁、螺钿、象牙、犀角、玉石等做成嵌件，镶成绚丽华美的浮雕画面，珠光宝气，相映成辉，是其他装饰方法所不能达到的，黄成把它列入斒斓门。

百宝嵌在明代开始流行，约至清初而达到高峰，其生产中心在扬州，明末著名艺人周贵就是扬州人。嵌件既可镶在漆器上，也可镶在紫檀、花梨等硬木制的器物上。二者的选料、雕镌与嵌法相同，故可能一人而兼制漆、木两种不同的百宝嵌。

上列十四类，只能说明、清两代的常见漆器大体具备，但比起《髹饰录》讲到的大量品种则相差很多。尤其是表面有不平细纹的纹匏及填嵌门中的绮纹填漆、彰髹等，竟未能找到实物。至于斒斓、复饰、纹间三门中的诸般名色，未曾见过的就更多了。不过既经《髹饰录》列举了名称，即使找不到实物，今后也有可能按照书中描述的方法和形态去探索试验，进而恢复过去的品种。因此黄成、杨明之功是不可没的。

中国的漆工史久远绵长，传世和出土的古代漆器分布全国，难以数计。它们虽只是我国古代千文万华漆器中的一少部分，但足以从中窥见我国古代漆工艺术的辉煌成就。我们有这样伟大的漆工艺传统，相信髹饰工艺的真正千文万华不是过去而是明天。

# 后　记

《中国古代文化史》（全三册），自1989年起在北京大学出版社出版之后，社会影响广泛，国内主要高校均将其列为“中国文化史”课参考教材，并曾获得教育部、北京市、北京大学等各级奖励，作为编撰者，我们深受鼓舞。鉴于该书出版已达十余年，其间有不少新的研究成果和文献资料可资利用，我们进行了全面修订。修订保持原书分列专题的框架形式，但对部分专题进行归并简省，并适当增加新的专题，编写人员也进行了部分调整。修订之后，共设二十六个专题，涵盖民族源流、典章制度、精神生活、科学技艺、衣食住行、日用器具诸文化层面。各专题既自成体系，同时兼顾全书架构。内容方面则充分借鉴近年的相关研究成果和资料发现，力求反映学术前沿。为便于教师和学生使用，文字篇幅较原书有所压缩，但增加了四百余幅图表，以增强直观效果。

全书各章撰稿人分工情况如下（按章次顺序）：

许树安（北京语言大学教授），前言、第五、六、九章

刘玉才（北京大学中国古文献研究中心副教授），第一章，后记

李晓杰（复旦大学历史地理研究中心副教授），第二章

盛冬铃（原中华书局编审），第三章

胡平生（中国文物研究所研究员），第四章

裘锡圭（复旦大学教授），第七章

吕　艺（北京大学新闻传播学院教授），第八章

杨曾文（中国社会科学院世界宗教研究所研究员），第十章

阴法鲁（原北京大学中文系教授），第十一章

黄永年（原陕西师范大学教授），第十二章

杨　新（故宫博物院副院长、研究员），第十三章

陈美东（中国科学院自然科学史研究所研究员），第十四章

许树信（中国金融研究所研究员），第十五章

丘光明（中国计量研究院研究员），第十六章

金秋鹏（原中国科学院自然科学史研究所研究员），第十七章

范楚玉（中国科学院自然科学史研究所研究员），第十八章

杨　泓（中国社会科学院考古研究所研究员），第十九章

赵　超（中国社会科学院考古研究所研究员），第二十章

王仁湘（中国社会科学院考古研究所研究员），第二十一章

罗哲文、罗扬（中国文物研究所研究员），第二十二章

马洪路（原中国社会科学院考古研究所研究人员），第二十三章

许青松（中国文物交流中心研究员），第二十四章

李知宴（中国历史博物馆研究员），第二十五章

王世襄（中国文物研究所研究员），第二十六章

值此修订再版之际，我们深切缅怀最早倡议并主编本书的阴法鲁教授，还有撰稿人黄永年、陈宏天、金秋鹏、盛冬铃诸先生，他们的睿智与学识，借助本书的传播，将会滋养一代又一代学子的心田。

此次修订，是老中青三代学者共同合作的成果，我们作为主编，主要负责确定架构，拟订体例，并最后进行文字、图片稿统筹。由于中国文化史头绪多，涉及面广，本书的内容架构、文字叙述肯定还存在不少疏漏之处，希望作为教材使用的高校师生和广大社会读者不吝指教。北京大学出版社的刘方女士，作为责任编辑，全过程参与了本书的初版以及修订再版工作，对其高度敬业精神和认真负责的态度，我们表示由衷的感谢。